UMSATZSTEUERRECHT

2022

Prof. Dr. jur. Wolfram Reiß
Friedrich-Alexander-Universität Erlangen-Nürnberg

ALPMANN UND SCHMIDT Juristische Lehrgänge Verlagsges. mbH & Co. KG
48143 Münster, Alter Fischmarkt 8, 48001 Postfach 1169, Telefon (0251) 98109-0
AS-Online: www.alpmann-schmidt.de

Zitiervorschlag: Reiß, Umsatzsteuerrecht, Rn.

Prof. Dr. Reiß, Wolfram
Umsatzsteuerrecht
20., überarbeitete Auflage 2022
ISBN: 978-3-86752-830-6

Herausgeber der Steuerrechtskripten:
Prof. Dr. Heinrich Weber-Grellet

Verlag Alpmann und Schmidt Juristische Lehrgänge
Verlagsgesellschaft mbH & Co. KG, Münster

Unterstützen Sie uns bei der Weiterentwicklung unserer Produkte.
Wir freuen uns über Anregungen, Wünsche, Lob oder Kritik an:
feedback@alpmann-schmidt.de.

INHALTSVERZEICHNIS

LITERATURVERZEICHNIS

Birkenfeld/Wäger	Das große Umsatzsteuer-Handbuch (Loseblatt), Stand Dezember 2021 zitiert: Birkenfeld/Wäger
Lippross	Umsatzsteuer 24. Auflage 2017
Rau/Dürrwächter	UStG Kommentar (Loseblatt), Stand März 2022 zitiert: Verfasser in: R/D
Reiß/Kraeusel/Langer	UStG Kommentar (Loseblatt), Stand Februar 2022 zitiert: R/K/L
Ruppe/Achatz	UStG Kommentar 5. Auflage 2018
Sölch/Ringleb	UStG Kommentar (Loseblatt), Stand Oktober 2021 zitiert: S/R
Stadie	UStG Kommentar 3. Auflage 2015
Tipke/Lang	Steuerrecht 20. Auflage 2010 (Bearbeiter Reiß) und 24. Auflage 2021 (Bearbeiter Englisch) zitiert: T/L

1. Abschnitt: Allgemeiner Überblick

A. Das Prinzip der Mehrwertsteuer

Fall 1: Großhändler, Einzelhändler und Verbraucher

Hersteller H liefert an Einzelhändler E eine Ware zum Preis von 1.190 € (1.000 € zzgl. 190 € USt). E veräußert die Ware für 2.380 € (2.000 € zzgl. 380 € USt) an den Verbraucher V.

1 H hat für die von ihm an E durchgeführte Lieferung USt in Höhe von 190 € an das Finanzamt zu entrichten (§§ 1 Abs. 1, 3 Abs. 1, 10 Abs. 1, 12 Abs. 1, 13 a Abs. 1 Nr. 1 UStG). Diese Steuerlast hat er im Preis von 1.190 € auf E abgewälzt. E schuldet für die von ihm an V ausgeführte Lieferung 380 € USt. Diese wälzt er im Preis auf V ab. E steht andererseits aus der an ihn von H ausgeführten Lieferung ein Vorsteuerabzug von 190 € zu (§ 15 UStG). Auf diese Weise erhält er den im Preis von 1.190 € enthaltenen Umsatzsteueranteil von 190 € wieder vergütet, sodass er wirtschaftlich nicht belastet ist. Der im Einkaufspreis enthaltene Umsatzsteueranteil ist daher für einen vorsteuerabzugsberechtigten Unternehmer **kostenneutral**.

V schuldet als Nichtunternehmer keine USt. Er zahlt aber im Kaufpreis den Umsatzsteueranteil mit. Da ihm als Nichtunternehmer aber kein Vorsteuerabzug zusteht, ist er mit der USt wirtschaftlich belastet, hier mit 380 €.

Die Belastung des V entspricht dem Ertrag des Fiskus. Dieser erhält von H 190 € und von E (380 € ./. 190 € VoSt =) 190 €, zusammen also 380 €.

Die Steuer wird quasi **fraktioniert**. Echt aufkommenswirksam ist allerdings nur die Steuer auf Umsätze an Endverbraucher. Denn bei Umsätzen zwischen vorsteuerabzugsberechtigten Unternehmern steht der Steuerschuld des leistenden Unternehmers ein Vorsteuervergütungsanspruch des leistungsempfangenden Unternehmers in gleicher Höhe gegenüber.

---

2 **I.** Dieses Ergebnis ließe sich technisch auch erreichen, wenn allein die Umsätze auf der letzten Handelsstufe an den Endverbraucher besteuert würden – sog. Einphaseneinzelhandelssteuer –, die Umsätze zwischen Unternehmern hingegen nicht steuerbar wären. Das deutsche Umsatzsteuerrecht geht im Einklang mit den Umsatzsteuerrechten der Mitglieder der Europäischen Union jedoch davon aus, dass grundsätzlich für jeden Umsatz, den ein Produkt von der Herstellung bis zum Endverbraucher durchläuft, eine Besteuerung stattfindet. Es handelt sich daher um eine **Allphasenumsatzsteuer**.

Wegen des Vorsteuerabzugs für Unternehmer sind allerdings nur die Umsätze an Endverbraucher aufkommenswirksam. Von daher würde es genügen, allein die Umsätze an Endverbraucher zu besteuern. Die Allphasensteuer bietet jedoch den Vorteil, dass weder der Unternehmer noch der Fiskus nachzuprüfen brauchen, ob der Abnehmer der Leistung ein Unternehmer ist. Außerdem bewirkt sie, dass ein Verschweigen von Ausgangsumsätzen nicht zu einem vollen Steuerausfall führt, weil dann de facto ein Vorsteuerabzug nicht geltend gemacht werden kann. Der Fiskus erhält dann wenigstens die auf den Vorstufen angefallene USt. Wenn etwa im Fall 1 der Einzelhändler die Steuer auf seinen Umsatz (380 €) hinterziehen will, wird es ihm unmöglich sein, den Vorsteuerabzug (190 €) zu erlangen.

Allerdings ist auch der Vorsteuerabzug missbrauchsanfällig. Insbesondere droht aus der Sicht des Fiskus die Gefahr, dass er VoSt vergüten muss, die er nicht als USt erhalten hat, weil der leistende Unternehmer die vereinnahmte USt nicht abführt, etwa wegen Insolvenz oder sogar aufgrund betrügerischen Verhaltens. Daher wird in jüngerer Zeit wieder ein (weitgehender) Verzicht auf eine fraktionierte Steuererhebung und damit de facto eine partielle Rückkehr zu einer Einzelhandelssteuer als weniger missbrauchsanfällig erwogen, sei es schon in Form einer Herausnahme der Umsätze zwischen Unternehmern bereits aus der Steuerbarkeit[1] oder aber einer Vorstufenbefreiung für Umsätze zwischen Unternehmern oder durch Verlagerung der Steuerschuld auf den Leistungsempfänger, falls er Unternehmer ist, sodass sich Umsatzsteuerschuld und Vorsteuerabzug beim Unternehmer als Leistungsempfänger ausgleichen.[2] Bestrebungen Deutschlands und Österreichs, die Umkehr der Steuerschuldnerschaft bei innerstaatlichen Umsätzen für zwischenunternehmerische Umsätze ab bestimmten Größenordnungen generell einzuführen, sind am Widerstand der Kommission gescheitert. Allerdings ist der Umfang der Zulässigkeit einer **Umkehr der Steuerschuldnerschaft** (das sog. Reverse Charge-Verfahren) entsprechend § 13 b UStG (s. Rn. 382 ff.) in Art. 199, 199 a, 199 b MwStSystRL durch die RL 2013/43/EU[3] stark erweitert worden. Insbesondere wird in Art. 199 b MwStSystRL zur Bekämpfung von schwerwiegenden Betrugsfällen deren schnelle Einführung im Wege einer Sondermaßnahme durch die Mitgliedstaaten zugelassen (sog. **Schnellreaktionsmechanismus**), soweit die Kommission nicht innerhalb eines Monats widerspricht.

3 **II.** Durch die Gewährung eines Vorsteuerabzugs für Unternehmer, die die empfangene Leistung ihrerseits zur Ausführung von Umsätzen verwenden, wird im Ergebnis erreicht, dass jeder Unternehmer Steuern nur in Höhe der bei ihm eingetretenen Wertschöpfung (sog. **Mehrwert**) schuldet. Im Fall 1 hat sich bei E ein Mehrwert vor Steuer von 1.000 € ergeben. Bei einem Steuersatz von 19 % entspricht dies einer Steuerschuld von 190 €. Wegen dieses wirtschaftlichen Effektes wird die USt auch als „Mehrwertsteuer" bezeichnet. Von der Steuertechnik her wird jedoch nicht lediglich Steuer auf den Mehrwert erhoben, sondern auf das volle Entgelt (hier 2.000 €). Erst die Gewährung des Vorsteuerabzugs führt zu einer vermeintlichen Beschränkung der Steuerschuld auf den Nettomehrwert. Bei der europäischen USt handelt es sich daher um eine **„Allphasen-Netto-Umsatzsteuer mit Vorsteuerabzug"**. Es ist eine Netto-Umsatzsteuer, weil Bemessungsgrundlage nicht der Endpreis ist, sondern dieser abzüglich der darin bereits enthaltenen USt.

Die Bezeichnung als Mehrwertsteuer ist irreführend. Sie legt die unzutreffende Annahme nahe, als sei der vom Unternehmer geschaffene Mehrwert der Belastungsgrund. Tatsächlich wird jedoch nicht der vom Unternehmer geschaffene Mehrwert, sondern der Konsum des Endverbrauchers, wie er sich in dessen Aufwendungen ausdrückt, besteuert.

4 **III.** Die **Allphasen-Netto-Umsatzsteuer mit Vorsteuerabzug** wurde durch das UStG 1967 mit Wirkung ab dem 01.01.1968 eingeführt. Bis 1968 wurden die Umsätze auf jeder Handelsstufe kumulativ mit USt belegt (normaler Steuersatz 4 %), ohne dass ein Vorsteuerabzug gewährt wurde. Die Leistung wurde also bei Durchlaufen mehrerer Phasen mit immer mehr USt belegt. Dabei war Bemessungsgrundlage für die jeweiligen weiteren Umsätze die vereinnahmte Gegenleistung (Kaufpreis), sodass die Umsatzsteuerbelastung der Vorumsätze die Bemessungsgrundlage für die späteren Umsätze erhöhte. Diese **„Allphasen-Brutto-Umsatzsteuer"** vor dem Systemwechsel beeinträchtigte die Wettbewerbsneutralität. Große Unternehmen (Konzerne), die in sich alle Stufen von der Herstellung bis zum Einzelhandel vereinigten, brauchten lediglich den Endumsatz zu versteuern. Durchlief das Produkt vom Hersteller bis zum Einzelhändler hingegen mehrere Unternehmen, wurde auf jeder Stufe USt erhoben, die mangels Vorsteuerabzugs Kostenbestandteil des erwerbenden Unternehmers wurde. Das Bundesverfassungsgericht hatte daher die alte USt wegen der Verletzung der **Wettbewerbsneutralität** für verfassungswidrig erklärt, allerdings dem Gesetzgeber eine Anpassungsfrist gewährt.[4] Diese wurde durch das UStG 1967 genutzt.

---

1 So konsequent der von Kirchhof vorgelegte Vorschlag zur Reform der Umsatzsteuer im Umsatzsteuergesetzbuch (Entwurf), Heidelberg 2008; vgl. auch Kirchhof DStR 2008, 1 und Kirchhof, (Reformentwurf) Bundessteuergesetzbuch, Buch 4 Umsatzsteuer, Heidelberg 2011.

2 Vgl. Widmann UR 2006, 13 und 624; Matheis/Groß UR 2006, 379; kritisch Tiedke UR 2006, 249.

3 V. 22.07.2013 Abl. EU 2013, Nr. L 201, 4 RL zur Änderung der MwStSystRL im Hinblick auf eine fakultative und zeitweilige Anwendung der Umkehrung der Steuerschuldnerschaft (Reverse Charge-Verfahren).

4 BVerfG v. 20.12.1966 – 1 BvR 320/70/63, BStBl. III 1967, 7 = BVerfGE 21, 12.

IV. Die Allphasen-Netto-Umsatzsteuer mit Vorsteuerabzug führt auch zur **Wettbewerbsneutralität der USt im Außenhandel**. Nach dem Bestimmungslandprinzip besteuern weltweit die meisten Staaten (u.a. alle EU-Staaten) die Einfuhr von Gütern (vgl. § 1 Abs. 1 Nr. 4 UStG). Damit nicht eine doppelte Belastung mit USt des Import- und Exportlandes stattfindet, entlastet der exportierende Staat von seiner USt durch Gewährung einer Steuerbefreiung für die Ausfuhr (vgl. § 4 Nr. 1 a und 1 b UStG). Wettbewerbsneutral ist die Steuer aber nur dann, wenn eine vollständige Entlastung von der USt des Exportlandes gelingt. Dies wird in einem Umsatzsteuersystem mit Vorsteuerabzug vollständig erreicht, weil der Vorsteuerabzug auch bei einem steuerfreien Export erhalten bleibt (vgl. § 15 Abs. 2 S. 1 Nr. 1, Abs. 3 Nr. 1 UStG). 5

Beispiel: H liefert an G für 1.000 € zzgl. 190 € USt. G liefert an E für 2.000 € zzgl. 380 € USt. E liefert an V ins Ausland steuerfrei für 3.000 €. Der Fiskus erhält an Steuern von H 190 € und von G (380 € ./. 190 € =) 190 €; er zahlt an E 380 € VoSt. Der Saldo beträgt also 0 €.

E wendet 2.380 € Kaufpreis ./. 380 € VoSt = 2.000 € auf und erhält 3.000 €. Die Lieferung ins Ausland ist also vollständig von deutscher USt befreit. Allerdings wird die Einfuhr regelmäßig mit Einfuhrumsatzsteuer des Import(bestimmungs)landes belastet.

Diese genaue Entlastung war im alten Allphasen-Brutto-Umsatzsteuersystem nicht möglich, weil im Einzelfall gar nicht feststellbar war, wie viele Umsatzstufen bis zum Export durchlaufen worden waren.

Die Wettbewerbsneutralität bei grenzüberschreitenden Umsätzen würde durch eine Besteuerung des **bloßen Mehrwertes** nach der Methode einer **Umsatzbesteuerung mit Vorumsatzabzug** gerade nicht erreicht. Hier würde der Endverbraucher im Bestimmungsland mit der höheren oder niedrigeren USt des Ursprungslandes auf den oder die Vorumsätze und der USt des Bestimmungslandes auf die Differenz zwischen Endumsatz und Vorumsatz belastet. Daher ist das Europäische Umsatzsteuersystem grundsätzlich nicht dieser Methode gefolgt, sondern stattdessen der Allphasenumsatzsteuer mit Vorsteuerabzug. Für die sog. **Differenzbesteuerung** nach § 25 a UStG und nach § 25 UStG bei Reiseleistungen (vgl. Rn. 289 ff., 296) folgt es allerdings letztlich der Methode des Vorumsatzabzuges. Dies führt bei grenzüberschreitenden innergemeinschaftlichen Umsätzen zu Wettbewerbsverzerrungen, die noch dadurch verschärft werden, dass die Steuer auf die Differenz nicht dem Bestimmungslandprinzip folgt, sondern sich nach dem Sitz des Leistenden bzw. nach dessen Lieferort bestimmt. Die Differenzbesteuerung (Methode Vorumsatzabzug) ist ein **Rückschritt und ein Fremdkörper** im ansonsten modernen europäischen Umsatzsteuerrecht.

V. Mit dem UStG 1967 wurde neben der Verbesserung der Wettbewerbsneutralität vor allem auch die Anpassung an die Harmonisierung der USt innerhalb der EG/EU durch Einführung eines gemeinsamen Mehrwertsteuersystems gemäß der 1. und 2. USt-Richtlinie[5] innerhalb der EG bezweckt.[6] Durch das in Umsetzung der inzwischen durch die Mehrwertsteuersystemrichtlinie (MwStSystRL– RL 2006/112/EG) ersetzten 6. EG-Richtlinie 77/388/EWG[7] ergangene UStG 1980 wurde der Harmonisierungsprozess fortgeführt. 6

Die Harmonisierung der USt innerhalb der Union dient vor allem der Schaffung gleicher Wettbewerbsbedingungen schon auf nationaler Ebene, vor allem aber auch innerhalb der Union. Art. 401 MwStSystRL verbietet daher den Mitgliedstaaten, neben der harmonisierten Mehrwertsteuer Steuern einzuführen, die den Charakter von Umsatzsteuern haben. Das bejaht der EuGH jedenfalls dann, wenn eine Steuer dieselben charakteristischen Merkmale wie die „Mehrwertsteuer" aufweist, nämlich 1. allgemeine Geltung für Lieferungen von Gegenständen und Erbringung von Dienstleistungen, 2. Höhe proportional zum Preis, 3. Allphasensteuer und 4. Steuer jeweils nur auf den Mehrwert. Letzteres wird durch den nur Unternehmern gewährten Vorsteuerabzug erreicht. Die Belastung muss letztlich vom Verbraucher zu tragen sein. Der Unternehmer als „Steuereinsammler" ist nicht zu belasten. Er ist daher bei einer Allphasensteuer durch den Vorsteuerabzug zu entlasten. Für eine lediglich örtliche Verkaufssteuer auf Lieferungen und Dienstleistungen im Einzelhandel wie auch für eine örtliche Regionalsteuer auf die Produktionstätigkeiten (eine Art Gewerbesteuer) hat

---

5 Abl. EG 1967, Nr. L 71, 1301, 1303.

6 Vgl. BT-Drs. V/1581.

7 Abl. EG 1977, Nr. L 145, 1.

der EuGH den Charakter einer unzulässigen „Umsatzsteuer" verneint.[8] Dem ist im Ergebnis zuzustimmen. Freilich vermag die Begründung, dass – anders als bei der Mehrwertsteuer eine Abwälzung auf den Endverbraucher nicht sicher sei – nicht zu überzeugen. Vielmehr fehlte es bei der örtlichen Verkaufssteuer an der allgemeinen Geltung für alle Umsätze (keine Allphasensteuer und vor allem keine nationale Geltung für den gesamten [Einzel]Handel) und bei der Steuer auf die Produktionstätigkeit an der spezifischen Anknüpfung an (einzelne) Umsätze. Die bis 1967 erhobene USt in Deutschland war selbstredend eine nach Art. 401 MwStSystRL unzulässige Steuer mit dem „Charakter einer Umsatzsteuer", die nicht beibehalten werden durfte, obwohl und gerade weil sie keinen Vorsteuerabzug kannte und auch Unternehmer belastete.

7 **VI.** Das mit Wirkung ab 01.01.1993 geltende **Umsatzsteuer-Binnenmarktgesetz**[9] passte das deutsche UStG an die Binnenmarktrichtlinie 91/680[10] zur Ergänzung des gemeinsamen Mehrwertsteuersystems an, um binnenmarktähnliche Verhältnisse zu schaffen. Innerhalb der Europäischen Gemeinschaft entfielen Grenzabfertigungen für Zwecke der Einfuhr und Ausfuhr (vgl. Rn. 172 ff.). Seither sind nur noch bescheidene Fortschritte auf europäischer Ebene zu mehr Harmonisierung und Vereinfachung erreicht worden. Das **Steuerentlastungsgesetz 1999/2000/2002**[11] ersetzte die frühere Eigenverbrauchsbesteuerung durch die Besteuerung der unentgeltlichen Wertabgaben gemäß § 3 Abs. 1 b und Abs. 9 a UStG. Durch das **Steuerverkürzungsbekämpfungsgesetz**[12] wurden zur Bekämpfung des sog. Umsatzsteuerbetruges in §§ 26 b, 26 c UStG ein neuer Bußgeld- und Straftatbestand für die Schädigung des Umsatzsteueraufkommens durch Nichtentrichtung aufgenommen. Durch das **Richtlinienumsetzungsgesetz (EURLUmsG**[13]**)** wurde § 15 a UStG an die Rspr. des EuGH zur Auslegung der MwStSystRL nach Art. 184 f. für die Berichtigung des Vorsteuerabzugs angepasst. Zum 01.01.2007 wurde der Normalsteuersatz durch das Haushaltsbegleitgesetz **(HBeglG 2006**[14]**)** von 16 auf 19 % angehoben. Das Jahressteuergesetz **(JStG 2009**[15]**)** passte die Ortsbestimmung bei sonstigen Leistungen in § 3 a UStG an die insoweit durch die Richtlinie 2008/8/EG erfolgten Änderungen der MwStSystRL an, um eine bessere Übereinstimmung der Ortsregelungen mit dem Bestimmungslandprinzip und eine größere Wettbewerbsneutralität für grenzüberschreitend erbrachte sonstige Leistungen zu erreichen. Durch das **JStG 2010**[16] wurde in § 15 Abs. 1 b UStG der Vorsteuerabzug bei einer Grundstücksnutzung für den privaten Bedarf in Umsetzung einer entsprechenden Vorgabe aus Art. 168 a MwStSystRL ausgeschlossen. Die entsprechenden Folgeänderungen für die Nichtbesteuerung der privaten Verwendung des Grundstückes und für eine Vorsteuerkorrektur durch Änderung der Verhältnisse erfolgten in §§ 3 Abs. 9 a und 15 a UStG. Durch das **Steuervereinfachungsgesetz 2011**[17] wurde allgemein die **elektronische Rechnung** als Rechnung im Sinne des UStG anerkannt. Durch das AmtshilfeRLUmsG[18] von

---

8 Vgl. EuGH v. 12.06.2019 – Rs C-185/18 (Oro Efectivo), UR 2019, 556; (Ankäufe von Schmuckgegenständen mit hohem Gehalt an Gold und Edelmetallen von Privatpersonen) m.w.N.; v. 07.08.2018 – Rs. C-475/17 (Viking Motors u.a.), UR 2018, 769 (örtliche Verkaufssteuer für Einzelhandelsumsätze); v. 03.06.2006 – Rs. C-475/03 (Banca popolare di Cremona), UR 2007, 545; s. auch v. 11.10.2007 – Rs. C-283/06 (Kögaz), UR 2007, 906. S. zu Art. 401 auch EuGH v. 25.02.2021 – Rs. C-712/19 (Novo Banco), UR 2021, 798 und v. 03.03.2020 – Rs. C-75/18 (Vodafone Magyarország), UR 2020, 437.

9 BGBl. I 1992, 1548; BStBl. I 1992, 552.

10 Abl. EG 1991, Nr. L 376, 1.

11 BStBl. I 1999, 304.

12 StVBG BStBl. I 2001, 3922.

13 BGBl. I 2004, 3310.

14 BGBl. I 2006, 1402.

15 BGBl. I 2008, 2794.

16 V. 08.12.2010, BGBl. I 2010, 1768. Außerdem erfolgten noch geringfügige Anpassungen/Änderungen in § 3 a Abs. 6 Nr. 2 und § 3 a Abs. 8 UStG für die Ortsregelung für bestimmte in § 3 a Abs. 4 UStG genannte sonstige Leistungen an inländische juristische Personen des öffentlichen Rechts durch einen Drittlandsunternehmer – Ort im Inland – und für bestimmte im Drittlandsgebiet genutzte oder ausgewertete sonstige Leistungen – Ort dann im Drittland.

17 V. 01.11.2011, BGBl. I 2011, 2131.

18 V. 26.06.2013, BGBl. I 2013, 1809 = BStBl. I 2013, 802.

2013 wurde das Vorsteuerabzugsrecht für den Abzug der EUSt und den innergemeinschaftlichen Erwerb in § 15 Abs. 1 S. 1 Nr. 2 und Nr. 3 UStG an die durch die MwStSystRL in der Auslegung durch den EuGH vorgegebene Rechtslage angepasst.[19] Die mit der Einfuhr bereits entstandene EUSt ist danach auch schon vor ihrer Entrichtung als VoSt abziehbar.

Durch **das StAnpG Kroatien**[20] erfolgte in Anpassung an ab dem 01.01.2015 umzusetzende Vorgaben der RL 2008/8/EG bezüglich des Ortes der Dienstleistungen in Art. 58 MwStSystRL eine **Neuregelung des Ortes der sonstigen Leistung für Telekommunikationsleistungen, Rundfunk- und Fernsehleistungen sowie elektronische Dienstleistungen** in § 3 a Abs. 5 UStG. In Befolgung des Bestimmungslandprinzips wird der Ort dieser sonstigen Leistungen (auch dann) an den (Wohn-)Sitz, gewöhnlichen Aufenthaltsort des Empfängers, verlegt, wenn dieser die Leistung nicht als Unternehmer für sein Unternehmen bezieht. Dies gilt ab 01.01.2015 uneingeschränkt auch für Unternehmer innerhalb der EU, die solche Leistungen erbringen. Zugleich wurde in § 18 Abs. 4 e UStG – für den im übrigen Gemeinschaftsgebiet ansässigen Unternehmer für die in Deutschland erbrachten Umsätze – und in § 18 h UStG – für den in Deutschland ansässigen Unternehmer für die im übrigen Gemeinschaftsgebiet erbrachten Umsätze – in Umsetzung des **Prinzips der Kleinen Einzigen Anlaufstelle (Mini One Shop Stop – MOSS)** gemäß Art. 358 a–369 k MwStSystRL in der ab 01.01.2015 geltenden Fassung den Unternehmern ermöglicht, ihre Erklärungs- und Zahlungspflichten für sämtliche innerhalb der Union erbrachten Telekommunikations-, Rundfunk- und Fernsehleistungen und elektronische Dienstleistungen in nur einem Mitgliedstaat zu erfüllen, freilich getrennt nach den Mitgliedstaaten und unter Anwendung des Umsatzsteuerrechtes des jeweiligen Mitgliedstaates. Das **StAnpG 2015**[21] passte in **§ 2 b UStG** die bisherige Regelung zur Unternehmereigenschaft von **juristischen Personen des öffentlichen Rechtes** an die Vorgaben der MwStSystRL in der Auslegung durch den EuGH und BFH an. Durch das **Dritte Pflegestärkungsgesetz**, das **Bundesteilhabegesetz**[22] und das Branntweinmonopolauflösungsgesetz[23] wurden in Art. 11, 16, 17 und 15 die **Befreiungsvorschriften des UStG** im Bereich der Gesundheitsvorsorge und der sozialen Fürsorge in § 4 Nr. 14, Nr. 15 c, Nr. 16 S. 1 lit. e, f, g und h und Nr. 19 a UStG an die Änderungen im Bereich des SGB und des Alkoholsteuergesetzes angepasst. Das **Gesetz zur Vermeidung von Umsatzsteuerausfällen beim Handel von Waren im Internet**[24] brachte Regelungen zu Pflichten und zur Haftung von Betreibern eines elektronischen Marktplatzes in §§ 22 f, 25 d UStG und Regelungen zur Verwendung von Gutscheinen, § 3 Abs. 13 bis 15 und § 10 Abs. 1 UStG. Durch das **„Gesetz zur weiteren Förderung der Elektromobilität und Änderung weiterer steuerlicher Vorschriften“** (JStG 2019) erfolgte mit Wirkung ab dem 01.01.2020 eine explizite Regelung für das Verbringen in ein **Konsignationslager**, eine Neuregelung für das **Reihengeschäft** und für die materielle Bedeutung der **Verwendung einer USt-IdNr. und der Angabe der USt-IdNr.** in der zusammenfassenden Meldung für die **Befreiung**

---

19 Vgl. dazu EuGH v. 29.03.2012 – Rs. C-414/10, BStBl. 2013 II, 941 (zur EUSt) und v. 22.04.2010 – Rs. C-536 und C-539/08, UR 2010, 418 sowie BFH v. 01.09.2010 – V R 39/08 und v. 08.09.2010 – XI R 40/08, BStBl. II 2011, 661 und 739 (zum ig. Erwerb).

20 Gesetz v. 25.07.2014 zur Anpassung des nationalen Steuerrechts an den Beitritt Kroatiens zur EU (...), BGBl. I 2014, 1266.

21 V. 02.11.2015, BGBl. I 2015, 1834.

22 V. 23.12.2016, BGBl. I 2016, 3191 (3. Pflegestärkungsgesetz) und BGBl. I 2016, 3234 (Bundesteilhabegesetz).

23 V. 15.03.2017, BGBl. I 2017, 420.

24 V. 11.12.2018, BGBl. I 2018, 2338. S. dazu auch BMF v. 14.12.2018, BStBl. I 2018, 1429. Das Gesetz dient (auch) der Umsetzung der Richtlinien 2016/65 (Gutscheinrichtlinie) und der Richtlinie 2017/2455 (EU-E-Commerce Richtlinie) zu mehrwertsteuerliche Pflichten bei Fernverkäufen. Außerdem wird die bisherige Regelung des § 3 Abs. 9 S. 3 UStG, wonach Verwertungsgesellschaften und Urheber in den Fällen der §§ 27, 54 UrhG sonstige Leistungen gegen Entgelt ausführen, wegen Unvereinbarkeit mit dem Unionsrecht gestrichen, vgl. dazu EuGH v. 19.12.2018 – Rs. C-51/18 (Kommission/Österreich) und v. 18.01.2017 – Rs. C-37/16 (SAWP), UR 2017, 230.

einer innergemeinschaftlichen Lieferung (s. Rn. 191, 192). Das UStG wurde damit an die durch die RL (EU) 2018/1910 geänderte MwStSystem) RL 2006/112/EG bezüglich des innergemeinschaftlichen Verbringens in ein Konsignationslager in Art. 17 a, des innergemeinschaftlichen Reihengeschäftes in Art. 36 a und der materiellen Bedeutung der USt-IdNr. für eine Befreiung der innergemeinschaftlichen Lieferung in Art. 138 der MwStSystRL angepasst.[25] Durch das **Bürokratieentlastungsgesetz** wurde die Kleinunternehmergrenze des § 19 UStG von bisher 17.500 € auf 22.000 € erhöht. Durch das **Gesetz** zur Einführung einer Pflicht zur **Mitteilung grenzüberschreitender Steuergestaltungen** wurde die Grenze für die Gestattung der Istbesteuerung in § 20 UStG auf 600.000 € (statt bisher 500.000 €) erhöht und durch das **Gesetz** zur Umsetzung des **Klimaschutzprogrammes** für den Schienenbahnverkehr der ermäßigte Steuersatz von 7 % auch für Beförderungsstrecken von mehr als 50 km eingeführt.[26] Durch das Corona Steuerhilfegesetz wurde der Steuersatz für nach dem 30.06.2020 und vor dem 01.07.2021 erbrachte Restaurant- und Verpflegungsdienstleistungen mit Ausnahme der Abgabe von Getränken zeitlich begrenzt auf 7 % ermäßigt. Durch das 2. Corona-Steuerhilfegesetz wurde – begrenzt für die Zeit vom 01.07.2020 bis zum 31.12.2020 gemäß § 28 UStG – der allgemeine Steuersatz gemäß § 12 Abs. 1 UStG für Umsätze temporär von 19 % auf 16 % gesenkt und der ermäßigte gemäß § 12 Abs. 2 UStG von 7 % auf 5 %. Mit Wirkung ab dem 01.01.2021 gelten für die ab dann ausgeführten Umsätze wieder die Steuersätze von 19, respektive 7 %.[27]

Das **Jahressteuergesetz 2020** brachte in Art. 11 bis 16 umfangreiche Änderungen des UStG und der UStDV[28], die zu einem erheblichen Teil nach § 27 Abs. 33, 34 UStG erst auf nach dem 30.06.2021 ausgeführte Umsätze anzuwenden sind.

Von erheblicher verfahrensrechtlicher Bedeutung sind dabei die **verfahrenserleichternden Bestimmungen für ein besonderes Besteuerungsverfahren in § 18 i UStG für** von nicht im Gemeinschaftsgebiet ansässigen Unternehmern erbrachte **sonstige Leistungen**, und **in § 18 j UStG für den innergemeinschaftlichen Fernverkauf** und innergemeinschaftlich erbrachte sonstige Leistungen sowie in **§ 18 k UStG für Fernverkäufe von aus dem Drittlandsgebiet eingeführten Gegenständen in Sendungen mit einem Sachwert von höchstens 150 €**. Durch die Neuregelungen wird es **a) in § 18 i UStG** nicht im Gemeinschafts-/Unionsgebiet ansässigen Unternehmern **(Drittlandsunternehmern)** ermöglicht, für alle von ihnen im Unionsgebiet erbrachten sonstigen Leistungen – nicht nur, wie bisher für Telekommunikations- und elektronische Dienstleistungen – an Nichtunternehmer ihren Erklärungs- und Zahlungspflichten in nur einem Mitgliedstaat nachzukommen, der dann die Erklärungen und Zahlungen an die jeweils betroffenen Mitgliedstaaten weiterleitet, und **b) in § 18 j UStG** auch **im Unionsgebiet ansässigen Unternehmern** ermöglicht, ihren Erklärungs- und Zahlungspflichten für in allen Mitgliedstaaten erbrachten sonstigen Leistungen an Nichtunternehmer in nur einem Mitgliedstaat nachzukommen. Das seit dem StAnpG Kroatien geltende Prinzip der Kleinen Einzigen Anlaufstelle **(Mini One Shop Stop – MOSS)** ist insoweit mit dem JStG 2020 durch das Prinzip der Einzigen Anlaufstelle **(One Stop Shop – OSS)** ersetzt worden. Durch das am

---

25 Gesetz v. 12.12.2019, BGBl. I 2019, 2451 und RL (EU) 2018/1910 v. 04.12.2018, Abl. EU 2018, Nr. L 311, 3. S. dazu Höink BB 2019, 23 f. und 87 f.; Szabo/Tausch UVR 2019, 9 f. und 76 f.; Ismer UR 2019, 606.

26 Bürokratieentlastungsgesetz v. 22.11.2019, BGBl. I 2019, 1746; Klimaschutzprogramm v. 21.12.2019, BGBl. I 2019, 2886; Gesetz grenzüberschreitende Sachverhalte v. 21.12.2019, BGBl. I 2019, 2875.

27 Corona-Steuerhilfegesetz v. 19.06.2020, BGBl. I S. 1385 und 2. Corona-Steuerhilfegesetz v. 29.06.2020, BGBl. I S. 1512. Siehe dazu BMF v. 30.06.2020, BStBl. I 2020, 584.

28 Jahressteuergesetz 2020 v. 21.12.2020, BGBl. I 2020, 3096 f. Durch das JStG 2020 wird der sogenannte MwSt-Digitalpaket umgesetzt. Vgl. dazu BMF-Schreiben v. 01.04.2021, BStBl. I 2021, 629. Änderungen ergeben sich namentlich im Besteuerungsverfahren für nicht im Gemeinschaftsgebiet ansässige Unternehmer. Siehe dazu auch Widmann MwStR 2021, 6 sowie Sterzinger UR 2020, 941 f. und Oldiges/Mateev DStR 2020, 1937.

01.01.2022 in Kraft getretene Gesetz zur Umsetzung unionsrechtlicher Vorgaben[29] wird der Durchschnittssteuersatz für pauschalierende Landwirte in § 24 UStG auf 9,5 % gesenkt und die Pflicht des BMF zur jährlichen Überprüfung des Durchschnittssatzes festgelegt.

B. Besteuerung der Einkommensverwendung für den Verbrauch

Fall 2: Familienvater/Erwerb von Gütern durch Einkommensverwendung

Familienvater V, verheiratet, fünf Kinder, kauft am 23.12. bei Metzger M in Münster einen Weihnachtsbraten zum Kaufpreis von 107 €. Er zahlt sofort und erhält den Braten übergeben. Im benachbarten Getränkeladen erwirbt er von W für 23,80 € eine Flasche Rotwein. Wer schuldet wie viel USt?

V als Nichtunternehmer schuldet dem Fiskus keine USt, kann aber auch keine VoSt abziehen (vgl. § 15 Abs. 1 UStG). 8

M und W als Unternehmer haben mit der Übergabe des Bratens und der Flasche an den V je eine Lieferung (§ 3 Abs. 1 UStG) ausgeführt. Da sie dafür mit dem Kaufpreis ein Entgelt erhalten haben, liegt jeweils ein Leistungsaustausch gemäß § 1 Abs. 1 Nr. 1 UStG vor. Die Lieferungen sind steuerbar, denn sie erfolgen im Inland, nämlich gemäß § 3 Abs. 6 UStG in Münster, durch einen Unternehmer (§ 2 UStG) im Rahmen seines Unternehmens. Die Lieferungen sind nicht steuerbefreit (§ 4 UStG). Die Lieferung des Bratens unterliegt einem (ermäßigten) Steuersatz von 7 % (§ 12 Abs. 2 Nr. 1 UStG i.V.m. Nr. 2 der Anlage 2), die Lieferung der Weinflasche dem Normalsteuersatz von 19 %. Der Steuersatz ist auf das Entgelt anzuwenden (§ 10 Abs. 1 UStG). Dieses umfasst nicht die USt. Es muss daher aus dem Kaufpreis herausgerechnet werden. Das Entgelt für den Braten beträgt 100 €, die Steuer 7 € (107 € : 1,07 x 7 %). Für die Lieferung der Flasche Wein ergibt sich ein Entgelt von (23,80 € : 1,19 =) 20 und eine Steuer von (20 x 19 % =) 3,80. Die Steuer schulden M (7 €) und W (3,80 €) als leistende Unternehmer nach § 13 a Abs. 1 Nr. 1 UStG.

I. Obwohl im Fall 2 M und W die USt schulden, sind wirtschaftlich nicht sie, sondern V damit belastet, denn V hat sie im vereinbarten Preis (107 € bzw. 23,80 €) mit zu entrichten. Die USt gehört deshalb von der Erhebungstechnik her zu den **indirekten Steuern**. 9

Als solche bezeichnet man Steuern, bei denen der (formelle) **Steuerschuldner** – bei der USt der Unternehmer – nicht identisch ist mit dem wirtschaftlich Belasteten (dem **Steuerträger**). Steuerträger ist bei der USt der Endverbraucher der Leistung, auf den die Steuer im Preis überwälzt wird.[30] Indirekte Steuern sind relativ einfach zu erheben; ihre Erhöhung ruft bei einer unaufgeklärten Bevölkerung geringeren Steuerwiderstand hervor, da die Belastungswirkung nicht erkannt wird. Auch ist bei der Überprüfung der Steuerfälle in der Regel kein Eindringen in die private Sphäre erforderlich (deshalb wurden indirekte Steuern u.a. schon von Bismarck befürwortet[31]).

Die USt lässt sich weiterhin als **Objektsteuer** kennzeichnen. Sie knüpft lediglich an den **Umsatz als Objekt der Besteuerung** an und nimmt grundsätzlich hinsichtlich der Befreiungen und Ermäßigungen auf die persönlichen Verhältnisse des durch die

29 Gesetz vom 21.12.2021, BGBl. I 2021,5250. Siehe dazu Widmann MwStR 2022, 7 f.

30 Vgl. zum rechtlichen Vorliegen einer Abwälzung/Überwälzung der USt auch bei hoheitlicher Preisregulierung EuGH v. 24.10.2013 – Rs. C-440/12 (Metropol Spielstätten), UR 2013, 866; s. auch BFH v. 27.06.2017 – V B 162/16, BFH/NV 2017,1336 (zu Spielbankabgabe und USt).

31 Vgl. Pausch DStZ 1973, 233.

Steuer belasteten Verbrauchers keine Rücksicht. So wird im Fall 2 die geschuldete USt von 7 € nicht etwa ermäßigt, weil V ein geringes Einkommen und fünf Kinder hat; umgekehrt hätte auch ein lediger Zahnarzt mit hohem Einkommen keine höhere USt im Preis zu entrichten. Lediglich grob typisierend nach der Art des erworbenen Gegenstandes wird durch einen ermäßigten Steuersatz (hier Lebensmittel) und auch durch Befreiungen (z.B. von Heilbehandlungen nach § 4 Nr. 14 a–14 e UStG und die Wohnungsvermietung nach § 4 Nr. 12 UStG) einem existentiellen Bedarf Rechnung getragen. Aber auch dann kommen die Ermäßigungen und Befreiungen sowohl dem Bedürftigen als auch dem nicht Bedürftigen zugute. Durch ihren Objektcharakter unterscheidet sich die USt prinzipiell von der **ESt (Subjektsteuer)**.

10 **II.** Nicht mehr umstritten ist die Frage, ob die USt als **Verbrauchsteuer** oder als **Verkehrsteuer** zu klassifizieren ist.[32] Dabei ist zu unterscheiden: Von der Erhebungstechnik her ist die USt in erster Linie Verkehrsteuer. Sie knüpft in ihrem Haupttatbestand, dem Leistungsaustausch (§ 1 Abs. 1 Nr. 1 UStG), technisch an Verkehrsakte, nämlich Lieferungen und sonstige Leistungen, an. Besteuert wird in Fall 2 die Lieferung des Fleisches und des Weines durch M und W an V, ein Akt des Rechtsverkehrs, nicht der Verzehr des Fleisches durch V und seine Familie. Allerdings gilt dies nicht ausnahmslos. Bei der Besteuerung der **unentgeltlichen Wertabgaben** nach § 3 Abs. 1 b Nr. 1 und § 3 Abs. 9 a Nr. 1 und 2 UStG wird nur zum Teil an Akte des Rechtsverkehrs angeknüpft. Besteuert wird hier die tatsächliche Inanspruchnahme von Gütern und Dienstleistungen des Unternehmens für private, nichtunternehmerische Zwecke. Insoweit liegt auch bereits technisch keine Verkehrsteuer vor. Die finanzpolitischen Belastungswirkungen treffen hingegen den privaten Konsum, d.h. den privaten Verbrauch von Gütern und Dienstleistungen. Die USt deckt sich insoweit mit den speziellen Verbrauchsteuern (z.B. Kaffee-, Tabak-, Mineralölsteuer).

Im Gegensatz zu diesen ist sie jedoch umfassend und knüpft nicht an Spezialtatbestände an.[33] Sie lässt sich daher – in Übereinstimmung mit Art. 1 der MwStSystRL – als allgemeine Verbrauchsteuer kennzeichnen.[34]

Beachte aber: *Im Sinne der AO gehört die USt – mit Ausnahme der Einfuhrumsatzsteuer gemäß § 21 Abs. 1 UStG – nicht zu den Verbrauchsteuern, sondern zu den Besitz- und Verkehrsteuern.*[35] *Daher beträgt die Festsetzungsfrist nach § 169 Abs. 2 S. 1 Nr. 2 AO vier Jahre und es ist die einfache Änderungsmöglichkeit nach § 172 Abs. 1 S. 1 Nr. 1 AO für Verbrauchsteuern nicht anwendbar.*[36]

11 **III.** Im Gegensatz zur Einkommen- und Körperschaftsteuer belastet die USt nicht das erwirtschaftete Einkommen als solches, sondern die **Verwendung des Einkommens** (oder des Vermögens) für den privaten Verbrauch. Darin liegt nur scheinbar ein Verstoß gegen das Prinzip der Besteuerung nach der Leistungsfähigkeit, das für Steuergesetze allgemein gelten sollte. Denn die Einkommensverwendung für private Zwecke stellt neben dem direkt zu besteuernden Einkommen und Vermögen einen weiteren Indikator für die steuerliche Leistungsfähigkeit dar.[37]

IV. Die USt hat – bezogen auf das Einkommen – eine regressive Wirkung. Mit größerem Sparanteil nimmt die Belastung mit USt ab. Da bei geringeren Einkommen kein oder nur ein kleiner Sparanteil möglich ist, ist die prozentuale Belastung mit USt für

---

32 Vgl. Stadie in: R/D, Einführung Rn. 97 f. m.w.N.; grundlegend Söhn StuW 1975, 1 ff.; ders. StuW 1996, 165 ff.; Tipke StuW 1992, 103 ff.

33 Vgl. EuGH v. 03.10.2006 – Rs. C-475/03 (Banca populare di Cremona), Slg. 2006, I-9440; v. 09.03.2000 – Rs. C-437/99 (Krankenhausverein Wien), UR 2000, 242.

34 Vgl. BT-Drs. V/1581, Bericht „die allgemeine Verbrauchsteuer"; Englisch in: T/L § 17 A 3.1.; für Österreich vgl. Ruppe/Achatz Einf. Rn. 31 ff.

35 Vgl. auch Drüen, Allgemeines Steuerrecht, Rn. 14.

36 BFH v. 12.05.2005 – V R 44/04, BFH/NV 2005, 2046; v. 16.10.1986 – V B 64/86, BStBl. II 1987, 95.

37 Vgl. Tipke, Bd. II, § 19; Reiß DStJG Bd. 13, 1990, 3 f.; Ruppe/Achatz Einf. Rn. 38, 39.

den Bezieher kleinerer Einkommen größer. Anders als bei der ESt gibt es für den Einkommensverwender bei der USt auch keinen von Verfassungs wegen nicht zu besteuernden Existenzminimumfreibetrag.[38] Allerdings ist die Belastung mit USt bei der Bemessung des Existenzminimumfreibetrages für die ESt und für die Sozialhilfe zu berücksichtigen.[39] Das kann nur hingenommen werden, weil über die auch das Spareinkommen erfassende progressive ESt eine ergänzende Besteuerung erfolgt. In der modernen Finanztheorie wie auch in der Politik wurde bis vor kurzem überwiegend eine verstärkt konsumorientierte Einkommensbesteuerung gefordert.[40] Dabei wird regelmäßig die bereits gegenwärtig erfolgende Besteuerung der Einkommensverwendung für Zwecke des Konsums durch die USt zu Unrecht nicht erwähnt oder in ihrer Belastungswirkung verkannt.[41] Neben einer rein konsumorientierten ESt verliert die USt ihre Existenzberechtigung.[42] Eine rein konsumorientierte (sparbereinigte) Einkommensbesteuerung ist aber auch ein Irrweg.

C. Die Systematik des Umsatzsteuergesetzes (zugleich Klausuraufbauschema)

I. Rechtsgrundlagen (Gesetz und EU-Richtlinien)

1. Umsatzsteuergesetz und MwStSystRL

Wichtigste nationale Rechtsgrundlage für die Umsatzbesteuerung ist das **Umsatz- 12**
steuergesetz,[43] ergänzt durch die Umsatzsteuerdurchführungsverordnung.

Bei der USt handelt es sich um eine sog. **harmonisierte Steuer** im Rahmen der Europäischen Union. Grundlage für die Umsatzsteuer-Harmonisierung ist Art. 113 AEUV. Dieser schreibt für die USt, Verbrauchsabgaben und sonstige indirekte Steuern vor, dass diese durch Bestimmungen des Rates zu harmonisieren sind, soweit die Harmonisierung für die Errichtung und das Funktionieren des Binnenmarktes erforderlich ist. Der Binnenmarkt umfasst nach Art. 26 Abs. 2 AEUV einen Raum ohne Binnengrenzen, in dem der freie Verkehr von Waren, Personen, Dienstleistungen und Kapital gewährleistet ist. Mit dem Binnenmarkt unvereinbar sind steuerliche Abgaben oder Erschwernisse, die an einen Waren- oder Dienstleistungsverkehr über die Staatsgrenzen innerhalb der Union anknüpfen, sowie jegliche steuerliche Diskriminierung von EU-Ausländern gegenüber Inländern. Die Harmonisierung erfolgt aufgrund von Richtlinien. Eine Richtlinie ist nach Art. 288 Abs. 3 AEUV für jeden Mitgliedstaat (bzw. dessen Organe) verbindlich. Sie bedarf der Umsetzung in nationales Gesetzgebungsrecht, soweit dem Einzelnen Rechte und Pflichten auferlegt werden. Die Richtlinie selbst stellt materiell kein den Bürger verpflichtendes Gesetz dar, anders als die nach Art. 288 Abs. 2 AEUV mögliche (EU-)Verordnung. Durch eine Richtlinie lassen sich daher unmittelbare steuerliche Pflichten des Bürgers nicht begründen.[44] In Umsetzung

38 Kritisch insoweit Tipke in: FS für W. Reiß, 2008, S. 9 f.; zutreffend die Zulässigkeit einer Kompensation im einkommensteuerlichen Existenzminimumfreibetrag bejahend, Stadie in: R/D Einführung Rn. 438 f.

39 BVerfG, Beschl. v. 06.12.2007 – 1 BvR 2129/07, UR 2008, 159 m.w.N.

40 Vgl. Hey in: T/L § 3 Rn. 69 f. mit umfassenden weiteren Nachweisen.

41 Vgl. dazu Reiß in: R/K/L Einführung unter A III, Rn. 10–14.

42 Zutreffend Kirchhof UR 2002, 541 f.; s. auch Ruppe/Achatz Einf. Rn. 39.

43 I.d.F. der Bekanntmachung v. 21.02.2005, BGBl. I 2005, 386 zuletzt geändert durch Art. 11–13 des Gesetzes zur Förderung der Elektromobilität und zur Änderung weiterer steuerlicher Vorschriften v. 12.12.2019, BGBl. I 2019, 2451 (JStG 2019).

44 Schlussanträge Kokott v. 03.10.2019 – Rs. C-401-18 (Herst), Rn. 64 f. m.w.N.; EuGH v.22.11.2017 – Rs. C-251/16 (Cussens), UR 2018, 241 Rn. 26; v. 12.12.2013 – Rs. C-425/12, BeckRS 2013, 82329 (Portgas) m.w.N.; v. 16.06.2005 – Rs. C-105/03 (Pupino), Slg. 2005, I-5285; v. 05.10.2004 – Rs. C-397/01, 403/01 (Pfeiffer), Slg. 2004, I-8835; v. 26.02.1986 – Rs. 152/84 (Marshall), Slg. 1986, 723; v. 14.04.1994 – Rs. C-91/92 (Faccini Dori), Slg. 1994, I 3325; BFH v. 19.05.1993 – V R 110/88, BStBl. II 1993, 779; v. 08.10.1991 – V R 95/89, BStBl. II 1992, 209; v. 27.04.2006 – V R 53/04, BStBl. II 2007, 16.

des Harmonisierungsauftrages des Art. 93 EGV (jetzt Art. 113 AEUV) sind verschiedene MwSt-Richtlinien der Gemeinschaft ergangen, deren wichtigste die 6. Richtlinie 77/388/EWG war. Diese ist seit ihrem Erlass 1977 mehrmals geändert und ergänzt worden. Sie wurde mit Wirkung ab dem 01.01.2007 durch die RL 2006/112/EG (die sog. Mehrwertsteuersystemrichtlinie – MwStSystRL)[45] ersetzt, die ihrerseits seither mehrmals ergänzt und geändert worden ist. Zur Durchführung der MwStSystRL ist die (Durchführungs-)Verordnung (EU) Nr. 282/2011 (MwStDVO) ergangen.[46] Da es sich um eine Verordnung handelt, ergibt sich das Kuriosum, dass diese Verordnung unmittelbar geltendes auch verpflichtendes Recht für die Bürger begründet, während die Richtlinienregelungen, deren Durchführung die Verordnung dient, keine unmittelbaren Verpflichtungen der Bürger begründen können.[47]

13 Bei einem Widerspruch zwischen nationalem Umsatzsteuerrecht und EG/EU-Richtlinien zur gemeinsamen USt ist der nationale Gesetzgeber verpflichtet, das nationale Recht der Richtlinie anzupassen.

Versäumt der nationale Gesetzgeber eine derartige Anpassung, kann sich der Steuerpflichtige bei einer ihm günstigen Regelung unmittelbar auf die entsprechende Bestimmung der Richtlinie berufen, wenn diese hinreichend klar und eindeutig sowie inhaltlich unbedingt ist. Das ist für nahezu alle Bestimmungen der MwStSystRL zu bejahen.[48] Eine unmittelbare Berufung kommt auch dann in Betracht, wenn zwar die Richtlinienregelung vom Gesetzgeber ordnungsgemäß umgesetzt wurde, wenn aber die Verwaltung die nationalen Maßnahmen zur Umsetzung in einer gegen das Gemeinschaftsrecht verstoßenden Art und Weise anwendet.[49] Aus einer unzutreffenden Umsetzung der Richtlinie können bei qualifiziertem Verstoß auch gemeinschaftsrechtliche Schadensersatzansprüche gegen den Mitgliedstaat entstehen.[50]

---

45 V. 28.11.2006, Abl. EU 2006, Nr. L 347, 1, zuletzt geändert durch die Richtlinie (EU) 2021/1159 v. 13.07.2021, ABl Nr. L 250, 1 f; befristetet Befreiung von Einfuhren und bestimmtene Lieferungen als Reaktion auf die Covid-19-Pandemie. Von den Änderungen aus jüngerer Zeit sind besonders erwähnenswert: Sonderregelung für Kleinunternehmen, Abl. Nummer L 62 2020, S. 13)[4], die Richtlinie (EU) 2017/2455 zur Änderung der Richtlinie 2006/112/EG und der Richtlinie 2009/132/EG in Bezug auf bestimmte mehrwertsteuerliche Pflichten für die Erbringung von Dienstleistungen und für Fernverkäufe von Gegenständen vom 05.12.2017 (Abl. EU 2018, Nr. L 348 2017, S. 7) mit Berichtigungen vom 06.09.2018 (Abl. Nummer L 225 2018, S. 1)[2], vom 27.07.2018 (Abl. EU 2019, Nr. L 190 2018, S. 21) und vom 25.09.2019 (Abl. EU 2019, Nr. L 245 2019, S. 9) sowie die Richtlinie 2018/1713 des Rates zur Änderung der Richtlinie 2006/112/EG des Rates in Bezug auf die Mehrwertsteuersätze für Bücher, Zeitungen und Zeitschriften vom 06.11.2018 (Abl. EU 2018, Nr. L 286 2018, 20) und die Richtlinie (EU) 2018/1910 v. 04.12.2018 zur Harmonisierung und Vereinfachung des Mehrwertsteuersystems zur Besteuerung des Handels zwischen Mitgliedstaaten, Abl. EU 2018, Nr. L 311, 3 v. 07.12.2018.

Von den früheren Änderungen sind besonders erwähnenswert: die RL 2013/42/EU und 2013/43/EU v. 22.07.2013, Abl. EU 2013, Nr. L 201, 1 und 4 zur Erweiterung der Umkehr der Steuerschuldnerschaft zur Bekämpfung des Mehrwertsteuerbetrugs in Art. 199 a und 199 b MwStSystRL und die RL 2008/8/EG v. 12.02.2008 zum Ort der Dienstleistung, Abl. EU 2008, Nr. L 44, 11 sowie die RL 2009/47 v. 05.05.2009 zu ermäßigten Steuersätzen, und die RL 2010/88/EU v. 07.12.2010, Abl. EU 2010, Nr. L 326, 1 zum Mindestnormalsatz.

46 VO EU Nr. 282/2011 v. 15.03.2011 zur Festlegung von Durchführungsvorschriften zur Richtlinie 2006/112/EG, Abl. EU 2011, Nr. L 77, 1; zuletzt geändert durch Durchführungsverordnung (EU) 2020/1112 des Rates v. 20.07.2020, ABl EU 2020, 9, Nr. L 244 als Reaktion auf die Covid-19-Pandemie. Bedeutsam auch die Änderungen durch Änderungsverordnung 2019/2026 des Rates vom 21.11.2019 zur Änderung der Durchführungsverordnung (EU) Nr. 282/2011 bezüglich der über elektronische Schnittstellen unterstützten Lieferung von Gegenständen oder Erbringung von Dienstleistungen sowie bezüglich der Sonderregelungen für Steuerpflichtige, die Dienstleistungen an Nichtsteuerpflichtige erbringen sowie Fernverkäufe von Gegenständen und bestimmte Lieferungen von Gegenständen innerhalb der Union tätigen vom 21.11.2019 (Abl. EU 2019, Nr. L 313 2019, S. 14)[1].

47 S. auch Kemper UR 2017,1 zur Einordnung der MwStDVO in die Normenhierarchie.

48 Vgl. EuGH v. 08.06.2006 – Rs. C-430/04 (Feuerbestattungsverein Halle), Slg. 2006, I-4999; v. 18.01.2001 – Rs. C-150/99 (Lindöpark), Slg. 2001, I-493; s. aber Vorlage des BFH v. 21.06.2018 – V R 20/17, BStBl. II 2018, 588 und dazu Entscheidung des EuGH v. 10.12.2020 – C-488/18 (Golfclub Schloß Igling), DStR 2020, 2869 (Ermessensspielraum für Gewährung einer Befreiung nach Art. 132 Abs. 1 lit. m MwStSystRL für Dienstleistungen im Zusammenhang mit Sport für Einrichtungen ohne Gewinnstreben – nicht gemeinnütziger Verein zur Pflege des Golfsports) und EuGH v. 15.02.2017 – Rs. C-592/15 (British Film Institute), UR 2017, 268 (keine unmittelbare Wirkung für Befreiung kultureller Dienstleistungen nach der Richtlinie!) und v. 26.10.2017 – Rs. C-90/60 (The English Bridge Union), UR 2018, 197.

49 EuGH v. 11.07.2002 – Rs. C-62/00 (Marks & Spencer), Slg. 2002, I-6325.

50 EuGH v. 18.01.2001 – Rs. C-150/99 (Lindöpark), Slg. 2001, I-493; BFH v. 13.01.2005 – V R 35/03, BStBl. II 2005, 460 und v. 21.04.2005 – V R 16/04, BStBl. II 2006, 96; Lange UR 2006, 67.

2. Richtlinienkonforme Auslegung und Anwendungsvorrang

Nationales Umsatzsteuerrecht ist innerhalb der Grenzen des Wortlautes von den anwendenden Behörden und von der Rspr. in Übereinstimmung mit den EG-Richtlinien auszulegen. Eine Auslegung contra legem ist aber unzulässig. Die Pflicht zur sog. **richtlinienkonformen Auslegung** – innerhalb der Grenzen einer zulässigen Auslegung – ergibt sich europarechtlich aus Art. 4 Abs. 3 EUV, der die (Organe der) Mitgliedstaaten (Gesetzgeber, Gerichte und Behörden!) zur Erfüllung der Aufgaben und Verpflichtungen, die sich aus den Verträgen ergeben, und damit zu gemeinschaftstreuem Verhalten verpflichtet.[51] Sie folgt im Übrigen auch nach nationalem Recht daraus, dass der Gesetzgeber im Zweifel die Richtlinie gemeinschaftskonform in nationales Gesetzesrecht umsetzen will.[52] Die nur innerhalb der Grenzen des Wortlautes zulässige **richtlinienkonforme Auslegung** kann im Ergebnis sowohl **zugunsten als auch zulasten** des (Steuer-)Bürgers ausfallen. Bei Zweifeln über die Auslegung der EG/EU-Richtlinien hat das nationale Gericht nach Art. 267 AEUV eine Vorabentscheidung des EuGH einzuholen und dessen Auslegung dann für die von ihm vorzunehmende richtlinienkonforme Auslegung des nationalen UStG zu übernehmen.[53] Der EuGH hat nur über die Auslegung der Richtlinie zu entscheiden, nicht über die Auslegung des nationalen Rechts. Letzteres obliegt nur dem nationalen Gericht. Unterlässt ein Gericht willkürlich die Vorlage an den EuGH, so entzieht es dem Steuerpflichtigen seinen gesetzlichen Richter und verstößt gegen Art. 101 GG.[54] 14

Fall 3: Anwendungsvorrang für Durchschnittssatzbesteuerung des land- und forstwirtschaftlichen Betriebes einer eingetragenen Genossenschaft

Die eingetragene Waldgenossenschaft W.eG begehrte nach der Sonderregelung des § 24 UStG für land- und forstwirtschaftliche Betriebe nach Durchschnittssätzen besteuert zu werden. Nach dieser Regelung erfolgt grundsätzlich eine Vorsteuerpauschalierung in derselben Höhe wie für die auf die land- und forstwirtschaftlichen Ausgangsumsätze geschuldete Umsatzsteuer, sodass sich für den Land- oder Forstwirt – falls er keine unter Abs. 1 Nr. 2 fallenden Umsätze tätigt – keine Umsatzsteuerschuld ergibt. § 24 Abs. 2 UStG bestimmt, welche Betriebe als land- und forstwirtschaftliche Betriebe gelten. In dem erst durch Art. 11 Nr. 6 des JStG 2020 ersatzlos aufgehobenen § 24 Abs. 2 S. 3 UStG a.F. wurde allerdings durch den deutschen Gesetzgeber bis dahin ausdrücklich bestimmt, dass „ein Gewerbebetrieb kraft Rechtsform auch dann nicht als land- und forstwirtschaftlicher Betrieb gilt, wenn im Übrigen alle Merkmale eines land- und forstwirtschaftlichen Betriebes vorliegen." Das Finanzamt lehnte unter Hinweis auf § 24 Abs. 2 S. 3 UStG i.V.m. §§ 8 Abs. 2, 1 Abs. 1 Nr. 2 KStG die Anwendung des § 24 UStG ab. Es setzte für das Kalenderjahr die Umsatzsteuer gemäß § 16 Abs. 1 und Abs. 2 UStG in Höhe der Differenz zwischen Umsatzsteuer auf die Ausgangsumsätze abzüglich in Rechnung gestellter Vorsteuern fest. Zu Recht?

---

51 Schlussantrag Generalanwältin Kokott v. 03.10.2019 – Rs. C-401/18 (Herst), BeckRS 2019, 23106, m.w.N.; EuGH 11.07.2002 – Rs. C-62/00 (Marks & Spencer) m.w.N., Slg. 2002, I-6325; zur richtlinienkonformen Auslegung vgl. auch Englisch in: T/L § 4 Rn. 31 f. m.w.N.

52 Vgl. BVerfG v. 08.04.1987 – 2 BvR 687/85, BVerfGE 75, 223. Siehe auch BVerfG v. 17.11.2017– 2 BvR 1131/16, NJW-RR 2018, 305–308 (zu den Grenzen einer richtlinienkonformen Auslegung (keine Rechtsgrundlage für eine Auslegung des nationalen Rechtes „contra legem").

53 Vgl. BFH v. 20.10.2016 – V R 26/15, DB 2016, 3019 = BStBl. II 2020, 593 zur richtlinienkonformen Auslegung von § 15 Abs. 1 UStG i.V.m. § 31 Abs. 5 UStDV zur Rückwirkung von Rechnungsberichtigungen für den Vorsteuerabzug in Umsetzung der Rspr. des EuGH zu Art. 167, 168, 178, 226 MwStSystRL in EuGH v. 15.09.2016 – Rs. C-518/14 (Senatex). S. dazu auch Reiß MwStR 2016, 972; Stadie UR 2016, 934 (ablehnend) und Widmann UR 2017, 1 (zustimmend).

54 BVerfG v. 06.09.2016 – 1 BvR 1305/13, NVwZ 2017, 53; v. 08.04.1987 – 2 BvR 687/8, BVerfGE 75, 223 m.w.N.

15 Das Finanzamt hatte nach der damaligen deutschen Gesetzeslage zutreffend die Anwendung der Durchschnittssatzbesteuerung nach § 24 UStG für den forstwirtschaftlichen Betrieb der W.eG verneint. Denn § 24 Abs. 2 S. 3 UStG a.F bestimmte ausdrücklich, dass ein Gewerbebetrieb kraft Rechtsform nicht als land- und fortwirtschaftlicher Betrieb i.S.d. § 24 UStG zu behandeln ist. § 8 Abs. 2 KStG regelt, dass bei (unbeschränkt steuerpflichtigen) Kapitalgesellschaften, Genossenschaften und Versicherungsvereinen auf Gegenseitigkeit alle Einkünfte als Einkünfte aus Gewerbebetrieb zu behandeln sind. Demnach durfte nach der eindeutigen, einer abweichenden richtlinienkonformen Auslegung nicht zugänglichen deutschen Gesetzeslage die Durchschnittssatz(-nicht-)besteuerung an sich nicht angewendet werden. Art. 295 f. MwStSystRL ermächtigt die Mitgliedstaaten, für land- und forstwirtschaftliche Betriebe Sonderregelungen nach Art des § 24 UStG einzuführen. Aus Anhang VII und VIII ergeben sich die Tätigkeiten, die als im Rahmen eines land- und forstwirtschaftlichen Betriebes erbracht angesehen werden können, u.a. Ackerbau, Tierzucht und Forstwirtschaft. Auf die Rechtsform des Unternehmers stellt die MwStSystRL nicht ab. Der BFH hat der Genossenschaft unter Berufung auf die Regelung in der 6. Richtlinie daher das Recht auf eine Durchschnittssatzbesteuerung nach § 24 UStG zugebilligt, obwohl § 24 Abs. 2 S. 3 UStG a.F. nach dem klaren Wortlaut das Gegenteil besagte und auch keine andere Auslegung des § 24 UStG möglich ist. Der BFH hielt – zutreffend – die Regelung des § 24 Abs. 2 S. 3 UStG a.F., wonach ein der Art nach land- und forstwirtschaftlicher Betrieb i.S.d. Art. 295 f. i.V.m. den Anlagen VII und VIII der MwStSystRL wegen der Rechtsform des Unternehmers nicht von der Durchschnittssatzbesteuerung Gebrauch machen kann, für unionsrechtswidrig. Die Differenzierung hinsichtlich der Anwendbarkeit des § 24 UStG nur nach der Rechtsform des Unternehmers verstoße gegen das „Neutralitätsgebot" der Richtlinienregelung. Den Richtlinienregelungen und damit auch Art. 295 ff. MwStSystRL (damals Art. 25 der 6. Richtlinie) liege insgesamt zugrunde, dass keine unterschiedlichen umsatzsteuerlichen Rechtsfolgen an die Rechtsform des leistenden Unternehmers geknüpft werden dürften. Die abweichende Regelung in § 24 Abs. 2 S. 3 UStG a.F. dürfe daher wegen des **Anwendungsvorranges** der **Richtlinienregelungen** (Neutralitätsgebot) nicht angewendet werden. Vielmehr sei dann insoweit unmittelbar die Richtlinienregelung anzuwenden, deren Neutralitätsgebot verlange, dass die vom deutschen Gesetzgeber nach der Richtlinie zulässigerweise vorgesehene Sonderregelung auch für eine Genossenschaft anzuwenden ist.[55]

Obwohl es sich um nachkonstitutionelles Gesetzesrecht handelt, hielt der BFH weder eine Vorlage an das BVerfG für erforderlich (zutreffend) noch eine Vorlage nach Art. 267 AEUV an den EuGH (unzutreffend), weil die Rechtslage keine Zweifel an der Auslegung des Gemeinschaftsrechts erlaube.[56] Geht man davon aus, dass der BFH zutreffend annimmt, dass § 24 Abs. 2 S. 3 UStG a.F. unionsrechtswidrig war, wäre es die Pflicht des deutschen Gesetzgebers gewesen, diesen umgehend aufzuheben. Stattdessen gewährte seither (ab 2009!) das BMF den betroffenen Steuerpflichtigen (Unternehmern) das Wahlrecht, sich entweder auf den Anwendungsvorrang des Unionsrechtes zu berufen und die Anwendung des § 24 UStG zu verlangen oder aber es bei der gesetzlichen Regelung des Ausschlusses seiner Anwendung zu belassen.[57] Das war als Dauerlösung skandalös und untergrub die Bindung an das Gesetz und die Achtung vor dem Gesetz. Dieser skandalöse Zustand ist durch die ersatzlose Aufhe-

55 BFH 16.04.2008 – XI R 73/07, BStBl. II 2009, 1024 mit abl. Anm. Hummel UR 2009, 73; zur Bedeutung des Neutralitätsgrundsatzes vgl. auch EuGH 22.12.2008 – Rs. C-414/07 (Magoora sp), UR 2009, 203; v. 11.12.2008 – Rs. C-371/07 (Danfoss/AstraZeneca), UR 2009, 60. S. aber BFH v. 10.08.2017 – V R 64/16, BStBl. II 2019, 455 (GmbH als Organ eines Landwirtes als Einzelunternehmer als Organträger ist Teil des luf Betriebes des Organträgers!).

56 BFH v. 16.04.2008 – XI R 73/07, BStBl. II 2009, 1024.

57 Abschn. 24.1. Abs. 3 UStAE i.V.m. BMF v. 01.12.2009, BStBl. I 2009, 1611; so auch BFH v. 28.08.2014 – V B 28/14, BFH/NV 2014, 1916.

bung des § 24 Abs. 2 S. 3 UStG a.F. durch das JStG 2020 nunmehr endlich beseitigt worden. Durch das JStG 2020 ist im Übrigen der Anwendungsbereich der Sonderregelung des § 24 UStG für (pauschalierende) Landwirte mit Wirkung ab dem 01.01. 2022 auf einen Gesamtumsatz im vorangegangenen Kalenderjahr von 600.000 € begrenzt worden.

Der BFH und die Finanzgerichte nehmen uneingeschränkt die Kompetenz zur Nichtanwendung eines vom Gesetzgeber verabschiedeten nachkonstitutionellen Gesetzes wegen des unstrittig bestehenden Anwendungsvorranges europäischen (Richtlinien-)Rechts in Anspruch, wenn nach ihrer Auffassung das deutsche Gesetz zum Nachteil des Steuerpflichtigen die Richtlinienvorgaben nicht oder unzutreffend umsetzt.[58] Dem ist so nicht zu folgen. Entgegen der h.M. darf ein nachkonstitutionelles Gesetz nur und erst dann von Gerichten und Verwaltungsbehörden wegen des Anwendungsvorranges europäischen Rechts nicht angewendet werden, wenn vorher der EuGH ausdrücklich nach Art. 267 AEUV zur Auslegung des europäischen Rechts angerufen wurde. Es geht angesichts der deutschen Verfassungsrechtslage – Art. 20 Abs. 3 GG, Bindung von Verwaltung und Rspr. an das Gesetz – nicht an, dass jedes nationale Gericht oder gar die Verwaltung ohne vorherige Anrufung des EuGH sich darüber hinwegsetzt, dass jedenfalls nach – wenn auch möglicherweise verfehlter – Auffassung des nationalen Gesetzgebers die von ihm verabschiedete nachkonstitutionelle gesetzliche Bestimmung mit europarechtlichen Vorgaben vereinbar ist. Insoweit besteht immer ein Zweifel an der Auslegung des europäischen Rechtes, der die Gerichte zur vorherigen Vorlage an den EuGH verpflichtet. Denn es kann und darf weder angenommen werden, dass der deutsche Gesetzgeber bewusst seine europarechtlichen Verpflichtungen missachtet noch dass er offenkundige (zweifelsfreie!) Verstöße nicht erkennt.[59] 16

Eine vorherige Anrufung des BVerfG hinsichtlich der Vereinbarkeit einer Regelung im deutschen UStG mit europäischem (Richtlinien-)Recht ist weder erforderlich noch auch nur möglich. Denn das BVerfG entscheidet nicht über die Vereinbarkeit deutscher Gesetze mit den Vorgaben des europäischen Rechtes. Auch Grundrechtsschutz wird gegenüber deutschem (Umsatzsteuer-)Gesetzesrecht nicht gewährt, soweit dabei lediglich europäisches (Richtlinien-)Recht umgesetzt wird und durch den EuGH gleichwertiger Rechtsschutz gewährt wird.[60] Auch europarechtlich darf das unbeschränkte Recht auf Vorlage an den EuGH nach Art. 267 AEUV nicht von einer vorherigen Anrufung des nationalen Verfassungsgerichtes abhängig gemacht werden.[61]

Der EuGH hingegen überschreitet seine Kompetenz, soweit er den nationalen Gerichten (und gar Behörden) das Recht einräumt, schon „aufgrund eigener Entscheidungsbefugnis" nationale Gesetze, mit denen nach Ansicht des Gesetzgebers europäisches Recht zutreffend umgesetzt wurde, bereits ohne vorherige Anrufung des

---

58 Vgl. neben BFH 16.04.2008 – XI R 73/07, BStBl. II 2009, 1024 mit zu Recht abl. Anm. Klenk UR 2008, 623 und Hummel UR 2009, 73 auch BFH v. 10.02.2005 – V R 76/03, BStBl. II 2005, 509 (zum durch das JStG 2007 aufgehobenen Vorsteuerausschluss für Bewirtungskosten).

59 So auch Reiß in: FS Helms, 2002, 785; Stadie in: FS für W. Reiß, 2008, S. 67 f.; Hummel UR 2009, 73; vgl. kritisch auch Kirchhof DStR 2008, 1 (Legalität geschwächt; a.A. Englisch in: T/L § 4 Rn. 49 f. unter Hinweis auf eine sich angeblich aus Art. 23 GG ergebende Kompetenz für nationale Gerichte, nationales Gesetzesrecht wegen eines Verstoßes gegen „supranationales (Europa)Recht" unangewendet zu lassen.

60 S. dazu BVerfG v. 31.05.2007 – 1 BvR 1316/04, UR 2007, 737 (Nichtannahme einer Verfassungsbeschwerde gegen BFH-Entscheidung zu Nichtgewährung einer Umsatzsteuerbefreiung nach § 4 Nr.14 UStG); v. 07.06.2000 – 2 BvL 1/97, BVerfGE 102, 147 (zu Gewährleistung von Grundrechtsschutz durch den EuGH, Bananenmarktordnung).

61 Insoweit zutr. EuGH v. 04.06.2015 – Rs. C-5/14 (Kernkraftwerke Lippe/Ems), EuGRZ 2015, 413; v. 11.09.2014 – Rs. C-112/13 (A und B), EuZW 2014, 950 (auf Vorlage des österr. OGH); v. 22.06.2010 – Rs. C-188/10 (Meliki und Abdeli), Slg. 2010, I-5667; v. 26.02.2013 – Rs. C-617/10 (Akerberg Fransson) UR 2014, 27 m. Aufsatz Widmann UR 2014, 7.

EuGH wegen des „Vorranges des Unionsrechtes" unangewendet zu lassen.[62] Durch welche Organe die Mitgliedstaaten ihre europarechtlichen Pflichten zu erfüllen haben, bestimmt sich allein nach dem Verfassungsrecht der Mitgliedstaaten. Dem EuGH kommt auch insoweit keinerlei Befugnis zur Auslegung nationalen Rechtes zu, schon gar nicht hinsichtlich der vom Verfassungsrecht eingeräumten Kompetenzen zur Nichtbeachtung eines nationalen Gesetzes. Es stellt im Übrigen eine Anmaßung der nationalen Gerichte dar, wenn sie bei Gesetzen, die der verfassungsmäßige Gesetzgeber des GG für unionsrechtlich konform angesehen hat, von einem offenkundigen Verstoß im Sinne des acte-claire gegen das Unionsrecht ausgehen, ohne dass vorher der EuGH angerufen wurde und verbindlich das Unionsrecht ausgelegt hat. Der EuGH hält es mittlerweile sogar für unionsrechtlich geboten, dass vom nationalen Gesetzgeber statuierte strafrechtliche Verjährungsfristen nicht angewendet werden und der Richter stattdessen keine oder andere strengere Verjährungsregeln anwendet.[63] Unionsrechtlich soll dem nationalen Strafrichter damit geboten sein, die ausweislich Art. 133 Abs. 2, 104 Abs. 1, 20 Abs. 2 S. 2 GG verfassungsrechtlich in guter europäischer Tradition seit Montesquieu besonders strenge Bindung des Richters an das förmliche Gesetz im Bereiche der Strafverfolgung[64] nicht zu beachten, sondern die Bestrafung durch analoge Anwendung anderer ihm passend erscheinender Normen oder schlichte Nichtbeachtung gesetzlicher Strafverfolgungshindernisse zu ermöglichen. Damit hält der EuGH eine eklatante Verletzung des seit Montesquieu und Beccaria[65] geltenden Grundsatzes der Gewaltenteilung und des Gesetzlichkeitsprinzips im Bereich der Strafverfolgung unionsrechtlich für zulässig und geboten. Wenig kümmert es den EuGH auch bisher, dass der Grundsatz der Gesetzesbindung insbesondere im Bereich der Strafverfolgung auch in der EMRK[66] seinen Niederschlag gefunden hat. Dazu gehört jedenfalls, dass vom Gesetzgeber statuierte Strafverfolgungshindernisse bis zu ihrer Aufhebung durch den Gesetzgeber zu beachten sind, jedenfalls nicht vom (nationalen oder europäischen) Richter außer Kraft zu setzen sind. Soweit die Mitgliedstaaten ihren Verpflichtungen aus Art. 325 AEUV nicht nachkommen, zum Schutz der finanziellen Interessen der Union wirksame und abschreckende Sanktionen durch eine Strafverfolgung zu ermöglichen, ist der Mitgliedstaat zu verklagen und ggf. durch den EuGH zu verurteilen, die entsprechenden gesetzlichen Voraussetzungen zu schaffen. Unerträglich ist es aber, dass dem nationalen

62 So ausdrücklich EuGH v. 19.01.2010 – Rs. C-555/07 (Kücükdeveci), Slg. 2010, I-365 (Rn. 53–56), allerdings ging es dem vorlegenden Gericht nur um die zutreffend zu verneinende Frage, ob Vertrauensschutz auf die Geltung des unionsrechtswidrigen Gesetzes bis zu einer Entscheidung des EuGH zu gewähren sei. Skandalös EuGH v. 04.06.2015 – Rs. C-5/14 (Kernkraftwerke Ems), EuGRZ 2015, 413 unter Hinweis auf EuGH v. 26.02.2013 – Rs. C-617/10 (Akerberg Fransson) UR 2014, 27, wonach der EuGH jedem nationalen Gericht qua Unionsrecht die Befugnis zuspricht, auch Verfassungsnormen unangewendet zu lassen („auszuschalten") und zwar auch dann, wenn deren Beachtung nur ein vorläufiges Hindernis für die volle Wirksamkeit des Unionsrechtes wäre.

63 Vgl. EuGH v. 08.09.2015 – Rs. C-105/14 (Taricco), UR 2016, 367 (zu kurzen absoluten Verjährungsfristen in Italien u.a. für die Strafverfolgung von Umsatzsteuerhinterziehungen durch Vortäuschung von innergemeinschaftlichen Lieferungen); dies ablehnend Reiß UR 2016, 342 und UR 2017, 693; s. auch EuGH v. 02.05.2018 – Rs. C-574/15 (Scialdone), UR 2018, 481 mit Anm. Reiß und v. 05.12.2017 – Rs. C-42/17 (M.A. S und M.B) UR 2018, 81 mit Anm. Reiß und Anm. Wegner, wistra 2018, 107; Ruffert, JuS 2018, 496, Pilz, NJW 2018, 221.

64 Vgl. insoweit aus der Rspr. des BVerfG: v. 11.07.2013 – 2 BvR 2302/11, BVerfGE 134, 33 (zum Therapieunterbringungsgesetz); v. 20.06.2012 – 2 BvR 1048/11, BVerfG 131,268 (vorbehaltene Sicherungsverwahrung); v. 04.05. 2011 – 2 BvR 2333/08, BVerfGE 128,326 (Verfassungswidrigkeit der [damaligen] Regelung der Sicherungsverwahrung; Abstandsgebot zum Strafvollzug, nachträgliche Verhängung).

65 Zu Beccaria und seinem Werk „Dei delitti e delle pene", deutsche Übersetzung besorgt von Vormbaum, Von den Verbrechen und den Strafen [1764], 2005, s. Küper JuS 1968, 548 f.

66 Vgl. Art. 7 (Keine Strafe ohne Gesetz), Art. 6 (Recht auf ein faires Verfahren), Art. 5 (Freiheitsentziehung nur auf gesetzlich vorgeschriebene Weise) EMRK v. 04.11.1950; aus der Rspr. des EGMR zu Art. 7, 6 EMRK s. EGMR v. 17.12.2009, BeschwNr. 19359/04 (M gegen Deutschland), EuGRZ 2010, 25 (Verstoß gegen das Rückwirkungsverbot, Sicherungsverwahrung als Strafe); v. 22.06.2000, BeschwNr. 32492/96 u.a., (*Coëme* u.a.) (Verletzung von Art. 6 EMRK (Recht auf ein faires Verfahren) wegen des Fehlens gesetzlicher strafprozessualer Regelungen für die Durchführung eines Strafverfahrens durch ein Gericht und deren Ersetzung durch analoge Anwendung seitens des Gerichts; keine Verletzung von Art. 7 EMRK durch Verlängerung einer noch nicht abgelaufenen Verjährungsfrist).

Richter vom EuGH die Befugnis zugesprochen wird, sich als (Straf-)Gesetzgeber zu gerieren.[67] Das ist schlicht skandalös. Diese Rspr. provoziert geradezu „[Br]Exit"- Bestrebungen der europäischen Völker.

Der deutsche Gesetzgeber ist europarechtlich und verfassungsrechtlich verpflichtet, die Vorgaben der EG-Richtlinien, soweit sie das materielle Steuerrechtsverhältnis zum Bürger betreffen, durch formelles und materielles Gesetz in innerstaatliches Recht umzusetzen. Dazu genügen Verwaltungsanweisungen nicht. Es ist rechtsstaatlich unerträglich, wenn der Steuerbürger sich über die Rechtslage nicht mehr anhand des Gesetzes informieren kann, sondern diese aus Verwaltungserlassen eruieren soll. Der **Anwendungsvorrang** der Richtlinie ist – nach Klärung durch den EuGH – zugunsten des Bürgers auch von den Gerichten und Verwaltungsbehörden zu beachten, sodass nachteiliges nationales Gesetzesrecht nicht angewendet werden darf, wenn es im Widerspruch zur Richtlinie steht. Hingegen kommt bei einem richtlinienwidrigen Abweichen des nationalen Gesetzes zugunsten des Bürgers nicht in Betracht, dass die Richtlinie quasi als zu Eingriffen in Freiheit und Eigentum ermächtigendes Gesetz unmittelbar zulasten des Steuerbürgers angewendet wird. Es gibt keinen Anwendungsvorrang zulasten des Bürgers vor dem nationalen Gesetz.[68] Soweit das nationale Gesetzesrecht sowohl zulasten als auch zugunsten des Steuerbürgers von der Richtlinie abweicht, scheidet allerdings eine „Rosinenpickerei" aus. Der Steuerbürger kann bis zu einem unionsrechtlich gebotenen Tätigwerden des Gesetzgebers durch Berufung oder Nichtberufung auf die Richtlinienregelung de facto wählen, welche Regelung in seinem Fall angewendet werden soll, muss dann aber auch die jeweiligen Nachteile hinnehmen.[69]

Es ist die Pflicht des Gesetzgebers, richtlinienwidriges nationales Gesetzesrecht unverzüglich zu ändern. Unterlässt er diese Anpassung, kommen auch Schadensersatzpflichten in Betracht.[70] Die schuldhafte Nichtumsetzung kann bei vom Gesetzgeber zu verantwortendem schuldhaften Unterlassen ausnahmsweise auch dazu führen, dass der Mitgliedstaat wegen treuwidrigem Verhalten daran gehindert ist, sich auf die Bestandskraft oder den Ablauf von Ausschluss- und Verjährungsfristen zu berufen.[71] Grundsätzlich sind die Korrekturvorschriften und die Verjährungsvorschriften des nationalen Verfahrensrechtes, namentlich der AO, aber auch bezüglich fehlerhaft

67 S. aber nunmehr einschränkend EuGH v. 05.12.2017 – Rs. C-42/17 (M.A.S. und M.B.), UR 2018, 81 mit Anm. Reiß. Danach haben die nationalen (italienischen) Gerichte unionsrechtswidrige zu kurze gesetzliche Verjährungsfristen doch zu beachten, wenn ihre Nichtanwendung zu einem Verstoß gegen den Grundsatz der Gesetzmäßigkeit der Strafen führen würde. Ob dies der Fall ist, sollen danach allerdings die nationalen Gerichte selbst (und nicht der EuGH!) zu entscheiden haben. Auch diese Ermächtigung der nationalen Gerichte durch den EuGH ist unvereinbar mit dem Grundsatz von nulla poena sine lege!

68 So jetzt auch EuGH v. 22.11.2017 – Rs. C-251/16 (Cussens), UR 2018, 241 (anders freilich zur Anwendung des Rechtsmissbrauchsverbotes. Dies ist auch ohne ausdrückliche Anordnung im nationalen Gesetz anzuwenden!); v. 18.12.2014 – Rs. C-131/13 (Italmoda), UR 2015,106; v. 05.10.2004 – Rs. C-397/01 (Pfeiffer), EuGHE 2004, I – 8835; v. 26.02.1986 – Rs. 152/84 (Marshall), Slg. 1986, 723; v. 14.07.1994 – Rs. C-91/92 (Faccini Dori), Slg. 1994, I-3325. Freilich hält sich der EuGH selbst gerade nicht an diese Vorgaben, wenn er Gerichten und Behörden gebietet, seiner Ansicht nach richtlinienwidrig durch das nationale Gesetz gewährte Rechte auf (Vor-)Steuervergütung und eine Steuerbefreiung nicht zu gewähren, was zur Auferlegung einer vom nationalen Gesetz nicht vorgesehenen Verpflichtung zur Steuerzahlung führt, mithin zu einem geradezu klassisch dem Gesetzesvorbehalt unterliegenden Eingriff in Freiheit und Eigentum.

69 EuGH v. 26.02.2015 – Rs. C-144/13 (VDP Dental Laboratorie), UR 2015, 474; v. 28.11.2013 – Rs. C-319/12 (MDDP), MwStR 2014, 15 (zu richtlinienwidriger Steuerbefreiung und Vorsteuerabzug). S. auch BFH v. 13.12.2017 – XI R 4/16 UR 2018, 450 (zu Vorsteuerabzug eines Reiseveranstalters) und v. 22.11.2018 – V R 21/17, UR 2019, 186 (Fondsverwaltung in Drittland).

70 Vgl. EuGH v. 19.01.2001 – Rs. C-150/99 (Lindöpark), Slg. 2001, I-493; v. 30.09.2003 – Rs. C-224/01 (Köbler), Slg. 2003, I-10239; BFH v. 21.04.2005 – V R 16/04, BStBl. II 2006, 96.

71 Vgl. EuGH v. 25.07.1991 – Rs. C-208/90 (Emmot), Slg. 1991, I-4269; v. 17.11.1998 – Rs. C-228/96 (Aprile), Slg. 1998, I-7141; v. 11.07.2002 – Rs. C-62/00 (Marks & Spencer) m.w.N., Slg. 2002, I-6325; v. 13.01.2004 – Rs. C-453/00 (Kühne & Heitz), Slg. 2004, I-837; vgl. auch BFH v. 23.11.2006 – V R 51/05 und V R 67/05, BStBl. II 2007, 433 und 436; Reiß StuW 1994, 323.

umgesetzten harmonisierten Umsatzsteuergesetzesrechts zu beachten.[72] Die unterlassene Umsetzung kann allerdings unter dem Aspekt des verfassungsrechtlichen wie auch des europarechtlichen Gleichheitssatzes zur Verfassungs- und Europarechtswidrigkeit des Umsatzsteuerrechts führen.[73]

II. Prüfungsschema

17 Das nachfolgende Prüfungsschema folgt dem Gesetzesaufbau des UStG. Dieses regelt in den §§ 1–13, 13 c UStG zunächst die Besteuerung der Umsätze bis zur Entstehung der Steuerschuld und die Steuerschuldnerschaft (Ausgangsseite).

Die §§ 15, 15 a UStG und zum Teil § 14 UStG betreffen den Vorsteuerabzug (Eingangsseite).

Bei der Lösung einer umsatzsteuerlichen Einzelaufgabe empfiehlt es sich, dem gesetzlich vorgezeigten Weg auch im Aufbau zu folgen, insbesondere die Ausgangsseite vor der Eingangsseite zu prüfen.

Die §§ 16 ff. UStG enthalten Vorschriften zum Besteuerungsverfahren, Sonderregelungen und Übergangsvorschriften.

---

72 Vgl. BFH v. 16.09.2010 – V R 57/09, BStBl. II 2011, 151; BVerfG v. 29.05.2012 – 1 BvR 640/11, BFH/NV 2012, 1404 (zur insoweit fehlenden Vorlagepflicht an den EuGH).

73 Vgl. Kirchhof UR 2002, 541, 547; vgl. auch ders. DStR 2008, 1 ff.

Prüfungsschema
A. Ausgangsseite (eigener Umsatz)

I. Steuerbarkeit (§§ 1–3 g UStG)
Leistungsaustausch, Einfuhr oder innergemeinschaftlicher Erwerb?

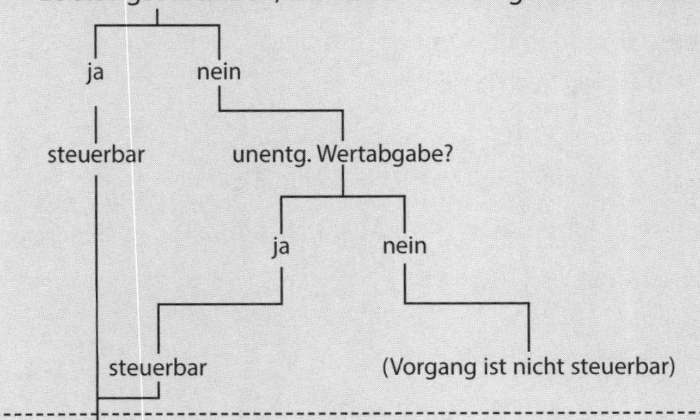

II. Steuerpflicht
Steuerbefreiung? (§§ 4–9 UStG)

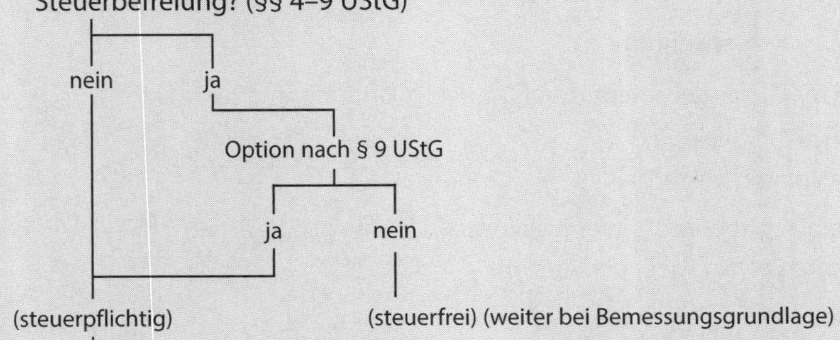

III. Steuersatz (§ 12 UStG)
ermäßigter Steuersatz? (§ 12 Abs. 2 UStG)

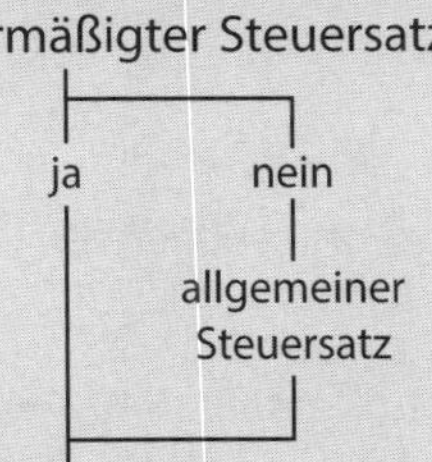

IV. Bemessungsgrundlage (§§ 10, 11 UStG)

1. Entgelt bei Leistungsaustausch und innergemeinschaftlichem Erwerb durch Lieferung

2. (Zoll) Wert bei Einfuhr

3. Einkaufspreis, Ausgaben bei unentgeltlichen Wertabgaben und innergemeinschaftlichem Verbringen

nur für steuerpflichtige Umsätze

V. Steuerschuld/Entstehungszeitpunkt (§§ 13, 13 b Abs. 1–4 UStG)

1. bei Soll-Versteuerung (Regelfall)

2. bei Ist-Versteuerung (§ 13 i.V.m. § 20 UStG)

3. bei Verlagerung der Steuerschuldnerschaft (§ 13 b Abs. 1–4 UStG)

VI. Steuerschuldner (§§ 13 a, 13 b Abs. 5 UStG)

Prüfungsschema
B. Eingangsseite (Vorsteuerabzug)

I. Allgemeine Voraussetzungen (§ 15 Abs. 1 UStG)

1. Unternehmereigenschaft

2. Leistung eines anderen Unternehmers mit Rechnungsausweis (§ 15 Abs. 1 Nr. 1 UStG, §§ 14, 14 a UStG) oder

Einfuhr (§ 15 Abs. 1 Nr. 2 UStG) oder

innergemeinschaftlicher Erwerb (§ 15 Abs. 1 Nr. 3 UStG) oder

bei Umkehr der Steuerschuldnerschaft (§ 15 Abs. 1 Nr. 4 UStG)

3. für das eigene Unternehmen

ja | nein = kein Vorsteuerabzug

II. Ausschlusstatbestände (§ 15 Abs. 1 a, 1 b, 2 u. 3 UStG)

Verwendung

für steuerfreie Umsätze, nichtabziehbare Aufwendungen oder private Grundstücksnutzung?

1. nein = Vorsteuerabzug

2. ja = kein Vorsteuerabzug, es sei denn, § 15 Abs. 3 UStG für abschließend genannte Befreiungen, u.a. Ausfuhr

3. teilweise

III. Aufteilung der Vorsteuer (§ 15 Abs. 4 UStG)

nach wirtschaftlicher Zuordnung

in einen abziehbaren und einen nicht abziehbaren Teil

Hinweis: *Ausnahmsweise Vorsteuerabzug auch für private Fahrzeuglieferer gemäß § 2 a i.V.m. § 15 Abs. 4 a UStG*

Einschränkung des Vorsteuerabzugs nach § 15 Abs. 1 S. 2, falls unter 10 % genutzt, § 15 Abs. 1 a UStG für Repräsentationsaufwendungen nach § 4 Abs. 5, § 12 Nr. 1 EStG, § 15 Abs. 1 b UStG für private Grundstücks(mit)benutzung

Fall 4: Der Hausbau des Rechtsanwaltes/Umsätze und Vorsteuern

Rechtsanwalt R ließ in Münster ein Gebäude schlüsselfertig von Bauunternehmer B errichten und erhielt nach Fertigstellung des Gebäudes im Mai 2021 eine Rechnung über 600.000 € zzgl. 114.000 € USt. Das Haus besteht aus drei gleich großen Geschossen. Im Erdgeschoss betreibt R seit Fertigstellung des Gebäudes seine vorher anderweitig in Münster in gemieteten Räumen betriebene Praxis. Im Jahre 21 erzielte er für von Januar bis Juni 2021 erbrachte Leistungen Honorareinnahmen von 238.000 € und für vom 01.07. bis 31.12.2021 erbrachte Leistungen von 116.000 €. R ist ausschließlich als Strafverteidiger tätig. Das erste Geschoss hat R an die Stadtverwaltung Münster (Meldeamt) für monatlich 2.000 € ab 01.06.2021 vermietet. Das zweite Geschoss bewohnt R seither selbst. R ist hinsichtlich der Anwaltstätigkeit die Versteuerung nach vereinnahmten Entgelten gestattet.

Wie ist der vorstehende Sachverhalt für R umsatzsteuerlich zu würdigen? R möchte die angefallene VoSt soweit wie möglich abziehen.

Mit der Herstellung des Gebäudes wurde nach dem 01.01.2012 begonnen, vgl. § 27 Abs. 16 UStG.

I. Die Honorareinnahmen des R 18

1. Die Leistungen des R als Strafverteidiger sind nach § 1 Abs. 1 Nr. 1 UStG steuerbar, wenn R Unternehmer ist und diese Leistungen im Inland gegen Entgelt im Rahmen seines Unternehmens erbracht hat.

   Mit der Durchführung von Strafverteidigungen bewirkt R sonstige Leistungen i.S.d. §§ 3 Abs. 9, 1 Abs. 1 Nr. 1 UStG. R hat sie gegen Entgelt, nämlich die Honorareinnahmen, erbracht. Sie wurden nach § 3 a Abs. 1 UStG am Sitz der Praxis in Münster, mithin im Inland (§ 1 Abs. 2 UStG), ausgeführt. R ist Unternehmer, denn er wird nachhaltig zur Erzielung von Einnahmen tätig (§ 2 UStG). Die Anwaltstätigkeit gehört zum Rahmen seines Unternehmens (§ 1 Abs. 1 i.V.m. § 2 Abs. 1 S. 2 UStG). Die Umsätze sind mithin **nach § 1 Abs. 1 Nr. 1 UStG steuerbar**.

2. Steuerbare Umsätze sind steuerpflichtig, wenn sich nicht aus den §§ 4–8 UStG oder außerhalb des UStG geregelten Befreiungstatbeständen die Steuerfreiheit ergibt. Dies ist hinsichtlich der anwaltlichen Leistungen nicht der Fall. Sie sind daher **steuerpflichtig**.

3. Der Steuersatz beträgt nach § 12 Abs. 1 UStG 19 %, da keine der Ermäßigungsvorschriften des § 12 Abs. 2 UStG eingreift. Für die von vom 01.07. bis 31.12. 2021 ausgeführten Umsätze beträgt der (allgemeine) Steuersatz allerdings nur 16 %.

4. Die **Bemessungsgrundlage** für die Umsätze beträgt nach § 10 Abs. 1 UStG für die vom 01.01.2021 bis 30.06.2021 ausgeführten Umsätze 238.000 € abzüglich darin enthaltener USt von 38.000 € = 200.000 € (Errechnung: Preis : 1,19 = BMG x 19 % = **USt-Schuld**) und für die vom 01.07.2021 bis 31.12.2021 ausgeführten Umsätze 116.000 € abzüglich darin enthaltener Umsatzsteuer von 16.000 € = 100.000 € (116.000 € : 1,16 x 16 %) .

5. Die Steuer entsteht gemäß § 13 Abs. 1 Nr. 1 b UStG im jeweiligen Monat der Honorarvereinnahmung, da dem R gemäß § 20 Abs. 1 UStG die Versteuerung nach vereinnahmten Entgelten gestattet wurde. R ist gemäß § 13 a Abs. 1 Nr. 1 UStG der **Steuerschuldner**.

19 II. Die Vermietung des 1. Geschosses

1. Mit der Vermietung des 1. Geschosses erbringt R eine weitere sonstige Leistung gegen Entgelt im Rahmen seines Unternehmens als Unternehmer. Zum Rahmen des Unternehmens des R gehören auch die Vermieterleistungen, da R auch insoweit nachhaltig zur Erzielung von Einnahmen tätig wird. Das Unternehmen des R umfasst seine gesamten Tätigkeiten zur Erzielung von Einnahmen, § 2 Abs. 1 S. 2 UStG. Die Vermieterleistung ist daher **steuerbar**, denn sie wurde auch gemäß § 3 a Abs. 3 Nr. 1 a UStG in Münster erbracht.

2. Vermietungsleistungen von Grundstücken sind allerdings nach § 4 Nr. 12 a UStG steuerbefreit. Auf diese Befreiung konnte R auch nicht gemäß § 9 UStG verzichten. Ein Verzicht auf die Befreiung war nicht möglich, denn der Umsatz wurde nicht an einen anderen Unternehmer für dessen Unternehmen erbracht, denn die Kommune ist – außerhalb ihrer Betriebe gewerblicher Art – kein Unternehmer. Die Leistung des R ist daher steuerfrei (s. Rn. 229 ff.).

   Die **Bemessungsgrundlage** für die monatliche Teilleistung beträgt 2.000 €, §§ 10 Abs. 1, 13 Abs. 1 a UStG. Eine Umsatzsteuerschuld entsteht wegen der Befreiung nicht.

20 III. Die Eigennutzung des 2. Geschosses

1. Soweit R das 2. Geschoss bewohnt, verwendet er das im Erdgeschoss und im 1. Geschoss für Zwecke seines Unternehmens (Anwaltstätigkeit und Vermietung) genutzte Gebäude/Grundstück mit dem 2. Geschoss auch für außerhalb des Unternehmens liegende (private) Wohnzwecke. Ein echter Leistungsaustausch scheidet insoweit aus, weil R mit der Grundstücksnutzung für eigene Wohnzwecke schon keine Leistung an einen anderen erbringt. Es fehlt im Übrigen auch an einem Entgelt. Allerdings stellt § 3 Abs. 9 a Nr. 1 Hs. 1 UStG die Verwendung eines dem Unternehmen zugeordneten Gegenstandes für (private) außerhalb des Unternehmens liegende Zwecke ausdrücklich einer sonstigen Leistung gegen Entgelt i.S.d. § 1 Abs. 1 Nr. 1 UStG gleich. Voraussetzung dafür ist, dass der Gegenstand dem Unternehmen zugeordnet wurde und sein Erwerb (ganz oder teilweise) zum Vorsteuerabzug berechtigte. Durch vollständige Zuordnung eines an sich nur teilweise für das Unternehmen verwendeten Gegenstandes wird dann erreicht, dass der Gegenstand insgesamt zum Unternehmen gehört und die Verwendung für (private) Zwecke, die außerhalb des Unternehmens liegen, sich quasi als Leistung des Unternehmens für den außerunternehmerischen Bereich darstellt.

   Nach herrschender Auffassung steht dem Unternehmer bei teilunternehmerisch unternehmensfremd (= privat und unternehmerisch) genutzten Gegenständen ein Zuordnungswahlrecht[74] zu. Er kann den Gegenstand voll dem Unternehmen zuordnen, muss dann aber die außerunternehmerische Verwendung nach § 3 Abs. 9 a Nr. 1 UStG versteuern. Er kann aber auch lediglich den unternehmerisch genutzten Teil dem Unternehmen zuordnen. Dann entfällt für den außerunternehmerisch verwendeten Teil der Vorsteuerabzug. Auf der anderen Seite entfällt dann aber auch eine Steuerbarkeit als unentgeltliche Wertabgabe nach § 3 Abs. 9 a Nr. 1 UStG. Für die Verwendung von dem Unternehmen zugeordneten Grundstücken für (private) Zwecke, die außerhalb des Unternehmens liegen, schließt § 15 Abs. 1 b UStG aber ausdrücklich den Vorsteuerabzug aus. Korrespondierend dazu stellt nach § 3 Abs. 9 a Nr. 1 Hs. 2 UStG

---

74 EuGH v. 04.10.1995 – Rs. C-291/92 (Armbrecht), Slg. 1995, I-2807; BFH v. 07.07.2011 – V R 42/09, BStBl. II 2014, 76 und V R 21/10, BStBl. II 2014, 81; v. 12.01.2011 – XI R 9/08, BStBl. II 2012, 58; Abschn. 15.2c. Abs. 2 b UStAE.

die Verwendung auch des dem Unternehmen ausdrücklich zugeordneten Grundstückes für (private) Zwecke außerhalb des Unternehmens keinen steuerbaren Umsatz dar. Das Zuordnungswahlrecht bleibt zwar auch für teilunternehmerisch unternehmensfremd genutzte Grundstücke bestehen, es tritt aber eine Vorsteuerabzugsbeschränkung auch bei vollständiger Zuordnung ein.[75] Für andere Gegenstände als Grundstücke, u.a. für Pkw, bleibt es dabei, dass die Zuordnung den vollen Vorsteuerabzug eröffnet, aber dann die außerunternehmerische Verwendung als unentgeltliche Wertabgabe nach § 3 Abs. 9 a Nr. 1 UStG zu besteuern ist. Diese (Neu-)Regelung ist für solche Gebäude anwendbar, mit deren Herstellung, wie vorliegend, nicht vor dem 01.01.2011 begonnen wurde. R hat daher die Nutzung des 2. Geschosses für private Wohnzwecke nicht nach § 3 Abs. 9 a Nr. 1 UStG zu besteuern. Ein steuerbarer Umsatz nach § 1 Abs. 1 Nr. 1 i.V.m. § 3 Abs. 9 a Nr. 1 UStG liegt nicht vor.

2. Nach § 27 Abs. 16 UStG sind § 3 Abs. 9 a Nr. 1 und § 15 Abs. 1 b UStG in der Neuregelung durch das JStG 2010 nicht anzuwenden, soweit die Anschaffung oder Herstellung des Grundstückes/Gebäudes – anders als vorliegend – bereits vor dem 01.01.2011 erfolgte. Die Nutzung für private Wohnzwecke bleibt dann allerdings weiterhin nach §§ 1 Abs. 1 Nr. 1, 3 Abs. 9 a Nr. 1 UStG a.F. steuerbar. Fraglich könnte sein, ob die Verwendung für private Zwecke als unentgeltliche Wertabgabe dann nicht nach § 4 Nr. 12 a UStG **steuerfrei** ist. Der EuGH hat allerdings (verfehlterweise) entgegengesetzt entschieden.[76] Die private Eigennutzung stelle keine Vermietung dar. Eine analoge Anwendung des § 4 Nr. 12 a UStG scheide aus, weil Befreiungsvorschriften eng auszulegen seien. Insoweit bleibt es dann auch bei einem Vorsteuerabzug für die privat genutzten Grundstücksteile.

IV. Vorsteuerabzug 21

1. R ist als Unternehmer i.S.d. § 2 UStG generell zum Vorsteuerabzug berechtigt. Mit der Errichtung des Hauses führte der Bauunternehmer an R eine Werklieferung für dessen Unternehmen aus. Darüber wurde R eine Rechnung mit gesondertem Steuerausweis von 114.000 € erstellt. Die Voraussetzungen des § 15 Abs. 1 Nr. 1 UStG sind demnach erfüllt, wenn R das Gebäude zulässigerweise in vollem Umfang seinem Unternehmen zuordnet. § 15 Abs. 1 S. 2 UStG steht nicht entgegen, da die unternehmerische Nutzung nicht geringer als 10 % ist.

2. Allerdings schließt § 15 Abs. 1 b UStG auch für ein dem Unternehmen zugeordnetes Grundstück den Vorsteuerabzug aus, soweit dieses auch für außerhalb des Unternehmens liegende unternehmensfremde (private) Zwecke verwendet wird. Der Vorsteuerabzug ist danach ausgeschlossen, soweit er nicht auf die Verwendung für Zwecke des Unternehmens entfällt. Diese Regelung ist jedoch noch nicht auf Gebäude anwendbar, mit deren Herstellung bereits vor dem 01.01.2011 begonnen wurde, § 27 Abs. 16 UStG.

3. Bei Annahme einer Lieferung des gesamten Gebäudes für das Unternehmen **schließt** aber **§ 15 Abs. 2 Nr. 1 UStG** den **Vorsteuerabzug aus**, wenn der Eingangsumsatz zur Ausführung steuerfreier Umsätze verwendet wird. Das Gebäude wird von R zur Ausführung eines steuerfreien Umsatzes verwendet, nämlich der nach § 4 Nr. 12 a UStG steuerbefreiten Vermietung.

4. R verwendet das Haus jedoch nicht nur für die privaten Wohnzwecke und die steuerfreie Vermietung. Vielmehr dient es auch der Ausführung der steuer-

---

75 Vgl. Abschn. 15.6a. Abs. 1 UStAE.

76 EuGH v. 08.05.2003 – Rs. C-269/00 (Seeling), BStBl. II 2004, 378.

pflichtigen Anwaltstätigkeiten. Der Eingangsumsatz erfolgt daher nur zum Teil zur Ausführung von Umsätzen, die den Vorsteuerabzug ausschließen. Die VoSt ist daher nach **§ 15 Abs. 4 UStG** in einen abziehbaren und einen nichtabziehbaren Teil **aufzuteilen**. Als sachgerechte Schätzung kommt eine objektbezogene Aufteilung nach der Flächengröße in Betracht. Danach sind für die Nutzung als Praxisräume für die Anwaltstätigkeit 1/3 von 114.000 € = 38.000 € abziehbar und 2/3 = 76.000 € für die steuerfreie Vermietung und die private Wohnungsnutzung nicht abziehbar.[77]

---

2. Abschnitt: Steuergegenstand

A. Steuerbare Umsätze

I. Arten der Umsätze

22 Das Steuerobjekt der USt sind die drei in § 1 UStG genannten Umsätze, ergänzt durch die gleichgestellten Tatbestände in § 3 Abs. 1 b und Abs. 9 a UStG.

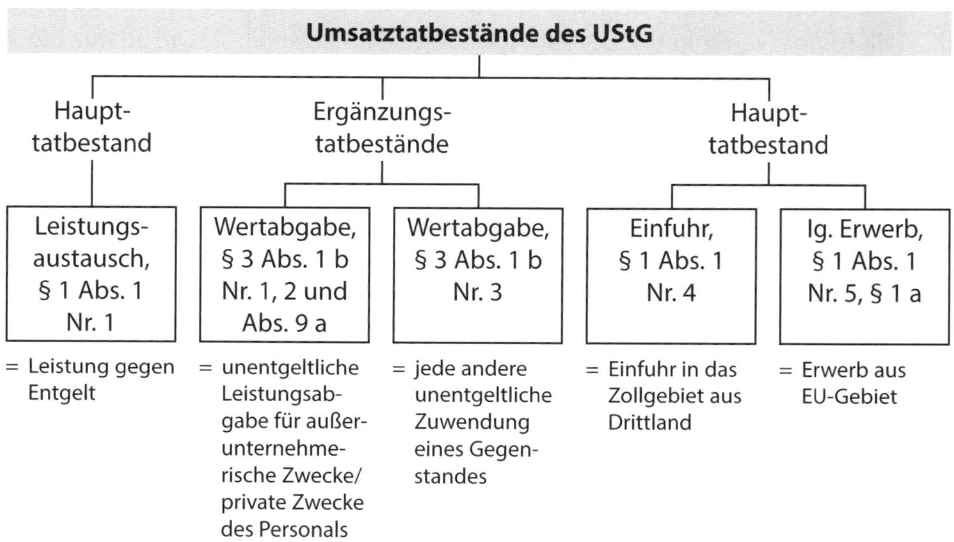

Diese Umsätze werden als **steuerbar** bezeichnet, wenn die weiteren Tatbestandsmerkmale des § 1 UStG jeweils erfüllt sind. Fehlt eines der weiteren Tatbestandsmerkmale, spricht man von **nicht steuerbaren** Umsätzen.

Beispiele:

Ein Arbeitnehmer verkauft und übereignet seinen Pkw an einen Unternehmer. Es liegt ein Umsatz, Leistungsaustausch, vor, der aber nicht steuerbar ist, weil der Arbeitnehmer kein Unternehmer ist.

Ein Unternehmer mit Sitz und Wohnort in Paris benutzt den Firmenwagen für eine Urlaubsfahrt im Schwarzwald. Es liegt eine unentgeltliche Wertabgabe durch Verwendung vor, die aber nach deutschem Umsatzsteuerrecht nicht steuerbar ist, weil die Wertabgabe in Paris, d.h. nicht im Inland stattfindet (§§ 3 Abs. 9 a Nr. 1, 3 a Abs. 1, Abs. 3 Nr. 2 f UStG).

***Beachte:** Nicht entschieden ist, ob nicht ein Umsatzsteuertatbestand nach französischem Umsatzsteuerrecht erfüllt ist!*

---

77 Vgl. BFH v. 22.08.2013 – V R 19/09, DB 2013, 2838; EuGH v. 08.11.2012 – Rs. C-511/10 (BLC Baumarkt), UR 2012, 968; BFH v. 28.09.2006 – V R 43/03, BStBl. II 2007, 417; v. 12.03.1992 – V R 70/87, BStBl. II 1992, 755; Abschn. 15.17. Abs. 5–7 UStAE.

Von der Frage der **Steuerbarkeit** ist die Frage streng zu trennen, ob **Steuerpflicht** besteht. Steuerbare Umsätze sind steuerpflichtig, wenn nicht ein Befreiungstatbestand nach §§ 4, 5 UStG oder nach den außerhalb des UStG geregelten Befreiungen eingreift.

Beispiel: Ein Unternehmer liefert in Münster ein Grundstück gegen Entgelt. Der Umsatz ist steuerbar nach § 1 Abs. 1 Nr. 1 UStG, aber steuerfrei nach § 4 Nr. 9 a UStG.

Nicht steuerbare Umsätze fallen nicht in den Geltungsbereich des deutschen Umsatzsteuergesetzes. Dies kann beruhen auf fehlender persönlicher Steuerbarkeit, z.B. Leistung eines Nichtunternehmers, auf fehlender sachlicher Steuerbarkeit, z.B. unternehmerische Dienstleistungsabgabe ohne Entgelt, oder auf fehlender räumlicher Steuerbarkeit, z.B. Leistungsaustausch eines Unternehmers im Ausland.

Steuerfreie Umsätze liegen innerhalb des persönlichen, sachlichen und räumlichen Geltungsbereiches des Umsatzsteuergesetzes. Sie sind aber von der Steuerpflicht befreit. Nur im Ergebnis einer Nichtentstehung einer Umsatzsteuerschuld stimmen steuerfreie und nicht steuerbare Umsätze überein.

II. Umsätze im Inland

1. Inland

a) Steuerbarkeit ist bei den in § 1 Abs. 1 UStG genannten Umsätzen nur gegeben, wenn der jeweilige Umsatz im Inland stattfindet. Ob dies der Fall ist, ergibt sich durch Anwendung der gesetzlichen Regelungen über den Ort des jeweiligen Umsatzes auf den zu beurteilenden Sachverhalt. So enthalten die §§ 3 Abs. 5 a–8, 3 c, 3 g UStG Regeln über den Ort der Lieferung, §§ 3 a, 3 b UStG enthalten Regeln über den Ort der sonstigen Leistung, § 3 d UStG Regeln über den Ort des innergemeinschaftlichen Erwerbs. § 3 e UStG betrifft sowohl Lieferungen als auch sonstige Leistungen. Ist der Ort auf diese Weise bestimmt, muss entschieden werden, ob er im Inland liegt. Die Definition dafür findet sich in § 1 Abs. 2 UStG und ergänzend in § 1 Abs. 3 UStG. Nach § 1 Abs. 2 S. 1 UStG umfasst das umsatzsteuerliche Inland das staatsrechtliche (Hoheits-) Gebiet der Bundesrepublik mit Ausnahme der dort genannten Gebiete (dazu sogleich). Im Bereich des Küstenmeeres erstreckt sich die Hoheitsgrenze auf zwölf Seemeilen vor der Küstenlinie. 23

b) Kein umsatzsteuerliches Inland sind die österreichischen Gemeinden **Mittelberg und Jungholz**. Umsätze, die dort stattfinden, sind nach § 1 Abs. 1 Nr. 1 UStG in Deutschland nicht steuerbar. Sie unterliegen aber dem österreichischen Umsatzsteuergesetz. Da dieses Gebiet allerdings zum Zollgebiet der Gemeinschaft gehört und insoweit deutsche Zollbehörden tätig werden, unterliegen **Einfuhren aus Drittländern** in diesem Gebiet der deutschen! (statt der österreichischen) Einfuhrumsatzsteuer. Dies bestimmt nunmehr § 1 Abs. 1 Nr. 4 UStG ausdrücklich. Auch eine deutsche Erwerbsbesteuerung nach § 1 Abs. 1 Nr. 5 UStG in diesen Gebieten scheidet aus, denn sie sind kein Inland. Stattdessen findet eine österreichische Erwerbsbesteuerung statt. Lieferungen von Deutschland in die genannten Gebiete sind als Lieferungen nach Österreich zu behandeln, also als innergemeinschaftlich befreite Lieferungen (vgl. Rn. 172 ff.).

c) Obwohl deutsches Hoheitsgebiet, werden das **Gebiet von Büsingen** und die Insel **Helgoland** umsatzsteuerlich nicht als Inland behandelt, § 1 Abs. 2 S. 1 UStG. Büsingen ist eine deutsche Gemeinde, die dem Zollgebiet der Schweiz angeschlossen ist. Helgoland gehört keinem Zollgebiet an. Beide Gebiete gehören auch weder zollrechtlich noch umsatzsteuerrechtlich zum Gemeinschaftsgebiet, vgl. Art. 6 Abs. 2 a) und b) MwStSystRL. Umsatzsteuerlich handelt es sich daher um **Ausland** und außer- 24 dem liegt auch **kein Gemeinschaftsgebiet** vor. Dort stattfindende Umsätze sind weder nach § 1 Abs. 1 Nr. 1 UStG noch nach Abs. 1 Nr. 4 (Einfuhr) oder Abs. 1 Nr. 5 UStG (innerg. Erwerb) steuerbar. Lieferungen in diese Gebiete sind ggf. als Ausfuhrlieferungen (und nicht als innergemeinschaftliche Lieferungen) zu befreien. Dasselbe gilt für Umsätze auf deutschen Schiffen oder in deutschen Luftfahrzeugen in Gebieten, die zu keinem Zollgebiet gehören. Zwar gehören diese hoheitsrechtlich dann (z.B. auf hoher See) zu Deutschland, aber eben weder umsatzsteuerlich noch zollrechtlich.

d) Dagegen sind die ebenfalls in § 1 Abs. 2 S. 1 UStG i.d.F. JStG 2020 vom umsatzsteuerlichen Inland ausgenommenen **Freizonen im Sinne des Artikels 243 des Zollkodex** der Union (= frühere Freizonen/Freihäfen des Kontrolltyps I – seit 2013 nur noch die Freihäfen Cuxhaven und Bremerhaven an der Küste, nicht die im Binnenland in Duisburg und Deggendorf) und die Gewässer und Watten zwischen Hoheits- und Strandlinie sowohl zoll- wie umsatzsteuerrechtlich Teil des Gemeinschaftsgebietes, vgl. Art. 5 und 6 MwStSystRL. Dort stattfindende Umsätze fallen daher an sich in den Anwendungsbereich der MwStSystRL gemäß Art. 2 i.V.m. Art. 5 u. 6. Der Bundesrepublik ist aber gestattet worden, dort stattfindende Umsätze als nicht steuerbar zu behandeln, soweit sich daraus keine Auswirkungen auf das Steueraufkommen ergeben und keine Wettbewerbsverzerrungen entstehen können.[78] Vor diesem Hintergrund erklärt sich die zwitterhafte Behandlung dieser Gebiete zunächst als Ausland in § 1 Abs. 2 UStG, aber sodann erfolgender Rückausnahme einer Behandlung als Inland in § 1 Abs. 3 Nr. 1–Nr. 7 UStG. § 1 Abs. 3 UStG behandelt Umsätze in diesen Gebieten als Inlandsumsätze, wenn dort a) Umsätze für den Endverbrauch(er) stattfinden oder b), bei denen wegen einer Steuerbefreiung ein Vorsteuerabzug nicht oder nicht vollständig möglich wäre (§ 1 Abs. 3 Nr. 1–7 UStG für die Erwerbsbesteuerung). Bei Umsätzen an und für voll vorsteuerabzugsberechtigte Unternehmer werden die Umsätze dort grundsätzlich als nicht steuerbar behandelt. Etwas anderes gilt allerdings nach § 1 Abs. 3 Nr. 4 u. 5 UStG für Lieferungen und sonstige Leistungen in einem zollamtlich bewilligten Freihafenveredelungs- oder Lagerverkehr oder bei Lieferung von einfuhrumsatzsteuerlich im freien Verkehr befindlichen Waren. Diese sind steuerbar, auch wenn sie an Unternehmer ausgeführt werden. Die komplizierte Regelung des § 1 Abs. 3 UStG dient folgenden Zielen:

- erstens: keine Besteuerung von Freihafenumsätzen für Umsätze an Unternehmer, die die Leistung nicht im Inland verwenden; daher wie Ausland, nicht steuerbar;
- zweitens: auf jeden Fall Besteuerung eines Endverbrauches/oder zur Verwendung für steuerfreie Umsätze im Freihafen;[79]
- drittens: Besteuerung von Umsätzen der Freihafenunternehmer auch für inländische Unternehmer, wenn die Einfuhr wegen zollamtlicher Bewilligung nicht besteuert wird;
- viertens: Ermöglichung der Vorverlagerung der Abfertigung zur Einfuhrumsatzsteuer bereits in den Freihäfen.

---

78 S. auch EuGH v. 01.06.2017 – Rs. C-571/15 (Wallenborn Transports), UR 2017, 513 (Entziehung von Ware aus zollamtlicher Überwachung führt nicht zu einer EUSt, wenn Ware nicht in den Wirtschaftskreislauf der Union eingeführt wird)

79 S. dazu BFH v. 22.02.2017 – XI R 13/15, MwStR 2017, 541 mit Anm. Korf (im Freihafen ansässige [Organ] Gesellschaft ist nicht im Inland ansässig und gehört daher nicht zum Organkreis im Sinn des § 2 Abs. 2 Nr. 2 UStG, Art. 11 MwStSystRL. Daher Besteuerung der an sie erbrachten Vertriebsleistungen von Eintrittskarten für nach § 4 Nr. 20 UStG steuerbefreite Theaterleistungen durch zum Konzernkreis gehörende Holdinggesellschaft.

2. Ausland – räumliche Abgrenzung der Steuergewalt

a) Ausland sind nach § 1 Abs. 2 S. 2 UStG alle Gebiete, die nicht Inland sind. Das sind: das staatsrechtliche Ausland, einschließlich der – aus deutscher Sicht – Zollanschlüsse; Ausland sind auch die Hoheitsgebiete der Mitgliedstaaten der EU/EG, allerdings sind sie kein Drittlandsgebiet. Umsatzsteuerliches Ausland sind außerdem die in § 1 Abs. 2 S. 1 UStG genannten Gebiete, die staatsrechtlich zum inländischen Hoheitsgebiet gehören (Büsingen, Helgoland, Freihäfen usw.). Zum Ausland gehören auch Gebiete, die zu niemandes Hoheitsgebiet gehören. Vorbehaltlich § 1 Abs. 3 UStG sind Umsätze im Ausland nach deutschem UStG immer nicht steuerbar. **25**

b) Anders als das Einkommensteuerrecht grenzt das Umsatzsteuergesetz die deutsche **Besteuerungskompetenz/Steuergewalt** gegenüber der Besteuerungskompetenz anderer Staaten nicht nach dem Wohnsitz, dem Sitz, dem gewöhnlichen Aufenthalt oder dem Ort der Geschäftsleitung ab (vgl. aber § 1 EStG und § 1 KStG). Die Ansässigkeit des Unternehmers im Inland ist für die Steuerbarkeit grundsätzlich nicht maßgebend. Es gibt auch keine der beschränkten Steuerpflicht nach § 49 EStG vergleichbaren Bestimmungen, bei denen die Steuerpflicht für die Bundesrepublik als sog. „Quellenstaat“ an die Erzielung von Einkommen im Inland anknüpft. Einzig und allein entscheidend ist, ob sich nach den für den Umsatz maßgebenden Regelungen (§ 3 Abs. 5 a–8 und §§ 3 a–3 g UStG) ein Inlandsort ergibt. Auch dies kennzeichnet die USt als Objektsteuer. Denn auf eine persönliche Beziehung des Unternehmers zum Inland kommt es nicht an. Dies betont § 1 Abs. 2 S. 3 UStG ausdrücklich, wonach Staatsangehörigkeit des Unternehmers, Wohnsitz und Sitz sowie Betriebsstätte im Inland für die Besteuerung unmaßgeblich sind, wenn der Umsatz im Inland ausgeführt wird. Allerdings knüpft § 3 a Abs. 1 UStG, Art. 45 MwStSystRL als Auffangregel für den Ort einer sonstigen Leistung/Dienstleistung an den Unternehmenssitz/Sitz der wirtschaftlichen Tätigkeit an.

c) Eine **umsatzsteuerliche Doppelbesteuerung** wird für den Normalfall dadurch ausgeschlossen, dass die Umsatzsteuergesetze der verschiedenen Staaten übereinstimmende Regeln über den Ort der Umsätze enthalten. Für die Staaten der Europäischen Union ergibt sich dies zwingend aus der Harmonisierung durch die MwSt-SystRL. Dies ist der Grund, weshalb es normalerweise **keiner Doppelbesteuerungsabkommen** auf dem Gebiet der USt bedarf.

Beispiel: U in Münster verbringt seinen Urlaub in Spanien. Er veräußert dort seinen zum Unternehmen gehörenden Pkw.

Die Lieferung ist nicht nach § 1 Abs. 1 Nr. 1 UStG steuerbar in Deutschland, denn der Ort der Lieferung liegt nach § 3 Abs. 6 UStG i.V.m. § 1 Abs. 2 UStG im Ausland. Allerdings ist die Lieferung nach dem spanischen Umsatzsteuergesetz zu besteuern (vgl. Art. 2 Abs. 1 a i.V.m. Art. 14, 31, 32 MwSt-SystRL).

3. Drittlandsgebiet und Gemeinschaftsgebiet

a) Das Gesetz unterscheidet mit Rücksicht auf die Bedürfnisse des Binnenmarktes zwischen Drittlandsgebiet und Gemeinschaftsgebiet (§ 1 Abs. 2 a UStG). **Gemeinschaftsgebiet** ist das **Gebiet der übrigen EU-Staaten und das Inlandsgebiet**. Zum Gemeinschaftsgebiet (Art. 52 Abs. 2 EUV i.V.m. Art. 355 AEUV i.V.m. Art. 5 u. 6 MwSt-SystRL) gehören: Bundesrepublik Deutschland (ohne Helgoland und Büsingen), Spanien (ohne Kanarische Inseln), Italien (ohne Livigno, Campione, Luganer Seeanteil), Griechenland (ohne Athos), Frankreich einschließlich Monaco, (bis zum Brexit noch und seither nicht mehr) Großbritannien einschließlich Isle of Man (ohne die Kanalinseln), Benelux-Staaten, Irland, Dänemark (ohne Grönland und Färöer), Portugal, Schweden, Finnland (ohne Åland Inseln), Österreich, Polen, Tschechien, Ungarn, Slowakei, Bulgarien, Rumänien, Slowenien, Kroatien, Estland, Lettland, Litauen, Malta **26**

und Zypern (der „griechische" Teil). **Drittlandsgebiet** sind alle übrigen Gebiete. Danach sind auch Helgoland und Büsingen und seit dem Brexit auch das Vereinigte Königreich Drittlandsgebiet. Für Freihäfen und Watten gemäß § 1 Abs. 3 UStG enthält § 1 Abs. 2 a UStG eine Regelung, die in klarem Widerspruch zu Art. 5 u. 6 MwStSystRL steht. Obwohl es sich EU-rechtlich um Gemeinschaftsgebiet handelt, sollen sie danach Drittlandsgebiet sein. Für Umsätze dort und die Ausfuhr dahin enthalten § 1 Abs. 3 und § 6 Abs. 1 Nr. 3 UStG allerdings sodann gemeinschaftskonforme Einschränkungen, sodass im Ergebnis für die relevanten Umsätze doch eine Behandlung wie für Umsätze innerhalb des Gemeinschaftsgebiets stattfindet.

Diese komplizierte Technik ist zu bedauern. Sinnvoller wäre es, die Freihäfen und Watten als Gemeinschaftsgebiet und Inland zu behandeln und, soweit dafür ein Bedürfnis besteht, für die gegenwärtig nicht steuerbaren Umsätze Steuerbefreiungen mit Vorsteuerabzug zu gewähren.

b) Auch das **übrige Gemeinschaftsgebiet** (Gemeinschaftsgebiet ohne Inland) ist **Ausland** (= nicht Inland) (§ 1 Abs. 2 S. 2 UStG). Daraus folgt, dass Umsätze dort nach deutschem UStG nicht steuerbar sind, ebenso wie Umsätze im Drittland.

Beispiel: U tätigt

- eine Lieferung in der Ukraine (Drittland) und
- eine Lieferung in Italien (übriges Gemeinschaftsgebiet).

Beide Lieferungen sind nach deutschem UStG nicht steuerbar (§§ 1 Abs. 1, Abs. 2, 3 Abs. 6 UStG). Sie sind allerdings nach ukrainischem und nach italienischem Umsatzsteuerrecht steuerbar.

c) Beim **grenzüberschreitenden Warenverkehr mit Drittlandstaaten** liegt aus deutscher Sicht einerseits eine **Einfuhr** nach § 1 Abs. 1 Nr. 4 UStG vor (aus dem Drittland in das Inland), andererseits kommt eine **steuerfreie Ausfuhr** nach § 4 Nr. 1 a i.V.m. § 6 UStG in Betracht (vgl. Rn. 154 ff.).

d) Beim **grenzüberschreitenden Warenverkehr mit dem übrigen Gemeinschaftsgebiet** sind die besonderen Regeln für den Binnenmarkt seit dem 01.01.1993 zu beachten (Einzelheiten unter Rn. 172 ff.). Prinzipiell ist festzuhalten, dass es keine Einfuhrbesteuerung nach § 1 Abs. 1 Nr. 4 UStG gibt. Jegliche Grenzabfertigung entfällt. Partiell wird die Einfuhrbesteuerung bislang jedoch noch durch eine **Besteuerung des Erwerbs** (beim kommerziellen Warenverkehr) nach §§ 1 Abs. 1 Nr. 5, 1 a UStG ersetzt. Die steuerfreie Ausfuhr wird partiell (im kommerziellen Warenverkehr) bislang durch die **steuerfreie innergemeinschaftliche Lieferung** ersetzt (§ 4 Nr. 1 b i.V.m. § 6 a UStG). Für den privaten Warenverkehr über die Grenze entfällt grundsätzlich eine Einfuhr- oder Erwerbsbesteuerung, aber auch eine Befreiung als Ausfuhr- oder innergemeinschaftliche Lieferung. Als Fazit ist daher festzuhalten, dass der Unterscheidung zwischen Drittlandsgebiet und übrigem Gemeinschaftsgebiet/Unionsgebiet bisher noch keine Bedeutung für die Steuerbarkeit – nur Inlandsumsätze – zukommt. Allerdings gibt es insoweit Sonderregelungen für den Ort des Umsatzes. Dagegen ist die Unterscheidung bedeutsam für die Besteuerung der Einfuhr oder des Erwerbs einerseits und die Befreiung der Ausfuhrlieferung oder der innergemeinschaftlichen Lieferung andererseits.

Beispiele:

- U importiert aus der Schweiz = Einfuhr (§ 1 Abs. 1 Nr. 4 UStG)
- U „importiert" aus Frankreich = innergemeinschaftlicher Erwerb (§ 1 Abs. 1 Nr. 5 UStG)
- U exportiert in die Schweiz = Ausfuhrlieferung (§ 4 Nr. 1 a i.V.m. § 6 UStG)
- U „exportiert" nach Frankreich = innergemeinschaftliche Lieferung (§ 4 Nr. 1 b i.V.m. § 6 a UStG)

4. Geltungsbereich des UStG

27

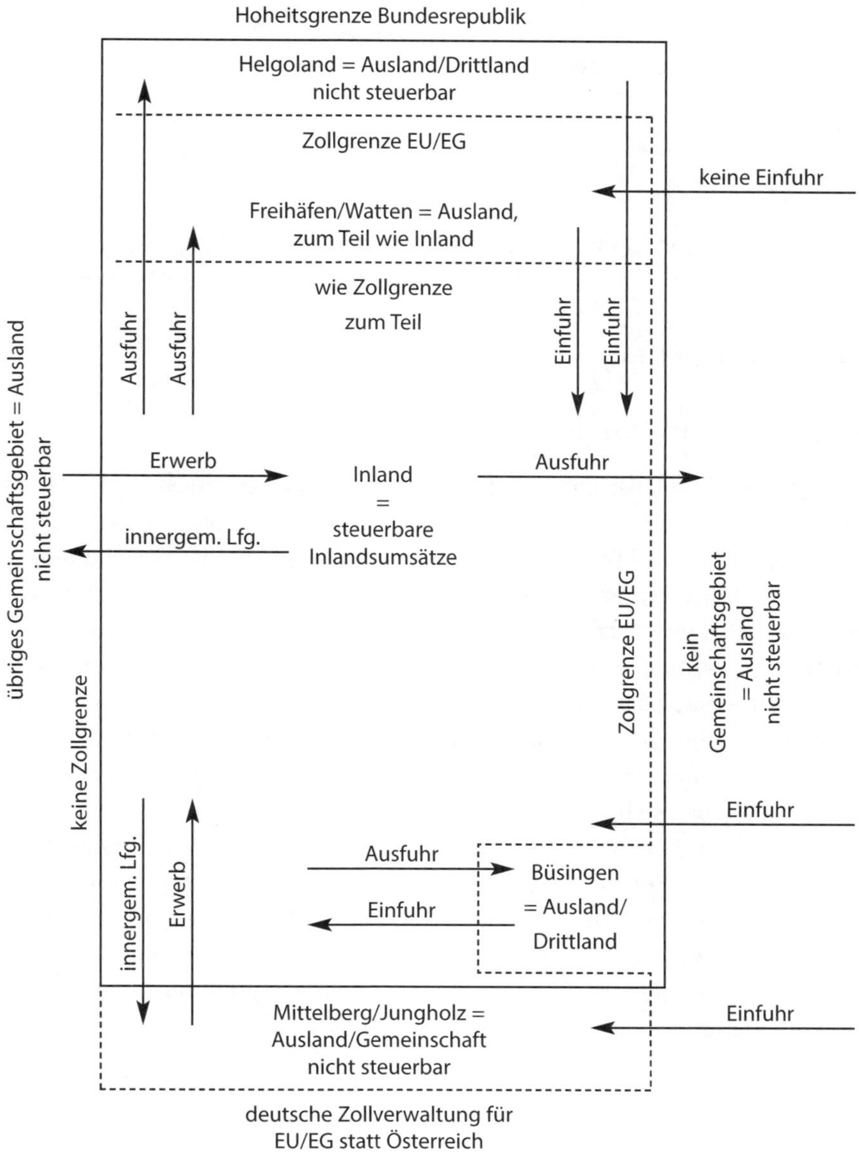

B. Leistungsaustausch (§ 1 Abs. 1 Nr. 1 UStG)

I. Allgemeines

Der Haupttatbestand des § 1 Abs. 1 Nr. 1 UStG verlangt eine **Lieferung oder sonstige Leistung gegen Entgelt**. Der Oberbegriff zu Lieferung und sonstiger Leistung ist die **Leistung** (vgl. § 3 Abs. 9 UStG). 28

Die Unterscheidung zwischen Lieferung und sonstiger Leistung ist lediglich technischer Art und hat in erster Linie Bedeutung für die Bestimmung des Leistungsortes. Leistungen sind nach § 1 Abs. 1 Nr. 1 UStG nur steuerbar, wenn ihnen eine Gegenleistung (gegen Entgelt) gegenübersteht. Allerdings stellt § 3 Abs. 1 b und Abs. 9 a UStG bestimmte unentgeltliche Wertabgaben den Lieferungen bzw. sonstigen Leistungen gegen Entgelt gleich (vgl. Rn. 126 ff.).

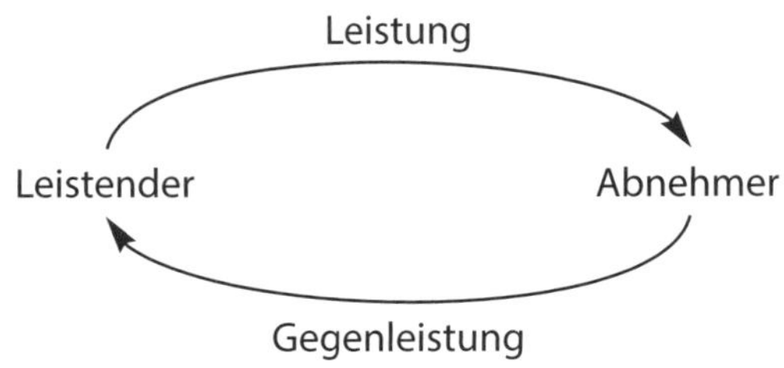

Bei dem Leistungsaustausch nach § 1 Abs. 1 Nr. 1 UStG handelt es sich um den wichtigsten und auch vom Aufkommen her bedeutendsten Umsatztatbestand.

1. Begriff der Leistung

a) Leistung als Erfüllungshandlung

29 **aa)** Gegenstand einer Leistung kann jedes **willentliche Verhalten** (Tun, Dulden oder Unterlassen) eines Rechtssubjektes sein, das zum Gegenstand des Wirtschaftsverkehrs gemacht werden könnte.[80] Zur Leistung wird es allerdings nur, wenn dieses Verhalten willentlich einem **anderen Rechtssubjekt** gegenüber entfaltet wird, um diesem einen **Nutzen zuzuwenden**. Dem Charakter der USt als allgemeiner Verbrauch(er)steuer entsprechend muss es sich bei dem anderen Rechtssubjekt um einen **individualisierbaren Leistungsempfänger** – also nicht die Allgemeinheit – handeln. Der diesem zugewendete Nutzen (Vorteil) muss einem Verbrauch durch den Leistungsempfänger zugänglich sein (verbrauchsfähiges Gut).[81] Ob ein Nutzen vorliegt, entscheidet sich ausschließlich nach den Einschätzungen/Interessen des Leistenden und des Leistungsempfängers, nicht etwa nach den Vorstellungen eines (objektiven) Dritten. Bei der Frage nach dem Nutzen ist nicht zu berücksichtigen, dass der Leistungsempfänger eine Gegenleistung aufzuwenden hat und ob es sich insgesamt um ein wirtschaftlich vorteilhaftes Geschäft gehandelt hat. Wird einem anderen Rechtssubjekt gegenüber gehandelt, ist es belanglos, wenn die Leistung zugleich dem eigenen Nutzen dient.

Beispiel: Ein Bierverleger wirbt für die von ihm vertriebenen Produkte. Da er dabei zugleich für eine Biersorte der Brauerei X wirbt, zahlt diese ihm einen Zuschuss

- aufgrund einer vorher getroffenen Vereinbarung;
- unerwartet.

Im 1. Fall liegt ein Leistungsaustausch vor. Mit den Werbemaßnahmen wurde der Bierverleger willentlich auch für die Brauerei tätig. Belanglos ist, dass die Werbung zugleich im eigenen Interesse durchgeführt wurde. Auch wenn die Werbung objektiv wertlos gewesen sein sollte, stellt sie eine Leistung gegenüber der Brauerei dar, weil es auf die subjektiven Wertvorstellungen der Beteiligten ankommt.

Im 2. Fall liegt keine Leistung vor. Der Bierverleger hatte nicht den Willen, der Brauerei einen Vorteil zuzuwenden, sondern wurde ausschließlich im eigenen Interesse tätig. Selbst wenn die Werbemaßnahmen objektiv für die Brauerei einen Nutzen brachten und der Bierverleger dies wusste, fehlt es an einer Zuwendung.[82] Der Zuschuss stellt somit keine Gegenleistung für eine Leistung des Bierverlegers dar. Er ist allerdings als nachträgliche Entgeltsminderung für die Bierlieferungen der Brauerei zu qualifizieren (§ 17 Abs. 1 UStG).[83]

---

80 Vgl. Englisch in: T/L § 17 C. 1.1.); Lippross 2.2.2.; EuGH v. 14.07.2005 – Rs. C-435/03 (British American Tobacco), UR 2005, 491; a.A. weitergehend Stadie in: R/D Einf. Rn. 164 f.; und in Stadie § 1 Rn. 57 f. (Leistung und Entgelt auch bei unfreiwilligem/erzwungenem Vermögensschaden und Schadensersatz dafür).

81 Vgl. BFH v. 30.01.1997 – V R 133/93 BStBl. II 1997, 335; EuGH v. 18.12.1997 – Rs. C-384/95 (Landboden Agrar), Slg. 1997, I-7387; v. 29.02.1996 – Rs. C-215/94 (Mohr), Slg. 1996, I-959.

82 Vgl. BFH v. 13.01.1972 – V R 137/68, BStBl. II 1972, 367.

83 Vgl. auch BFH v. 09.11.1994 – XI R 81/92, BStBl. II 1995, 277; v. 07.03.1995 – XI R 72/93, BStBl. II 1995, 518; v. 28.06.1995 – XI R 66/94, BStBl. II 1995, 850 – Wettbewerbsprämien und Incentive-Reise als Entgeltsminderung.

bb) Die Leistung erfolgt in der Regel als **Erfüllungshandlung** eines Schuldverhältnisses, namentlich eines gegenseitigen Vertrages. Die USt knüpft aber an das Erbringen der Leistung, nicht an die Eingehung der Verpflichtung zur Leistung an. Ein Leistungsaustausch ist aber auch möglich, wenn der Leistung überhaupt kein Schuldverhältnis zugrunde liegt; insbesondere bedarf es nicht eines gegenseitigen Vertrages. Es genügen auch einseitige Rechtsgeschäfte wie die Auslobung oder die Geschäftsführung ohne Auftrag, aber auch öffentliche Rechtsverhältnisse.[84] Zur Klärung des Umfanges und des Inhaltes einer Leistung muss aber häufig auf die schuldrechtlichen Vereinbarungen der betroffenen Rechtssubjekte zurückgegriffen werden. Allerdings kann es dabei nicht darauf ankommen, ob nach deutschem Zivilrecht ein bestimmter Vertragstyp vorliegt, sondern es ist anhand der vertraglichen Vereinbarungen der Inhalt der Leistung zu ermitteln und sodann diese Leistung umsatzsteuerlich autonom zu qualifizieren. 30

Beispiel: Einem Kiesausbeuteunternehmen ist gestattet worden, aus dem Grundstück des Eigentümers E Kies zu entnehmen. Dafür zahlt es dem E ein Entgelt. Liegt ein Kaufvertrag zugrunde, handelt es sich um steuerbare und steuerpflichtige Lieferungen von Kies. Liegt aber eine Grundstücksverpachtung zugrunde, so soll es sich um eine steuerbare, aber nach § 4 Nr. 12 a UStG steuerfreie sonstige Leistung des E handeln.[85] Diese bisherige strikt am deutschen BGB orientierte Auslegung dürfte dem europarechtlich auszulegenden Begriff der Grundstücksvermietung nicht entsprechen. Zu fragen ist vielmehr, ob die Nutzungsüberlassung des Grundstückes im Vordergrund steht oder die Ausbeutung des Kiesvorkommens. Letzterenfalls sind selbst dann steuerpflichtige Lieferungen anzunehmen, wenn zivilrechtlich das Rechtsverhältnis (noch) als Pachtverhältnis zu qualifizieren wäre.

cc) Die Leistung besteht grundsätzlich in einem **willentlichen Verhalten**. Tritt eine Güterverschiebung ohne willentliches Verhalten ein, z.B. bei unwiderstehlichem Zwang, fehlt es an einer Leistung. 31

Beispiel 1: Ein Ladendieb stiehlt dem Kaufmann Ware und verzehrt sie. Später wird er entdeckt und entrichtet als Schadensersatz den Kaufpreis. Der Kaufmann hat nicht (willentlich) geleistet, der Schadensersatz stellt kein Entgelt für eine Leistung dar. Der Vorgang ist daher nicht steuerbar.[86]

Tritt eine Güterverschiebung zwar kraft Gesetzes ein, beruht diese aber auf einer willentlichen Zuwendung, liegt gleichwohl eine Leistung vor. Dies trifft z.B. zu bei Vermögensübertragungen durch Verschmelzung oder Spaltung nach dem UmwG 1995, aber es ist dann § 1 Abs. 1 a UStG zu beachten (vgl. Rn. 121 ff.).

Beispiel 2: Ein Bauunternehmer errichtet auf dem Grundstück des Bauherrn ein Gebäude und erhält dafür den Werklohn.

Es liegt ein Leistungsaustausch vor, obgleich das Eigentum am Gebäude nicht durch rechtsgeschäftliche Übertragung, sondern kraft Gesetzes gemäß §§ 946, 94 BGB erworben wurde. Auch wenn der Werkvertrag unwirksam gewesen wäre und der Bauunternehmer lediglich nach §§ 951, 812 BGB eine Entschädigung erhalten hätte, wäre ein Leistungsaustausch zu bejahen.

Ohne willentliches Verhalten wird eine Leistung fingiert, wenn der **Umsatz aufgrund gesetzlicher oder behördlicher Anordnung** ausgeführt wird oder als ausgeführt gilt (§ 1 Abs. 1 Nr. 1 S. 2 UStG).

Beispiel: Enteignung,[87] Zwangsversteigerung

dd) Eine Zuwendung von Geld zum Zwecke der Bezahlung (Bar- und Buchgeld) stellt sich zwar nach den vorgenannten Kriterien ebenfalls als Leistung dar. Im Sinne des Umsatzsteuergesetzes, das den Verbrauch von Gütern und Dienstleistungen besteu-

---

84 Vgl. BFH v. 16.01.2003 – V R 92/01, BStBl. II 2003, 732; v. 28.02.1980 – V R 90/75, BStBl. II 1980, 535.

85 Vgl. Abschn. 4.12.4. Abs. 1 UStAE; BFH v. 28.06.1973 – V R 7/72, BStBl. II 1972, 717.

86 Vgl. EuGH v. 21.11.2013 – Rs. C-494/12 (Dixons retail), MwStR 2013, 774 mit Anm. Grube; v. 14.07.2005 – Rs. C-435/03 (British American Tobacco), Slg. 2005, I-7077.

87 S. auch EuGH v. 13.06.2018 – Rs. C-665/16 (Gmina Wroclaw) zur Rechtsgrundlage in Art. 2 Abs. 1 a und Art. 14 Abs. 2 a MwStSystRL.

ern will, ist die **Geldzahlung** jedoch **lediglich Gegenleistung**, nicht aber selbst Leistung.[88]

b) Sitten- und verbotswidrige Leistungen

32 **aa)** Die Leistung im Leistungsaustausch erfolgt in der Regel als Erfüllungshandlung eines gegenseitigen Schuldvertrages, z.B. Übereignung der Sache aufgrund Kaufvertrages oder Überlassung der Sache aufgrund Mietvertrages. Da die USt mit der Leistungserbringung aber nicht an den Abschluss des Schuldvertrages, sondern an das tatsächliche Bewirken der Leistung anknüpft, ist es belanglos, ob der Leistung ein schuldrechtlich wirksames Rechtsverhältnis zugrunde liegt oder nicht. Entscheidend ist allein, ob die Leistung tatsächlich bewirkt wurde. Dieser sich bereits aus dem UStG ergebende Grundsatz wird **deklaratorisch** durch **§ 41 AO** bestätigt. Danach ist es für die Besteuerung unerheblich, ob ein Rechtsgeschäft unwirksam ist oder wird, solange die Beteiligten das wirtschaftliche Ergebnis eintreten lassen. Davon zu unterscheiden ist die Frage, welche Auswirkungen es hat, wenn das wirtschaftliche Ergebnis später wegen der Unwirksamkeit rückgängig gemacht wird.

Beispiel: Ü übereignet aufgrund unwirksamen Kaufvertrages an einen Minderjährigen ein Fahrrad. Er erhält auch den Kaufpreis. Später fordern die Eltern den Kaufpreis zurück und geben das Fahrrad zurück.

Es liegt zunächst ein steuerbarer Leistungsaustausch vor, weil die Lieferung des Fahrrades tatsächlich erfolgte. Die spätere Rückabwicklung führt allerdings zur Rückgängigmachung der Besteuerung (vgl. § 17 Abs. 2 Nr. 3 UStG).

bb) Es kann aber auch die **Leistung selbst sittenwidrig** sein oder gegen ein gesetzliches Verbot verstoßen. Auch dies hindert die Besteuerung nicht, solange die Leistung tatsächlich erbracht (und empfangen) wird. Für die deutsche Rechtsordnung bestimmt **§ 40 AO** insoweit ausdrücklich, dass es für die Besteuerung unerheblich ist, ob ein Verhalten (hier eine Leistung) gegen ein gesetzliches Verbot/Gebot oder die guten Sitten verstößt. So sind z.B. die Ausübung der Prostitution[89] oder die unerlaubte Arbeitnehmerüberlassung[90] als steuerbar behandelt worden. Nichts anderes gilt für den Absatz gestohlener Waren durch den Dieb oder Hehler, vorausgesetzt sie handeln nachhaltig als Unternehmer.

cc) Für die Einfuhr und die innerstaatlichen Lieferungen von **Drogen und Falschgeld** hat der EuGH allerdings die 6. EG-Richtlinie dahin ausgelegt, dass diese Vorgänge nicht der USt unterliegen, weil der Handel mit diesen Gegenständen ausnahmslos in allen EU-Staaten verboten ist, soweit nicht eine staatliche Überwachung stattfinde.[91] Dem ist entgegen vielfältiger Kritik[92] zu folgen.[93] Entscheidend ist, dass die Entgeltsverwendung zur Erlangung von Gütern oder sonstigen Leistungen, die unter allen Umständen per se außerhalb eines legalen Handels stehen (nach der Art des Gutes oder der Leistung, nicht nach den Handlungen der Beteiligten), keine Leistungs-

---

88 Abschn. 1.1. Abs. 3 UStAE.

89 BFH v. 15.12.2011 – XI B 50/11, BFH/NV 2012, 810; v. 31.03.2006 – V B 181/05, BFH/NV 2006, 2138; v. 04.06.1987 – V R 9/79, BStBl. II 1987, 653; s. auch FG Nürnberg v. 03.11.2015 – 2 K 1038/13, EFG 2016, 417 (Zurechnung der von der [minderjährigen] Prostituierten ausgeführten „Dienstleistungen" an deren [gewalttätigen] Zuhälter. Die Prostitution selbst ist durch das [fragwürdige] ProstG seit 2002 legalisiert). Zur Zurechnung der „sexuellen Dienstleistungen" von Prostituierten an Bordellbetreiber BFH v. 27.09.2018 – V R 9/17, BFH/NV 2019, 127; s. auch FG Sachsen-Anhalt v. 17.11.2015 – 4 K 84/13 m.w.N.

90 BFH v. 24.09.1987 – V R 50/85 und V R 125/86, BStBl. II 1988, 688, 694.

91 EuGH v. 05.02.1981 – Rs. 50/80 (Horvath), Slg. 1981, 385; v. 26.10.1982 – Rs. 221/81 (Wolf), Slg. 1982, 3681; v. 28.02.1984 – Rs. 294/82 (Einberger), Slg. 1984, 1177; v. 05.07.1988 – Rs. 269/86 (Mol), Slg. 1988, 3627; v. 05.07.1988 – Rs. 289/86 (Happy Family), Slg. 1988, 3655; v. 06.12.1990 – Rs. C-343/89 (Witzemann), Slg. 1990, I-4477.

92 U.a. Widmann UR 1989, 10; Weiß UR 1989, 311; Dziadkowski StVj 1989, 337; Lohse/Spetzler StVj 1990, 274.

93 Reiß in: T/L (20. Aufl.) § 14 B. 1.1 (Rn. 17) und Englisch in: T/L § 17 Rn. 93 f.

fähigkeit des Konsumenten indiziert. Soweit allerdings illegales Handeln in Wettbewerb zu legalen Wirtschaftssektoren tritt, schließt die Rechtswidrigkeit oder Strafbarkeit eine Umsatzsteuerbarkeit nicht aus. Umgekehrt ist eine Befreiung nur wegen der Illegalität nicht zu versagen. Die USt verhält sich insoweit neutral.[94]

Anders verhält es sich allerdings nach der – verfehlten – Rspr. des EuGH, wenn der Steuerpflichtige wusste oder hätte wissen müssen, dass er sich an einer in der Umsatzkette begangenen Mehrwertsteuerhinterziehung beteiligt. Bei **Beteiligung an einer Mehrwertsteuerhinterziehung** ist dem Steuerpflichtigen danach jedes ihm durch die MwStSystRL oder das nationale Gesetz gewährte **vorteilhafte Recht auf Steuerbefreiung** seines Ausgangsumsatzes (bei innergemeinschaftlichen Lieferungen oder Ausfuhrlieferungen) **und auf Vorsteuerabzug** aus dem Eingangsumsatz oder einer Erstattung von Umsatzsteuer (für innergemeinschaftlichen Erwerb) **zu versagen**,[95] auch wenn dies zu einer Mehrfachbelastung führt und zu einem zusätzlichen Steueraufkommen außerhalb des Mitgliedstaates des Verbrauches/Bestimmungslandes.

Die Annahme des EuGH, dass (Mehrwert-)Steuerhinterzieher und Beteiligte an einer solchen Hinterziehung den Grundsatz der „Neutralität" – anders als ihre Verpflichtungen erfüllende Steuerpflichtige – nicht mit Erfolg geltend machen dürften, ist schlichtweg abwegig.[96] Richtig und selbstverständlich ist es freilich, dass der Steuerhinterzieher nicht von Rechts wegen durch seine Hinterziehungshandlungen oder sonstige unvollständige Deklarationen der vom Gesetz vorgesehenen Besteuerung entgehen darf. Daher dürfen die Finanzbehörden selbstredend auch Schätzungen bezüglich rechtswidrig nicht erklärter Umsätze und der sich daraus ergebenden Umsatzsteuerschuld vornehmen, selbst und gerade wenn der intelligente Hinterzieher Eingangsrechnungen nicht verbucht und daraus keinen Vorsteuerabzug geltend macht.[97] Diese selbstverständliche Schätzungsbefugnis erst damit zu rechtfertigen, dass der Hinterzieher sich nicht auf den der MwStSystRL zugrunde liegenden Neutralitätsgrundsatz berufen könne, ist schlankweg unbegreiflich. Ebenso versteht es sich, dass eine Befreiung für einen nicht zu befreienden Vorgang – Lieferung von neu errichteten Gebäuden – nicht dadurch erschlichen werden kann, dass rechtsmissbräuchlich eine vorherige angeblich langfristige Vermietung des Gebäudes vorgenommen wird, die dann aber sofort wieder rückgängig gemacht wird.[98] Dass der EuGH insoweit nicht in der Lage ist, entsprechend zu differenzieren, ist höchst bedauerlich.

---

94 Vgl. zu Glücksspielen BFH v. 01.09.2010 – V R 32/09, BStBl. II 2011, 300; v. 22.09.2005 – V R 52/01, BStBl. II 2006, 278 und EuGH v. 10.06.2010 – Rs. C-58/09 (Leo Liberia), UR 2010, 494; v. 17.02.2005 – Rs. C-453/02 und C-462/02 (Linneweber u. Akritidis), Slg. 2005, I-1151; v. 29.06.2000 – Rs. C-466/88 (Salumets-Schmuggel von Ethylalkohol), Slg. 2000, I-4933; v. 02.08.1993 – Rs. C-111/92 (Lange – verbotene Ausfuhr), Slg. 1993, I-4677; v. 11.06.1998 – Rs. C-283/95 (Fischer – unerlaubte Glücksspiele), Slg. 1998, I-3369; v. 28.05.1998 – Rs. C-03/97 (Goodwin and Unstead – nachgeahmte Parfümeriewaren), Slg. 1998, I-3257; v. 29.06.1999 – Rs. C-158/98 (Coffeeshop Siberie – Vermietung eines Tisches zum Handel mit Haschisch), Slg. 1999, I-3971.

95 EuGH v. 18.12.2014 – Rs. C-131/13 (Italmoda), BB 2015, 544 mit Anm. Hummel, Heuermann DStR 2015, 1416 und Grube MwStR 2015, 93.

96 So aber EuGH v. 05.10.2016 – Rs. C-576/15 (Maya Marinova), MwStR 2016, 871 (Rn. 49) unter Berufung auf EuGH v. 18.12.2014 – Rs. C-131/13, C-163/13 und C-164/13 (Rn. 48) (Italmoda), DB 2015, 38 und v. 28.07.2017 – Rs. C-332/15 (Astone), UR 2016, 683 (Rn. 58).

97 So zutreffend auch der EuGH v. 21.11.2018 – Rs. C-648/16 (Fontana), UR 2018, 952; s.a. EuGH v. 05.10.2016 – Rs. C-576/15 (Maya Marinova), MwStR 2016,871 mit Anm. Grube

98 S. insoweit EuGH v. 22.11.2017 – Rs. C-251/16 (Cussens), BB 2017, 2901 (zur berechtigten Versagung der Befreiung für die Lieferung neuer Gebäude nach rechtsmissbräuchlichem Abschluss eines langfristigen Mietvertrages, der aber sofort wieder aufgehoben wurde und allein zu dem Zweck abgeschlossen wurde, die Veräußerung der neu errichteten Gebäude steuerfrei vornehmen zu können! Eine § 42 AO entsprechende gesetzliche Regelung existiert in Irland/England nicht!)

2. Begriff des Entgeltes (der Gegenleistung)

a) Rechtsverhältnis, Kausalität und Finalität

Fall 5: Das Geschenk mit Folgen – finale Gegenleistung?

Architekt A schenkte dem Beamten B (Bauverwaltung) zu Weihnachten eine bisher im Büro des A hängende alte Städteansicht (Stich) der Stadt Nürnberg (gegenwärtiger Nettoeinkaufspreis 1.000 €), um sich B bei späteren Bauaufträgen gewogen zu machen. B war die Angelegenheit unangenehm. Er schenkt A daher im Gegenzug wegen dessen Geschenk einen Teppich (Wert 2.000 €).

33 A hat an B die Lieferung des Stiches ausgeführt (§ 3 Abs. 1 UStG). Diese Leistung ist unter dem Gesichtspunkt des § 1 Abs. 1 Nr. 1 UStG jedoch nur steuerbar, wenn die Leistung gegen Entgelt ausgeführt wurde. Als Entgelt (Gegenleistung) kommt hier der Teppich infrage, den B dem A wegen dessen Lieferung zuwendete.

Die Begriffe Entgelt und Gegenleistung werden hier im Rahmen der Erörterungen zu § 1 Abs. 1 Nr. 1 UStG synonym verwendet. Im Gesetz wird der Begriff des Entgeltes einmal als Tatbestandsmerkmal der Steuerbarkeit in § 1 Abs. 1 Nr. 1 UStG bestimmt und zum anderen wird in § 10 Abs. 1 UStG die Bemessungsgrundlage durch das Entgelt bestimmt. Zu beachten ist, dass nach § 10 UStG das Entgelt als Bemessungsgrundlage gerade nicht die USt umfasst, diese also aus der Gegenleistung herausgerechnet werden muss, um zum Entgelt i.S.d. Bemessungsgrundlage zu gelangen. Diese Unterscheidung wird hier zunächst außer Acht gelassen, wenn unterschiedslos von Gegenleistung oder Entgelt die Rede ist.

Zwischen der Leistung und dem Entgelt (der Gegenleistung) muss eine innere Verknüpfung bestehen. Fraglich ist, welche Art innerer Verknüpfung bestehen muss, nämlich ob **Kausalität** oder ob **Finalität** zu verlangen ist oder ob ein **Rechtsverhältnis** zu verlangen ist, auf dem die Erbringung der **Leistung und** des **Entgeltes** beruht:

- Nach der älteren Rspr.[99] genügte es, dass der Empfänger der Leistung etwas aufwendete, „weil" er die Leistung erhielt.
- Der Wortlaut des § 10 Abs. 1 S. 2 UStG wurde extensiv ausgelegt: Obgleich danach zum Entgelt nur gehört, was der Empfänger aufwendet, „um die Leistung zu erhalten", sollte es für die Verknüpfung genügen, dass die Gegenleistung um der Leistung willen (oder umgekehrt die Leistung um der Gegenleistung willen) hingegeben wurde. Entgeltlichkeit setzte nach dieser Auffassung weder vertragliche Vereinbarungen voraus noch die Erwartung des leistenden Unternehmers, dass ihm für die Leistung eine Gegenleistung zuteilwerde. Vielmehr war ausreichend, wenn nur der Empfänger der Leistung mit Rücksicht auf diese dem Leistenden etwas zuwendete.
- Demgegenüber verlangte der BFH[100] später aufseiten des Leistenden ein Verhalten, das auf den Erhalt einer Gegenleistung zielte oder zumindest geeignet war, eine Gegenleistung auszulösen. Eine Gegenleistung lag danach nur dann vor, wenn sie durch ein **zweckgerichtetes Verhalten** (Leistung) des Unternehmers ausgelöst wurde. Der BFH forderte für die Verknüpfung von Entgelt und Leistung i.S.d. § 1 Abs. 1 Nr. 1 UStG also eine **Finalität zwischen Leistung und Gegenleistung** aus der Sicht des Leistenden, während für den Entgeltsbegriff i.S.d. § 10 UStG Kausalität (aus der Sicht des Leistungsempfängers) genügen soll. Allerdings sollte

99 Vgl. BFHE 105, 79; BFH v. 17.02.1972 – V R 118/71, BStBl. II 1972, 405; v. 06.02.1975 – V R 103/72, BStBl. II 1975, 255.

100 BFH v. 07.05.1981 – V R 47/76, BStBl. II 1981, 495; v. 28.01.1988 – V R 112/86, BStBl. II 1988, 473.

– zur Vermeidung von Umgehungen – auch bei § 1 Abs. 1 Nr. 1 UStG genügen, dass auch ohne rechtliche Verpflichtung damit zu rechnen ist, dass die Leistung üblicherweise vergütet wird (erwartbare Gegenleistung).

Der früheren Auffassung des BFH hinsichtlich des Erfordernisses einer auf die Erlangung der Gegenleistung gerichtete Finalität nur bei § 1 Abs. 1 Nr. 1 UStG ist jedenfalls nicht zu folgen. Sie steht zunächst nicht im Einklang mit dem Wortlaut des § 10 Abs. 1 UStG. § 10 UStG regelt zwar die Bemessungsgrundlage, der Begriff des Entgeltes kann hier aber nicht anders verstanden werden als in § 1 UStG. § 10 UStG stellt nicht auf eine Finalität beim Leistenden, sondern auf eine Finalität beim Leistungsempfänger ab. 34

Diese Betrachtungsweise steht im Einklang mit dem Telos der USt, den Endverbrauch, also die Einkommensverwendung, zu besteuern. Ebenso stellt Art. 73 MwStSystRL darauf ab, dass zur Besteuerungsgrundlage „alles" gehört, „was den Wert der Gegenleistung bildet, die der Lieferer oder Dienstleistungserbringer für diese Umsätze vom Erwerber oder Dienstleistungsempfänger oder einem Dritten erhält oder erhalten soll, ...". Zumindest unter Einbeziehung der MwStSystRL sind daher § 10 UStG und § 1 UStG dahin auszulegen, dass Aufwendungen des Leistungsempfängers oder eines Dritten, die um der Leistung willen (Finalität) oder wegen der Leistung (Kausalität) erfolgen, Entgelt darstellen.[101]

Der **EuGH verlangt** für die Entgeltlichkeit i.S.d. Art. 2 der MwStSystRL „zwischen dem Leistenden und dem Leistungsempfänger **ein Rechtsverhältnis**, in dessen Rahmen gegenseitig Leistungen ausgetauscht werden". Die empfangene Vergütung müsse den tatsächlichen Gegenwert für die dem Leistungsempfänger erbrachte Leistung bilden. Steuerbare Umsätze setzten eine „Vereinbarung zwischen den Parteien über einen Preis oder einen Gegenwert voraus". Zwischen dem gelieferten Gegenstand (der Leistung) und dem erhaltenen Gegenwert müsse „ein unmittelbarer Zusammenhang bestehen."[102] Wegen des Fehlens eines solchen „Rechtsverhältnisses" hat er die Entgeltlichkeit verneint, wenn nicht festzustellen ist, ob ein „Entgelt" wegen der Leistung oder aus anderen Gründen, z.B. Mitleid, Spende, gewährt wird, so für einen Straßenmusikanten.[103] Dem ist zu folgen. Missverständlich ist allerdings die Begründung, wonach eine Dienstleistung (oder Lieferung) nur dann i.S.v. Art. 2 MwStSystRL (damals Art. 2 der 6. EG-Richtlinie) „gegen Entgelt" erbracht wird und somit steuerpflichtig ist, wenn zwischen dem Leistenden und dem Leistungsempfänger **ein Rechtsverhältnis** besteht. Ein rechtsgültiger synallagmatischer Austauschvertrag darf aber nicht verlangt werden,[104] ebenso wenig eine rechtliche erzwingbare Verbindlichkeit. Es muss genügen, dass die Erbringung einer Gegenleistung durch den Leistungsempfänger von beiden Seiten erwartet werden kann.[105] Richtigerweise muss genügen, dass objektiv feststellbar ist, dass der Leistende zur Abgeltung seiner Leistung an den Leistungsempfänger von diesem oder von einem Dritten tat- 35

101 Vgl. Reiß StuW 1983, 364, 368; Söhn in: FS v. Wallis, 1985, 439 ff.; so auch Tehler DStR 1983, 215, 218; Rn. 3.3. und 3.4; Weiß UR 1986, 83 f.; BFH v. 30.04.1987 – V R 154/78 BStBl. 1987 II, 688 und v. 28.02.1980 – V R 90/75, BStBl. II 1980 II, 535.

102 Vgl. EuGH v. 22.11.2018 –Rs. C-295/17 (Meo), UR 2018, 944; v. 29.10.2015 – Rs. C-174/14 (Saudacor), MwStR 2016, 24; v. 22.10.2015 – Rs. C-264/14 (Hedquist), UR 2015, 864 (zum Umtausch von Bitcoins in schwedische Kronen!); v. 26.09.2013 – Rs. C-283/12 (Serebryanny vek), HFR 2013, 1164; v. 01.11.2013 – Rs. C-494/12 (Dixons), MwStR 2013, 774; v. 27.10.2011 – Rs. C-93/10 (GFKL Financial Services AG), BStBl. II 2015, 978. Dem folgend Lippross, 2.2.2.3.c).

103 EuGH v. 03.03.1994 – Rs. C-16/93 (Tolsma), Slg. 1994, I-743, 1132; vgl. auch v. 14.07.1998 – Rs. C-172/96 (First National Bank of Chicago), Slg. 1998, I-4387.; s. auch EuGH v. 19.12.2018 – Rs. C-51/18 (Kommission/Österreich) m.w.N. (Folgerechtsvergütung für Urheber eines Kunstwerkes mangels Rechtsverhältnis kein Entgelt für eine Leistung des Urhebers) – so auch Abschn. 1.1. Abs. 21 UStAE zum Folgerecht nach § 26 UrhG.

104 Vgl. auch BFH v. 30.01.1997 – V R 133/93, BStBl. II 1997, 335; v. 10.07.1997 – V R 94/96, BStBl. II 1997, 707 und v. 13.11.1997 – V R 11/97, BStBl. II 1998, 169.

105 Vgl. EuGH v. 17.09.2002 – Rs. C-498/99 (Town & County), Slg. 2002, I-7173 (Ehrenschuld).

sächlich eine Vergütung erhielt. Entgelt ist mithin alles, was gerade für die Lieferung eines bestimmten Gegenstandes oder für eine bestimmte Dienstleistung an den Leistenden gezahlt wird.[106] In der entschiedenen Rechtssache Tolsma ließ sich dies gerade nicht feststellen. Denn es konnte sich auch, sogar wahrscheinlich, um milde Gaben an den Straßenmusikanten handeln. Das Urteil belegt, dass es jedenfalls auf die Finalität aus der Sicht des Leistenden allein nicht ankommt, sondern zumindest auch auf eine Finalität/Kausalität aus der Sicht desjenigen, der das Entgelt aufwendet – nämlich „für" die Leistung. Der **BFH** beruft sich jetzt ausdrücklich auf die Rspr. des EuGH und verlangt das Vorliegen eines **„Rechtsverhältnisses"**, bzw. eine Verknüpfung aufgrund der **„Vereinbarung"**.[107] Zutreffend bejaht er eine solche Verknüpfung aufgrund eines Rechtsverhältnisses auch, wenn ein Restguthaben aus „Prepaid-Verträgen" für die Leistung der Zurverfügungstellung einer zunächst ohne Entgelt erbrachten Leistung (hier der Zurverfügungstellung der Infrastruktur des Providers als Vertragspartner) als nachträgliches Entgelt dafür aufgewendet wird.[108]

Die frühere Rspr. zur Finalität allein aus der Sicht allein des Leistenden ist aufgegeben worden. Folgt man der Sicht des EuGH, genügt allerdings eine bloße Kausalität aus der Sicht des Leistungsempfängers wohl ebenfalls nicht. Denn der EuGH verlangt seinerseits eine „Vereinbarung der Parteien" über einen Preis, bzw. einen Gegenwert. Eine derartige „Vereinbarung" muss bereits bei Erbringung der Leistung bestehen. Es genügt jedenfalls nicht, dass erst nach Erbringung einer Dienstleistung/Lieferung der Leistungsempfänger einseitig eine nicht vorher vereinbarte Gegenleistung erbringt. Diese Sicht ist deshalb nicht unproblematisch, weil nach dem Telos der Umsatzsteuer die Entgeltsverwendung durch den Leistungsempfänger zu belasten ist. Insoweit müsste eigentlich genügen, dass der Leistungsempfänger Aufwendungen tätigt, entweder um die Leistung zu erlangen oder aber, weil er die Leistung erlangt hat. Erforderlich ist allerdings, dass der Leistende den „Gegenwert" erlangt.

Das ist auch dann der Fall, wenn ein Liefergegenstand an Erfüllungs statt zur Tilgung von Steuerschulden/Geldschulden an den Fiskus übereignet wird. Die entgegengesetzte Rspr. des EuGH[109] ist schlicht falsch. Es ist abwegig, in dieser Konstellation von einer unentgeltlichen Wertabgabe eines Unternehmensgegenstandes aus dem Unternehmen auszugehen. Selbstredend besteht zwischen dem Steuerschuldner und dem Steuergläubiger ein „Rechtsverhältnis". Auch wenn die in Geld zu entrichtende Steuerschuld auf einem „einseitigen" Rechtsverhältnis beruht, trifft dies nicht mehr zu, wenn die (Geld-)Steuerschuld „vereinbarungsgemäß" durch die Lieferung von Sachgegenständen getilgt werden darf und wird. Der Fiskus wendet dann auch seinen Geldanspruch zum Erwerb verbrauchbarer Güter auf!

Das bloße „Gegengeschenk" des B (Teppich) ist somit, folgt man der Rspr. des EuGH,[110] kein Entgelt „für" die Lieferung des alten Stiches. Denn es fehlt an einer (vorherigen) Vereinbarung einer für die Lieferung zu erbringenden Gegenleistung zwischen A und B. Sie ist auch nicht kausal auf eine solche Vereinbarung zurückzuführen. Die Lieferung des Stiches lässt sich umgekehrt auch nicht als Entgelt für das „Gegengeschenk", Lieferung des Teppichs durch den B, würdigen. Sie erfolgte schon weder um des Gegengeschenkes willen noch wegen des Gegengeschenkes. Im Übrigen fehlt es auch insoweit an einer „Vereinbarung" der Parteien. Sie kann auch nicht

---

106 Vgl. EuGH v. 15.07.2004 – Rs. C-144/02 (Kommission/Deutschland), Slg. 2004, I-6988 zu Subventionen als Preisbestandteil; s. auch BFH v. 22.02.2017 – XI R 17/15 (Entgelt von dritter Seite (Bauwillige) bei Zahlungen für an Gemeinde geleistete Erschließungsmaßnahmen für ein Baugebiet). S. auch – problematisch – BFH v. 22.08.2019 – V R 47/17, DB 2019, 2676 (Klagerücknahme gegen Bau eines Ersatzweges und Geldzahlung)

107 BFH v. 04.07.2013 – V R 33/11, BStBl. II 2013, 937 m.w.N.; v. 14.03.2012 – V B 10/11, BFH/NV 2012, 1315; v. 05.12.2007 – V R 60/05, BStBl. II 2009, 486 (fehlt bei Gewinnbeteiligung des Gesellschafters) und V R 63/05, BFH/NV 2008, 996 (Übernahme öffentlicher Abfallentsorgung durch GmbH).

108 BFH v. 10.04.2019 – XI R 4/17, BStBl. II 2019, 635 mit (abl.) Anm. Luther/Zawodsky MwStR 2019, 758; Weymüller jurisPR-SteuerR 37/2019 Anm. 6.

109 So aber EuGH v. 11.05.2017 – Rs. C-36/16 (Posnania Investment), MwStR 2017, 459 mit zust. Anm. Grube; dies ablehnend Reiß UVR 2017, 205.

110 Vgl. EuGH v. 19.12.2018 – Rs. C-51/18 (Kommission/Österreich). So auch Lippross 2.2.3.3 c).

kausal auf ein insoweit zwischen den Parteien bestehendes Rechtsverhältnis zurückgeführt werden. Die Lieferung des Stiches durch A ist daher nicht wegen des Erhaltes des Teppichs als Tauschvorgang nach §§ 1 Abs. 1 Nr. 1, 3 Abs. 12 UStG steuerbar.

Allerdings erfolgt die Lieferung des zum Unternehmen gehörenden Stiches (Büroausstattung) durch A als „andere unentgeltliche Zuwendung" für Zwecke seines Unternehmens, nämlich, um weiter Aufträge erteilt zu bekommen. Eine solche unentgeltliche Zuwendung eines Gegenstandes wird nach § 3 Abs. 1 b Nr. 3 UStG einer Lieferung gegen Entgelt gleichgestellt, sodass die an sich unentgeltliche Lieferung doch nach § 1 Abs. 1 Nr. 1 UStG steuerbar ist. Für die mangels Befreiung steuerpflichtige Lieferung ergibt sich dann bei einem Steuersatz von 19 % nach §§ 12 Abs. 1, 10 Abs. 4 Nr. 1 UStG eine Bemessungsgrundlage von 1.000 € und eine USt von 190 €.

Hinweis: *Falls es sich bei dem Stich um ein unter Nr. 49 lit. e fallendes kartografisches Erzeugnis aus Position 4905 des Zolltarifes handelte, wäre nach § 12 Abs. 2 Nr. 1 der ermäßigte Steuersatz von 7 % anzuwenden, sodass sich lediglich eine Steuerschuld von 70 € ergäbe.*

Auf eine **Gleichwertigkeit der Gegenleistung** kommt es nicht an. Ein Leistungsaustausch liegt daher bei innerer Verknüpfung zwischen Leistung und Gegenleistung auch dann vor, wenn die Gegenleistung nicht den Wert der Leistung erreicht oder sie erheblich übersteigt. Daher liegt eine Gegenleistung auch vor, wenn dem Leistenden nur seine Aufwendungen erstattet wurden. Auf keinen Fall ist erforderlich, dass der Leistende einen Gewinn macht (vgl. auch § 2 Abs. 1 S. 3 UStG). 36

Bei Leistungen gegen ein Entgelt unter dem Wert der Leistung ergibt sich allerdings in bestimmten Fällen die Bemessungsgrundlage für den Leistungsaustausch nicht nur aus dem Entgelt, sondern § 10 Abs. 5 UStG bestimmt eine höhere Mindestbemessungsgrundlage (vgl. Rn. 299).

b) Tauschumsätze und Umsätze vermittels Gutscheine

Die Gegenleistung kann in Geld oder in anderen Leistungen bestehen. Geldleistungen liegen vor, wenn mit Bar- oder Buchgeld (Überweisung) bezahlt wird. Ebenso stellt die Aufrechnung mit einer Geldforderung oder die Übernahme einer Geldschuld eine Geldleistung dar. Hier ergibt sich die Bemessungsgrundlage aus § 10 Abs. 1 UStG. Die Geldleistung selbst ist nur Gegenleistung, nicht Leistung i.S.d. Umsatzsteuergesetzes. Denn Geld ist ein Mittel, um Verbrauch zu finanzieren, nicht aber selbst ein verbrauchsfähiger Gegenstand. Daher stellt Geld zwar ein Entgelt, sogar das regelmäßige, dar, nicht aber ist es selbst Gegenstand einer Leistung. 37

Beispiel: Unternehmer A liefert an Unternehmer B einen Lkw. B übernimmt dafür die Restkaufpreisverpflichtung des A gegen C i.H.v. 119.000 €.

Es liegt nur ein Leistungsaustausch vor, nämlich Lieferung des Lkw durch A gegen Geldzahlung. Die Bemessungsgrundlage beträgt 100.000 €, die USt 19.000 €. B seinerseits „leistet" zwar ein Entgelt, erbringt eine „Gegenleistung" in Gestalt der Übernahme der Restkaufpreisverpflichtung des A; aber dies ist keine umsatzsteuerliche Lieferung oder Leistung i.S.d. § 1 Abs. 1 Nr. 1 UStG.[111]

Besteht die Gegenleistung für eine Leistung ihrerseits in einer Lieferung oder sonstigen Leistung, also nicht in Geld, spricht das Gesetz vom **Tausch (Lieferung gegen Lieferung)** oder tauschähnlichen Umsatz (sonstige Leistung gegen sonstige Leistung oder Lieferung), § 3 Abs. 12 UStG. Wenn auch die übrigen Voraussetzungen des

111 S. auch BFH v. 30.11.2016 – V R 18/16, DStR 2017, 150 (zur gegen Entgelt erfolgenden Eingehung der Verpflichtung zur Geldzahlung durch Mietvertragsabschluss durch den Mieter wird offengelassen, ob überhaupt steuerbar, da jedenfalls nach § 4 Nr. 8 g UStG befreit!).

§ 1 Abs. 1 Nr. 1 UStG vorliegen, sind **zwei steuerbare Umsätze** gegeben, die jeder für sich zu beurteilen sind. Bei Tauschvorgängen ergibt sich die Bemessungsgrundlage nach § 10 Abs. 2 S. 2 und 3 i.V.m. Abs. 1 UStG aus dem Wert der jeweiligen Gegenleistung (vgl. Rn. 287). Im Übrigen (Steuerbarkeit, Steuerpflicht, Steuersatz) kommt es aber immer auf die Beurteilung der Leistung selbst an.

Beispiel: Rechtsanwalt R berät den Arzt A in einem privaten Rechtsstreit. A behandelt dafür R vereinbarungsgemäß „kostenlos". Das übliche Honorar des Anwalts beträgt 1.190 €, das übliche Arzthonorar 2.380 €. R und A wohnen in Deutschland und haben ihre Praxen hier.

Beurteilung für R: R erbringt an seinem Praxissitz eine sonstige Leistung (§ 3 Abs. 9, § 3 a Abs. 1 UStG) gegen Entgelt, nämlich die Anwaltsleistung. Da die Gegenleistung für die sonstige Leistung wiederum eine sonstige Leistung darstellt, handelt es sich um einen tauschähnlichen Umsatz (§ 3 Abs. 12 S. 2 UStG). Die anwaltliche Leistung ist steuerbar, da sich die Praxis im Erhebungsgebiet befindet und A in Deutschland wohnt und steuerpflichtig ist. Bei einem Steuersatz von 19 % ergibt sich eine Steuer von 2.380 € (Wert der Gegenleistung!) : 1,19 x 19 % = 380 €.

Beurteilung für A: A erbringt mit der Behandlung des R eine sonstige Leistung, für die die Anwaltsleistung die Gegenleistung ist. Es handelt sich, wie für R, um einen tauschähnlichen Umsatz, § 3 Abs. 12 S. 2 UStG. Die Leistung des A ist aber nach § 4 Nr. 14 UStG steuerfrei. Die Bemessungsgrundlage beträgt 1.190 € (Wert der Gegenleistung!) ./. USt 0 €, da steuerfrei.

Sind bei einem Tauschvorgang beide Leistungen steuerpflichtig, so entsteht für beide Umsätze eine Steuerschuld. Dies bedeutet **keine (unzulässige) doppelte Besteuerung** eines Lebensvorganges. Vielmehr ist die Besteuerung der jeweiligen Leistung unter Verbrauchsteueraspekten konsequent, denn jeder Partner des Tauschvorganges verbraucht Güter bzw. Dienstleistungen und verwendet dafür Einkommen. Die Besteuerung von Tauschvorgängen wird sowohl vom UStG als auch von der MwStSystRL verlangt.[112] Sie widerspricht weder dem Charakter der USt als einer Endverbraucher- und Einkommensverwendungssteuer, noch steht sie im Widerspruch zur Funktion des Unternehmers als eines zwangsverpflichteten Gehilfen/Steuereinsammlers des Staates.[113] Im Gegenteil würde die Nichtbesteuerung von Tauschvorgängen zu einem groben Verstoß gegen den Gleichheitsgrundsatz und den Neutralitätsgrundsatz führen.

Ebenso wie der Tausch wird die **Hingabe an Zahlungs statt** behandelt. Sie liegt vor, wenn anstelle einer ursprünglich in Geld vereinbarten Gegenleistung eine Lieferung oder sonstige Leistung erbracht wird.[114] Für die Bemessungsgrundlage maßgebend ist dann der Wert der als Gegenleistung empfangenen Lieferung oder sonstigen Leistung, nicht der ursprünglich vereinbarte Geldbetrag.

Beispiel: U verkauft für 25.000 € einen Pkw. Er akzeptiert nachträglich, dass K an Zahlungs statt Möbel liefert, die einen Wert von 23.800 € haben. Für die Lieferung des Pkw ergibt sich eine Bemessungsgrundlage von 23.800 € : 1,19 = 20.000 € und eine USt von 3.800 €.

Auch diese Lösung entspricht dem Charakter der USt als Verbrauch- und Entgeltsverwendungssteuer. Maßgebend ist, was der Leistungsempfänger tatsächlich aufwendet, nicht, was er ursprünglich schuldete. Muss bei Tauschumsätzen der Wert der Gegenleistung geschätzt werden, ist es zulässig, diesen Wert auch anhand der Aufwendungen des Leistenden zu schätzen, wenn der Wert der Gegenleistung schwierig zu schätzen ist.[115]

---

112 So zutreffend EuGH v. 10.01.2019 – Rs. C-410/17 (A Oy), DStR 2019, 97 m.w.N. mit Anm. Reiß UR 2019, 281; BFH v. 15.04.2010 – V R 10/08, BStBl. II 2010, 879; EuGH v. 19.12.2012 – Rs. C-549/11 (Orfey), UR 2013, 215.

113 So aber unzutreffend Stadie in: R/D, UStG, Einführung Rn. 226 f.

114 Nach EuGH v. 11.05.2017 – Rs. C-36/16 (Posnania Investment), UR 2017, 461 führt die Hingabe von Liefergegenständen an Zahlungs statt zur Tilgung von Steuerschulden nicht zu einem Umsatz gegen Entgelt, sondern allenfalls zu einer unentgeltlichen Wertabgabe. Dagegen Reiß UVR 2017, 205.

115 Vgl. BFH v. 10.07.1997 – V R 95/96, BStBl. II 1997, 668; v. 10.06.1999 – V R 87/98, BStBl. II 1999, 580; v. 01.08.2002 – V R 21/01, BStBl. II 2003, 438; EuGH v. 02.06.1994 – Rs. C-33/93 (Empire Stores Ltd.), Slg. 1994, I-2329; v. 03.07.2001 – Rs. C-380/99 (Bertelsmann), Slg. 2001, I-5163. S. zur BMG bei Tauschumsätzen auch Reiß UR 2019, 281 und UR 2018. 822 und BFH v. 25.04.2018 – XI R 21/16, BStBl. II 2018, 505 (zu Tauschumsätzen im Kfz Handel).

Beispiel: Ein Zeitungskunde wirbt einen weiteren Abonnenten und erhält dafür als Sachprämie ein Buch übersendet. Es liegt die Lieferung eines Buches durch den Zeitschriftenverlag gegen eine sonstige Leistung, nämlich die Werbung eines Kunden, vor. Für den tauschähnlichen Umsatz kann die Bemessungsgrundlage – nämlich der Wert der Werbungsleistung – nach dem Einkaufspreis des Buches (ohne USt) und den Versandkosten für den Zeitungsverlag geschätzt werden.

Eine Sonderregelung für **Lieferungen und Leistungen vermittels Gutscheine** ist mit Wirkung ab dem 01.01.2019 in § 3 Abs. 13 bis 15 UStG getroffen worden.[116] Umgesetzt werden damit die durch die RL (EU) 2016/1065 des Rates v. 27.06.2016[117] getroffenen Regelungen in Art. 30 a, 30 b und 410 a MwStSystRL. Als Gutschein im Sinne des UStG wird ein „Instrument" bezeichnet, das als Gegenleistung für eine Lieferung oder sonstige Leistung angenommen werden muss, wobei der Liefergegenstand oder die sonstige Leistung oder der leistende Unternehmer angegeben sind. Lediglich zu einem Preisnachlass berechtigende sog. „Preisnachlassgutscheine" sind keine Gutscheine im Sinne des UStG. Differenziert wird zwischen sog. „Einzweckgutscheinen" und „Mehrzweckgutscheinen". Bei Einzweckgutscheinen muss der Ort der zu erbringenden Lieferung oder sonstigen Leistung sowie die dafür geschuldete Steuer bereits bei Ausstellung des Gutscheins feststehen. Es muss mithin auch der anzuwendende Steuersatz bei Ausstellung feststehen. Bei Einzweckgutscheinen gilt bereits die Ausstellung und jede nachfolgende Übertragung des Gutscheins als die Lieferung des Gegenstandes oder Erbringung der sonstigen Leistung, auf die sich der (Einzweck-)Gutschein bezieht. Die tatsächlich dann später nachfolgende Lieferung oder sonstige Leistung gilt dann nicht als „unabhängiger Umsatz", d.h. ist nicht mehr gesondert zu besteuern. Gutscheine, die nicht die Voraussetzungen eines Einzweckgutscheines erfüllen, d.h. bei denen der exakte Leistungsgegenstand, namentlich auch der Ort und die geschuldete Steuer bei Ausgabe noch nicht feststehen, sind „Mehrzweckgutscheine". Bei Mehrzweckgutscheinen unterliegt erst die tatsächlich (spätere) Lieferung oder Erbringung der sonstigen Leistung der Besteuerung. Die Übertragung des Mehrzweckgutscheines unterliegt hingegen nicht (schon) der Steuer.[118] 38

116 S. dazu Völkel DB 2018,1952 und Vobbe BB 2018, 2844.

117 Abl. EU 2016, Nr. L 177, 9 v. 01.07.2016. S. dazu Englisch, Das neue MwSt-Regime für Gutscheine; Heinrichshofen/Kupke UVR 2017, 142, 173; Feil/Polok MwStR 2017, 65.

118 Zu weiteren Einzelheiten s. Abschn. 3.17 UStAE i.d.F. BMF v. 02.11.2020 – II C 2-S 7100/19/10001:002, BStBl. I 2020, 1121 zur Behandlung von Einzweck- und Mehrzweckgutscheinen.

39

Der Leistungsaustausch

I. Einordnung

1. **Haupttatbestand** der steuerbaren Umsätze (§ 1 Abs. 1 Nr. 1 UStG). Verantwortlich für die Einordnung der USt als Verkehrsteuer in rechtstechnischer Sicht, da durch die Anknüpfung an die Leistung Akte des Rechtsverkehrs die Besteuerung auslösen. Die unentgeltlichen Wertabgaben und die Einfuhr knüpfen auch in rechtstechnischer Hinsicht bereits nicht an Akte des Rechtsverkehrs an. Finanzpolitisch intendiert die Besteuerung des Leistungsaustausches wie der übrigen steuerbaren Umsätze des § 1 UStG eine **Belastung des Verbrauchers**.

2. Neben den Elementen des Leistungsaustausches im engeren Sinne – Leistung gegen Entgelt – müssen für einen steuerbaren Leistungsaustausch noch erfüllt sein:
   a) Leistung eines Unternehmers
   b) im Rahmen seines Unternehmens
   c) im Inland.

II. Leistung

Der Begriff der Leistung als **Oberbegriff für die Lieferung und die sonstige Leistung** umfasst die folgenden gemeinsamen Merkmale:

1. ein **willentliches Verhalten** (Tun, Dulden oder Unterlassen) des Leistenden: Unwiderstehlicher Zwang schließt grundsätzlich die Annahme einer Leistung aus.
   Ausnahme: behördlicher oder gesetzlicher Zwang (§ 1 Abs. 1 Nr. 1 S. 2 UStG);

2. ein **zweites** umsatzsteuerliches **Rechtssubjekt**. Im umsatzsteuerlichen Sinne kann nur gegenüber einem anderen geleistet werden. Eine „Leistungsabgabe" innerhalb der verschiedenen Unternehmensbereiche desselben Unternehmers ist nicht steuerbar, eine „Leistungsabgabe" an den außerunternehmerischen Bereich führt zu allerdings steuerbaren unentgeltlichen Wertabgaben, nicht zum echten Leistungsaustausch;

3. **die Zuwendung eines verbrauchbaren Nutzens/Vorteils** für das andere Rechtssubjekt. Ob ein Nutzen vorliegt, bestimmt sich im Zweifel aus der subjektiven Sicht der Parteien. Eine Saldierung der eventuell zu erbringenden Gegenleistung hat außer Betracht zu bleiben.

   Eine Leistung liegt nur vor, wenn einem identifizierbaren zweiten Rechtssubjekt ein verbrauchbarer Vorteil zugewendet wird. Daran fehlt es bei einem Handeln im allgemeinen Interesse (EuGH v. 29.02.1996 – Rs. C-215/94 [Mohr], Slg. 1996, I-959).

III. Gegenleistung (Entgelt)

Das Gesetz verwendet den Begriff des Entgeltes als Merkmal des Leistungsaustausches (§ 1 Abs. 1 Nr. 1 UStG) und als Bemessungsgrundlage für den Umsatz (§ 10 Abs. 1 UStG). Als Kennzeichen für den Leistungsaustausch wird auch der Begriff Gegenleistung verwendet.

Die Gegenleistung setzt voraus:

1. **Aufwendungen des Leistungsempfängers oder eines Dritten**

   Die Aufwendungen können in Geld bestehen oder in Leistungen. Die Geldzahlung stellt zwar Gegenleistung, nicht aber Leistung dar. Besteht die Gegenleistung ihrerseits in einer anderen Leistung als Geld, liegt ein Tausch (Lieferung gegen Lieferung) oder ein tauschähnlicher Umsatz (Lieferung gegen sonstige Leistung bzw. sonstige Leistung gegen sonstige Leistung) vor (§ 3 Abs. 12 UStG).

2. **Finalität/Kausalität/Rechtsverhältnis gegenüber der Leistung**

   Zwischen der Leistung und den Aufwendungen des Leistungsempfängers (oder eines Dritten) muss nach der Rspr. ein innerer Zusammenhang aufgrund eines „Rechtsverhältnisses" bestehen. Der EuGH und der BFH verlangen, dass zwischen den Parteien eine „Vereinbarung" über die Gewährung eines Gegenwertes/Preises getroffen worden ist. Eine rechtsgültige erzwingbare Verpflichtung muss aber nicht bestehen.

   In der Lit. wird demgegenüber zum Teil eine bloße Kausalität aus der Sicht des Leistungsempfängers für ausreichend angesehen.

II. Die Lieferung als Unterfall der Leistung

1. Verschaffung der Verfügungsmacht

Die Lieferung muss als Unterfall der Leistung alle Merkmale einer Leistung erfüllen. Sie stellt also ebenfalls ein willentliches Verhalten dar (Ausnahme: hoheitlicher Zwang, § 1 Abs. 1 Nr. 1 S. 2 UStG), durch das einem anderen Rechtssubjekt ein Vorteil (Nutzen) zugewendet wird.[119] Die **Besonderheit der Lieferung** besteht darüber hinaus darin, dass dem anderen Rechtssubjekt die Befähigung verliehen wird, im eigenen Namen über einen Gegenstand zu verfügen (Verschaffung der Verfügungsmacht), § 3 Abs. 1 UStG. Es sind drei Begriffe, die das Wesen der Lieferung bestimmen: 40

a) Geliefert werden kann nur ein **Gegenstand**. Abweichend vom Sprachgebrauch des BGB (vgl. § 90 BGB) versteht § 3 Abs. 1 UStG in Übereinstimmung mit Art. 14 MwStSystRL darunter grundsätzlich nur **körperliche Gegenstände** (bewegliche und unbewegliche Sachen i.S.d. BGB), nicht aber Rechte, Berechtigungen und sonstige Vorteile. Patente, Urheberrechte, Aufführungsrechte, Forderungen, Vertragsverhältnisse usw. können nicht geliefert werden. Ihre Übertragung oder Einräumung stellt eine sonstige Leistung dar.[120] Über den Kreis der Sachen im engeren Sinne werden auch Elektrizität,[121] Wärme, Kälte und alle Arten von Energieträgern als Liefergegenstände angesehen, Art. 15 Abs. 1 MwStSystRL, vgl. auch § 3 g UStG für den Lieferort. Immaterielle Wirtschaftsgüter werden hingegen nicht als Liefergegenstände angesehen.[122] Entgegen früherer Auffassung ist auch der Firmenwert (Praxiswert) nicht als Liefergegenstand anzusehen, ebenso stellt der Kundenstamm keinen Liefergegenstand dar.[123]

Beispiel: Der praktische Arzt A veräußert Teile seiner bisherigen Arztpraxis in Nürnberg an einen „Nachfolger" N. N übernimmt sämtliche Kassenpatienten von A. Vereinbarungsgemäß bleibt A allerdings weiterhin als Arzt für seine bisherigen Privatpatienten tätig. Dafür nutzt er auch weiterhin einen Teil der bisherigen von ihm im eigenen Haus genutzten Praxisräume. Die anderen Räume der bisherigen Praxis vermietet er an N, der dort nunmehr seine Praxis betreibt. N vergütet A für die Lieferung von einigen Gegenständen der Praxisausstattung und einen Teil der ärztlichen Instrumente 100.000 €. Außerdem zahlt er A weitere 100.000 € für die Überlassung des Kundenstammes der Kassenpatienten (Praxiswert).

Die Übertragung eines Teiles des Kundenstammes/Praxiswertes gegen Entgelt stellt eine nach §§ 3 Abs. 9, 3 a Abs. 2 i.V.m. § 1 Abs. 1 Nr. 1 UStG in Deutschland steuerbare sonstige Leistung dar. Sie ist auch steuerpflichtig. Insbesondere greift nicht die Befreiung nach § 4 Nr. 14 UStG (Heilbehandlungen) ein. Auch eine Befreiung nach § 4 Nr. 28 UStG kommt insoweit nicht in Betracht, weil keine Lieferung vorliegt. Hingegen sind die nach §§ 1 Abs. 1 Nr. 1, 3 Abs. 1, Abs. 7 UStG steuerbaren Lieferungen der Praxisgegenstände und ärztlichen Instrumente nach § 4 Nr. 28 UStG befreit, da diese Gegenstände von A ausschließlich für eine nach § 4 Nr. 14 a UStG steuerfreie ärztliche Tätigkeit verwendet worden waren.

Hinweis: *Fraglich kann allerdings sein, ob nicht mit der Veräußerung des Bestandes an Kassenpatienten eine nicht steuerbare Geschäftsveräußerung nach § 1 Abs. 1 a UStG in Gestalt der Übertragung eines „in der Gliederung des Unternehmens gesondert geführten Betriebs" erfolgt ist. Das dürfte aber zu verneinen sein, weil bis zur Übertragung keinerlei Trennung in zwei Bereiche etwa hinsichtlich der Behandlungsräume, der verwendeten Instrumente, des eingesetzten Personals stattgefunden hat.*

---

119 Vgl. Giesberts UR 1976, 61 ff.; Nieskens in: R/D § 3 Rn. 520.

120 EuGH v. 22.10.2009 – Rs. C-242/08 (Swiss Re Germany Holding), BStBl. II 2011, 559.

121 Vgl. Nachweise in FG Köln v. 16.06.2021 – 9 K 2943/16, DStRK 2021, 246 m.w.N: (Rev. eingelegt Az. BFH V R 22/21) – danach keine Lieferung von in Blockheizkraftwerk erzeugtem Strom, der dezentral vom Erzeuger selbst verbraucht wird. Siehe auch Abschn. 2.5 UStAE zur Unternehmereigenschaft des Betreibers von Photovoltaikanlagen. Siehe auch Nds. FG v. 25.02.2021 – 11 K 201/19, MwStR 2021, 545 (Rev. eingelegt Az. BFH XI R 8/21) zur Stromlieferung des Vermieters an den Mieter von über eine Photovoltaikanlage des Vermieters erzeugtem Strom.

122 Vgl. zur Abgrenzung Lieferung und sonstige Leistung Abschn. 3.1. und 3.5. UStAE m.w.N. aus der Rspr.

123 BMF v. 08.06.2011, BStBl. I 2011, 582; Abschn. 3.1. Abs. 4 UStAE; EuGH v. 22.10.2009 – Rs. C-242/08 (Swiss Re Germany Holding), BStBl. II 2011, 559; a.A. noch BFH v. 21.12.1988 – V R 24/87, BStBl. II 1989, 430.

Besteht der wirtschaftliche Gehalt eines Geschäfts in der Übermittlung geistiger Leistungen, verkörpern sich diese aber in einem Gegenstand (z.B. Plan des Architekten, Berechnung des Statikers), so liegt lediglich eine sonstige Leistung vor. Wird allerdings im Verkehr die Verkörperung der geistigen Leistung als verselbstständigtes Produkt behandelt, so stellt dieses Produkt seinerseits einen Liefergegenstand dar, z.B. ein Buch. Ebenfalls als Lieferung ist die verkörperte Überlassung von Standard-Software für Computer zu behandeln, während die Überlassung nicht standardisierter Software eine ggf. nach § 12 Nr. 7 c UStG ermäßigt zu besteuernde sonstige Leistung darstellen kann, sofern dem Nutzer nicht lediglich das Betreiben auf eigener Anlage gestattet wird.[124] Die sog. Online-Lieferungen digitaler Güter stellen umsatzsteuerlich mangels Verkörperung immer sonstige Leistungen dar.[125]

41 **b)** Der Lieferungsempfänger muss **Verfügungsmacht** erlangen. Verfügungsmacht bedeutet, dass der Inhaber der Verfügungsmacht faktisch in der Lage ist, mit dem Gegenstand nach Belieben zu verfahren, insbesondere ihn wie ein Eigentümer nutzen und veräußern kann. Art. 14 Abs. 1 MwStSystRL definiert die Lieferung ausdrücklich sogar als „Übertragung der Befähigung, wie ein Eigentümer über einen körperlichen Gegenstand zu verfügen". Bedeutungslos für die Verfügungsmacht ist hingegen, ob der Inhaber der Verfügungsmacht von Rechts wegen die Berechtigung hat, mit der Sache nach Belieben zu verfahren. Daher hat auch der Dieb oder der unberechtigte Eigenbesitzer Verfügungsmacht (vgl. § 39 Abs. 2 Nr. 1 AO). Entgegen einer missverständlichen Formulierung des EuGH „befähigt der Diebstahl von Waren" den Dieb sehr wohl, faktisch „über die Waren wie ihr Eigentümer zu verfügen". Zutreffend ist freilich, dass diese Befähigung bei einem Diebstahl gerade nicht auf einer Übertragung dieser Befähigung durch den bisherigen Inhaber dieser Befähigung, namentlich durch den bisherigen Eigentümer, beruht. Deshalb liegt auch nach der MwStSystRL bei einem Diebstahl keine Lieferung i.S.d. Art. 14 MwStSystRL vor.[126]

Neben der **faktischen Einwirkungsmöglichkeit** auf den Gegenstand muss allerdings noch hinzukommen, dass aufseiten des Inhabers der Verfügungsmacht ein entsprechender **Herrschaftswille** vorliegt. Aus diesem Grunde hat der Mieter einer Sache, solange er das Mietverhältnis respektiert, keine Verfügungsmacht, obgleich er faktisch ebenfalls wie der Dieb mit der Sache nach Belieben verfahren kann.

Es ist daher verfehlt, die mangelnde Verfügungsmacht des Mieters mit dem Fehlen der Berechtigung zu erklären, den Gegenstand weiter veräußern zu dürfen. Denn diese Berechtigung fehlt auch dem Dieb. Verfügungsmacht hat der Mieter nur deshalb nicht, weil ihm, solange er das Mietverhältnis respektiert, der Herrschaftswille fehlt.

42 Die Verfügungsmacht ist danach im Allgemeinen identisch mit dem wirtschaftlichen Eigentum i.S.d. § 39 Abs. 2 Nr. 1 AO.[127] Anders ausgedrückt hat Verfügungsmacht derjenige, zu dessen Vermögen i.S.d. § 242 HGB der Gegenstand gehört. Dies ist in der Regel aber der zivilrechtliche Eigentümer einer Sache. Trägt allerdings aufgrund vertraglicher Vereinbarungen, die von beiden Seiten respektiert werden, die Gefahr des Unterganges einer Sache vermögensmäßig nicht der Eigentümer und kommt der Nutzen einer Sache, z.B. Wertsteigerungen, nicht dem Eigentümer, sondern dem Vertragspartner zugute, so ist dieser der Inhaber der Verfügungsmacht und nicht der Eigentümer. Der Begriff der Lieferung umfasst daher jede Übertragung eines (körperlichen) Gegenstandes, die eine Person dazu ermächtigt, über den Gegenstand faktisch so zu verfügen, als wäre sie der Eigentümer.[128] Daher ist nach Übergabe der un-

124 Vgl. BFH v. 25.11.2004 – V R 4/04 und V R 25-26/04, BStBl. II 2005, 415 und 419; v. 25.11.2004 – V R 12/03 und V R 33/04, BFH/NV 2005, 1152; OFD-Hannover v. 14.02.2007, UR 2007, 673.

125 Vgl. EuGH v. 12.05.2005 – Rs. C-41/04 (Levob Verzekeringen), Slg. 2005, I-9463.

126 EuGH v. 21.11.2013 – Rs. C-494/12 (Dixons), MwStR 2013, 774.

127 Englisch in: T/L § 17 Rn. 96.

128 EuGH v. 15.05.2019 – C-235/18 (Vega Car Transports), MwStR 2019, 588 m.w.N. S. auch Generalanwältin Kokott Schlussantrag v. 03.09.2019 – C-401/18 (Herst) – zur Zuordnung der Lieferung nach Maßgabe der vereinbarten Gefahrtragung und nicht des zivilrechtlichen Eigentums. Freilich trägt mangels abweichender Vereinbarung der zivilrechtliche Eigentümer normalerweise gerade die Gefahr des Unterganges!

ter Eigentumsvorbehalt verkauften Sache der Käufer Inhaber der Verfügungsmacht (vgl. § 446 BGB), sodass an ihn geliefert wird, wie umgekehrt bei der Sicherungsübereignung der Sicherungsgeber Inhaber der Verfügungsmacht bleibt, solange nicht der Sicherungsfall eingetreten ist, sodass bis dahin keine Lieferung vorliegt (s. näher unter Rn. 48 ff.).

c) Die Verfügungsmacht muss dem Lieferungsempfänger vom Liefernden **ver-** 43
schafft worden sein, damit eine Lieferung vorliegt. Verschaffung der Verfügungsmacht bedeutet daher **abgeleiteten Erwerb** vom Liefernden. Im Merkmal der Verschaffung liegt das Leistungselement der Zuwendung.[129] Der Dieb hat zwar Verfügungsmacht, aber sie wurde ihm nicht verschafft. An ihn wurde nicht geliefert; aber bei einer, wenn auch unberechtigten, Weiterveräußerung liefert der Dieb, denn er überträgt willentlich seine Verfügungsmacht.[130] Verschaffung der Verfügungsmacht bedeutet daher, dass der Lieferer dem Lieferungsempfänger willentlich die wirtschaftliche Substanz des Gegenstandes nach Wert und Ertrag endgültig überträgt[131] bzw. dem Lieferungsempfänger das wirtschaftliche Eigentum = die volle körperliche und wirtschaftliche Sachherrschaft verschafft.[132]

Da rechtliches und wirtschaftliches Eigentum im Allgemeinen zusammenfallen, wird Verfügungsmacht regelmäßig durch zivilrechtliche Eigentumsübertragung an einem körperlichen Gegenstand übertragen. In Deutschland erfolgt dies nach §§ 929–931 BGB und §§ 873, 925 BGB oder mit der Einigung und Übergabe eines Traditionspapieres (§ 363 HGB). Dies gilt auch für die Übertragung von Miteigentum an beweglichen Sachen und Grundstücken. Auch insoweit liegen Lieferungen vor.[133] Nur dann, wenn zivilrechtliches Eigentum und „wirtschaftliches Eigentum" auseinanderfallen, ist umsatzsteuerlich auf die Verschaffung des wirtschaftlichen Eigentums, d.h. die Übertragung von Substanz, Wert und Ertrag des Gegenstandes abzustellen. Mit der Eigentumsübertragung wird daher regelmäßig auch zeitlich die Lieferung vollzogen. Gehen Nutzen und Lasten einer Sache allerdings bereits vor Eigentumserwerb vertragsgemäß auf den Käufer über, wie häufig bei Grundstücken vor der Eintragung, ist schon zu diesem Zeitpunkt geliefert.[134]

Der EuGH geht zutreffend davon aus, dass der Begriff der „Lieferung von Gegenständen" i.S.d. Art. 14 MwStSystRL jede Übertragung eines körperlichen Gegenstandes umfasst, die den Lieferempfänger ermächtigt, über diesen Gegenstand so faktisch so zu verfügen, als wäre sie sein Eigentümer.[135] Diese Ermächtigung muss nicht in den nach nationalem Recht vorgesehenen Formen der Eigentumsübertragung erfolgen, aber sie wird natürlich häufig gerade dadurch erfolgen, dass auch rechtlich das Eigentum an einem körperlichen Gegenstand nach dem jeweilig anwendbaren nationalen Zivilrecht übertragen wird.

d) § 3 Abs. 1 a UStG stellt ein bloßes innergemeinschaftliches Verbringen (= keine Leistung mangels 2. Person) einer Lieferung gleich. Es handelt sich um eine technische Fiktion, die lediglich für den innergemeinschaftlichen Warenverkehr von Bedeutung ist (s. Rn. 182 und Rn. 191). Der Sache nach liegen in diesen Fällen gerade keine Lieferungen vor.

---

129 Lippross 2.3.4.1 b).

130 Vgl. BFH v. 08.09.2011 – V R 43/10, UR 2012, 312 = BFHE 235, 501; Nieskens in: R/D § 3 Rn. 662.

131 So die ständige Formulierung des BFH v. 04.09.2003 – V R 9-10/02, BStBl. II 2004, 627; v. 18.11.1999 – V R 13/99, BStBl. II 2000, 153 m.w.N.

132 So Englisch in: T/L § 17 Rn. 96; vgl. auch Lippross 2.3.4.1.; Nieskens in: R/D § 3 Rn. 635 f.

133 So jetzt auch BFH v. 18.02.2016, V R 53/14, UR 2016, 436 unter Aufgabe seiner bisherigen Rspr.; nach BFH v. 27.04.1994 – XI R 85/92, BStBl. II 1995, 30: Abschn. 3.5. Abs. 3 Nr. 2 UStAE sollte aber so. Leistung vorliegen.

134 BFH v. 06.12.1979 – V R 87/72, BStBl. II 1980, 279.

135 EuGH v. 21.11.2013 – Rs. C-494/12 (Dixons), MwStR 2013, 774 unter Hinweis auf EuGH v. 14.07.2005 – Rs. C-435/03 (British und American Tobacco), Slg. 2005, I-7077.

2. Sonderfälle der Lieferung

a) Die Kommission

Fall 6: Die verbrannten Rauchwaren/Untergang der Kommissionsware

Kaufmann K hat es für Pelzhändler U übernommen, dessen Pelze im eigenen Namen in Frankfurt gegen eine Provision von 10 % zu veräußern. Nach der Übergabe an K werden die Pelze bei einem Brand total vernichtet. Die Versicherung zahlt an K 119.000 €, der diese an den U weiterleitet. Schuldet U USt? Hat K einen Vorsteueranspruch?

44 I. Bei der **Verkaufskommission** übernimmt der Kommissionär zivilrechtlich für den Kommittenten eine Geschäftsbesorgung, nämlich den Verkauf, vgl. § 383 HGB. Dennoch ordnet § 3 Abs. 3 UStG an, dass nicht der Kommissionär an den Kommittenten leistet, sondern vielmehr der Kommittent an den Verkaufskommissionär liefert. Dabei wird stillschweigend vorausgesetzt, dass im Verhältnis zum Käufer der Kommissionär der Liefernde ist. Dies stimmt auch mit der Regel des § 3 Abs. 1 UStG überein, denn im Außenverhältnis befähigt der im eigenen Namen handelnde Kommissionär als Verkäufer den Käufer, über den Gegenstand zu verfügen. Wird die Kommission durch Veräußerung des Kommissionsgegenstandes ausgeführt, ergeben sich daher umsatzsteuerlich folgende Leistungsbeziehungen:

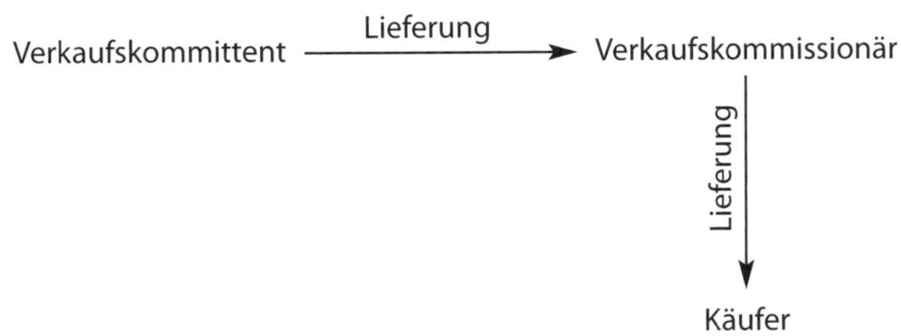

Die Gegenleistung für die Lieferung des Kommissionärs besteht im Kaufpreis, für die Lieferung des Kommittenten in dem herauszugebenden Kaufpreis (vgl. § 384 Abs. 2 HGB) abzüglich Provision und sonstiger Aufwendungen.[136] Wäre der Verkauf daher für 119.000 € ausgeführt worden, hätte U für seine Lieferung an K ([119.000 € – 11.900 €] : 1,19 =) 90.000 € zu versteuern gehabt. Die USt-Schuld hätte 17.100 € betragen. K hätte seine Lieferung mit 100.000 € bei einer USt-Schuld von 19.000 € zu versteuern. Aus der Lieferung des U stünde ihm ein Vorsteuerabzug von 17.100 € zu, sodass sich eine Zahllast von 1.900 € ergäbe. Die gleiche Zahllast ergäbe sich, wenn K nur seine Provision (11.900 €) mit 19 % USt versteuern müsste. Dieses Ergebnis stellt sich aber nur ein, wenn sowohl der Kommittent als auch der Kommissionär vorsteuerabzugsberechtigte Unternehmer sind.

45 II. Im vorliegenden Fall ist fraglich, ob zwischen U und K bereits ein steuerbarer Leistungsaustausch stattgefunden hat. Denn K hatte das Kommissionsgut zwar empfangen, aber noch nicht weiterveräußert:

- Nach der früheren Ansicht des BFH[137] sollte mit der Übergabe an den Kommissionär zwar schon eine Lieferung des Kommittenten erfolgt sein. Aber bis zur Ausführung des Verkaufes durch den Kommissionär fehle es an einem Entgelt,

136 Vgl. BFH v. 12.05.2011 – V R 25/10, BFH/NV 2011, 1541.

137 BFH v. 16.09.1976 – V B 74/75, BStBl. II 1977, 188.

weil erst zu diesem Zeitpunkt der Anspruch des Kommittenten auf Herausgabe des Erlangten entsteht. Die Versicherungsleistung werde daher nicht kausal wegen der Lieferung geleistet, sondern stelle echten Schadensersatz dar.

- Zutreffend verneint der BFH nunmehr aber schon, dass vor dem Zeitpunkt des Ausführungsgeschäftes durch den Kommissionär überhaupt eine Lieferung des Kommittenten an den Kommissionär vorliegt. Denn der Liefergegenstand scheidet erst zu diesem Zeitpunkt aus dem Unternehmensvermögen des Kommittenten aus. Da bis dahin jedenfalls das wirtschaftliche Eigentum noch beim Kommittenten verbleibt, kann eine Lieferung des Kommittenten früher noch nicht vorliegen.[138]

Mangels Lieferung liegt daher kein steuerbarer Umsatz des U vor, sodass er keine USt schuldet.

III. Ein Vorsteuerabzug des K besteht deshalb nicht, weil keine Lieferung (Leistung) an K ausgeführt wurde (§ 15 Abs. 1 UStG). 46

Wird Kommissionsgut innergemeinschaftlich vom Kommittenten an den Verkaufskommissionär in ein anderes Mitgliedsland verbracht, wird aus Vereinfachungsgründen allerdings bereits vor Weiterlieferung an den endgültigen Abnehmer aufseiten des Kommittenten eine befreite innergemeinschaftliche Lieferung und für die umgekehrte Konstellation aufseiten des Kommissionärs bereits ein Erwerb angenommen.[139] Damit wird eine Erwerbsbesteuerung durch den Kommittenten im für ihn fremden EG-Mitgliedstaat vermieden. Statt seiner versteuert der Kommissionär den Erwerb.

Bei der **Einkaufskommission** bestehen folgende Leistungsbeziehungen (vgl. § 3 Abs. 3 UStG): 47

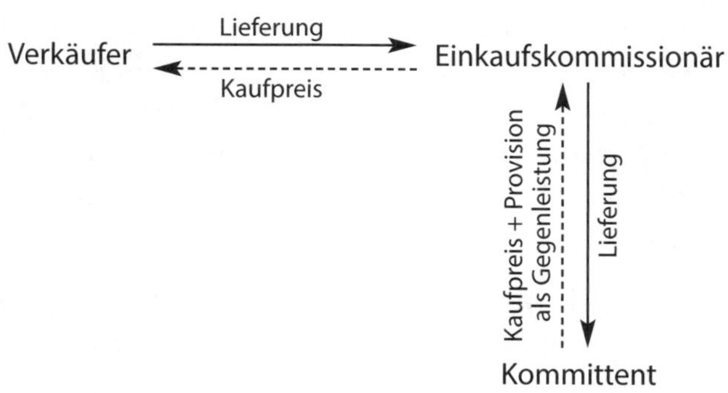

Beide Lieferungen erfolgen immer zum gleichen Zeitpunkt, selbst wenn (ausnahmsweise) der Kommittent nicht sofort durch vorweggenommenes Besitzkonstitut (§ 930 BGB) mit Besitzerlangung durch den Einkaufskommissionär Eigentümer wird. Auch in diesem Falle wird der Kommittent nämlich sofort wirtschaftlicher Eigentümer[140] bzw. geht auf ihn die wirtschaftliche Substanz über.

---

138 BFH v. 25.11.1986 – V R 102/78, BStBl. II 1987, 278; FG Köln v. 17.11.2011 – 9 K 308/10 (rk), EFG 2011, 922 (Abzug von EUSt als VSt bereits durch den Verkaufskommissionär als Einführer schon mit Einfuhr ohne vorherige Weiterliefg.).

139 Abschn. 1a.2. Abs. 7 Abschn. 3.1. Abs. 3 S. 8 UStAE; vgl. auch FG Köln v. 17.11.2011 – 9 K 308/10 (rk), EFG 2011, 922 zur Einfuhr durch den Kommissionär (Abzug von EUSt als Vorsteuer bereits durch den Verkaufskommissionär vor Weiterveräußerung im Inland).

140 Vgl. Bolk/Reiß DStZ 1980, 385 ff.; a.A. Lippross 2.3.4.2 c); Slapio in: Birkenfeld/Wäger § 58 Rn. 152 (autonome Begriffsauslegung für Lieferung verlange, dass diese erst mit Übergabe oder Vereinbarung eines Besitzmittlungskonstitutes bewirkt werde).

b) Sicherungsübereignung und Treuhandverhältnisse

Fall 7: Die vorsichtige Bank

Bauunternehmer B (SG) übereignete der Bank (SN) im Januar 2021 einen Baukran zur Sicherheit für einen Kredit von 100.000 €. SN veräußerte den Baukran als Vertreter des SG nach Eintritt des Sicherungsfalles im November 2021 für 107.100 € an K. Die Vollmacht dazu hatte SG bereits im Sicherungsübereignungsvertrag der SN erteilt. Dies geschah, damit die Bank (SN) dem Käufer nicht Gewähr zu leisten hat. Wer hat an K geliefert?

48 I. Bei der Sicherungsübereignung liegt trotz Eigentumsverschaffung zunächst noch keine Lieferung vor, denn aufgrund der schuldrechtlichen Vereinbarungen bleibt der Sicherungsgeber (SG) bis zur Veräußerung durch den Sicherungsnehmer (SN) wirtschaftlicher Eigentümer.[141] Veräußert nach Eintritt des Sicherungsfalles allerdings der SN den Gegenstand im eigenen Namen, so liefert der SN an den Käufer, denn er verschafft dem Käufer die Verfügungsmacht (§ 3 Abs. 1 UStG). Zeitgleich[142] liegt eine Lieferung des SG an den SN vor, denn nunmehr ist der Gegenstand endgültig aus dem Vermögen des SG ausgeschieden.[143] Mit der Veräußerung durch den SN kommt es also zu einem **Doppelumsatz**.

49 II. Problematisch ist, ob die Lieferkette SG ⇨ SN ⇨ Käufer (Doppelumsatz) auch dann angenommen werden kann, wenn aufgrund der vertraglichen Vereinbarungen die Verwertung des Sicherungsgutes durch den SG selbst oder in seinem Namen durch den SN erfolgt:

- Der BFH[144] hatte dies ursprünglich bejaht, obgleich zivilrechtlich der vertretene SG als Vertragspartner des Käufers der zur Leistung Verpflichtete ist. Der BFH stellte entscheidend darauf ab, dass nach Eintritt der Verwertungsreife nur der SN als dinglich Berechtigter verfügen dürfe. Außerdem werde bei der Verwertung für Rechnung des SN gehandelt, denn er befriedige sich aus der Forderung. Auch seien die Fälle der Verwertung des Sicherungsgutes durch den SN im eigenen Namen und im fremden Namen vom wirtschaftlichen Gehalt her gleichwertig und dürften daher auch umsatzsteuerlich nicht unterschiedlich behandelt werden.
- Diese Ansicht des BFH wurde den Belangen des Käufers nicht gerecht.[145] Im Verhältnis zum Leistungsempfänger kann nur derjenige als Liefernder angesehen werden, in dessen Namen zivilrechtlich die Leistung erbracht wird. Nur auf diese Weise ist auch der Vorsteuerabzug für den Leistungsempfänger sichergestellt. Für den Sonderfall, dass der SG im eigenen Namen mit Zustimmung des SN das Sicherungsgut nicht zum Zwecke der Verwertung, sondern vor Verwertungsreife nur zur Auswechslung des SG liefert, erkennt der BFH an, dass dann lediglich eine Lieferung des alten SG an den neuen SG vorliegt.[146] Hingegen ist nach zutreffender Auffassung des BFH davon auszugehen, dass bei der Verwertung von Sicherungsgut durch den **SG im eigenen Namen** ein **Dreifachumsatz** vorliegt.[147] Denn der SG handele insoweit auch als Verkaufskommissionär

---

141 So bereits RFH RStBl. 1939, 885.

142 BFH v. 19.07.2007 – V B 222/06, BStBl. II 2008, 163; v. 21.07.1994 – V R 114/91, BStBl. II 1994, 878; a.A. Lippross 2.3.4.6 b) (Lieferung an SN geht voraus).

143 BFH v. 16.04.1975 – V R 2/71, BStBl. II 1975, 622; v. 29.07.1978 – V R 2/75, BStBl. II 1978, 684.

144 BFH v. 17.07.1980 – V R 124/75, BStBl. II 1980, 673.

145 Vgl. Reiß StuW 1981, 81 ff.

146 BFH v. 23.07.2009 – V R 27/07, BStBl. II 2010, 859; v. 09.03.1995 – V R 102/89, BStBl. II 1995, 564.

147 BFH v. 23.07.2009 – V R 27/07, BStBl. II 2010, 859; v. 06.10.2005 – V R 20/04 und v. 30.03.2006 – V R 9/03, BStBl. II 2006, 931 und 933.

für den SN gemäß § 3 Abs. 3 UStG. Es liegen daher im Zeitpunkt der Verwertung folgende drei Lieferungen vor: 1. Lieferung des SG an den SN aus der Sicherungsübereignung; 2. Rücklieferung des SN (Kommittent) an den SG (Kommissionär) gemäß § 3 Abs. 3 UStG und 3. Lieferung des SG (als Verkaufskommissionär) an den Käufer nach § 3 Abs. 1 UStG. Diese Rspr. muss ebenfalls angewendet werden, wenn, wie vorliegend, die Verwertung durch SN als Vertreter des SG erfolgt.

- Folgt man dieser Ansicht, so hat der SG gemäß § 3 Abs. 1 UStG an den Käufer geliefert und die Lieferung mit 90.000 € und einer USt-Schuld von 17.100 € zu versteuern. Zugleich liegt eine Lieferung der SN (Bank) als Kommittentin an den SG (Verkaufskommissionär) nach § 3 Abs. 3 UStG vor, aus der sie 17.100 € USt schuldet und dem SG ein Vorsteuerabzug von 17.100 € zusteht. Dem vorausgegangen ist die Lieferung des SG an den SN. Die dafür anfallende USt von 17.100 € schuldet allerdings nach § 13 b Abs. 5 UStG die Bank als Sicherungsnehmerin, der insoweit dann aber auch der Vorsteuerabzug nach § 15 Abs. 1 Nr. 4 UStG zusteht (s. dazu Rn. 386 ff.).

Zu beachten ist, dass die Umkehr der Steuerschuldnerschaft nach § 13 b Abs. 5 UStG i.V.m. Abs. 2 Nr. 2 UStG nur eingreift, wenn die Verwertung außerhalb des Insolvenzverfahrens erfolgt. Auf diese Weise wird sichergestellt, dass der Fiskus die Steuer auf die Lieferung des SG an den SN durch Verrechnung mit dem Vorsteueranspruch des SN immer erhält. Zivilrechtlich ist SG verpflichtet, dem SN das Erlangte – hier (107.100 € – 17.100 € USt + 17.100 € VoSt =) 107.100 € herauszugeben. SN seinerseits hat daraus die USt-Schuld von 17.100 € aus der Lieferung an den SG zu begleichen, sodass noch 90.000 € zur Tilgung der Schuld von 100.000 € verbleiben. USt und VoSt aus der Lieferung des SG an den SN gleichen sich bei SN aus. SG schuldet dem SN mithin noch weitere 10.000 €. Die frühere Zivilrechtsprechung, nach der der Umsatzsteueranteil dem SN zulasten des Fiskus zugutekommt,[148] ist damit für die Verwertung von Sicherungsgut auch außerhalb des Insolvenzverfahrens obsolet geworden.

Für den Fall einer **Verwertung des Sicherungsgutes in der Insolvenz des Sicherungsgebers** ist zu differenzieren: **50**

- Erfolgt die **Verwertung durch den Insolvenzverwalter** gemäß § 166 InsO, so liegt nur eine Lieferung des SG (handelnd durch den Insolvenzverwalter) an den Käufer vor **(Einmallieferung)**. Die anfallende USt gehört zu den Masseverbindlichkeiten nach § 55 Abs. 1 Nr. 1 InsO. Dem absonderungsberechtigten SN gebührt nur der Nettoerlös abzüglich weiterer Verwertungskosten, resp. Verwertungskostenpauschale §§ 170, 171 InsO. Mit der freihändigen Verwertung aufgrund einer Vereinbarung mit dem SN als Gläubiger erbringt der Insolvenzverwalter auch eine sonstige Leistung an den SN.[149] Entgegen der geänderten Verwaltungsansicht[150] ist weiterhin bei der Verwertung von Sicherungsgut durch den Insolvenzverwalter im Insolvenzverfahren nur von einer (Einmal) Lieferung an den Erwerber auszugehen und nicht von einer Doppel- oder Dreifachlieferung.
- Erfolgt die **Verwertung** berechtigterweise nach § 173 Abs. 1 InsO **durch den SN**, weil dieser sich bei Eröffnung des Insolvenzverfahrens bereits im Besitz der Sache befindet, so kommt es mit der Verwertung ebenso wie bei einer Verwertung außerhalb des Insolvenzverfahrens zu einem **Doppelumsatz**, nämlich SG an SN und dieser an den Käufer.[151] Die USt aus der Lieferung des SG an den SN gehört zu den Masseverbindlichkeiten nach § 55 Abs. 1 Nr. 1 InsO. § 13 b Abs. 2 UStG ist

148 BGH v. 12.05.1980 – VIII ZR 167/79, BGHZ 77, 139 = NJW 1980, 2473.

149 BFH v. 28.07.2011 – V R 28/09, BStBl. II 2014, 406 unter Änderung der Rspr.; a.A. noch BFH v. 18.02.2005 – V R 31/04, BStBl. II 2007, 183; de Weerth UR 2003, 161.

150 S. Abschn. 1.2. Abs. 4 UStAE i.d.F. BMF, BStBl. I 2014, 816; s. auch Wäger UVR 2015, 27.

151 BFH v. 19.07.2007 – V B 222/06, BStBl. II 2008, 163.

nicht anwendbar, da die Verwertung nicht außerhalb des Insolvenzverfahrens erfolgt.[152] Umsatzsteuerlich ebenso ist die Behandlung, wenn nach Eröffnung des Insolvenzverfahrens das Sicherungsgut dem SN zur Verwertung überlassen wird.[153] Für diese Konstellation ordnet § 170 Abs. 2 InsO ausdrücklich an, dass der SN aus dem erzielten Verwertungserlös einen Betrag i.H.d. USt (und der Kosten der Feststellung) an die Masse abzuführen hat. Der BGH hat zutreffend entschieden, dass auch bei Verwertung nach § 173 Abs. 1 InsO in analoger Anwendung des § 170 Abs. 2 InsO der SN verpflichtet ist, an die Masse einen Betrag i.H.d. USt abzuführen.[154]

Fall 8: Der clevere Insolvenzverwalter

Am 13.12.2021 wurde über das Vermögen der SG-KG das Insolvenzverfahren eröffnet. Die SG-KG hatte der SN-Bank in 13 ihren gesamten Maschinenpark zur Sicherheit übereignet. Zum Insolvenzverwalter wurde V bestellt. V war bereits am 01.11.2021 zum vorläufigen (starken) Insolvenzverwalter nach § 22 Abs. 1 InsO bestellt worden.

a) Bereits am 12.12.2021 veräußerte der Insolvenzverwalter das Sicherungsgut für 11.900.000 €;

b) Am 12.12.2021 gab die SG-KG mit Zustimmung des V das Sicherungsgut an die SN-Bank zur Verwertung frei. Diese veräußerte das Sicherungsgut erst am 20.12. 2021 für 10.000.000 € zzgl. 1.900.000 € USt an einen Erwerber. Die SN-Bank befriedigte sich aus dem Erlös i.H.v. 11.900.000 €. Die Restforderung von 50.000 € wurde mit der Insolvenzquote von 3 % befriedigt. Im Übrigen fiel die SN aus. V ist der Auffassung, dass dem Fiskus lediglich eine Insolvenzforderung zustehe, da die Lieferung bereits mit der „Freigabe" am 12.12.2021 vor Insolvenzeröffnung erfolgt sei. Ist dies zutreffend?

51 I. Für die Einordnung der Umsatzsteuerforderung des Fiskus gegen die SG-KG aus der Lieferung des Sicherungsgutes als Insolvenzforderung, § 38 InsO, oder als Masseverbindlichkeit, §§ 53, 55 InsO, ist prinzipiell zunächst entscheidend, ob die Lieferung vor oder nach Insolvenzeröffnung erfolgte. Bei einer Lieferung vor Insolvenzeröffnung ist die Schuld nämlich bereits bei Insolvenzeröffnung begründet i.S.d. § 38 InsO. Bei einer **Lieferung nach Insolvenzeröffnung** durch den Insolvenzverwalter kommt es hingegen gemäß **§ 55 Abs. 1 Nr. 1 InsO** zu Masseverbindlichkeiten. Nach **§ 55 Abs. 2 InsO** gelten allerdings auch alle Verbindlichkeiten, die durch einen **vorläufigen (starken) Insolvenzverwalter**, auf den nach § 22 Abs. 1 InsO die Verfügungsbefugnis übergegangen ist, vor Insolvenzeröffnung begründet werden, als Masseverbindlichkeiten. Aus der Lieferung des (starken) Insolvenzverwalters durch Verwertung unter a) folgt daher eine Masseverbindlichkeit, obwohl die Lieferung unter a) bereits vor Insolvenzeröffnung erfolgte.

Nach § 170 Abs. 1 i.V.m. § 171 InsO sind aus dem Erlös die Kosten der Feststellung und der Verwertung vorab zu entnehmen und nur der Rest gebührt dem absonderungsberechtigten Sicherungsnehmer. Zu den Kosten der Verwertung gehört die USt.

Nach **§ 55 Abs. 4 InsO**[155] gelten Verbindlichkeiten – nicht aber Vorsteuervergütungsansprüche – des Insolvenzschuldners aus dem Steuerschuldverhältnis, die vom Insolvenzverwalter (oder mit dessen Zustimmung vom Insolvenzschuldner) begründet worden sind, ab Insolvenzeröffnung als Masseverbindlichkeiten. Das gilt insbesondere auch schon dann, wenn auf den – **schwachen, vorläufigen – Insolvenzverwalter** nicht bereits die allgemeine Verwaltungs- und Verfügungsbefugnis nach § 22 Abs. 1 InsO übertragen worden war. Von einer „Zustimmung" i.S.d. § 55 Abs. 4 InsO ist nach der Rspr. des V. Senate aber nicht schon dann auszugehen, wenn

152 FG Düsseldorf v. 13.03.2009 – 1 K 420/06 U (rk), EFG 2011, 389.

153 BFH v. 21.07.1994 – V R 114/91, BStBl. II 1994, 878.

154 BGH v. 29.03.2007 – IX ZR 27/06, UR 2007, 583.

155 Eingefügt durch das Haushaltbegleitgesetz 2011, BGBl. I 2010, 1885; vgl. dazu BMF v. 17.01.2012, BStBl. I 2012, 120. Zur Nichtanwendbarkeit des § 55 Abs. 4 InsO auf Vorsteuervergütungsansprüche zugunsten der Masse s. BFH v. 23.07.2020 – V R 26/19, UR 2020, 923.

die Umsatztätigkeit im Insolvenzeröffnungsverfahren vom Insolvenzschuldner mit Einverständnis/Duldung unter Mithilfe des vorläufigen Insolvenzverwalters fortgeführt wird.[156] Vielmehr werden solche Verbindlichkeiten nur im Rahmen der für den vorläufigen Insolvenzverwalter bestehenden rechtlichen Befugnisse des vorläufigen Insolvenzverwalters begründet. Ist ein vorläufiger Insolvenzverwalter mit allgemeinen Zustimmungsvorbehalt und dem Recht zum Forderungseinzug bestellt worden, führt erst der Forderungseinzug durch den vorläufigen Insolvenzverwalter noch im Insolvenzeröffnungsverfahren ab Insolvenzeröffnung zu einer Masseverbindlichkeit bezüglich der USt nach § 55 Abs. 4 InsO. Erst die **Vereinnahmung des Entgeltes durch den vorläufigen Insolvenzverwalter** – oder sogar erst nach Insolvenzeröffnung durch den Insolvenzverwalter – führt zur Entstehung der Steuerschuld als Masseverbindlichkeit aufgrund gegenläufiger zweiter Berichtigung der Steuer nach § 17 Abs. 2 Nr. 1 S. 2 UStG. Die Steuer aus der Erbringung der Leistung vor Insolvenzeröffnung durch den Unternehmer ist bei Bestellung eines vorläufigen Insolvenzverwalters mit dem Recht zu Forderungseinzug zunächst wegen Uneinbringlichkeit nach § 17 Abs. 2 Nr. 1 S. 1 UStG zu berichtigen.

Für die Zeit vor dem 01.01.2011 war die Umkehr der Steuerschuldnerschaft nach § 13 b Abs. 5 i.V.m. 13 b Abs. 2 Nr. 2 UStG zu beachten. Denn die Veräußerung der Sicherungsgegenstände erfolgte bis dahin außerhalb des Insolvenzverfahrens.[157] Außerdem war von einem Dreifachumsatz entsprechend der Rspr. des BFH zur Verwertung durch den SG außerhalb des Insolvenzverfahrens auszugehen. Bei Anwendbarkeit des § 55 Abs. 4 InsO dürfte hingegen keine „Lieferung außerhalb des Insolvenzverfahrens" i.S.d. § 13 b Abs. 2 Nr. 2 UStG mehr vorliegen.[158]

II. Die Lieferung unter b) der SG an die SN erfolgte trotz sog. „modifizierter Freigabe" und eines „Verzichtes auf ein Auslöserecht" nicht bereits am 12.12.2021 vor Insolvenzeröffnung, sondern erst mit der Weiterveräußerung am 20.12.2021 nach Insolvenzeröffnung. Entscheidend ist, dass trotz sog. Freigabe die gesicherten Forderungen in vollem Umfange Insolvenzforderungen blieben und das Sicherungsgut weiterhin lediglich der abgesonderten Befriedigung diente. Insoweit blieb es Bestandteil der Insolvenzmasse. Die SG verlor Substanz, Wert und Ertrag erst mit der Weiterlieferung nach Insolvenzeröffnung. Erst dann erfolgte somit auch die Lieferung an die SN.[159] Damit wurde die Umsatzsteuerforderung erst nach Insolvenzeröffnung durch die Verwertung zugunsten der Masse begründet und führt zu einer Masseverbindlichkeit. 52

---

aa) Die Sicherungsübereignung ist nur ein Anwendungsfall der eigennützigen Treuhand. Für **Treuhandverhältnisse**, bei denen der Treuhänder gegenüber einem Dritten im eigenen Namen, aber für fremde Rechnung leistet, stellt sich allgemein die Frage, wie die Leistungsbeziehungen zu ordnen sind. In Betracht kommen zwei grundsätzlich unterschiedliche Ansätze: 53

- Nach der sog. **Zwei-Unternehmer-Theorie** ist maßgebend, dass der Treuhänder gegenüber dem Dritten im eigenen Namen handelt. Daher erbringt der Treuhänder die Leistung (Lieferung) an den Dritten, bzw. leistet der Dritte an den Treuhänder. Im Innenverhältnis liege hingegen eine Leistung (Lieferung) des Treugebers an den Treuhänder oder umgekehrt vor. Diese Leistung (Lieferung) erfolge immer zur gleichen Zeit wie die Leistung (Lieferung) des Treuhänders an den Dritten.[160] Dieser Auffassung entspricht die Regelung des § 3 Abs. 3 UStG über die Kommission. 54

---

156 BFH v. 24.09.2014 – V R 48/13, BStBl. II 2015, 506; so auch BMF v. 20.05.2015 und 18.11.2015, BStBl. I 2015, 505 und 886 (zur Anwendung von § 55 Abs. 4 InsO); zur Vereinnahmung von vor Verfahrenseröffnung begründeten Forderungen durch den Insolvenzverwalter vgl. BFH v. 01.03.2016 – XI R 21/14, BStBl. II 2016, 756 (zweifache Berichtigung nach § 17 UStG und bei Vereinnahmung Masseverbindlichkeit nach § 55 Abs. 2 InsO).

157 Vgl. dazu BFH v. 01.03.2010 – XI B 34/09, BFH/NV 2010, 1142; v. 19.07.2007 – V B 222/06, BStBl. II 2008, 163.

158 Anders aber BMF v. 20.05.2015, BStBl. I 2015, 476.

159 Zutreffend BFH v. 19.07.2007 – V B 222/06, BStBl. II 2008, 163; v. 13.02.2004 – V B 110/03; BFH/NV 2004, 832; v. 21.07.1994 – V R 114/91, BStBl. II 1994, 878.

160 Vgl. zur früheren Diskussion Eggesieker UR 1975, 269; Reiß StuW 1981, 81 ff.

- Nach der Gegenmeinung[161] stellte § 3 Abs. 3 UStG hingegen eine eng zu interpretierende Ausnahmevorschrift dar. Da für die Lieferung die Zurechnungskriterien des wirtschaftlichen Eigentums gemäß § 39 Abs. 2 Nr. 1 AO maßgebend seien, könne nur derjenige der Lieferer sein, aus dessen Vermögen die wirtschaftliche Substanz ausscheide. Dies sei nicht der Treuhänder, sondern der Treugeber (sog. **Ein-Unternehmer-Theorie**). Verallgemeinert wäre danach die Leistung nicht demjenigen zuzurechnen, in dessen Namen sie erbracht/empfangen wird, sondern demjenigen, auf dessen Rechnung sie wirtschaftlich erbracht/empfangen wird.

55 Der BFH[162] folgte früher in der **Verneinung einer Lieferung im Innenverhältnis** vom Treugeber an den Treuhänder der Gegenmeinung. Er hielt wie diese den § 3 Abs. 3 UStG für eine eng auszulegende Sondervorschrift. Demgegenüber folgte der BGH[163] zu Recht im Falle der verdeckten Einkaufstreuhand in vollem Umfang der Zwei-Unternehmer-Theorie, indem er von einer Lieferung des Dritten an den verdeckten Treuhänder und einer Weiterlieferung des Treuhänders an den Treugeber ausgeht.

Beispiel:[164] Die Treugeber-GmbH handelt (illegal) mit Tierarzneimitteln. Diese beschafft sie sich über Tierärzte, die im eigenen Namen, aber für Rechnung der Treugeber-GmbH die Arzneimittel bei einem Pharmakonzern einkaufen. Aus den Rechnungen des Pharmakonzerns steht der Treugeber-GmbH kein Vorsteuerabzug zu, selbst wenn diese nachträglich auf die Treugeber-GmbH ausgestellt würden, weil der Pharmakonzern an die Tierärzte und erst diese an den Treugeber lieferten. Allerdings muss konsequenterweise der Treugeber-GmbH ein Vorsteuerabzug aus den Lieferungen der Tierärzte an sie zustehen, wenn sie darüber Rechnungen erhält. Bei Verneinung einer Lieferung im Innenverhältnis käme ein Vorsteuerabzug aber gerade nicht in Betracht.

56 Der BFH hat seine bisherige Auffassung zutreffend aufgegeben. Er wendet nunmehr uneingeschränkt auch im Innenverhältnis die Zwei-Unternehmer-Theorie an. Danach erbringt beim Leistungsverkauf der Treuhänder im Außenverhältnis die Leistung an den Dritten (so schon bisher) und im Innenverhältnis leistet (liefert) der Treugeber an den Treuhänder und umgekehrt leistet beim Leistungseinkauf der Dritte an den Treuhänder und erst dieser an den Treugeber. Die Zwei-Unternehmer-Theorie gilt nicht nur für Lieferungen im Rahmen von Kommissionsverhältnissen nach § 3 Abs. 3 UStG, sondern allgemein sowohl für Lieferungen als auch für sonstige Leistungen im Rahmen von Treuhandverhältnissen, bei denen vom Treuhänder im eigenen Namen, aber für fremde Rechnung (des Treugebers) gehandelt wird. Sie gilt sowohl für den Leistungseinkauf als auch für den Leistungsverkauf (sog. **Leistungskommission**).[165] Nachdem der deutsche Gesetzgeber durch den geänderten Wortlaut des § 3 Abs. 11 UStG ausdrücklich dem Art. 28 MwStSystRL Rechnung trägt, wonach auch für (sonstige) Dienstleistungen, die im eigenen Namen, aber für fremde Rechnung erbracht oder empfangen werden, der eingeschaltete Unternehmer als Leistender bzw. als Leistungsempfänger zu behandeln ist, erfolgt mithin dieselbe Zurechnung wie bei der Verkaufs- respektive Einkaufskommission. Den Regelungen des deutschen UStG in § 3 Abs. 3 und Abs. 11 UStG, wie den zugrunde liegenden Regelungen der Art. 14 Abs. 2 d und 28 MwStSystRL ist jetzt zweifelsfrei zu entnehmen, dass bei Handeln im eigenen Namen, aber für fremde Rechnung der Zwei-Unternehmer-Theorie zu folgen ist.

---

161 So früher Giesberts in: R/D (68. Lfg. 1992) § 3 Anm. 274 ff.

162 Vgl. BFH v. 15.12.1983 – V R 169/75, BStBl. II 1984, 388 (zu Zwischenmietverhältnissen).

163 BGH v. 12.12.1996 – IX ZR 214/95, NJW 1997, 1008.

164 Nach BGH v. 12.12.1996 – IX ZR 214/95, NJW 1997, 1008.

165 Zur Kommission s. BFH v. 25.04.2018 – XI R 16/16, UR 2018, 794 (Steuerfreiheit nach § 4 Nr. 20 a S. 1 UStG für die Besorgung von Opernkarten für Hotelgäste durch Hotelservice – gegen Abschn. 3.15. Abs. 3 UStAE.); zu Treuhandverhältnissen s. BFH v. 18.02.2009 – V R 82/07, BStBl. II 2009, 876. S. auch FG Hbg v. 25.02.2020 – 6 K 111/18 (Rev Az. XI R 10/20), DStR 2020, 1252 (zu Dienstleistungskommission bei in-App-Verkäufen über eine Internet-Plattform) und dazu Luther/Dachau/Zawodski DStR 2021, 517.

Beispiel:[166] Die Reisetouristik GmbH mit Sitz in Nürnberg bietet Reisenden im eigenen Namen Ferienunterkünfte in der Schweiz und in Österreich an. Die Ferienwohnungen werden von der Touristik AG mit Sitz in der Schweiz von den Eigentümern angemietet und der Reisetouristik GmbH für deren Kunden zur Verfügung gestellt. Im Innenverhältnis erhält die Reisetouristik GmbH von der Touristik AG 10 % Provision. Im Außenverhältnis zu den Reisenden leistet die Reisetouristik GmbH, weil sie im eigenen Namen auftritt. Allerdings erbringt sie keine Vermietungsleistungen (mit Ort in der Schweiz), sondern wegen der Sonderregelung des § 25 UStG Reiseleistungen, deren Ort nach § 25 Abs. 1 S. 4 i.V.m. § 3 a Abs. 1 UStG in Nürnberg liegt und die daher steuerbar sind. Die Reisetouristik GmbH nimmt von der Touristik AG erbrachte Reisevorleistungen in Gestalt der Vermietung der Ferienwohnungen in Anspruch. Zwar liegt zivilrechtlich im Innenverhältnis keine Anmietung vor, sondern lediglich eine Geschäftsbesorgung für die Touristik AG. Umsatzsteuerlich ist aber davon auszugehen, dass die AG an die Reisetouristik GmbH „vermietet", d.h. eine Reisevorleistung erbringt. Die Reiseleistungen sind allerdings zum Teil nach § 25 Abs. 2 UStG befreit, soweit die Ferienwohnungen in der Schweiz (Drittlandsgebiet) liegen.[167]

bb) Wird ein ganzes Unternehmen treuhänderisch geführt (sog. Unternehmenstreuhand), so ist zu differenzieren: Bei der sog. **Ermächtigungstreuhand** und der **Vollrechtstreuhand** führt der Treuhänder das Unternehmen im eigenen Namen. Nur er wird aus den für das Unternehmen abgeschlossenen Geschäften verpflichtet. Unternehmer und Steuerschuldner ist dann der Treuhänder, auch wenn das Unternehmen für Rechnung des Treugebers geführt wird. Dies hat der BFH für die Fortführung eines Handelsgeschäftes durch einen Testamentsvollstrecker angenommen.[168] Bei der **Vollmachtstreuhand** handelt der Treuhänder auch im Außenverhältnis im Namen des Treugebers. Dieser wird aus den Geschäften verpflichtet. Dann ist der Treugeber Unternehmer und Steuerschuldner. So behandelt der BFH grundsätzlich auch die Sachwalter kraft Amtes (Insolvenzverwalter, Zwangsverwalter, grundsätzlich auch den Testamentsvollstrecker, soweit kein Handelsgewerbe fortgeführt wird).[169] Im Innenverhältnis zwischen Treuhänder und Treugeber liegen, abgesehen von der Geschäftsbesorgung, keine Umsätze vor. 57

cc) Problematisch ist die Behandlung, wenn ein sog. **Strohmann** nach außen hin handelt, im Innenverhältnis aber völlig vom Hintermann abhängig ist. Häufig soll dabei illegales Handeln verdeckt werden.[170] Hier ist zu differenzieren: Tritt nach außen hin tatsächlich der Strohmann auf, so ist ihm die Lieferung auch zuzurechnen, es sei denn, es handele sich lediglich um eine dem Vertragspartner bekannte Einschaltung zum Schein.[171] Im Innenverhältnis liefert dann der Hintermann an den Strohmann. Hingegen liefert ausschließlich der sog. Hintermann selbst, wenn dieser für den Geschäftspartner erkennbar für sich selbst handelt und sich dabei nur des fremden Namens (eines Strohmannes) bedient. 58

Beispiel:[172] H hat Gold illegal aus Luxemburg unter Hinterziehung von USt für den Erwerb nach Deutschland verbracht. Dieses Gold wird unter Berechnung von USt an die Bank B in Deutschland veräußert. Das Gold wird unmittelbar von H der Bank übertragen und dieser erhält auch den Kaufpreis. H tritt dabei aber unter dem Namen des Strohmannes S auf und erteilt auch eine Rechnung unter dessen Namen. Weder S noch H führen die USt ab. Die (gutgläubige?) Bank will die ihr in Rechnung gestellte USt als VoSt abziehen. Der BFH verneinte dies, weil die Bank keine Rechnung des Leistenden H, sondern nur eine solche des S besaß.

---

166 Nach BFH v. 07.10.1999 – V R 79/98 – 80/98, BStBl. II 2004, 308; vgl. auch BFH v. 15.07.2011 – XI B 71/10, BFH/NV 2011, 1929.

167 S. dazu BFH v. 22.08.2019 – V R 12/19, DStR 2019, 2420 und v. 27.03.2019 – V R 10/19, MwStR 2019, 467; EuGH v. 19.12.2018 – Rs. C-552/17 (Alpenchalet Resorts), MwStR 2019, 154.

168 BFH v. 11.10.1990 – V R 75/85, BStBl. II 1991, 191.

169 BFH v. 11.10.1990 – V R 75/85, BStBl. II 1991, 191; vgl. auch Abschn. 2.1. Abs. 7 UStAE m.w.N.

170 Vgl. BGH v. 08.07.2014 – 1 StR 29/14, wistra 2014, 444 und v. 05.02.2014 – 1 StR 422/13, wistra 2014, 191(zu Umsatzsteuerhinterziehung durch Einschaltung von Strohmännern).

171 BFH v. 20.10.2016 – V R 36/14, BeckRS 2017, 94018; v. 10.09.2015 – V R 17/14, BFH/NV 2016, 80 m.w.N.; zu Strohmann- und Scheingeschäften vgl. auch Leipold, Personelle Zurechnung von Umsätzen und Vorsteuerabzug, Köln 2008 (Diss. Erlangen–Nürnberg 2007).

172 Nach BFH v. 15.09.1994 – XI R 56/93, BStBl. II 1995, 275.

Fall 9: Strohmanngeschäfte mit Reimport Pkw
(nach BFH v. 12.08.2009 – XI R 48/07, UR 2010, 423)

Strohmann St verkaufte nachhaltig neue Pkw eines deutschen Herstellerunternehmens, die Hintermann H in Frankreich von französischen Vertragshändlern erworben hatte, an den deutschen Kfz-Händler A als Abnehmer. St erteilte A darüber insgesamt Rechnungen in Höhe von 1.000.000 € zzgl. 190.000 € USt. Die Pkw wurden durch von H beauftragte Frachtführer von Frankreich direkt zu A nach Deutschland befördert. A zahlte auf Anweisung des St den vereinbarten Preis von 1.190.000 € auf ein Konto des H. H zahlte St für seine „Mitwirkung", sich als Strohmann in die Geschäftsabwicklung einschalten zu lassen, 20.000 €. H erklärte in Frankreich innergemeinschaftlich befreite Lieferungen an St entsprechend Art. 138 MwStSystRL (= §§ 4 Nr. 1 b, 6 a UStG) und zog die französische USt/TVA aus den an ihn ausgeführten Lieferungen der Vertragshändler entsprechend Art. 168, 169 b MwStSystRL (= § 15 Abs. 1, Abs. 3 Nr. 1 a UStG) ab. St erklärte, wie zwischen H und St auch verabredet, weder in Frankreich noch in Deutschland irgendwelche Umsätze.

Erbringt St an A in Deutschland steuerbare Lieferungen? Steht A aus Lieferungen des St an ihn ein Vorsteuerabzug zu?

59 I. Die Pkw-Lieferungen an A werden durch St und nicht durch H erbracht. Denn die Kaufverträge über die Pkw wurden von A mit St abgeschlossen. Wer bei einem Umsatz als Lieferer/Leistender anzusehen ist, ergibt sich grundsätzlich aus den zivilrechtlichen Vereinbarungen. Leistender ist derjenige, der die Leistungen/Lieferungen im eigenen Namen selbst ausführt oder durch einen Beauftragten ausführen lässt. Ist der Handelnde gegenüber dem Leistungsempfänger im eigenen Namen oder berechtigterweise im Namen eines anderen bei der Ausführung entgeltlicher Leistungen aufgetreten, ist ihm die Leistung auch dann zuzurechnen, wenn er – warum auch immer – als „Strohmann" für Rechnung eines anderen (des Hintermannes) auftritt. Unbeachtlich ist das „Strohmanngeschäft" aber dann, wenn es nur zum Schein abgeschlossen wird.[173] Das ist jedoch nur dann der Fall, wenn Leistungsempfänger, Strohmann und Hintermann einverständlich davon ausgehen, dass die Rechtswirkungen des Geschäftes nur zum „Hintermann" und gerade nicht zum Strohmann eintreten sollen. Dazu muss der Leistungsempfänger jedenfalls wissen, dass der „Strohmann" keine eigene Leistungsverpflichtung übernehmen will und auch keine eigene Leistung versteuern will. Die nach § 3 Abs. 1, Abs. 7 S. 2 Nr. 2 UStG in Deutschland ausgeführten Lieferungen der Pkw durch St an A sind daher steuerbar nach § 1 Abs. 1 Nr. 1 UStG. Bei einem Steuersatz von 19 % gemäß § 12 Abs. 1 UStG ergibt sich für die Lieferungen eine Steuerschuld von 190.000 € und eine Bemessungsgrundlage, § 10 Abs. 1 UStG, von 1.000.000 €.

II. A steht grundsätzlich aus den an ihn ausgeführten Lieferungen des (Strohmannes) St der Vorsteuerabzug nach § 15 Abs. 1 Nr. 1 UStG zu. Die Voraussetzungen des § 15 Abs. 1 Nr. 1 UStG sind erfüllt. Denn A erhielt als Unternehmer von einem anderen Unternehmer, nämlich St, Lieferungen der Pkw für sein Unternehmen. Die dafür gesetzlich geschuldete USt des St von 190.000 € (s.o. unter I.) wurde A von St zutreffend in Rechnung gestellt. Auch für den Vorsteuerabzug ist zu beachten, dass die Lieferung/sonstige Leistung an den Leistungsempfänger durch den „Strohmann" und nicht durch den Hintermann erfolgt. Der Hintermann erbringt seine Lieferung/Leistung entsprechend § 3 Abs. 3 S. 2, Abs. 11 UStG an den Strohmann und nicht an dessen Leistungsempfänger. Der Strohmann erbringt, wie bei

173 BFH v. 20.10.2016 – V R 36/14, MwStR 2017, 331 und v. 10.09.2015 – VR 17/14, HFR 2015, 1169.

der Verkaufskommission,[174] neben der im eigenen Namen, für Rechnung des Hintermannes erbrachten Lieferung/sonstigen Leistung an den Leistungsempfänger – hier den A – nicht noch zusätzlich eine Geschäftsbesorgung als sonstige Leistung an den Hintermann. Zahlungen des Hintermannes für die Tätigkeit des Strohmannes mindern das Entgelt für die Lieferung/Leistung des Hintermannes an den Strohmann und sind nicht Entgelt für eine sonstige Leistung des Strohmannes.

Für den Vorsteuerabzug des A ist allerdings zu beachten, dass nach der Rspr. des EuGH und des BFH ein Vorsteuerabzug auch bei formaler Erfüllung aller Voraussetzungen des § 15 Abs. 1 UStG ausscheidet, wenn der Leistungsempfänger „wusste oder wissen konnte", dass er sich mit dem Erwerb der Liefergegenstände an Umsätzen beteiligt, für die von dem/den Lieferanten eine „Mehrwertsteuerhinterziehung" vorgenommen wird.[175] Vorliegend wäre A daher dann der Vorsteuerabzug zu versagen, wenn er wusste oder wissen konnte, dass St (und H) die aus den Lieferungen des St an A geschuldete USt hinterziehen (s. auch Rn. 391).

c) Echte und unechte Agentur

aa) Die Agentur spielte vor Einführung der Differenzbesteuerung nach § 25 a UStG (s. dazu Rn. 289 ff.) im Kraftfahrzeughandel eine große Rolle. Dort wie auch für den Handel mit anderen Gebrauchtwaren kommt sie seither heute praktisch kaum noch vor. Der wirtschaftliche Hintergrund für die Vereinbarung einer Agentur bestand darin, eine steuerpflichtige (Weiter-)Lieferung des Gebrauchtgegenstandes durch vom Nichtunternehmer nicht steuerbar belieferte Unternehmer zu vermeiden und stattdessen nur zu einer steuerpflichtigen Vermittlungsleistung zu kommen. Für eine solche „Umgehung" besteht nach Einführung der Differenzbesteuerung keine Notwendigkeit mehr. Die „Agentur" beschränkt sich nunmehr auf die Fälle, in denen tatsächlich Vermittlungsgeschäfte auch wirtschaftlich gewollt sind. Bei der Agentur ergeben sich folgende Leistungsbeziehungen: 60

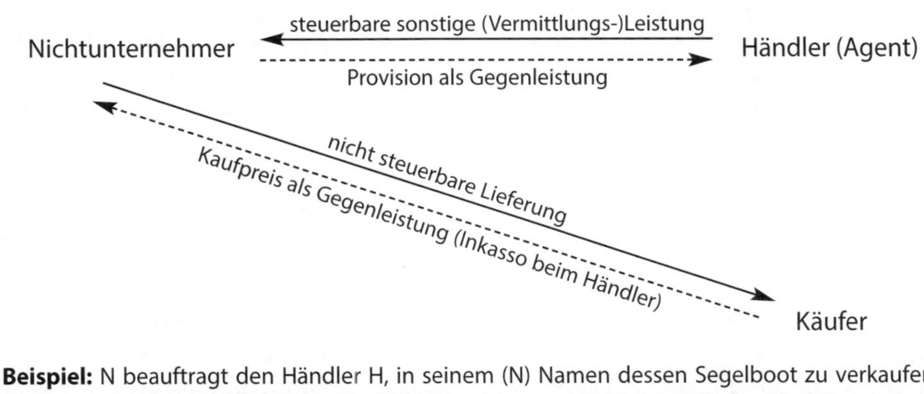

Beispiel: N beauftragt den Händler H, in seinem (N) Namen dessen Segelboot zu verkaufen. Als Preislimit sind 6.000 € vereinbart. H soll eine Provision von 50 % des über dem Limit liegenden Preises erhalten. H veräußert namens des N das Segelboot für 7.000 € an K. Er zieht den Kaufpreis aufgrund Inkassovollmacht ein und führt 6.500 € an N ab.

An den K hat N geliefert. H handelte lediglich als dessen Vertreter. Die Lieferung des N an K ist nicht steuerbar, da N nicht Unternehmer ist. H hat mit der Vermittlung des Verkaufs an N eine sonstige

174 Vgl. BFH v. 12.05.2011 – V R 25/10, BFH/NV 2011, 1541.

175 Vgl. EuGH v. 18.12.2014 – Rs. C-131/13 (Italmoda), DB 2015, 38 m.w.N.; BFH v. 19.12.2014 – XI B 12/14, BFH/NV 2015, 534; v. 17.06.2010 – XI B 88/09, BFH/NV 2010, 1875; v. 12.08.2009 – XI R 48/07, UR 2010, 423; v. 17.02.2011 – V R 30/10, BStBl. II 2011, 769; v. 19.04.2007 – V R 48/04, BStBl. II 2009, 315; vgl. auch BGH v. 08.02.2011 – 1 StR 24/10, HFR 2011, 818.

Leistung erbracht. Als Gegenleistung erhielt er eine Provision von 500 €. Es liegt ein nach § 1 Abs. 1 Nr. 1 UStG steuerbarer Leistungsaustausch vor. Da dieser nicht befreit ist, entsteht eine Umsatzsteuerschuld von (500 : 1,19 x 19 % =) 79,83 €.

bb) Echte Agenturgeschäfte liegen nach zutreffender Auffassung[176] nur vor, wenn der Vermittler (Agent/Händler)

- im **fremden Namen** handelt, d.h.
  - Vertretungsbefugnis hat und
  - nach außen tatsächlich als Vertreter auftritt und
- für **fremde** (des Auftraggebers) **Rechnung** handelt.

cc) Fehlt es an einer dieser Voraussetzungen, handelt insbesondere der Vermittler (Agent) für eigene Rechnung, so liegt nach h.M. eine sog. **unechte Agentur** vor, bei der der angebliche **Agent als Lieferer/Leistender** an den Käufer/Erwerber angesehen wird.[177]

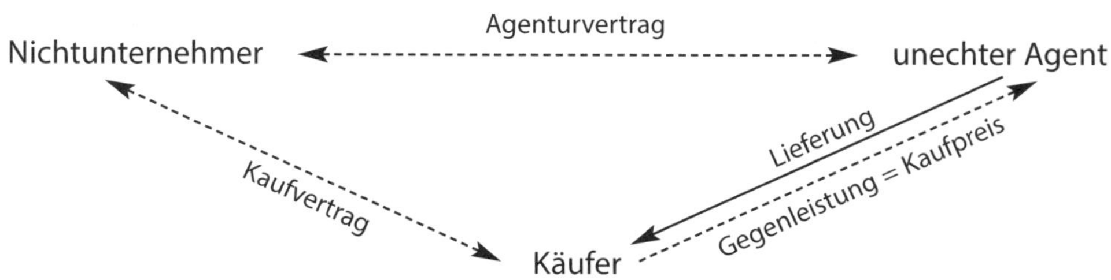

Zu beachten ist allerdings, dass dann auf die Lieferung des unechten Agenten die Differenzbesteuerung nach § 25 a UStG anwendbar sein kann (s. Rn. 289).

d) Zwangsversteigerung und Insolvenz

Fall 10: Erwerb bei der Zwangsversteigerung und in der Insolvenz

Radiohändler R erwirbt vom Insolvenzverwalter I einen Posten Fernsehgeräte für 5.000 € zzgl. 950 € USt. Es handelt sich um Fernsehgeräte aus der Insolvenzmasse des Gemeinschuldners G, der bis zur Insolvenz ebenfalls ein Radiogeschäft betrieb. Steht R ein Vorsteuerabzug zu, wenn eine ordnungsgemäße Rechnung erteilt wurde? Wie wäre der Sachverhalt zu beurteilen, wenn die Fernsehgeräte im Wege der Einzelvollstreckung versteigert worden wären (für 5.950 €)?

61 I. Nach § 15 Abs. 1 Nr. 1 UStG steht dem Unternehmer R nur dann ein Vorsteuerabzug zu, wenn an ihn durch einen Unternehmer eine Lieferung ausgeführt wurde. Nach § 80 InsO übt mit Eröffnung des Verfahrens der Insolvenzverwalter die Verwaltungs- und Verfügungsbefugnis anstelle des Schuldners aus. Das Unternehmen besteht aber bis zur endgültigen Abwicklung weiter. Die durch den Insolvenzverwalter ausgeführten Lieferungen und Leistungen gelten als vom Unternehmer/Schuldner erbracht.[178] Da R demnach eine Lieferung von einem Unternehmer erhielt, steht ihm der Vorsteuerabzug zu.[179]

---

176 S. BFH v. 10.08.2016 – V R 4/16, BStBl. II 2017, 135 = UR 2016, 912 (zu Kauf und Verkauf von Telefonkarten) und Abschn. 3.7. UStAE m.w.N. aus der (älteren) Rspr. des BFH.

177 BFH v. 25.06.1987 – V R 78/79, BStBl. II 1987, 657; v. 29.09.1987 – X R 13/81, BStBl. II 1988, 153; s. auch BFH v. 10.08.2016 – V R 4/16, BStBl. II 2017, 135 = UR 2016, 912 (Kauf und Verkauf von Telekommunikationskarten im eigenen Namen und auf eigene Rechnung als Erbringung eigener Telekommunikationsleistung und nicht lediglich als Vermittlungsleistung).

178 Zu Umsatzsteuer in der Insolvenz s. Reiß in: R/K/L Exkurs zu § 18 Rn. 2001 f.

179 Vgl. BFH v. 20.02.1986 – V R 16/81, BStBl. II 1986, 579 und v. 16.07.1987 – V R 80/82, BStBl. II 1987, 691; Abschn. 2.1. Abs. 7 UStAE.

II. Das Handeln des Insolvenzverwalters im Verhältnis zu Dritten ist demnach als Handeln des Schuldners/Unternehmers anzusehen. Davon zu unterscheiden ist, dass der Insolvenzverwalter seinerseits mit seiner Geschäftsführung eine sonstige Leistung für das Unternehmen des Gemeinschuldners erbringt. Bei Erteilung einer Rechnung mit offenem Steuerausweis steht dem Gemeinschuldner daher nach § 15 UStG der Vorsteuerabzug zu.[180] Umgekehrt hat der Insolvenzverwalter, da er seine Leistung gegen Entgelt erbringt (Vergütung nach § 63 InsO), diese nach § 1 Abs. 1 Nr. 1 UStG zu versteuern.[181]

Materiell-rechtlich besteht das Unternehmen des Schuldners bis zur vollständigen Abwicklung fort. Insoweit sind wegen der Einheit des Unternehmens Umsätze zwischen dem insolvenzfreien Bereich und der Insolvenzmasse nicht möglich. Es besteht nur ein einheitliches Unternehmen.[182] Da nach § 35 InsO die Insolvenzmasse auch das Vermögen umfasst, das nach Eröffnung des Insolvenzverfahrens erworben wird – im Unterschied zur früheren KO –, erlangt eine insolvenzfreie Vermögensmasse allerdings nur selten größere Bedeutung.[183] Verfahrensrechtlich ist eine strenge Trennung zwischen dem insolvenzbefangenen Bereich und einem eventuellen übrigen Bereich erforderlich.[184] Umsatzsteuern und Vorsteuern, die aus Umsätzen und Vorbezügen im Bereich der Insolvenzmasse resultieren, können nur gegenüber dem Insolvenzverwalter geltend gemacht werden. Dies erfolgt für Insolvenzforderungen, § 38 InsO, durch Anmeldung und Eintragung in die Tabelle, §§ 174 f. InsO, und für Masseverbindlichkeiten, §§ 53–55 InsO, durch Steuerbescheid gegen den Insolvenzverwalter.[185] Umsatzsteuerverbindlichkeiten aus Lieferungen und Leistungen sind Masseverbindlichkeiten nach § 55 Abs. 1 InsO, wenn die Leistungen nach Insolvenzeröffnung (durch den Insolvenzverwalter) erbracht worden sind. Nach (umstrittener, aber zutreffender) Auffassung des V. Senates und XI. Senates des BFH führt auch eine Vereinnahmung des Entgeltes nach Insolvenzeröffnung für bereits vor Insolvenzeröffnung ausgeführte Leistungen immer dazu, dass die USt dann als Masseverbindlichkeit geschuldet wird.[186] Ebenso zu Masseverbindlichkeiten führt nach Insolvenzeröffnung eine durch Handlungen des vorläufig starken Insolvenzverwalters oder mit Zustimmung des vorläufigen Insolvenzverwalters vor Insolvenzeröffnung bereits begründete USt, § 55 Abs. 2 und Abs. 4 InsO. Gleichfalls zu Masseverbindlichkeiten führen Vorsteuerkorrekturen nach § 15 a UStG, die auf einer geänderten Verwendung durch den Insolvenzverwalter beruhen.[187] Die Steuerberechnung durch Saldierung von Ausgangssteuern und Vorsteuern nach § 16 Abs. 2 UStG unterliegt nicht den Beschränkungen der Insolvenzaufrechnung nach § 96 InsO und auch nicht der Insolvenzanfechtung nach §§ 129 f. InsO.[188]

III. Bei der Zwangsversteigerung im Wege der Einzelvollstreckung ist umstritten, wer an wen liefert: 62

- Nach überholter Auffassung der Finanzverwaltung sollte der Vollstreckungsschuldner an das Land und erst dieses hoheitlich an den Ersteigerer liefern. Da mithin erst das Land als Nichtunternehmer an R geliefert hat, steht diesem auch bei einer von G oder dem Land erteilten Rechnung kein Vorsteuerabzug zu.

---

180 Vgl. auch BFH v. 02.11.2010 – VII R 6/10, BStBl. II 2011, 374 (zur Unzulässigkeit der Aufrechnung gegen Vorsteuervergütungsanspruch aus Leistung des vorläufigen Insolvenzverwalters unter Aufgabe v. 16.11.2004 – VII R 75/03, BStBl. II 2006, 193).

181 BFH v. 20.02.1986 – V R 16/81, BStBl. II 1986, 579.

182 BFH v. 08.03.2012 – V R 24/11, BStBl. II 2012, 466 m.w.N.; v. 14.05.1998 – V R 74/97, BStBl. II 1998, 634; v. 15.06.1999 – VII R 3/97, BStBl. II 2000, 46.

183 S. aber BFH v. 17.03.2010 – XI R 30/08, BFH/NV 2010, 2128 (zu USt aus unternehmerischer Tätigkeit des Insolvenzschuldners nach Insolvenzeröffnung).

184 Vgl. BFH v. 28.06.2000 – V R 87/99, BStBl. II 2000, 639.

185 Vgl. BFH v. 24.11.2011 – V R 13/11, BStBl. II 2012, 298; v. 13.05.2009 – XI R 63/07, BStBl. II 2010, 11 m.w.N.

186 BFH v. 09.12.2010 – V R 22/10, BStBl. II 2011, 996; bestätigt durch v. 24.09.2014 – V R 48/13, BStBl. II 2015, 506; v. 24.11.2011 – V R 13/11, BStBl. II 2012, 298; ebenso v. 01.03.2016 – XI R 21/14 und XI R 9/15, BStBl. II 2016, 756 und BFH/NV 2016, 1310.

187 BFH v. 08.03.2012 – V R 24/11, BStBl. II 2012, 466; v. 09.02.2011 – XI R 35/09, BStBl. II 2011, 1000.

188 BFH v. 24.11.2011 – V R 13/11, BStBl. II 2012, 298; vgl. auch v. 25.07.2012 – VII R 44/10 und 29/11 BStBl. II 2013, 33 und 36 (Unzulässigkeit der Aufrechnung nach § 96 Abs. 1 S. 1 InsO mit Insolvenzforderungen gegen erst nach Insolvenzeröffnung verwirklichtem Berichtigungsanspruch aus § 17 Abs. 2 UStG unter Aufgabe der früheren anderslautenden Rspr.) und v. 25.07.2012 – VII R 30/11, BFH/NV 2013, 603 (Saldierung nach § 16 Abs. 2 keine Aufrechnung!).

- Giesberts[189] nahm an, der Vollstreckungsschuldner liefere an den Vollstreckungsgläubiger, dem wiederum die Lieferung an den Ersteher zuzurechnen sei.
- Nach zutreffender Ansicht ist eine zwangsweise (§ 1 Abs. 1 Nr. 1 S. 2 UStG) Lieferung des Vollstreckungsschuldners an den Ersteher erfolgt.[190]

Das Prinzip der Zurechnung der Leistung an den im eigenen Namen Handelnden verlangt nicht die Annahme einer vorherigen Lieferung des Vollstreckungsschuldners an das Land, denn für den Ersteigerer ist offenkundig, dass nicht Sachen des Landes, sondern solche des Vollstreckungsschuldners versteigert werden. R steht daher der Vorsteuerabzug zu, wenn er von seinem Lieferanten G eine Rechnung mit offenem Steuerausweis erhält. Nur diese Lösung entspricht dem Grundgedanken des Umsatzsteuergesetzes, den Erwerb durch Unternehmer auch nicht mittelbar mit USt zu belasten.

IV. Die Gegenleistung für die Lieferung des Vollstreckungsschuldners besteht in dem Versteigerungserlös. Sie wird nicht durch die Vollstreckungskosten gemindert.

Fall 11: Die Option zugunsten der Bank

Bank B hat ein Darlehen von 1.200.000 € durch eine Hypothek am Grundstück des U abgesichert. Sie betreibt gegen U die Zwangsvollstreckung in das Grundstück. Ersteigerer E ist bereit, für das Grundstück 1.000.000 € aufzuwenden. Im Falle eines offenen Steuerausweises, der ihn zum Vorsteuerabzug berechtigt, ist er auch bereit, 1.190.000 € zu bieten. Die Bank überredet U zu einer Option nach § 9 i.V.m. § 4 Nr. 9 a UStG. Sie geht davon aus – ebenso wie U –, dass das Finanzamt mit einer USt-Forderung gegen U ausfallen wird. E sind die Zusammenhänge nicht bekannt.

63 I. Da die durch die Zwangsversteigerung bewirkte Lieferung (§ 3 Abs. 1 UStG) dem U gemäß § 1 Abs. 1 Nr. 1 S. 2 UStG als steuerbarer Umsatz zuzurechnen ist und die Lieferung an E für dessen Unternehmen ausgeführt ist, sind alle Voraussetzungen des § 9 UStG für eine Option erfüllt (vgl. Rn. 229 ff.). Die Option muss bei der Zwangsversteigerung von Grundstücken allerdings bis zur Abgabe von Geboten erklärt werden, § 9 Abs. 3 S. 1 UStG.[191] Danach würde für U bei einer Bemessungsgrundlage von 1.000.000 € vermeintlich eine USt-Schuld von 190.000 € entstehen.

II. Bedenken gegen diese Lösung könnten sich zunächst aus § 42 AO ergeben. Der Sinn der Option besteht hier allein darin, die vorrangig aus dem Ersteigerungserlös zu befriedigende Hypothekengläubigerin B als Altgläubigerin auf Kosten des Neugläubigers Fiskus zu befriedigen. Richtigerweise ist aber § 42 AO nicht zulasten des E durch Versagung des Vorsteuerabzugs anwendbar. Durch die Anwendung des § 42 AO würde der außenstehende E durch Nichtanerkennung des Vorsteuerabzugs „bestraft". Ein Missbrauch durch E liegt aber nicht vor!

III. Um Gestaltungen wie die vorliegende zu vermeiden, hat der Umsatzsteuergesetzgeber durch § 13 b Abs. 2 Nr. 3 und Abs. 5 S. 1 UStG vorgeschrieben, dass der Erwerber/Ersteher des Grundstückes hinsichtlich der an ihn ausgeführten Lieferung der Steuerschuldner ist (s. Rn. 386 f.). E müsste also im vorliegenden Fall 190.000 € direkt an das Finanzamt zahlen und würde lediglich 1.000.000 € an das Vollstre-

189 Giesberts UR 1976, 61 und früher (68. Lfg. 1992); ders. in: R/D § 3 Anm. 163, 164.

190 So bereits Eggesieker UR 1978, 184; Reiß StuW 1981, 88 und jetzt auch FinVerw Abschn. 1.2. Abs. 2 UStAE im Anschluss an BFH v. 19.12.1985 – V R 139/76, BStBl. II 1986, 500; v. 16.04.1987 – XI R 87/96, BStBl. II 1997, 585; s. auch v. 28.07.2011 – V R 28/09, UR 2011, 855.

191 Vgl. auch BFH v. 21.03.2002 – V R 62/01, BStBl. II 2002, 559.

ckungsgericht zahlen, die nach Deckung der Kosten an die nach § 49 InsO absonderungsberechtigte Bank auszukehren wären. Das Ziel der Option, zulasten des Finanzamtes eine bessere Befriedigung zu erlangen, wird dadurch nicht (mehr) erreicht.

---

e) Rücklieferung und Rückgängigmachung einer Lieferung/Tausch und Umtausch

aa) Gibt der Lieferungsempfänger den Liefergegenstand an den Lieferer zurück, so ergeben sich zwei Möglichkeiten der umsatzsteuerlichen Würdigung. **64**

Entweder es handelt sich um eine **neue Lieferung** des ehemaligen Lieferungsempfängers an den früheren Lieferer (= sog. **Rücklieferung**) oder die erste Lieferung wird **aufgehoben (= Rückgängigmachung)**. Im ersteren Falle bleibt der erste steuerbare Umsatz (Hinlieferung) erhalten und es kommt, wenn auch die übrigen Voraussetzungen erfüllt sind, z.B. Unternehmereigenschaft und Gegenleistung, zu einem zweiten steuerbaren Leistungsaustausch. Bei der Rückgängigmachung verbleibt im Endeffekt hingegen kein steuerbarer Lieferumsatz. Technisch erfolgt die Abwicklung gemäß § 17 Abs. 2 Nr. 3 i.V.m. Abs. 1 UStG allerdings in der Weise, dass die ursprüngliche Besteuerung und der Vorsteuerabzug für den Besteuerungszeitraum der Lieferung aufrechterhalten bleiben und erst im Besteuerungszeitraum der Rückgängigmachung eine entgegengesetzte Korrektur stattfindet (mit dem alten Steuersatz!).

Beispiel: Lieferung eines Lkw im Dezember 2006 für 100.000 € zzgl. 16.000 € USt bei einem Steuersatz von 16 % für 2006. USt und VoSt für Dezember 2006: 16.000 €. Rückgängigmachung der Lieferung im Januar 2007 (ab 01.01.2007 Steuersatz 19 %) gegen Rückgewähr von 116.000 €. USt und VoSt im Januar 2007 – 16.000 € (zum Steuersatz bei Lieferung).

Sind auf beiden Seiten voll vorsteuerabzugsberechtigte Unternehmer beteiligt, so ist es wirtschaftlich belanglos, ob eine Rückgängigmachung der Lieferung oder eine steuerbare Rücklieferung vorliegt. Im ersteren Fall entstehen im Endergebnis keine USt und kein Vorsteueranspruch, im zweiten Fall gleichen sich bei gleichen Preisen USt und VoSt aus. Der Abgrenzung kommt aber erhebliche Bedeutung für den Fall zu, dass der ursprüngliche Lieferungsempfänger kein Unternehmer ist, denn hier führt nur die Rückgängigmachung der Lieferung zu einem Wegfall der umsatzsteuerlichen Belastung.[192]

Beispiel: Im Dezember 2020 erfolgte durch das Autohaus A die Lieferung eines Pkw an den Beamten B für 20.000 € zzgl. 3.800 € USt. Im Februar 2021 nimmt das Autohaus A den Wagen zurück,

- weil er einen Mangel hatte und ein Rücktritt nach §§ 437 Nr. 2, 323, 440 BGB erfolgte;
- weil B den Wagen nicht mehr benötigte und ihn an das Autohaus zurückverkaufte für 19.000 €.

Im 1. Fall bleibt es für Dezember 2020 zwar bei der Steuerschuld von 3.800 €, im Februar 2020 ergibt sich aber eine negative Steuerschuld von ./. 3.800 € USt, und B erhält den Kaufpreis von 23.800 € voll erstattet.

Im 2. Fall ist hingegen die im Dezember 2020 entstandene Steuerschuld von 3.800 € endgültig. Die Rücklieferung ist mangels Unternehmereigenschaft des B nicht steuerbar, sodass sich für B keine Umsatzsteuerschuld, für A aber auch kein Vorsteuerabzug ergibt.

(1) Eine **Rückgängigmachung** liegt vor, wenn das zugrunde liegende Kausalgeschäft (Umsatzgeschäft) rückabzuwickeln ist und die Beteiligten sich deshalb die erhaltenen Leistungen zurückgewähren.[193] **65**

---

192 Vgl. auch BFH v. 12.11.2008 – XI R 46/07, BStBl. II 2009, 558.

193 Vgl. BFH v. 08.09.2011 – V R 43/10, UR 2012, 312; v. 12.11.2009 – XI R 46/07, BStBl. II 2009, 558; v. 02.09.2010 – V R 34/09, BStBl. II 2011, 991.

Die klassischen Anwendungsfälle sind der **Rücktritt** (früher die **Wandlung**) bei Vorliegen eines Mangels der Sache (§ 437 BGB) und der **Rücktritt** wegen Zahlungsverzuges des Käufers beim **Kauf unter Eigentumsvorbehalt** (§ 449 BGB). Eine Rückgängigmachung liegt aber auch vor, wenn im ursprünglichen Kausalvertrag ein vertragliches Rücktrittsrecht vereinbart ist und davon Gebrauch gemacht wird. Eine zeitliche Begrenzung etwa auf sechs Monate gibt es nicht.

Erhält der Lieferer für die zwischenzeitliche Nutzung des Liefergegenstandes bis zur Rückgängigmachung der Lieferung ein Entgelt, sei es aufgrund Vereinbarung, sei es als gesetzliche Folge des Rücktritts (vgl. § 346 Abs. 2 BGB), so liegt insoweit ein Leistungsaustausch – Nutzungsüberlassung gegen Entgelt – vor. Muss für die zwischenzeitliche Beschädigung der Sache (nicht für die übliche Abnutzung, die mit der Nutzung verbunden ist) Ersatz geleistet werden, so fehlt es an einer willentlichen Leistung, sodass insoweit kein Leistungsaustausch vorliegt (sog. echter Schadensersatz).

66 **(2)** Eine **Rücklieferung** ist hingegen anzunehmen, wenn die Rückgabe der Sache an den Lieferer auf einem neuen Entschluss beruht, der in keinem Zusammenhang mit dem ursprünglichen Umsatzgeschäft steht. Nach zutreffender Ansicht des BFH[194] ist dabei auf die Sicht des ursprünglichen Lieferungsempfängers (und nicht die des Lieferers) abzustellen. Ist dieser schon nach dem ursprünglichen Vertrag, z.B. wegen Zahlungsverzuges, zur Rückgabe verpflichtet, so liegt eine Rückgängigmachung auch dann vor, wenn die Rückabwicklung formal in den Abschluss eines neuen Vertrages gekleidet wird.

Eine Rückgängigmachung liegt nicht vor, wenn die ausgeführte Lieferung bestehen bleibt und lediglich formal auf einen angeblich geschlossenen neuen Kausalvertrag gestützt wird.

Beispiel:[195] Zur Abwendung des Aussonderungsrechts nach § 47 InsO für unter Eigentumsvorbehalt gelieferte Materialien erklärte Insolvenzverwalter I sich bereit, den Restkaufpreis zu zahlen. Um zu erreichen, dass der Masse ein vollwertiger Vorsteuerabzug zusteht, während der Fiskus auf eine Insolvenzforderung, § 38 InsO verwiesen werden soll, wurde der alte Liefervertrag aufgehoben und stattdessen ein neuer Liefer(Kauf)vertrag abgeschlossen über eben dieselben Materialien. Es lag keine Rückgängigmachung der ursprünglichen Lieferung vor und auch keine anschließende Neulieferung. Daher bestand für den Fiskus keine Insolvenzforderung aus der Vorsteuerkorrektur nach § 17 UStG und für die Masse (den Gemeinschuldner/Schuldner) umgekehrt keine nach Insolvenzeröffnung begründete Vorsteuerforderung, gegen die nicht aufgerechnet werden dürfte, vgl. § 96 Abs. 1 Nr. 1 InsO.

67 **bb)** Ein **Umtausch** liegt vor, wenn der ursprüngliche Liefergegenstand gegen einen anderen unter Rückgabe des ersteren ausgetauscht wird. Das ursprüngliche Kausalgeschäft, z.B. Kaufvertrag, wird dabei aufrechterhalten und ggf. durch eine Preisveränderung modifiziert. Die Rückgabe des ersten Liefergegenstandes stellt umsatzsteuerlich eine **Rückgängigmachung der Erstlieferung** dar, die zugleich **mit einer Neulieferung verbunden** wird. Bei einem Steuersatzwechsel ist jeweils der Steuersatz zum Zeitpunkt der Lieferung anzuwenden.[196]

Beispiel: Teppichhändler T verkaufte an den Rechtsanwalt R im Dezember 2006 für 11.600 € einen Teppich. Es wurde ein Umtauschrecht für einen Monat vereinbart. Im Januar 2007 tauschte R den Teppich gegen einen anderen ein und zahlt 300 € zu.

---

194 BFH v. 12.11.2008 – XI R 46/07, BStBl. II 2009, 558; v. 17.12.1981 – V R 75/77, BStBl. II 1982, 233; v. 27.06.1995 – V R 27/94, BStBl. II 1995, 756.

195 Nach BFH v. 15.03.1994 – XI R 89/92, UR 1995, 488 mit abl. Anm. Weiß.

196 BMF BStBl. I 2006, 477 zur Steuersatzänderung ab 01.01.2007 (Tz. 43 zum Umtausch); so auch Stadie in: R/D § 17 Rn. 473; a.A. Slapio in: Birkenfeld/Wäger § 53 Rn. 231 f.; Lippross 2.3.9 c). Danach soll „je nach den Umständen des Einzelfalles" die ursprüngliche Lieferung aufrechterhalten bleiben, was sich insbesondere bei einem Steuersatzwechsel auswirken würde. S. auch Nieskens in: R/D § 3 Rn. 4151; Tehler in: R/K/L § 17 Rn. 152.

Im Dezember 2006 erfolgte die Lieferung des ersten Teppichs, Bemessungsgrundlage 10.000 € und USt 1.600 € bei einem Steuersatz von 16 %. Der Umtausch beinhaltet

- Rückgängigmachung der Lieferung gemäß § 17 Abs. 2 Nr. 3 UStG, Bemessungsgrundlage ./. 10.000 €; USt ./. 1.600 €, und
- Neulieferung gegen Kaufpreis 11.600 € + 300 € = 11.900 €; Bemessungsgrundlage 10.000 € und USt 1.900 € (Steuersatz 19 %); beides zu berücksichtigen im Voranmeldungszeitraum Januar.

Keine Rückgängigmachung verbunden mit einer Neulieferung, sondern lediglich ein „nichtsteuerbarer unentgeltlicher Umtausch" liegt vor, wenn ein fehlerhaftes Teilstück eines Liefergegenstandes „unentgeltlich" durch „Lieferung eines fehlerfreien Teilstückes" ersetzt wird.[197]

Wird nicht das ursprüngliche Kausalverhältnis aufrechterhalten, sondern der Liefergegenstand aufgrund eines neuen Umsatzgeschäftes (Tauschvertrag) gegen Lieferung eines anderen zurückgeliefert, so liegt kein Umtausch, sondern ein Tausch vor, der zu einem (bzw. zwei) erneuten steuerbaren Vorgang (bzw. Vorgängen) führt, ohne dass der erste Leistungsaustausch beseitigt wird.

Beispiel: Wie oben, aber kein Umtauschrecht vereinbart und auch nicht branchenüblich.

In diesem Fall verbleibt es für T bei der Steuerschuld für die Lieferung aus Dezember 2006 (1.600 €) und es entsteht eine weitere Steuerschuld für die Lieferung im Januar 2007 in Höhe der USt aus dem gemeinen Wert des zurückgegebenen Teppichs (z.B. 11.600 €) zzgl. Baraufgabe (300 €) = USt 1.900 € (Bemessungsgrundlage 10.000 €). Aus der Rücklieferung des R steht dem T dann ein Vorsteuerabzug zu, wenn die Rücklieferung im Rahmen des Unternehmens des R erfolgte, nicht aber, wenn R als Nichtunternehmer handelte.

Wo die Grenze zwischen Umtausch und Tausch verläuft, ist umstritten: 68

Nach Auffassung der älteren Rspr. soll trotz Vorbehaltes eines Umtauschrechts im ursprünglichen Kausalvertrag kein Umtausch, sondern ein Tausch vorliegen, wenn eine längere Zeit zwischen Lieferung und Rückgabe/Umtausch verstrichen ist.[198]

Richtiger erscheint es, die Abgrenzung Umtausch/Tausch nach den gleichen Kriterien wie Rückgängigmachung/Rücklieferung vorzunehmen, d.h. darauf abzustellen, ob die Ersetzung des Liefergegenstandes sich als Folge des ursprünglichen Kausalvertrages ergibt oder ob ein neues Umsatzgeschäft abgeschlossen wurde.

Wird eine nicht branchentypische, ungewöhnlich lange Umtauschfrist vereinbart, besteht Anlass zu der Prüfung, ob in der späteren Zuzahlung nicht eine ganze oder teilweise Entgeltsentrichtung für die zwischenzeitliche Nutzung liegt. Insoweit ist dann ein weiterer Leistungsaustausch gegeben. Auf diese Weise ist systemkonform den Bedenken der Rspr. gegen ungewöhnlich lange und branchenungewöhnliche Umtauschfristen Rechnung zu tragen, nicht aber dadurch, dass man sich über vertragliche Vereinbarungen hinwegsetzt.

---

197 BFH v. 14.04.2015 – V B 150/14, BFH/NV 2015, 1012.

198 So RFH RStBl. 1936, 819; FG Bremen EFG 1977, 513.

f) Reihengeschäft

69 Schließen **mehrere Unternehmer** über **denselben Gegenstand Liefergeschäfte** ab und gelangt der Gegenstand **unmittelbar** vom ersten Unternehmer der Reihe an **den letzten Abnehmer**, so liegt ein **Reihengeschäft** gemäß **§ 3 Abs. 6 a S. 1 UStG, Art. 36 a MwStSystRL** vor. Dabei liefert jeder Unternehmer in der Reihe an seinen Vertragspartner. Es liegt also nicht lediglich eine Lieferung vor, sondern **mehrere Lieferungen**. Allerdings ist nur eine der Lieferungen die sog. warenbewegte (Beförderungs- oder Versendungs-)Lieferung, während alle anderen Lieferungen nur (vorhergehende oder nachfolgende) ruhende Lieferungen sind.

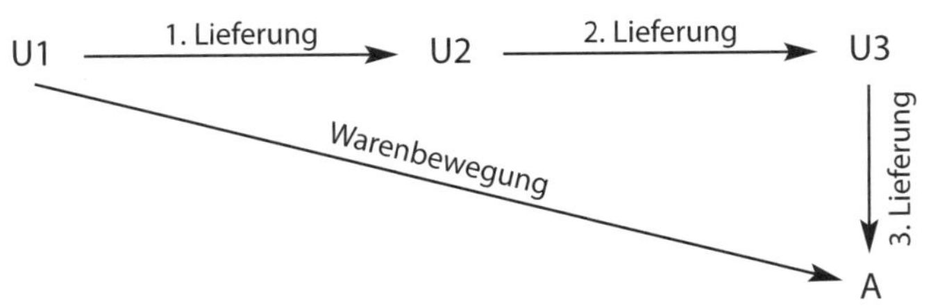

Wenn A bei U3 eine Maschine gekauft hat (Umsatzgeschäft), U3 bei U2 und U2 bei U1 kaufte und A die Ware bei U1 abholt oder U1 sie zu A befördert, so hat nach § 3 Abs. 1 UStG U3 an A geliefert. Denn in seinem – U3 – Auftrag erhält A von U1 (Dritter) die Verfügungsmacht verschafft. Außerdem liefert U1 an U2 und dieser an U3, denn U1 befähigt im Auftrag seines Abnehmers (U2) und U2 im Auftrage seines Abnehmers (U3) einen Dritten – den A –, über den Gegenstand zu verfügen. Die warenbewegte Lieferung ist die des U1 an den U2, § 3 Abs. 6a S. 2. Die Lieferungen des U2 an den U3 und des U3 an den A sind nachfolgende Lieferungen. Zum Lieferort im Reihengeschäft s. Rn. 77.

70

Die Lieferung (§ 3 Abs. 1 UStG)

I. Merkmale der Lieferung

1. **Liefergegenstand** – Liefergegenstand können nur körperliche Sachen und alle Arten von Energie sein.
2. **Verfügungsmacht** – Der Lieferungsempfänger (oder in seinem Auftrag ein Dritter) muss Verfügungsmacht erlangen. Verfügungsmacht liegt vor, wenn eine faktische Herrschaftsmöglichkeit und ein entsprechender Herrschaftswille gegeben sind. Auf das rechtliche Dürfen kommt es nicht an.
3. **Verschaffung** der Verfügungsmacht – Die Verfügungsmacht muss vom Liefernden (oder in seinem Auftrag von einem Dritten) verschafft worden sein, **abgeleiteter Erwerb**.

   Der Gegenstand muss aus dem Vermögen des Liefernden ausscheiden und dem Vermögen des Lieferungsempfängers zugewendet werden.

Lieferung ist demnach die willentliche Zuwendung der wirtschaftlichen Substanz des Liefergegenstandes vom Liefernden an den Lieferungsempfänger.

II. Dreiecksverhältnisse bei Lieferungen

1. **Kommission (§ 3 Abs. 3 UStG)** – Der Kommissionär handelt im **eigenen Namen**, aber für **fremde** (des Kommittenten) **Rechnung**.

   Es liegen bei Ausführung des Kommissionsgeschäftes immer zwei Lieferungen vor.

   a) Verkaufskommission:

   Kommittent —1. Lieferung→ Kommissionär —2. Lieferung→ Käufer

   b) Einkaufskommission:

   Verkäufer —1. Lieferung→ Kommissionär —2. Lieferung→ Kommittent

2. **Agentur**

   a) echte Agentur = Handeln im **fremden Namen** und für **fremde Rechnung**
   - Es liegt eine Lieferung des Vertretenen, nicht des Agenten vor.
   - Der Agent erbringt lediglich eine **Vermittlungsleistung**.

   b) unechte Agentur = Handeln im **fremden Namen**, aber für **eigene Rechnung**
   - Es liegt eine **Lieferung** des unechten Agenten vor.
   - Daneben wird keine Vermittlungsleistung an den Auftraggeber ausgeführt.

3. **Sicherungsübereignung**

   a) Vor **Verwertung** des Sicherungsgutes liegt **keine Lieferung** des Sicherungsgebers an den Sicherungsnehmer vor.

   b) Bei Verwertung des Sicherungsgutes liegen grundsätzlich **zwei Lieferungen** vor:

   Sicherungsgeber —1. Lieferung→ Sicherungsnehmer —2. Lieferung→ Käufer

   Ausnahme: aa) Veräußerung des Sicherungsgutes durch den Insolvenzverwalter in der Insolvenz des Sicherungsgebers = nur eine Lieferung an den Käufer;

   ab) Veräußerung des Sicherungsgutes durch den Sicherungsgeber im Auftrag des Sicherungsnehmers = Dreifachumsatz: SG an SN und SN an SG und SG an Käufer!

4. **Zwangsversteigerung**

   Es liefert der Vollstreckungsschuldner an den Erwerber, sodass diesem der Vorsteuerabzug vermittelt werden kann.

5. **Reihengeschäft**

   Das **Reihengeschäft**, bei dem mehrere Umsatzgeschäfte zwischen mehreren Unternehmern durch eine Gegenstandsübergabe an den letzten Abnehmer erfüllt werden, führt zu **mehreren Lieferungen**.

3. Ort der Lieferung

71 Die Feststellung des Ortes der Lieferung ist zur Abgrenzung der steuerbaren von den nicht steuerbaren Lieferungen notwendig, weil nur Lieferungen im Inland steuerbar sind (s.o. Rn. 23 ff.). Die gesetzlichen Regelungen zum Ort der Lieferung finden sich in § 3 Abs. 6 bis 8 UStG. Sonderregelungen bestehen nach § 3 c UStG (i.d.F. JStG 2020, für den Ort der Lieferung beim Fernverkauf s. Rn. 195), § 3 e UStG (Ort der Lieferungen während einer Beförderung durch Schiff, Flugzeug, Eisenbahn) und 3 g UStG (Ort der Lieferung von Gas, Elektrizität, Wärme und Kälte).

72 Die Ortsbestimmungen gelten sowohl für rein innerstaatliche Lieferungen als auch für Lieferungen grenzüberschreitender Art zu Drittländern und innerhalb der Europäischen Gemeinschaft.

a) Das Gesetz unterscheidet im Anschluss an Art. 31 ff. MwStSystRL zwischen **Beförderungs-** und **Versendungslieferungen** (**§ 3 Abs. 6 UStG** – sog. warenbewegte Lieferungen) und den **übrigen Lieferungen** (**§ 3 Abs. 7 UStG** – nicht warenbewegte Lieferungen). Die Grundregel bei Lieferungen findet sich in § 3 Abs. 7 UStG. Die Lieferung wird dort ausgeführt, wo sich der **Gegenstand im Zeitpunkt der Verschaffung der Verfügungsmacht**, d.h. im Zeitpunkt der Lieferung (so Art. 31 MwStSystRL) befindet. Maßgebend ist die **Belegenheit des Gegenstandes**, nicht der Ort, an dem die Handlungen vorgenommen werden, die zur Verschaffung der Verfügungsmacht führen.

Beispiel: Über eine Schiffsladung ist ein Konnossement ausgestellt worden. Während sich das Schiff auf hoher See befindet, überträgt E in Hamburg durch Einigung und Übergabe des Konnossements das Eigentum und die Verfügungsmacht an der Schiffsladung auf K (§§ 929 BGB, 650 HGB). Die Lieferung ist nicht steuerbar, denn der Gegenstand der Lieferung befand sich auf hoher See, also außerhalb des Inlandes, als im Inland die Verfügungsmacht verschafft wurde.

Praktisch stellt sich die **Grundregel aber weitgehend als Ausnahmeregel** dar. Denn bei der Lieferung beweglicher Sachen erfolgt normalerweise immer eine Beförderung oder Versendung zum Abnehmer. Dies liegt daran, dass auch das Befördern durch den Abnehmer (Abholfall) ein Befördern i.S.d. § 3 Abs. 6 UStG ist. § 3 Abs. 7 S. 1 UStG findet daher nur Anwendung, wenn der Liefergegenstand im Zusammenhang mit der Lieferung nicht zum Lieferungsempfänger verbracht wird. Dies ist etwa der Fall bei der Lieferung von **Grundstücken** oder sonstigen unbeweglichen Liefergegenständen oder bei beweglichen Sachen, wenn diese trotz Lieferung nicht bewegt werden. Das wird häufig zutreffen, wenn die Lieferung durch **Übergabesurrogate** erfolgt, etwa durch Einigung und Vereinbarung eines Besitzmittlungsverhältnisses oder die Abtretung des Herausgabeanspruches sowie bei der Einigung kurzer Hand (§§ 929 S. 2, 930, 931 BGB) oder durch Übergabe von Traditionspapieren (§§ 448, 475 g, 524 HGB), und es anschließend nicht zu einem Befördern/Versenden an den Empfänger kommt. Eine wesentliche Bedeutung kommt der Grundregel insbesondere bei Lieferungen im **Reihen- oder Kettengeschäft** gemäß § 3 Abs. 6 a UStG zu. Hier kommt immer **nur eine Lieferung** als Beförderungs- oder Versendungslieferung **(warenbewegte Lieferung)** in Betracht. Für die dieser Lieferung vorangehenden oder nachfolgenden **ruhenden Lieferungen** bestimmt sich der Lieferort ebenfalls nach § 3 Abs. 7 UStG (s. dazu gleich).

73 **b)** Wird der Gegenstand durch den Lieferer selbst (oder seine Leute) oder durch den Abnehmer (oder seine Leute) oder durch einen vom Lieferer oder dem Abnehmer beauftragten selbstständigen Dritten an den Abnehmer (oder einen von diesem bestimmten Dritten – vgl. § 3 Abs. 1 UStG) **befördert** oder **versendet**, so legt § 3 Abs. 6 S. 1 UStG (in Übereinstimmung mit Art. 32 MwStSystRL) den **Ort der Lieferung** (noch) dorthin, wo die **Beförderung oder Versendung beginnt**. Voraussetzung ist allerdings, dass der Liefergegenstand fertig ist und ein Befördern oder Versenden **an**

den Abnehmer vorliegt.[199] Steht die Person des Abnehmers noch nicht fest oder ist der Liefergegenstand noch nicht fertig gestellt, so stellt eine räumliche Fortbewegung ein sog. innerbetriebliches Befördern oder Versenden dar, das nicht unter § 3 Abs. 6 UStG fällt.

Beispiele: a) M in München erhält von W in Wien den Auftrag, ihm einen Motor zu liefern. M sendet die Einzelteile des Motors an die Adresse des W in Wien. Dort wird der Motor von Leuten des M (oder von M beauftragten anderen Unternehmern) zusammengebaut und W übergeben. Ort der Lieferung ist nach § 3 Abs. 7 UStG Wien, nicht München. Denn es werden Einzelteile befördert, nicht aber der Liefergegenstand Motor.

b) Die C-BV mit Sitz in den Ndl. stellt Computer her. Die G-GmbH mit Sitz in Düsseldorf ist langjähriger Kunde der C-BV und vertreibt als Großhändler von der C-GmbH hergestellte Computer in Deutschland. Die von der C-BV an die G-GmbH gelieferten Computer wurden von der C-BV aus den Ndl. zunächst in ein bei der G-GmbH auf dem Betriebsgelände der G-GmbH befindliches **„Konsignationslager"** verbracht, zu dem allein die G-GmbH Zugang hatte. Die G -GmbH ist dazu berechtigt, die im Konsignationslager befindlichen Computer an ihre Kunden (weiter) zu veräußern. Die C-BV blieb solange Eigentümer, bis die G-GmbH ihr eine Aufstellung der jeweils an ihre Kunden (weiter) veräußerten Computer aus dem (Konsignations-)Lagerbestand übermittelte. Der Verkaufspreis für die Lieferungen an die G-GmbH wurde erst an dem Tag bestimmt, an dem G-GmbH ihrerseits die Computer an ihre Kunden (weiter-)veräußerte. Die G-GmbH war berechtigt, den Konsignationsbestand, den sie innerhalb drei Wochen nicht (weiter-)veräußert hatte, an die C-BV zurückzugeben.

1. Rechtslage bis 2020: Der Ort der Lieferungen der C-BV an die G-GmbH befand sich nach der bis 2020 geltenden Regelung erst in Düsseldorf und nicht bereits den Ndl. Ein Befördern/Versenden gemäß § 3 Abs. 6 S. 1 mit Beginn in den Ndl. und damit eine dort befreite Lieferung an die G-GmbH lag nicht vor. Denn dies verlangt, dass der Abnehmer/Käufer bereits feststeht. Das setzt aber zumindest voraus, dass das „Umsatzgeschäft" (hier der Kaufvertrag) bereits bindend mit/bei Beginn der Beförderung/Versendung abgeschlossen worden ist. Daran fehlt es hier, da der jeweilige Kaufvertrag zwischen der C-BV und der G-GmbH erst bindend mit der Weiterveräußerung der Waren durch die G-GmbH abgeschlossen worden ist.[200] Die Lieferungen der C-BV an die G-GmbH waren daher erst in Deutschland steuerbar und steuerpflichtig. Den Lieferungen ging ein innergemeinschaftlicher Erwerb in Deutschland durch die C-BV voraus (dazu Rn. 183).

2. Rechtslage ab 2020: Nach der ab 01.01.2020 geltenden **Sonderregelung** in § 6 b UStG, Art. 17 a MwStSystRL **für Konsignationslager** ist allerdings die Lieferung der C-BV – an die G-GmbH bereits in den Ndl. als innergemeinschaftlich befreite Lieferung zu behandeln und tätigt erst die G-GmbH einen von ihr in Deutschland zu besteuernden innergemeinschaftlichen Erwerb, wenn der C-BV die deutsche USt-IdNr. der G-GmbH bereits vor/mit Beginn der Beförderung der Computer aufgrund einer Mitteilung bekannt war. Voraussetzung dafür ist allerdings, dass die Lieferung durch Verschaffung der Verfügungsmacht (d.h. hier durch Verkauf und Eigentumsübertragung) an die G-GmbH innerhalb von 12 Monaten nach Ende der Beförderung erfolgt. Nach Ablauf von 12 Monaten wäre für die C-BV in den Ndl. von einem (befreiten) innergemeinschaftlichen Verbringen, aber in Deutschland von einem zu besteuernden innergemeinschaftlichen Erwerb durch Verbringen nach Art. 17 MwStSystRL, § 1 a UStG auszugehen.

Das Gesetz unterscheidet zwischen Befördern und Versenden. Versenden liegt vor, wenn der Transport von einem selbstständigen Dritten (z.B. Frachtführer, Spediteur) durchgeführt wird, Befördern hingegen, wenn der Transport vom Lieferer oder Abnehmer selbst oder deren abhängigen Personal durchgeführt wird. Das Versenden beginnt bereits mit der Übergabe des fertigen Gegenstandes an den selbstständigen Dritten zum Zwecke des Transportes an den Abnehmer. Auch das Befördern durch den Abnehmer und das Versenden durch den vom Abnehmer beauftragten Dritten **(Abholfälle)** sind **Beförderungs- oder Versendungslieferungen**.

c) Wird während des Transportes an den Abnehmer auf Veranlassung des Lieferers ein neuer Abnehmer bestimmt, an den befördert oder versendet werden soll (sog. **Umkartierung**), so wird die Lieferung an den ersten Abnehmer rückgängig gemacht **74**

199 Vgl. dazu BFH v. 30.07.2008 – XI R 67/07, BStBl. II 2009, 552 (Versenden an den Abnehmer auch dann, wenn Übergabe an ihn nur gegen Kasse erfolgen darf); v. 06.12.2007 – V R 24/05, BStBl. II 2009, 490.

200 So zutreffend BFH v. 16.11.2016 – V R 1/16, BStBl. II 2017, 1079; ebenso bei Lieferungen in/aus/über sog. Konsignationslager jetzt BFH v. 20.10.2016 – V R 31/15, BStBl. II 2017, 1076 und Abschn. 3.12. Abs. 3 und Abs. 7 UStAE i.d.F. BMF v. 10.10.2017, BStBl. I 2017, 1442. Zur Neuregelung ab 2020 s. Trejo MwStR 2020, 8.

und die Lieferung an den neuen Abnehmer dort ausgeführt, wo sich der **Gegenstand im Zeitpunkt der Umkartierung** befindet, vorausgesetzt, dass mit der Beförderung/Versendung an den neuen Abnehmer begonnen wird. Erfolgt die Umkartierung auf Veranlassung des ersten Abnehmers, so bleibt die an ihn ausgeführte Lieferung bestehen und der erste Abnehmer liefert am Ort der Umkartierung mit Beginn der Beförderung/Versendung an den zweiten Abnehmer.

75 **d)** Die Regelung des § 3 Abs. 6 UStG wird durch **§ 3 Abs. 8 UStG** für den Fall einer **Beförderung/Versendungslieferung aus dem Drittlandgebiet** in das Inland modifiziert. Die Lieferung ist dann im Inland ausgeführt, wenn der Lieferer, der die Beförderungs-/Versendungslieferung ausgeführt hat, **Schuldner der Einfuhrumsatzsteuer** (vgl. dazu unter Rn. 154 ff.) ist oder ohne Umsatzsteuerbefreiung der Einfuhr nach § 5 UStG wäre. Der Schuldner der Einfuhrumsatzsteuer bestimmt sich nach § 13 a i.V.m. § 21 Abs. 2 UStG nach den Vorschriften über die Zölle. Nach Art. 201 des Zollkodex ist Zollschuldner und damit Schuldner auch der EUSt der Anmelder. Im Falle einer wirksamen Vertretung ist der Vertretene der Anmelder und Schuldner.[201] Wird entsprechend den rechtsgeschäftlich vereinbarten Lieferkonditionen die Zollabfertigung vorgenommen, so bedeutet die Kondition „versteuert und verzollt", dass der Lieferer Schuldner der Einfuhrumsatzsteuer ist, dagegen bedeutet die Klausel „unversteuert und unverzollt", dass der Lieferungsempfänger Schuldner der Einfuhrumsatzsteuer ist.

Beispiel: N in New York verkauft B in Bremen eine Ladung Stoff „unversteuert und unverzollt". B in Bremen verkauft diese Ladung „versteuert und verzollt" an H in Hamburg. Die Ladung wird direkt von N an H versendet. Die Zollabfertigung erfolgt für B. In diesem Reihengeschäft liefert N als erster in der Reihe an B durch Versenden nicht steuerbar in New York (§ 3 Abs. 6 S. 1 und Abs. 6 a S. 2 UStG). B liefert an H steuerbar im Inland (§ 3 Abs. 7 S. 2 Nr. 2 UStG).

Für B ergibt sich, dass er die Einfuhrumsatzsteuer als VoSt abziehen kann (§ 15 Abs. 1 Nr. 2 UStG), da die Einfuhr für sein Unternehmen erfolgte. Wenn hingegen schon N an B „versteuert und verzollt" geliefert hätte und deshalb Schuldner der EUSt wäre, so hätte N wegen der Sonderregelung des § 3 Abs. 8 UStG abweichend von § 3 Abs. 6 UStG erst im Inland steuerbar und steuerpflichtig an den B geliefert. Dann dürfte auch nur N die EUSt als VoSt abziehen, weil für sein Unternehmen und nicht das des B eingeführt worden wäre.

76 **e)** Nicht mehr ausdrücklich im Gesetz geregelt ist der Zeitpunkt der Lieferung.[202] Aus dem Wortlaut des § 3 Abs. 6 UStG ergibt sich eindeutig, dass er lediglich eine Ortsbestimmung für die Lieferung enthält, nicht aber eine Zeitbestimmung. Der Zeitpunkt einer Lieferung ergibt sich ausschließlich aus § 3 Abs. 1 UStG. Geliefert wird erst und nur dann, wenn die Verfügungsmacht am Liefergegenstand verschafft wird. Dafür ist maßgeblich darauf abzustellen, wann dem Abnehmer Substanz und Ertrag zustehen bzw. ab wann die Gefahr des Unterganges von ihm zu tragen ist.[203] Nur insoweit ist die zivilrechtliche Regelung als Vorfrage beachtlich. Dagegen ist es schlechthin abwegig, wenn angenommen wird, der Lieferzeitpunkt bestimme sich nach dem Zivilrecht. Das (deutsche und ausländische) Zivilrecht beschäftigt sich nach seiner Materie nicht mit Fragen des umsatzsteuerlichen Lieferzeitpunktes. Strittig ist allerdings, ob schon der bloße Übergang der Preisgefahr (etwa bei vertraglicher Vereinbarung oder gemäß § 447 BGB) dafür genügt, dass bereits geliefert worden ist. Dies sollte richtigerweise bejaht werden. Denn angesichts der Gefahrtragung ist der Übergang der Verfügungsmacht/wirtschaftliches Eigentum des Käufers ab diesem Zeitpunkt zu bejahen. Fehlt es auch am Übergang der Preisgefahr, kommt es mit Beförderungsbeginn mangels Vorliegens einer Lieferung schon zu diesem Zeitpunkt zunächst weder

---

201 Vgl. BFH v. 29.01.2015 – V R 5/14, BStBl. II 2015, 567 und v. 16.06.2015 – XI R 17/13, BStBl. II 2015, 1024 (kein Handeln als Vertreter für private Kunden bei Einfuhr von Gegenständen, wenn der angebliche Vertreter bzgl. aller anfallenden Kosten, Steuern und Zölle nicht auf Rechnung des angeblich Vertretenen [privaten Kunden] handelt, im Übrigen auch missbräuchliche Gestaltung nach § 42 AO).

202 Vgl. zur früheren Rechtslage BFH v. 21.04.1993 – XI R 102/90, BStBl. II 1993, 731.

203 S. auch Generalanwältin Kokott in Schlussanträge v. 03.10.2019 – C 401/18 (Herst), BeckRS 2019, 23106.

schon zu einer Orts- noch zu einer Zeitbestimmung.[204] Erst wenn es tatsächlich durch Erlangung der Verfügungsmacht mit Übergabe zur Lieferung kommt, greift dann auch die Ortsregelung des § 3 Abs. 6 UStG ein. Dem für die Bilanzierung ergangenen Urteil des BFH, das zur Bejahung wirtschaftlichen Eigentums auch bei Übergang der Preisgefahr die Besitzerlangung verlangt, ist nicht zu folgen. Dies beruht allerdings nicht darauf, dass wirtschaftliches Eigentum und Erlangung der Verfügungsmacht i.S.d. § 3 Abs. 1 UStG unterschiedlich zu interpretieren wären. Vielmehr ist das BFH-Urteil in bilanzieller Hinsicht unzutreffend. Dass rollende Ware bei Gefahrübergang weder beim Verkäufer noch beim Käufer zu erfassen sei, ist eine bilanzielle Neuerung, die wieder vergessen werden sollte.[205]

Beispiel: U aus Flensburg befördert vom 31.03. (Beförderungsbeginn) bis zum 01.04. (Beförderungsende) Ware von Flensburg nach München an Abnehmer A. Die Ware wird auf dem Transport erheblich beschädigt und stellt nur noch Schrott dar. Wenn A vereinbarungsgemäß die Preisgefahr trägt, so wird man anzunehmen haben, dass bereits mit Transportbeginn gemäß § 3 Abs. 1 UStG an ihn geliefert wurde. Nach § 3 Abs. 6 UStG ist der Lieferort dann Flensburg.

Wenn aber U die Preisgefahr trägt, so ist die Ware erst mit der Übergabe an A in München am 01.04. geliefert worden. Der Lieferort ist gleichwohl nach § 3 Abs. 6 UStG Flensburg, auch wenn die Lieferung gemäß § 3 Abs. 1 UStG erst mit der Übergabe erfolgt. Bei einem Untergang kommt es aber gar nicht mehr zu einer Lieferung, sodass es auch keinen Lieferort und keine Lieferzeit gibt. Die Gegenmeinung nimmt hingegen an, dass wegen der Ortsbestimmung in § 3 Abs. 6 S. 1 UStG eine Lieferung auch zeitlich bereits mit Transportbeginn zunächst vorgelegen haben müsse. Diese soll allerdings dann mangels Entgeltes nicht steuerbar sein. Diese Lösung ist schon deshalb abzulehnen, weil sie völlig überflüssigerweise dazu führen müsste, zunächst einen steuerbaren Umsatz zu deklarieren, der dann aber nach § 17 Abs. 2 Nr. 3 UStG ggf. rückgängig zu machen wäre.[206] Abgesehen davon geben weder der Wortlaut des § 3 Abs. 6 S. 1 UStG noch der des Art. 32 MwStSystRL noch ihre systematische Stellung (Ortsregelung!) etwas dafür her, dass dort das endgültige Vorliegen einer Lieferung mit Beförderungsbeginn fingiert werde, obwohl die Merkmale einer Lieferung, wie in § 3 Abs. 1 UStG (Art. 14 MwStSystRL) definiert, nicht vorliegen.

f) Von besonderer Bedeutung für die Bestimmung des Lieferortes für **Reihen- oder** 77
Kettengeschäfte ist ab **01.01.2020** die Regelung des **§ 3 Abs. 6 a** (bis 01.01.2020 geregelt in § 3 Abs. 6 S. 5 UStG). Entscheidend für das Verständnis ist dabei, dass dann, wenn mehrere Umsatzgeschäfte abgeschlossen werden, aber nur eine Warenbewegung vom Ersten in der Kette an den Letzten stattfindet,[207] die **Beförderung/Versendung nur einer der mehreren Lieferungen zugeordnet** wird – nämlich der sog. **warenbewegten Lieferung**. Nur auf die warenbewegte Lieferung ist die Ortsbestimmung des § 3 Abs. 6 UStG anzuwenden. Nur diese Lieferung kann als Ausfuhrlieferung nach § 4 Nr. 1 a) **oder innergemeinschaftliche Lieferung nach § 4 Nr. 1 b)** UStG befreit sein Auf die übrigen Lieferungen ist für die Ortsbestimmung hingegen § 3 Abs. 7 UStG anzuwenden. Dabei ist zwischen der warenbewegten Lieferung, vorangehenden (§ 3 Abs. 7 S. 2 Nr. 1 UStG) und nachfolgenden (§ 3 Abs. 7 S. 2 Nr. 2 UStG) **ruhenden Lieferungen** zu unterscheiden. Die vorangehenden Lieferungen werden am Ort des Beginns der Beförderung/Versendung ausgeführt, die nachfolgenden am Ort des Endes der Beförderung. **Lieferungen im Reihengeschäft werden daher an zwei Orten** ausgeführt, nämlich am **Ort des Beginns** die **warenbewegte Lieferung**

---

204 So auch Ruppe/Achatz § 3 Rn. 159; R/K/L § 3 Rn. 600 f.; a.A. BFH v. 06.12.2007 – V R 24/05, BStBl. II 2009, 490 (zum Kauf auf Probe), Abschn. 3.12. Abs. 7, Abschn. 13.1. Abs. 2, Abs. 6 UStAE; Heuermann UR 2017, 853; Lippross UR 2008, 495; Lippross 2.3.6.3; Birkenfeld/Wäger § 3 Rn. 856 f.; Nieskens UR 1997, 11; ders. in: R/D § 3 Rn. 3031.

205 BFH v. 03.08.1988 – I R 157/84, BStBl. II 1989, 29; zustimmend aber Weber-Grellet in: Schmidt, EStG, § 5 Rn. 609; s. auch BFH v. 02.02. 2012 – I R 57/10, BStBl. II 2012, 407.

206 Nach Abschn. 3.12. Abs. 7 S. 2 UStAE soll allerdings Voraussetzung für die Anwendung von § 3 Abs. 6 und 7 UStG sein, dass es tatsächlich zu einer Lieferung kommt. Verneinendenfalls wird dann eine rückwirkende Korrektur der Voranmeldungen erforderlich.

207 Bei einer sog. gebrochenen Beförderung kommt nach Auffassung der FinVerw mangels Unmittelbarkeit der Warenbewegung (nur) ein Reihengeschäft nicht in Betracht, vgl. Abschn. 3.14. Abs. 4 S. 1 und Abs. 19 sowie Abschn. 6.1. Abs. 3 a und Abschn. 6a. Abs. 8 Sätze 3 und 4 UStAE i.d.F. BMF v. 07.12.2015, BStBl. I 2015, 1014. S. auch Sterzinger UR 2020, 1 unter II. Beim Reihengeschäft liegt **Transportverantwortlichkeit** nur bei einem Unternehmer; liegt sie bei mehreren, liegt eine gebrochene Beförderung vor!

und die **vorangehenden Lieferungen** und am **Ort des Endes** die **nachfolgenden Lieferungen**. Zu beachten ist dabei, dass in den **Abholfällen** die **Beförderung/Versendung** grundsätzlich dem **(Vor-)Lieferer** und nicht dem Abholenden zugeordnet wird (vor 2020 § 3 Abs. 6 S. 1 und S. 6 Hs. 1 UStG a.F. und ab 2020 § 3 Abs. 6 a S. 3 und S. 4). Allerdings sieht das Gesetz vor, dass der **Abholende in der Kette/Reihe** – der sog. Zwischenhändler – nachweisen darf, dass er die Beförderung als Lieferer vornimmt. Dann ist die Beförderung seiner Lieferung an seinen Abnehmer zuzuordnen, § 3 Abs. 6 S. 6 Hs. 2 UStG a.F. bis 2019 und 3 Abs. 6 a S. 4 UStG ab 01.01.2020. Die Lieferung durch den ersten Lieferer an ihn ist dann die vorangehende, ruhende Lieferung im Sinne des § 3 Abs. 7 S. 2 Nr. 1 UStG.

Problematisch ist jedoch, was eigentlich nachgewiesen werden soll. Denn tatsächlich ist beim Reihengeschäft die Zwischenperson ohnehin immer zugleich (Erst-)Abnehmer und (Zweit-)Lieferer. Nach bisheriger Verwaltungsauffassung sollte für das alte, bis zum 31.01.2019 geltende Recht darauf abgestellt werden, ob der (Erst-)Abnehmer in der Reihe (= der sogenannte Zwischenhändler) als Lieferer unter der USt-IdNr. des Mitgliedstaates des Beginns des Transportes (Abgangsmitgliedstaates) auftritt und im Verhältnis a) zu seinem Lieferanten und b) auch zu seinem Abnehmer die Transportgefahr und die Kosten trägt.[208] (Nur) dann sollte die (Weiter-)Lieferung des Erstabnehmers an den (seinen) Zweitabnehmer die (steuerbefreite) warenbewegte Lieferung sein. Diese Abgrenzung nach dem Tragen der Transportgefahr ist durch die Neuregelung in § 6 a UStG jedenfalls ab dem 01.01.2020 überholt. Der neue § 3 Abs. 6 a bestimmt nunmehr ausdrücklich, dass bei **Beförderung/Versendung** des Liefergegenstandes durch den **ersten Lieferer in der Reihe** die Lieferung durch den ersten Lieferer in der Reihe an seinen Abnehmer die warenbewegte (ggf. zu befreiende) Lieferung ist und bei Beförderung/Versendung durch den **letzten Abnehmer in der Reihe** die Lieferung an den letzten Abnehmer. Nur bei einer Beförderung/Versendung durch eine Person **in der Reihe (Zwischenhändler)** besteht im Ergebnis eine Wahlmöglichkeit. Grundsätzlich ist die (ggf. zu befreiende) warenbewegte Lieferung die an den Zwischenhändler ausgeführte Lieferung. Wenn aber der Zwischenhändler gegenüber dem an ihn leistenden (Vor-)Unternehmer bis zum Beginn der Beförderung eine USt-IdNr. verwendet, die ihm **vom Mitgliedstaat des Beginns der Beförderung/Versendung** erteilt wurde, ist bei **Lieferungen innerhalb der Union** die Lieferung des Zwischenhändlers die warenbewegte (ggf. als innergemeinschaftlich Lieferung zu befreiende) Lieferung, § 3 Abs. 6 a S. 5 UStG, während die vorangehende Lieferung an ihn die nach § 3 Abs. 7 S. 2 Nr. 1 UStG im Mitgliedstaat des Beginns der Beförderung steuerbare und nicht befreite Lieferung ist. Im Verhältnis zu Drittländern ist diejenige Lieferung die warenbewegte Lieferung, bei der der Liefergegenstand im Namen des Zwischenhändlers oder für seine Rechnung zum zoll- und steuerrechtlich freien Verkehr angemeldet wird.

Unionsrechtlich fand sich bislang keine § 3 Abs. 6 S. 5 und 6 UStG a.F. entsprechende ausdrückliche Regelung in der **MwStSystRL** für den Lieferort bei Reihengeschäften. Erst durch die Änderungsrichtlinie (EU) 2018/1910 wurde eine ausdrückliche Sonderregelung zur Bestimmung des Lieferortes – bedauerlicherweise allerdings **nur für das innergemeinschaftliche Reihengeschäft** und nicht für Lieferungen in und aus Drittländern – **in Art. 36 a MwStSystRL** geschaffen, die bis zum 31.12.2019 innerstaatlich umzusetzen war und ab dem 01.01.2020 anzuwenden ist.[209] Nach Art. 36 a MwStR wird die Beförderung/Versendung im Reihengeschäft grundsätzlich der Lieferung an den Zwischenhändler zugerechnet. Die Versendung/Beförderung ist aller-

208 Abschn. 3.14. Abs. 9 und 10 UStAE.

209 Richtlinie des Rates 2018/1910 v. 04.12.2018, Abl. v. 07.12.2018 – L 311, 3; s. dazu auch Szabo/Tausch UVR 2019, 9; Umsetzung erfolgte fristgerecht durch das Gesetz zur weiteren Förderung der Elektromobilität [...] (Jahressteuergesetz 2019) mit § 3 Abs. 6 a UStG.

dings der (dann ggf. zu befreienden) Lieferung des Zwischenhändlers zuzurechnen, wenn dieser seinem Lieferer die MwSt.IdNr. mitgeteilt hat, die ihm von dem Mitgliedstaat erteilt wurde, aus dem die Liefergegenstände befördert oder versendet werden.

Durch die Rspr. des EuGH war aber auch schon vor der Neuregelung in Art. 36 a MwStSystRL bereits geklärt, dass auch unionsrechtlich bei einem Reihengeschäft **nur eine der Lieferungen die warenbewegte Lieferung** sein kann, bei der sich der Lieferort dann gemäß Art. 32 MwStSystRL nach dem Ort bestimmt, an dem sich der Gegenstand zum Zeitpunkt des Beginns der Beförderung oder Versendung an den Erwerber befindet.[210] Die von § 3 Abs. 6 S. 5 UStG a.F. und jetzt von § 3 Abs. 6 a S. 1 UStG angeordnete Zuordnung der Beförderung/Versendung (Warenbewegung) zu nur einer der Lieferungen im Reihengeschäft entsprach und entspricht mithin den Richtlinienvorgaben. Ebenfalls entsprach und entspricht es den neuen Richtlinienvorgaben, dass lediglich die **warenbewegte Lieferung bei innergemeinschaftlichen Lieferungen** – und auch als **Ausfuhrlieferung bei Lieferungen in Drittländer** (s. Rn. 162 ff.) – **befreit** sein kann und nur ihr Abnehmer der Erwerbsbesteuerung unterliegt.[211] Die nicht warenbewegten – ruhenden – Lieferungen im Reihengeschäft unterfallen der Regelung des Art. 31 MwStStRL. Sie sind nicht als innergemeinschaftliche Lieferungen oder Ausfuhrlieferungen nach Art. 138 oder Art. 146 MwStSystRL befreit. Danach ergibt sich unionsrechtlich dafür dieselbe Regelung wie gemäß § 3 Abs. 7 S. 2 Nr. 1 und 2 UStG und §§ 4 Nr. 1 a, 6 und 4 Nr. 1 b, 6 a Nr. 1 UStG. Die der warenbewegten Lieferung (unmittelbar) vorausgehende (nicht befreite) Lieferung wird am Ort des Beginnes der Beförderung/Versendung ausgeführt, die ihr folgende (nicht befreite) Lieferung wird am Ort des Endes der Beförderung ausgeführt. Denn jeweils dort befindet sich der Liefergegenstand zum Zeitpunkt der Lieferung i.S.d. Art. 31 MwStSystRL.[212]

Problematisch war aber bis zum 01.01.2020 auch für innerunionale Reihengeschäfte und bleibt es danach jedenfalls für Reihengeschäfte im Verhältnis zu Drittstaaten auch unionsrechtlich, welche der Lieferungen im Reihengeschäft als die warenbewegte Lieferung zu qualifizieren ist, wenn ein „Abholen" durch den (ersten) Abnehmer (= Zwischenhändler) in der Reihe vorliegt

Nach der Rspr. des EuGH hat die Bestimmung, welcher Lieferung die Beförderung/Versendung als warenbewegte Lieferung zuzurechnen ist, unter Würdigung aller Umstände des Einzelfalles zu erfolgen. Dies hilft freilich nur bedingt weiter, da der EuGH die Kriterien, auf die es dabei ankommt, nur vage benennt. Nach der zutreffenden Rspr. des EuGH ist dabei aber jedenfalls maßgeblich darauf abzustellen, wann die (zweite) Übertragung der Befähigung, wie ein Eigentümer über den Gegenstand zu verfügen, auf den (Zweit-)Erwerber stattgefunden hat. Wurde dem Zweiterwerber die Verfügungsmacht/Befähigung schon vor Beginn der (grenzüberschreitenden) Beförderung/Versendung noch im Abgangsstaat (und damit nicht erst im Bestimmungsland) verschafft, ist die warenbewegte Lieferung erst und nur der Lieferung des Ersterwerbers (= Zwischenhändler) an den Zweit-/Enderwerber zuzuordnen.[213]

---

210 Vgl. EuGH v. 19.12.2018 – Rs. C-414/17 (AREX CZ), UR 2019, 101 mit Anm. Nieskens; v. 21.02.2018 – Rs. C-628/16 (Kreuzmayr), MwStR 2018, 308 mit Anm. Reiß MwStR 2018, 296 und Nieskens UR 2018, 261; grundlegend EuGH v. 06.04.2006 – Rs. C-245/04 (EMAG), Slg. 2006, I-3227 = UR 2006, 342; s. auch v. 16.12.2010 – Rs. C-430/09 (Euro Tyre Holding), Slg. 2010, I-13335 = UR 2011, 176; v. 27.09.2012 – Rs. C-587/10 (VStR), UR 2012, 832; v. 26.07.2017 – Rs. C-386/16 (Toridas), MwStR 2017, 779 mit Anm. Grube. S. auch Reiß MwStR 2017, 767 und Heuermann UR 2017, 853.

211 EuGH v. 26.07.2017 – Rs. C-386/16 (Toridas), MwStR 2017, 779 m.w.N. mit Anm. Grube. S. auch Reiß MwStR 2017, 767.

212 EuGH v. 06.04.2006 – Rs. C-245/04 (EMAG), Slg. 2006, I-3227-3268 = UR 2006, 342.

213 Vgl. EuGH v. 21.02.2018 – Rs. C-628/16 (Kreuzmayr), MwStR 2018, 308; v. 16.12.2010 – Rs. C-430/09 (Euro Tyre Holding), Slg. 2010, I-13335 = UR 2011, 176 Rn. 31–35; v. 27.09.2012 – Rs. C-587/10 (VStR), UR 2012, 832 Rn. 32, 33 mit nachfolgend BFH v. 28.05.2013, XI R 11/09, UR 2013, 756. S. aus neuerer Zeit Schlussanträge Kokott v. 03.10.2019 – Rs. C-401/18 (Herst) sowie EuGH v. 19.12.2018 – Rs. C-414/17 (AREX), MwStR 2019, 147.

Diese Konstellation entspricht der Regelung des § 3 Abs. 6 S. 6 UStG a.F. zweite Alternative, der dementsprechend richtlinienkonform ausgelegt werden konnte und auszulegen war.[214] Erst der (Erst-)Abnehmer (= Zwischenhändler) beförderte/versendete dann den Gegenstand als „Lieferer", während die Lieferung durch den Erstlieferanten an den Ersterwerber eine vorhergehende ruhende (nicht befreite) Lieferung i.S.d. § 3 Abs. 7 S. 2 Nr. 1 UStG, Art. 31 MwStSystRL im Abgangsstaat war. Wurde die Verfügungsmacht hingegen erst – nach Grenzübertritt – am Ankunftsort im Bestimmungs(mitglied-)staat auf den (nachfolgenden) Zweiterwerber übertragen, war die (vorhergehende) Beförderung/Versendung schon der Lieferung des Erstlieferanten an den/seinen (Erst-)Abnehmer (= Zwischenhändler) zuzuordnen. Nur diese war dann die warenbewegte Lieferung.

Nach der ab dem **01.01.2020 geltenden Neuregelung in § 3 Abs. 6 a** S. 6 und 7 UStG kommt es auch bei Reihengeschäften im Verhältnis zu Drittstaaten nur noch darauf an, ob der Zwischenhändler eine USt-IdNr. oder StNr. des Abgangsstaates verwendet, respektive die Ware bei der Einfuhr für seine Rechnung zum zoll- und steuerrechtlich freien Verkehr angemeldet wird. Da **Art. 36 a MwStSystRL** nur eine **Regelung für das innerunionale Reihengeschäft** enthält und gerade nicht für Reihengeschäfte im Zusammenhang mit Drittländern gilt, könnte zweifelhaft erscheinen, ob die Neuregelung in § 3 Abs. 6 a bei Reihengeschäften im Zusammenhang mit Drittstaaten unionsrechtlich gedeckt ist. Das dürfte bei Zugrundelegung der bisherigen Rspr. des EuGH wohl fraglich sein, denn der EuGH stellte allein darauf ab, wann und wo die Verfügungsmacht überging. Allerdings ist die gesetzliche Neuregelung in § 3 Abs. 6 a in Bezug auf Reihengeschäfte im Zusammenhang mit Drittstaaten jedenfalls zugunsten eines sich darauf berufenden Unternehmers anzuwenden.

Nicht völlig geklärt ist bislang, unter welchen Voraussetzungen davon auszugehen ist, dass dem Zweiterwerber schon vor oder erst nach dem Beginn der Beförderung die Verfügungsmacht (Befähigung wie ein Eigentümer zu verfügen) übertragen worden ist.[215] Erfolgt die Beförderung/Versendung durch den Erstabnehmer (oder einen späteren Zwischenabnehmer = Zwischenhändler) in der Reihe – aus der Sicht des Erstlieferanten (vorhergehenden Lieferanten) liegt dann ein Abholfall und eine Übergabe des Liefergegenstandes vor –, wird durch die damit verbundene Übertragung des Eigentums gemäß § 929 BGB, jedenfalls aber des Besitzes und von Nutzen, Lasten und Gefahr auf den abholenden Ersterwerber richtigerweise zwar diesem, aber noch nicht schon seinem (Zweit-)Abnehmer die Verfügungsmacht verschafft. Daher stellt schon die Lieferung des Erstlieferanten an den die Beförderung Versendung vornehmenden (Erst-)Erwerber (=Zwischenhändler) regelmäßig die warenbewegte (nach Art. 146 a) MwStSystRL zu befreiende Ausfuhr) Lieferung dar, während die Weiterlieferung durch den (Erst-)Abnehmer an seinen (Zweit-)Abnehmer erst als ruhende (nicht befreite) Lieferung am Bestimmungsort erfolgt.[216] Wird hingegen schon vor/mit Beginn der Beförderung dem Zweiterwerber (oder einem späteren Erwerber) vom Ersterwerber (oder einem Erwerber in der Reihe) die Verfügungsmacht übertragen, namentlich durch Eigentumsübertragung oder einen vereinbarten früheren Übergang von Besitz, Nutzen, Lasten und Gefahr, stellt erst die Lieferung des Erster-

---

214 So zutreffend BFH v. 11.03.2020 – XI R 18/18, MwStR 2020, 934 mit Anm. Möser; BFH v. 25.02.2015 – XI R 15/14, UR 2015, 391 (Rn. 32, 77) und XI R 30/13, UR 2015, 402 (Rn. 42); S. auch Grube MwStR 2017, 782; Heuermann UR 2017, 853; Reiß MwStR 2017, 767.

215 Namentlich ist unklar, welche Bedeutung dem Zeitpunkt des Abschlusses des Kaufvertrages mit dem Zweiterwerber zukommt. S. dazu EuGH v. 26.07.2017 – Rs. C-386/16 (Toridas), MwStR 2017, 779 mit Anm. Grube und Reiß MwStR 2017, 767 und Heuermann UR 2017,853.

216 So die Konstellationen in EuGH v. 06.04.2006 – Rs. C-245/04 (EMAG), Slg. 2006, I-3227 = UR 2006, 342; v. 16.12.2010 – Rs. C-430/09 (Euro Tyre Holding), Slg. 2010, I-13335 = UR 2011, 176; BFH v. 11.08.2011 – VR 3/10, UR 2011, 909 = BFHE 235, 43 (mit allerdings nicht zweifelsfreier Bestimmung des Ersterwerbers als tatsächlichen Versender!); vgl. auch BFH v. 28.05.2013 – XI R 11/09, UR 2013, 756 mit Anm. Grube.

werbers* (= Zwischenhändler) an den Zweiterwerber (letzten Erwerber in der Reihe) die warenbewegte Lieferung dar, die dann ggf. als Ausfuhrlieferung nach Art. 146 a) MwStSystRL befreit sein kann, während die Lieferung an den Ersterwerber (Zwischenhändler) als ruhende Lieferung im Abgangsland nach Art. 146 a) MwStSystRL an sich nicht befreit ist und erst der Letzterwerber den ig. Erwerb tätigt.[217] Dieses sich aus der bisherigen Rspr. des EuGH ergebende Verständnis zur Zuordnung der Beförderung/Versendung im Reihengeschäft zu nur einer der Lieferungen als der warenbewegten Lieferung müsste an sich uneingeschränkt bei Lieferungen im Reihengeschäft aus der Union in Drittländer und damit zur Bestimmung der befreiten Ausfuhrlieferung erhalten bleiben. Denn die Neuregelung in Art. 36 a MwStSystRL betrifft nur innerunionale Reihengeschäfte. Der deutsche Gesetzgeber stellt freilich mit der Neuregelung zum Reihengeschäft in § 3 Abs. 6 a Sätze 5 und 6 auch im Verhältnis zu Drittstaaten nicht mehr auf den Übergang der Verfügungsmacht ab, sondern ausschließlich darauf, ob der Zwischenhändler eine USt-IdNr. oder StNr. des Abgangslandes verwendet, respektive die Einfuhr im Namen des Zwischenhändlers oder für seine Rechnung erfolgte.

Für Lieferungen im Rahmen von Reihengeschäften innerhalb der Union zwischen deren Mitgliedstaaten ab dem 01.01.2020 ist hingegen der neue Art. 36 a MwStSystRL zu beachten. Danach wird grundsätzlich die Beförderung/Versendung der Lieferung des Erstlieferanten in der Reihe an den Zwischenerwerber (= Zwischenhändler) zugeordnet, es sei denn, dieser hat seinem Lieferer eine USt-IdNr. mitgeteilt, die ihm vom Abgangsmitgliedstaat erteilt wurde. Das allein maßgebliche Kriterium für die Zuordnung der Beförderung/Versendung bei **grenzüberschreitenden Lieferungen innerhalb der Union**, bei denen die Beförderung/Versendung durch einen Zwischenhändler in der Reihe veranlasst wird, stellt daher ab dem 01.01.2020 die Verwendung (= Mitteilung) oder Nichtverwendung einer USt-IdNr. des Mitgliedstaates des Beginns der Beförderung/Versendung dar. Bei Nichtverwendung einer entsprechenden USt-IdNr. ist die warenbewegte (nach Art. 138 zu befreiende innergemeinschaftliche) Lieferung die Lieferung an den Zwischenhändler, bei Verwendung einer solchen USt-IdNr. ist es erst die Lieferung des Zwischenhändlers. Unerheblich ist hingegen nunmehr nach dem neuen Art. 36 a, ob, wann und wo dem Zweit-/Enderwerber Verfügungsmacht verschafft worden ist. Das alles gilt aber **nur für das innerunionale Reihengeschäft**. Für Lieferungen in Drittstaaten im Rahmen eines Reihengeschäftes muss es richtigerweise gemäß der bisherigen Rspr. des EuGH und des BFH dabei bleiben, dass es allein darauf ankommt, wann und wo die Verfügungsmacht (bereits oder erst) auf den Zweit-/Enderwerber übergegangen ist.

1. Beispiel: P2 (Polen) bestellt bei P1 (Polen), dieser bei D2 (Deutschland) und D2 bei D1 (Deutschland) einen Liefergegenstand. D2 holt den Gegenstand bei D1 in Deutschland ab und befördert ihn direkt zu P2. Nur wenn D2 gegenüber dem D1 seine deutsche USt-IdNr. verwendet (mitteilt), ist die Lieferung des D2 an P1 die warenbewegte, nach Art. 138, Art. 36 a MwStSystRL, § 3 Abs. 6 a, § 4 Nr. 1 b), § 6a UStG zu befreiende innergemeinschaftliche Lieferung. Die Lieferung des D1 an D2 ist dann eine nicht befreite ruhende Lieferung in Deutschland. Die Lieferung des P1 an den P2 ist eine in Deutschland nicht steuerbare ruhende Lieferung in Polen. Völlig unerheblich ist es ab dem 01.01.2020, ob dem P1 oder gar dem P2 (ausnahmsweise) bereits in Deutschland vor oder mit Beginn der Beförderung durch D2 Verfügungsmacht am Liefergegenstand verschafft worden ist. Allein maßgebend ist, ob D2 gegenüber dem D1 seine deutsche USt-IdNr. verwendet. Hat D2 dem D1 keine deutsche USt-IdNr. mitgeteilt, ist die Lieferung des D1 an D2 die warenbewegte, ig. befreite Lieferung.

2. Beispiel: Wie oben, aber anstelle von P2 und P1 handeln R2 und R1 mit Sitz im Drittland Russland. Hier ist für die Befreiung als Ausfuhrlieferung nach Art. 146 Abs. 1 a) MwStSystRL unerheblich,

217 S. EuGH v. 19.12.2018 – Rs. C-414/17 (AREX CZ) zu Abholen von Kraftstoff (verbrauchsteuerpflichtige Ware) unter Steueraussetzung durch den tschechischen Zweit-/Letzterwerber in Österreich. So auch EuGH v. 26.07.2017 – Rs. C-386/16 (Toridas), MwStR 2017, 779 (danach freilich schon Übergang der Verfügungsmacht auf Endabnehmer mit bloßem Abschluss des Kaufvertrages mit dem Zwischenerwerber vor Besitzübertragung).

ob D2 gegenüber D1 eine deutsche USt-IdNr. oder deutsche StNr. verwendet oder nicht. Vielmehr ist – jedenfalls nach der bisherigen Rspr. des EuGH – entscheidend, ob die Verfügungsmacht am Liefergegenstand bereits in Deutschland auf R1 oder gar R2 übergegangen ist oder ob dies erst mit der Ankunft bei R2 in Russland erfolgte. Von letzterem ist normalerweise auszugehen, sodass schon die Lieferung des D1 an D2 die warenbewegte, nach Art. 146 Abs. 1 a) MwStSystRL an sich zu befreiende Ausfuhrlieferung ist. Allerdings ist die Beförderung nach Russland als einem Drittland nach § 3 Abs. 6 a UStG dem D2 wegen der Verwendung einer deutschen USt-IdNr. gegenüber D1 zuzuordnen. Nach deutschem Recht ist daher erst die Lieferung des D2 an den R 1 nach § 4 Nr. 1 a), § 6 UStG zu befreien. Auf eine etwaige Richtlinienwidrigkeit kommt es nicht an, solange das deutsche Gesetz nicht geändert wird.

Für die Zeit bis zum 01.01.2020 verbleibt es auch für das innerunionale Reihengeschäft noch dabei, dass maßgebend allein darauf abzustellen ist, wann und wo die Verfügungsmacht vom Zwischenerwerber auf den Zweit-/Enderwerber übergegangen ist.

1. Beispiel: D in Düsseldorf verkauft **in 01/2019** an V in Venlo und dieser an N in Nimwegen eine Maschine. V lässt die Maschine am. 01.02.2019 bei D durch einen Frachtführer abholen und direkt zu N in die Niederlande bringen. Warenbewegte – und ggf. zu befreiende innergemeinschaftliche Lieferung nach §§ 3 Abs. 6 S. 6, S. 5 UStG a.F. und S. 1, 4 Nr. 1 b, 6 a UStG – ist die Lieferung des D an den V. Denn mit der Übergabe an den von V beauftragten Frachtführer in Düsseldorf ist zwar bereits dem V von D die Verfügungsmacht an der Maschine verschafft worden. Auf V dürfte sogar schon das Eigentum durch Einigung und Übergabe an den Frachtführer als Besitzdiener des V übertragen worden sein. Nicht aber wurde dadurch bereits dem N von V Verfügungsmacht verschafft. Diesem wird vielmehr erst mit der der Versendung nachfolgenden Ablieferung durch den Frachtführer in den Niederlanden die Verfügungsmacht verschafft, sodass V erst dort gemäß § 3 Abs. 7 Nr. 2 UStG liefert und V in den Niederlanden einen innergemeinschaftlichen Erwerb tätigt. Für die Zuordnung der Versendung zur Lieferung des D an den V ist es bis zum 01.01.2020 unerheblich, ob V auch eine deutsche USt-IdNr. besitzt und diese dem D mitteilt oder nicht.

2. Beispiel: wie oben, aber erster Abnehmer/Zwischenerwerber in der Reihe ist M in Münster. Vereinbarungsgemäß wird bereits mit der Übergabe an den von M beauftragten Frachtführer in Düsseldorf das Eigentum entsprechend §§ 929, 931 BGB durch Einigung und Abtretung des Herausgabeanspruches auf den N übertragen. N trägt demgemäß bereits ab diesem Zeitpunkt die Gefahr des Unterganges und ist auch schon ab diesem Zeitpunkt befähigt, über die Maschine zu verfügen. Dann ist erst die Lieferung des M an den N die warenbewegte Lieferung, die allein als innergemeinschaftliche Lieferung befreit werden kann, §§ 3 Abs. 6 S. 6 Hs. 2, S. 5 UStG a.F. und S. 1, 4 Nr. 1 b, 6 a UStG. Denn auf N wurde die Verfügungsmacht bereits vor/mit Beginn der Beförderung noch am Abgangsort in Düsseldorf übertragen. D hingegen tätigt an den M eine der warenbewegten Lieferung vorangehende steuerpflichtige ruhende Lieferung gemäß § 3 Abs. 7 Nr. 1 UStG, Art. 31 MwStSystRL, die nicht befreit ist. Für die Zuordnung der Versendung erst zur Lieferung des M war es bis 01.01.2020 unerheblich, ob dieser dem D seine deutsche USt-IdNr. mitteilt oder nicht.

Soweit die FinVerw die Auffassung vertrat, dass dem (Erst-/Zwischen-)Erwerber in der Reihe seine Lieferung an den (seinen) nachfolgenden (Zweit)Erwerber als warenbewegte Lieferung eines Lieferers zugerechnet werden könne, wenn er nach den vereinbarten Lieferkonditionen Gefahr und Kosten der Beförderung übernommen hat, ist dies jedenfalls nach der Neuregelung für das Reihengeschäft in § 3 Abs. 6 a UStG für das Reihengeschäft ab 01.01.2020 nicht mehr gültig. Denn danach kommt es bei einem Transport durch einen Zwischenhändler in der Reihe allein darauf an, ob dieser die USt-IdNr. des Mitgliedstaates des Beginns der Beförderung verwendet (für Transporte innerhalb der Union und nach Drittstaaten), respektive eine Steuernummer des Mitgliedstaates des Beginns des Transportes (für Transporte in Drittstaaten). Auf das Tragen der Transportkosten und/oder -gefahr stellt die Neuregelung des § 3 Abs. 6 a UStG weder für rein innergemeinschaftliche Transporte noch für Transporte in Drittländer ab. Auch die unionale Neuregelung in Art. 36 a MwStSystRL (nur) für rein innergemeinschaftliche Reihengeschäfte stellt nicht auf das Tragen der Transportkosten ab, sondern allein darauf, ob der Zwischenhändler seinem Lieferer seine ihm von dem Mitgliedstaat, aus dem der Liefergegenstand befördert oder versendet wird, erteilte USt-IdNr. mitgeteilt hat oder nicht. Auch für die Zeit bis zum Inkrafttreten der Neuregelungen ab 01.01.2020 kam es richtigerweise nicht darauf an, wen die

Kostentragungspflicht für den Transport traf. Diese Auffassung stand und steht auch im Widerspruch zur insoweit zutreffenden Rspr. des EuGH und BFH. Hinsichtlich der Gefahrtragung bei Untergang – wie auch des Überganges von Nutzen und Lasten – ist gerade umgekehrt davon auszugehen, dass die Lieferung des (Erst-)Abnehmers in der Reihe an seinen (Zweit-/nachfolgenden) Abnehmer nur dann die warenbewegte Lieferung sein kann, wenn bereits vor/mit Beginn der Beförderung Gefahr, Nutzen und Lasten noch am Abgangsort auf den Zweiterwerber nach den getroffenen Vereinbarungen/Lieferkonditionen übergingen und nicht beim Ersterwerber verblieben sind. Lässt sich nicht (mehr) aufklären, ob vom Ersterwerber/Zwischenhändler bereits im Abgangsland oder erst im Bestimmungsland die Verfügungsmacht auf den Zweiterwerber/Endabnehmer übertragen worden ist, ist davon auszugehen, dass die Lieferung durch den ersten Lieferer in der Reihe an den Ersterwerber die (befreite) warenbewegte Lieferung ist.[218]

Dies alles gilt richtigerweise unional unverändert für **grenzüberschreitende Reihengeschäfte zu Drittländern auch nach dem 01.01.2020** weiter. Mit dem EuGH und dem XI. Senat des BFH[219] ist für die unionale Zuordnung der Beförderung/Versendung zur Bestimmung der (warenbewegten) Lieferung im Reihengeschäft zu Drittländern darauf abzustellen, ob dem Zweiterwerber (oder einem späteren Erwerber) schon im Abgangsstaat vor oder mit Beginn der Beförderung/Versendung die Verfügungsmacht vom Ersterwerber (vorangehenden Erwerber/Zwischenhändler) verschafft wurde oder ob ihm die Befähigung als/wie ein Eigentümer zu verfügen, erst im Bestimmungsland nach Beendigung der Beförderung übertragen wurde. Ob die Verfügungsmacht bereits im Abgangslieferstaat oder erst im Bestimmungsland vom Ersterwerber auf den Zweiterwerber übertragen worden ist, ergibt sich allein aus den tatsächlich zwischen dem Ersterwerber und dem Zweiterwerber getroffenen vertraglichen Vereinbarungen und ihrer Erfüllung/Einhaltung hinsichtlich des Zeitpunktes des Überganges von Eigentum, Besitz, Nutzen, Lasten und Gefahrtragung. Nach der nationalen **Neuregelung in § 3 Abs. 6 a UStG** kommt es allerdings auch bei grenzüberschreitenden Reihengeschäften zu Drittländern nur darauf an, ob eine USt-IdNr. oder StNr. des Mitgliedstaates verwendet wurde, die vom Mitgliedstaat des Beginns der Beförderung/Versendung erteilt worden ist. Unerheblich ist hingegen danach, ob und wann die Verfügungsmacht auf den Zweit-/Enderwerber übertragen worden ist. Selbst wenn diese nationale gesetzliche Regelung durch die Regelung in Art. 36 a MwStSystRL nicht gedeckt ist, ist sie aber zugunsten des Steuerpflichtigen zu beachten, solange der deutsche Gesetzgeber den § 3 Abs. 6 a nicht ändert.

Für den **Erstlieferanten** ergibt sich bei Befördern oder Versenden durch den Ersterwerber/Zwischenhändler das Problem, dass er nicht wissen kann, welche Vereinbarungen hinsichtlich eines Eigentumsüberganges, respektive hinsichtlich des Überganges von Nutzen, Lasten und Gefahr zwischen seinem (Erst-)Abnehmer/Zwischenhändlers (= Zwischenhändler) und einem (nachfolgenden) Zweit-/Endabnehmer bestehen. Möglicherweise ist ihm sogar schon nicht bekannt, dass überhaupt eine Weiterveräußerung des von ihm an den Ersterwerber gelieferten Gegenstandes an einen Zweiterwerber erfolgt ist. Jedenfalls ist der Erstlieferant **in den Abholfällen** insoweit auf Angaben seines (Erst-)Abnehmers angewiesen, ob dieser den Gegenstand in das Drittland oder übrige Unionsgebiet befördern/versenden wird und ob er die Verfügungsmacht an einen Zweitabnehmer schon im Abgangs-/Herkunftsland überträgt

218 So insoweit zutreffend BFH v. 25.02.2015 – XI R 15/14, UR 2015, 391 (Rn. 77) und XI R 30/13, UR 2015, 402 (Rn. 42).

219 EuGH v. 19.12.2018 – Rs. C-414/17 (AREX CZ); v. 26.07.2017 – Rs. C-386/16 (Toridas), MwStR 2017, 779; v. 27.09.2012 – Rs. C-587/10 (VStR), UR 2102, 832; v. 16.12.2010 – Rs. C-430/09 (Euro Tyre), UR 2011, 176; BFH v. 11.03.2020 – XI R 18/18, MwStR 2020, 934; v. 28.05.2013 – XI R 11/09, UR 2013, 756 (Nachfolge zu Rs. C-587/10); v. 25.02.2015 – XI R 15/14, UR 2015, 391 und XI R 30/13, UR 2015, 391 und UR 2015, 402; s. auch Schlussantrag Generalanwältin Kokott v. 03.10.2019 – Rs. C-401/18 (Herst) m.w.N.

oder diese erst mit Beendigung der Beförderung im Bestimmungsland übertragen wird. Der EuGH[220] nimmt zutreffend an, dass der **Erstlieferant** jedenfalls dann davon ausgehen darf, dass er eine innergemeinschaftlich befreite, **warenbewegte Lieferung** tätigt, wenn ihm sein Abnehmer als **Ersterwerber** seine Absicht **mitteilt,** dass er den Liefergegenstand unter Verwendung der **USt-IdNr. des Bestimmungslandes in** ein **anderes Mitgliedsland** der Union als Bestimmungsland **befördern oder versenden** wird.

Für die Zeit ab dem 01.01.2020 genügt es bei **innerunionalen Reihengeschäften** jetzt nach **Art. 36 a MwStSystRL** allerdings schlicht schon, dass der Ersterwerber/Zwischenhändler keine USt-IdNr. des Abgangslandes verwendet und mitteilt. Für **(Ausfuhr-)Lieferungen in Drittländer** hilft dies freilich auch nicht weiter. Hier muss weiterhin grundsätzlich bestimmt werden, wann und wo dem Zweit-/Endabnehmer erst oder bereits Verfügungsmacht verschafft wurde. Nach der deutschen Regelung in **§ 3 Abs. 6 a UStG** genügt freilich auch hier, dass der Zwischenhändler gegenüber dem Erstlieferer bis zum Beginn des Transportes mitteilt, dass er eine USt-IdNr. oder StNr. des Mitgliedstaates des Beginns des Transportes des Liefergegenstandes verwendet. Diese gesetzliche Regelung ist jedenfalls zugunsten des Steuerpflichtigen zu beachten, selbst wenn sie durch die unionale Regelung in Art. 36 a MwStSystRL nicht gedeckt ist.

Für den **gutgläubigen Erstlieferanten** bleibt es dabei, dass er für seine Lieferung an den Zwischenhändler/Ersterwerber dann keine Umsatzsteuer schuldet, wenn tatsächlich der Liefergegenstand vom Ersterwerber abredewidrig nicht in den anderen Mitgliedstaat befördert/versendet wird. Der EuGH geht davon aus, dass dann der Ersterwerber zur Umsatzsteuer für diese Lieferung herangezogen werden müsste, wenn er seiner Verpflichtung nicht nachgekommen ist, den Liefergegenstand in das übrige Gemeinschaftsgebiet zu befördern oder zu versenden. Eine ausdrückliche Rechtsgrundlage für die Verlagerung der Steuerschuld auf den Ersterwerber ist allerdings in der MwStSystRL nicht vorhanden.

Für das deutsche Recht allerdings ergibt sie sich aus **§ 6 a Abs. 4 UStG**, soweit der Ersterwerber/Zwischenhändler als Abnehmer dem Erstlieferer unrichtige Angaben über die Beförderung in das übrige Gemeinschaftsgebiet erteilt hat.

Davon musste bis 2020 richtigerweise auch dann ausgegangen werden, wenn der Ersterwerber dem Erstlieferanten nur mitteilte, dass er den Liefergegenstand in das übrige Unionsgebiet befördert oder versendet, dabei aber verschwieg, dass er die Verfügungsmacht an dem Liefergegenstand bereits vor oder mit Beginn der Beförderung/Versendung noch in Deutschland schon auf einen Zweiterwerber übertragen hatte. Darin lag dann eine unrichtige Angabe darüber, dass der Liefergegenstand schon „bei der Lieferung" des Erstlieferanten an den Zwischenhändler/Ersterwerber in das übrige Gemeinschaftsgebiet gemäß § 6 a Abs. 1 Nr. 1 UStG befördert/versendet wurde. Denn tatsächlich erfolgte die Beförderung/Versendung dann erst „bei der Lieferung" des Ersterwerbers an den Zweiterwerber. Im Ergebnis ließ sich für die Beteiligten des Reihengeschäftes[221] der Sachverhalt dahingehend gestalten, ob in den Abholfällen durch den Zwischenhändler schon die Lieferung an den Zwischenhändler die innergemeinschaftlich befreite warenbewegte Lieferung war oder erst die Lieferung des Zwischenhändlers an seinen (End-)Abnehmer. Durch bereits vor Beginn der Beförderung/Versendung des Liefergegenstandes erfolgende Übertragungen der Ver-

220 EuGH v. 16.12.2010 – Rs. C-430/09 (Euro Tyre Holding), UR 2011, 176 (Rn. 35–38) mit Verweisung auf EuGH v. 27.07.2007 – Rs. C-409/04 (Teleos), BStBl. II 2009, 70 (Rn. 42, 66, 67).

221 S. zur Bestimmung der befreiten warenbewegten Lieferung beim grenzüberschreitenden Reihengeschäft EuGH v. 27.09.2012– Rs. C-587/10 (VStR), UR 2012, 832 mit nachfolgend BFH v. 28.05.2013 – XI R 11/09, UR 2013, 756 und v. 25.02.2015 – XI R 15/14 und XI R 30/13, UR 2015, 391 und UR 2015, 402; s. auch Hassa UR 2016, 493; Reiß UR 2015, 733; Ismer/Pull MwStR 2015, 394; Heuermann DB 2015, 1303; Wäger UR 2015, 576; Maunz DStR 2015, 1025; Heinrichshofen/Matheis UVR 2015,175; Heuermann UR 2017, 853.

fügungsmacht, namentlich in Gestalt der Übertragung des rechtlichen und/oder (nur) des wirtschaftlichen Eigentums, vom Ersterwerber an einen Zweiterwerber, konnte erreicht werden, dass erst die Lieferung des Ersterwerbers/Zwischenhändlers an den Zweiterwerber und nicht schon die Lieferung des ersten in der Reihe an den Ersterwerber die warenbewegte Lieferung war. Wurde die Verfügungsmacht hingegen vom Ersterwerber auf den Zweiterwerber erst nach Gelangen in das Bestimmungsland übertragen, war nur die an den Zwischenhändler ausgeführte Lieferung die warenbewegte Lieferung. Wurde der Liefergegenstand vom Zweiterwerber oder durch einen vom ihm beauftragten Frachtführer oder Spediteur beim Erstlieferer abgeholt, war regelmäßig davon auszugehen, dass dem Zweiterwerber mit der Übergabe des Liefergegenstandes im Abgangsland auch bereits Verfügungsmacht durch den Ersterwerber verschafft worden ist, sodass die Lieferung des Erstlieferers an den Zwischenhändler/Ersterwerber gerade nicht mehr die warenbewegte befreite, sondern die nicht befreite ruhende Lieferung war.[222]

Für die Zeit ab dem 01.01.2020 ist allerdings zu beachten, dass es bei grenzüberschreitenden rein unionalen Reihengeschäften nach Art. 36 a MwStSystRL nicht mehr darauf ankommt, wann und wo die Verfügungsmacht auf den Zweit-/Enderwerber übertragen worden ist, sondern allein darauf, ob der die Beförderung/Versendung veranlassende Zwischenhändler seinem (Erst-)Lieferer eine MwSt-IdNr. mitteilt, die ihm vom Mitgliedstaat erteilt wurde, aus dem die Gegenstände befördert oder versendet wurden (dann keine Befreiung für den Erstlieferer, sondern nur für die Lieferung des Zwischenhändlers) oder keine solche Mitteilung erfolgt (dann nur Befreiung für die Lieferung des Erstlieferers an den Zwischenhändler). Das deutsche UStG ist in § 3 Abs. 6 a UStG dementsprechend angepasst worden.

Bei Erteilung **unrichtiger Angaben**/Unterlassung der Erteilung richtiger Angaben durch den Zwischenhändler an den ersten (vorhergehenden) Lieferer in der Reihe über das Vorliegen der Voraussetzungen für eine Befreiung einer innergemeinschaftlichen Lieferung nach § 4 Nr. 1 b i.V.m. § 6 a UStG schuldet der Zwischenhändler/Ersterwerber nach § 6 a Abs. 4 S. 2 UStG die Steuer anstelle des **gutgläubigen Erstlieferanten**. Für diesen ist die Lieferung an den Zwischenhändler/Ersterwerber nach § 6 a Abs. 4 S. 1 UStG dann „gleichwohl als steuerfrei" anzusehen. Das kommt namentlich in Betracht, wenn der Zwischenhändler den Liefergegenstand entgegen seinen unrichtigen Angaben gegenüber seinem Lieferer (Erstlieferant) nicht in das übrige Unionsgebiet zu seinem Abnehmer beförderte.

Bei **Einfuhren aus Drittländern** ist außerdem noch **§ 3 Abs. 8 UStG** zu beachten. Danach wird der Ort der Lieferung bei Beförderungs-/Versendungslieferungen entgegen § 3 Abs. 6 S. 1 UStG in das **Inland verlagert**, wenn der Lieferer **Schuldner der deutschen EUSt** ist.[223] § 3 Abs. 8 UStG ist nur für den Lieferer anzuwenden, der Schuldner der deutschen EUSt ist und dem die warenbewegte Lieferung zuzuordnen ist. § 3 Abs. 8 UStG ist bei Lieferungen in das Drittland (Ausfuhrlieferungen) nicht anzuwenden. Hier bleibt es bei der Regelung in § 3 Abs. 6, Abs. 6 a und 7 UStG. **78**

222 EuGH v. 19.12.2018 – Rs. C-414/17 (AREX CZ); s. auch BFH v. 11.03.2020 – XI R 18/18, MwStR 2020, 934; s. aber FG Rhld.-Pfalz v. 31.05.2016 – 3 K 1364, EFG 2016, 1384 (rkr., Nachfolge zu BFH v. 25.02.2015 – XI R 30/13, UR 2015, 402). Danach soll bei vorbehaltenem Eigentumsübergang bis zur Bezahlung des Kaufpreises im Bestimmungsland auch noch keine Verschaffung der Verfügungsmacht im Abgangsland vorliegen, auch wenn dort der Liefergegenstand bereits vom Zweiterwerber (oder seinem Frachtführer) abgeholt wird (sehr zweifelhaft!).

223 Vgl. dazu BFH v. 16.06.2015 – XI R 17/13, BStBl. II 2015, 1024 (zur Anwendbarkeit auch bei Steuerfreiheit für die Einfuhr) sowie den dreisten Missbrauchsfall in BFH v. 21.03.2007 – V R 32/05, BStBl. II 2008, 153 und BMF BStBl. I 2008, 295. Schuldner der Einfuhrumsatzsteuer gemäß § 13 a Abs. 2 i.V.m. § 21 Abs. 2 UStG und Art. 201 Abs. 3 Zollkodex (ZK) ist der Anmelder bei der Einfuhr aus dem Drittland. Anmelder ist auch der Vertretene, wenn der (Zoll-)Agent mit Vertretungsmacht handelt. Für die Anwendung der Ortsbestimmung des § 3 Abs. 8 UStG kann der Lieferer auch Schuldner der Einfuhrumsatzsteuer sein, wenn in concreto die Einfuhr nach § 5 UStG befreit ist. S. auch Abschn. 3.13 UStAE – maßgeblich ist, wer nach den zollrechtlichen Vorschriften Schuldner der EUSt ist, unmaßgeblich sind vereinbarte Lieferkonditionen.

Beispiel 1 (Lieferung in Drittland): R (Russland) bestellt Ware bei B (Weißrussland), B bestellt diese Ware bei D1 (Münster) und D1 bei D2 (Nürnberg). Die Ware wird
a) von D2 zu R befördert,
b) von R bei D2 abgeholt,
c) von D1 bei D2 abgeholt und unmittelbar zu R befördert,
d) von B bei D2 abgeholt und unmittelbar zu R befördert.

D2 → D1 → B → R

Warenbewegung

a) D2 befördert die Ware nach Russland zu R. D2 liefert nach § 3 Abs. 6 S. 1, § 3 Abs. 6 a UStG mit Beginn der Beförderung in Nürnberg an D1. Alle anderen Lieferungen, nämlich D1 an B und B an R sind nachfolgende Lieferungen. Sie werden in Russland ausgeführt und sind in Deutschland nicht steuerbar. Hinweis: D2 tätigt eine steuerfreie Ausfuhrlieferung nach § 4 Nr. 1 a i.V.m. § 6 Abs. 1 Nr. 1 UStG.

b) R holt die Ware bei D2 ab. Dann ist die Beförderung der Lieferung des B an R zuzuordnen. B als Zwischenhändler liefert nach § 3 Abs. 6, Abs. 6a UStG bei Verwendung einer deutschen USt-IdNr. oder deutschen Steuernummer steuerbar, aber nach § 4 Nr. 1 a i.V.m. § 6 Abs. 1 Nr. 2 UStG befreit in Deutschland (Ausfuhrlieferung). D2 und D1 liefern nach § 3 Abs. 7 S. 2 Nr. 1 i.V.m. § 3 Abs. 6 a UStG in Deutschland (vorangehende ruhende Lieferungen). Die Lieferungen des D1 und des D2 sind nicht als Ausfuhrlieferungen befreit, weil nur die warenbewegte Lieferung nach § 4 Nr. 1 a i.V.m. § 6 Abs. 1 UStG befreit wird (vgl. auch Rn. 168 ff.).

c) D2 ist die Beförderungslieferung zuzurechnen, obwohl D1 abgeholt hat, wenn D1 keine deutsche USt-IdNr. oder deutsche Steuernummer verwendet. D2 liefert nach § 3 Abs. 6 S. 1 und Abs. 6a UStG steuerbar in Deutschland an D 1. Die Lieferung des D2 an D1 ist gleichwohl allerdings nicht befreit, sondern steuerpflichtig, da D1 kein ausländischer Abnehmer ist und deshalb die Voraussetzungen des § 4 Nr. 1 a, § 6 Abs. 1 Nr. 2 UStG nicht erfüllt sind. Beachte: Die Befreiung nach § 6 Abs. 1 Nr. 1 UStG verlangt, dass der Lieferer selbst die Ware ins Drittland/Ausland befördert oder versendet hat und nicht sein Abnehmer. Gleichwohl ist die Beförderung für § 3 Abs. 6 UStG der Lieferung des D2 an D1 zuzuordnen (§ 3 Abs. 6 a S. 6 und S. 4). D1 und B tätigen erst nachfolgende ruhende Lieferungen in Russland, die in Deutschland nicht steuerbar sind. Wenn allerdings D1 gegenüber dem D2 (s)eine deutsche USt-IdNr. oder (s)eine deutsche StNr. verwendet, ist die Beförderung der Ware erst der Lieferung des D1 an den B zuzurechnen. Erst diese Lieferung des D1 an den B ist dann nach § 4 Nr. 1 a, § 6 Abs. 1 Nr. 1 UStG befreit.

d) Der Lieferung des D1 an B ist die Beförderung durch B zuzuordnen, sofern B keine deutsche USt-IdNr. (oder deutsche Steuernummer) verwendet. D1 liefert gemäß §§ 3 Abs. 6, 3 Abs. 6 a, 4 Nr. 1 a i.V.m. § 6 Abs. 1 Nr. 2 UStG steuerbar, aber befreit (B ist ausländischer Abnehmer) in Deutschland. D2 liefert nicht befreit in Deutschland an D1 (vorangegangene ruhende Lieferung; § 3 Abs. 7 S. 2 Nr. 1 UStG), B liefert in Russland (nachfolgende Lieferung; § 3 Abs. 7 S. 2 Nr. 2 UStG).

Beispiel 2 (Lieferung aus Drittland): D2 (Darmstadt) kauft eine Maschine bei D1 (Nürnberg), dieser kauft sie bei B (Weißrussland), B kauft sie bei R (Russland). Die Maschine wird unmittelbar von R zu D2 befördert.

R → B → D1 → D2

Warenbewegung

a) R befördert die Maschine zu D2. R liefert in Russland nach § 3 Abs. 6 S. 1 UStG. Die Lieferungen von B an D1 und von D1 an D2 sind nachfolgende Lieferungen. Sie werden nach § 3 Abs. 7 S. 2 Nr. 2 UStG in Deutschland ausgeführt. Hinweis: Die Einfuhr erfolgt für B. B ist einerseits Schuldner der EUSt, kann diese aber andererseits als VoSt abziehen. Falls R Schuldner der deutschen EUSt ist (Lieferkondition „versteuert und verzollt"), greift allerdings § 3 Abs. 8 UStG ein. Dann liefert bereits R gemäß § 3 Abs. 8 UStG in Deutschland und für ihn erfolgt die Einfuhr. Alle nachfolgenden Lieferungen B an D1 und D1 an D2 werden als nachfolgende Lieferungen in Deutschland ausgeführt.

b) D2 holt die Maschine bei R ab. Die Beförderung ist D1 zuzuordnen. D1 liefert nach § 3 Abs. 6 S. 1 UStG in Russland. Die Lieferungen R an B und B an D1 sind vorangehende Lieferungen. Sie werden nach § 3 Abs. 7 S. 2 Nr. 1 UStG in Russland ausgeführt. Hinweis: Die Einfuhr erfolgt für D2.

c) B holt die Maschine bei R ab. Da die Beförderung R zuzuordnen ist, liefert R in Russland. Die nachfolgenden Lieferungen B an D1 und D1 an D2 werden in Deutschland ausgeführt. Hinweis: Für diese Lösung ist gleichgültig, wer Schuldner der deutschen EUSt ist, solange es nicht R ist. Dann Lösung wie unter a).

d) D1 holt die Maschine in Russland ab. Da die Beförderung B zuzuordnen ist, liefert dieser in Russland, ebenso der R an B, weil es sich um eine vorangehende Lieferung handelt. Dagegen liefert D1 an D2 in Deutschland am Ort des Endes der Beförderung, weil es sich um eine nachfolgende Lieferung handelt. Hinweis: Sollte B Schuldner der EUSt sein, würde er allerdings nach § 3 Abs. 8 UStG in Deutschland liefern. Im Übrigen bliebe die Lösung aber unverändert.

g) Durch das JStG 2020 wurde in **§ 3 Abs. 3 a S. 1 UStG** eine **Sonderregelung für den Betreiber einer elektronischen Schnittstelle** (= **elektronischer Marktplatz**, elektronische Plattform, elektronisches Portal) eingeführt, der die innerunionale (= Beförderung/Versendung eines Gegenstandes beginnt und endet im Gemeinschaftsgebiet) Lieferung eines Gegenstandes durch einen nicht im Gemeinschaftsgebiet ansässigen Unternehmer an einen Empfänger nach § 3 a Abs. 5 S. 1 UStG (= Nichtunternehmer) „unterstützt" (dazu § 25 e i.d.F. JStG 2020). Nach § 3 Abs. 3 a UStG wird ein solcher Betreiber einer elektonischen Schnittstelle so behandelt, als ob er diesen Gegenstand für sein Unternehmen selbst erhalten und (weiter-)geliefert hätte. Nach dem insoweit neu eingefügten **§ 3 Abs. 6 b UStG** wird dann die **Beförderung oder Versendung** des Gegenstandes der Lieferung durch diesen Unternehmer, d.h. dem **Inhaber der Schnittstelle zugeschrieben**. Der unterstützende Betreiber der elektronischen Schnittstelle wird mithin so behandelt **wie ein im Reihengeschäft handelnder Lieferer**, respektive Lieferungsempfänger. Dabei legt § 3 Abs. 6 b UStG fest, dass die Beförderung/Versendung des Gegenstandes der Lieferung des Schnittstellenbetreibers zugeschrieben wird. Die an diesen erfolgende vorhergehende Lieferung erfolgt mithin als ruhende Lieferung nach § 3 Abs. 7 S. 2 Nr. 1 UStG dort, wo die Beförderung beginnt und ist nicht befreit. Etwaige nachfolgende Lieferungen erfolgen nach § 3 Abs. 7 S. 2 Nr. 2 UStG dort, wo die Beförderung/Versendung endet. Der neue **§ 4 Nr. 4 c UStG** befreit die Lieferung der Gegenstände durch den nicht im Gemeinschaftsgebiet ansässigen Lieferer an den Betreiber der Schnittstelle, die dieser nach § 3 Abs. 3 a S. 1 UStG erst im Gemeinschaftsgebiet weiterliefert. Eine Haftung des Schnittstellenbetreibers für eine nichtentrichtete Steuer des Drittlandunternehmers kommt schon wegen dieser Befreiung nicht in Betracht, wird im Übrigen aber auch ausdrücklich nach § 25 e Abs. 1 UStG in den Fällen des § 3 Abs. 3 a UStG ausgeschlossen. **79**

Beispiel: L betreibt in Leipzig ein elektronisches Portal. Er „unterstützt" die Lieferung von (Kosaken-)Stiefeln durch den in Weißrussland ansässigen Unternehmer B an den in Leipzig ansässigen Endverbraucher E. Die Stiefel wurden aus einem in Dresden bei D für den B unterhaltenen Lager an E nach Leipzig ausgeliefert, indem sie dorthin per Post geschickt wurden. E zahlte den vereinbarten Preis von 238 € an L, der davon 200 € an B in Minsk weiterleitete.

Nach § 3 Abs. 3 a S. 1 UStG hat Portalbetreiber L die Stiefel selbst von B geliefert erhalten und an E (weiter-)geliefert. Die Beförderung/Versendung der Stiefel an den E aus Dresden nach Leipzig ist nach § 3 Abs. 6 b UStG der Lieferung des Portalbetreibers L an den Endverbraucher E zuzuschreiben. Sie erfolgt nach § 3 Abs. 6 S. 1, § 3 Abs. 6 b UStG in Dresden, nämlich dort, wo die Beförderung der Stiefel durch den Schnittstellenbetreiber L an den E beginnt. Sie ist daher nach § 1 Abs. 1 Nr. 1 UStG in Deutschland steuerbar und mangels Befreiung steuerpflichtig. Es ergibt sich eine BMG von 200 € nach 10 Abs. 1 UStG und eine USt-Schuld von 38 € bei einem Steuersatz von 19 % nach § 12 Abs. 1 UStG. Die quasi im Reihengeschäft erfolgende Lieferung der Stiefel durch B an den Portalbetreiber L erfolgte hingegen nach § 3 Abs. 7 S. 2 Nr. 1 UStG zwar auch dort, wo die Beförderung/Versendung beginnt, d.h. in Dresden und ist daher an sich ebenfalls steuerbar. Sie wird allerdings nach **§ 4 Nr. 4 c UStG befreit**, nämlich als Lieferung von Gegenständen an einen Unternehmer für sein Unternehmen, die dieser nach § 3 Abs. 3 a S. 1 UStG im Gemeinschaftsgebiet weiterliefert.

Die Sonderregelung nach § 3 Abs. 3 a UStG für den Betreiber einer elektronischen Schnittstelle gilt § 3 Abs. 3 a S. 2 UStG auch, wenn der Betreiber der Schnittstelle den Fernverkauf von **aus dem Drittlandsgebiet eingeführten Gegenständen** in Sendungen mit einem **Sachwert von höchstens 150 €** unterstützt (s. auch Rn. 195 zu innergemeinschaftlichen Fernverkäufen).

§§ 3 c, 3 e UStG enthalten Sonderregelungen für den innergemeinschaftlichen Fernverkauf und den Fernverkauf von aus Drittlandsgebiet eingeführten Gegenständen. **80**

§ 3 c UStG wird gesondert dargestellt (s. Rn. 195). § 3 e UStG bestimmt für Lieferungen und für Restaurationsleistungen an Bord des Reisemittels (Schiff, Flugzeug, Eisenbahn) während einer innergemeinschaftlichen Beförderung als Ort der Lieferung, respektive sonstigen Leistung den Abgangsort innerhalb der Gemeinschaft.

§ 3 e UStG ist nicht anwendbar auf Lieferungen, die während eines Aufenthaltes in Drittstaaten stattfinden.[224]

Der richtlinienwidrige § 3 f UStG a.F. für den Lieferort bei unentgeltlichen Wertabgaben ist durch das Gesetz zur Förderung der Elektromobilität ersatzlos aufgehoben worden (vgl. Rn. 136 ff.). § 3 g UStG enthält eine Sonderregel für den Lieferort von Elektrizität, Gas, Wärme und Kälte. Bei Lieferungen an Strom-/Gas-/Wärme-/Kältelieferanten wird der Unternehmensort des Abnehmers zum Lieferort bestimmt, § 3 g Abs. 1 UStG, bei anderen Abnehmern der Ort der Nutzung/des Verbrauches, hilfsweise der Ansässigkeitsort, § 3 g Abs. 2 UStG. Durch die Regelung werden Schwierigkeiten bei der grenzüberschreitenden Lieferung der genannten Stoffe vermieden. Der Lieferant tätigt im Herkunftsland keine (befreite) Lieferung, der Abnehmer hat in seinem Staat keine Einfuhr, resp. keinen innergemeinschaftlichen Erwerb zu besteuern. Stattdessen wird nach § 13 b Abs. 5 S. 1, Abs. 2 Nr. 5 UStG der Abnehmer zum Steuerschuldner, falls er Unternehmer ist. Diese Regelung entspricht für die unter § 3 g UStG fallenden Lieferungen der durch das JStG 2009 in § 3 a Abs. 1 und Abs. 2 UStG eingeführten generellen Ortsregelung für sonstige Leistungen (s. unten Rn. 84 ff.).

81

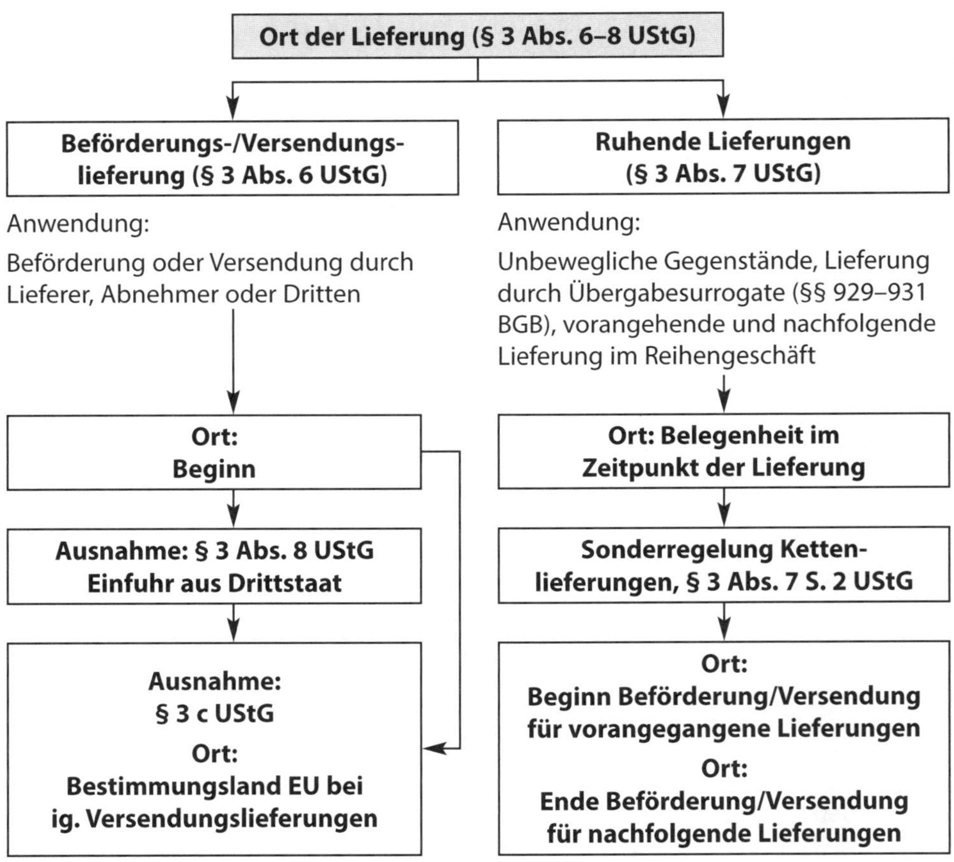

Sonderregelungen:

- bis 01.01.2020 § 3 f UStG für unentgeltliche Wertabgaben – Unternehmensort
- § 3 g UStG für Strom-/Gaslieferungen – Unternehmensort des Abnehmers oder Verbrauchs-/Nutzungsort

224 EuGH v. 15.09.2005 – Rs. C-58/04 (Köhler), BStBl. II 2007, 150; BFH v. 20.12.2005 – V R 30/02, BStBl. II 2007, 139.

III. Sonstige Leistung

1. Abgrenzung zur Lieferung

§ 3 Abs. 9 UStG bestimmt lediglich negativ, dass sonstige Leistungen **Leistungen** sind, die **keine Lieferungen** sind. Die MwStSystRL spricht insoweit von einer „Dienstleistung." Auch sie bestimmt in Art. 24 diese negativ dahingehend, dass als Dienstleistung jeder Umsatz gilt, „der keine Lieferung von Gegenständen ist". Jedes willentliche Verhalten, durch das einem anderen Rechtssubjekt ein Vorteil zugewendet wird, ist daher sonstige Leistung, wenn der Vorteil nicht in der Verschaffung der Verfügungsmacht an einem Gegenstand besteht. Die sonstige Leistung kann dabei in einem **positiven Tun**, z.B. Dienst- und Werkleistungen, aber auch in einem **Dulden**, z.B. Dulden der Nutzung eines Gegenstandes durch den Vermieter, oder einem **Unterlassen**, z.B. Unterlassen von Wettbewerb in einem bestimmten Gebiet, bestehen. 82

Bei Leistungen, die keinen körperlichen Gegenstand zum Substrat haben, ist die Abgrenzung zur Lieferung unproblematisch, z.B. bei der Einräumung einer Patentlizenz oder der Übertragung von Urheberrechten. Bei Leistungen, die sich auf einen körperlichen Gegenstand beziehen, kommt es darauf an, ob dem Leistungsempfänger die wirtschaftliche Substanz endgültig zugewendet wird oder er jedenfalls darüber im eigenen Namen verfügen darf (Lieferung) oder ob ihm lediglich die zeitweilige Nutzung des Gegenstandes überlassen wird (sonstige Leistung). Die Abgrenzung hat eine technische Bedeutung, weil bestimmte Vergünstigungsvorschriften sich nur auf Lieferungen oder sonstige Leistungen beziehen. So befreit § 4 Nr. 1 a UStG nur die Ausfuhrlieferung und von den sonstigen Leistungen nur die Lohnveredelung an Gegenständen der Ausfuhr. Umgekehrt begünstigt § 12 Abs. 2 Nr. 7 b UStG nur die sonstige Leistung der Überlassung eines Filmes zur Auswertung mit dem halben Steuersatz, nicht aber die Lieferung eines Filmes.

Beispiel: Einem Unternehmer wird eine bespielte Videokassette für Vorführungen gegen Entgelt überlassen. Die Leistung des Verleihers unterliegt dem ermäßigten Steuersatz. Das gilt selbst dann, wenn die Kassette Eigentum des Vorführunternehmers wird, denn der Kerngehalt der Leistung liegt nicht in der Verschaffung der Verfügungsmacht an der Videokassette, sondern in der Einräumung des Rechtes, den Film öffentlich vorzuführen. Wird hingegen eine bespielte Videokassette einem Privatmann zu dessen Gebrauch verkauft, so liegt eine nicht nach § 12 Abs. 2 Nr. 7 b UStG begünstigte Lieferung vor.[225]

Bei der Herstellung von Fotokopien liegt eine nicht nach § 12 Abs. 2 Nr. 1 UStG i.V.m. der Anlage 2 Nr. 49 UStG begünstigte sonstige Leistung vor, anders aber, wenn von einer Dissertation Fotokopien in Buchform hergestellt werden.[226]

Die Abgrenzung der Lieferung von der sonstigen Leistung ist in erster Linie von Bedeutung für den Ort der Leistung, weil hier entweder § 3 Abs. 6–8 UStG (Lieferung) oder §§ 3 a, 3 b UStG anzuwenden sind. Die richtige Einordnung einer Leistung kann daher über die Steuerbarkeit eines Umsatzes entscheiden.

Beispiel: U betreibt eine Wechselstube auf dem Flughafen Frankfurt. Er wechselt dort ausländische Banknoten und Münzen im Sortengeschäft in inländische Banknoten und Münzen und umgekehrt für Touristen aus Drittstaaten (mit Wohnsitz in Drittstaaten). Der Geldumtausch stellt keine Lieferung dar, sondern eine sonstige Leistung. Der wirtschaftliche Gehalt des Umtausches besteht darin, dem Kunden zu ermöglichen, die im umgetauschten Bargeld verkörperte Kaufkraft im jeweiligen Land nutzen zu können und nicht im Tausch der körperlichen Trägermedien. Da es sich nicht um eine Lieferung von Geldscheinen und -münzen handelt, liegt der Ort nicht gemäß § 3 Abs. 6, Abs. 7 UStG in Frankfurt, sondern nach § 3 a Abs. 4 Nr. 6 a i.V.m. § 4 Nr. 8 b UStG (Umsätze von gesetzlichen

225 Vgl. BFH v. 29.11.1984 – V R 96/84, BStBl. II 1985, 271; Abschn. 12.6. Abs. 4 UStAE.

226 Vgl. Nachweise in BFH v. 09.10.2002 – V R 5/02, BStBl. II 2004, 470.

Zahlungsmitteln) am Wohnsitz der Touristen in den Drittstaaten, sodass die Leistungen in Deutschland nicht nach § 1 Abs. 1 Nr. 1 UStG steuerbar sind.[227]

Enthält eine Leistung sowohl Lieferelemente als auch Elemente einer sonstigen Leistung, ist das wirtschaftliche Schwergewicht maßgebend.[228]

83 Die Abgrenzung zwischen Lieferungen und sonstigen Leistungen (Dienstleistungen in der Terminologie der MwStSystRL) hat im Zusammenhang mit der Entwicklung der modernen Informations- und Kommunikationstechnologie besondere Bedeutung gewonnen. Dabei scheinen die Grenzen zwischen der Lieferung körperlicher Güter und den Dienstleistungen bei unkörperlichen Gütern zu verschwimmen. Teilweise können Leistungen substituierbar sowohl in körperlicher Form als Lieferungen als auch unkörperlich als Dienstleistungen angeboten werden. Dies betrifft insbesondere die sog. **Online-Lieferungen digitaler Güter**. Dabei handelt es sich darum, dass via **Internet** oder anderer elektronischer Übertragungsmedien bisher verkörperte Güter wie Bücher, Schallplatten, Bildbände, Disketten, CD-ROMs usw. in unkörperlicher Form vom Leistenden direkt auf elektronischem Wege an den Leistungsempfänger übermittelt werden können. Der zutreffenden Abgrenzung kommt international sowohl für den Bereich der Zölle, der indirekten Steuern wie der USt und zum Teil auch für die direkten Steuern im Zusammenhang mit einer Besteuerung von Lizenzen eine erhebliche Bedeutung zu. So ist es üblich, dass Einfuhrzölle nur für die Einfuhr körperlicher Güter erhoben werden. Umgekehrt findet bei der Einkommensbesteuerung eine Besteuerung im Quellenland für beschränkt steuerpflichtige Lizenzgeber (royalties) nur statt, wenn immaterielle Güter zur zeitlich begrenzten Nutzung einem Lizenznehmer im Quellenstaat überlassen werden, vgl. § 49 Abs. 1 Nr. 6, 9, 2 f EStG. Für die Umsatzbesteuerung spielt die zutreffende Abgrenzung im Zusammenhang mit der Erhebung von Einfuhrumsatzsteuer (nur bei körperlichen Gütern), dem Ort der Leistung, § 3 Abs. 6 und 7 oder § 3 a UStG, sowie Befreiungsvorschriften und Steuersatzvorschriften eine große Rolle. Im internationalen Kontext geht es dabei primär um die Frage, ob und wie eine Besteuerung von **Telekommunikations-** und anderen **auf elektronischem Wege erbrachten Dienstleistungen** im Bestimmungs-/Verbrauchsortland gesichert werden kann. Dabei muss das Ziel sein, die **Wettbewerbsneutralität der Umsatzbesteuerung** auch bei grenzüberschreitenden elektronischen Dienstleistungen sicherzustellen, sodass Anbieter aus dem Ausland weder bevorzugt noch benachteiligt werden. Außerdem sollte sichergestellt werden, dass auch keine Wettbewerbsverzerrungen zwischen den Anbietern substituierbarer Güter in herkömmlicher oder moderner Form entstehen. Dies ist gegenwärtig nicht vollständig der Fall.

Beispiel: Ein Buch wird

a) in herkömmlicher Form im Inland geliefert;

b) in herkömmlicher Form aus einem Drittland eingeführt;

c) von einem inländischen Unternehmer via Internet an einen inländischen Abnehmer (Privatperson) digital übermittelt;

d) von einem im Drittland (z.B. USA) ansässigen Unternehmer an einen inländischen Abnehmer digital übermittelt.

Im Fall a) liegt eine steuerbare Lieferung im Inland vor, die mit einem Steuersatz von 7 % zu besteuern ist, §§ 1 Abs. 1 Nr. 1, 3 Abs. 1, Abs. 6, 12 Abs. 2 Nr. 1 UStG i.V.m. Anlage 2 Nr. 49 UStG.

Im Fall b) liegt eine mit 7 % zu besteuernde Einfuhr vor, §§ 1 Abs. 1 Nr. 4, 12 Abs. 2 Nr. 1 UStG i.V.m. Anlage 2 Nr. 49 UStG.

227 Vgl. BFH v. 19.05.2010 – XI R 6/09, BStBl. II 2011, 831; EuGH v. 14.07.1998 – Rs. C-172/96 (First National Bank of Chicago), Slg. 1998, I-4387; s. auch EuGH v. 22.10.2015 – Rs. C-264/14, UR 2015, 864 (Umtausch der virtuellen Währung Bitcoins in konventionelle schwedische Kronen keine Lieferung, sondern befreite Dienstleistung).

228 Abschn. 3.5. UStAE m.w.N. aus der Rspr.

Im Fall c) liegt eine mit 19 % zu besteuernde sonstige Leistung vor, §§ 1 Abs. 1 Nr. 1, 3 a Abs. 1, 12 Abs. 1 UStG.

Im Fall d) lag bis zum 01.07.2003 eine nicht steuerbare Leistung vor, da sich nach § 3 a Abs. 1 UStG der Leistungsort im Drittland befand, obwohl der Verbrauch im Inland stattfindet. Unter dem Gesichtspunkt der erforderlichen Wettbewerbsneutralität der Umsatzbesteuerung war weder die Privilegierung des ausländischen Anbieters für elektronisch übermittelte Dienstleistungen hinnehmbar (Fall d)) – s. aber nunmehr unten Rn. 86 ff.) noch war die unterschiedliche Behandlung bzgl. des Steuersatzes für herkömmlich angebotene Produkte (Fall a)) und in elektronischer Form (Fall c)) auf Dauer tolerierbar (anders aber bis 2019 noch § 12 Abs 2 Nr. 1 i.V.m. Anlage 2 Nr. 49 UStG bis zur Änderung ab 2020 mit der Einfügung von § 12 Abs. 2 Nr. 14 und bis zur Änderung durch die RL (EU) 2018/1713 auch Art. 98 Abs. 2 i.V.m. Anhang III Nr. 6 MwStSystRL[229]).

Für das Umsatzsteuerrecht ist davon auszugehen, dass es sich bei den sog. Online-Lieferungen digitaler Güter um sonstige Leistungen/Dienstleistungen nach § 3 Abs. 9 UStG, Art. 24 MwStSystRL und nicht um Lieferungen i.S.d. § 3 Abs. 1 UStG, Art. 14 MwStSystRL handelt. Die Annahme von Lieferungen verbietet sich mangels Verkörperung. Die deutsche Regelung entspricht der Abgrenzung nach Art. 14 und 24 MwStSystRL. An dieser Unterscheidung anhand der Verkörperung hält die Europäische Union zutreffend auch international fest.[230] Ihr hat sich auch die OECD angeschlossen.[231] Die insoweit klare Abgrenzung darf schon mit Rücksicht auf die Probleme bei der Einfuhrumsatzsteuer nicht aufgegeben werden. Hier ist eine Erfassung digital übermittelter Leistungen durch die Zollbehörden unmöglich. Die verbleibenden problematischen Abgrenzungen bei teilweise verkörperten Leistungen sind nicht durch eine Ausdehnung des Lieferbegriffes, sondern durch eine Anpassung der Regeln über die Behandlung von Dienstleistungen hinsichtlich Ort, Befreiung und Steuersatz an die für Lieferungen gleichartiger Güter geltenden Regelungen zu lösen. Daher ist es zutreffend, dass die verkörperte Übertragung von **Standardsoftware** auf einem körperlichen Datenträger als Lieferung (Einfuhr) behandelt wird[232] – nicht anders als ein Buch oder eine Schallplatte –, hingegen die Übermittlung auf elektronischem Wege als sonstige Leistung, während die Übertragung von **Individualsoftware** auch dann als sonstige Leistung behandelt wird, wenn sie auf einem körperlichen Datenträger übermittelt wird – nicht anders als der Entwurf des Architekten oder das Manuskript des Autors.

2. Ort der sonstigen Leistung

a) Bedeutung für die Steuerbarkeit/Steuerpflicht

Fall 12: Das Autoleasing/Leistungsort

Unternehmer B mit Unternehmenssitz in Brüssel least/mietet bei K aus Köln einen neuen Pkw für monatlich 1.000 €. Er holt ihn am 02.01.2022 in Köln ab. Sämtliche bei dem Betrieb des Pkw anfallenden Kosten hat B zu tragen. Die unkündbare Mietzeit beträgt vier Jahre. Bei verschuldetem und unverschuldetem Untergang

229 S. auch EuGH v. 11.09.2014 – Rs. C-219/13 (K Oy- Finnland), UR 2014, 820 (unterschiedlicher Steuersatz für Buch in Papierform und Hörbuch auf anderem physischen Träger zulässig, solange vom Durchschnittsverbraucher nicht als gleichwertig angesehen) und v. 05.03.2015 – Rs. C-502/13 (Kommission/Luxemburg), UR 2015, 308: Vertragsverstoß Luxemburgs wegen Anwendung des ermäßigten Steuersatzes auf die „Lieferung" digitaler Bücher. Berufung auf Verletzung des Neutralitätsgrundsatzes kam nach EuGH nicht in Betracht. S. auch EuGH v. 07.03.2017 – Rs. C-390/15 (RPO), UR 2017,393 (gerechtfertigte Ungleichbehandlung der Lieferung von Büchern in Papierform und von „digitalen Büchern auf elektronischem Wege"). Inzwischen ist allerdings richtigerweise eine Änderung der Richtlinie durch die RL (EU) 2018/1713 v. 06.11.2018, Abl. EU 2018, Nr. L 286, 20 erfolgt, sodass die Mitgliedstaaten nunmehr auch auf elektronische Bücher den ermäßigten Steuersatz anwenden dürfen. Dem folgt die BuRep nunmehr mit dem durch das JStG 2019 eingefügten § 12 Abs. 2 Nr. 14 UStG.

230 Vgl. Lange UR 2000, 409; s. auch EuGH v. 05.03.2015 – Rs. C-502/13 (Kommission/Luxemburg), UR 2015, 308.

231 Vgl. Vellen UR 1999, 53 und 2000, 401 m.w.N.; ders. in UStKongrBericht 1999/2000, 13.

232 Abschn. 3.5. Abs. 2 UStAE; vgl. auch EuGH v. 27.10.2005 – Rs. C-41/04 (Levob Verzekeringen), Slg. 2005, I-9463.

hat B die Miete weiter zu zahlen. Nach Ablauf der vier Jahre hat B das Recht, den Pkw für 100 € zu erwerben. Die übliche Nutzungsdauer für den Pkw beträgt fünf Jahre. Der Neuwagenkaufpreis hätte 40.000 € betragen. B nutzt den Pkw ausschließlich in Belgien für Zwecke seines Unternehmens.
Schuldet K deutsche USt?

84 I. Problematisch ist, ob K an B eine sonstige Leistung – Duldungsleistung, Vermieten – oder eine Lieferung erbringt. Handelt es sich um eine sonstige Leistung, so wird diese nach § 3 a Abs. 2 UStG nicht steuerbar in Brüssel erbracht, am Unternehmenssitz des die Leistung empfangenden Unternehmers. Denn nach der Ortsregelung zum Ort der sonstigen Leistung wird für sonstige Leistungen grundsätzlich danach differenziert, ob der Empfänger der sonstigen Leistung Unternehmer ist – dann befindet sich nach § 3 a Abs. 2 UStG, Art. 44 MwStSystRL der Leistungsort am Unternehmensort des Empfängers – oder ob er Nichtunternehmer ist – dann ist Leistungsort der Unternehmensort des Leistenden, § 3 a Abs. 1 UStG, Art. 45 MwStSystRL. Da davon abweichende Sonderregelungen in §§ 3 a, 3 b und 3 e und UStG für nicht kurzfristige Vermietungsleistungen von Beförderungsmitteln an Unternehmer nicht bestehen – insbesondere greifen § 3 a Abs. 3 Nr. 2 S. 3 UStG, Art. 56 Abs. 1 und 2 MwStSystRL (kurzfristige Vermietung von Beförderungsmitteln und langfristige an Nichtunternehmer) und § 3 a Abs. 4 Nr.10 UStG (Vermietung beweglicher körperlicher Gegenstände außer Beförderungsmitteln) nicht ein – verbliebe es bei der Ortsbestimmung Brüssel nach § 3 a Abs. 2 UStG.

Handelt es sich hingegen um eine Lieferung, so würde diese als Beförderungslieferung nach der Grundregel des § 3 Abs. 6 UStG in Köln mit dem Beginn der Beförderung ausgeführt. Es würde sich um einen steuerbaren Umsatz handeln, allerdings um eine nach § 4 Nr. 1 b i.V.m. § 6 a UStG steuerfreie innergemeinschaftliche Lieferung, da die Lieferung an B als einen Unternehmer erfolgt.

Hinweis: *Bei einer innergemeinschaftlichen Lieferung an einen Unternehmer B hat in Belgien eine Erwerbsbesteuerung stattzufinden. Die Lieferung eines (nicht neuen Pkw) an einen Nichtunternehmer wäre hingegen nicht als innergemeinschaftliche Lieferung in Deutschland befreit und unterläge in Belgien nicht der Erwerbsbesteuerung.*

II. Entscheidend ist, ob dem B Verfügungsmacht (die Befähigung wie ein Eigentümer zu verfügen) von K verschafft wurde, d.h., ob der Pkw mit der wirtschaftlichen Substanz dem B mit der Übergabe endgültig zugewendet wurde. Die Vermietung einer Sache bedeutet regelmäßig nicht die endgültige Zuwendung der Substanz. Der Vermieter bleibt rechtlicher und wirtschaftlicher Eigentümer und damit Inhaber der Verfügungsmacht. Die Vereinbarungen zwischen B und K sind aber atypisch für einen Mietvertrag. B trägt das Risiko des Unterganges. Die Mietzeit ist unkündbar so lang bemessen, dass mit den Mietraten der Kaufpreis und die Finanzierungskosten des K gedeckt werden. B ist eine Kaufoption eingeräumt zu einem Preis, der weit unter dem bei Ablauf der Mietzeit zu erwartenden Wert des Wagens steht (bei normaler linearer Absetzung 40.000 € – 32.000 [4 x 8.000] € = 8.000 €). Es muss daher davon ausgegangen werden, dass B von der Kaufoption Gebrauch machen wird. Unter diesen Umständen ist mit einer Herausgabe des Wagens an K nach Ablauf der Mietzeit nicht zu rechnen. B ist daher wirtschaftlicher Eigentümer des Pkw geworden (vgl. § 39 Abs. 2 AO). Auch umsatzsteuerlich liegt deshalb eine Lieferung vor und nicht lediglich eine sonstige Leistung.

III. Nach der (verfehlten) Rspr. des EuGH soll es möglich sein, dass ein Leasingvorgang je nach dem nationalen Umsatzsteuerrecht in den Mitgliedstaaten unterschiedlich entweder als Lieferung oder als sonstige Leistung gewürdigt werden darf. Soweit dies dazu führt, dass es bei einem cross border leasing dann zu einer Nichtbesteuerung in beiden Staaten kommt, weil jeweils davon ausgegangen wird, dass die Besteuerung im anderen Mitgliedstaat stattzufinden habe, soll auch kein Missbrauch vorliegen, wenn sich die Steuerpflichtigen dies zunutze machen.[233]

Beispiel: Es erfolgt ein Fahrzeugleasing durch ein in Deutschland ansässiges Leasingunternehmen LG an private Kunden als Leasingnehmer LN in UK zur längerfristigen (endgültigen) Nutzung der Fahrzeuge in UK. Die Fahrzeuge werden erst in UK durch LG von einem dortigen britischen Autohändler erworben und dann dort vom Händler dem – durch LG bevollmächtigten – LN übergeben. LG unterhält keine Niederlassung in UK.[234] Nach deutscher Auffassung liegt eine nicht in Deutschland, sondern nur in UK steuerbare Lieferung nach Art. 14, 31, 32 MwStSystRL (§ 3 Abs. 1, Abs. 6 UStG) des LG an den LN vor, wenn Gefahr und Nutzen schon mit der Übergabe auf LN übergegangen sind, auch wenn das Eigentum erst mit Ablauf der vereinbarten Nutzungsdauer laut Leasingvertrag übertragen werden wird. Nach britischer Auffassung liegt aber mangels Eigentumsverschaffung keine Lieferung vor, sondern lediglich eine sonstige (Dienst-)Leistung, Art. 24 MwStSystRL. Deren Ort befindet sich bei Zugrundelegung der britischen Auffassung nach Art. 45 MwStSystRL (= § 3 a Abs. 1 UStG) in Deutschland. Im Ergebnis findet daher keine Besteuerung statt, weil nach deutscher Auffassung eine Lieferung in UK zu besteuern wäre, während nach britischer Auffassung in Deutschland eine sonstige Leistung zu besteuern wäre. Der deutschen Leasingfirma steht aber jedenfalls der Vorsteuerabzug aus dem Erwerb der Leasingfahrzeuge vom britischen Autohändler zu. Es kommt mithin zu unbelastetem Endverbrauch in UK.

Diese Rspr. des EuGH ist verfehlt. Denn die Begriffe der Lieferung und der Dienstleistung sind in allen Mitgliedstaaten der EU einheitlich autonom nach Art. 14 und Art. 24 der MwStSystRL zu bestimmen. Es dürfen mithin in den Mitgliedstaaten keine unterschiedlichen Kriterien zur Abgrenzung von Lieferungen und Dienstleistungen verwendet werden. Richtigerweise kann es auf den zivilrechtlichen Eigentumsübergang als solchen nicht ankommen. Ob allerdings dem Nutzer die Befähigung „wie ein Eigentümer … zu verfügen" zu können i.S.v. Art. 14 MwStSystRL eingeräumt worden ist, d.h. Nutzen und Gefahr auf ihn übergegangen sind, muss anhand des auf den Vertrag jeweils anwendbaren Zivilrecht des Staates bestimmt werden, dessen Zivilrecht nach den Regeln des IPR auf den Vertrag anwendbar ist, hier also des englischen Rechtes, wenn danach der Leasingvertrag abgeschlossen wurde. Zutreffend stellt der EuGH inzwischen auch – übereinstimmend für alle Mitgliedstaaten – fest, dass beim (Finanzierungs-)Leasing eine Lieferung i.S.d. Art. 14 MwStStRL vorliegt, wenn mit dem Eigentum verbundene Chancen und Risiken, d.h. Nutzen, Lasten und Gefahrtragung, auf den Leasingnehmer übertragen werden und die Summe der (abgezinsten) Leasingraten dem Verkehrswert des Gegenstandes entspricht und/oder das rechtliche Eigentum am Ende der Vertragszeit übertragen werden soll.[235] Kurz gesagt, es kommt darauf an, ob auf den Leasingnehmer trotz noch fehlender Eigentumsübertragung der Gegenstand so übertragen wird, dass er darüber so verfügen kann als wäre er der (rechtliche) Eigentümer (= wirtschaftliches Eigentum). Freilich hat der EuGH sich gerade nicht von seiner verfehlten Rspr. distanziert, wonach derselbe Leasingvorgang beim cross border Leasing in den beteiligten Mitgliedstaaten der Union unterschiedlich je nachdem als Lieferung oder als Dienstleistung qualifiziert werden darf.

---

233 EuGH v. 22.12.2010 – Rs. C-277/09 (RBS Deutschland Holding), Slg. 2010, I-13805 = UR 2011, 222; vgl. auch v. 22.12.2010 – Rs. C-103/09 (Weald Leasing Limited), Slg. 2010, I-13589 = HFR 2011, 361 (Leasing statt Kauf kein Missbrauch); s. aber zur Behandlung von aufgrund Leasingverträgen veräußerter Fahrzeuge als Lieferungen i.S.v. Art. 14 MwStSystRL auch in UK EuGH v. 03.09.2014 – Rs. C-589/12 (Commissioners/GMAC), UR 2014, 895 (aber verfehlt, soweit der EuGH verneint, dass eine Kombination von Berufung auf den Vorrang der Richtlinie und Anwendung richtlinienwidrigen nationalen Rechts nicht missbräuchlich sein könne).

234 Vgl. zur Niederlassung bei Leasingunternehmen EuGH v. 07.05.1998 – Rs. C-390/96 (Lease Plan), Slg. 1998 I-2553; v. 17.07.1997 – Rs. C-190/95 (ARO Lease), Slg. 1997, I-4383.

235 Vgl. EuGH v. 02.07.2015 – Rs. C-209/14 (NLB Leasing), UR 2015, 628; v. 16.02.2012 – Rs. C-118/11 (EON Aset), UR 2012, 230 mit Anm. Wäger; v. 17.07.2014 – Rs. C-438/13 (BCR-Leasing [Rumänien]), UR 2014, 924; s. zu Leasing auch EuGH v. 03.09.2014 – Rs. C-589/12 (GMAC UK), UR 2014, 895; v. 17.01.2013 – Rs. C-224/11 (BGZ-Leasing, [Polen]), UR 2013, 262 – grundsätzlich Dienstleistung, aber anders wenn Chancen und Risiken auf Leasingnehmer übergehen.

IV. Eine Steuerschuld des K entsteht nicht, weil es sich um eine steuerfreie innergemeinschaftliche Lieferung nach § 4 Nr. 1 b UStG (s. Rn. 191) handelt. Für die umgekehrte Konstellation mit Leasinggeber in Belgien und Leasingnehmer in Deutschland hinge von der Einordnung als Lieferung die Steuerbarkeit eines Erwerbs durch den Leasingnehmer in Deutschland ab. Denn eine Erwerbsbesteuerung findet nur bei Lieferungen statt (§ 1 a UStG) (s. Rn. 177 ff.). Bei einer in Deutschland steuerbaren sonstigen Leistung käme es zu einer Umkehrung der Steuerschuld (s. Rn. 382 ff.).

---

85 Bei (Finanzierungs-)Leasingverträgen ist dann von Lieferungen auszugehen, wenn die abgezinste Summe der Leasingraten praktisch dem Verkehrswert des Gegenstandes entspricht und zusätzlich bestimmt ist, dass mit Ablauf der Vertragszeit, das Eigentum auf den Leasingnehmer übergeht oder wenn zwar formal eine Kaufoption vereinbart ist, aber die Ausübung der Kaufoption angesichts der vereinbarten Bedingungen die einzig wirtschaftlich rationale Möglichkeit für den Leasingnehmer darstellt.[236] Damit folgt die umsatzsteuerliche Beurteilung im Ergebnis weitgehend der ertragsteuerlichen Beurteilung. Denn mit der Übertragung wirtschaftlichen Eigentums wird auch i.S.d. § 3 Abs. 1 UStG, Art. 14 MwStSystRL[237] Verfügungsmacht verschafft, respektive die Befähigung zur Verfügung wie ein Eigentümer übertragen:

Wird der Gegenstand dem Leasingnehmer daher ertragsteuerlich zugerechnet, liegt grundsätzlich auch umsatzsteuerlich eine Lieferung vor. Wird er hingegen weiter dem Leasinggeber zugerechnet, liegt umsatzsteuerlich eine sonstige Leistung (Vermietung) des Leasinggebers vor.[238]

Nach ertragsteuerlichen Kriterien erfolgt eine Zurechnung beim Leasingnehmer,[239] wenn

- die unkündbare Grundmietzeit mehr als 90 % der betriebsgewöhnlichen Nutzungsdauer beträgt, oder
- die unkündbare Grundmietzeit weniger als 40 % der betriebsgewöhnlichen Nutzungsdauer beträgt und die Mieten so hoch bemessen sind, dass die Anschaffungskosten des Leasinggebers und Finanzierungskosten voll gedeckt sind, oder
- eine Kaufoption besteht, wobei der Kaufpreis unter dem Wert des Gegenstandes bei Zugrundelegung einer linearen AfA liegt, oder
- der Gegenstand speziell auf die Verhältnisse des Leasingnehmers zugeschnitten ist und nach Rückgabe vom Leasinggeber nicht verwertbar (Spezialleasing) wäre.

Beim echten sog. **sale and lease back** liegt nur eine Finanzierungsleistung (steuerfreie Kreditgewährung) des Leasinggebers an den Leasingnehmer vor, dessen bloßer

---

236 Siehe BMF v. 18.03.2020, BStBl. I 2020,286 unter Bezuzgnahme auf EuGH v. 04.10.2017 – Rs. C-164/16 (Mercedes Benz Financial Services UK), MwStR 2017, 912 mit Anm. Grube. S. auch EuGH v. 12.10.2017 – Rs. C-404/16 (Lombard Ingatlan Lizing), MwStR 2017, 954 mit Anm. Grube zu wegen Nichtzahlung der Leasingraten gekündigtem Leasingvertrag (Verminderung der BMG entsprechend Art. 90 MwStSystRL!).

237 Vgl. insoweit bzgl. des sog. Finanzierungsleasings EuGH v. 03.07.2019 – Rs. C-242/18 (Uni Credit Leasing), MwStR 2019, 781; v. 02.07.2015 – Rs. C-209/14 (NLB Leasing), UR 2015, 628 und v. 16.02.2012 – Rs. C-118/11 (EON Aset), UR 2012, 230 mit Anm. Wäger; s. auch BFH v. 06.04.2016 – V R 12/15, BStBl. II 2017, 188 und BFH v. 27.11.2019 – V R 25/18, DStR 2020, 335 (zu sale- und lease back als bloße steuerfreie Kreditgewährung und nicht als Lieferung des Leasinggebers!) und dem folgend Abschn. 3.5. Abs. 7 UStAE i.d.F. BMF v. 03.02.2017, BStBl. I 2017, 180 sowie FG München v. 28.04.2016 – 14 K 245/16, EFG 2016,1735.

238 Vgl. BFH v. 01.10.1970 – V R 49/70, BStBl. II 1971, 34; Abschn. 3.5. Abs. 5 UStAE – dort auch zur Behandlung bei unterschiedlicher Einordnung eines grenzüberschreitenden Leasings (Cross Border) in den Mitgliedstaaten. Siehe aber einschränkend BMF v. 18.03.2020, BStBl. I 2020, 286 (automatischer Eigentumsübergang bei planmäßiger Vertragsausführung für Annahme einer Lieferung erforderlich).

239 Vgl. BFH v. 26.01.1970 – IV R 144/66, BStBl. II 1970, 264; BMF v. 19.04.1971, BStBl. I 1971, 264.

Absicherung die Übereignung des Leasinggegenstandes an den Leasinggeber durch den Leasingnehmer und die (Rück-)Vermietung an diesen dient. Weder erfolgt eine Lieferung an den Leasinggeber noch erbringt dieser eine sonstige (Vermietungs-) Leistung oder eine (Rück-)Lieferung an den Leasingnehmer. Soll dem Verkäufer und Leasinggeber lediglich eine vorteilhafte bilanzielle Gestaltung ermöglicht werden, liegt eine steuerpflichtige sonstige Leistung nach § 3 Abs. 9 UStG vor.[240]

b) Die Regelung der §§ 3 a, 3 b UStG

Während der Ort der Lieferung gemäß § 3 Abs. 6–8 noch relativ leicht zu bestimmen ist, ausgenommen Lieferungen im Reihengeschäft, bringen die §§ 3 a, 3 b UStG und 3 e UStG für den Ort der sonstigen Leistung eine sehr umfangreiche und komplizierte Regelung. Die Kompliziertheit der Ortsregelungen für sonstige Leistungen beruht auf der Schwierigkeit, für sonstige Leistungen den Ort des tatsächlichen Verbrauchs rechtssicher und verwaltungstechnisch einfach überprüfbar zu bestimmen. Die Problematik liegt darin begründet, dass einerseits dem Charakter der USt als Verbrauchsteuer entsprechend sonstige Leistungen in dem Staat besteuert werden sollten, in dem der (End-)Verbrauch tatsächlich stattfindet. Andererseits muss sowohl für den leistenden Unternehmer als auch für den Fiskus rechtssicher und überprüfbar bestimmbar sein, wo (in welchem Staat) die Leistung zu besteuern ist. Anders als bisher für grenzüberschreitende Lieferungen erfolgt bei sonstigen Leistungen/Dienstleistungen die Abgrenzung der Besteuerungshoheiten der Staaten endgültig nur über die Ortsbestimmungen und nicht erst über Befreiungen (für die Ausfuhr und bisher noch für innergemeinschaftliche Lieferungen). Die Ortsbestimmungen sind daher auch und gerade für sonstige Leistungen besonders bedeutsam. 86

Auch durch die Regelungen zum Ort der sonstigen Leistung soll möglichst schon erreicht werden, dass die tatsächliche Besteuerung im Einklang mit dem Bestimmungslandprinzip im Staat des tatsächlichen Verbrauches erfolgt.[241] Es kann allerdings nicht in Betracht kommen, den Ort der Erbringung von Dienstleistungen generell danach zu bestimmen, wo der Leistungsempfänger die Leistung tatsächlich verbraucht. Denn dies ist in vielen Fällen weder für den leistenden Unternehmer rechtssicher feststellbar noch für ihn und die Finanzverwaltung(en) überprüfbar und nachweisbar. Insoweit muss für die Ortsbestimmung zunächst an für die Beteiligten bei Leistungserbringung erkennbare äußere Umstände angeknüpft wird. Der Ortsregelung für Dienstleistungen/sonstige Leistungen liegen die nachfolgenden Prinzipien und Erwägungen zugrunde:

aa) Dem Charakter der USt als Verbrauchsteuer würde am besten ein Leistungsort entsprechen, der sich nach dem Ort des tatsächlichen Verbrauchs der Leistung richtet (sog. **Bestimmungslandprinzip/Verbrauchsortprinzip**).[242] Der **Ort des tatsächlichen Verbrauches** lässt sich nur für einige wenige sonstige Leistungen schon nach der Art der Leistung für den leistenden Unternehmer und den Leistungsemp- 87

240 BFH v. 06.04.2016 – V R 12/15, BStBl. II 2017, 188 = UR 2016, 643; v. 09.02.2006 – V R 22/03, BStBl. II 2006, 727; Abschn. 3.5. Abs. 7 UStAE. Satz 64 i.d.F. BMF v. 03.02.2017, BStBl. I 2017, 180; zum (nachträglichen oder vorherigen) Bestellereintritt des Leasinggebers in den Liefervertrag mit dem Verkäufer s. Abschn. 3.5. Abs. 7 a UStAE i.d.F. BMF v. 03.08.2015, BStBl. I 2015, 737 (bloße Kreditgewährung bei Eintritt erst nach Lieferung an den Leasingnehmer; dagegen Lieferung erst an den Leasinggeber bei vorherigem Eintritt und sodann Lfg. oder Vermietung an den Leasinggeber). S. auch EuGH v. 27.03.2019 – Rs. C-201/18 (Mydibel SA), „Sale and Lease Back" einer Immobilie durch Veräußerung und Rückverpachtung führt nicht zu einer Lieferung der Immobilie und löst keine Vorsteuerberichtigung nach Art. 184, 185 MwStSystRL = § 15 a UStG aus.

241 Vgl. bereits RL 2008/8/EG v. 12.02.2008 bzgl. Ort der Dienstleistung, Abl. EG 2008, Nr. L 44, 11. Die dort vorgesehenen Änderungen bzgl. Telekommunikationsleistungen usw. im geänderten Art. 58 traten erst zum 01.01.2015 in Kraft. Die Umsetzung in § 3 a Abs. 5, Abs. 4 Nr. 11–13 (entfallen) erfolgte durch das G. v. 25.07.2014, BGBl. I 2014, 1266 (StRAnpG Beitritt Kroatien).

242 Begründungserwägung 3 der RL 2008/8/EG v. 12.02.2008, Abl. EG 2008, Nr. L 44/2008, 11.

fänger bereits bei Erbringung/Abgabe der Leistung rechtssicher erkennen, insbesondere wenn ein sofortiger Verbrauch schon bei Leistungsabgabe eintritt. Dies gilt etwa für **Beförderungsleistungen**, **§ 3 b Abs. 1 UStG**, die dort verbraucht werden, wo die Beförderung stattfindet, oder für **Restaurationsleistungen** (Abgaben von Speisen und Getränken zum sofortigen Verzehr), **§ 3 a Abs. 3 Nr. 3 b UStG**. Ein relativ sicherer und leicht erkennbarer Anknüpfungspunkt für die Ortsbestimmung einer sonstigen Leistung ist der Ort, von dem aus ein Unternehmen betrieben wird (Unternehmenssitz) und für Nichtunternehmer der Wohnsitz oder Sitz. In Betracht kommt insoweit, dass auf den (Unternehmens- oder Wohn-)Sitz des leistenden Unternehmers oder des Leistungsempfängers abgestellt wird. Die größere Annäherung an den Ort des tatsächlichen Verbrauchs ergibt sich zweifellos, wenn auf den **Sitzort/Ansässigkeitsort des Empfängers** abgestellt wird. Dies passt freilich schlecht zu einer indirekten Steuer, die beim leistenden Unternehmer erhoben wird. Dieser hat gar nicht die Möglichkeit, immer den Wohnsitz des Leistungsempfängers rechtssicher zu erfahren. Sofern der Leistungsempfänger Nichtunternehmer ist, werden ihm auch keinerlei (Erklärungs-, Kontroll- oder Zahlungs-)Pflichten auferlegt. Am weitesten entfernt vom tatsächlichen Ort des tatsächlichen Verbrauchs ist der **Sitzort des leistenden Unternehmers**. Auf der anderen Seite ließe sich anhand dieses Kriteriums der Ort einer sonstigen Leistung am sichersten bestimmen.

Vor diesem Hintergrund differenziert das UStG im Anschluss an die MwStSystRL hinsichtlich der Ortsregelung wie folgt: Es wird grundsätzlich danach unterschieden, ob die sonstige **Leistung an einen Unternehmer** oder an einen **Nichtunternehmer als Leistungsempfänger** erbracht wird. Maßgebend sind dafür die Verhältnisse zu dem Zeitpunkt, in dem die Leistung an den Leistungsempfänger erbracht wird.[243]

88 **bb)** Für **sonstige Leistungen an Unternehmer** gilt in Übereinstimmung mit **Art. 44 MwStSystRL** nach der **Grundregel des § 3 a Abs. 2 S. 1 UStG** das **Empfängerortprinzip**. Die Leistung wird an dem Ort ausgeführt, an dem der Unternehmer sein Unternehmen betreibt, respektive wo er den **Sitz seiner wirtschaftlichen Tätigkeit** hat. Das ist nach Art. 10 der mit Gesetzeskraft auch für den Stpfl. geltenden **MwStDVO**[244] der Ort, an dem die Handlungen zur zentralen Verwaltung des Unternehmens erfolgen. Kriterien zur Bestimmung dieses Ortes sind der Ort der wesentlichen Entscheidungen zur allgemeinen Leitung des Unternehmens, der Ort des satzungsmäßigen Sitzes, der Ort der Ansässigkeit der Geschäftsleitung des Unternehmens.[245] Sofern die Leistung tatsächlich an eine Betriebsstätte (feste Niederlassung) erbracht wird, ist der **Ort der Betriebsstätte** maßgebend.[246] Auf den **Wohnsitz oder gewöhnlichen Aufenthaltsort** des Unternehmers (als natürliche Person) oder des Führungspersonals (bei juristischen Personen und Gesellschaften als Unternehmer) kann nur hilfsweise abgestellt werden, wenn es an einem (anderen) Ort der wirtschaftlichen Tätigkeit oder festen Niederlassung fehlt.[247] Eine Leistung für die Betriebsstätte liegt dann vor, wenn diese dort verwendet wird, Art. 21 Abs. 2 MwStDVO. Betriebsstätte, bzw. feste Niederlassung i.S.d. Art. 44, 45 MwStSystRL ist nach Art. 11 Abs. 2 MwStDVO jede Niederlassung (mit Ausnahme des Sitzes der wirtschaftlichen Tätigkeit), die eine hinreichende Beständigkeit und Struktur aufweist, die ihr anhand ihrer

243 Abschn. 3a.1. Abs. 1 UStAE unter Hinweis auf Art. 25 MwStDVO.

244 Durchführungsverordnung (EU) Nr. 282 des Rates v. 15.03.2011, Abl. L 77/1 v. 27.03.2011.

245 Vgl. auch Abschn. 3a.1. Abs. 1 UStAE; EuGH v. 19.04.2007 – Rs. C-73/06 (Planzer Luxembourg), Slg. 2007, I-5655 = UR 2007, 655 m.w.N. zur Rspr. des EuGH.

246 Dazu Art. 11 MwStDVO und EuGH v. 16.10.2014 – Rs. C-605/12 (Wellmory), UR 2014, 937 (hinreichender Grad an Beständigkeit und Struktur, um Dienstleistungen für ihre wirtschaftliche Tätigkeit zu empfangen und zu verwenden); Abschn. 3a.2. Abs. 4–6 UStAE i.V.m. Abschn. 3a.1. Abs. 3 UStAE.

247 Vgl. EuGH v. 06.10.2011 – Rs. C-421/10 (Stoppelkamp), DStR 2011, 1947 auf Vorlage von BFH v. 30.06.2010 – XI R 5/08, BStBl. II 2011, 144.

personellen und technischen Ausstattung erlaubt, Dienstleistungen (autonom) zu erbringen. Die hinreichende Beständigkeit verlangt eine mehr als nur vorübergehende Verfügungsmacht über die personelle und sachliche Ausstattung.[248] Keine feste Niederlassung/Betriebsstätte ist eine **Tochtergesellschaft**.[249]

Nach § 3 a Abs. 2 UStG wird verlangt, dass die Leistung **an einen Unternehmer und für sein Unternehmen** ausgeführt wurde. Art. 43 MwStSystRL bestimmt allerdings ausdrücklich, dass für Zwecke der Ortsbestimmung ein Steuerpflichtiger (Unternehmer), der auch Tätigkeiten und Umsätze ausführt, die nicht nach Art. 2 MwStSystRL steuerbar sind, für alle an ihn erbrachten Dienstleistungen als Steuerpflichtiger anzusehen ist. Das gilt allerdings nicht für solche Dienstleistungen, die ausschließlich für den privaten Gebrauch des Steuerpflichtigen oder seines Personals empfangen werden, wie der zur Auslegung des Art. 43 MwStSystRL ergangene Art. 19 MwStDVO bestimmt. Bei richtlinienkonformer Auslegung ist § 3 a Abs. 2 S. 1 UStG daher dahingehend zu verstehen, dass mit Ausnahme der ausschließlich für den privaten Bedarf des Unternehmers oder seines Personals bezogenen Leistungen die an einen Unternehmer erbrachten sonstigen Leistungen immer auch als für dessen Unternehmen bezogen gelten. Das betrifft insbesondere auch solche Leistungsbezüge, die der Ausführung nicht zu besteuernder Tätigkeiten dienen, wie etwa einer nicht steuerbaren Geschäftsveräußerung. Wird eine Leistung sowohl für den unternehmerischen Bereich als auch für den privaten, nichtunternehmerischen Bereich erbracht, ist der Leistungsort einheitlich nach § 3 a Abs. 2 S. 1 UStG zu bestimmen.[250] Bei ausschließlich für den privaten Bedarf bezogenen Leistungen bestimmt sich der Leistungsort nach § 3 a Abs. 1 UStG nach dem Unternehmensort des leistenden Unternehmers, sofern nicht § 3 a Abs. 3–8 UStG eingreifen. Der leistende Unternehmer darf grundsätzlich darauf vertrauen, dass eine von ihm an einen Unternehmer als Leistungsempfänger erbrachte Leistung für dessen Unternehmen erbracht wird, wenn der Leistungsempfänger eine USt-IdNr. verwendet. Das genügt nicht, wenn nach der Art der Leistung anzunehmen ist, dass diese für den privaten Bedarf bestimmt ist. Hier allerdings darf der leistende Unternehmer grundsätzlich auf eine Erklärung des leistungsempfangenden Unternehmers vertrauen, dass die Leistung für dessen Unternehmen ausgeführt wird.[251] Trifft diese Erklärung nicht zu, bestimmt sich der Ort der sonstigen Leistung gleichwohl nach § 3 a Abs. 2 S. 1 UStG. Es bleibt aber dabei, dass kein Vorsteuerabzugsrecht nach § 15 Abs. 1 Nr. 1 UStG besteht, weil die Leistung insoweit gerade nicht „für das Unternehmen" ausgeführt worden ist.

Beispiel: Unternehmer U aus Münster lässt an seinem Pkw eine Reparaturleistung von einem Werkstattunternehmer W auf Texel (Niederlande) ausführen. U befand sich dort auf Urlaub. Der Pkw wird ausschließlich für private Zwecke des U und seiner Familie genutzt. U hat gegenüber dem W seine deutsche USt-IdNr. verwendet und außerdem ausdrücklich erklärt, dass die Reparaturleistung für sein Unternehmen ausgeführt wird.

Nach § 3 a Abs. 2 S. 1 UStG erbringt W seine Leistung in Münster – und nicht nach § 3 a Abs. 3 Nr. 3 c UStG in den Niederlanden. Die für die danach in Deutschland steuerbare und steuerpflichtige Werkleistung des W entstandene USt wird allerdings nach § 13 b Abs. 5 S. 1, Abs. 1 UStG von U geschuldet – Umkehr der Steuerschuldnerschaft. Dem U steht aber kein Vorsteuerabzug nach § 15 UStG zu, weil die Reparaturleistung des W nicht „für das Unternehmen" des U ausgeführt worden ist.

Hinweis: *W schuldet auch keine niederländische USt, weil auch nach dortigem Recht die Dienstleistung des W entsprechend Art. 44, 43 MwStSystRL, Art. 19 Abs. 2 MwStDVO als in Deutschland erbracht gilt.*

---

248 Vgl. auch Abschn. 3a.1. Abs. 3 und Abschn. 3a.2. Abs. 3– 6 UStAE, Art. 12 und 13 MwStDVO; BFH v. 08.09.2010 – XI R 15/08, BFH/NV 2011, 661; v. 30.06.2011 – V R 37/09, BFH/NV 2011, 2129; EuGH v. 28.06.2007 – Rs. C-73/06 (Planzer Luxembourg), Slg. 2007, I-5655; v. 17.07.1997 – Rs. C-190/95 (Aro Lease), Slg. 1997, I-4383; v. 20.02.1997 – Rs. C-260/95 (DFDS), Slg. 1997, I-1005, v. 04.07.1985 – Rs. 168/84 (Berkholz), Slg. 1985, 2251.

249 EuGH v. 07.05.2020 – Rs. C-547/18 (Dong Yang Electronics), DStR 2020, 1047.

250 Abschn. 3a.2. Abs. 8 UStAE; Art. 19 Abs. 3 MwStDVO.

251 Vgl. Abschn. 3a. Abs. 9–11 a UStAE; Art. 19 Abs. 2 MwStDVO.

In Übereinstimmung mit Art. 43 Nr. 2 MwStSystRL, Art. 17 Abs. 2 MwStDVO ist nach § 3 a Abs. 2 S. 3 Alt. 1 UStG auch eine ausschließlich **nicht unternehmerisch tätige juristische Person mit erteilter USt/MwSt-IdNr.** (nur) für Zwecke der Ortsregelung als Steuerpflichtiger/Unternehmer zu behandeln. Das betrifft insbesondere juristischen Personen, denen für Zwecke des innergemeinschaftlichen Handels eine USt-IdNr. erteilt worden ist. Es kann sich dabei sowohl um eine juristische Person des öffentlichen als auch des privaten Rechtes handeln. Soweit juristische Personen sich sowohl unternehmerisch als auch nichtunternehmerisch betätigen, ist für die Ortsbestimmung davon auszugehen, dass i.S.d. § 3 a Abs. 2 S. 1 UStG eine Leistung für „(deren)/dessen Unternehmen" § 3 a Abs. 2 S. 1 UStG ausgeführt wurde, auch wenn der Leistungsbezug tatsächlich nicht der Ausführung von Umsätzen im Rahmen des Unternehmens i.S.d. § 1 UStG dient. Das betrifft insbesondere auch sonstige Leistungen, die für den hoheitlichen Bereich einer auch als Unternehmer tätig werdenden juristischen Person des öffentlichen Rechtes erfolgen. Lediglich für solche Leistungen, die ausschließlich für den privaten Bedarf des Personals oder von Gesellschaftern der juristischen Person bestimmt sind, gilt dies nach der klarstellend durch das AmtshilfeRLUmsG[252] eingefügten ausdrücklichen Regelung des § 3 a Abs. 2 S. 3 Alt. 2 UStG nicht.[253]

89 Im Einzelnen ist für die Anwendung des § 3 a Abs. 2 UStG in Abgrenzung zu § 3 a Abs. 1 UStG wie folgt zu differenzieren:[254] Das **Empfängerortprinzip des § 3 a Abs. 2 UStG** gilt bei

- **Leistungen an alle Unternehmer für deren** außerhalb des Rahmens des Unternehmens i.S.d. § 1 Abs. 1 Nr. 1 UStG liegende **nicht steuerbaren Umsätze im Bereich nichtwirtschaftlicher Tätigkeiten**, die aber nicht ausschließlich dem privaten Gebrauch des Unternehmers oder seines Personals dienen. Unter das Empfängerortprinzip fallen daher insbesondere auch sonstige Leistungen **an (auch) als Unternehmer tätige juristische Personen** des privaten (etwa Vereine) und öffentlichen Rechtes (etwa die Gebietskörperschaften) für deren Verwendung im außerhalb des Unternehmens liegenden nichtwirtschaftlichen (Vereins-/Hoheits-) Tätigkeitsbereich. Zu beachten ist, dass für den Bund und die Länder als Gebietskörperschaften stets davon auszugehen ist, dass sie sowohl unternehmerisch als auch hoheitlich tätig sind. Auch Leistungen für deren hoheitlichen Tätigkeitsbereich fallen daher unter die Empfängerortsregelung des § 3 a Abs. 2 UStG und nicht unter die Sitzortregelung des § 3 a Abs. 1 UStG.
- **Leistungen an juristische Personen des privaten oder öffentlichen Rechtes,** die insgesamt zwar keine Unternehmer i.S.d. § 2 UStG sind **(Nichtunternehmer),** denen **aber eine USt-IdNr.** für ihre innergemeinschaftlichen Erwerbe erteilt wurde (oder nach § 27 a, § 1 a Abs. 1 Nr. 2 b, Abs. 4 S. 1 UStG für innergemeinschaftliche Erwerbe zu erteilen ist), es sei denn, die Leistungen dienen ausschließlich dem privaten Gebrauch des Personals oder der Mitglieder und nicht den nichtwirtschaftlichen (Satzungs-/hoheitlichen) Zwecken der juristischen Person.

90 Durch das Abstellen auf den **Empfängerort** wird erreicht, dass damit für den Regelfall die Besteuerung auch in dem Staat stattfindet, in dem der tatsächliche **Verbrauch** der Leistung durch den Empfänger erfolgt. Dies würde gerade bei grenzüberschreitend erbrachten sonstigen Leistungen zu erheblichen **verwaltungstechnischen Schwierigkeiten für den leistenden Unternehmer** führen. Denn der leistende Unternehmer müsste ggf. im für ihn fremden Staat des Leistungsempfängers

252 V. 26.06.2013, BGBl. I 2013, 1809.

253 Vgl. Abschn. 3a.2. Abs. 7, 8, 13 und 14 UStAE.

254 Vgl. dazu Abschn. 3a.1. Abs. 1 und Abschn. 3a.2. Abs. 1 und Abs. 8–14 UStAE.

die sonstige Leistung deklarieren und die Umsatzsteuerschuld bezahlen. Diese Erschwernisse werden dadurch vermieden, dass bei grenzüberschreitend von im übrigen Gemeinschaftsgebiet und in Drittlandsgebiet ansässigen Unternehmern im Inland erbrachten sonstigen Leistungen eine **Umkehr der Steuerschuldnerschaft** eintritt (vgl. Rn. 382 ff.). Die USt wird dann abweichend vom Normalfall nicht vom leistenden Unternehmer, sondern vom **leistungsempfangenden Unternehmer** geschuldet. Dieser hat sie beim (in der Regel seinem) inländischen Fiskus zu deklarieren und er kann seinerseits für die von ihm geschuldete USt bei seinem Fiskus den Vorsteuerabzug geltend machen, vgl. § 13 b Abs. 1 Nr. 1, Abs. 2 Nr. 1 i.V.m. Abs. 5 S. 1 und § 15 Abs. 1 Nr. 4 UStG. Für unter die Empfängerortregelung des Art. 44 MwStSystRL fallende Dienstleistungen (sonstige Leistungen) an Unternehmer (und gleichgestellte juristische Personen mit USt-IdNr.) innerhalb der Europäischen Union schreibt Art. 196 MwStSystRL zwingend die Umkehr der Steuerschuldnerschaft vor, wenn die Leistung von einem nicht im Empfängermitgliedstaat ansässigen Unternehmer erbracht wird.

Beispiel: Vermittler N in Nürnberg vermittelt für Bilderhändler S aus Salzburg die Durchführung von Restaurationsarbeiten an einem Bild des S durch den Restaurator M aus München. Alle Beteiligten sind Unternehmer. Die Restaurationsarbeiten führt M in München aus. Danach wird das Bild wieder nach Salzburg gebracht.

M und N erbringen an S je eine sonstige Leistung, M durch Arbeiten an beweglichen Gegenständen (Werkleistung) und N durch eine Vermittlungsleistung. Sowohl die Leistung des M als auch die Leistung des N werden gemäß § 3 a Abs. 2 S. 1 UStG am Unternehmensort des Empfängers S in Salzburg erbracht. Sie sind daher in Deutschland nicht steuerbar. In Österreich schuldet S die österreichische USt aus den an ihn erbrachten Leistungen des M und des N gemäß der dem § 13 b Abs. 1 Nr. 1, Abs. 2 UStG und dem Art. 196 MwStSystRL entsprechenden Regelung des § 19 Abs. 1 S. 2 österreichische UStG. Er kann diese seinerseits gemäß der § 15 Abs. 1 Nr. 1 UStG entsprechenden Regelung des § 12 Abs. 1 Nr. 3 österreichische UStG in Österreich als VoSt abziehen.

Abwandlung: Wie oben, aber N und M betreiben ihr Unternehmen in der Schweiz, während S in Stuttgart ansässig ist.

N und M führen in Deutschland gemäß § 1 Abs. 1 Nr. 1 i.V.m. § 3 a Abs. 2 S. 1 UStG steuerbare und steuerpflichtige sonstige Leistungen (Werkleistung an beweglichen Gegenständen und Vermittlungsleistung) aus, für die aber nach § 13 b Abs. 5 i.V.m. Abs. 2 Nr. 1 UStG S die deutsche USt schuldet. Diese kann er seinerseits nach § 15 Abs. 1 Nr. 4 UStG (auch ohne Rechnung!) als VoSt abziehen.

cc) Von der Grundregelung des **Empfängerortprinzips nach § 3 a Abs. 2 UStG bei** 91
sonstigen Leistungen an Unternehmer (und gleichgestellte juristische Personen mit USt-IdNr.) gibt es nur wenige **vorrangige Abweichungen** für bestimmte abschließend aufgezählte Leistungen. Für diese Leistungen erschien es rechtssicher möglich, einen dem Ort des tatsächlichen Verbrauchs näher kommenden Leistungsort als den Empfängerort zu bestimmen. Es handelt sich dabei um folgende Ortsbestimmungen für sonstige Leistungen:

- erstens den **Ort der Belegenheit des Grundstücks** gemäß **§ 3 a Abs. 3 Nr. 1 UStG** (Art. 47 MwStSystRL), Art. 13 b MwStDVO für sonstige Leistungen im Zusammenhang mit einem Grundstück,[255] insbesondere Nr. 1 a und 1 b: Vermietung und andere Nutzungsüberlassungen (s. Rn. 263 ff.), Makler-, Vermittlungs- und Beurkundungsleistungen für Erwerb und Veräußerung sowie Nr. 1 c: Bauleistungen, soweit nicht Werklieferungen;

255 Vgl. Abschn. 3a.3. UStAE i.d.F. BMF v. 05.12.2017, BStBl. I 2017. 1658 zu weiteren Einzelheiten zum Ort der sonstigen Leistung im Zusammenhang mit Grundstücken, u.a. zu sonstigen Leistungen juristischer Art im Zusammenhang mit Grundstücken, u.a. Grundstücksübertragungen und Einräumung von dinglichen Rechten an Grundstücken. S. auch BFH v. 12.10.2016 – XI R 5/14, BStBl. II 2017, 501 (zum Leistungsort für Einräumung der Berechtigung auf mehreren Golfplätzen im In- und Ausland zu spielen – Ort nicht nach § 3 a Abs. 1 Nr. 1 Lage des Grundstückes, sondern nach § 3 a Abs. 3 Nr. 3 a) dort, wo Sport ausgeübt wird!) m.w.N. auch aus der Rspr. des EuGH.

- zweitens den **Ort der tatsächlichen Erbringung der Leistung**

  (1) für die **Einräumung von Eintrittsberechtigungen zu** kulturellen, künstlerischen, wissenschaftlichen, usw. **Veranstaltungen** oder für ähnliche Veranstaltungen wie Messen und Ausstellungen gemäß **§ 3 a Abs. 3 Nr. 5 UStG** (Art. 53 MwStSystRL);

  (2) für Restaurationsleistungen (Abgabe von Speisen und Getränken zum Verzehr an Ort und Stelle) gemäß § 3 a Abs. 3 Nr. 3 b UStG (Art. 55 MwStSystRL);

- drittens den **Ort der tatsächlichen Zurverfügungstellung des Beförderungsmittels** bei **kurzfristiger Vermietung** (nicht mehr als 30 bzw. 90 Tage) eines Beförderungsmittels **gemäß § 3 a Abs. 3 Nr. 2 UStG** (Art. 56 MwStSystRL);[256]

- viertens den **Ort der tatsächlichen Bewirkung einer Beförderungsleistung bei Personenbeförderungen nach § 3 b Abs. 1 S. 1 und 2 UStG** (Art. 48 MwStSystRL).

Für alle anderen sonstigen Leistungen – außer solche für den privaten Gebrauch des Unternehmers oder seines Personals – an Unternehmer und gleichgestellte juristische Personen mit USt-IdNr. für deren Unternehmen bleibt es beim Empfängerortprinzip des § 3 a Abs. 2 S. 1 UStG.

Die genannten Ortsregelungen – außer bezüglich der Einräumung von Eintrittsberechtigungen – gelten gleichermaßen auch dann, wenn der Leistungsempfänger ein Nichtunternehmer ist.

Für die **kurzfristige Vermietung** von bestimmten Beförderungsmitteln **(Schienenfahrzeug, Kraftomnibus, Lastkraftwagen) an Drittstaatenunternehmer** als Empfänger bestimmt die auf Art. 59 a lit. a MwStSystRL gestützte Sonderregelung des **§ 3 a Abs. 7 UStG** allerdings den **Drittstaat als Leistungsort**, wenn das Beförderungsmittel dort genutzt wird, sodass die Leistung im Inland nicht zu besteuern ist.

Für an sich unter das Empfängerortprinzip des § 3 a Abs. 2 UStG fallende sonstige Leistungen der **Güterbeförderung** und damit im Zusammenhang stehende Leistungen nach § 3 b Abs. 2 UStG (Beladen, Entladen, Umschlagen von beförderten Gütern) sowie **Arbeiten an beweglichen Gegenständen und deren Begutachtung** bestimmt **§ 3 a Abs. 8 UStG abweichend von § 3 a Abs. 2 UStG** den **Ort im Drittland**, wenn die Leistung **dort genutzt oder ausgewertet** wird. Auch dafür ergibt sich die gemeinschaftsrechtliche Grundlage aus Art. 59 a lit. a MwStSystRL. Durch § 3 a Abs. 8 UStG wird eine Doppelbesteuerung im Inland neben der im Drittland (möglicherweise) erfolgenden Besteuerung vermieden. § 3 Abs. 8 UStG setzt insoweit das Bestimmungsland-/Verbrauchslandprinzip um.

92 **dd)** Die sicherste und leichteste Anknüpfungsmöglichkeit für den Ort der sonstigen Leistung bietet der **Sitzort des leistenden Unternehmers**. Durch eine Bestimmung, die hieran anknüpft, wird eine Erfassung der sonstigen Leistungen relativ einfach. Sie stellt aber zugleich die weiteste Entfernung vom Bestimmungslandprinzip dar. Dem trägt das UStG dadurch Rechnung, dass gemäß **§ 3 a Abs. 1 UStG** der **(Unternehmens-)Sitzort des leistenden Unternehmers**, d.h. der Ort, von dem aus er sein Unternehmen betreibt, nur nachrangig nach allen anderen Ortsbestimmungen gemäß §§ 3 a Abs. 2–7, 3 b, 3 e UStG zur Ortsbestimmung für sonstige Leistungen herangezogen wird. Soweit § 3 a Abs. 1 UStG den Sitzort des leistenden Unternehmers zum Leistungsort erklärt **(subsidiäre Grundregel)**, räumt das Gesetz der tatsächlichen Erfassung der Umsätze und verwaltungsmäßigen Erleichterungen und Kontrollmöglichkeiten den Vorrang vor der theoretisch richtigen Zuordnung der Umsätze und

256 Vgl. dazu Abschn. 3a.5. Abs. 5 UStAE.

des Umsatzsteueraufkommens an die Staaten nach dem Bestimmungsland-/Verbrauchsortprinzip ein.

Von großer Bedeutung ist, dass **§ 3 a Abs. 1 UStG** gegenüber der Empfängerortregelung des § 3 a Abs. 2 UStG für sonstige Leistungen an Unternehmer für deren Unternehmen (und gleichgestellte juristische Personen mit USt-IdNr.) nachrangig ist. **§ 3 a Abs. 1 UStG** kann daher überhaupt nur bei **sonstigen Leistungen an Nichtunternehmer** (aber nicht an juristische Personen mit USt-IdNr.) oder an Unternehmer (und juristische Personen mit USt-IdNr.), aber nur **für deren privaten Gebrauch oder den ihres Personals**, Anwendung finden.

Auch dann scheidet seine Anwendung freilich aus, soweit nach § 3 a Abs. 3–8 und §§ 3 b, 3 e UStG für an Nichtunternehmer (oder für den ausschließlichen privaten Gebrauch eines Unternehmers oder seines Personals) erbrachte Leistungen anderweitige Ortsregelungen bestehen.

Beispiel: Rechtsanwalt R mit Anwaltspraxis und Wohnung in Münster mietet von Autoverleiher N in den Niederlanden a) längerfristig einen Pkw für Mandantenbesuche und b) einen weiteren Pkw für eine 14-tägige private Urlaubsreise nach Frankreich und c) längerfristig einen weiteren Pkw zur privaten Nutzung für seine Frau. Der Pkw wurde dem R jeweils in den Niederlanden ausgehändigt und bei a) und c) im Wesentlichen in Deutschland gefahren.

N erbringt durch die Vermietung der drei Pkws (Beförderungsmittel) drei sonstige Leistungen nach § 3 Abs. 9 UStG an R. Der Ort dieser Leistung bestimmt sich zu a) nach **§ 3 a Abs. 2 UStG** mit Münster als Empfängersitzort, weil die sonstige **Leistung für das Unternehmen** des R erbracht wird und es sich nicht um eine kurzfristige Vermietung des Pkw handelte; für b) liegt der Ort nach **§ 3 a Abs. 3 Nr. 2 S. 1 und 2 UStG** in den Niederlanden, da der **kurzfristig vermietete Pkw** dem R dort zur Verfügung gestellt wurde und für c) liegt der Ort nach **§ 3 a Abs. 3 Nr. 2 S. 3 UStG**[257] in Münster als Wohnort des Empfängers. Denn die nicht nur kurzfristige, sondern **langfristige Vermietung** an R erfolgte **nicht für Zwecke des Unternehmens**, sondern für dessen privaten Bedarf. Für die in Deutschland steuerbare und steuerpflichtige sonstige Leistung (a) schuldet R (und nicht N) die deutsche USt nach § 13 b Abs. 5 S. 1 i.V.m. Abs. 1 UStG. Für die in den Niederlanden steuerbaren sonstigen Leistungen (b) schuldet N entsprechend Art. 193 MwStSystRL (= § 13 a Nr. 1 UStG) in den Niederlanden die niederländische USt/MwSt. Für die in Deutschland steuerbare sonstige Leistung nach (c) schuldet der R als Leistungsempfänger nach § 13 b Abs. 5 S. 1 i.V.m. Abs. 2 Nr. 1 UStG in Deutschland die Steuer. Denn R ist Unternehmer und an ihn wird eine nicht unter §§ 13 b Abs. 1, 3 a Abs. 2 UStG fallende sonstige Leistung eines im Ausland (Niederlande) ansässigen Unternehmers erbracht. Unerheblich ist, dass diese Leistung nicht für das Unternehmen des R erbracht wird.[258]

Unter dem Aspekt einer Besteuerung im Staat des tatsächlichen Verbrauchs (Bestimmungslandprinzip) erscheint für b) zunächst unbefriedigend, dass die Besteuerung in den Niederlanden erfolgt, obwohl der eigentliche Leistungsverbrauch in Frankreich stattfindet. Aus Gründen der erleichterten Durchführung der Besteuerung wie auch der praktischen Erfassung/Kontrolle einer überhaupt erfolgenden Besteuerung sind aber gewisse Abweichungen von einem streng durchgeführten Bestimmungsland/Verbrauchsortprinzip zu akzeptieren. Für die Vermietung von Beförderungsmitteln besteht gerade wegen deren Ortsbeweglichkeit eine besonders detailreiche Sonderregelung, um einerseits eine möglichst große Annäherung an den Ort des tatsächlichen Verbrauches zu erreichen, aber andererseits die Durchführung der Besteuerung für die beteiligten Unternehmer noch praktikabel und für die Verwaltung noch kontrollierbar zu machen. Die **kurzfristige Vermietung** erfolgt dabei gemäß **§ 3 a Abs. 3 Nr. 2 S. 1 und 2 UStG** jeweils an dem Ort, an dem das Beförderungsmittel dem Leistungsempfänger übergeben wird. Das gilt auch dann, wenn der Leistungsempfänger Unternehmer ist. Dieser Ort befindet sich regelmäßig dort, wo der leistende Unternehmer sein Unternehmen betreibt, zumindest aber dort eine Betriebsstätte/Niederlassung hat. Zugleich wird der Leistungsempfänger häufig das Beförderungsmittel auch in diesem Staat nutzen. Bei der **langfristigen Vermietung von Beförderungsmitteln an Unternehmer** ergibt sich nach **§ 3 a Abs. 2 UStG** der Unternehmensort des Empfängers und bei **langfristiger Vermietung an Nichtunternehmer** der Wohnsitz des Empfängers nach **§ 3 a Abs. 3 Nr. 2 S. 3 UStG** als Leistungsort. Bei der langfristigen Nutzung kann davon ausgegangen werden, dass die Nutzung eher im Sitzstaat des Empfängers als im Sitzstaat des Leistenden oder am Ort der Überlas-

---

257 § 3 a Abs. 3 Nr. 2 S. 3 und 4 wurden durch das AmtshilfeRLUmsG v. 26.06.2013, BGBl. I 2013, 1809 eingefügt. Sie ist zum 30.06.2013 in Kraft getreten. Vgl. dazu Abschn. 3a.5. Abs. 7–12 UStAE und BMF v. 12.09.2013, BStBl. I 2013, 1176.

258 Vgl. Abschn. 3a.16. Abs. 1–3 und Abschn. 13b. Abs. 1 und Abs. 2 Nr. 3 UStAE.

sung erfolgt. Das gilt auch bei Vermietung an Nichtunternehmer. Soweit der Empfänger Unternehmer ist, wird durch die Umkehr der Steuerschuldnerschaft nach § 13 b UStG für die Beteiligten und die Verwaltung dann die Durchführung und Kontrolle der Besteuerung erleichtert. Für die Vermietung von **Sportbooten an Nichtunternehmer** ist nach **§ 3 a Abs. 3 Nr. 2 S. 4 UStG** der Ort der Übergabe dann maßgebend, wenn sich dort auch der Sitz oder eine Betriebsstätte des leistenden Unternehmers befindet. Hierdurch wird namentlich auch der private Verbrauch durch Verwendung von gemieteten Sportbooten auf hoher See der Besteuerung unterworfen, wenn die Überlassung in einem Mitgliedstaat der Union erfolgte, in dem der Vermieter zumindest eine Betriebsstätte unterhält. Die Regelung für den Ort der langfristigen Vermietung von Beförderungsmitteln an Nichtunternehmer beruht auf dem durch Art. 4 der RL 8/2008/EG geänderten Art. 56 Abs. 2 MwStSystRL.[259] Durch die Neuregelung wurden insbesondere auch erhebliche Wettbewerbsverzerrungen bei grenzüberschreitender langfristiger Vermietung/Leasing von Kraftfahrzeugen an Nichtunternehmer beseitigt.

93 **ee)** Für **sonstige Leistungen an Nichtunternehmer** (ausgenommen juristische Personen mit USt-IdNr.) bestehen nachfolgende **vom (Unternehmens-)Sitzort des Leistenden abweichende Ortsregelungen**, die vorrangig zu beachten sind. Das sind zunächst einmal – übereinstimmend wie auch für entsprechende Leistungen an Unternehmer (und juristische Personen mit USt-IdNr. – dazu bereits oben) – gemäß **§ 3 a Abs. 3 Nr. 1, 2, 3 b UStG** sowie § 3 b Abs. 1 S. 1 UStG der Ort der **Belegenheit des Grundstücks**, Art. 47 MwStSystRL, Art. 31 a–31 c MwStDVO, der Ort der **tatsächlichen Zurverfügungstellung des Beförderungsmittels** bei kurzfristiger Vermietung, Art. 56 MwStSystRL, Art. 38–40 MwStDVO, der Ort der **tatsächlichen Erbringung bei Restaurationsleistungen,** Art. 55 MwStSystRL und der Ort der **Beförderungsstrecke** bei **Personenbeförderungen,** Art. 48 MwStSystRL.

Außerdem besteht, wie oben ausgeführt, bei der langfristigen Vermietung von Beförderungsmitteln nur an Nichtunternehmer, nach § 3 a Abs. 3 Nr. 2 S. 3 und 4 UStG die Sonderregelung des Sitzes/Wohnortes des Empfängers und des Ortes der Überlassung des Sportbootes, Art. 56 Abs. 2 MwStSystRL, Art. 38–40 MwStDVO.

Nur für **an Nichtunternehmer** (ausgenommen juristische Personen mit USt-IdNr.) erbrachte **kulturelle, künstlerische, wissenschaftliche, sportliche usw. Leistungen**, für **Arbeiten an beweglichen Gegenständen und deren Begutachtung** sowie für ergänzende (Neben-)**Leistungen zu Güterbeförderungen** (wie das Be-, Ent- und Umladen) gilt ebenfalls der Ort der tatsächlichen Erbringung/Ausübung der Tätigkeit, **§ 3 a Abs. 3 Nr. 3 a und 3 c und § 3 b Abs. 2 UStG**, Art. 54 Abs. 1 und 2 MwStSystRL.[260]

Soweit es wie für die in § 3 a Abs. 3 Nr. 3 a, 3 c und § 3 b Abs. 2 UStG aufgeführten Leistungen auf den **Ort der tatsächlichen Erbringung/Ausübung der Tätigkeit** ankommt, sollte nach früherer Rechtslage keine Aufteilung stattfinden, wenn die Tätigkeit sich sowohl auf das Inland wie das Ausland erstreckte. Maßgebend sollte vielmehr sein, wo die entscheidenden Bedingungen für den Leistungserfolg gesetzt wurden.[261] Dem dürfte für das heutige Recht nicht mehr zu folgen sein. Vielmehr hat eine Aufteilung zu erfolgen. Steuerbar ist die Leistung dann nur mit dem Teil der Tätigkeit, die tatsächlich im Inland erbracht/ausgeübt wurde.[262]

---

259 S. zu Art. 56 Abs. 2 EuGH v. 20.01.2021 – C-288/19 (FA Saarbrücken), UR 2021,147 und DStR 2021, 154; auf Vorlage des FG Saarland v. 18.03.2019 – 1 K 1208/16, UR 2019, 497 mit Anm. Montfort mit der Frage an den EuGH, ob auch die Überlassung von Firmen-Pkw an Arbeitnehmer unter den Begriff der „Vermietung von Beförderungsmitteln" fallen kann, was der EuGH nur bei Zahlung eines Entgelts in Geld bejaht.

260 S. BFH v. 23.07.2019 – XI R 7/17 (zu sportlichen Leistungen von Boxtrainern im Ausland); v. 01.03.2018 – V R 25/17, BStBl. II 2018, 555 und Abschn. 3a.6. Abs. 2a UStAE (zu unter § 3 a Abs. 3 Nr. 3 fallende Leistungen auftretender Künstler einschl. Gastspielagenturen); zu Art. 54 MwStSystRL s. EuGH v. 08.05.2019 – Rs. C-568/17 (Geelen), MwStR 2019, 362 (Bereitstellung interaktiver erotischer Live-Webcam Darbietungen im Internet), MwStR 2019, 362.

261 BFH v. 26.11.1953 – V 138/53 U, BStBl. III 1954, 63.

262 Vgl. zur Aufteilung in mehrere Lieferungen für die Verlegung eines mehrere Mitgliedstaaten verbindenden Glaskabels EuGH v. 29.03.2007 – Rs. C-111/05 (Aktiebolaget NN), Slg. 2007, I-2724 = HFR 2007, 612.

Erheblich ist allerdings nur, wo der Unternehmer die geschuldete Tätigkeit für die Leistungserbringung tatsächlich ausübt, nicht, wo er sich auf die geschuldete Leistung lediglich vorbereitet. Das gilt selbst dann, wenn die Vorbereitungszeit einen größeren Zeitraum beansprucht.

Beispiel: Eine berühmte Opernsängerin bereitet sich acht Wochen in Münster auf einen dreistündigen Gesangsauftritt in der Mailänder Scala vor. Der Ort der Leistung liegt ausschließlich in Mailand, unabhängig davon, ob die Leistung der Opernsängerin gegenüber der Mailänder Scala als Unternehmerin schon nach § 3 a Abs. 2 UStG in Mailand erbracht wurde oder ob sie unmittelbar gegenüber den Besuchern als Nichtunternehmer (bzw. Unternehmern für deren privaten Gebrauch) nach § 3 a Abs. 3 Nr. 3 a UStG in Mailand erbracht wurde.

Ebenfalls gilt nach § 3 b Abs. 1 S. 3 UStG für die nicht innergemeinschaftlichen Güterbeförderungen der Ort der Beförderungsstrecke nur für an Nichtunternehmer/juristische Personen ohne USt-IdNr. erbrachte Beförderungsleistungen. Im Zusammenhang mit den Regelungen für den **grenzüberschreitenden Waren- und Dienstleistungsverkehr im Binnenmarkt** (dazu Rn. 172 ff.) stehen **Sonderregelungen zur innergemeinschaftlichen Güterbeförderung nach § 3 b Abs. 3 UStG** und zu Lieferungen und sonstigen Leistungen durch Abgabe von **Speisen und Getränken** zum sofortigen Verzehr in **§ 3 e UStG während einer innergemeinschaftlichen Beförderung** mit Schiff, Luftfahrzeug oder Eisenbahn. Hierfür wird der Beginn der Beförderung, respektive der Abgangsort des Beförderungsmittels zum Ort der innergemeinschaftlichen Güterbeförderungsleistung, respektive zum Ort der sonstigen (Dienst-) Leistung durch Abgabe von Speisen und Getränken bestimmt.

Nur für **Vermittlungsleistungen an Nichtunternehmer** besteht nach § 3 a Abs. 3 Nr. 4 UStG **der Ort der Ausführung der vermittelten Leistung,** Art. 46 MwStSystRL, Art. 30, 31 MwStDVO. Vermittlungsleistungen können auch nicht steuerbare Leistungen zwischen Nichtunternehmern betreffen. Die sog. Vermittlung von Mitgliedschaften stellt jedoch keine Vermittlungsleistung dar. Denn es fehlt an der Vermittlung einer Leistung.[263] Für Vermittlungsleistungen sind mithin folgende Ortsbestimmungen in nachfolgender Reihenfolge anzuwenden:

- Vermittlungsleistungen im Zusammenhang mit der Veräußerung von Grundstücken sowohl an Unternehmer wie an Nichtunternehmer = Belegenheit des Grundstücks gemäß § 3 a Abs. 3 Nr. 1 b UStG;
- andere Vermittlungsleistungen an Unternehmer = Empfängerort gemäß § 3 a Abs. 2 UStG;
- andere Vermittlungsleistungen an Nichtunternehmer = Ort der Ausführung der vermittelten Leistung gemäß § 3 a Abs. 3 Nr. 4 UStG.

Beispiel: V vermittelt a) für Unternehmer U in Deutschland eine von U nach § 3 Abs. 7 S. 2 Nr. 2 UStG in der Schweiz ausgeführte Lieferung an den NU und b) an die Privatperson NU mit Wohnsitz in der Schweiz eine Personalgestellung durch U, wobei das Personal für private Arbeiten des NU in Deutschland eingesetzt wird.

Zu a): Die Vermittlungsleistung des V an den Unternehmer U wird nach § 3 a Abs. 2 UStG steuerbar in Deutschland erbracht (Empfängerortprinzip). Es tritt allerdings eine Befreiung nach § 4 Nr. 5 c UStG ein, da die vermittelte Lieferung im Drittlandsgebiet bewirkt wurde.

Zu b): Der Ort der Vermittlungsleistung an den Nichtunternehmer NU ist dort, wo die vermittelte Leistung, nämlich die Personalgestellung des U an den NU ausgeführt wird. Das ist nach § 3 a Abs. 4 Nr. 7 UStG dort, wo NU seinen Wohnsitz hat, weil NU kein Unternehmer ist und seinen Wohnsitz in einem Drittlandsgebiet hat, mithin in der Schweiz. Die Leistung des V ist mithin in Deutschland nicht steuerbar.

ff) Für bestimmte in **§ 3 a Abs. 4 UStG**, Art. 59 MwStSystRL, aufgeführte **sonstige Leis-** 94
tungen an Nichtunternehmer (ausgenommen juristische Personen mit USt-IdNr.)

263 BFH v. 12.12.2012 – XI R 30/10, BStBl. II 2013, 348; s. auch Abschn. 3a.7. UStAE.

mit Wohnsitz oder Sitz im Drittland gilt das **Empfängerortprinzip**. Leistungsort ist für diese Leistungen der **Wohnort oder Sitzort (Ansässigkeit) des Nichtunternehmers im Drittland**. § 3 a Abs. 4 UStG ist nachrangig gegenüber einer Ortsbestimmung nach § 3 a Abs. 3 UStG, falls es überhaupt zu Überschneidungen kommen kann. Er hat aber Vorrang vor § 3 a Abs. 1 UStG. Zu beachten ist, dass nicht § 3 a Abs. 4 UStG, sondern § 3 a Abs. 1 UStG anzuwenden ist, wenn die in § 3 a Abs. 4 Nr. 1–10 und 14 UStG genannten Leistungen an Nichtunternehmer mit Wohnsitz/Sitz in der Union erbracht werden. Die (wenig überzeugende) Differenzierung erklärt sich daraus, dass für in Drittländern erbrachte sonstige Leistungen das Bestimmungslandprinzip uneingeschränkt zur Geltung gebracht werden soll, weil andernfalls Wettbewerbsnachteile im Drittland wegen der (zusätzlichen) Belastung mit der USt eines EU-Mitgliedstaates befürchtet werden. Dagegen werden durch Anwendung des § 3 a Abs. 1 UStG hervorgerufene Wettbewerbsverzerrungen innerhalb der EU wegen unterschiedlichen Steuersatzniveaus bei Leistungen an Nichtunternehmer gegenwärtig noch für tolerierbar gehalten; anders freilich, wenn der leistende Unternehmer im Drittland ansässig ist (s. sogleich zu § 3 a Abs. 6 UStG) oder wenn es sich um Telekommunikations-, Radio- und Fernsehdienstleistungen oder auf elektronischem Wege erbrachte Leistungen handelt (s. unten zu § 3 a Abs. 5 UStG).

Das **Empfängerortprinzip** gilt nach § 3 a Abs. 4 Nr. 1 UStG für die Einräumung/Übertragung von **Patenten, Urheberrechten und ähnlichen Rechten**, nach Nr. 2 für der Werbung oder Öffentlichkeitsarbeit dienende Leistungen, nach Nr. 4 und 5 für die **Datenverarbeitung** und die Überlassung von (ungeschütztem) **Know-how**, nach Nr. 3 für **rechtliche, technische und wirtschaftliche Beratungsleistungen**, insbesondere durch die Angehörigen der dort genannten freien Berufe,[264] aber auch durch ähnliche Leistungen anderer Unternehmer, nach Nr. 6 a für **Bank- und Finanzumsätze**, insbesondere der unter § 4 Nr. 8 a bis h bezeichneten Art und die Verwaltung von Krediten und Kreditsicherheiten sowie **Versicherungsumsätze** der in Nr. 10 bezeichneten Art, nach Nr. 6 b für **Geschäfte mit Gold, Silber, Platin**, nach Nr. 7 für die **Personalgestellung**, nach Nr. 8 und Nr. 9 für bestimmte **(Wettbewerbs-)Verzichtsleistungen**, nach Nr. 10 für die Vermietung beweglicher Sachen – außer Beförderungsmittel und nach der abschließenden Nr. 14 für die Gewährung des Zugangs zu Leitungsnetzen für Erdgas, Elektrizität, Wärme und Kälte sowie die Übertragung und Verteilung über diese Netze, mithin für die Durchleitungsleistungen, und für damit unmittelbar zusammenhängende sonstige Leistungen.

Für **Telekommunikations-, Rundfunk- und Fernsehdienstleistungen und auf elektronischem Wege erbrachte Dienstleistungen** an Nichtunternehmer gilt ebenfalls aufgrund der seit dem 01.01.2015 geltenden allgemeinen Sonderregelung in § 3 a Abs. 5 UStG für diese Leistungen das Empfängerortprinzip. Wenn allerdings die Entgelte für die bezeichneten Leistungen an nichtunternehmerische Empfänger in anderen Mitgliedstaaten sowie – eingefügt durch das JStG 2020 – die innergemeinschaftlichen Fernverkäufe nach § 3 c UStG (s. Rn. 195) **im Vorjahr insgesamt 10.000 € nicht übersteigen** haben und im laufenden Jahr nicht übersteigen werden, gilt nicht das Empfängerortprinzip, wenn der leistende Unternehmer nur in einem Mitgliedstaat ansässig ist, § 3 a Abs. 5 S. 3 UStG.[265] Vielmehr bleibt dann der Sitzort des leistenden Unternehmers nach § 3 a Abs. 1 UStG maßgebend. Durch die ab dem 01.01. 2019 geltende Neuregelung sollen Miniunternehmer entlastet werden, indem ihnen

---

264 Die Leistung muss berufstypisch oder dieser ähnlich sein, vgl. EuGH v. 06.12.2007 – Rs. C-401/06 (Kommission/Deutschland), UR 2008, 117 und BFH v. 03.04.2008 – V R 62/05, BStBl. II 2008, 900 (verneint für Testamentsvollstrecker und Rechtsanwalt).

265 Neu eingefügt durch Gesetz zur Vermeidung von Umsatzsteuerausfällen beim Handel von Waren im Internet v. 11.12.2018, BGBl. I 2018, 2338.

Erklärungs- und Zahlungspflichten in einem andern Mitgliedstaat der Union erspart bleiben.

gg) Eine **weitere Sonderregelung zugunsten des Bestimmungslandprinzips** trifft **§ 3 a Abs. 6 UStG** aufgrund der Ermächtigung in Art. 59 a lit. b MwStSystRL. Er betrifft **nur von Drittstaatsunternehmern** (Unternehmensort im Drittland) **erbrachte** bestimmte sonstige **Leistungen**. Für diese Leistungen wird der **Ort**, **abweichend von § 3 a Abs. 1 UStG, Abs. 3 Nr. 2 UStG** aus dem Drittstaat **in das Inland** verlagert, wenn die **sonstige Leistung im Inland genutzt oder ausgewertet** wird. Es handelt sich dabei um die folgenden sonstigen Leistungen: 95

- Nr. 1 (kurz- und langfristige) **Vermietungen von Beförderungsmitteln**. Hier findet die Ortsverlagerung in das Inland auch bei **kurzfristiger Vermietung an Unternehmer** statt, bei **langfristiger Vermietung** hingegen nur für Vermietungen **an Nichtunternehmer**; für Vermietungen an Unternehmer bleibt es bei der Regelung des § 3 a Abs. 2 UStG;

  Beispiel: Bauunternehmer U mit Sitz in Freiburg mietet a) für 14 Tage von einer Schweizer Autoverleihfirma einen Pkw und b) für sechs Monate einen Lkw für Fahrten im Inland. Beide Fahrzeuge werden ihm in der Schweiz zur Verfügung gestellt.

  Die (kurzfristige) Pkw-Überlassung ist als sonstige Leistung der Schweizer Firma nach § 3 a Abs. 6 Nr. 1 UStG in Deutschland steuerbar, obwohl nach § 3 a Abs. 3 Nr. 2 UStG sich wegen der Zurverfügungstellung dort die Schweiz als Ort ergäbe; der Ort für die (langfristige) Lkw-Überlassung bestimmt sich nach § 3 a Abs. 2 UStG mit Deutschland.

- Nr. 2 sonstige Leistungen nach § 3 a Abs. 4 Nr. 1–10 UStG an **juristische Personen des öffentlichen Rechts** und

- Nr. 3 Telekommunikations-, Rundfunk- und Fernsehleistungen nach § 3 a Abs. 5 S. 2 Nr. 1 und 2 UStG an Nichtunternehmer.

Zu beachten ist, dass **§ 3 a Abs. 6 UStG niemals Anwendung** finden kann, wenn es sich um Leistungen eines **Unternehmers mit Sitz innerhalb der EU handelt**. Ebenfalls findet § 3 a Abs. 6 UStG keine Anwendung, wenn sich bereits aus § 3 a Abs. 2 UStG für die in § 3 a Abs. 4 Nr. 1–10 UStG genannten Leistungen an inländische juristische Personen, die (partiell) Unternehmer sind oder die als Nichtunternehmer über eine USt-IdNr. verfügen, ein Ort im Inland ergibt. Dasselbe gilt für Telekommunikations-, Rundfunk- und Fernsehdienstleistungen i.S.d. § 3 a Abs. 5 UStG, die an nichtunternehmerisch tätige juristische Personen mit inländischer USt-IdNr. erbracht werden, sodass bereits § 3 a Abs. 2 UStG den Ort in das Inland verlagert.

Zwischen der Verlagerung der Steuerschuldnerschaft nach § 13 b und § 3 a Abs. 6 UStG besteht kein zwingender Zusammenhang. Vielmehr ist eine Ortsverlagerung in das Inland auch dann vorzunehmen, wenn bei einer Vermietung von Beförderungsmitteln oder bei Leistungen auf dem Gebiet der Telekommunikation und des Rundfunkwesens ab dem 01.01.2015 nach § 3 a Abs. 5 S. 2 Nr. 1 und 2 UStG i.d.F. StAnpG Kroatien (bis zum 31.12.2014 nach § 3 a Abs. 6 Nr. 3 i.V.m. Abs. 4 Nr. 11 und 12 UStG a.F.) eine natürliche Privatperson Leistungsempfänger ist. Eine Verlagerung der Steuerschuldnerschaft auf die natürliche Person als nichtunternehmerischer Leistungsempfänger findet aber nach § 13 b Abs. 5 UStG nicht statt. Hingegen wird für eine in § 3 a Abs. 4 Nr. 1–10 UStG bezeichnete Leistung zur Anwendung des § 3 a Abs. 6 UStG gemäß Nr. 2 verlangt, dass der Empfänger eine juristische Person des öffentlichen Rechts als ein Nichtunternehmer (ohne USt-IdNr.) ist. Hier kommt es auch nach § 13 b Abs. 5 S. 1 UStG i.V.m. Abs. 2 Nr. 1 UStG für die juristische Person des öffentlichen Rechtes als Nichtunternehmer ohne USt-IdNr. zu einer Verlagerung der Steuerschuldnerschaft nach § 13 b Abs. 5 S. 1 UStG i.V.m. Abs. 2 Nr. 1 UStG.

Beispiel 1: Ein in Belo-/Weißrussland (nicht zur EU gehörig) ansässiger Unternehmer stellt Personal zur Ausführung von Arbeiten in Brandenburg

- für das Land Brandenburg (ist auch Unternehmer und verfügt über eine USt-IdNr.) zur Ausführung von Arbeiten im nichtwirtschaftlichen/nichtunternehmerischen Bereich – Ort nach § 3 a Abs. 2 UStG im Inland; das Land Brandenburg schuldet die USt nach § 13 b Abs. 5 S. 1 i.V.m. Abs. 2 Nr. 1 UStG;
- für eine Gemeinde in Brandenburg ohne USt-IdNr. Die Gemeinde ist auch insgesamt kein Unternehmer – Ort nach § 3 a Abs. 6 Nr. 2 UStG im Inland. Die Steuerschuldnerschaft geht nach § 13 b Abs. 5 S. 1 i.V.m. Abs. 2 Nr. 1 UStG auf die Gemeinde über;

- für eine Privatperson/Nichtunternehmer in Frankfurt/Oder – Ort nach § 3 a Abs. 1 UStG im Drittland Belo-/Weißrussland. Ein Übergang der Steuerschuldnerschaft kommt schon mangels deutscher Steuerschuld nicht in Betracht. Eine Steuerschuldverlagerung auf eine natürliche Person als Nichtunternehmer ist in § 13 b Abs. 5 UStG auch nicht vorgesehen.

Beispiel 2: Ein Anbieter aus New York erbringt an im Inland ansässige Unternehmer, juristische Personen des öffentlichen und privaten Rechts und im Inland ansässige Privatpersonen sonstige Leistungen auf dem Gebiet der Telekommunikation; Ort nach § 3 a Abs. 2 UStG im Inland für Unternehmer und juristische Personen mit USt-IdNr., nach § 3 a Abs. 5 S. 1 und 2 UStG im Inland für juristische Personen ohne USt-IdNr. und Privatpersonen als Nichtunternehmer jeweils im Inland am Sitz/Wohnsitz des Empfängers. Nur für die an Unternehmer und an juristische Personen (des öffentlichen wie des privaten Rechtes) erbrachten Leistungen kommt es nach § 13 b Abs. 5 S. 1 i.V.m. Abs. 2 Nr. 1 UStG zur Umkehr der Steuerschuldnerschaft. Für die an Privatpersonen erbrachten Telekommunikationsleistungen schuldet der Drittlandsunternehmer selbst die Steuer. Hinweis: Befindet sich der Sitz/Wohnsitz des Leistungsempfängers bei diesen Leistungen nicht im Inland, wird die Leistung aber im Inland genutzt oder ausgewertet, verlagert § 3 a Abs. 6 Nr. 3 UStG den Ort ebenfalls in das Inland. Ist der Empfänger eine natürliche Person als Nichtunternehmer, kommt eine Umkehr der Steuerschuldnerschaft gleichwohl nicht in Betracht.

96 **hh)** Die ursprünglichen Regelungen der 6. (Umsatzsteuer-)EG-Richtlinie über den Ort der sonstigen Leistung erwiesen sich im Zusammenhang mit der Entwicklung der modernen Informations- und Kommunikationstechnologie als unzureichend. Insbesondere die Grundregelung für die Ortsbestimmung gemäß § 3 a Abs. 1 UStG a.F. mit dem Sitzort des leistenden Unternehmers führte zu gravierenden Wettbewerbsverzerrungen und bewirkte außerdem, dass Leistungen, die im Territorium der Gemeinschaft von Endverbrauchern verbraucht wurden, weitgehend nicht der Umsatzbesteuerung in einem Mitgliedstaat der EG unterlagen. Daher wurde schon die 6. EG-Richtlinie bezüglich des Ortes elektronischer Dienstleistungen und von Rundfunk- und Fernsehdienstleistungen geändert,[266] die von Unternehmern aus Drittländern erbracht worden sind und das deutsche UStG wurde entsprechend angepasst. Für **elektronische Dienstleistungen**,[267] **Telekommunikationsleistungen**,[268] **und Rundfunk- und Fernsehleistungen**, die von Drittlandsunternehmern – weder Unternehmensleitung noch feste Niederlassung im Gemeinschaftsgebiet – an nichtunternehmerische Empfänger/Endverbraucher erbracht werden, gilt seither, dass die entsprechenden Leistungen in dem Mitgliedstaat der Union zu besteuern sind, in dem der Endverbraucher/Nichtunternehmer als Empfänger der Leistungen ansässig ist **(Empfängerortprinzip)**.

Problematisch war hier freilich, wie die Erfassung gesichert werden konnte, da eine Umkehr der Steuerschuldnerschaft für private Endverbraucher als nicht praktikabel erscheint. **Für** von Drittlandsanbietern an Endverbraucher in der EG erbrachte **elektronische Dienstleistungen** wurde deshalb zugleich ein vereinfachtes Anmelde- und Erhebungsverfahren europaeinheitlich eingeführt, Art. 359–369 MwStSystRL a.F. Der Drittlandsunternehmer erhält die Möglichkeit, sich nur in einem EU-Staat registrieren **(Einortregistrierung)** zu lassen. Für die von ihm erbrachten elektronischen Dienstleistungen kann er in diesem Staat alle Anmeldungs- und Zahlungspflichten gegenüber sämtlichen EU-Mitgliedstaaten erfüllen. Diese **Sonderregelung** ist mit Wirkung **ab dem 01.01.2015** auch auf von Drittlandsunternehmern an Nichtunternehmer erbrachte **Telekommunikations-, Rundfunk- und Fernsehdienstleistungen ausgedehnt** worden, **Art. 358 a–368 MwStSystRL i.d.F. RL 2008/8/EG**. Die Steuerschuld errechnet sich für den einzelnen Umsatz nach dem Recht (insbesonde-

266 Änderungsrichtlinie v. 07.05.2002, Abl. EG 2002, Nr. L 128, 41.

267 S. dazu Abschn. 3a.12. UStAE und Art. 7 MwStDVO nebst Anhang I zu Art. 7, u.a. Überlassung, Bereitstellung und Aktualisierung von Software (u.a. Beschaffungs-, Buchführungsprogramme), Einräumung eines Online-Marktplatzes, allgemein die Bereitstellung von Websites, Webhosting, Online-Data-Warehousing, Online-Bereitstellung von Speicherplatz und Werbeplätzen, Bereitstellung von Bildern, Texten, Datenbanken, Musik, Filmen und Spielen.

268 S. dazu Abschn. 3a.10. UStAE, u.a. Übertragung von Signalen via Festnetz, Mobilfunk, Internet, Bereitstellung von Leitungskapazitäten, Verschaffung von Zugangsberechtigungen zu Fest- und Mobilnetzen.

re Steuersatz!) des Mitgliedstaates, in dem der Kunde wohnt. In Deutschland erfolgte die Umsetzung insoweit durch § 16 Abs. 1 a und § 18 Abs. 4 c und 4 d UStG i.V.m. **§ 3 a Abs. 5 UStG**. Der Registrierungsstaat in der Union hat an den Wohnsitzstaat des Kunden in der Union die vereinnahmte Steuer abzuführen. Für entsprechende Leistungen an Unternehmer wird die Steuerschuld für die nach § 3 a Abs. 2 UStG steuerbaren Leistungen von vornherein auf den Empfänger nach § 13 b Abs. 5 S. 1 i.V.m. Abs. 2 Nr. 1 UStG verlagert, sodass es insoweit für den **Drittlandsunternehmer** weder zu Registrierungs-, Anmelde- und Zahlungspflichten kommt. Die gefundene Lösung ist zu begrüßen. Sie vermeidet Wettbewerbsverzerrungen zugunsten von Drittlandsunternehmern.

Bei Anbietern von elektronischen **Dienstleistungen, Telekommunikations-, Rundfunk- und Fernsehdienstleistungen** durch **Unternehmer aus einem EU-Staat** an Endverbraucher in einem anderen EU-Staat führte die anwendbare Ortsregelung des § 3 a Abs. 1 UStG weiterhin zu Wettbewerbsverzerrungen. Die entsprechende Regelung des Art. 45 MwStSystRL stellte sich als Verletzung des europarechtlichen Gleichheitssatzes dar. Dies wurde durch den erkennbaren Kontrast zur Regelung für Drittlandsunternehmer besonders deutlich. Richtigerweise sieht daher Art. 5 der RL 2008/8/EG vor, dass jedenfalls seit 01.01.2015 die für Drittlandsunternehmer gefundenen Regelungen zum Ort der Dienstleistung am Empfängerort und zur Einortregistrierung auch für von EU-Unternehmern erbrachte Telekommunikations-, Rundfunk- und Fernsehdienstleistungen und elektronische Dienstleistungen an Nichtunternehmer in der EU gemäß der insoweit mit Wirkung seit 01.01.2015 geänderten MwStSystRL gelten.

Die **Ortsregelung** dazu findet sich in **Art. 58 MwStSystRL** in der seit 01.01.2015 geltenden Fassung. Die **Sonderregelungen** zur Erfassung, zu den **Erklärungs- und Zahlungspflichten** finden sich in **Art. 369 a–369 k MwStSystRL**. Die Umsetzung in das **deutsche UStG** erfolgte durch die seit dem 01.01.2015 geltenden Änderungen in **§ 3 a Abs. 5 UStG** zum Ort der sonstigen Leistungen, in **§ 13 Abs. 1 Nr. 1 e UStG** zur Entstehung der Steuerschuld, in **§ 16 Abs. 1 b UStG** zum Besteuerungszeitraum und in **§ 18 Abs. 4 e UStG** für die Abgabe der Steuererklärung für entsprechende inländische Umsätze durch in einem anderen Mitgliedstaat ansässige Unternehmer und in **§ 18 h UStG** für im Inland ansässige Unternehmer, die in einem anderen Mitgliedstaat entsprechende Umsätze erbringen und ihren Erklärungs- und Zahlungspflichten dafür im Inland genügen wollen.

ii) Bei der Bestimmung des **Ortes von Telekommunikations-, Rundfunk- und** 97
Fernsehleistungen sowie elektronischen Dienstleistungen ist wie folgt zu unterscheiden: Ist ein **Unternehmer** oder eine juristische Person mit USt-IdNr. der **Leistungsempfänger**, werden die Leistungen in dem Staat erbracht, in dem das **Unternehmen betrieben** wird oder die juristische Person ihren Sitz hat, **§ 3 a Abs. 2 UStG.** Ist der **Leistungsempfänger kein Unternehmer** (und auch keine jur. Person mit USt-IdNr.) liegt der Ort der Leistung nach **§ 3 a Abs. 5 UStG** dort, wo der Empfänger seinen **Wohnsitz, gewöhnlichen Aufenthalt oder Sitz** hat. Werden die Leistungen an Nichtunternehmer über Festnetz erbracht, gilt der Leistungsempfänger als dort ansässig, wo sich der Festnetzanschluss befindet, bei über mobile Netze erbrachte Leistungen in dem Land, das durch den Ländercode der verwendeten SIM-Karte bezeichnet wird.[269] Für die Ortsbestimmung in beiden Konstellationen ist unerheblich, ob der leistende Unternehmer oder der Leistungsempfänger in der EU oder im Drittland ansässig sind.

269 Zu weiteren Details der Ortsbestimmung s. Abschn. 3a.9a. UStAE; Art. 24 a–24 f MwStDVO.

Im Hinblick auf die **Erfüllung der Deklarations- und Zahlungspflichten** für die entsprechenden Umsätze ist jedoch **zu differenzieren:**

(1) Drittlandsunternehmer, die ausschließlich entsprechende Umsätze **an Nichtunternehmer in der EU** erbringen, können sich dafür entscheiden, sich nur in einem Mitgliedstaat erfassen zu lassen und dort für sämtliche Mitgliedstaaten ihre Erklärung(en) zu übermitteln und Zahlung(en) zu leisten. Der Mitgliedstaat der Registrierung/Identifizierung leitet die Erklärungen und Zahlungen an den jeweiligen Mitgliedstaat des Verbrauches weiter, Art. 358 a–369 MwStSystRL. Wählt der Drittlandsunternehmer **Deutschland** als den **Mitgliedstaat der Identifizierung**, hat er nach **§§ 18 Abs. 4 c, 16 Abs. 1 a UStG,** seine Erklärung(en) durch Datenfernübertragung für die ausgeführten Umsätze in sämtlichen Mitgliedstaaten und über die dafür geschuldete(n) Steuern dem **Bundeszentralamt für Steuern** zu übermitteln und an dieses die Zahlung(en) zu leisten. **Besteuerungszeitraum** ist das **Kalendervierteljahr**. Die Erklärung ist jeweils bis zum 20. Tage nach Ablauf des Besteuerungszeitraumes zu übermitteln und bis dahin ist auch die Zahlung zu leisten.[270] Wählt der Drittlandsunternehmer einen anderen Mitgliedstaat als den Staat der Identifizierung, erklärt er dort auch die entsprechenden Umsätze, die nach § 3 a Abs. 5 UStG in Deutschland ausgeführt worden sind. In Deutschland sind dann insoweit keine Erklärungen nach § 18 Abs. 1–4 UStG abzugeben, § 18 Abs. 4 d UStG. Der andere Mitgliedstaat übermittelt die Deutschland betreffenden Erklärungen und Zahlungen nach Deutschland. Der Drittlandsunternehmer muss von diesem besonderen Verfahren nicht Gebrauch machen. Er könnte stattdessen auch in jedem Mitgliedsland seine Erklärungen nach den normalen Vorschriften abgeben. Für Leistungen an Unternehmer gilt das besondere Verfahren nicht. Hier greift aber ohnehin die Umkehr der Steuerschuldnerschaft ein, sodass den Drittlandsunternehmer ohnehin keine Erklärungs- und Zahlungspflichten treffen.

(2) In der **Bundesrepublik ansässige Unternehmer** haben ihre nach **§ 3 a Abs. 5 UStG im Inland erbrachten Umsätze** nach den allgemein geltenden Vorschriften gemäß § 18 Abs. 1 bis 4 UStG zu besteuern. Für die **in anderen Mitgliedstaaten der EU** nach § 3 a Abs. 5 UStG **erbrachten Umsätze** können sie von der Sonderregelung zur Anmeldung und Zahlung der Umsatzsteuer(n) bei einer einzigen Anlaufstelle **(mini one shop stop/MOSS)** Gebrauch machen. Die in den anderen Mitgliedstaaten erbrachten Umsätze und die dafür geschuldete Umsatzsteuer(n) können sie dann, getrennt nach den Mitgliedstaaten, in der **Bundesrepublik als** dem **Mitgliedstaat der Identifizierung** beim Bundesamt für Steuern gemeinsam anmelden und entrichten, **§ 18 h UStG**.[271]

(3) In einem **anderen EU-Mitgliedstaat ansässige Unternehmer** können ihre nach § 3 a Abs. 5 UStG **in Deutschland ausgeführten Umsätze** und die dafür geschuldete Steuer in ihrem Ansässigkeitsstaat als dem Mitgliedstaat der Identifizierung nach der Sonderregelung (MOSS) anmelden und entrichten. Dieser Mitgliedstaat leitet dann die entrichtete(n) Steuer an die Bundesrepublik (und die anderen Mitgliedstaaten) als Steuergläubiger weiter. Insoweit entfällt nach **§ 18 Abs. 4 d UStG** für diese Unternehmer die Verpflichtung zur Abgabe von Voranmeldungen und einer Jahreserklärung bei einem deutschen Finanzamt nach § 18 Abs. 1 bis 4 UStG. Besteuerungszeitraum für die unter § 3 a Abs. 5 UStG fallenden Leistungen ist ebenfalls das Kalendervierteljahr.[272]

---

270 Zu weiteren Details des Verfahrens s. Abschn. 18.7a. UStAE.

271 Zu weiteren Einzelheiten s. Abschn. 18h.1. UStAE.

272 Zu weiteren Einzelheiten s. Abschn. 18.7b. UStAE.

Im Ergebnis fungiert der **Mitgliedstaat der Identifizierung** quasi als **„Briefkasten"** für den jeweiligen nach materiellem Recht aufgrund der Ortsregelung nach § 3 a Abs. 5 UStG sich ergebenden Mitgliedstaat, der der Steuergläubiger ist. Etwaige Rechtsmittel und Gerichtsverfahren sind vor den Behörden und den Gerichten und nach dem Verfahrensrecht und dem materiellen Recht des als Steuergläubiger berechtigten Mitgliedstaates durchzuführen.

(4) Durch das **JStG 2020** wurde das bisherige besondere Besteuerungsverfahren des mini one stop shop **(MOSS)** mit einer einzigen Anlaufstelle für Anmeldung und Zahlung der in mehreren Mitgliedstaaten geschuldeten Umsatzsteuer als Sonderregelung nur für an Nichtunternehmer erbrachte Telekommunikations-, Rundfunk- und Fernseh- sowie elektronische Dienstleistungen in § 3 a Abs. 5 UStG hinsichtlich der Erfüllung ihrer Deklarations- und Zahlungspflichten nach § 16 Abs. 1 a und 1 b UStG, § 18 Abs. 4 c bis 4 e, § 18 h UStG auf **alle an Nichtunternehmer mit Sitz oder Wohnsitz in der Gemeinschaft erbrachten sonstigen Leistungen** ausgedehnt. Die bisherige „MOSS"-Regelung nur für TRFE Leistungen wird **durch die „OSS"-Regelung** (one stop shop) Regelung in § 18 i und § 18 j UStG i.d.F. JStG 2020 **ersetzt.**[273] Nach **§ 18 i UStG** kann ein **nicht im Gemeinschaftsgebiet ansässiger Unternehmer** für alle **nach dem 30.06.2021** im Gemeinschaftsgebiet erbrachten sonstigen Leistungen an einen Empfänger nach § 3 a Abs. 5 UStG (= Nichtunternehmer) seine Erklärungs- und Zahlungspflichten durch Erklärung in und Zahlung an einen Mitgliedstaat als einzige „Anlaufstelle" und „Briefkasten" zunächst genügen.

Nach **§ 18 j UStG** Abs. 1 Nr. 2 UStG gilt dies auch für zwar von **im Gemeinschaftsgebiet** ansässigen, nicht aber im Mitgliedstaat des Verbrauchs **ansässigen Unternehmern** nach dem 30.06.2021 erbrachte sonstige Leistungen.

Das besondere Besteuerungsverfahren ist künftig (ab 30.06.2021) mithin nicht mehr auf TRFE-Leistungen nach § 3 a Abs. 5 S. 2 UStG beschränkt, sondern umfasst alle sonstigen (Dienst-)Leistungen an Nichtunternehmer, u.a. Grundstücksumsätze, kulturelle und unterhaltende Veranstaltungsleistungen.

Die unionsrechtliche Rechtsgrundlage für das **besondere Besteuerungsverfahren** für nicht im Gemeinschaftsgebiet ansässige Unternehmer **nach 18 i UStG** i.d.F. JStG 2020 findet sich in Art. 359–368 MwStSystRL i.d.F. von Art. 2 Nr. 13–20 der RL (EU), 2017, 2455 und in Art. 369 a–369 k MwStSystRL i.d.F. von Art. 2 Nr. 21–29 der RL (EU) 2017, 2455, ABl EU L 348/2017, 7 für das **besondere Besteuerungsverfahren nach § 18 j UStG** für in der Gemeinschaft ansässige Unternehmer.

Die durch das JStG 2020 in Umsetzung der Richtlinienvorgaben erfolgten **verfahrensrechtlichen Erleichterungen zur Erfüllung der Deklarations- und Zahlungspflichten** für die dem Verbrauchs-/Bestimmungsland geschuldete Umsatzsteuer durch die Anwendung einer OSS-Regelung in Erweiterung der bisherigen MOSS-Regelung nur für TRFE-Leistungen sind zu begrüßen.

273 Siehe dazu BMF v. 01.04.2021, BStBl. I 2021, 629 f.

98

Prüfungsschema: Ort der sonstigen Leistung

Sonstige Leistung

Zusammenhang mit Grundstück? ja	**§ 3 a Abs. 3 Nr. 1 Belegenheitsort Grundstück, Art. 47 MwStSystRL, Art. 31 a MwStDVO**
nein	
kurzfr. Vermietung Beförderungsmittel? ja	**§ 3 a Abs. 3 Nr. 2 Ort der tats. Zurverfügungstellung, Art. 56 Abs. 1 MwStSytRL, Art. 39, 40 MwStDVO**
nein	
Restaurationsleistungen (Speisen und Getränke)? Eintrittsberechtigungen zu Veranstaltungen, Messen? ja	**§ 3 a Abs. 3 Nr. 3 lit. b und Abs. 3 Nr. 5 Ort der tats. Ausübung/Erbringung der Tätigkeit, Art. 55, 53 MwStSystRL, Art. 32 MwStDVO**
nein	
Personenbeförderung? ja	**§ 3 b Abs. 1 S. 1 und 2 Ort der Beförderungsstrecke; Aufteilen, Art. 48 MwStSystRL**
nein	
kurzfr. Vermietung an Drittlandsunternehmer von Schienenfahrzeug, Kraftomnisbus, Lkw Nutzung im Drittland für Unternehmen? ja	**§ 3 a Abs. 7 UStG Drittland, nicht steuerbar, Art. 59 a lit. a MwStSystRL**
nein	
<u>Empfänger Unternehmer od. jur. Person mit USt.-IdNr.?</u> ja	**§ 3 a Abs. 2 Empfängerort = Ort des Unternehmenssitzes, Art. 44 MwStSystRL, Art. 17–19 MwStDVO** **Ausnahme § 3 a Abs. 8 S. 1 im Drittland genutzte Güterbeförder., Werkleistung etc., Art. 59 a lit. a MwStSystRL**
nein **also**	
<u>Empfänger ist Nichtunternehmer und keine jur. Person mit USt-IdNr.?</u>	
1. jede kurz- oder langfristige Vermietung von Sportbooten **2. kulturelle, wissenschaftl. und ähnliche Leistungen** **3. Arbeiten/Werklstg an bwgl. Gegenständen u. Begutachtung oder** **4. Beladen u. ähnl. Nebenlstgen bei Güterbeförder. ?** **ja**	**§ 3 a Abs. 3 Nr. 2 S. 3 und 4; Abs 3 Nr. 3 lit. a und c; § 3 b Abs. 2 , Art. 54 und 56 Abs. 2 MwStSystRL, Art. 34 MwStDVO, Ort der tats. Ausübung/ Erbringung der Tätigkeit**
nein	
Vermittlungsleistung? ja	**§ 3 a Abs. 3 Nr. 4, Art. 46 MwStSystRL, Art. 30, 31 MwStDVO Ort des vermittelten Umsatzes**
nein	

innergemeinschaftliche Güterbeförderung und Restaurationsleistungen bei innerg. Pers.-Beförderung? ja	§§ 3 b Abs. 3, 3 e UStG, Art. 50, 57 MwStSystRL Abgangsort – Ort des Beginns
nein	
nicht innerg. Güterbeförderung? ja	§ 3 b Abs.1 S. 3 UStG, Art. 49 MwStSystRL Beförderungsstrecke; Aufteilen
nein	
Wohnsitz/Sitz des Empfängers im Drittland und Leistungen nach § 3a Abs. 4 Nr. 1 bis 10 UStG ja	§ 3 a Abs. 4 UStG, Art. 59 MwStSystRL Empfängerort (Sitz) Drittland
nein	
Telekommunikations- Rundfunk- und Fernsehdienstleistung, elektronische Dienstleistungen durch in der Gemeinschaft od. im Drittland ansäss. Unternehmer ja	§ 3 a Abs. 5 UStG, Empfängerort (Wohn/Sitz), egal ob in der Gemeinschaft oder Drittland
nein	
Vermietung von Beförderungsmitteln, Telekommunikation-, Rundfunkwesen durch Drittlandsunternehmer, Nutzung/Auswertung im Inland? ja	§ 3 a Abs. 6 UStG, Art. 59 a lit. b MwStSystRL, Inland
nein	
Lstg. durch Drittlandsunternehmer nach § 3a Abs. 4 Nr. 1–10 UStG an jur. Person des öff. Rechts und Nutzung/Auswertung im Inland? ja	§ 3 a Abs. 6 UStG, Art. 59 a lit. b MwStSystRL Inland
nein	
andere sonst. Leistung an Nichtunternehmer	§ 3 a Abs. 1 UStG, Art. 45 MwStSystRL Grund/Auffangregel Unternehmensort des leistenden Unternehmers Ausn.: § 3 a Abs. 8 S. 2 UStG Im Drittland genutzte Telekommunikationsleistung

Hinweis: *Zu Reiseleistungen nach § 25 UStG unter Rn. 296.*

IV. Leistungen mit Elementen der Lieferung und der sonstigen Leistung

1. Werklieferung, Werkleistung

99 **a)** Bei Leistungen, die auf die **Herstellung oder Bearbeitung eines körperlichen Gegenstandes** gerichtet sind, kann die Leistung sowohl Elemente der Lieferung als auch Elemente der sonstigen Leistung enthalten. Das Umsatzsteuergesetz ordnet derartige Leistungen einheitlich entweder den Lieferungen zu, wenn es sich dabei um eine Werklieferung handelt (§ 3 Abs. 4 UStG), oder den sonstigen Leistungen, wenn es sich um eine Werkleistung handelt (§ 3 Abs. 9 UStG). Das Unionsrecht in Gestalt der MwStSystRL kennt den Begriff der Werklieferung nicht. Auch nach der MwStSystRL kommt jedoch für solche Vorgänge nur eine einheitliche Qualifizierung entweder als Lieferung gemäß Art. 14 oder als Dienstleistung gemäß Art. 24 MwStSystRL in Betracht. Die Unterscheidung ist wichtig hinsichtlich der Bestimmung des Ortes der Leistung und für die Anwendung von Vergünstigungsvorschriften, falls diese nur Lieferungen oder nur sonstige Leistungen begünstigen. Sie kann auch von Bedeutung für den Zeitpunkt der Entstehung der Steuerschuld und die Umkehrung der Steuerschuldnerschaft sein (vgl. §§ 13 Abs. 1, 13 b Abs. 1 und Abs. 2 Nr. 1 UStG).

Soweit es um die Abgrenzung zwischen Lieferung nach §§ 3 Abs. 4, 3 Abs. 1 UStG einerseits und sonstiger Leistung gemäß § 3 Abs. 9 UStG andererseits geht, muss und kann § 3 Abs. 4 UStG richtlinienkonform in Übereinstimmung mit der Abgrenzung zwischen Lieferung und Dienstleistung in der MwStSystRL ausgelegt werden. Insoweit kann und muss auch auf die Rspr. des EuGH zurückgegriffen werden.[274] Im Zweifelsfall ist danach zu unterscheiden, ob die Lieferelemente = Verschaffung der Verfügungsmacht an einem körperlichen Gegenstand oder die Dienstleistungselemente = Zuwendung von Vorteilen, die nicht im Wesentlichen in der Verschaffung von Verfügungsmacht an einem körperlichen Gegenstand bestehen, überwiegen. Soweit es allein um die Abgrenzung zwischen Lieferung und Werklieferung geht – diese spielt praktisch nur für die Umkehr der Steuerschuldnerschaft nach § 13 b Abs. 2 Nr. 1 und Nr. 4 UStG eine Rolle – gibt es keine unionsrechtlichen Abgrenzungsvorgaben zu beachten. Die Abgrenzung zwischen der reinen Lieferung nach § 3 Abs. 1 UStG und der Werklieferung nach § 3 Abs. 4 UStG ist allein eine Angelegenheit des nationalen Rechtes.[275]

Kennzeichnend für die umsatzsteuerliche Werklieferung ist, dass zumindest ein Teil des verwendeten **Hauptstoffes vom Werkunternehmer** (und nicht vom Besteller) stammt. In diesem Fall ordnet § 3 Abs. 4 UStG an, dass lediglich eine **einheitliche (Werk-)Lieferung** des bearbeiteten Hauptstoffes vorliegt und nicht etwa zwei Leistungen, nämlich Lieferung des Stoffes und sonstige Leistung (= Bearbeitung). Die Lieferung beginnt und endet mit der Übergabe des Gegenstandes.

Selbstredend liegt eine Werklieferung und nicht lediglich eine Lieferung vor, wenn der gesamte Hauptstoff vom Werkunternehmer stammt und aus diesem im Auftrag des Bestellers erst eine Sache für diesen hergestellt wird. Die missverständliche gegenteilige Aussage des V. Senates, wonach für eine Werklieferung die „Be- und Verarbeitung eigener Gegenstände des Leistenden nicht ausreichend" sei, sondern der Werkunternehmer zusätzlich zur Verschaffung der Verfügungsmacht einen „fremden Gegenstand be- oder verarbeitet"[276] ist so schlicht falsch und unzutreffend. Die Abgrenzung zur reinen Lieferung gemäß § 3 Abs. 1 UStG besteht darin, dass die Be- oder Verarbeitung des gerade nicht fremden, sondern eigenen Gegenstandes (Hauptstoffes) des Werkunternehmers schon im Auftrage des Bestellers/Leistungsempfängers erfolgt und Teil der Leistung ist, dem dann am be- oder verarbeiteten Hauptstoff noch die Verfügungsmacht verschafft werden muss, wäh-

274 Insoweit zutreffend BFH v. 09.06.2005, V R 50/02, BStBl. II 2006, 98 (orthopädische Schuhe) und v. 22.08.2013 – V R 37/10, BStBl. II 2014, 128; aus der Rspr. des EuGH vgl. EuGH v. 13.12.2012– Rs. C-395/11 (BLV Wohn -und Gewerbebau), UR 2013, 63 Rn. 29 mit Hinweisen auf EuGH v. 10.03.2011– Rs. C-497/09, 499/09, 501/09, 502/09 (Bog u.a.), Slg. 2011, I-1457 (Abgrenzung erfordere „komplexe Beurteilung" aufgrund Einzelfallbetrachtung).

275 S. dazu EuGH v. 13.12.2012– Rs. C-395/11 (BLV Wohn- und Gewerbebau), UR 2013, 63 und BFH v. 30.06.2011 – V R 37/10, BStBl. II 2011, 842 (Vorlage an den EuGH) und v. 22.08.2013 – V R 37/10, BStBl. II 2014, 128 (nachfolgend EuGH) mit Anm. Lippross MwStR 2013, 756 und Heuermann StBp 2014, 21.

276 BFH v. 22.08.2013 – V R 37/10, BStBl. II 2014, 128 unter II 2 a) Rn. 34 und 35; dagegen zutreffend auch Lippross MwStR 2013, 736.

rend die Lieferung nur die Verschaffung der Verfügungsmacht umfasst. Gemeint sein kann hier nur die Abgrenzung zur sonstigen Leistung. Allein dort kommt es darauf an, ob bei der Be- oder Verarbeitung eines dem Besteller gehörenden, also fremden Gegenstandes, vom Werkunternehmer lediglich Zutaten und Nebensachen verwendet werden – dann sonstige Leistung –, oder auch Hauptstoffe – dann Werklieferung. Für die Abgrenzung Lieferung oder Werklieferung spielt dies aber keine Rolle. Schon gar nicht ergibt sich dies aus Vorgaben des Unionsrechtes, das sich zur Abgrenzung von Lieferung und Werklieferung nicht verhält!

Stammt hingegen der zu bearbeitende **Hauptstoff nicht vom Werkunternehmer** (sondern vom Besteller), liegt **einheitlich nur eine sonstige (Werk-)Leistung** vor, selbst wenn der Werkunternehmer Zutaten oder Nebensachen verwendet und daran dem Besteller Verfügungsmacht verschafft. Ob ein Stoff Hauptstoff oder Zutat (Nebensache) ist, soll sich nach der Rspr. aus der Sicht des Durchschnittsbetrachters entscheiden. Stoffe, die den Gegenstand als solchen kennzeichnen, sind Hauptstoffe, hingegen Zutaten und Nebensachen, wenn sie nicht das Wesen des Umsatzes bestimmen.[277] Ein Gegenstand kann und wird meist aus mehreren Hauptstoffen bestehen. Abweichend vom BGB (vgl. §§ 94, 946 BGB) sieht § 3 Abs. 4 UStG ein Grundstück nicht als alleinige Hauptsache an. Bauunternehmer, die auf fremden Grundstücken Bauwerke errichten und dabei eigene Materialien verwenden, erbringen daher Werklieferungen.

b) Wird ein **Teil der Hauptstoffe vom Besteller** zur Werkherstellung beigefügt, spricht man von einer **Materialbeistellung** zur Werklieferung; wird der **gesamte Hauptstoff vom Besteller** gestellt, handelt es sich um eine **Materialgestellung** zur Werkleistung. Das beigestellte Material nimmt am Leistungsaustausch nicht teil, es stellt insbesondere auch keine Gegenleistung für die Werklieferung/Werkleistung des Unternehmers dar. Dadurch lässt sich USt einsparen, wenn der Besteller Nichtunternehmer ist. Voraussetzung für eine Beistellung/Gestellung ist aber, dass der beigestellte Stoff im Werk tatsächlich verwendet wird. Wird er vom Unternehmer für das Werk nicht verwendet, sondern stattdessen Material des Unternehmers, so liegt eine sog. unechte Beistellung vor, die grundsätzlich zum Tausch führt.[278] **100**

Fall 13: Die Beistellung von Baustahl

Nichtunternehmer N lässt sich vom Bauunternehmer B einen Rohbau errichten. Den erforderlichen Baustahl im gemeinen Wert von 11.900 € stellt N bei. B erteilt N eine Rechnung über 238.000 €. Wie hoch ist die USt, wenn

a) B den Stahl beim Bau für N verwendet;

b) B eigenen andersartigen Stahl beim Bau verwendet und den Stahl des N behält?

Zu a)

B hat eine Werklieferung des Rohbaues erbracht, da er Hauptstoffe (Baumaterial) verwendete. Das gilt trotz Verbindung mit dem Grund und Boden des N (§ 3 Abs. 4 S. 2 UStG). Der von N stammende, beim Bau verwendete Stahl gehört allerdings nicht zum Umfang der Werklieferung (echte Beistellung). Die Gegenleistung besteht nur im Werklohn von 238.000 €. Bei einer Werklieferung im Inland ergibt sich nach § 10 Abs. 1 UStG eine Bemessungsgrundlage von (238.000 € : 1,19 =) 200.000 € und eine Umsatzsteuerschuld von 38.000 €.

---

277 BFH v. 09.06.2005 – V R 50/02, BStBl. II 2006, 98; vgl. auch Abschn. 3.8. UStAE; s. auch FG München v. 06.07.2016 – 3 K 1211/13, EFG 2016, 1654 (zur Herstellung von Mischfutter für Landwirte, aus deren Getreide unter Zusatz von wesensbestimmenden Futtermittelzusätzen – Werklieferung, wenn Wert der Zusatzstoffe den Wert der Bearbeitungsleistung übersteigt).

278 Vgl. BFH v. 21.09.1970 – V R 76/67, BStBl. II 1971, 77; Abschn. 3.8. UStAE.

Zu b)

Wie bei a) hat B eine Werklieferung erbracht. Diese umfasst auch den verwendeten eigenen Stahl. Eine echte Beistellung des Stahls liegt nicht vor, weil der von N stammende Stahl von B bei der Herstellung des Bauwerkes nicht verwendet wurde. Der von N stammende Stahl ist daher ein Teil der Gegenleistung, sodass ein Tausch mit Baraufgabe (§ 3 Abs. 12 S. 1 UStG) vorliegt **(unechte Beistellung)**. Als Bemessungsgrundlage ergibt sich für die Werklieferung aus § 10 Abs. 2 S. 2 UStG ein Betrag von 238.000 € Barleistung + 11.900 € (gemeiner Wert des Stahls als Gegenlieferung) = 249.900 € : 1,19 = 210.000 €. Die Umsatzsteuerschuld beträgt 210.000 x 19 % = 39.900 €.

---

101 **c)** Trotz Nichtverwendung des beigestellten Stoffes im Werk wird ausnahmsweise doch eine echte Beistellung/Gestellung anerkannt, wenn es sich um völlig gleichartigen und gleichwertigen Stoff handelt, der Austausch vom technischen Ablauf her geboten ist und der Menge nach nur Stoff entsprechend der im Werk verwendeten Menge beigestellt wird, sog. **unschädlicher Materialaustausch**.[279] Diese Voraussetzungen sind aber im vorherigen Fall nicht gegeben.

2. Gehaltslieferung, Umtauschmüllerei

102 Nach § 3 Abs. 5 UStG liegt eine Lieferung nur des Gehaltes einer Sache vor, wenn dem Lieferer die nach Entzug des Gehaltes verbleibenden Abfälle zurückzugeben sind. Der klassische Fall für diesen Sonderfall der Lieferung ist die Lieferung des Zuckergehaltes bei der Anlieferung von Zuckerrüben, falls dem Landwirt die Rübenschnitzel zurückgegeben werden. Eine bloße Gehaltslieferung erfolgt auch bei der „Lieferung" von Biomasse an einen Biogasanlagenbetreiber unter vereinbarter Rückgabe der Gärreste an die Landwirte, die sie als Düngemittel verwenden.[280] Die Lieferung beschränkt sich auf die in der Biomasse enthaltenen Stoffe, die in Methan umgewandelt werden. Dies gilt auch dann, wenn dem Lieferer nicht „seine", sondern gleichartige Nebenerzeugnisse oder Abfälle zurückgegeben werden.

Die Bedeutung des § 3 Abs. 5 UStG liegt darin, dass hier nur von einer Lieferung des Gehaltes und nicht etwa von einem Tausch mit Baraufgabe ausgegangen wird, wie es sich dem äußeren Anschein, nicht aber dem wirtschaftlichen Gehalt nach, darbietet. Es wird also beispielsweise Zucker gegen Geld geliefert und nicht etwa Zuckerrüben gegen Rübenschnitzel und Geld.

§ 3 Abs. 10 UStG qualifiziert umgekehrt einen vermeintlichen Tauschvorgang als bloße sonstige Leistung. Liegt der wirtschaftliche Gehalt einer Leistung in der Bearbeitung (Verarbeitung) eines Gegenstandes, wird dem Auftraggeber aber nicht sein bearbeiteter Gegenstand, sondern ein gleichartiger Gegenstand überlassen, so liegt gleichwohl nur eine Werkleistung (und nicht ein Tausch!) vor, wenn das Entgelt ausschließlich für die Bearbeitung und nicht auch nach dem Materialpreis berechnet wird.

Beispiel: Der Landwirt bringt Weizen zur Mühle und erhält gegen Berechnung des Mahllohnes eine der angelieferten Weizenmenge entsprechende Menge Weizenmehl (aus fremdem Weizen!).

---

279 Vgl. BFH v. 03.12.1970 – V R 122/67, BStBl. II 1971, 355; Abschn. 3.8. Abs. 3 UStAE.

280 BFH v. 10.08.2017 – V R 3/16, BStBl. II 2017, 1264 und bereits Vorinstanz FG Rhld.-Pfalz v. 08.12.2015 – 3 K 1070/13, EFG 2016, 324.

3. Grundsatz der Einheitlichkeit der Leistung

Die ausdrückliche gesetzliche Regelung des § 3 Abs. 4 UStG über die Behandlung der **103**
Werklieferung nur als Lieferung, obgleich sie Elemente der sonstigen Leistung enthält, ist ein Anwendungsfall des umsatzsteuerlichen Prinzips der Einheitlichkeit der Leistung. Dieses besagt, dass ein einheitlicher wirtschaftlicher Vorgang nicht in verschiedene Leistungselemente aufgeteilt werden darf, sondern umsatzsteuerrechtlich hinsichtlich der Steuerbarkeit, Steuerpflicht und des Steuersatzes einheitlich zu behandeln ist.[281] Ausgangspunkt ist zunächst, dass jede Leistung gesondert als eigener Umsatz zu behandeln ist.[282] Lediglich eine **einheitliche Leistung** liegt aber erstens vor, wenn zwar zwei oder mehrere gleichwertige Handlungen oder Einzelleistungen vorliegen, diese aber für den Leistungsempfänger/Kunden so eng miteinander verbunden sind, dass sie objektiv einen **einzigen wirtschaftlichen Vorgang** bilden. Dieser einheitliche wirtschaftliche Vorgang stellt dann gegenüber den Einzelleistungen eine eigenständige Leistung dar, die ggf. hinsichtlich Steuerbarkeit, Steuerpflicht und Steuersatz anders als die jeweiligen Einzelleistungen zu behandeln ist.[283]

Beispiel (nach BFH V R 31/10): Ein Veranstalter bietet „Dinner Shows" an. Die Leistung umfasst eine Varieté- und Theatershow sowie ein mehrgängiges Menü. Dafür ist ein einheitlicher Preis zu entrichten. Menü und Showleistung können nicht gesondert von den Gästen in Anspruch genommen werden. Es liegt eine einheitliche Leistung vor, die dem allgemeinen Steuersatz unterliegt. Der ermäßigte Steuersatz für Theatervorführungen gemäß § 12 Abs. 2 Nr. 7 a UStG kann auch nicht auf den aus der „Show" bestehenden Teil der Leistung angewendet werden.

Eine einheitliche Leistung liegt zweitens auch bei einer **unselbstständigen Nebenleistung** zu einer Hauptleistung vor. Hier teilt die Nebenleistung als Bestandteil der Hauptleistung hinsichtlich Steuerbarkeit, Steuerpflicht und Steuersatz das Schicksal der Hauptleistung. Die Nebenleistung ist **von untergeordneter Bedeutung ohne eigenen Zweck** und stellt lediglich das Mittel dar, um die Hauptleistung in Anspruch zu nehmen.[284]

Beispiel: Der Lieferant von Lebensmitteln verpackt diese und befördert sie an den Abnehmer. Er berechnet dem Abnehmer getrennt ausgewiesen den Preis für

- die Lebensmittel,
- die Verpackung und
- den Transport.

---

281 Vgl. dazu auch Abschn. 3.10. UStAE mit umfangreichen Beispielen aus der Rspr. des BFH.

282 Vgl. EuGH v. 17.01.2013 – Rs. C-224/11 (BGZ-Leasing), UR 2013, 262 (Leasing, stpfl., und Versicherung des Leasing Objektes, stfrei) m.w.N.; BFH v. 26.09.2019 – V R 36/18, BFH/NV 2020, 112 (Mahlen von Korn und Zugabe von Zusatzstoffen als eigenständige Leistungen); v. 18.08.2005 – V R 20/03, BStBl. II 2005, 910 (Abgabe von Speisen im Theaterrestaurant, nicht befreit nach § 4 Nr. 20 a).

283 Vgl. EuGH v. 04.09.2019 – Rs. C-71/18 (KPC Herning), HFR 2019, 925 m.w.N. mit Anm. Klenk; v. 27.03.2019 – Rs. C-201/18 (Mydibel – sale and lease back)) mit Anm. Tehler, EU-UmsStB 2019,63; v. 18.01.2018 – Rs. C-463/16 (Stadion Amsterdam), UR 2018, 200 m.w.N. (verbundener Stadion- und Museumsbesuch); BFH v. 14.02.2019 – V R 22/17, BStBl. II 2019, 350 (Errichtung einer Gartenanlage [Barockgarten] unter Lieferung der Pflanzen); v. 13.06.2018 – XI R 2/16 BStBl. II 2018, 678 und v. 10.01.2013 – V R 31/10, BStBl. II 2013, 380 (Dinner Show, allgemeiner Steuersatz); EuGH v. 19.07.2012 – Rs. C-44/11 (Deutsche Bank), BStBl. II 2012, 945 (Portfolioverwaltung, Verwalten und Verkauf von Wertpapieren, Finanzumsätze, Steuerbarkeit und Steuerbefreiung); v. 27.10.2005 – Rs. C-41/04 (Levob verzekeringen) UR 2006, 20 (Überlassung von Standard-Software auf Datenträger und deren Anpassung als einheitliche Dienstleistung).

284 Vgl. EuGH v. 10.03.2011 – Rs. C-497/09 – Rs. C-449/07 (Bog u.a.), BStBl. II 2013, 256 = Slg. 2001, I-011457 (Abgabe von Lebensmitteln an Imbissständen und in Kino-Foyers) m.w.N.; v. 11.06.2009 – Rs. C-572/07 (Tellmer Property), Slg. 2009, I-4983 (zu Grundstücksvermietung, und Reinigung); v. 27.09.2012 – Rs. C-392/11 (Field Fisher Waterhouse), UR 2012, 964 (Grundstücksvermietung und Nebenleistungen) v. 21.02.2008 – Rs. C-245/06 (Part Service SRL), UR 2008, 461 – auch zu missbräuchlicher künstlicher Aufspaltung einer einheitlichen Leistung; v. 21.06.2007 – Rs. C-435/05, Slg. 2007, I-5083 (Ludwig); v. 25.02.1999 – Rs. C-349/96 (CPP), Slg. 1999, I-973; v. 03.07.2001 – Rs. C-380/99 (Bertelsmann), Slg. 2001, I-5163 = UR 2001, 106; BFH v. 25.03.2014 – VR 25/11, UR 2014, 710 (Verpflegungsleistung als Nebenleistung zur Übernachtungsleistung des Hoteliers, einheitliche Ortsbestimmung nach § 3 a Abs. 3 Nr. 1 a).

Betrachtet man die Vorgänge getrennt, so liegen vor: Lieferungen von Lebensmitteln (Steuersatz 7 % gemäß § 12 Abs. 2 Nr. 1 i.V.m. Anlage UStG), Lieferung von Verpackungsmaterial (Steuersatz 19 %) und eine Beförderungsleistung (Steuersatz 19 %).

Die Verpackung und Beförderung haben jedoch gegenüber der Lieferung der Lebensmittel nur eine untergeordnete, dienende Funktion. Sie sind daher ein Teil (unselbstständige Nebenleistungen) der mit 7 % zu versteuernden Lieferungen der Lebensmittel. Demzufolge stellen alle getrennt berechneten Preise die (einheitliche) Gegenleistung (Entgelt) für die Lieferungen der Lebensmittel dar.

Ob eine einheitlich zu beurteilende Leistung oder mehrere, selbstständig zu beurteilende Leistungen vorliegen, ist davon abhängig, ob nach der Verkehrsauffassung und der Interessenlage der Beteiligten eindeutig einem bestimmten Leistungsteil der Vorrang zukommt, demgegenüber andere Elemente zurücktreten, bzw. ob bei mehreren Leistungen einige davon eindeutig eine untergeordnete, dienende Funktion haben. Nicht entscheidend, sondern allenfalls von indizieller Bedeutung, ist hingegen, ob sie in einer oder mehreren Vertragsurkunden vereinbart wurden oder ob sie in einem Preis oder jeweils gesondert abgerechnet werden.

Beispiel:[285] G in Stuttgart betreibt einen Autohandel. Daneben stellt er einen sog. Rennservice zur Verfügung. Er überlässt gegen Entgelt Rennwagen an private Autofahrer für Probeläufe, Teilnahme an Rennen, übernimmt den Transport der Rennwagen und stellt das Servicepersonal. Die Autorennen selbst finden überwiegend im Ausland statt.

Es liegt eine einheitliche sonstige Leistung vor, deren Ort nach § 3 a Abs. 1 UStG im Inland liegt. Diese Leistung ist auch nicht teilweise nach § 4 Nr. 3 UStG befreit.

Beispiel:[286] Unterbringung und Verpflegung auf einer Rheinreise mit Kabinenschiffen sind unselbstständige Nebenleistungen zur Beförderungsleistung. Der Ort bestimmt sich daher insgesamt nach § 3 b Abs. 1 UStG für die Personenbeförderung.

V. Fehlender Leistungsaustausch

104 Ein Leistungsaustausch i.S.d. § 1 Abs. 1 Nr. 1 UStG liegt nicht vor, wenn es entweder bereits an der Leistung oder aber an einer Gegenleistung fehlt. Problematisch ist in Grenzfällen in der Regel die Frage, ob eine Leistung vorliegt, seltener die Frage, ob eine Gegenleistung gegeben ist. Fehlt es an einem der vorgenannten Merkmale, liegt zwar kein echter steuerbarer Leistungsaustausch vor, es könnte aber dennoch ein steuerbarer Umsatz nach § 1 Abs. 1 Nr. 4 oder Nr. 5 UStG (Einfuhr, ig. Erwerb) gegeben sein. Diese Tatbestände müssen daher gerade bei Verneinung eines Leistungsaustausches (gedanklich) immer geprüft werden. Außerdem wird in § 3 Abs. 1 b und in § 3 Abs. 9 a UStG für bestimmte unentgeltliche Wertabgaben trotz fehlenden Entgelts oder sogar fehlender Leistung an einen anderen ein Leistungsaustausch i.S.d. § 1 Abs. 1 Nr. 1 UStG fingiert (s. unter Rn. 126 ff.).

Beispiel: Glasermeister G wirft versehentlich seinem Nachbarn die Scheibe ein. Er beseitigt den Schaden selbst, indem er eine neue Scheibe durch seine Gesellen einsetzen lässt.

G erbringt an den N eine Leistung (Werklieferung), erhält aber dafür keine Gegenleistung. Es läge daher an sich kein steuerbarer Leistungsaustausch nach § 1 Abs. 1 Nr. 1 UStG vor. G entnimmt aber einen Gegenstand (die fertige, eingesetzte Scheibe einschließlich Arbeitsleistung) seinem Unternehmen zur Befriedigung eines privaten Schadensersatzanspruches, mithin für Zwecke außerhalb des Unternehmens. Damit liegt nach § 3 Abs. 1 b Nr. 1 UStG ein der entgeltlichen Lieferung gleichgestellter Umsatz nach § 1 Abs. 1 Nr. 1 UStG vor.

Ob ein Leistungsaustausch vorliegt oder nicht, ist allein nach den umsatzsteuerlichen Kriterien der Leistung und Gegenleistung zu beurteilen. Die Begriffe des Zivilrechts bieten hier keine Hilfestellung. In Anlehnung an zivilrechtliche Begriffsbestimmungen hat sich allerdings in der umsatzsteuerlichen Diktion das Begriffspaar „echt" und „unecht" gebildet, wobei mit dem Etikett **echt** gekennzeichnet werden soll, dass

285 Nach BFH v. 26.03.1992 – V R 16/88, BStBl. II 1992, 929.

286 Nach BFH v. 01.08.1996 – V R 58/94, BStBl. II 1997, 160.

kein Leistungsaustausch vorliegt, während **unecht** bedeutet, dass ein **Leistungsaustausch** zu bejahen ist. So spricht man vom echten und unechten Schadensersatz, von echten und unechten Mitgliederbeiträgen, echten und unechten Zuschüssen. Ob das eine oder das andere vorliegt, muss im Einzelfall anhand der Kriterien des § 1 Abs. 1 Nr. 1 UStG geprüft werden, und erst das Ergebnis dieser Prüfung entscheidet darüber, ob echter oder unechter Schadensersatz usw. vorliegt oder nicht. Dabei kann der umsatzsteuerlich unechte Schadensersatz zivilrechtlich durchaus ein „echter Schadensersatz" sein.

1. Schadensersatz

a) Schadensersatz aus Gesetz, insbesondere aus unerlaubter Handlung

Fall 14: Schadensersatz wegen eines Verkehrsunfalls

Auf einer privaten Fahrt beschädigt der Inhaber einer Kfz-Werkstatt im angetrunkenen Zustand einen Mietwagen eines Mietwagen-Unternehmers mit Werkstatt (M).

a) Er leistet Geldersatz für Reparaturkosten und Verdienstausfall;

b) er repariert den Wagen selbst in seiner Werkstatt und zahlt den Verdienstausfall;

c) er beauftragt den M, den Wagen zu reparieren und ihm die Rechnung zuzusenden, zahlt die Reparaturkosten und den Verdienstausfall.

Liegen bei Schädiger oder Geschädigtem steuerbare Umsätze vor?

I. Wer als **Geschädigter** wegen einer unerlaubten Handlung oder aus Gefährdungs- 105
haftung Schadensersatz erhält, sei es in Form von Geldersatz (§ 249 Abs. 2 BGB) oder durch Naturalrestitution (§ 249 Abs. 1 BGB), erhält diesen nicht, weil er eine Leistung erbracht hat, sondern weil ihm ein Schaden an seinen Vermögensgegenständen zugefügt wurde. Es fehlt aufseiten des Geschädigten an einer willentlichen Zuwendung und damit an einer Leistung des Geschädigten an den Schädiger.[287] Die durch das schädigende Ereignis erfolgende Rechtsgütereinbuße erfolgt aufseiten des Geschädigten weder willentlich noch stellt sie eine Zuwendung an den Schädiger dar.

An zu besteuernden Leistungen gegen Entgelt im Sinne der MwStSystRL fehlt es nach der Rspr. des EuGH auch bei Abgaben/Entschädigungen, die von Geräteherstellern an Gesellschaften zur kollektiven Wahrnehmung von Urheberrechten und verwandten Schutzrechten und von diesen dann an die Urheber/Rechteinhaber zu zahlen sind. Nach Auffassung des EuGH fehlt es insoweit an einem auf den Ausgleich von Leistung und Entgelt gerichteten Rechtsverhältnis. Die aufgrund gesetzlicher Regelungen zur Umsetzung der RL 2001/29/EG zur Harmonisierung bestimmter Aspekte des Urheberrechtes zu entrichtenden Abgaben zugunsten der Urheber dienen dazu, einen gerechten Ausgleich für den „Schaden" herzustellen, der sich aus der ohne ihre Genehmigung erfolgende, nach dem Gesetz zulässige Vervielfältigung ihrer geschützten Werke ergibt. Da es sich um einen bloßen Schadensausgleich handele, könne nicht angenommen werden, dass ein „Umsatz gegen Entgelt im Sinne des Art. 2 MwStSystRL" vorliege.[288] Angesichts dieses Urteils wurde die Regelung in § 3 Abs. 9 S. 3 UStG, wonach in den Fällen der Bibliotheks- und Leerkassettenabgabe des §§ 27 und 54 Urheberrechtsgesetz sonstige Leistungen erbracht werden, durch den Gesetzgeber ersatzlos gestrichen. Freilich fragt man sich, weshalb der EuGH sich nicht näher mit Art. 25 c) MwStSystRL (= § 1 Abs. 1 Nr. 1 S. 2 UStG) auseinandergesetzt hat. Zu überzeugen vermögen diese Urteile des EuGH kaum.

---

287 Vgl. BFH v. 15.04.2015 – V R 46/13, BStBl. II 2015, 947; v. 20.03.2013 – XI R 6/11, BStBl. II 2014, 206 m.w.N.; v. 30.06.2010 – XI R 22/10, BStBl. II 2010, 1084; Abschn. 1.3. UStAE.

288 EuGH v. 18.01.2017 – Rs. C-37/16 (SAWP), MwStR 2017,163 mit Anm. Grube; s. jetzt auch EuGH v. 19.12.2018 – Rs. C-51/18 (Kommission/Österreich), UR 2019, 134 zu Folgerechtsvergütungen für Urheber von Kunstwerken.

Beseitigt der Geschädigte den Schaden selbst oder lässt er ihn durch einen Dritten beseitigen, so liegt zwar ein willentliches Verhalten vor. Da der Geschädigte dabei jedoch ausschließlich seine eigenen Interessen wahrt, liegt auch in der Schadensbeseitigung keine Zuwendung (Leistung) des Geschädigten an den Schädiger. Mithin handelt es sich in den Fällen a) und b) mangels einer Leistung des Geschädigten für ihn um sog. echten Schadensersatz, der keine Umsatzsteuerschuld auslöst.

II. Lässt der Schädiger oder der Geschädigte den Schaden bei einem Dritten (Werkstatt) aufgrund eines Werkvertrages beheben, so erbringt der Dritte an seinen Auftraggeber eine entgeltliche Leistung. Er wird im Leistungsaustausch tätig.

Beauftragt der Schädiger den Geschädigten quasi wie einen Dritten, den Schaden zu beseitigen, um auf diese Weise Schadensersatz gegenüber dem Geschädigten gemäß § 249 Abs. 1 BGB zu leisten, so erbringt der **Geschädigte** mit der Durchführung des Auftrages an den Schädiger eine Leistung gegen Entgelt.[289] Da im Fall c) ein ausdrücklicher Auftrag vorlag, liegt hinsichtlich der Reparaturleistung und des dafür gezahlten Werklohns (nicht Verdienstausfall!) ein steuerbarer Leistungsaustausch beim Geschädigten vor.[290]

Beachte: Zahlungen, die an einen Unternehmer als Aufwendungsersatz für Abmahnungen an den (Urheberrechts-)Verletzer/Schädiger geleistet werden, stellen umsatzsteuerlich Entgelt für die an den abgemahnten Schädiger erbrachte Leistung des Verletzten dar und keinen „echten Schadensersatz".[291]

III. Leistet der **Schädiger** Schadensersatz in Geld, fehlt es bereits an einer Leistung im umsatzsteuerlichen Sinne. Leistet er Schadensersatz durch Naturalrestitution, liegt zwar eine Leistung vor, es fehlt aber an der Gegenleistung. In den Fällen a) und c) fehlt es daher aufseiten des Schädigers an einer steuerbaren Leistung. Im Fall b) leistet der Schädiger zwar, es fehlt aber am Entgelt. Allerdings liegt eine nach § 1 Abs. 1 Nr. 1 i.V.m. § 3 Abs. 9 a Nr. 2 UStG steuerbare unentgeltliche sonstige Leistung vor, denn es erfolgt eine Leistungsabgabe aus dem Unternehmen für außerunternehmerische Zwecke.

IV. In zivilrechtlichen Schadensersatzprozessen beeinflussen umsatzsteuerliche Vorfragen die Höhe des Schadensersatzes.[292] Beim Schadensersatz in Geld umfasst die Forderung grundsätzlich auch den Umsatzsteueranteil, den der Geschädigte für den Werklohn an die Werkstatt aufwenden muss. Ist der Geschädigte allerdings Unternehmer, muss er sich die mögliche Vorsteuererstattung als schadensmindernden Vorteil anrechnen lassen. Soweit allerdings keine USt anfällt, etwa bei abstrakter Schadensberechnung ohne tatsächliche Reparatur oder bei selbst vorgenommener Reparatur, schließt § 249 Abs. 2 S. 2 BGB einen Ersatz der Umsatzsteuer aus.[293]

---

289 Lippross 2.2.6.2.

290 BFH v. 11.03.1965 – V 37/62 S, BStBl. III 1965, 303 (dort zutreffend der Hinweis, dass eine Auftragserteilung nicht unterstellt werden darf).

291 BFH v. 13.02.2019 – XI R 1/17, MwStR 2019, 630 (Verfassungsbeschwerde eingelegt – BVerfG – 1 BvR 1327/19).

292 Vgl. z.B. BGH v. 14.03.2007 – VII I ZR 68/08, UR 2007, 416 (zu Schadensersatz Leasingnehmer).

293 S. dazu OLG Köln v. 05.06.2013 – I 16 U 106/11, Schaden-Praxis 2014, 47; BGH v. 09.05.2006 – VI ZR 225/05, NJW 2006, 2181.

b) Schadensersatz statt Leistung (§§ 281–283, 325, 326 BGB)

Soweit der Schuldner nach §§ 281–283 BGB Schadensersatz statt der Leistung zu erbringen hat, liegt kein Leistungsaustausch vor, wenn der Gläubiger des Schadensersatzanspruches und Schuldner eines Sachleistungsanspruches seine Leistung mit Rücksicht auf die zu vertretende Nichterbringung der Leistung durch den Schuldner ebenfalls nicht erbringt und den Schadensersatz nach der Differenzmethode ermittelt und erhält.[294] Es fehlt dann umsatzsteuerlich an einer Leistung des Gläubigers. Hat der Gläubiger dagegen seine (Gegen-)Leistung bereits erbracht oder erbringt er sie noch, weil er daran ein berechtigtes Interesse hat, und wird dann Schadensersatz nach der Surrogationsmethode geleistet, so liegt ein Leistungsaustausch vor. Der Schadensersatz stellt dann umsatzsteuerlich das Entgelt für die Leistung des Gläubigers dar. In der umsatzsteuerlichen Terminologie handelt es sich um einen unechten Schadensersatz. 106

c) Verzugsschaden, Verzugszinsen (§§ 280 Abs. 1, 2, 286 BGB)

Der Ersatz des eigentlichen Verzögerungsschadens, insbesondere die Zahlung von Verzugszinsen, steht außerhalb des Leistungsaustausches. Verzugszinsen stellen kein (zusätzliches) Entgelt für die Leistung dar, denn der Leistungsempfänger wendet sie nicht wegen des Erhaltes der Leistung, sondern wegen verzögerter eigener Leistung auf.[295] Entsprechendes gilt für außerprozessuale und prozessuale Mahn-, Anwalts- und Gerichtskosten, soweit diese vom Schuldner zu tragen sind. Sie sind nicht Teil der Gegenleistung.[296] 107

Im Verhältnis zum Gläubiger als seinem Mandanten erbringt der Anwalt allerdings eine sonstige Leistung. Ist der Mandant als Unternehmer zum Vorsteuerabzug berechtigt (§ 15 UStG), so entsteht ihm bzgl. des Umsatzsteueranteils aus der Gebührenrechnung des Anwalts kein Schaden. Er kann daher seinem Schuldner die Anwaltsgebühren nur ohne USt weiterberechnen.

Entsprechendes gilt für Kostenfestsetzungsbeschlüsse.[297] Insoweit bestimmt § 104 Abs. 2 ZPO, dass USt zu berücksichtigen ist, wenn der Antragsteller erklärt, dass er nicht vorsteuerabzugsberechtigt ist.

d) Ansprüche wegen Pflichtverletzung (§ 280 BGB)

Hat der Leistungsempfänger wegen einer sonstigen Pflichtverletzung aus dem Vertrag nach § 280 BGB Schadensersatz zu leisten, z.B. der Mieter hat die Sache beschädigt, so stellt der Schadensersatz kein Entgelt dar, weil eine willentliche Leistung des Geschädigten nicht vorliegt. Denn auch hier erfolgt – wie beim Schadensersatz aus unerlaubter Handlung – die Rechtsgüterbeeinträchtigung des Geschädigten weder mit seiner Zustimmung noch stellt sie eine Zuwendung an den Vertragsverletzer dar. Beseitigt der Vertragsverletzer den Schaden selbst oder lässt er ihn beseitigen, so leistet er zwar an den Geschädigten – außer bei Geldersatz –, aber er erhält dafür keine Gegenleistung. Hat hingegen der Leistende wegen einer Schlechtleistung Schadensersatz zu leisten, so vermindert dies sein Entgelt, sodass ggf. eine Korrektur nach § 17 Abs. 1 UStG zu erfolgen hat.[298] 108

---

294 BFH, Beschl. v. 24.10.1985 – V R 94/79, NV 1986, 60.

295 EuGH v. 01.07.1982 – Rs. 222/81, Slg. 1982, I-2527 = UR 1982, 159.

296 Abschn. 1.3. Abs. 6 UStAE.

297 Vgl. BGH v. 12.06.2006 – II ZB 21/05, UR 2007, 223; s. auch BGH v. 26.10.2016 – IV ZR 34/16, UR 2016, 961 = VersR 2016, 1593 (zur Vorsteuerabzugsberechtigung des Schadensabwicklers eines Rechtsschutzversicherers).

298 Vgl. BFH v. 16.01.2003 – V R 72/01, BStBl. II 2003, 620.

e) Versendungskauf und Transportversicherung

109 Versicherungsleistungen wegen Untergangs oder Beschädigung von Sachen auf dem Transport werden nicht wegen einer Lieferung oder sonstigen Leistung gewährt, sondern wegen des Eintritts des Versicherungsfalles. Sie stellen daher grundsätzlich einen sog. „echten Schadensersatz" dar.

Eine Besonderheit besteht aber, wenn der **Käufer** – sei es aufgrund besonderer vertraglicher Abrede, sei es nach der gesetzlichen Regelung des **§ 447 BGB** – die **Preisgefahr** trägt. In diesen Fällen schuldet der Käufer trotz Untergangs oder Beschädigung den vereinbarten Preis. Der Transportversicherer zahlt dann gleichsam im abgekürzten Zahlungsweg an den Lieferer. Die Zahlung stellt sich für den Verkäufer damit als Empfang des vom Käufer geschuldeten Entgelts dar. Da andererseits die Lieferung bereits nach § 3 Abs. 1 UStG ausgeführt wurde, weil wegen des Gefahrübergangs auf ihn dem Käufer auch tatsächlich schon die Verfügungsmacht bereits mit der Übergabe an den Transportunternehmer verschafft wurde (s. Rn. 76), liegt eine nach § 1 Abs. 1 Nr. 1 UStG steuerbare Lieferung gegen Entgelt vor.[299]

2. Vertragsstrafen (§§ 340, 341 BGB)

110 **a)** Vertragsstrafen haben den Sinn, die Erfüllung der Verbindlichkeit durch ein Druckmittel zu sichern und dem Gläubiger den Schadensbeweis zu ersparen.[300] Die Vertragsstrafe wegen Nichterfüllung gemäß § 340 BGB wird anstelle der vom Schuldner gerade nicht erbrachten Erfüllungsleistung verlangt. Demgegenüber kann der Gläubiger die Vertragsstrafe wegen nicht gehöriger Erfüllung nach § 341 BGB neben der Erfüllung verlangen.

Hinsichtlich der umsatzsteuerlichen Behandlung ist zwischen dem Gläubiger und dem Schuldner der Vertragsstrafe zu differenzieren. Für den Gläubiger gilt, dass die Vertragsstrafe für ihn Entgelt ist, wenn er seine Leistung erbringt. Das gilt jedenfalls für die nach § 340 Abs. 1 und 2 BGB anstelle der Erfüllung der vertraglich vereinbarten Gegenleistung durch den Schuldner zu erbringende Vertragsstrafe.

Beispiel: A hat dem B eine Maschine geliefert. B verpflichtet sich dafür, dem A sein Know-how über die Fertigung bestimmter Waren zur Verfügung zu stellen. Er versprach eine Vertragsstrafe von 11.900 € für den Fall der Nichterfüllung. Da B sein Know-how nicht mitteilte, verlangte und erhielt A gemäß § 340 i.V.m. §§ 280, 281 BGB die Vertragsstrafe.

Die Vertragsstrafe tritt hier an die Stelle der versprochenen Gegenleistung (Schadensersatz wegen Nichterfüllung). Da die eigene Leistung erbracht wurde, liegt für A ein Leistungsaustausch vor. Für B als den Schuldner der Vertragsstrafe liegt natürlich kein Leistungsaustausch vor, da er keine Leistung erbringt. Die Geldzahlung stellt umsatzsteuerlich gerade keine Leistung dar.

Hinsichtlich der Vertragsstrafe wegen Nichterfüllung gemäß § 340 BGB gelten dieselben Regeln wie für den Schadensersatz statt Leistung (vgl. oben Rn. 106). Verfehlt ist daher die Regelung in Abschnitt 1.3. Abs. 3 UStAE, wonach eine Vertragsstrafe wegen Nichterfüllung immer „Schadensersatzcharakter" habe, d.h. zu einem nicht steuerbaren Vorgang führe.

b) Leistet der Schuldner die Vertragsstrafe wegen nicht gehöriger Erfüllung (§ 341 BGB), so ist zu differenzieren:

aa) Hat der Gläubiger der Vertragsstrafe seine Leistung ordentlich erbracht und erhält er wegen einer nicht gehörigen Erfüllung der Gegenleistung, insbesondere wegen verspäteter Gegenleistung, zusätzlich eine Vertragsstrafe neben der vertragli-

299 So auch Lippross 2.2.6. 2 d), der dies allerdings daraus ableiten will, dass nach § 3 Abs. 1, Abs. 6 UStG die Lieferung angeblich (dagegen Rn. 76) bereits mit Beginn der Beförderung bewirkt werde.

300 BGHZ 49, 89; 63, 259.

chen Gegenleistung, so gehört die Vertragsstrafe nicht zum Entgelt. Die Vertragsstrafe kann hier nicht anders als ein Verzugsschaden behandelt werden (vgl. unter Rn. 107).

Beispiel: V verkauft K eine Maschine. K verspricht für den Fall nicht rechtzeitiger Zahlung eine Vertragsstrafe von 10 % des Kaufpreises von 5.000 €. Da er nicht rechtzeitig zahlt, muss er neben dem Kaufpreis noch eine Vertragsstrafe von 500 € zahlen.

Die Vertragsstrafe gehört nicht zum Entgelt für die Lieferung des V. Gegenleistung ist nur der Kaufpreis von 5.000 €.

Umfasst die Vertragsstrafe zugleich die Gegenleistung und gilt sie einen weiteren Schaden ab bzw. umfasst sie einen als präventives Druckmittel wirkenden Teil, ergibt sich das Entgelt nur aus dem die Gegenleistung repräsentierenden Teil der Vertragsstrafe.

Beispiel: Die Verkehrs-AG erhebt von Schwarzfahrern ein sog. „erhöhtes Beförderungsentgelt" von 20 €, wenn sie ohne gültigen Fahrausweis fahren. Damit ist zugleich der normale Fahrpreis von 2 € mit abgegolten. Ein Leistungsaustausch liegt nur zwischen Beförderungsleistung und den 2 € vor, die restlichen 18 € sind „echte Vertragsstrafe".[301]

bb) Hat der Schuldner der Vertragsstrafe als Leistender selbst wegen nicht gehöriger Erfüllung, insbesondere wegen verspäteter Erfüllung eine Vertragsstrafe zu zahlen, so mindert diese allerdings das Entgelt für die von ihm erbrachte Leistung.

Beispiel: Bauunternehmer verspricht 1.000 € Vertragsstrafe für jeden Tag, um den er den Fertigstellungstermin für einen Rohbau überschreitet. Da er den Termin um fünf Tage überschritt, erhält er statt des vereinbarten Werklohns von 600.000 € nur 600.000 € – 5.000 € Vertragsstrafe = 595.000 €. Die Bemessungsgrundlage für die Werklieferung beträgt (nur) 595.000 € : 1,19 = 500.000 €.

Die unterschiedliche Behandlung gegenüber aa) folgt daraus, dass die Vertragsstrafe hier nur ausdrückt, dass die Leistung wegen der nicht gehörigen Erfüllung ein geringeres Entgelt verdient. Der abweichenden Auffassung des BFH[302] ist nicht zu folgen. Der BFH verkennt, dass der Leistungsempfänger wegen der nicht gehörigen Leistungserbringung im Ergebnis weniger Entgelt aufzuwenden hat,[303] auch wenn dies technisch durch eine „Aufrechnung" erfolgen sollte.

3. Zuschüsse

a) Ein **echter nicht steuerbarer Zuschuss** liegt vor, wenn der Zuschussgeber den Zuschuss nicht im Zusammenhang mit einer Leistung des Unternehmers an den Zuschussgeber oder einen Dritten gewährt. Es fehlt entweder überhaupt an einer Leistung des Zuschussempfängers oder aber an der inneren Verknüpfung zwischen Zuschuss und einer Leistung. Der Zuschuss wird weder für noch wegen einer individualisierbaren Leistung aufgewendet. Eine Leistung gegenüber dem Zuschussgeber ist nicht bereits darin zu sehen, dass der Zuschuss von der Erfüllung gewisser Bedingungen und Auflagen abhängt, wie beispielsweise die Zuschüsse der Bundesagentur für Arbeit zu Löhnen und Ausbildungsvergütungen.[304] Ein **echter Zuschuss** ist gegeben, wenn er im Interesse des Unternehmers gewährt wird, ohne eine Leistung an den Zuschussgeber oder einen Dritten abzugelten.[305] Zahlungen, die von der öffentlichen Hand aus strukturpolitischen, volkswirtschaftlichen oder allgemeinpolitischen Gründen gewährt werden, wie etwa Stilllegungsprämien in der Landwirtschaft (Kartoffelproduktion, Milchaufgabe) oder für die Binnenschifffahrt oder die Werftindustrie, sind echte nicht steuerbare Zuschüsse. Der Zuschussempfänger erbringt an den 111

301 Vgl. BFH v. 25.11.1986 – V R 109/78, BStBl. II 1987, 228.

302 BFH v. 04.05.1994 – XI R 58/93, BStBl. II 1994, 589; ebenso Abschn. 1.3. Abs. 3 UStAE; Lippross 2.2.6.3 a.) und d); Tehler in: R/K/L § 1 Rn. 275.

303 Reiß StuW 1987, 353; so auch Ruppe/Achatz § 1 Rn. 252; R/D § 1 Rn. 485; zutreffend für den vergleichbaren Fall einer Entgeltsminderung durch Schlechterfüllung BFH v. 16.01.2003 – V R 72/01, BStBl. II 2003, 620.

304 Vgl. Abschn. 10.2. Abs. 7 UStAE.

305 BFH v. 13.11.1997 – V R 11/97, BStBl. II 1998, 169.

Zuschussgeber mangels Zuwendung eines individuell verbrauchbaren Vorteils keine Leistung.[306]

112 **b)** Dagegen liegt ein sog. **unechter Zuschuss** – das ist eine Gegenleistung oder Teil einer Gegenleistung – vor, wenn er eine Leistung des Unternehmers an den Zuschussgeber (Zuschuss als Aufwendung des Leistungsempfängers nach § 10 Abs. 1 S. 2 UStG)[307] oder einen Dritten (als Entgelt für eine gesonderte Leistung an den Dritten oder als zusätzliches Entgelt von dritter Seite § 10 Abs. 1 S. 3 UStG)[308] abgilt, beispielsweise wenn ein Arbeitgeber einem Gastwirt einen Zuschuss für Essenslieferungen des Gastwirtes an die Arbeitnehmer des Arbeitgebers gewährt. Hier stellt der Zuschuss des Arbeitgebers einen Teil der Gegenleistung für die Essenslieferungen des Gastwirtes dar.[309]

Subventionen/Zuschüsse der öffentlichen Hand, die aus öffentlichen Kassen für die Erbringung von konkreten Leistungen dem Unternehmer gewährt werden, namentlich aufgrund eines zwischen ihnen bestehenden Vertrages/Rechtsverhältnisses, nehmen als (Teil des) Entgelt(s) am Leistungsaustausch teil. Für Leistungen an Körperschaften des öffentlichen Rechtes gelten insoweit keine Besonderheiten.[310] Das Vorliegen eines Entgelts(-teiles) ist insbesondere dann zu bejahen, wenn die Subvention dazu dient, die Leistung für den Leistungsempfänger zu verbilligen.[311] Subventionen/Zuschüsse, die im Interesse des Leistungsempfängers gezahlt werden, sind daher immer (Teil des) Entgelt(s). Das gilt auch bei Leistungen an öffentliche Körperschaften nicht aber für allgemeine Betriebskostenzuschüsse zur Förderung der (Unternehmens-)Struktur oder andere Zuschüsse zur Verfolgung allgemeiner strukturpolitischer und volkswirtschaftlicher Ziele ohne spezifischen Zusammenhang zu Lieferungen oder Leistungen an Dritte.[312]

Beispiel: Taxiunternehmer T in Berlin befördert blinde Kinder zur Schule. Zur Anschaffung eines Pkw, der als Taxi genutzt werden soll, erhält er einen Investitionszuschuss von 2.000 €. Zur Verbilligung des Transportes der Kinder zahlt ihm der Berliner Senat außerdem einen Zuschuss von 0,50 € pro km, insgesamt 1.500 €.

Bei dem Investitionszuschuss handelt es sich um einen echten Zuschuss, denn er steht nicht in einem Zusammenhang mit einer Leistung des T. Die Anschaffung des Pkw ist keine Leistung des T gegenüber der öffentlichen Hand. Der Investitionszuschuss wird vielmehr für die im öffentlichen Interesse liegenden Investitionen gewährt. Dagegen ist der Zuschuss von 1.500 € Teil des Entgelts für die an die Kinder erbrachten Beförderungsleistungen. Denn dieses Entgelt wird nur wegen dieser Leistungen gewährt. Es handelt sich mithin um einen unechten Zuschuss. Da er nicht vom Leistungsempfänger, sondern von dritter Seite gewährt wird, liegt ein Entgelt von dritter Seite vor (§ 10 Abs. 1 S. 3 UStG), das zur Gegenleistung gehört und die Bemessungsgrundlage für den Umsatz erhöht.

113 **c)** sog. **Zuschüsse** durch den leistenden Unternehmer können sich auch als **Entgeltsminderungen** für von ihm an den Zuschussempfänger erbrachte Leistungen darstellen. Dies trifft insbesondere bei Werbungszuschüssen zu. Allerdings ist vorab

---

306 Vgl. EuGH v. 18.12.1997 – Rs. C-384/95 (Landboden-Agrardienste), Slg. 1997, I-7387; v. 29.02.1996 – Rs. C-215/94 (Mohr), Slg. 1996, I-959.

307 Vgl. BFH v. 21.04.2005 – V R 11/03, BStBl. II 2007, 63 („Zuschuss" der DB für Übernahme des Eisenbahnverkehrs auf defizitären Strecken).

308 Vgl. BFH v. 10.08.2016 – XI R 41/14, BStBl. II 2017, 590 = DStR 2016, 2958 (von jPdöR [komm. Zweckverband] an GmbH weitergeleiteter Zuschuss als Entgelt für die an die jPdöR erbrachte Leistung der Übernahme der der jPdöR obliegenden Trinkwasserversorgung); v. 16.10.2013 – XI R 39/12, BStBl. II 2014, 1024 (Zuschuss als Entgelt von dritter Seite für Zahlung von Mobilfunkunternehmen an die Vermittler von Mobilfunkverträgen für die Lieferung von Mobilfunkgeräten durch die Vermittler im eigenen Namen an die Kunden).

309 Abschn. 1.8. Abs. 12 UStAE.

310 BFH v. 12.04.2016 – V B 3/15, BFH/NV 2016,1184 m.w.N.

311 Vgl. EuGH v. 13.06.2002 – Rs. C-353/00 (Keeping Newcastle Warm Ltd.), BFH/NV 2002, 133.

312 EuGH v. 15.07.2004 – Rs. C-144/02 (Kommission/Deutschland), Slg. 2004, I-6985; v. 22.11.2001 – Rs. C-184/00 (Office des produits wallons), Slg. 2001, I-9115; vgl. auch BFH v. 22.07.2008 – V B 34/07, BFH/NV 2008, 1895; v. 09.11.2006 – V R 9/04, BStBl. II 2007, 285; v. 28.07.1994 – V R 19/92, BStBl. II 1995, 86 (Forschungszuschüsse).

zu prüfen, ob dem Zuschuss nicht eine Leistung des Zuschussempfängers gegenübersteht.

Beispiel:[313] Ein Zeitungsverlag gewährt seinen Lesern Sachprämien

- für eine Verlängerung des Abonnements,
- für die Werbung eines neuen Lesers.

Im 1. Fall liegt eine Entgeltsminderung für die an den Leser erfolgenden Zeitungslieferungen vor. Denn die Eingehung einer Bezugsverpflichtung stellt keine (Gegen-)Leistung des Lesers dar.[314] Nunmehr stellt die Zahlung des Lesers das Entgelt für die Zeitungslieferungen und die Lieferung der Sachprämie dar.

Im 2. Fall stellt die Sachprämie hingegen ihrerseits das Entgelt für die in der Werbung eines neuen Abonnenten liegende nicht steuerbare sonstige Leistung des Lesers (Nichtunternehmer) dar. Zugleich stellt sich die Gewährung der Sachprämie als steuerbare Lieferung dar, der die sonstige Leistung des Lesers als Entgelt (tauschähnlicher Umsatz) gegenübersteht. Das Problem besteht in der Schätzung des gemeinen Wertes der Werbungsleistung. Der BFH hilft sich, indem er den Wert der Sachprämie als Anhaltspunkt zugrunde legt. Dem ist zu folgen.[315]

4. Mitgliederbeiträge

Zahlungen an Vereine oder Verbände, die ohne Rücksicht auf konkrete Leistungen gegenüber dem Zahlenden oder einem Dritten zu erbringen sind und nur in die Lage versetzen sollen, überindividuelle Zwecke zu erreichen, sind als sog. **echte Mitgliederbeiträge** nicht steuerbar, da es an einer Leistung des Vereins gegenüber dem einzelnen Mitglied fehlt.[316] Werden hingegen mit Mitgliederbeiträgen **konkreten Individualinteressen der Mitglieder** dienende **Leistungen des Vereins** abgegolten und erhalten diese einen konkreten Vorteil, so stellen diese die Gegenleistung dar – sog. **unechte Mitgliederbeiträge** –, z.B. Mitgliederbeiträge bei Buchgemeinschaften, Lohnsteuerhilfevereinen, Werbegemeinschaften.[317] Die Abgrenzung zwischen nicht steuerbaren echten Mitgliederbeiträgen und steuerbaren **unechten Mitgliederbeiträgen** kann freilich weder danach erfolgen, ob die von der Vereinigung erbrachten Leistungen den **Sonderbelangen einzelner Mitglieder** dienen oder ob die Vereinigung in Erfüllung ihrer satzungsgemäßen Bestimmung tätig wird noch stellt eine gleiche Beitragshöhe ein Indiz für echte Mitgliederbeiträge dar, wie in Missachtung der EuGH-Rspr. auch weiterhin die frühere Rechtsauffassung in Abschnitt 1.4. Abs. 1 und 2 UStAE von der Finanzverwaltung fortgeschrieben wird. Vielmehr ist allein danach zu fragen, ob die Vereinigung gegenüber ihren Mitgliedern Leistungen dadurch erbringt, dass sie diesen jeweils einen individualisierbaren Vorteil/Nutzen zuwendet, dem der Mitgliederbeitrag als Entgelt gegenübersteht. Bejahendenfalls wird eine Leistung gegen Entgelt auch nicht deshalb ausgeschlossen, weil der satzungsgemäße Vereinszweck gerade in der Zuwendung eines gleichartigen Vorteils/Nutzens an jedes Mitglied besteht (mithin keine Erfüllung von Sonderbelangen Einzelner vorliegt), noch dadurch, dass die Mitgliederbeiträge gleich hoch sind. Bei Sportvereinen wie anderen „Freizeitvereinen" liegen daher – entgegen früherer Auffassung – auch dann Leistungen gegen Entgelt vor, wenn die Mitglieder pauschalierte Jahresbeiträge zahlen, die in ihrer Höhe nicht vom Umfang der Inan- 114

313 Nach BFH v. 07.03.1995 – XI R 72/93, BStBl. II 1995, 518.

314 Vgl. aber EuGH v. 23.11.1988 – Rs. 230/87 (Naturally Yours Cosmetic); Slg. 1988, 6365 und v. 02.06.1994 – Rs. C-33/93 (Empire Stores), Slg. 1994, I-2329.

315 Vgl. auch EuGH v. 03.07.2001 – Rs. C-380/99 (Bertelsmann), Slg. 2001, I-5163 = UR 2001, 346; BFH v. 28.03.1996 – V R 33/95, UR 1997, 29 sowie v. 09.11.1994 – XI R/81/92, BStBl. II 1995, 277 und v. 28.06.1995 – XI R 66/94, BStBl. II 1995, 850 – Incentive-Reisen als Entgeltsminderung.

316 Vgl. BFH v. 18.06.2009, V R 76/06, BFH/NV 2009, 2007 m.w.N.; weitergehend noch BFH v. 20.12.1984 – V R 25/76, BStBl. II 1985, 176; EuGH v. 12.02.2009 – Rs. C-515/07 (VNLTO), Slg. 2009, I-839; v. 08.03.1998 – Rs. C-102/86 (Apple and Pear Developement Council), Slg. 1988, I-1443 = UR 1989, 275.

317 BFH v. 12.12.2012 – XI R 30/10, BStBl. II 2013, 348; v. 18.06.2006 – V R 76/06, BFH/NV 2009, 2007 m.w.N.; v. 29.10.2008 – XI R 59/07, UR 2009, 127; EuGH v. 21.03.2002 – Rs. C-174/00 (Kennemer Golf Club), Slg. 2002, I-3293.

spruchnahme der Sportanlagen abhängen.[318] Die Leistungen gegenüber den Mitgliedern bestehen gerade darin, dass diese die Vereinsanlagen zu sportlicher Betätigung (oder andere gesunde und weniger gesunde Freizeitvergnügungen) nutzen können. Zu beachten ist allerdings, dass der bisher nicht zutreffend umgesetzte Art. 132 Abs. 1 m MwStSystRL die im Zusammenhang mit Sport stehenden (Dienst-) Leistungen von Einrichtungen ohne Gewinnstreben befreit.[319] Dazu gehören namentlich die steuerbaren Leistungen von Sportvereinen an ihre Mitglieder. Soweit auch Nichtmitgliedern die Nutzung der Anlagen gegen Entgelt gestattet wird, darf dann allerdings nicht zwischen befreiten Leistungen an die Mitglieder und nicht befreiten an Nichtmitglieder unterschieden werden.

Auch für Vereinigungen von Gewerbetreibenden oder andere Berufsvereinigungen[320] ist zu differenzieren zwischen echten, nicht steuerbaren Beiträgen, denen keine individualisierbare Leistung gegenübersteht und unechten Beiträgen, die Entgelt darstellen. Soweit diese Aktivitäten entfalten – etwa Werbemaßnahmen – die allen Mitgliedern einen individualisierbaren Nutzen zuwenden, kommt es zu einem Leistungsaustausch. Ein in diesem Sinne individualisierbarer Vorteil/Nutzen wird den Mitgliedern allerdings nicht schon dadurch zugewendet, dass die Vereinigung sich im politischen und gesellschaftlichen Raum für die gemeinsamen Belange der Mitglieder einsetzt und deren allgemeine Interessen wahrnimmt.

Werden mit Mitgliederbeiträgen sowohl individualisierbare Leistungen gegenüber dem Mitglied abgegolten als auch Betätigungen der Vereinigung in Wahrnehmung gemeinsamer überindividueller politischer oder gesellschaftlicher Interessen finanziert, so muss eine Aufteilung, ggf. im Wege der Schätzung, erfolgen, z.B. bei Mitgliederbeiträgen an Haus-, Grundbesitz- und Mietervereine.[321] Sind für Leistungen an Mitglieder ausdrücklich – allerdings nicht kostendeckende – Entgelte vereinbart worden, so ist die Mindestbemessungsgrundlage anzuwenden (vgl. Rn. 299).

5. Vorbereitungshandlungen und vorzeitig beendete Leistungen

Fall 15: Der gekündigte Schiffsbauvertrag/Vorbereitungshandlungen

Reeder R beauftragt die Werft W mit dem Bau eines Containerschiffes einschließlich der Entwurfsarbeiten zum Preis von 50.000.000 € zzgl. USt. Nach Fertigstellung der Pläne und Beginn der Bauarbeiten kündigt R den Vertrag gemäß § 649 BGB. Man einigt sich auf eine Zahlung von 500.000 € zur Abgeltung des Anspruches der Werft aus § 649 S. 2 BGB. Ist die Werft im Leistungsaustausch tätig geworden?

115 I. Das Umsatzsteuergesetz knüpft an das Erbringen der Leistung an, nicht an den schuldrechtlichen Vertragsabschluss. Die 500.000 € sind daher nicht bereits deshalb Leistungsentgelt, weil sie als Folge des Vertragsabschlusses geschuldet wer-

---

318 Vgl. BFH v. 09.08.2007 – V R 27/04, UR 2007, 811 = BFHE 217, 314 dort auch zur unmittelbaren Anwendbarkeit der Befreiungsvorschrift des Art. 132 Abs. 1 m MwStSystRL; EuGH v. 21.03.2002 – Rs. C-174/00 (Kennemer Golf Club), Slg. 2002, I-3293 = UR 2002, 320 mit Anm. Widmann.

319 Vgl. dazu EuGH v. 19.12.2013 – Rs. C-495/12 (Bridport), UR 2014, 98 (Greenfee für Gäste) mit Anm. Widmann UR 2014, 196; v. 21.02.2013 – Rs. C-18/12 (Zamberk), UR 2013, 338 (Befreiung für Aquapark/Schwimmsport); v. 16.10.2008 – Rs. C-253/07 (Canterbury Hockey Club), Slg. 2008, I-7821; s. auch EuGH v. 26.10.2017 – Rs. C-90/16 (English Bridge Union), HFR 2017,1174 (Bridge kein Sport!). S. aber BFH v. 21.06.2018 – V R 20/17, BStBl. II 2018, 558 (Vorlage an den EuGH, ob Art. 132 Abs. 1 m MwStSystRL „unmittelbare Wirkung" zukommt und ob es sich bei „einer Einrichtung ohne Gewinnstreben" um einen unionsautonomen Begriff handelt oder ob dies sich für Deutschland nach der AO bestimmt) mit Anm. Tehler UR 2018, 673 und Heuermann DStR 2018, 1612. Siehe dazu nachfolgend EuGH v. 10.12.2020 – Rs. C-488/18 (Golfclub Schloss Igling), UR 2021, 158.

320 Vgl. dazu BFH v. 13.12.2018 – V R 45/17, BStBl. II 2019, 460 (zu nach § 5 Abs. 1 N. 5 KStG befreiten Berufsverbänden – echte Mitgliedsbeiträge, wenn und weil Zweck nicht auf wirtschaftlichen Geschäftsbetrieb gerichtet!).

321 Vgl. Abschn. 1.4. Abs. 7 UStAE; zum Erfordernis der Aufteilung von Vorsteuern vgl. EuGH v. 12.02.2009 – Rs. C-515/07 (VNLTO), UR 2009, 199.

den, wenn nicht tatsächlich eine Leistung (gegenüber einem anderen!) erbracht wird. Als Leistung könnte hier die Fertigung der Pläne und die teilweise Herstellung des Schiffes in Betracht kommen. Nach der Kündigung des Werkvertrages steht dem Besteller jedoch kein Recht an den Plänen zu. Er wurde auch nicht Eigentümer des halbfertigen Schiffes. Vielmehr kann die Werft nach Belieben verfahren. Wäre der Vertrag zu Ende abgewickelt worden, hätte die Werft an den R erst mit der Übergabe durch Verschaffung der Verfügungsmacht eine einheitliche Werklieferung erbracht, § 3 Abs. 4 i.V.m. Abs. 1 UStG. Das Fertigen der Pläne wie auch die Bearbeitung der Materialien dienten lediglich der Vorbereitung zur Durchführung dieser Lieferung, stellen aber noch nicht selbst Leistung dar. Mangels einer Leistung sind daher die 500.000 € auch kein Leistungsentgelt.[322]

Der Vorgang ist nicht anders zu werten, als wenn bei einem Liefervertrag der Käufer den Liefergegenstand nicht abnimmt und deshalb Schadensersatz oder eine vorgesehene Vertragsstrafe zu leisten hat. Ein Leistungsaustausch liegt auch nicht etwa deshalb vor, weil der Schadensersatz (die Vertragsstrafe) der Abgeltung von entstandenen Kosten beim Unternehmer dient. Denn die zugrunde liegenden Tätigkeiten (z.B. Unterstellung des Liefergegenstandes, Werbemaßnahmen) sind bei der Lieferung noch nicht Teil der Leistung.[323]

II. Zutreffend bejaht der BFH[324] hingegen einen Leistungsaustausch bei einem Werkvertrag über Bauarbeiten, die wegen wirtschaftlicher Schwierigkeiten des Bestellers nicht beendet werden konnten. Ebenso hat er bei einer Kündigung durch den Insolvenzverwalter vor Beendigung der vollständigen Bauausführung hinsichtlich des bisher erbrachten Teils der Bauarbeiten einen Leistungsaustausch angenommen.[325] Anders als in dem vorgenannten Schiffsbaufall verbleiben hier wegen der Vorschriften der §§ 946, 93, 94 BGB dem Besteller die teilfertigen Arbeiten. Insoweit ist an ihn bereits geleistet worden, wenn auch die Leistung dem Umfange nach hinter den ursprünglichen Vereinbarungen zurückblieb. Dieser Leistungserfolg wird auch nicht rückgängig gemacht, sondern die Werklieferung beschränkt sich nunmehr auf das halbfertige Werk.[326] Parallel zu diesen Entscheidungen kommt es auch zu einem Leistungsaustausch, wenn bei Kündigung eines Werkvertrages über bewegliche Sachen dem Besteller die halbfertigen Arbeiten übereignet bzw. zur Auswertung überlassen werden. So liegt der Fall aber gerade nicht.

Im Unterschied zur Lieferung (Werklieferung) erstreckt sich bei sonstigen Leistungen **116**
die Leistungserbringung regelmäßig über einen Zeitraum und ist nicht auf einen Zeitpunkt wie bei der Verschaffung der Verfügungsmacht beschränkt. Ist hier mit der Leistungserbringung bereits begonnen worden und wird dann die Leistung vorzeitig beendet, z.B. durch Kündigung, so liegt ein Leistungsaustausch vor, wenn für den bisher erbrachten Teil der Leistung ein Entgelt entrichtet wird. Wird etwa ein Architektenvertrag gemäß § 649 BGB gekündigt, nachdem der Architekt bereits mit der Planerstellung begonnen hatte, so liegt ein Leistungsaustausch vor. Entgelt ist allerdings nur der Teil der vereinbarten Vergütung, der auf den bisher erbrachten Leistungsteil entfällt.[327] Die Unterscheidung ist auch unter Verbrauchsteueraspekten zutreffend. Bei der unterbliebenen Lieferung werden vom Ersatzpflichtigen keine Leistungen in Anspruch genommen, während bei der vorzeitig beendeten sonstigen

322 So zu Recht BFH v. 27.08.1970 – V R 159/66, BStBl. II 1971, 6; Abschn. 1.3. Abs. 5 UStAE.

323 Vgl. BFH v. 27.04.1961 – V 263/58 U, BStBl. III 1961, 300.

324 BFH v. 28.02.1980 – V R 90/75, BStBl. II 1980, 535.

325 Vgl. BFH v. 24.04.1980 – V S 14/79, BStBl. II 1980, 541; v. 02.02.1978 – V R 128/76, BStBl. II 1978, 483.

326 Abschn. 3.9. UStAE.

327 So zutreffend BGH v. 22.07.2007 – VII ZR 83/05, NJW 2008, 1522 und BFH v. 26.08.2021 – V R 13/19, UR 2022, 50 (zu gekündigtem Architektenvertrag).

Leistung hinsichtlich des erbrachten Teils der Leistung dieser Teil vom Empfänger bereits verbraucht wurde.

In Einzelfällen kann problematisch sein, ob lediglich eine Vorbereitungshandlung zur Leistung oder schon ein Teil der Leistung vorliegt. Dies ist in erster Linie nach dem Inhalt der Parteivereinbarungen und dem von ihnen erstrebten wirtschaftlichen Erfolg zu bestimmen. So liegt beispielsweise eine Leistung bereits in der Bereitstellung von Diensten zum jederzeitigen Abruf, selbst wenn die eigentliche Dienstleistung nicht in Anspruch genommen wird, falls es den Parteien gerade darauf ankommt. Dies ist etwa zu bejahen für Wartungsverträge und für Beiträge an Lohnsteuerhilfevereine.[328] Ebenso soll es sich nach der Auffassung des EuGH verhalten, wenn die an sich vorgesehene Leistung zur vereinbarten Zeit ordnungsgemäß vom Leistenden angeboten wird, aber – aus welchen Gründen auch immer – vom Leistungsempfänger nicht in Anspruch genommen wird und dem Leistungsanbieter gleichwohl nach den vertraglichen Vereinbarungen der volle vereinbarte Preis (= Entgelt zzgl. Umsatzsteuer) zusteht, unabhängig davon, ob ihm wegen der Nichtinanspruchnahme der angebotenen geschuldeten Leistung ein Schaden entstanden ist oder nicht.[329] Demgegenüber stellen als Schadensersatz vereinbarte „Stornogebühren", „Bereitstellungsentgelte" oder sonstige Ersatzzahlungen für die Nichtinanspruchnahme einer (Beherbergungs-/Beförderungs- oder anderen) Leistung kein Entgelt für eine (teilweise) erbrachte Leistung dar, sondern echten Schadensersatz.[330] Auch wenn der EuGH danach differenziert, ob die vereinbarte Leistung tatsächlich bereitgestellt worden ist und der daher der vereinbarte Preis in voller Höhe zu entrichten ist – dann steuerbarer Leistungsaustausch – oder ob vereinbarungsgemäß wegen einer Lösung von den vertraglichen Vereinbarungen quasi ein Schadensersatz zu entrichten ist – dann nicht steuerbarer Schadensersatz –, sind die Entscheidungen nur schwer miteinander in Einklang zu bringen.

Die Rspr. des EuGH ist schlicht unzutreffend, soweit sie von einem steuerbaren Leistungsaustausch auch dann ausgeht, wenn die versprochene und geschuldete (Dienst-)Leistung nur angeboten, aber vom Gläubiger nicht abgenommen wird (so beim Gläubigerverzug) und daher auch vom Steuerpflichtigen an den Gläubiger nicht erbracht wird und werden kann. Der EuGH verkennt, dass Art. 2 c MwStSystRL nicht nur die Zahlung eines Entgeltes verlangt, sondern die „Erbringung einer Dienstleistung". Ebenso verhält es sich bei nicht abgenommenen Lieferungen im Sinne des Art. 2 Abs. 1 a, Art. 14 MwStSystRL. Man darf gespannt sein, ob der EuGH auch bei Nichtabnahme von Liefergegenständen durch den Gläubiger erkennen wird, dass gleichwohl eine Lieferung gegen Entgelt ausgeführt wurde, obwohl dabei zweifellos dem Gläubiger gerade keine Verfügungsmacht verschafft wird. Der EuGH stellt maßgeblich darauf ab, dass das volle vereinbarte Entgelt nach den vertraglichen Vereinbarungen zu zahlen ist. Das vermag freilich nicht zu ersetzen, dass die versprochene und geschuldete Leistung gerade nicht erbracht werden kann und wird, wenn auch unverschuldet aufgrund der fehlenden Abnahme durch den Gläubiger.

Vereinbaren die Parteien allerdings für bestimmte an sich lediglich vorbereitende Tätigkeiten eine besondere Vergütung, geben sie zu erkennen, dass sie die Erbringung dieser Tätigkeiten bereits als Teil der Leistung und nicht als bloße Vorbereitungshandlungen ansehen. Die dafür zu entrichtende Vergütung erfolgt dann als Entgelt für diese Leistung.[331]

6. Verzicht auf Vertragserfüllung/Entlassung aus einem Vertrag

Fall 16: Entschädigung für Aufhebung eines lukrativen Beratervertrages/ Verzicht auf Leistungserbringung?

Die Anwaltssozietät R & R hatte mit der Ärztegemeinschaft A einen längerfristigen Beratungsvertrag abgeschlossen. Die A wollte diesen Vertrag vorzeitig beenden. Nach einigem Streit einigten sich die R & R Sozietät und die A darauf, dass der Be-

---

328 Vgl. BFH v. 09.05.1974 – V R 128/71, BStBl. II 1974, 530.

329 EuGH v. 22.11.2018 – Rs. C-295/17 (Meo), BB 2018, 2901 (zur Nichtinanspruchnahme von Telekommunikationsdienstleistungen, für die eine Mindestlaufzeit vereinbart war und für die auch bei Nichtabnahme das vereinbarte Entgelt für die Mindestlaufzeit zu zahlen ist); v. 23.12.2015 – Rs. C-250/14 (Air France) und C-289/14 (Hop!Brit Air), UR 2016, 93 (zu tatsächlich nicht von Fluggästen genutzten Flugscheinen, obwohl der Flug durchgeführt wurde). S. auch BFH v. 10.04.2019 – XI R 4/17, MwStR 2019, 753 (nicht zurückgefordertes, einbehaltenes Restguthaben bei Prepaid-Verträgen als Entgelt für zur zunächst unentgeltlich erfolgten Zurverfügungstellung der Infrastruktur).

330 BFH v. 30.06.2010 – XI R 22/08, BStBl. II 2010, 1084 (Bereitstellungsentgelte, Fautfracht bei Spedition); EuGH v. 18.07.2007 – Rs. C-277/05 (Société thermale d'Eugénie les Bains), HFR 2007, 1053; so auch Abschn. 25.1. Abs. 14 UStAE (Stornogebühr Reiseveranstalter).

331 Vgl. BFH v. 20.03.1980 – V R 32/76, BStBl. II 1980, 538 (zu Nichtabnahmeentschädigungszahlung bei Krediten); a.A. Ruppe/Achatz § 1 Rn. 238.

ratungsvertrag vorzeitig gegen Zahlung eines „Schadensersatzes" von 238.000 € aufgehoben wird. Der Steuerberater von R & R ist im Gegensatz zur Finanzverwaltung der Auffassung, dass die R & R Sozietät aus diesem Vorgang keine USt schuldet. Zu Recht?

I. Der BFH hat eine Leistung der R & R Sozietät und damit einen Leistungsaustausch bejaht. Er sieht die Leistung darin, dass die R & R Sozietät über die durch den Abschluss des Beratungsvertrages erworbene Rechtsposition gegen Entgelt disponiert habe. Dies sei auch zugunsten eines identifizierbaren Verbrauchers – hier der Ärztegemeinschaft A – erfolgt.[332] 117

II. Dem Urteil ist weder in der Begründung noch im Ergebnis zu folgen.[333] Zutreffend ist zwar, dass mit der A ein identifizierbarer „Verbraucher" vorhanden wäre. Zutreffend ist auch, dass eine Leistung zugunsten einer anderen Person vorliegen kann, wenn zu deren Gunsten auf eine diese beschränkende Rechtsposition verzichtet wird, wie etwa beim Verzicht auf die Rechtsposition eines Testamentsvollstreckers.[334] Die Vorteilszuwendung besteht hier darin, dass der Erbe durch den Verzicht die volle Verfügungsbefugnis über das Erbvermögen erhält. Ebenso wäre auch in anderen Konstellationen zu entscheiden, wenn auf eine den Inhaber beschränkende Vermögensverwaltungsbefugnis (Nachlassverwalter, Zwangsverwalter, Insolvenzverwalter) verzichtet wird.

Anders verhält es sich aber – entgegen der verfestigten Rspr. des BFH[335] –, wenn es lediglich zur Aufhebung eines gegenseitigen schuldrechtlichen Vertrages und dadurch begründetem Verzicht auf „Rechtspositionen" als Gläubiger einer Geldleistung kommt. So wenig der Abschluss des Verpflichtungsvertrages als solcher schon zu Leistungen führt, ist dies schon dadurch der Fall, dass ein solcher Vertrag einvernehmlich aufgehoben wird. Auch die allgemeine **Bereitschaft zur Erbringung der** geschuldeten **Leistung** stellt für sich **keine Leistung** dar. Es handelt sich dabei lediglich um die selbstverständlich geschuldete Vertragstreue. Eine Leistung liegt auch nicht darin, dass die Verpflichtung zur Erbringung der geschuldeten Leistung aufgegeben wird, wenn gleichwohl die Vergütung unter Abzug der ersparten Aufwendung zu zahlen ist, weil es dann an dem Opfern eines Rechtsgutes zugunsten eines anderen fehlt. Dem identifizierbaren Vertragspartner wird dadurch, dass ihm die geschuldete Leistung nicht erbracht wird, gerade kein verbrauchbarer Nutzen/Vorteil zugewendet. Ein „Vorteil" besteht allenfalls darin, dass er die nicht empfangene Leistung nicht zu bezahlen braucht.

Der entscheidende Gesichtspunkt ist dabei, dass von einer Verzichtsleistung nicht die Rede sein kann, wenn der Schuldner der Leistung darauf „verzichtet", die geschuldete Leistung zu erbringen. Hier wird er von einer Pflicht entbunden und verzichtet nicht auf ein Recht. Der Verzicht kann sich nur auf die sich aus dem Vertrag ergebende Gläubigerposition beziehen. Der Verzicht auf das aus der Gläubigerposition sich ergebende Recht eines schuldrechtlichen Vertrages stellt in der Tat prinzipiell eine Leistung dar. Besteht diese Gläubigerposition aber in einem Geldan-

---

332 BFH v. 07.07.2005 – V R 34/03, BStBl. II 2007, 66; vgl. auch bereits BFH v. 16.11.1972 – V R 8/70, BStBl. II 1973, 171 (Verzicht auf Alleinvertretungsanspruch); a.A. zutreffend Ruppe/Achatz § 1 Rn. 239.

333 So auch Hummel UR 2005, 665; ders. UR 2006, 614; Lippross Stbg 2006, 577; Englisch in: T/L § 17 C Rn. 134; Reiß UR 2008, 58, 64; vgl. auch EuGH v. 18.07.2007 – Rs. C-277/05 (Société thermale d'Eugénie les Bains), HFR 2007, 1053 (zur Stornierung von Beherbergungsleistungen).

334 So zutreffend BFH v. 06.05.2004 – V R 40/02, BStBl. II 2004, 854 (Verzicht auf Testamentsvollstreckung); unzutreffend dagegen BFH v. 24.08.2006 – V R 19/05, BStBl. II 2007, 187 (Entschädigung durch Bundesland für Verzicht auf Genehmigung zum Betreiben einer Abfalldeponie – es fehlt an einer Vorteilszuwendung. Das Bundesland erhält keinen Vorteil durch Wettbewerbsverzicht eines Konkurrenten).

335 Siehe BFH v. 02.05.2019 – XI R 20/17, MwStR 2019, 908 mit umfangreichen weiteren Nachweisen (zum Verzicht des Vermieters auf seine Rechtsposition aus dem Mietvertrag gegen Abfindung!). Verfassungsbeschwerde unter 1 BvR 2453/19 wurde nicht zur Entscheidung angenommen. S. auch BFH v. 26.08.2021 – V R 13/19, UR 2022, 50 (zum Verzicht des Architekten auf Ausführung eines Architektenvertrages gegen Entschädigung).

spruch – so beim Kauf- und Mietvertrag für den Verkäufer, Vermieter –, so stellt der Verzicht darauf, auch wenn er im Rahmen eines Vergleiches erfolgt, ebenso wenig eine Leistung im umsatzsteuerlichen Sinne dar wie die Zahlung von Geld selbst. Abgesehen davon wird, wenn eine Vergütung zu zahlen ist, gerade kein Verzicht auf die Gegenleistung ausgesprochen, sondern diese nur mit Rücksicht auf die nicht mehr zu erbringende eigene Leistung und die dadurch ersparten Aufwendungen ermäßigt. Die entgegengesetzte Auffassung der Rspr.[336] und Verwaltung[337] sollte aufgegeben werden. Der Hinweis auf die Steuerbarkeit eines gegen Entgelt erfolgenden (Wettbewerbs-)Verzichts auf die Ausübung einer gewerblichen Tätigkeit ist insoweit schlicht abwegig. Darum geht es nicht.

118 Richtigerweise sollte – entgegen der Rechtsprechung – bei **„Verzichtsleistungen"** wie folgt unterschieden werden:[338]

- Der **Gläubiger eines Sachleistungsanspruches** (= der Leistungsempfänger) **verzichtet** gegen ein Entgelt auf die Erbringung der ihm geschuldeten Leistung, d.h. der Schuldner wird gegen Entgelt aus dem Vertrag entlassen. Hier liegt ein **Leistungsaustausch** vor. Daher ist zu Recht entschieden worden, dass die vom Vermieter/Verpächter oder einem Dritten an den Mieter/Pächter gezahlte Entschädigung für vorzeitige Räumung das Entgelt für eine Leistung des Mieters ist.[339] Diese ist allerdings steuerfrei, wenn es sich um eine steuerfreie Grundstücksvermietung handelte.[340] Dies ist im Ergebnis zutreffend, weil derselbe Erfolg herbeigeführt wird, wie bei einer Rückvermietung durch den Mieter an den Vermieter.
- Ebenso ist zu entscheiden, wenn der Mieter mit Zustimmung des Vermieters gegen Zahlung einem Dritten seinen Anspruch aus dem Mietvertrag abtritt. Hier ermöglicht der bisherige Mieter dem neuen Mieter die Nutzung.
- Zahlt dagegen der Eigentümer dem Mieter einen Betrag, damit dieser das Grundstück anmietet oder den Vertrag verlängert, stellt diese Zahlung weder eine Leistung noch eine Gegenleistung dar, sondern eine Entgeltsminderung für die an den Mieter in Zukunft noch zu erbringende/erbrachte Vermietungsleistung des Eigentümers. Erfolgt die Zahlung an den Mieter durch den Eigentümer hingegen für die Eingehung des Mietvertrages, um sodann das (vermietete) Grundstück besser veräußern zu können, liegt in der Eingehung der Verpflichtung zu Geldzahlungen (Miete), verbunden mit dem Erwerb der Nutzungsberechtigung, richtigerweise schon keine steuerbare Leistung, jedenfalls aber keine steuerpflichtige Leistung.[341] Anders wäre nur dann zu entscheiden, wenn die Anmietung durch den Mieter ausnahmsweise als an den Vermieter erbrachte Werbeleistung zu qualifizieren wäre.[342] Zahlt der Mieter einem Dritten etwas dafür, dass dieser in den Mietvertrag eintritt, erbringt der Dritte an den Mieter weder eine Vermietungsleistung noch überhaupt eine Leistung. Die Befreiung von einer Geldschuld (hier Mietzins) ist keine verbrauchbare Leis-

336 S. zuletzt beiläufig BFH v. 26.08.2021 – V R 13/19, UR 2022, 50 m.w.N.; zuvor BFH v. 02.05.2019 – XI R 20/17, MwStR 2019, 908 m.w.N.; BFH v. 16.01.2014 – V R 22/13, MwStR 2014, 333 mit (zutreffend ablehnender) Anm. Hummel (zur vergleichsweisen vorzeitigen Beendigung eines IT-Dienstleistungsvertrages gegen Zahlung eines Vergleichsbetrages); v. 15.04.2015 – V R 46/13, BStBl. II 2015, 947; FG Thüringen v. 16.08.2016 – 2 K 69/16, EFG 2016, 1661. Zutreffend hingegen BFH v. 13.11.2017 – XI R 3/16, BStBl. II 2018, 727 (Leistungsaustausch bei vorzeitiger Auflösung des Pachtvertrages gegen Entschädigungszahlung an den Pächter = entgeltlicher Verzicht des Gläubigers eines Sachleistungsanspruches!).

337 Abschn. 1.1 UStAE Abs. 8 a.

338 Lippross 2.2.2.1. a) und 2.2.6.5 b); Reiß RIW 2002, 286, 296; Nieskens in: R/D § 3 Rn. 3872 und 3891 (Abfindung).

339 Vgl. BFH v. 07.08.1969 – V 177/65, BStBl. II 1969, 696; v. 02.02.1969 – V 102/65, BStBl. II 1969, 386; Abschn. 1.3. Abs. 13 UStAE; v. 13.12.2017 – XI R 3/16, BStBl. II 2018, 727 (Entschädigungszahlung des Verpächters an den Pächter für vorzeitige Beendigung des Pachtvertrages).

340 EuGH v. 15.12.1993 – Rs. C-63/92 (Lubbock Fine), BStBl. II 1995, 480 = Slg. 1993, I-6665.

341 Vgl. BFH v. 30.11.2016 – V R 18/16, UR 2017,143 (offengelassen, ob bereits nicht steuerbar oder aber nach § 4 Nr. 8 g UStG steuerfreie Übernahme von [Geld-]Verbindlichkeiten, Bürgschaften und Sicherheiten).

342 Vgl. EuGH v. 09.10.2002 – Rs. C-409/98 (Mirror Group), Slg. 2001, I-7175 mit Anm. Reiß RIW 2002, 286.

tung. Die entgegengesetzte Entscheidung des EuGH ist unzutreffend.[343] Der EuGH sieht die Leistung in der Vertragsübernahme, ohne dabei zu differenzieren zwischen der Übernahme der Verpflichtung (Mietzins) und des Anspruches (Gebrauchsnutzung).

- Der **Schuldner eines Sachleistungsanspruches** (= der Leistende, z.B. der Vermieter, der Verkäufer) **„verzichtet"** auf die Erbringung der von ihm geschuldeten Sachleistung und erhält anstelle der vereinbarten Gegenleistung in Geld einen Entschädigungsbetrag. Mangels einer der Umsatzbesteuerung unterliegenden Leistung liegt **kein Leistungsaustausch** vor. Daher unterliegt die Entschädigung, die der Mieter/Pächter dem Vermieter für die vorzeitige Entlassung aus dem Vertrag zahlt, – **entgegen der Auffassung des BFH** und des EuGH – nicht der USt.[344] Zu Recht hat daher der BGH entschieden, dass die **Zahlung des Leasingnehmers** (Mieter) wegen vorzeitiger Beendigung des Leasingvertrages nicht Entgelt, sondern Schadensersatz ist.[345] Denn der Vermieter hat insoweit gerade nicht die Leistung erbracht. Fraglich ist demgegenüber, ob es auch an einem Leistungsaustausch fehlt, soweit bei an sich durchgeführter Fahrzeugüberlassung ein bereits im Leasingvertrag vorgesehener **Minderwertausgleich als Schadensersatz** zu leisten ist, weil das Fahrzeug nicht im der vertragsgemäßen Fahrleistung entsprechenden Erhaltungszustand vom Leasingnehmer zurückgegeben wird. Der XI. Senat des BFH[346] geht in Übereinstimmung mit dem BGH davon aus, dass es auch insoweit an einer willentlichen Leistung des Leasinggebers fehle, sodass ein echter Schadensersatz vorliegt. Dem ist insoweit zu folgen, als ein Leistungsaustausch nicht schon deshalb bejaht werden kann, weil bereits vertraglich eine Ersatzpflicht für einen Schaden am Leasingobjekt vereinbart war. Anders ist es, soweit Ausgleichs/Mehrzahlungen zu leisten sind, weil eine höhere Nutzung des Leasinggegenstandes in Anspruch genommen wurde. Auf die zivilrechtliche Qualifizierung als vertraglicher Erfüllungsanspruch oder als Schadensersatzanspruch[347] kann es nicht ankommen. Umgekehrt kann aber auch nicht schon schlicht aus der Bezeichnung Schaden hergeleitet werden, dass es sich nicht um ein Entgelt für die Leistung handelt. Dies ergibt sich – entgegen dem BFH – auch nicht schon daraus, dass eine „schonende" Behandlung und eine „vertragsgemäße" Nutzung vereinbart war. Es erscheint aber vertretbar, mit dem BFH anzunehmen, dass tatsächlich die willentliche Zuwendung bei einer Nutzungsüberlassung sich auf diese beschränkt und nicht auch eine darüber hinausgehende Inkaufnahme der Beschädigung des Gegenstandes umfasst. Zwingend ist diese Annahme freilich nicht. Die gegenteilige Annahme einer bei Zahlung eines zusätzlich zu entrichtenden Entgeltes in Kauf genommenen und geduldeten Beschädigung bei nicht schonender, übervertragsmäßiger Nutzung liegt eher näher. Nimmt man mit dem BFH im Tatsächlichen an, dass es an einer willentlichen Zuwendung fehlt, ist die Verneinung eines zu besteuernden Umsatzes zwingend. Die Verfassung verlangt nicht die Besteuerung von Schadensersatz-

343 EuGH v. 09.10.2001 – Rs. C-108/99 (Cantor Fitzgerald), Slg. 2001, I-7257.

344 A.A. BFH v. 19.10.2010 – V B 103/09, BFH/NV 2011, 327 m.w.N.; Hess. FG v. 27.04.2017 – 6 K 1986/16, EFG 2017, 1296; BFH v. 22.05.2019 – XI R 20/17, HFR 2020, 56; Abschn. 1.3. Abs. 13 UStAE; Birkenfeld/Wäger Rn. 488, 489; wie hier Lippross 2.2.6.5 b); Ruppe/Achatz § 1 Rn. 240.

345 BGH v. 18.05.2011 – VIII ZR 260/10, UR 2011, 813; v. 14.03.2007 – VIII ZR-68/06, UR 2007, 416; ebenso BFH v. 24.08.1995 – V R 55/94, BStBl. II 1995, 808; so zutreffend nunmehr auch Abschn. 1.3. Abs. 17 UStAE i.V.m. BMF, BStBl. I 2008, 632.

346 BFH v. 20.03.2013 – XI R 6/11, BStBl. II 2014, 206; so jetzt auch Abschn. 1.3. Abs. 17 UStAE; BGH v. 18.05.2011 – VIII ZR 260/10, UR 2011, 813.

347 Vgl. dazu BGH v. 14.11.2012 – VIII ZR 22/12, DB 2012, 2865.

zahlungen, denen keine willentlichen Leistungen zugrunde liegen, als vermeintliche oder tatsächliche Konsumaufwendungen.[348]

III. Der Steuerberater hat Recht. Entgegen der Auffassung der Finanzverwaltung (und des BFH) schuldet die Anwaltssozietät mangels Erbringung einer Leistung keine USt wegen des Erhalts der Entschädigung für die vorzeitige Vertragsbeendigung.

---

7. Erbschaft, Erbauseinandersetzung, vorweggenommene Erbfolge

119 **a)** Der Übergang des Vermögens auf den Erben beruht nicht auf einer Leistung des Erblassers. Auch unentgeltliche Wertabgaben nach § 3 Abs. 1 b Nr. 1 und Abs. 9 a Nr. 1 und 2 UStG des Erblassers scheiden mangels willentlichen Verhaltens aus.

Auch bei gewillkürter Erbfolge fehlt es an einer Leistung des Erblassers. Die entgegengesetzte Auffassung[349] verkennt, dass auch bei der gewillkürten Erbfolge der Vermögensübergang auf Gesetz beruht. Infrage kommt allenfalls die Anwendung des § 1 Abs. 1 Nr. 1 UStG – Umsatz kraft Gesetzes. Der Erbfall ist aber nicht als „Umsatz kraft Gesetzes" anzusehen. Der Erblasser tätigt keinen steuerbaren Umsatz. Es liegt auch keine Geschäftsveräußerung im Ganzen vor.

b) Nach der Rspr. sollte durch den Erbfall die Unternehmereigenschaft nicht vererbt werden können. Vielmehr müsse der Erbe selbst die Tatbestandsmerkmale des § 2 UStG verwirklichen.[350]

Diese Auffassung ist für ein Umsatzsteuersystem mit Vorsteuerabzug verfehlt. Führt der Erbe das Geschäft nicht fort, sondern veräußert er die Unternehmensgegenstände in einem Akt, so läge danach ein nicht steuerbarer Umsatz vor, ebenfalls bei einer Überführung in den nicht unternehmerischen Bereich. Auf diese Weise könnten Gegenstände, bei deren Bezug durch den Erblasser eine Entlastung von USt durch den Vorsteuerabzug vorgenommen wurde, unbelastet in den Endverbrauch gelangen. Dieser Folgerung ist auch nicht zu entgehen, indem jedenfalls für die Veräußerung des Unternehmens im Ganzen angenommen wird, dass dieser Vorgang die Unternehmereigenschaft begründe. Dies trifft nicht zu.[351] Außerdem löst es nicht das Problem der Überführung in den außerunternehmerischen Bereich. Die o.a. Rspr., die zum alten Bruttoumsatzsteuerrecht ergangen ist und dort ihre Berechtigung gehabt haben mag, ist nunmehr vom BFH zutreffend jedenfalls im Ergebnis aufgegeben worden. So wie bei der ESt der Erbe Betriebsvermögen nur mit dieser Eigenschaft behaftet erbt und deshalb bei Überführung in den außerbetrieblichen Bereich einen gewerblichen Entnahmegewinn verwirklicht,[352] auch wenn er selbst kein Gewerbe betreibt, muss angenommen werden, dass der Erbe Unternehmensvermögen mit dieser Eigenschaft behaftet erwirbt.

Der Erbe setzt – wie bei der ESt den Gewerbebetrieb[353] – das Unternehmen als Gesamtrechtsnachfolger zwingend in der Lage fort, in der es auf ihn übergeht, bzw. muss sich die Unternehmereigenschaft des Erblassers hinsichtlich des Unternehmensvermögens zurechnen lassen. Veräußerungen des ererbten Unternehmensvermögens und Überführungen in den privaten Bereich sind daher nach § 1 Abs. 1 Nr. 1, § 2 UStG steuerbar.[354]

120 **c)** Bei der **Erbauseinandersetzung** soll für die USt davon auszugehen sein, dass entgegen der bürgerlich-rechtlichen Abwicklung die ererbten Vermögensgegenstände unmittelbar vom Erblasser auf die Erben übergehen. Es liege daher weder eine Leistung der Erbengemeinschaft noch des Erblassers vor, sodass es jedenfalls dann an

---

348 So aber Hummel UR 2006, 614.

349 Birkenfeld UR 1992, 28; Probst UR 1992, 221 und UR 1988, 272; Mensching, Umsatzsteuer bei Erbfall, 1997.

350 RFH RStBl. 1939, 662; RStBl. 1944, 701; BFH v. 19.11.1970 – V R 14/67, BStBl. II 1971, 121; ebenso Abschn. 2.6. Abs. 5 UStAE; Birkenfeld UR 1992, 28; zweifelnd Lippross 2.2.4.1 b).

351 Vgl. BFH v. 15.01.1987 – V R 3/77, BStBl. II 1987, 512.

352 Vgl. BFH v. 07.02.1980 – IV R 178/76, BStBl. II 1980, 383.

353 Dazu BFH v. 05.07.1990 – GrS 2/89, BStBl. II 1990, 837 (GrS).

354 So nunmehr zutreffend BFH v. 13.01.2010 – V R 24/07, BStBl. II 2011, 241; so auch bereits früher Probst UR 1992, 26; Reiß StVj 1989, 103; Ruppe/Achatz § 2 Rn. 154.

steuerbaren Vorgängen fehle, wenn die Erbengemeinschaft das Unternehmen nicht fortsetzt.[355]

Führen die Miterben das Unternehmen zunächst längere Zeit auf gemeinsame Rechnung fort, so werde die Miterbengemeinschaft allerdings Unternehmer. Scheiden dann später einzelne Miterben aus und werden mit Sachwerten abgefunden, so liege ein Leistungsaustausch vor, nämlich Lieferung der Sachen durch die verbleibende Erbengemeinschaft oder den verbleibenden Einzelunternehmer gegen Verrechnung mit dem Abfindungsguthaben bzw. Aufgabe der Beteiligungsrechte. Aufseiten der weichenden Miterben liege jedenfalls mangels Unternehmereigenschaft derselben kein steuerbarer Leistungsaustausch vor. Ebenso wäre dann eine vollständige Erbauseinandersetzung zu behandeln, wenn die Erbengemeinschaft durch eigene zwischenzeitliche Tätigkeit zum Unternehmer geworden ist.

Diese erkennbar von der inzwischen aufgegebenen ertragsteuerlichen Behandlung beeinflusste Würdigung der Erbauseinandersetzung über ein Unternehmensvermögen ist ebenso wie für das Ertragsteuerrecht aufzugeben.

Die Erbengemeinschaft wird bezüglich des Unternehmensvermögens ipso jure bereits mit dem Erbfall hinsichtlich des Unternehmensvermögens Unternehmer i.S.d. § 2 UStG.[356] Die Erbauseinandersetzung führt in einem vom Erbfall getrennten zweiten Akt bei der Naturalteilung zu Leistungen (Lieferungen und sonstigen Leistungen) der Erbengemeinschaft als Unternehmer an die einzelnen Erben. Fraglich könnte allenfalls sein, ob diese Leistungen unentgeltlich erfolgen,[357] was aber zu unentgeltlichen Wertabgaben führen müsste. Es ist daher richtigerweise – vergleichbar der Realteilung einer Personengesellschaft – von entgeltlichen Umsätzen auszugehen. Das Entgelt der Erben besteht im Verzicht auf die Gesamthandsberechtigung, die sog. Gesellschaftsgemeinschaftsrechte.[358] Soweit die Erben die Gegenstände für ein eigenes Einzelunternehmen erwerben, steht ihnen dafür der Vorsteuerabzug nach § 15 UStG zu.

d) Wird ein Unternehmen im Ganzen auf den oder die zukünftigen Erben im Wege der **vorweggenommenen Erbfolge** übertragen, so liegen zwar Leistungen des Übertragenden vor, es fehlt aber an der Gegenleistung jedenfalls dann, wenn nicht auch Schulden übernommen werden. Ein Leistungsaustausch liegt daher nicht vor.

e) Problematisch ist, ob bei der **vorweggenommenen Erbfolge mit Schuldenübernahme** ein Leistungsaustausch vorliegt.

Wird ein Unternehmen gegen **Abstandszahlungen, Gleichstellungsgelder oder Versorgungsbezüge** übertragen, liegt immer eine entgeltliche Geschäftsveräußerung vor, gleichgültig, ob die ertragsteuerliche Würdigung ebenso ausfällt oder nicht.

f) Die Problematik der umsatzsteuerlichen Behandlung der Unternehmensübertragung im Ganzen durch vorweggenommene Erbfolge oder bei der **Erbauseinandersetzung ist wesentlich dadurch entschärft worden, dass gemäß § 1 Abs. 1 a UStG die Geschäftsveräußerung im Ganzen nicht mehr steuerbar ist** (vgl. Rn. 121 ff.). Dies betrifft auch die unentgeltliche Geschäftsübertragung. Insoweit liegen dann auch keine nach § 3 Abs. 1 b und/oder Abs. 9 a UStG steuerbaren unentgeltlichen Wertabgaben vor.

---

355 Vgl. auch RFH RStBl. 1935, 877.

356 So jetzt ausdrücklich auch BFH v. 13.01.2010 – V R 24/07, BStBl. II 2011, 241; ebenso Lippross, 2.2.4.2.

357 Englisch in: T/L § 17 Rn. 130.

358 Stadie in: R/D § 2 Rn. 727; Reiß in: T/L (20. Aufl.), § 14 Rn. 40, anders aber Englisch in: T/L § 17 Rn. 130; Probst UR 1992, 26.; Reiß StVj 1989, 103; für Österreich vgl. Ruppe/Achatz § 1 Rn. 185 i.V.m. Rn. 89.

8. Geschäftsveräußerung

121 **a)** Nach § 1 Abs. 1 a UStG sind Umsätze im Rahmen einer Geschäftsveräußerung an einen anderen Unternehmer nicht steuerbar.

Die Vorschrift ist durch Art. 19 und 29 MwStSystRL gedeckt. Dort ist die Rede von der Übertragung eines Gesamt- oder Teilvermögens. Ausdrücklich erfasst werden neben entgeltlichen Veräußerungen auch unentgeltliche Übertragungen. Ebenfalls erfasst wird die Einbringung von Unternehmen in (Personen- oder Kapital-)Gesellschaften.

b) Voraussetzungen für die Anwendung des § 1 Abs. 1 a UStG sind:

- Übereignung bzw. Einbringung in eine Gesellschaft
- eines Unternehmens oder gesondert geführten Betriebes
- an einen anderen Unternehmer.

Unerheblich ist, ob der Übertragende ein Entgelt erhält oder nicht. Fehlt es an jeglicher Übertragung/Einbringung von Gegenständen auf den die Tätigkeit fortführenden Unternehmer, liegt keine GiG vor.[359] Die Übertragungen sind als Leistungsaustausch oder unentgeltliche Wertabgaben nach § 3 Abs. 1 b und/oder Abs. 9 a UStG steuerbar, wenn der Erwerber kein Unternehmer ist. Es genügt allerdings für die Anwendung des § 1 Abs. 1 a UStG, wenn der Erwerber erst mit dem Erwerb eine unternehmerische Tätigkeit aufnimmt.[360] Der Erwerber muss jedoch beabsichtigen, den übertragenen Unternehmensteil weiter zu betreiben. Ein Erwerb zum Zwecke der Stilllegung fällt nicht unter § 1 Abs. 1 a UStG, Art. 19, 26 MwStSystRL.[361] Wesentliche Voraussetzung für die Anwendung des § 1 Abs. 1 a UStG ist, dass das **Unternehmen** oder zumindest ein **gesondert geführter Betrieb** im Ganzen übertragen wird. Schwierige **Abgrenzungsprobleme** ergeben sich, wenn vom Übertragenden einzelne Unternehmensgegenstände zurückbehalten oder an andere Personen als den Erwerber übertragen werden. Es stellt sich dann nämlich die Frage, ob noch das Unternehmen im Ganzen übertragen wurde. Ist dies zu verneinen, liegen normal zu besteuernde Umsätze im Leistungsaustausch vor. Problematisch ist auch die Beantwortung der Frage, ob ein gesondert geführter Betrieb vorliegt. Die h.M. ging zunächst davon aus, dass insoweit dieselben Grundsätze wie für die Betriebs/Teilbetriebsveräußerung i.S.d. § 16 EStG gelten sollten. Zutreffend hat der BFH inzwischen aber entschieden, dass § 1 Abs. 1 a UStG wegen des Gebotes der richtlinienkonformen Auslegung nicht in Anlehnung an Normen des deutschen EStG oder der AO ausgelegt werden darf, sondern autonom richtlinienkonform in Übereinstimmung mit der Rspr. des EuGH zu Art. 19, 29 MwStSystRL auszulegen ist. Ein gesonderter Betrieb (= Übertragung eines Teilvermögens) liegt vor, wenn mit dem übertragenen Teilvermögen (= übertragene Gegenstände, mit denen bisher vom Veräußerer eine unternehmerische Tätigkeit ausgeübt wurde) vom Erwerber eine selbständige der Art nach gleiche (Unternehmer-)Tätigkeit fortgeführt werden kann und fortgeführt wird.[362] Es muss nicht bereits vor Veräußerung ein organisatorisch selbständiger Unternehmensteil bestanden haben.[363] Für die USt spielt keine Rolle, ob – wie bei § 16 EStG – alle stillen Reserven aufgelöst wurden. Außerdem muss auch bzgl. funktionell wesentlicher Betriebsgrundlagen genügen, dass diese dem Erwerber für die Fortsetzung des Unternehmens zur Verfügung stehen. Es genügt daher, wenn sie diesem zur Nutzung

---

359 BFH v. 21.05.2014, BStBl. II 2014, 1029 (keine GiG bei bloßer unentgeltlicher Nutzungsüberlassung an Einzelunternehmen fortführende Gesellschaft); s. auch BFH v. 03.07.2014 – V R 12/13, BFH/NV 2014, 1603 (keine GiG bei Nichteintritt in Mietverhältnisse durch Erwerber).

360 Abschn. 1.5. Abs. 1 UStAE.

361 EuGH v. 27.11.2003 – Rs. C-497/01 (Zita Modes), Slg. 2003, I-14393.

362 Vgl. EuGH v. 30.05.2013 – Rs. C-651/11 (X BV), UR 2013, 582; v. 10.11.2011– Rs. C-444/10 (Schriever), Slg. 2011, I-11071 = BStBl. II 2012, 848; v. 27.11.2003 – Rs. C-497/01 (Zita Modes), Slg. 2003, I-14393.

überlassen werden. Nicht erforderlich ist hingegen, dass sie ihm zu Eigentum übertragen werden.[364] Abzustellen ist darauf, ob dem Erwerber die erforderlichen Betriebsgrundlagen für die Fortführung des Unternehmens insgesamt oder eines Unternehmensteiles übertragen oder zur Nutzung überlassen wurden, sodass er in die Lage versetzt wird, die bisher vom Veräußerer erbrachten Umsätze weiterhin zu erbringen. Er muss die übernommenen Unternehmensgegenstände auch tatsächlich in vergleichbarer Weise wie bisher der Veräußerer für Umsätze einsetzen, etwa bisher vermietete Grundstücke wie bisher vermieten.[365] Im Ergebnis wird für eine GiG verlangt, dass als Unternehmensteil (gesonderter Betrieb) materielle und immaterielle Bestandteile/Wirtschaftsgüter in einem solchen Umfange übertragen/überlassen werden, dass mit ihnen die bisher ausgeübte selbstständige wirtschaftliche Tätigkeit unverändert fortgeführt werden kann. Soweit dies der Fall ist, spielt es keine Rolle, dass bisher für das Unternehmen des Veräußerers genutzte Gegenstände, insbesondere als Verkaufs- oder Produktionsstätten genutzte eigene Grundstücke, nicht auf den Erwerber zu Eigentum übertragen werden. Es genügt dann, dass sie an ihn vermietet werden. Bedarf es der Nutzung des bisherigen Unternehmensgegenstandes nicht – etwa weil der Erwerber selbst über ein geeignetes Grundstück verfügt –, so kann eine GiG auch ohne jede Nutzungsüberlassung einer im Sinne des EStG bisher wesentlichen Betriebsgrundlage seitens des Veräußerers vorliegen.[366] Soweit allerdings die wirtschaftliche Tätigkeit ein bestimmtes Geschäftslokal erfordert, genügt die bloße Verpachtung des bisher auf eigenem Grundstück betriebenen Geschäftslokals einschließlich der darauf befindlichen beweglichen Einrichtungsgegenstände nicht, um von einer nicht steuerbaren GiG auszugehen.[367]

Für Personengesellschaften ist zu beachten, dass bei diesen das **Sonderbetriebsvermögen der Gesellschafter** zwar einkommensteuerlich zu den wesentlichen Betriebsgrundlagen der Gesellschaft gehören kann. Umsatzsteuerlich kann dies aber nicht in Betracht kommen. Vielmehr stellt das Sonderbetriebsvermögen Unternehmensvermögen, ggf. das ganze oder einen gesondert geführten Betrieb, des Gesell- 122

363 BFH v. 19.12.2012 – XI R 38/10, BStBl. II 2013, 1053; Abschn. 1.5. Abs. 6 UStAE; s. auch v. 06.07.2016 – XI R 1/15, BStBl. II 2016, 909 (GiG bei Veräußerung/Erwerb eines Geschäftsgrundstückes, dass vom Veräußerer vollständig an den Erwerber verpachtet war, vom Erwerber wurde aber nur noch ein Teil der Pachtverhältnisse fortgesetzt. Bezüglich der fortgesetzten Pachtverhältnisse wird GiG eines „gesondert geführten Betriebs" als „Teilvermögen" im Sinne der MwStSystRL bejaht!).

364 BFH v. 04.07.2002 – V R 10/01, BStBl. II 2004, 662; v. 23.08.2007 – V R 14/05, BStBl. II 2008, 165.

365 Vgl. BFH v. 24.02.2021 – XI R 8/19, UR 2021, 633 (Erwerber vermietet das von ihm vor Erwerb des Grundstücks bereits teilweise von ihm als Mieter untervermietete Grundstück nach Erwerb weiterhin an den bisherigen Untermieter); BFH v. 12.08.2015 – XI R 16/14, DB 2016, 30 = BStBl. 2020 II, 790 (Übertragung eines bereits seit längerem vermieteten Gebäudekomplexes durch eine Objekt[bauträger]gesellschaft) und UStAE Abschn 1. 5 Abs. 2 i.d.F. BMF v. 16.11.2020, BStBl. I 2020, 1267; BFH v. 18.09.2008 – V R 23/06, UR 2009, 528; v. 06.05.2010 – V R 25/06 und v. 24.09.2009 – V R 6/08, BStBl. II 2010, 1114 und 315 (keine GiG bei Veräußerung des vermieteten Grundstücks an den Mieter [auch an Organträger] zu dessen Eigennutzung); v. 06.09. 2007 – V R 41/05 und v. 22.11.2007 – V R 5/06, BStBl. II 2008, 65 und 448 (GiG an Bruchteilsgemeinschaft bei Einräumung eines Miteigentümeranteils); v. 11.10.2007 – V R 57/06, BStBl. II 2008, 447 (keine GiG bei bloßer Übertragung eines unvermieteten Grundstücks); v. 06.05.2010 – V R 25/09, BFH/NV 2010, 1873; v. 30.04.2009 – V R 4/07, BStBl. II 2009, 863; v. 18.01.2005 – V R 53/02, BStBl. II 2007, 730 (GiG bei Veräußerung vermieteter Grundstücke als gesonderte Vermietungsbetriebe); v. 23.08.2007 – V R 14/05, BStBl. II 2008, 165 (GiG für Institutsübertragung bejaht, obgleich nicht alle wesentlichen Betriebsgrundlagen – hier Anteile, Grundstück, Lieferbeziehungen – mit übertragen wurden, aber dennoch eine Fortsetzung der bisherigen Tätigkeit erfolgen konnte).

366 EuGH v. 10.11.2011 – Rs. C-444/10 (Schriever), Slg. 2011, I-11071 = BStBl. II 2012, 848 mit nachgehend BFH v. 18.01.2012 – XI R 27/08, BStBl. II 2012, 842; vgl. auch Endres/Ismer UR 2011, 481; s. aber BFH v. 04.02.2105 – XI R 42/13, BStBl. II 2015, 616 (keine GiG bei bloßem Erwerb des Gaststätteninventars vom bisherigen Pächter und Abschluss eines neuen Pachtvertrages mit dem Grundstückseigentümer) und v. 03.12.2015 – V R 36/13, BStBl. II 2017, 563 (Aufspaltung des Bauunternehmens eines Einzelunternehmers auf eine das Unternehmen fortführende „Betriebs"-KG = GiG und eine „Besitz"-GbR, die das bisherige Anlagevermögen übernimmt und unentgeltlich der KG zur Nutzung überlässt = keine GiG.).

367 EuGH v. 19.12.2018 – Rs. C-17/18 (Mailat), MwStR 2019, 317 mit Anm. Endres (steuerfreie Verpachtung eines Restaurantbetriebes [Grundstück und Einrichtungsgegenstände] durch den Eigentümer keine GiG). S. aber BFH v. 29.08.2018 – XI R 37/17, BStBl. II 2019, 378 (GiG bei Übereignung des Inventars vom bisherigen Gaststättenbetreiber unter gleichzeitiger Anmietung der Immobilie vom Eigentümer. Wegen GiG kein Vorsteuerabzugsrecht aus Erwerb Inventar).

schafters dar. Dies führt dazu, dass die bloße Veräußerung des gesamten Sonderbetriebsvermögens durch den Gesellschafter für ihn unter § 1 Abs. 1 a UStG fällt. Bei Einbringung eines Unternehmens in eine Personengesellschaft unter Zurückbehaltung von funktionell wesentlichem Betriebsvermögen ist § 1 Abs. 1 a UStG dann anwendbar, wenn das zurückbehaltene Betriebsvermögen der Personengesellschaft als Sonderbetriebsvermögen zur Nutzung überlassen wird.[368]

Beispiel:[369] a) Metzger M überträgt seinen Metzgereibetrieb im Wege der vorweggenommenen Erbfolge auf eine GbR, bestehend aus seinem Sohn S und seiner Tochter T. Nicht mit übertragen wird das Grundstück, in dem die Metzgerei betrieben wird. Das Grundstück wird aber langfristig an die GbR vermietet. b) Wie a), aber die GbR besteht aus S, T und M.

In beiden Konstellationen liegt eine unter § 1 Abs. 1 a UStG fallende nicht steuerbare Geschäftsveräußerung vor, obwohl das Grundstück i.S.d. EStG funktionell wesentliche Betriebsgrundlage ist. Hinweis: Zur ertragsteuerlichen Behandlung s. § 6 Abs. 3 EStG.

123 **c)** Unter § 1 Abs. 1 a UStG fallen danach insbesondere die entgeltliche Veräußerung eines Unternehmens durch **Verkauf**, die **Einbringung eines Einzelunternehmens** in eine Gesellschaft durch Einzelrechtsnachfolge im Wege der Sacheinlage, Umwandlungen von Unternehmensträgern[370] nach dem Umwandlungsgesetz **(Verschmelzung und Spaltung)**, unentgeltliche oder teilentgeltliche Übertragung im Wege der **vorweggenommenen Erbfolge**, im Rahmen der Erbauseinandersetzung oder durch Sachvermächtnisse. Voraussetzung ist aber immer, dass tatsächlich die für die bisherige und die weiterzuführende Unternehmenstätigkeit funktionell wesentlichen Betriebsgrundlagen übertragen oder zur Nutzung überlassen werden und die bisherige Unternehmenstätigkeit auch tatsächlich damit fortgesetzt wird.[371]

Nach unzutreffender Auffassung des BFH sollte auch die Übertragung einer 100 %-Beteiligung an einer Kapitalgesellschaft zu einer GiG führen können.[372] Die Veräußerung der Beteiligung kann aber nicht die Veräußerung des Unternehmens der Kapitalgesellschaft darstellen, an der die Beteiligung besteht. Denn die Kapitalgesellschaft bleibt ungeachtet der Veräußerung der Beteiligung selbst der Unternehmer ihres Unternehmens und veräußert dieses gerade nicht. Allenfalls könnte in Betracht kommen, dass die 100 %-ige Beteiligung beim veräußernden Inhaber der Beteiligung Teil eines bei ihm bestehenden gesonderten Betriebes ist. Die Beteiligung allein kann einen solchen gesonderten Betrieb gerade nicht darstellen. Denn das bloße Halten einer Beteiligung führt nicht zu Umsätzen des Inhabers der Beteiligung. Auch wenn in Art.19, 29 MwStSystRL nur von der Übertragung eines Gesamt- oder Teilvermögens die Rede ist, kann doch nur eine Übertragung gemeint sein, die es ermöglicht, eine bisher mit diesem Vermögen ausgeführte Unternehmertätigkeit anstelle des veräußernden Steuerpflichtigen fortzusetzen. Das trifft bei bloßer isolierter Veräußerung auch einer 100 %-igen Beteiligung gerade nicht zu. So hat denn zutreffend auch der EuGH entschieden.[373] Zutreffend geht der BFH allerdings davon aus, dass eine GiG bei Veräußerung einer Organschaftsbeteiligung vorliegt, wenn die Organschaft auf den Erwerber übergeht. Denn die Organgesellschaft ist im Unternehmen des Organträgers ein „gesondert geführter Betrieb". Eine GiG stellt auch die Veräuße-

---

368 Im Ergebnis zutreffend daher Abschn. 1.5. Abs. 3 S. 2 UStAE; vgl. auch BFH v. 15.10.1998 – V R 69/97, BStBl. II 1999, 41.

369 Nach BFH v. 04.07.2002 – V R 10/01, BStBl. II 2004, 662.

370 Vgl. dazu Reiß in: FS Schaumburg, 2009, 1165 f.; a.A. Stadie in: R/D § 2 Anm. 600 ff. (keine Übertragung, da Gesamtrechtsnachfolge); dagegen Reiß UR 1996, 367.

371 Vgl. dazu BFH v. 03.12.2015 – V R 36/13, BStBl. II 2017, 563 (keine GiG für die Übertragung des bisherigen Anlagevermögens eines Bauunternehmers auf eine von ihm beherrschte „Besitz-GbR", die dieses unentgeltlich an eine vom bisherigen Bauunternehmer beherrschte „Betriebs-KG" überlässt – GbR führt nicht das Bauunternehmen fort!).

372 BFH v. 27.01.2011 – V R 38/09, DStR 2011, 454 mit Anm. Wäger DStR 2011, 433. Der BFH beruft sich dabei auf ein überflüssiges missverständliches obiter dictum des EuGH v. 29.10.2009 – Rs. C-29/08 (SKF), Slg. 2009, I-10413, und gibt zu Unrecht die zutreffende entgegengesetzte Rspr. aus BFH v. 29.10.1987 – X R 33-34/81, BStBl. II 1988, 92 auf.

373 EuGH v. 30.05.2013 – Rs. C-651/11 (X BV), UR 2013, 583 mit Anm. Grube MwStR 2013, 341. Dem folgend Abschn. 1.5. Abs. 9 UStAE.

rung durch den (bisherigen) Organträger des für die Produktion wesentlichen Betriebsgrundstückes an die (bisherige) Organgesellschaft im Rahmen der Beendigung der Organschaft dar.[374]

Nicht unter § 1 Abs. 1 a UStG fällt der Erwerb des Unternehmens durch **Erbanfall**. Hier fehlt es bereits an einer Übereignung. Nicht unter § 1 Abs. 1 a UStG fällt auch der **Formwechsel von Gesellschaften**, sei es nach dem UmwG (z.B. von der KapG in die PersG und umgekehrt), oder auch außerhalb des UmwG, z.B. von der GbR in die OHG oder KG. Hier fehlt es bereits an einer Vermögensübertragung. Der bisherige Rechtsträger bleibt zivilrechtlich bestehen, wenn auch nunmehr in anderer Rechtsform. Umsatzsteuerlich ist von einer Unternehmeridentität der formgewechselten Gesellschaft auszugehen.

d) Die **Rechtsfolge** der Anwendung des § 1 Abs. 1 a UStG besteht für den Übertra- **124**
genden darin, dass für ihn kein steuerbarer Vorgang gegeben ist. Der Erwerber muss sich so behandeln lassen, als setze er das Unternehmen des Veräußerers fort. § 1 Abs. 1 a S. 3 UStG ordnet insoweit an, dass der **Erwerber an die Stelle des Veräußerers** tritt. Das Gesetz ordnet hier weder eine vollständige noch partielle Gesamtrechtsnachfolge noch eine Einzelrechtsnachfolge an. Vielmehr verfügt es einen speziellen nur für das Umsatzsteuerrecht geltenden Übergang sämtlicher beim übertragenden Unternehmer bereits eingetretener umsatzsteuerrechtlichen Bindungen für das übertragene Unternehmensvermögen auf den Erwerber. Für umsatzsteuerliche Zwecke ist davon auszugehen, dass bezogen auf das übernommene Unternehmensvermögen kein Unternehmerwechsel stattgefunden hat. Die gravierendste Folge dieser Fiktion ist, dass der Erwerber hinsichtlich des übernommenen Unternehmensvermögens alle umsatzsteuerlichen Bindungen unverändert fortzuführen hat. Dies betrifft insbesondere Vorsteuerkorrekturen nach § 15 a UStG zugunsten wie zuungunsten des Erwerbers. Überflüssigerweise ordnet § 15 a Abs. 10 UStG insoweit noch ausdrücklich an, dass der Erwerber in den unveränderten Berichtigungszeitraum eintritt.[375] Über die Anwendung des § 15 a UStG hinausgehend folgt aus der gesetzlich angeordneten Unternehmeridentität u.a. auch, dass für die unentgeltlichen Wertabgaben nach § 3 Abs. 1 b und Abs. 9 a UStG alle bereits vom Übertragenden verwirklichten Sachverhalte zu berücksichtigen sind. So darf etwa bei dem Erwerber keine Besteuerung nach § 3 Abs. 1 b Nr. 1 UStG vorgenommen werden, wenn er einen Gegenstand entnimmt, für den der Übertragende keinen Vorsteuerabzug hatte, umgekehrt hat aber eine Besteuerung stattzufinden, wenn beim Rechtsvorgänger ein Vorsteuerabzug stattgefunden hatte.

Soweit im Zusammenhang mit der **Geschäftsveräußerung Vorsteuern** beim Veräußerer oder Erwerber anfallen, ordnet der EuGH diese den allgemeinen Geschäftskosten zu und damit für den Veräußerer allen bis zur Veräußerung getätigten Umsätzen. Waren diese teils steuerpflichtig, teils steuerfrei, ist nach § 15 Abs. 4 UStG aufzuteilen.[376] Damit verfehlt der EuGH den Grundgedanken der von Art. 19, 29 MwStSystRL angeordneten Behandlung des Erwerbers als quasi „Rechtsnachfolger des Übertragenden". Richtigerweise sollten die VoSt auch für den Veräußerer allein der Verwendung des übertragenen Unternehmensvermögens zu den nachfolgenden Umsätzen beim Erwerber zugeordnet werden.

374 BFH v. 26.06.2019 – XI R 3/17, UR 2019, 803 und BFH v. 18.09.2019 – XI R 33/18, UR 2020, 183.

375 Zur Problematik, ob bei Grundstücksveräußerungen eine GiG vorliegt oder nicht und deshalb § 15 a UStG anzuwenden ist oder nicht vgl. u.a. BFH v. 19.12.2012 – XI R 38/10, BStBl. II 2013, 1053 (Veräußerung eines Erbbaurechtes mit verpachtetem Gebäude); v. 06.05.2010 – V R 25/06 und v. 24.09.2009 – V R 6/08, BStBl. II 2010, 1114 und 315; v. 06.05.2010 – V R 25/09, BFH/NV 2010, 1873; v. 24.02.2005 – V R 45/02, BStBl. II 2007, 61 (verneint für Erwerber bei Erwerb von Grundstück im Zustand der Bebauung).

376 EuGH v. 22.02.2001 – Rs. C-408/98 (Abbey National), Slg. 2001, I-1361.

125

Fehlender Leistungsaustausch

Kein Leistungsaustausch

1. **Echter Schadensersatz**
   - **a)** beim Geschädigten bei Schadensersatz aus Gesetz und wegen sonstiger Pflichtverletzung, § 280 Abs. 1 BGB. Es fehlt die Leistung.
   - **b)** beim Schadensersatz wegen Nichterfüllung, wenn eigene Leistung nicht erbracht wird (Differenz).
   - **c)** bei Schadensbeseitigung durch den Schädiger. Es fehlt die Gegenleistung.
   - **d)** Verzugsschaden neben Erfüllung. Die Verzugszinsen sind kein Teil der Gegenleistung. Es fehlt die Verknüpfung.
2. **Echte Vertragsstrafen**
   - **a)** Der Gläubiger der Vertragsstrafe erbringt seinerseits keine Leistung.
   - **b)** Durch die Vertragsstrafe wird lediglich die verzögerte Gegenleistung abgegolten. Hier fehlt die Kausalität (wie Verzugsschaden).
3. **Echte Zuschüsse**
   werden nicht kausal wegen einer Leistung des Zuschussempfängers gewährt.
   Es fehlt entweder bereits eine Leistung oder aber jedenfalls Kausalität. Erfolgen meist zur Förderung eines im öffentlichen Interesse liegenden Verhaltens des Unternehmers.
4. **Echte Mitgliederbeiträge**
   Zahlungen zur Förderung eines allgemeinen Vereinszwecks ohne Zuwendung eines Nutzens an die Mitglieder.
5. Vorbereitungshandlungen bei vorzeitiger Vertragsbeendigung, auch wenn Ersatz zu leisten ist:
   - **a)** Bei Lieferverträgen sind alle Handlungen bis zur Lieferung Vorbereitungshandlungen.
   - **b)** Bei sonstigen Leistungen: Ob Vorbereitungshandlung oder schon Beginn der Leistung, bestimmt sich nach den Parteivereinbarungen und dem Vertragstyp.
6. **Verzicht, Entlassung aus dem Vertrag**
   des Schuldners auf Erbringung der geschuldeten Leistung gegen Entschädigung (vereinbarte Gegenleistung ./. Aufwendungen, die erspart werden)
7. **Erbschaft**
   - **a)** Erbanfall = keine Leistung des Erblassers
   - **b)** vorweggenommene Erbschaft durch Schenkung eines Unternehmens = keine Gegenleistung des Erwerbers

***Hinweis:** Wegen § 1 Abs. 1 a UStG auch nicht als unentgeltliche Wertabgabe steuerbar!*

Leistungsaustausch

1. **Unechter Schadensersatz**
   - **a)** Geschädigter beseitigt Schaden im Auftrag des Schädigers gegen Werklohn.
   - **b)** Schadensersatz wegen Nichterfüllung bei Erbringung der eigenen Leistung (Austausch).
2. **Unechte Vertragsstrafen**
   - **a)** Der Gläubiger erbringt seine Leistung und erhält die Vertragsstrafe anstelle der versprochenen Gegenleistung.
   - **b)** Der Gläubiger erbringt seine Leistung nicht ordnungsgemäß und muss seinerseits Vertragsstrafe zahlen = Entgeltminderung.
3. **Unechte Zuschüsse**
   sind Gegenleistung oder Teil der Gegenleistung für eine Leistung des Zuschussempfängers an den Zuschussgeber oder einen Dritten. Sie werden im Interesse des Leistungsempfängers gewährt oder gelten eine Leistung an den Zuschussgeber ab.
4. **Unechte Mitgliederbeiträge**
   Zahlungen zur Abgeltung von Leistungen des Vereins an die Mitglieder, gleichgültig ob pauschal oder individuell abgegolten.
5. **Teilweise erbrachte Leistung** bei vorzeitiger Vertragsbeendigung, wenn dafür Entgelt entrichtet wird:
   - **a)** Bei Werklieferungen, wenn der teilweise bearbeitete Gegenstand dem Auftraggeber verbleibt.
   - **b)** Bei sonstigen Leistungen immer, wenn bereits mit der vertraglich geschuldeten Leistungserbringung begonnen wurde.
6. **Verzicht**
   - **a)** des Gläubigers auf einen Sachleistungsanspruch gegen Entschädigung
   - **b)** auf eine (einen anderen einschränkende) Rechtsposition
7. **Erbauseinandersetzung**,
   aber § 1 Abs. 1 a UStG
8. **Vorweggenommene Erbschaft mit Schuldübernahme**
   aber § 1 Abs. 1 a UStG

C. Unentgeltliche Wertabgaben

I. Zweck: Besteuerung des Endverbrauchs

1. Besteuerung unentgeltlicher Zuwendungen/Wertabgaben aus dem Unternehmen

a) Das StEntlG 1999/2000/2002 ersetzte die frühere **Eigenverbrauchsbesteuerung** 126
nach § 1 Abs. 1 Nr. 2 a und b UStG a.F. durch die Besteuerung unentgeltlicher Wertabgaben aus dem Unternehmen in § 3 Abs. 1 b Nr. 1 und § 3 Abs. 9 a Nr. 1 und Nr. 2 UStG. Entsprechend den Vorgaben der Richtlinie werden Wertabgaben aus dem Unternehmen zu unternehmensfremden Zwecken jetzt nicht mehr als eigenständiger Besteuerungstatbestand (Eigenverbrauch) geregelt, sondern im Wege der Fiktion als Fall des Leistungsaustausches. Die unentgeltlichen Wertabgaben aus dem Unternehmen werden als Lieferungen, so § 3 Abs. 1 b UStG, oder als sonstige Leistungen, so § 3 Abs. 9 a UStG, gegen Entgelt behandelt, obwohl ein Entgelt tatsächlich gerade nicht vorliegt. Bei den unentgeltlichen Wertabgaben für den eigenen privaten Verbrauch des Unternehmers fehlt es darüber hinaus nicht erst am Entgelt, sondern bereits an einer Leistung mangels zweiten Rechtssubjektes. Die Besteuerung der unentgeltlichen Wertabgaben aus dem Unternehmen für den eigenen privaten Verbrauch ist ein notwendiger **Ergänzungstatbestand zum Leistungsaustausch**, weil der Unternehmer in seiner Eigenschaft als Endverbraucher keine Vorzugsstellung vor dem privaten Endverbraucher genießen darf, der die Güter und Dienstleistungen für seinen Konsum im Leistungsaustausch erwerben muss und dabei wirtschaftlich mit USt belastet wird.

b) Ebenfalls ersetzt wurde die frühere Sonderregelung für **Lieferungen und sonstige Leistungen** ohne besonderes Entgelt (Sachzuwendungen) **an Arbeitnehmer** oder deren Angehörige. Diese werden seither zutreffend ebenfalls als unentgeltliche Wertabgaben aus dem Unternehmen für **den privaten Bedarf seines Personals** in § 3 Abs. 1 b Nr. 2 und § 3 Abs. 9 a Nr. 1 und 2 UStG erfasst.

2. Belastung des privaten Konsums und Vorsteuerabzug

a) Die Besteuerung unentgeltlicher Wertabgaben aus dem Unternehmen macht den 127
Vorteil aus der Gewährung des Vorsteuerabzugs wieder rückgängig, wenn der Unternehmer den bezogenen Gegenstand oder die zunächst für das Unternehmen bezogene Dienstleistung später für außerunternehmerische Zwecke verwendet.

Die unter Verbrauchsteueraspekten notwendige Belastung des privaten Konsums lässt sich technisch auf zwei Arten herstellen: Entweder – so der Regelfall – bereits durch Versagung des Vorsteuerabzugs oder erst durch eine Besteuerung der unentgeltlichen Wertabgaben aus dem Unternehmen, sofern bei einem Bezug für das Unternehmen zunächst ein Vorsteuerabzug gewährt wurde. Wurde die Belastung bereits durch Nichtgewährung eines Vorsteuerabzugs nach § 15 UStG hergestellt, bedarf es insoweit einer weiteren Belastung durch Besteuerung einer Wertabgabe aus dem Unternehmen gerade nicht mehr.

Fall 17: Die Incentive-Reise und der Betriebsausflug
(nach BFH v. 29.07.1994 – V R 16/92, BStBl. II 1995, 274, 277 und BFH v. 09.12.2010 – V R 17/10, BStBl. II 2012, 53)

a) U ist Pächter einer Markentankstelle einer Treibstoffherstellerin. Er veräußert für diese als Vermittler/Agent Treibstoffe gegen Provision. Aufgrund der Höhe der durch ihn vermittelten Umsätze gewann er eine von der Treibstoffherstellerin aus gelobte Erlebnisreise im Werte von 5.950 €. Wie ist der „Gewinn" der Erlebnisreise bei U umsatzsteuerlich zu beurteilen?

b) Steuerberater St veranstaltete mit seinen Angestellten einen 4-tägigen Betriebsausflug als Betriebsveranstaltung nach München und Salzburg. Dafür entstanden Aufwendungen (Verpflegung, Getränke, Übernachtungen, Fahrtkosten Theater-, Konzert- und Opernbesuche) von 3.000 € zzgl. deutsche USt und 2.000 € zzgl. österreichischer USt. Pro Arbeitnehmer beliefen sich die Aufwendungen auf 500 € netto.

128 I. U hat an die Treibstoffherstellerin sonstige Leistungen durch Vermittlung erbracht. Diese erfolgten auch entgeltlich, denn er erhielt dafür Provisionen. Zum Entgelt i.S.d. § 10 Abs. 2 und 1 UStG gehört auch die gewährte Incentive-Reise. Dies gilt auch dann, wenn man mit dem BFH und EuGH für die Entgeltlichkeit nach § 1 Abs. 1 Nr. 1 UStG ein final auf Entgeltsentrichtung gerichtetes „Rechtsverhältnis" verlangt. Denn ein solches liegt in Gestalt des Agenturvertrages und der darauf Bezug nehmenden Auslobung vor. Bei Vorliegen eines solchen Rechtsverhältnisses genügt für die Einbeziehung in die Bemessungsgrundlage nach § 10 UStG auch nach Ansicht des BFH, dass Kausalität beim Leistungsempfänger (hier Treibstofffirma) vorliegt (vgl. Rn. 33 ff.). Es liegt mithin ein tauschähnlicher Umsatz (Vermittlungsleistung gegen Incentive-Reise und Barprovisionen) vor. U hat daher neben den Provisionen auch den Wert der Incentive-Reise als Entgelt mit 5.000 € zu erfassen, sodass sich insoweit noch eine USt-Schuld von 950 € ergibt.

II. Die Treibstofffirma erbringt an U mit der Gewährung der Incentive-Reise eine sonstige Leistung. Es handelt sich um eine Reiseleistung nach § 25 UStG (s. Rn. 296). Da der Verwendungszweck der Reiseleistung nicht für das Unternehmen des U bestimmt ist, dürfte U daher eine ihm von der Treibstofffirma in Rechnung gestellte USt mangels Bezug für sein Unternehmen nicht nach § 15 Abs. 1 Nr. 1 UStG als VoSt abziehen.

III. Da die Reiseleistung schon nicht für das Unternehmen des U bezogen wurde, kann sie aus diesem auch nicht für außerunternehmerische Zwecke entnommen worden sein. Eine unentgeltliche sonstige Leistung für außerunternehmerische Zwecke nach § 3 Abs. 9 a Nr. 2 UStG liegt daher nicht vor. Die Belastung des U wird schon durch Nichtgewährung des Vorsteuerabzugs hergestellt.

IV. Werden sog. **Incentive-Reisen an Eigenhändler** ausgelobt, fehlt es an einer Leistung des Eigenhändlers gegenüber dem auslobenden Hersteller, sodass die Incentive-Reise kein Entgelt darstellen kann. Allerdings stellt sich die Gewährung der Reise dann als nachträgliche Entgeltsminderung für die an den Eigenhändler erbrachten Lieferungen dar, sodass dieser nach § 17 Abs. 1 Nr. 2 UStG seinen Vorsteueranspruch für die Lieferung des Treibstoffs um 950 € zu berichtigen hat.[377] Auch hier kommt keine Besteuerung unentgeltlicher Wertabgaben beim Eigenhändler in Betracht. Die Belastung wird wie oben dadurch hergestellt, dass dem Eigenhändler schon kein Vorsteuerabzug (in Höhe von 950 €) aus der an ihn für außerunternehmerische Zwecke erbrachten Reiseleistung des Herstellers als Reiseveranstalter zusteht.

V. Werden **Arbeitnehmern** de facto von Geschäftspartnern ihres Arbeitgebers **Incentive-Reisen** (z.B. Hersteller an Arbeitnehmer der Händler) zugewendet, ist zu unterscheiden:

377 BFH v. 09.11.1994 – XI R 81/92 und v. 28.06.1995 – XI R 66/94, BStBl. II 1995, 277, 850.

1. Hat den (vertraglichen) **Anspruch auf die Reise der Arbeitgeber**, so leistet der Geschäftspartner zunächst an den Arbeitgeber. Dies führt beim Arbeitgeber zu einer Entgeltminderung für die vom Geschäftspartner bezogenen Leistungen, sodass insoweit eine Vorsteuerkorrektur zu erfolgen hätte (wie unter IV.). Erst der Arbeitgeber leistet dann an seine Arbeitnehmer, indem er diesen die Incentive-Reise zuwendet. Der Arbeitgeber erbringt dann unentgeltlich eine sonstige Leistung an seine Arbeitnehmer für deren privaten Bedarf. Der BFH ging früher davon aus, dass der Arbeitgeber insoweit als Unternehmer gehandelt hat, indem er die Leistung zunächst für sein Unternehmen erwarb und dann im Rahmen seines Unternehmens an die Arbeitnehmer für deren privaten Bedarf weitergab. Demzufolge stand dem Unternehmer grundsätzlich aus dem Erwerb der Incentive-Reise vom Geschäftspartner der Vorsteuerabzug zu; er hatte aber zum Ausgleich dafür die Zuwendung der Reise an seine Arbeitnehmer nach § 3 Abs. 9 a Nr. 2 UStG zu besteuern.[378] Demgegenüber ist nach der geänderten Rspr. des BFH[379] davon auszugehen, dass von vornherein zur unentgeltlichen Weitergabe bestimmte Leistungen schon nicht für das Unternehmen zur Ausführung von zu besteuernden Umsätzen bezogen werden. Ihr Bezug eröffnet daher einerseits grundsätzlich schon kein Vorsteuerabzugsrecht gemäß § 15 Abs. 1 UStG (hier in Höhe von 950 €), andererseits unterliegt ihre unentgeltliche Weitergabe mangels Handelns als Unternehmer auch nicht der Besteuerung nach § 3 Abs. 9 a Nr. 1 und 2 und Abs. 1 b Nr. 1–3 UStG. Vorliegend wäre daher dem Arbeitgeber für die an den Arbeitnehmer weitergereichte Incentive-Reise kein Vorsteuerabzug (in Höhe von 950 €) zu gewähren. Bereits damit wird die Belastung des Endverbrauches hergestellt.

   Beachte: Der Endverbrauch liegt bereits im Bezug der Reise durch den Arbeitgeber zur unentgeltlichen Weitergabe an den Arbeitnehmer als endgültigem Verbraucher.

2. Steht der Anspruch auf die Reise hingegen unmittelbar dem Arbeitnehmer zu, leistet der Geschäftspartner schon unmittelbar an den Arbeitnehmer. Beim Arbeitgeber liegt weder ein Bezug für sein Unternehmen noch eine unentgeltliche Wertabgabe vor. Problematisch erscheint hier, ob diese Gestaltung die Möglichkeit zu einem unversteuerten Endverbrauch beim Arbeitnehmer eröffnet. Eine Besteuerung nach § 3 Abs. 9 a Nr. 2 UStG scheidet aus, weil es sich nicht um das Personal des Geschäftspartners handelt. Allerdings ist bei der Konstellation einer unmittelbaren Zuwendung der Reise durch den Geschäftspartner an die Arbeitnehmer seines Kunden regelmäßig davon auszugehen, dass der Gewährung der Incentive-Reise auch eine Gegenleistung der fremden Arbeitnehmer gegenübersteht mit der Folge eines nach § 1 Abs. 1 Nr. 1 UStG steuerbaren tauschähnlichen Umsatzes für den Geschäftspartner. Die (mittelbare) Belastung des Endverbrauches ergibt sich aufgrund der fehlenden Vorsteuerabzugsmöglichkeit aus der Gegenleistung des Arbeitnehmers, dem selbst auch kein Vorsteuerabzug zusteht. Hält man (richtigerweise) § 25 UStG (Geschäftspartner ist Reiseveranstalter[!], s. Rn. 296) für anwendbar, führt dies bei einer Marge gemäß § 25 Abs. 3 UStG von Null (5.950 € Wert der Leistung des AN – 5.950 € Aufwendungen) zwar zu einer USt von Null, aber eben auch zur Versagung des Vorsteuerabzugs aus den Reisevorleistungen gemäß § 25 Abs. 4 UStG für den Geschäftspartner als Reiseveranstalter, wodurch es zu einer (mittelbaren) Belastung des Endverbrauches kommt.

378 BFH v. 16.03.1995 – V R 128/92, BStBl. II 1995, 651 unter zutreffender Verneinung der Anwendbarkeit von § 25 UStG.

379 BFH v. 09.12.2010 – V R 17/10, BStBl. II 2012, 53 mit Anm. Wäger DStR 2011, 433 f.

VI. Aus den für den **Betriebsausflug/die Betriebsveranstaltung** an den St erbrachten Leistungen für Übernachtung/Verpflegung/Getränke/kulturelle Veranstaltungen steht dem St kein Vorsteuerabzug nach § 15 Abs. 1 UStG, Art. 167, 168 MwStSystRL zu. Da die entsprechenden Leistungen schon bei Leistungsbezug in vollem Umfange nicht unmittelbar zur Ausführung von (zu besteuernden oder diesen in Art. 169 MwStSystRL gleichgestellten) Leistungen gegen Entgelt bestimmt waren, sondern nur zur unentgeltlichen Weitergabe an die Arbeitnehmer, erfolgten sie – jedenfalls nach nunmehriger Auffassung des BFH[380] – nicht i.S.d. § 15 Abs. 1 UStG für das Unternehmen des St. Es liegt nicht lediglich ein Bezug von Aufmerksamkeiten vor (dazu Rn. 150).

Der Bezug von Leistungen, die von vornherein schon vollständig für den privaten Bedarf des Unternehmers oder – durch unentgeltliche Weitergabe – seines Personals erfolgen, kann dem Unternehmen nicht – auch nicht wahlweise – zugeordnet werden. Werden solche nicht dem Unternehmen zuzuordnende Leistungen (Lieferungen und sonstige Leistungen) unentgeltlich an das Personal oder andere Dritte weitergegeben, erfolgt diese Entnahme/Weitergabe/Zuwendung nicht „aus seinem Unternehmen" i.S.d. Art. 16 MwStSystRL, § 3 Abs. 1 b UStG, bzw. nicht als Verwendung eines dem Unternehmen zugeordneten Gegenstandes oder unentgeltliche Erbringung einer sonstigen (Dienst-)Leistung durch einen als Unternehmer für Zwecke außerhalb des Unternehmens handelnden Steuerpflichtigen i.S.d. Art. 26 MwStSystRL, § 3 Abs. 9 a Nr. 1 und 2 UStG. Damit § 3 Abs. 1 b, Abs. 9 a UStG, Art. 16, 26 MwStSystRL anwendbar sind, muss vorrangig eine Zugehörigkeit des entnommenen, verwendeten Gegenstandes oder des eingesetzten Personals für eine sonst erbrachte Leistung zum Unternehmen gegeben sein. Es kann nicht umgekehrt die Zugehörigkeit zum Unternehmen erst aus einer angeblich nach § 3 Abs. 1 b oder Abs. 9 a UStG zu besteuernden Wertabgabe aus dem Unternehmen hergeleitet werden. Diesem (geänderten) Verständnis des BFH ist zuzustimmen.[381]

---

129 **b)** Der Vorsteuerabzug kann nicht nur zu versagen sein, wenn Lieferungen oder sonstige Leistungen von Anbeginn nicht für das Unternehmen bezogen werden. Vielmehr scheidet auch bei Bezug für das Unternehmen ein Vorsteuerabzug auch in anderen Fällen aus, z.B. wenn der Leistende kein Unternehmer ist oder seinerseits steuerfrei leistet oder ein Kleinunternehmer ist, § 15 Abs. 1 UStG, oder wenn die empfangene Leistung nur zur Ausführung steuerfreier Umsätze gemäß § 15 Abs. 2 UStG verwendet wird.

Art. 16 und 26 Abs. 1 a MwStSystRL machen die Besteuerung **unentgeltlicher Wertabgaben durch Lieferung oder Verwendung von Gegenständen** generell davon abhängig, dass ein **vollständiges oder partielles Vorsteuerabzugsrecht** bestand. Damit soll eine Doppelbelastung des privaten Verbrauchs mit USt vermieden werden. Hingegen sind **andere Dienstleistungen** aus dem Unternehmen **für den privaten Bedarf** des Unternehmers, seines Personals oder vergleichbare andere unternehmensfremde (private) Zwecke nach Art. 26 Abs. 1 b MwStSystRL auch dann zu besteuern, wenn kein Vorsteuerabzug stattgefunden hat. Das ist konsequent, weil insoweit lediglich eine einfache Belastung mit USt erfolgt. Denn eine Belastung durch Versagung des Vorsteuerabzugs kommt hier nicht in Betracht, weil die unselbststän-

380 BFH v. 09.12.2010 – V R 17/10, BStBl. II 2012, 13 mit Anm. Wäger DStR 2011, 433 f.; so auch Abschn. 15.2b. Abs. 2 S. 3 Nr. 3 und Abschn. 15.15. Abs. 1 UStAE.

381 Anders noch BFH v. 04.07.1985 – V R 82/77, BStBl. II 1985, 538; v. 18.12.1986 – V R 176/75, BStBl. II 1987, 350 (zu Angelteich und Schwimmbad für eigene Nutzung und Nutzung durch Arbeitnehmer).

dig erbrachte Arbeitsleistung schon nicht der Umsatzbesteuerung unterliegt. Zu beachten ist aber, dass dies nur in Betracht kommt, wenn und soweit die Dienstleistung „aus dem Unternehmen" heraus unter Einsatz von bereits dem Unternehmen zugeordneten Gegenständen und Personal erfolgt.

c) Das deutsche Recht entspricht der Richtlinienregelung. In § 3 Abs. 1 b S. 2 UStG ist **130**
bestimmt, dass Voraussetzung für die Besteuerung ist, dass der entnommene/zugewendete Gegenstand oder seine Bestandteile zum vollen oder teilweisen **Vorsteuerabzug berechtigt** haben. Für die Verwendung eines Gegenstandes bestimmt § 3 Abs. 9 a Nr. 1 UStG, dass er nur besteuert wird, wenn bzgl. des Gegenstandes eine volle oder teilweise Vorsteuerabzugsberechtigung bestand. Dagegen wird die Besteuerung anderer unentgeltlicher sonstiger (Dienst-)Leistungen nach § 3 Abs. 9 a Nr. 2 UStG nicht von einem vorherigen Vorsteuerabzugsrecht abhängig gemacht.

Beispiel: Unternehmer U erwirbt einen Pkw für sein Unternehmen von einem Nichtunternehmer (Kleinunternehmer nach § 19 Abs. 1 UStG oder durch eine steuerbefreite Lieferung nach § 4 Nr. 28 a UStG). Er verwendet diesen Pkw auch teilweise für private Fahrten. Da aus dem Erwerb des Pkw kein Vorsteuerabzug möglich ist, darf insoweit auch keine Besteuerung der privaten Verwendung nach § 3 Abs. 9 a Nr. 1 UStG stattfinden. Soweit andererseits aber VoSt etwa aus dem Kraftstoffverbrauch und sonstigen Unterhaltskosten anfällt, ist dem dadurch Rechnung zu tragen, dass der Vorsteuerabzug nur anteilig im Umfange der unternehmerischen Nutzung gewährt wird (sog. Aufteilungsgebot).[382] Das BMF lässt aus Vereinfachungsgründen – ohne Rechtsgrundlage – alternativ zu, dass aus den laufenden Aufwendungen der volle Vorsteuerabzug geltend gemacht werden kann, dann aber die außerunternehmerische Nutzung nach § 3 Abs. 9 a Nr. 1 UStG besteuert wird, wobei lediglich die anteiligen laufenden Ausgaben als Bemessungsgrundlage angesetzt werden.

d) In Übereinstimmung mit der Auslegung des Art. 26 Abs. 1 a MwStSystRL durch den **131**
EuGH[383] bestimmt § 10 Abs. 4 Nr. 2 S. 1 UStG, dass in die Bemessungsgrundlage für die unentgeltliche Wertabgabe durch Verwendung nach § 3 Abs. 9 a Nr. 1 UStG nur solche Ausgaben eingehen, die zum vollen oder teilweisen Vorsteuerabzug berechtigt haben.

Beispiel: Nutzung eines Pkw auch für private Zwecke, bei dessen Anschaffung zutreffend die VoSt abgezogen wurde. Für die Nutzung fallen auch Kosten aus der Kfz-Steuer, der Garagenmiete (steuerfrei, weil von Kleinunternehmer), der Versicherung (steuerfrei) und der Finanzierung (steuerfrei) an. Diese Ausgaben dürfen nicht in die Bemessungsgrundlage für die unentgeltliche Wertabgabe einbezogen werden, weil kein Vorsteuerabzug möglich war. Unerheblich ist, weshalb kein Vorsteuerabzug möglich ist, etwa, weil schon gar keine umsatzsteuerliche Leistung vorliegt (Kfz-Steuer) oder wegen nicht steuerbarer Leistungen von Nichtunternehmern oder steuerbefreiter Leistungen.[384]

e) Problematisch ist, welche Rechtsfolge sich für die Besteuerung der unentgeltli- **132**
chen Wertabgaben durch (fiktive) entgeltliche Lieferungen nach § 3 Abs. 1 b UStG ergeben, wenn zwar für den Gegenstand selbst kein Vorsteuerabzug möglich war, wohl aber für nachträglich eingefügte **Bestandteile**.

Beispiel:[385] U (Autohändler) erwarb in 01 von einem Privatmann einen Oldtimer zum Preise von 10.000 € für sein Unternehmen. Er ließ daran Karosserie- und Lackierungsarbeiten für 3.000 € zzgl. USt vornehmen und nachträglich einen Motor für 5.000 € zzgl. USt einbauen. Für beide Leistungen nahm er zutreffend den Vorsteuerabzug in Anspruch. Er veräußerte in 02 sein Unternehmen und entnahm vorher den Oldtimer für seine privaten Zwecke. Der Einkaufspreis für den Oldtimer im Zeitpunkt der Entnahme betrug 10.000 €. Die Karosserie- und Lackierarbeiten trugen noch zu 1.000 € und der Motor zu 2.500 € zu diesem Wert bei.

I. Fraglich kann zunächst einmal sein, was unter einem Bestandteil zu verstehen ist. Der BFH hat entschieden, dass dazu Erhaltungsaufwand nicht gehört.[386] Bestandteile können nur (Liefer-)Gegen-

---

382 S. Abschn. 15.2c. Abs. 2 und Abschn. 15.23. UStAE und BMF v. 05.06.2014, BStBl. I 2014, 896 (Teilunternehmerische Fahrzeugverwendung).

383 Vgl. EuGH v. 25.05.1993 – Rs. C-193/91 (Mohsche), BStBl. II 1993, 812 = Slg. 1993, I-2615.

384 So zutreffend Abschn. 10.6. Abs. 3 UStAE.

385 Nach BFH v. 18.10.2001 – V R 106/98 und v. 20.12.2001 – V R 8/98, BStBl. II 2002, 551 und 556.

386 BFH a.a.O., BStBl. II 2002, 551 und 556; vgl. auch Abschn. 3.3. Abs. 2 UStAE.

stände sein. Diese müssen mit dem Einbau ihre Selbstständigkeit verlieren.[387] Daran fehlt es, wenn sie leicht wieder getrennt werden können (so etwa ein Autoradio oder -telefon, Reifen; anders aber Motor). Nachträgliche sonstige Leistungen (Dienstleistungen i.S.d. Richtlinie) führen niemals zu Bestandteilen. Danach können die Karosserie- und Lackierungsarbeiten jedenfalls keine Besteuerung der Entnahme nach § 3 Abs. 1 b Nr. 1 UStG begründen. Bei umfangreichen Erhaltungsaufwendungen ist ggf. eine Vorsteuerkorrektur nach § 15 a Abs. 3 UStG vorzunehmen (s. Rn. 372 ff.), wenn der Gegenstand anschließend entnommen wird und die Erhaltungsaufwendungen noch nicht verbraucht sind.

II. Werden nachträglich Liefergegenstände mit einem ohne Vorsteuerabzugsrecht erworbenen Gegenstand verbunden, ist zu differenzieren. Behalten diese trotz der Verbindung ihre Selbstständigkeit, beschränkt sich die Entnahme nach § 3 Abs. 1 b UStG auf diese unter Vorsteuerabzug erworbenen Liefergegenstände. Bezüglich des ohne Vorsteuerabzugsmöglichkeit erworbenen Gegenstands liegt wegen des mangelnden Vorsteuerabzugs schon keine steuerbare Wertabgabe vor. Führt die Verbindung wegen Verlustes der Selbstständigkeit hingegen zu einem Bestandteil, so erstreckt sich die nach § 3 Abs. 1 b UStG wegen des Vorsteuerabzugs für den Bestandteil steuerbare unentgeltliche Wertabgabe (Entnahme) nunmehr auf den ganzen Gegenstand einschließlich des eingefügten Bestandteils. Voraussetzung ist allerdings, dass im Zeitpunkt der Entnahme noch eine Werterhöhung durch den Einbau eines Bestandteils, für das der Vorsteuerabzug geltend gemacht wurde, vorhanden ist. Auf diese im Zeitpunkt der Entnahme noch vorhandene Werterhöhung ist dann aber die Besteuerung zur Vermeidung einer Mehrfachbelastung mit USt auch zu begrenzen.[388] Im Ergebnis findet daher eine Reduktion der Bemessungsgrundlage auf die noch vorhandene Werterhöhung durch den Einbau des Bestandteils statt.[389]

Daher ergibt sich für die nach § 1 Abs. 1 Nr. 1 i.V.m. § 3 Abs. 1 b Nr. 1 UStG steuerbare Entnahme des Oldtimers nach § 10 Abs. 4 Nr. 1 UStG lediglich eine Bemessungsgrundlage von 2.500 €, da der Motor durch den Einbau Bestandteil wurde und im Zeitpunkt der Entnahme nur noch in dieser Höhe eine Werterhöhung vorlag. Die Karosserie- und Lackierarbeiten sind im Rahmen einer Vorsteuerkorrektur nach § 15 a Abs. 3 UStG zu berücksichtigen (Rn. 372 ff.).

Hinweis: *Die Frage, ob ein Bestandteil vorliegt oder ob trotz Verbindung weiterhin ein eigenständiger Gegenstand vorliegt, kann regelmäßig dahinstehen. Denn im Ergebnis wird sich wegen der Reduktion der Bemessungsgrundlage auf die noch vorhandene Werterhöhung oftmals dasselbe Ergebnis einstellen.*

133 **f)** Wie bereits oben erwähnt, kommt es trotz fehlendem Vorsteuerabzug zu einer nach § 3 Abs. 9 a Nr. 2 UStG zu besteuernden unentgeltlichen Wertabgabe als sonstige Leistung, wenn unter Einsatz von Arbeitskräften des Unternehmens Dienstleistungen/Werkleistungen für den privaten Bereich erbracht werden, obwohl hinsichtlich der Arbeitskräfte ein Vorsteuerabzug nicht in Betracht kommt.

Beispiel: Dachdecker D lässt durch seine Arbeitnehmer Ausbesserungen des Daches seines privat bewohnten Einfamilienhauses vornehmen. Es liegt eine nach § 3 Abs. 9 a Nr. 2 UStG zu besteuernde sonstige Leistung vor. In die Bemessungsgrundlage gehen die anteiligen Lohnkosten ein.

134 **g)** Anders als für die unentgeltlichen Wertabgaben nach § 3 Abs. 1 b und Abs. 9 a Nr. 1 UStG hängt die Steuerbarkeit bei echt entgeltlichen Umsätzen nach § 1 Abs. 1 Nr. 1 UStG nicht davon ab, dass bzgl. des Leistungsgegenstands ein Vorsteuerabzug möglich war. Einer insoweit drohenden Doppelbelastung mit USt wird allerdings weitgehend durch die Einführung der **Differenzbesteuerung nach § 25 a UStG** (s. Rn. 289 ff.) begegnet.[390] Der EuGH hält es außerdem für möglich, dass ohne Vorsteuerabzug erworbene Gegenstände zunächst nicht steuerbar dem Unternehmen entnommen werden und sodann außerhalb des Unternehmens nicht steuerbar entgeltlich geliefert werden.[391]

---

387 EuGH v. 17.05.2001 – Rs. C-322/99 (Fischer) und Rs. C-323/99 (Brandenstein), Slg. 2001, I-4049.

388 EuGH v. 17.05.2001 – Rs. C-322/99 (Fischer) und Rs. C-323/99 (Brandenstein), Slg. 2001, I-4049 unter Hinweis auf seine frühere Rspr. EuGH v. 27.06.1989 – Rs. 50/88 (Kühne), Slg. 1989, 1925; v. 25.05.1993 – Rs. C-193/91 (Mohsche), Slg. 1993, I-2615.

389 Vgl. auch Abschn. 3.3. Abs. 2–4 und Abschn. 10.6. Abs. 2 UStAE mit Vereinfachungsregelung (Wertminderung unter 20 % der AK oder unter 1.000 € bleiben unberücksichtigt).

390 Vgl. EuGH v. 08.12.2005 – Rs. C-280/04 (Jyske Finans), Slg. 2005, I-10704; v. 08.03.2001 – Rs. C-145/98 (Baksci), Slg. 2001, I-1831.

391 EuGH v. 08.03.2001– Rs. C-145/98 (Baksci), Slg. 2001, I-1831.

Beispiel: U nutzte einen von einem Nichtunternehmer in 01 erworbenen Pkw zu 70 % unternehmerisch und zu 30 % privat. Er veräußerte diesen Pkw am 15.01.03 für 5.000 €. In 02 hatte er Reparaturen an dem Pkw vornehmen lassen und dafür den Vorsteuerabzug in voller Höhe in Anspruch genommen. In 01 und 02 versteuerte U die private Nutzung gemäß § 3 Abs. 9 a Nr. 1 UStG, allerdings begrenzt auf den privaten Anteil von 30 % der Aufwendungen aus der laufenden Unterhaltung, für die er im Gegenzug voll die Vorsteuern abgezogen hatte. Für 03 erklärte er keinen Umsatz nach § 3 Abs. 9 a Nr. 1 UStG mehr, denn er nutzte sowohl für die unternehmerischen als auch die privaten Fahrten nunmehr ausschließlich einen am 31.12.02 neu erworbenen Pkw. Den alten Pkw „entnahm" er bewusst mit Wirkung ab Erwerb des neuen, um ihn baldmöglichst außerhalb seines Unternehmens zu veräußern, und teilte dies dem Finanzamt noch am 31.12.02 mit. Für die Veräußerung stellte er keine USt in Rechnung.

Folgt man der Rspr. des EuGH und der Folgerechtsprechung des BFH,[392] so war der alte Pkw dem Unternehmen zugeordnet worden. Dafür soll sprechen, dass die private Nutzung nach § 3 Abs. 9 a Nr. 1 UStG als unentgeltliche Wertabgabe bei vollem Vorsteuerabzug aus den laufenden Unterhaltungsaufwendungen einschließlich der Reparaturaufwendungen behandelt wurde. Die Lieferung des Pkw gegen Entgelt wäre nach § 1 Abs. 1 Nr. 1 UStG steuerbar und steuerpflichtig, wenn es sich um einen Umsatz im Rahmen des Unternehmens handelte. Allerdings führt dies zu einer Mehrfachbelastung mit USt, da U keinen Vorsteuerabzug aus dem Erwerb hatte. Da U jedoch den Pkw durch eindeutige Erklärung bereits vor der Veräußerung aus dem Unternehmen entnommen hat, diese Entnahme wegen des fehlenden Vorsteuerabzugs aber nicht unter § 3 Abs. 1 b Nr. 1 UStG fiel, erfolgte die Lieferung gegen Entgelt nicht mehr im Rahmen seines Unternehmens, sodass sie nicht steuerbar ist. Allerdings ist wegen der nicht steuerbaren Entnahme bzgl. der Reparatur eine Vorsteuerkorrektur nach § 15 a Abs. 3 S. 3 UStG durchzuführen (s. Rn. 372 ff.).

3. Verbrauchsteuercharakter

Bei der Besteuerung der unentgeltlichen Wertabgaben handelt es sich auch rechtstechnisch um eine **Verbrauchsbesteuerung** und nicht um eine Besteuerung von Akten des Rechtsverkehrs.[393] Der BFH[394] sah früher das Wesen des Eigenverbrauchs in der vom Willen des Unternehmers getragenen Wertabgabe aus dem Unternehmen zu unternehmensfremden Zwecken (sog. Realakt). Dies trifft im Wesentlichen immer noch zu. Die nunmehrige Behandlung als fiktive entgeltliche Lieferungen oder sonstige Leistungen hat lediglich rechtstechnische Bedeutung i.S.d. Rechtsfolgenverweisung zur Anordnung der Besteuerung. 135

Die Besteuerung der unentgeltlichen Wertabgaben für private Zwecke des Personals dient ebenfalls der (End-)Verbrauchsbesteuerung.[395] Hier liegen zwar an sich keine Wertabgaben aus unternehmensfremden Gründen vor. Aber der Unternehmer wird stellvertretend für den privaten Verbrauch des Arbeitnehmers mit USt belastet, wenn er diesem seinem Unternehmen zugeordnete Gegenstände unentgeltlich zuwendet oder zum privaten Gebrauch überlässt oder ihm in seinem Unternehmen erstellte sonstige Leistungen unentgeltlich erbringt. Dies ist deshalb vertretbar, weil er dem Arbeitnehmer einen Endverbrauch ermöglicht. Letztlich wird die USt auch auf den Arbeitnehmer als Endverbraucher abgewälzt werden. Denn der Unternehmer wird bei der Lohnbemessung die Belastung mit USt auf den Arbeitnehmerverbrauch berücksichtigen. Eine ähnliche Stellvertreterfunktion liegt der Besteuerung unentgeltlicher Zuwendungen aus unternehmerischen Gründen in § 3 Abs. 1 b Nr. 3 UStG zugrunde (s. dazu Rn. 152 f.).

392 EuGH v. 08.03.2001 – Rs. C-145/98 (Baksci), Slg. 2001, I-1831; BFH v. 31.01.2001 – V R 61/96 und v. 28.02.2002 – V R 25/96, BStBl. II 2003, 813 und 815; einschränkend BFH v. 02.03.2006 – V R 35/04, BStBl. II 2006, 675 (keine automatische vorherige „Entnahme", aber diese bleibt immerhin möglich!).

393 Vgl. Söhn StuW 1975, 11 ff.; ders. StuW 1976, 13 ff.

394 BFH v. 03.11.1983 – V R 4/73, BStBl. II 1984, 169.

395 EuGH v. 11.12.2008 – Rs. C-371/07 (Danfoss/AstraZeneca), UR 2009, 60; v. 20.01.2005 – Rs. C-412/03 (Hotel Scandic), Slg. 2005, I-743.

II. Gegenstandsentnahme für außerunternehmerische Zwecke

Fall 18: Bau eines Hauses für die Tochter/Entnahme eines fertigen Werkes

Bauunternehmer B (Unternehmenssitz Nürnberg) errichtet auf einem nicht zum Unternehmen gehörenden privaten Grundstück in Köln ein Einfamilienhaus für seine Tochter. Er verwendet Material, das er für 100.000 € zzgl. 19.000 € USt eingekauft hatte. Die Lohnkosten einschließlich Gemeinkosten betragen 200.000 €. Seine eigene Mitarbeit ist mit 50.000 € zu veranschlagen. Der Gewinnaufschlag beträgt 20 %, sodass er von einem fremden Dritten 350.000 € + 70.000 € = 420.000 € zzgl. USt verlangt hätte.

Wie ist der Vorgang umsatzsteuerlich zu würdigen?

136 I. B erbringt an seine Tochter eine Werklieferung (§ 3 Abs. 4 S. 2 UStG), die aber unentgeltlich erfolgt. Da B nicht zur Erzielung von Einnahmen handelt (vgl. § 2 Abs. 1 S. 2 UStG), erfolgt die Werklieferung für Zwecke außerhalb des Unternehmens. Der Unternehmer wird immer dann für Zwecke außerhalb des Unternehmens tätig, wenn sein Handeln auch nicht mehr mittelbar der Erzielung von Einnahmen dient.

Es könnte jedoch eine gemäß § 3 Abs. 1 b Nr. 1 i.V.m. § 1 Abs. 1 Nr. 1 UStG als entgeltliche Lieferung zu besteuernde Gegenstandsentnahme vorliegen. Gegenstand ist alles, was i.S.d. § 3 Abs. 1 UStG geliefert werden oder was Gegenstand einer Werklieferung nach § 3 Abs. 4 UStG sein kann. Wird zu unternehmensfremden Zwecken eine Lieferung (Werklieferung) unentgeltlich erbracht, so wird der Gegenstand, bei der Werklieferung das fertige Werk, zunächst dem Unternehmen entnommen. Für die Besteuerung maßgebend ist dabei allein die aus dem Unternehmen erfolgende Wertabgabe. Unerheblich ist, ob sich daran noch eine Lieferung an einen Dritten anschließt. Der Tatbestand des § 3 Abs. 1 b Nr. 1 UStG ist bei einer Entnahme für den privaten Bedarf des Unternehmers erfüllt, wobei dies auch dann gegeben ist, wenn der Entnahmegegenstand vom Unternehmer als Privatperson einem Dritten aus unternehmensfremden Gründen zugewendet wird. Eine Gegenstandsentnahme liegt nur vor, wenn der Gegenstand das Unternehmen endgültig verlassen soll. Wird ein Gegenstand des Unternehmens hingegen nur vorübergehend für unternehmensfremde Zwecke verwendet, handelt es sich um eine unentgeltliche Wertabgabe, die nach § 3 Abs. 9 a Nr. 1 UStG als sonstige Leistung zu besteuern ist. Hier liegt eine Gegenstandsentnahme vor.

1. Wird von einem Unternehmer ein Gegenstand für seinen privaten eigenen Bedarf oder als Geschenk für einen Dritten hergestellt, ist allerdings wie folgt zu differenzieren, wenn der Unternehmer auch eigenes Material verwendet:

   Wird Material verwendet, das der Unternehmer bereits früher bezogen hat und dem Unternehmen zuordnete, so liegt eine einheitlich zu beurteilende Entnahme des fertigen Werkes vor, in die sowohl die Materialentnahme, die Verwendung von Arbeitsgeräten und der Einsatz der Arbeitskräfte eingeht. Anders ist zu entscheiden, wenn der Unternehmer bei Erwerb des gesamten Materials bereits weiß, dass er dieses nur für die privaten Zwecke des Hausbaues für die Tochter verwenden wird. Der Materialerwerb erfolgt dann nicht für das Unternehmen, sodass kein Vorsteuerabzugsrecht besteht. Eine wahlweise Zuordnung zum Unternehmen ist nicht möglich. Da dann keine Hauptstoffe des Unternehmens verwendet werden, liegt keine Gegenstandsentnahme nach § 3 Abs. 1 b Nr. 1, Abs. 4 UStG vor. Vielmehr stellen dann die Verwendung der Arbeitsgeräte und der Einsatz der Arbeitskräfte je eine selbstständige unentgeltliche Wertabgabe nach § 3 Abs. 9 a Nr. 1 UStG (Verwendung von Unternehmensgegenständen – Arbeitsgeräte) und § 3 Abs. 9 a Nr. 2 UStG (Erbringung einer anderen sonstigen Leistung) dar. Werden daneben noch einzelne dem Unternehmen früher zugeordnete Materialien entnommen, liegt insoweit eine Gegenstandsentnahme nach § 3 Abs. 1 b Nr. 1 UStG vor.[396]

2. Im Ergebnis ist es letztlich gleichgültig, wie der Ablauf und die Zuordnungsentscheidung sind. Die Kosten der Verwendung der Arbeitsgeräte und die Lohnkosten gehen immer in die Bemessungsgrundlage nach § 10 Abs. 4 Nr. 1 oder Nr. 2 und 3 UStG ein. Die Materialkosten nur dann, wenn das Material für das Unternehmen erworben wurde. Dann gleicht allerdings der Vorsteuerabzug die Belastung durch die Besteuerung der unentgeltlichen Wertabgabe aus.

II. Die Lieferung nach § 3 Abs. 1 b Nr. 1 UStG ist nur steuerbar, wenn sie im Inland erfolgt. Den Ort der Lieferungen nach § 3 Abs. 1 b UStG legte § 3 f UStG a.F. – abweichend von den allgemeinen Regelungen für Lieferungen in § 3 Abs. 6–8 UStG – fest. Danach sollten die Lieferungen immer am Ort des Unternehmens ausgeführt werden. Diese Regelung hatte keine Grundlage in der MwStSystRL und ist daher ersatzlos aufgehoben worden.[397]

Beispiel: Schenkt der Unternehmer (Unternehmenssitz im Inland) seiner in den Niederlanden lebenden Tochter einen Unternehmensgegenstand und bringt ihn selbst dorthin, so erfolgt die Entnahme aus dem Unternehmen (= Wertabgabe/Lieferung) bereits im Inland, nämlich mit Beginn der Beförderung zur Tochter. Sie ist daher im Inland steuerbar nach § 1 Abs. 1 Nr. 1, § 3 Abs. 1 b Nr. 1, Abs. 5 a, Abs. 6 S. 1 UStG. Wenn der Unternehmer sich hingegen bei einem Besuch seiner Tochter erst in den Niederlanden entschlösse, einen zufällig mitgeführten Unternehmensgegenstand seiner Tochter zu schenken, läge der Ort für die Entnahme aus dem Unternehmen nach § 3 Abs. 7 in den Niederlanden und wäre in Deutschland jedenfalls nicht nach § 1 Abs. 1 Nr. 1 steuerbar.

Da die fiktive Werklieferung gegen Entgelt nach § 3 Abs. 1 b Nr. 1 durch Errichtung des EFH für die Tochter im Ausgangsfall nach § 3 Abs. 7 Satz 1 in Köln, mithin im Inland ausgeführt und ist steuerbar.

Hinweis: *Nach der aufgehobenen, richtlinienwidrigen Regelung des § 3 f UStG sollte es hingegen immer auf den Ort des Unternehmenssitzes ankommen, auch wenn die tatsächliche Entnahme dort nicht erfolgte. Danach sollte etwa bei der unentgeltlichen Errichtung eines EFH in den Ndl. für eine in den Ndl. lebende Tochter durch einen in Nürnberg ansässigen Unternehmer die Entnahme nach § 3 Abs. 1 b, § 1 Abs. 1 Nr. 1 UStG in Deutschland steuerbar sein. Dies war in der Tat mit der Richtlinie unvereinbar und konnte zu einer mit dem Bestimmungslandprinzip unvereinbaren Doppelbesteuerung führen.*

III. Auf die fiktiven entgeltlichen Lieferungen nach § 3 Abs. 1 b UStG sind auch die Befreiungsvorschriften anwendbar.

Allerdings ist die Anwendung des § 4 Nr. 1 a UStG (Steuerbefreiung der Ausfuhrlieferung) auf Lieferungen nach § 3 Abs. 1 b UStG nach § 6 Abs. 5 Nr. 5 UStG ausdrücklich ausgeschlossen. Diese Regelung ist verbrauchsteuerlich verfehlt. Wird der Gegenstand zwar im Inland entnommen, aber im Ausland außerunternehmerisch verbraucht, so führt die Versagung der Steuerbefreiung zu einer Belastung mit inländischer und ausländischer (Einfuhr-)Umsatzsteuer. Dies widerspricht umsatzsteuerlichen Prinzipien. Die Versagung der Steuerbefreiung soll nach Auffassung des BFH nicht richtlinienwidrig sein, weil es an einem „Verkäufer" i.S.d. Art. 146 Abs. 1 lit. a MwStSystRL fehlt. Einer Vorlage an den EuGH bedürfe es nicht, weil die Rechtslage unionsrechtlich insoweit klar sei.[398] Die Doppelbelastung mit in- und ausländischer Umsatzsteuer sei unter dem Aspekt der Gleichbehandlung geboten, weil auch eine Privatperson, die einen Gegenstand im Inland mit Umsatzsteuerbelastung erworben hat, bei einer „Ausfuhr" dieses Gegenstandes nicht von der inländischen Umsatzsteuer entlastet wird. Das Argument ist deshalb fragwürdig,

---

396 Vgl. BFH v. 21.04.1988 – V R 135/83, BStBl. II 1988, 746; vgl. auch Abschn. 3.3. Abs. 5 und 7 UStAE.

397 Vgl. BFH v. 19.02.2014 – XI R 9/13, BStBl. II 2014, 597; Lippross 2.6.4.1 f); FG München v. 01.12.2010 – 3 K 1286/07 (rk), EFG 2011, 1022. Aufgehoben durch Gesetz zur Förderung der Elektromobilität. Es gelten auch für Lieferungen nach § 3 Abs. 1 b die Ortsregelungen nach § 3 Abs. 6–8 UStG.

398 BFH v. 19.02.2014 – XI R 9/13, BStBl. II 2014, 597; so auch FG München v. 01.12.2010 – 3 K 1286/07 (rk), EFG 2011, 1022; a.A. Tehler in: R/D § 6 Rn. 780; Lohse UR 1999, 316; Huschens INF 1999, 417.

weil eben diese Belastung mit (Rest-)Umsatzsteuer an sich unvereinbar mit dem Verbrauchsteuercharakter der Umsatzsteuer ist. Soweit dies aus Vereinfachungsgründen und zur Vermeidung von Missbräuchen hinzunehmen ist, besteht kein Grund, aus Gründen der Gleichbehandlung diese an sich falsche Behandlung zum Orientierungsmaßstab zu wählen (s. unten Rn. 162).

Die Gegenstandsentnahme des Einfamilienhauses ist nicht nach § 4 Nr. 9 a UStG befreit. Im vorliegenden Fall wird kein Grundstück (bebaut oder unbebaut) entnommen, sondern lediglich das fertig gestellte Gebäude. Die Entnahme ist daher steuerpflichtig. Der Steuersatz beträgt 19 % (§ 12 Abs. 1 UStG).

Entnimmt der Unternehmer ein (unbebautes oder auch bebautes) Grundstück seinem Unternehmen für eigene private Zwecke, so fällt der Vorgang nicht unter § 1 des Grunderwerbsteuergesetzes, denn es fehlt an einem Eigentumswechsel. Eine Lieferung an einen Dritten wäre allerdings grunderwerbsteuerbar. Strittig ist, ob deshalb auch bei der unentgeltlichen Wertabgabe nach § 3 Abs. 1 b Nr. 1 UStG für den eigenen privaten Bedarf von einer Befreiung nach § 4 Nr. 9 a UStG auszugehen ist. Das wurde für die Eigenverbrauchsbesteuerung schon früher bejaht[399] und wird auch für die unentgeltliche Wertabgabe nach § 3 Abs. 1 b UStG zutreffend wieder von der Finanzverwaltung vertreten.[400] Es trifft zwar zu, dass der Vorgang nicht unter das GrEStG fällt. Allerdings stellen § 3 Abs. 1 b UStG und Art. 16 MwStSystRL die zu unternehmensfremden privaten Zwecken erfolgende Entnahme gerade einer Lieferung gegen Entgelt gleich. Das muss dann auch für die Befreiung nach § 4 Nr. 9 a UStG gelten. Im Übrigen verlangen auch Art. 135 Abs. 1 lit. j und k MwStSystRL die Befreiung der Lieferung von Grundstücken (s. auch Rn. 259 ff.).[401]

IV. Die **Bemessungsgrundlage** für die Gegenstandsentnahme nach § 3 Abs. 1 b Nr. 1 UStG ergibt sich aus § 10 Abs. 4 Nr. 1 UStG. Danach ist der **Einkaufspreis** einschließlich Nebenkosten oder in Ermangelung eines solchen der **Selbstkostenpreis** anzusetzen. Der Ansatz der Selbstkosten kommt nur in Betracht, wenn am Markt keine Einkaufspreise für gleichartige Gegenstände bestehen.[402] Maßgebend sind die Preisverhältnisse im Zeitpunkt der Entnahme. Der fiktive Einkaufspreis ergibt sich aus dem Wiederbeschaffungspreis auf der Handelsstufe des Unternehmers. Sowohl der Ansatz eines Gewinnaufschlags als auch der Ansatz kalkulatorischer Kosten, z.B. Unternehmerlohn, sind ausgeschlossen.

Als Bemessungsgrundlage sind mithin nach § 10 Abs. 4 Nr. 1 UStG mangels eines Einkaufspreises die Selbstkosten von 100.000 € Material und 200.000 € Lohnkosten = 300.000 € anzusetzen, sodass sich bei einem Steuersatz von 19 % eine Steuerschuld von 57.000 € ergibt. Nicht zur Bemessungsgrundlage gehört ein Gewinnaufschlag und der Wert der eigenen Arbeitsleistung.

V. Die VoSt aus der Anschaffung der Materialien ist nach § 15 Abs. 1 UStG abziehbar. Denn die Leistung erfolgte für das Unternehmen, wenn der Unternehmer bei Bezug eine entsprechende Zuordnungsentscheidung getroffen hat und nicht bereits die Verwendung für den privaten Hausbau vorgesehen war.

III. Gegenstandsverwendung und Leistungsentnahme

137 **1.** § 3 Abs. 9 a Nr. 1 UStG stellt die Verwendung eines dem Unternehmen zugeordneten Gegenstandes für außerunternehmerische (private) Zwecke einer entgeltlich erbrachten sonstigen Leistung gleich. Es muss sich dabei um einen dem Unternehmen zugeordneten Gegenstand handeln. Außerdem muss bzgl. dieses Gegenstandes ein

399 Vgl. Abschn. 71 Abs. 2 UStR 2000; BFH v. 16.09.1987 – X R 51/81, BStBl. II 1988, 205; RFH RStBl. 1942, 51.

400 Abschn. 4.9.1. UStAE; BMF v. 22.09.2008, BStBl. I 2008, 895 wohl in Reaktion auf ein von der Kommission eingeleitetes Vertragsverletzungsverfahren.

401 Vgl. dazu näher Lippross 3.2.13 d) m.w.N.

402 Vgl. BFH v. 12.12.2012 – XI R 3/10, BStBl. II 2014, 809 (Entnahme von Strom und Wärme durch Betreiber eines Blockheizkraftwerkes in einem Einfamilienhaus); Abschn.10.6. Abs. 1 UStAE.

(vollständiges oder partielles) Vorsteuerabzugsrecht bestanden haben. Der Gegenstandsbegriff ist hier wie in § 3 Abs. 1 UStG zu verstehen. Es muss sich um eine körperliche Sache handeln, die auch Liefergegenstand sein könnte. Der Gegenstand muss dem Unternehmen zugeordnet worden sein. Bei **gemischt genutzten Gegenständen,** d.h. teils für das Unternehmen, teils für außerunternehmerische (dem privaten Bedarf dienende) Zwecke genutzten Gegenständen, besteht nach h.M. ein **Zuordnungswahlrecht des Unternehmers** (vgl. näher Rn. 312 ff.). Er kann den Gegenstand bei Erwerb voll dem Unternehmen zuordnen. Dann steht ihm vorbehaltlich § 15 Abs. 2 UStG (Verwendung zu steuerfreien Umsätzen) auch der volle Vorsteuerabzug zu. Die private Nutzung wird dann zum Ausgleich nach § 3 Abs. 9 a Nr. 1 UStG besteuert. Er kann allerdings den Gegenstand auch nur insoweit dem Unternehmen zuordnen als er ihn für das Unternehmen verwendet. Dann scheidet bzgl. des auf die private (außerunternehmerische) Verwendung fallenden Anteils ein Vorsteuerabzug nach § 15 Abs. 1 UStG aus, weil kein Erwerb für das Unternehmen vorliegt. Insoweit liegt dann in der privaten Verwendung auch keine Verwendung eines dem Unternehmen zugeordneten Gegenstandes, sodass eine Besteuerung nach § 3 Abs. 9 a Nr. 1 UStG ausscheidet.

Beispiel: Der Unternehmer erwirbt einen Pkw für 50.000 € zzgl. 9.500 € USt, den er zu 40 % privat und zu 60 % unternehmerisch nutzt. Er hat a) die Wahl, den Pkw voll dem Unternehmen zuzuordnen und kann dann die vollen 9.500 € nach § 15 Abs. 1 UStG als VoSt abziehen. Dann ist allerdings die private Verwendung nach § 3 Abs. 9 a Nr. 1 UStG zu versteuern. Er kann b) den Gegenstand nur zu 60 % dem Unternehmen zuordnen. Dann steht ihm auch nur ein Vorsteuerabzug von 60 % = 5.700 € zu. Es entfällt eine Besteuerung der privaten Nutzung nach § 3 Abs. 9 a Nr. 1 UStG.

Strittig ist, ob es sich um Gegenstände handeln muss, die dem Unternehmer geliefert werden, oder ob es genügt, dass die Gegenstände dem Unternehmer von einem anderen lediglich zur Nutzung überlassen wurden. Richtigerweise ist davon auszugehen, dass eine vom Dritten erbrachte sonstige Leistung, z.B. die Nutzungsüberlassung eines Gegenstandes, von vornherein nur zum Teil für das Unternehmen erbracht wurde und nur insoweit ein Vorsteuerabzugsrecht besteht.[403]

Beispiel: Wie oben, aber das Fahrzeug wird nur geleast (kein Finanzierungsleasing!). Die jährlichen Leasingraten betragen 10.000 € zzgl. 1.900 € USt. Dann wird die Vermietungsleistung (s. Rn. 84) des Leasinggebers nur zu 60 % für das Unternehmen erbracht, sodass dem U lediglich ein Vorsteuerabzug von 1.140 € zusteht.[404]

Das auf der Rspr. des EuGH beruhende Zuordnungswahlrecht für gemischt verwendete Gegenstände kann wegen des sofortigen vollen Vorsteuerabzugs bei vollständiger Zuordnung des Gegenstandes zu erheblichen Liquiditätsvorteilen führen. Denn die nachfolgende Besteuerung der Gegenstandsverwendung für den privaten Bedarf und allgemein für unternehmensfremde Zwecke nach § 3 Abs. 9 a Nr. 1 UStG, Art. 26 Abs. 1 lit. a MwStSystRL führt nur zu einer den Liquiditätsvorteil nicht ausgleichenden zeitlich sukzessiv nachfolgenden „Rückgängigmachung" des Vorsteuerabzugs. Der EuGH hat allerdings – bedauerlicherweise – seine (verfehlte) Rspr. zum Zuordnungswahlrecht nicht allgemein aufgegeben. Er hat sie aber erheblich eingeschränkt. Er unterscheidet nunmehr zwischen einer **Verwendung/Entnahme für den privaten Bedarf** des Unternehmers oder seiner Arbeitnehmer und einer vergleichbaren **Verwendung für „unternehmensfremde Zwecke"** einerseits und einer **Verwendung für eine (nicht völlig unternehmensfremde) nichtwirtschaftliche Tätigkeit** andererseits. Letztere führt zwar ebenfalls zu nicht in den Rahmen des 138

403 So jetzt auch ausdrücklich BFH v. 14.10.2015 – V R 10/14, BStBl. II 2016, 717 (Vermietung eines Gebäudes); s. auch BFH v. 14.04.1994 – V R 94/91, BFH/NV 1995, 452 (Miete einer Telefonanlage, die sowohl unternehmerisch als auch privat genutzt wird); wie hier auch Lippross 2.6.7.1 a); so jetzt auch die Verwaltung Abschn. 15.2c. Abs. 2 S. 2 und 15.23. Abs. 7 UStAE (Aufteilungsgebot).

404 S. auch EuGH v. 16.02.2012 – Rs. C-118/11 (Eon Aset), UR 2012, 230 (Zuordnungswahlrecht nur bei Lieferung aufgrund Finanzierungsleasing).

Unternehmens fallenden Vorgängen, ist aber nicht nach Art. 26, 16 MwStSystRL (= § 3 Abs. 1 b, Abs. 9 a Nr. 1 UStG) zu besteuern. Da die Verwendung für solche nichtwirtschaftlichen Tätigkeiten nicht zu Umsätzen führt, die als Umsätze gegen Entgelt zu behandeln sind, ist dafür nach Art. 168 f MwStSystRL auch **kein Vorsteuerabzugsrecht** gegeben. Bei einer **gemischten teilunternehmerischen Nutzung** für einerseits im Rahmen des Unternehmens erfolgende entgeltliche Umsätze = **wirtschaftliche Tätigkeit** und andererseits für eine außerhalb des Rahmens des Unternehmens erfolgende **nichtwirtschaftliche Tätigkeit** als Nichtunternehmer/Nichtsteuerpflichtiger muss daher **zwingend eine Vorsteueraufteilung** bereits bei Erwerb eines solchen Gegenstandes erfolgen. **Anders** als für die private und eine vergleichbare **unternehmensfremde Verwendung** besteht gerade keine Möglichkeit, durch vollständige Zuordnung zur unternehmerischen, gegen Entgelt erfolgenden wirtschaftlichen Tätigkeit den vollen Vorsteuerabzug zu erlangen. Der EuGH hat eine solche nicht i.S.d. Art. 16, 26 MwStSystRL „unternehmensfremden Zwecken" dienende nichtwirtschaftliche Tätigkeit bei einem **Verein** hinsichtlich der reinen Vereinstätigkeit angenommen.[405] Eine solche nichtwirtschaftliche Tätigkeit liegt aber auch bei **juristischen Personen des öffentlichen Rechtes** hinsichtlich des **hoheitlichen Bereiches** vor. Auch bei natürlichen Personen und Gesellschaften als Unternehmer ist ein solcher nichtwirtschaftlicher, aber nicht dem privaten Bedarf dienender Tätigkeitsbereich denkbar. Dazu gehört etwa das Halten von Beteiligungen.[406] Der BFH und die Verwaltung folgen dieser Unterscheidung.[407] Eine unter **§ 3 Abs. 9 a Nr. 1 UStG** fallende Gegenstandsverwendung – und ebenso eine Entnahme/unentgeltliche Zuwendung nach **§ 3 Abs. 1 a UStG** – kommt daher nur bei **Verwendung**/Entnahme/unentgeltlicher Zuwendung **für den privaten Bedarf des Unternehmers oder seines Personals** oder vergleichbare Zwecke in Betracht, z.B. Verwendung für den privaten Bedarf von Vereinsmitgliedern, ehrenamtlichen Vorstandsmitgliedern usw.

Beispiel: a) Der Verein V erwirbt einen Pkw für 40.000 € zzgl. 7.600 €. Der Pkw wird zu 50 % für Vereinszwecke, zu 25 % für unternehmerische Zwecke und zu 25 % für private Zwecke des (angestellten oder ehrenamtlich tätigen) Vorstandsmitgliedes genutzt. Hinsichtlich der Nutzung für Vereinszwecke erfolgt eine Verwendung für eine nicht den Vorsteuerabzug eröffnende wirtschaftliche Tätigkeit. Hinsichtlich der Verwendung für die private Nutzung durch das Vorstandsmitglied liegt, bei insoweit wahlweiser Zuordnung des Pkw zum Unternehmen, eine nach § 3 Abs. 9 a Nr. 1 UStG zu besteuernde Verwendung für Zwecke des Personals (falls Angestellter), bzw. (falls ehrenamtlich tätig) für vergleichbare außerhalb des Unternehmens liegende (private, unternehmensfremde) Zwecke vor. Bei Zuordnung zum Unternehmen steht dem Verein mithin ein Vorsteuerabzug (nur) zu 50 % zu.

b) Es handelt sich um eine (auch) unternehmerisch tätige Kapitalgesellschaft. Der Pkw wird zu 50 % für das Unternehmen, zu 25 % für private Zwecke des Alleingesellschafters und zu 25 % für die Beteiligungsverwaltung genutzt. Ein Vorsteuerabzug ist (nur) zu 75 % möglich, wenn der Pkw auch bezüglich der (privaten unternehmensfremden) Nutzung durch den Alleingesellschafter dem Unternehmen zugeordnet wird. Insoweit hat dann eine (ausgleichende) Besteuerung nach § 3 Abs. 9 a Nr. 1 UStG zu erfolgen.

139 **2.** Auch mit dieser Begrenzung eröffnete die Möglichkeit der Erlangung des vollen Vorsteuerabzugs bei gemischter Verwendung eines Gegenstandes für Zwecke des Unternehmens und für (unternehmensfremde, private) außerhalb des Unternehmens liegende Zwecke noch erhebliche Liquiditätsvorteile, namentlich bei (auch) für (private) Wohnzwecke genutzten **Grundstücken** (s. Rn. 263). Durch das JStG 2010 wurde daher in **§ 15 Abs. 1 b UStG** für die Lieferung/den Erwerb von Grundstücken

---

405 So EuGH v. 12.02.2009 – Rs. C-515/07 (VNLTO), Slg. 2009, I-839 = UR 2009, 199.

406 Vgl. EuGH v. 13.03.2008 – Rs. C-437/06 (Securenta), Slg. 2008, I-1597, und v. 29.10.2009 – Rs. C-29/08 (SKF), Slg. 2009, I-10413.

407 Vgl. BFH v. 03.03.2011 – V R 23/10, BStBl. II 2012, 74; v. 07.07.2011 – V R 42/09 und V R 21/10, BStBl. II 2014, 76 und 81; v. 12.01.2011 – XI R 10/08, BFH/NV 2011, 860; Abschn. 15.2c. Abs. 2 und 15.23. Abs. 6 UStAE.

(einschließlich darauf errichteter Gebäude) der Vorsteuerabzug ausgeschlossen, soweit diese nicht auf die Verwendung des Grundstückes/Gebäudes für unternehmerische Zwecke, d.h. für die Ausführung entgeltlicher Umsätze, entfällt. Korrespondierend dazu bestimmt **§ 3 Abs. 9 a Nr. 1 Hs. 2 UStG** nunmehr, dass die private Verwendung eines solchen Grundstückes nicht (mehr) zu besteuern ist (s. auch Rn. 318 f.). Die unionsrechtliche Rechtsgrundlage dafür bildet **Art. 168 a MwStSystRL.**[408] Die Regelung ist nach § 27 Abs. 16 UStG nicht auf Grundstücke/Gebäude anzuwenden, die aufgrund eines vor dem 01.01.2011 abgeschlossenen Vertrages erworben wurden oder mit deren Herstellung vor dem 01.01.2011 begonnen wurde. Als Beginn der Herstellung gilt dabei der Zeitpunkt der Stellung des Bauantrages. Für diese Grundstücke/Gebäude bleibt es bei der früher möglichen vollen Zuordnung auch des privat genutzten Grundstücksteiles. Soweit danach durch Zuordnung zum Unternehmen der Vorsteuerabzug bereits vor dem 01.01.2011 vorgenommen worden ist oder ggf. auch noch nach dem 01.01.2011 vorgenommen werden kann und wird, ist die Verwendung zu außerunternehmerischen (privaten Wohn-)Zwecken weiterhin nach § 3 Abs. 9 a Nr. 1 UStG a.F. zu besteuern.

3. Die Gegenstandsverwendung ist nur steuerbar, wenn hinsichtlich des Gegenstandes selbst ein zumindest partielles Vorsteuerabzugsrecht bestand. Anders als zu § 3 Abs. 1 b UStG scheidet eine Besteuerung nach § 3 Abs. 9 a Nr. 1 UStG auch dann aus, wenn bzgl. nachträglich eingebauter Bestandteile (s. dazu unter Rn. 132) oder für Erhaltungsaufwand ein Vorsteuerabzugsrecht besteht. Das ist wenig konsequent, entspricht aber den Vorgaben aus Art. 26 Abs. 1 lit. a MwStSystRL.[409] Besteht umgekehrt für den Gegenstand ein Vorsteuerabzugsrecht, fallen aber im Zusammenhang mit der Unterhaltung des Gegenstandes Aufwendungen an, für die kein Vorsteuerabzug möglich ist, sind diese „Ausgaben" nach § 10 Abs. 4 Nr. 2 UStG nicht in die Bemessungsgrundlage mit aufzunehmen. Damit wird der Rspr. des EuGH (s. dazu unter Rn. 131 ff.) Rechnung getragen. **140**

Daher sind z.B. Kfz-Steuern (öffentliche Abgabe), Versicherungsprämien, Garagenmiete (steuerfreie Leistungen) nicht in die Bemessungsgrundlage einzubeziehen.[410]

Die Verwaltung hat in einem umfangreichen Erlass zu Einzelheiten der privaten Fahrzeugnutzung Regelungen getroffen.[411] Danach kann der private Nutzungsanteil nach drei Methoden bestimmt werden: 1. Exakter Nachweis durch Fahrtenbuch; 2. Schätzung des privaten Anteils; 3. (in Anlehnung an § 6 Abs. 1 Nr. 4 S. 2 EStG) Ansatz der privaten Nutzung mit 1 % des (Brutto-)Listenpreises/Monat. Bei der 1. und 2. Methode wird der entsprechende Anteil der Gesamtaufwendungen für das Fahrzeug als Bemessungsgrundlage angesetzt. Dabei sind im Unterschied zur ESt Aufwendungen ohne Vorsteuerabzug außer Betracht zu lassen. Bei Methode 3 wird eine Kürzung um 20 % zur pauschalen Abgeltung nicht mit VoSt belasteter Aufwendungen vorgenommen.

Beispiel: U nutzt einen Pkw auch privat. Von der Gesamtfahrleistung von 50.000 km entfielen 20.000 km auf die private Nutzung (Nachweis durch Fahrtenbuch oder sachgerechte Schätzung). Die Aufwendungen betrugen 60.000 €, davon 10.000 € ohne Vorsteuerabzugsmöglichkeit. Der Listenpreis des Fahrzeugs beläuft sich auf 59.500 € (50.000 € zzgl. 9.500 € USt). Dann ergibt sich nach Methoden 1 und 2 eine Bemessungsgrundlage von (60.000 € – 10.000 €) x 20.000 € : 50.000 € = 20.000 €. Nach der 1 %-Regelung hingegen 1 % von 59.500 € = 595 € – 119 € (20 %) = 476 € x 12 (für das Jahr) = 5.712 €. Der BFH hält die 1 %-Regelung zutreffend für nicht sachgerecht, lässt aber zu, dass der Unternehmer davon als Vereinfachungsregelung einheitlich auch für die USt Gebrauch macht.[412] Die Verwaltung hält zugunsten der Unternehmer dennoch daran fest. Durch diese Ver-

---

408 JStG v. 08.12.2010, BGBl. I 2010, 1768 und Art. 168 a MwStSystRL eingefügt aufgrund der RL/2009/162/EU v. 22.12.2009, Abl. EU 2010, Nr. L 10, 14; vgl. dazu Reiß UR 2010, 797.

409 A.A. Lippross 2.6.7.1 c) (nach § 3 Abs. 9 a Nr. 1 steuerbare Verwendung (nur) des eingefügten Bestandteils, obwohl nun kein selbstständiger Gegenstand mehr).

410 Abschn. 10.6. Abs. 3 UStAE.

411 BMF v. 05.06.2014, BStBl. I 2014, 896, übernommen in Abschn. 15.23. UStAE.

412 BFH v. 19.05.2010 – XI R 32/08, BStBl. II 2010, 1079; v. 11.03.1999 – V R 78/98, UR 1999, 281; vgl. auch BFH v. 07.12. 2010 – VIII R 54/07, BStBl. II 2011, 451 (nach § 12 Nr. 3 EStG anzusetzende USt nach ustl. Maßstäben zu ermitteln).

waltungsregelung verletzt Deutschland seine Pflichten als Mitgliedstaat der EU, indem zulasten des EU-Anteils das Steueraufkommen verkürzt wird.

141 **4. § 3 Abs. 9 a Nr. 2 UStG** stellt sonstigen Leistungen gegen Entgelt gleich **die Erbringung anderer sonstiger Leistungen** (andere als Gegenstandsverwendung) durch den Unternehmer **für außerunternehmerische Zwecke**. Damit werden **sonstige Leistungsabgaben** aus dem Unternehmen **für außerunternehmerische** (unternehmensfremde, private) **Zwecke** erfasst. Da die Leistung eine Zuwendung an einen anderen voraussetzt, kann es sich hierbei nur um eine entsprechende Anwendung des Leistungsbegriffes handeln.[413] Alles, was sich bei einer Abgabe an Dritte demnach als sonstige Leistung i.S.d. § 3 Abs. 9 UStG darstellen würde, fällt unter § 3 Abs. 9 a Nr. 2 UStG, wenn die Abgabe für den unternehmensfremden (privaten) Bereich erfolgt. Dies betrifft insbesondere jede Art von Dienst- und Werkleistungen.

Dazu sollte nach früherer, inzwischen zutreffend aufgegebener Auffassung des BFH auch die unentgeltliche Übertragung von Miteigentumsanteilen an Grundstücken gehören.[414] Richtigerweise ist hier aber von Lieferungen nach § 3 Abs. 1 b Nr. 1 UStG auszugehen.[415] Wird hingegen ein Miteigentumsanteil aus außerunternehmerischen Gründen lediglich unentgeltlich zur Nutzung überlassen, liegt eine Verwendung nach § 3 Abs. 9 a Nr. 1 UStG vor. Problematisch ist, ob bei Übertragung eines Miteigentumsanteils aus außerunternehmerischen Gründen eine unentgeltliche Wertabgabe angenommen werden kann, wenn dem Übertragenden die weitere Nutzung für sein Unternehmen gegen Entgelt eingeräumt wird.[416] Zu beachten ist, dass bei der unentgeltlichen (und entgeltlichen) Einräumung eines Mitunternehmeranteils an einem vermieteten Grundstück eine nach § 1 Abs. 1 a UStG nicht steuerbare Geschäftsveräußerung an die Miteigentümer(bruchteils)gemeinschaft vorliegen kann (s. Rn. 121 ff.)[417]

„Durch den Unternehmer" werden diese „Leistungen" „erbracht", wenn sie sonst üblicherweise Dritten gegenüber gegen Entgelt erbracht werden und daher im Rahmen seines Unternehmens liegen.

Beispiel: Der Architekt lässt für sein Einfamilienhaus Pläne im eigenen Büro anfertigen; der Steuerberater lässt von seinen Angestellten seine Einkommensteuererklärung fertigen; nicht aber: der Steuerberater erstellt Pläne für sein Haus.

Darüber hinaus fallen in den Rahmen des Unternehmens auch diejenigen „Leistungen", die mit betrieblichen Mitteln erbracht werden, einschließlich des Einsatzes von Betriebspersonal für private Arbeiten.[418] Sie würden sich bei entgeltlicher Abgabe an Dritte als Hilfs- oder Nebengeschäfte darstellen.

142 **5.** Auch für die unentgeltlichen Wertabgaben nach § 3 Abs. 9 a Nr. 1 und 2 UStG bestimmte der aufgehobene § 3 f UStG richtlinienwidrig den **Unternehmensort** als Leistungsort. Dieses war ebenso wie für § 3 Abs. 1 b UStG verfehlt und richtlinienwidrig. Zugunsten des Unternehmers waren schon vor der Aufhebung die Ortsbestimmungen der Richtlinie anzuwenden. Diese entsprechen den Regelungen in § 3 a UStG.

Beispiel: Bauunternehmer B (Nürnberg) baute 2020 für seine Tochter ein Ferienhaus im Salzkammergut (Österreich) auf deren Grundstück. Sämtliche Materialien kaufte die Tochter in Österreich. B setzt seine Leute ein und verwendet seine Baumaschinen. Ort nach § 3 f UStG für die sonstige Leistung nach § 3 Abs. 9 a Nr. 2 UStG war Nürnberg. Ort nach Art. 47 MwStSystRL ist aber Österreich. Darauf kann sich B auch schon vor Aufhebung des § 3 f UStG berufen.

---

413 Vgl. BFH v. 05.04.1984 – V R 51/82, BStBl. II 1984, 499.

414 So jetzt BFH v. 18.02.2016 – V R 53/14, UR 2016, 436; anders früher BFH v. 27.04.1994 – XI R 91, 92/92, BStBl. II 1994, 826; v. 27.04.1994 –XI R 85/92, BStBl. II 1995, 30; vgl. auch BFH v. 06.09. 2007 – V R 41/05, BStBl. II 2008, 65.

415 So auch Lippross 2.6.8.1 g.

416 Grundsätzlich bejahend BFH v. 26.04.1995 –XI R 5/94, BStBl. II 1996, 248, allerdings anders, wenn das Nutzungsrecht vorbehalten bleibt.

417 BFH v. 06.09.2007 – V R 41/05 und v. 22.11.2007 – V R 5/06, BStBl. II 2008, 65 und 448; Abschn. 3.3. Abs. 8 UStAE.

418 Vgl. BFH v. 18.05.1993 – V R 134/89, BStBl. II 1993, 885.

6. Die **Befreiungsvorschriften** des § 4 UStG sind prinzipiell auch auf die unentgeltlichen Wertabgaben nach § 3 Abs. 9 a UStG anzuwenden. Fraglich kann dies nur dort sein, wo nach dem Wortlaut der Befreiungsvorschrift die Leistung bereits als entgeltlich gekennzeichnet ist. Dies trifft für die wichtige Befreiungsvorschrift des § 4 Nr. 12 a UStG zu. Die dort befreite Vermietung oder Verpachtung von Grundstücken nimmt dem Wortlaut nach Bezug auf eine Nutzungsüberlassung gegen Entgelt, nämlich Miet- oder Pachtentgelt. Aus der von § 3 Abs. 1 b und Abs. 9 a UStG in Übereinstimmung mit Art. 16 und Art. 26 MwStSystRL angeordneten Gleichbehandlung unentgeltlicher Wertabgaben mit entgeltlichen Umsätzen sollte man eigentlich folgern müssen, dass dies auch für die Befreiungsvorschriften gilt. 143

Beispiel: Steuerberater S ließ für 1.000.000 € zzgl. 190.000 € USt ein Gebäude errichten. Dieses wird seit Fertigstellung zu 50 % für private Wohnzwecke und zu 50 % für seine Kanzlei genutzt. Er begehrte den vollen Vorsteuerabzug, weil er das Gebäude seinem Unternehmen zuordnete. Die private Verwendung will er nach § 3 Abs. 9 a Nr. 1 UStG versteuern. Die Befreiungsvorschrift nach § 4 Nr. 12 a UStG sei nicht anwendbar. Nach Art. 135 Abs. 1 lit. l MwStSystRL sei nur die Vermietung und Verpachtung von Grundstücken befreit. Er vermiete aber nicht an sich selbst. a) Der Bauantrag war vor dem 01.01.2011 gestellt worden; b) Der Bauantrag wurde erst nach dem 01.01.2011 gestellt.

Zu a) Das Grundstück inklusive Gebäude konnte in vollem Umfange dem Unternehmen zugeordnet werden. Die (Werk-)Lieferung des Gebäudes wird dann vollständig für das Unternehmen ausgeführt, sodass nach § 15 Abs. 1 Nr. 1 UStG der Vorsteuerabzug auch bezüglich des zu Wohnzwecken genutzten Teiles besteht. Die private Nutzung ist dann nach § 3 Abs. 9 a Nr. 1 UStG a.F. steuerbar. Nach an sich zutreffender früherer deutscher Auffassung[419] war der nach § 3 Abs. 9 a Nr. 1 UStG steuerbare Umsatz allerdings als Vermietungsumsatz steuerfrei nach § 4 Nr. 12 a UStG zu behandeln. Daher wäre der Vorsteuerabzug nach § 15 Abs. 4, Abs. 2 UStG nur zu 50 %, also mit 95.000 € zulässig. Der EuGH hat freilich entgegengesetzt entschieden.[420] Die private Verwendung sei mangels Entgeltes keine Vermietung und daher nicht befreit. Dem S ist mithin der volle Vorsteuerabzug zu gewähren und er hat die private Nutzung als steuerpflichtige sonstige Leistung zu versteuern (zur Kritik Rn. 263 ff.). Nach § 27 Abs. 16 UStG sind § 3 Abs. 9 a Nr. 1 Hs. 2 und § 15 Abs. 1 b UStG noch nicht anwendbar, da der Bauantrag vor dem 01.01.2011 gestellt worden war.

b) Dem S steht lediglich zu 50 % für die echt unternehmerische Verwendung des Gebäudes als Kanzlei der Vorsteuerabzug in Höhe von 95.000 € zu. Die Nutzung für private Wohnzwecke ist nach § 3 Abs. 9 a Nr. 1 Hs. 2 UStG nicht (mehr) steuerbar. Der Vorsteuerabzug ist insoweit nach § 15 Abs. 1 b UStG auch bei Zuordnung zum Unternehmen ausgeschlossen (s. Rn. 318 f.).

7. Bemessungsgrundlage für die sonstigen Leistungen nach § 3 Abs. 9 a Nr. 1 und 2 UStG sind nach § 10 Abs. 4 Nr. 2 und 3 UStG die bei der Ausführung entstandenen Ausgaben. Dazu gehören nicht nur die **variablen Kosten**, die allein durch die private Leistungsabgabe verursacht wurden (z.B. Treibstoffverbrauch), sondern auch die **fixen Kosten** entsprechend dem Anteil der außerunternehmerischen Nutzung bzw. Leistungsabgabe. Einzubeziehen sind auch die Anschaffungs- und Herstellungskosten des verwendeten Gegenstandes. Diese sind gleichmäßig auf einen Zeitraum zu verteilen, der dem für diesen Gegenstand maßgeblichen Berichtigungszeitraum für Vorsteuerkorrekturen nach § 15 a UStG entspricht, z.B. für Gebäude zehn Jahre. Nicht (mehr) maßgeblich ist die für ertragsteuerliche Abschreibungen zugrunde gelegte Nutzungsdauer.[421] Der Ausgabenbegriff ist derselbe für die Gegenstandsverwendung nach § 3 Abs. 9 a Nr. 1 UStG und die allgemeine Leistungsabgabe nach § 3 Abs. 9 a Nr. 2 UStG. Allerdings sind bei der allgemeinen Leistungsabgabe nach § 3 Abs. 9 a Nr. 2 UStG Ausgaben ohne Vorsteuerabzug ebenfalls in die Bemessungsgrundlage mit einzubeziehen. Dies betrifft insbesondere Lohnaufwendungen. 144

419 BFH v. 10.02.1994 – V R 33/92, BStBl. II 1994, 668; so auch damals noch Abschn. 24c Abs. 7 UStR 2000.

420 EuGH v. 08.05.2003 – Rs. C-269/00 (Seeling), Slg. 2003, I-4101 = BStBl. II 2004, 371; bestätigt durch Urt. v. 14.07.2005 – Rs. C-434/03 (Charles und Charles-Tijmens), Slg. 2005, I-7037; s. auch ; BFH v. 24.07.2003 – V R 39/99, BStBl. II 2004, 371 (endgültige Entscheidung Seeling).

421 Zur Verfassungsgemäßheit und Richtlinienkonformität der Bemessungsrundlage für unentgeltliche Wertabgaben nach § 10 Abs. 4 UStG s. BFH v. 12.08.2015, BStBl. II 2015, 1063 unter Berufung auf EuGH 14.09.2006 – Rs. C-72/05 (Wollny), Slg. 2006, I-8297 = BStBl. II 2007, 32 (zur Richtlinienkonformität); vgl. auch Abschn. 10.6. Abs. 3 UStAE.

Hinsichtlich der Behandlung von **Unfallkosten** hat der BFH entschieden, dass diese nach Abzug der Erstattungen durch Versicherungen anteilig in die Bemessungsgrundlage eingehen, gleichgültig, ob es sich um einen unternehmerisch oder einen privat veranlassten Unfall handelt.[422] Das Urteil hat in der Lit. überwiegend Zustimmung erfahren.[423] Bei einem **Totalschaden** gehen die hierdurch verursachten Kosten in die Bemessungsgrundlage nach § 10 Abs. 4 Nr. 2 und 3 UStG ein. Der BFH sieht zutreffend nur den noch nicht abgeschriebenen Buchwert als Kosten an.[424]

IV. Unentgeltliche Wertabgaben an Arbeitnehmer

Fall 19: Pkw-Überlassung an den Geschäftsführer

G ist als Geschäftsführer bei der X-Möbel GmbH angestellt. Nach dem Anstellungsvertrag ist er berechtigt, den Firmenwagen „unentgeltlich" auch für Privatfahrten und zu Fahrten zwischen Wohnung und Betrieb zu nutzen. Darüber hinaus benutzte G an zwei Tagen einen Lieferwagen der Firma, um Möbel für den Umzug seiner Tochter zu transportieren. Dies war im Arbeitsvertrag nicht vorgesehen. Mit Zustimmung der Gesellschafter braucht er auch hierfür nichts zu zahlen.

Liegen steuerbare Umsätze vor?

145 I. In Übereinstimmung mit Art. 16 und 26 MwStSystRL werden unentgeltliche Gegenstandszuwendungen an Arbeitnehmer **(Entnahmen für den Bedarf des Personals)** nach **§ 3 Abs. 1 b Nr. 2 UStG** Lieferungen gegen Entgelt, hingegen die **Gegenstandsverwendung nach § 3 Abs. 9 a Nr. 1 UStG** und **andere Leistungsabgaben** an Arbeitnehmer **nach § 3 Abs. 9 a Nr. 2 UStG** sonstigen Leistungen gegen Entgelt gleichgestellt. Mit Ausnahme der Herausnahme der Besteuerung von **Aufmerksamkeiten** werden unentgeltliche Wertabgaben für den privaten Bedarf des Arbeitnehmers und unentgeltliche Wertabgaben für außerunternehmerische Zwecke des Unternehmers vollständig gleichbehandelt. Dies gilt sowohl hinsichtlich der Bedeutung des Vorsteuerabzugsrechts bei Gegenstandszuwendung nach § 3 Abs. 1 b Nr. 2 UStG und Gegenstandsverwendung nach § 3 Abs. 9 a Nr. 1 UStG als auch für dessen Unerheblichkeit bei anderen sonstigen Leistungen nach § 3 Abs. 9 a Nr. 2 UStG. Dies gilt auch für die Geltung der Steuerbefreiungen und die Bemessungsgrundlage nach § 10 Abs. 4 Nr. 1, 2 und 3 UStG. Insoweit wird auf die Ausführungen unter Rn. 126 ff. bis Rn. 137 ff. verwiesen.

Die Gleichbehandlung hat ihren Grund darin, dass der Arbeitgeber quasi stellvertretend mit der USt für den privaten Endverbrauch durch die Arbeitnehmer belastet werden soll. Er ermöglicht seinen Arbeitnehmern durch die Zuwendungen einen privaten Konsum. Er wird daher wegen der dafür getätigten Aufwendungen selbst als Endverbraucher behandelt. Die nur einem Unternehmer zustehende Entlastung durch Vorsteuerabzug wird zur Herstellung der Belastung für einen Endverbrauch durch die von § 3 Abs. 1 b Nr. 2 und Abs. 9 a Nr. 1 UStG angeordnete Besteuerung der unentgeltlichen Leistungsabgaben für den Bedarf des Personals wieder ausgeglichen. Dadurch erfolgt die erforderliche Gleichstellung zu anderen nichtunternehmerischen Endverbrauchern.[425]

146 II. Anders als bei den Wertabgaben für eigene private Zwecke des Unternehmers liegen den unentgeltlichen Wertabgaben an Arbeitnehmer allerdings tatsächlich Lieferungen oder sonstige Leistungen zugrunde. Denn hier ist eine zweite Person

422 BFH v. 28.02.1980 – V R 138/72, BStBl. II 1980, 309; bestätigt durch BFH v. 28.06.1995 – XI R 66/94, BStBl. II 1995, 850.

423 Vgl. Weiß UR 1980, 181; Wagner in: S/R § 1 Rn. 209; § 10 Rn. 415; Lippross 5.4.3 e); a.A. Reiß StuW 1980, 342.

424 BFH v. 28.06.1995 – XI R 66/94, BStBl. II 1995, 850.

425 Vgl. EuGH v. 11.12.2008 – Rs. C-371/07 (Danfoss/AstraZeneca), UR 2009, 60; v. 20.01.2005 – Rs. C-412/03 (Hotel Scandic Gasabäck), Slg. 2005, I-743; v. 16.10.1997 – Rs. C-258/95 (Fillibeck), Slg. 1997, I-5577; vgl. bereits BFH v. 11.03.1988 – V R 30/84 und v. 11.03.1988 – V R 114/83, BStBl. II 1988, 643 und 651.

vorhanden. Außerdem werden die unentgeltlichen Leistungen an Arbeitnehmer aus der Sicht des Unternehmers an sich nicht für außerunternehmerische Zwecke erbracht. Daher ist es zutreffend, dass die Leistungen an Arbeitnehmer ausdrücklich als unentgeltlich gekennzeichnet werden und außerdem darauf abgestellt wird, dass sie für den (privaten) Bedarf des Personals erfolgen. Daraus ergibt sich bei Lieferungen und sonstigen Leistungen an Arbeitnehmer eine zweifache **Abgrenzungsproblematik:**

Erstens müssen die **unentgeltlichen** nach § 3 Abs. 1 b Nr. 2 und Abs. 9 a Nr. 1 und 2 i.V.m. § 1 Abs. 1 Nr. 1 UStG zu besteuernden unentgeltlichen Wertabgaben an das Personal von Lieferungen und sonstigen Leistungen **unterschieden** werden, die an Arbeitnehmer **gegen tatsächliches Entgelt** erfolgen. Zwar sind sowohl die unentgeltlichen Leistungen für den Bedarf des Personals als auch die Leistungen an das Personal gegen Entgelt nach § 1 Abs. 1 Nr. 1 UStG grundsätzlich steuerbar. Es gilt allerdings nicht die Befreiungsvorschrift des § 4 Nr. 12 a UStG.[426] Vor allem aber ist die Abgrenzung für die Bemessungsgrundlage von Bedeutung. Hier sind bei Leistungen gegen Entgelt § 10 Abs. 1 und Abs. 2 UStG anwendbar, während § 10 Abs. 4 UStG bei den unentgeltlichen Zuwendungen für den Bedarf des Personals Anwendung findet.

Zweitens kann bei fehlendem Entgelt zweifelhaft sein, ob überhaupt eine **Zuwendung**/(Sach-)Leistung **für den (privaten) Bedarf** der Arbeitnehmer/**des Personals** vorliegt oder ob der Unternehmer nicht zur Verfolgung anderer Zwecke handelt, die nicht unternehmensfremd sind. Im letzteren Fall scheidet eine Steuerbarkeit nach § 3 Abs. 1 b Nr. 1 und 2 und Abs. 9 a UStG aus. Beachte aber: Auch bei Leistungen an Arbeitnehmer, die (auch) im Interesse des Unternehmens liegen, bleibt es bei der Steuerbarkeit, wenn sie nicht unentgeltlich, sondern gegen (ggf. verbilligtes) Entgelt erfolgen.

Beispiele:[427] a) Bei unternehmensinternen Arbeitssitzungen werden in den Räumen des Unternehmens (Kantine/Sitzungsraum) den von auswärts angereisten Arbeitnehmern Mahlzeiten (Sandwiches und kalte Gerichte) unentgeltlich serviert, um einen effizienten Arbeitsablauf zu ermöglichen. Nach der (nicht unproblematischen) Auffassung des EuGH soll es unter solchen Umständen ausnahmsweise daran fehlen, dass die unentgeltliche Gewährung von Mahlzeiten an Arbeitnehmer auf die Befriedigung des privaten Bedarfs der Arbeitnehmer zielt. b) Unternehmer U mietet zur Abstellung der Fahrzeuge seiner Angestellten in einem Parkhaus neben der Arbeitsstätte Parkplätze für mtl. 60 € zzgl. USt an. Die Angestellten, die die Parkplätze zur Abstellung ihrer Fahrzeuge nutzen, müssen sich an den Kosten zur Hälfte, d.h. mit 30 € (zzgl. USt) beteiligen. Mit der Zurverfügungstellung von Parkplätzen an seine Angestellten erbringt U nach § 1 Abs. 1 Nr. 1 steuerbare Leistungen gegen Entgelt, die nach § 4 Nr. 12 Satz 2 UStG nicht befreit sind.

III. Unproblematisch ist die Abgrenzung, falls der Arbeitnehmer ein **sichtbares Entgelt** für eine Leistung des Arbeitgebers aufzuwenden hat, etwa wenn der Arbeitnehmer ein Produkt des Arbeitgebers kauft. Darüber hinausgehend bejahen Rspr. und Verwaltung[428] aber zutreffend auch, dass bei ausdrücklicher oder konkludenter Vereinbarung im Arbeitsvertrag die **Arbeitsleistung des Arbeitnehmers** Entgelt für die Leistung des Arbeitgebers (= Sachlohn) an seinen Arbeitnehmer sein kann. Dann liegt ein **tauschähnlicher Umsatz** nach § 3 Abs. 12 UStG vor. Die Bemessungsgrundlage für die Leistung des Arbeitgebers bestimmt sich dann gemäß § 10 Abs. 2 S. 2 UStG nach dem **Wert der Arbeitsleistung**. Dieser muss aller- 147

426 BFH v. 18.02.2016 – V R 23/15, BStBl. II 2016, 496 und v. 12.01.2011 – XI R 10/08, BFH/NV 2011, 860 (Wohnungsüberlassung an angestellten Geschäftsführer).

427 Nach EuGH v. 11.12.2008 – Rs. C-371/07(Danfoss/AstraZeneca), Slg. 2008, I-9573 = UR 2009, 60 und BFH v. 14.01.2016 – V R 63/14, BStBl. II 2016, 360.

428 BFH v. 18.02.2016 – V R 23/15, BStBl. II 2016, 496 und v. 12.01.2011 – XI R 10/08, BFH/NV 2011, 860 (Wohnungsüberlassung); v. 31.07.2008 – V R 74/05, BFH/NV 2009, 226 (teilentgeltliche Pkw-Überlassung); v. 10.06.1999 – V R 104/98, BStBl. II 1999, 582; v. 16.12.1999 – V R 43/99, BFH/NV 2000, 994); Abschn. 1.8. Abs. 1 UStAE.

dings geschätzt werden. Als Schätzung kann dabei von den Aufwendungen des Arbeitgebers für die Erbringung der Leistung ausgegangen werden, bei einer Sachzuwendung also vom Einkaufspreis oder den Herstellungskosten des Liefergegenstandes, bei Gegenstandsverwendung oder anderen sonstigen Leistungen von den dafür getätigten „Ausgaben" (Aufwendungen). Von einem tauschähnlichen Umsatz ist dann auszugehen, wenn die betreffenden Leistungen bereits im Arbeitsvertrag zugesagt sind.[429] Dies kann auch auf mündlichen Zusagen beruhen. Dann besteht eine Konnexität zwischen Arbeitsleistung einerseits und Sachzuwendungen sowie Barlohn andererseits. Den Sachzuwendungen steht ein Teil der Arbeitsleistung als Entgelt gegenüber. Handelt es sich hingegen um nicht vertraglich zugesagte spontane Zusatzleistungen, wird die Arbeitsleistung auch nicht anteilig für die Sachleistung erbracht.

Im vorliegenden Fall liegt daher bzgl. der Pkw-Überlassung ein entgeltlicher tauschähnlicher Umsatz nach § 1 Abs. 1 Nr. 1 i.V.m. § 3 Abs. 9, Abs. 12 UStG vor. Als Bemessungsgrundlage ist nach § 10 Abs. 2 S. 2 UStG der Wert der anteiligen Arbeitsleistung anzusetzen. Der Wert der Arbeitsleistung ist seinerseits mit den Ausgaben des Arbeitgebers für die **Pkw-Nutzung** durch den G für dessen private Fahrten einschließlich der Fahrten Wohnung/Arbeitsstätte anzusetzen. Hierbei sind auch **nicht mit VoSt belastete Aufwendungen** zu berücksichtigen, weil es sich um einen normalen entgeltlichen Umsatz handelt. Eine pauschale Kürzung um 20 % der Kosten kommt daher nicht in Betracht. Die Kosten können durch Aufzeichnungen anhand eines Fahrtenbuches nachgewiesen oder auch geschätzt werden. Aus Vereinfachungsgründen lässt die Finanzverwaltung auch den Ansatz lohnsteuerlicher Werte abzüglich USt als geschätzte Ausgaben zu. Für die Pkw-Überlassung können danach die sich aus § 8 Abs. 2 EStG ergebenden Werte angesetzt werden, d.h. 1 % Listenpreis/Monat zzgl. 0,03 % Listenpreis/Entfernungs-km/Monat.[430]

Beispiel: Pkw-Überlassung vom 01.01.01 bis 31.12.01 für private Fahrten und Fahrten Wohnung/Arbeitsstätte bei 10 Entfernungskilometern. Der Listenpreis beträgt (42.017 + 7.983 USt =) 50.000 €. Es ergibt sich eine Bemessungsgrundlage von (500 x 12) + (15 x 10 x 12) = 7.800 : 1,19 = 6.554,63 und eine USt von 1.245,37 €.

Hingegen erfolgte die nur kurzfristige Überlassung des Lieferwagens nicht gegen Entgelt in Gestalt einer anteiligen Arbeitsleistung. Es kann hier nicht davon ausgegangen werden, dass G einen Teil seiner Arbeitsleistung dafür konkret aufwendete. Es liegt aber eine Gegenstandsverwendung nach § 3 Abs. 9 a Nr. 1 UStG für die privaten Zwecke des Arbeitnehmers G vor.

Als Bemessungsgrundlage sind hier nach § 10 Abs. 4 Nr. 2 UStG die Ausgaben für die Nutzung durch G anzusetzen. Diese umfassen die variablen und fixen Kosten. Auszuscheiden sind hier aber – im Unterschied zur Leistung gegen anteilige Arbeitsleistung als Entgelt – die nicht mit VoSt belasteten Kosten. Auch hier wird aus Vereinfachungsgründen der Ansatz lohnsteuerlicher Werte zugelassen. Erfolgt bei einer Fahrzeugüberlassung eine Ausgabenschätzung mit den lohnsteuerlichen Werten, sind diese zur Berücksichtigung des Abzugs nicht mit VoSt belasteter Kosten pauschal um 20 % zu kürzen.

Beispiel: Wie oben, aber unentgeltliche Überlassung (nicht gegen Arbeitsleistung): Bemessungsgrundlage wäre dann 7.800 – (20 % v. 7.800 =) 1.560 = 6.240 : 1,19 = 5.243,70 €.

---

429 S. aber BFH v. 06.06.2019 – V R 18/18, DStR 2019, 2142 mit Anm. Heuermann (Übernahme von [Makler-]Leistungen für Wohnungswechsel des Arbeitnehmers – kein tauschähnlicher Umsatz, wenn Wohnungswechsel im Arbeitgeberinteresse erforderlich – hier konzerninterne Funktionsverlagerung).

430 Vgl. BFH v. 05.06.2014 – XI R 2/12, BStBl. II 2015, 785; v. 31.07.2008 – V R 74/05, BFH/NV 2009, 226 und Abschn. 15.23. Abs. 8 f. UStAE i.d.F. BMF v. 05.06.2014, BStBl. I 2014, 896.

1. Soweit bei Wertabgaben an Arbeitnehmer kein Entgelt vorliegt, auch nicht in Gestalt einer anteiligen Arbeitsleistung, setzt die Steuerbarkeit nach § 3 Abs. 1 b Nr. 2 und Abs. 9 a UStG voraus, dass die Leistungen für den **privaten Bedarf des Personals** erfolgen. Diese Voraussetzung bejaht der BFH sowohl für die kostenlose **Gestellung eines Fahrzeugs** als auch für die Durchführung von **Sammelfahrten von der Wohnung**[431] des Arbeitnehmers zur Arbeitsstätte für den Regelfall. Aus der Sicht der USt liegt insoweit ein privater Bedarf des Arbeitnehmers vor, weil er nicht Unternehmer ist. Belanglos ist, ob und inwieweit Aufwendungen für die Fahrten Wohnung/Arbeitsstätte ertragsteuerlich für den Arbeitnehmer zu Werbungskosten führen. **148**

2. Werden einem Arbeitnehmer Unternehmensgegenstände nicht für dessen privaten Bedarf, sondern im **eigenen betrieblichen Interesse des Unternehmers** überlassen, z.B. Arbeitsmittel, besondere (Schutz-)Kleidung, so fehlt es häufig bereits an einer Leistung an den Arbeitnehmer, sodass eine Besteuerung nach § 3 Abs. 1 b Nr. 2 und Abs. 9 a UStG nicht in Betracht kommt. Selbst wenn man aber von einer Leistung an den Arbeitnehmer ausgeht, so scheidet eine Besteuerung aus, auch wenn die Überlassung für den Arbeitnehmer zugleich vorteilhaft ist,[432] sofern die „Leistung" überwiegend durch das betriebliche Interesse veranlasst wurde. Sie erfolgte dann nicht für den privaten Bedarf und auch nicht zu anderen unternehmensfremden Zwecken. Dies kann ausnahmsweise auch für **Sammelfahrten** zutreffen, wenn dafür zwingende betriebliche Erfordernisse vorliegen, oder für die Gewährung von Mahlzeiten in besonderen Fällen.[433] **149**

Beispiel: Überlassung eines Werkswagens auch für Heimfahrten, damit Arbeitnehmer jederzeit einsetzbar ist.[434]

Eine Aufteilung in einen steuerbaren Teil (Vorteil für den Arbeitnehmer) und einen nicht steuerbaren Teil (eigenbetriebliches Interesse) ist nicht möglich und zulässig, wenn es sich um eine einheitliche Maßnahme handelt, z.B. Stellung von Dienstkleidung. Die scheinbare Sachzuwendung hat in diesen Fällen keinen Entlohnungscharakter und befriedigt keinen rein privaten Bedarf.

Solche nicht steuerbaren Leistungen im eigenbetrieblichen Interesse – also nicht für den privaten Bedarf des Personals – sollen u.a. sein: Die Bereitstellung von Erholungs-, Aufenthalts- und Sportanlagen, betriebliche Fortbildungsleistungen, Zuwendungen im üblichen Rahmen bei Betriebsveranstaltungen (bis zur Höhe von 110 € je Arbeitnehmer bei nicht mehr als zwei Veranstaltungen/Jahr), Betriebskindergärten.[435] Zum Teil dürfte es sich dabei allerdings doch wohl um zumindest in erheblichem Umfange auch dem privaten Bedarf dienende „Aufmerksamkeiten" handeln, z.B. die Zuwendungen bei Betriebsveranstaltungen,[436] die Bereitstellung von Sportanlagen,[437] Unterbringung der Kinder in Betriebskindergärten.

Beispiel:[438] Bauunternehmer B gewährt seinen Bauarbeitern unentgeltlich Unterkunft in Hotels in der Nähe der jeweiligen Baustelle. Zutreffend zieht er die ihm in Rechnung gestellte USt als VoSt ab.

---

431 Vgl. BFH v. 09.07.1998 – V R 105/92, BStBl. II 1998, 635 m.w.N.; s. auch EuGH v. 16.02.2012 – Rs. C-18/11 (Eon Ast), UR 2012, 230; v. 16.10.1997– Rs. C-258/95 (Fillibeck), Slg. 1997, I-5577.

432 BFH v. 06.06.2019 – V R 18/18, UR 2019, 812; v. 11.03.1988 – V R 30/84, BStBl. II 1988, 643.

433 BFH v. 15.11.2007 – V R 15/06, BStBl. II 2009. 423; EuGH v. 11.12.2008 – Rs. C-371/07 (Danfoss/AstraZeneca), UR 2009, 60; v. 18.07.2013 – Rs. C-124/12 (AES-3C Maritza East), UR 2014, 398 und v. 16.10.1997 – Rs. C-258/95 (Fillibeck), Slg. 1997, I-5577; Abschn. 1.8. Abs. 15 UStAE.

434 BFH v. 06.06.1984 – V R 136/83, BStBl. II 1984, 688.

435 Vgl. Abschn. 1.8. Abs. 4 UStAE.

436 Vgl. dazu auch BFH v. 31.03.2010 – V B 112/09, UR 2010, 584 (zur USt) und v. 30.04.2009 – VI R 55/07, BStBl. II 2009, 726 (zur LSt – ggf. Aufteilung erforderlich).

437 So zutreffend FG Münster v. 01.10.2015 – 5 K 1994/13 U, (unentgeltliche Zurverfügungstellung von Fitnessstudio an Arbeitnehmer als Wertabgabe nach § 3 Abs. 9 a Nr. 2 zu besteuern, wegen Überschreitung des Wertes von 40 € keine nicht zu besteuernde Aufmerksamkeit mehr).

438 Nach BFH v. 21.07.1994 – V R 21/92, BStBl. II 1994, 881.

Es liegen weder unter § 1 Abs. 1 Nr. 1 UStG fallende entgeltliche Leistungen noch unter § 3 Abs. 9 a Nr. 2 UStG fallende Leistungen ohne besonderes Entgelt an die Arbeitnehmer vor. Entscheidend ist, dass die „Übernachtungsleistungen" nicht für den privaten Bedarf der Arbeitnehmer erbracht werden. Gerade deshalb fehlt es an einer Zuwendung und damit einer Leistung an die Arbeitnehmer.

150 **3.** Von der Steuerbarkeit ausdrücklich ausgenommen sind die **Aufmerksamkeiten**. Aufmerksamkeiten sind Zuwendungen (Leistungen) des Arbeitgebers an seine Arbeitnehmer, die zu keiner ins Gewicht fallenden Bereicherung des Arbeitnehmers führen, z.B. Sachzuwendungen bis zu 60 € aus Anlass besonderer persönlicher Ereignisse wie Geburtstag oder Hochzeit.[439]

Zu beachten ist, dass nach der Rspr. des V. Senates des BFH keine Besteuerung der unentgeltlichen Zuwendung eines (Liefer-)Gegenstandes nach § 3 Abs. 1 b Nr. 2 UStG oder der Verwendung eines solchen Gegenstandes oder der Erbringung einer anderen sonstigen Leistung nach § 3 Abs. 9 a Nr. 1 und 2 UStG stattfindet, wenn bereits bei Bezug des Gegenstandes, bzw. der anderen sonstigen Leistung die (ausschließliche) unentgeltliche Zuwendung an den Arbeitnehmer für dessen privaten Bedarf vorgesehen war. Nach Auffassung des BFH besteht dann für die an den Arbeitgeber erfolgte Lieferung oder sonstige Leistung schon kein Vorsteuerabzugsrecht nach § 15 Abs. 1 Nr. 1 UStG, weil sie nicht für „sein Unternehmen ausgeführt worden sind" (sondern für die außerhalb des Unternehmens liegende Weitergabe an den Arbeitnehmer für dessen privaten Bedarf). Sofern die unentgeltlichen Zuwendungen an die Arbeitnehmer jedoch als nicht steuerbare „Aufmerksamkeiten" (oder als auch überwiegend im eigenbetrieblichen Interesse erbrachte nicht steuerbare Leistungen) zu qualifizieren sind, besteht trotz der Unentgeltlichkeit das Vorsteuerabzugsrecht nach § 15 Abs. 1 Nr. 1 UStG. Die Kosten dafür gehören zu den allgemeinen Aufwendungen für das Unternehmen, die ihrerseits unmittelbar und direkt mit der unternehmerischen Gesamttätigkeit zusammenhängen.[440] Eine gemeinschaftsrechtliche Grundlage für die Sonderbehandlung der „Aufmerksamkeiten" ist freilich nicht erkennbar.

151 **4.** Die **Bemessungsgrundlage** für die nach § 3 Abs. 1 b Nr. 2 und Abs. 9 a UStG steuerbaren Zuwendungen an das Personal ist in § 10 Abs. 4 Nr. 1–3 UStG geregelt. Wie bereits ausgeführt gelten dieselben Grundsätze wie bei Wertgaben für außerunternehmerische Zwecke, also Einkaufspreis bzw. Selbstkosten oder Ausgaben. Aus Vereinfachungsgründen lässt die Verwaltung für die Gewährung von Kost und Logis, für Deputate und für die Kfz-Nutzung den Ansatz lohnsteuerlicher Sachbezugswerte zu. Da dies Bruttowerte sind, muss daraus allerdings die USt herausgerechnet werden.[441]

5. Hat der Arbeitnehmer für die Sachzuwendung ein **verbilligtes Entgelt** zu entrichten, liegt ein normaler Leistungsaustausch nach § 1 Abs. 1 Nr. 1 UStG vor, für den sich die Bemessungsgrundlage aus dem Entgelt ergibt (§ 10 Abs. 1 UStG). Liegt das Entgelt allerdings bei Lieferungen unter dem Einkaufspreis bzw. bei sonstigen Leistungen unter den Kosten, so sind diese Werte als **Mindestbemessungsgrundlage** anzusetzen (§ 10 Abs. 5 Nr. 2 UStG), falls die Leistung bei unentgeltlicher Zuwendung nach § 3 Abs. 1 b Nr. 2 oder Abs. 9 a UStG steuerbar gewesen wäre, d.h. keine „Leistung im eigenbetrieblichen Interesse" bzw. keine bloße Aufmerksamkeit vorgelegen hätte.[442]

---

439 Abschn. 1.8. Abs. 3 UStAE; vgl. auch BFH v. 24.11.1992 – V R 44/88, BFH/NV 1994, 200.

440 BFH v. 09.12.2010 – V R 17/10, BStBl. II 2012, 53 mit Anm. Wäger DStR 2011, 433, s. auch Hess. FG v. 22.02.2018 – 6 K 2033715, EFG 2018, 1496 (Rev. VR 18/18 – zur Übernahme von Umzugs-/Maklerkosten für Angestellte); vgl. auch EuGH v. 18.07.2013 – Rs. C-124/12 (AES-3C Maritza East), UR 2014, 398.

441 Abschn. 1.8. Abs. 8 UStAE; s. auch BFH v. 05.06.2014 – XI R 2/12, BStBl. II 2015,785 (Vereinfachungsregel nicht zu beanstanden).

442 BFH v. 15.11.2007 – VR 15/06; v. 27.02.2008 – XI R 50/07; v. 29.05.2008 – V R 12/07, BStBl. II 2009, 423, 426, 428; Abschn. 10.7. Abs. 2 UStAE.

Bei Personalrabatten kann eine Anbindung an die lohnsteuerliche Beurteilung nicht in Betracht kommen. Gleichgültig, ob der Personalrabatt lohnsteuerlich anzuerkennen ist oder nicht, löst er nur dann die Anwendung der Mindestbemessungsgrundlage aus, wenn durch den Rabatt der Einkaufspreis bzw. die Selbstkosten unterschritten werden.

Beispiel: Die Automobilwerke Späthle AG gewähren ihren Arbeitnehmern einen Preisnachlass von 20 % auf den Endpreis, zu dem der Pkw an Letztverbraucher angeboten wird. Für den von A erworbenen Pkw beträgt der Endpreis 50.000 €, sodass A einen Preisnachlass von 10.000 € erhält. Die Selbstkosten der Späthle AG betragen 33.000 €. Die Bemessungsgrundlage für den Leistungsaustausch nach § 10 Abs. 1 UStG beträgt (40.000 € : 1,19 =) 33.613 €. Sie liegt damit über den Selbstkosten von 33.000 €. Eine Anwendung der Mindestbemessungsgrundlage kommt nicht in Betracht. Es ist belanglos, dass lohnsteuerlich ein zu versteuernder Vorteil von 6.920 € vorliegt (vgl. dazu § 8 Abs. 3 EStG).

V. Unentgeltliche Zuwendung aus unternehmerischem Anlass

1. Nach § 3 Abs. 1 b Nr. 3 UStG wird einer Lieferung gegen Entgelt auch jede andere **152**
unentgeltliche Zuwendung eines Gegenstandes – außer Geschenken von geringem Wert und Warenmustern – für Zwecke des Unternehmens gleichgestellt. Die Vorschrift ist durch Art. 16 MwStSystRL in der Auslegung durch den EuGH gedeckt. Der EuGH hat insoweit ausdrücklich entschieden, dass nach Art. 5 Abs. 6 der 6. Richtlinie (jetzt Art. 16 MwStSystRL) auch unentgeltliche Sachzuwendungen aus unternehmerischem Anlass zu besteuern sind.[443] Die Vorschrift erscheint deshalb als problematisch, weil sie einen unternehmerischen Verbrauch belastet.[444] Dies steht an sich im Gegensatz zum gerade vom EuGH herausgearbeiteten Neutralitätsgrundsatz der USt, der die Entlastung unternehmerischen Verbrauchs durch den Vorsteuerabzug betont. Daher sollte § 3 Abs. 1 b Nr. 3 UStG wie auch Art. 16 MwStSystRL zumindest teleologisch einschränkend dahin ausgelegt werden, dass er nur dann eingreift, wenn die zugewendeten Gegenstände beim Empfänger typisierend einem nichtunternehmerischen Verbrauch zugänglich gemacht werden können. Zwar hat der EuGH dies nicht ausdrücklich so entschieden. Dazu gaben aber die Sachverhalte auch keinen Anlass. Dort waren Gegenstände an Tankstellenkunden gewährt worden, wenn sie eine bestimmte Menge getankt hatten, und Musik-CDs an Personen, die bei der Presse, bei Radiosendern, in Kinos oder bei Werbeagenturen arbeiteten.[445] Letztere sollten die Produkte beurteilen und bewerben. Diese Gegenstände konnten unzweifelhaft bei den Empfängern dem privaten Endverbrauch zugeführt werden. Die Grundidee ist auch bei § 3 Abs. 1 b Nr. 3 wie bei Nr. 2 UStG (Arbeitnehmer), dass der zuwendende Unternehmer zwar zu seinen unternehmerischen Zwecken handelt, er aber dem Empfänger durch Zuwendung eines Gegenstandes einen Vermögensvorteil verschafft und ihm einen mit USt unbelasteten Verbrauch ermöglicht, weil hinsichtlich der zugewendeten Gegenstände ein Vorsteuerabzug möglich war. Dieser typisierend zu unterstellende Endverbrauch wird durch Aufwendungen des zuwendenden Unternehmers ermöglicht. Insoweit ist der Verwaltung zu folgen,

---

443 EuGH v. 27.04.1999 – Rs. C-48/97 (Kuwait Petroleum), Slg. 1999, I-2323.

444 Vgl. kritisch bereits Lippross UR 2006, 142; Widmann DB 1999, 925; Huschens INF 1999, 417; s. auch BFH v. 13.03.2019 – XI R 28/17, MwStR 2019, 748 (Vorlage an EuGH – Behandlung des [unentgeltlichen] Ausbaus einer Gemeindestraße durch Unternehmer im eigenen Interesse des Unternehmers) mit Anm. Küffner/Kirchinger UR 2019, 585.

445 EuGH v. 27.04.1999 – Rs. C-48/97 (Kuwait Petroleum), Slg. 1999, I-2323 und v. 30.09.2010 – Rs. C-581/08 (EMI Group), UR 2010, 816. S. aber demgegenüber EuGH v. 14.09.2017 – Rs. C-132/16 (Iberdrola), MwStR 2017, 874 (unentgeltliche Instandsetzung der Abwasseranlage einer Gemeinde durch Inhaber eines Ferienhauskomplexes – VoStAbzug bejaht, Steuerbarkeit der unentgeltlichen Zuwendung an Gemeinde nach Art. 16, 26 wurde vom EuGH mangels Vorlagefrage nicht geprüft!) und v. 22.10.2015 – Rs. C-126/14 (Sveda); UR 2015, 910. (VoStAbzug aus Errichtung eines öffentlichen Freizeitweges durch Hotelunternehmer bejaht. Dafür wurde ein die Kosten nur zu 90% deckender Zuschuss der öffentlichen Hand gezahlt – VoStAbzug von EuGH bejaht, Entgeltcharakter des Zuschusses und Steuerbarkeit der unentgeltlichen Zuwendung an öffentliche Hand mangels Vorlagefrage nicht geprüft!).

wenn sie die Anwendung des § 3 Abs. 1 b Nr. 3 UStG ausschließt, falls beim Empfänger eine private Bereicherung und damit außerunternehmerische Verwendung nicht in Betracht kommt,[446] etwa für Werbeprospekte, Verkaufshilfen und -ständer, Dekorationsmaterial usw. Die Vorschrift des § 3 Abs. 1 b Nr. 3 UStG ist allerdings unabhängig davon anzuwenden, ob der Empfänger der unentgeltlichen Zuwendung ein Endverbraucher oder ein an sich vorsteuerabzugsberechtigter Unternehmer ist.[447]

Beispiele:[448]

1. V lässt auf seinem Grundstück ein Restaurantgebäude und eine Tankstelle errichten. Er vermietet anschließend das Gebäude und die Tankstelle steuerpflichtig. Die Baugenehmigung erhielt V nur unter der Auflage, dass er selbst die Erschließung (Errichtung einer Zufahrtsstraße) und die Kosten dafür übernahm. V ließ daraufhin für 1.000.000 € zzgl. 190.000 € USt eine Zufahrtsstraße auf Grundstücken der Bundesrepublik errichten.

2. St betreibt einen Steinbruch. Der Betrieb des Steinbruchs wurde St nur unter der Auflage der Erschließung einer Gemeindestraße durch deren Ausbau durch St gestattet. St ließ die Gemeindestraße dementsprechend für 1.000.000 € zzgl. 190.000 € USt ausbauen. Die ausgebaute Gemeindestraße wird von St für seinen Steinbruch, aber auch von anderen Verkehrsteilnehmern mit deren Fahrzeugen genutzt.

Nach der auch für die Auslegung des § 3 Abs. 1 b Nr. 3 UStG zu befolgenden neueren Rechtsprechung des EuGH in der Rechtssache Mitteldeutsche Hartstein-Industrie (Rs. C-528/19) hat keine Besteuerung als unentgeltliche Wertabgabe nach Art. § 3 Abs. 1 b Nr. 3 UStG, Art. 5 Abs. 6 der 6. Richtlinie = Art. 16 der MwStSystRL zu erfolgen, wenn die mit abziehbarer Vorsteuer belastete Eingangsleistung (hier der Straßenausbau) unabdingbar für die Ausführung der gegen Entgelt erfolgenden steuerpflichtigen Umsätze (hier eines Steinbruchunternehmers, respektive eines Vermieters) ist. Der Vorsteuerabzug aus Eingangsleistungen in Höhe von 190.000 € ist dem Unternehmer (hier V und St) hingegen vollumfänglich zu gewähren, wenn und soweit die Eingangsleistungen für die Erbringung der zu besteuernden entgeltlichen Ausgangsumsätze erforderlich sind. Der EuGH meint insoweit, dass die mit dem Ausbau der Straßen unabdingbar verbundene unentgeltliche Lieferung an den Straßeneigentümer (Gemeinde/ Bund) keinen als unentgeltliche Wertabgabe zu besteuernden Umsatz darstellt. Es soll insoweit an einem unversteuerten Endverbrauch fehlen. Letzteres erscheint freilich nicht völlig zweifelsfrei. Denn als Endverbraucher ließen sich wohl auch der Staat, respektive staatliche Untergliederungen wie Gemeinden ansehen, respektive die übrigen Straßenbenutzer.

Der neueren Rechtsprechung des EuGH ist gleichwohl zu folgen. Entscheidend ist dabei, dass für die zur Ausführung der steuerpflichtigen Umsätze erforderlichen Eingangsleistungen der Vorsteuerabzug vollständig gewährt werden muss, um den Unternehmer vollständig von einer Umsatzsteuerbelastung zu entlasten. Soweit damit unvermeidbare Begünstigungen Dritter (hier der Straßennutzung durch Dritte, respektive durch den Träger der Straßenbaulast) verbunden sind, darf die Entlastung durch den Vorsteuerabzug nicht (partiell) durch die Besteuerung einer für den Unternehmer nicht vermeidbaren unentgeltlichen Wertabgabe konterkariert werden. Anders verhält es sich nur dann, wenn solche Wertabgaben nicht unerlässlich mit der Verwendung der Eingangsleistung für zu besteuernde entgeltlichen Umsätze verbunden sind.

Die frühere Rechtsprechung des XI. Senates, nach der zwar der Vorsteuerabzug aus den Eingangsleistungen für die Errichtung der Zugangsstraßen voll zu gewähren war, aber sodann nach § 3 Abs. 1 b Nr. 3 UStG eine unentgeltliche Wertabgabe an den öffentlich-rechtlichen Träger der Straßenbaulast, respektive Eigentümer, zu besteuern war, ist überholt. Ebenso kann nicht in Betracht kommen, entsprechend der Rechtsprechung des V. Senates von vornherein den Vorsteuerabzug vollständig oder partiell zu versagen, soweit die Eingangsleistungen (auch) in eine unentgeltliche Weiterlieferung der Zugangsstraße Eingang finden. Vielmehr ist aus den Eingangsleistungen der volle Vorsteuerabzug (hier in Höhe von 190.000 €) zu gewähren. Denn die Eingangsleistungen dienen den steuerpflichtigen (Steinbruch-/Vermietungs-)Leistungen und nicht einer außerhalb des Unternehmens erfolgenden Lieferung durch eine nicht zu besteuernden Wertabgabe.

---

446 Abschn. 3.3. Abs. 10 und 14 UStAE.

447 EuGH v. 30.09.2010 – Rs. C-581/08 (EMI Group), UR 2010, 816; Abschn. 3.3. Abs. 10 UStAE.

448 Nach BFH v. 14.05.2008 – XI R 60/07, BStBl. II 2008, 721 (Zuwendung einer Straße an die Bundesrepublik) und v. 13.01.2011 – V R 12/08, BStBl. II 2012, 61 (Zuwendung von Erschließungsanlagen durch GmbH an die Gemeinde [Alleingesellschafterin]) sowie EuGH v. 16.09.2020 – C-528/19 (Mitteldeutsche Hartstein-Industrie), MwStR 2020, 927 mit Anm. Lippross aufgrund Vorlage des BFH v.13.03.2019 – XI 28/17, MwStR 2019, 748 und dazu die Nachfolgeentscheidungen des BFH v.16.12.2020 – XI R 26/20 und XI R 28/17, UR 2021, 465). Siehe auch Widmann UR 2021, 11.

2. Für § 3 Abs. 1 b Nr. 3 UStG besteht im deutschen Recht – anders evtl. für die Umsetzung von Art. 16 MwStSystRL in anderen Mitgliedstaaten – nur ein schmaler Anwendungsbereich. Zunächst einmal werden (betrieblich/unternehmerisch veranlasste) **Geschenke von geringem Wert** (und Warenmuster[449]) ausdrücklich ausgenommen. Geschenke von geringem Wert werden in Anlehnung an § 4 Abs. 5 Nr. 1 EStG angenommen, wenn ihre Anschaffungskosten 35 € pro Jahr und Empfänger nicht übersteigen. Bei höherwertigen Geschenken schließt bereits § 15 Abs. 1 a Nr. 1 UStG i.V.m. § 4 Abs. 5 Nr. 1 EStG den Vorsteuerabzug aus. Deshalb scheidet dann aber auch eine Besteuerung nach § 3 Abs. 1 b Nr. 3 UStG aus. Denn die Belastung wird bereits durch den Ausschluss des Vorsteuerabzugs hergestellt. Unter § 3 Abs. 1 b Nr. 3 UStG (Art. 16 MwStSystRL) können daher nur solche anderen unentgeltlichen Zuwendungen (Zuwendungen für Zwecke des abgebenden Unternehmens) fallen, die zwar unentgeltlich sind, aber andererseits keine Geschenke i.S.d. § 4 Abs. 5 Nr. 1 EStG. Es darf aber auch keine Gegenleistung vorliegen. Denn dann wäre die Steuerbarkeit bereits nach § 1 Abs. 1 Nr. 1 UStG gegeben. Daher scheidet § 3 Abs. 1 b Nr. 3 UStG auch für Bestechungsleistungen und „Schmiergeldleistungen" aus, denn hier wird eine – wenn auch verbotene – Gegenleistung erwartet.[450] Ebenfalls liegt keine unentgeltliche Zuwendung vor, wenn für vermeintlich unentgeltliche Zuwendungen ein Entgelt von dritter Seite gezahlt wird.[451] Nicht als Geschenk i.S.d. § 4 Abs. 5 Nr. 1 EStG werden jedoch solche unentgeltlichen Zuwendungen angesehenen, bei denen ein unmittelbarer Zusammenhang mit Leistungen des Empfängers besteht, ohne dass diese aber als Entgelt zu qualifizieren wären, weil sie nicht dem Zuwendenden gegenüber erbracht werden. Das kommt etwa in Betracht für „unentgeltliche" Zugaben zur Leistung. Diese sind allerdings nicht unentgeltlich, wenn von vornherein feststeht, dass sie gewährt werden, weil dann ein Teil des angeblich für die Hauptleistung gewährten Entgelts auf die **Zugabe** entfällt. Dies gilt z.B. für Naturalrabatte durch angeblich unentgeltliche Lieferung zusätzlicher Stücke. Es käme aber in Betracht, wenn die Zugabe nachträglich gewährt wird oder wenn der Preis für die Hauptleistung unverändert bleibt, unabhängig davon, ob die Zugabe in Anspruch genommen wird oder nicht.[452] **153**

Als schmaler Anwendungsbereich verbleiben zu Werbezwecken gemachte Sachzuwendungen, wenn der Empfänger dafür nicht seinerseits Werbeleistungen als Gegenleistung – dann ohnehin Leistungsaustausch – zu erbringen hat, etwa die Zuwendung von Gegenständen mit dem Firmenlogo oder als Treueprämien wegen eines Leistungsbezuges durch den Empfänger.[453] Alles in allem handelt es sich um eine problematische Vorschrift. Wenig überzeugend ist auch, dass nur die unentgeltliche Abgabe/Entnahme von Liefergegenständen aus dem Unternehmen auch für Zwecke des Unternehmens in § 3 Abs. 1 b Nr. 3 UStG, Art. 16 MwStSystRL erfasst wird, nicht aber die unentgeltliche Abgabe von sonstigen (Dienst-)Leistungen aus dem Unternehmen für Zwecke des Unternehmens.[454] Hier wird besonders sorgfältig zu prüfen sein, ob nicht doch ein Entgelt vorliegt. Übereinstimmend sollte aber jedenfalls bei

---

449 Zum Begriff Warenmuster vgl. BFH v. 12.12.2012 – XI R 36/10, BStBl. II 2013, 412; EuGH v. 30.09.2010 – Rs. C-581/08 (EMI Group), Slg. 2010, I-8607 = UR 2010, 816; Abschn. 3.3. Abs. 13 UStAE (Bewertung der Qualität ermöglichende Probeexemplare, auch wenn identisch mit Verkaufsexemplaren).

450 Vgl. R 4.10 (1) bis (4) EStR, keine Geschenke danach u.a. beim Empfänger ausschließlich betrieblich nutzbare Wirtschaftsgüter, Sachpreise bei Preisausschreiben und Auslobungen, Kränze und Blumen bei (Trauer)Feierlichkeiten.

451 Vgl. BFH v. 16.10.2013 – XI R 39/12, BStBl. II 2014, 1024 (Entgelt von Mobilfunkbetreibern an Vermittler von Mobilfunkverträgen für dessen „kostenlose" Abgabe von Handys an die Nutzer).

452 So EuGH v. 27.04.1999 – Rs. C-48/97 (Kuwait Petroleum), Slg. 1999, I-2323; s. auch BFH v. 24.08.2006 – V R 16/05, BStBl. II 2007, 340 (Werbegeschenkgutscheine für Parfümeriewaren); kritisch Lippross UR 2006, 142 (Preisnachlass).

453 Vgl. FG Rhld.-Pfalz v. 15.09.2015- 6 K 1844/13, EFG 2015, 2114 (Zu Sachgeschenken einer Brauerei als Treueprämien für Bierkäuferkunden).

454 Vgl. EuGH v. 12.11.2008 – Rs. C-371/07 (Danfoss/AstraZeneca), UR 2009, 60 zur unentgeltlichen Bewirtung von Geschäftsfreunden im Unterschied zu EuGH v. 30.09.2010 – Rs. C-581/08 (EMI Group), Slg. 2010, I-8607 = UR 2010, 816.

Bezug von sonstigen (Dienst-)Leistungen der Vorsteuerabzug bereits nach § 15 Abs. 1 UStG mangels Bezuges für das Unternehmen nicht gewährt werden, wenn die sonstige Leistung ausschließlich zur unentgeltlichen Weitergabe an einen Empfänger für dessen Endverbrauch bestimmt ist, mag diese Weitergabe mittelbar auch „für Zwecke des Unternehmens" des Abgebenden erfolgen, etwa die Gewährung von Eintrittsberechtigungen zu sportlichen oder kulturellen Veranstaltungen an Geschäftsfreunde.

3. Hinsichtlich der Anwendung der Befreiungsvorschriften, § 4 UStG und der Bemessungsgrundlage, § 10 Abs. 4 Nr. 1 UStG, gelten dieselben Grundsätze wie bei der Gegenstandsentnahme nach § 3 Abs. 1 b Nr. 1 UStG und der Zuwendung an Arbeitnehmer nach § 3 Abs. 1 b Nr. 2 UStG (vgl. oben unter Rn. 136 ff. u. Rn. 145 ff.).

D. Einfuhr und grenzüberschreitender Warenverkehr mit Drittländern

I. Bestimmungsland- und Ursprungslandprinzip

154 **1.** Beim grenzüberschreitenden Warenverkehr bedarf es einer Regelung, in welchem der beteiligten Staaten die Umsatzbesteuerung erfolgen soll. Eine **Doppel- oder Mehrfachbesteuerung** ist sowohl aus der Sicht der Beteiligten als auch der Staaten unerwünscht. Eine Doppelbesteuerung würde zu gravierenden **Wettbewerbsverzerrungen** führen. Die Vermeidung einer Doppelbelastung könnte theoretisch vereinfacht auf zwei Wegen erfolgen. Entweder würde die Ware ausschließlich mit der USt des Herkunftslandes besteuert. Dies wäre eine Besteuerung nach dem **Ursprungslandprinzip**. Die Besteuerung nach dem Ursprungslandprinzip hätte zur Folge, dass die Ware auf dem Verbrauchermarkt mit unterschiedlicher Umsatzsteuerbelastung je nach Herkunftsland angeboten würde. Umgekehrt würde sich für den Lieferanten die von ihm abzuführende USt unabhängig vom Ort des Endverbrauches immer nach der in seinem „Heimatland" zu entrichtenden USt richten.

Beispiel: Lieferant D in Deutschland liefert für einen Endpreis von 119.000 €

a) Ware an den Bund (kein Unternehmer),

b) Ware an den russischen Staat (kein Unternehmer).

Bei einer reinen Ursprungslandbesteuerung würde die Warenlieferung in beiden Fällen ausschließlich mit deutscher USt von 19 % = 19.000 € belastet, gleichgültig welcher Steuersatz in Russland besteht.

Dem Ursprungslandprinzip entgegengesetzt ist das sog. **Bestimmungslandprinzip**. Beim Bestimmungslandprinzip wird die Ware ausschließlich mit der USt des Staates belastet, in dem der Endverbrauch (vermutlich) stattfindet. Dies ist der Staat, in dem der Abnehmer (Lieferungsempfänger) die Ware empfängt.

Beispiel: Wie oben; die USt in Russland möge 20 % betragen: Bei einer Besteuerung nach dem Bestimmungslandprinzip ist die Warenlieferung im Fall a) mit 19.000 € deutscher USt belastet, hingegen im Fall b) mit 19.833 € russischer USt.

155 **2.** Die moderne USt vom Typ der in Deutschland und allen Staaten der EU verwendeten Nettoallphasensteuer mit Vorsteuerabzug folgt dem Bestimmungslandprinzip. Diese Umsatzbesteuerung hat sich de facto als der „Exportschlager" der EG/EU erwiesen und weltweit durchgesetzt. Lediglich die USA sind dem Vorbild bisher nicht gefolgt. In den USA stehen verfassungsrechtliche Gründe der Einführung einer Bundesumsatzsteuer entgegen. Die auf der Ebene der einzelnen Bundesstaaten erhobenen **sales taxes** folgen im Prinzip eher einer Ursprungslandbesteuerung. Jedenfalls wird eine Verbindung (nexus) des Unternehmers zu dem die sales tax erhebenden Bundesstaat verlangt. Gerade dies macht komplizierte Ausgleichsregelungen für den

Versandhandel innerhalb der USA erforderlich, bei dem dann doch eine Besteuerung nach dem Bestimmungslandprinzip erfolgen soll.

Die Besteuerung nach dem Bestimmungslandprinzip ist kein Zufall. Da die USt modernen Typs eine Belastung des Endverbrauchers intendiert, muss die Steuer des Staates maßgebend sein, in dem der Endverbrauch stattfindet. Dafür sprechen drei wesentliche Gründe:

- Erstens ist aus der Sicht des Endverbrauchers sicherzustellen, dass er proportional zum von ihm zu entrichtenden Preis mit derselben USt belastet wird, gleichgültig aus welchem Herkunftsland die erworbene Ware stammt.
- Zweitens ist aus der Sicht der die Ware anbietenden Unternehmer eine Wettbewerbsneutralität nur herzustellen, wenn bei einem Angebot am gleichen Ort im Staat des Verbrauchers die von diesem zu tragende USt gleich hoch ist.
- Drittens ist aus der Sicht der beteiligten Staaten bei einer den Verbraucher belastenden Steuer nur eine Verteilung des Umsatzsteueraufkommens akzeptabel, bei der der Staat die USt erhält, in dem der Verbrauch erfolgt und normalerweise der Verbraucher ansässig ist.

3. Eine Besteuerung nach dem Ursprungslandprinzip verändert den Charakter der USt von einer den Verbraucher belastenden Steuer zu einer den Unternehmer belastenden Steuer. Bei einer Lieferung aus Hochsteuerländern in Niedrigsteuerländer müsste der Unternehmer, um wettbewerbsfähig zu bleiben, die Umsatzsteuerdifferenz aus der Gewinnmarge tragen. Insoweit unterscheidet sich die USt als an den Verbrauch im Bestimmungsland anknüpfende Steuer grundlegend von der Gewerbesteuer als einer Produktionssteuer, die speziell nur die im Inland geschaffene Wertschöpfung besteuert. Der EuGH hat daher zutreffend für die italienische IRAP verneint, dass diese den Charakter einer Mehrwert(Umsatz-)steuer ausweist.[455] **156**

Bei einem Vergleich mit den für eine Beseitigung der Doppelbesteuerung auf dem Gebiet der Einkommensteuer/Körperschaftsteuer getroffenen Maßnahmen lässt sich cum grano salis feststellen: Keine der beiden Methoden – Freistellung oder Anrechnung – zur Beseitigung einer Doppelbesteuerung im Bereich der ESt entspricht dem für die USt maßgeblichen Bestimmungslandprinzip. Dies ist auch nicht erstaunlich. Denn bei der ESt (wie auch bei der Gewerbesteuer) geht es um die Belastung desjenigen Steuerpflichtigen, der das Einkommen (den Gewerbeertrag) erzielt hat und für den eine Doppelbelastung vermieden werden soll. Die Methoden zur Vermeidung einer Doppelbesteuerung knüpfen daher an den Sitz/Wohnsitz des das Einkommen erzielenden Steuerpflichtigen und an die Orte von Produktions-/Betriebsstätten des Steuerpflichtigen an. Keine Rolle spielt hingegen, an wen die Einkommen generierenden Leistungen erbracht und wo sie verbraucht werden. Die Besteuerung des Betriebsstättengewinns im Quellenstaat (Sitz der Betriebsstätte) mit Freistellung im Sitzstaat entspricht einer Besteuerung nach dem Ursprungslandprinzip. Die Besteuerung findet im Ursprungsland der Leistung statt. Im Ergebnis nicht anders verhält es sich, wenn die Doppelbesteuerung im Sitzstaat des die Leistung erbringenden Steuerpflichtigen unter Anrechnung der für den Betriebsstättengewinn im Quellenstaat zu entrichtenden ESt vermieden wird. Hier wird lediglich das Ursprungslandprinzip (Besteuerung im Quellenstaat) noch durch das Sitzlandprinzip ergänzt. Anders als bei der ESt als den Einkommenserzieler belastende Steuer sind weder das Quellen-/Ursprungslandprinzip noch das Sitzlandprinzip für die den Leistungsempfänger als Verbraucher und nicht den Leistungsersteller belastende USt geeignet. Hier ist die Anknüpfung des Besteuerungsrechtes an den Ansässigkeitsort des Leistungserbringers prinzipiell verfehlt. Sie lässt sich nur aus Vereinfachungsgründen rechtfertigen, soweit zur Sicherstellung einer Endverbrauchsbesteuerung in nicht gravierenden Fällen typisierend davon ausgegangen werden kann, dass auch der Verbrauch im Staat der Ansässigkeit des Leistenden erfolgt. Dies ist die Ratio für die Ortsregelung des § 3 a Abs. 1 UStG, Art. 45 MwStSystRL. Sie trifft für den grenzüberschreitenden Warenverkehr nicht zu. Angesichts der Entwicklung der modernen Informations- und Kommunikationstechnologie ist sie auch für sonstige Leistungen nur unter erheblichen Einschränkungen (vgl. unter Rn. 84 ff.) als Auffangtatbestand brauchbar.

455 EuGH v. 03.10.2006 – Rs. C-475/03 (Banca popolare di Cremona), Slg. 2006, I-9440.

157 **4.** Technisch wird das Bestimmungslandprinzip auf unterschiedlichen Wegen erreicht. Es kann der Ort der Lieferung oder sonstigen Leistung bereits so festgelegt werden, dass die Steuerbarkeit nur im Bestimmungsland und nicht im Ursprungsland gegeben ist.

Beispiel: Händler H in Frankfurt/Oder besitzt eine Zweigniederlassung in Petersburg. Er verbringt Ware von Frankfurt/Oder in die Zweigniederlassung nach Russland (Beachte: kein Befördern an einen Abnehmer). Erst dort wird sie an einen Abnehmer geliefert. Die Lieferung ist nach § 3 Abs. 6 i.V.m. § 1 Abs. 1 Nr. 1, Abs. 2 UStG in Deutschland nicht steuerbar, weil sie nicht im Inland erfolgte. Umgekehrt ist sie aber nach russischem Umsatzsteuerrecht in Russland zu besteuern. Um dies sicherzustellen, wird bereits bei der Einfuhr russische Umsatzsteuer erhoben (von H).

Anstelle einer Ortsbestimmung nur im Bestimmungsland kann das Bestimmungslandprinzip auch dadurch umgesetzt werden, dass zwar im Herkunfts-/Ursprungsland eine steuerbare Leistung angenommen wird, diese aber im Herkunftsland als „Ausfuhr" befreit wird, während umgekehrt das Bestimmungsland die „Einfuhr" belastet.

Beispiel: D in Dresden verkauft und übergibt in Dresden einen Pkw an den Käufer K aus Kiew. Der Kaufpreis beträgt 30.000 €.

Die Lieferung des Pkw ist im Inland/Deutschland nach §§ 3 Abs. 6, 1 Abs. 1 Nr. 1 und Abs. 2 UStG zwar steuerbar, aber als Ausfuhrlieferung nach § 4 Nr. 1 a i.V.m. § 6 UStG steuerfrei. In der Ukraine erfolgt aber für K eine Besteuerung der Einfuhr.

II. Einfuhr (§ 1 Abs. 1 Nr. 4 UStG) in das Inland

1. Zweck

158 **a)** Nach § 1 Abs. 1 Nr. 4 UStG unterliegt die Einfuhr von Gegenständen „im Inland" der (Einfuhr-)USt. Im Kern besteht die Einfuhr in dem rein tatsächlichen Vorgang des Verbringens eines körperlichen Gegenstandes aus dem Drittland in das Inland. Trotz Verbringens in das Inland liegt allerdings noch keine Einfuhr vor, solange sich die Drittlandsware (**Nicht**-Unionsware) noch in einem zollrechtlichen „Nichterhebungsverfahren/**besonderen** Zollverfahren" befindet (dazu Art. 210 UZK [Art. 84 Zollkodex, ZK],[456] u.a. Versandverfahren, Zolllagerverfahren). Rechtlich gesehen wird der Einfuhrtatbestand im Regeltatbestand des Art. 77 UZK (Art. 201 ZK) für die Entstehung der Einfuhrzollschuld erst mit der Überführung der Ware in den steuer- und zollrechtlich freien Verkehr gemäß Art. 77, 201 UZK (Art. 79 ZK) verwirklicht, wodurch sie den Status von **Unionsware** erlangt. Dies geschieht erst „im Inland". Daher erklärt sich die verblüffende Formulierung in § 1 Abs. 1 Nr. 4 UStG. Allerdings entsteht eine Einfuhrzollschuld wie auch eine Einfuhrumsatzsteuerschuld auch bei vorschriftswidriger Verbringung von Nichtgemeinschaftsware in das Inland, bzw. bei Entziehung aus zollamtlicher Überwachung und sonstigen Zuwiderhandlungen gegen zollrechtliche Pflichten, vgl. Art. 79 UZK (Art. 202–205 ZK) i.V.m. § 21 Abs. 2 UStG. Das gilt allerdings nicht für **Nicht-Unionsware**, die vor Beendigung eines Nichterhebungsverfahrens wieder aus der Gemeinschaft zurück in ein Drittland gelangt/ausgeführt wird, selbst wenn insoweit wegen einer Zuwiderhandlung eine Zollschuld nach Art. 79 UZK (Art. 204 ZK) entsteht.[457] Umsatzsteuerlich stellt sich die Einfuhr danach gemäß Art. 30, 60 MwStSystRL als Verbringen eines nicht im freien Verkehr befindlichen Ge-

---

456 Der Zollkodex (ZK), geregelt in der VO (EWG) 2913/92 v. 12.10.1992 zur Festlegung des Zollkodex, Abl. EWG 1992, Nr. L 302, 1 ist mit Wirkung ab dem 01.05.2016 aufgehoben worden und durch den Zollkodex der Union (UZK), VO (EU) Nr. 952/2013 v. 09.10.2013, Abl. EU 2013, Nr. L 269, 1 mit Berichtigung in Abl. EU 2013, Nr. L 287, 90 ersetzt worden. Die Zollkodex-DurchführungsVO zum ZK ist durch die Delegierte Verordnung, EU 2015, 2446 v. 28.07.2015 und die Durchführungsverordnung (EU) 2015/1447 v. 24.11.2015, Abl. EU 2015, Nr. L, 343 ersetzt worden. Sowohl die Delegierte VO (UZK-DA) als auch die neue DurchführungsVO (UZK-IA) der Kommission ergänzen den UZK und dienen der Sicherstellung seiner ordnungsgemäßen und unionseinheitlichen Umsetzung.

457 EuGH v. 06.06.2016 – Rs. C-226/14 und C-228/14 (Eurogate Distribution), MwStR 2016, 620; s. auch FG Hamburg v. 12.10.2016, 4 K 113/15, BeckRS 2016, 95781.

genstandes (aus Drittstaaten) in die Union dar. Die Ware muss dabei allerdings in den Wirtschaftsverkehr eines Mitgliedstaates der Union/Gemeinschaft gelangen.[458] Das kann durch rechtmäßige Einfuhr in die Gemeinschaft, durch sofortige Überführung in den freien Verkehr oder nach Beendigung eines besonderen Zollverfahrens (Versand, Lagerung, Verwendung, Veredelung) erfolgen, während die Ware sich noch im Unionsgebiet befindet, aber auch durch eine „illegale Einfuhr" unter Umgehung der Zollabfertigung.[459]

Mit Rücksicht auf die Besonderheiten im europäischen Binnenmarkt wird als Einfuhr seit 01.01.1993 nur noch das Verbringen von **Gegenständen aus** dem **Drittlandsgebiet** (Nicht-Unionsware) als **Einfuhr** besteuert. Die Einfuhrumsatzsteuer ist, da sie an den tatsächlichen Vorgang der Einfuhr anknüpft, bereits rechtstechnisch keine Verkehrsteuer. § 21 Abs. 1 UStG behandelt sie auch rechtstechnisch als Verbrauchsteuer i.S.d. Abgabenordnung. Daraus folgt z.B. eine erleichterte Änderbarkeit von Bescheiden (§ 172 Abs. 1 S. 1 Nr. 1 AO) und eine kürzere Verjährungsfrist (§ 169 Abs. 2 S. 1 Nr. 1 AO). Abweichend von der (innerstaatlichen) USt wird in der Bundesrepublik die Einfuhrumsatzsteuer von den Bundeszollbehörden und nicht von den Landesfinanzbehörden verwaltet (Art. 108 Abs. 1 GG). Dies hat einen praktischen Hintergrund. Die Erhebung der Einfuhrumsatzsteuer erfolgt zum Teil bereits bei Grenzübertritt des Gegenstandes. Dies ist auch für die Erhebung von Zöllen der Fall. Damit ist aber ohnehin die Bundeszollverwaltung (für die Gemeinschaft handelnd!) befasst. § 21 Abs. 2 S. 1 UStG erklärt zur Erleichterung des Verfahrens daher auch prinzipiell die Vorschriften über die Zölle für sinngemäß anwendbar. Bei der Einfuhr handelt es sich um einen materiell notwendigen Haupttatbestand der Umsatzbesteuerung im Bestimmungsland. Die Einfuhrumsatzsteuer ist auch Teil des Umsatzsteueraufkommens, das nach Art. 106 Abs. 3 GG auf Bund und Länder zu verteilen ist (Gemeinschaftsteuer).

b) Der Zweck der Einfuhrbesteuerung besteht darin, die Besteuerung des Verbrauchs und des Verbrauchers im Inland/Bestimmungsland herbeizuführen. Für eine umfassende Verbrauchsteuer (Aufwandsteuer) ist es unerheblich, ob der Verbraucher Aufwendungen für Inlands- oder Auslandsware tätigt. Die Besteuerung der Einfuhr neben der Besteuerung des innerstaatlichen Leistungsaustausches ist daher konsequent und notwendig. Eine Belastung mit der USt des Ursprungslandes wird durch Befreiung der Ausfuhr im Ursprungsland vermieden (vgl. für das deutsche Recht § 4 Nr. 1 a UStG). Die Besteuerung der Einfuhr hat nicht den Charakter eines Schutzzolles für die heimische Wirtschaft. Sie zielt vielmehr auf eine gleiche Belastung der inländischen Verbraucher. Durch die Besteuerung der Einfuhr bei gleichzeitiger Befreiung der Ausfuhr werden insoweit auch zutreffend Wettbewerbsverzerrungen zulasten einheimischer Anbieter ausgeschaltet.

c) Der deutschen (und nicht der österreichischen) Einfuhrumsatzsteuer unterliegen auch die Einfuhren aus Drittländern in die zum österreichischen Hoheitsgebiet gehörenden Gemeinden Jungholz und Mittelberg, anders aber die dort erfolgenden Lieferungen und sonstigen Leistungen (vgl. Rn. 23 f.).

458 EuGH v. 10.07.2019 – Rs. C-26/18 (Federal Express), MwStR 2019, 670 mit Anm. Schrömbges, a.a.O. und Nieskens UVR 2019, 267 und Weymüller juris-PR-SteuerR 43/2019 Anm. 6; v. 01.06.2017 – Rs. C-571/15 (Wallenborn), MwStR 2017, 575; v. 02.06.2016 – Rs. C-226/14 und 228/14 (Eurogate Distribution), UR 2016, 557; FG Hbg. v. 26.08.2019 – 4 K 64/17, BeckRS 2019, 27233 (zu geschmuggeltem und nach Entdeckung vernichteten verbrauchsteuerpflichtigem Tabak!); FG München v. 09.04.2019 – 14 K 408/17, BeckRS 2019, 22281; s. auch Schrömbges MwStR 2019, 133 m.w.N.; s. auch EuGH v. 03.03.2021 – C-7/20 (VS gegen HZA Münster), DStR 2021, 610.

459 S. EuGH v. 03.03.2021 – C-7/20 (VS gegen HZA Münster), DStR 2021, 610.

2. Einfuhr durch Endverbraucher/Nichtunternehmer

159 Eine Besteuerung der Einfuhr ist insbesondere notwendig, wenn private Nichtunternehmer oder der Staat im hoheitlichen Sektor die Einfuhr bewirken. Für diesen Personenkreis wirkt sich die Besteuerung der Einfuhr als definitive Belastung mit der inländischen USt aus. § 1 Abs. 1 Nr. 4 UStG besteuert daher zutreffend auch die **Einfuhr durch Nichtunternehmer.** Die Erhebung der Einfuhrumsatzsteuer von Nichtunternehmern lässt sich technisch nur durch eine Abfertigung und Kontrolle schon an den Zollgrenzen bewältigen. Denn eine allgemeine Erklärungspflicht von Privatpersonen für einen einfuhrumsatzsteuerpflichtigen Drittlandserwerb gegenüber inländischen Behörden ohne vorherige Grenzkontrolle ist praktisch nicht kontrollierbar.

3. Einfuhr durch Unternehmer

160 **a)** Bei der Einfuhr durch voll vorsteuerabzugsberechtigte Unternehmer kommt der Besteuerung der Einfuhr lediglich eine Kontrollfunktion zu. Da der Unternehmer die von ihm gemäß §§ 13 a Abs. 2, 21 Abs. 2 UStG i.V.m. dem Zollkodex der Union (UZK) für die Einfuhr geschuldete **Einfuhrumsatzsteuer** wieder **als VoSt abziehen** kann (§ 15 Abs. 1 Nr. 2 UStG), wird er an sich nicht belastet. Dieses Nullsummenspiel ist nur scheinbar sinnlos. Es entspricht der Behandlung innerstaatlicher Umsätze zwischen vorsteuerabzugsberechtigten Unternehmern. Auch dort erfolgt die Erhebung der USt auf jeder Wirtschaftsstufe – Allphasenumsatzsteuer – nur deshalb, um eine effektive Kontrollmöglichkeit zu haben, die leichter beim Leistungsempfänger durchzuführen ist. Bei der Einfuhr ist den Zollbehörden praktisch die Überprüfung der Inlandsverwendung auch nicht möglich. Dies erfolgt durch die Überprüfung der Vorsteuerabzugsberechtigung seitens der innerstaatlichen Finanzbehörden.

Beispiel: Unternehmer U führt für 10.000 € eine Maschine aus Zürich ein.

a) Die Maschine wird im Inland zu 100 % zur Ausführung steuerpflichtiger Umsätze verwendet.

b) Die Maschine wird im Inland zu 100 % zur Ausführung steuerfreier Umsätze verwendet.

In beiden Fällen hat U die Einfuhr bei den Zollbehörden mit 10.000 € x 19 % = 1.900 € deutscher USt zu versteuern. Im Fall a) kann er diese Einfuhrumsatzsteuer in seiner inländischen Umsatzsteuererklärung gegenüber dem Finanzamt gemäß § 15 Abs. 1 Nr. 2 als VoSt abziehen, im Falle b) schließt § 15 Abs. 2 Nr. 1 UStG den Vorsteuerabzug aus.

b) Bestimmten Unternehmern steht prinzipiell kein Vorsteuerabzug zu (§ 19 UStG, sog. Kleinunternehmer) oder nur ein pauschalierter Vorsteuerabzug (§ 24 UStG, sog. pauschalierende Landwirte). Diese dürfen dann auch die von ihnen bei einer Einfuhr geschuldete und entrichtete Einfuhrumsatzsteuer nicht, bzw. nicht neben der Pauschalierung, als VoSt abziehen. Sie werden insoweit wie Endverbraucher behandelt. Auch bei prinzipiell vorsteuerabzugsberechtigten Unternehmern kann der Vorsteuerabzug ganz oder teilweise wegen der Ausführung steuerfreier Umsätze ausgeschlossen sein (§ 15 Abs. 2 und Abs. 4 UStG). Die die Einfuhrumsatzsteuer erhebenden Zollbehörden wären überfordert, wenn sie diese Umstände schon bei der Erhebung der Einfuhrumsatzsteuer überprüfen müssten. Bei der Schnelligkeit der Abfertigung, die notwendig ist, wäre nicht einmal durchführbar zu überprüfen, ob der Einführende ein Unternehmer ist und die Einfuhr für sein Unternehmen erfolgt.

Es ist daher aus praktischen Gründen erforderlich, zunächst grundsätzlich jede – auch unternehmerische – Einfuhr zu besteuern und den Einführenden als Unternehmer wegen einer Entlastung sodann auf den Vorsteuerabzug zu verweisen. Davon macht freilich nunmehr die neue **Befreiung nach § 5 Abs. 1 Nr. 7 UStG i.d.F. JStG 2020** für die Einfuhr von Gegenständen in Sendungen im Sachwert von höchstens 150 € (s. Rn. 161, Rn. 195) nunmehr eine Ausnahme.

4. Befreiung/Bemessungsgrundlage/Steuersatz

a) Prinzipiell unterliegt jede Einfuhr aus einem Drittland der Besteuerung. § 5 UStG befreit jedoch bestimmte Einfuhren. Befreit werden nach § 5 Abs. 1 Nr. 1 und 2 UStG die Einfuhr von Wertpapieren, menschlichen Organen, Blut und Frauenmilch, gesetzlichen Zahlungsmitteln, amtlichen Wertzeichen, Gold durch Zentralbanken, Wasser- und Luftfahrzeugen sowie von zu deren Ausrüstung und Versorgung bestimmten Gegenständen. Die Lieferung entsprechender Gegenstände im Inland wäre jeweils ebenfalls befreit. § 5 Abs. 1 Nr. 3 UStG, Art. 143 Abs. 1 d MwStSystRL befreit die Einfuhr, falls der eingeführte Gegenstand (innergemeinschaftliche Transitware) im Anschluss unmittelbar zur Ausführung einer befreiten innergemeinschaftlichen Lieferung (s. Rn. 191 ff.) verwendet wird. Ohne ausdrückliche Rechtsgrundlage in der Richtlinie hat der EuGH entschieden, dass die Befreiung dem Importeur auch zu gewähren ist, wenn die materiellen Voraussetzungen an sich nicht erfüllt sind, aber der Importeur insoweit aufgrund einer von den zuständigen Zollbehörden erteilten vorläufigen Genehmigung gutgläubig war und weder wusste, noch hätte wissen können, dass die auf die Einfuhr folgenden Lieferungen mit einer Steuerhinterziehung verbunden waren.[460] § 5 Abs. 1 Nr. 4 und 5 UStG befreien die Einfuhr, soweit die eingeführten Gegenstände zur Ausführung von steuerfreien Umsätzen in einem Umsatzsteuerlager nach § 4 Nr. 4 a UStG verwendet werden sollen oder soweit die Einfuhr im Zusammenhang mit einer durch Auslagerung steuerpflichtig werdenden Lieferung steht und der Lieferer zugleich der Schuldner der Einfuhrumsatzsteuer wäre (s. Rn. 239 ff.). Darüber hinausgehend werden in Anlehnung an zollrechtliche Behandlungen nach § 5 Abs. 2 und 3 UStG i.V.m. der Einfuhrumsatzsteuerbefreiungsverordnung **(EUStBV)**, der Einreise-Freimengen-Verordnung **(EF-VO)** und der Kleinsendungs-Einfuhrfreimengen-Verordnung **(KF-VO)**[461] bestimmte Einfuhren befreit, von denen kein wettbewerbsmäßiger Einfluss auf den innerstaatlichen Handel ausgeht, u.a. die Einfuhr zur vorübergehenden Verwendung nach Art. 250 ff. UZK (Art. 137–144 ZK), die Einfuhr von Übersiedlung-, Heirats- und Erbschaftsgut, die Einfuhr von Gegenständen erzieherischen, wissenschaftlichen und kulturellen Charakters, die Einfuhr von Reisemitbringseln im persönlichen Reisegepäck (mit Mengenbegrenzung für Alkohol und Tabakwaren und im Übrigen einer Wertgrenze von 175 €) sowie von Waren in Kleinsendungen nichtkommerzieller Art (bis zu 45 €). **161**

Die nach § 1 a der EUStBV bisher bestehende generelle Einfuhrumsatzsteuerbefreiung für Kleinsendungen mit einem Gesamtwert nicht über 22 € ist durch das JStG 2020 (Art. 25) mit Wirkung ab dem 01.07.2021 ersatzlos aufgehoben worden. Eine Befreiung von der Einfuhrumsatzsteuer kommt seitdem auch bei geringem Wert der Gegenstände grundsätzlich nicht mehr in Betracht.

Allerdings wird nunmehr nach dem neu durch das JStG 2020 eingefügten **§ 5 Abs. 1 Nr. 7 UStG** die **Einfuhr** von aus dem Drittland **in Sendungen eingeführten Gegenstände im Sachwert von höchstens 150 € befreit**, wenn die Steuer im Rahmen des besonderen Besteuerungsverfahrens nach § 18 k UStG zu erklären ist. Nach **§ 18 k**

---

460 EuGH v. 25.10.2018 – Rs. C-528/17 (Bozicevic Jezovnik), UR 2018,904 unter Berufung auf EuGH v. 27.07.2007 – Rs. C-409/04 (teleos), BStBl. II 2009, 70 (s. dazu Rn. 193). S. auch EuGH v. 20.06.2018 – Rs. C-108/17 (Enteco Baltic), UR 2018, 635 (Befreiung auch dann, wenn an anderen Stpfl. mit anderer USt-IdNr. geliefert wurde, falls vom Importeur Informationen über Identität des Erwerbers mitgeteilt wurden) und EuGH v. 14.02.2019 – Rs. C-531/17 (Vetsch Int. Transporte), BB 2019, 469 (Befreiung auch dann, wenn bei nachfolgendem Umsatz eine Steuerhinterziehung begangen wird, von der der Importeur nicht wusste und wissen konnte).

461 EUStBV v.11.08.1992, BGBl. I 1992, 1526 zuletzt geändert durch VO zur Änderung der ZollVO und der EUStBV v. 24.11.2008, BGBl. I 2008, 2232) 1; EF-VO v. 24.11.2008, BGBl. I 2008, 2235 i.V.m. Richtlinie 2007/74/EG des Rates v. 20.12.2007, Abl. EU 2007, Nr. L 346, 6; KF-VO v. 11.01.1979, BGBl. I 1979, 73 i.d.F. Gesetz v. 22.12.2003, BGBl. I 2004, 21 i.V.m. VO (EWG) 918/83, Abl. EWG 1983, Nr. L 105, 1983, 1 zuletzt geändert durch VO (EG) Nr. 274/2008, v. 17.03.2008, Abl. EU 2008, Nr. L 85, 1. S. auch BFH v. 16.06.2015 – XI R 17/13, BStBl. II 2015, 1024 und v. 29.01.2015 – V R 5/14, BStBl. II 2015, 567 zur Anwendung von § 3 Abs. 8 UStG trotz Befreiung der Einfuhr von der EUSt nach § 5 Abs. 2 i.V.m. der EUStBV.

UStG findet ein **besonderes Besteuerungsverfahren für Fernverkäufe** von **aus dem Drittlandsgebiet** eingeführten Gegenständen in **Sendungen mit einem Sachwert von höchstens 150 €** statt. Durch die im Besteuerungsverfahren nach § 18 k UStG tatsächlich erfolgende Besteuerung eines nach **§ 3 c Abs. 3 UStG i.d.F. JStG 2020** (s. dazu Rn. 195) **im Inland steuerbaren Fernverkaufes aus dem Drittland** wird die Umsatzbelastung eines inländischen Endverbrauches bereits ausreichend gesichert. Für derartige Einfuhren von Gegenständen im Sachwert von höchstens 150 € führt die Besteuerung im besonderen Verfahren nach § 18 k UStG zu einer rein verfahrensrechtlichen Erleichterung. Auf das Nullsummenspiel einer Besteuerung der Einfuhr nach § 1 Abs. 1 Nr. 4 UStG und des Abzuges der erhobenen Einfuhrumsatzsteuer nach § 15 Abs. 1 Nr. 2 UStG bei anschließender Besteuerung eines im Inland nach § 3 c Abs. 2, Abs. 3 UStG steuerbaren Fernverkaufs eines aus dem Drittlandsgebiet eingeführten Gegenstandes wird verzichtet, wenn eine tatsächlichen Besteuerung des Fernverkaufs im Verfahren nach § 18 k UStG erfolgt. Um die Belastung des Verbrauchs mit Umsatzsteuer zu sichern, bedarf es keiner Besteuerung der Einfuhr nach § 1 Abs. 1 Nr. 4 UStG wegen der Befreiung nach § 5 Abs. 1 Nr. 7 UStG mehr und es bedarf keiner korrespondierenden Geltendmachung von Einfuhrumsatzsteuer als Vorsteuer nach § 15 Abs. 1 Nr. 2 UStG mehr.

b) Zur Bemessungsgrundlage bestimmt § 11 Abs. 1 UStG den **Zollwert.** Da einer Einfuhr nicht notwendigerweise ein Leistungsaustausch zugrunde liegt, kommt eine unmittelbare Anknüpfung an das Entgelt nicht in Betracht. Der Zollwert ist bei entgeltlichen Transaktionen jedoch aus dem Entgelt/Preis ohne USt abzuleiten (= sog. Transaktionswert, vgl. Art. 69–76 UZK [Kapitel 3 Art. 28 f ZK]). Diesem Wert sind u.a. im Ursprungsland erhobene Abgaben, im Bestimmungsland zu erhebende Zölle und Transport- und Vermittlungskosten bis zum Bestimmungsort hinzuzurechnen (vgl. § 11 Abs. 3 UStG).

c) Die Einfuhr unterliegt demselben Steuersatz wie die Lieferung entsprechender Gegenstände im Inland (§ 12 Abs. 1 und Abs. 2 UStG).

Beispiel: Importeur I aus Hamburg importiert Weizen. Kaufpreis 100.000 € free on board New York. Fracht bis Hamburg 10.000 €, Zoll 20.000 €. Die Bemessungsgrundlage für die Einfuhr beträgt 130.000 €. Der Steuersatz beträgt nach § 12 Abs. 2 Nr. 1 i.V.m. Nr. 13 der Anlage zum UStG 7 %.

III. Befreiung der Ausfuhrlieferung (§ 4 Nr. 1 a i.V.m. § 6 UStG)

1. Grundsätzliche Regelung und Zweck

162 **a)** § 4 Nr. 1 a i.V.m. § 6 UStG befreit die Ausfuhrlieferung in das Drittlandsgebiet von der deutschen USt. Vorausgesetzt wird, dass der Lieferort sich im Inland befindet, der Gegenstand aber durch Befördern oder Versenden in Drittlandsgebiet gelangt. Die Beschränkung auf **Drittlandsgebiet** erfolgt wegen der Sonderregelungen in Bezug auf grenzüberschreitende Warenlieferungen im europäischen Binnenmarkt. Durch die Befreiung der Ausfuhrlieferung wird im Ursprungsland dem Bestimmungslandprinzip Rechnung getragen.[462] Es erfolgt eine vollständige Entlastung von der USt des Ursprungslandes. Damit korrespondiert die Belastung mit der USt des Bestimmungslandes durch die Besteuerung der Einfuhr im Bestimmungsland. Auch wenn das Bestimmungsland (ausnahmsweise) keine USt erhebt, bedarf es zur Herstellung gleicher Wettbewerbsbedingungen im Bestimmungsland einer Entlastung durch Ausfuhrbefreiung im Ursprungsland.[463] Befreit sind auch illegale Ausfuhren.[464]

462 So zutreffend EuGH v. 17.10.2019 – Rs. C-653/18 (Unitel), UR 2019, 849; v. 28.03.2019 – Rs. C-275/18 (Vins), MwStR 2019, 486.

463 So zutreffend BFH v. 12.03.2020 – V R 24/19, BFH/NV 2020, 1098 und BFH v. 12.03.2020 – V R 20/19, MwStR 2020, 941 auch für mit der Hinterziehung von Umsatzsteuer des Drittlandes verbundenen Ausfuhrlieferungen.

464 EuGH v. 02.08.1993 – Rs. C-111/92 (Lange), Slg. 1993, I-4677.

***Hinweis:** Eine Versagung der Umsatzsteuerbefreiung für eine Ausfuhrlieferung oder die Versagung des Vorsteuerabzugs wegen Einbeziehung in eine Hinterziehung von Einfuhrabgaben/Einfuhrumsatzsteuer eines Drittlandes nach dem neu eingeführten § 25 f UStG (dazu Rn. 391 ff.) kommt richtigerweise auch für die Zukunft nicht in Betracht. Der (verfehlte) § 25 f UStG betrifft nur die Einbeziehung in eine Steuerhinterziehung von Umsatzsteuer der Mitgliedstaaten und die Erlangung eines ungerechtfertigten Vorsteuerabzugs der Mitgliedstaaten. § 25 f UStG verweist auf eine Hinterziehung nach § 370 AO. § 370 AO handelt von der Hinterziehung deutscher Umsatzsteuer und anderer deutscher Steuern und auch der Hinterziehung von Umsatzsteuer/Verbrauchsteuern der Mitgliedstaaten, nicht von der Hinterziehung von Umsatzsteuer/Verbrauchsteuer von Drittstaaten. Auch nach Einführung des § 25 f bleibt es bei der Befreiung der Ausfuhrlieferung, selbst wenn der ausführende inländische Unternehmer Mittäter oder Gehilfe einer Umsatzsteuerhinterziehung im Drittland ist.*[465]

b) Wird im Ursprungsland nach einer Nettoallphasenumsatzsteuer mit Vorsteuerabzug besteuert, genügt die Befreiung der Ausfuhrlieferung nur dann, wenn dem exportierenden Lieferer trotz Steuerfreiheit der Ausfuhrlieferung der Vorsteuerabzug erhalten bleibt. Nur über den Vorsteuerabzug tritt die notwendige volle Entlastung von der USt des Ursprungslandes ein. Dies ist in Deutschland nach § 15 Abs. 2 Nr. 1 i.V.m. Abs. 3 Nr. 1 a UStG der Fall. Entsprechende Regelungen enthalten die Umsatzsteuergesetze aller EU-Staaten gemäß Art. 169 lit. b i.V.m. Art. 146, 147 MwStSystRL. Dem exportierenden Lieferer steht trotz Steuerfreiheit der Vorsteuerabzug zu.

Beispiel:

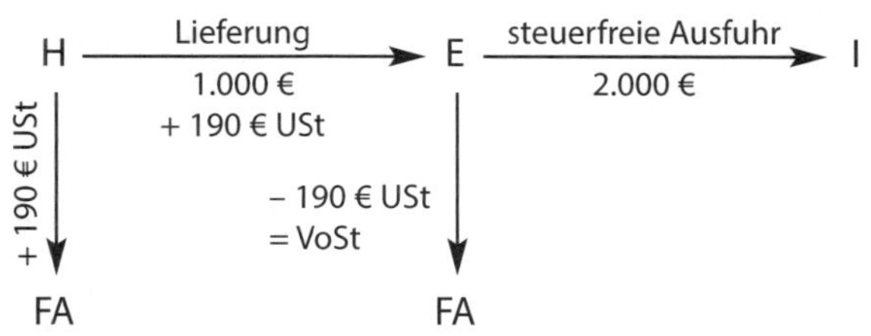

Obwohl die inländische Lieferung des Herstellers H an den Exporteur E mit USt belastet wurde, tritt durch die Gewährung des Vorsteuerabzugs für E in gleicher Höhe bei Befreiung der Ausfuhrlieferung eine vollständige Entlastung von der inländischen USt ein. Im Einfuhrland des I kann und wird regelmäßig eine Belastung mit der Einfuhrumsatzsteuer des Einfuhrlandes erfolgen. Ohne das Vorsteuerabzugsrecht bliebe die Ausfuhrlieferung mit der auf der Vorstufe erhobenen inländischen USt, hier 190 €, belastet.

Das System der Steuerbefreiung mit Vorsteuerabzugsrecht für den Exporteur ermöglicht einen vollständigen wettbewerbsneutralen exakten Grenzausgleich hinsichtlich der USt des Ursprungslandes auf allen vorhergehenden Umsatzstufen.

c) Nach dem gegenwärtigen System ist der vollständige Grenzausgleich nur möglich, wenn der Lieferant eine steuerfreie Ausfuhrlieferung tätigt. Das setzt voraus, dass er (vorsteuerabzugsberechtigter) Unternehmer ist. Bei einer grenzüberschreitenden Lieferung durch einen Nichtunternehmer erfolgt kein Grenzausgleich für die USt auf den Vorstufen. Dies ist ein aus Praktikabilitätsgründen hingenommener Systembruch. Für die Lieferungen gegen Entgelt gleichgestellten unentgeltliche Wertabgaben nach § 3 Abs. 1 b UStG schließt § 6 Abs. 5 UStG ausdrücklich die Befreiung als Ausfuhrlieferung aus[466] (s.o. Rn. 136).

465 So für die Rechtslage vor Einführung des § 25 f UStG bereits BFH v. 12.03.2020 – V R 24/19, BFH/NV 2020, 1098 (und die Vorinstanz FG Neustadt v. 28.05.2019 – 3 K 1391/17, EFG 2019, 1634 und BFH v. 12.03.2020 – V R 20/19, MwStR 2020, 941 (anders noch die Vorinstanz FG Köln v. 19.02.2019 – 8 K 2906/16, EFG 2019, 1245). Danach keine Versagung der Befreiung für die Ausfuhrlieferung in Deutschland wegen Beteiligung/Ermöglichung einer Hinterziehung in der Türkei. S. auch EuGH v. 17.07.2019 – Rs. C-653/18 (Unitel), UR 2019, 849. Auch bei einem erst in einem Drittland begangenen „Betrug" kann allerdings (ausnahmsweise) ein Betrug zum Nachteil des „gemeinsamen Mehrwertsteuersystem" vorliegen. Dann kann davon auszugehen sein, dass kein steuerbarer Umsatz vorliegt und daher auch kein Vorsteuerabzugsrecht besteht.

466 S. BFH v. 19.02.2014 – XI R 9/13, BStBl. II 2014, 597 mit Anm. Grube jurisPR-Steuerrecht 29/2014 Anm. 29.

Beispiel: Privatmann P in Deutschland erwirbt für 20.000 € zzgl. 3.800 € USt einen Pkw vom Händler. Nach einem Jahr veräußert er den Pkw im Inland für 11.900 € an einen Käufer in der Schweiz.

Die Lieferung des P ist zwar mangels Unternehmereigenschaft nicht steuerbar. P kann aber auch die von ihm im Preis bezahlte USt von 3.800 € weder ganz noch teilweise abziehen. Geht man davon aus, dass im Preis von 11.900 € noch 1.900 € deutsche (Restumsatz-)Steuer enthalten ist, wird der private Käufer mit deutscher Ursprungslandsteuer und mit schweizerischer (Bestimmungsland-)Einfuhrumsatzsteuer belastet.

d) Ausfuhrlieferungen im nichtkommerziellen Reiseverkehr sind (ab 01.01.2010) erst ab einer Wertgrenze von 50 € für den Gesamtwert der Lieferung befreit, § 6 Abs. 3 a Nr. 3 UStG. Diese (zeitlich befristete) Wertgrenze wurde aus Gründen der Verwaltungsvereinfachung eingeführt.[467] Liegen die Voraussetzungen für eine Befreiung einer kommerziellen Ausfuhrlieferung zweifelsfrei vor, ist diese auch dann zu gewähren, wenn eine Ausfuhr im privaten, nichtkommerziellen Reiseverkehr nur vorgetäuscht wurde.[468]

2. Technische Einzelheiten zur Ausfuhrbefreiung

163 **a)** Die Ausfuhrlieferung setzt immer voraus, dass der Lieferort nach den Regeln des § 3 Abs. 5 a UStG im Inland liegt. Der Liefergegenstand muss bei der Lieferung durch Befördern oder Versenden vom inländischen Lieferort **in Drittlandsgebiet** gelangen. Nach h.M. soll daher eine Ausfuhrbefreiung nur für Beförderungslieferungen nach § 3 Abs. 6 UStG und nicht für sog. ruhende Lieferungen mit Ortsbestimmung nach § 3 Abs. 7 UStG in Betracht kommen.[469] Auch wenn die Liefergegenstände erst erhebliche Zeit nach Verschaffung der Verfügungsmacht vom Abnehmer in das Drittlandsgebiet befördert oder versendet werden, liegt aber eine befreite Ausfuhrlieferung vor, wenn der Liefergegenstand tatsächlich zweifelsfrei in das Drittland physisch verbracht worden ist.[470] Das Befördern/Versenden in das Drittland ist die eigentliche Ausfuhr. § 6 Abs. 1 UStG differenziert dabei nach der Art, wie der Gegenstand in das Drittlandsgebiet gelangt. Bei **§ 6 Abs. 1 Nr. 1 UStG** (Art. 146 Abs. 1 lit. a MwStSystRL) befördert oder versendet der Lieferer/Verkäufer den Gegenstand vom Inland in das Drittlandsgebiet. Hier ist **kein ausländischer Abnehmer** erforderlich.

Beispiel: Der deutsche Bauunternehmer B in Freiburg lässt sich für 10.000 € Steine von M in München auf eine Baustelle in Bern/Schweiz liefern. M beauftragt mit dem Transport einen Frachtführer.

Die Lieferung des M an den B erfolgt nach § 3 Abs. 6 UStG in München, ist aber steuerfrei nach § 4 Nr. 1 a i.V.m. § 6 Abs. 1 Nr. 1 UStG.

164 **b)** Nach § 6 Abs. 1 Nr. 2 UStG (Art. 146 Abs. 1 b MwStSystRL) ist ein **ausländischer Abnehmer** erforderlich, wenn der **Abnehmer/Erwerber** den Liefergegenstand aus dem Inland in das Drittland **befördert** oder versendet **(Abholfälle)**. Das gilt auch dann, wenn die Beförderung oder Versendung in das Drittland teils durch den Abnehmer und teils durch den Lieferer erfolgt (sog. **gebrochene Beförderung** durch Lieferer und Abnehmer).[471]

Beispiel: Wie oben, aber B beauftragt den Frachtführer F. Dann ist die Lieferung des M an B nicht befreit, da B kein ausländischer Abnehmer ist. Allerdings kann B die ihm in Rechnung gestellte USt als VoSt abziehen. Ebenso wäre die Lieferung des M an B nicht befreit, wenn M die Steine zu einem von B beauftragten Frachtführer nach Freiburg befördert hätte und F die Steine sodann auftragsgemäß zur Baustelle des B in Bern transportiert.

---

467 S. dazu näher Abschn. 6.11. UStAE i.d.F. BMF v. 10.01.2020.

468 EuGH v. 17.12.2020 – C-656/19 (Bakati Plus), DStR 2021, 300 und Abl. EU 2021, Nr C 62, 6.

469 Abschn. 6.1. Abs. 4 i.V.m. Abschn. 3.14. Abs. 14 UStAE; a.A. im Ergebnis zutreffend Lippross 3.2.1.1. Zu verlangen ist lediglich, dass ein ausreichender sachlicher und zeitlicher Zusammenhang zwischen Lieferung und (anschließender) Beförderung/Versendung in das Drittlandsgebiet besteht.

470 Vgl. EuGH v. 19.12.2013 – Rs. C-563/12 (BDV Hungary), HFR 2014, 182.

471 S. Abschn. 6.3. UStAE (zum ausl. Abnehmer) und Abschn. 6.1. Abs. 3 a UStAE (zur Steuerbefreiung bei Ausfuhrlieferungen und innergemeinschaftlicher Lieferung bei sog. gebrochener Beförderung).

Ein ausländischer Abnehmer ist nur derjenige Abnehmer, der zum Zeitpunkt der Lieferung seinen Wohnsitz (natürliche Person) oder seinen Sitz (juristische Person) im Ausland hat (§ 6 Abs. 2 Nr. 1 UStG). Das kann für die Abnehmereigenschaft auch das EU-Ausland sein. Bei Zweigniederlassungen inländischer Unternehmen ist der im Inland ansässige Unternehmer als ausländischer Abnehmer anzusehen, wenn die im Ausland befindliche Zweigniederlassung die Bestellung im „eigenen Namen" abgegeben hat (§ 6 Abs. 2 Nr. 2 UStG).

Wird der Wohnsitz im Ausland erst nach der Lieferung begründet, genügt dies für die Befreiung nicht.

Beispiel: Gastarbeiter G aus Serbien kehrt in die Heimat zurück. Er erwirbt im Inland bei H in Hannover einen neuen Pkw, den er mitnimmt. Die Lieferung des H in Hannover ist nicht befreit, da G im Zeitpunkt der Lieferung noch keinen Wohnsitz in Serbien hatte.

Die Regelung dient der Vermeidung von Missbräuchen, weil befürchtet wird, dass es in den Abholfällen nicht wirklich zur Ausfuhr kommt. Sie ist gleichwohl nicht befriedigend und zwingt zu unnötigen Förmlichkeiten. So lässt sich im Beispielsfall die Befreiung dadurch erreichen, dass H den Wagen nach Serbien bringt oder G erst nach Serbien ausreist, dort den Wohnsitz begründet und anschließend den Wagen abholt.

c) Eine Sonderregelung trifft § 6 Abs. 1 Nr. 3 UStG, wenn der Lieferant oder Abnehmer **165**
den Liefergegenstand **in die in § 1 Abs. 3 UStG bezeichneten Zollfreigebiete** (= Freihäfen, Gewässer und Watten zwischen Hoheits- und Zollgrenze) befördert oder versendet hat. Hier erfolgt eine Befreiung nur, wenn a) der Abnehmer Unternehmer ist, für sein Unternehmen erworben hat und er nicht wegen steuerfreier Umsätze ganz oder teilweise vom Vorsteuerabzug ausgeschlossen ist oder b) wenn er ausländischer Abnehmer ist. Dabei ist zu beachten, dass ein Unternehmer mit Sitz/Wohnsitz in den bezeichneten Zollfreigebieten gerade kein ausländischer Abnehmer ist (§ 6 Abs. 2 Nr. 1 UStG). Die komplizierte Regelung dient dazu, eine Besteuerung des Endverbrauches in den bezeichneten Zollfreigebieten sicherzustellen. Bei Lieferungen an ausländische Abnehmer als Privatpersonen ist daher zusätzlich erforderlich, dass der Liefergegenstand im Anschluss ins übrige Drittlandsgebiet (nicht EU!) gelangt (§ 6 Abs. 1 Nr. 3 b UStG).

d) Eine weitere Sonderregelung besteht für die Lieferung von **Gegenständen zur** **166**
Ausrüstung und Versorgung von Beförderungsmitteln gemäß § 6 Abs. 3 UStG. Danach sind Abhollieferungen (beachte: nicht bei Befördern oder Versenden durch den Lieferanten) von Gegenständen der Ausrüstung oder Versorgung von Beförderungsmitteln, die zu privaten, nichtunternehmerischen Zwecken erworben wurden, nicht befreit. Die Befreiung tritt auch dann nicht ein, wenn die Ausfuhr im persönlichen Reisegepäck erfolgt. Diese Regelung ist gegenüber Drittländern nicht mehr verständlich, entspricht aber den EU-rechtlichen Vorgaben. Durch den **§ 6 Abs. 3 a UStG** wird die **Befreiung von Abhollieferungen für nichtunternehmerische Zwecke** des Abnehmers im **Reisegepäck** eingeschränkt. Danach gilt die Befreiung nur, wenn der Abnehmer seinen Wohnsitz im Drittland hat und die **Ausfuhr innerhalb von drei Monaten** nach dem Lieferzeitpunkt erfolgt. Außerdem muss der Gesamtwert der Lieferung 50 € übersteigen.[472] Die zeitliche Einschränkung auf drei Monate ist auch nach Art. 146 Abs. 1 b, 147 MwStSystRL zulässig.[473]

e) Der Befreiung als Ausfuhrlieferung steht nicht entgegen, dass der Ausfuhrgegen- **167**
stand vor der Ausfuhr im Inland noch be- oder verarbeitet wurde (§ 6 Abs. 1 S. 2 UStG). Für den Bearbeiter kommt eventuell ebenfalls eine Befreiung nach § 4 Nr. 1 a i.V.m. § 7 UStG als sog. Lohnveredelung in Betracht.

472 50 € Grenze mit Wirkung ab 01.01.2020 eingefügt.

473 Vgl. EuGH v. 19.12.2013 – Rs. C-563/12 (BDV Hungary), HFR 2014, 182.

Beispiel: S in Stuttgart liefert dort an Z in Zürich Kupfer. Auf Weisung des Z übergibt S das Kupfer an F in Freiburg, der daraus für Z Rohre herstellt. Die Rohre werden von F anschließend nach Zürich zu Z befördert.

S tätigt in Stuttgart (§ 3 Abs. 6 UStG) eine nach § 4 Nr. 1 a i.V.m. § 6 Abs. 1 Nr. 2 UStG steuerfreie Ausfuhrlieferung. F erbringt eine nach § 3 a Abs. 2 Nr. 3 c UStG steuerbare, aber nach § 4 Nr. 1 a i.V.m. § 7 UStG steuerfreie Lohnveredelung.

168 **f)** Beim **Reihengeschäft** (s.o. Rn. 77) kann nur eine, nämlich die **warenbewegte Lieferung** als Ausfuhrlieferung befreit sein. Erfolgt im Reihengeschäft die Lieferung an einen inländischen Abnehmer (Vertragspartner), ist sie dann nach § 6 Abs. 1 Nr. 1 UStG befreit, wenn der erste Unternehmer den Liefergegenstand selbst in das Drittland befördert oder versendet. Dagegen ist die Lieferung für den ersten in der Reihe schon mangels ausländischen Abnehmers nach § 3 Abs. 6 S. 5 und 6 UStG a.F. (Abs. 6 a n.F.) i.V.m. § 6 Abs. 1 Nr. 2 UStG nicht befreit, wenn erst der letzte Abnehmer in der Reihe den Liefergegenstand abholt (Befördern durch den Abnehmer). Es fehlt dann für den ersten in der Reihe aber auch schon daran, dass er nicht die warenbewegte Lieferung tätigt, sondern erst der mittlere Unternehmer. Wird der Gegenstand durch den mittleren Abnehmer in der Reihe abgeholt, ist (ab 01.01.2010) danach zu differenzieren, ob er eine deutsche USt-IdNr. verwendet oder nicht.

Beispiel: D in Düsseldorf verkauft eine Maschine an K in Köln, dieser an Z in Zürich.

1. D befördert die Maschine nach Zürich zu Z.
Die (warenbewegte) Lieferung des D an K ist in Düsseldorf ausgeführt (§ 3 Abs. 6 S. 1, Abs. 6 a S. 2 UStG), aber nach § 4 Nr. 1 a i.V.m. § 6 Abs. 1 Nr. 1 UStG steuerfrei, denn D befördert und braucht daher nach § 6 Abs. 1 Nr. 1 UStG keinen ausländischen Abnehmer. Die (ruhende) Lieferung des K wird erst in Zürich ausgeführt und ist daher nicht steuerbar (§ 3 Abs. 7 S. 2 Nr. 2 UStG).

2. Z lässt die Maschine bei D abholen.
K liefert nach § 3 Abs. 6 S. 1 UStG in Düsseldorf an Z. Für K liegt eine steuerfreie Ausfuhr nach § 6 Abs. 1 Nr. 2 UStG vor, denn Z ist ausländischer Abnehmer. D hingegen liefert steuerbar und nicht steuerfrei in Düsseldorf nach § 3 Abs. 7 S. 2 Nr. 1 UStG an den K, denn die warenbewegte Lieferung erfolgt nur zwischen K und Z (§ 3 Abs. 6 a S. 3 UStG). Die vorangehende ruhende Lieferung des D nach § 3 Abs. 7 S. 2 Nr. 1 UStG wird nicht befreit. Die ihm von D in Rechnung zu stellende deutsche USt kann K allerdings als VoSt nach § 15 Abs. 1, Abs. 2 Nr. 1 und Abs. 3 Nr. 1 UStG voll abziehen.

3. K lässt die Maschine bei D abholen und bringt sie zu Z.

a) K verwendet gegenüber D seine deutsche USt-IdNr.
Die Beförderung ist dem K nach § 3 Abs. 6 a S. 5 UStG zuzurechnen. Er liefert nach § 3 Abs. 6 S. 1 UStG steuerbar, aber nach § 4 Nr. 1 a, § 6 Abs. 1 Nr. 1 UStG und auch Nr. 2 steuerfrei an Z (ausländischer Abnehmer!). Für D eine nach § 3 Abs. 7 S. Nr. 2 UStG steuerbare und nicht befreite ruhende Lieferung in Deutschland an den K.

b) K verwendet gegenüber D keine deutsche USt-IdNr.
Die Beförderung ist nicht dem K (Abnehmer!), sondern dem D (Lieferer) zuzurechnen. Für D eine nach § 3 Abs. 6 S. 1 UStG i.V.m. Abs. 6 a S. 5 UStG steuerbare Lieferung, die aber nicht nach § 4 Nr. 1 a), § 6 Abs. 1 Nr. 2 UStG befreit ist, weil D kein ausländischer Abnehmer ist. Für K ebenfalls nicht befreit, weil ihm schon die warenbewegte Lieferung nicht zuzurechnen ist.

Hinweis: *zur Rechtslage bis 01.01.2020: Sollte K die Beförderung nach § 3 Abs. 6 S. 6 UStG a.F. zuzuordnen sein, tätigte K eine steuerfreie Ausfuhr, während D nach § 3 Abs. 7 S. 2 Nr. 1 UStG steuerbar und steuerpflichtig an K im Inland liefert (s.o. Rn. 77). Ohne Zuordnung, d.h. im Regelfall, war die Lieferung des D an den K auch bei Abholen die warenbewegte Lieferung, die aber mangels ausländischen Abnehmers eben nicht zu befreien war.*

3. Nachweise

Die Ausfuhr muss vom Unternehmer nachgewiesen werden (§ 6 Abs. 4 S. 1 UStG). 169
Entgegen früherer Auffassung ist das Führen des vorgeschriebenen Nachweises keine materielle Voraussetzung für die Befreiung.[474] Die Befreiung ist daher nicht zu versagen, wenn feststeht, dass der Gegenstand in das Drittlandsgebiet gelangt ist. Allerdings gehen Zweifel daran grundsätzlich zulasten des die Befreiung beanspruchenden Unternehmers.

Aufgrund der Ermächtigungsvorschrift des § 6 Abs. 4 S. 2 UStG wird nach den §§ 8–17 UStDV ein sog. **Ausfuhrnachweis (Belegnachweis)** und ein **Buchnachweis** (Aufzeichnungen) gefordert. Die Nachweispflichten in den §§ 9–17 UStDV wurden mit Wirkung ab dem 01.01.2012 erheblich umgestaltet,[475] um sie an die seit dem 01.07.2009 bestehende EU-einheitliche Pflicht zur Teilnahme am elektronischen Ausfuhrverfahren nach Art. 326 UZK-IA (vormals Art. 787 ZK-DVO/ (VO/EWG Nr. 2913/92)) anzupassen. Es wird danach unterschieden, ob der Ausfuhrgegenstand durch den Unternehmer oder den Abnehmer (oder deren Leute) selbst in das Drittlandsgebiet befördert wird (Beförderungsfälle) oder ob er durch einen von diesen beauftragten Spediteur/Frachtführer dorthin versendet wird. In den Beförderungsfällen ist der Ausfuhrnachweis nach § 9 Abs. 1 Nr. 1 UStDV grundsätzlich durch einen Ausgangsvermerk zu führen. Es handelt sich dabei um eine elektronisch (als PDF-Dokument) von der zuständigen Ausfuhrzollstelle übermittelte Bestätigung an den Anmelder, dass der Gegenstand ausgeführt wurde. Der Ausfuhrstelle, bei der die Ausfuhr im elektronischen Ausfuhrverfahren vorab anzumelden ist, wird von der Abgangs (grenz-)zollstelle die erfolgte Ausfuhr auf elektronischem Wege durch die Ausgangsbestätigung angezeigt. Soweit die Ausfuhr mangels Durchführung des elektronischen Ausfuhrverfahrens nicht durch einen Ausgangsvermerk bestätigt werden kann – weil das System ausfällt oder in Fällen von geringer wirtschaftlicher Bedeutung nicht durchzuführen ist –, ist der Ausfuhrnachweis durch einen schriftlichen Beleg zu führen. Dieser hat die Ausfuhrbestätigung der Grenzzollstelle zu enthalten und außerdem die weiteren Angaben gemäß § 9 Abs. 1 Nr. 2 UStDV. Bei der Ausfuhr von Kraftfahrzeugen muss der Beleg auch die Fahrzeug-Identifikationsnummer enthalten und zusätzlich muss auch die Zulassung, Verzollung oder Einfuhrbesteuerung im Drittland durch Bescheinigung nachgewiesen werden, § 9 Abs. 2 UStDV. Auch in den Versendungsfällen ist der Ausfuhrnachweis grundsätzlich bei Ausfuhranmeldungen im elektronischen Ausfuhrverfahren wie in den Beförderungsfällen durch (elektronisch) übermittelten Ausgangsvermerk zu führen, § 10 Abs. 1 Nr. 1 UStDV. Der Nachweis ist nach § 10 Abs. 1 Nr. 2 UStDV – sofern kein elektronisches Ausfuhrverfahren stattfindet – auch durch einen Versendungsbeleg (vom Auftraggeber unterzeichneter Frachtbrief[476]) oder anderen handelsüblichen Beleg (sog. Spediteurbescheinigung) zu führen. Stattdessen kann nach § 10 Abs. 4 UStDV der Ausfuhrnachweis auch wie in den Beförderungsfällen durch Bescheinigung der Grenzzollstelle gemäß § 9 Abs. 1 Nr. 2 UStDV geführt werden. Nach § 10 Abs. 3 UStDV kann der Ausfuhrnachweis auch bei Anmeldung im elektronischen Ausfuhrverfahren durch (Versendungs-)Belege entsprechend Abs. 1 Nr. 2 geführt werden, wenn die Führung des Ausfuhrnachweises durch elektronisch übermittelten Ausgangsvermerk nicht möglich oder zumutbar ist. Damit wird ermöglicht, den Ausfuhrnachweis durch Spediteurbescheinigung bereits zu erbringen, wenn ein Ausgangsvermerk (noch) nicht

474 BFH v. 06.12.2007 – V R 59/03, BStBl. II 2009, 57 m.w.N. S. auch EuGH v. 28.03.2019 – Rs. C-275/18, (Milan Vins) und v. 08.11.2018 – Rs. C- 495/17 (Cartrans Spedition), MwStR 2019, 65.

475 Art. 1 der 2. Verordnung zur Änderung steuerlicher Verordnungen v. 02.12.2011, BGBl. I 2011, 2416; Begründung BR-Drs. 628/11 v. 13.10.2011.

476 Für das neue Recht daher überholt BFH v. 17.02.2011 – V R 28/10, UR 2011, 779 (nicht unterzeichneter CMR Frachtbrief ausreichend).

vorliegt. Für die Ausfuhr von Kraftfahrzeugen durch Versendung gelten nach § 10 Abs. 2 UStDV dieselben zusätzlichen Nachweispflichten wie in den Beförderungsfällen.[477] Für den nach § 13 UStDV erforderlichen Buchnachweis müssen sich aus buchmäßigen Aufzeichnungen beim Lieferanten u.a. ersehen lassen: Bezeichnung und Menge des Liefergegenstandes und bei Fahrzeugen auch die Identifikationsnummer, Tag der Lieferung, Entgelt, Art der Ausfuhr, Name und Anschrift des Abnehmers, Bestimmungsort sowie bei elektronischem Ausfuhrverfahren die Movement Reference Number – MRN. Wegen der Gefahr missbräuchlicher Inanspruchnahme der Steuerbefreiung werden die Nachweispflichten von der Finanzverwaltung sehr streng interpretiert. Sie sind ab 2010 auch als Mussvorschriften ausgestaltet.[478] Buchnachweis und Ausfuhrnachweis können bis zur letzten mündlichen Verhandlung vor dem FG nachgeholt oder ergänzt werden. Auch ohne ordnungsgemäßen Ausfuhr- oder Buchnachweis kann die Ausfuhrlieferung steuerfrei sein, wenn objektiv feststeht, dass die materiellen Voraussetzungen für eine Befreiung nach § 6 Abs. 1–3 a UStG vorliegen.[479]

Nach der Rspr. ist darüber hinausgehend einem **gutgläubigen Unternehmer**, der die erforderliche Sorgfalt hat walten lassen, die Steuerfreiheit für Ausfuhrlieferungen trotz Nichterfüllung der materiellen Voraussetzung des Beförderns/Versendens in das Drittlandsgebiet nach § 6 Abs. 1 UStG, Art. 146 Abs. 1 der MwStSystRL zu gewähren, wenn er durch gefälschte Ausfuhrnachweise von seinem Abnehmer über das physische Verbringen in das Drittlandsgebiet getäuscht wurde. Verfahrensrechtlich hat dies im deutschen Recht durch einen Erlass nach §§ 163, 227 AO wegen sachlicher Unbilligkeit zu erfolgen.[480] Diese **Gewährung von Gutglaubensschutz** ist zwar im Ergebnis zu begrüßen und auch in der Sache eine zutreffende Risikoverteilung zwischen dem Unternehmer als Steuereinsammler und dem Staat. Freilich ist nicht zu verkennen, dass der EuGH und ihm folgend der BFH sich hier einmal mehr ohne ausreichende gemeinschaftsrechtliche Legitimation zum europäischen und sogar nationalen Gesetzgeber[481] aufschwingt, indem er sich kurzerhand über die Regelungen in Art. 146 der MwStSystRL hinwegsetzt. Erforderlich wäre eine ausdrückliche Regelung in der MwStSystRL und dem dann folgend im UStG. Auch ohne dies folgt verständlicherweise der BFH[482] dem EuGH, indem er eine Befreiung aufgrund Gutglaubensschutzes auch dann gewährt, wenn entgegen § 6 Abs. 1 UStG der Liefergegenstand zwar nicht in das Drittlandsgebiet befördert/versendet worden ist, der Lieferant darüber aber von seinem Abnehmer getäuscht worden ist. (s. auch unter Rn. 192 ff. zur innergemeinschaftlichen Lieferung).

IV. Lohnveredelung an Gegenständen der Ausfuhr (§ 7 UStG)

170 **1.** Die Befreiung der Ausfuhrlieferung betrifft die Lieferung körperlicher Gegenstände. Regelmäßig wird die grenzüberschreitende Erbringung sonstiger Leistungen nicht befreit (vgl. aber § 4 Nr. 3 und 5 UStG), weil es an Überprüfungsmöglichkeiten

477 Vgl. zum Ausfuhrnachweis auch Abschn. 6.2. (elektronisches Ausfuhrverfahren) und 6.6.–6.11. UStAE.

478 Vgl. dazu Abschn. 6.5.–6.12. UStAE; s. aber auch BFH v. 31.07.2008 – V R 21/06, UR 2009, 29 – dort auch zur Vermutungsregel.

479 BFH v. 28.08.2014 – V R 16/14, BStBl. II 2015, 46; v. 28.05.2009 – V R 23/08, BStBl. II 2010, 517, Abschn. 6.10. Abs. 3 a UStAE. S. auch BFH v. 12.03.2020 – V R 20/19, BStBl. II 2020, 608 und Abschn. 6.6. UStAE Abs. 6 S. 7 i.d.F. BMF v. 15.12.2020, BStBl. I 2020,1374.

480 BFH v. 28.08.2014 – V R 16/14, BStBl. II 2015, 46; v. 30.07.2008 – V R 7/03, BStBl. II 2010, 1075; EuGH v. 21.02. 2008 – Rs. C-271/06 (Netto-Supermarkt GmbH), Slg. 2008, I-787 = HFR 2008, 408; s. auch Abschn. 6.5. Abs. 6 UStAE. S. auch Ismer/Artinger MwStR 2019, 56.

481 S. EuGH v. 18.12.2014 – Rs. C-131/13 (Italmoda), UR 2015, 106 mit (berechtigter!) kritischer Anm. Wäger UR 2015, 81 (zur Versagung des Rechts auf Vorsteuerabzug und Steuerbefreiung für die innergemeinschaftliche Lieferung bei wissentlicher oder fahrlässiger „Beteiligung" an einer Mehrwertsteuerhinterziehung).

482 BFH v. 29.03.2016 – XI B 77/15, BFH/NV 2016, 1181 (aber nur bei Gutgläubigkeit und vollständiger Erfüllung der formellen Buch- und Belegnachweise gemäß §§ 8–17 UStDV).

beim Grenzübergang fehlt. Damit korrespondiert umgekehrt, dass sonstige Leistungen nicht der Einfuhrumsatzbesteuerung unterliegen. Dem Bestimmungslandprinzip wird bei sonstigen Leistungen bereits bei der Bestimmung des Ortes der Leistung Rechnung zu tragen versucht.

§ 4 Nr. 1 a i.V.m. § 7 UStG befreit jedoch eine **Werkleistung = sonstige Leistung,** nämlich die Be- oder Verarbeitung (= Lohnveredelung) durch den Werkunternehmer von Stoffen (Gegenständen), die der Auftraggeber stellt. Der be- oder verarbeitete Gegenstand (= Gegenstand der Ausfuhr) muss nach der Erbringung der Lohnveredelung im Inland – Ortsbestimmung nach § 3 a Abs. 3 Nr. 3 c UStG bei Leistungen an Nichtunternehmer, ansonsten nach § 3 a Abs. 2 UStG Sitzort des empfangenden Unternehmers – in das Drittlandsgebiet gelangen. Korrespondierend unterliegt umgekehrt die Lohnveredelung in einem Drittlandsgebiet bei Wiedereinfuhr des bearbeiteten Stoffes der Einfuhrumsatzbesteuerung. Bemessungsgrundlage ist der Werklohn (= das Veredelungsentgelt; vgl. § 1 Abs. 1 Nr. 4 i.V.m. § 11 Abs. 2 UStG). Die Überwachung ist hier wegen der Verbindung mit dem Verbringen eines körperlichen Gegenstandes über die Zollgrenze möglich.

2. Die Befreiung für die Lohnveredelung nach § 4 Nr. 1 a i.V.m. § 7 UStG erfolgt weitgehend nach den gleichen Kriterien wie die Befreiung der Ausfuhrlieferung. In den Versendungs-/Beförderungsfällen durch den Werkunternehmer bedarf es keines im Ausland ansässigen Auftraggebers (§ 7 Abs. 1 Nr. 1 UStG). In den Abholfällen (Befördern oder Versenden durch den Auftraggeber) muss der Auftraggeber hingegen im Ausland (beachte: auch in einem EU-Staat!) ansässig sein (§ 7 Abs. 1 Nr. 2 UStG). Auch für die Lohnveredelung ist ein **Beleg- und Buchnachweis** zu führen (§ 7 Abs. 4 UStG i.V.m. §§ 12 und 13 UStDV).

3. Zu beachten ist aber folgende wesentliche Abweichung zur Ausfuhrlieferung. Die Lohnveredelung ist nur dann befreit, wenn der zu bearbeitende oder zu verarbeitende Gegenstand/Stoff des Auftraggebers von dem Auftraggeber entweder

- zum Zwecke der Lohnveredelung in das Unionsgebiet (beachte: nicht Inland allein) eingeführt wurde oder
- zum Zwecke der Lohnveredelung im Unionsgebiet erworben wurde.

Beispiel 1: Der Werkstattunternehmer W in Berlin führt a) eine Reparatur an dem Lkw des Fuhrunternehmers B aus Minsk/Weißrussland aus. Der Lkw wurde nicht extra zum Zwecke der Reparatur „eingeführt". W führt b) eine Reparatur am Pkw des in der Schweiz ansässigen Schriftstellers Max Fisch aus. Fisch befand sich zu einem privaten Besuch in Berlin, als sein Pkw beschädigt wurde.

Zu a): Die Werkleistung des W erfolgt gemäß § 3 a Abs. 2 UStG in Minsk und ist daher schon nicht steuerbar. Zu b): Die Werkleistung an Fisch erfolgt gemäß § 3 a Abs. 3 Nr. 3 c UStG in Berlin. Sie ist nicht nach § 4 Nr. 1 a i.V.m. § 7 UStG befreit, denn der Pkw wurde weder zum Zwecke der Reparatur in das Unionsgebiet eingeführt noch hier erworben.

Beispiel 2: Auftraggeber A (Privatperson!) aus USA lässt bei Färberei R in Rheydt Stoff einfärben, den A in Schottland erworben hatte. Anschließend wird der nunmehr eingefärbte Stoff in die USA „exportiert". Die Lohnveredelung des R (= Einfärben des Stoffes) ist steuerbar nach § 3 a Abs. 3 Nr. 3 c UStG und steuerfrei nach § 7 Abs. 1 UStG.

4. Zu beachten ist, dass Werklieferungen den Regeln über die Ausfuhrlieferung nach § 6 UStG unterliegen. Hier ist also gerade kein Erwerb oder keine Einfuhr zum Zwecke der Bearbeitung erforderlich. Bei Reparaturleistungen kann bei ansonsten unklarer Abgrenzung von einer Werklieferung ausgegangen werden, wenn der Entgeltanteil, der auf das verwendete Material entfällt, mehr als 50 % des Gesamtentgeltes beträgt.[483]

483 Abschn. 7.4. i.V.m. 3.8. Abs. 6 UStAE.

V. Grenzüberschreitende Güterbeförderungen und ergänzende Leistungen im internationalen Warenverkehr

171 **1.** Bei grenzüberschreitenden Güterbeförderungen in und aus Drittlandsgebiet unterliegt nur die Beförderung auf dem inländischen Streckenteil der deutschen Besteuerung (§ 3 b Abs. 1 S. 3 UStG), sofern der Empfänger der Beförderungsleistung kein Unternehmer ist. Ist er Unternehmer, so wird die gesamte Beförderungsleistung am Ort des Unternehmens des Empfängers erbracht, § 3 a Abs. 2 UStG. Die grenzüberschreitende Güterbeförderung ist hinsichtlich des inländischen Streckenanteils aber nach **§ 4 Nr. 3 a lit. aa und lit. bb UStG** befreit, wenn sie **Gegenstände der Ausfuhr** (oder der Durchfuhr im externen Versandverfahren in Drittstaaten) **oder der Einfuhr** in einen Mitgliedstaat der Gemeinschaft betrifft. Letzterenfalls müssen allerdings die Kosten der Beförderung in der Bemessungsgrundlage für die Einfuhr enthalten sein (vgl. § 11 Abs. 3 Nr. 3 UStG). **Innergemeinschaftliche Güterbeförderungen** werden demgegenüber gerade **nicht befreit**.

2. Sonstige ergänzende Leistungen im internationalen Warenverkehr, die sich auf Gegenstände der Einfuhr aus Drittstaaten oder der Ausfuhr in Drittstaaten beziehen, z.B. Lagerungen, Umladen, Verpacken, Kontrollleistungen usw., werden ebenfalls nach § 4 Nr. 3 a UStG befreit.[484] Auch bei sonstigen Leistungen für Gegenstände der Einfuhr ist erforderlich, dass die Entgelte für diese Leistungen in die Bemessungsgrundlage der Einfuhr einbezogen worden sind (§ 4 Nr. 3 a lit. bb i.V.m. § 11 Abs. 3 Nr. 4 b UStG). Wie bei der Güterbeförderung geht es darum, dass im Zusammenhang mit der Ausfuhr vollständig von der Steuer des Ursprungslandes entlastet werden soll.

Zu beachten ist, dass wegen der Ortsregelung des § 3 a Abs. 2 UStG, wonach der Ort von Güterbeförderungsleistungen und diese ergänzenden Leistungen wie das Beladen, Entladen usw. an Unternehmer (und juristische Personen mit USt-IdNr.!) der Unternehmensort des Empfängers ist, die Befreiungsvorschrift des § 4 Nr. 3 a UStG bei einer Beförderungsleistung und diese ergänzenden Leistung an einen im Ausland ansässigen Unternehmer schon mangels Steuerbarkeit in Deutschland nicht anwendbar ist. Der Anwendungsbereich des § 4 Nr. 3 a UStG ist entsprechend eingeschränkt. Ist der die Beförderungsleistung empfangende Unternehmer in Deutschland ansässig, sodass § 3 a Abs. 2 UStG anwendbar ist, liegt keine grenzüberschreitende Güterbeförderung vor, sodass deshalb keine Befreiung in Betracht kommt. Die Entlastung kann hier nur über den Vorsteuerabzug erfolgen. Allerdings ist § 3 a Abs. 8 S. 1 UStG zu beachten. Dieser verlegt bei Beförderungsleistungen, ergänzenden Leistungen dazu, wie Beladen und Entladen, und für Werkleistungen sowie Begutachtungen von beweglichen Gegenständen den Ort schon in das Drittland, falls die Leistungen dort genutzt oder ausgewertet werden.

E. Umsatzsteuer-Binnenmarkt: Innergemeinschaftlicher Erwerb und innergemeinschaftlich befreite Lieferung

I. Grundlagen und Überblick

172 **1.** Nach Art. 14 EGV war die Gemeinschaft verpflichtet, bis zum 31.12.1992 die erforderlichen Maßnahmen zu treffen, um gemäß **Art. 93 EGV** die USt, Verbrauchsteuern und sonstigen indirekten Steuern so weit zu **harmonisieren**, als dies für die Errichtung und das **Funktionieren des Binnenmarktes** erforderlich ist. In Ausführung dieses Artikels erging die Richtlinie 91/680 EWG.[485] Diese wurde durch das deutsche

484 Vgl. dazu BFH v. 10.11.2010 – V R 27/09, BStBl. II 2011, 557.

485 Ergänzungsrichtlinie, Abl. EG 1991, Nr. L 376.

Umsatzsteuer-Binnenmarktgesetz[486] in deutsches Recht umgesetzt und mit Wirkung ab dem 01.01. 2007 durch die MwStSystRL ersetzt.

2. Zum Verständnis der Regelung sind vorab folgende Feststellungen zu treffen. Die USt bleibt bzgl. der Aufkommenszuteilung eine nationale Steuer. Jeder EU-Staat behält also „sein" Umsatzsteueraufkommen. Hinsichtlich der Höhe des Umsatzsteuersatzes ist keine vollständige Harmonisierung im Sinne einer Vereinheitlichung erfolgt. Es wurde lediglich der Normalsteuersatz nach unten auf 15 % begrenzt und der ermäßigte Steuersatz auf 5 %, Art. 96, 97 und 99 MwStSystRL. Daneben bleiben für eine unbefristete „Übergangszeit" auch bestehende Nullsteuersätze und niedrigere ermäßigte Steuersätze zulässig, Art. 109 f. MwStSystRL. Unter diesen Voraussetzungen galt es, folgende Probleme zu bewältigen: Erstens soll im Wesentlichen die Verteilung des Umsatzsteueraufkommens unter den EU-Staaten unverändert bleiben. Zweitens soll – trotz unterschiedlicher Steuersätze – der Wettbewerb für die die Leistungen anbietenden Unternehmer nicht relevant durch die USt beeinflusst werden. Zugleich hat aber jede Grenzabfertigung wegen der USt innerhalb der EU zu entfallen. Diese Anforderungen miteinander zu vereinen gleicht ein wenig der Quadratur des Kreises.

3. Die Binnenmarktrichtlinie hat das Problem beim EU-grenzüberschreitenden Wa- 173
renverkehr zwischen vorsteuerabzugsberechtigten Unternehmern – sog. **kommerzieller Warenverkehr** (**B**[usiness] **to B!**) – dadurch gelöst, dass materiell alles beim Alten geblieben ist. Lediglich verfahrensrechtlich und in der Bezeichnung sind Änderungen eingetreten. An die Stelle der Besteuerung der **Einfuhr** tritt die Besteuerung des **innergemeinschaftlichen Erwerbs**. Dieser ist als normaler innerstaatlicher Besteuerungstatbestand gestaltet (§§ 1 Abs. 1 Nr. 5, 1 a UStG), sodass die Landesfinanzbehörden – und nicht der Zoll wie bei der Einfuhr – zuständig sind und der Erwerb in der normalen Steuererklärung zu deklarieren ist. Die frühere steuerfreie Ausfuhrlieferung für den „Export in EG-Staaten" wurde durch die **steuerfreie innergemeinschaftliche Lieferung** ersetzt (§ 4 Nr. 1 b i.V.m. § 6 a UStG). Wie die Ausfuhrlieferung lässt sie den **Vorsteuerabzug** aus den Eingangsleistungen für den „Exporteur" zu (§ 15 Abs. 3 Nr. 1 a UStG).

Beispiel:

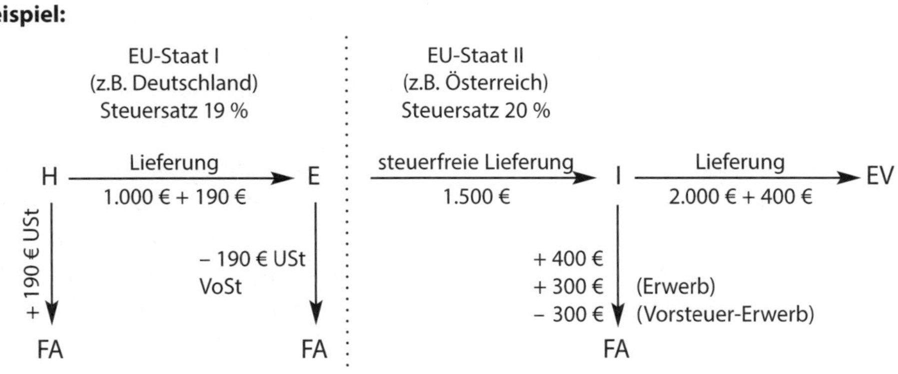

Auf diese Weise bleibt im Ergebnis materiell das **Bestimmungslandprinzip beim kommerziellen Warenverkehr** vollständig gewahrt. Der Endverbraucher wird (nur) mit der USt seines (Verbrauchs-)Landes belastet. Diese erhält auch das betreffende EU-Land. Die Erwerbsbesteuerung im Bestimmungsland (im Beispiel Österreich) und der dort nach österr. UStG für die Besteuerung des Erwerbs (entsprechend § 1 a dtsch. UStG, Art. 2 Abs. 1 b, Art. 20, 21 MwStSystRL) zu gewährende Vorsteuerabzug (entsprechend § 15 Abs. 1 Nr. 3, § 3 d S. 1 dtsch. UStG, Art. 168 c MwStSystRL) gleichen sich aus. Im Ursprungsland erfolgt schon durch die Steuerbefreiung der innerge-

486 V. 25.08.1992, BGBl. I 1992, 1548; BStBl. I 1992, 552.

meinschaftlichen Lieferung bei Erhalt des Vorsteuerabzugs eine vollständige Entlastung.

Alternativ zu dieser Lösung wäre für den kommerziellen Warenverkehr auch denkbar gewesen, weder den Erwerb zu besteuern noch die innergemeinschaftliche Lieferung zu befreien. Dann hätte aber für den Erwerber ein **grenzüberschreitender Vorsteuerabzug** zugelassen werden müssen. Die dadurch eintretende Verschiebung des Steueraufkommens zugunsten der exportstarken EU-Staaten müsste durch Ausgleichszahlungen der Staaten untereinander beseitigt werden. Dieses eigentliche **gemeinsame Marktprinzip** des grenzüberschreitenden Vorsteuerabzugs ist gescheitert, weil man sich nicht auf ein Clearing-System einigen konnte. Ein zwischenzeitlich erneuter Anlauf der Kommission[487] hatte keine Wirkung gezeigt. Im Ergebnis führt aber die jetzige Lösung mit der Befreiung der innergemeinschaftlichen Lieferung des Lieferers im Abgangsmitgliedstaat und der Besteuerung des innergemeinschaftlichen Erwerbs beim Erwerber im Ankunftsmitgliedstaat und gleichzeitiger Gewährung des Vorsteuerabzugs im Ankunftsmitgliedstaat für den Erwerber bei Verwendung von den Vorsteuerabzug zulassenden Umsätzen zu einer dem Bestimmungslandprinzip voll entsprechenden Lösung.

174 **4.** Für den **nichtkommerziellen Warenverkehr** innerhalb der EU, d.h. wenn der **Abnehmer kein Unternehmer** ist bzw. kein Vorsteuerabzugsrecht hat, musste die Besteuerung der Einfuhr mit Grenzabfertigung und Kontrolle durch die Zollbehörden (s. Rn. 158 f.) ebenfalls entfallen. Ein Ersatz der Einfuhrbesteuerung durch eine innerstaatliche Erwerbsbesteuerung mit Deklarationspflicht konnte für private Erwerber aber – anders als für Unternehmer – prinzipiell nicht in Betracht kommen. Eine solche Erwerbsbesteuerung wäre bei nichtunternehmerischen (privaten) Erwerbern weder zumutbar noch kontrollierbar. Zutreffende Deklaration und deren Kontrolle wären bei einer Erwerbsbesteuerung auch von Nichtunternehmern/Privatpersonen aber dringend gerade deshalb erforderlich, weil hier keine korrespondierende Entlastung durch einen Vorsteuerabzug erfolgen dürfte, sondern die Belastung mit der Umsatzsteuer des Verbrauchslandes gerade durch die Besteuerung des Erwerbs hergestellt werden müsste.

Für den **nichtkommerziellen innergemeinschaftlichen Warenverkehr** wird dem Bestimmungslandprinzip jedenfalls bei Beförderung/Versendung durch den Lieferer nunmehr aber weitgehend durch die Ortsregelung für den innergemeinschaftlichen Fernverkauf in **§ 3 c UStG** i.d.F. des JStG 2020 (dazu Rn. 195) in Umsetzung von **Art. 33 lit. a der MwStSystRL** 2006/112/EG Rechnung getragen, indem der Lieferort in das Bestimmungsland verlagert wird. Bei Abhollieferungen bleibt es dagegen dabei, dass der Lieferort sich nach § 3 Abs. 6 UStG bestimmt, d.h. dort, wo die Beförderung/Versendung durch den Abnehmer beginnt, respektive nach § 3 Abs. 7 S. 1 UStG dort, wo der Gegenstand sich zur Zeit der Verschaffung der Verfügungsmacht befindet.

Beispiel: Nichtunternehmer Ö (Wohnsitz Wien) kauft bei Unternehmer D (München) während eines Aufenthaltes in Bayern zwei Paare Skier. Paar 1 lässt er durch D an seine Wohnadresse in Wien schicken. Dieses will er später an seinen Bruder verschenken. Paar 2 lässt er sich sofort in München aushändigen, um damit sofort in Bayern Ski zu fahren. Nach Beendigung des Skiurlaubs in Bayern nimmt der die Skier mit nach Wien.

Der Ort für das durch Unternehmer D im Auftrage des Ö nach Wien versendete Paar 1 der Skier liegt nach § 3 c Abs. 1 i.d.F. JStG 2020 dtsch. UStG in Österreich. Die Liefe-

487 Kom (96) 328 endg. = Ratsdok. 9466/96 = BR-Drs. 637/96; vgl. dazu Schlienkamp UR 1996, 326; vgl. insoweit auch Mitteilung KOM (2008) 807 endg. über eine Strategie zur Bekämpfung des MwSt-Betrugs in der EU v. 01.12.2008 sowie KOM (2008) 109 endg. und SEK (2008) 249 endg. v. 22.02.2008 mit Erörterung einer Besteuerung innergemeinschaftlicher Lieferungen und einer generellen Verlagerung der Steuerschuldnerschaft auf den Empfänger.

rung ist daher nach dtsch. UStG nicht steuerbar. Sie ist in Österreich freilich von D nach österr. UStG zu besteuern. Der Ort der Lieferung des Paares 2 liegt nach § 3 Abs. 7 S. 1, Abs. 6 S. 1 UStG in München. Die Lieferung ist für D nach deutschem UStG in Deutschland steuerbar und steuerpflichtig. In Österreich ist weder durch D eine Lieferung zu besteuern, noch tätigt Ö als Privatperson dort einen steuerbaren und steuerpflichtigen Erwerb entsprechend § 1 a dtsch. UStG.

5. Bei der **Lieferung neuer Fahrzeuge** (s. Rn. 179) findet auch für Privatpersonen im Bestimmungsland eine **Erwerbsbesteuerung** statt, umgekehrt wird die Lieferung im Ursprungsland befreit **(§§ 1 b, 2 a, 4 Nr. 1 b, 6 a UStG)**.

6. Die Binnenmarktregelung hatte insbesondere von deutscher Seite viel Kritik erfahren.[488] Sie wurde als Etikettenschwindel und unnötige Komplizierung verdammt, die mit dem Binnenmarkt unvereinbar sei. Die Kritik war unberechtigt und überzogen. Eine totale Gleichbehandlung mit rein innerstaatlichen Umsätzen setzt voraus, dass auch keinerlei Steuersatzunterschiede mehr bestehen und ein befriedigender Mechanismus hinsichtlich der Verteilung des Steueraufkommens innerhalb der EU gefunden wird. Die von deutscher Seite früher propagierte Ersetzung des Bestimmungslandprinzips durch das Ursprungslandprinzip bei Bestehenbleiben von damals bestehenden erheblichen Steuersatzunterschieden (zugunsten deutscher Lieferanten!) und ohne Ausgleichsmechanismus bei grenzüberschreitendem Vorsteuerabzug war erkennbar von egoistischen Motiven geleitet. Sie verkannte darüber hinaus den Verbrauchsteuercharakter der USt.[489] Wer eine totale Gleichbehandlung mit rein innerstaatlichen Umsätzen verlangt, muss konsequenterweise auf die Steuersouveränität der EU-Staaten bzgl. der USt verzichten.[490] So weit sind wir noch lange nicht. Eine Verfälschung der Wettbewerbssituation für die Unternehmer im Binnenmarkt durch Übergang zum Ursprungslandprinzip ohne vollständige Angleichung auch der Steuersätze bedeutet keinen Fortschritt, sondern einen Rückschritt und verstößt im Übrigen gegen den Grundgedanken des gemeinsamen Binnenmarktes. Zu Recht verfolgt die Kommission daher das Ursprungslandprinzip nicht mehr, sondern favorisiert nunmehr ein auf dem Bestimmungslandprinzip basierendes EU-weites MwStSystem auch für grenzüberschreitende Umsätze innerhalb der Union.[491] Im Kern wird insoweit von der Kommission dem Rat allerdings nun vorgeschlagen, zukünftig den Ort der **Lieferung bei grenzüberschreitenden Lieferungen zwischen Unternehmern in der Union** abweichend von der allgemeinen Regelung des Art. 33 MwStSystRL an das Ende der Beförderung/Versendung in den Bestimmungsmitgliedstaat zu verlegen. Die Lieferung wäre dann von vornherein nur im Bestimmungsmitgliedstaat steuerbar. Die bisherigen Befreiung für die ig. Lieferung im Abgangsmitgliedstaat und die Besteuerung eines ig. Erwerbs im Bestimmungsmitgliedstaat sollen dann entfallen. Stattdessen wäre die Lieferung nur im Bestimmungsland steuerbar. Problematisch kann dann sein, dass der Lieferer im Bestimmungsland Erklärungs- und Zahlungspflichten hat. Dem kann freilich dadurch begegnet werden, dass ihm die Abgabe von Erklärungen für seine Umsätze im Be- 175

488 Vgl. statt vieler Nieskens BB 1992, Beilage 17.

489 Dazu Reiß in: FS Tipke, 1995, 433.

490 Vgl. demgegenüber zutreffend Schlussantrag Generalanwalt Cruz Villalon v. 28.02.2013 – Rs. C-388/11 (Credit Lyonnais), Celex-Nr. 62011CC0388 (Rn. 53 MwSt bleibt eine Steuer in der Steuerhoheit der Mitgliedstaaten); vgl. auch Hagen/Reiß UR 2000, 106.

491 Vgl. Grünbuch der Kommission über die Zukunft der MwSt – Wege zu einem einfacheren, robusteren und effizienten MwSt-System, KOM (2010) 695 endg. v. 01.12.2010, BR-Drs. 799/10 v. 02.12.2010 und Mitteilung der Kommission an das Parlament und den Rat zur Zukunft der Mehrwertsteuer, KOM (2011) 851 endg. v. 06.12.2011. S. Vorschlag zur Änderung der RL 2006/112/EG zur Einführung eines endgültigen Systems der Besteuerung des Handels zwischen den Mitgliedstaaten COM (2017) 569 final vom 04.10.2017, BR-Drs. 660/17 und dazu Widmann UR 2018,10 und Becker MwStR 2017, 902 sowie der erneute Änderungsvorschlag v. 25.05.2018 COM (2018) 329 final.

stimmungsland und die Erfüllung von Zahlungspflichten gegenüber dem Bestimmungsland in seinem Ansässigkeitsstaat ermöglicht wird, der quasi als Briefkasten für den Bestimmungsmitgliedstaat eingeschaltet würde. Dem entspricht inzwischen weitgehend die Regelung in 18 j UStG i.d.F. JStG 2020 für den innergemeinschaftlichen Fernverkauf und für von im Gemeinschaftsgebiet ansässigen Unternehmern erbrachte sonstige Leistungen.

176

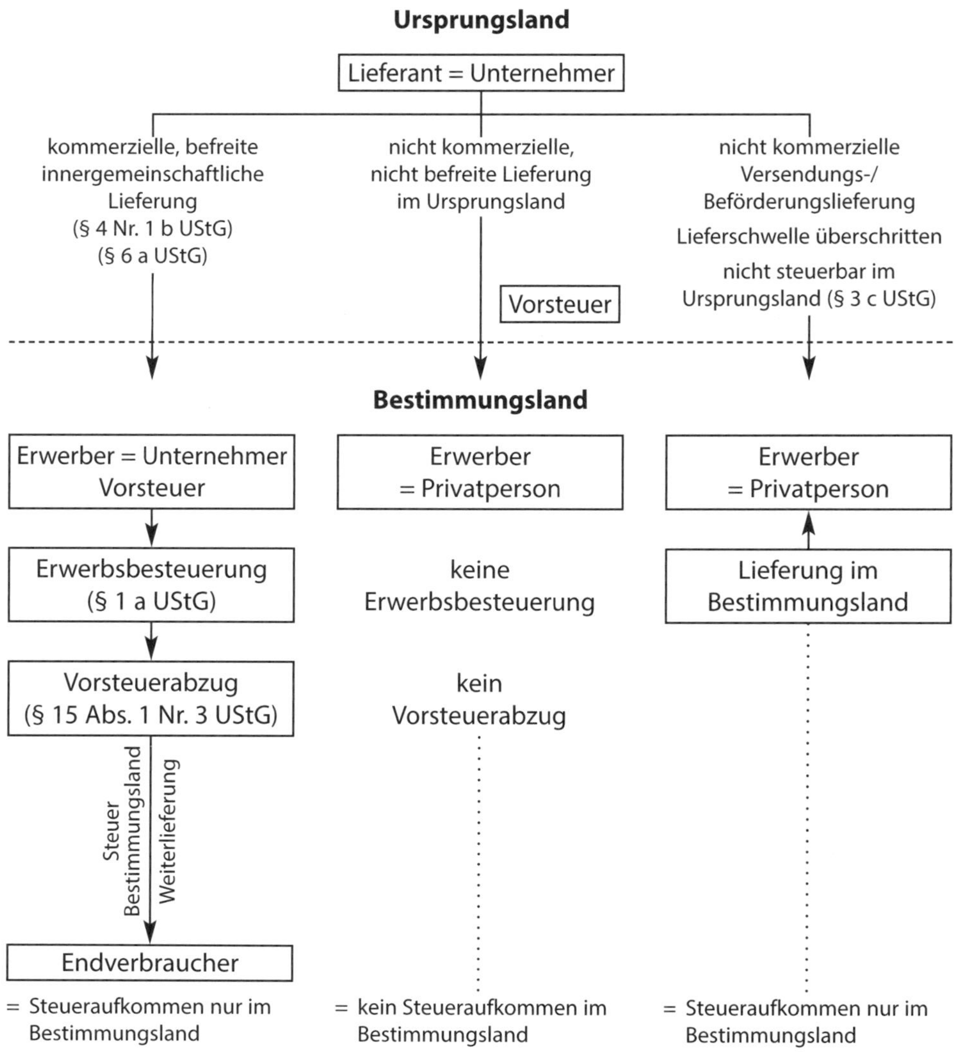

II. Erwerbsbesteuerung im Inland (§ 1 Abs. 1 Nr. 5 UStG)

1. Allgemeine Voraussetzungen

177 § 1 Abs. 1 Nr. 5 UStG nennt den **innergemeinschaftlichen Erwerb** als weiteren steuerbaren Umsatz. Er ersetzt weitgehend die frühere Einfuhr, die nach § 1 Abs. 1 Nr. 4 UStG nur noch die Einfuhr aus dem Drittlandsgebiet betrifft. Nach § 1 a Abs. 1 UStG, (Art. 2 Abs. 1 b, 20 MwStSystRL) müssen **drei Voraussetzungen** erfüllt sein, damit ein innergemeinschaftlicher Erwerb vorliegt:

- Erstens muss eine **Lieferung** vorliegen und der Gegenstand dabei **aus dem übrigen Gemeinschaftsgebiet** in das Inland oder die in § 1 Abs. 3 UStG genannten Gebiete gelangt sein. Der Lieferort liegt mithin nach § 3 Abs. 6 UStG im übrigen Gemeinschaftsgebiet.
- Zweitens muss der **Erwerber Unternehmer** sein oder juristische Person des öffentlichen oder privaten Rechts.[492] Dazu enthält § 1 a Abs. 3 UStG Einschränkun-

gen. Als Erwerber kommt eine natürliche Privatperson mit Ausnahme des Erwerbs neuer Fahrzeuge nach § 1 b UStG nicht in Betracht.

- Drittens muss der **Lieferant Unternehmer** sein. Er darf aber nicht Kleinunternehmer entsprechend § 19 UStG in seinem Heimatstaat sein.

Beispiel: U mit Sitz in Köln erwirbt von A in Amsterdam für 100.000 € einen gebrauchten Lkw. A ist Fuhrunternehmer, U ist Baustoffhändler.

Der Erwerb durch U unterliegt in Deutschland der Erwerbsbesteuerung bei U. Es entsteht eine Steuer von (100.000 € x 19 % =) 19.000 €. Diese kann U zugleich als VoSt nach § 15 Abs. 1 Nr. 3 UStG abziehen. Für A liegt in den Niederlanden eine steuerfreie innergemeinschaftliche Lieferung vor, entsprechend Art. 138 Abs. 1 MwStSystRL.

2. Institutionelle Erwerber und Erwerbsschwellen

a) Die Grundregel für den Erwerber lautet, dass er Unternehmer sein muss. Für natürliche Privatpersonen findet – vorbehaltlich § 1 b UStG – keine Erwerbsbesteuerung statt und reziprok keine Befreiung der Lieferung im Ursprungsland. **Juristische Personen als Nichtunternehmer, Kleinunternehmer** sowie **pauschalierende Landwirte** und **Unternehmer** mit ausschließlich steuerfreien Umsätzen **ohne Vorsteuerabzug** werden für die Erwerbsbesteuerung wie andere Unternehmer behandelt, wenn ihre Erwerbe bedeutsam sind. Dafür maßgebend ist, ob die Erwerbe die Erwerbsschwelle überschreiten (§ 1 a Abs. 3 UStG). Die **Erwerbsschwelle** beträgt für die Bundesrepublik **Deutschland 12.500 €**. Maßgebend ist die Summe der Entgelte für Erwerbe im Vorjahr und die voraussichtlichen Entgelte für Erwerbe im laufenden Kalenderjahr. **178**

Beispiel 1: Kleinunternehmer K hatte in 01 aus allen EU-Staaten Erwerbe für 30.000 €. Er hat in 02 die Erwerbsbesteuerung durchzuführen.

Beispiel 2: Pauschalierender Landwirt L hatte in 01 keine Erwerbe. Er erwirbt in 02 aus Dänemark eine Mähmaschine für 80.000 €. Er muss für 02 die Erwerbsbesteuerung durchführen.

b) Überschreiten diese **institutionellen Erwerber** die Erwerbsschwelle nicht, werden sie wie private Abnehmer behandelt. Es findet für sie keine Erwerbsbesteuerung statt, aber die Lieferungen an sie sind im Ursprungsland auch nicht befreit. Da dies bei Bezug aus einem höher versteuernden Ursprungsmitgliedstaat nachteilig sein kann, gewährt § 1 a Abs. 4 UStG ein **Optionsrecht** zur Erwerbsbesteuerung. Dieses bindet den Erwerber für mindestens zwei Kalenderjahre.

Beispiel: Landwirt L erwirbt für 10.000 € netto aus Dänemark einen Pflug. Wenn er optiert, zahlt er 19 % deutsche USt auf 10.000 €. Dafür kann sein Lieferant ihn aber in Dänemark steuerfrei beliefern (dänische USt = 25 %!). Optiert L, hat er allerdings auch für mindestens zwei Kalenderjahre alle innergemeinschaftlichen Erwerbe zu versteuern.

c) Beim Erwerb **neuer Fahrzeuge** und von **verbrauchsteuerpflichtigen Waren** (Mineralöle, Tabakwaren, Alkohol und alkoholische Getränke) haben institutionelle Abnehmer immer die Erwerbsbesteuerung vorzunehmen (§ 1 a Abs. 5 UStG). Es kommt nicht darauf an, ob sie die Erwerbsschwelle überschreiten. Die Sonderregelung für verbrauchsteuerpflichtige Waren folgt daraus, dass hier für den kommerziellen Warenverkehr bei den Verbrauchsteuern uneingeschränkt am Bestimmungslandprinzip festgehalten wird. Nach der Regelung in den Verbrauchsteuergesetzen (Mineralöl/Tabak/Alkohol) steht auch die jeweilige Verbrauchsteuer dem Bestimmungsland zu. Der Verkehr mit verbrauchsteuerpflichtigen Waren unterliegt auch im Binnenmarkt weiterhin der Überwachung. Er bedarf bei kommerziellen Warenbewegungen der Genehmigung.

---

492 Zur Erwerbsbesteuerung bei Lieferungen durch sog. Versandhandelsapotheken aus den Niederlanden an gesetzliche Krankenkassen als jPdöR und deren Versicherte s. BFH v. 20.05.2015 – XI R 2/13, BStBl. II 2018, 605.

3. Sonderregelung für den Erwerb neuer Fahrzeuge

179 **a)** Für den Erwerb neuer Fahrzeuge als besonders wertvolle Einzelgüter soll die Besteuerung im Bestimmungsland in jedem Falle gesichert werden. Deshalb ist hier immer eine Erwerbsbesteuerung für den Erwerber vorgeschrieben. Ist der Erwerber Unternehmer, folgt dies bereits aus § 1 a Abs. 1 und Abs. 5 UStG. Auch für institutionelle Abnehmer gelten nicht die Erwerbsschwellen (§ 1 a Abs. 5 i.V.m. Abs. 3 UStG). Ist der **Erwerber eine natürliche Privatperson**, so ordnet **§ 1 b UStG** auch für ihn die Erwerbsbesteuerung an. Er hat dann nach §§ 16 Abs. 5 a, 18 Abs. 5 a UStG innerhalb von zehn Tagen nach Erwerb eine sog. **Fahrzeugeinzelbesteuerung** durchzuführen und die Steuer zu entrichten. Zur Sicherung des Steueranspruches sind die Zulassungsstellen eingeschaltet, die den Finanzbehörden Mitteilung über die Zulassung zu machen haben (vgl. § 18 Abs. 10 UStG).

b) Die Definition für **neue Fahrzeuge** findet sich in § 1 b Abs. 3 UStG, Art. 2 Abs. 2 b MwStSystRL. Erfasst werden Land-, Wasser- und Luftfahrzeuge, die im Zeitpunkt der Lieferung durch Verschaffung der Verfügungsmacht (und nicht erst im Zeitpunkt der Ankunft im Bestimmungsmitgliedstaat) nicht mehr als 6.000 km (Landfahrzeuge), 100 (Wasserfahrzeuge) oder 40 Betriebsstunden (Luftfahrzeuge) zurückgelegt haben oder deren erste Inbetriebnahme im Zeitpunkt des Erwerbs nicht länger als drei Monate (so für Wasser- und Luftfahrzeuge), bzw. sechs Monate (so für Landfahrzeuge) zurückliegt.[493]

c) Das deutsche UStG ist in Bezug auf den Erwerb neuer Fahrzeuge durch Unternehmer und institutionelle Abnehmer fehlerhaft umgesetzt worden. Nach Art. 2 Abs. 1 b ii) MwStSystRL unterliegt die Lieferung eines neuen Fahrzeugs durch Unternehmer, juristische Personen und jede andere Person der Erwerbsbesteuerung. Demgegenüber betrifft § 1 b UStG nur den Erwerb eines neuen Fahrzeugs durch eine natürliche Person als Nichtunternehmer. Für den Erwerb von neuen Fahrzeugen durch Unternehmer und juristische Personen bleibt es bei der Regelung in § 1 a UStG. § 1 a Abs. 5 UStG sieht für den Erwerb neuer Fahrzeuge zwar vor, dass hier keine Erwerbsschwelle gilt. Es bleibt aber bei der Regelung des § 1 a Abs. 1 Nr. 3 UStG, wonach der Liefernde ein Unternehmer sein muss. § 2 a UStG hilft auch nicht weiter, da er nur die Lieferung neuer Fahrzeuge durch Nichtunternehmer im Inland betrifft, die in das übrige Gemeinschaftsgebiet gelangen.

Beispiel: Händler H in Aachen erwirbt von Privatmann P in den Niederlanden für sein Unternehmen ein neues Fahrzeug für 30.000 €. Nach dem Wortlaut des § 1 a Abs. 1 Nr. 3 UStG unterliegt der Erwerb entgegen Art. 2 Abs. 1 b ii) MwStSystRL nicht der Erwerbsbesteuerung. § 1 b UStG kann nicht angewendet werden, weil das Fahrzeug von einem Unternehmer erworben wird. Eine richtlinienkonforme Auslegung gegen den klaren Wortlaut dürfte nicht infrage kommen.[494]

4. Werklieferungen und Werkleistungen

180 **a)** Eine Erwerbsbesteuerung kommt nach § 1 a Abs. 1 UStG nur bei Lieferungen in Betracht. Art. 20 MwStSystRL definiert den Erwerb auch als „Erlangung der Befähigung wie ein Eigentümer über einen körperlichen Gegenstand zu verfügen". Als Lieferung ist auch die **Werklieferung** gemäß § 3 Abs. 4 UStG zu behandeln. Der Erwerbsbesteuerung unterliegt daher auch die Übertragung von Gegenständen, die vom Werkunternehmer in einem anderen EU-Mitgliedstaat aus eigenen Hauptstoffen hergestellt wurden.

---

493 Vgl. EuGH v. 18.11.2010 – Rs. C-84/09, (X), Slg. 2010, I-11645 = UR 2011, 104 (Lieferung/Erwerb eines Segelbootes in UK für Bestimmungsland Schweden – zu besteuernder Erwerb, obwohl das Schiff erst nach der Lieferung in UK noch auf hoher See gesegelt wurde, bevor es nach Schweden verbracht wurde!). Zum Begriff der (Land-)Fahrzeuge vgl. BFH v. 27.02.2014 – V R 21/11, BStBl. II 2014, 501 (sog. Pocket Bikes als Landfahrzeuge) und Abschn. 1b.1. UStAE. S. auch EuGH v.14.06.2017 – Rs. C-26/16 (Santogal), UR 2017, 539 mit Anm. Reiß UR 2017, 565.

494 A.A. Lippross 14.9.3.1 und Stadie in: R/D § 1 a Rn. 110 – offenkundiges Redaktionsversehen des dt. Gesetzgebers.

Es muss daher unterschieden werden zwischen Werklieferungen, für die uneingeschränkt die Regeln über den innergemeinschaftlichen Erwerb und die innergemeinschaftliche Lieferung gelten, und Werkleistungen, die keine Werklieferungen sind.

Beispiel: D in Deutschland lässt sich von Ö in Österreich einen Schreibtisch für 5.000 € fertigen. Das Holz beschafft Ö. Nach Fertigstellung wird der Schreibtisch aus Österreich zu D in Deutschland befördert. Falls D Unternehmer ist, unterliegt die an ihn ausgeführte Werklieferung in Deutschland der Erwerbsbesteuerung nach § 1 Nr. 5 i.V.m. § 1 a UStG.

b) Werkleistungen werden nicht als Lieferungen, sondern als sonstige (Dienst-)Leistung[495] behandelt, sodass weder eine Befreiung als innergemeinschaftliche Lieferung noch eine Erwerbsbesteuerung in Betracht kommt. Da eine Erwerbsbesteuerung nur für Unternehmer und juristische Personen in Betracht kommt, ist zu beachten, dass nach § 3 a Abs. 2 UStG der Ort schon im übrigen Gemeinschaftsgebiet (Ausland) liegt, wenn der Unternehmensort/Sitzort einer juristischen Person mit USt-IdNr. als Empfänger der Werkleistung sich dort befindet. Die Werkleistung ist dann aus deutscher Sicht bereits nicht steuerbar. Im anderen Mitgliedstaat findet entsprechend Art. 196 MwStSystRL, § 13 b Abs. 5, Abs. 1 UStG nach dortigem Umsatzsteuergesetz eine Umkehr der Steuerschuldnerschaft statt. Befindet sich umgekehrt der Unternehmensort/Sitzort einer juristischen Person mit USt-IdNr. in Deutschland, so greift eine Umkehr der Steuerschuldnerschaft nach § 13 b Abs. 5, Abs. 1 UStG für Unternehmer und juristischen Personen des öffentlichen Rechts, falls die Werkleistung von einem im übrigen Gemeinschaftsgebiet ansässigen Unternehmer erbracht wurde. Vorbehaltlich eines Ausschlusses nach § 15 Abs. 2 UStG steht dem Unternehmer allerdings nach § 15 Abs. 1 Nr. 4 UStG in gleicher Höhe und für denselben Voranmeldungszeitraum ein Vorsteueranspruch zu. **181**

Beispiel: Unternehmer D in Deutschland lässt Lackierarbeiten an Lastwagenanhängern bei Werkstattunternehmer Ö in Österreich ausführen Die Arbeiten wurden in der Werkstatt in Österreich ausgeführt.

Ö leistet gemäß § 3 a Abs. 2 UStG in Deutschland. D ist Steuerschuldner für die von Ö erbrachte nach §§ 1 Abs. 1 Nr. 1, 3 Abs. 9 UStG steuerbare und steuerpflichtige sonstige Leistung nach § 13 b Abs. 5 S. 1 i.V.m. Abs. 1 UStG. D ist zum Vorsteuerabzug berechtigt nach § 15 Abs. 1 Nr. 4 UStG.

5. Innergemeinschaftliches Verbringen innerhalb des Unternehmens

a) Als innergemeinschaftlicher Erwerb wird auch das Verbringen eines Unternehmensgegenstandes aus dem übrigen Unionsgebiet in das Inland behandelt. Es handelt sich hier aus der Sicht des Unternehmens um einen sog. Innenumsatz. Die Erwerbsbesteuerung nach **§ 1 a Abs. 2 UStG** entspricht auch hier der Einfuhrumsatzbesteuerung nach § 1 Abs. 1 Nr. 4 UStG bei gleichgelagerten Sachverhalten, wenn der Gegenstand aus einem Drittlandsgebiet eingeführt wurde. Unter die Erwerbsbesteuerung fällt sowohl die Verbringung von Anlage- als auch Umlaufvermögen von einer im übrigen Unionsgebiet belegenen Betriebsstätte oder Zweigstelle in im Inland belegene Betriebsstätten oder Zweigstellen. **182**

Beispiel 1: U überführt aus einem Zweigbetrieb in Utrecht (Niederlande) eine Maschine in seine Hauptniederlassung in Aachen.

Beispiel 2: U überführt zum Verkauf bestimmte Ware aus seiner Hauptniederlassung in Brüssel in seine Zweigniederlassung in Köln.

b) Nicht als innergemeinschaftlicher Erwerb nach § 1 a Abs. 2 UStG (und korrespondierend nicht als innergemeinschaftliche Lieferung nach § 3 Abs. 1 a UStG) wird ein Verbringen aus dem übrigen Gemeinschaftsgebiet zur lediglich **vorübergehenden Verwendung** in das Inland (aus dem Inland in das übrige Gemeinschaftsgebiet) be-

495 S. auch Art. 8 MwStDVO.

handelt. Das Gesetz definiert nicht, wann ein lediglich vorübergehendes Verbringen vorliegt. Zur richtlinienkonformen Auslegung ist auf Art. 23 i.V.m. Art. 17 Abs. 2 MwStSystRL zurückzugreifen.[496] Als eine „vorübergehende Verwendung", d.h. gerade nicht als Verbringen gilt es nach Art. 17 Abs. 2 lit. b, f und g MwStSystRL, wenn Arbeitsmittel oder Arbeitsmaterialien oder andere Gegenstände in das Inland verbracht und dort zur Ausführung von (Werk-)Lieferungen (durch Montage, Installation) oder sonstigen (Dienst-)Leistungen, etwa für Werkleistungen oder Vermietungen,[497] verwendet werden oder wenn mit Fahrzeugen Beförderungsleistungen im Inland ausgeführt werden oder wenn der Auftraggeber Material in das Inland verbringt und es dort beistellt oder gestellt. Werden Gegenstände zwecks Begutachtung oder Bearbeitung in das Inland verbracht, liegt eine „vorübergehende Verwendung" entsprechend Art. 17 Abs. 2 lit. f MwStSystRL nur vor, wenn diese Gegenstände wieder in den Mitgliedstaat zurückgelangen, aus dem sie in das Inland verbracht worden sind.[498] Bei Vermietungen endet eine „vorübergehende Verwendung" mit der Veräußerung des Gegenstandes im Inland. Auf die tatsächliche Dauer der Verwendung kommt es nicht an. Ein vorübergehendes **(befristetes) Verbringen** liegt nach Art. 17 Abs. 2 lit. h MwStSystRL auch vor, wenn für die Verwendung dieses Gegenstandes bei einer Einfuhr aus einem Drittland Regelungen über die Befreiung von Einfuhrabgaben bei vorübergehender Einfuhr gelten würden. Dies betrifft die Regelungen in Art. 250–253 UZK (Art. 137–144 ZK). Nach Art. 251 Abs. 2 UZK können Nichtunionswaren, die zur Wiederausfuhr bestimmt sind, maximal bis zu einer Dauer von 24 Monaten unter Befreiung von Einfuhrabgaben im Gemeinschaftsgebiet verwendet werden. Für einige Gegenstände gelten kürzere Verwendungsfristen.[499]

Beispiel: Bauunternehmer B in Maastricht (Niederlande) führt für Auftraggeber A in Aachen die Herstellung eines Rohbaues in Aachen aus. Die erforderlichen Steine bringt er mit dem Lkw nach Aachen. Außerdem setzt er eigene Baumaschinen ein, die ebenfalls nach Aachen verbracht werden. B führt in Aachen eine steuerbare und steuerpflichtige Werklieferung des Rohbaues aus (§ 1 Abs. 1 Nr. 1 i.V.m. § 3 Abs. 4, Abs. 7 UStG). Es liegt jedoch kein innergemeinschaftlicher Erwerb bzgl. der Steine, des Lkw und der Baumaschinen vor, weder für B (nur vorübergehendes Verbringen) noch für A (kein Verbringen zu seiner Verfügung und keine entgeltliche Lieferung dieser Gegenstände an ihn).

Hinweis: *B hat gleichwohl Aufzeichnungspflichten in den Niederlanden bzgl. der vorübergehend verwendeten Gegenstände zu erfüllen (vgl. Art. 243 MwStSystRL und § 22 Abs. 4 a UStG für den umgekehrten Fall von Bauarbeiten eines deutschen Unternehmers in den Niederlanden).*

6. Ort des Erwerbs und Erwerb im Reihengeschäft

183 **a)** Der **Ort des Erwerbs** befindet sich dort, wo sich der Gegenstand am Ende der Beförderung oder Versendung befindet (§ 3 d S. 1 UStG). Im Falle der Lieferung fallen mithin der Ort der Lieferung nach § 3 Abs. 6 UStG und der Ort des korrespondierenden Erwerbs auseinander. Ersterer liegt im Ursprungsland = Abgangsort, letzter im Bestimmungsland = Ankunftsort. Dies gilt auch dann, wenn im Falle des Abholens die Eigentumsverschaffung und die Verschaffung der Verfügungsmacht i.S.d. § 3 Abs. 1 UStG bereits am Beginn des Beförderns erfolgte oder jedenfalls die Gefahr nach §§ 446, 447 BGB bereits überging. § 3 d S. 1 UStG korrespondiert mit § 3 Abs. 6 S. 1 UStG. Der Ort der Lieferung liegt im Mitgliedstaat des Beginns der Beförderung, der Ort des Erwerbs im Mitgliedstaat des Endes der Beförderung.[500]

---

496 Vgl. auch Abschn. 1a.2. Abs. 9 – 13 UStAE; s. auch Lippross 14.5.12.3. und 14.5.12.4.

497 S. BFH v. 21.05.2014 – V R 34/13, BStBl. II 2014, 914 (Verbringen einer Segelyacht zwecks Vermietung und eigener Nutzung); Abschn. 1a.2. Abs. 10 UStAE.

498 EuGH v. 06.03.2014 – Rs. C-606/12 und C-607, 12 (Dresser Rand France), UR 2014, 933.

499 S. dazu Nachweise zu den einzelnen Bestimmungen im UZK und in der UZK-DA und UZK-IA in Abschn. 1a. Abs. 12 UStAE i.d.F. BMF v. 19.12.2016, BStBl. I 2016, 1459.

500 Vgl. dazu BFH v. 20.12.2006 – V R 11/06, BStBl. II 2007, 424 (zur Erwerbsbesteuerung einer privat genutzten Yacht nach § 1 b UStG).

Beispiel: U (Utrecht, NL) liefert an A (Aachen) eine Baumaschine. A holt diese in Utrecht ab. U liefert nach § 3 Abs. 6 UStG aus deutscher Sicht nicht steuerbar in den Niederlanden, aber dort befreit. A hingegen bewirkt nach §§ 1 Abs. 1 Nr. 5, 1 a i.V.m. § 3 d S. 1 UStG einen in Deutschland steuerbaren Erwerb.

Für die Anwendung des §§ 3 Abs. 6 S. 1, 3 d S. 1 UStG muss der Abnehmer bereits feststehen, also entweder der bindende (Kauf-)Vertrag bereits bei Beginn der Beförderung/Versendung abgeschlossen worden sein oder jedenfalls der Name und Anschrift des (zukünftigen) Erwerbers bereits zum Zeitpunkt des Beginns der Beförderung/Versendung aus dem Herkunftsland in das Bestimmungsland bekannt sein, wenn die Lieferung selbst nach einer bestehenden Vereinbarung (erst) nach dem Ende der Beförderung/Versendung erfolgt.

b) Ist dies der Fall, schadet auch eine (Zwischen-)Lagerung in einem **Auslieferungs-/ Konsignationslager** nicht (s. näher dazu Rn. 191). Bei Erfüllung dieser Voraussetzungen ist die Lieferung für den Lieferanten im Herkunftsland als innergemeinschaftliche Lieferung befreit und erst der Lieferungsempfänger/Erwerber tätigt den innergemeinschaftlichen Erwerb im Bestimmungsland. Stand bei Beginn der Beförderung/Versendung hingegen der (ggf. erst zukünftige) Abnehmer noch nicht fest, liegt im Abgangsstaat zwar ein befreites innergemeinschaftliches Verbringen vor. Der Erwerbstatbestand im Bestimmungsland wird dann jedoch noch vom verbringenden Unternehmer selbst verwirklicht und nicht schon vom späteren Käufer. Durch die Richtlinie (EU) 2018/1910[501] ist mit Einfügung des **Art. 17 a MwStSystRL** inzwischen eine präzisierende und konkretisierende ausdrückliche Regelung zum Verbringen von Waren im Rahmen einer Konsignationslagerregelung in einen anderen Mitgliedstaat getroffen worden. Das Verbringen im Rahmen einer **Konsignationslagerregelung** gilt noch nicht als einer Lieferung gegen Entgelt gleichstehendes innergemeinschaftliches Verbringen. Dadurch wird vermieden, dass der Lieferer aus einem anderen Mitgliedstaat sich im für ihn fremden Mitgliedstaat des Ortes des Konsignationslagers registrieren lassen muss. Vielmehr tätigt er erst mit der (Aus-)Lieferung aus dem Konsignationslager an seinen Kunden die befreite ig. Lieferung in seinem (Abgangs-)Mitgliedstaat und erst sein Kunde tätigt den dazu korrespondierenden ig. Erwerb im Bestimmungsmitgliedstaat. Auch nach dieser Regelung ist aber grundsätzlich Voraussetzung, dass bereits bei Verbringen in das Konsignationslager eine Vereinbarung zwischen den Parteien besteht, wonach der Kunde als Lieferungsempfänger den Gegenstand erwerben kann und darf. Ist die Lieferung an den Kunden nicht innerhalb von 12 Monaten seit Verbringung in das Konsignationslager erfolgt, ist dann allerdings von einem innergemeinschaftlichen Verbringen im Abgangsland an sich selbst und einem damit korrespondierenden ig. Erwerb im Bestimmungsland auszugehen. Keine Verbringung liegt vor, wenn die Gegenstände innerhalb eines Jahres ohne vorherige Lieferung in das Herkunftsland zurückgesandt werden. Art. 17 a MwStRL ist mit Wirkung ab dem 01.01.2020 durch **§ 6 b UStG** umgesetzt worden (s. auch Rn. 191).

c) Erfolgt im Anschluss an einen Erwerb eine Lieferung durch den Erwerber, befindet sich der Lieferort nach § 3 Abs. 7 S. 2 Nr. 2 UStG im Mitgliedstaat des Erwerbs (s.o. Rn. 77 ff.).

Beispiel: K in Köln kauft von D in Düsseldorf eine Maschine, die D seinerseits von A in Amsterdam kauft. Die Maschine wird von A unmittelbar an K versendet. A liefert entsprechend § 3 Abs. 6 S. 1, § 3 Abs. 6 a UStG innergemeinschaftlich gemäß Art. 138 MwStSystRL nach ndl. Recht befreit an D in den Niederlanden. D bewirkt in Deutschland einen Erwerb nach §§ 1 a, 3 d S. 1 UStG. D liefert in Deutschland steuerbar und steuerpflichtig (§ 3 Abs. 7 S. 2 Nr. 2 UStG) an den K. K ist Empfänger einer innerstaatlichen Lieferung und nicht Erwerber.

501 V. 04.12.2018, Abl. EU 2018, Nr. L 311, 5.

Problematisch ist, wer im Reihengeschäft der Erwerber ist. Erwerber ist immer nur derjenige, der der erste Abnehmer desjenigen Lieferanten ist, dem die Beförderung/Versendung **(warenbewegte Lieferung)** nach § 3 Abs. 6 a (bis 01.01.2020 nach § 3 Abs. 6 S. 5 und 6 UStG a.F.) zugeordnet ist, die ihrerseits allein als innergemeinschaftliche Lieferung nach §§ 4 Nr. 1 b, 6 a UStG befreit ist. Der Erwerber ist dann derjenige, an den die befreite Lieferung erfolgt und der ggf. i.S.d. § 3 Abs. 7 S. 2 Nr. 2 UStG die erste nachgeordnete Lieferung tätigt.[502]

Zu beachten ist, dass im Reihengeschäft nur eine der Lieferungen die warenbewegte, innergemeinschaftlich zu befreiende Lieferung ist (s. Rn. 77).

184 **d)** Zur Kontrolle und Sicherstellung der Erwerbsbesteuerung bestimmt **§ 3 d S. 2 UStG**, dass bei Verwendung einer USt-IdNr. eines anderen Mitgliedstaates als des Bestimmungslandes durch den Erwerber ein Erwerb vorläufig **auch** als in dem anderen Mitgliedsland bewirkt gilt, dessen USt-IdNr. verwendet wurde. Dies hat seinen Grund darin, dass der Lieferant zum Nachweis einer befreiten Lieferung die USt-IdNr. des Empfängers benötigt. Der Mitgliedstaat der befreiten Lieferung kann dann überprüfen lassen, ob im Mitgliedstaat der USt-IdNr. des Empfängers eine korrespondierende Erwerbsbesteuerung stattgefunden hat. Die **Erwerbsbesteuerung im Mitgliedstaat der verwendeten USt-IdNr.** entfällt allerdings, wenn der Erwerber nachweist, dass sein Erwerb im Mitgliedstaat der Ankunft des Gegenstandes besteuert wurde. Eine Besteuerung im Land der verwendeten USt-IdNr. ist dann rückgängig zu machen (§ 17 Abs. 2 Nr. 4 UStG). Letztlich soll durch diese Regelung gewährleistet werden, dass eine Kontrolle möglich ist. Im Ergebnis soll aber gleichwohl nur im Bestimmungsland die endgültige Erwerbsbesteuerung erfolgen. In den Fällen der fiktiven Erwerbsbesteuerung beim innergemeinschaftlichen Dreiecksgeschäft (dazu sogleich) nach § 25 b UStG erfolgt von vornherein keine Erwerbsbesteuerung im Mitgliedstaat der verwendeten USt-IdNr.

Beispiel: Die Bundesrepublik Deutschland lässt von österreichischen Lieferanten Bücher für eine deutsche Schule in Italien liefern. Sie verwendet ihre deutsche USt-IdNr.

Die endgültige Erwerbsbesteuerung nach § 3 d S. 1 UStG ist in Italien durchzuführen. Bis zum Nachweis dieser Besteuerung hat die Bundesrepublik in Deutschland die Erwerbsbesteuerung durchzuführen (§ 1 a i.V.m. § 3 d S. 2 UStG).

Die Regelung des **§ 3 d S. 2 UStG** hat eine **reine Sicherungsfunktion**. Das Recht und die Pflicht zur Durchführung der Erwerbsbesteuerung des Mitgliedstaates, in den der Liefergegenstand gemäß § 3 d S. 1 UStG tatsächlich gelangt, bleibt unberührt. § 3 d S. 2 UStG wird gründlich missverstanden, wenn er dahin ausgelegt wird, als erlaube er es dem Erwerber, sich den Mitgliedstaat mit der niedrigsten Erwerbsbesteuerung auszusuchen. Vielmehr riskiert er ein Strafverfahren wegen Steuerhinterziehung, wenn er den Erwerb im Mitgliedstaat des tatsächlichen Erwerbs nicht deklariert und dadurch dessen Steuern verkürzt. Um die Besteuerung im richtigen (Bestimmungs-) Mitgliedstaat durchzusetzen, ist dem Erwerber im Mitgliedstaat der (bloßen) verwendeten USt-IdNr. **kein Vorsteuerabzug aus dem Erwerb** entsprechend § 15 Abs. 1 Nr. 3 UStG, Art. 168 c MwStSystRL im (falschen) Mitgliedstaat der verwendeten USt-IdNr. zu gewähren.[503] Vielmehr kann er nur durch Nachweis der Erwerbsbesteuerung im richtigen Mitgliedstaat gemäß § 3 d S. 2 UStG erreichen, dass die Erwerbsbesteu-

502 S. EuGH v. 23.04.2020 – Rs. C-401/18 (Herst), UR 2020, 386; v. 19.12.2018 – Rs. C-414/17 (AREX CZ) und v. 21.02.2018 – Rs. C-628/16 (Kreuzmayr), MwStR 2018, 308 mit Anm. Reiß MwStR 2018, 296; s. auch bereits Reiß UR 2015, 733; vgl. auch BFH v. 11.03.2020 – XI R 18/18, MwStR 2020, 934; BFH v. 28.05.2013 – XI R 11/09, UR 2013, 756; EuGH v. 26.07.2017 – Rs. C-386/16 (Toridas), MwStR 2017, 779 mit Anm. Grube und Reiß MwStR 2017, 767; v. 27.09.2012 – Rs. C-587/10 (VStR), UR 2012, 832; v. 06.04.2006 – Rs. C-245/04 (EMAG Eder oHG), Slg. 2006, I-3247; v. 16.12.2010 – Rs. C-430/00 (Euro Tyre Holding), UR 2011, 176; BFH v. 11.08.2011 – V R 3/10, UR 2011, 909. Siehe zu innergemeinschaftlichen Reihengeschäften auch Meyering/Hintzen/Meißner DStR 2021, 257.

503 BFH v. 01.09.2010 – V R 39/08, BStBl. II 2011, 658; v. 08.09.2010 – XI R 40/08, BStBl. II 2011, 661; Abschn. 15.10. Abs. 2 UStAE; EuGH v. 22.04.2010 – Rs. C-536/08 und C-539/08 (X und Facet Trading BV), UR 2010, 418.

erung im Mitgliedstaat der verwendeten USt-IdNr. rückgängig gemacht wird.[504] § 15 Abs. 1 Nr. 3 UStG bestimmt ausdrücklich, dass ein Vorsteuerabzug nur gewährt wird, wenn der Erwerb gemäß § 3 d S. 1 UStG tatsächlich im Inland erfolgt ist.

e) Das **Reihengeschäft**, insbesondere das **innergemeinschaftliche Dreiecksgeschäft nach § 25 b UStG** bereitet Schwierigkeiten, die die Zwischenpersonen und die Person des Erwerbers betreffen. Die unionsrechtliche Grundlage für die Regelung findet sich in Art. 141 MwStSystRL. Die Regelung sieht verkürzt wie folgt aus: 185

Der **erste Lieferant** in der Reihe tätigt eine steuerfreie innergemeinschaftliche Lieferung.

Der **Zwischenunternehmer (erster Abnehmer/Zwischenhändler)** tätigt einen Erwerb im Bestimmungsland, der aber nicht besteuert wird. Er tätigt im Bestimmungsland eine steuerpflichtige Lieferung, für die aber der letzte Abnehmer in der Reihe zum Steuerschuldner erklärt wird. Dadurch erübrigen sich für den Zwischenunternehmer Erklärungs- und Zahlungspflichten im Bestimmungsland bzgl. des dort getätigten innergemeinschaftlichen Erwerbs und der dort erfolgenden nachfolgenden Lieferung an den Enderwerber. In seinem Heimatland hat der Zwischenhändler allerdings in der zusammenfassenden Meldung die nicht dort, sondern erst im Bestimmungsland steuerbare Lieferung unter Angabe der USt-IdNr. seines Abnehmers anzugeben.

Der letzte Abnehmer in der Reihe tätigt keinen Erwerb, sondern ist Empfänger einer innerstaatlichen Lieferung. Er wird als Empfänger für diese Lieferung zum Steuerschuldner (wie § 13 b Abs. 5 UStG = Umkehrung der Steuerschuldnerschaft; s. unten Rn. 382 ff.).

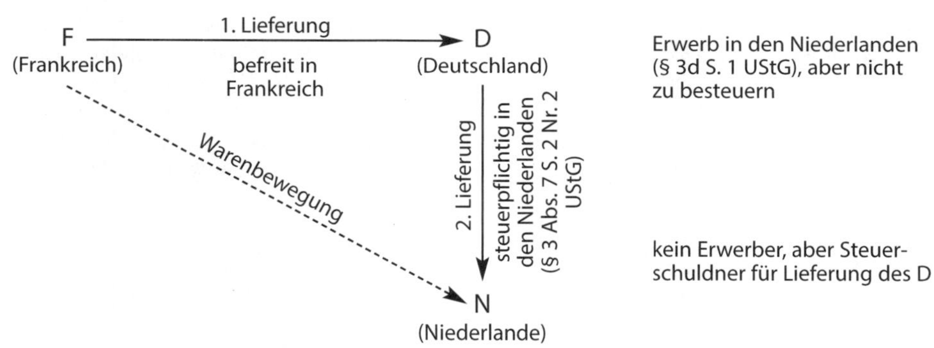

Diese Regelung bewirkt, dass die Zwischenperson (D) im für sie fremden Bestimmungs-/Erwerbsmitgliedstaat (Niederlande) keine Erklärungs- und Zahlungspflichten zu erfüllen hat. Dies wird technisch dadurch erreicht, dass der Erwerb nicht besteuert wird (er gilt fiktiv als besteuert!) und die Steuerschuld auf den letzten Unternehmer (N) in der Reihe verlagert wird. Der letzte Unternehmer in der Reihe ist nicht Erwerber im Bestimmungsmitgliedstaat, aber über die Verlagerung der Steuerschuldnerschaft für die Lieferung des Mittelmannes an ihn tritt dasselbe Ergebnis ein.

f) Die Regelung des **§ 25 b UStG über das innergemeinschaftliche Dreiecksgeschäft** enthält keine Sonderregelungen über den Ort der Lieferung bei Reihen- oder Kettengeschäften. Vielmehr bestimmt sich der Ort der Lieferung auch bei Vorliegen der Voraussetzungen des § 25 b UStG ausschließlich nach § 3 Abs. 6, Abs. 6 a und Abs. 7 UStG (s.o. Rn. 71 ff.) Die **Bedeutung des § 25 b UStG** besteht ausschließlich darin, dass nach § 25 b Abs. 2 UStG die **Steuerschuldnerschaft** für die letzte Liefe- 186

504 Nach der (maßlosen) Rspr. des EuGH v. 18.12.2014 – Rs. C-131/13 (Italmoda), UR 2015, 106, ist die Rückgängigmachung aber zu versagen, wenn der Stpfl. sich fahrlässig an einer in der Lieferkette begangenen Mehrwertsteuerhinterziehung beteiligt hat.

rung der Zwischenperson (= erster Abnehmer im Dreiecksgeschäft) **auf den letzten Abnehmer verlagert** wird und der **Erwerb der Zwischenperson im Bestimmungsland** des letzten Abnehmers als **besteuert gilt**. Dadurch wird erreicht, dass die Zwischenperson im Bestimmungsland, in dem sie nicht ansässig ist, praktisch keine Erklärungs- und Zahlungspflichten hat. Sie braucht dort weder den von ihr bewirkten Erwerb zu besteuern noch die von ihr bewirkte Lieferung. Damit erübrigt sich auch ein Vorsteuerabzug für sie im Bestimmungsland.

Beispiel 1: (Deutschland als Bestimmungsland): I (Italien) veräußert Ware an Ö (Österreich), dieser an D in Deutschland. I versendet die Ware unmittelbar an D. I tätigt in Italien eine dort steuerbare, aber befreite innergemeinschaftliche Lieferung (Art. 138 MwStSystRL; §§ 3 Abs. 6, 4 Nr. 1 b i.V.m. § 6 a Abs. 1 Nr. 1 UStG entsprechend). Ö (erster Abnehmer der innergemeinschaftlich befreiten warenbewegten Lieferung) bewirkt in Deutschland einen Erwerb nach § 1 a i.V.m. § 3 d S. 1 UStG. Aber dieser Erwerb gilt nach § 25 b Abs. 3 UStG als in Deutschland besteuert. Ö braucht insoweit keine Erklärungspflichten in Deutschland zu erfüllen. Ö bewirkt nach § 3 Abs. 7 S. 2 Nr. 2 UStG eine in Deutschland steuerbare und steuerpflichtige Lieferung an D. Aber für diese Lieferung ist nicht Ö, sondern D nach § 25 b Abs. 2 UStG der Steuerschuldner (sog. reverse charge, echter Übergang der Steuerschuld). D seinerseits kann die von ihm für Ö geschuldete Steuer als VoSt gemäß § 25 b Abs. 5 i.V.m. § 15 Abs. 1 Nr. 3 UStG als VoSt abziehen. Zu beachten ist natürlich insoweit ein eventueller Vorsteuerausschluss nach § 15 Abs. 2, Abs. 4 UStG.

Beispiel 2: (Lieferung aus Deutschland): D (Deutschland) veräußert Ware an B (Belgien), dieser an N (Niederlande). D befördert die Ware unmittelbar zu N. D liefert nach §§ 3 Abs. 6, 4 Nr. 1 b i.V.m. § 6 a Abs. 1 Nr. 1 UStG steuerfrei in Deutschland an B (innergemeinschaftliche Lieferung). B tätigt in den Niederlanden einen dort als besteuert geltenden Erwerb (Art. 141 MwStSystRL; § 25 b Abs. 3 UStG entspr.) und liefert dort steuerbar und steuerpflichtig an N (Art. 31 MwStSystRL; § 3 Abs. 7 S. 2 Nr. 2 UStG entspr.). Für diese Lieferung ist aber N der Steuerschuldner (Art. 197 Abs. 1 lit. a MwStSystRL; § 25 b Abs. 2 UStG entspr.).

Beispiel 3: (deutscher Zwischenlieferer): F (Frankreich) veräußert Ware an D (Deutschland), dieser an Ö (Österreich). F befördert die Ware unmittelbar nach Österreich. F liefert nach französischem Umsatzsteuerrecht innergemeinschaftlich befreit an D in Frankreich, § 3 Abs. 6 S. 1 UStG. D tätigt in Österreich einen Erwerb, § 3 d S. 1 UStG, der aber dort als besteuert gilt. Außerdem liefert er steuerbar und steuerpflichtig in Österreich an Ö, § 3 Abs. 7 S. 2 Nr. 2 UStG. Die österreichische Steuerschuld für die Lieferung des D geht aber auf Ö über, Art. 197 Abs. 1 i.V.m. Art. 141 MwStSystRL. D braucht in Österreich keine Erklärungs- und Zahlungspflichten zu erfüllen, hat aber in Deutschland in einer zusammenfassenden Meldung nach § 18 a UStG die in Österreich ausgeführte Lieferung zu deklarieren.

187 **g)** Die Anwendung des § 25 b UStG setzt tatbestandlich voraus (§ 25 b Abs. 1 UStG):

- drei Unternehmer aus drei unterschiedlichen Mitgliedstaaten (USt-IdNr.);[505]
- zwei Umsatzgeschäfte über denselben Gegenstand, der unmittelbar vom ersten Lieferer an den letzten Abnehmer gelangt (Reihen- oder Dreiecksgeschäft), und zwar aus einem Mitgliedstaat in einen anderen;
- Befördern/Versenden durch den ersten Lieferer oder seinen (den ersten) Abnehmer.

Zu beachten ist, dass der Anwendungsbereich des § 25 b UStG ziemlich eingeschränkt ist. Er findet schon nicht auf ein mehr als dreigliedriges Reihengeschäft Anwendung. Er findet auch beim dreigliedrigen Reihengeschäft keine Anwendung, wenn zwei Unternehmer im selben Mitgliedstaat erfasst sind. Ebenfalls findet er keine Anwendung, wenn der letzte in der Reihe den Gegenstand befördert oder versendet (abholt).

Beispiel 1 (Lieferung aus Deutschland): D1 (Darmstadt) veräußert an D2 (Düsseldorf) und D2 an N (Niederlande). N holt den Gegenstand bei D1 ab. D2 liefert gemäß § 3 Abs. 6 a S. 3, § 3 Abs. 6 S. 1 UStG (§ 3 Abs. 6 S. 5 und 6 UStG a.F.) steuerbar, aber steuerfrei nach § 4 Nr. 1 b i.V.m. § 6 a UStG an den N. N tätigt einen in den Niederlanden steuerbaren Erwerb. D1 liefert nach § 3 Abs. 7 S. 2 Nr. 1 UStG steuerbar und steuerpflichtig in Deutschland an D2.

---

505 S. dazu EuGH v. 19.04.2018 – Rs. C-580/16 (Hans Bühler),MwStR 2018, 471 mit Anm. Grube. S. auch Reiß MwStR 2018, 594 (maßgeblich ist, dass USt-IdNrn. verschiedener Staaten verwendet werden).

Ebenso verhält es sich, wenn zwar D2 die Beförderung übernimmt oder veranlasst, aber dabei durch Verwendung seiner deutschen USt-IdNr. gegenüber D 1 nachweist, dass er den Gegenstand als Lieferer befördert, § 3 Abs. 6 a S. 4 und 5 (§ 3 Abs. 6 S. 6 UStG a.F.; s. Rn. 77, 183).[506]

Beispiel 2 (Lieferung nach Deutschland): N (Niederlande) veräußert an D2 (Düsseldorf), D2 veräußert an D1 (Darmstadt). N befördert unmittelbar an D1. N liefert nach § 3 Abs. 6 S. 1, § 3 Abs. 6 a UStG aus deutscher Sicht nicht steuerbar an D2 in den Niederlanden. D2 tätigt nach §§ 1 a, 3 d S. 1 UStG einen in Deutschland steuerbaren innergemeinschaftlichen Erwerb. Dafür kann er die VoSt nach § 15 Abs. 1 Nr. 3 UStG abziehen. D2 liefert steuerbar und steuerpflichtig nach § 3 Abs. 7 S. 2 Nr. 2 UStG an D1. Aus dieser Lieferung steht dem D1 nach § 15 Abs. 1 Nr. 1 UStG der Vorsteuerabzug zu. Eine Verlagerung der Steuerschuld nach § 25 b UStG auf D1 findet nicht statt.

h) Die Verlagerung der Steuerschuld für die Lieferung des ersten Abnehmers auf den letzten Abnehmer nach § 25 b Abs. 2 UStG setzt außerdem voraus, dass der **letzte Abnehmer eine USt-IdNr. des Bestimmungslandes** verwendet (Mitgliedsland des Endes der Beförderung/Versendung), die Zwischenperson **(erster Abnehmer) nicht im Bestimmungsland** ansässig ist und ihrem Abnehmer (dem letzten Abnehmer) eine **Rechnung** erteilt, in der die **Steuer nicht ausgewiesen** ist. In der Rechnung ist auf das Vorliegen eines innergemeinschaftlichen Dreiecksgeschäfts und den Übergang der Steuerschuld hinzuweisen, § 14 a Abs. 7 UStG. Wegen weiterer Einzelheiten zum Reihengeschäft und zum innergemeinschaftlichen Dreiecksgeschäft vgl. Abschnitt 3.14. und Abschnitt 25b.1. UStAE. **188**

7. Steuerbefreiung des Erwerbs

§ 4 b UStG befreit bestimmte Fälle des innergemeinschaftlichen Erwerbs. Er entspricht weitgehend den Befreiungen des § 5 UStG für die Einfuhr (dazu oben unter Rn. 161). § 4 b Nr. 1 UStG befreit wie § 5 Nr. 1 UStG den Erwerb von Wertpapieren, menschlichen Organen, Blut und Frauenmilch sowie von Wasserfahrzeugen für die Seeschifffahrt und von dafür bestimmten Ausrüstungsgegenständen. § 4 b Nr. 2 UStG befreit den Erwerb von Gold von Zentralbanken, den Erwerb von Gegenständen zur Einlagerung in ein Umsatzsteuerlager (§ 4 Nr. 4 a UStG) und den Erwerb von Gegenständen, die sich in einem Nichterhebungsverfahren nach § 4 Nr. 4 b UStG befinden (s. dazu Rn. 239 ff.). § 4 b Nr. 3 UStG befreit den Erwerb, soweit auch eine Einfuhr nach § 5 UStG befreit wäre.[507] Nach § 4 b Nr. 4 UStG ist u.a. der Erwerb von Gegenständen befreit, die ihrerseits zur Ausführung steuerfreier Ausfuhrlieferungen oder steuerfreier innergemeinschaftlicher Lieferungen verwendet werden. Denn für derartige Lieferungen ist der Vorsteuerabzug nach § 15 Abs. 3 UStG nicht ausgeschlossen. Aus diesen Gründen lässt die Verwaltung zur Vereinfachung auch die freiwillige Besteuerung des Erwerbs trotz Befreiung nach § 4 b Nr. 4 UStG zu.[508] **189**

Beispiel: D erwirbt von F (Frankreich) eine Maschine zum Preis von 100.000 €, die er

- nach Serbien ausführt (§ 4 Nr. 1 a UStG);
- innergemeinschaftlich befreit nach Österreich liefert (§ 4 Nr. 1 b UStG).

Beide Erwerbe sind befreit. Aber es wird nicht beanstandet, wenn D die Erwerbe besteuert und die Erwerbsteuer als VoSt abzieht.

8. Bemessungsgrundlage und Steuersatz

Bemessungsgrundlage für den Erwerb ist das für die Lieferung zu entrichtende **Entgelt** (§ 10 Abs. 1 UStG). In den Fällen des innergemeinschaftlichen Verbringens nach § 1 a Abs. 2 UStG sind – wie bei unentgeltlichen Wertabgaben nach § 3 Abs. 1 b UStG – **190**

506 Vgl. EuGH v. 26.07.2017 – Rs. C-386/16 (Toridas), MwStR 2017, 779 mit Anm. Reiß.

507 Vgl. insoweit EuGH v. 26.02.2015 – Rs. C-144/13 (VDP Dental Laboratory), UR 2015, 474 zum Erfordernis der Übereinstimmung der Befreiung nach Art. 140 a) und b) MwStSystRL und nach Art. 143 MwStSystRL (Lieferung, ig. Erwerb, Einfuhr von Zahnersatz).

508 Abschn. 4b.1. Abs. 3 UStAE.

der **Einkaufspreis zuzüglich Nebenkosten** oder die Selbstkosten als Bemessungsgrundlage anzusehen (§ 10 Abs. 4 Nr. 1 UStG). Der Erwerb unterliegt demselben Steuersatz nach § 12 UStG wie entsprechende innerstaatliche Lieferungen.

III. Steuerfreie innergemeinschaftliche Lieferung

1. Allgemeine Voraussetzungen

191 **a) § 4 Nr. 1 b i.V.m. § 6 a UStG** befreit die **innergemeinschaftliche Lieferung**. Der Lieferort liegt im Inland, aber der Liefergegenstand gelangt durch Befördern oder Versenden (Achtung: auch durch den Abnehmer = Abholfälle oder bei der sog. gebrochenen Beförderung/Versendung durch beide beteiligte Unternehmer) bei der Lieferung in das übrige Gemeinschaftsgebiet, § 6 a Abs. 1 Nr. 1 UStG. Insbesondere für Reihengeschäfte ist zu beachten, dass nur die die warenbewegte Lieferung an den Erwerber befreit ist (s. Rn. 77 und Rn. 183). Der Unterschied zur steuerfreien Ausfuhrlieferung besteht darin, dass der Gegenstand **nicht in Drittlandsgebiet, sondern in das übrige Gemeinschaftsgebiet** gelangen muss. Außerdem muss der **Abnehmer** grundsätzlich ein **Unternehmer** sein, für dessen Unternehmen der Erwerb erfolgen muss.

b) Der Lieferung gleichgestellt wird nach § 6 a Abs. 2 i.V.m. § 3 Abs. 1 a UStG das **innerunternehmerische Verbringen** vom Inland in das übrige Gemeinschaftsgebiet. Dies korrespondiert mit der **Erwerbsbesteuerung** beim innergemeinschaftlichen Verbringen (vgl. Rn. 182).

c) Probleme bereitet hier die Behandlung der innergemeinschaftlichen Verkaufskommission. Bei der **Verkaufskommission** liegt an sich für den Kommittenten ein innergemeinschaftliches Verbringen vor, sodass er im Abgangsstaat eine innergemeinschaftlich befreite Lieferung zu deklarieren und im Ankunftsstaat einen innergemeinschaftlichen Erwerb zu besteuern hätte. Hier lässt die Verwaltung bisher aus Vereinfachungsgründen zu, dass bereits die Übergabe der Ware an den Kommissionär als innergemeinschaftliche befreite Lieferung behandelt wird und der Kommissionär als Erwerber.[509]

d) Erfolgt die (Aus-)Lieferung über ein im anderen Mitgliedstaat unterhaltenes **Auslieferungs-/Konsignationslager**, liegt eine echte innergemeinschaftlich befreite Lieferung vor, wenn bereits bei Abgang in Deutschland der endgültige Abnehmer feststand. Stand der oder überhaupt ein Abnehmer hingegen noch nicht bindend bei Abgang in Deutschland fest, weil zu diesem Zeitpunkt noch gar keine Vereinbarung über den Verkauf der Ware an einen bestimmten Abnehmer geschlossen worden war, lag bis zur erst ab 01.01.2020 geltenden (neuen) Konsignationslagerregelung in § 6 b UStG zwar ebenfalls ein – der Lieferung gleichgestelltes – befreites innergemeinschaftliches Verbringen vor. Aber der Verbringende selbst (und nicht erst sein späterer Abnehmer) tätigte dann im anderen Mitgliedstaat den innergemeinschaftlichen Erwerb.[510] Bei der an sich bis zur ab 01.01.2020 geltenden neuen Regelung für die Konsignationslagerung in Art. 17 a MwStSystRL von der MwStSystRL bis dahin verlangten Erwerbsbesteuerung im anderen Mitgliedstaat musste dem Unternehmer, der aus dem Inland Gegenstände innergemeinschaftlich zu seiner Verfügung verbrachte, dort eine USt-IdNr. des Bestimmungslandes erteilt werden, wenn nach ordnungsgemäßer Erklärung des Erwerbs dieser dort zu besteuern war. Unter-

509 Abschn. 1a.2. Abs. 7 und 3.1. Abs. 3 UStAE; s. auch Friedrich-Vache UR 2014, 843 zur Anwendung der Regelungen über innergemeinschaftliche Reihengeschäfte bei der Kommission.

510 S. BFH v. 20.10.2016 – V R 31/15, BStBl. II 2017,1076 und v. 16.11.2016 – V R 1/16, BStBl. II 2017, 1079 sowie Abschn. 3.12. Abs. 3 und Abs. 7 und 1.a.2. Abs. 4 UStAE i.d.F. BMF v. 10.10.2017, BStBl. I 2017, 1442 für Befördern/Versenden an den Abnehmer über ein inländisches Lager oder Verbringen in ein Konsignations-/Auslieferungslager.

ließ er diese Erklärung im Bestimmungsland und erklärte stattdessen in Deutschland als dem Herkunftsland eine tatsächlich dort (noch) nicht ausgeführte befreite Lieferung an einen angeblichen Abnehmer im Bestimmungsland unter Angabe von dessen USt-IdNr., ist nach der bisherigen Rspr. des EuGH in Deutschland gleichwohl das innergemeinschaftliche Verbringen zu befreien gewesen, wenn feststand, dass der Gegenstand tatsächlich in das andere Mitgliedsland verbracht worden ist und keine Anhaltspunkte für eine Hinterziehung vorliegen. Unschädlich ist dann gewesen, dass keine richtige, eigene USt-IdNr. des Bestimmungslandes angegeben worden ist, die wegen Nichterklärung des Erwerbs dort auch gar nicht erteilt werden konnte, sondern stattdessen die USt-IdNr. des angeblichen Abnehmers einer innergemeinschaftlich gerade nicht an diesen ausgeführten Lieferung.

Beispiel:[511] Der in München ansässige Unternehmer D versendet an den in Spanien ansässigen Händler S in 10/2016 einen Pkw, um diesen dort an S zu veräußern, falls S seinerseits einen Abnehmer für den Pkw findet. In 5/2017 hatte S einen Abnehmer für das Fahrzeug gefunden. Daraufhin veräußerte D das sich in Spanien bei S befindliche Fahrzeug an den S, der es seinerseits an einen Käufer K in Spanien weiterveräußerte. D erklärte in 10/2016 insoweit keinerlei Umsatz, weder in Deutschland noch in Spanien. Für 5/2017 erklärte er in Deutschland eine befreite innergemeinschaftliche Lieferung an den S unter Angabe der USt-IdNr. des S.

D hat in 10/2016 in München/Deutschland eine nach § 3 Abs. 1 a, Abs. 6 UStG steuerbare Lieferung durch innergemeinschaftliches Verbringen des Pkw nach Spanien getätigt. Eine Lieferung an den S lag in 10/2016 noch nicht vor, weil nicht sicher war, ob S tatsächlich einen Abnehmer finden würde und S dann tatsächlich den Pkw von D zwecks Weiterveräußerung erwerben würde. In 10/2016 stand überhaupt noch nicht fest, ob für den Pkw ein Abnehmer gefunden wird. Die Lieferung von D an S (und die Weiterlieferung des S) erfolgte erst in 5/2017. Der Ort für diese Lieferung des D an den S lag nach § 3 Abs. 7 UStG in Spanien und nicht in Deutschland. D hätte richtigerweise in Spanien zunächst in 10/2016 einen innergemeinschaftlichen Erwerb (entsprechend § 1 a Abs. 2 UStG) deklarieren müssen und hätte die anfallende spanische Steuer dort als Vorsteuer wieder abziehen können (entsprechend § 15 Abs. 1 Nr. 3 UStG) und hätte in 5/2017 eine in Spanien steuerbare und dort steuerpflichtige Lieferung an den S deklarieren müssen, aus der er die spanische USt schuldet. In Deutschland wurde insoweit in 5/2017 keine steuerbare und befreite Lieferung ausgeführt. Nach der Rspr. des EuGH war das innergemeinschaftliche Verbringen von Deutschland nach Spanien in 10/2016 jedoch trotz Nichterklärung und fehlender Angabe einer eigenen spanischen USt-IdNr. zu befreien, da feststeht, dass der Pkw tatsächlich nach Spanien verbracht wurde und (nach Auskunft des vorlegenden deutschen Gerichtes) bei D keine Anhaltspunkte für eine Steuerhinterziehung vorlagen.

Nach der ab 01.01.2020 – durch das Gesetz zur weiteren steuerlichen Förderung der Elektromobilität und zur Änderung weiterer steuerlicher Vorschriften (= JStG 2019) eingeführten (s. Rn. 7) – geltenden **Konsignationslagerregelung des § 6 b UStG**[512] – mit gemeinschaftsrechtlicher Grundlage in Art. 17 a der insoweit mit Wirkung ab dem 01.01.20120 geänderten MwStSystRL – wird (erst) die der Verbringung durch Befördern/Versenden in den anderen Mitgliedstaat als Bestimmungsland nachfolgende Lieferung, die erst nach Beendigung des Beförderns/Versendens erfolgt, der im Abgangsmitgliedstaat steuerbaren, aber steuerfreien innergemeinschaftlichen Lieferung gleichgestellt. Die der Beförderung/Versendung in das andere Mitgliedsland als Bestimmungsland erst nachfolgende Lieferung an den Erwerber im Bestimmungsland wird einem dort für den Erwerber steuerbaren innergemeinschaftlichen Erwerb gleichgestellt. Voraussetzung dafür ist, dass bereits zum Zeitpunkt des Beginns der Beförderung/Versendung in den anderen Mitgliedstaat als Bestimmungsland gemäß einer zu diesem Zeitpunkt bereits bestehenden Vereinbarung Name und Anschrift des Erwerbers, an den die der Beförderung/Versendung im Rahmen der Konsignationslagerregelung erst nachfolgende Lieferung erfolgt, bereits bekannt sind.

---

511 Nach EuGH v. 20.10.2016 – Rs. C-24/15 (Plöckl) UR 2016, 882 mit Anm. Robisch MwStR 2016, 955 und Lohse BB 2016, 3031.

512 S. dazu Trejo MwStR 2020, 8 und Einführungsschreiben BMF v. 10.12.2021, MwStR 2022, 37 = BStBl. I 2021, 249 zur Konsignationslagerregelung mit Einfügung von Abschn 6.b.1 und 6b.2 UStAE. Siehe dazu Fietz/Lehner MwStR 2022, 13.

Der Liefergegenstand muss bei der nachfolgenden Lieferung dann im Bestimmungsland verbleiben. Der liefernde Unternehmer darf im Bestimmungsland weder Sitz noch Geschäftsleitung, noch eine Betriebsstätte haben. Es wird mithin eine Lieferung, die zeitlich erst nach Beendigung der Beförderung/Versendung des Liefergegenstands im Bestimmungsland erfolgt, so behandelt, als erfolge sie bereits im Herkunftsmitgliedstaat, aber dort dann als befreite innergemeinschaftliche Lieferung. Korrespondierend dazu ist erst dann im Bestimmungsland von einem innergemeinschaftlichen Erwerb des Lieferungsempfängers und nicht etwa des Liefernden auszugehen.

Beispiel: Wie oben, aber die Versendung des Pkw durch D an S erfolgte in 1/2020. Der Pkw verblieb zunächst in der Verfügungsmacht des D. D veräußerte und lieferte seinerseits aber (erst) in 6/2020 den sich bereits in Spanien befindlichen Pkw an S, nachdem S dort einen Käufer gefunden hatte, an den S den Pkw seinerseits veräußerte.
Dann liefert S in 6/2020 in Spanien steuerbar und dort auch steuerpflichtig an den K. D liefert ebenfalls erst in 6/2020 an den S. Diese Lieferung des D an den S wird nach der Konsignationslagerregelung in § 6b Abs. 1 und 2 UStG als in Deutschland steuerbare, aber steuerfreie innergemeinschaftliche Lieferung gemäß § 6 a UStG behandelt. Sie unterliegt bei S in Spanien als dem Bestimmungsmitgliedstaat der Erwerbsbesteuerung. Vermieden wird durch die Regelung, dass D im für ihn fremden Mitgliedstaat Spanien in 1/2020 zunächst einen innergemeinschaftlichen Erwerb und sodann eine dort in 6/2020 nachfolgende Lieferung an den S deklarieren muss. Stattdessen hat der in Spanien ansässige S erst den Erwerb in Spanien zu deklarieren. Er kann dort auch die anfallende (spanische) Erwerbsteuer aus Vorsteuer abziehen.

Erfolgt die (der Beförderung/Versendung) **nachfolgende Lieferung** an den vorgesehenen Erwerber **nicht innerhalb von 12 Monaten** nach Beendigung des Beförderns/Versendens, so gilt dies nach § 6 b Abs. 3 UStG dann als das einer innergemeinschaftlich befreiten Lieferung gleichgestelltes **Verbringen nach § 6 a Abs. 2 UStG**. Das gilt nicht, wenn die Lieferung nicht ausgeführt wird und der Gegenstand noch innerhalb von 12 Monaten in den Abgangsmitgliedstaat zurückgelangt und dies vom Unternehmer gesondert nach § 22 Abs. 4 f UStG aufgezeichnet wird. Dann liegt nach § 6 b Abs. 4 UStG weder eine befreite innergemeinschaftliche Lieferung noch ein gleichgestelltes Verbringen vor. Kommt es innerhalb von 12 Monaten nach dem Ende der Beförderung oder Versendung zu einem **Erwerberwechsel**, so ist die Lieferung an den neuen Erwerber als die befreite innergemeinschaftliche Lieferung zu behandeln. Ein gleichgestelltes innergemeinschaftliches Verbringen liegt nach § 6 b Abs. 5 UStG nicht vor, wenn der neue Erwerber gegenüber dem Lieferer die ihm vom Bestimmungsmitgliedstaat erteilte USt-IdNr. verwendet, Name und Anschrift des neuen Erwerbers dem Lieferer bekannt sind und er den Erwerberwechsel gesondert aufzeichnet. Nach § 6 b Abs. 6 UStG gilt die Beförderung oder Versendung als das einer innergemeinschaftlich befreiten Lieferung gleichgestellte Verbringen nach § 6 a i.V.m. § 3 Abs. 1 a UStG, wenn innerhalb von 12 Monaten nach dem Ende der Beförderung/Versendung, aber vor Lieferung des Gegenstandes eine der Voraussetzungen nach Abs. 1 oder Abs. 5 wegfällt.

e) Abweichend von der Befreiung der Ausfuhrlieferung muss der **Abnehmer** prinzipiell **Unternehmer** sein oder juristische Person. Lieferungen an Privatpersonen – außer bei neuen Fahrzeugen – werden nicht befreit, § 6 a Abs. 1 S. 1 Nr. 2 a), b) und c) UStG. Der Erwerb muss in einem anderen EU-Mitgliedstaat von Gesetzes wegen der Erwerbsbesteuerung unterliegen, § 6 a Abs. 1 Nr. 3 UStG. Es besteht eine direkte **Korrespondenz zwischen Steuerbefreiung** der innergemeinschaftlichen Lieferung **und Erwerbsbesteuerung** in einem anderen Mitgliedstaat (§ 6 a Abs. 1 Nr. 2 und Nr. 3 UStG).[513] Der Erwerb muss im anderen Mitgliedstaat steuerbar sein. Eine Steuerpflicht des Erwerbs muss nicht vorliegen.[514]

---

513 S. EuGH v. 26.07.2017 – Rs. C-386/16 (Toridas), UR 2017, 678 m.w.N.

514 BFH v. 21.01.2015 – XI R 5/13, BStBl. I 2015, 725 (zur Lieferung von verbrauchsteuerpflichtigem Wein in ein Verbrauchsteuerlager in UK).

f) Die Feststellung einer Korrespondenz zur Erwerbsbesteuerung in einem anderen Mitgliedstaat bereitet besondere Probleme bei Lieferungen an institutionelle Erwerber (vgl. Rn. 178) in anderen EU-Staaten. Denn diese unterliegen dort – wie auch in Deutschland – nur dann der Erwerbsbesteuerung, wenn sie (als Kleinunternehmer, pauschalierende Landwirte, Unternehmer ohne Vorsteuerabzug, juristische Personen) die in ihrem EU-Staat maßgebende Erwerbsschwelle überschritten haben. Die Höhe der Erwerbsschwelle ergibt sich dabei aus den nationalen Umsatzsteuergesetzen des jeweiligen Mitgliedstaates. Die institutionellen Erwerber können aber zur Besteuerung trotz Unterschreitens der Erwerbsschwelle optieren, Art. 3 i.V.m. Art. 2 MwStSystRL. Praktisch kann der Lieferer nur dann davon ausgehen, dass sein Abnehmer der Erwerbsbesteuerung unterliegt, wenn dieser über eine USt-IdNr. des anderen Mitgliedstaates verfügt.

g) Mit Wirkung ab 01.01.2020 bestimmt die neu eingefügte Vorschrift des § 6 a Abs. 1 S. 1 Nr. 4 UStG, dass Unternehmer oder juristische Personen als Abnehmer gegenüber dem liefernden Unternehmer eine ihnen von einem anderen Mitgliedstaat erteilte gültige USt-IdNr. verwendet haben müssen. Die **Verwendung einer** von einem anderen Mitgliedstaat erteilten **gültigen USt-IdNr.** ist daher seit 01.01.2020 nach der neuen gesetzlichen Regelung eine **zwingende materielle Voraussetzung** für die Befreiung als innergemeinschaftliche Lieferung. Ebenfalls ist die die Angabe der USt-Id Nr. des Erwerbers und im Falle eines Erwerberwechsels auch die des neuen Erwerbers nach der Konsignationsregelung des § 6 b UStG in der nach § 18 a UStG zu erstattenden Zusammenfassenden Meldung (s. Rn. 192) zwingende materielle Voraussetzung für die Gewährung der Befreiung.

2. Nachweispflichten, Bedeutung der USt-IdNr. und Gutglaubensschutz

a) Dem inländischen Lieferanten ist häufig eine Überprüfung nicht möglich, ob sein Abnehmer die Qualifikation als regelversteuernder Unternehmer erfüllt oder ob er als institutioneller Abnehmer einzustufen ist, der die Erwerbsschwelle überschreitet bzw. optiert hat. Dies ist aber Voraussetzung für die Steuerbefreiung. Auch im Interesse der Sicherung des Steueraufkommens der beteiligten EU-Staaten muss zur Vermeidung von **Steuerhinterziehung durch Vortäuschung innergemeinschaftlich befreiter Lieferungen** oder Verschweigen innergemeinschaftlicher Erwerbe und anschließender steuerpflichtiger Umsätze im Inland die Korrespondenz zwischen Steuerbefreiung im „Ursprungsland" und Erwerbsbesteuerung im „Bestimmungsland" kontrolliert werden können. Zu diesem Zweck erhalten alle Unternehmer und juristischen Personen, die am innergemeinschaftlichen Warenverkehr durch befreite Lieferungen oder innergemeinschaftliche Erwerbe teilnehmen, in ihrem Ansässigkeitsstaat sog. **Mehrwertsteuer/Umsatzsteuer-Identifikationsnummern**. In der Bundesrepublik werden sie auf Antrag vom **Bundeszentralamt für Steuern** (§ 27 a UStG) vergeben. Die USt-IdNr. seines Abnehmers ist für den Lieferanten praktisch mit dem Nachweis verbunden, dass dessen Erwerb im Bestimmungsland der Erwerbsbesteuerung zu unterwerfen ist, weil er ein der Erwerbsbesteuerung unterworfener Unternehmer oder ihr unterworfene juristische Person ist. Voraussetzung ist allerdings, dass die Angaben des Abnehmers über die Erteilung einer **USt-IdNr.** im anderen Mitgliedstaat zutreffend sind. Dies kann der Lieferant sich vom Bundeszentralamt bestätigen lassen (§ 18 e UStG). Diesem werden sämtliche vergebenen USt-IdNr. aus den übrigen Mitgliedstaaten mitgeteilt und umgekehrt werden den übrigen Mitgliedstaaten die deutschen USt-IdNrn. mitgeteilt. **192**

Zur Kontrolle der Korrespondenz zwischen steuerbefreiter innergemeinschaftlicher Lieferung und Erwerbsbesteuerung muss der Lieferant nach **§ 18 a UStG** außerdem monatlich **zusammenfassende Meldungen** über die von ihm ausgeführten steuerfreien Lieferungen abgeben, in denen die Bemessungsgrundlagen und die USt-IdNr. der Abnehmer angegeben sind.[515] Diese Daten können zu Kontrollzwecken dem EU-Staat des Erwerbers mitgeteilt werden.

b) Die Behandlung als steuerfreie innergemeinschaftliche Lieferung erfordert damit, dass der Lieferant sich über die USt-IdNr. seines Abnehmers informiert und diese kennt. Nach § 14 a Abs. 3 UStG ist der Lieferant auch verpflichtet, seinem Abnehmer eine Rechnung zu erteilen, in der er seine **USt-IdNr.** sowie die ihm mitgeteilte USt-IdNr. des Abnehmers in der Rechnung angibt. Allerdings gehörte das Vorhandensein und die Mitteilung einer USt-IdNr. des Abnehmers bisher **nicht** zu den **materiellen Voraussetzungen für die Befreiung** der innergemeinschaftlichen Lieferung gemäß Art. 138 MwStSystRL a.F. und § 4 Nr. 1 b i.V.m. § 6 a Abs. 1 UStG a. F. Die **Befreiung** war dem Lieferer daher bisher (bis zum 01.01.2020) **auch** dann zu gewähren, wenn der **Abnehmer** tatsächlich über **keine** (oder noch keine gültige) **USt-IdNr.** verfügte, sofern tatsächlich feststand, dass der gelieferte Gegenstand in einen anderen Mitgliedstaat der Union befördert und versendet wurde und der Abnehmer dort als Unternehmer oder juristische Person tatsächlich der dortigen Erwerbsbesteuerung unterlag.[516] Das Verwenden einer gültigen USt-/MwSt-IdNr. des Abnehmers sowie deren Angabe in der zusammenfassenden Meldung nach § 18 a Abs. 7 UStG waren als lediglich formelle Voraussetzungen für die Befreiung nicht zwingend für die Befreiung erforderlich. Die Befreiung war auch ohne Verwendung und Aufzeichnung einer gültigen USt-IdNr. zu gewähren, wenn zweifelsfrei feststand, dass die Voraussetzungen des § 6 a Abs. 1 UStG erfüllt waren.

Nach dem geänderten Art. 138 Abs. 1 und Abs. 1 a MwStSystRL ist die **Verwendung einer MwSt-IdNr.** des Lieferungsempfängers allerdings jetzt auch **materielle Voraussetzung für die Befreiung**. Der Lieferungsempfänger/Erwerber muss in einem anderen Staat als dem Abgangsstaat registriert sein und dem Lieferer seine dortige MwSt-IdNr. mitgeteilt haben. Dies gilt ab dem 01.01.2020.[517] Dementsprechend ist eine Anpassung des deutschen UStG für die Zeit ab dem 01.01.2020 erfolgt.[518]

Mit Wirkung ab dem 01.01.2020 liegt nach dem geänderten § 4 Nr. 1 b UStG eine befreite innergemeinschaftliche Lieferung nicht (mehr) vor, soweit der liefernde Unternehmer in Bezug auf die Lieferung in den anderen Mitgliedstaat keine zusammenfassende Meldung mit der erforderlichen Angabe der (zutreffenden) USt-IdNr. des Abnehmers/Erwerbers abgegeben hat. Nach § 6 a Abs. 1 S. 1 Nr. 2 a) UStG muss der Abnehmer ein in einem anderen Mitgliedstaat (als der Bundesrepublik) für Zwecke der USt erfasster Unternehmer sein und nach Nr. 4 muss der Abnehmer gegenüber dem Lieferer eine ihm von einem anderen Mitgliedstaat erteilte gültige USt-IdNr. verwendet haben. Zusammengefasst verlangt die Befreiung als innergemeinschaftliche Lieferung mithin:

1. die Beförderung/Versendung des Liefergegenstandes in das übrige Gemeinschaftsgebiet (in einen anderen Mitgliedstaat);

---

515 Durch die Änderungsrichtlinie 2008/117 v. 16.12.2008, Abl. EG 2009, Nr. L 17, 7 wird der normale Meldezeitraum ab 01.01.2010 in Art. 263 MwStSystRL auf einen Kalendermonat verkürzt. Das Kalendervierteljahr darf lediglich bei einem Gesamtbetrag der Lieferungen bis 50.000 €/Kalendervierteljahr beibehalten werden.

516 So zutreffend EuGH v. 09.02.2017 – Rs. C-21/16 (Euro Tyre), UR 2017, 271; BFH v. 26.11.2014 – XI R 37/12, BFH/NV 2015, 358; v. 28.05.2013 – XI R 11/09, UR 2013, 756; EuGH v. 27.09.2012 – Rs. C-587/10 (VStR), UR 2012, 832; v. 06.09.2012 – Rs. C-273/11 (Mecsek Gabona), UR 2012, 796.

517 RL (EU) 2018/1910 v. 04.12. 2018, Abl. EU 2018, Nr. L 311, 3.

518 Durch das Gesetz zur weiteren Förderung der Elektromobilität v. 12.12.2019, BGBl. I 2019, 2451 (Art. 12 für UStG und Art. 15 für Änderungen der UStDV) und ergänzend durch das JStG 2020, BGBl. I 2020, 3096 = BStBl. I 2021, 6.

2. einen in einem anderen Mitgliedstaat für Umsatzsteuerzwecke erfassten Unternehmer als Abnehmer/Erwerber (oder eine dort für Umsatzsteuerzwecke erfasste nicht unternehmerisch tätige juristische Person und bei der Lieferung neuer Fahrzeuge schlicht auch jeden anderen Erwerber);
3. der Erwerb muss beim Erwerber im anderen Mitgliedstaat – dem Bestimmungsland – der (Erwerbs-)Umsatzbesteuerung unterliegen und
4. der Abnehmer/Erwerber hat gegenüber dem liefernden Unternehmer eine ihm von einem anderen Mitgliedstaat erteilte gültige USt-IdNr. verwendet.

Der Mitteilung der USt-IdNr. des Abnehmers kommt und kam für den Lieferanten auch schon vor dem 01.01.2020 große Bedeutung zu. Denn bei Verwendung einer gültigen USt-IdNr. konnte (und kann er immer noch) davon ausgehen, dass der Erwerber Unternehmer (oder jur. Person) ist und der Erwerb des Abnehmers im Bestimmungsland der Erwerbsbesteuerung unterliegt.[519] Sollte dies tatsächlich nicht zutreffen, wird bei Verwendung einer erteilten USt-IdNr. der gute Glaube des Lieferanten über § 6 a Abs. 4 UStG geschützt (s. sogleich Rn. 193).

c) Der liefernde Unternehmer muss den **Nachweis** führen, dass die **materiellen Voraussetzungen** des § 6 a UStG für eine innergemeinschaftlich befreite Lieferung vorliegen, d.h. das Gelangen in das übrige Gemeinschaftsgebiet, die Unternehmereigenschaft oder Eigenschaft als juristische Person des Abnehmers und die gesetzliche Verpflichtung zu einer Erwerbsbesteuerung im anderen Mitgliedstaat. Dabei hilft ihm zunächst einmal die mit Wirkung ab dem 01.01.2020 durch Art. 15 des Gesetzes zur Förderung der Elektroenergie neu eingefügte **Gelangensvermutung in § 17 a UStDV n.F.** Danach wird vermutet, dass der Liefergegenstand in das übrige Gemeinschaftsgebiet befördert oder versendet wurde, wenn der liefernde Unternehmer angibt, dass er den Gegenstand dorthin befördert oder versendet hat oder wenn er im Besitz einer ihm erteilten Gelangensbestätigung des Abnehmers ist. Außerdem muss er dann zwei **Belege Dritter** besitzen, aus denen sich die Beförderung oder Versendung in das übrige Gemeinschaftsgebiet ergibt, u.a. Beförderungsbelege (Frachtbrief, Spediteursbescheinigung) oder andere Belege (Versicherungspolice, Lagerhalterbescheinigung). Die Gelangensvermutung kann vom Finanzamt widerlegt werden. Besteht keine Gelangensvermutung nach § 17 a UStDV n.F., hat der Unternehmer durch Belege nachzuweisen, dass der Liefergegenstand in das übrige Gemeinschaftsgebiet befördert oder versandt worden ist. Zum Nachweis hat der Lieferant nach § 6 a Abs. 3 UStG i.V.m. §§ 17 b bis 17 d UStDV n.F. (vor dem 01.01.2020 §§ 17 a bis 17 c UStDV a.F.) einen **Beleg- und Buchnachweis** zu führen. Die Grundproblematik besteht dabei darin, dass mangels Grenzkontrollen der Nachweis – anders als bei der Ausfuhrlieferung (Rn. 169) – nicht durch einen Ausgangsvermerk einer Ausfuhr(grenz)zollstelle geführt werden kann. Stattdessen soll eine Kontrollmöglichkeit dadurch eröffnet werden, dass über die Angabe der (richtigen) USt-IdNrn. des (richtigen) Abnehmers überprüft werden kann, ob im anderen Mitgliedstaat eine korrespondierende Erwerbsbesteuerung stattgefunden hat. Der **Belegnachweis für die innergemeinschaftliche Lieferung** ist mit Wirkung ab dem 01.01.2012[520] vereinheitlicht und vereinfacht worden. Es wird nicht (mehr) zwischen Befördern und Versenden unterschieden. Das Gelangen des Liefergegenstandes in das übrige Gemeinschaftsgebiet ist in beiden Konstellationen grundsätzlich durch eine Bestätigung des Abnehmers **(Gelangensbestätigung des Abnehmers)** nachzuweisen. Diese muss

519 S. BFH v. 26.06.2019 – V R 38/18, DStR 2019, 2579. Der sich aus der Verwendung einer gültigen USt-IdNr. ergebende Nachweis der Unternehmereigenschaft des Abnehmers wird durch die Angabe einer bloßen Briefkastenanschrift nicht in Frage gestellt.

520 Art. 1 der 2. Verordnung zur Änderung der UStDV, BGBl. I 2011, 2416; zur Begründung vgl. BR-Drs. 628/11.

die Angaben nach § 17 b Abs. 2 Nr. 2 a bis e UStDV enthalten Die Gelangensbestätigung kann auch von einem Bevollmächtigten des Abnehmers erteilt werden. Sie kann auch elektronisch erteilt werden. Wird der Liefergegenstand vom Lieferer oder Abnehmer in das übrige Gemeinschaftsgebiet versendet, d.h. nicht vom Lieferer selbst befördert, kommen nach § 17 b Abs. 3 UStDV n. F. auch **andere Belege** als die Gelangensbestätigung des Abnehmers für den Belegnachweis in Betracht, namentlich (CMR) **Frachtbriefe mit Bestätigung des Empfängers** über den Erhalt des Liefergegenstandes und **Spediteursbescheinigungen.**[521] Weiterhin erforderlich ist der Nachweis durch ein Doppel der Rechnung mit Angabe der eigenen USt-IdNr. und der des Abnehmers. Erforderlich sind Angaben zu Namen und Anschrift des Abnehmers, zum Liefergegenstand (Menge, handelsübliche Bezeichnung), Bestätigung des Abnehmers (Unterschrift) über den Erhalt des Gegenstandes im übrigen Gemeinschaftsgebiet mit Orts- und Zeitangabe.

Mit Wirkung ab dem 01.01.2020 wird durch den unmittelbar geltenden **§ 45 a MwStDVO** eine **unionseinheitlich geltende Regelung zum Belegnachweis** eingeführt. Eine – allerdings durch die FinVerw widerlegbare – Vermutung zugunsten des Unternehmers, dass eine befreite ig. Lieferung erfolgt ist, besteht dann, wenn der Unternehmer den Nachweis der Beförderung/Versendung in den Bestimmungsmitgliedstaat durch zwei verschiedene Dokumente führt, etwa einen unterschriebenen CMR Frachtbrief und eine Frachtrechnung. Das genügt, wenn der Liefernde selbst den Transport veranlasste. Wurde der Transport hingegen vom Abnehmer/Erwerber veranlasst, bedarf es zusätzlich noch einer schriftlichen Bestätigung des Erwerbers mit Angaben zu Ankunftsort und -datum, also quasi einer „Gelangensbestätigung". In welchem Verhältnis § 45 a MwStDVO zur neu eingeführten Gelangensvermutung in § 17 a UStDV n.F. steht, erscheint etwas rätselhaft.[522]

Die **Nichterfüllung der Nachweispflichten** führt regelmäßig zur Versagung der Steuerbefreiung, weil den Unternehmer insoweit die objektive Feststellungslast trifft. Die Finanzbehörden sind nicht verpflichtet, im Wege der Amtshilfe für den Nachweis zu sorgen, dass die Voraussetzungen einer innergemeinschaftlichen Lieferung erfüllt sind. Allerdings handelt es sich – entgegen früherer Rspr. – bei den erforderlichen Nachweisen **nicht** um **materielle Voraussetzungen für die Befreiung**. Diese ist daher auch dann zu gewähren, wenn solche Nachweise nicht vorgelegt werden können, aber dennoch objektiv feststeht, dass die materiellen Voraussetzungen des § 6 a Abs. 1 Nr. 1–3 UStG für eine Befreiung der innergemeinschaftlichen Lieferung (Gelangen in übriges Gemeinschaftsgebiet, Erwerber Unternehmer oder juristische Person, Abnehmer unterliegt, da Unternehmer oder juristische Person der Erwerbsbesteuerung im anderen Mitgliedstaat) vorliegen.[523] Wird der Nachweis nach § 6 a Abs. 3 i.V.m. § 17 a ff. UStDV nicht ordnungsgemäß geführt, gehen etwaige Zweifel allerdings voll zulasten des Lieferanten. Außerdem kommt dann ein Gutglaubensschutz (dazu Rn. 193) nicht in Betracht.[524]

---

521 Vgl. näher Abschn. 6a. 4. UStAE.

522 S. dazu Robisch UR 2019, 922.

523 Vgl. EuGH v. 08.11.2018 – Rs. C-495/17 (Cartrans Spedition), UR 2018, 908; v. 09.02.2017 – Rs. C-21/16 (Euro Tyre), UR 2017, 271; v. 27.09.2012 – Rs. C-587/10 (VStR), UR 2102, 832; v. 06.09.2012 – Rs. C-273/11 (Mecsek-Gabona), UR 2012, 796; v. 27.09.2007 – Rs. C-146/05 (Albert Collée), Slg. 2007, I-7861; Rs. C-409/04 (Teleos), Slg. 2007, I-7797; Rs. C-184/05 (Twoh), Slg. 2007, I-7897 = BStBl. II 2009, 78, 70, 83; BFH v. 28.05.2013 – XI R 11/06, UR 2013, 756 (Nachfolgeentscheidung VStR); v. 06.12.2007 – V R 59/03, BStBl. II 2009, 57 (Nachfolgeentscheidung Collée); Abschn. 6a.2. Abs. 3 UStAE.

524 BFH v. 12.10.2018 – XI B 65/18, BFH/NV 2019, 129; v. 13.06.2018 – XI R 20/14, BStBl. II 2018, 800 m.w.N.; v. 10.08.2016 – V R 45/15, BStBl. II 2018, 501; v. 22.07.2015 – V R 38/14, BStBl. II 2018, 498; v. 21.01.2015 – XI R 5/13, BStBl. II 2015, 724; v. 25.04.2013 – V R 28/11, BStBl. II 2013, 656; v. 12.05.2011 – V R 46/10, BStBl. II 2011, 957; st.Rspr. seit BFH v. 12.05.2009 – V R 65/06, BStBl. II 2010, 511.

Zu beachten ist, dass mit Wirkung ab 01.01.2020 die Verwendung der USt-IdNr. eines anderen Mitgliedstaates sowie die Abgabe einer zutreffenden zusammenfassenden Mitteilung mit richtigen Angaben zur durchgeführten Lieferung (materielle) Voraussetzungen für die Befreiung einer innergemeinschaftlichen Lieferung sind.

d) Das o.g. Verfahren vermag nicht zu verhindern, dass der Lieferant von seinem Abnehmer darüber getäuscht wird, dass die Voraussetzungen für eine innergemeinschaftliche Lieferung vorliegen. Namentlich kann er in den Abholfällen darüber getäuscht werden, dass der Liefergegenstand tatsächlich in das übrige Gemeinschaftsgebiet verbracht wird. Eine **Täuschung** ist auch darüber möglich, dass der Abnehmer als Unternehmer der Erwerbsbesteuerung in einem anderen Mitgliedstaat unterliegt. § 6 a Abs. 4 UStG führt daher einen **Gutglaubensschutz** für den Lieferanten ein. Eine ausdrückliche Rechtsgrundlage dafür findet sich in der MwStSystRL freilich nicht.[525] Der EuGH hat insoweit allerdings entschieden, dass nach allgemeinen Rechtsgrundsätzen des Gemeinschaftsrechtes (Rechtssicherheit, Verhältnismäßigkeit, Neutralitätsgrundsatz) dem Lieferanten Gutglaubensschutz zu gewähren ist, wenn er alle ihm mögliche Vorsicht hat walten lassen, um festzustellen und nachzuweisen, dass die Voraussetzungen für eine Befreiung, namentlich das Gelangen in das übrige Gemeinschaftsgebiet und die Unternehmereigenschaft des Erwerbers oder die Beförderung in einen anderen Mitgliedstaat zur dort dauerhaften Verwendung für den Endverbrauch bei einem neuen Fahrzeug, vorliegen.[526] Soweit der EuGH insoweit aus allgemeinen Rechtsgrundsätzen herleitet, dass der nationale Umsatzsteuergesetzgeber deshalb zur Gewährleistung eines Gutglaubensschutzes nach allgemeinen Rechtsgrundsätzen des Unionsrechtes verpflichtet sei, obwohl der Richtliniengeber (Rat) dies gerade nicht vorgesehen hat, erscheint doch einigermaßen fraglich, ob der EuGH sich damit nicht gesetzgeberische Kompetenzen anmaßt, die auch ihm – wie allen Gerichten in der Union – nicht zukommen.[527] Für den **Mitgliedstaat Deutschland** ist allerdings zu konstatieren, dass der **deutsche Gesetzgeber** als das **verfassungsgemäß zuständige Organ** ausdrücklich in § 6 a Abs. 4 UStG sowohl einen Gutglaubensschutz für den Lieferanten vorsieht und die – vom EuGH ebenfalls ohne Rechtsgrundlage in der MwStSystRL angemahnte – Steuerschuldnerschaft des Abnehmers vorsieht, soweit dieser durch unrichtige Angaben den Lieferanten täuscht. Der Rspr. des **EuGH** ist insoweit jedenfalls **zuzustimmen,** dass unter Beachtung der allgemeinen Rechtsgrundsätze des Unionsrechtes der **MwStSystRL nicht** entnommen werden kann, dass die **Gewährung eines Gutglaubensschutzes** einem nationalen Umsatzsteuergesetzgeber **unionsrechtlich untersagt** sei. Die sachlich zutreffende Entscheidung des deutschen Gesetzgebers, dem gutgläubigen Lieferanten bei Täuschung durch unrichtige Angaben seines Abnehmers die Befreiung zu gewähren und stattdessen den Abnehmer zum Schuldner zu erklären, ist daher zu beachten. Sie **verstößt** gerade **nicht gegen die Vorgaben des Unionsrechtes**, sondern ist, folgt man dem EuGH, durch dieses sogar geboten. **193**

Muss der Lieferant aufgrund unrichtiger, von ihm nicht überprüfbarer Angaben des Abnehmers annehmen, dass die Voraussetzungen der Steuerbefreiung vorliegen,

---

525 So zutreffend BFH v. 25.04.2013 – V R 28/11, BStBl. II 2013, 656 und v. 12.05.2011 – V R 46/10, BStBl. II 2011, 436.

526 Grundlegend EuGH v. 27.09.2007 – Rs. C-409/04 (Teleos), Slg. 2007, I-7797 = BStBl. II 2009, 70; seither mehrfach bestätigt, vgl. u.a. EuGH v. 25.10.2018 – Rs. C-528/17 (Bozicevic Jezovnik), UR 2018, 904; v. 14.06.2017 – Rs. C-26/16 (Santogal), UR 2017, 539 (zur Lieferung eines neuen Fahrzeuges); v. 06.09.2012 – Rs. C-273/11 (Mecsek-Gabona), UR 2012, 796; v. 21.12.2011 – Rs. C-499/10 (Vlaamse Oliemaatschappij), UR 2012, 160; v. 21.02.2008 – Rs. C-271/06 (Netto-Supermarkt), Slg. 2008, I-771.

527 S. EuGH v. 14.06.2017 – Rs. C-26/16 (Santogal), MwStR 2017, 617 mit Anm. Grube und kritisch bzgl. der unionalen Rechtsgrundlage für den vom EuGH postulierten Gutglaubensschutz Reiß UR 2017, 565; s. auch EuGH v. 09.02.2017 – Rs. C-21/16 (Euro Tyre), MwStR 2017, 236 mit Anm. Grube und kritisch Reiß UR 2017, 254 f. zur Versagung der Befreiung bei Kenntnis von Hinterziehungshandlungen, falls die materiellen Voraussetzungen für eine Befreiung nach nationalem Gesetz und MwStSystRL an sich vorliegen!.

obwohl dies nicht der Fall ist, ist die Lieferung für den Lieferanten gleichwohl nach **§ 6 a Abs. 4 UStG** als steuerfrei zu behandeln. Typische Konstellation ist dabei, dass der Abnehmer in Abholfällen den Liefergegenstand entgegen seiner Verpflichtung und seiner Bestätigung nicht in das übrige Unionsgebiet befördert oder versendet hat[528] oder dass der Abnehmer entgegen seiner Versicherung kein Unternehmer ist oder den Gegenstand nicht als Unternehmer für sein Unternehmen erwirbt, sodass er nicht der Erwerbsbesteuerung im anderen Mitgliedstaat unterliegt. Voraussetzung ist, dass der Lieferant die Unrichtigkeit der Angaben seines Abnehmers auch bei Beachtung der Sorgfalt eines ordentlichen Kaufmannes nicht erkennen konnte. Die Steuer für die objektiv nicht befreite Lieferung schuldet dann allerdings der Abnehmer. Die Sorgfalt verlangt mindestens, dass der Lieferant durch Anfrage beim Bundeszentralamt sich über das Vorhandensein einer gültigen USt-IdNr. seines Abnehmers informiert. Spiegelt der Abnehmer eine ihm nicht erteilte USt-IdNr. nur vor, so handelt der Lieferant jedenfalls nicht sorgfältig, wenn er sich die USt-IdNr. und die Identität des Empfängers nicht vom Bundeszentralamt für Steuern bestätigen lässt.[529]

Beispiel: N (Niederlande) kauft bei K in Köln in dessen Laden einen Fotoapparat. N nennt seine niederländische USt-IdNr., die sich K vom Bundeszentralamt bestätigen lässt, bestätigt den Empfang des Fotoapparates und versichert, dass er diesen in die Niederlande verbringt. Tatsächlich schenkt N den Apparat seinem in Köln wohnhaften Neffen. Für K ist die Lieferung als steuerfrei gemäß § 6 a Abs. 4 UStG zu behandeln, N schuldet aber die deutsche USt. Tatsächlich liegt eine innergemeinschaftliche Lieferung nicht vor, denn der Gegenstand ist nicht in das übrige Gemeinschaftsgebiet (Niederlande) gelangt. Hatte N hingegen schon keine USt-IdNr. der Niederlande und täuschte er diese nur vor, so schuldet K die USt. Anders wäre es nur dann, wenn ihm fehlerhaft vom Bundeszentralamt nach § 18 e UStG bestätigt worden wäre, dass K über eine ndl. USt-Id verfügt.

e) Die Regelungen über die **Befreiung der innergemeinschaftlichen Lieferung** und die Besteuerung des innergemeinschaftlichen Erwerbs sind **„betrugsanfällig"**. Es besteht einerseits die Gefahr, dass eine innergemeinschaftlich befreite Lieferung **im Inland/Abgangsmitgliedstaat** nur **vorgetäuscht** wird, obwohl tatsächlich dort eine steuerbare und steuerpflichtige Lieferung ausgeführt wurde. Dieser Gefahr soll durch die o.a. Nachweispflichten und Kontrollmöglichkeiten für die Besteuerung eines korrespondierenden innergemeinschaftlichen Erwerbs anhand der USt-IdNrn. begegnet werden. Kann daher nicht nachgewiesen werden und steht auch nicht objektiv fest, dass der Gegenstand an einen zur Erwerbsbesteuerung Verpflichteten (Unternehmer/juristische Person) in ein anderes Mitgliedsland geliefert wurde, ist die Befreiung als innergemeinschaftliche Lieferung zu versagen.

f) Es besteht aber auch umgekehrt die Gefahr, dass zwar tatsächlich eine Lieferung stattgefunden hat, bei der der Liefergegenstand an einen Unternehmer als Abnehmer in einen anderen Mitgliedstaat gelangte, dass aber **im anderen Mitgliedstaat die (Erwerbs-)Umsatzbesteuerung** durch den (richtigen) Erwerber durch **Täuschung über die Person/Identität des Erwerbers umgangen** wird. Nach übereinstimmender Rspr. des EuGH und des BGHSt ist dann die Befreiung als innergemeinschaftliche Lieferung für den Lieferer auch zu versagen, wenn er durch unrichtige Angaben über die Identität des Erwerbers/Abnehmers sich an der „Hinterziehung" von

---

528 So die Konstellation in EuGH v. 27.09.2007 – Rs. C-409/04 (Teleos), Slg. 2007, I-7797 und v. 21.02.2008 – Rs. C-271/06 (Netto-Supermarkt), Slg. 2008, I-771 und möglicherweise in EuGH v. 06.09.2012 – Rs. C-273/11 (Mecsek-Gabona), UR 2012, 796; vgl. auch EuGH v. 16.12.2010 – Rs. C-430/09 (Euro Tyre), Slg. 2010, I-1335 = UR 2011, 176 und v. 14.06.2017 – Rs. C-26/16 (Santogal), UR 2017, 539 und dazu Reiß UR 2017, 565 (zur Befreiung der Lfg. eines neuen Fahrzeugs an einen Nichtunternehmer!).

529 Vgl. BFH v. 11.03.2020 – XI R 38/18, UR 2020, 764 (Sorgfaltspflichtverletzung bei fehlender Gebrauchmachung vom Bestätigungsverfahren bzgl. USt.IDNr.). Zu den Sorgfaltspflichten s. auch BFH v. 25.04.2013 – V R 28/11, BStBl. II 2013, 656 und v. 14.11.2012 – XI R 17/12, BStBl. II 2013, 407 (Barverkauf und Abholen eines Pkw durch angeblich Beauftragte); v. 12.05.2009 – V R 65/06 (zu CMR-Frachtbrief ohne Warenempfangsbestätigung); vgl. auch Abschn. 6a.8. UStAE und Englisch UR 2008, 481.

Umsatzsteuer im Bestimmungs-/Erwerbsmitgliedstaat beteiligt/an ihr mitgewirkt hat. Das soll auch dann gelten, wenn objektiv zweifelsfrei feststeht, dass der Liefergegenstand in einen anderen Mitgliedstaat/das Gemeinschaftsgebiet gelangt ist und an einen (allerdings durch falsche Angaben im Beleg- und Buchnachweis verschleierten) zur Erwerbsbesteuerung verpflichteten Erwerber (Unternehmer/juristische Person) geliefert wurde.[530] Das führt dann dazu, dass im Bestimmungsland natürlich die Umsatzbesteuerung des Erwerbs und der Weiterveräußerung beim richtigen Erwerber nachzuholen ist, aber gleichwohl **im Ursprungsland keine Befreiung** als innergemeinschaftliche Lieferung zu gewähren ist.

Strafrechtlich liegt dann sowohl eine Täterschaft/Mitwirkung an einer Umsatzsteuerhinterziehung im Bestimmungsland (Erwerbssteuer und Umsatzsteuer auf nachfolgenden Umsatz) als auch im Ursprungsland (keine Befreiung) vor. Das Bundesverfassungsgericht hat in dieser auch strafrechtlich (doppelten) Sanktionierung keinen Verfassungsverstoß erkennen können.[531]

Diese mittlerweile auch vom BFH[532] für das deutsche Umsatzsteuerrecht mehrfach bestätigte Rspr. des EuGH war und ist sowohl unter umsatzsteuerlichen als auch strafrechtlichen Gesichtspunkten verfehlt. Richtigerweise darf und muss die Mitwirkung des Lieferers an der Umsatzsteuerhinterziehung im Mitgliedstaat des Erwerb(er)s durch täuschende Angaben über die Person des Erwerbers dadurch sanktioniert werden, dass der täuschende Lieferant für die Umsatzsteuerhinterziehung im Erwerbsmitgliedstaat (neben dem Erwerber) entsprechend § 71 AO zur Haftung herangezogen wird. Entsprechend § 370 Abs. 6 S. 2 AO ist er auch für die Mitwirkung an der Umsatzsteuerhinterziehung in einem anderen Mitgliedstaat in Deutschland ggf. zu bestrafen. Unberührt bleibt selbstredend, dass er im anderen Mitgliedstaat ggf. der Bestrafung wegen der Mitwirkung an der nach dortigem Recht strafbaren Steuerhinterziehung unterliegt.

Der EuGH hat freilich ausdrücklich entgegengesetzt entschieden.[533] Danach muss **die Befreiung für die warenbewegte innergemeinschaftliche Lieferung** von den nationalen Behörden und Gerichten immer **zwingend versagt** werden, wenn der Lieferer wusste oder hätte wissen müssen, dass er sich durch seine Lieferung an einer im Rahmen der Lieferkette begangenen **Mehrwertsteuerhinterziehung beteiligt** hat. Das liege namentlich auch dann vor, wenn der Lieferer wusste oder hätte wissen müssen, dass über die Person des wahren Erwerbers im Bestimmungsland getäuscht wird und es dort zu einer Hinterziehung der Umsatzsteuer des Bestimmungslandes kommt. Für die zwingende Versagung des begünstigenden Rechtes der Steuerbefreiung für innergemeinschaftliche Lieferung sei es unerheblich, dass die Mehrwertsteuerhinterziehung in einem anderen Mitgliedstaat erfolgte. Gleichzeitig hat der EuGH in dieser Entscheidung seine bisherige Rspr. bestätigt, dass dem an einer Mehrwertsteuerhinterziehung im eigenen oder im fremden Mitgliedstaat vorsätzlich oder fahrlässig „Beteiligten" auch **kein Vorsteuerabzug** aus den an ihn erbrachten Lieferungen entsprechend § 15 Abs. 1 Nr. 1 UStG und keine Erstattung der Umsatzsteuer aus einer Rückgängigmachung der Erwerbsbesteuerung wegen Nachweises der Erwerbsbesteuerung im Bestimmungsland entsprechend § 3 d S. 2 UStG zu gewähren ist. Der EuGH geht zutreffend davon aus, dass das Richtlinienrecht der Union den Mitgliedstaaten erlaubt, Steuerhinterziehungen durch Auferlegung und Aufstellung von Bedingungen zur Erlangung von Steuerbefreiungen zu verhindern. Für die Steuerbefreiung innergemeinschaftlicher Umsätze ist dies ausdrücklich in Art. 131, 273 MwStSystRL vorgesehen. Das muss dann aber auch im nationalen (Gesetzes-)Recht vorgesehen sein. Der EuGH als Gericht ist weder europäischer noch nationaler Gesetzgeber!

Eine Rechtsgrundlage dafür, dass nationalen Behörden und Gerichte die Steuerbefreiung für die innergemeinschaftliche Lieferung und den Vorsteuerabzug zu versagen haben, auch wenn dies nicht im nationalen (Gesetzes-)Recht vorgesehen ist, gab es weder auf nationaler Ebene noch gab und gibt es sie auf unionaler Ebene. Mit Wirkung **ab 01.01.2020** hat der **deutsche Gesetzgeber** dafür **mit § 25 f UStG allerdings nunmehr eine gesetzliche Grundlage** geschaffen (s. Rn. 391).

Für die von der Rspr. aus Abschreckungsgründen zur Generalprävention befürwortete (zusätzliche) Sanktionierung durch Versagung der Befreiung als innergemeinschaftliche Lieferung im Ursprungsmitgliedstaat neben der weiterhin gebotenen Besteuerung des innergemeinschaftlichen Erwerbs im Bestimmungsmitgliedstaat be-

530 EuGH v. 07.12.2010 – Rs. C-285/09 (R), BStBl. II 2011, 846 auf Vorlage von BGH v. 07.07.2009 – 1 StR 41/09, UR 2009, 732.

531 BVerfG v. 16.06.2011 – 2 BvR 542/09, UR 2011, 775.

532 BFH v. 17.02.2011 – V R 30/10, BStBl. II 2011, 769; v. 11.08.2011 – V R 50/09 und VR 19/10, BStBl. II 2012, 151 und 156; v. 14.12.2011 – XI R 33/10, BFH/NV 2012, 1009; s. auch Abschn. 6a.2. Abs. 3 UStAE.

533 EuGH v. 18.12.2014 – Rs. C-131/13 (Italmoda), UR 2015, 106 mit (zust.) Anm. Heuermann DStR 2015, 1416; Drüen MwStR 2015, 841; kritisch Hummel BB 2015, 549.

steht weder in der MwStSystRL noch bestand dafür im deutschen UStG bis zur Einfügung des § 25 f UStG mit Wirkung ab 01.01.2020 eine gesetzliche Grundlage.[534] Im Gegenteil ist in Art. 138 MwStSystRL wie auch in § 4 Nr. 1 b i.V.m. § 6 a UStG ausdrücklich die Befreiung angeordnet, wenn a) der im Inland vom Steuerpflichtigen/Unternehmer gelieferte Gegenstand b) nach Orten im übrigen Gemeinschaftsgebiet befördert oder versendet wird und c) der Erwerber ebenfalls ein Steuerpflichtiger/Unternehmer oder eine nichtsteuerpflichtige juristische Person ist, die als solche im anderen Mitgliedstaat handelt, d.h. dort einen steuerbaren Erwerb tätigt. Weitere materielle Tatbestandsmerkmale sah bisher weder Art. 138 MwStSystRL noch §§ 4 Nr. 1 b, 6 a UStG für die Befreiung vor, wie nicht zuletzt der EuGH und der BFH deutlich zu Recht betonen. Das UStG und die MwStSystRL sahen und sehen in § 4 Nr. 1 b, 6 a UStG und Art. 138 MwStSystRL – entgegen der o.a. Rspr. des EuGH und des ihm unkritisch folgenden BFH – auch nicht als negatives Tatbestandsmerkmal vor, dass sich der Lieferant nicht an einer „Steuerhinterziehung" des Erwerbers im Bestimmungsland beteiligen dürfe, um die Befreiung beanspruchen zu können. Geändert hat sich insoweit allerdings, dass die Befreiung nur und erst bei Verwendung der USt-IdNr. des (richtigen) Erwerbers und richtigen Angaben zur Lieferung und zum Lieferungsempfänger in der zusammenfassenden Meldung beansprucht werden kann.

Unter rein umsatzsteuerliche Aspekten führt die Versagung der Befreiung aus generalpräventiven Gründen auch zu einer gegen den Neutralitätsgrundsatz verstoßenden Belastung des liefernden Unternehmers, wenn zutreffend im Bestimmungsland der Erwerb und die diesem nachfolgenden Umsätze besteuert werden. Die Versagung der Befreiung der Lieferung sichert dann nicht die Besteuerung eines Endverbrauches, sondern stellt allein eine – strafrechtliche? ordnungsrechtliche? – Ungehorsamssanktion des Lieferanten dar. Die gegenteilige Beteuerung des EuGH steht im Widerspruch zu den Fakten. Der Versagung der Befreiung liegt erkennbar eine ethische Missbilligung zugrunde – Beteiligung an einer Hinterziehung. Es wird die Steuer auch aus rein generalpräventiven Gründen, nicht etwa zwecks Schadensausgleichs, auferlegt. Die Besteuerung der Lieferung im Herkunftsland verstößt auch eindeutig gegen die der MwStSystRL zugrunde liegende Verteilung des Steueraufkommens aus der Umsatzbesteuerung zwischen den Mitgliedstaaten nach dem Bestimmungslandprinzip. Statt einer generalpräventiven rein sanktionierenden Besteuerung im Herkunftsland muss richtigerweise die tatsächliche Durchführung der Besteuerung im Bestimmungsland unterstützt werden. Insoweit ist es in der Union auch zwingend geboten, dass dem Mitgliedstaat des Erwerbs vom Mitgliedstaat des an der Hinterziehung des Erwerbers mitwirkenden Lieferanten **Hilfe bei der Durchsetzung von dessen Steuer/Haftungsansprüchen** geleistet wird.[535] Die Rspr. des EuGH führt mit der doppelten Besteuerung im Ursprungsland und im Bestimmungsland und zugleich der Versagung des Vorsteuerabzuges für alle an der Mehrwertsteuerhinterziehung „Beteiligten" in der Reihe – im Gegensatz zum Strafrecht auch unvorsätzlich, aber fahrlässig handelnde „Beteiligte" – zu ganz unverhältnismäßigem Steueraufkommen, indem nicht nur für den Ausfall der „hinterzogenen" Steuer im Bestimmungsland gehaftet wird. Die nicht der Kompetenz der nationalen und der Unionsgerichte unterliegende Begründung von eigenen Besteuerungs- und Aufkommensbefugnissen für den (Herkunfts-)Mitgliedstaat, in dem die Lieferung stattgefunden hat, hilft dem durch die Beteiligung des Lieferers an der Umsatzsteuerhinterziehung geschädigten (Bestimmungs-)Mitgliedstaat des Erwerbs offenkundig gerade nicht.

Berechtigt ist die endgültige Versagung der Befreiung nur dann, wenn wegen der Verschleierung der Identität des Erwerbers gerade nicht zweifelsfrei festgestellt werden kann, dass in einem anderen Mitgliedstaat überhaupt die Erwerbsbesteuerung durchzuführen ist. Dann freilich steht auch nicht zweifelsfrei fest, dass überhaupt eine innergemeinschaftlich zu befreiende Lieferung vorliegt.

Die (generalpräventive und strafrechtliche) Sanktionierung durch Versagung der Befreiung für eine innergemeinschaftliche Lieferung verstieß – entgegen der Auffassung des BGH und des BVerfG – auch gegen das an sich europaweit anerkannte Gebot der gesetzlichen Bestimmtheit der Strafbarkeit

534 Zutreffend noch die Zweifel in BFH v. 29.07.2009 – XI B 24/09, UR 2009, 728 und BVerfG v. 23.07.2009 – 2 BvR 542/09, UR 2009, 898 (im Aussetzungsverfahren); vgl. auch Küffner/Streit DStR 2010, 2572.

535 S. dazu zutreffend die Kritik des FG München v. 04.12.2014 – 14 K 1511/14 (Vorlage an den EuGH v. 20.10.2016 – Rs. C-24/15 (Plöckl), UR 2015, 558.

in Art. 103 Abs. 2, 104 Abs. 1 GG.[536] Denn die (verfehlte) **Rspr. des EuGH** stellte **keine gesetzliche Grundlage als ausfüllendes Steuergesetz** im Rahmen der von § 370 AO verlangten Steuerverkürzung dar. Freilich sah sich das Bundesverfassungsgericht hier an die „richtlinienkonforme" Auslegung des § 6 a UStG durch die Fachgerichte gebunden. Der BFH vermochte auch kein gesetzliches Merkmal in §§ 4 Nr. 1 b, 6 a UStG oder sonst im UStG zu bezeichnen, aus dem sich ergeben könnte, dass bei einer „Beteiligung" an der Steuerhinterziehung im Erwerbsmitgliedstaat die Steuerbefreiung für die Lieferung im Herkunftsland zu versagen sei. Er berief sich insoweit allein auf die Rspr. des EuGH.[537] Diese stellt freilich kein Gesetz dar.

Nach der (verfehlten) Entscheidung des EuGH in Sachen Italmoda ist zwingend davon auszugehen, dass schon nach dem Unionsrecht die Verpflichtung für die nationalen Gerichte und Behörden bestehen soll, für innergemeinschaftliche Lieferungen die Steuerbefreiung nach § 4 Nr. 1 b i.V.m. § 6 a UStG zu versagen, wenn der Lieferer sich an einer Mehrwertsteuerhinterziehung im Bestimmungsland beteiligt. Das müsste dann selbstredend auch gelten, wenn bei einem innergemeinschaftlichen Verbringen aus einem Mitgliedstaat der Erwerber im anderen Mitgliedstaat die Steuer selbst hinterzieht, indem er dort seinen Erwerb und seine anschließende Weiterlieferung nicht deklariert. Zugleich muss ihm auch der Vorsteuerabzug versagt werden.

Auch wenn das Urteil des EuGH auf einer fehlerhaften Auslegung des Unionsrechtes, namentlich der MwStSystRL, respektive ihrer Vorgängerin beruht, ist es von den deutschen Gerichten inklusive des BFH zu beachten.

Allerdings ist diese Rspr. des EuGH ihrerseits unvereinbar mit der Kompetenzverteilung zwischen Gerichten und Gesetzgebung auf Unionsebene und nationaler Ebene. Im Verhältnis Union und Mitgliedstaat obliegt es nach den Vorgaben des Art. 273 MwStSystRL dem Mitgliedstaat, Vorkehrungen gegen eine Steuerhinterziehung zu treffen, indem er zusätzliche Pflichten und Bedingungen zu denjenigen der MwStSystRL festlegt, die für eine Befreiung zu erfüllen sind. Nach nationalem innerstaatlichen Verfassungsrecht der Bundesrepublik obliegt dies im Verhältnis zum Bürger dem Gesetzgeber und nicht den Behörden oder Gerichten. Der EuGH betätigt sich vorliegend als Unionsgesetzgeber, indem er dem Mitgliedstaat – auch der Bundesrepublik – vorschreibt, den „Vorteil" der Steuerbefreiung bei vorsätzlicher oder fahrlässiger „Beteiligung an einer Mehrwertsteuerhinterziehung" nicht zu gewähren. Er betätigt sich darüber hinausgehend auch als nationaler Gesetzgeber, indem er den nationalen Gerichten und Behörden die unmittelbare Anwendung dieser Normen als anzuwendendes nationales Recht gebietet. Das ist sowohl unionsrechtlich als auch verfassungsrechtlich nicht inakzeptabel. Dem EuGH hätte Gelegenheit gegeben werden sollen, diese schon unionsrechtlich gegenüber dem Unionsgesetzgeber nicht akzeptable Usurpation gesetzgeberischer Befugnisse durch ihn und die seiner Rspr. folgenden nationalen Gerichte zurückzunehmen. Dafür besteht freilich keine Gelegenheit mehr, nachdem der deutsche Gesetzgeber nunmehr mit **§ 25 f UStG** – in vermeintlich gebotener Umsetzung der Rspr. des EuGH und BFH – nunmehr tatsächlich **eine gesetzliche Grundlage ab 2020** dafür geschaffen hat, die Steuerbefreiung für eine innergemeinschaftliche Lieferung und zugleich den Vorsteuerabzug zu versagen, wenn der Unternehmer wusste oder hätte wissen müssen, dass er mit seiner Leistung oder/und seinem Leistungsbezug in eine Hinterziehung von Umsatzsteuer im Sinne von § 370 AO (d.h. der Bundesrepublik oder eines anderen Mitgliedstaates)

536 Demgegenüber hält der EuGH es unionsrechtlich für geboten, dass der Richter aus ihm vom EuGH verliehener eigener Kompetenz gesetzliche Strafverfolgungshindernisse in Gestalt von Verjährungsvorschriften schlicht nicht anwendet, sondern sich eine passende Verjährung aussucht, wenn die vom Gesetzgeber vorgesehene (zu) kurze eine (angeblich) unionsrechtlich gebotene Strafverfolgung behindert, vgl. EuGH v. 08.09.2015 – Rs. C-105/14, (Taricco), UR 2016,367 mit (abl.) Anm. Reiß.

537 Vgl. EuGH v. 18.12.2014 – Rs. C-131/13, UR 2015, 106 m.w.N.; BFH v. 11.08.2011 – V R 50/09 und V R 19/10, BStBl. II 2012, 151 (Rn. 22) und 156 (Rn. 22); v. 17.02.2011 – V R 30/10, BStBl. II 2011, 769 (Rn. 15, 19, 24); v. 14.12.2011 – XI R 33/10, BFH/NV 2012, 1009 (Rn. 26, 36); v. 14.11.2012 – XI R 8/11, MwStR 2013, 165 (Rn. 55).

einbezogen wird. Diese, durch den Gesetzgeber erfolgte, Neuregelung ist unionsrechtlich nach der MwStSystRL zulässig,[538] in der Sache freilich verfehlt (s. Rn. 391).

3. Lieferung neuer Fahrzeuge

194 **a)** Die Lieferung neuer Fahrzeuge unterliegt immer der Erwerbsbesteuerung im Bestimmungsland. Sie ist daher umgekehrt im Liefer-/Ursprungsland immer als innergemeinschaftliche Lieferung befreit. Im Einzelnen ist wie folgt zu unterscheiden:

- Die **Lieferung** erfolgt **durch** einen **Unternehmer** im Inland an einen Erwerber mit USt-IdNr. im anderen EU-Land. Dann ist die Lieferung ganz normal nach § 6 a Abs. 1 Nr. 2 a oder 2 b UStG befreit und auch in der zusammenfassenden Meldung nach § 18 a UStG zu deklarieren.
- Die Lieferung erfolgt von einem Unternehmer im Inland an eine Privatperson zur Verwendung für den Endverbrauch im anderen EU-Land. Dann ist die Lieferung gleichwohl nach § 6 a Abs. 1 Nr. 2 c UStG befreit, aber nicht in der zusammenfassenden Meldung zu deklarieren (§ 18 a Abs. 2 Nr. 1 UStG). Dasselbe gilt für Lieferungen an institutionelle Abnehmer ohne USt-IdNr.

Nach der Rspr. des EuGH[539] ist auch bei der Lieferung neuer Fahrzeuge dem Lieferer die Befreiung zu gewähren, wenn die materielle Voraussetzung einer Beförderung in einen anderen Mitgliedstaat zur dauerhaften Verwendung für den Endverbrauch dort an sich nicht erfüllt ist, der Lieferer aber darüber vom Abnehmer getäuscht worden ist, sofern er dies nicht erkennen konnte und gutgläubig ist. Für das deutsche Recht lässt sich dies auf § 6 a Abs. 4 UStG stützen (s.o. Rn. 193)

b) Ist der **Lieferant kein Unternehmer** oder liefert ein Unternehmer außerhalb seines Unternehmens ein neues Fahrzeug, ist die Lieferung gleichwohl nach **§ 2 a UStG** als steuerbare Inlandslieferung zu behandeln. Der **Nichtunternehmer** wird für die innergemeinschaftliche Lieferung neuer Fahrzeuge **wie ein Unternehmer** behandelt. Der Sinn liegt darin, ihm wegen der Erwerbsbesteuerung im anderen EG-Staat den Vorsteuerabzug zu ermöglichen, indem auch beim Nichtunternehmer eine **steuerfreie innergemeinschaftliche Lieferung** nach § 4 Nr. 1 b i.V.m. § 6 a UStG vorliegt. Entsprechendes gilt für den **Kleinunternehmer** nach § 19 Abs. 4 UStG. Der **Vorsteuerabzug** wird für Nichtunternehmer und Kleinunternehmer nach § 15 Abs. 4 a UStG allerdings beschränkt. Abziehbar ist nur die auf die Anschaffung, nicht auf Reparaturen entfallende USt und auch nur bis zu der Höhe, in der bei fehlender Befreiung eine Steuer angefallen wäre.

Beispiel: P erwirbt in 01/2021 für 100.000 € zzgl. 19.000 € USt ein neues Fahrzeug. In 02/2021 veräußert er dieses Fahrzeug nach einem Unfall für 80.000 € an den Abnehmer B (Privatperson) in Belgien. Vorher hat er es für 10.000 € zzgl. 1.900 € USt reparieren lassen.

P tätigt eine steuerfreie innergemeinschaftliche Lieferung nach § 2 a i.V.m. §§ 4 Nr. 1 b, 6 a Abs. 1 Nr. 1, 2 c und 3 UStG. Denn der Pkw gelangt nach Belgien, Abnehmer kann auch ein Nichtunternehmer sein und ein solcher unterliegt bei Erwerb neuer Fahrzeuge auch der Erwerbsbesteuerung. P darf in 02/2020 VoSt von maximal 80.000 € x 19 % = 15.200 € abziehen, nicht etwa 19.000 € aus der Lieferung an ihn und nicht 1.900 € aus der Reparatur. Diese Beschränkungen gelten nur für private Fahrzeuglieferer nach § 2 a UStG und Kleinunternehmer nach § 19 Abs. 4 UStG.

---

538 Vgl. EuGH v. 20.05.2021 – C-4/20 (ALTI) UR 2021, 481 (Zur nach Art. 193, 205 MwStSystRL bestehenden Zulässigkeit einer durch das nationale Gesetz angeordneten gesamtschuldnerischen Haftung des Leistungsempfängers für durch den Leistenden nicht abgeführte Umsatzsteuer einschließlich der Entrichtung von Verzugszinsen, wenn er vom Vorsteuerabzug Gebrauch gemacht hat).

539 EuGH v. 14.06.2017 – Rs. C-26/16 (Santogal), MwStR 2017, 617 mit Anm. Grube und kritisch bzgl. der unionalen Rechtsgrundlage für den vom EuGH postulierten Gutglaubensschutz Reiß UR 2017, 565.

IV. Ort der Lieferung beim innergemeinschaftlichen Fernverkauf und beim Fernverkauf eines aus einem Drittland eingeführten Gegenstandes/Verlagerung des Lieferortes ins Bestimmungsland (§ 3 c UStG)

1. Für **Lieferungen an private natürliche Personen** als Nichtunternehmer und institutionelle Abnehmer ohne USt-IdNr. (unterhalb der Erwerbsschwelle) kommt – außer bei neuen Fahrzeugen – eine Erwerbsbesteuerung nicht in Betracht. Dementsprechend scheidet auch eine Befreiung als innergemeinschaftliche Lieferung aus. Insoweit gilt prinzipiell bei Lieferungen an diesen Abnehmerkreis das Ursprungslandprinzip. 195

Beispiel: P aus Dänemark erwirbt bei U in Flensburg für 30.000 € zzgl. 5.700 € USt einen Gebrauchtwagen und nimmt ihn mit nach Dänemark. Für U liegt keine steuerfreie innergemeinschaftliche Lieferung vor, für P kein Erwerb in Dänemark.

Dies gilt allerdings nur noch für alle reinen **Abhollieferungen**. Eine (reine) Abhollieferung liegt nicht vor, wenn der Transport durch den Lieferanten veranlasst wird.

2. Für **vom Lieferer veranlasste Versendungs- und Beförderungslieferungen**[540] wird hingegen zur Vermeidung von Wettbewerbsverzerrungen und Verschiebungen des Steueraufkommens zugunsten niedrig besteuernder EU-Staaten – **seit dem 01.07.2021** mit Inkrafttreten der **Neuregelung zu § 3 c UStG durch das JStG 2020** nach Art. 50 Abs. 6 des JStG 2020 nahezu uneingeschränkt – das **Bestimmungslandprinzip** grundsätzlich auch bei Lieferungen an private Endverbraucher und diesen gleichgestellte institutionelle Abnehmer[541] unterhalb der Erwerbsschwelle aufrechterhalten. Daher wird nach **§ 3 c Abs. 1 UStG** i.d.F. JStG 2020 bei einem **innergemeinschaftlichen Fernverkauf** im Sinne des Art. 33 lit. a der MwStSystRL (Lieferung aus einem Mitgliedstaat in einen anderen Mitgliedstaat) die Lieferung an den Ort verlagert, an dem sich der Liefergegenstand bei Beendigung der Beförderung/Versendung befindet, d.h in das EU-Land, in dem die Beförderung/Versendung endet. Nach der nach § 27 Abs. 34 UStG ab dem **01.07.2021 geltenden Regelung** des **§ 3 c UStG i.d.F. des JStG 2020** findet die Verlagerung an den Ort der Beendigung der Beförderung/Versendung nach § 3 c Abs. 4 UStG nur dann nicht statt, wenn der Gesamtbetrag der **Entgelte für innergemeinschaftliche Fernverkäufe und** sonstige Leistungen nach § 3 a Abs. 5 S. 1 und 2 UStG (**Telekommunikations-, Rundfunk -und Fernsehdienstleistungen**, auf elektronischem Wege erbrachte Leistungen) **insgesamt 10.000 € im vorangegangenen Kalenderjahr** nicht überschritten hat und im laufenden Kalenderjahr nicht überschreiten wird. Dies gilt freilich nur für solche Unternehmer, die nur in einem Mitgliedstaat (aufgrund Sitz, Geschäftsleitung, Betriebsstätte oder Wohnsitz) ansässig sind. Die **Erwerbsmindestschwelle von 10.000 €** gilt nunmehr übereinstimmend aufgrund der übereinstimmenden Richtlinienvorgaben in allen und **für alle EU-Mitgliedstaaten**. Der Unternehmer kann auf die Anwendung der Regelung verzichten und für eine Besteuerung im Bestimmungsland optie-

---

540 Siehe dazu EuGH v. 18.06.2020 – C-276/18 (KrakVet), UR 2020, 549 mit Anm. Prätzler jurisPR-SteuerR 37/2020 Anm. 6. Danach ist von einer durch den Lieferer veranlassten Versendung oder Beförderung auszugehen, wenn die Rolle des Lieferers bei Beauftragung und der Organisation der Beförderung/Versendung überwiegt.

Zur Abgrenzung gegenüber Abholfällen durch den Abnehmer s. BFH v. 20.05.2015 – XI R 2/13, DStR 2015, 2542 (dreiste Gestaltung durch niederländische Versandhandelsapotheke – zutreffend kein Abholen bei bloß formularmäßiger Bevollmächtigung des Lieferers durch den Abnehmer, für diesen die Versendung vorzunehmen). S. auch BFH v. 06.06.2019 – V R 41/17, DStR 2019, 2364 mit Anm. Heuermann (Vorlage an EuGH [Az. C-802/19] zur Problematik der Rabattgewährung ndl. Apotheken an Patienten in Dtschld. bei Versendungslieferungen a) nach § 3 c in Deutschland an deutsche Patienten als Leistungsempfänger u. b) in den Ndl. steuerbare, aber befreite Lieferungen an gesetzliche Krankenkassen).

541 Vgl. BGH v. 08.09.2011 – 1 StR 38/11, wistra 2011, 465 (Pflanzenschutzmittellieferungen aus Luxemburg an Landwirte in Deutschland).

ren, obwohl der Schwellenwert von 10.000 € nicht überschritten wird. Diese **Option** bindet den Unternehmer dann für 2 Jahre.

Nach der bis zum 01.07.2021 geltenden Regelung des § 3 c UStG a.F. ist/war entscheidend darauf abzustellen, ob der Lieferant mit seinen Lieferungen an den genannten Abnehmerkreis (§ 3 c Abs. 2 Nr. 1 und 2 UStG) die **Lieferschwelle** des betreffenden EU-Staates überschreitet (§ 3 c Abs. 3 UStG), die von jedem Mitgliedstaat für die Zeit bis zum 01.07.2021 noch autonom selbst festgelegt wurde. Die Lieferschwelle betrug/beträgt bis zum 01.07.2021 für Lieferungen in die Bundesrepublik 100.000 €. Für Lieferungen aus der Bundesrepublik in andere EU-Staaten ist/war – dazu gehörte 01.01.2021 auch noch das VK/UK) – das nationale Umsatzsteuerrecht des betreffenden EU-Staates maßgebend.[542] Die Ortsverlagerung in das Bestimmungsland tritt/trat immer ein, wenn die Lieferschwelle bereits im Vorjahr überschritten war oder sobald sie im laufenden Jahr überschritten wird.

Beispiel 1: L in Liverpool hat in 2021 für mehr als 100.000 € Versendungslieferungen von Jagdgewehren an private Abnehmer in der Bundesrepublik ausgeführt. Wegen Überschreitens der Lieferschwelle liegt der Lieferort ab 2021 und für 2021 (noch) in der Bundesrepublik.

Beispiel 2: Küchenhersteller K in Herford belieferte durch Versenden in 2020 erstmals Privatpersonen im Vereinigten Königreich für 100.000 Pfund mit Küchenmöbeln. Die Lieferschwelle von 85.000 Pfund wurde im August 2020 überschritten. In 2021 lieferte K lediglich für 80.000 Pfund nach England.
Der Lieferort ab Überschreiten der Lieferschwelle in 08/2020 lag abweichend von § 3 Abs. 6 UStG nicht mehr in Herford, sondern wegen Überschreitens der britischen Lieferschwelle (= 85.000 Pfund) nach § 3 c Abs. 1 UStG in England. Dies gilt dann auch (noch) für 2021, weil in 2020 schon die Lieferschwelle überschritten wurde.

Für das jeweilige Bestimmungsland ist schwer zu kontrollieren, ob bei ihm nicht ansässige Unternehmer dort entsprechend § 3 c UStG (Art. 33 MwStSystRL) steuerpflichtige Lieferungen tätigen. Dieser ist dort für diese Umsätze zwar erklärungs- und zahlungspflichtig wie jeder inländische Unternehmer und nach § 14 a Abs. 2 UStG auch zur Ausstellung von Rechnungen verpflichtet. Freilich erfährt das Bestimmungsland ggf. dennoch nichts von derartigen Lieferungen. Hier helfen nur Informationsübermittlungen der Mitgliedstaaten untereinander ohne vorheriges Ersuchen nach Art. 17 und Spontanauskünfte nach Art. 13 f. der Zusammenarbeits-VO[543] auf dem Gebiet der Mehrwertsteuer weiter.

3. Eine Sonderregelung über den Ort der Lieferung eines **Fernverkaufs eines Gegenstandes**, der **aus** einem **Drittlandsgebiet** in einen Mitgliedstaat der Gemeinschaft eingeführt worden ist, treffen nunmehr § 3 c Abs. 2 und 3 i.d.F. des JStG 2020 (s. auch Rn. 161). Nach § 3 c Abs. 3 UStG gilt der Ort der Lieferung bei einem aus dem Drittlandsgebiet eingeführten Gegenstand als in dem Mitgliedstaat gelegen, in dem die Beförderung/Versendung aus dem Drittland endete, sofern die (Umsatz-)Steuer auf diesen Gegenstand nach **§ 18 k UStG** zu erklären ist. Das (besondere) Besteuerungsverfahren nach § 18 k UStG betrifft Fernverkäufe nach § 3 c Abs. 2 und 3. § 3 c Abs. 2 UStG regelt, dass bei einem Fernverkauf eines aus einem Drittland in einen anderen Mitgliedstaat als den des Endes der Beförderung/Versendung eingeführten Gegenstandes der Ort der Lieferung der Ort ist, an dem sich der Gegenstand bei Beendigung der Beförderung/Versendung befindet. Nach § 3 c Abs. 3 UStG gilt dies auch beim Fernverkauf eines Gegenstandes, der aus dem Drittlandsgebiet in den Mitgliedstaat des Endes der Beförderung/Versendung eingeführt wird. Mit § 18 k UStG erfolgt eine Umsetzung der in Titel XII, Kapitel 6 (=Art. 369 l–369 x) bestehenden Sonderregelung für Fernverkäufe von aus Drittgebieten oder Drittländern eingeführten Gegenständen.

---

542 S. Abschn. 3c.1. Abs. 2 UStAE zu Beträgen der Lieferschwellen der anderen Mitgliedstaaten. Zu den Konsequenzen des Austritts des VK aus der EU ab 01.01.2021 für die Umsatzbesteuerung siehe BMF v. 10.12.2020 – III C 1-S7050/19/10001:002, FMNR608000020, DStR 2020, 2876.

543 Verordnung (EU) Nr. 904/2010 v. 07.10.2010, Abl. EU 2010, Nr. L 268, 1. Siehe dazu auch EuGH v. 18.06.2020 – C-276/18 (KrakVet), UR 2020, 549 (Keine Bindung an Entscheidung der Steuerbehörde eines anderen Mitgliedstaates, aber Verpflichtung zur Zusammenarbeit und ggf. Vorlage an den EuGH zur Herstellung einer einheitlichen Auslegung der Richtlinienvorgaben in den Mitgliedstaaten).

Beispiel: Unternehmer L mit Sitz in London liefert in 8/2021 in zwei in London aufgegebenen Postsendungen je ein Kleid für 100 € an Endverbraucher K in Köln und an Endverbraucher A in Amsterdam. L macht Gebrauch von § 18 k UStG und erklärt beide Lieferungen im besonderen Besteuerungverfahren nach § 18 k UStG beim Bundesamt für Finanzen und führt die für die Lieferungen geschuldete deutsche und niederländische USt an das Bundesamt ab. Dieses leitet die niederländische USt an die Niederlande weiter.

Der Ort der Lieferung an K liegt nach § 3 c Abs 3 UStG in Köln, sodass die Lieferung in Deutschland steuerbar und steuerpflichtig ist. Der Ort der Lieferung an A liegt nach § 3 c Abs. 2 UStG i.V. in Amsterdam. Die Lieferung ist nach niederländischem Recht steuerbar und steuerpflichtig. § 18 k UStG ermöglicht es dem L, für sämtliche Lieferungen in Sendungen mit einem Sachwert bis zu 150 € in die Union eine einheitliche Anlaufstelle für die erforderlichen Erklärungen und Zahlungen in einem Mitgliedstaat zu wählen und dadurch seine Erklärungs- und Zahlungspflichten gegenüber allen Mitgliedstaaten zu erfüllen.

Zu beachten ist, dass die **Einfuhr nach § 5 Abs. 1 Nr. 7 UStG befreit** ist, wenn von dem besonderen Besteuerungsverfahren nach § 18 k für Sendungen mit einem Sachwert von höchstens 150 € Gebrauch gemacht wird. Dadurch wird für solche Lieferungen in solchen Sendungen mit einem Sachwert bis zu 150 € eine Doppelbesteuerung vermieden, respektive das Verfahren vereinfacht, indem eine Besteuerung der Einfuhr nach § 1 Abs. 1 Nr. 4 UStG verbunden mit dem Abzug von EUSt als Vorsteuer nach § 15 Abs. 1 Nr. 2 UStG vermieden wird.

4. Auf die **Lieferung neuer Fahrzeuge** findet die besondere Ortsregelung nach § 3 c UStG keine Anwendung, § 3 c Abs. 5 Nr. 1 UStG. Das Bestimmungslandprinzip wird hier schon durch die Erwerbsbesteuerung beim (auch privaten) Erwerber gesichert. Dasselbe gilt bei der Lieferung **verbrauchsteuerpflichtiger Waren an institutionelle Abnehmer**, § 3 c Abs. 5 S. 2 UStG. Diese haben nach § 1 a Abs. 5 UStG unabhängig von der Erwerbsschwelle den Erwerb zu besteuern, sodass ihre Belieferung nach § 6 a UStG steuerfrei ist. Dagegen findet § 3 c UStG bei Versendungs-/Beförderungslieferungen von verbrauchsteuerpflichtigen Waren an private Abnehmer unabhängig von jeder Lieferschwelle für den Lieferanten Anwendung. Für Abhollieferungen gilt hingegen auch bei Lieferung verbrauchsteuerpflichtiger Waren an Private das Ursprungslandprinzip.

V. Sonstige Leistungen im Binnenmarkt

1. Allgemeines

Da sonstige Leistungen, abgesehen von der Lohnveredelung, weder einer Einfuhrbe- 196
steuerung unterworfen werden (anders z.B. die Schweiz!) noch als quasi Ausfuhr befreit werden, führt der Wegfall der Grenzabfertigung im Binnenmarkt an sich nicht zu einem speziellen Regelungsbedürfnis für „Binnengrenzen überschreitende sonstige Leistungen". Vielmehr ist dem Bestimmungslandprinzip bereits über die Bestimmung des Ortes der sonstigen Leistung Rechnung zu tragen. Die Regelung des § 3 a UStG entspricht dem seit den Änderungen durch das JStG 2009, namentlich seit der generellen Ortsbestimmung gemäß **§ 3 a Abs. 2 UStG** mit dem **Unternehmensansässigkeitsort des Leistungsempfängers** für sonstige Leistungen an Unternehmer besser als früher. Problematisch bleibt allerdings die Anknüpfung in § 3 a Abs. 1 UStG an den Sitzort des leistenden Unternehmers bei Leistungen an Nichtunternehmer.

Soweit Unternehmer grenzüberschreitende sonstige Leistungen aus einem anderen als ihrem Ansässigkeitsstaat in Anspruch nehmen, bereitet die Entlastung des Unternehmers durch den Vorsteuerabzug technische Probleme. Denn wenn die Leistung in einem anderen Staat nicht befreit wird, ist der Unternehmer als Leistungsempfänger auf das Vorsteuervergütungsverfahren im für ihn fremden Staat angewiesen (vgl. § 18 Abs. 9 UStG i.V.m. §§ 59 ff. UStDV). Einen grenzüberschreitenden Vorsteuerabzug fremder USt im eigenen „Heimatstaat" des Leistungsempfängers gibt es auch im

Binnenmarkt (noch) nicht. Um das binnenmarktfeindliche Vorsteuervergütungsverfahren weitgehend zu vermeiden, wird der Ort der sonstigen Leistung bei sonstigen Leistungen an Unternehmer in § 3 a Abs. 2 UStG ab dem 01.01.2010 weitgehend in den Staat des Unternehmenssitzes des Empfängers – statt des Leistenden gemäß § 3 a Abs. 1 UStG! – verlagert, sodass vom Empfänger „seine" VoSt in seinem Heimatland abgezogen werden kann. Zugleich wird durch **Umkehrung der Steuerschuldnerschaft** („reverse charge") der leistungsempfangende Unternehmer statt des Leistenden zum Steuerschuldner erklärt, **§ 13 b Abs. 5 S. 1 UStG,** wenn der leistende Unternehmer im Ausland (einschließlich übrigem Gemeinschaftsgebiet) ansässig ist (vgl. Rn. 382 ff.). Es wird mithin wie bei der Erwerbsbesteuerung bei innergemeinschaftlich befreiten Lieferungen und im innergemeinschaftlichen Dreiecksgeschäft der leistungsempfangende Unternehmer zum Steuerschuldner. Damit werden für den leistenden Unternehmer Erklärungs- und Zahlungspflichten im für ihn fremden Bestimmungsmitgliedstaat vermieden. Die Regelungen über den Ort der sonstigen Leistung in § 3 a UStG und über die Umkehr der Steuerschuldnerschaft in § 13 b Abs. 5 S. 1 UStG, wie auch die zugrunde liegenden Regelungen in Art. 43 f., 196 MwStSystRL gelten allerdings grundsätzlich allgemein **auch** im Verhältnis von und zu **Drittstaaten**. Insoweit gibt es, anders als für Lieferungen, für sonstige Leistungen im Verhältnis zu anderen Mitgliedstaaten grundsätzlich[544] keine abweichenden Sonderregelungen als Ersatz für die Besteuerung der Einfuhr (Erwerbsbesteuerung) und die Befreiung der Ausfuhrlieferung (innergemeinschaftliche Lieferung).

2. Die innergemeinschaftliche Güterbeförderung und Nebenleistungen

197 **a)** Für die **innergemeinschaftliche Güterbeförderung** bestimmte § 3 b Abs. 3 S. 1 UStG a.F. bis zum 01.01.2010, dass als Ort der Leistung der Ort des Beginns der Beförderung anzusehen ist. Diese Regelung führte speziell bei Güterbeförderungen für Unternehmer zu Schwierigkeiten, weil der Leistungsempfänger ggf. eine Vorsteuervergütung im anderen EU-/EG-Staat beantragen musste.

b) Seither gilt **auch für innergemeinschaftliche Güterbeförderungen** an Unternehmer die Ortsregelung des **§ 3 a Abs. 2 UStG, Art. 44 MwStSystRL**, sodass die Beförderungsleistung immer am Unternehmensort des Empfängers erbracht wird. Unverändert bleibt es dabei, dass für sonstige Leistungen, die (grenzüberschreitend) von einem im Ausland (auch übriges Unionsgebiet) ansässigen Unternehmer erbracht werden, eine Umkehr der Steuerschuldnerschaft eintritt.

Beispiel: Deutscher Unternehmer lässt von französischem Frachtführer F Ware von Paris nach Düsseldorf transportieren. Die Beförderungsleistung wird nach § 3 a Abs. 2 UStG in Deutschland erbracht. U als Leistungsempfänger kann die deutsche USt nach § 15 Abs. 1 Nr. 4 UStG als VoSt abziehen, schuldet sie aber auch nach § 13 b Abs. 5 S. 1, Abs. 1 UStG (vgl. Rn. 382 ff.). F hat in Deutschland keine Erklärungs- und Zahlungspflichten. Beachte aber: U muss dem F dennoch seine deutsche USt-IdNr. mitteilen, damit dieser in Frankreich entsprechend § 18 a Abs. 2, Abs. 7 Nr. 3 UStG in der ZM die USt-IdNr. des U angeben kann.

198 Auch für das Beladen, Entladen und Umschlagen und ähnliche mit der Güterbeförderung im Zusammenhang stehende Umsätze an Unternehmer (oder juristische Personen mit USt-IdNr.) verbleibt es bei der Empfängerortregelung des § 3 a Abs. 2 UStG und der Umkehr der Steuerschuldnerschaft des § 13 b Abs. 5 S. 1 UStG bei Leistungserbringung durch einen im Ausland ansässigen Unternehmer. Bei entsprechenden Leistungen an Nichtunternehmer bestimmt sich der Ort hingegen nach § 3 b Abs. 2 und es tritt keine Umkehr der Steuerschuldnerschaft ein.

---

544 Etwas anderes gilt nur für den Entstehungszeitpunkt der Steuer nach § 13 b Abs. 1 UStG bei Ansässigkeit des leistungsempfangenden Unternehmers im „übrigen Gemeinschaftsgebiet" für unter § 3 a Abs. 2 UStG fallenden Leistungen wegen der erforderlichen Korrespondenz von Erklärungs- und Meldepflichten (s. Rn. 200).

Beispiel: Frachtführer F übernimmt das Umladen von Gütern in Köln und befördert diese sodann für „Spediteur" S (Unternehmer in den Niederlanden) von Köln nach Aachen. In Aachen übernimmt S die Güter selbst und befördert sie weiter nach Rotterdam. Das Umladen und die Güterbeförderung des F, die tatsächlich nur in Deutschland stattfindet, wird nach § 3 a Abs. 2 UStG in den Niederlanden erbracht. Dort schuldet S wegen Verlagerung der Steuerschuld (vgl. Art. 196 MwStSystRL) die niederländische Steuer, die er aber als VoSt (entsprechend Art. 168 lit. a, 178 lit. f MwStSystRL) in den Niederlanden abziehen kann. F hat in den Niederlanden weder Erklärungs- noch Zahlungspflichten. Hätte es sich bei S um eine Privatperson mit Wohnsitz in den Niederlanden gehandelt, hätte F in Deutschland eine nach §§ 1 Abs. 1 Nr. 1, 3 b Abs. 1 und 2 UStG steuerbare und steuerpflichtige Leistung erbracht, für die er selbst auch nach § 13 a Abs. 1 Nr. 1 UStG die (deutsche) Steuer schuldet.

c) Bei der **Besorgungsleistung** (Handeln im eigenen Namen, aber für fremde Rechnung) einer innergemeinschaftlichen Güterbeförderung oder einer damit zusammenhängenden Nebenleistung ist gemäß § 3 Abs. 11 UStG der besorgende Unternehmer so zu behandeln als werde die Beförderungsleistung oder Nebenleistung an ihn und von ihm erbracht.

Beispiel: Spediteur D in Deutschland besorgt für den Unternehmer N (Niederlande) eine Güterbeförderung durch Frachtführer F (Frankreich) von Frankreich nach Dänemark. Der Ort für die Güterbeförderung des F liegt nach § 3 a Abs. 2 i.V.m. § 3 Abs. 11 UStG in Deutschland, denn die Beförderungsleistung des F gilt als an D erbracht. Der Ort für die ebenfalls als Güterbeförderung zu behandelnde Besorgungsleistung des D an den N liegt in den Niederlanden. D schuldet die deutsche USt aus der Leistung des F an ihn und kann sie als VoSt nach § 15 Abs. 1 Nr. 4 UStG abziehen. In den Niederlanden hat er keine Erklärungs- und Zahlungspflichten zu erfüllen.

3. Vermittlungsleistungen und Werkleistungen

Nach § 3 a Abs. 2 UStG gilt auch für Vermittlungsleistungen und Werkleistungen an **199**
Unternehmer der Ansässigkeitsort des empfangenden Unternehmens als Ort der Leistung. Auf den Ort der vermittelten Leistung und den Ort der Tätigkeit kommt es nur noch bei Vermittlungsleistungen und Werkleistungen an Nichtunternehmer an, die keine juristischen Personen mit USt-IdNr. sind, § 3 a Abs. 3 Nr. 3 c und Nr. 4 UStG.

Beispiel: V in Deutschland vermittelt a) für die Unternehmer D1 (Dänemark) und b) für D2 (Deutschland) je eine nach §§ 4 Nr. 1 a, 6 UStG befreite Ausfuhrlieferung vom Lieferort Deutschland nach § 3 Abs. 6 S. 1 UStG nach Serbien. Der Ort der Vermittlungsleistung ist für a) nach § 3 a Abs. 2 UStG Dänemark, sodass die Vermittlungsleistung des V in Deutschland nicht steuerbar ist und in Dänemark nicht V, sondern D1 eine dänische USt schulden würde und als VoSt abziehen könnte. Allerdings ist die Vermittlungsleistung auch in Dänemark befreit. Die Vermittlungsleistung unter b) an D2 ist in Deutschland für V nach § 3 a Abs. 2 UStG zwar steuerbar, aber nach § 4 Nr. 5 a UStG befreit.

4. Erklärungs- und Meldepflichten bei sonstigen Leistungen

Parallel zur gesonderten Erklärungspflicht für steuerbefreite innergemeinschaftliche **200**
Lieferungen und Lieferungen an den letzten Abnehmer im Rahmen eines innergemeinschaftlichen Dreiecksgeschäftes nach § 25 b Abs. 2 UStG verlangt § 18 b S. 1 Nr. 2 UStG auch eine gesonderte Erklärung derjenigen im Ausland ausgeführten Umsätze, für die die Steuerschuld (entsprechend Art. 196 MwStSystRL, § 13 b Abs. 5 UStG) auf den im anderen Mitgliedstaat ansässigen Leistungsempfänger übergegangen ist. Derartige sonstige Leistungen sind auch in der zusammenfassenden Meldung nach § 18 a Abs. 2 und Abs. 7 S. 1 Nr. 3 UStG (Art. 262, 264 MwStSystRL) zu erklären. Damit wird auch für sonstige Leistungen, bei denen es zu einer Umkehrung der Steuerschuldnerschaft wegen der grenzüberschreitenden Erbringung kommt, ein Informationsaustausch zwischen dem Herkunfts-/Sitzstaat und dem Bestimmungsmitgliedstaat wie bei innergemeinschaftlichen Lieferungen ermöglicht.[545]

545 S. BFH v. 27.09.2017 – XI R 15/15, BStBl. II 2018, 155 (zusammenfassende Meldung für deutschen Anwalt, der ausl. Unternehmer berät– anwaltliche Schweigepflicht steht nicht entgegen.)

VI. Übersicht: Befreite innergemeinschaftliche Lieferung (§ 4 Nr. 1 b i.V.m. § 6 a, § 2 a, § 1 b, § 3 c UStG)

201

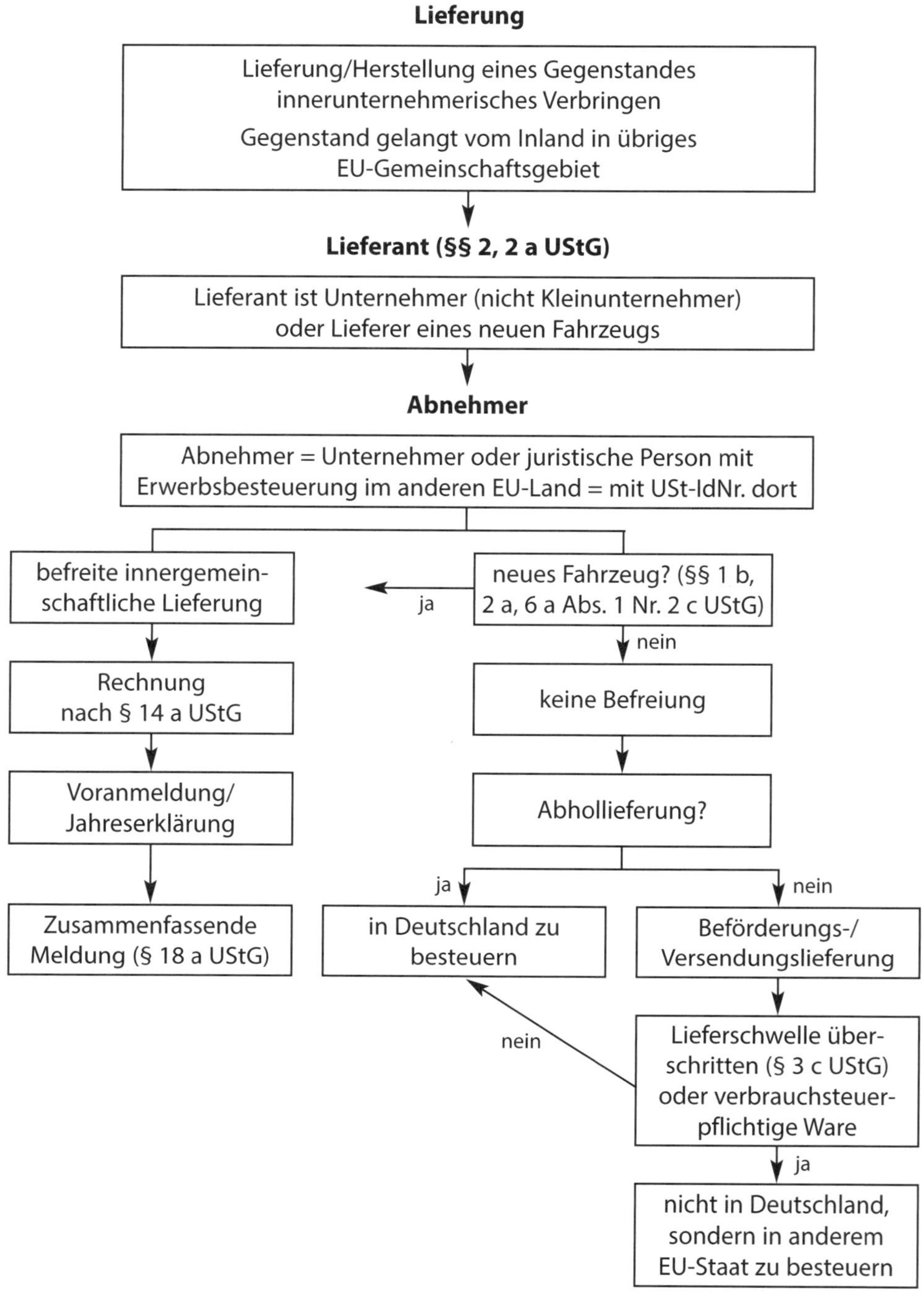

VII. Beurteilung

202 Die Umsatzbesteuerung im Binnenmarkt ist in ihren Details von erheblicher Kompliziertheit. Die Kommission strebte zunächst einen Übergang zu einem sog. Ursprungslandprinzip (Durchführung der Besteuerung im Ursprungsmitgliedstaat, vgl. Art. 402 MwStSystRL) an. Die Mitgliedstaaten hielten (zutreffend) am herkömmlichen Bestimmungslandprinzip aus Furcht vor Aufkommensverlusten fest. Im Ergebnis wurde die an sich lediglich als Übergangslösung gedachte Regelung akzeptiert, die materiell weitgehend am Bestimmungslandprinzip festhält. Nur so lässt sich bei Bestehenbleiben nationaler Umsatzsteuergesetze mit Aufkommenszuweisung an die jeweiligen Mitgliedstaaten die gerade im Binnenmarkt verlangte Wettbewerbsneu-

tralität erhalten. Der von Deutschland früher favorisierte Übergang zum sog. Ursprungslandprinzip mit Clearing-Ausgleich[546] war ein Weg in die falsche Richtung. Die Kommission war und ist auf dem richtigen Weg, wenn sie ein auf dem Bestimmungslandprinzip beruhendes EU-weites Mehrwertsteuersystem befürwortet.[547]

Bei der gegenwärtigen Regelung erscheint allerdings fraglich, ob technisch weiterhin so viele unterschiedliche Wege beschritten werden müssen, um das Ziel einer Besteuerung im Bestimmungsland zu erreichen. Zumindest könnte man die Behandlung innergemeinschaftlich grenzüberschreitender Lieferungen und sonstiger Leistungen an Unternehmer vereinheitlichen, indem auch für Lieferungen die Befreiung der innergemeinschaftlichen Lieferung und die Erwerbsbesteuerung durch eine Besteuerung der Lieferung im Bestimmungsmitgliedstaat des Erwerbs ersetzt werden könnte. Die entsprechenden Vorschläge der Kommission[548] an den Rat zur Änderung der MwStSystRL sind daher insoweit zu begrüßen. Für Versendungslieferungen an Nichtunternehmer gemäß § 3 c UStG (s. Rn. 195) sollte wie schon jetzt bei der Lieferung verbrauchsteuerpflichtiger Waren auf Lieferschwellen verzichtet werden. Erforderlich sind dann freilich umfassende Informationsverpflichtungen – auch und gerade spontan zu erfüllende – des Ursprungsstaates/Sitzstaates des Unternehmens gegenüber dem Bestimmungsmitgliedstaat. Im Binnenmarkt sollte darüber hinausgehend für Erklärungen und Zahlungen das Prinzip der einheitlichen Anlaufstelle im Heimatland des Unternehmers generell und nicht nur, wie bis zum JStG 2020 nur für Rundfunk- und Fernsehdienstleistungen sowie elektronische Dienstleistungen ein Mini One Shop Stop (MOSS s.o. Rn. 7, 96, 97) eingeführt werden.[549] Die durch das JStG 2020 erfolgte Einführung eines **besonderen Besteuerungsverfahrens für** von nicht im Gemeinschaftsgebiet oder zwar im Gemeinschaftsgebiet, aber nicht im Mitgliedstaat des Verbrauchs ansässigen Unternehmern an Nichtunternehmer nach dem 30.06.2021 erbrachte **sonstige Leistungen nach § 18 i und § 18 j UStG** oder für **innergemeinschaftliche Fernverkäufe**, durch die dem Unternehmer verfahrensmäßig ermöglicht wird, seinen Erklärungs- und Zahlungspflichten in verschiedenen Mitgliedstaaten durch Erklärung und Zahlung bei nur einem Mitgliedstaat nachzukommen (= **One Stop Shop – OSS**) durch das JStG 2020 ist sehr zu begrüßen. Durch eine Kombination von Ortsverlagerung in den Bestimmungsmitgliedstaat bei (Lieferungen und Dienst-)Leistungen an Unternehmer/juristische Personen mit Umkehr der Steuerschuldnerschaft und weitgehende Ortsverlagerung auch bei Lieferungen/Leistungen an Nichtunternehmer mit dem Prinzip der einheitlichen Anlaufstelle im Heimatland des leistenden Unternehmers lassen sich das Bestimmungs-/Verbrauchslandprinzip, Wettbewerbsneutralität und verfahrensmäßige Erleichterungen am besten miteinander in Einklang bringen. Erfolgversprechend erscheint allein ein generelles Festhalten am Bestimmungslandprinzip mit enger Zusammenarbeit der Finanzverwaltungen zwecks grenzüberschreitender Kontrollen.[550]

---

546 Vgl. Gutachten Ursprungslandkommission, BMF Schriftenreihe Heft 52; UR 1994, 213.

547 Vgl. Mitteilung der Kommission an das Europäische Parlament, den Rat und den Europäischen Wirtschafts- und Sozialausschuss zur Zukunft der Mehrwertsteuer KOM (2011) 851 endg. v. 06.12.2011. S. auch Kommissionsvorschläge an den Rat zur Änderung der MwStSystRL COM (2018) 329 final v. 25.05.2018.

548 Vgl. COM (2018) 329 final v. 25.05.2018 und COM (2017) 569 final v. 04.10.2017. Fragwürdig erscheint freilich die Differenzierung zwischen zertifizierten Steuerpflichtigen als Lieferungsempfängern und anderen, nicht so vertrauenswürdigen Lieferungsempfängern und die insoweit vorgesehene Umkehr der Steuerschuldnerschaft nur bei zertifizierten Lieferungsempfängern.

549 Vgl. auch R/K/L Einf. E III und IV vor § 1; dies inzwischen favorisierend auch COM (2017) v. 04.10.2017: Vorschlag für eine Änderung der MwStSystRL, BR-Drs. 660/17 und bereits früher KOM (2011) 851 endg. v. 06.12.2011; skeptisch Widmann UR 2018, 10 und Widmann in: FS für W. Reiß, 2008, 321 f.; s. auch Becker MwStR 2017, 902 und Zimmermann UR 2017, 580.

550 So zutreffend auch schon die Mitteilung der Kommission an das Europäische Parlament, den Rat und den Europäischen Wirtschafts- und Sozialausschuss zur Zukunft der Mehrwertsteuer KOM (2011) 851 endg. v. 06.12.2011.

3. Abschnitt: Der Unternehmer als Steuersubjekt

203 Außerhalb der Einfuhr und des innergemeinschaftlichen Erwerbes sowie der innergemeinschaftlichen Lieferung neuer Fahrzeuge sind nur inländische Umsätze von Unternehmern steuerbar. Der **Unternehmer** ist das **Steuersubjekt** für die (steuerbaren) Umsätze nach § 1 Abs. 1 Nr. 1 UStG. Nur ihm steht auch nach § 15 Abs. 1 UStG der Vorsteuerabzug persönlich zu. Prinzipiell ist auch nur der Unternehmer der Steuerschuldner, §§ 13 a und 13 b Abs. 5 UStG (s. Rn. 381 ff.). Die Begriffsbestimmung für den Unternehmer findet sich in § 2 Abs. 1 UStG. Danach wird der Unternehmer durch zwei Merkmale gekennzeichnet:

- die nachhaltige Tätigkeit zur Erzielung von Einnahmen, also die gewerbliche oder berufliche Tätigkeit, und
- die selbstständige Tätigkeit.

Gemeinschaftsrechtlich entspricht dem Unternehmer des § 2 UStG der **Steuerpflichtige in Art. 9 MwStSystRL**. Steuerpflichtiger ist danach derjenige, der eine **wirtschaftliche Tätigkeit** unabhängig von Ort, Zweck und Ergebnis selbstständig ausübt. Art. 9 Abs. 1 MwStSystRL zählt quasi beispielhaft und umfassend die Tätigkeiten des Erzeugers, Händlers, Dienstleistenden, Urproduzenten, Landwirtes und der freien Berufe als wirtschaftliche Tätigkeiten auf. Art. 10 MwStSystRL schließt nochmals ausdrücklich Arbeitnehmer aus. § 2 Abs. 1 UStG entspricht diesen gemeinschaftsrechtlichen Vorgaben.

A. Die gewerbliche oder berufliche Tätigkeit/Unternehmerfähigkeit

Fall 20: Die Arbeitsgemeinschaft zweier Bauunternehmer

Die Baufirmen A und B wollen sich an einem Großprojekt des Baues einer Autobahnbrücke beteiligen. Weil dieses Projekt die Kapazität eines jeden einzelnen von ihnen übersteigt, schließen sie sich zu einer Arbeitsgemeinschaft (Arge) zusammen. Sie erhalten von der Straßenbauverwaltung den Auftrag für die Errichtung der Brücke zum vereinbarten Preise von 10 Mio. € zzgl. Umsatzsteuer. Vertragspartner ist die Arge A und B. Nach Fertigstellung der Brücke verweigert die Straßenbauverwaltung die angeforderte Zahlung von 1,9 Mio. € Umsatzsteuer. Sie vertritt die Auffassung, die Arge sei kein Unternehmer. Denn sie werde mit der Errichtung des Brückenbauwerks nur einmalig, mithin nicht nachhaltig tätig. Im Übrigen sei sie auch nicht rechtsfähig. Da die Arbeitsgemeinschaft somit keine Umsatzsteuer schulde, könne sie auch nur den Betrag von 10 Mio. € als Werklohn verlangen.

204 I. Die Arge hat einen Anspruch auf Zahlung von 1,9 Mio. € USt, wenn diese Umsatzsteuer zu dem Entgelt i.S.d. § 631 BGB gehört und ein Werkvertrag zwischen der Straßenbauverwaltung und der Arbeitsgemeinschaft zustande gekommen ist. Im Vertrag ist ausdrücklich die Zahlung der Umsatzsteuer zugesagt worden, wobei stillschweigend vorausgesetzt worden ist, dass tatsächlich Umsatzsteuer anfällt. Vertragspartner der Straßenbauverwaltung war die Arbeitsgemeinschaft der Firmen A und B als BGB-Gesellschaft. Gläubiger des Entgeltanspruches ist daher die A- und B-GbR als rechtsfähiger Rechtsträger, § 14 Abs. 2 BGB.[551] Zu diesem zivilrechtlichen Entgelt gehört die Umsatzsteuer, wenn diese steuerrechtlich von der Arbeitsgemeinschaft abgeführt werden muss.

1. Es ist nicht zweifelhaft, dass im vorliegenden Fall eine Werklieferung erbracht worden ist. Sie besteht darin, dass die Brücke mit eigenem Material errichtet worden ist. Es ist auch eine Gegenleistung vereinbart worden.

---

551 Vgl. dazu BGH v. 29.01.2001 – II ZR 331/00, BGHZ 146, 341.

2. Diese Lieferung ist jedoch nur dann steuerbar, wenn sie von einem Unternehmer erbracht worden ist. Die Tätigkeit eines Unternehmers liegt jedenfalls immer dann vor, wenn ein umsatzsteuerlich selbstständiges Gebilde **nachhaltig zur Einnahmenerzielung** Leistungen im umsatzsteuerlichen Sinne erbringt, d.h. im Leistungsaustausch tätig wird. Die Unternehmereigenschaft setzt somit voraus, dass nachhaltig Lieferungen oder sonstige Leistungen gegen Entgelt erbracht werden, respektive dies jedenfalls objektiv feststellbar beabsichtigt ist.[552] Die Unternehmereigenschaft wird nicht dadurch begründet, dass nur im Erfolgsfalle „Entgelte" in Gestalt von Gewinnprämien erzielt werden.[553] Das **Merkmal der Nachhaltigkeit** dient dazu, typisch private Verwertungshandlungen aus dem Bereich der Steuerbarkeit auszuschalten.

   Danach liegt eine nachhaltige Leistungserbringung grundsätzlich dann vor, wenn

   - **gleichartige Handlungen** unter Ausnutzung derselben Gelegenheit mehrfach vorgenommen werden, z.B. Verkäufe in einem Laden, geschlechtliche Hingabe gegen Entgelt,[554] aber auch,
   - wenn eine **Dauerleistung** erbracht wird, z.B. Vermietung eines Grundstücks, Duldung der Ausnutzung eines Patentes, eines Urheberrechtes oder eine längerfristige Testamentsvollstreckung oder Nachlassverwaltung,[555] aber auch eine längerfristige **Unterlassungsleistung**, etwa ein Wettbewerbsverzicht,[556]
   - oder wenn zwar nur eine einmalige Handlung vorgenommen wird, aber die **Absicht der Wiederholung** besteht.

   Keine dieser Voraussetzungen trifft für die Arbeitsgemeinschaft zu. Sie sollte nur dieses eine Projekt durchführen. Die Leistung war also nicht auf Wiederholung gerichtet; es handelte sich auch nicht um eine Dauerleistung.

3. Der Unternehmerbegriff kann jedoch letztlich nicht nur auf diese einfachen Merkmale zurückgeführt werden. Einerseits ist eine teleologische Reduktion erforderlich, andererseits eine Erweiterung des Begriffes. Die Auslegung des Unternehmerbegriffes sollte sich von folgendem Ziel leiten lassen. Einerseits darf der Unternehmerbegriff nicht zu eng gefasst werden, da sicherzustellen ist, dass die normale Einkommensverwendung von Endverbrauchern durch den Bezug von Leistungen von „Unternehmern" mit USt belastet werden kann. Es ist daher verfehlt, den Unternehmerbegriff durch subjektive Merkmale einzuengen oder Nutzungsüberlassungen gegen Entgelt im Rahmen einer „privaten" Vermögensverwaltung in Anlehnung an die einkommensteuerliche Behandlung auszuschließen. Andererseits ist zu bedenken, dass die Beschränkung der Steuerbarkeit auf Leistungen von Unternehmern gerade darauf beruht, die Umsatzbesteuerung praktikabel zu machen, indem nur die Einkommensverwendung für den Bezug der von Unternehmern erbrachten Leistun- 205

552 Abschn. 2.1. Abs. 1 UStAE; vgl. u.a. BFH v. 27.01.2011 – V R 21/09, BStBl. II 2011, 524 (Oldtimersammlung); v. 16.07.1987 – X R 48/82, BStBl. II 1987, 752 (Münzhändler); v. 29.06.1987 – X R 23/82, BStBl. II 1987, 744 (Briefmarkensammlung); v. 15.01.1987 – V R 3/77, BStBl. II 1987, 512 (Beteiligung, Geschäftseinbringung); v. 18.07.1991 – V R 86/87, BStBl. II 1991, 776 (Jahreswagen/Arbeitnehmer).

553 BFH v. 02.08.2018 – V R 21/16, BStBl. II 2019, 339 und EuGH v. 20.11.2016 – Rs. C-432/15 (Bastova), UR 2016, 913 (Preisgelder bei Pferderennen); BFH v. 30.08.2017 – XI R 37/14, UR 2017, 956 („Berufspokerspieler"). Siehe auch EuGH-Vorlagebeschluss BFH v. 27.07.2021 – V R 40/20, UR 2022, 11 (zur Abtretung von Preisgeldern als mögliches Entgelt für erbrachte Leistungen der Unterbringung und Verpflegung von Pferden an den Pferdeeigentümer).

554 BFH v. 04.06.1987 – V R 9/79, BStBl. II 1987, 653 (Prostituierte).

555 BFH v. 07.09.2006 – V R 6/05, BStBl. II 2007, 148 (Testamentsvollstrecker).

556 BFH v. 13.11.2003 – V R 59/02, BStBl. II 2004, 474 gegen BFH v. 30.07.1986 – V R 41/76, BStBl. II 1986, 874.

gen besteuert wird. Denn nur durch die Beschränkung auf die entgeltlich von Unternehmern erbrachten Umsätze und den damit erfolgenden Einsatz der Unternehmer als „Steuereinsammler" für die USt lässt sich diese effektiv und effizient administrieren. Vor diesem Hintergrund sind die gewerbliche und berufliche Sphäre einerseits, bzw. die wirtschaftliche Tätigkeit i.S.d. Art. 9 MwStSystRL von der privaten Sphäre andererseits abzugrenzen.

206

- Typisch private **Verwertungshandlungen** begründen auch dann, wenn sie mehrfach vorgenommen werden oder wenn es sich um eine Dauerleistung handelt, keine Unternehmereigenschaft. So stellt sich die Überlassung von Kapital gegen Gewährung von Zinsen beim (privaten) Sparkonto trotz Erbringung einer Dauerleistung noch als private Verwertungshandlung dar.[557] Ebenso begründet das bloße Halten von Gesellschaftsrechten (Aktien usw.) und Finanztiteln (verzinsliche Wertpapiere, Schuldverschreibungen) nicht die Unternehmereigenschaft.[558] Wer als Sammler Briefmarken tauscht, wird trotz wiederholter Lieferungen gegen Entgelt nicht zum Unternehmer, ebenso wenig derjenige, der eine ererbte (private) Sammlung nicht lediglich in einem Akt, sondern durch mehrfache Verkäufe veräußert.[559] Nehmen die Veräußerungen allerdings einen Umfang an, dass das Bild eines Briefmarkenhändlers entsteht, was sich auch aus der Art der Werbung und Verkaufsvorbereitung ergeben kann, so wird der Rahmen privater Verwertungshandlungen überschritten. In Zweifelsfällen ist darauf abzustellen, ob mit den Leistungen in wirtschaftlich relevanter Weise am Marktgeschehen („wie ein Händler") teilgenommen wird oder nicht.[560]

- Umgekehrt begründen **typisch gewerbliche Tätigkeiten**, d.h. wirtschaftlich relevante Leistungen, die sich nicht als typische private Verwertungshandlungen darstellen, auch bei nur einmaligem Tätigwerden die Unternehmereigenschaft. Sie sind als nachhaltig anzusehen.

Die Abgrenzung zwischen unternehmerischer Tätigkeit und nichtunternehmerischer Tätigkeit in Grenzfällen durch den Bundesfinanzhof wird in der Lit. teilweise kritisch betrachtet. Zum Teil wird begrüßt, dass der BFH das Merkmal der Nachhaltigkeit restriktiv interpretiert, indem er ein Verhalten wie ein „Händler am Markt" verlangt, zum Teil wird die dadurch eintretende Rechtsunsicherheit beklagt.[561] Der BFH behilft sich mittlerweile damit, auf das **Gesamtbild der Verhältnisse** abzustellen, der EuGH verlangt die Würdigung der Gesamtheit der Gegebenheiten des Einzelfalles.[562] Dem ist im Grundsatz zuzustimmen.

Der Kritik ist entgegenzuhalten, dass sie bisher das grundlegende Problem ausspart. Der Verbrauchsteuercharakter der USt verlangt nicht nur, dass die Entgeltsverwendung des Endverbrauchers besteuert wird, sondern auch, dass der private Verbrauch nicht durch einen Vorsteuerabzug entlastet wird. Soll wirklich der Hobbybriefmarkensammler, weil er gele-

557 BFH v. 01.02.1973 – V R 2/70, BStBl. II 1973, 172; s. auch EuGH v. 29.04.2004 – Rs. C-77/01(EDM), Slg. 2004, I-4295; v. 11.07.1996 – Rs. C-306/94 (Regie dauphinoise), Slg. 1996, I-3695.

558 EuGH v. 08.11.2018 – Rs. C-502/17 (C&D Foods), MwStR 2018, 1060; v. 17.10.2018 – Rs. C-249/17 (RyanAir), UR 2018, 879; v. 30.05.2013 – Rs. C-651/11 (X BV), UR 2013, 582 und v. 06.09.2012 – Rs. C-496/11 (Portugal Telecom), UR 2012, 762 m.w.N.; v. 29.04.2004 – Rs. C-77/01, Slg. 2004, I-4295 (EDM); v. 27.09.2001 – Rs. C-16/00 (Cibo participants), Slg. 2001, I-6663; v. 14.11.2000 – Rs. C-142/99 (Floridienne & Berginvest), Slg. 2000, I-9657; v. 20.06.1991 – Rs. C-60/90 (Polysar); Slg. 1991, I-3111; v. 06.02.1997 – Rs. C-80/95 (Harnas & Helms), Slg. 1997, I-745; Abschn. 2.3. Abs. 2 UStAE.

559 BFH v. 29.06.1987 – X R 23/82, BStBl. II 1987, 744.

560 So u.a. BFH v. 12.08.2015 – XI R 43/13, BStBl. II 2015, 919 und v. 26.04.2012 – V R 2/11, BStBl. II 2012, 634 (umfangreiche Verkäufe über Internetplattform eBay); v. 27.01.2011 – V R 21/09, BStBl. II 2011, 524 (Oldtimersammlung); v. 29.06.1987 – X R 23/82, BStBl. II 1987, 744; v. 13.12.1984 – V R 32/74, BStBl. II 1985, 173 (Amateurrennfahrer).

561 So Stadie, Vorsteuerabzug, S. 40 f.; kritisch dagegen Giesberts UR 1989, 257; vgl. auch Mößlang UR 1994, 10; Birkenfeld DStR 1994, 81; Schmidt-Liebig BB 1994, Beilage 20.

562 BFH v. 07.09.2006 – V R 6/05, BStBl. II 2007, 148; 2004, 472 m.w.N.; v. 11.04.2008 – V R 10/07 (Photovoltaikanlage auf Dach eines EFH), HFR 2008, 1161; EuGH v. 26.09.1996 – Rs. C-230/94 (Enkler), Slg.1996, I-4517. S. auch EuGH v. 20.01.2021 – C-655/19 (AJFP Sibiu und DGRFP Brasov), UR 2021, 745 (Grundpfandgläubiger als bloßer Ersteigerer und Veräußerer von Grundstücken kein Unternehmer).

gentlich tauscht, die VoSt abziehen können oder der Segelfreund, der gelegentlich seine Yacht vermietet? Nach österreichischem Recht – § 2 Abs. 5 Nr. 2 österreichisches UStG – stellt die Liebhaberei zutreffend keine unternehmerische Tätigkeit dar.[563]

Der BFH gestattete allerdings dem Freizeitsegler den Vorsteuerabzug[564] und suchte den Ausgleich über eine Besteuerung als Eigenverbrauch nach § 1 Abs. 1 Nr. 2 c UStG a.F. i.V.m. § 4 Abs. 5 Nr. 4 EStG wegen nicht abziehbarer Betriebsaufwendungen und nach § 1 Abs. 1 Nr. 2 b UStG a.F. wegen privater Nutzung. Nunmehr steht allerdings bereits § 15 Abs. 1 a UStG i.V.m. § 4 Abs. 5 Nr. 4 EStG dem Vorsteuerabzug entgegen.[565] Richtiger erscheint es, bei dem Erwerb von Freizeitgegenständen zur überwiegenden privaten Nutzung die Unternehmereigenschaft generell zu verneinen[566] und schon deshalb nach § 15 Abs. 1 Nr. 1 UStG den Vorsteuerabzug zu verneinen. Soweit nach den Umständen des Einzelfalles eine unternehmerische Nutzung nicht zu verneinen und § 15 Abs. 1 a UStG wegen der Art der Aufwendungen nicht anzuwenden ist, ist ein Ausgleich über die Besteuerung der unentgeltlichen Verwendung nach § 3 Abs. 9 a Nr. 1 UStG herbeizuführen (s.o. Rn. 137 ff., Rn. 321 und Rn. 341 ff.).

Die Errichtung eines so großen Bauwerkes wie einer Autobahnbrücke ist eine typisch gewerbliche Tätigkeit. Deshalb wurde die Arbeitsgemeinschaft hier unternehmerisch tätig, obgleich weder eine mehrfache Leistungserbringung noch eine Dauerleistung vorlag.[567]

4. Wird durch eine Tätigkeit die Unternehmereigenschaft begründet, so fallen auch einmalige **Hilfs- und Nebengeschäfte** in den Rahmen des Unternehmens. Darunter versteht man Geschäfte, die nicht den Zweck des Unternehmens ausmachen (Grundgeschäfte), sondern die der Betrieb üblicherweise mit sich bringt (Hilfsgeschäfte), z.B. Veräußerung von Anlagevermögen, oder bei denen ein Zusammenhang mit den Grundgeschäften besteht (Nebengeschäfte), indem die dort erworbenen Kenntnisse und Erfahrungen ausgenutzt werden. Darüber hinausgehend wird man prinzipiell jede auch nur gelegentlich ausgeübte wirtschaftliche Tätigkeit durch eine ohnehin bereits als Unternehmer tätige Person als ebenfalls in den Rahmen seines Unternehmens fallende Tätigkeit anzusehen haben, sofern es sich nicht um eine typisch private (z.B. Sammler-)Tätigkeit handelt.[568] Eine unternehmerische Tätigkeit durch Errichtung des Brückenbauwerkes muss man daher bejahen. Sie stellt sich bereits als **Grundgeschäft** dar. 207

II. Mit der Feststellung, dass eine unternehmerische Tätigkeit vorliegt, ist noch nicht die Frage beantwortet, ob es sich um eine unternehmerische Tätigkeit der Arbeitsgemeinschaft handelt. Es muss die **Unternehmerfähigkeit** der Arbeitsgemeinschaft gegeben sein.

1. Unternehmer können zunächst einmal alle **rechtsfähigen Gebilde** sein, d.h. alle natürlichen und juristischen Personen. 208

Juristische Personen des öffentlichen Rechts (jPdöR) waren nach der gemäß § 27 Abs. 22 UStG bis zum 01.01.2017 anzuwendenden gesetzlichen Regelung in § 2 Abs.3 UStG a.F. allerdings nur im Rahmen ihrer **Betriebe gewerblicher Art** und ihrer land- und forstwirtschaftlichen Betriebe Unternehmer **(§ 2 Abs. 3** a.F. UStG). Zur Abgrenzung verwies § 2 Abs. 3

563 Vgl. dazu und zur Richtlinienkonformität Ruppe/Achatz § 2 Rn. 12 und 241 f.

564 BFH v. 24.08.2000 – V R 9/00, BStBl. II 2001, 76; v. 23.01.1992 – V R 66/85, HFR 1992, 557; vgl. aber BFH v. 05.06.2007 – V B 168/06, BFH/NV 2007, 1935 und v. 18.06.2004 – V B 41/04, BFH/NV 2004, 1674 (Versagung der Unternehmereigenschaft für Bau einer Segelyacht).

565 BFH v. 02.07.2008 – XI R 60/06, BStBl. II 2009, 167 (dort auch zur Vereinbarkeit mit Art. 176 Abs. 2 MwStSystRL zur Zulässigkeit der Beibehaltung von bereits am 01.01.1979 bestehenden Vorsteuerausschlüssen).

566 Vgl. aber EuGH v. 26.09.1996 – Rs. C-230/94 (Enkler), Slg. 1996, I-4517 = UR 1996, 418 mit Anm. Widmann und BFH v. 12.12.1996 – V R 23/93, BStBl. II 1997, 368 (Nachfolgeentscheidung zu Enkler).

567 BFH v. 21.05.1971 – V R 117/67, BStBl. II 1971, 540; v. 10.05.1961 – V 50/59, HFR 1962, 45, RFH v. 12.06.1936 – V A 613/35, RStBl. 1936, 1164; Abschn. 2. Abs. 4 UStAE.

568 So EuGH v. 13.06.2013 – Rs. C-62/12 (Kostov), HFR 2013, 757 (Geschäftsbesorgung durch einen Gerichtsvollzieher als Unternehmer); BFH v. 12.08.2015 – XI R 43/13, BStBl. II 2015, 919 (Veräußerung gebrauchter Kleidungsstücke über eBay).

UStG insoweit verfehlterweise auf die Regelungen in §§ 1 Abs. 1 Nr. 6 und 4 des deutschen KStG. Zutreffend wird mit der ab 01.01.2017 geltenden Neuregelung zur Unternehmereigenschaft der juristischen Person des öffentlichen Rechtes in **§ 2 b UStG** i.d.F. des StÄndG 2015[569] sowohl die Anknüpfung an den Betrieb gewerblicher Art als auch an das deutsche KStG aufgegeben. Stattdessen wird nunmehr durch § 2 b UStG in Übereinstimmung mit der MwStSystRL (Art. 13) bestimmt, dass die **jPdöR nicht als Unternehmer** gilt, soweit sie **Tätigkeiten** ausübt, die ihr **im Rahmen der öffentlichen Gewalt** obliegen. Auch dann ist sie aber als Unternehmer zu behandeln, soweit die Nichtbehandlung als Unternehmer zu größeren Wettbewerbsverzerrungen führen würde. § 2 b Abs. 2 und 3 UStG n.F. regeln, wann nach Auffassung des deutschen Gesetzgebers keine größeren **Wettbewerbsverzerrungen** vorliegen, § 2 b Abs. 4 UStG übernimmt die Regelung, wonach bestimmte im Rahmen der Ausübung öffentlicher Gewalt ausgeübte Tätigkeiten immer als von einem Unternehmer erbracht gelten.[570] Die Regelung des § 2 b UStG ist nach § 27 Abs. 22 UStG erst für nach dem 31.12.2016 ausgeführte Umsätze anzuwenden. Die jPdöR konnte jedoch durch bis zum 31.12.2016 abzugebende Optionserklärung wählen, für bis zum 01.01.2021 ausgeführte Umsätze einheitlich für das gesamte Unternehmen noch den § 2 Abs. 3 UStG a.F. anzuwenden.[571]

Art. 13 Abs. 1 Unterabsatz 1 **MwStSystRL** bestimmt, dass Staaten, Länder, Gemeinden und sonstige Einrichtungen des öffentlichen Rechts nicht als Steuerpflichtige gelten, soweit sie im Rahmen der ihnen obliegenden öffentlichen Gewalt tätig werden oder Umsätze bewirken. Sodann bestimmt Art. 13 Abs. 1 Unterabsatz 2 MwStSystRL aber generell, dass diese jPdöR doch als Steuerpflichtige zu behandeln sind, wenn ihre Behandlung als Nichtsteuerpflichtige zu größeren Wettbewerbsverzerrungen führen würde.[572] Diese Voraussetzung wird nach Abs. 1 Unterabsatz 3 immer als gegeben angesehen für die in der Anlage I aufgeführten Tätigkeiten (u.a. Telekommunikationswesen, Lieferung von Wasser,[573] Elektrizität, Tätigkeit von Rundfunk- und Fernsehanstalten mit gewerblichem Charakter). Diese Verweisung auf die Anlage I wird in § 2 b Abs. 4 Nr. 5 UStG direkt übernommen. Nach der Rspr. des EuGH sind zwei Voraussetzungen für ein Handeln als Nichtsteuerpflichtiger zu erfüllen. **Erstens** muss es sich um eine **öffentlich-rechtliche Einrichtung**/Körperschaft handeln[574]. Daher scheiden nicht in die Verwaltung eingegliederte Beliehene in der Regel aus, selbst wenn sie öffentliche Aufgaben wahrnehmen.[575] Zweitens muss die öffentlich-rechtliche Einrichtung/Körperschaft **auf öffentlich-rechtlicher Grundlage** – und nicht auf privatrechtlicher (Vertrags-)Grundlage – ihre **Leistung** erbringen, also aufgrund eines nur der öffentlichen Hand vorbehaltenen Sonderrechts.[576] Bedient sich allerdings die öffentliche Hand zur Erfüllung ihrer

---

569 V. 02.11.2015, BGBl. I 2015, 1834, dazu Bericht des FinAusschusses v. 23.09.2015, BT-Drs. 18/6094 zu Art. 12, S. 91 f. (zur Anpassung an Art. 13 MwStSystRL und die dazu ergangene Rspr.); s. zu § 2 b UStG neu auch Ismer in: R/K/L, Kommentierung zu § 2 b; Küffner/Rust UR 2016, 433; Krogoll/Slotty Harms UVR 2016, 180; Baldauf DStZ 2016, 355; Trost/Manebröcker DB 2016, 2622; Ismer/Baur MwStR 2016, 740; Desens, Achatz, Küffner/Kirchner in: FS BFH 100 Jahre Steuerrechtsprechung in Deutschland, 2018, 1569 f., 129 f. und 515 f.

570 Aufgehoben wurden die früheren Sonderregelungen in § 2 b Abs. 4 Nr. 1 und 2 UStG für Notare im Landesdienst und für Selbstabgabestellen der Träger der Sozialversicherung, nachdem es diese nicht mehr gibt.

571 S. dazu BMF v. 19.04.2016, BStBl. I 2016, 481 und v. 16.12.2016, BStBl. I 2016,1451 sowie v. 27.07.2017, BStBl. I 2017, 1239.

572 Vgl. dazu EuGH v. 19.01.2017 – Rs. C-344/15 (National Roads Authority), UR 2017,181 (Verwaltung und Bereitstellung öffentlicher Straßen gegen Mautgebühren); v. 16.09.2008 – Rs. C-288/07 (Isle of Wight Council u.a.), UR 2008, 816 mit Anm. Küffner; v. 13.12.2007 – Rs. C-408/06 (Franz Götz), Slg. 2007, I-11295 und Nachfolgeurteil BFH v. 03.07.2008 – V R 40/04, BStBl. II 2009, 208; vgl. auch BGH v. 29.04.2008 – VIII ZB 61/07 (zum öffentlich-rechtlichen Charakter des Anspruches auf Rechnungserteilung); vgl. auch Sterzinger UR 2009, 37 f. und Achatz IStR 2008, 541.

573 Vgl. dazu EuGH v. 03.04.2008 – Rs. C-442/05 (Wasserverband Torgau-Westelbien), Slg. 2008, I-1817 = BStBl. II 2009, 328.

574 EuGH v. 19.01.2017 – Rs. C-344/15 (NRA), UR 2017, 181 m.w.N. S. aber EuGH v. 29.10.2015 – Rs. C-174/14 (Saudacor), UR 2015, 909 (private AG als „öffentliche Einrichtung", falls von jPdöR beherrscht – 100 %-iger Anteilseigner, einziger „Kunde", und Übertragung öff. Aufgaben und Befugnisse). S. dazu BMF v. 18.09.2019, BStBl. I 2019, 921 (zur Einstufung einer jur. Person des privaten Rechtes als Einrichtung des öff. Rechtes. Nur dann erfüllt, wenn Errichtung durch Gesetz als öff. Einrichtung mit Eingliederung in die öff. Verwaltung zur Wahrnehmung öff. Aufgaben durch Ausübung von Tätigkeiten im Rahmen öff. Gewalt) und Sterzinger UR 2019, 761.

575 S. BFH v. 21.03.2018 – XI B 113/17, BFH/NV 2018, 739 (entgeltliche Tierkörperbeseitigung durch GmbH aufgrund Vertrages mit Gemeinde); s. auch EuGH v. 22.02.2018 – Rs. C-182/17, Nagyszénás UR 2018, 276.

576 Vgl. EuGH v. 25.07.1991 – Rs. C-202/90 (Ayuntamiento de Sevilla), Slg. 1991, I-4247; v. 12.09.2000 – Rs. C-359/97 (Kommission/UK und Nordirland), Slg. 2000, I-6355 und Rs. C-408/97 (Kommission/Niederlande), Slg. 2000, I-6417 = UR 2000, 518, 527; v. 04.12.2000 – Rs. C-446/98 (Fazenda Publica), Slg. 2000, I-11435; vgl. auch BFH v. 10.02.2016 – XI R 26/13, BStBl. II 2017, 857 (Landesärztekammer) und v. 03.07.2008 – V R 51/06, UR 2008, 928 (kein Handeln als Unternehmer bei Übernahme von Schweinen durch Bundesanstalt für Landwirtschaft zwecks Bekämpfung der Schweinepest). S. auch EuGH v. 25.02.2021 – C-604/19 (Gmina Wroclaw), UR 2021, 824, (steuerbare Lieferungen von Grundstücken durch Gemeinde (als Steuerpflichtiger!) bei gesetzlich angeordneter Umwandlung von Erbbaurechten in Volleigentum gegen zu entrichtendes Entgelt.

Aufgaben privater Personen, sind diese bei Nachhaltigkeit Unternehmer und leisten an die öffentliche Hand.[577] Lässt sich die Tätigkeit einer jPdöR schon nicht als wirtschaftliche Tätigkeit i.S.d. Art. 9 MwStSystRL qualifizieren, wie bei der hoheitlichen Zuteilung von Funkfrequenzen, so handelt die jPdöR von vornherein nicht als Steuerpflichtiger.[578] Art. 13 MwStSystRL kann überhaupt nur Anwendung finden, wenn vorher die Anwendbarkeit von Art. 9 MwStSystRL zu bejahen war. Danach dürfte bei im engen Sinne hoheitlichem Handeln mangels „Teilnahme" der jPdöR am „relevanten Markt" ein Handeln als Steuerpflichtiger per se ausgeschlossen sein. Allerdings besteht dann regelmäßig auch keine Wettbewerbssituation.

An einem Handeln als Steuerpflichtiger durch Ausübung einer wirtschaftlichen Tätigkeit fehlt es nach der (zutreffenden) Rspr. des EuGH allerdings auch dann, wenn von einer jPdöR durch Einschaltung privater Unternehmer als Erfüllungsgehilfen (in concreto ein Beförderungsunternehmen zur Schülerbeförderung) zwar Leistungen erbracht werden, für die die Leistungsempfänger sich aber lediglich ganz geringfügig und unabhängig vom Umfang der selbst in Anspruch genommen Dienstleistung an den Kosten beteiligen müssen.[579] Hier geht es darum, dass die jPdöR sich nicht durch einen einem Unternehmer zustehenden Vorsteuerabzug dadurch von den Kosten der öffentlichen Daseinsvorsorge soll entlasten können, weil sie von den begünstigten Bürgern der von ihr vorzuhaltenden Daseinsvorsorge bei weitem nicht kostendeckende „Gebühren" als „Entgelte" verlangt, wenn diese in keinem Verhältnis zum Umfang der jeweils dem Nutznießer erbrachten Leistung stehen und auch allein nach sozialer Bedürftigkeit gestaffelt sind. Mit der insoweit erbrachten öffentlichen Daseinsvorsorge übt die jPdöR keine „wirtschaftliche Tätigkeit" aus und handelt schon deshalb nicht als Steuerpflichtiger i.S.d. Art. 9 MwStSystRL und damit schon nicht als Unternehmer i.S.d. § 2 Abs. 1 UStG, sodass ihr auch kein Vorsteuerabzug nach § 15 UStG zusteht.[580] Auf § 2 b UStG kommt es daher nicht mehr an, weil schon nach § 2 UStG die Unternehmereigenschaft zu verneinen ist.

Die Regelung des § 2 Abs. 3 UStG a.F. widersprach zum Teil diesen Vorgaben des Art. 13 MwStSystRL.[581] Insbesondere darf eine privatwirtschaftliche und nicht hoheitlich ausgeübte nachhaltige Tätigkeit nicht als nicht steuerbar behandelt werden, nur weil sie von einer jPdöR nicht im Rahmen eines Betriebes gewerblicher Art, sondern vermögensverwaltend ausgeübt wird.[582] Insoweit war die Richtlinie durch § 2 Abs. 3 UStG a.F. nicht zutreffend in das deutsche Recht umgesetzt worden. Allerdings hat der EuGH entschieden, dass den Mitgliedstaaten freisteht, Leistungen der öffentlichen Hand, die nach Art. 13 der 6. EG-Richtlinie (jetzt Art. 132, 135, 136 MwStSystRL) an sich zu befreien sind, stattdessen bereits als nicht steuerbar zu behandeln gemäß Art. 13 Abs. 2 MwStSystRL. Dies betrifft z.B. die bloßen Vermietungsleistungen von Grundstücken durch die öffentliche Hand.[583] Das muss dann aber ausdrücklich vom Gesetzgeber so angeordnet werden,[584] wie nunmehr in § 2 b Abs. 2 Nr. 2 UStG auch geschehen. Soweit das deutsche Recht den Art. 13 MwStSystRL nicht zutreffend umgesetzt hatte, ist Art. 13 MwStSystRL unmittelbar zugunsten des Steuerpflichtigen anzuwenden, namentlich zur Erlangung des Vorsteuerabzugs.[585] Werden jPdöR entgegen 2 b UStG, Art. 9 und 13 MwStSystRL nicht als Unternehmer/Steuerpflichtige besteuert, können

577 Zur Problematik der Abgrenzung hoheitlicher Tätigkeit auf dem Gebiet der Abfallbeseitigung und der Einschaltung privater Dritter vgl. u.a. BFH v. 28.02.2002 – V R 19/01, BStBl. II 2003, 950; BMF v. 10.12.2003, BStBl. I 2003, 785; s. auch EuGH v. 22.02.2018 – Rs. C-182/17 (Ntp Nagyszenas), UR 2018, 276 mit Anm. Widmann und v. 29.10.2015 – Rs. C-174/14 (Saudacor), UR 2015,909 (privatrechtliche Gesellschaft [nur] dann Unternehmer, wenn sie über hoheitliche Befugnisse verfügt und ihre Anteile zu 100 % von einer KöR gehalten werden und sie in diese eingegliedert ist).

578 EuGH v. 26.06.2007 – Rs. C-284/04 (T-Mobile Austria), Slg. 2007, I-5189 und C-369/04 (Hutchison 3 G UK u.a.), Slg. 2007, I-5247; vgl. auch BFH v. 03.07.2008 – V R 51/06, BStBl. II 2009, 214 (Bundesanstalt für Landwirtschaft und Ernährung kein Unternehmer, soweit Erwerb von Schweinen zwecks Beseitigung bei Schweinepest).

579 EuGH v. 12.05.2016 – Rs. C-520/14 (Gemeente Borsele), MwStR 2016, 492 mit Anm. Grube. Dazu zustimmend auch Ismer MwStR 2016, 654.

580 S. aber einerseits BFH v. 18.07.2017 – XI B 24/17, BFH/NV 2018, 60 (Vorsteuerabzug einer Gemeinde bei Verpachtung von Schulmensa und Freibad für Pachtentgelte der Pächter unterhalb der diesen von der Gemeinde gezahlten Zuschüsse!); v. 28.06.2017 – XI R 12/15, UR 2017, 758 (Vorsteuerabzug aus Herstellungskosten einer Sporthalle, die an Vereine zu nicht kostendeckenden Entgelten überlassen wird); und andererseits v. 15.12.2016 – V R 44/15, UR 2017, 302 (Errichtung eines Sportzentrums durch Gemeinde und Verpachtung an GmbH, deren Alleingesellschafter die Gemeinde war. Gemeinde trägt die Verluste der GmbH – kein Vorsteuerabzug für Gemeinde!).

581 Vgl. u.a. Ringwald u. Widmann UR 2015, 1 f. und 5 f. (zur einer geplanten gesetzlichen Neuregelung durch die FinMin-Konferenz); Sterzinger DStR 2010, 2217; ders. UR 2009, 37 f.; vgl. auch Bericht des Rechnungshofes BT-Drs. 15/4081.

582 Insoweit zutreffend BFH v. 15.04.2010 – V R 10/09, BStBl. II 2017, 863 = UR 2010, 646 (zu privatrechtlicher Vermietungstätigkeit durch Universität) mit Anm. Ismer/Keyser UR 2011, 81 und Küffner UR 2010, 652; s. auch BFH v. 17.03.2010 – XI R 17/08, BStBl. II 2017, 828 = UR 2010, 943 (Werbemobil bei Gemeinde).

583 EuGH v. 06.02.1997 – Rs. C-247/95 (Marktgemeinde Welden), Slg. 1997, I-0779.

584 BFH v. 15.04.2010 – V R 10/09, UR 2010, 646; v. 02.03.2011 – XI R 65/07 (Komm. Wasserbeschaffungsverband), BStBl. II 2017, 831 = UR 2011, 657; v. 20.08.2009 – V R 70/05 (Salix), BStBl. II 2017, 825 = UR 2009, 884.

Konkurrenten wegen der sich daraus ergebenden Wettbewerbsverzerrungen Konkurrentenklage auf gesetzmäßige Besteuerung erheben.[586]

Der BFH wendete die Richtlinienregelung unmittelbar auch zuungunsten der jPdöR an, indem er die (allerdings richtlinienwidrige) bisherige Einschränkung in § 2 Abs. 3 S. 1 UStG auf Betriebe gewerblicher Art i.S.v. §§ 1 Abs. 1 Nr. 6 und 4 KStG kurzerhand negierte. Er beruft sich dabei auf eine „richtlinienkonforme" Auslegung des § 4 KStG in Verbindung mit § 2 Abs. 3 UStG.[587] Der BFH missachtete hierbei klar den entgegenstehenden gesetzgeberischen Willen und den eindeutigen Wortlaut sowie den systematischen Zusammenhang. Er überschritt dadurch die auch gemeinschaftsrechtlich geltenden Grenzen einer „richtlinienkonformen" Auslegung. Freilich war der Gesetzgeber bis zur Einfügung des § 2 b UStG mit Wirkung ab 01.01.2017 seiner Verpflichtung zur Herstellung einer richtlinienkonformen Ausgestaltung des UStG in diesem Punkte nicht nachgekommen.[588] Es war und ist aber nicht die Aufgabe des BFH, den nationalen Gesetzgeber durch **richtlinienkonforme Auslegung** zulasten der Steuerpflichtigen zu korrigieren.

In Übereinstimmung mit der Richtlinie ergibt sich nunmehr aus § 2 b i.V.m. § 2 UStG, dass eine jPdöR als normaler Unternehmer gemäß § 2 UStG zu behandeln ist, soweit sie dessen Merkmale erfüllt und dabei keine Tätigkeit ausübt, die ihr im Rahmen der öffentlichen Gewalt obliegt. Das trifft immer zu, wenn die jPdöR aufgrund privaten Rechtes handelt und nicht in Ausübung öffentlich-rechtlichen Rechtes. Handelt sie jPdöR durch Erbringung von Leistungen gegen Entgelt allerdings in Ausübung öffentlichen Rechtes,[589] insbesondere durch Verwaltungsakt, aber auch im Rahmen öffentlich-rechtlicher Verträge, ist sie nur dann als Unternehmer zu behandeln, wenn ihre Behandlung als Nichtunternehmer zu größeren Wettbewerbsverzerrungen führen würde. Davon kann bei echt hoheitlichem Handeln, das nur von jPdöR[590] ausgeübt wird, namentlich den Gebietskörperschaften Bund/Ländern und Gemeinden vorbehalten ist, und von Privaten gar nicht ausgeübt werden darf, regelmäßig keine Rede sein. Dann begründen auch Hilfsgeschäfte, die lediglich in Ergänzung zu diesen hoheitlichen Tätigkeiten anfallen, nicht für sich allein die Unternehmereigenschaft, auch wenn die Hilfsgeschäfte selbst auf privatrechtlicher Grundlage erfolgen, z.B. die Veräußerung von bisher im hoheitlichen Bereich, z.B. Polizei, genutzten Kraftfahrzeugen.

Zur Herstellung der **Wettbewerbsgleichheit** stellt § 2 b Abs. 4 UStG bestimmte aufgrund öffentlichen Rechtes erbrachte Leistungen den unternehmerisch erbrachten (gewerblichen) Leistungen gleich. Der Gesichtspunkt der Wettbewerbsneutralität durch Vermeidung von Wettbewerbsverzerrungen zulasten privater Unternehmer durch Nichtbesteuerung von durch jPdöR ausgeübte Tätigkeiten, ist in der Tat der entscheidende Gesichtspunkt. Art. 13 MwStSystRL verlangt für wirtschaftliche Tätigkeiten der öffentlichen Hand immer eine Besteuerung, wenn dadurch gravierende Wettbewerbsverzerrungen eintreten können.[591] Selbst wenn die jPdöR daher im Rahmen der ihnen nach öffentlichem Recht obliegenden Aufgaben auf öffentlich-rechtlicher Grundlage eine wirtschaftliche Tätigkeit ausüben, sind sie (insoweit nur dann) als Steuerpflichtige zu behandeln, falls die Nichtbehandlung als Steu-

---

585 Vgl. BFH v. 20.12.2007 – V R 70/05, BStBl. II 2008, 454 (Vorlage an den EuGH) und EuGH v. 04.06.2009 – Rs. C-102/08 (Salix), BStBl. II 2017, 873 = UR 2009, 484; BFH v. 20.08.2009 – V R 70/05 (Salix), BStBl. II 2017, 825 = UR 2009, 884; s. auch BFH v. 03.03.2011 – V R 23/10, BFH/NV 2011, 1261 (Marktplatzsanierung).

586 EuGH v. 08.06.2006 – Rs. C-430/04 (Feuerbestattungsverein Halle), Slg. 2006, I-4999; vgl. auch BFH v. 05.10.2006 – VII R 24/03, BStBl. II 2007, 243; s. aber auch FG Köln v. 28.01.2016 – 1 K 2368/10 (Rev. VII R 20/16), EFG 2016, 949 (Mangels Wettbewerbsverhältnisses kein Auskunftsanspruch eines als Erfüllungsgehilfe von den Kommunen beauftragten privaten Müllentsorgungsunternehmens gegen öffentlich-rechtliche Anstalt, die aufgrund öffentlich-rechtlichen Rechtes selbst als Entsorgungsträger bei der Hausmüllversorgung handelt).

587 BFH v. 05.11.2014 – XI R 42/12, BStBl. II 2017, 549 und v. 13.02.2014 – V R 5/13, BStBl. II 2017, 846 (zu Eintrittsgeldern für „Dorffest" und Standplatzüberlassung durch Gemeinde bei Kirmes, stfrei nach § 4 Nr. 12 a UStG); v. 15.04.2010 – V R 10/09, BStBl. II 2017, 863 = UR 2010, 646 (zu privatrechtlicher Vermietungstätigkeit durch Universität); s. auch v. 17.03.2010 – XI R 17/08, BStBl. II 2017, 828 = UR 2010, 943 (Werbemobil bei Gemeinde); a.A. zu Recht Abschn. 2.11. Abs. 4 UStAE.

588 Vgl. auch Seer/Klemke BB 2010, 2015.

589 S. dazu Beispiele in BMF v. 16.01.2016, BStBl. I 2016, 1451 (Handeln aufgrund öffentlich-rechtlicher Satzungen, öffentlich-rechtlicher Verträge, Staats- und verfassungsrechtlicher Verträge, Verwaltungsabkommen). Siehe auch FG Bad.-Württ. vom 18.10.2018 – 1 K 1458/18, DStRK 2019, 104 (Rev. eingelegt BFH XI R 30/19) und Burret UR 2022,121 zur (richtigerweise zu verneinenden) Unternehmereigenschaft von Gemeinden mit ihren Kurbetrieben. Siehe auch FG Schlesw. Holst. v. 29.09.2021 – 4K 118/18 (Rev. eingelegt BFH XI R 33/21), MwStR 2022, 78 zur Fremdenverkehrsabgabe.

590 S. BMF v. 16.01.2016, BStBl. I 2016,1451 zu Begriff und Umfang der jPdöR (jedes Gebilde, das aufgrund öffentlichen Rechtes eigene Rechtspersönlichkeit besitzt, u.a. die Gebietskörperschaften Bund, Länder und Gemeinden, aber auch andere öffentlich-rechtliche Körperschaften wie Handwerks-, Industrie- und Handelskammern, Universitäten und auch Anstalten und Stiftungen des öffentlichen Rechtes, u.a. Rundfunkanstalten. § 2 b UStG ist auch auf ausländische jPdöR anzuwenden.)

591 Vgl. dazu EuGH v. 04.06.2009 – Rs. C-102/08 (Salix), BStBl. II 2017, 873 = UR 2009, 484.

erpflichtige zu größeren **Wettbewerbsverzerrungen**[592] führen würde. Davon ist immer bei den in § 2 b Abs. 4 Nr. 5 UStG i.V.m. der Anlage I der MwStSystRL Tätigkeiten auszugehen.

In **§ 2 b Abs. 2** Nr. 1 und 2 UStG präzisiert der deutsche Gesetzgeber, wann bei aufgrund öffentlichen Rechtes erbrachten **Leistungen einer jPdöR** an beliebige Leistungsempfänger keine größeren Wettbewerbsverzerrungen vorliegen, sodass die jPdöR insoweit als Nichtunternehmer handelt, nämlich bei einem 17.500 € nicht übersteigenden Jahresumsatz für jeweils gleichartige Tätigkeiten der jPdöR (Nr. 1) und bei Leistungen, die einer Steuerbefreiung ohne Optionsmöglichkeit unterliegen würden (Nr. 2), z.B. Grundstücksüberlassungen aufgrund öffentlichen Rechtes an Nichtunternehmer. **§ 2 b Abs. 3** Nr. 1 und 2 UStG[593] bestimmt, wann für **Leistungen, die von einer jPdöR an eine andere jPdöR** erbracht werden, nicht von größeren Wettbewerbsverzerrungen auszugehen ist, mithin die leistende jPdöR nicht als Unternehmer handelt. Das liegt nach Nr. 1 vor bei Leistungen, die überhaupt nur von jPdöR erbracht werden dürfen und nach Nr. 2 a–d für Leistungen, die auf öffentlich-rechtlichen Verträgen beruhen, ausschließlich gegen Kostenerstattung erfolgen und der Wahrnehmung einer den Beteiligten obliegenden öffentlichen Aufgabe dienen. Die leistende jPdöR darf gleichartige Leistungen im Wesentlichen nur an andere jPdöR erbringen, also gerade nicht gegen Entgelt für (private) Abnehmer tätig werden. Die Regelungen in § 2 b Abs. 2 und Abs. 3 UStG sind richtlinienkonform.[594]

2. Über den Kreis der natürlichen und juristischen Personen hinaus besitzen alle **Personenvereinigungen**, die nach außen tätig werden, insbesondere die Personengesellschaften des HGB (nicht jedoch die stille Gesellschaft und andere reine Innengesellschaften), die Unternehmerfähigkeit, einschließlich der EWiV. Dies gilt gleichermaßen für die BGB-Gesellschaft,[595] die Partnergesellschaft, die Erbengemeinschaft oder ausländische Gesellschaften. Auf die Rechtsfähigkeit kommt es nicht an, sodass umsatzsteuerlich dahinstehen kann, ob die BGB-Gesellschaft rechtsfähig ist.[596] Die Unternehmerfähigkeit haben nach neuerer Ansicht des BFH **Bruchteilsgemeinschaften nicht**, etwa als Vermieter.[597] Freilich ist dann sorgfältig zu prüfen, ob die Bruchteilseigentümer sich nicht vertraglich zu einer GbR zusammengeschlossen haben. Davon ist richtigerweise auszugehen, wenn die Bruchteilseigentümer sich (vertraglich) zusammenschließen, um das Bruchteilsobjekt gemeinsam an Dritte zu vermieten oder zu verpachten. 209

3. Der Gesellschafter ist – abweichend vom Einkommensteuerrecht (vgl. § 15 EStG) – allein aufgrund einer Beteiligung nicht Unternehmer i.S.d. Umsatzsteuergesetzes.[598] Er wird nur dann zum Unternehmer, wenn er selbst nachhaltig zur Erzielung von Einnahmen Leistungen erbringt. Dabei können die Leistungen auch gegenüber „seiner" Gesellschaft erbracht werden. Werden ihm diese durch ein gewinnunabhängiges Leistungsentgelt **(Sonderentgelt)** vergütet, so wird er dadurch zum Unternehmer, gleichgültig ob die Leistungsverpflichtungen im Gesellschaftsvertrag oder außerhalb desselben geregelt sind.[599]

---

592 Vgl. BFH v. 01.12.2011 – V R 1/11, BStBl. II 2017, 834 = UR 2012, 363 (Betreiben einer Tiefgarage durch Gemeinde auf öffentlich-rechtl. Grundlage); v. 03.03.2011 – V R 23/10, BStBl. II 2012, 74 (Sondernutzungsüberlassung als Marktplatz durch Gemeinde).

593 S. dazu näher und mit umfangreichen Bespielen Abschn. 2b.1. UStAE i.V.m. BMF v. 16.12.2016, BStBl. I 2016, 1451 (Rn 40 f.)

594 So auch Ismer/Baur MwStR 2016, 740; a.A. aber Heidner UR 2016, 45 und DB 2019,1049; s. auch BMF v. 14.11.2019, 1140, BStBl. I 2019, 1140 (Abs. 3 Nr. 2 Regelbeispiel, gesonderte Prüfung, ob nicht doch größere Wettbewerbsverzerrungen).

595 Vgl. Abschn. 2.1. Abs. 1 und 2 UStAE.

596 Bejahend BGH v. 29.01.2001 – II ZR 331/00, BGHZ 146, 341.

597 BFH v. 22.11.2018 – V R 65/17, UR 2019, 179 mit Anm. Heinrichshofen und Widmann MwStR 2019, 241 sowie Stadie UR 2019, 529; a.A. noch BFH v. 06.09.2007 – V R 41/05 und 22.11.2007 – V R 5/06, BStBl. II 2008, 65 und 448; v. 25.03.1993 – V R 42/89 und v. 29.04.1993 – V R 38/89, BStBl. II 1993, 729 und 734 und offenbar weiterhin BMF Abschn. 2.1 Abs. 2 UStAE unter Berufung auf die ältere Rspr. des BFH.

598 BFH v. 27.06.1995 – V R 36/94, BStBl. II 1995, 915.

599 Vgl. BFH v. 12.11.2020 – V R 22/19, UR 2021, 388 (Überlassung von Gegenständen durch Gesellschafter gegen festes Sonderentgelt); EuGH v. 27.01.2000 – Rs. C-23/98 (Heerma), Slg. 2000, I-419 = UR 2000, 121; BFH v. 18.12.1996 – XI R 12/96, BStBl. II 1997, 374; Abschn. 1.6. Abs. 3 und 4 UStAE.

Beispiel: Ein Gesellschafter überlässt aufgrund gesellschaftsvertraglicher Verpflichtungen „seiner OHG" ein Grundstück und erhält dafür monatlich 1.000 € zzgl. 190 € USt. Zwischen dem Gesellschafter und der Gesellschaft liegt ein steuerbarer Leistungsaustausch vor. Auch der Gesellschafter ist Unternehmer. Anders ist es zu beurteilen, wenn die Grundstücksüberlassung nur durch die allgemeine Gewinnbeteiligung abgegolten wird.[600]

210 4. Unter Aufgabe seiner früheren Rspr.[601] hatte der BFH allerdings entschieden, dass die Geschäftsführung durch den Gesellschafter für die ansonsten handlungsunfähige Gesellschaft auch bei einer gewinnunabhängigen Vergütung nicht die Unternehmereigenschaft begründet.[602] Inzwischen ist der BFH wieder zu der zutreffenden Auffassung zurückgekehrt, dass die Geschäftsführung gegen gewinnunabhängiges (Sonder-)Entgelt auch durch einen Gesellschafter im Leistungsaustausch erfolgt (s. auch Rn. 256 ff.). Sofern der Geschäftsführer selbstständig und damit Unternehmer ist, sind seine Leistungen daher steuerbar.[603] Die Verwaltung folgt für die Beurteilung der Selbstständigkeit zivilrechtlichen Vorgaben danach, ob zur Gesellschaft ein Arbeitsverhältnis bestehen kann und besteht. Bejahendenfalls wird Unselbstständigkeit angenommen. Danach kommt Unselbstständigkeit bei juristischen Personen als Geschäftsführer nicht in Betracht. Bei natürlichen Personen sollte sie für persönlich haftende Gesellschafter als Komplementäre zwingend ausgeschlossen sein. Dem ist der BFH zutreffend nicht gefolgt.[604] Natürliche Personen, die Kommanditisten oder persönlich haftende Gesellschafter, GmbH-Gesellschafter oder Aktionäre sind, können auch als Geschäftsführer jedenfalls im Sinne des UStG und der MwStSystRL unselbstständig, d.h. als weisungsabhängige „Angestellte", bei ihrer Gesellschaft tätig sein, wenn entsprechende vertragliche Vereinbarungen (Arbeitsvertrag, aber auch im Gesellschaftsvertrag) eingegangen wurden.[605] Für die umsatzsteuerliche Beurteilung ist es unerheblich, ob einkommensteuerlich eine Umqualifizierung von Dienstleistungsvergütungen für eine weisungsabhängige Tätigkeit in gewerbliche Einkünfte nach § 15 Abs. 1 Nr. 2 EStG (Sondervergütungen) stattfindet. Im Übrigen ist aber die Frage der Selbstständigkeit oder Unselbstständigkeit für die USt und die ESt übereinstimmend zu beantworten. Auch wenn über die Vereinbarung entweder einer gewinnabhängigen Abgeltung der Geschäftsführung (kein Entgelt) oder eines gewinnunabhängigen Sonderentgeltes de facto ein Gestaltungswahlrecht besteht, die Steuerbarkeit zu vermeiden (wichtig, falls wegen steuerbefreiter Umsätze bei der Gesellschaft kein Vorsteuerabzugsrecht besteht) oder herbeizuführen, ist es zutreffend, auch im Verhältnis zum persönlich haftenden Gesellschafter jedenfalls umsatzsteuerlich davon auszugehen, dass auch die Vereinbarung einer unselbstständigen weisungsabhängigen Tätigkeit im Verhältnis zur Gesellschaft möglich ist. Entscheidend ist dabei darauf abzustellen, ob eine inhaltliche Weisungsgebundenheit besteht oder nicht.[606]

Überholt und zutreffend aufgegeben wurde die Auffassung, dass Vorstandsmitglieder als Organwalter der Vereinigung nicht zugleich Leistungen an diese

---

600 BFH v. 08.11.1995 – XI R 63/94 und v. 08.11.1995 – V R 8/94, BStBl. II 1996, 114, 176.

601 BFH v. 19.07.1973 – V R 157/71, BStBl. II 1973, 764.

602 BFH v. 10.07.1980 – V R 5/72, BStBl. II 1980, 622.

603 BFH v. 03.03.2011 – V R 24/10, BStBl. II 2011, 950 (zu einheitlicher Geschäftsführer- und Haftungsvergütung, Komplementär); v. 06.06.2002 – V R 43/01, BStBl. II 2003, 36.

604 BFH v. 26.08.2014 – XI R 26/10, UR 2015, 35 (Nachfolge EuGH v. 13.03.2014 – Rs. C-204/13 (Malburg), UR 2014, 343); v. 14.04.2010 – XI R 14/09, BStBl. II 2011, 433.

605 Vgl. Abschn. 1.6. Abs. 4 Beispiele 2, 4 und 7 und Abschn. 2.2. UStAE; vgl. auch BFH v. 10.03.2005 – V R 29/03, BStBl. II 2005, 730 (zum Geschäftsführer einer GmbH – je nach Umständen des Einzelfalles selbstständig oder unselbstständig).

606 So auch BFH v. 14.04.2010 – XI R 14/09, BStBl. II 2011, 433 (für Komplementär bei KG); vgl. auch EuGH v. 18.10.2007 – Rs. C-355/06 (van der Steen), Slg. 2007, I-8863 = UR 2007, 889 (zu ndl. BV = GmbH); Lippross 2.2.2.8.4 b).

erbringen können, soweit sie als Organ tätig werden.[607] Allerdings sind Vorstandsmitglieder regelmäßig nicht selbstständig tätig, anders sollte es sich hingegen bei Aufsichtsratsmitgliedern verhalten.[608] Diese sollen daher Unternehmer sein. Das erscheint inzwischen aufgrund der Rspr. des EuGH allerdings zweifelhaft. Der BFH verneint inzwischen die Unternehmereigenschaft, wenn das Aufsichtsratsmitglied lediglich eine nicht variable Festvergütung erhält und kein Vergütungsrisiko trägt.[609] Ebenso ist eine persönlich haftende GmbH mit ihrer Tätigkeit als Liquidator Unternehmer, wenn sie dafür ein Sonderentgelt erhält[610] oder ein Kommanditist als Beiratsmitglied.[611]

5. Beteiligt sich eine Personengesellschaft oder eine Kapitalgesellschaft ihrerseits an einer anderen Gesellschaft, so gehört das bloße Halten der Beteiligung nicht zu ihrem Unternehmensbereich, da die beteiligte Gesellschaft insoweit weder unmittelbar noch mittelbar im Leistungsaustausch tätig wird. Die Folge ist, dass im Zusammenhang mit dem Erwerb der Beteiligung oder ihrer Verwaltung anfallende Vorsteuerbeträge nicht nach § 15 Abs. 1 UStG abziehbar sind.[612] Das gilt auch bei **reinen Holdinggesellschaften**, die sich auf das Halten und Verwalten von Beteiligungen beschränken.[613] Umstritten war allerdings, ob dies auch dann gilt, wenn die Holding geschäftsleitend ohne gesonderte Vergütung tätig ist.[614] Zu verneinen ist jedenfalls, dass Gewinnbezüge (Dividenden) Entgelt für nach § 4 Nr. 8 e UStG steuerfreie Leistungen sind oder gar, dass sie Entgelte für die geschäftsführende Tätigkeit darstellen. Nunmehr ist nach der Rspr. des EuGH klargestellt, dass auch eine **Holdinggesellschaft** nur dann Unternehmer ist, wenn sie Lieferungen oder Dienstleistungen gegen gewinnunabhängiges Entgelt erbringt, bzw. wenn ihre Tätigkeit auf eine nachhaltige entgeltliche Leistungserbringung gerichtet ist. Die Unternehmereigenschaft wird allerdings bereits durch (nahezu?) jede entgeltliche Leistung – etwa kaufmännischer Art wie Übernahme der Buchführung, Geschäftsführung, aber auch Vermietungsleistungen – gegenüber der oder den Beteiligungsgesellschaften begründet.[615] Problematisch erscheint, inwieweit bei der **gemischten Holding** ein Vorsteuerabzug möglich ist. Soweit die Holding mangels Ausführung von zu besteuernden Umsätzen überhaupt keine Tätigkeiten ausübt, die sich als wirtschaftliche Tätigkeiten i.S.d. Art. 9 MwStSystRL qualifizieren, wie

---

607 So ausdrücklich BFH v. 14.05.2008 – XI R 70/07, BStBl. II 2008, 912 (Vereinsvorstand) u. v. 10.03.2005 – V R 29/03, BStBl. II 2005, 730; v. 06.06.2002 – V R 43/01, BStBl. II 2003, 36 gegen BFH v. 04.11.1982 – V R 4/77, BStBl. II 1983, 156 (Kassenärztliche Vereinigung).

608 Vgl. BFH v. 20.08.2009 – V R 32/08, BStBl. II 2010, 88; v. 14.05.2008 – XI R 70/07, BStBl. II 2008, 912 m.w.N.

609 BFH v. 27.11.2019 – V R 23/19, V R 62/17, UR 2020, 190 = BStBl. II, 2021, 542; EuGH v. 13.06.2019 – Rs. C-420/18, MwStR 2019, 663 mit Anm. de Weerth und Anm. Prätzler jurisPR-SteuerR 33/2019 Anm. 6. So jetzt auch BMF v. 08.07.2021, BStBl. I 2021, 919 und Abschn. 2.2. Abs. 2 und Abs. 3a UStAE.

610 BFH v. 08.11.1995 – V R 8/94, BStBl. II 1996, 176.

611 BFH v. 24.08.1994 – XI R 74/93, BStBl. II 1995, 150; vgl. auch v. 29.06.2000 – V R 28/99, BStBl. II 2000, 597.

612 BFH v. 28.09.1988 – X R 6/82, BStBl. II 1989, 122; v. 18.03.1988 – V R 178/83, BStBl. II 1988, 646.

613 EuGH v. 20.06.1991 – Rs. C-60/90 (Polysar), Slg. 1991, I-3111 = UR 1991, 315. S. auch EuGH – Vorlage des BFH v. 23.09.2020 – XI R 22/18, ob ein Vorsteuerabzug einer geschäftsleitenden Holding für die Einlage von bezogenen Eingangsleistungen in die Tochtergesellschaften zu gewähren ist, DStR 2021, 346.

614 Vgl. dazu EuGH v. 14.11.2000 – Rs. C-142/99 (Floridienne & Berginvest), Slg. 2000, I-9657 und Stadie in R/D § 2 Rn. 204 ff. (Führungsholding immer Unternehmer, da ihr die Umsätze der Töchter zuzurechnen seien!).

615 EuGH v. 17.10.2018 – Rs. C-249/17 (Ryanair), UR 2018, 879 (beabsichtigte Geschäftsführung gegen Entgelt genügt, auch wenn es letztlich dazu nicht kommt; v. 05.07.2018 – Rs. C-320/17 (Marle Participation), UR 2018, 762 (Vermietungsleistung genügt als „Eingriff in die Verwaltung"!); v. 12.01.2017 – Rs. C-28/16 (MVM), DStR 2017, 2806; v. 16.07.2015 – Rs. C-108/14 und C-109/14 (Larentia + Minerva), BStBl. II 2017, 604 = UR 2015,671; v. 06.09.2012 – Rs. C-496/11 (Portugal Telecom), UR 2012, 762; v. 29.10.2009 – Rs. C-29/08 (SKF), UR 2010, 107; v. 29.04.2004 – Rs. C-77/01 (EDM), Slg. 2004, I-4295; v. 12.07.2001 – Rs. C-102/00 (Wealthgrove), Slg. 2001, II-5679 und v. 27.09.2001 – Rs. C-16/00 (Cibo participants), Slg. 2001, II-6663; s. aber EuGH v. 08.11.2018 – Rs. C-502/17 (C&D Foods), DStR 2018, 2425 (Veräußerung von Aktien einer Enkelgesellschaft, für die eine entgeltl. Geschäftstätigkeit ausgeübt wird, gehört nicht zur wirtschaftl. Tätigkeit und fällt nicht in den VoStAbzug ermöglichenden Anwendungsbereich der MwSt, es sei denn, der Erlös würde für wirtschaftl. Tätigkeiten der Konzernmutter verwendet).

das bloße Halten von Beteiligungen, ist der Vorsteuerabzug insgesamt nicht zu gewähren.[616] Nur bei einer **gemischten Holding,** die nur gegenüber einem Teil ihrer Tochtergesellschaften entgeltliche Leistungen administrativer oder anderer Art erbringt, sich gegenüber dem übrigen Teil ihrer Tochtergesellschaften hingegen auf das bloße Halten der Beteiligung beschränkt, soll es einer Aufteilung der VoSt bedürfen, während bei einer **reinen Führungsholding,** die aber administrative oder andere entgeltliche Leistungen an (alle) ihre Tochtergesellschaft(en) erbringt, der volle Vorsteuerabzug zu gewähren sei. Das Halten der Beteiligung zwecks Erlangung von Ausschüttungen habe dann vollständig unberücksichtigt zu bleiben.[617] Das erscheint freilich verfehlt![618]

211 6. Die Arbeitsgemeinschaft ist daher als **BGB-Gesellschaft** selbst unternehmerfähig und mithin auch Steuerschuldner i.S.d. § 13 a Abs. 1 Nr. 1 UStG. A und B sind als Gesellschafter nicht Steuerschuldner für die Leistungen der Arbeitsgemeinschaft. Sie sind allerdings im Rahmen ihrer Einzelunternehmen Unternehmer, ggf. auch mit ihren Leistungen an die Arbeitsgemeinschaft, soweit sie gegen ein gewinnunabhängiges Leistungsentgelt tätig werden. Die Errichtung des Bauwerkes ist der Arbeitsgemeinschaft als Werklieferung zuzurechnen, da sie im Außenverhältnis tätig wurde.

Da die Arbeitsgemeinschaft somit als Unternehmer die USt schuldet, muss die Landesstraßenbauverwaltung der Arbeitsgemeinschaft auch die USt ersetzen. Eine Klage der Arbeitsgemeinschaft gegen die Straßenbauverwaltung hätte daher Erfolg.

212 7. Umgekehrt begründet auch die Rechtsfähigkeit oder eine bestimmte Gesellschaftsform nicht automatisch die Unternehmerfähigkeit.

So ist eine GmbH (oder AG) als persönlich haftender Gesellschafter einer Kommanditgesellschaft (GmbH & Co. KG) nicht Unternehmer, da sie durch die lediglich mit einem Gewinnanteil abgegoltene Geschäftsführung keine Leistung an die KG erbringt, anders aber, wenn sie dafür ein gewinnunabhängiges Entgelt erhält.[619]

Vereine, gleichgültig ob rechtsfähig oder nicht, sind insoweit keine Unternehmer, als sie lediglich (echte) Mitgliedsbeiträge (vgl. Rn. 114) vereinnahmen, um zur Erfüllung von Gemeinschaftszwecken tätig zu werden, ohne dabei den Mitgliedern einen individuellen Nutzen zuzuwenden. Soweit sie entgeltliche Leistungen an die Mitglieder erbringen, haben sie allerdings auch eine unternehmerische Sphäre.[620] Der Annahme von Leistungen an die Mitglieder steht nicht entgegen, dass eine pauschale Vergütung erfolgt. Eine Leistung (= individueller Nutzen) liegt auch schon dann vor, wenn der Verein dem Mitglied die Möglichkeit einräumt, die Vereinsanlagen zu nutzen.[621] Werbegemeinschaften von Gewerbetreibenden in Form einer BGB-Gesellschaft oder eines Vereins sind Unternehmer und erbringen an ihre

---

616 EuGH v.12.01.2017 – Rs. C-28/16 (MVM), DStR 2017, 2806 mit Anm. Prätzler; v. 16.07.2015 – Rs. C-108/14 und C-109/14 (Larentia + Minerva), BStBl. II 2017, 604 = UR 2015,671; v. 30.05.2013 – Rs. C-651/11 (X BV), UR 2013, 582; v. 06.09.2012 – Rs. C-496/11 (Portugal Telecom), UR 2012, 762.

617 So (verfehlterweise) EuGH v. 05.07.2018 – Rs. C-320/17 (Marle Participations), MwStR 2018, 754 mit Anm. Grube; v. 16.07.2015 – Rs. C-108/14 und C-109/14 (Larentia + Minerva), BStBl. II 2017, 604 = UR 2015, 671; a.A. an sich zutreffend noch der Vorlagebeschluss BFH v. 11.12.2013 – XI R 17/11 und 38/12, BStBl. II 2014, 417 und 428 und wohl auch v. 02.02.2012 – V R 40/10, BStBl. II 2012, 844. Das insoweit verfehlte EuGH-Urteil muss freilich beachtet werden! So denn auch BFH v. 01.06.2016 – XI R 17/11, BStBl. II 2017, 581 = UR 2016, 673 und v. 19.01.2016 – XI R 39/12, UR 2016, 312 (beide nachfolgend zu EuGH Rs. C-108/14). S. auch (zutreffend) BFH v. 06.04.2016 – V R 6/14, BStBl. II 2017, 577 = UR 2016, 770 (grds. VoStAbzug aus Einwerbung von Kommanditkapital zwecks Beteiligungserwerb durch Führungsholdings, allerdings nicht, wenn aus den Größenverhältnissen des Aufwandes und des Entgeltes ersichtlich ist, dass kein Zusammenhang mit dem Beteiligungserwerb an den Tochtergesellschaften besteht!).

618 Dem allerdings zustimmend Friedrich-Vache/Endres-Reich UR 2017, 649; s. auch Friedrich-Vache BB 2019, 993. Zum Vorsteuerabzug bei der Holding.

619 BFH v. 06.06.2002 – V R 43/01, BStBl. II 2003, 36.

620 Vgl. EuGH v. 12.02.2009 – Rs. C-515/07 (VNLTO), UR 2009, 199; Abschn. 2.10. UStAE; BFH v. 20.12.1984 – V R 25/76, BStBl. II 1985, 176.

621 Vgl. EuGH v. 21.03.2002 – Rs. C-174/00 (Kennemer Golf Club), Slg. 2002, I-3293 = UR 2002, 230 und Nieskens UR 2002, 345.

Mitglieder steuerbare Leistungen, wenn sie für die Mitglieder (gemeinsame) Werbemaßnahmen ausführen und die Kosten durch Umlagen erheben. Als Unternehmer sind sie dann auch vorsteuerabzugsberechtigt.[622]

B. Die Unternehmenseinheit

Nach § 2 Abs. 1 S. 2 UStG umfasst das Unternehmen die gesamte gewerbliche oder berufliche Tätigkeit. **Ein Unternehmer** hat daher immer nur **ein Unternehmen**, gleichgültig in wie vielen Sparten er sich betätigt und wie viele Betriebe er besitzt. Solange eine Leistung innerhalb des Gesamtunternehmens verbleibt, kommt weder ein Leistungsaustausch noch eine unentgeltliche Wertabgabe nach § 3 Abs. 1 b oder Abs. 9 a UStG für außerunternehmerische Zwecke in Betracht. Leistungsabgaben von einem Betrieb an einen anderen innerhalb desselben Unternehmens sind daher nicht steuerbar und werden als sog. **Innenumsätze** bezeichnet. Unerheblich ist insbesondere, ob dieselbe Einkunftsart vorliegt oder ob ertragsteuerlich Entnahmen und Einlagen nach § 4 EStG vorliegen. 213

Beispiel: Ein Bauunternehmer errichtet für sich ein Mehrfamilienhaus zur Vermietung. Ein entsprechender Geldbetrag wird vom privaten auf das betriebliche Bankkonto überwiesen. Ertragsteuerlich liegen Entnahmen der Materialien und Arbeitsleistungen und eine Geldeinlage vor. Umsatzsteuerlich liegt weder ein Leistungsaustausch (es fehlt die zweite Person) noch eine unentgeltliche Wertabgabe nach § 3 Abs. 1 b Nr. 1 UStG vor (auch das Mietshaus gehört zum Unternehmen, wenn auch nicht zum Betriebsvermögen i.S.d. Einkommensteuerrechts).

Anders wäre es, wenn ein privat zu nutzendes Einfamilienhaus errichtet würde. Da dieses nicht der Einnahmeerzielung dient, läge eine als unentgeltliche (Werk-)Lieferung zu behandelnde Wertabgabe nach § 3 Abs. 1 b Nr. 1 UStG vor, denn das Einfamilienhaus gehört nicht zum Unternehmensvermögen.

C. Selbstständigkeit und Organschaft

I. Selbstständigkeit natürlicher Personen

Konstituierendes Merkmal des Unternehmerbegriffs ist die Selbstständigkeit. § 2 Abs. 2 Nr. 1 UStG definiert negativ für natürliche Personen, dass sie nicht selbstständig sind, wenn sie weisungsabhängig sind. Maßgebend für die Selbstständigkeit ist nicht das Auftreten nach außen, sondern das Innenverhältnis. Die Tätigkeit eines Unselbstständigen (Arbeitnehmer) ist dem Unternehmer (Arbeitgeber) zuzurechnen, für den er tätig wird. Entscheidend für die Frage nach der Selbstständigkeit ist die Entscheidung, ob hinsichtlich der Leistungserbringung der Handelnde selbst ein unternehmerisches Risiko trägt. Indizien dafür sind Weisungsunabhängigkeit hinsichtlich des Ortes und der Zeit der Leistungserbringung, Zahlung nach dem Erfolg und nicht nach der Zeit, Beschäftigung von Lohnempfängern, Unterhaltung eines eigenen Büros, einer eigenen Betriebsstätte usw. Maßgebend ist immer das Gesamtbild.[623] Bezogen auf das Entgelt für eine Leistung schließen sich daher Lohnsteuer (für den unselbstständigen Arbeitnehmer) und USt (für den selbstständigen Unternehmer) aus. Eine Person kann allerdings sowohl Arbeitnehmer in einem Bereich und Unternehmer in einem anderen Bereich sein.[624] Die Abgrenzung von Selbstständigkeit und Unselbstständigkeit ist im Umsatzsteuerrecht nach den gleichen Beurteilungskriterien wie bei der ertragsteuerlichen Arbeitnehmereigenschaft vorzuneh- 214

622 BFH v. 29.10.2008 – XI R 59/07, BFH/NV 2009, 324; v. 14.07.1985 – V R 107/76, BStBl. II 1986, 173.

623 Vgl. BFH v. 11.11.2015 – V R 3/15 m.w.N. (zur Selbstständigkeit von durch eine inländische Agentur vermittelten ausländischen Pflegekräfte).

624 BFH v. 11.10.2007 – V R 77/05, BStBl. II 2008, 443 m.w.N. (Vermietung Pkw durch Arbeitnehmer an seinen Arbeitgeber).

men. Daher sind der angestellte Geschäftsführer einer GmbH[625] oder das angestellte Vorstandsmitglied unselbstständig, nicht aber nach bisheriger, aber nunmehr teilweise aufgegebener Auffassung Aufsichtsratsmitglieder[626] oder Beiratsmitglieder. Nicht auf die USt zu übertragen ist allerdings die in § 15 Abs. 1 Nr. 2 EStG getroffene Regelung, wonach auch gewinnunabhängige Sonderbetriebseinnahmen des Gesellschaftermitunternehmers für aufgrund Arbeitsvertrages erbrachte Leistungen zu dessen gewerblichen Einkünften und nicht zu Einkünften aus nichtselbstständiger Arbeit gehören. Daher verbleibt es dabei, dass natürliche Personen – anders als juristische Personen – auch als Gesellschafter und einkommensteuerliche Mitunternehmer mangels Selbstständigkeit nicht zum Unternehmer werden, wenn sie aufgrund eines Arbeitsvertrages oder sonst weisungsabhängig für ihre Gesellschaft tätig werden[627] (s. bereits oben Rn. 210).

II. Unselbstständigkeit juristischer Personen/Organschaft

215 Juristische Personen sind nach der Negativdefinition des § 2 Abs. 2 Nr. 2 UStG dann nicht selbstständig, wenn sie **finanziell, wirtschaftlich und organisatorisch in ein anderes Unternehmen eingegliedert** sind. Es müssen alle drei Eingliederungsvoraussetzungen vorliegen.[628] Allerdings erfordert die Annahme einer Organschaft nicht, dass alle drei Eingliederungsmerkmale gleichermaßen stark ausgeprägt sind. Tritt auf einem der drei Gebiete die Eingliederung weniger stark in Erscheinung, so hindert dies nicht, trotzdem Organschaft anzunehmen, wenn sich die Eingliederung deutlich auf den beiden anderen Gebieten zeigt.[629] **Finanzielle Eingliederung** bedeutet, dass der Organträger unmittelbar oder mittelbar so an der Organgesellschaft beteiligt ist, dass er seinen Willen durch Mehrheitsbeschlüsse durchsetzen kann. Dazu genügen, sofern die Satzung keine höhere Mehrheit vorsieht, **mehr als 50 %** der stimmberechtigten Anteilsrechte.[630] Mittelbare Beteiligungen sind nur zu berücksichtigen, wenn der Organträger selbst über die Mehrheit der Stimmrechte an der unmittelbar beteiligten Tochter(zwischen)gesellschaft verfügt. Diese muss kein Unternehmer sein – etwa eine bloße Zwischenholding. Sie gehört dann aber nicht zum Organkreis. Für die finanzielle Eingliederung reicht es nicht aus, dass nur ein oder mehrere Gesellschafter an der vermeintlichen „Organgesellschaft" als Mehrheitsgesellschafter beteiligt sind oder die notwendige qualifizierte Stimmenmehrheit nur mit Hilfe eines Minderheitsgesellschafters erreicht werden kann. Das gilt gleichermaßen für **Schwesterkapitalgesellschaften** und für Schwesterpersonengesellschaften.[631] Es fehlt an der Unterordnung unter den Organträger als ein über-

---

625 Vgl. EuGH v. 18.10.2007 – Rs. C-355/06 (van der Steen), Slg. 2007, I-8863 = UR 2007, 889; BFH v. 14.05.2008 – XI R 70/07, BStBl. II 2008, 912.

626 BFH v. 27.11.2019 – V R 23/19, UR 2020, 190 unter Hinweis auf die EuGH-Entscheidung v. 13.06.2019 – Rs. C-420/18, GmbHR 2019, 894 mit Anm. Scholz und Jacobs (zu Aufsichtsrat einer ndl. Stiftung). Dem folgend BMF v. 08.07.2021, BStBl. I 2021,919 und UStAE Abschn 2.2 bs. 3a. Selbstständigkeit wird nunmehr jedenfalls verneint, wenn dem Aufsichtsratsmitglied lediglich eine nicht variable Festvergütung gezahlt wird. Zur früheren Rspr. s. BFH v. 20.08.2009 – V R 32/08, BStBl. II 2010, 88 m.w.N.

627 BFH v. 14.04.2010 – XI R 14/09, BStBl. II 2011, 433 m.w.N.; Abschn. 2.2. Abs. 2 UStAE.

628 S. dazu Slapio in: FS 100 Jahre Umsatzsteuer in Deutschland 1918–2018, 439 f.

629 BFH v. 29.10.2008 – XI R 74/07, BStBl. II 2009, 256; v. 05.12.2007 – V R 26/06 – V R 26/06 und v. 03.04.2008 – V R 76/05, BStBl. II 2008, 451 und 905.

630 S. aber (verfehlt!) FG Schleswig-Holstein v. 06.02.2018 – 4 K 35/17 (Rev XI R 16/18), MwStR 2018, 846 mit Anm. Endres-Reich und Friedrich-Vache UR 2019, 91 (finanzielle Eingliederung könne schon bei 50%iger Beteiligung gegeben sein).

631 BFH v. 24.08.2016 – V R 36/15, BStBl. II 2017, 595; v. 02.12.2015 – V R 12/14, UR 2016, 207 und V R 15/14, BStBl. II 2017, 553 bestätigen Aufrechterhaltung von BFH v. 22.04.2010 – V R 9/09, BStBl. II 2011, 597, v. 01.12.2010 – XI R 43/08, BStBl. II 2011, 600 unter Aufgabe der entgegengesetzten früheren Rspr. bei Halten einer Mehrheitsbeteiligung im Sonder-BV des Gesellschafters, so noch BFH v. 14.02.2008 – V R 12-13/06, BFH/NV 2008, 1365; v. 19.05.2005 – V R 31/03, BStBl. II 2005, 671.

geordnetes Unternehmen.[632] Umsatzsteuerlich kommt eine **Mehrmütterorganschaft** zu mehreren Organträgern nicht in Betracht.[633] Von einer **wirtschaftlichen Eingliederung** spricht man, wenn der Betrieb der Organgesellschaft dem Unternehmen der Organmutter förderlich ist nach Art einer Betriebsabteilung. Es genügt, dass zwischen der Organgesellschaft und dem Unternehmen des Organträgers ein vernünftiger wirtschaftlicher Zusammenhang im Sinne einer wirtschaftlichen Einheit, Kooperation oder Verflechtung vorhanden ist. Die Tätigkeiten von Organträger und Organgesellschaft müssen lediglich aufeinander abgestimmt sein und sich dabei fördern und ergänzen. Die Organgesellschaft muss nicht wirtschaftlich vom Organträger abhängig sein. Es genügt das Bestehen von mehr als nur völlig unerheblichen wirtschaftlichen Beziehungen.[634] Die organisatorische Eingliederung liegt vor, wenn durch **organisatorische Maßnahmen** sichergestellt ist, dass eine vom Willen des Organträgers abweichende Willensbildung bei der Organgesellschaft nicht stattfindet und nicht stattfinden kann.[635] Die Beherrschung der Organgesellschaft muss in der laufenden Geschäftsführung wirklich wahrgenommen werden. Die organisatorische Eingliederung erfolgt in aller Regel durch die personelle Verflechtung der Geschäftsführungs- und Vertretungsorgane. Bloße Weisungsbefugnisse der Gesellschafterversammlung genügen nicht, wohl aber die Unterstellung der Leitung der Gesellschaft durch entsprechend § 291 AktG abgeschlossenen Beherrschungsvertrag.[636] Aktienrechtliche oder sonstige gesellschaftsrechtliche Abhängigkeitsvermutungen sind unerheblich für die Annahme einer Organschaft.[637] Es besteht keine Identität hinsichtlich der Voraussetzung der umsatzsteuerlichen und der körperschaftsteuerlichen (und gewerbesteuerlichen) Organschaft. Ein Beherrschungs- und Gewinnabführungsvertrag i.S.d. § 14 KStG ist nicht erforderlich.[638] Es muss aber ein Verhältnis der **Unterordnung** vorliegen, respektive eine Eingliederung mit Durchgriffsrechten.[639]

Allerdings hat der EuGH auf Vorlage des XI. Senates des BFH inzwischen entschieden, dass das von § 2 Abs. 2 UStG für die Organschaft verlangte Unterordnungsverhältnis gegenüber dem Organträger mit den Vorgaben aus Art. 4 Abs. 4 der 6. Richtlinie (jetzt Art.11 MwStSystRL) unvereinbar sei, sofern diese Anforderung des deutschen Rechtes nicht zur Vermeidung von Steuerhinterziehungen erforderlich sei. Der EuGH hält aber gleichwohl Art. 11 MwStSystRL nicht für unmittelbar anwendbar, sodass der Steuerpflichtige sich jedenfalls zurzeit nicht unmittelbar darauf berufen kann.[640] Das hinterlässt einen einigermaßen ratlos.

Diese Rspr. des EuGH zugrunde legend, geht der V. Senat aber zutreffend davon aus, dass die durch den deutschen Gesetzgeber erfolgte Konkretisierung der geforderten engen Verbindung in „finanzieller, wirtschaftlicher und organisatorischer Beziehung" in Gestalt einer dadurch erfolgenden **Einbeziehung aller Organschaftsmitglieder in das (einheitliche) Unternehmen des Organträgers**

632 So auch Abschn. 2.8. Abs. 5 UStAE unter Hinweis auf die (zu Personen[schwester]gesellschaften geänderte) BFH-Rspr. v. 20.01.1999 – XI R 69/97, BFH/NV 1999, 1136. S. auch BFH v. 26.09.019 – V R 36/17, BFH/NV 2020, 86 und BFH v. 22.11.2001 – V R 50/00, BStBl. II 2002, 167.

633 BFH v. 30.04.2009 – V R 3/08, BStBl. II 2013, 873; Abschn. 2.8. Abs. 3 UStAE.

634 BFH v. 29.10.2008 – XI R 74/07, BStBl. II 2009, 256; v. 20.08.2009 – V R 30/06, BStBl. II 2010, 863; v. 18.06.2009 – V R 4/08, BStBl. II 2010, 310; v. 06.05.2010 – V R 26/09, BStBl. II 2010, 1114; s. aber FG München v. 13.09.2018 – 3 K 949/16 und BFH v. 13.01.2019 – VR 30/18, UR 2020, 140, wirtschaftliche Eingliederung nur bei entgeltlichem Leistungsaustausch, nicht durch Gewährung unentgeltlicher Darlehen.

635 Vgl. FG Münster v. 18.06.2019 – 15 K 3739/16 U (Rev Az. XI R 16/19) m.w.N.; BFH v. 08.08.2013 – V R 18/13, BStBl. II 2017, 543; v. 28.10.2010 – V R 7/10, BStBl. II 2011, 391 m.w.N.; v. 07.07.2011 – V R 53/10, BStBl. II 2013, 218.

636 BFH v. 10.05.2017 – V R 7/16, BStBl. II 2017, 1261.

637 BFH v. 05.12.2007 – V R 25/06 und v. 03.04.2008 – V R 76/05, BStBl. II 2008, 451 und 905; v. 14.02.2008 – V R 12-13/06, BFH/NV 2008, 1365.

638 Abschn. 2.8. Abs. 3 UStAE.

639 BFH v. 02.12.2015 – V R 15/14. BStBl. II 2017, 553 und Abschn. 2.8. UStAE i.d.F. BMF v. 26.05.2017, BStBl. I 2017, 790; aus früherer Zeit vgl. BFH v. 14.02.2008 – V R 12-13/06, BFH/NV 2008, 1365; v. 19.05.2005 – V R 31/03, BStBl. II 2005, 671.

640 EuGH v. 16.07.2015 – Rs. C-108/14 und C-109/14 (Larentia + Minerva), BStBl. II 2017, 604 = UR 2015,671 auf Vorlage BFH v. 11.12.2013 – XI R 38/12 und XI R 17/11, BStBl. II 2014, 428 und 417.

unionsrechtlich zulässig war und ist.[641] Völlig zu Recht verweist der V. Senat darauf, dass es die Aufgabe des nationalen Gesetzgebers ist, für die von der MwStSystRL dem nationalen Gesetzgeber freigestellte Einführung einer Gruppenbesteuerung dann auch rechtssicher und rechtsklar zu bestimmen, wer der Steuerschuldner bei Zulassung einer Gruppenbesteuerung ist und wie gegen diesen Steuerschuldner dann die Steuerschuld geltend zu machen ist. Für das deutsche Recht ist dies durch § 13 a Abs. 1 i.V.m. § 2 Abs. 2 Nr. 2 UStG, § 73 AO dadurch erfolgt, dass nur der **Organträger der Schuldner** und Vergütungsberechtigte ist und gegenüber den sonstigen **Organmitgliedern** nur eine **Haftung** in Betracht kommt. Geht man zutreffend davon aus, dass der deutsche Gesetzgeber eine nach Art. 11 MwStSystRL dem nationalen Gesetzgeber freigestellte Einführung einer Gruppenbesteuerung auch so umsetzen durfte, dass er ein Gruppenmitglied als den Unternehmer und Steuerschuldner ansieht und für die übrigen Gruppenmitglieder lediglich eine Haftung zulässt und er den erforderlichen Ausgleich zwischen den zivilrechtlich selbständig bleibenden Gruppenmitgliedern hinsichtlich einer umsatzsteuerlichen Be- und Entlastung zwecks Herstellung der Neutralität zivilrechtlichen Ausgleichsansprüchen überlässt, ist Nichts dagegen zu erinnern, dass das deutsche Recht dann in § 2 Abs. 2 UStG eine **„Eingliederung in das Unternehmen des Organträgers"** verlangt. Das muss nicht zwingend eine „Unterordnung" sein. Erforderlich ist aber eine unmittelbare oder mittelbare **Beteiligung (über Tochtergesellschaften) des Organträgers an der Organgesellschaft**. Es muss (dadurch) auch sichergestellt sein, dass in den „eingegliederten" Organgesellschaften als weiteren Gruppenmitgliedern und beim Organträger als dem zunächst als Steuerschuldner zunächst in Anspruch zu nehmenden Steuerschuldner nur **ein einheitlicher Wille gebildet** werden kann. Daran hält der V. Senat denn auch völlig zutreffend fest. Eine finanzielle Eingliederung kann nicht lediglich über einen mehrheitlich sowohl am Organträger als auch am Organ beteiligten Gesellschafter hergestellt werden. Sollte hier etwas anderes in Zukunft gewünscht sein – davon kann nur abgeraten werden – wäre ist es allein die Aufgabe des Gesetzgebers, ein anderes, ebenfalls unionsrechtlich zulässiges Regime der Gruppenbesteuerung zu kreieren und dann auch zu **per Gesetz** die Schuldnerschaft der Gruppe bezüglich der (einheitlichen) Steuerschuld und ihre Durchsetzung gegenüber den Gruppenmitgliedern zu regeln. Eine Einführung durch die Rspr. im Wege einer „richtlinienkonformen Auslegung" stellte in Wahrheit die Usurpation gesetzgeberischer Befugnisse[642] dar, zu der auch das Unionsrecht weder die nationale noch die europäische Rspr. legitimieren kann. Sie tut dies auch nicht. Die jetzige gesetzliche Regelung ist auch nicht unter dem Aspekt der Verhältnismäßigkeit unionsrechtswidrig.

216 Die Organschaft tritt zeitlich von Gesetzes wegen ein, wenn die Eingliederungsvoraussetzungen gegeben sind.[643] Dies kann bereits zu einem Zeitpunkt vor Tätigung von Umsätzen durch die Organgesellschaft gegeben sein.[644] Umgekehrt endet die Organschaft von Gesetzes wegen mit Wegfall der tatbestandlichen Voraussetzungen, namentlich mit Eröffnung des Insolvenzverfahrens über die Organgesellschaft oder den Organträger.[645] Ein Wahlrecht des Steuerpflichtigen, auf die Organschaft zu verzichten, besteht nicht. Die Regelung des § 2 Abs. 2 Nr. 2 UStG über den zwingenden Eintritt der Organschaft bei Erfüllung der dortigen Voraussetzungen ist gemeinschaftsrechtlich durch Art. 11 MwStSystRL gedeckt.[646]

---

641 BFH v. 02.12.2015 – V R 25/13, BStBl. II 2017, 547 = MwStR 2016, 240 sowie V R 12/14, UR 2016, 207 und V R 15/14, BStBl. II 2017, 553 = MwStR 2016, 251; v. 03.12.2015 – V R 36/13, BStBl. II 2017, 563 = MwStR 2016, 258. Dem folgend BMF v. 26.05.2017, BStBl. I 2017, 790 und Abschn. 2.8. UStAE i.d.F. BMF v. 26.05.2017.

642 So auch Reiß UR 2016, 739, 745 f. und Englisch UR 2016, 822, 837, der allerdings die gegenwärtige Regelung für unionsrechtswidrig hält und deshalb vom Gesetzgeber eine Änderung einfordert.

643 S. dazu Heuermann in: FS für den Bundesfinanzhof, 2018, 1551 ff.

644 BFH v. 17.01.2002 – V R 37/00, BStBl. II 2002, 373 zur sog. „übertragenden Sanierung" mittels „Auffanggesellschaft".

645 Die Organschaft endet u.a. wegen Wegfalls der organisatorischen Eingliederung mit Eröffnung des Insolvenzverfahrens über das Vermögen des Organs und schon im Eröffnungsverfahren mit der Einsetzung eines starken Insolvenzverwalters, nicht aber schon eines vorläufigen schwachen Insolvenzverwalters, vgl. BFH v. 08.08.2013 – V R 18/13, BStBl. II 2017, 543 = DB 2013, 2065; v. 24.08.2011 – V R 53/09, BStBl. II 2012, 56. Auch die Eröffnung des Insolvenzverfahrens über das Vermögen des Organträgers lässt die Organschaft entfallen, so zutreffend BFH v. 15.12.2016 – V R 14/16, BStBl. II 2017, 600. S. auch Abschn. 2.8. Abs. 12 UStAE i.d.F. BMF v. 26.05.2017, BStBl. I 2017, 790. S. aber BFH v. 27.11.2019 – XI R 35/17, BB 2020, 533 (keine Beendigung der Organschaft durch Anordnung der vorläufigen Eigenverwaltung unter Bestellung eines vorläufigen Sachwalters und Erlass einer Anordnung i.S.d. § 21 Abs. 2 S. 1 Nr. 3 InsO).

646 BFH v. 29.10.2008 – XI R 74/07, BStBl. II 2009, 256; Nieskens UR 2008, 538; a.A. Stadie UR 2008, 540; das Urt. des EuGH v. 22.05.2008 – Rs. C-162/07 (Ampliscientifica SrL und Amplifin SpA), UR 2008, 534 verhält sich zur Frage, ob der Mitgliedstaat ein Wahlrecht zur Organschaft vorsieht oder sie kraft Gesetzes eintreten lässt, entgegen den Ausführungen des BFH und Stadies überhaupt nicht. Allerdings folgt aus § 2 UStG, dass die Organschaft kraft Gesetzes eintritt und aus Art. 11 MwStSystRL, dass es im Ermessen des Mitgliedstaates steht, ob er überhaupt eine Organschaft vorsieht und wenn ja, ob er insoweit ein Wahlrecht vorsieht.

Organgesellschaft kann nach der bisherigen gesetzlichen Regelung in § 2 Abs. 2 Nr. 2 UStG nur eine **juristische Person** sein. Das sog. organschaftsähnliche Verhältnis, nach der auch Personengesellschaften des Handelsrechts unselbstständig i.S.d. § 2 Abs. 2 Nr. 1 UStG sein konnten, wurde von der Rspr. zutreffend aufgegeben.[647] 217

Art. 11 MwStSystRL enthält demgegenüber insoweit keine entsprechende Vorgabe für die Mitgliedschaft in einer Mehrwertsteuer-Gruppe. Anders als nach § 2 Abs. 2 Nr. 2 UStG wird auch keine Eingliederung/Unterordnung der Gruppenmitglieder in das Unternehmen des herrschenden Organträgers verlangt. Vielmehr könnten danach auch Personengesellschaften und gleichgeordnete Personen als Mitglieder einer Mehrwertsteuer Gruppe zusammen als ein Steuerpflichtiger behandelt werden. Auf Vorlage des XI. Senates hat der EuGH entschieden, dass Art. 4 Abs. 4 der 6. Richtlinie (jetzt Art. 11 MwStSystRL) der Beschränkung auf juristische Personen als Organgesellschaften und damit der Ausschluss von Personengesellschaften als Organgesellschaften im nationalen Recht nach § 2 Abs. 2 Nr. 2 UStG grundsätzlich entgegenstehe, es sei denn dieser Ausschluss sei eine geeignete Maßnahme zur Vermeidung von Steuerhinterziehungen. Auch insoweit wird allerdings vom EuGH die unmittelbare Anwendbarkeit des Art. 4 Abs. 4 der 6. Richtlinie (= Art. 11 MwStSystRL) verneint.[648] Dies hinterlässt einen einigermaßen ratlos. Richtigerweise dürfte es angesichts des klaren Wortlautes und der geschichtlichen Entwicklung auch nicht in Betracht kommen, § 2 Abs. 2 Nr. 2 UStG „richtlinienkonform" dahingehend auszulegen, dass auch Personengesellschaften als „juristische Person" zu behandeln seien und demzufolge in das Unternehmen eines Organträgers eingegliedert werden können – anders freilich die Rspr.[649]

Der V. Senat hatte mittlerweile, diese Rspr. zugrunde legend, dahingehend entschieden, dass der deutsche Gesetzgeber die Vorgaben des Art. 11 MwStSystRL über eine finanzielle enge Verbundenheit dahingehend konkretisieren durfte, dass er eine rechtssichere Eingliederung in einen Organträger verlangt. Eine solche rechtssichere Eingliederung in den Organträger sei bei Personengesellschaften angesichts der für diese geltenden Regelungen im deutschen Gesellschaftsrecht, insbesondere des Einstimmigkeitsprinzips, allerdings auch der Möglichkeit seiner Abbedingung durch bloße mündliche Vereinbarungen, grundsätzlich nicht gegeben. Im Wege der verfassungsrechtlich gebotenen „teleologischen Extension" sollten allerdings Personengesellschaften als Organgesellschaften nur zuzulassen sein, wenn alle deren Gesellschafter ihrerseits in das Unternehmen des Organträgers finanziell eingegliedert sind. Im Ergebnis mussten dann die Gesellschafter der Personengesellschaft ihrerseits entweder selbst juristische Personen als eingegliederte Organgesellschaften sein oder/und der Organträger selbst auch Gesellschafter.[650] Legt man das fragwürdige Diktat des EuGH an den nationalen Gesetzgeber zugrunde, wonach dieser frei sei, zwar gar keine Organschafts-/Gruppenbesteuerung vorzusehen, nicht aber frei sei, den Kreis der Mitglieder einer Mehrwertsteuergruppe gemäß Art. 11 MwStSystRL nach seinem Ermessen einzugrenzen, aber sehr wohl zu konkretisieren habe, unter welchen Voraussetzungen „gegenseitigen finanziellen, wirtschaftlichen und organisatorischen Beziehungen" auszugehen ist, durch die die in die Gruppe einbezogenen „Personen [...] eng miteinander verbunden" sind, so war dem V. Senat jedenfalls insoweit zu folgen, dass der deutsche Gesetzgeber durchaus berechtigt war, zur Organschaft nur solche Personen zuzulassen, von denen rechtssicher jederzeit festgestellt werden konnte, dass sie in den Organträger so eingegliedert sind, dass eine einheitliche Willensbildung in allen zur Organschaft gehörenden „Personen" gewährleistet ist.

Nach den divergierenden Auffassungen des V. und des XI. Senates sollten allerdings auch solche Personengesellschaften, zu deren Gesellschaftern neben und außer dem Organträger selbst nur solche Gesellschafter gehören, die ihrerseits finanziell unmittelbar oder mittelbar über Tochtergesellschaften in den Organträger eingegliedert sind (so der V. Senat und ihm folgend die FinVerw)[651] bzw. die kapitalistisch strukturierte GmbH & Co. KG als quasi „juristische Person (so der XI. Senat),[652] ausnahmsweise als Organgesellschaften in Betracht kommen. Ungeachtet der unterschiedlichen Ergebnisse ist bedauerlicherweise insoweit zu konstatieren, dass beide Senate insoweit nicht die

---

647 BFH v. 07.12.1978 – V R 22/74, BStBl. II 1979, 356; dazu Weiß UR 1979, 97.

648 EuGH v. 16.07.2015 – Rs. C-108/14 und C-109/14 (Larentia + Minerva), BStBl. II 2017, 604 = MwStR 2015, 583 mit Anm. Grünwald auf Vorlage v. BFH v. 11.12.2013 – XI R 38/12 und XI R 17/11, BStBl. II 2014, 428 und 417.

649 So auch Boor UR 2013, 729; dezidiert anders aber Endres, Mehrwertsteuergruppe nach Art. 11 MwStSystRL, Köln 2016, 74 f.; Hummel UR 2015, 678; wohl auch Nieskens BB 2015, 2074. So jetzt auch BFH v. 19.01.2016 – XI R 38/12, BStBl. II 2017, 567 = MwStR 2016, 262 (Nachfolgeentscheidung Larentia + Minerva – kapitalistisch geprägte GmbH & Co. KG als „juristische Person" zulässige Organgesellschaft).

650 BFH v. 02.12.2015 – V R 25/13, BStBl. II 2017, 547 = MwStR 2016, 240; bestätigt BFH v. 03.12.2015 – V R 36/13 (auch zu GiG), BStBl. II 2017, 563 = MwStR 2016, 258.

651 BFH v. 02.12.2015 – V R 25/13, BStBl. II 2017, 547 = UR 2016,185 mit Anm. Wäger BFH/Pr 2016, 112; v. 03.12.2015 – V R 36/13, BStBl. II 2017, 563 und BMF v. 26.05.2017, BStBl. I 2017, 790 sowie Abschn. 2.8. Abs. 5 a UStAE i.d.F. BMF v. 26.05.2017.

652 BFH v. 19.01.2016 – XI R 38/12, BStBl. II 2017, 567 = UR 2016, 312 und v. 01.06.2016 – XI R 17/11, BStBl. II 2017, 581 = UR 2016, 673.

Grenzen einer „richtlinienkonformen" Auslegung beachten.[653] Eine PersG, welcher Art auch immer, ist nun einmal keine juristische Person. § 2 Abs. 2 Nr. 2 UStG ist in Bezug auf den Ausschluss von PersG eindeutig. Allerdings hat der EuGH mittlerweile auf Vorlage des FG Brandenburg entschieden, dass Art. 11 der MwStSystRL einer nationalen Regelung entgegensteht, die die Möglichkeit für eine Personengesellschaft, zusammen mit dem Unternehmen des Organträgers eine Mehrwertsteuergruppe zu bilden, davon abhängig macht, dass Gesellschafter der Personengesellschaft nur Personen sind, die in das Unternehmen des Organträgers eingegliedert sind.[654] Insoweit dürften sich betroffene Personengesellschaften und ihre Gesellschafter auf Art. 11 MwStSystR zu ihren Gunsten berufen können. Da nach der Rechtsprechung des EuGH der komplette Ausschluss von PersG als Organgesellschaften unionsrechtswidrig ist, stehen dem Gesetzgeber durchaus andere Möglichkeiten zur Herstellung der Unionskonformität zur Verfügung als die bisher vom V. und XI. Senat vorgesehenen, vor allem auch die vollständige Abschaffung der Organschaft. Das ist dem Gesetzgeber auch zu empfehlen. Es würde erheblich zur Rechtssicherheit, namentlich auch in Fällen der Insolvenz von Organträger oder Organgesellschaften, beitragen.

Organträger/Organmutter kann jedes unternehmerfähige Gebilde sein. Der Organträger muss aber tatsächlich Unternehmer i.S.d. § 2 Abs. 1 UStG sein. Eine reine Holdinggesellschaft[655] kommt nach § 2 UStG als Organträger nicht in Betracht. Zu Art. 11 MwStSystRL hat der EuGH allerdings entschieden, dass ein nationales Gesetz auch einen Nichtunternehmer als Mitglied einer MwSt-Gruppe zulassen kann, die dann insgesamt als Steuerpflichtiger zu behandeln ist.[656] Das kann insbesondere für reine Holdinggesellschaften von Bedeutung sein. Zutreffend haben demgegenüber der V. Senat und der XI. Senat entschieden, dass jedenfalls nach deutschem Recht nur ein Unternehmer Organträger sein kann und dass diese Regelung insoweit auch nicht unionsrechtswidrig ist und insbesondere nicht gegen Art. 11 MwStSystRL verstößt, sondern der Missbrauchsbekämpfung dient und jedenfalls ein Nichtunternehmer nicht qua richtlinienkonformer Auslegung einbezogen werden kann.[657]

Auch bei der an sich zutreffenden Auslegung des Art. 11 MwStSystRL durch den EuGH stellen die in § 2 Abs. 2 Nr. 2 UStG demgegenüber bestehenden Einschränkungen grundsätzlich keine richtlinienwidrige Regelung dar.[658] Denn Art. 11 MwStSystRL räumt dem nationalen Gesetzgeber lediglich das Wahlrecht ein, eine Gruppenbesteuerung einzuführen. Da er mithin auch berechtigt ist, überhaupt keine Gruppenbesteuerung vorzusehen, ist er richtigerweise auch berechtigt, ihre Einführung von der Erfüllung bestimmter Kriterien abhängig zu machen, u.a. dass Mitglieder des Organkreises nur Unternehmer werden und sein können. Die Auffassung des EuGH, dass der nationale Gesetzgeber nur berechtigt sei, von Art. 11 MwStSystRL umfassend Gebrauch zu machen oder es insgesamt zu lassen, entbehrt jeder Logik.[659] Es ist daher auch verfehlt, dass der EuGH dem nationalen Gesetzgeber nur zubilligen will, in Art. 11 MwStSystRL nicht ausdrücklich vorgesehene Erfordernisse für die Bildung einer Mehrwertsteuergruppe allein zum Zwecke der Vorbeugung und Bekämpfung von Steuerumgehungen und -hinterziehungen vorsehen zu dürfen. Soweit gegen die Regelung des § 2 Abs. 2 UStG eingewendet wird, dessen Beschränkung auf Unternehmer und der Ausschluss von Nichtunternehmern (Holding) als Organschaftsmitglieder verstoße gegen die der MwStSystRL zugrunde liegenden Rechtsgrundsätze der (Rechtsform-)Neutralität,[660] wird überse-

---

653 So Reiß UR 2016, 739, 744: im Ergebnis ebenso Englisch UR 2016, 822, 833 f., der allerdings eine Einbeziehung von Personengesellschaften im Rahmen eines erst einzuführenden Feststellungsverfahrens verlangt.

654 EuGH v. 15.04.2021 – C- 868/19 (M-GmbH), UR 2021, 392 mit Anm. Widmann. Siehe zur früheren Diskussion zu § 2 Abs. 2 Nr. 2 UStG und Art. 11 MwStSystRL u.a. Wäger UR 2017, 664; Streit/Streit DStR 2016, 1448; Feldgen BB 2016, 606; Heuermann DB 2016, 608, Lange UR 2016, 297, Heinrichshofen/Sterzinger UR 2016, 324 und 326.

655 Vgl. BFH v. 09.10.2002 – V R 64/99, BStBl. II 2003, 375.

656 EuGH v. 09.04.2013 – Rs. C-85/11 (Kommission/Irland), UR 2013, 418; s. dazu auch Endres UR 2015, 853 (Zulassung von Nichtsteuerpflichtigen [Holdinggesellschaften] sei unionsrechtlich sogar zwingend geboten, sofern der Mitgliedstaat überhaupt eine Gruppenbesteuerung vorsieht!).

657 BFH v. 12.10.2016 – XI R 30/14, BStBl. II 2017, 597 = DStR 2017, 198 und v. 02.12.2015 – V R 67/14, BStBl. II 2017, 560 = MwStR 2016, 247 (unionskonforme Einschränkung zur Verhinderung von Missbrauch) mit (zust.) Anmerkung Heuermann DB 2016, 608 und Wäger UR 2016, 173. So im Ergebnis auch BFH v. 10.08.2016 – XI R 41/14, BStBl. II 2017, 590 = DStR 2016, 2959 (danach jedenfalls keine unmittelbare Wirkung des Unionsrechtes); ablehnend bzgl. Unionsrechtskonformität hingegen Englisch UR 2016, 822, 826 f. Danach zwar geltendes Recht nach § 2 Abs. 2 Nr. 2 UStG, aber unionsrechtswidrig, nicht verhältnismäßig und Verstoß gegen das Neutralitätsprinzip).

658 So aber bereits Küffner/Streit UR 2013, 401; zweifelnd Heinrichshofen EU-UStB 2013, 46; Slapio UR 2013, 407; Boor UR 2013, 729; Grünwald MwStR 2013, 328; FG München v. 13.03.2013 – 3 K 235/10, EFG 2013, 1434, aufgehoben durch BFH v. 02.12.2015 – V R 25/13, BStBl. II 2017, 547.

659 Reiß UR 2016, 739, 746; dem zustimmend auch Englisch UR 2016, 822, 823.

660 So aber Englisch UR 2016, 822, 829.

hen, dass der Einräumung eines Wahlrechtes zur Einführung einer Mehrwertsteuergruppe an den nationalen Gesetzgeber zwingend die (möglicherweise unzutreffende) Annahme des Richtliniengebers zugrunde liegt, dass durch die Einführung einer Gruppenbesteuerung oder auch ihre Unterlassung grundsätzlich die Neutralität der Besteuerung nicht beeinträchtigt wird oder eine solche Neutralitätsbeeinträchtigung jedenfalls von der Richtlinie[661] erlaubt wird. Denn andernfalls dürfte erst gar nicht erlaubt werden, dass die Mitgliedstaaten unterschiedlich darüber befinden können, ob sie überhaupt eine Gruppenbesteuerung einführen oder nicht. Es kann den Mitgliedstaaten dann auch nicht untersagt werden, deren Einführung von gegenüber Art. 11 MwStSystRL engeren zusätzlichen Voraussetzungen abhängig zu machen. Die einheitliche autonome Auslegung des Unionsrechtes wird dadurch nicht beeinträchtigt. Der EuGH[662] hat insoweit auch zutreffend entschieden, dass es einem Mitgliedstaat erlaubt ist, die Gruppensteuerung nur für einen bestimmten Wirtschaftssektor einzuführen – in concreto für den (weitgehend befreiten) Finanzsektor. Wettbewerbsverzerrungen für in anderen Wirtschaftssektoren tätige Unternehmen im selben Mitgliedstaat können davon nicht ausgehen. Auf einem anderen Blatt steht, dass es grundsätzlich verfehlt ist, in der Union durch die Einräumung eines Wahlrechtes in Art. 11 MwStSystRL für die Mitgliedstaaten zuzulassen, dass diese durch Zulassung einer Mehrwertsteuergruppenbesteuerung (nur) für die bei ihnen ansässigen Steuerpflichtigen diesen Wettbewerbsvorteile insbesondere im Bereich steuerbefreiter Umsätze mit Vorsteuerausschluss im Banken- Versicherungs- und Gesundheitssektor gegenüber in anderen Mitgliedstaaten ansässigen Steuerpflichtigen verschaffen können und deshalb dann andere Mitgliedstaaten – wie vorliegend Schweden – sich gezwungen sehen, gleichzuziehen.

Das gegenwärtige deutsche Recht macht den Eintritt der umsatzsteuerlichen Organschaft zulässigerweise und an sich auch richtigerweise nicht von einem Antrag abhängig, sondern nur vom Vorliegen der gesetzlichen Tatbestandsmerkmale des § 2 Abs. 2 Nr. 2 UStG. Dabei soll die Organschaft – wie die auch die auf ausdrücklichen deutschen Wunsch aufgenommene optionale Gruppenbesteuerung nach der 6. Richtlinie und jetzt nach der MwStSystRL – gerade zu einer Vereinfachung führen und Missbräuche verhindern. Exakt dies erfolgt, wenn verhindert wird, dass Nichtunternehmer durch Einbeziehung in die Mehrwertsteuergruppe, trotz Inanspruchnahme an sich umsatzsteuerpflichtiger Leistungen der Besteuerung als Endverbraucher entgehen, indem ihnen von unternehmerisch (wirtschaftlich) tätigen „Gruppenmitgliedern" nicht zu besteuernde Leistungen erbracht werden können. Mit dem V. Senat ist daher davon auszugehen, dass § 2 Abs. 2 Nr. 2 UStG mit dem Ausschluss von Nichtunternehmern sowohl als Organträger als auch als Organ nicht unionsrechtswidrig ist. Eine Regelung, die eine Organschaft nur auf Antrag eintreten ließe, dann aber ermöglichte, den Antrag bei Gefahr der der missbräuchlichen Steuerumgehung im Einzelfall abzulehnen, wäre keineswegs vorzugswürdig. Im Übrigen ist fragwürdig, ob die nach Ansicht des EuGH wohl zulässige Einführung einer antragsgebundenen Organschaft tatsächlich vorzugswürdig ist. Wenn die Organschaft-/Gruppenbesteuerung ihrerseits optional zugelassen wurde, um den Mitgliedstaaten zu ermöglichen, eine missbräuchliche Aufspaltung eines Unternehmens eines Rechtsträgers in mehrere Unternehmen mehrerer Unternehmensträger abzuwehren und generell um eine Verwaltungsvereinfachung zu erreichen, sollte der Mitgliedstaat nicht dadurch einer Rosinenpickerei seitens der Unternehmen ausgesetzt werden können, dass je nachdem ein Antrag gestellt oder aber auch unterlassen wird. Deutschland hat also guten Grund, ggf. anders als ein anderer Mitgliedstaat, kein Antragserfordernis einschließlich antraggebundenen Feststellungsverfahrens vorzusehen.[663]

Zwischen dem V. und dem XI. Senat des BFH ist/war umstritten, inwieweit die Regelung zur Organschaft in § 2 Abs. 2 Nr. 2 UStG mit dem Organträger als dem alleinigen Unternehmer für alle Teilnehmer des Organkreises (Organträger und Organgesellschaften) den Vorgaben des Art. 11 der MwStSystRL entspricht, wonach jeder Mitgliedstaat die in seinem Gebiet ansässigen Personen, die durch gegenseitige finanzielle, wirtschaftliche und organisatorische wirtschaftliche Beziehungen eng miteinander verbunden sind, zusammen als einen Steuerpflichtigen behandeln kann. Sie haben daher dem EuGH die Frage vorgelegt, ob die Richtlinienregelung gestattet, dass der Mitgliedstaat anstelle der verbundenen Mitglieder zusammen als Mehrwertsteuergruppe nur den Organträger als den alleinigen Steuerpflichtigen/Unternehmer behandelt.[664] Die Generalanwältin hat in ihren Schlussanträgen dem EuGH vorgeschlagen, dahingehend zu antworten, dass die Richtlinienregelung einer Regelung wie der deutschen Organschaftsregelung in § 2 Abs. 2 Nr. 2 UStG entgegenstehe, wonach nur das die Gruppe beherrschende Mitglied (Organträger) unter Ausschluss der üb-

661 Nach der (fragwürdigen) Rspr. des EuGH ist der Grundsatz der Neutralität keine Regel des Primärrechtes und kann nicht gegenüber einer Richtlinienregelung geltend gemacht werden, vgl. EuGH v. 13.03.2014 – Rs. C-204/13 (Malburg), UR 2014, 353; v. 19.07.2012 – Rs. C-44/11 (Deutsche Bank), BStBl. II 2012, 945.

662 EuGH v. 25.04.2010 – Rs. C-480/10 (Kommission/Schweden), UR 2013, 423 mit Anm. Grube MwStR 2013, 279.

663 A.A. Englisch UR 2016, 822, 835 f.

664 BFH v. 11.12.2019 – XI R 16/18, UR 2020, 338 mit Anm. Reiß und BFH v. 07.05.2020 – V R 40/19, UR 2020, 541

rigen Mitglieder der Gruppe (Organe) als Steuerpflichtiger bestimmt wird. Vielmehr sei die Mehrwertsteuergruppe selbst, d.h der Organkreis insgesamt, als der (ein) Steuerpflichtige(r) zu behandeln.[665] Dem sollte der EuGH richtigerweise nicht folgen, sondern die deutsche Organschaftsregelung als eine europarechtlich zulässige – verfehlterweise allerdings dem jeweiligen Mitgliedstaat überlassene – Umsetzung und Ausgestaltung einer Mehrwertsteuergruppe anerkennen.

218 Die Folgen der Organschaft sind:

- Die Umsätze der Organtochter werden der Organmutter zugerechnet; Unternehmer/Steuerpflichtiger ist nur der Organträger. Umsatzsteuerlich ist die Organgesellschaft ein unselbstständiger Teil des Organträgers.[666]
- Für den Organkreis wird eine einheitliche Umsatzsteuererklärung abgegeben, es erfolgt eine einheitliche Steuerfestsetzung.
- Innerhalb des Organkreises gibt es keinen Leistungsaustausch und keinen Vorsteuerabzug.
- Rechnungen innerhalb des Organkreises stellen keine Rechnung im umsatzsteuerrechtlichen Sinne dar; daher wird auch nicht nach § 14 c Abs. 1 oder Abs. 2 UStG eine zu Unrecht ausgewiesene Steuer geschuldet.[667]
- Die Organgesellschaften haften für die gesamten Umsatzsteuern des Organkreises (§ 73 AO).[668]

Steuerschuldner und Steuervergütungsgläubiger ist nur der Organträger.

Hinweis: *Im Fall der Beendigung einer Organschaft nach Erhalt einer Abschlagszahlung, aber vor Ausführung der Leistung, verbleibt es für die Abschlagszahlung bei der Steuerschuld des Organträgers, während die Restschuld die vormalige Organgesellschaft trifft.*[669] *Vorsteuerberichtigungsansprüche nach § 17 UStG wegen Uneinbringlichkeit richten sich gegen den Organträger, wenn die Uneinbringlichkeit noch während des Bestehens der Organschaft oder zugleich mit ihrer Beendigung im Fall der Insolvenzeröffnung eintrat, hingegen gegen die Organgesellschaft, wenn die Uneinbringlichkeit erst (erhebliche Zeit) nach Wegfall der Organschaft eintrat.*[670]

Die Organschaft erstreckt sich nicht über die Grenze (§ 2 Abs. 2 Nr. 2 S. 2 UStG). Eine **grenzüberschreitende Organschaft** (auch innerhalb der Union) wird von Art. 11 MwStSystRL ausdrücklich **ausgeschlossen**. Danach dürfen die Mitgliedstaaten eine umsatzsteuerliche Organschafts-/Gruppenbesteuerung optional nur für in ihrem Gebiet ansässige Personen (d.h. Unternehmer/Steuerpflichtige) einführen. Diese – nicht zu rechtfertigende – Beschränkung auf im Gebiet des Mitgliedstaates ansässige Unternehmer verstößt gegen die Grundfreiheiten (Niederlassungs- und Dienstleistungsfreiheit) des AEUV. Der Verstoß geht freilich nicht vom Mitgliedstaat aus, sondern von der MwStSystRL als dem Sekundärrecht der Union, weshalb es vom EuGH auch nicht beanstandet wird.[671]

Im Inland belegene Unternehmensteile von Organträger und -gesellschaften werden aber weiterhin als ein Unternehmen behandelt. Im Verhältnis zu ausländischen

---

665 Schlussanträge Generalanwältin Medina v. 13.01.2022 in der Rs. C-141/20 (Vorlage BFH – XI R 16/18) und v. 27.01.2022 in der Rs. C-269/20 (Vorlage BFH – VR 40/19).

666 EuGH v. 22.05.2008 – Rs. C-162/07 (Ampliscientifica SrL und Amplifin SpA), UR 2008, 534; vgl. auch BFH v. 10.08.2017 – V R 64/16 (GmbH als Organ eines Landwirtes, Lieferungen der GmbH unterliegen dann der Besteuerung nach Durchschnittssätzen gemäß § 24 UStG); v. 29.10.2008 – XI R 74/07, UR 2009, 47 (nur eine steuerfreie Grundstückslieferung durch den Organträger, obwohl zivilrechtlich getrennte Grundstücksübereignung durch Organträger und Gebäudeerrichtung durch Organgesellschaft!).

667 Abschn. 14.1. Abs. 4 und 14c.2. Abs. 2 a UStAE; BFH v. 28.10.2010 – V R 7/10, BStBl. II 2011, 391.

668 BFH v. 05.10.2004 – VII R 76/03, BStBl. II 2006, 3; s. aber Reiß, in: R/K/L, UStG, § 2 Rn. 104 f.

669 BFH v. 21.06.2001 – V R 68/00, BStBl. II 2002, 255.

670 BFH v. 05.12.2008 – V B 101/07, BFH/NV 2009, 432; v. 07.12.2006 – V R 2/05, BStBl. II 2007, 848.

Organgesellschaften liegen hingegen steuerbare Umsätze vor.[672] Jede Organgesellschaft erhält deshalb eine eigene USt-IdNr. (§ 27 a Abs. 1 UStG). Bei innergemeinschaftlichen Lieferungen innerhalb des Organkreises liegen befreite innergemeinschaftliche Lieferungen und ein Erwerb vor. Es handelt sich um echte Lieferungen und nicht lediglich um gleichgestelltes innerunternehmerisches Verbringen. Nach Auffassung des EuGH kann eine Zweigniederlassung und/oder die Hauptniederlassung nur Mitglied einer Mehrwertsteuergruppe i.S.d. Art. 11 MwStSystRL in dem Mitgliedstaat werden, in dem sie belegen ist. Wenn Hauptniederlassung und Zweigniederlassung in verschiedenen Mitgliedstaaten belegen sind, wird nur die Niederlassung oder die Hauptniederlassung Mitglied der Gruppe. Zugleich scheidet die Niederlassung als Teil des Unternehmens ihres im anderen Mitgliedstaat oder Drittland ansässigen Rechtsträgers aus. Steuerbare und steuerpflichtige Dienstleistungen und Lieferungen gegen Entgelt sind deshalb nach (der verfehlten!, freilich zu beachtenden) Ansicht des EuGH zwischen der Niederlassung als Teil der Gruppe im anderen (Mitglied-)Staat und der Hauptniederlassung des Rechtsträgers möglich, respektive umgekehrt bei Hauptniederlassung als Teil der Gruppe in einem Mitgliedstaat und ihrer Niederlassung im anderen Mitgliedstaat. Die Gruppe bzw. der Organträger schuldet dann wegen Umkehr der Steuerschuldnerschaft die Steuer aus an die Niederlassung von der Hauptniederlassung oder umgekehrt von der Niederlassung an die Hauptniederlassung oder andere Gruppenmitglieder erbrachten Dienstleistungen bzw. die Gruppe tätigt bei Lieferungen einen entsprechenden Erwerb.[673]

Bei einer **Betriebsaufspaltung** soll nach Auffassung von Rspr. und Verwaltung[674] eine Organschaft zu bejahen sein. Nicht erforderlich sei, dass die Besitzgesellschaft einen eigenen originären Gewerbebetrieb unterhält. Das ist so zwar zutreffend. Dennoch ist fraglich, ob die Betriebsgesellschaft, die allein nach außen Leistungen erbringt, in die Besitzgesellschaft wirtschaftlich eingegliedert sein kann. Bei Annahme einer Organschaft würde die Besitzgesellschaft nämlich überhaupt keine eigenen Umsätze mehr ausführen, denn die Vermietung wäre Innenumsatz. Außerdem fehlt es regelmäßig an der Unterordnung der Betriebs- gegenüber der Besitzgesellschaft. 219

Fall 21: Eine böse Überraschung

G war Alleingesellschafter und alleiniger Geschäftsführer der G-GmbH. Die G-GmbH war durch Umwandlung ihres früheren Einzelunternehmens (Ausgliederung nach §§ 123, 124 UmwG) gegründet worden. Der wertvolle Grundbesitz wurde nicht auf die GmbH ausgegliedert, sondern an sie vermietet. Über das Vermögen der

---

671 S. dazu Reiß in Englisch/Nieskens, USt-Kongress-Bericht 2010, Köln 2011, 195 f.; dezidiert a.A. Endres Mehrwertsteuergruppe, Köln 2016 = Dissertation Erlangen 2015, 230 f. (Zwar Eingriff in Dienstleistungs- und Niederlassungsfreiheit, aber Rechtfertigungsgründe – Aufteilung der Besteuerungsbefugnisse, Wahrung der Kohärenz, wirksame Steueraufsicht). Der EuGH problematisiert die von Art. 11 MwStSystRL angeordnete Beschränkung der Gruppenbesteuerung auf im jeweiligen Mitgliedstaat ansässige Personen und ihre dort belegenen Niederlassungen unter Einbeziehung von dort belegen Niederlassungen von in anderen Staaten ansässigen Personen in keiner Weise, s. EuGH v. 17.09.2014 – Rs. C-7/13 (SAC Skandia Sverige), UR 2014, 847. Das hat gute Tradition. Dass auch sekundäres Unionsrecht gegen die Grundfreiheiten verstoßen kann, hält der EuGH wohl für möglich, hat es aber de facto noch nie wirklich angenommen.

672 Vgl. Abschn. 2.9. UStAE.

673 EuGH v. 11.03.2021 – C-812/19 (Danske Bank), UR 2021, 356 mit zustimmender Anmerkung Sterzinger (zu Hauptniederlassung als Mitglied einer MwSt-Gruppe und EuGH v. 17.09.2014 – Rs. C-7/13 (SAC Skandia Sverige), UR 2014, 847 (zu Zweigniederlassung als Mitglied einer MwSt-Gruppe) mit Anm. Maunz und Heinrichshofen UR 2014, 890 und Hahne BB 2014, 266. S. auch Nieskens BB 2015, 1303 (zutreffend kritisch) und Endres, Mehrwertsteuergruppe, Köln 2016, 215 ff., dort auch Ausführungen zur Steuerschuldnerschaft der Gruppe, resp. der Gruppenmitglieder.

674 Abschn. 2.8. Abs. 6 b UStAE; ebenso nach der Rspr. des BFH v. 22.01.2001 – V B 141/01 und v. 25.04.2002 – V B 128/01, UR 2002, 216, 427 m.w.N.; v. 09.09.1993 – V R 124/89, BStBl. II 1994, 129; vgl. auch BFH v. 14.02.2008 – V R 12-13/06, BFH/NV 2008, 1365 (dort allerdings Organschaft mangels organisatorischer Eingliederung verneint; aus demselben Grunde lag aber auch keine Betriebsaufspaltung vor!).

GmbH wurde das Insolvenzverfahren eröffnet. Bereits zum 01.07.20 war I zum vorläufigen starken Insolvenzverwalter nach § 22 Abs. 1 InsO (mit Verwaltungs- und Verfügungsbefugnis) bestellt worden. Aus „Umsätzen der GmbH" resultierten noch Umsatzsteuerschulden i.H.v. 100.000 € aus der Zeit bis zum 01.07.20. Außerdem waren VoSt i.H.v. 50.000 € aus Warenlieferungen abgezogen worden. Die Forderungen der Lieferanten können nicht mehr beglichen werden. Das Finanzamt ist der Auffassung, G müsse als Unternehmer die 100.000 € USt zahlen. Außerdem sei der Vorsteuerabzug nach § 17 Abs. 2 Nr. 1 UStG zu berichtigen. Auch insoweit schulde G die Rückzahlung von 50.000 €. Zu Recht?

220 I. Die GmbH war finanziell (G ist zu 100 % Gesellschafter), organisatorisch (G ist Geschäftsführer) und wirtschaftlich (die GmbH dient dem G als Vermieter) – jedenfalls nach Auffassung der Rspr. – in das Unternehmen des G (Vermietungsunternehmen), eingegliedert, obwohl bei Bejahung der Organschaft keine Leistungen erbracht werden. Als juristische Person kann die GmbH nach § 2 Abs. 2 Nr. 2 UStG Organgesellschaft einer natürlichen Person als Organträger sein. Damit war G der Unternehmer. Umsatzsteuerlich stellte die GmbH nur einen unselbstständigen Teil des Unternehmens des G dar.

II. Die USt wird nach § 13 a Abs. 1 Nr. 1 UStG vom Unternehmer geschuldet. Das ist hier G. Zwar entfällt schon mit der Bestellung des vorläufigen starken Insolvenzverwalters, falls auf ihn die Verwaltungs- und Verfügungsbefugnis nach § 22 Abs. 1 InsO übergeht, die organisatorische und wirtschaftliche Eingliederung und damit die Organschaft.[675] Dadurch entfällt aber nicht die Schuldnerschaft für die bis dahin bereits entstandenen Umsatzsteuerschulden. Diese werden daher zutreffend vom Finanzamt gegen G geltend gemacht. Ein etwaiger zivilrechtlicher Ausgleichsanspruch des G gegen die GmbH wäre Insolvenzforderung. Dies betrifft aber nicht das Steuerschuldverhältnis des G. Gegen die GmbH hat das Finanzamt keine Forderung, auch keine Insolvenzforderung. Schuldner der USt ist nur G.

III. Der Rückforderungsanspruch nach § 17 Abs. 2 Nr. 1 UStG wegen Uneinbringlichkeit der Forderungen aus den Warenlieferungen richtet sich noch gegen den Organträger, denn diesem stand auch der Vorsteueranspruch zu. Unerheblich ist es, dass erst nach, bzw. mit Eintritt der Uneinbringlichkeit die Organschaft weggefallen ist.[676] Daher ist die Auffassung des Finanzamtes auch insoweit zutreffend.

D. Beginn und Ende der Unternehmereigenschaft

Fall 22: Der erfolglose Unternehmer

A und B gründeten am 01.04.2021 (Gesellschaftsvertrag) die A-Bau GmbH. Diese wurde am 01.06.2021 eingetragen. Die GmbH erwarb am 01.05.2021 eine Betonmischmaschine für 20.000 € zzgl. 3.800 € USt. Nach einem Zerwürfnis zwischen A und B lösten diese die GmbH wieder auf. Sie wurde nach Abwicklung noch in 2021 gelöscht. Die Betonmischmaschine wurde verschrottet. Umsätze hat die GmbH nicht getätigt. Sie begehrt für 2021 den Vorsteuerabzug.

---

675 Vgl. BFH v. 24.08.2016 – V R 36/15, BStBl. II 2017, 595 = DB 2016, 2944; v. 08.08.2013 – V R 18/13, BStBl. II 2017, 543 = UR 2013, 785 m.w.N.

676 BFH v. 08.08.2013 – V R 18/13, BStBl. II 2017, 543 = UR 2013, 785 m.w.N.; v. 14.03.2012 – XI R 28/09, BFH/NV 2012, 1493.

I. Der Vorsteuerabzug steht nach § 15 UStG nur Unternehmern i.S.d. § 2 UStG zu. Unstreitig beginnt die Unternehmereigenschaft bereits mit **Vorbereitungshandlungen** vor der Ausführung eigener Umsätze. Zeitlich ist damit bereits in Voranmeldungs- und Besteuerungszeiträumen der Vorsteuerabzug möglich, in denen noch keine Ausgangsumsätze getätigt wurden. **221**

Da die Unternehmerfähigkeit keine allgemeine Rechtsfähigkeit voraussetzt, kommt auch eine **Vorgesellschaft als Unternehmer** in Betracht. Bei juristischen Personen besteht auch umsatzsteuerlich **Identität** zwischen der Gründergesellschaft/**Vorgesellschaft ab Abschluss des Gesellschaftsvertrages** und der erst mit der Eintragung entstehenden juristischen Person.[677] Von daher steht dem Vorsteuerabzug für die GmbH nichts entgegen. Die Unternehmerfähigkeit der erst später eingetragenen Kapitalgesellschaft beginnt jedenfalls bereits mit dem Abschluss des Gesellschaftsvertrages.

Problematisch könnte erscheinen, ob die **Vorgründungsgesellschaft** bei Geschäftsaufnahme vor **Abschluss des Gesellschaftsvertrages** bereits selbst als Unternehmer zu behandeln ist oder ob auch hier wie bei der Vorgesellschaft von einer Identität mit der zivilrechtlich ab Eintragung als juristische Person entstehenden Kapitalgesellschaft auszugehen ist. EuGH und BFH haben zutreffend die Unternehmereigenschaft der Vorgründungsgesellschaft selbst bejaht, obwohl die Vorgründungsgesellschaft ihrerseits durch die Übertragung der für die GmbH erworbenen Wirtschaftsgüter wegen der Nichtsteuerbarkeit der Geschäftsveräußerung im Ganzen nach § 1 Abs. 1 a UStG keinen steuerbaren Umsatz ausführte. Im Ergebnis wird der Vorgründungsgesellschaft quasi zugerechnet, dass die GmbH später Umsätze tätigen wird.[678]

Entstehen im Zusammenhang mit der Gründung einer Kapitalgesellschaft, z.B. durch den Abschluss des Gesellschaftsvertrages oder die Erstellung einer Konzeption, der Vorgesellschaft in Rechnung gestellte VoSt, können diese grundsätzlich von ihr abgezogen werden. Allerdings hatte der BFH für Publikumspersonengesellschaften entschieden, dass wegen der Steuerbefreiung des § 4 Nr. 8 f UStG für die Gewährung von Gesellschaftsrechten § 15 Abs. 2 UStG den Vorsteuerabzug ausschließe.[679] Diese Rspr. ist überholt (s. Rn. 252 ff.). Der Vorsteuerabzug ist nicht ausgeschlossen, denn der Gründungsaufwand dient den später auszuführenden steuerpflichtigen Leistungen der Gesellschaft. Es liegen auch schon gar keine steuerfreien Umsätze durch Ausgabe von Gesellschaftsanteilen vor.[680]

II. Der BFH[681] hatte früher verlangt, dass es tatsächlich zur Ausführung von Umsätzen gegen Entgelt kommt. Diese Rspr. ist durch die Rspr. des EuGH überholt. Der EuGH leitet aus dem Charakter der USt als Verbrauchsteuer zutreffend ab, dass bereits in der Vorbereitungsphase vor Ausführung von Leistungen der Vorsteuerabzug möglich sein müsse. Der Vorsteuerabzug gewährleiste die gewollte **Neutralität der USt für den Unternehmer**. Es gelte der **Grundsatz des Sofortabzugs der VoSt**. Die Unternehmereigenschaft beginnt daher schon mit investiven Tätigkeiten, die darauf gerichtet sind, Ausgangsumsätze gegen Entgelt zu erbringen. Die einmal begründete Unternehmereigenschaft entfällt auch nicht rückwirkend, wenn es später entgegen den Erwartungen nicht zu Ausgangsumsätzen kommt. Letztlich genügt daher für die endgültige Begründung der Unternehmereigenschaft, dass eine investive Tätigkeit mit der **Absicht** späterer entgeltlicher Umsätze **222**

---

677 Vgl. BFH v. 08.11.1989 – I R 174/86, BStBl. II 1990, 91.

678 EuGH v. 29.04.2004 – Rs. C-137/02 (Faxworld), Slg. 2004, I-5564 und BFH v. 15.07.2004 – V R 84/99, BStBl. II 2005, 155; s. auch EuGH v. 01.03.2012 – Rs. C-280/10 (Polski Trawertyn), UR 2012, 366 und v. 13.03.2014 – Rs. C-204/13 (Malburg), UR 2014, 353 und nachfolgend BFH v. 26.08.2014 – XI R 26/10, UR 2015, 35 sowie v. 11.11.2015 – V R 8/15, DB 2016, 689 (alle zur Versagung des Vorsteuerabzugs für Gesellschafter aus Aufwendungen für die noch zu gründende Gesellschaft bei Unentgeltlichkeit oder Scheitern der Gründung).

679 BFH v. 14.12.1995 – V R 11/94, BStBl. II 1996, 250.

680 Vgl. EuGH v. 26.06.2003 – Rs. C-442/01 (KapHAG), Slg. 2003, I-6851 mit Anm. Reiß UR 2003, 428 und Nachfolgeentscheidung BFH v. 01.07.2004 – V R 32/00, BStBl. II 2004 II, 1022; EuGH v. 26.05.2005 – Rs. C-465/03 (Kretztechnik), Slg. 2005, I-4357.

681 BFH v. 06.05.1993 – V R 45/88, BStBl. II 1993, 564.

entfaltet wird.[682] Aus dieser auch für die richtlinienkonforme Auslegung der §§ 2 und 15 UStG zu berücksichtigenden Rspr. des EuGH folgt für das deutsche Recht, dass der **Vorsteuerabzug auch für erfolglose Unternehmer** nicht rückwirkend entfällt. Allerdings kommt bei endgültiger Aufgabe oder Fehlschlagen der unternehmerischen Tätigkeit entweder eine Besteuerung nach § 3 Abs. 1 b oder Abs. 9 a UStG in Betracht, falls es zu unentgeltlichen Wertabgaben kommt, oder aber es können Vorsteuerkorrekturen nach § 15 a UStG vorzunehmen sein.[683] Die Absicht zur Verwendung von Leistungsbezügen für eine nachhaltige entgeltliche Leistungserbringung muss durch objektive Anhaltspunkte belegt werden, um eine missbräuchliche Erschleichung des Vorsteuerabzugs für private Verwendung auszuschließen.[684]

Die Erfolglosigkeit der GmbH steht daher der Bejahung ihrer Unternehmereigenschaft nicht entgegen. Der GmbH ist daher der Vorsteuerabzug zu gewähren.

Fall 23: Die gelöschte GmbH

Die S-Bank hatte sich in 2017 von der L-GmbH einen Lkw zur Sicherheit übereignen lassen. Nachdem in 2020 ein Insolvenzverfahren mangels Masse nicht eröffnet wurde, wurde die L-GmbH noch in 2020 wegen Vermögenslosigkeit im Handelsregister gelöscht. In 2021 verwertete die S-Bank den Lkw durch Verkauf für 20.000 € zzgl. 3.800 € USt. Sie begehrt den Vorsteuerabzug. Eine Rechnung der L-GmbH liegt ihr nicht vor.

223 I. Voraussetzung für den Vorsteuerabzug ist, dass an die S-Bank im Jahre 2021 eine steuerpflichtige Lieferung durch einen Unternehmer erfolgte (§ 15 Abs. 1 Nr. 4 UStG). Fraglich kann hier sein, ob die L-GmbH als Sicherungsgeber trotz Löschung noch Unternehmer im Zeitpunkt der Lieferung war. Grundsätzlich endet die Unternehmereigenschaft erst, wenn alle im Unternehmen begründeten umsatzsteuerlichen Rechtsbeziehungen abgewickelt sind. Daher dauert die Unternehmereigenschaft unbestritten auch für die Zeit nach Ausführung des letzten Ausgangsumsatzes an, z.B. für Zwecke des Vorsteuerabzugs, wenn erst danach Rechnungen empfangen werden oder noch Leistungen für die Abwicklung erfolgen.[685]

---

682 Vgl. EuGH v. 17.10.2018 – Rs. C-249/17 (Ryanair), MStR 2018, 1056 mit Anm. Grube; v. 21.03.2000 – Rs. C-147/98 (Gabalfrisa), Slg. 2000, I-1577 = UR 2000, 208; v. 08.06.2000 – Rs. C-396/98 (Schloßstraße), Slg. 2000, I-4279 = UR 2000, 336; v. 08.06.2000 – Rs. C-400/98 (Breitsohl), Slg. 2000, I-4321 = UR 2000, 329; grundlegend v. 29.02.1996 – Rs. C-110/94 (INZO), Slg. 1996, I-857; v. 15.01.1998 – Rs. C-37/95 (Ghent Coal), Slg. 1998, I-149. S. dazu auch (verfehlt) Wäger UR 2017, 41; entgegen Wäger geht es nicht darum, dass die Unternehmereigenschaft/Eigenschaft als Steuerpflichtiger nur auf gutgläubig erklärten „Absichten" beruht, künftig eine wirtschaftliche Tätigkeit aufzunehmen. Die von Art. 2 MwStSystRL, § 2 UStG verlangte wirtschaftliche (gewerbliche oder berufliche Tätigkeit) beginnt selbstredend bereits mit den eigenen Investitionen durch Einkauf von Waren und Leistungen, die ihrerseits in eigene Lieferungen und Leistungen eingehen (sollen). Mit einer Begründung der Unternehmereigenschaft qua bloßen Absichten und qua „objektiver Empfängersicht" hat dies wenig bis nichts zu tun! S. auch – allerdings verfehlt – BFH v. 05.12.2018 – XI R 44/14, MwStR 2019,419 mit (abl.) Anm. Mayer und Reiß und BFH v. 27.03.2019 – V R 11/19, BFH/NV 2020, 104 und V R 6/19, BFH/NV 2019, 1254. (Danach soll bereits durch bloße Geldzahlungen für nicht existierende Investitionsgegenstände an Betrüger die Unternehmereigenschaft der Betrogenen und der Betrüger[!] begründet werden).

683 S. BFH v. 27.10.2020 – V R 20/20, DStR 2021, 478, im Nachgang zu BFH v. 27.03.2019 – V R 61/17, DStR 2019, 984 (Vorlage an EuGH Az. C-374/19 – Vorsteuerkorrektur erforderlich, wenn zum anteiligen VoSt-Abzug berechtigende Tätigkeit vollständig eingestellt wird und der Gegenstand insoweit zukünftig ungenutzt bleibt?) und EuGH v. 09.07.2020 – C 374/19 (FA Bad Neuenahr/Ahrweiler), DStR 2020, 1570.

684 BFH v. 08.03.2001 – V R 24/98, BStBl. II 2003, 430.

685 EuGH v. 03.03.2005 – Rs. C-32/03 (I/S Fini H), Slg. 2005, I-1599; BFH v. 21.04.1993 – XI R 50/90, BStBl. II 1993, 696; s. auch Abschn. 2.6. Abs. 6 UStAE m.w.N.

II. Auch Kapitalgesellschaften behalten nach Auflösung ihre Unternehmereigenschaft bis zur vollständigen Beendigung aller Rechtsbeziehungen. Da die USt keine allgemeine Rechtsfähigkeit des Unternehmers voraussetzt, kann dahinstehen, ob mit der Löschung die Rechtsfähigkeit der L-GmbH endete, obwohl noch Vermögen vorhanden war. Umsatzsteuerlich bleibt sie jedenfalls bis zur Lieferung an den Sicherungsnehmer (dazu Rn. 48 ff.) Unternehmer.[686] Allerdings schuldet nach § 13 b Abs. 2 Nr. 2 i.V.m. Abs. 5 S. 1 UStG die Bank als Leistungsempfänger die USt für die Lieferung der L-GmbH als Sicherungsgeber an die Bank als Sicherungsnehmer (s. Rn. 386). Zugleich kann die Bank aber nach § 15 Abs. 1 Nr. 4 UStG diesen Betrag als VoSt abziehen. Einer Rechnung bedarf es insoweit nicht. Wäre es zur abgesonderten Verwertung in der Insolvenz gekommen, so hätte nach §§ 170, 171 Abs. 2 InsO der Masse die USt erstattet werden müssen und aus der Rechnung des Insolvenzverwalters hätte nach § 15 Abs. 1 Nr. 1 UStG der Vorsteuerabzug geltend gemacht werden können.

---

4. Abschnitt: Steuerbefreiungen und Option

A. Zweck und Wirkungen der Steuerbefreiungen

I. Den Steuerbefreiungen ist gemeinsam, dass für den unter die Befreiungsvorschrift fallenden steuerbaren Umsatz keine USt entsteht. Insoweit besteht kein Unterschied zu einem bereits nach § 1 Abs. 1 UStG nicht steuerbaren Vorgang. Dennoch ist es aus systematischen und praktischen Erwägungen notwendig, zwischen **nicht steuerbaren** und lediglich **steuerfreien** Umsätzen streng zu trennen. Formal ist dies bereits deshalb erforderlich, weil § 22 UStG besondere Aufzeichnungspflichten für die steuerpflichtigen und die steuerfreien Umsätze statuiert. In dem amtlichen vorgeschriebenen Datensatz (= Erklärungsvordruck), dessen Verwendung vorgeschrieben ist (vgl. § 18 Abs. 1 und Abs. 3 UStG), sind nur die steuerpflichtigen und die steuerfreien Umsätze zu deklarieren. Materiell-rechtlich ergeben sich unterschiedliche Auswirkungen insbesondere beim Vorsteuerabzug. Der **Vorsteuerabzug** wird grundsätzlich nur bei steuerfreien Umsätzen ausgeschlossen (§ 15 Abs. 2 Nr. 1 UStG; § 15 Abs. 2 Nr. 2 und 3 UStG betreffen nur an die Befreiung anknüpfende Ergänzungen). Besondere Nachweispflichten sind nur für bestimmte steuerfreie Umsätze vorgeschrieben (vgl. § 4 Nr. 1–4, Nr. 5 i.V.m. §§ 6–8 UStG i.V.m. §§ 8–13, 18–22 UStDV). **224**

II. Steuerbefreiungen werden im Wesentlichen aus zwei Gründen gewährt. **225**

1. Eine Gruppe dient der Herstellung der **Wettbewerbsneutralität** im Verhältnis zur Leistungserbringung im Ausland. Bei diesen Steuerbefreiungen wird durch die Befreiung eine Belastung mit deutscher USt vermieden, wenn ansonsten eine **Doppelbesteuerung** mit inländischer USt und ausländischer (Einfuhr-)Umsatzsteuer eintritt oder einzutreten droht, oder wo entsprechende Leistungen, wenn sie vom Ausland aus erbracht werden, dort keiner USt unterliegen. Dies betrifft die Steuerbefreiungen des § 4 Nr. 1–5 UStG, insbesondere die Befreiung der **Ausfuhr** durch § 4 Nr. 1 a UStG und die Befreiung der **innergemeinschaftlichen Lieferung** nach § 4 Nr. 1 b UStG.

2. Die zweite Gruppe der Befreiungen erklärt sich aus **sozialen Erwägungen**, indem durch die Befreiung der Bezug bestimmter Leistungen für den Endverbraucher um die USt verbilligt werden soll. Dies betrifft u.a. die Befreiung der **Vermietung von Grundstücken** (§ 4 Nr. 12 UStG), die Befreiung der **Heilbehandlung** im Bereich der **Humanmedizin** (§ 4 Nr. 14 UStG) und weiterer mit der **Betreuung und Pflege hilfs-**

686 BFH v. 09.12.1993 – V R 108/91, BStBl. II 1994, 483.

bedürftiger Personen und mit der **Gesundheitsvorsorge** in engem Zusammenhang stehende Leistungen (vgl. u.a. § 4 Nr. 15–17 UStG), die Befreiung gewisser **kultureller und Schul- und Bildungsleistungen** (vgl. § 4 Nr. 20–23 UStG), die Befreiung von **Leistungen** der **Sozialfürsorge** und der **Betreuung von Kindern und Jugendlichen** (vgl. § 4 Nr. 18, 24, 25, 27 UStG). Diese Leistungen sind nur dann befreit, wenn sie von **Einrichtungen des öffentlichen Rechtes erbracht** werden oder von diesen vergleichbaren anderen **(privaten) Einrichtungen**, deren Zielsetzung mit einer Einrichtung des öffentlichen Rechts vergleichbar ist und die **keine systematische Gewinnerzielung** anstreben. Etwaig anfallende Gewinne dürfen nicht verteilt werden, sondern müssen zur Erhaltung oder Verbesserung der von der Einrichtung erbrachten Leistungen verwendet werden.

Diese Befreiungen sind wegen des damit verbundenen Vorsteuerausschlusses nach § 15 Abs. 2 Nr. 1 UStG problematisch, wenn entsprechende Leistungen auch an vorsteuerabzugsberechtigte Unternehmer erbracht werden. Das entspricht aber den unionsrechtlichen Vorgaben der MwStSystRL. Wird allerdings im nationalen Recht unionswidrig eine in der Richtlinie nicht zugelassene Befreiung gewährt, kann der Steuerpflichtige wegen des Anwendungsvorranges der Richtlinie verlangen, dass seine Leistung als steuerpflichtig behandelt wird und ihm der Vorsteuerabzug gewährt wird.[687] Umgekehrt besteht der Anwendungsvorrang natürlich auch, wenn das nationale Gesetzesrecht eine nach der MwStSystRL zu gewährende Befreiung nicht (oder nicht in vollem Umfange) vorsieht.[688]

3. Neben diesen beiden Hauptzwecken der Befreiungstatbestände gibt es **im Einzelfall noch andere Zwecke** für Befreiungen. Die Befreiung des **Geld- und Kapitalverkehrs** in § 4 Nr. 8 UStG erklärt sich aus dem Charakter der USt als Verbrauchsteuer, die nur die Einkommensverwendung für den Verbrauch von Gütern und Dienstleistungen belasten will. Die Beschaffung von Geldmitteln (Kredit) oder der Umtausch von Geldtiteln (Wertpapiere) zielen aber nicht auf den Erwerb verbrauchsfähiger Güter. Daher bedarf es insoweit einer Befreiung.[689] Durch die Befreiung des **Grundstückserwerbs** (§ 4 Nr. 9 a UStG) soll eine doppelte Belastung mit USt und der speziellen Verkehrsteuer, der Grunderwerbsteuer, vermieden werden (vgl. auch § 4 Nr. 9 b UStG Doppelbelastung mit Rennwett- und Lotteriesteuer;[690] § 4 Nr. 10 a UStG Doppelbelastung mit Versicherungsteuer). Der Verbilligung von Verteidigungslasten dienen die in § 4 Nr. 7 UStG und der in § 26 Abs. 5 UStG genannten – außerhalb des § 4 UStG geregelten – Befreiungen von Lieferungen und sonstigen Leistungen an die Vertragsparteien des Nordatlantikpaktes, die NATO-Truppen selbst und deren ziviles Gefolge (Art. 67 Abs. 3 des NATO-Truppenstatutes), an Stellen der Vereinigten Staaten (Art. III des Offshore-Abkommens) und an NATO-Hauptquartiere (Art. 14 Abkommen NATO-Hauptquartiere).

4. Aus dem Rahmen fällt die subjektive Steuerbefreiung des § 4 Nr. 19 UStG, durch die die Leistungen von Blinden mit nicht mehr als zwei Arbeitnehmern und von Blindenwerkstätten befreit werden, weil hier der Unternehmer und nicht der Verbraucher begünstigt werden soll.[691] Zutreffend verlangen sowohl das BVerfG[692] als auch

---

687 Vgl. EuGH v. 28.11.2013 – Rs. C-319/12 (MDDP), DB 2014, 37 (zu gewerblichen Schulungs- und Bildungsleistungen).

688 Vgl. BFH v. 25.04.2013 – V R 7/11, BStBl. II 2013, 976 (zur inzwischen durch das AmtshilfRLG v. 26.07.2013 in § 4 Nr. 16 k UStG eingefügten Befreiung von Berufsbetreuern nach Art. 132 Abs. 1 g MwStSystRL.

689 Vgl. H. Friedrich-Vache, Verbrauchsteuerkonforme Umsatzbesteuerung von Finanzdienstleistungen, Bd. 21, Schriften zum Umsatzsteuerrecht, Köln 2005.

690 Zur Zulässigkeit einer engen Umsetzung der Befreiungsvorschrift des Art. 135 Abs. 1 i MwStSystRL (für Wetten, Lotterien und andere Glückspiele) vgl. BFH v. 10.11.2010 – XI R 79/07, BStBl. II 2011, 311 und EuGH v. 10.06.2010 – Rs. C-58/09 (Leo Liberia), UR 2010, 494.

691 Vgl. auch Englisch in: T/L § 17 Rn. 198.

692 BVerfGE 101, 151 = BStBl. II 2000, 160; vgl. auch BVerfGE 101, 132 = BStBl. II 2000, 156.

der EuGH,[693] dass Befreiungen – etwa nach § 4 Nr. 14 UStG – oder Steuersatzermäßigungen nicht an die Rechtsform des Unternehmers anknüpfen, sondern nur an die Art der Leistung und ihre Bedeutung für den Verbraucher. Das Anknüpfen an die Rechtsform oder Eigenschaften des Unternehmers widerspricht dem Neutralitätsgebot der USt, ihrem Belastungsgrund und damit auch dem verfassungs- und unionsrechtlichen Gleichheitssatz.[694] Die **Rechtsformneutralität** der USt ist daher insbesondere bei der Auslegung der Befreiungsvorschriften zu beachten.

III. Obgleich allen Steuerbefreiungen gemeinsam ist, dass für den Umsatz keine USt **226** entsteht, ist die Wirkung unterschiedlich, je nachdem, ob durch die Befreiung der Vorsteuerabzug für Vorumsätze ausgeschlossen wird – das ist nach § 15 Abs. 2 Nr. 1 UStG der Regelfall – oder ob trotz Befreiung der Vorsteuerabzug für den Vorumsatz erhalten bleibt (vgl. § 15 Abs. 3 Nr. 1 UStG).

Eine vollständige Entlastung von inländischer USt tritt nur dann ein, wenn trotz Steuerfreiheit des Ausgangsumsatzes der Vorsteuerabzug gewährt wird – sog. **echte Befreiungen**. Wird dagegen der **Vorsteuerabzug versagt**, so wird der Endverbraucher mittelbar im Preis die für den Unternehmer nicht abzugsfähige VoSt mitbezahlen müssen. Es tritt daher nur eine teilweise Entlastung von der USt ein – sog. **unechte Befreiungen**.

Beispiel: Kauft der inländische Exporteur für 50.000 € zzgl. 9.500 € USt eine Maschine ein und verkauft er sie für 60.000 € an den ausländischen Abnehmer A in einem Drittland, so ist die Ausfuhrlieferung gemäß § 4 Nr. 1 a UStG steuerfrei und die VoSt kann gemäß § 15 Abs. 3 Nr. 1 UStG abgezogen werden. Der ausländische Abnehmer wird also auch nicht mittelbar im Preis mit inländischer USt belastet, sondern allein mit der ausländischen Einfuhrumsatzsteuer.

Kauft dagegen der Vermieter eines Hauses Öl für die Heizung zum Preis von 5.000 € zzgl. 950 € USt und werden diese Kosten auf die Mieter umgelegt, so ist die Vermietungsleistung nach § 4 Nr. 12 a UStG einschließlich der Nebenleistung der Energieversorgung steuerfrei. Der Vermieter kann den Umsatzsteuerbetrag von 950 € aber nach § 15 Abs. 2 Nr. 1 UStG nicht als VoSt abziehen. Er wird die Mieter daher mit 5.950 € und nicht lediglich mit 5.000 € belasten, sodass im Ergebnis keine (volle) Entlastung von der USt eintritt.

IV. Die Steuerbefreiung kann sogar zu einer Belastungssteigerung führen. **227**

Fall 24: Der blinde Zwischenhändler mit befreiten Umsätzen

Hersteller U1 liefert an den Großhändler U2, dieser an den Einzelhändler U3 und dieser an den Endverbraucher. Es soll ein **Belastungsvergleich** angestellt werden, wenn auf der einen Seite keine Befreiung von USt gegeben ist, auf der anderen Seite der **Großhändler U2 als Blinder** nach § 4 Nr. 19 a UStG umsatzsteuerbefreit ist. Der Nettowert der Ursprungslieferung soll 100 € und der Mehrwert zwischen U2 und U3 sowie zwischen U3 und dem Endverbraucher je 100 € ausmachen.

I. Liegt keine **Steuerbefreiung** vor, so ergibt sich:

   1. Die Lieferung von U1 an U2 ist mit einer USt von 19 % zu belasten. U2 zahlt also 119 €. U1 behält davon 100 € und führt 19 € an das Finanzamt ab.

   2. U2 veräußert an U3 zum Nettopreis von 200 €. Hinzu kommen 19 % Mehrwertsteuer, sodass U3 an U2 238 € zu zahlen hat. U2 hat 19 € Umsatzsteuerzahllast an das Finanzamt abzuführen, weil er die an U1 im Kaufpreis mit gezahlten 19 € als VoSt absetzen kann.

---

693 EuGH v. 10.09.2002 – Rs. C-141/00 (Pflegedienst Kügler), Slg. 2002, I-6833; v. 06.11.2003 – Rs. C-45/01 (Dornier-Stiftung), Slg. 2003, I-12911.

694 Vgl. auch Kirchhof UR 2002, 541.

3. Der Endverbraucher hat an U3 357 € zu zahlen, nämlich 300 € + 19 % Mehrwertsteuer. U3 hat ebenfalls 19 € Umsatzsteuerzahllast an das Finanzamt abzuführen, weil er von den 57 € USt 38 € als VoSt absetzen kann. Für den Endverbraucher ergibt sich daher eine **Umsatzsteuerbelastung von insgesamt 57 €**.

II. Geht man davon aus, dass **U2 umsatzsteuerbefreit** leistet, so ergibt sich:

1. U1 liefert an U2 zum Preis von 100 € + 19 % USt. U2 zahlt also an U1 119 €, von denen U1 19 € an das Finanzamt abführt.
2. Bei der Lieferung von U2 an U3 beträgt der Nettopreis an sich 200 €. Da U2 umsatzsteuerbefreit ist, zahlt U3 an ihn keinen offenen Umsatzsteuerteil, sondern insgesamt lediglich 219 €. Der an U1 gezahlte Umsatzsteuerteil von 19 € wird dem U3 weiterberechnet, denn U2 hat keinen Vorsteuerabzug (§ 15 Abs. 2 Nr. 1 UStG).
3. Der Nettopreis für den Endverbraucher beträgt 219 € + 100 € = 319 €. Von dieser Bemessungsgrundlage hat der Endverbraucher Mehrwertsteuer im Preis zu zahlen i.H.v. 19 %, also 60,61 €. Diesen Betrag hat U3 an das Finanzamt abzuführen. Da er keine USt im Preis bezahlt hat, scheidet ein Vorsteuerabzug aus. Daraus ergibt sich, dass der letzte Umsatz an den Endverbraucher bei einer Steuerbefreiung innerhalb der Unternehmerkette zu einer höheren USt führt und dass die gesamte Umsatzsteuerbelastung durch den Wegfall einer Stufe des Vorsteuerabzugs sich insgesamt erhöht.

228 **Übersicht**

1. Alle Umsätze steuerpflichtig

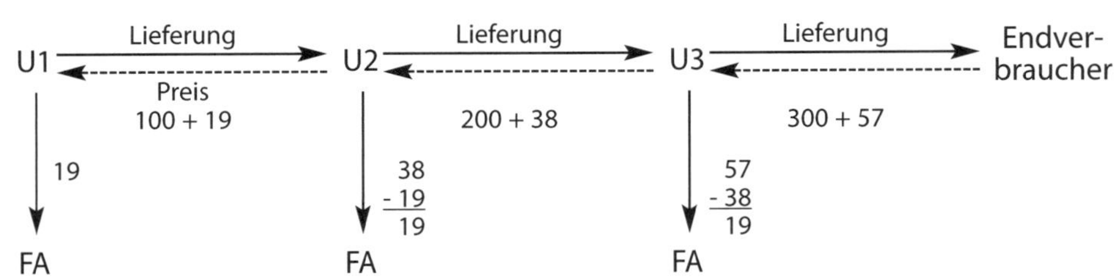

2. Umsatz U2 ⇨ U 3 steuerfrei

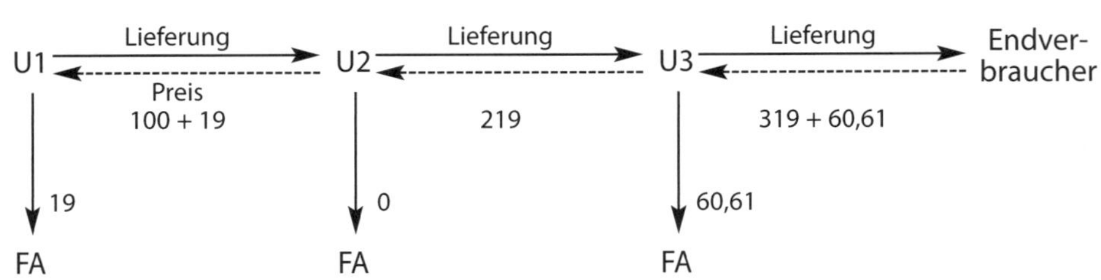

Vergleich:

Bei 1.: Endpreis 357 €, davon im Ergebnis an Fiskus 57 € USt.

Bei 2.: Endpreis 379,61 €, d.h. um 22,61 € teurer. Das sind die 19 € für U2 nicht abzugsfähige VoSt + 19 % auf diesen Betrag beim steuerpflichtigen Umsatz von U3 an Endverbraucher. Es wird im Ergebnis sogar USt auf USt erhoben.

B. Die Option

I. Um die nachteiligen Wirkungen einer Steuerbefreiung bei Zwischenumsätzen von Unternehmern zu vermeiden, gewährt das Gesetz in § 9 UStG die Möglichkeit, bei bestimmten Umsätzen auf die Steuerbefreiung zu verzichten **(Option zur Steuerpflicht)**. Bei Steuerbefreiungen, die einen Vorsteuerabzug ausschließen, muss daher unterschieden werden, ob eine Option möglich ist oder nicht. **229**

II. Bei einer Option wird der an sich steuerfreie Umsatz als steuerpflichtig behandelt und demgemäß auch der Vorsteuerabzug gewährt. Die Belastungswirkung entspricht daher derjenigen eines von Anbeginn nicht befreiten Umsatzes. **230**

Fall 25: Der einträgliche Verzicht auf die Steuerbefreiung

Schlau baute auf seinem Grundstück in Münster für 1.000.000 € zzgl. 190.000 € USt ein Lagergebäude, das er für mtl. 11.900 € an die Kaufstadt AG vermietete. Er gab eine Umsatzsteuerjahreserklärung für das Jahr 2021 ab, in der er den Abzug von 190.000 € VoSt begehrte und für die Monate November und Dezember (November = Beginn der Vermietung) steuerpflichtige Umsätze von 20.000 € deklarierte.

I. Ausgangsumsätze

1. Schlau erbringt durch die Vermietung an die AG eine sonstige Leistung (§ 3 Abs. 9 UStG) gegen Entgelt. Da es sich um eine Dauerleistung handelt, wird er dadurch auch zum Unternehmer (§ 2 UStG), sodass ein nach § 1 Abs. 1 Nr. 1 UStG steuerbarer Umsatz vorliegt, denn die Leistung wurde in Münster (Inland) erbracht (§ 3 a Abs. 3 Nr. 1 a und § 1 Abs. 2 UStG).

2. Die Leistung ist allerdings nach § 4 Nr. 12 a UStG – Vermietung von Grundstücken – steuerfrei. Auf die Steuerbefreiung kann aber unter folgenden **Voraussetzungen verzichtet** werden (§ 9 UStG):

   a) Es muss sich um einen **ausdrücklich in § 9 Abs. 1 UStG bezeichneten steuerfreien Umsatz** handeln. Danach kann bei Umsätzen nach **§ 4 Nr. 8 a–g UStG** (Kapital- und Geldverkehr), nach **§ 4 Nr. 9 a UStG** (Lieferungen von Grundstücken, bebaut und unbebaut), nach **§ 4 Nr. 12 UStG** (Vermietung von Grundstücken), nach § 4 Nr. 13 UStG (Leistungen der Teileigentümergemeinschaften an Teileigentümer) und nach § 4 Nr. 19 UStG (Leistungen der Blinden und Blindenwerkstätten) auf die Befreiung verzichtet werden. Der Verzicht ist für jeden einzelnen Umsatz möglich, hier also für die Vermietung an die AG.

   b) Es muss sich um einen Umsatz an einen **anderen Unternehmer für dessen Unternehmen** handeln.

   Bei Leistungen an Nichtunternehmer oder an Unternehmer für deren außerunternehmerische Sphäre ist ein Verzicht nicht zulässig. Dies beruht darauf, dass nur bei Umsätzen an Unternehmer ein anzuerkennendes Bedürfnis für eine Option besteht. Denn nur hier führt die Steuerbefreiung wegen der damit verbundenen Nichtabziehbarkeit von Vorsteuern zu einer Steigerung der Belastungswirkung.

   Eine **Option** ist daher bei **unentgeltlichen Wertabgaben nach § 3 Abs. 1 b Nr. 1 und 2 sowie § 3 Abs. 9 a UStG** grundsätzlich **nicht** möglich. Denn bei Leistungen an Arbeitnehmer sind diese gerade keine Unternehmer, bei Leistungen zu außerunternehmerischen (privaten) Zwecken liegt kein Bezug für das Unternehmen vor. Das gilt auch dann, wenn der Unternehmer aus außerunternehmerischen Gründen unentgeltlich eine Leistung an Angehörige oder andere Personen erbringt, die selbst Unternehmer sind. Hier wird die Leistung diesen nicht in ihrer Eigenschaft als Unternehmer zugewendet. Die Option wäre auch sinnlos, weil dem Empfänger insoweit der Vorsteuerabzug nicht möglich wäre. Denn sowohl § 15 Abs. 1 Nr. 1 UStG als auch Art. 167, 168 lit. a MwStSystRL gehen davon aus, dass der den Vorsteuerabzug begehrende Unternehmer die USt an den Leistenden zu zahlen hat. Daran fehlt es gerade bei unentgeltlichen Wertabgaben. Eine Optionsmöglichkeit muss daher auch bei für zu unternehmerischen Zwecken erfolgende unentgeltliche Wertabgaben nach § 3 Abs. 1 b Nr. 3 UStG verneint werden.[695]

Beispiel: Der Unternehmer überträgt ein bebautes Grundstück unentgeltlich auf seinen Sohn, der dieses für seine Steuerberaterpraxis nutzt. Es handelt sich um eine nach § 3 Abs. 1 b Nr. 1 UStG steuerbare, aber nach § 4 Nr. 9 a UStG steuerfreie unentgeltliche Wertabgabe, für die keine Option möglich ist.

Bei Leistungen an juristische Personen des öffentlichen Rechts ist eine Option nur möglich, soweit an sie als Unternehmer geleistet wird (s. Rn. 208).

Da im vorliegenden Fall die nach § 4 Nr. 12 a UStG befreite Leistung an einen Unternehmer für dessen Unternehmen erbracht wird, ist eine Option nach § 9 UStG möglich.

231 Problematisch ist, wie zu verfahren ist, wenn ein Umsatz sowohl für das Unternehmen als auch für den außerunternehmerischen Bereich des Empfängers ausgeführt wird. Hier ist richtigerweise davon auszugehen, dass aufzuteilen ist. Eine Option ist nur zulässig, soweit die Leistung für das Unternehmen des Empfängers ausgeführt wird. Die Aufteilung muss sowohl bei Lieferungen als auch bei sonstigen Leistungen erfolgen.

Beispiel:[696] Die Ehefrau vermietet an ihren Ehemann eine Wohnung, die dieser teilweise als Büro für seine Steuerberaterpraxis, teilweise als gemeinsame Ehewohnung nutzt. Die Ehefrau verzichtet auf die Befreiung des § 4 Nr. 12 a UStG und begehrt den vollen Vorsteuerabzug aus der Errichtung der Wohnung. Die Option erstreckt sich nur auf die Nutzungsüberlassung der zu Bürozwecken genutzten Räume, nicht auf die Wohnräume. Nach § 15 Abs. 4 UStG ist daher die VoSt aufzuteilen, weil die Vermietung der Wohnräume steuerfrei nach § 4 Nr. 12 a UStG bleibt.

Ebenso wäre zu entscheiden, wenn ein bebautes Grundstück geliefert wird und dieses vom Lieferempfänger teils für private, teils für unternehmerische Zwecke genutzt wird. Auch hier könnte nur hinsichtlich des für das Unternehmen bezogenen Anteils auf die Steuerbefreiung des § 4 Nr. 9 a UStG verzichtet werden.[697]

232 c) Allerdings ist zu beachten, dass der Leistungsempfänger bei der Lieferung von gemischt genutzten Gegenständen ein Zuordnungswahlrecht (dazu unter Rn. 312 ff.) hat. Wird das Zuordnungswahlrecht dahin ausgeübt, dass der Gegenstand insgesamt für das Unternehmen geliefert wird, ist dementsprechend die Option nach § 9 Abs. 1 UStG auch für den an sich für private Zwecke genutzten Teil zulässig. Sie ist dann sogar zwingend, falls überhaupt optiert werden soll. Fraglich ist, ob dieses Zuordnungsrecht auch bei Bezug von sonstigen Leistungen, insbesondere Vermietungsleistungen gilt. Dies ist richtigerweise zu verneinen.[698] Problematisch ist, dass bei Lieferungen der Umfang der Optionsmöglichkeit von der Zuordnungsentscheidung des Empfängers abhängt. Einen Gutglaubensschutz für den Optierenden, falls dieser vom Empfänger über die Zuordnungsentscheidung getäuscht wird, kennt das Gesetz nicht. Es bleiben nur zivilrechtliche Ersatzansprüche.

233 d) Die Option erfolgt dadurch, dass der nach dem Gesetz zunächst steuerfreie Umsatz vom Unternehmer als steuerpflichtig behandelt wird. Dies ge-

695 A.A. aber Lippross 2.6.6. e) und 3.3.2. c).

696 BFH v. 20.07.1988 – X R 6/80, BStBl. II 1988, 915; s. auch v. 14.10.2015 – V R 10/14, BStBl. II 2016, 717 (Vermietung eines EFH an einen Steuerberater durch den Ehegatten. Nutzung durch den Mieter teils für Praxis, teils als Wohnung).

697 EuGH v. 04.10.1995 – Rs. C-291/92 (Armbrecht), Slg. 1995, I-2775 = BStBl. II 1996, 392; BFH v. 26.06.1996 – XI R 43/90, BStBl. II 1997, 98.

698 BFH v. 14.10.2015 – V R 10/14, BStBl. II 2016, 717; v. 24.01.2008 – V R 12/05, BStBl. II 2008, 60; v. 23.09.1993 – V R 87/89, BStBl. II 1994, 200; ebenso jetzt auch Abschn. 9.1. i.V.m. Abschn. 15.2c. Abs. 2 S. 1 Nr. 1 UStAE.

schieht letztlich durch eine entsprechende Behandlung in den gegenüber dem Finanzamt abzugebenden Erklärungen.[699] Es reicht grundsätzlich jede schlüssige, auch formlose Erklärung aus, insbesondere durch Deklarierung des Umsatzes als steuerpflichtig in der Jahreserklärung oder in einer Voranmeldung. Allerdings muss die Option unbedingt erklärt werden.[700] Zulässig ist es jedoch, eine Option vorsorglich zu erklären, falls sich die Beurteilung der Parteien, dass ein nicht steuerbarer Vorgang vorliegt, namentlich ein nicht steuerbare Geschäftsveräußerung nach § 1 Abs. 1 a UStG, als unzutreffend erweist.[701] Soweit allerdings auf die Befreiung nach § 4 Nr. 9 a UStG (Grundstückslieferungen) verzichtet werden soll, muss dieser Verzicht bereits in dem der jeweiligen Grundstückslieferung zugrunde liegenden notariellen Vertrag nach § 311 b Abs. 1 BGB erklärt werden, § 9 Abs. 3 S. 2 UStG, nicht aber der dann noch bis zur Unanfechtbarkeit zulässige Widerruf des Verzichts auf die Befreiung.[702] Bei einem Verzicht auf die Befreiung nach § 4 Nr. 9 a UStG bei der Versteigerung von Grundstücken im Zwangsvollstreckungsverfahren muss der Verzicht bereits bis zur Aufforderung zur Abgabe von Geboten ausgesprochen werden, § 9 Abs. 3 S. 1 UStG. Der Bieter muss die Umsatzsteuerbelastung, respektive den Vorsteuerabzug, bereits bei Abgabe der Gebote berücksichtigen können.

Eine ausdrückliche gesetzliche Frist für die Ausübung der Option besteht nicht. Spätestens nach dem Eintritt der Festsetzungsverjährung ist eine Option allerdings nicht mehr möglich.[703] Die Option muss aber nach allgemeinen Grundsätzen bis zur Unanfechtbarkeit der jeweiligen Jahressteuerfestsetzung erklärt werden.[704] Danach ist bis zum Eintritt der Festsetzungsverjährung eine Option nur noch möglich, soweit noch keine materielle Bestandskraft eingetreten ist, weil der Bescheid vorläufig oder aufgrund eines Vorbehaltes der Nachprüfung noch änderbar ist. Bis zum Eintritt der formellen Bestandskraft (Unanfechtbarkeit) und/oder solange der Bescheid aufgrund eines Vorbehaltes der Nachprüfung noch änderbar ist, kann der Verzicht auch noch widerrufen werden.[705] Option und Rückgängigmachung der Option wirken für die Steuerpflicht und den Vorsteuerabzug auf den Veranlagungszeitraum zurück, in dem der Umsatz ausgeführt wurde.[706]

Da Schlau durch die Abgabe der Steuererklärung optiert hat, ist der Umsatz steuerpflichtig, denn der Leistungsempfänger (AG) ist Unternehmer und er nutzt die Vermietungsleistung für sein Unternehmen.

3. Bei einem Steuersatz von 19 % (§ 12 Abs. 1 UStG) ergibt sich für die beiden monatlichen Teilleistungen eine Bemessungsgrundlage von 20.000 € (§ 10 Abs. 1 UStG) und eine Steuerschuld von 3.800 €.

699 A.A. die h.M., u.a. BFH v. 16.07.1997 – XI R 94/96, BStBl. II 1997, 670; v. 26.02.2003 – V B 178/02, BFH/NV 2003, 951; Abschn. 9.1. Abs. 3 UStAE; Lippross 3.3.2 f). Danach soll schlüssiges Handeln gegenüber dem Leistungsempfänger genügen, u.a. Erteilung von Rechnungen mit offenem Steuerausweis oder Akzeptanz einer Gutschrift mit offenem Steuerausweis. Auch wenn man dies annimmt, ist dann aber ein Widerruf schlicht dadurch möglich, dass in der Steuererklärung der Umsatz als steuerfrei behandelt wird.

700 BFH v. 01.12.1994 – V R 126/92, BStBl. II 1995, 426.

701 Abschn. 9.1. Abs. 3 UStAE.

702 S. dazu BFH v. 02.07.2021 – XI R 22/19, UR 2021, 899 = BB 2021, 2850 mit Anm. Behrens und BFH v. 21.10.2015 – XI R 40/13, BStBl. II 2017, 852.

703 BFH v. 25.01.1996 – V R 42/95, BStBl. II 1996, 338.

704 BFH v. 10.12.2008 – XI R 1/08, BStBl. II 2009, 1026.

705 BFH v. 19.12.2013 – V R 6/12 und V R 7/12, BStBl. II 2017, 837 und 841; BMF, BStBl. I 2017,1240; Abschn. 9.1. Abs. 3 und 4 UStAE; s. auch Prätzler MwStR 2017, 740.

706 BFH v. 12.06.2018 – VII R 19/16, MwStR 2018, 884 (kein insolvenzrechtliches Aufrechnungsverbot nach § 96 InsO bei erst nach Insolvenzeröffnung erklärter Option und Rechnungserteilung für vor Insolvenzeröffnung bereits ausgeführte Umsätze) mit Anm. de Weerth. S. auch Reiß MwStR 2018, 867.

Wenn Schlau der AG eine Rechnung mit offenem Steuerausweis erteilt, wozu er nach § 14 Abs. 2 S. 1 Nr. 2 S. 2 UStG verpflichtet ist, kann diese die 3.800 € als VoSt abziehen, sodass sie durch die Option nicht belastet ist (§ 15 Abs. 1 UStG).

II. Vorsteuerabzug

1. Die Bauhandwerker und sonstige an der Errichtung des Baues Beteiligte haben Werklieferungen und sonstige Leistungen an den Schlau ausgeführt, indem sie das Lagergebäude errichteten bzw. dazu beitrugen (z.B. Architekt). Diese Leistungen wurden für das Unternehmen des Schlau erbracht, sodass dieser die ihm in Rechnung gestellte USt von 190.000 € als VoSt nach § 15 Abs. 1 Nr. 1 UStG abziehen kann.

2. § 15 Abs. 2 Nr. 1 UStG sperrt den Vorsteuerabzug nicht, denn durch die Option handelt es sich nunmehr nicht mehr um einen steuerfreien Umsatz, sondern um einen steuerpflichtigen Umsatz.

---

234 **III.** In der **Erlangung des Vorsteuerabzugs** durch Ausschaltung des § 15 Abs. 2 Nr. 1 UStG liegt der eigentliche **Sinn der Option**. Daneben hat die Option die Bedeutung, eine Korrektur des Vorsteuerabzugs nach § 15 a UStG zu verhindern.

Beispiel: Unternehmer U errichtete in 2015 für sein Unternehmen ein Gebäude und zog zutreffenderweise die VoSt von 100.000 € ab. Er nutzte das Gebäude ab 01.01.–31.12.2019 für sein Unternehmen. Mit Wirkung ab 01.01.2021 veräußerte er das bebaute Grundstück an einen anderen Unternehmer.

Würde für diese nach § 4 Nr. 9 a UStG steuerfreie Lieferung nicht optiert, müsste U nach § 15 a UStG eine Vorsteuerkorrektur für fünf Jahre, d.h. um 60.000 € durchführen und diese VoSt an das Finanzamt zurückzahlen (vgl. dazu unter Rn. 359 ff.).

Die **Option** bezieht sich auf jeden **einzelnen Umsatz**, nicht auf sämtliche unter die Befreiungsvorschrift fallenden Umsätze. Für einen Umsatz kann allerdings grundsätzlich nicht teilweise optiert werden, es sei denn, es handelt sich um Teilleistungen oder bei unterschiedlicher Leistungsverwendung durch den Empfänger (s. dazu Rn. 237 bei Vermietung). Hier kann für jede **Teilleistung gesondert optiert** werden, z.B. bei einer Vermietungsleistung, die in monatlichen Teilleistungen erbracht wird. Es ist daher durchaus möglich, für die Jahre 01–10 zu optieren und ab dem Jahre 11 die Steuerbefreiung wieder in Anspruch zu nehmen. Davon wird häufig Gebrauch gemacht, wenn der Berichtigungszeitraum für eine Vorsteuerkorrektur nach § 15 a UStG abgelaufen ist. Sofern allerdings ein Umsatz nur teilweise für das Unternehmen des Empfängers erbracht wird (dazu oben), ist auch die Option auf diesen Teil des Umsatzes beschränkt. Entsprechendes gilt, soweit bei Grundstücksüberlassungen zur Nutzung nach § 9 Abs. 2 UStG (dazu unten) die Option für vorsteuerabzugsschädliche Umsätze des Empfängers ausgeschlossen ist. Bei der Lieferung oder Überlassung von bebauten Grundstücken ist eine getrennte Option für das Gebäude und den dazugehörenden Grund und Boden nicht möglich, soweit diese vom Empfänger zu denselben Zwecken genutzt werden.[707]

235 **IV.** Die Option ist grundsätzlich nur für steuerbare, aber steuerfreie Umsätze zulässig. Für bereits nicht steuerbare Auslandsumsätze kann daher nicht optiert werden.[708] Dies ist im Grundsatz zutreffend. Der Preis für die Option ist die Steuerpflicht. Problematisch ist allerdings, dass § 15 Abs. 2 Nr. 2 UStG (in zutreffender Umsetzung von Art. 168 und 169 lit. a MwStSystRL) den Vorsteuerabzug für Auslandsumsätze aus-

707 Vgl. EuGH v. 08.06.2000 – Rs. C-400/98 (Breitsohl), Slg. 2000, I-4321; BFH v. 29.10.2008 – XI R 74/07, BStBl. II 2009, 256.

708 Abschn. 9.1. Abs. 5 UStAE.

schließt, die im Inland steuerfrei ohne Vorsteuerabzug wären. Dem ist aber nicht durch die Anerkennung einer fiktiven Option zu begegnen.[709] Vielmehr ist § 15 Abs. 2 Nr. 2 UStG (und auch Art. 168, 169 MwStSystRL) insoweit verfehlt, als er den Vorsteuerausschluss auch anordnet, wenn der Umsatz im Inland steuerfrei wäre, aber im Ausland tatsächlich steuerpflichtig ist (s. dazu Rn. 348 ff.).

V. Problematisch ist die Behandlung, wenn eine Option geplant ist (z.B. für eine Grundstücksvermietung), es aber später nicht zur Ausführung der geplanten Umsätze kommt. Hier ist bei ernsthaft geplanter, aber fehlgeschlagener fiktiver Option der Vorsteuerabzug zeitlich bereits bei Bezug der Eingangsleistungen zuzulassen. Werden entgegen den Erwartungen später keine durch Option steuerpflichtigen Umsätze ausgeführt, verbleibt es bei dem Vorsteuerabzug im Jahre des Bezugs. Für den Vorsteuerabzug bleibt insoweit zunächst die Verwendungsabsicht einschließlich der fiktiven Option maßgebend.[710] Kommt es später entgegen den bei Bezug geplanten durch Option steuerpflichtigen Umsätzen zu steuerfreien Umsätzen ist eine Vorsteuerkorrektur nach § 15 a UStG durchzuführen, falls die Vorleistungen aus den Bezügen in die steuerfreien Ausgangsumsätze eingingen.[711] Andernfalls gelten dieselben Grundsätze wie zum Vorsteuerabzug bei Fehlmaßnahmen (s. Rn. 355). **236**

VI. Durch § 9 Abs. 2 UStG sind die Optionsmöglichkeiten für die Überlassung von Grundstücken zur Nutzung gegenüber § 9 Abs. 1 UStG eingeschränkt worden. Werden Grundstücke (bebaut und unbebaut) entgeltlich zur Nutzung überlassen, so genügt abweichend von § 9 Abs. 1 UStG nicht, dass die Leistung an einen Unternehmer für dessen Unternehmen erbracht wurde. Vielmehr ist auch bei Erfüllung dieser Voraussetzungen die Option ausgeschlossen, wenn das Grundstück vom Leistungsempfänger zu Umsätzen verwendet wird, die den Vorsteuerabzug ausschließen, also insbesondere für steuerfreie Umsätze.[712] **237**

Durch § 9 Abs. 2 UStG wird die sog. **Zwischenvermietung** an einen Unternehmer ausgeschaltet. Es ist nicht möglich, über die Vermietung an einen Unternehmer, der seinerseits steuerfrei an Endmieter vermietet, durch Option den Vorsteuerabzug aus der Herstellung des Gebäudes zu erlangen.

§ 9 Abs. 2 UStG erfasst jede **Nutzungsüberlassung von Grundstücken** aufgrund Erbbaurechtes, befreit nach § 4 Nr. 9 a UStG, aufgrund schuldrechtlicher Miet- und Pachtverträge und aufgrund dinglicher Nutzungsrechte (z.B. Nießbrauch, Wegerechte als Grunddienstbarkeiten), befreit nach § 4 Nr. 12 UStG.

Über die Fälle der Zwischenvermietung hinausgehend ist eine Option bei Grundstücksüberlassungen zur Nutzung an Unternehmer als Empfänger auch dann nicht zulässig, wenn diese das Grundstück ohne Weitervermietung unmittelbar für ihr Unternehmen, aber zur Ausführung von (steuerfreien oder sonst) den Vorsteuerabzug ausschließenden Umsätzen verwenden, gleichgültig, ob die Endnutzung privaten oder sonstigen nichtunternehmerischen Zwecken dient.

---

709 A.A. zu Unrecht BFH v. 06.05.2004 – V R 73/03, BStBl. II 2004, 856.

710 EuGH v. 28.02.2018 – Rs. C-672/16 (Infloresima), MwStR 2018, 391 mit Anm. Schüler-Täsch; BFH v. 08.03.2001 – V R 24/98; v. 22.03.2001 – V R 46/00; v. 17.05.2001 – V R 38/00, BStBl. II 2003, 430, 433 f.; Abschn. 9.1. Abs. 5 UStAE; EuGH v. 08.06.2000 – Rs. C-396/98 (Schloßstraße), Slg. 2000, I-4279 = UR 2000, 336 und v. 08.06.2000 – Rs. C-400/98 (Breitsohl), Slg. 2000, I-4321.

711 Zur berechtigten Kritik des alleinigen Abstellens auf Verwendungsabsichten anstelle eines Abstellens auf die tatsächliche Verwendung s. Lippross 7.8.4.1 c); ders. DStR 2003, 1593 und DStR 2006, 1028; s. auch Gissel/Lippross UR 2011, 932. Richtigerweise sollte eine von der geplanten Verwendung abweichende tatsächliche Verwendung als rückwirkendes Ereignis i.S.d. § 175 Abs. 1 Nr. 2 AO behandelt werden.

712 Nach BFH v. 01.03.2018 – V R 35/17, UR 2018, 514 ist eine Option nach § 9 Abs. 2 UStG auch bei Nutzungsüberlassung an einen nach § 24 UStG pauschalierenden Landwirt nicht zulässig (a.A. noch Abschn. 9.2. Abs. 2 UStAE).

Beispiele: Vermietung von Praxisräumen an Arzt – wegen § 4 Nr. 14 UStG keine Option möglich; Vermietung an eine Bank oder Versicherungsgesellschaft, die steuerfreie Umsätze nach § 4 Nr. 8 f, Nr. 10 UStG ausführen.

Nach dem missverständlichen Wortlaut des § 9 Abs. 2 UStG ist die Option nur zulässig, wenn der Leistungsempfänger das Grundstück „ausschließlich" zu Umsätzen verwendet, die den Vorsteuerabzug nicht ausschließen. Richtigerweise kommt bei der Überlassung „eines Grundstücks", das vom Empfänger räumlich unterschiedlich genutzt wird, die Option für den Grundstücksteil in Betracht, der für den Vorsteuerabzug nicht ausschließende Umsätze genutzt wird.[713] Dem Merkmal „ausschließlich" kommt daher nur dann Bedeutung zu, wenn die jeweils überlassenen Flächen selbst teilweise der Ausführung steuerfreier Umsätze dienen. Hier wird zutreffend eine völlig untergeordnete, den Vorsteuerabzug an sich ausschließende Nutzung (bis zu 5 %) außer Betracht gelassen.[714]

713 Abschn. 9.2. Abs. 1 UStAE; BFH v. 15.04.2015 – V R 46/13, BStBl. II 2015, 947 und v. 24.04.2014 – V R 27/13, BStBl. II 2014, 732.

714 Abschn. 9.2. Abs. 3 UStAE. S. auch BFH v. 23.10.2019 – V R 46/17, BeckRS 2019, 33450 (keine Option zulässig für Vermietung von Grundstücken für den Betrieb von Spielstätten sowohl für steuerfreie Geldspielautomaten- als auch stpfl. Unterhaltungsautomatenumsätze).

C. Übersicht über die Steuerbefreiungen

238

Steuerbefreiungen

mit Vorsteuerabzug,
§ 15 Abs. 3 Nr. 1 UStG i.V.m.

§ 4 Nr. 1 UStG	Ausfuhr und innergemeinschaftliche Lieferung
§ 4 Nr. 2 UStG	Umsätze für Seeschifffahrt und Luftfahrt
§ 4 Nr. 3 UStG	grenzüberschreitende Güterbeförderung und sonstige Leistungen im Zusammenhang mit Ausfuhr und Einfuhr
§ 4 Nr. 4 a u. b UStG	Lieferungen in und im Steuerlager; Lieferung vor Einfuhr
§ 4 Nr. 5 UStG	Vermittlungsleistungen für Ausfuhr und nicht steuerbare Auslandsleistungen für Lieferungen nach § 3 Abs. 8
§ 25 Abs. 2 UStG	Reiseleistungen für Gebiete außerhalb der Europäischen Union
Art. 3 Nr. 1	Offshore-Abkommen = Leistungen an Dienststellen der USA
Art. 67 Abs. 3	NATO-Truppenstatut = Leistungen an NATO-Truppen und ziviles Gefolge
Art. 14 Abs. 2	Abkommen Alliierte Hauptquartiere = Leistungen an Hauptquartiere

mit Optionsmöglichkeit,
§ 9 UStG i.V.m.

§ 4 Nr. 8 a–g	u.a. Kreditleistungen, Geldforderungen, Wertpapiere, Anteile an Gesellschaften, Übernahme von Bürgschaften
§ 4 Nr. 9 a	Umsätze von Grundstücken
§ 4 Nr. 12	Vermietung (Verpachtung) von Grundstücken; Einräumung und Veräußerung von dinglichen Nutzungsrechten
§ 4 Nr. 13	Leistungen der Wohnungseigentümergemeinschaften an die Teileigentümer
§ 4 Nr. 19	Leistungen der Blinden und Blindenwerkstätten

ohne Vorsteuerabzug,
§ 15 Abs. 2 Nr. 1 UStG i.V.m.

§ 4 Nr. 8 h	Verwaltung von Investmentvermögen und Versorgungseinrichtungen
§ 4 Nr. 10, 11	Versicherungen und Versicherungsvertreter
§ 4 Nr. 14	Heilbehandlungen durch Ärzte u. andere Heilberufler u. Krankenhausbehandlungen durch Einrichtungen des öR und andere nach SGB zugel. Einrichtungen
§ 4 Nr. 15	Leistungen der Träger der Sozialversicherung
§ 4 Nr. 16	Mit Betreuung und Pflege hilfsbedürftiger Personen verbundene Leistungen durch jPdöR o. andere nach SGB zugelassene Einrichtungen
§ 4 Nr. 17	Lieferungen menschlicher Organe, Krankenbeförderung
§ 4 Nr. 18	Leistungen der Verbände der Wohlfahrtspflege
§ 4 Nr. 20	Kulturelle Leistungen (Theater, Museen, Orchester etc.) der Gebietskörperschaften u. anerkannter gleichartiger privater Einrichtungen
§ 4 Nr. 21, 22	Schul-, Bildungszwecken dienende Leistungen, kulturelle und sportliche Veranstaltungen durch jPdöR und anerkannte Einrichtungen
§ 4 Nr. 24, 25	Leistungen des Jugendherbergswerks und von Trägern der Jugendhilfe
§ 4 Nr. 26	ehrenamtliche Tätigkeiten
§ 4 Nr. 28	Lieferungen von Gegenständen, für die kein VoSt-Abzugsrecht nach § 15 Abs. 1 a oder § 15 Abs. 2 i.V.m. § 4 Nr. 8–27 UStG bestanden hat

D. Einzelne Steuerbefreiungen

I. Ausfuhrlieferung, innergemeinschaftliche Lieferung und grenzüberschreitende Güterbeförderung

S. unter Rn. 158 ff., Rn. 162 ff., Rn. 191 ff., Rn. 196.

II. Umsatzsteuerlager und Befreiung von einer der Einfuhr vorausgehenden Lieferung

239 **1. § 4 Nr. 4 a lit. a UStG** befreit Lieferungen in ein **Umsatzsteuerlager** und in einem Umsatzsteuerlager. Ebenfalls befreit werden nach § 4 Nr. 4 a lit. b UStG mit der Lagerung und der Aufbereitung dieser eingelagerten Gegenstände zusammenhängende (sonstige) Leistungen. Die Befreiung findet ihre Grundlage in Art. 157, 159 MwSt-SystRL. Die Befreiung dient letztlich der Vereinfachung und der Schonung der Liquidität. Sie kommt ausschließlich in Betracht für Umsätze zwischen Unternehmern und auch nur für bestimmte Güter, die in der Anlage 1 genannt sind. Es handelt sich vorwiegend um Massengüter (u.a. bestimmte landwirtschaftliche Produkte, bestimmte Metalle, Mineralöl). Durch die Einführung des Umsatzsteuerlagers soll namentlich erreicht werden, dass solche Güter durch Einlagerung in ein beaufsichtigtes Umsatzsteuerlager zum Gegenstand internationaler Handelstransaktionen gemacht werden können, ohne dass namentlich die ausländischen Handelspartner mit Zahlungen und Vorsteuervergütungen deutscher USt behelligt werden müssen. Die Befreiung verlangt allerdings nicht, dass ausländische Lieferanten beteiligt sind.

240 **2.** Ergänzt wird die Befreiung für inländische Lieferungen in § 4 Nr. 4 a UStG durch eine Befreiung für die Einfuhr gemäß § 5 Abs. 1 Nr. 4 UStG, wenn die eingeführten Gegenstände im Anschluss an die Einfuhr in ein Umsatzsteuerlager gelangen und dort dann steuerfrei nach § 4 Nr. 4 a lit. a UStG geliefert werden. Unter diesen Voraussetzungen wird auch ein innergemeinschaftlicher Erwerb nach § 4 b Nr. 2 UStG befreit.

Beispiel: Mineralölkonzern N (Niederlande) (alternativ R aus Russland) liefert in 01/2021 Erdöl (Nr. 12 der Anlage 1) aus den Niederlanden an den Unternehmer B (Belgien) für 100.000 € in ein Umsatzsteuerlager des H (Lagerhalter) in Hamburg ein. B veräußert sodann das im Umsatzsteuerlager befindliche Öl in 02/2021 für 150.000 € an D (Düsseldorf), dieser in 04/2021 für 200.000 € an M (München). M holt das Erdöl in 05/2021 aus dem Lager in Hamburg ab und verbringt es zu sich nach München.

N liefert nach § 3 Abs. 6 S. 1 UStG in den **Niederlanden** an B, somit in Deutschland nicht steuerbar und in den Niederlanden als innergemeinschaftliche Lieferung befreit. B tätigt in Deutschland einen **innergemeinschaftlichen Erwerb** nach § 1 Abs. 1 Nr. 5 i.V.m. §§ 1 a, 3 d S. 1 UStG. Dieser Erwerb ist nach § 4 b Nr. 2 i.V.m. § 4 Nr. 4 a lit. a UStG befreit, sodass B keine Erwerbsteuer zu entrichten hat und auch keine VoSt geltend machen muss. B liefert nach § 4 Nr. 4 a lit. a UStG befreit in Deutschland, Ort gemäß § 3 Abs. 7 S. 1 UStG (ruhende Lieferung!) an D. D liefert zunächst ebenfalls in 04/2020 befreit nach § 4 Nr. 4 a lit. a UStG an den M. Das Abholen des Mineralöls in 05/2017 aus dem Umsatzsteuerlager des H führt allerdings zu einer **Auslagerung**. Damit entfällt die Befreiung für diesen letzten Umsatz vor der Auslagerung, hier die Lieferung des D an M, gemäß § 4 Nr. 4 a lit. a S. 2 UStG. Diese letzte Lieferung – nicht aber ihr vorhergehende Lieferungen, Erwerbe oder Einfuhren – ist dann nicht mehr befreit. Daher entsteht für diese Lieferung nunmehr eine USt-Schuld von 38.000 € bei einer Bemessungsgrundlage von 200.000 €, und zwar für den Voranmeldungszeitraum der Auslagerung, § 13 Abs. 1 Nr. 9 UStG. **Steuerschuldner** ist hier der M als **Auslagerer**, § 13 a Abs. 1 Nr. 6 UStG (beachte: hier quasi ein Fall von reverse charge, aber in § 13 a UStG geregelt!).

Im Fall der Alternative einer Lieferung durch R aus **Russland** kommt es zu einer **Einfuhr**. R liefert nach § 3 Abs. 6 S. 1 UStG bereits in Russland. Eingeführt wird für B. Die Einfuhr ist aber nach § 5 Abs. 1 Nr. 4 UStG für den B befreit. Im Übrigen ist die Lösung dann wie oben. Sollte die Abfertigung zur Einfuhr für R erfolgen, so lieferte dieser allerdings nach § 3 Abs. 8 UStG erst in Deutschland steuerbar an B und zwar gedanklich nach der Einfuhr. Diese Lieferung ist dann wiederum nach § 4 Nr. 4 a lit. a UStG befreit, die Einfuhr ist nach § 5 Abs. 1 Nr. 4 UStG befreit.

Die Leistungen des Lagerhalters H an B, D und M sind nach § 4 Nr. 4 a lit. b UStG befreit.

3. Im Einzelnen ist zu beachten: Ein **Umsatzsteuerlager im Inland** muss vom für den Lagerhalter, eine zuverlässige Person, zuständigen **Finanzamt bewilligt** werden. Umsatzsteuerlager kann jeder räumlich bestimmte Ort im Inland sein. Häufig, aber nicht zwingend, kann auch ein Zolllager (zur Lagerung noch nicht zum freien Verkehr zugelassener Waren – sog. Nichtgemeinschaftswaren) zum Umsatzsteuerlager bestimmt werden. Die gemeinsame Lagerung von Gemeinschafts- und Nichtgemeinschaftswaren bedarf dann allerdings der Zustimmung der Zollbehörde. Die Steuerbefreiung kommt nur in Betracht für die Lieferung der in der Anlage genannten Waren und nur bei Lieferungen im Unternehmenssektor, also gerade nicht bei Lieferungen an Endverbraucher. Werden die Waren ausgelagert, so entfällt die Befreiung für den letzten der Auslagerung vorhergehenden Umsatz. Das kann auch eine befreite Einfuhr oder ein befreiter Erwerb sein. Die Steuerschuld entsteht im Voranmeldungszeitraum der Auslagerung. Steuerschuldner ist der Auslagerer. Das ist derjenige, der die Auslagerung veranlasst hat. Im Regelfall ist derjenige der Auslagerer, der die Ware aus dem Steuerlager befördert, respektive versendet. Das kann der Lieferer sein, aber auch der Abnehmer (Abholfall!). Im letzteren Fall kommt es quasi zu einer Umkehr der Steuerschuldnerschaft (reverse charge wie bei § 13 b Abs. 5 UStG, vgl. dazu Rn. 382 ff.). Auslagerung ist jede Entfernung aus dem Steuerlager, es sei denn, es erfolgt unmittelbar eine Einlagerung in ein anderes Steuerlager. Eine Auslagerung liegt auch vor, wenn die Bewilligung für ein Steuerlager widerrufen wird oder wenn an den eingelagerten Gegenständen nicht befreite Leistungen erbracht werden, sie namentlich für den Endverbrauch hergerichtet werden.[715] Der Lagerhalter schuldet gesamtschuldnerisch die Steuer, wenn er die USt-IdNr. des Auslagerers nicht aufzeichnet, § 13 a Abs. 1 Nr. 6 UStG. 241

4. Nach **§ 4 Nr. 4 b UStG** werden Lieferungen befreit, die einer Einfuhr vorausgehen, wenn der Abnehmer der Lieferung den Gegenstand einführt. Zu beachten ist, dass § 4 Nr. 4 b UStG gerade nicht angewendet werden kann, wenn der Lieferort nach § 3 Abs. 8 UStG für den Lieferanten in das Inland verlagert wird. Er kommt aber immer dann infrage, wenn eine Ware zwar in das Inland gelangt ist, aber **noch keine Abfertigung zum freien Verkehr** erfolgte, sondern sich (noch) in einem besonderen Zollverfahren nach Art. 210 UZK befindet, und die **(Nicht-Unions-)Ware** dann bereits im Inland weiter geliefert wird. 242

Beispiel: A aus Auckland (Neuseeland) liefert Kiwis an den Importeur H in Hamburg. Die Kiwis werden dort in ein **Zolllager** bei L eingelagert. Importeur H veräußert die im Zolllager lagernde Ware unversteuert und unverzollt an den Obsthändler O in Oldenburg. O beauftragt H, die Ware in den freien Verkehr zu überführen und veräußert die Ware an den Einzelhändler E in Essen, der die Ware in Hamburg aus dem Zolllager abholt.

A liefert nach § 3 Abs. 6 S. 1 UStG nicht steuerbar in Neuseeland an H. H liefert nach § 3 Abs. 7 S. 1 UStG in Hamburg im Zolllager steuerbar, aber nach § 4 Nr. 4 b UStG befreit an O, da die **Lieferung im Inland vor der Einfuhr** erfolgte. O bewirkt im Inland eine nach § 1 Abs. 1 Nr. 4 UStG steuerbare Einfuhr durch die Abfertigung zum freien Verkehr. O liefert steuerbar nach § 3 Abs. 6 S. 1 UStG in Hamburg an E. Die Lieferung ist nicht nach § 4 Nr. 4 b UStG befreit, da sie nach der Einfuhr erfolgte. O kann nach § 15 Abs. 1 Nr. 2 UStG die entrichtete Einfuhrumsatzsteuer als VoSt abziehen, denn die Einfuhr erfolgte für sein Unternehmen. E ist nach § 15 Abs. 1 Nr. 1 UStG zum Abzug der VoSt aus der an ihn ausgeführten steuerbaren und steuerpflichtigen Lieferung des O berechtigt.

III. Vermittlungsleistungen

1. § 4 Nr. 5 UStG befreit nach § 3 a Abs. 2, Abs. 3 Nr. 1 b, Nr. 4 UStG im Inland steuerbare Vermittlungsleistungen, wenn 243

- die **vermittelte Leistung** nach § 4 Nr. 1 a, Nr. 2–4 b, 6, 7 UStG **steuerfrei** ist oder
- die **vermittelte Leistung** ausschließlich **im Drittlandsgebiet** bewirkt wird oder

715 Wegen weiterer Einzelheiten vgl. BMF v. 28.01.2004, BStBl. I 2004, 242 f.

- die vermittelte Lieferung wegen § 3 Abs. 8 UStG als im Inland ausgeführt gilt. Zur Inanspruchnahme der Befreiung ist nach § 22 UStDV der Buchnachweis erforderlich.

Beispiel: Der Handelsvertreter H mit Sitz in Düsseldorf vermittelt für den Fabrikanten F in Düsseldorf gegen Provision eine Lieferung an Abnehmer A in Zürich, wobei F die Ware nach Zürich befördert.

Die Vermittlungsleistung des H ist steuerbar, denn gemäß § 3 a Abs. 2 UStG wird sie in Düsseldorf erbracht. Es handelt sich aber um die Vermittlung einer nach § 4 Nr. 1 a i.V.m. § 6 Abs. 1 Nr. 1 UStG steuerfreien Ausfuhr des F, sodass die Vermittlungsleistung des H nach § 4 Nr. 5 a UStG befreit ist.

2. Der Ort von Vermittlungsleistungen liegt nach § 3 a Abs. 3 Nr. 4 UStG dort, wo der Ort des vermittelten Umsatzes ist, sofern der Leistungsempfänger kein Unternehmer (und keine juristische Person mit USt-IdNr.) ist. Ist der Empfänger der Vermittlungsleistung Unternehmer (juristische Person mit USt-IdNr.), ist nach § 3 a Abs. 2 UStG der Unternehmens-/Sitzort des Empfängers maßgebend. Die Vermittlung innergemeinschaftlicher Lieferungen und Erwerbe ist nicht befreit.

Beispiel: V vermittelt für K in Köln eine in Köln ausgeführte innergemeinschaftliche befreite Lieferung in die Niederlande (Ndl.). Der Ort der Vermittlungsleistung ist nach § 3 a Abs. 2 UStG Köln als Ort des Unternehmenssitzes des Empfängers K. Die Vermittlungsleistung ist nicht befreit. K kann die VoSt bei seinem Kölner Finanzamt geltend machen. Vermittelt V für den Erwerber E in den Ndl., wird die Vermittlungsleistung für den Erwerber E in den Ndl. erbracht. Der Ort ist nach § 3 a Abs. 2 UStG in den Ndl., sodass die Leistung in Deutschland nicht steuerbar ist. In den Ndl. findet entsprechend Art. 196 MwStSystRL, § 13 b Abs. 2 UStG eine Umkehr der Steuerschuldnerschaft statt, sodass nicht V, sondern E die niederländische USt schuldet. N kann diese in den Ndl. als VoSt abziehen.

244 **3.** Die Steuerbefreiungen des § 4 Nr. 5 UStG sind grundsätzlich auch auf Vermittlungsleistungen der **Reisebüros** anwendbar. Dies gilt allerdings nach S. 2 nicht, wenn die Vermittlungsleistung für den Reisenden (Auftraggeber) erbracht wird.

Beispiel: Ein Reisebüro vermittelt Hotelunterkunft und Verpflegung sowie Flug nach New York

a) für die leistenden Unternehmer (Hotelier in New York, Fluggesellschaft in Frankfurt),

b) für den Reisenden.

Zu a): Die Vermittlung der Hotelunterkunft und die Vermittlung der Restaurationsumsätze (sonstige Leistungen!) sind nach § 3 a Abs. 2 UStG nicht steuerbar, da der Ort in New York liegt. Die Vermittlung des Fluges ist steuerbar nach § 3 a Abs. 2 UStG. Sie ist nach § 4 Nr. 5 b UStG steuerfrei. Hinweis: Würde das Reisebüro für ein in Deutschland ansässiges Reiseunternehmen die genannten Leistungen vermitteln, wäre die Vermittlung insgesamt steuerbar, § 3 a Abs. 2 UStG, aber nach § 4 Nr. 5 c i.V.m. § 3 a Abs. 3 Nr. 1 a (Hotelunterkunft) und Nr. 3 b (Restaurationsumsätze) und § 4 Nr. 5 b i.V.m. § 3 b Abs. 1 UStG befreit.

Zu b): Die Vermittlung der Hotelunterkunft und der Restaurationsumsätze ist nach § 3 a Abs. 3 Nr. 4 i.V.m. Abs. 3 Nr. 1 a, Nr. 3 b UStG nicht steuerbar. Die Vermittlung des Fluges ist nur bzgl. des inländischen Streckenanteils nach § 3 a Abs. 3 Nr. 4 i.V.m. § 3 b Abs. 1 S. 1 und 2 UStG steuerbar. Insoweit tritt nach § 4 Nr. 5 S. 2 UStG keine Befreiung ein.[716]

Tritt ein **Reiseveranstalter**, § 25 UStG, gegenüber dem Reisenden im eigenen Namen auf, so liegt keine Vermittlungsleistung vor. § 4 Nr. 5 UStG kann deshalb keine Anwendung finden.

IV. Befreiung der Kreditgewährung, der Umsätze von Geldforderungen und von Wertpapieren

245 **§ 4 Nr. 8 a UStG** befreit die Gewährung von **Krediten**, **§ 4 Nr. 8 b** die Umsätze und Vermittlung der Umsätze von gesetzlichen Zahlungsmitteln,[717] **§ 4 Nr. 8 c UStG** die Umsätze im Geschäft mit (Geld-)**Forderungen**, **§ 4 Nr. 8 d UStG** Umsätze und Vermittlung der Umsätze im Einlagengeschäft, im Kontokorrent-Zahlungs- und Über-

---

716 S. zu § 4 Nr. 5 UStG auch Abschn. 4.5.1. bis 4.5.4. UStAE.

717 S. dazu Abschn. 4.8.3. Abs. 3 a UStAE (Gleichstellung von Bitcoins und anderen virtuellen Kryptowährungen mit gesetzlichen Zahlungsmitteln unter Berufung auf EuGH v. 22.10.2015 – Rs. C-264/16 (Hedquist), BStBl. II 2018, 211).

weisungsverkehr[718] und das Inkasso von Handelspapieren, **§ 4 Nr. 8 e UStG** Umsätze im Geschäft mit **Wertpapieren**, **§ 4 Nr. 8 g UStG** die **Übernahme von Verbindlichkeiten**, Bürgschaften und anderen Sicherheiten.[719] Die Befreiungen finden ihre gemeinschaftsrechtliche Grundlage in Art. 135 Abs. 1 a–g MwStSystRL. In allen Fällen ist auch die **Vermittlung** solcher **(Finanz-)Umsätze** befreit, **nicht** aber die **Verwaltung,** es sei denn als bloße Nebenleistung durch den Leistenden.[720] Ausnahmsweise befreit **§ 4 Nr. 8 h UStG** auch die **Verwaltung von Investmentfonds**[721] (OGAW im Sinne des § 1 Abs. 2 KAGB, AIF im Sinne des § 1 Abs. 3 KAGB) und von **Versorgungseinrichtungen** im Sinne des VersicherungsaufsichtG.[722] Die Befreiung der Finanzgeschäfte beruht nach Auffassung des EuGH sowohl darauf, dass für derartige Finanzgeschäfte, namentlich für die Kreditgewährung für den Verbraucher nicht die Kosten erhöht werden sollen, als auch darauf, dass bei den sog. Finanzgeschäften die Bestimmung der zutreffenden Bemessungsgrundlage Schwierigkeiten bereitet.[723] Richtigerweise fehlt es bei den sog. Finanzgeschäften weitgehend an einem verbrauchsfähigen Gut,[724] sodass sich die Belastung mit USt verbietet. Richtigerweise dürfte die Befreiung daher nicht mit einem Vorsteuerausschluss verbunden sein. Die Unternehmereigenschaft ist für die typisch private Unterhaltung von bloßen Sparkonten und die damit verbundene „Kreditgewährung" an die Bank ebenso zu verneinen, wie für das bloße Halten von Gesellschaftsanteilen und verzinslichen Schuldverschreibungen (s. Rn. 205 bis Rn. 207). Der EuGH[725] geht zutreffend davon aus, dass die verzinsliche Überlassung von (Geld-)Kapital durch Darlehensgewährung, Bankeinlagen, Erwerb von Schatzanweisungen, Schuldverschreibungen nicht schon die Unternehmereigenschaft begründet, sondern dass die Gewährung von Darlehen nur dann im Rahmen des Unternehmens (= durch ein Handeln als Steuerpflichtiger) erfolgt, wenn die Darlehensgewährung sich als dauerhafte Erweiterung einer ohnehin die Unternehmereigenschaft begründenden Tätigkeit darstellt. Dies bejaht der EuGH u.a. für die Vergabe von Darlehen an Beteiligungsgesellschaften durch eine Finanz-

---

718 S. dazu BFH v. 13.11.2019 – V R 30/19, DStR 2019, 2695; vorhergehend EuGH v. 03.10.2019 – Rs. C-42/18 (Cardpoint), UR 2019, 815 (Leistungen eines Unternehmens an eine Bank für das Betreiben von Geldautomaten nicht befreit nach Nr. 8 d); s. auch EuGH v. 26.05.2016 – Rs. C-607/14, Bookit MwStR 2016, 530 mit Anm. Grube (technische Dienstleistungen beim Kauf von Kinokarten per Internet und Bezahlung per Kreditkarte nicht befreit!).

719 S. dazu BFH v 30.11.2016 – V R 18/16, BB 2017, 86 (Übernahme der Verpflichtung zur Eingehung eines Mietverhältnisses als Mieter); v. 15.04.2015 – V R 46/13, BStBl. II 2015,947 (Mietgarantie und Verzicht darauf).

720 Dazu EuGH v. 19.07.2012 – Rs. C-44/11 (Deutsche Bank), BStBl. II 2012, 945 und (Nachfolgeentscheidung) BFH v. 11.10.2012, V R 9/10, BStBl. II 2014, 279; EuGH v. 13.12.2001 – Rs. C-235/00 (CSC-Callcenter), Slg. 2001, I-10237 mit Anm. Wäger UR 2002, 84; zur Kreditvermittlung vgl. auch v. 21.06.2007 – Rs. C-453/05 (Ludwig), Slg. 2007, I-5083 = HFR 2007, 915; v. 03.04.2008 – Rs. C-124/07 (J.C.M.Beheer), UR 2008, 389; BFH v. 30.10.2008 – V R 44/07, BStBl. II 2009, 554 (Strukturvertrieb Fondsanteile); v. 06.12.2007 – V R 66/05, v. 20.12.2007 – V R 62/06, v. 06.09.2007 – V R 50/05, BStBl. II 2008, 638, 641, 829; Abschn. 4.8.1. UStAE. Vermittlungstätigkeit setzt nicht voraus, dass zu einer der Parteien des Geschäftes unmittelbare Rechtsbeziehungen bestehen. Vermittler muss aber ursächlich dazu beitragen, dass es zwischen den Parteien zu einem Vertragsabschluss kommt. Zur Nichtbefreiung der Portfolioverwaltung BMF v. 09.12.2008, BStBl. I 2008, 1086 zutreffend gegen BFH v. 11.10.2007 – V R 22/04, BStBl. II 2008, 993. S. auch BFH v. 03.08.2017 – V R 19/16, BStBl. II 2017, 1207 (Aufbau und Unterhaltung eines Strukturvertriebs nicht als Vermittlungstätigkeit befreit). Zur Versagung des Vorsteuerabzugs für Leistungsbezüge für nach 4 Nr. 8 h steuerfreie Verwaltungsleistungen einer Kapitalanlagegesellschaft s. BFH v. 16.12.2020 – XI R 13/19, UR 2021, 470.

721 S. dazu Abschn. 4.8.13. UStAE sowie EuGH v. 09.12.2015 – Rs. C-595/13 (Fiscale Eenheid X), BB 2016, 31; v. 07.03.2013 – Rs. C-275/11 (GfBK), BStBl. II 2013, 900 und (Nachfolgeentscheidung) BFH v. 11.04.2013 – V R 51/10, BStBl. II 2013, 877; EuGH v. 07.03.2013 – Rs. C-424/11 (Wheels), UR 2013, 300; v. 30.06.2007 – Rs. C-363/05 (JP Morgan Fleming Claverhouse Investmenttrust), UR 2007, 727; v. 04.05.2006 – Rs. C-169/04 (Abbey National), Slg. 2006, I-4062 mit Anm. Hahne BB 2007, 240 und Philipowski DB 2006, 1235; v. 21.10.2004 – Rs. C-8/03 (Banque Bruxelles Lambert), Slg. 2004, I-10172.

722 S. dazu BFH v. 05.09.2019 – V R 2/16, UR 2019, 929 (OGAW verlangt besondere staatliche Aufsicht und Verwahrstelle im Inland oder anderem Mitgliedstaat – USA nicht ausreichend!); v. 26.07.2017 – XI R 22/15, UR 2017,915 (keine Befreiung für Verwaltungsleistungen von betrieblichen Versorgungseinrichtungen, weil und sofern mangels Risikotragung der Arbeitnehmer kein „Sondervermögen").

723 EuGH v. 19.04.2007 – Rs. C-455/05 (Velvet & Steel), Slg. 2007, I-3227; vgl. dazu auch Reiß UR 2008, 58.

724 Friedrich-Vache, Verbrauchsteuerkonforme Besteuerung von Finanzdienstleistungen, Bd. 21 Schriften zum Umsatzsteuerrecht, Köln 2005; dies. UR 2006, 207.

725 EuGH v. 29.04.2004 – Rs. C-77/01 (EDM), Slg. 2004, I-4295.

holding, aber auch ganz allgemein für die Gewährung verzinslicher Darlehen durch Unternehmer. Die Befreiungen können daher nur eingreifen, wenn überhaupt die Unternehmereigenschaft zu bejahen ist. Dies trifft etwa zu, wenn Spar- und Bankkonten Geschäftskonten eines Gewerbebetriebes sind oder wenn gerade die Kreditgewährung oder der Handel mit Wertpapieren den Geschäftsgegenstand ausmacht, wie etwa bei Banken.

Obwohl die Befreiungen nach **§ 4 Nr. 8 UStG** danach vornehmlich das **Bank und Kreditgewerbe** betreffen, sind sie allerdings nicht darauf beschränkt. Ihre Anwendung hängt nicht davon ab, ob ein entsprechender Umsatz von einem Kredit- oder Finanzinstitut getätigt wird.[726] Für Zwecke des Vorsteuerabzugs ist zu differenzieren, ob es sich um Hilfsgeschäfte handelt oder um die Haupttätigkeit des Unternehmens, etwa bei Kreditinstituten. Soweit es sich um Hilfsgeschäfte handelt, etwa Kreditgewährung durch Lieferanten, dürfen diese nicht bei der Aufteilung der VoSt nach einem Umsatzsteuerschlüssel berücksichtigt werden.

246 Die Befreiungen der **§§ 4 Nr. 8 und 4 Nr. 10, 11 UStG** führen für das **Kredit- und Versicherungsgewerbe** weitgehend zum Ausschluss des Vorsteuerabzugs nach § 15 Abs. 2 UStG. Dieser steht einer Ausgliederung von Verwaltungstätigkeiten auf fremde Unternehmen oder gemeinsame Tochtergesellschaften – sog. **Outsourcing** – entgegen. Umstritten ist, inwieweit eine Auslagerung möglich ist, die dazu führt, dass von den „outgesourcten" Unternehmen an die Unternehmen der Kredit- und Versicherungswirtschaft nach § 4 Nr. 8, 10 und 11 UStG befreite Umsätze erbracht werden, sodass insoweit keine nicht abziehbare USt anfällt.[727] Unstrittig besteht aber die Möglichkeit einer Organschaft, allerdings nicht grenzüberschreitend[728] (s.o. Rn. 217 f.).

247 Nach § 4 Nr. 8 a UStG ist nicht nur der **Geldkredit** befreit, sondern auch der **Warenkredit durch den Lieferanten**. Voraussetzung ist allerdings, dass nach der vertraglichen Gestaltung zwischen dem Entgelt für die Lieferung (Kaufpreis) und dem Entgelt für die Kreditgewährung unterschieden werden kann. Davon ist im Falle einer Kreditgewährung im Zusammenhang mit einer Lieferung/Werklieferung oder sonstigen Leistung grundsätzlich auszugehen.[729] Dies trifft beispielsweise für Teilzahlungszuschläge bei Abzahlungsgeschäften zu, bei denen nur der Barpreis Gegenleistung für die Lieferung ist, die Zuschläge hingegen Entgelt für die steuerfreie Kreditgewährung.[730] Eine von der Lieferung getrennte Kreditgewährung liegt jedoch nicht vor, wenn ein Warenlieferant seinem Kunden für den Fall sofortiger Zahlung einen Skon-

---

726 EuGH v. 19.04.2007 – Rs. C-455/05 (Velvet & Steel), Slg. 2007, I-3227; v. 05.06.1997 – Rs. C-2/95 (SDC), Slg.1997, I-3017. S. auch EuGH v. 17.12.2020 – Rs. C-801/19 (Franck), WM 2021, 37 (steuerfreie Kreditgewährung durch ein Handelsunternehmen).

727 Vgl. dazu M. Schiller, Outsourcing im Finanzdienstleistungs- und Versicherungssektor, Bd. 23 Schriften zum Umsatzsteuerrecht, Köln 2006; Hamacher DStR 2007, 823; zur Befreiung für Versicherungsvertreter vgl. EuGH v. 25.03.2021 – C-907/19 (Q-GmbH): verneint für von Versicherungsvertretern aus mehreren Dienstleistungen bestehende einheitliche Dienstleistung; v. 03.04.2008 – Rs. C-124/07 (J.C.M. Beheer), UR 2008, 389 mit Anm. Wäger; BFH v. 06.09.2007 – V R 50/05, BStBl. II 2008, 829 und BMF BStBl. I 2008, 948; zur Auslagerung von Rechenzentrumsleistungen an Banken BFH v. 12.06.2008 – V R 32/06, BStBl. II 2008, 777 m.w.N. unter Hinweis auf EuGH v. 05.06.1997 – Rs. C-2/95 (SDC), Slg. 1997, I-3017; zur nicht nach § 4 Nr. 8 d UStG befreiten ausgelagerten Abwicklung des beleghaften Zahlungs- und Überweisungsverkehrs vgl. BFH v. 16.11.2016 – XI R 35/14, BStBl. II 2017, 327, zur nicht nach § 4 Nr. 11 UStG befreiten Schulung von Versicherungsvertretern durch Aufbau eines „Strukturvertriebs" vgl. BFH v. 03.08.2017- V R 19/16, BStBl. II 2017, 1207 .

728 S. dazu EuGH v. 17.09.2014 – Rs. C-7/13 (SAC Skandia Sverige), UR 2014, 847 (Organschaft im Bereich des Versicherungswesens).

729 S. Abschn. 3 Abs. 1 UStAE und BFH v. 13.11.2013 – XI R 24/11, BStBl. 2017 II, 1147 (zu Kreditgewährungen im Rahmen von Public Private Partnerschaftsprojekten). S. auch EuGH v. 18.10.2018 – Rs. C-153/17 (Volkswagen Financial Services) m.w.N., MwStR 2018, 1012 mit Anm. Grube (Übernahme der Würdigung, dass Ratenkauf eines Fahrzeugs aus zwei Leistungen, nämlich stpfl. Fahrzeuglieferung und stfreier Kreditgewährung bestehe) und demgegenüber den Ausnahmefall in EuGH v. 08.12.2016 – Rs. C-208/15 (Stock), UR 2017, 28 mit Anm. Grube MwStR 2017, 28 (Lieferung von Agrargütern des Umlaufvermögens und Gewährung von Darlehen speziell nur für deren Erwerb an Landwirte im Rahme einer speziellen „integrierten Zusammenarbeit" als einheitliche steuerpflichtiger Umsatz).

730 Abschn. 4.8.2., Abschn. 3.11. Abs. 3 UStAE.

toabzug gewährt. Hier entrichtet der Lieferungsempfänger nur den für die Lieferung geschuldeten Kaufpreis, wenn er von der Abzugsmöglichkeit nicht Gebrauch macht. Im Fall des Abzugs ändert sich die Bemessungsgrundlage für die Lieferung, sodass § 17 Abs. 1 UStG anzuwenden ist.[731] Eine unter § 4 Nr. 8 a UStG fallende befreite bloße Kreditgewährung kann auch bei einem sog. sale and lease back vorliegen (s. Rn. 85).

Fall 26: Factoringgeschäft und Forderungskauf

a) Die F-GmbH betreibt ein Finanzierungs- und Factoringunternehmen. Für den Lieferanten L übernahm sie den Forderungseinzug von dessen Kundenforderungen. Sie erhielt dafür eine „Einzugsgebühr" von 2 % des Forderungsnennwertes. Außerdem übernahm sie auch gegen eine „Delcrederegebühr" von 1 % das Ausfallrisiko. L trat der F-GmbH zum Zwecke des Einzugs künftig fällig werdende Warenforderungen aus Ratenkäufen im Nennwert von 110.000 € ab. Die F-GmbH übernahm insoweit auch eine Vorfinanzierung und zahlte sofort bei Abtretung an den L 100.000 €. Vereinbarungsgemäß hatte L für die „Vorfinanzierung" zusätzlich zu Einzugs- und Delcrederegebühr von (2.200 € + 1.100 € =) 3.300 € noch 5.000 € für die Vorfinanzierung zu zahlen.

1. Alternative: Die F-GmbH vereinnahmte die 110.000 € und zahlte an L nach Abzug von „Gebühren" und „Zins" und Verrechnung mit den 100.000 € Vorfinanzierung noch 1.700 € aus.

2. Alternative: Die F-GmbH konnte lediglich 100.000 € vereinnahmen, zahlte wegen der Übernahme des Ausfallrisikos gleichwohl an L wie oben noch 1.700 € aus.

Das Finanzamt ist der Auffassung, dass die F-GmbH für L durch das Inkasso eine einheitliche sonstige Leistung erbracht habe, für die sie 8.300 € als Gegenleistung erhalten habe. Ist dies zutreffend?

b) Von der B-Bank kaufte die F-GmbH zahlungsgestörte Forderungen im Nennwert von 15.000.000 € zum Kaufpreis von 8.000.000 €. Dabei gingen die Parteien zutreffend davon aus, dass der über drei Jahre realisierbare Wert bei voraussichtlich 9.000.000 € lag. Unter Berücksichtigung eines Abschlages für einen Zinsanteil von 600.000 € wegen der Dauer der Einziehung und eines weiteren Risikoabschlages von 400.000 € wurde der zu zahlende Kaufpreis auf den tatsächlichen Wert der Forderungen von 8.000.000 € vereinbart und gezahlt.

I. Fraglich könnte zunächst einmal sein, ob die F-GmbH unter a) überhaupt eine Leistung an L erbracht hat, indem sie die ihr abgetretenen Forderungen eingezogen hat. Denn die F-GmbH hat auch das Risiko des Forderungsausfalles übernommen. Es handelt sich daher um die Konstellation des **echten Factorings**. Beim echten Factoring trägt der mit dem Einzug beauftragte Factor wie beim Forderungskauf das Risiko des Forderungsausfalles. Nach früherer Auffassung sollte das echte Factoring daher auch umsatzsteuerlich wie ein Forderungskauf zu behandeln sein. Wie der echte Forderungskäufer sollte der echte Factor mit dem Einziehen der Forderung keine Leistung an den abtretenden Anschlusskunden bewirken, sondern lediglich sein eigenes Geschäft besorgen. Mangels Erbringung von Leistungen sollte daher der echte Factor auch kein Unternehmer sein. Diese Auffassung ist aufgrund der Rspr. des EuGH[732] aufgegeben worden.[733] Danach erbringt sowohl beim echten wie beim unechten Factoring der Factor mit dem Inkasso/Einziehen der Forderung eine steuerpflichtige sonstige Leistung, die gera- **248**

731 BFH v. 28.01.1993 – V R 43/89, BStBl. II 1993, 360.

732 EuGH v. 26.06.2003 – Rs. C-305/01 (MKG), Slg. 2003, I-6729 = BStBl. II 2004, 688.

733 BFH v. 15.05.2012 – XI R 28/10, BStBl. II 2015, 966 = UR 2012, 719; v. 04.09.2003 – V R 34/99, BStBl. II 2004, 666; Abschn. 2.4. Abs. 1 UStAE.

de nicht nach § 4 Nr. 8 c UStG befreit ist, an den Zedenten (den sog. Anschlusskunden!) und handelt als Unternehmer.

249 II. Fraglich kann allerdings sein, ob der **echte Factor** lediglich eine **einheitliche steuerpflichtige Einziehungsleistung** an den Anschlusskunden erbringt oder ob daneben noch eine nach § 4 Nr. 8 a UStG steuerfreie Kreditgewährung und eine nach § 4 Nr. 8 g UStG steuerfreie Übernahme von Sicherheiten/Garantien als weitere sonstige Leistungen vorliegen. Nach der Rspr. des EuGH sind das unechte Factoring (bloße Übernahme des Forderungseinzuges einschließlich Debitorenüberwachung ohne Übernahme des Ausfallrisikos) und das echte Factoring (zusätzliche Übernahme des Ausfallrisikos) einheitlich als eine nicht nach Art. 135 Abs. 1 c und d MwStSystRL befreite Leistung zu behandeln. Vorliegend kommt mithin nicht in Betracht, hinsichtlich der Übernahme des Ausfallrisikos von einer gegen die Delcrederegebühr erbrachten gesonderten, nach § 4 Nr. 8 g UStG befreiten Leistung (Art. 135 Abs. 1 lit. c MwStSystRL) auszugehen. Hinsichtlich einer neben der einheitlichen steuerpflichtigen Inkassoleistung des (unechten wie echten) Factors geht die Finanzverwaltung davon aus, dass eine etwaige Kreditgewährung im Regelfall gegenüber der steuerpflichtigen Inkassoleistung nur von untergeordneter Bedeutung sei und daher als unselbstständige Nebenleistung außer Betracht bleibe. Anderes gilt allerdings, wenn der Kreditgeber sich seinerseits die Kreditmittel erst bei einem Factoringunternehmer beschafft hat[734] oder der Kreditierung durch das Factoringunternehmen eine eigenständige wirtschaftliche Bedeutung neben der Factoringleistung zukommt.[735] Der BFH geht, anders als beim unechten Factoring, beim **echten Factoring** grundsätzlich von nur einer wirtschaftlich **einheitlichen nicht befreiten Leistung** aus.[736] Sofern allerdings erst erheblich später fällig werdende Forderungen vom echten Factor erworben werden, namentlich auch Forderungen aus Ratenkäufen, ist bei klarer **Vereinbarung einer gesonderten Kreditgewährung** bis zum Eintritt der Fälligkeit auch beim echten Factoring anzuerkennen, dass zwei getrennte Leistungen vorliegen, nämlich zunächst eine befreite Kreditgewährung und die davon zu trennende, erst mit jeweiliger Fälligkeit der abgetretenen Forderung erfolgende steuerpflichtige Einziehung unter Übernahme des Risikos. Vorliegend ist daher eine gesonderte Kreditgewährung neben der Inkassoleistung des Factors anzuerkennen. Denn es wurde eine klare, auch wirtschaftlich nachvollziehbare Trennung hinsichtlich der Leistungen und auch hinsichtlich der Entgelte für das Inkasso einerseits und die Kreditgewährung andererseits vorgenommen. Soweit für die Vorfinanzierung der vor Fälligkeit und Einzug abgetretenen Forderungen zusätzlich eine weitere Gegenleistung gewährt wurde, handelt es sich dabei um Entgelt für eine steuerfreie Kreditgewährung nach § 4 Nr. 8 a UStG. Das Gesamtentgelt muss daher aufgeteilt werden. Hier entfallen 5.000 € auf die steuerfreie Kreditgewährung und 3.300 € (2.200 € + 1.100 €) : 1,19 = 2.773,10 € auf die steuerpflichtige Einziehungs-/Inkassoleistung der F-GmbH. Der L steht aus der (steuerpflichtigen) Leistung der F-GmbH in Höhe der USt 526,90 € bei entsprechendem Rechnungsausweis der Vorsteuerabzug zu. Für beide Alternativen ergibt sich dieselbe Lösung. Ob das Ausfallrisiko tatsächlich eintritt oder nicht eintritt, führt nicht zu Unterschieden hinsichtlich der erbrachten Leistungen des Factors. Verlangt und erhält das Factoring-/Inkassounternehmen von den Schuldnern Mahngebühren

---

734 EuGH v. 17.12.2020 – Rs. C-801/19 (Franck), UR 2021, 593 = WM 2021, 37 (steuerfreie Kreditgewährung durch ein Handelsunternehmen).

735 Abschn. 2.4. Abs. 4 UStAE; s. auch FG München v. 31.08.2016 – 3 K 874/14, EFG 2016, 2089 (Vorfinanzierung ärztlicher Honorarforderungen Teil der einheitlichen nicht befreiten Inkassoleistung beim unechten Factoring und keine steuerfreie Kreditgewährung), bestätigt durch BFH v. 12.10.2017 – V R 53/16, BB 2018, 615 mit Anm. Fey.

736 BFH v. 15.05.2012 – XI R 28/10, BStBl. II 2015, 966 = UR 2012, 719.

und darf es diese behalten, gehören sie zum Entgelt für die steuerpflichtige Inkassotätigkeit.[737]

III. Richtigerweise folgt aus der EuGH-Rspr. zwar, dass das echte Factoring und das unechte Factoring einheitlich als nicht befreite sonstige Leistung zu behandeln sind. In beiden Fälle ist auch davon auszugehen, dass der Factor Unternehmer ist. Zutreffend ist auch die Annahme, dass auch in den Fällen des echten Factoring der Anschlusskunde mit der Forderungsabtretung zum Zwecke der Einziehung trotz Übernahme des Ausfallrisikos durch den Factor keine Leistung an den Factor erbringt. Nicht nur dann, wenn der **Zedent** weiter das **Ausfallrisiko** hinsichtlich der Forderung (sog. **unechtes Factoring**) trägt, fehlt es an einer Leistung durch die Abtretung, weil die Forderung ungeachtet des rechtlichen Wechsels der Inhaberschaft durch die Zession wirtschaftlich nicht aus seinem Vermögen ausgeschieden ist. Das ist – folgt man dem EuGH – auch beim echten Factoring nicht anders, ungeachtet der – gegen Entgelt erfolgenden – Übernahme des Ausfallrisikos durch den echten Factor. Beim unechten wie beim echten Factoring stellt sich die Forderungsabtretung durch den Anschlusskunden als Zedenten für diesen daher nicht als steuerbare, nach § 4 Nr. 8 c UStG steuerbefreite Forderungsabtretung dar. Sie erfolgt lediglich als „Beistellung", um dem Factor seine Factoring(Einziehungs)dienstleistung für den Anschlusskunden zu ermöglichen. 250

Es ist allerdings zwischen dem **echten Factoring** – ausnahmsweise auch noch verbunden mit einer steuerfreien Kreditgewährung – und einem echten **Forderungs(ver)kauf von zahlungsgestörten Forderungen** zu unterscheiden. Der (bloße) Erwerb von zahlungsgestörten Forderungen (Non-Performing-Loans), bei dem der Käufer selbst die Einziehung der von ihm erworbenen/gekauften Forderung vornimmt und das Risiko des Forderungsausfalles der an ihn verkauften Forderung trägt, darf auch umsatzsteuerlich nicht in eine (nicht befreite) echte an den Forderungsverkäufer erbrachte (Factoring-)Dienstleistung umgedeutet werden. Der vom Forderungskäufer einer zahlungsgestörten Forderung aufgewendete Kaufpreis stellt vielmehr seinerseits lediglich das Entgelt für die **sonstige Leistung des Forderungsverkäufers** dar. Die sonstige Leistung des Forderungsverkäufers besteht in der Abtretung/Übertragung der zahlungsgestörten Forderung. Ist der Forderungsverkäufer ein Unternehmer und gehörte die zahlungsgestörte Forderung zu seinem Unternehmen, ist die **Forderungsabtretung durch den Verkäufer** zwar steuerbar, aber **nach § 4 Nr. 8 c UStG befreit**. Eine vom Forderungskäufer der zahlungsgestörten Forderung an den Verkäufer erbrachte sonstige (Dienst-)Leistung eines echten oder unechten Factors durch Einziehung/Inkasso und Übernahme des Ausfallrisikos liegt daneben nicht vor, wie der EuGH klargestellt hat.[738] Von einem **echten Forderungs(ver)kauf** und nicht von einem Factoring ist bei einem Verkauf zahlungsgestörter Forderungen grundsätzlich auszugehen, sofern der zu zahlende Kaufpreis – wie regelmäßig der Fall – unter Berücksichtigung der Zahlungsstörung nach dem Wert der Forderung bemessen wurde, den Käufer und Verkäufer ihr beigemessen haben. Mit dem EuGH gehen auch der BFH und ihm folgend auch die FinVerw[739] (wieder) davon aus, dass

737 BFH v. 11.05.1995 – V R 86/93, BStBl. II 1995, 613.

738 EuGH v. 27.10.2011 – Rs. C-93/10 (GFKL Financial Services AG), BStBl. II 2015,978 = UR 2011, 933 mit Anm. Philipowski; s. aber BFH v. 14.04.2016 – XI B 97/15, BFH/NV 2016, 1304 (einheitliche stpfl. Inkassoleistung des Factors, wenn dieser neben der vereinbarten Factoringgebühr auch einen vereinbarten Anteil am Mehrerlös bei Einziehung zahlungsgestörter Forderungen als Entgelt für den Forderungseinzug „behalten darf" und nicht etwa bloßer nach § 4 Nr. 8 c befreiter Forderungsverkauf an ihn).

739 BFH v. 26.01.2012 – V R 18/08, BStBl. II 2015,962 = UR 2012, 359 (Nachfolgeentscheidung zu EuGH v. 27.10.2011 – Rs. C-93/10 [GFKL Financial Services AG]); v. 15.05. 2012 – XI R 28/10, BStBl. II 2015, 965 = UR 2012, 719; v. 04.07.2013 – V R 8/10, BStBl. II 2015, 969 = MwStR 2013, 663; Abschn. 2.4. Abs. 7 und 8 UStAE i.d.F. BMF v. 02.12.2015, BStBl. I 2015, 1012.

der Forderungskäufer mit dem Ankauf der Forderung keine in den Anwendungsbereich der MwStSystRL/des UStG fallende Dienstleistung/sonstige Leistung gegen Entgelt erbringt und insoweit auch nicht als Steuerpflichtiger/Unternehmer i.S.d. Art. 9 MwStSystRL/§ 2 UStG handelt. Aus der Wertung des echten Factorings als eine Art Forderungskauf durch die ältere Zivilrechtsprechung[740] ist, wie der EuGH nunmehr klargestellt hat, nicht umgekehrt herzuleiten, dass der normale Forderungskauf umsatzsteuerlich in (eine) gegen Entgelt erbrachte Factoring-/Inkasso-/ Kreditleistung(en) des Käufers umzudeuten ist. Daher liegt bei der Alternative unter b) weder eine steuerpflichtige Inkassofactoringdienstleistung noch eine steuerfreie Kreditgewährung durch die F-GmbH vor. Lediglich die B-Bank erbringt eine nach § 4 Nr. 8 c UStG steuerfreie Forderungsabtretung zu einem Entgelt von 8.000.000 €.

251 IV. Der echte **Forderungs(ver)kauf** ist daher nicht in eine Darlehensgewährung und eine Factoringleistung entsprechend der Behandlung beim echten Factoring, soweit diese mit einer Darlehensgewährung verbunden wird, umzudeuten. Die Unterscheidung ist danach vorzunehmen, ob ausdrücklich oder implizit primär eine Gegenleistung für eine Inkassoleistung und Übernahme des Ausfallrisikos vereinbart wurde und ggf. zusätzlich für eine Kreditgewährung bis zur Fälligkeit/Einziehung der abgetretenen Forderungen, oder ob schlicht ein (unter dem Nennwert liegender) Kaufpreis wegen einer Zahlungsstörung, aber wohl auch aus anderen Gründen, etwa wegen Veräußerung des Unternehmens, vereinbart wurde. Um zu einem zutreffenden Ergebnis beim Forderungs(ver)kauf zu kommen, bedarf es nicht der Differenzierung danach, ob der Forderungskäufer, wie für den Regelfall, selbst die Einziehung seiner – nämlich der ihm abgetretenen – Forderung übernimmt oder ob, wie etwa bei stillen Zessionen zur Sicherung oder im Rahmen von sog. **Asset Backed Securities Transaktionen**, bei denen der Zessionar (Forderungskäufer) gerade nicht die Einziehung übernimmt, die Einziehung der Forderungen weiterhin vom Forderungsverkäufer (sog. Originator) wahrgenommen wird. Hier geht die Finanzverwaltung richtigerweise davon aus, dass dann in der Abtretung der Forderung eine nach § 4 Nr. 8 c UStG steuerfreie Leistung des Verkäufers an den Käufer vorliegt.[741] Verfehlt ist allerdings die Annahme, dass der Forderungskauf ohne Übernahme des Forderungseinzugs durch den Käufer als neudeutsch sog. **„true sale"** umsatzsteuerlich zugleich als eine Kreditgewährung durch den Käufer zu behandeln sei.[742] In beiden Konstellationen des reinen Forderungskaufes liegen auch keine tauschähnlichen Umsätze mit Baraufgabe durch den Käufer vor. Vielmehr liegt beim Forderungskauf lediglich eine nach § 4 Nr. 8 c UStG steuerfreie Leistung durch den Forderungsverkäufer vor, der als Gegenleistung schlicht die Zahlung des Kaufpreises gegenübersteht.[743] Sind die angekauften Forderungen noch nicht fällig und/oder besteht ein Ausfallrisiko, wird dies durch Abzinsung, respektive einen Abschlag beim Kaufpreis berücksichtigt werden. Ob, wie im Regelfall des Forderungskaufes, der Forderungskäufer selbst die Einziehung übernehmen muss, oder ob vereinbarungsgemäß dies im Außenverhältnis weiterhin vom Verkäufer zu erfolgen hat, spielt keine Rolle. Die Einziehung durch den Verkäufer erfolgt dann „für Rechnung des Käufers" und stellt allenfalls eine unselbständige Nebenleistung zur steuerfreien Abtretung der Forderung nach § 4 Nr. 8 c UStG dar.[744]

740 Vgl. Nachweise bei Reiß in: FS Korn, 2005, 521 f.

741 Abschn. 2.4. Abs. 2, Abs. 3 und Abs. 5 UStAE.

742 Abschn. 2.4. Abs. 5 und Abschn. 10.5. Abs. 6 UStAE.

743 S. auch BFH v. 05.09.2019 – V R 57/17, DStR 2019, 2582. Ein nach § 4 Nr. 8 c UStG zu befreiender reiner Forderungsverkauf liegt auch bei einer Übertragung von „gebrauchten" Kapitallebensversicherungen auf dem Zweitmarkt vor.

744 Vgl. BFH v. 04.07.2013 – V R 8/10, BStBl. II 2015, 969 = MwStR 2013, 663.

Beispiel: Bauunternehmer B veräußert wegen Liquiditätsengpässen eine Werklohnforderung über 110.000 € an die A-GmbH für 90.000 €. Vereinbarungsgemäß soll die Forderung bei Fälligkeit in einem Jahr weiterhin von B eingezogen werden. Bei der Bestimmung des Kaufpreises wurde berücksichtigt, dass der übliche Zinssatz bei 10 % liegt. Außerdem wurde ein Ausfallrisiko i.H.v. 10.000 € berücksichtigt. Richtigerweise ist nur von einer nach § 4 Nr. 8 c UStG steuerfreien Leistung des B an die A-GmbH auszugehen, der ein Entgelt von 90.000 € gegenübersteht. Dem folgt mittlerweile auch die Finanzverwaltung.[745]

Gestaltungshinweis: *Der Forderungsverkauf ist regelmäßig gegenüber dem echten Factoring dann vorzuziehen, wenn der Forderungsverkäufer nicht vorsteuerabzugsberechtigt ist, wie etwa im Banken- und Versicherungsbereich. Umgekehrt verhält es sich, wenn der Anschlusskunde vorsteuerabzugsberechtigt ist.*

V. Befreiung der Umsätze von Anteilen an Gesellschaften

Nach § 4 Nr. 8 f UStG werden die Umsätze und die Vermittlung der Umsätze[746] von Anteilen an Gesellschaften befreit. Darunter fallen sowohl die Anteile an **Personengesellschaften wie an Kapitalgesellschaften**. In Wertpapieren verbriefte Anteile an Kapitalgesellschaften (Aktien) werden außerdem auch nach § 4 Nr. 8 e UStG befreit. Für diese Umsätze gelten dann beide Befreiungsvorschriften. Die Befreiungsvorschrift des § 4 Nr. 8 f UStG kann Bedeutung für die Übertragung von Gesellschaftsanteilen beim Gesellschafterwechsel haben. Ihr kommt keine Bedeutung für die Ausgabe von (neuen) Gesellschaftsrechten durch die Gesellschaft anlässlich der Gründung, des Beitritts neuer Gesellschafter oder der Ausgabe weiterer neuer Gesellschaftsrechte bei Kapitalerhöhung an die bisherigen Gesellschafter zu. Diese Vorgänge sind für die Gesellschaft mangels Erbringung einer Leistung nicht steuerbar (s. sogleich unten). 252

Fall 27: Die Aufnahme des Sohnes in das väterliche Unternehmen/ Erwerb von Gesellschaftsrechten

Vater V betreibt ein Fuhrunternehmen als Einzelgeschäft. Der Sohn soll später das Unternehmen übernehmen. Um ihn an den Betrieb zu binden, soll er sich bereits jetzt als Kommanditist betätigen. V und S schließen daher einen Gesellschaftsvertrag über die Gründung einer KG. Hierin verpflichtet sich V, seinen Betrieb in die Kommanditgesellschaft einzubringen, S verpflichtet sich zur Erbringung einer Kommanditeinlage von 50.000 €. Am Gewinn sollen V mit 80 % und S mit 20 % beteiligt sein. Der Betrieb des V besteht aus zwei Lkw mit einem gemeinen Wert von 150.000 € und Forderungen von 50.000 €. Weitere Vermögensgegenstände, insbesondere ein Firmenwert, sind nicht vorhanden. Die Einlageverpflichtungen werden am 01.06.2021 erfüllt.

Wie sind die Vorgänge umsatzsteuerlich zu würdigen?

I. Die umsatzsteuerliche **Würdigung bei der KG**

1. S hat keine Leistung i.S.d. § 1 Abs. 1 Nr. 1 UStG erbracht, da seine Geldzahlung nur Entgelt für die Leistung der Gesellschaft darstellt. Selbst wenn er eine Sacheinlage, also eine Leistung im umsatzsteuerlichen Sinne erbracht hätte, wäre 253

---

745 Vgl. BMF v. 02.12.2015, BStBl. I 2015, 1012 und Abschn. 2.4. Abs. 1 S. 4 und Abs. 8 UStAE in Übernahme von BFH v. 04.07.2013 – V R 8/10, BStBl. II 2015, 978; s. auch Grambeck DB 2015, 2969 und Rödding DStR 2016, 97 sowie kritisch Teufel UR 2016,413.

746 Steuerbar, aber befreit ist auch die Vermittlung der nicht steuerbaren erstmaligen Ausgabe von Gesellschaftsrechten durch einen als Unternehmer handelnden Vermittler, Abschn. 4.8.10. Abs. 4 UStAE unter Berufung auf EuGH v. 27.05. 2004 – Rs. C-68/03 (Lippjes), Slg. 2004, I-5993.

der Leistungsaustausch wegen fehlender Unternehmereigenschaft des S nicht steuerbar. Denn der einmalige Leistungsaustausch bei Eintritt in eine Gesellschaft gegen Sacheinlagen begründet mangels Nachhaltigkeit nicht die Unternehmereigenschaft des Einbringenden,[747] ebenso wenig die unentgeltliche Nutzungsüberlassung von Sachen, Rechten und anderen Wirtschaftsgütern an die Gesellschaft.[748]

254 2. Umgekehrt sollte nach früher h.M. auch die Gesellschaft bei Sach- und Bareinlagen der Gesellschafter sonstige Leistungen durch die Gewährung von Gesellschaftsrechten im Leistungsaustausch gegen die Einlageleistung des Gesellschafters erbringen, die dann allerdings nach § 4 Nr. 8 f UStG steuerfrei sein sollten.[749] Der EuGH hat sowohl für den Fall der Aufnahme eines Gesellschafters **(Neueintritt eines Gesellschafters)** in eine Personengesellschaft gegen eine Bareinlage wie auch für die Ausgabe weiterer Gesellschaftsrechte bei einer Kapitalgesellschaft aufgrund von Kapitalerhöhungen zutreffend entschieden, dass die (Personen- oder Kapital-)Gesellschaft umsatzsteuerlich keine Leistung gegen Entgelt erbringt.[750] Dies muss auch dann gelten, wenn nicht eine Bareinlage erfolgt, sondern eine Sacheinlage. Im vorliegenden Fall erbringt die KG daher keine steuerbaren Umsätze.

Da die Gesellschaft mit der Erstausgabe von Gesellschaftsrechten keine steuerbefreiten Umsätze tätigt, wird der **Vorsteuerabzug** aus Dienstleistungen, die für die Ausgabe von Gesellschaftsrechten in Anspruch genommen wurden, etwa Notarleistungen oder Beratungs- und Vermittlungsleistungen, auch nicht durch § 15 Abs. 2 i.V.m. § 4 Nr. 8 f UStG ausgeschlossen. Die Gesellschaft bezieht diese Leistungen dennoch für ihr Unternehmen. Denn die Ausgabe der Gesellschaftsrechte dient dazu, ihr Kapital zu verstärken. Es besteht somit nach zutreffender Ansicht des EuGH ein direkter und unmittelbarer Zusammenhang mit der wirtschaftlichen Gesamttätigkeit des Unternehmers, d.h. mit allen seinen Umsätzen. Der BFH hat im Gefolge des EuGH entschieden, dass die Gesellschaft zum vollen Vorsteuerabzug aus an sie erbrachten Leistungen im Zusammenhang mit ihrer Gründung oder dem Beitritt weiterer Gesellschafter berechtigt ist, wenn sie nur steuerpflichtige Leistungen erbringt.[751] Soweit sie hingegen nur steuerfreie Leistungen erbringt, ist der Vorsteuerabzug nach § 15 Abs. 2 Nr. 1 UStG zu versagen. Bei nur teilweiser Erbringung von Umsätzen, die den Vorsteuerabzug ausschließen, muss nach § 15 Abs. 4 UStG aufgeteilt werden. Unerheblich ist auch, ob es sich um die Gründung einer Kapitalgesellschaft handelt oder um eine spätere Kapitalerhöhung. Die entgegengesetzten Auffassungen[752] sind überholt. Daher sind auch Vorsteuern aus Leistungen im Zusammenhang mit Emissionen beim Börsengang uneingeschränkt abziehbar.

Von der (Erst-)Ausgabe von Gesellschaftsrechten durch die Gesellschaft ist die Übertragung von bestehenden Gesellschaftsrechten durch den bisherigen Gesellschafter auf einen Erwerber zu unterscheiden. Hier liegt zweifellos eine Leis-

747 BFH v. 15.01.1987 – V R 3/77, BStBl. II 1987, 512; Stadie in: R/D § 2 Rn. 427; a.A. Schön DStJG Band 13, 1990, 103 f.

748 EuGH v. 13.03.2014 – Rs. C-204/13 (Malburg), UR 2014, 353 mit nachfolgend BFH v. 26.08.2014 – XI R 26/10, UR 2015, 35.

749 BFH v. 14.12.1995 – V R 11/94, BStBl. II 1996, 250; v. 18.12.1975 – V R 131/73, BStBl. II 1976, 265; v. 29.01.1988 – X R 7/81, BStBl. II 1988, 506.

750 EuGH v. 26.05.2005 – Rs. C-465-03 (Kretztechnik), Slg. 2005, I-4357; v. 26.06.2003 – Rs. C-442/01 (KapHAG), Slg. 2003, I-6851; vgl. auch v. 18.07.2013 – Rs. C-26/12 (PGG), BB 2013, 1813 (zu Vorsteuerabzug bei Rentenfonds für Arbeitnehmer).

751 BFH v. 01.07.2004 – V R 32/00, BStBl. II 2004, 1022.

752 BFH v. 14.12.1995 – V R 11/94, BStBl. II 1996, 250 mit abl. Anm. Reiß UR 1996, 357.

tung des übertragenden Gesellschafters vor und, falls der Erwerber dafür etwas aufzuwenden hat, auch eine Leistung gegen Entgelt. Allerdings ist der Gesellschafter nicht schon wegen seiner Gesellschafterstellung Unternehmer. Auch bei einem Unternehmer führt nicht schon das bloße Halten von Gesellschaftsanteilen/Beteiligungen dazu, dass die Gesellschaftsanteile zum Unternehmensbereich gehören. Werden solche nicht zum Unternehmensbereich gehörenden Beteiligungen veräußert, liegen zwar Leistungen gegen Entgelt vor, die aber mangels Handelns als Unternehmer, respektive mangels Handelns im Rahmen des Unternehmens nicht nach § 1 Abs. 1 Nr. 1 UStG steuerbar sind (s. Rn. 204 ff.). Werden hingegen Aktien oder andere Gesellschaftsanteile veräußert, die als Unternehmer im Rahmen des Unternehmens gehalten werden, etwa zu Zwecken des Wertpapierhandels oder auch Beteiligungen an (Tochter-)Gesellschaften, an die entgeltliche Leistungen erbracht werden, so liegen nach § 4 Nr. 8 f UStG befreite Leistungen vor, die grundsätzlich zum Vorsteuerausschluss nach § 15 Abs. 2 UStG führen.[753] An einer in den Rahmen des Unternehmens fallenden Veräußerung von Gesellschaftsanteilen soll es jedoch fehlen, wenn Gesellschaftsanteile (an einer Enkelgesellschaft) von einer Führungsholding nur veräußert werden, um aus dem Erlös Verbindlichkeiten gegenüber dem neuen Inhabers des Konzerns zu tilgen.[754] Das erscheint jedoch als verfehlt. Die Veräußerung ist freilich steuerfrei nach § 4 Nr. 8 f UStG.

II. Die umsatzsteuerliche **Würdigung bei S und V**

1. S hat keine Leistung i.S.d. § 1 Abs. 1 Nr. 1 UStG erbracht, da seine Geldzahlung nur Entgelt für die Leistung der Gesellschaft darstellt. Selbst wenn er eine Sacheinlage, also eine Leistung im umsatzsteuerlichen Sinne erbracht hätte, wäre der Leistungsaustausch wegen fehlender Unternehmereigenschaft des S nicht steuerbar. Denn der einmalige Leistungsaustausch bei Eintritt in eine Gesellschaft gegen Sacheinlagen begründet mangels Nachhaltigkeit nicht die Unternehmereigenschaft des Einbringenden.[755]

2. Da V sein gesamtes Einzelunternehmen auf die KG übertrug, liegt eine entgeltliche Geschäftsveräußerung vor. **Die Geschäftsveräußerung im Ganzen ist allerdings nicht steuerbar** (vgl. Rn. 121). Zu beachten ist aber, dass etwa bei der Einbringung von Einzelgegenständen aus einem bestehenden Unternehmen in eine Personengesellschaft als Sacheinlage bei der Gründung, beim späteren Beitritt oder auch nur zur Erhöhung der Beteiligung für den einbringenden Unternehmer entgeltliche Lieferungen oder sonstige Leistungen an die Gesellschaft vorliegen. Das Entgelt besteht in der Wertsteigerung der Beteiligung. Unerheblich ist, dass aus der Sicht der Gesellschaft, wie der EuGH (a.a.O.) zutreffend entschieden hat, keine umsatzsteuerlich relevante Leistung erbracht wird.[756]

---

1. Beim **Ausscheiden eines Gesellschafters** liegt aufseiten des Gesellschafters keine sonstige Leistung durch Rückgewähr der Gesellschaftsrechte (= Aufgabe der gesamt- 255

753 EuGH v. 06.04.1995 – Rs. C-4/94 (BLP Group), Slg. 1995, I-983; vgl. aber v. 29.10.2009 – Rs. C-29/08 (SKF), Slg. 2009, I-10413 und BFH v. 27.01.2011 – V R 38/09, DStR 2011, 454 mit Anm. Wäger DStR 2011, 433. S. auch BFH v. 18.09.2019 – XI R 33/18, UR 2020,183 (ggf. aber nicht zu besteuernde GiG bei Veräußerung aller Anteile an einer Organgesellschaft und Fortsetzung der Organschaft durch den Erwerber der Anteile – dann keine steuerfreie Veräußerung der Anteile und kein Vorsteuerausschluss).

754 EuGH v. 08.11.2018 – Rs. C-502/17 (C&D Foods Acquisition), MwStR 2018, 1060 mit Anm. Grube.

755 BFH v. 15.01.1987 – V R 3/77, BStBl. II 1987, 512; Stadie in: R/D § 2 Rn. 427; a.A. Schön DStJG Band 13, 1990, 103 f.

756 Vgl. BFH v. 13.11.2003 – V R 79/01, BStBl. II 2004, 375; Reiß UR 2003, 428; Lippross 2.2.8.2 b) m.w.N.

händerischen Mitberechtigung) vor. Hier muss konsequenterweise aus der Rspr. des EuGH gefolgert werden, dass auch die Beendigung der Gesellschafterstellung nicht zu einer Leistung führt. Regelmäßig kann diese Frage freilich dahinstehen, weil der Gesellschafter in dieser Eigenschaft ohnehin nicht Unternehmer ist. Anders könnte es nur dann sein, wenn der Gesellschafter die Beteiligung im Rahmen eines anderen Unternehmens hielt, etwa bei einer **gemischten Holding** (s. Rn. 210). Auch in diesem Falle ist aber die bloße Aufgabe der Gesellschafterstellung nicht als Leistung an die Gesellschaft zu werten. Bei einer Veräußerung einer im Unternehmen gehaltenen Beteiligung wäre die Leistung jedenfalls nach § 4 Nr. 8 f UStG steuerfrei.[757]

Aufseiten der Gesellschaft fehlt es bei einer Barabfindung an einer umsatzsteuerlichen Leistung, bei einer Abfindung mit Sachwerten liegt hingegen ein steuerbarer, nicht nach § 4 Nr. 8 f UStG befreiter Leistungsaustausch vor.[758] Die Gegenleistung besteht hier darin, dass die Gesellschaft von der ansonsten bestehenden Verpflichtung frei wird, dem Gesellschafter einen Ausgleich in Geld (Barabfindung) zu zahlen. Die Sachabfindung erfolgt als Leistung/Lieferung im Rahmen einer Hingabe an Zahlungs statt.

Beispiel: Ein Gesellschafter scheidet aus und wird mit einem Lkw abgefunden anstelle eines Guthabens von 59.500 €. Die Gesellschaft tätigt eine steuerbare und steuerpflichtige Lieferung des Lkw mit einer Bemessungsgrundlage von 50.000 € und einer USt von 9.500 €.

Diese Grundsätze gelten auch beim **Ausscheiden des letzten Gesellschafters** aus einer zweigliedrigen Gesellschaft. Dagegen liegt nicht noch zusätzlich eine Leistung der bisherigen Gesellschaft an den als Einzelunternehmer verbleibenden Gesellschafter vor. Die Anwachsung der Anteile erfolgt ohne weiteren Übertragungsakt gemäß § 131 Abs. 3 HGB i.V.m. § 738 BGB, sodass nach h.M. von einer Leistung der bisherigen Gesellschaft an den fortführenden Einzelunternehmer nicht gesprochen werden kann.[759] Im Ergebnis wird daher das Ausscheiden des letzten Gesellschafters so behandelt wie das Ausscheiden früherer Gesellschafter, bei dem die Identität zwischen der Gesellschaft vor Austritt und der nach Austritt gewahrt bleibt. Es liegt keine Geschäftsveräußerung zwischen „alter" Gesellschaft und dem nunmehrigen Einzelunternehmer (verbleibendem Alleingesellschafter) vor, sondern der nunmehrige Einzelunternehmer setzt als „Gesamtrechtsnachfolger" das Unternehmen der Gesellschaft fort.[760]

Auch beim Wechsel aller Gesellschafter durch Abtretung aller Anteile an neue Gesellschafter liegt keine Geschäftsveräußerung im Ganzen vor,[761] sodass es der Anwendung des § 1 Abs. 1 a UStG nicht bedarf und sie auch nicht in Betracht kommt (s. Rn. 123).

256 2. Erbringt der **Gesellschafter** an seine Gesellschaft Leistungen in Form von **Nutzungsüberlassungen oder Dienstleistungen**, die mangels bilanzierungsfähiger Wirtschaftsgüter das Vermögen der Gesellschaft nicht unmittelbar erhöhen, sondern allenfalls zu einer Ersparung von Aufwendungen führen,[762] so liegt ein Leistungsaustausch nur vor, wenn die Gesellschaft dem Gesellschafter dafür ein Sonderentgelt gewährt – sog. unechte Gesellschafterleistung.[763] Gleichgültig ist, ob das

757 EuGH v. 06.04.1995 – Rs. C-4/94 (BLP Group), Slg. 1995, I-983; v. 29.10.2009 – Rs. C-29/08 (SKF), Slg. 2009, I-10413 und BFH v. 27.01.2011 – V R 38/09, BStBl. II 2012, 68 = DStR 2011, 454.

758 Lippross 2.2.8.3; Tehler in: R/K/L § 1 Rn. 360 f.

759 BFH v. 12.03.1964 – V 249/61 U, BStBl. III 1964, 290.

760 BFH v. 17.07.1986 – V R 37/77, BFH/NV 1987, 111; v. 18.09.1980 – V R 175/74, BStBl. 1981 II, 293; Stadie in: R/D § 2 Rn. 738.

761 BFH v. 29.10.1987 –X R 33-34/81, BStBl. II 1988, 92; zu Unrecht aufgegeben von BFH v. 27.01.2011 – V R 38/09, BStBl. II 2012, 68 unter fälschlicher Berufung auf den EuGH; s. EuGH v. 30.05.2013 – Rs. C-651/11 (X BV), UR 2013, 582.

762 Vgl. BFH v. 26.10.1987 – GrS 2/86, BStBl. II 1988, 348.

763 Vgl. Abschn. 1.6. Abs. 3–7 UStAE.

Sonderentgelt in einem eigenen schuldrechtlichen Vertrag, z.B. Mietvertrag, oder im Gesellschaftsvertrag vereinbart ist. Dagegen liegen mangels Entgeltes sog. **echte** nicht steuerbare **Gesellschafterleistungen** vor, wenn die Leistung lediglich durch die **Beteiligung am** (handelsrechtlichen) **Gewinn** der Gesellschaft abgegolten wird.[764] Umgekehrt führt eine auf dem Gesellschaftsverhältnis beruhende **Verlustübernahme** nicht zu einer entgeltlichen Leistung der Gesellschaft an den Gesellschafter.[765]

3. Problematisch ist die Beurteilung von **Geschäftsführerleistungen** der vertretungsbefugten Gesellschafter und die Beurteilung der kraft Gesetzes bestehenden unbeschränkten Haftung persönlich haftender Gesellschafter bei Personengesellschaften. Rspr. und Finanzverwaltung gehen insoweit im Kern zutreffend davon aus, dass ein Leistungsaustausch nur vorliegen kann, wenn ein gewinnunabhängiges Sonderentgelt vergütet wird.[766] Ein solches liegt immer dann vor, wenn die an den Gesellschafter zu erbringende Zahlung zivilrechtlich als (gemeinsamer) Aufwand der Gesellschaft behandelt wird. Unerheblich ist, ob ertragsteuerlich wegen § 15 Abs. 1 Nr. 2 Alt. 2 EStG Sondervergütungen vorliegen oder nicht. Für Geschäftsführerleistungen ist danach wie folgt zu unterscheiden. Zunächst einmal ist entscheidend, ob eine gewinnunabhängige Vergütung zu zahlen ist oder ob die Leistung durch einen (erhöhten) Gewinnanteil abgegolten wird. Nur im ersteren Falle kann ein steuerbarer Leistungsaustausch vorliegen. Entscheidend ist dann allerdings, ob der Gesellschafter hinsichtlich der Geschäftsführerleistung Unternehmer ist oder ob er unselbstständig (Arbeitnehmer) ist (s. dazu bereits Rn. 210).[767] 257

Reine **Haftungsvergütungen** für die kraft Gesetzes bestehende persönliche Haftung stellen allerdings richtigerweise niemals ein Leistungsentgelt dar, auch wenn sie vermeintlich gewinnunabhängig gezahlt werden. Es **fehlt** schlicht an einer **Leistung** gegenüber der Gesellschaft, weil die Übernahme der Haftung kraft Gesetzes mit der Eigenschaft als persönlich haftender Gesellschafter verbunden ist. Anders als die Geschäftsführung kann sie daher auch nicht von anderen übernommen werden und auch nicht abbedungen werden. Die gegenteilige Auffassung von Finanzverwaltung und BFH, dass eine gewinnunabhängig vereinbarte pauschale Haftungsvergütung für den persönlich haftenden Gesellschafter als Vergütung für einen unselbstständigen Teil einer einheitlichen Leistung aus Geschäftsführung, Vertretung und Haftung zur Steuerbarkeit im Rahmen eines Leistungsaustausches führe, wenn die Geschäftsführungstätigkeit ebenfalls durch ein festes Sonderentgelt abgegolten wird, überzeugt nicht.[768] Geht man aber von einer einheitlichen Leistung bei Geschäftsführung, Vertretung und Haftung gegen Sonderentgelt aus, so ist diese Leistung allerdings dann auch nicht teilweise nach § 4 Nr. 8 g UStG (Übernahme von Verbindlichkeiten, Bürgschaften und anderen Sicherheitsleistungen) befreit.[769]

764 EuGH v. 27.01.2000 – Rs. C-23/98 (Heerma), Slg. 2000, I-419; BFH v. 06.06.2002 – V R 43/01, UR 2002, 423 m.w.N.; Reiß UR 1988, 298; a.A. zu Unrecht Walden USt-Kongr. 1991/92, 79 f.; wie hier Blanke, Umsatzsteuerliche Behandlung von Gesellschafterbeiträgen, Köln 1991; Schön DStJG Bd. 13, 1990, 103 f. will immer Entgeltlichkeit annehmen.

765 BFH v. 11.04.2002 – V R 65/00, BStBl. II 2002, 782.

766 Abschn. 1.6. Abs. 3–6 UStAE Beispiele 1, 2, 4, 7 in Abs. 4, Beispiele in Abs. 5 und 6.

767 S. dazu auch BFH v. 26.08.2014 – XI R 26/10, UR 2015, 38 (Nachfolge EuGH v. 03.03.2014 – Rs. C-204/13 (Malburg).

768 Abschn. 1.6. Abs. 6 Beispiel UStAE und BFH v. 03.03.2011 – V R 24/10, BStBl. II 2011, 950; wie hier auch Lippross 2.2.8.4 b).

769 Insoweit zutreffend BFH v. 03.03.2011 – V R 24/10, BStBl. II 2011, 950; vgl. auch EuGH v. 19.04.2007 – Rs. C-455/05 (Velvet & Steel), Slg. 2007, I-3225 und Abschn. 4.8.11. und 4.8.12. UStAE (befreit nur die Übernahme von Geldverbindlichkeiten als Finanzgeschäfte, nicht Sachleistungsverpflichtungen) und BFH v. 30.11.2016 – V R 18/16, BB 2017, 86.

258

Gesellschaft oder Gesellschafter

I. Gründung

Keine sonstige Leistung, keine Gewährung von Gesellschaftsrechten

Gesellschaft → Gesellschafter mit Bareinlage

Gesellschafter mit Bareinlage → Gesellschaft

Geldeinlage nicht steuerbar

Keine sonstige Leistung

Gesellschaft → Gesellschafter mit Sacheinlage

Gesellschafter mit Sacheinlage → Gesellschaft

Lieferung oder sonstige Leistung; nur steuerbar, wenn aus einem Unternehmen des Gesellschafters

II. Eintritt weiterer Gesellschafter: Wie bei Gründung; die Identität der Gesellschaft als Unternehmer bleibt erhalten. Es liegt nicht etwa eine Gesellschaftsveräußerung im Ganzen auf einen neuen Unternehmer vor.

III. Ausscheiden eines Gesellschafters

Keine sonstige Leistung

Gesellschafter (Barabfindung) → Gesellschaft

Gesellschaft → Gesellschafter (Barabfindung)

Abfindung in Geld, keine Leistung, nicht steuerbar

Keine sonstige Leistung, nicht steuerbar

Gesellschafter (Sachabfindung) → Gesellschaft

Gesellschaft → Gesellschafter (Sachabfindung)

Entgeltliche Lieferung, steuerbar, nicht nach § 4 Nr. 8 f UStG befreit

Die Identität der Gesellschaft als Unternehmer bleibt gewahrt. Auch bei Ausscheiden des vorletzten Gesellschafters findet keine Geschäftsveräußerung im Ganzen von der bisherigen Gesellschaft auf den nunmehrigen Alleinunternehmer statt. Die Anwachsung führt nicht zum Leistungsaustausch. Der Alleinunternehmer setzt das bisherige Unternehmen der Gesellschaft fort.

IV. Leistungen zwischen Gesellschafter und Gesellschaft während der Gesellschaftsdauer

1. **Echte Gesellschafterleistungen** = kein steuerbarer Leistungsaustausch
   Gesellschafter erhält für seine Leistung kein gewinnunabhängiges Entgelt.
2. **Unechte Gesellschafterleistungen** = Leistungsaustausch
   Der Gesellschafter erhält ein gewinnunabhängiges Entgelt für seine Leistung. Der Leistungsaustausch ist steuerbar, wenn der Gesellschafter wegen nachhaltiger Tätigkeit (wiederholt oder Dauerleistung) zum Unternehmer wird.

VI. Grunderwerbsteuerbare Vorgänge

1. § 4 Nr. 9 a UStG befreit die unter das Grunderwerbsteuergesetz fallenden Umsätze, um eine Doppelbesteuerung zu vermeiden. Der **Grunderwerbsteuer** unterliegen nach § 1 GrEStG **schuldrechtliche Verpflichtungsgeschäfte** über den Eigentumsübergang an Grundstücken und hilfsweise der Eigentumsübergang selbst. Um dem Ziel der Befreiungsvorschrift gerecht zu werden, ist die Lieferung von Grundstücken immer als nach § 4 Nr. 9 a UStG befreit anzusehen, selbst wenn das GrEStG bereits an den Abschluss des schuldrechtlichen Vertrages anknüpft. Vorgänge, die nach § 1 GrEStG steuerbar sind, aber nach den §§ 3 ff. GrEStG ganz oder teilweise befreit sind, fallen ebenfalls unter die Befreiung des § 4 Nr. 9 a UStG. **259**

Beispiel: Die Grundstücksveräußerung unter Ehegatten ist nach § 3 Nr. 4 GrEStG von der Grunderwerbsteuer befreit und gleichzeitig nach § 4 Nr. 9 a UStG von der USt.

Die Steuerbefreiung des § 4 Nr. 9 a UStG ist analog auf die unentgeltliche Lieferung durch Grundstücksentnahme nach § 3 Abs. 1 b Nr. 1 UStG anzuwenden. Dies gilt auch dann, wenn mangels Eigentümerwechsels kein grunderwerbsteuerbarer Vorgang vorliegt. Die Befreiung ist hier deshalb geboten, weil nach Art. 135 Abs. 1 lit. j und k MwStSystRL die Lieferung unbebauter und bebauter Grundstücke mit Ausnahme von Baugrundstücken und Neubauten vor dem Erstbezug zu befreien sind. Das deutsche Recht geht darüber hinaus, indem auch die Lieferung von Baugrundstücken und Neubauten vor dem Erstbezug befreit sind, weil auch diese grundsätzlich der Grunderwerbsteuer unterliegen. Diese Erweiterung ist durch die Ermächtigung in Art. 371 i.V.m. Anhang X B Nr. 9 MwStSystRL gedeckt. Die unentgeltliche Wertabgabe nach § 3 Abs. 1 b Nr. 1 UStG (Art. 16 MwStSystRL) wird aber ausdrücklich einer Lieferung gegen Entgelt gleichgestellt. Das muss dann auch für die Anwendung der Befreiungsvorschriften gelten. Die Finanzverwaltung hat ihre entgegenstehende Auffassung mittlerweile zutreffend wieder aufgegeben.[770]

Beispiel:[771] U errichtet auf eigenem Grundstück ein Bürohaus, das er durch Option steuerpflichtig vermietet. Die beim Bau angefallene VoSt von 150.000 € zieht U zutreffend ab. Nach einem Jahr räumt er seinem Sohn auf Lebenszeit den unentgeltlichen Nießbrauch ein. Der Einkaufspreis des bebauten Grundstücks beträgt 1,5 Mio. €.

Durch die Option erfolgte die Vermietungsleistung steuerpflichtig. Daher konnte U zutreffend die volle VoSt abziehen. Durch die Einräumung des Nießbrauchs wird das bebaute Grundstück allerdings endgültig aus dem Unternehmen des U entfernt. Es liegt daher eine Entnahme des Grundstückes aus dem Unternehmen nach § 3 Abs. 1 b Nr. 1 UStG und nicht lediglich eine Verwendung für Zwecke außerhalb des Unternehmens nach § 3 Abs. 9 a Nr. 1 UStG vor. Fraglich ist allerdings, ob die als Lieferung des Grundstücks nach § 3 Abs. 1 b Nr. 1 UStG zu behandelnde Entnahme steuerfrei nach § 4 Nr. 9 a UStG ist. Denn die Einräumung des Nießbrauchs fällt gerade nicht unter § 1 GrEStG, da kein Eigentum übertragen wird. Dennoch ist in analoger Anwendung des § 4 Nr. 9 a UStG und in richtlinienkonformer Auslegung gemäß Art. 371, 135 Abs. 1 lit. j und k MwStSystRL die als Lieferung zu behandelnde Entnahme des Grundstücks aus dem Unternehmen befreit. Eine Option für die unentgeltliche Wertabgabe nach § 3 Abs. 1 b Nr. 1 und 2 UStG ist nicht möglich.[772] Für den steuerfreien Umsatz ergibt sich mithin eine Bemessungsgrundlage von 1,5 Mio. € (§ 10 Abs. 4 Nr. 1 UStG).

Der bei der Errichtung des Bauwerkes in Anspruch genommene Vorsteuerabzug ist allerdings gemäß § 15 a Abs. 1, 4 UStG wegen der steuerfreien Entnahme zu korrigieren (vgl. Rn. 372).

2. Die Vorschrift des § 4 Nr. 9 a UStG schließt an die grunderwerbsteuerliche Behandlung an. Da nach § 2 Abs. 1 GrEStG der Begriff des Grundstücks zunächst i.S.d. BGB bestimmt wird, ist **Grundstück** sowohl **das unbebaute wie** auch das **bebaute Grundstück** (§ 94 BGB). Umsatzsteuerfrei ist daher die Lieferung von unbebauten und be- **260**

770 Abschn. 4.9.1. Abs. 2 Nr. 6 UStAE; BMF v. 22.09.2008, BStBl. I 2008, 895; so auch zutreffend bereits zur früheren Rechtslage für den Eigenverbrauch BFH v. 18.11.1999 – V R 13/99, BStBl. II 2000, 153 und v. 02.10.1986 – V R 91/78, BStBl. II 1987, 44; vgl. oben Rn. 136.

771 Nach BFH v. 16.09.1987 – X R 51/81, BStBl. II 1988, 205.

772 Vgl. BFH v. 02.10.1986 – V R 91/78, BStBl. II 1987, 44 für den Fall eines Eigenverbrauchs durch Schenkung eines Grundstücks.

bauten Grundstücken, wenn darüber ein entsprechender Kaufvertrag abgeschlossen wurde. Zu beachten ist, dass ein Kaufvertrag über ein bebautes Grundstück auch bereits zu einem Zeitpunkt abgeschlossen werden kann, zu dem das Gebäude noch nicht errichtet war. In diesem Fall unterliegt der Vorgang insgesamt der Grunderwerbsteuer, sodass eine Umsatzsteuerbefreiung auch hinsichtlich des auf das Gebäude entfallenden Kaufpreisanteils eintritt. Umgekehrt liegt bei einem Werkvertrag über die Errichtung eines Gebäudes ohne gleichzeitigen Verkauf von Grund und Boden kein Verpflichtungsgeschäft vor, das den Anspruch auf Übereignung eines Grundstücks begründet (§ 1 Abs. 1 Nr. 1 GrEStG). Daher stellt die Errichtung eines Gebäudes auf dem Grundstück des Bestellers durch den Bauhandwerker eine nicht von der USt befreite Werklieferung dar.

Die Abgrenzung zwischen grunderwerbsteuerbaren Vorgängen und umsatzsteuerpflichtigen Vorgängen ist durch die Rspr. des Grunderwerbsteuersenats des BFH problematisch geworden. Dieser vertritt in ständiger Rspr. die Auffassung, dass auch bei formal mehreren Verträgen über den Kauf eines Grundstücks(anteils) und Werkverträgen mit Bauhandwerkern auch bei verschiedenen Vertragspartnern das Gesamtentgelt der Grunderwerbsteuer zu unterwerfen sei, wenn die Verträge sich als einheitliches – auf den Erwerb eines bebauten Grundstücks gerichtetes – Rechtsgeschäft darstellen.[773] Dies betrifft insbesondere die Bauherrenmodelle, aber nicht nur.[774]

Die Werklieferungen der Bauhandwerker unterliegen – isoliert gesehen – jedoch nicht der Grunderwerbsteuer. Ihre Befreiung würde auch der MwStSystRL widersprechen.[775] Mangels Deckungsgleichheit zwischen umsatzsteuerlicher Leistung nach § 1 Abs. 1 Nr. 1 UStG und dem der Grunderwerbsteuer unterliegenden einheitlichen Rechtsgeschäft sind die Werklieferungen und Werkleistungen der Bauhandwerker daher nicht von der USt befreit.[776] Dies führt zu einer Doppelbelastung mit USt auf die Leistungen der Bauhandwerker und mit Grunderwerbsteuer, weil der Werklohn für die Bauhandwerker auch in die Bemessungsgrundlage für die GrESt einbezogen wird. Besteht zwischen dem Grundstücksveräußerer und einer Bauträger-GmbH, die die Bebauung übernimmt, eine umsatzsteuerliche Organschaft, so liegt auch umsatzsteuerlich nur eine einheitliche Lieferung eines bebauten Grundstücks durch den Organträger vor, sodass die Bauleistungen der Organ-GmbH dann Teil der nach § 4 Nr. 9 a UStG befreiten Lieferung des Organträgers sind. Hier tritt eine Doppelbelastung dann nur bzgl. der wegen § 15 Abs. 2 Nr. 1 UStG nicht abziehbaren VoSt aus Leistungen an die Bauträger GmbH als unselbstständiger Teil des Organträgers ein.[777] Die durch die Annahme eines einheitlichen Vertragswerkes eintretende Doppelbelastung mit Grunderwerbsteuer und USt ist nicht verfassungswidrig. Sie verstößt auch nicht gegen das Verbot einer Mehrfachbelastung mit USt und einer gleichartigen Steuer aus Art. 401 MwStSystRL.[778]

Gleichwohl ist das Ergebnis unbefriedigend, soweit über die Einbeziehung in die Bemessungsgrundlage eine Doppelbelastung mit GrESt und USt erfolgt. Dies könnte nur durch eine Gesetzesänderung bei der Grunderwerbsteuer geändert werden.[779] Mit der ist aber wohl nicht zu rechnen.

261 **3.** Da nach § 2 Abs. 1 Nr. 1 GrEStG, abweichend vom BGB, Betriebsvorrichtungen nicht zum Grundstück gehören, ist bei der Veräußerung eines Grundstücks mit Betriebsvorrichtungen, auch wenn diese wesentliche Bestandteile sein sollten, neben der steuerfreien Grundstückslieferung eine steuerpflichtige Lieferung der Betriebsvorrichtungen gegeben. Ein Gesamtentgelt muss nach dem Verhältnis der gemeinen Werte des Grund und Bodens, des Gebäudes (steuerfrei) und der Betriebsvorrichtun-

---

773 So BFH v. 27.09.2012 – II R 7/12, BStBl. II 2013, 86; v. 19.03.2009 – V R 50/07, BStBl. II 2010, 78 m.w.N., u.a. v. 24.01.2008 – V R 42/05, BStBl. II 2008, 697; v. 21.09.2005 – II R 49/04 m.w.N. zur GrESt.

774 BFH v. 14.02.1990 – II B 158/89, BStBl. II 1990, 391; v. 23.11.1994 – II R 53/94, BStBl. II 1995, 331.

775 EuGH v. 08.07.1986 – Rs. 73/85 (Kerrut), Slg. 1986, I-2219 = UR 1986, 297.

776 BFH v. 30.10.1986 – V B 44/86, BStBl. II 1987, 145.

777 BFH v. 29.10.2008 – XI R 74/07, BStBl. II 2009, 256.

778 Vgl. BFH v. 04.12.2014 – II R 22/13, BFH/NV 2015, 521; v. 27.09.2012 – II R 7/12, BStBl. II 2013, 86; unter Hinweis auf BVerfG v. 27.12.1991 – 2 BvR 72/90, BStBl. II 1992, 212 und EuGH v. 27.11.2008 – Rs. C-156/06 (Vollkommer), UR 2009, 136; s. auch EuGH v. 08.07.1986 – Rs. 73/85 (Kerrut), Slg. 1986, I-2219.

779 Vgl. Englisch in: T/L § 18 Rn. 60, 61; s. auch Rutemöller UR 2009, 109 (Kombination von Umsatzsteuerpflicht für Lieferung von Neubaugrundstücken vor Erstbezug verbunden mit Befreiung bei Grunderwerbsteuer).

gen (steuerpflichtig) aufgeteilt werden. Dies kommt insbesondere auch bei Enteignungen von Grundstücken durch die öffentliche Hand, die nach § 1 Abs. 1 Nr. 3 GrEStG der GrESt unterliegen, in Betracht.

Beispiel: Die öffentliche Hand entschädigt einen Unternehmer wegen der Enteignung eines Fabrikgrundstücks mit 1.000.000 €. Nach den Vereinbarungen entfallen davon 400.000 € auf den Grund und Boden, 300.000 € auf das Gebäude, 200.000 € auf Maschinen und 100.000 € auf Ersatz der Verlegungskosten sowie Gewinnausfall.

Bezüglich der Maschinen liegen steuerbare und steuerpflichtige Lieferungen vor mit einer Bemessungsgrundlage von 168.067 € und einer USt-Schuld von 31.933 €.

Im Übrigen liegt eine nach §§ 1 Abs. 1 Nr. 1 S. 2, 3 Abs. 1, 4 Nr. 9 a UStG steuerfreie Lieferung eines bebauten Grundstückes mit einer Bemessungsgrundlage von 800.000 € vor. Die Entschädigung für Verlegungskosten und Gewinnausfall ist Teil der Gegenleistung für das Grundstück und unterliegt der GrESt (§ 9 Abs. 1 Nr. 7 GrEStG).[780]

Umgekehrt stehen ein **Erbbaurecht** und Gebäude auf fremdem Grund und Boden nach § 2 Abs. 2 GrEStG einem Grundstück gleich. Ihre Veräußerung und beim Erbbaurecht auch die erstmalige Begründung sind daher nach § 4 Nr. 9 a UStG befreit.

4. Auch wenn nach § 13 Nr. 1 GrEStG i.V.m. § 44 Abs. 1 AO Veräußerer und Erwerber die anfallende Grunderwerbsteuer als Gesamtschuldner schulden, gehört die Grunderwerbsteuer entgegen früherer Rechtsauffassung auch nicht hälftig zur Bemessungsgrundlage, wenn der Erwerber die Grunderwerbsteuer voll übernimmt.[781] Dies ist von praktischer Bedeutung, wenn auf die Steuerfreiheit nach § 9 UStG verzichtet wird. Nachdem bei wegen Option steuerpflichtigen Grundstückslieferungen die Steuerschuld nach § 13 b Abs. 2 Nr. 3, Abs. 5 UStG vom Erwerber geschuldet wird, erhöht umgekehrt die USt auch nicht mehr die Bemessungsgrundlage für die GrESt nach § 9 Abs. 1 Nr. 1 GrEStG.[782] Im Ergebnis stellt der „Nettokaufpreis" die Bemessungsgrundlage sowohl für die USt als auch für die Grunderwerbsteuer dar. Bei entgeltlichen Grundstückslieferungen an Unternehmer kann nach § 9 Abs. 1 UStG optiert werden. Lediglich für die Bestellung und Übertragung eines Erbbaurechtes schließt § 9 Abs. 2 UStG die Option aus, wenn der Unternehmer das Grundstück nicht ausschließlich für Umsätze verwendet, die den Vorsteuerabzug nicht ausschließen. Bei der Übertragung eines bebauten Grundstücks kann, da eine einheitliche Lieferung vorliegt, nicht getrennt für die Übertragung des Grund und Bodens und des Gebäudes optiert werden.[783] 262

VII. Vermietung und Verpachtung von Grundstücken

§ 4 Nr. 12 a UStG befreit die Vermietung und Verpachtung von Grundstücken. Die Steuerfreiheit erstreckt sich auch auf die Vermietung möblierter Räume oder Gebäude, wenn es sich dabei um eine auf Dauer angelegte Überlassung handelt, die sich als Nebenleistung oder untrennbar mit der Grundstücksüberlassung verbundene Leistung darstellt. Mietnebenkosten zugrundeliegende Leistungen, wie der Verbrauch von Wasser, Wärme, Elektrizität sind grundsätzlich (nur) dann als gesonderte Leistungen anzusehen, wenn über deren Verbrauch der Mieter entscheiden kann und durch gesonderte Zähler eine gesonderte Kontrolle und Abrechnung erfolgen kann und auch erfolgt.[784] 263

780 Vgl. BFH v. 24.06.1992 – V R 60/88, BStBl. II 1992, 986.

781 BFH v. 20.12.2005 – V R 14/04, UR 2006, 337; v. 09.01.2006 – V R 9/04, BStBl. II 2007, 285 gegen BFH v. 10.07.1980 – V R 23/77, BStBl. II 1980, 620; vgl. auch Abschn. 10.1. Abs. 7 UStAE.

782 Lippross 5.2.4.1; FM Bad.-Württ. v. 14.12.2007, DStR 2008, 509.

783 BFH v. 29.10.2008 – XI R 74/07, BStBl. II 2009, 256; EuGH v. 08.06.2000 – Rs. C-400/98 (Breitsohl), Slg. 2000, I-4321 = BStBl. II 2003, 452.

784 BFH v. 11.11.2015 – V R 37/14, BStBl. II 2017, 1259; EuGH v. 16.04.2015 – Rs. C-42/14 (Wojskowa Agencja), MwStR 2015, 413 mit Anm. Grube.

Die unionsrechtlich zugrunde liegende Befreiungsvorschrift des Art. 135 Abs. 1 lit. l MwStSystRL ist nach der verfehlten Rspr. des EuGH nicht auf unentgeltliche Wertabgaben nach § 3 Abs. 9 a Nr. 1 UStG anwendbar, weil eine Selbstnutzung keine Vermietung (= entgeltliche Nutzungsüberlassung an einen anderen) darstellt.[785] Die Entscheidung des EuGH ist unverständlich, da Art. 26 Abs. 1 lit. a der MwStSystRL und dementsprechend § 3 Abs. 9 a Nr. 1 UStG die unentgeltliche Verwendung gerade einer Leistung gegen Entgelt gleichstellt. Im Übrigen privilegierte sie den Unternehmer als Endverbraucher in unverständlicher Weise zumindest liquiditätsmäßig (s. auch unter Rn. 137 ff.). Da der EuGH seine verfehlte Auslegung zur gleichheitssatzwidrigen Privilegierung der Nutzung eines dem Unternehmen zugeordneten Grundstückes für private Wohnzwecke aufrechterhalten hat,[786] ist dem inzwischen der Richtliniengeber mit Art. 168 a MwStSystRL entgegengetreten. Danach wird einerseits nunmehr der Vorsteuerabzug ausgeschlossen, soweit das Grundstück (auch) für private Wohnzwecke genutzt wird. Andererseits führt die private Nutzung nicht mehr zu einer steuerbaren und steuerpflichtigen Verwendung nach Art. 26 MwStSystRL. Etwaige nachfolgende Änderungen im Umfange der privaten und unternehmerischen Nutzung sind durch eine Korrektur des Vorsteuerabzuges zu berücksichtigen.[787] Die Änderungen sind mit Wirkung ab 2011 auch im deutschen UStG in §§ 3 Abs. 9 a Nr. 1 Hs. 2, 15 Abs. 1 b und 15 a Abs. 6 a UStG umgesetzt worden (s. auch Rn. 318 f.).

Fall 28: Private Wohnungsnutzung à la EuGH

Steuerberater S lässt auf seinem Grundstück für 500.000 € zzgl. 95.000 € USt ein Einfamilienhaus errichten. Dieses nutzt er, mit Ausnahme eines Büros, zu privaten Wohnzwecken. Das Büro nutzt er ausschließlich für Zwecke seiner steuerpflichtigen Umsätze als Steuerberater. Die Bürofläche beträgt 10 % der Nutzfläche des Hauses. S möchte im größtmöglichen Umfange einen Vorsteuerabzug vornehmen.

a) Der Bauantrag wurde im Januar 2011 oder später gestellt.

b) Der Bauantrag wurde noch im Dezember 2010 gestellt.

Nach herrschender Auffassung darf S die Errichtung des gesamten gemischt genutzten Gebäudes seinem Unternehmen zuordnen. Es liegt dann insgesamt ein Bezug der (Werk-)Lieferung des Gebäudes für sein Unternehmen vor, sodass ihm nach § 15 Abs. 1 Nr. 1 UStG der Vorsteuerabzug für das gesamte Gebäude zu 100 % zustünde. § 15 Abs. 1 S. 2 UStG steht einem Vorsteuerabzug nicht entgegen. Denn das Gebäude wird zu nicht weniger als 10 % für echte Zwecke des Unternehmens (Steuerberatung) genutzt (s. Rn. 312 f., 315).

Zu a)

Allerdings wird nach § 15 Abs. 1 b UStG der **Vorsteuerabzug** bei einem gemischt – für Zwecke des Unternehmens und für außerhalb des Unternehmens liegende Zwecke – genutzten Grundstück ausgeschlossen, soweit die Vorsteuer auf die Verwendung für die außerhalb des Unternehmens liegenden (privaten) Wohnzwecke entfällt (s. Rn. 318 f.). Mithin ist der Vorsteuerabzug nach § 15 Abs. 1 Nr. 1, Abs. 1 b und Abs. 4 S. 4 UStG nur im Verhältnis der für die Steuerberatung genutzten Fläche des Büros zur für Wohnzwecke zu gewähren. S kann also auch bei Zuordnung des gesam-

785 EuGH v. 08.05.2003 – Rs. C-269/00 (Seeling), Slg. 2003, I-4101 = BStBl. II 2004, 378; BFH v. 24.07.2003 – V R 39/99, BStBl. II 2004, 371; Abschn. 4.12.1. Abs. 3 und Abschn. 3.4. Abs. 2 und 7 UStAE; zur Kritik vgl. Reiß RIW 2004, 641; Krumenacker UR 2007, 473.

786 EuGH v. 23.04.2009 – Rs. C-460/07 (Puffer), Slg. 2009, I-3251 = UR 2009, 410.

787 Vgl. dazu Reiß UR 2010, 797 f.

ten Grundstückes/Gebäudes zum Unternehmen **nur 01/2010** der insgesamt in Rechnung gestellten Umsatzsteuer von 95.000 € = 9.500 € als Vorsteuer abziehen. Die Nutzung der restlichen 90 % des Gebäudes für private Wohnzwecke stellt keine nach § 3 Abs. 9 a Nr. 1 UStG fiktiv als Leistung gegen Entgelt steuerbare Verwendung des Grundstückes (mehr) dar. Zwar handelt es sich bei Zuordnung des gesamten Gebäudes zum Unternehmen an sich um eine Verwendung für Zwecke, die außerhalb des Unternehmens liegen. Aber nach § 3 Abs. 9 a Nr. 1 Hs. 2 UStG liegt gerade keine steuerbare Wertabgabe durch die Verwendung für private Wohnzwecke vor, wenn nach § 15 Abs. 1 b UStG für Grundstücke bei Nutzung zu privaten Wohnzwecken der Vorsteuerabzug ausgeschlossen ist. Die Zuordnung des gesamten Gebäudes zum Unternehmen empfiehlt sich gleichwohl. Denn (nur) die Zuordnung ermöglicht es, dass bei einer etwaigen späteren Erhöhung des Anteils der Verwendung des Gebäudes für eine steuerpflichtige Tätigkeit eine Vorsteuerkorrektur nach § 15 a Abs. 6 a UStG erfolgen kann. Die vollständige Zuordnung zum Unternehmen muss ausdrücklich gegenüber dem Finanzamt erklärt werden.[788]

Zu b)

Die Regelungen der §§ 15 Abs. 1 b, 15 a Abs. 6 a und 3 Abs. 9 a Nr. 1 Hs. 2 UStG sind nicht auf Grundstücke und Gebäude anzuwenden, die aufgrund von vor dem 01.01.2011 geschlossenen Verträgen angeschafft worden sind oder mit deren Herstellung vor dem 01.01.2011 begonnen wurde, § 27 Abs. 16 UStG. Für diese Grundstücke (einschließlich Gebäude) bleibt es bei der Rechtslage vor der Änderung durch das JStG 2010. Danach kann bei gemischt für steuerpflichtige unternehmerische Zwecke und für private Wohnzwecke (zu nicht mehr als 90 %) genutzten Grundstücken durch Zuordnung des gesamten Grundstückes zum Unternehmen der Vorsteuerabzug auch für den zu privaten Wohnzwecken genutzten Teil erlangt werden.[789] Denn die private Nutzung stellt sich nach der dann fortgeltenden Rechtslage des § 3 Abs. 9 a Nr. 1 UStG a.F. als steuerbarer im Rahmen des Unternehmens erfolgender Umsatz dar. Der Erwerb des Grundstückes/Gebäudes durch die (Werk-)Lieferung erfolgt daher auch insoweit zur Ausführung von zu besteuernden Umsätzen. Die Voraussetzungen für den Vorsteuerabzug nach § 15 Abs. 1 Nr. 1 UStG – Lieferung von einem anderen Unternehmen für das eigene Unternehmen – sind daher gegeben. Ein Ausschluss nach § 15 Abs. 1 b UStG tritt gerade nicht ein, weil dieser – wegen der Stellung des Bauantrages bereits vor dem 01.01.2011 – noch nicht anwendbar ist. Es tritt auch kein Vorsteuerausschluss nach § 15 Abs. 2 i.V.m. Abs. 4 UStG ein. Denn die private Nutzung für Wohnzwecke stellt nach der Rspr. des EuGH (und des BFH) gerade keine nach § 4 Nr. 12 a UStG (Art. 135 Abs. 1 lit. l MwStSystRL) befreite Grundstücksvermietung dar. Es erfolgt mithin auch kein teilweiser Vorsteuerausschluss nach § 15 Abs. 4, Abs. 2 i.V.m. § 4 Nr. 12 a UStG. Die 90%-ige private Nutzung führt dann allerdings zu einem nach § 3 Abs. 9 a Nr. 1 UStG steuerbaren und mangels Befreiung steuerpflichtigen Umsatz. Auch wenn nach § 10 Abs. 4 Nr. 2 S. 2 UStG als Bemessungsgrundlage die Ausgaben der privaten Verwendung pro Jahr der Verwendung mit 01/2010 der Herstellungskosten, hier also 500.000 € : 10 x 90 % = 45.000 €, anzusetzen sind (dazu unter Rn. 298), so verbleibt nicht nur ein erheblicher Liquiditätsvorteil, sondern natürlich auch ein erheblicher Zinsvorteil gegenüber der Versagung des Vorsteuerabzugs i.H.v. 95.000 € x 90 % = 85.500 €.

---

788 Abschn. 15.6a. Abs. 1, Abs. 5 und Abs. 7, Abschn. 15.2c. UStAE.

789 Beachte BFH v. 18.02.2016 – V R 23/15, BStBl. II 2016, 496 (Seeling Altfall – kein Vorsteuerabzug für Wohnteil, der an Arbeitnehmer steuerfrei gegen anteilige Arbeitsleistung vermietet wurde); v. 08.10.2008 – XI R 58/07 und v. 11.03.2009 – XI R 69/07, BStBl. II 2009, 394 und 496 (kein Vorsteuerabzug und kein Umsatz nach § 3 Abs. 9 a Nr. 1 UStG, wenn nur für den Vorsteuerabzug ausschließende steuerfreie unternehmerische Umsätze genutzt); so auch EuGH v. 23.04.2009 – Rs. C-460/07 (Puffer), UR 2009, 410; Abschn. 3.4. Abs. 7 UStAE.

Auch wenn der EuGH verneint hat, dass die mit der Gewährung des Vorsteuerabzugs für die private Nutzung zu Wohnzwecken nur an Unternehmer verbundenen Vorteile einen Verstoß gegen den europarechtlichen Gleichheitsgrundsatz darstellen, ist es jedenfalls zu begrüßen, dass nunmehr durch den von § 15 Abs. 1 b UStG statuierten Vorsteuerausschluss auch eine umsatzsteuerliche Gleichbehandlung des privaten Wohnens im eigenen Haus für Unternehmer und Nichtunternehmer herbeigeführt worden ist. Zu beachten ist aber, dass die alte Regelung für Altfälle noch Geltung beansprucht. Insbesondere ist die Verwendung für private Wohnzwecke weiterhin nach § 3 Abs. 9 a Nr. 1 UStG steuerbar und nicht nach § 4 Nr. 12 a UStG befreit, soweit der Vorsteuerabzug noch vorgenommen werden konnte, weil § 15 Abs. 1 b UStG noch nicht anzuwenden war (oder ist).

---

264 **1.** Die Begriffe Vermietung, Verpachtung und Grundstück sollten nach früherer Auffassung wie im BGB zu verstehen sein.[790] Sie sind aber in richtlinienkonformer Auslegung übereinstimmend in allen Mitgliedstaaten autonom gegenüber dem jeweiligen nationalen Zivilrecht auszulegen.[791] Grundstück ist dabei sowohl das unbebaute auch das bebaute Grundstück als Teil des Gebietes des jeweiligen Staates der Belegenheit,[792] auch Liegeplätze an Gewässern mit fest verankerten Hausbooten.[793] Es ist nicht erforderlich, dass der Gebrauchsüberlassung tatsächlich zivilrechtlich ein Miet- oder Pachtvertrag zugrunde liegt. Eine Vermietung von Grundstücken ist immer und nur anzunehmen, wenn die Überlassung zur Nutzung eines Grundstücks für eine gewisse Dauer/bestimmte Zeit und unter Ausschluss anderer im Vordergrund steht. Die bloße Dienstleistung im Zusammenhang mit der Lagerung von Waren[794] oder die vorübergehende Gestattung der Mitbenutzung von Grundstücken – etwa die Straßenbenutzung gegen Mautzahlung[795] oder zur Ausübung von Sport[796] oder das Aufstellen eines Verkaufsautomaten[797] – genügen nicht. Einer Vermietung steht aber nicht entgegen, dass mehreren verbundenen Personen die widerrufliche Nutzung an denselben Grundstücksflächen gegen Entgelt eingeräumt wird.[798] Nach zutreffender Auffassung des EuGH ist die Befreiungsvorschrift des Art. 135 Abs. 1 lit. l MwStSystRL auch auf den entgeltlichen Verzicht des Grundstücksmieters auf Weiternutzung gegenüber dem Vermieter anwendbar,[799] nicht aber auf die Vertragsübernahme durch einen Nachmieter gegen Zahlung durch den bisherigen Mieter[800] oder die Zahlung des Vermieters für die Anmietung durch den Mieter.[801] Dies ist auf § 4 Nr. 12 a UStG zu übertragen.[802]

790 RFH RStBl. 1937, 999; BFH v. 13.05.1971 – V R 3/68, BStBl. II 1971, 646.

791 BFH v. 13.02.2014 – V R 5/13, BStBl. II 2017, 846 = UR 2014, 566 (Standplatzüberlassung durch Gemeinde, Kirmes); v. 28.05.2013 – XI R 32/11, BStBl. II 2014, 411 und v. 21.02.2013 – V R 10/12, BFH/NV 2013, 1635 (Verfügungstellung von Grundstück für ökologische Ausgleichsmaßnahmen/Nutzung für Naturschutz); v. 08.11.2012 – V R 15/12, BStBl. II 2013, 455 m.w.N.

792 Vgl. EuGH v. 28.02.2019 – Rs. C-278/18 (Sequeira Mesquita), BeckRS 2019, 2417 (Verpachtung eines landwirtschaftlichen Betriebes mit Rebflächen); v. 27.06.2013 – Rs. C-115/12 (RR), UR 2013, 708; v. 07.09.2006 – Rs. C-166/05, Slg. 2006, I-7799; v. 16.01.2003 – Rs. C-315/00 (Maierhofer), Slg. 2003, I-563 (Scheinbestandteil als Grundstück i.S.d. Befreiungsvorschrift); v. 18.11.2004 – Rs. C-284/03 (Temco), Slg. 2004, I-11237.

793 EuGH v. 15.11.2012 – Rs. C-532/11 (Leichenich), BStBl. II 2013, 891.

794 EuGH v. 27.06.2013 – Rs. C-155/12 (RR), UR 2013, 708.

795 Vgl. EuGH v. 12.09.2000 – Rs. C-359/97 (Kommission/UK), Slg. 2000, I-6355.

796 Vgl. EuGH v. 18.01.2001 – Rs. C-150/99 (Lindöpark), Slg. 2001, I-493.

797 EuGH v. 12.06.2003 – Rs. C-275/01 (Sinclair Collis), Slg. 2003, I-5965.

798 EuGH v. 18.11.2004 – Rs. C-284/03 (Temco Europe SA), Slg. 2004, I-11237.

799 EuGH v. 15.12.1993 – Rs. C-63/92 (Lubbock Fine), Slg. 1993, I-6665 = BStBl. II 1995, 480.

800 EuGH v. 09.10.2001 – Rs. C-108/99 (Cantor), Slg. 2001, II-7257; v. 15.12.1993 – Rs. C-63/92 (Lubbock Fine), Slg. 1993, I-6665.

801 EuGH v. 09.10.2001 – Rs. C-409/98 (Mirror Group), Slg. 2001, II-7175.

802 Abschn. 4.12.1. UStAE.

Eine Vermietung i.S.d. § 4 Nr. 12 a UStG liegt danach vor, wenn von einem Nutzungsberechtigten (häufig der Eigentümer, aber nicht notwendigerweise) einem Dritten (dem Mieter, Untermieter, Pächter usw.) zeitweise die Nutzung eines Grundstücks unter Ausschluss Dritter gewährt wird. Es genügt auch, dass die Nutzung nur an einem Teil des Grundstücks eingeräumt wird, etwa bei der Vermietung einer Wohnung oder der Überlassung von räumlich abgrenzbaren Parzellen zur Nutzung unter Ausschluss Dritter.[803] Da der entgeltlichen Überlassung nicht notwendigerweise ein reiner Mietvertrag zugrunde liegen muss, ist § 4 Nr. 12 a UStG auch bei der Überlassung von Werkswohnungen an Arbeitnehmer anwendbar.[804] Eine Grundstücksverpachtung ist gegeben, wenn zusätzlich zur Nutzung auch der Fruchtgenuss gewährt wird. Fraglich erscheint aber, ob Abbauverträge über Bodenschätze zu steuerfreien Leistungen führen, weil ihnen zivilrechtlich regelmäßig Pachtverträge zugrunde liegen (so aber Abschnitt 4.12.4. UStAE). Da hier nicht die Grundstücksnutzung, sondern die Zuwendung der Bodenschätze im Vordergrund steht, dürfte gemeinschaftsrechtlich keine Vermietung/Verpachtung zugrunde liegen, sondern die nicht befreite Lieferung der Bodenschätze. 265

Grundsätzlich befreit ist zwar auch eine kurzfristige Überlassung von Grundstücksteilen zur Nutzung, sofern ihr ein Ausschluss Dritter zugrunde liegt und nicht bloß eine Mitbenutzung gestattet wird. Abweichend davon bestimmt allerdings § 4 Nr. 12 letzter Satz UStG, dass die **kurzfristige Überlassung von Campingplätzen** (dazu gehören Bootsliegeplätze nicht!)[805] sowie die **Vermietung von Wohn- und Schlafräumen zur kurzfristigen Beherbergung von Fremden nicht befreit** ist. Dies betrifft insbesondere das Hotel- und Gaststättengewerbe, ist aber darauf nicht beschränkt. Eine kurzfristige Überlassung von Campingplätzen liegt bei einer tatsächlichen Dauer bis zu sechs Monaten vor. Unmaßgeblich ist die ursprünglich vorgesehene Vertragsdauer.[806] 266

Wohn- und Schlafräume werden zur kurzfristigen Beherbergung bereitgehalten, wenn der Nutzende dort nicht seinen Wohnsitz (§ 8 AO) oder gewöhnlichen Aufenthalt (§ 9 AO) begründen soll.[807] Die Befreiung auch einer nur kurzfristigen Vermietung von Grundstücken, nicht aber von Wohn- und Schlafräumen zur Beherbergung führt zu dem kuriosen Ergebnis, dass die kurzfristige Überlassung/Vermietung von Räumen an Kunden von Prostituierten in einem Stundenhotel eine nach § 4 Nr. 12 a UStG steuerfreie Vermietungsleistung ist (Vermietung, aber nicht zur Beherbergung), hingegen für die entgeltliche Überlassung möblierter Zimmer an Prostituierte in einem Bordell unter Erbringung von Zusatzleistungen als Leistung aufgrund eines besonderen Vertrages weder eine Befreiung nach § 4 Nr. 12 a UStG gegeben ist noch eine lediglich nach § 12 Abs. 2 Nr. 11 UStG ermäßigt zu besteuernde Vermietung zur kurzfristigen Beherbergung vorliegt.[808]

---

803 BFH v. 21.06.2017 – V R 3/17 und 4/17, BStBl. II 2018, 370 und 372 (Einräumung von Liegerechten für Urnen unter Begräbnisbäumen), BStBl. II 2018, 372.

804 BFH v. 12.01.2011 – XI R 9/08, UR 2011, 357; v. 07.10.1987 – V R 2/79, BStBl. II 1988, 88; auch v. 13.09.1988, BStBl. II 1988, 1021.

805 S. EuGH v. 19.12.2019 – Rs. C-715/18 (Segler-Vereinigung Cuxhaven), BeckRS 2019, 32148.

806 Vgl. Abschn. 4.12.3. UStAE; zur Richtlinienkompatibilität (Art. 135 Abs. 1 lit. l und Abs. 2 a MwStSystRL) s. BFH v. 13.02.2008 – XI R 51/06, BStBl. II 2009, 63.

807 Vgl. Abschn. 4.12.9. UStAE; BFH v. 20.04.1988 – X R 5/82, BStBl. II 1988, 795.

808 S. BFH v. 24.09.2015 – V R 30/14, BStBl. II 2017, 132 (Stundenhotel); v. 22.08.2013 – V R 18/12, BStBl. II 2013, 1058; v. 17.12.2014 – XI R 16/11, BStBl. II 2015, 427. Ebenso Abschn. 4.12.9. Abs. 1 UStAE. A.A. aber Nds. FG v. 22.08.2018 – 11 K 18/18, EFG 2018, 1917 (Rev. V R 29/18) und v. 20.09.2019 (Rev XI R 4/19), EFG 2019,1033 (Überlassung von Zimmern und Wohnungen an Prostituierte zwecks Ausübung der Prostitution und gleichzeitig zum Wohnen befreit[!], falls nicht Zusatzleistungen erbracht werden, die eine [stfreie] Vermietung ausschließen). Zur Zurechnung von Prostitutionsumsätzen an Bordellbetreiber s. BFH v. 27.09.2018 – V R 9/17, BFH/NV 2019, 127 und v. 07.02.2017 – V B 48/16, BFH/NV 2017, 629.

Zu beachten ist, dass nach dem Grundsatz der Einheitlichkeit der Leistung übliche Nebenleistungen das Schicksal der Hauptleistung teilen, sodass sich die Befreiung nach § 4 Nr. 12 a UStG auch auf **übliche Nebenleistungen**, wie die Versorgung mit Wasser, Wärme, Beleuchtung, mitvermietete, bewegliche Einrichtungsgegenstände, erstreckt.[809] Tritt hingegen umgekehrt die Grundstücksüberlassung gegenüber anderen steuerpflichtigen Leistungen in den Hintergrund, so ist die gesamte Leistung nicht steuerbefreit, sondern als **Vertrag besonderer Art** anzusehen, wie etwa die Vermietung einer Reklamefläche an einer Hauswand[810] oder die Gestattung der Aufstellung von Automaten[811] oder die kurzfristige entgeltliche Überlassung von Sportstadien unter Erbringung von Zusatzleistungen, genauso wie die Überlassung einer Sporthalle zur Ausübung des (Kampf- und Reha-)Sports.[812]

267 An einer steuerfreien Vermietungsleistung fehlt es, wenn Benutzern von **Sportstätten** als Endverbraucher deren Nutzung lediglich im Rahmen der allgemeinen Benutzerordnung gegen Entgelt gestattet wird.[813] Es handelt sich dann insgesamt um eine nicht befreite Leistung. Das gilt auch dann, wenn den Benutzern die Sportstätte (oder Teile davon) unter Ausschluss übriger Benutzer zur alleinigen Nutzung überlassen wird. Die entgegengesetzte frühere Rspr. ist überholt.[814]

Von einem **gemischten Vertrag** spricht man, wenn sowohl der Grundstücksüberlassung als auch anderen nicht befreiten oder befreiten[815] Leistungselementen eine Hauptbedeutung zukommt. Ein einheitliches Entgelt muss dann **aufgeteilt** werden. Dies gewinnt insbesondere Bedeutung bei der Vermietung und Verpachtung von Grundstücken einschließlich Betriebsvorrichtungen.

Die Vermietung bzw. Verpachtung von **Betriebsvorrichtungen** ist auch dann steuerpflichtig und nicht befreit, wenn diese zivilrechtlich Bestandteil des Grundstücks (§§ 93, 94 BGB) sind (§ 4 Nr. 12 letzter Satz UStG).

Beispiel: Verpachtung einer Gaststätte einschließlich Inventar, Kegelbahn usw., Vermietung von Sportanlagen wie Tennishallen oder Eislaufstadien.[816] Beachte aber: Bei bloßer Gestattung der Benutzung von Sportstätten und der entgeltlichen Überlassung von Sportanlagen liegt insgesamt keine Vermietung vor,[817] es sei denn, es erfolgt nur eine Verpachtung/Vermietung an einen anderen, damit dieser selbst die Sportanlage betreibt. Dann ist in eine steuerfreie Grundstücksvermietung und die steuerpflichtige Vermietung von Betriebsvorrichtungen aufzuteilen.[818] Der Begriff Betriebsvorrichtungen ist wie im Bewertungsrecht auszulegen.[819] Betriebsvorrichtungen sind danach alle Maschinen und Anlagen, mit denen der Betrieb unmittelbar ausgeübt wird, soweit sie

---

809 Vgl. Abschn. 4.12.1. Abs. 5 UStAE m.w.N. s. aber EuGH v. 16.04.2015 – Rs. C-42/14 (Wojskowa Agencja), MwStR 2015, 413 mit Anm. Grube; BFH v. 11.11.2015 – V R 37/14, BStBl. II 2017, 1259 (Mitvermietung von Möbeln und Inventar als Nebenleistung zur befreiten Grundstücksvermietung [auch und gerade an Seniorenpflegeheim], s. auch BFH v. 24.01.2008 – V R 12/05, BStBl. II 2009, 60 und Abschn. 4.12.5. Abs. 2 UStAE (zur Überlassung von Standplätzen auf Wochenmärkten mit weiteren Elementen als einheitliche steuerfreie Vermietungsleistung).

810 BFH v. 23.10.1957 – V 153/55 U, BStBl. III 1957, 457; Abschn. 4.12.6. Abs. 2 UStAE.

811 EuGH v. 12.06.2003 – Rs. C-275/01 (Sinclair Collis), Slg. 2003, I-5965; s. auch weitere Beispiele aus der Rspr. in Abschn. 4.12.6. Abs. 2 UStAE.

812 Vgl. EuGH v. 22.01.2015 – Rs. C-55/14 (Luc Varenne Fußballstadion), UR 2015, 347; v. 18.01.2001 – Rs. C-150/99 (Lindöpark Golfplatz), Slg. 2001, I-493; BFH v. 21.06.2018 – V R 63/17, BFH/NV 2019, 52 m.w.N.

813 Abschn. 4.12.11. UStAE; BFH v. 31.05.2001 – V R 97/98, BStBl. II 2001, 658.

814 Vgl. EuGH v. 18.01.2001 – Rs. C-150/99 (Lindöpark), Slg. 2001, I-493; BFH v. 31.05.2001 – V R 97/98, BStBl. II 2001, 658; Abschn. 4.12.6. und 4.12.11. UStAE.

815 Vgl. BFH v. 04.05.2011 – XI R 35/10, BStBl. II 2011, 863 (zu kombinierter befreiter Grundstücksvermietung nach § 4 Nr. 12 a und befreiter Seniorenpflegeleistung nach § 4 Nr. 16 e UStG a.F.).

816 BFH v. 14.05.1992 – V R 68/88, BStBl. II 1992, 758; v. 30.06.1993 – XI R 62/90, BStBl. II 1993, 808. Siehe aber nunmehr Vorlagebeschluss BFH v. 26.05.2021 – V R 22/20 (Az. EuGH - C-516/21), UR 2021, 707 (Steuerpflicht nur bei isolierter Vermietung von Betriebsvorrichtungen oder auch bei Nebenleistung zu steuerfreier Grundstücksvermietung?).

817 BFH v. 21.06.2018 – V R 63/17, HFR 2019, 205 m.w.N.

818 BFH v. 11.03.2009 – XI R 71/07, BStBl. II 2010, 209.

819 BFH v. 16.10.1980 – V R 51/76, BStBl. II 1981, 228; Abschn. 4.12.10. UStAE; s. auch BMF v. 05.06.2013, BStBl. I, 734 (Abgrenzung zum Gebäudebegriff).

nicht Gebäude oder Teil eines Gebäudes sind. Eine Aufzählung von Betriebsvorrichtungen bei Sportanlagen findet sich in Abschnitt 4.12.11. UStAE.

Die Aufteilung der Entgelte erfolgt im Schätzungswege nach Maßgabe der Kosten (einschließlich Abnutzung und kalkulatorischer oder tatsächlicher Verzinsung) für Grund und Boden und Gebäude einerseits und Betriebsvorrichtungen andererseits.[820]

Ausdrücklich von der Befreiung ausgenommen ist auch die (kurz- und langfristige!) Vermietung von **Abstellflächen für Fahrzeuge** (Parkplätze, Parkhäuser). Fahrzeuge sind nicht nur Kraftfahrzeuge, sondern auch Schiffe und Luftfahrzeuge.[821]

2. Nach § 4 Nr. 12 b und Nr. 12 c UStG ist auch die Nutzungsüberlassung aufgrund von **Kaufanwartschaftsverträgen** sowie die Bestellung, Übertragung und Überlassung der Ausübung von **dinglichen Nutzungsrechten** an Grundstücken befreit. Zu den dinglichen Nutzungsrechten gehören insbesondere der **Nießbrauch**, aber auch Grunddienstbarkeiten (§§ 1018 ff. BGB), z.B. Wege- und Leitungsrechte sowie beschränkte persönliche Dienstbarkeiten (§ 1090 BGB), z.B. ein Wohnungsrecht nach § 1093 BGB, und das Dauerwohnrecht nach § 31 WEG. Das Erbbaurecht fällt bereits unter § 4 Nr. 9 a UStG. **268**

Umsatzsteuerlich führt die Einräumung eines dinglichen Nutzungsrechtes zu einer Dauerduldensleistung, sodass bei Entgeltlichkeit der Einräumende immer zum Unternehmer wird,[822] auch wenn nur eine Einmalzahlung erfolgt.

Dies gilt auch bei Einräumung eines **Erbbaurechts**.[823]

Befreit ist sowohl die Bestellung des Nießbrauchs (gemäß § 873 BGB durch Einigung und Eintragung) als auch die entgeltliche schuldrechtliche Überlassung der Ausübung des Nießbrauchs durch den Nießbraucher an einen Dritten gemäß § 1059 S. 2 BGB. Eine Übertragung ist hingegen beim Nießbrauch gemäß § 1059 S. 1 BGB nicht möglich. Dagegen kommt beim Dauerwohnrecht nach §§ 31, 33 WEG auch eine Übertragung/Veräußerung in Betracht.

VIII. Leistungen der Wohnungseigentümergemeinschaften

§ 4 Nr. 13 UStG befreit die Leistungen der Wohnungseigentümergemeinschaften an die Wohnungs-/Teileigentümer durch Überlassung des Gebrauchs an den Gemeinschaftsanlagen, ihre Instandhaltung und Verwaltung sowie die Lieferung von Wärme.[824] Soweit Teileigentum unternehmerisch genutzt wird, ist von besonderer Bedeutung, dass von der Gemeinschaft nach § 9 Abs. 1 UStG zur Steuerpflicht optiert werden kann. Dadurch wird verhindert, dass die USt für den Teileigentümer zum Kostenbestandteil wird. **269**

Beispiel: Rechtsanwalt R nutzt sein Teileigentum als Praxis. Die Wohnungseigentümergemeinschaft stellt ihm für anteilige Energiekosten 5.000 € zzgl. 950 € USt in Rechnung. R kann die 950 € als VoSt abziehen. Der Gemeinschaft entsteht kein Nachteil. Zwar schuldet sie die USt, kann aber ihrerseits anteilig die VoSt aus dem Einkauf der Energie, z.B. Heizmaterial, abziehen.

---

820 Vgl. Beispiel in Abschn. 4.12.11. Abs. 3 UStAE.

821 Vgl. EuGH v. 03.03.2005 – Rs. C-428/02 (Lystbadehavn), Slg. 2005, I-1527; zur Überlassung von Parkflächen für Kfz als mögliche unselbstständige Nebenleistung zu einer steuerfreien Vermietung s. BFH v. 30.03.2006 – V R 52/05, BStBl. II 2006, 731 und v. 28.06.2007 – V B 12/06, BFH/NV 2007, 2363.

822 Vgl. BFH v. 16.12.1971 – V R 41/68, BStBl. II 1972, 238.

823 BFH v. 20.04.1988 – X R 4/80, BStBl. II 1988, 744.

824 S. aber nunmehr EuGH v. 17.12.2020 – Rs. C-449/19, UR 2021, 103 mit Anm. Widmann (WEG Tevesstraße). Danach ist die Steuerbefreiung in § 4 Nr. 13 UStG für Wärmelieferung von Wohnungseigentümergemeneinschaften nicht durch Art. 135 Abs. 1 lit. l der MwStSystRL 2006/112/EG gedeckt. Siehe dazu auch Hummel UR 2021, 173 und Denk UR 2021, 192.

IX. Befreiung der Heil- und Krankenhausbehandlung und von Betreuungs- und Pflegeleistungen für hilfsbedürftige Personen, § 4 Nr. 14 und 16 UStG

270 **1.** § 4 Nr. 14 a und b UStG befreit in **lit. a Heilbehandlungen im Bereich der Humanmedizin** und in **lit. b Krankenhausbehandlungen und ärztliche Heilbehandlungen**, die in und von bestimmten Einrichtungen erbracht werden. Die Vorschrift des § 4 Nr. 14 UStG wurde durch das JStG 2009 völlig neu gefasst und sowohl sprachlich als auch inhaltlich an die Vorgaben der MwStSystRL in der Auslegung durch den EuGH angepasst.[825] Weitere Anpassungen erfolgten Ende 2019 durch das Gesetz zur Förderung der Elektromobilität, namentlich hinsichtlich der Befreiung von Leistungen von Krankenhäusern, die keine Einrichtungen des öffentlichen Rechtes sind. Hier trägt das Gesetz nunmehr der BFH-Rspr. Rechnung, wonach der bisherige sozialversicherungsrechtliche Bedarfsvorbehalt unionsrechtswidrig war.

271 **2.** Die **gemeinschaftsrechtliche Grundlage** findet sich in **Art. 132 Abs. 1 lit. b und lit. c MwStSystRL. Lit. c** befreit die Heilbehandlungen im Bereich der Humanmedizin. Die **Heilbehandlungen** sind dann befreit, wenn sie von **Ärzten oder Angehörigen arztähnlicher Berufe** durchgeführt werden. Die Definition (Anerkennung) als Arzt oder Angehöriger eines arztähnlichen Berufs erfolgt durch die Mitgliedstaaten. **Lit. b** befreit die **Krankenhausbehandlungen** und ärztliche Heilbehandlungen sowie damit eng verbundene Umsätze. Voraussetzung ist dabei, dass die Leistungen entweder von **Einrichtungen des öffentlichen Rechts** erbracht werden oder von **anderen anerkannten Einrichtungen** zu Bedingungen erbracht werden, die den Bedingungen für solche Leistungen durch Einrichtungen des öffentlichen Rechts in sozialer Hinsicht vergleichbar sind. Nach der Rspr. des EuGH ist Kriterium für die Abgrenzung der Anwendungsbereiche beider Vorschriften weniger die Art der Leistung als der Ort ihrer Erbringung. Unter lit. b fallen danach Leistungen, die aus einer Gesamtheit ärztlicher Heilbehandlung bestehen, die in einer Einrichtung mit sozialer Zweckbestimmung erbracht werden. Hingegen befreie lit. c Heilbehandlungen, die außerhalb von Krankenhäusern und ähnlichen Einrichtungen im Rahmen eines persönlichen Vertrauensverhältnisses, etwa in den Praxisräumen oder in der Wohnung des Patienten, erbracht werden.[826] Die Unterscheidung ist deshalb von Bedeutung, weil für die Befreiung nach lit. c und b teilweise unterschiedliche Voraussetzungen bestehen. Für beide ist Voraussetzung, dass es sich um Heilbehandlungen im Bereich der Humanmedizin handelt. Lit. b umfasst insoweit allerdings ausdrücklich auch noch eng damit verbundene Umsätze.[827] Die Krankenhausbehandlung als Gesamtheit von stationär erbrachten Heilbehandlungsleistungen wird ausdrücklich zusätzlich genannt. Für die Befreiung nach lit. b ist zusätzliche Voraussetzung, dass sie von

---

825 Vgl. RegE BR-Drs. 545/08, AT, S. 49 und zu Art. 7, S. 115 f. und Bericht FinAusschuss BT-Drs. 16/11108 zu Art. 7, S. 45 f.; durch das AmtshilfeRLUmsG vom 26.06.2013 erfolgten noch geringfügige Anpassungen an die unionsrechtlichen Vorgaben.

826 EuGH v. 08.06.2006 – Rs. C-106/05 (LuP GmbH), Slg. 2006, I-5139 (Labor als Einrichtung) mit Nachfolgeentscheidung BFH v. 15.03.2007 – V R 55/03, BStBl. II 2008, 31; EuGH v. 06.11.2003 – Rs. C-45/01 (Dornier), Slg. 2003, I-12911; v. 02.02.1988 – Rs. 353/85 (Kommission/UK), Slg. 1988, I-817; s. aber BFH v. 05.11.2014 – XI R 11/13, BFH/NV 2015, 297 und v. 18.11.2011 – V R 27/10, BFH/NV 2011, 2214 (Facharzt/Fachpfleger für Krankenhaushygiene) und v. 29.06.2011 – XI R 52/07, BStBl. II 2013, 971 (Nachfolge zu EuGH v. 18.11.2010 – Rs. C-156/09 (VSTI), Vertrauensverhältnis zu Patienten für Heilbehandlung nach Art. 132 Abs. 1 c MwStSystRL nicht unbedingt erforderlich.

827 Vgl. dazu EuGH v. 13.03.2014 – Rs. C-366/12 (Klinikum Dortmund), UR 2014, 271 mit nachfolgend BFH v. 24.09.2014, DStR 2014, 2509; EuGH v. 01.12.2005 – Rs. C-394-395/04 (Diagnostiko & Therapeftiko Kentro Athinon), Slg. 2005, I-10392 (nur Nebenleistungen, die unerlässlich und unentbehrlich zur Erreichung des therapeutischen Ziels sind, z.B. nicht Telefon- und Fernsehnutzung). Siehe auch EuGH v. 13.01.2022 – C-513/20 (Termas Sulfurosas), UR 2022, 90 (zur Befreiung von ärztlichen Verordnungen für Thermalkuren und eines für die Thermalregistrierung zu entrichtenden Betrages).

einer Einrichtung des öffentlichen Rechts erbracht wird oder von einer anerkannten Einrichtung mit vergleichbarer sozialer Zielsetzung. Diese Voraussetzung ist bei unter lit. c fallenden Heilbehandlungen nicht erforderlich. Dafür ist aber bei lit. c erforderlich, dass die Heilbehandlung von einem Angehörigen eines im Mitgliedstaat anerkannten Heilberufes (Arzt oder arztähnlicher Beruf) erbracht wird. Umstritten war geworden, ob darüber hinausgehend für Art. 132 Abs. 1 c MwStSystRL und den diesen umsetzenden § 4 Nr. 14 a UStG auch erforderlich ist, dass die Leistung im Rahmen eines persönlichen Vertrauensverhältnisses erbracht wird, oder ob es schlicht genügt, dass sie von einem Arzt erbracht wird, z.B. von Ärzten für andere Ärzte oder (Labor-)Gesellschaften erbrachte (Untersuchungs-)Leistungen. Der EuGH und der BFH sehen nunmehr zutreffend ein persönliches Vertrauensverhältnis nicht mehr als Unterscheidungskriterium zwischen einer nach Art. 132 b MwStSystRL (§ 4 Nr. 14 b UStG) befreiten Krankenhausbehandlung und einer (ärztlichen) Heilbehandlung nach Art. 132 c MwStSystRL (§ 4 Nr. 14 a UStG) an. Maßgebend sei allein der Ort, an dem die ärztliche Heilbehandlung erbracht werde.[828]

3. § 4 Nr. 14 a UStG setzt Art. 132 Abs. 1 c MwStSystRL um. Eine **Heilbehandlung** im Bereich der Humanmedizin (gilt nicht für Tierärzte) liegt nach der Rspr. des EuGH und der ihr folgenden Rspr. des BFH vor, wenn die Leistung auf die Vorbeugung, Diagnose, Behandlung und soweit möglich Heilung von Krankheiten und Gesundheitsstörungen gerichtet ist.[829] Leistungen, denen keine entsprechende **therapeutische Zielrichtung** – wobei diese nicht eng zu verstehen ist – zugrunde liegt, werden auch dann nicht befreit, wenn sie von einem Arzt oder anderen Angehörigen eines anerkannten Heilberufes erbracht werden und gerade spezielle dort vorhandene Kenntnisse und Fertigkeiten voraussetzen, wie etwa medizinische Gutachten zum Zwecke der Vaterschaftsanerkenntnis, der Feststellung von Gesundheitsschäden und ihrer Ursachen zwecks Schadensersatzleistungen oder Rentenansprüchen; nach Auffassung der Rspr. auch Schönheitsoperationen (kosmetisch plastische Chirurgie), sofern diesen eine rein ästhetische Zweckrichtung zugrunde liegt und nicht (auch) eine therapeutische Zielrichtung zur Beseitigung psychischer (Krankheits-)Belastungen verfolgt wird oder bei ästhetischen Folgebehandlungen.[830] 272

Bei der Bestimmung der anerkannten **arztähnlichen Heilberufe** steht den Mitgliedstaaten zwar ein Ermessen zu. Sie müssen dabei aber den Neutralitätsgrundsatz beachten, sodass gleichartige und gleichwertige Leistungen nicht unterschiedlich behandelt werden dürfen. Zulässig sind daher nur Differenzierungen, die an die Qualifikation des Leistenden zur Erbringung von Heilbehandlungen anknüpfen. Insoweit darf auch an eine durch spezielle Ausbildung erworbene Qualifikation des Leistungs-

---

828 S. EuGH v. 18.09. 2019 – Rs. C-700/17, Peters, HFR 2019, 1019 mit Anm. Klenk auf Vorlage von BFH v. 11.10.2017 – XI R 23/15 (Vorlage an EuGH – Rs. C-700/17), BStBl. II 2018, 109 und nachfolgend BFH v. 18.12.2019 – XI R 23/19, DStR 2020, 553.

829 Vgl. dazu EuGH v. 13.03.2014 – Rs. C-366/12 (Klinikum Dortmund), UR 2014,271; v. 10.06.2010 – Rs. C-86/09 (Future Health Technologies) und Rs. C-262/08 (Copy Gene), Slg. 2010, I-5215 und I-5118; v. 18.11.2010 – Rs. C-156/09 (Verigen Transplantation), UR 2011, 215; BFH v. 18.03.2015 – XI R 15/11, BStBl. II, 1058 m.w.N.; v. 07.02.2013 – V R 22/12, BStBl. II 2014,126 m.w.N.

830 EuGH v. 21.03.2013 – Rs. C-91/12 (PFC Klinik), UR 2013, 335; v. 08.06.2006 – Rs. C-106/05 (LuP GmbH), Slg. 2006, I-5139; v. 14.09.2000 – Rs. C-384/98 (D), Slg. 2000, I-6795, 288; v. 20.11.2003 – Rs. C-212/01 (Unterpertinger), Slg.2003, I-13859; v. 20.11.2003 – Rs. C-307/01 (d'Abrumenil), Slg. 2003, I-13989; BFH v. 09.09.2015 – XI R 31/13, BFH/NV 2016, 249 (Meldungen eines Arztes an Krebsregister – nicht als Heilbehandlung befreit); v. 19.03.2015 – V R 60/14, BStBl. II 2015, 946 (Zahnaufhellung als Folgebehandlung); v. 04.12.2014 – V R 33/12 und V R 16/12, UR 2015, 232 und 225; v. 31.07.2007 – V B 98/06, BStBl. II, 2008, 35 und v. 08.10.2008 – V R 32/07, BStBl. II 2009, 429 (Gutachten Erwerbsunfähigkeit/Versicherungsangelegenheit); v. 26.09.2007 – V B 8/06, BStBl. II 2008, 405 (auch kein Vertrauensschutz für Steuerfreiheit von Schönheitsoperationen); v. 18.02.2008 – V B 35/06 und v. 07.10.2010 – V R 17/09, BFH/NV 2008, 1001 und UR 2011, 662 (Schönheitsoperation); v. 15.07.2004 – V R 27/03, BStBl. II 2004, 862; vgl. auch Lippross UR 2008, 690 (ärztliche Heilbehandlung bei Empfängnisverhütung).

erbringers[831] angeknüpft werden, nicht aber an die Rechtsform oder die einkommensteuerliche Einstufung als freiberufliche Einkünfte.[832] § 4 Nr. 14 a UStG nennt neben dem **Arzt** (Approbation, Bestellung nach der Bundesärzteordnung) ausdrücklich noch die Heilpraktiker, Zahnärzte, Hebammen und Physiotherapeuten. Darüber hinausgehend sind aber auch Heilbehandlungen durch Angehörige anderer **ähnlicher Heilberufe** befreit.[833] Die auch für zukünftige Entwicklungen offene Bestimmung der anerkannten Heilberufe verlangt einen Vergleich zu den ausdrücklich genannten Berufsgruppen nach der Art der ausgeübten Tätigkeit und nach den Qualifikationsanforderungen, etwa hinsichtlich der Ausbildung, Ausbildungsabschlüssen und bisheriger Berufstätigkeit. Die vom BFH dem EuGH vorgelegte Frage, ob auch eine im Auftrag der gesetzlichen Krankenkassen und gegen Honorierung durch sie durchgeführte telefonische Gesundheitsberatung nach Art. 132 Abs. 1 c MwStSystRL zu befreien ist, hat dieser zutreffend bejaht.[834]

273 **4. § 4 Nr. 14 b UStG setzt Art. 132 Abs. 1 b MwStSystRL** um. Steuerfreie Krankenhausbehandlungen oder ärztliche Heilbehandlungen verlangen eine therapeutische Zweckbestimmung aufgrund einer Krankheit. Nicht genügend sind Maßnahmen zur Verbesserung des allgemeinen Gesundheitszustandes.[835] Klarstellend werden als Unterfälle ärztlicher **Heilbehandlung** auch Diagnostik, Befunderhebung, Rehabilitation, Geburtshilfe und Hospizleistungen aufgezählt. Diese Leistungen sind immer befreit, wenn sie von **Einrichtungen des öffentlichen Rechts** erbracht werden, d.h. des Bundes, der Länder und Kommunen als Träger entsprechender Einrichtungen. Das Gesetz, wie auch die MwStSystRL, geht davon aus, dass bei dieser Trägerschaft sowohl eine Qualitätsgewähr als auch eine Gewähr für die Einhaltung sozialer Bedingungen der Inanspruchnahme der Heilleistungen gegeben ist.

Handelt es sich hingegen um **andere private Einrichtungen**, werden in § 4 Nr. 14 b S. 2 aa) bis gg) UStG durch Verweisungen auf **Anerkennungen nach dem SGB** die anerkannten Einrichtungen bestimmt. Im Einzelnen handelt es sich dabei um: **aa) zugelassene Krankenhäuser** nach **§ 108 SGB V** (Hochschulkliniken, Plankrankenhäuser eines Landeskrankenhausplanes, Krankenhäuser mit Versorgungsverträgen der Verbände der Krankenkassen und Ersatzkassen) oder andere Krankenhäuser, die ihre Leistungen in sozialer Hinsicht unter vergleichbaren Bedingungen erbringen, wie Krankenhäuser, die in öffentlicher Trägerschaft stehen;[836] **bb) Behandlungs-Diagnostik- und Befundzentren,** die an der **vertragsärztlichen Versorgung** nach **§ 95 SGB V** teilnehmen oder für die Regelungen nach **§ 115 SGB V** gelten, d.h. über Belegarztpraxiskliniken zur Versorgung der Versicherten durch Zusammenarbeit mehrerer Vertragsärzte. Hierunter fallen u.a. Einrichtungen von Laborärzten, klinischen

---

831 S. EuGH v. 05.03.2020 – Rs. C-48/19 (X- GmbH), DStR 2020, 550 (Heilbehandlung durch telefonische Beratung von bei Krankenkassen angestellten Krankenpflegern/medizinischem Fachpersonal). EuGH v. 27.04.2006 – Rs. C-443/4 und 444/4 (Solleveld und van den Hout-van Eijnsbergen) Slg. 2006, I-3617; BFH v. 23.08. 2007 – V R 38/04 und v. 30.01.2008 – XI R 53/06, BStBl. II 2008, 37 (Theologe als Logotherapeut) und 647 (Physiotherapeut – Hippotherapie); v. 07.07.2005 – V R 23/04, BStBl. II 2005, 904; v. 18.08.2005 – V R 71/03, BStBl. II 2006, 143.

832 EuGH v. 10.09.2002 – Rs. C-141/00 (Kügler), Slg. 2002, I-6833; BFH v. 26.09.2007 – V R 54/05, BStBl. II 2008, 262 (GbR mit Krankengymnasten); v. 01.04.2004 – V R 54/98, 2004, 681 (Stiftung als arztähnlicher Beruf!); BVerfG v. 10.11.1999 – 2 BvR 2861/93, BVerfGE 101, 151 = BStBl. II 2000, 160; BFH v. 15.03.2007 – V R 53/03, BStBl. II 2008, 31.

833 Vgl. dazu Abschn. 4.14.4. UStAE.

834 S. EuGH v. 05.03.2020 – Rs. C-48/19 (X-GmbH), DStR 2020, 550 und nachfolgend BFH v. 23.09.2020 – XI R 6/20 (XI R 19/15), DStR 2021, 157.

835 BFH v. 11.01.2019 – XI R 29/17, MwStR 2019, 440 (keine Befreiung für Leistungen eines Gesundheitszentrums mit medizinischem Fachpersonal an Personen ohne medizinisch diagnostiziertes Krankheitsbild).

836 Siehe dazu Erdbrugger MwStR 2022, 88 und Schlussanträge Generalanwältin v. 23.09.2021 – C-228/20 (GmbH/FA H), MwStR 2022,107. Zur Steuerpflicht von Krankenhausleistungen nach früherem Recht, wenn die Sozialkriterien des § 4 Nr. 16 b UStG nicht erfüllt wurden vgl. BFH v. 18.03.2004 – V R 53/00, BStBl. II 2004, 677. Für das geltende Recht erfolgte in § 4 Nr. 14 b aa) die gesetzliche Befreiung für Krankenhausleistungen in privater Trägerschaft bei Erfüllung der Kriterien der Leistungserbringung in sozialer Hinsicht erst wieder durch das Gesetz zur Förderung der Elektromobilität v. 12.12.2019, BGBl. I 2019, 2451.

Chemikern, Hochschulambulanzen, psychiatrische Institutsambulanzen und sozialpädagogische Zentren gemäß §§ 117–119 SGB V; **cc) Einrichtungen**, die nach **§ 34 SGB VII** an der Versorgung durch Heilbehandlungen für die Träger der **gesetzlichen Unfallversicherung** beteiligt worden sind; **dd) Einrichtungen mit Versorgungsverträgen** nach **§§ 111, 111 a SGB V** (Vorsorge- und Rehabilitationseinrichtungen, Müttergenesungswerk); **ee) Rehabilitationseinrichtungen mit Verträgen** nach **§ 21 SGB IX** (Rehabilitation und Teilhabe behinderter Menschen); **ff) Einrichtungen zur Geburtshilfe** mit **Verträgen** nach **§ 134 a SGB V** (Versorgung mit Hebammenhilfe). Die Befreiung umfasst sowohl Leistungen der stationären Geburtshilfe als auch von Einrichtungen für ambulante Entbindungen; **gg) Hospize** mit **Verträgen** nach **§ 39 a SGB V** (Einrichtungen zur palliativ-medizinischen Behandlung); **hh) nichtärztliche Dialyseeinrichtungen.**[837] **§ 4 Nr. 14 b S. 2 ii) UStG** befreit **(private!) Einrichtungen**, denen im Wege der **Beleihung** die Durchführung des **Maßregelvollzugs nach § 138 Strafvollzugsgesetz** übertragen wurde (psychiatrische Krankenhäuser und Entziehungsanstalten). Für alle vorstehend genannten Einrichtungen gilt, dass sie rechtsformunabhängig sind. **Auch natürliche (Einzel-)Personen** können derartige Einrichtungen unterhalten. Ausgenommen sind lediglich, da bereits von § 4 Nr. 14 b S. 1 UStG erfasst, Einrichtungen, die von jPdöR unterhalten werden.

Zu beachten ist, dass die Befreiung bei Erbringung von Krankenhausbehandlungen und ärztlichen Heilbehandlungen durch und in den (privaten) Einrichtungen schon vor der gesetzlichen Neuregelung in § 4 Nr. 14 b S. 2 aa) UStG nicht davon abhingen, ob die gesetzlichen Krankenkassen und andere in Bezug genommene Kostenträger nach dem SGB die Kosten der Behandlung übernehmen oder zu übernehmen haben, bzw. ob die Behandlungen im Rahmen der von diesen mit den Einrichtungen abgeschlossenen Verträge erfolgen oder nicht. Befreit waren und sind vielmehr der Art nach alle diejenigen (auch privat liquidierten) ärztlichen Heilbehandlungen und Krankenhausbehandlungen in Einrichtungen, die mit den gesetzlichen Krankenkassen und den anderen Kostenträgern nach SGB Verträge über die Durchführung entsprechender Behandlungen haben oder für die eine sonstige Anerkennung durch diese Kostenträger vorliegt. Die Verweisung in § 4 Nr. 14 b UStG auf (Versorgungs-) Verträge der Einrichtungen mit den gesetzlichen Krankenkassen oder die anderen Kostenträger nach SGB, bzw. auch auf durch Verwaltungsakte erfolgende Verpflichtungen, erfüllt lediglich die Funktion, dass für Einrichtungen, mit denen derartige Verträge bestehen, bzw. die von derartigen Verwaltungsakten erfasst werden, die Anerkennung vorliegt, dass sie gleichwertig mit den Einrichtungen des öffentlichen Rechts sind und daher auch ihre Leistungen zu befreien sind.[838] Nach der Rspr. des BFH konnten sich die betreffenden Krankenhäuser/Einrichtungen in nicht öffentlich-rechtlicher Trägerschaft schon vor der gesetzlichen Neuregelung durch das Gesetz zur Förderung der Elektromobilität in § 4 Nr. 14 b UStG unmittelbar auf die Steuerfreiheit ihrer Leistungen nach Art. 132 Abs. 1 lit. b MwStSystRL berufen, wenn sie ihre Behandlungsleistungen in sozialer Hinsicht unter vergleichbaren Bedingungen wie Krankenhäuser in öffentlich- rechtlicher Trägerschaft erbrachten.[839]

---

837 Vgl. zum Ganzen auch Begründung zu § 4 Nr. 14 UStG i.d.F. JStG 2009 im RegE BR-Drs. 545/08, S. 115 f. zu Art. 7 Nr. 2 b und Abschn. 4.14.5. UStAE und RegE BT-Drs. 18/3017, S. 21, 25 zu Art. 9 Nr. 2 = § 4 Nr. 14 b hh) UStG i.d.F. Gesetz zur Anpassung an den Zollkodex v. 22.12.2014.

838 S. RegE BR-Drs. 54/08 zu Art. 7 zu Nr. 2, S. 117 und FinAusschuss BT-Drs. 16/11108 zu Art. 7 Nr. 4, S. 47; Abschn. 4.14.5. Abs. 24 und 25 UStAE. S. auch EuGH v. 05.03.2020 – Rs. C-211/18 (Idealmed III), DStR 2020, 588 (zu Heilbehandlungen, deren Kosten von den Trägern der sozialen Sicherheit getragen werden).

839 BFH v. 23.01.2019 – XI R 15/16, MwStR 2019, 498 mit Anm. Huschens; BFH v. 23.10. 2014 – V R 20/14, BStBl. II 2016, 785; v.18.03.2015 – XI R 38/13, BStBl. II 2016, 793; so UStAE Abschn. 4.14.5. Abs. 4 i.V.m. BMF v. 06.10.2016, BStBl. I 2016, 1076; s.a. Hess. FG v. 28.06.2017 – 1 K 19/16 (Rev. XI R 29/17), EFG 2017,1621 (keine Befreiung für Wellness Gesundheitszentrum ohne Versorgungsvertrag mit Krankenkasse).

274 **5. § 4 Nr. 14 c UStG** befreit Heilbehandlungen, Krankenhausbehandlungen und eng damit verbundene Umsätze durch **Einrichtungen** (Träger, Leistungserbringer) **der hausärztlichen Versorgung nach § 73 b** und der **besonderen** (integrierten) Versorgung **nach § 140 a SGB V** sowie Leistungen zur Sicherstellung der ambulanten Versorgung in stationären Pflegeeinrichtungen, mit denen Verträge **nach § 119 b SGB V** bestehen. Dies betrifft namentlich solche Einrichtungen, Träger, Gemeinschaften, denen durch einen mit der Krankenkasse geschlossenen Vertrag nach § 140 a SGB V zur integrierten Versorgung die (ambulante und/oder stationäre, vollständige oder teilweise) Versorgung ihrer Mitglieder übertragen worden ist. Die Einrichtung erbringt dabei die Versorgungsleistungen nicht eigenhändig, sondern bedient sich ihrerseits der Leistungen anerkannter Leistungserbringer. Nicht begünstigt nach § 4 Nr. 14 c UStG ist allerdings die bloße Auslagerung von Verwaltungsaufgaben (bloße Steuerungs-, Koordinierungs- und Managementfunktionen) auf gemeinsame Einrichtungen. § 4 Nr. 14 e UStG befreit die Leistungen von infektionshygienischen Leistungen von Ärzten und Hygienefachkräften.[840]

275 **6. § 4 Nr. 14 d UStG** befreite **sonstige Leistungen von Gemeinschaften** (Zusammenschlüssen, Vereinen, Gesellschaften) **der Arzt- und Heilberufe** gemäß § 4 Nr. 14 a UStG sowie der in § 4 Nr. 14 b UStG genannten (Träger der) **Einrichtungen an ihre Mitglieder**. § 4 Nr. 14 d UStG ist zwar **aufgehoben** worden. Die dort getroffene **Regelung gilt** aber **in der Sache** für die von Zusammenschlüssen von Arzt- und Heilberufen an ihre Mitglieder erbrachten sonstigen Leistungen weiter.

Durch § 4 Nr. 14 d UStG a.F. wurde Art. 132 Abs. 1 lit. f der MwStSystRL nicht vollständig und zutreffend umgesetzt. Die Befreiung ist danach nicht nur für Leistungen an ihre Mitglieder von Gemeinschaften zu gewähren, die im Gesundheitsbereich tätig werden, sondern vielmehr darüber hinausgehend für solche Leistungen aller Gemeinschaften, deren Mitglieder dem Gemeinwohl dienende Tätigkeiten ausüben.[841] § 4 Nr. 14 d UStG wurde daher aufgehoben und durch **§ 4 Nr. 29 UStG** ersetzt. Dieser befreit nunmehr nicht mehr allein sonstige Leistungen von Gemeinschaften (Zusammenschlüsse) der Arzt- und Heilberufe, sondern darüber hinausgehend sonstige Leistungen gegenüber ihren Mitgliedern von im Inland ansässigen Zusammenschlüssen von Personen, deren Mitglieder eine dem Gemeinwohl dienende Tätigkeit ausüben, die nach § 4 Nr. 11 b,14 bis 18, 20 bis 25 oder 27 UStG befreit ist. Voraussetzung für die Befreiung ist, dass für die jeweilige Leistung der Gemeinschaft an ihr Mitglied lediglich die Erstattung des Anteils an den gemeinsamen Kosten verlangt wird. Die Befreiung für die an das jeweilige Mitglied erbrachte Leistung des Zusammenschlusses darf auch nicht zu einer Wettbewerbsverzerrung führen.

Die Gemeinschaft kann auch aus Mitgliedern beider Gruppierungen bestehen. Die Befreiung hängt von zwei Voraussetzungen ab: Es muss sich erstens um solche sonstigen Leistungen handeln, die von den Mitgliedern unmittelbar für Zwecke der nach § 4 Nr. 14 a oder b UStG befreiten (Heilbehandlungs-)Leistungen verwendet werden. Mithin kommt die Befreiung etwa bei Leistungen von Praxis-, Labor- und Gerätegemeinschaften in Betracht, nicht aber für gemeinsame Buchführungs-, Rechtsberatungs- und Verrechnungsstellen. Zweitens darf die Gemeinschaft von den Mitgliedern lediglich eine Erstattung der Kosten verlangen, mithin gerade nicht mit Gewinnerzielung tätig werden. § 4 Nr. 14 d UStG setzt Art. 132 Abs. 1 lit. f MwStSystRL um.[842] Soweit Leistungen nur einzelnen Mitgliedern zugutekommen, steht der Befreiung nicht entgegen, dass nur diese mit den dadurch verursachten Kosten belastet werden.

---

840 Nachträglich in § 4 Nr. 14 UStG aufgenommen durch das AmtshilfeRLG v. 26.06.2013, BGBl. I 2013, 1809.

841 Vgl. EuGH v. 21.09.2017 – Rs. C-616/15, (Kommission/Deutschland), MwStR 2017, 829 mit Anm. Ismer/Piotrowski; s. zu Art. 132 Abs. 1 lit. f MwStSystRL auch EuGH v. 21.09.2017 – Rs. C-326/15 (DNB Banka), MwStR 2017, 823 und Rs. C-605/15 (Aviva), MwStR 2017, 826 und v. 04.05.2017 – Rs. C-274/15, (Kommission/Luxemburg), UR 2017, 424 und BFH v. 06.09.2018 – V R 30/17, UR 2018, 950. Beachte: Die Befreiung für begünstigte Leistungen an die Mitglieder wird nicht dadurch ausgeschlossen, dass auch an Nichtmitglieder (dann) nicht befreite Leistungen erbracht werden, s. EuGH v.20.11.2019 – C-400/18 (Infohos), UR 2019, 932.

842 Vgl. zu Art. 132 Abs. 1 f MwStSystRL EuGH v. 09.10.2008 – Rs. C-407/07 (Stichting Centraal Begeleidingsorgaan), UR 2009, 52 betreffend einen Zusammenschluss von Krankenhäusern, Fachärztekammern und Krankenkassen; v. 20.11.2003 – Rs. C-8/01 (Taksatorringen), Slg. 2003, I-13711.

7. § 4 Nr. 16 UStG befreit mit dem Betrieb von Einrichtungen zur **Betreuung und Pflege hilfsbedürftiger Personen** eng verbundene Leistungen. Hilfsbedürftig sind alle Personen, die aufgrund ihres körperlichen, geistigen oder seelischen Zustands der Betreuung und Pflege bedürfen. Dies schließt auch Personen mit ein, bei denen ein Grundpflegebedarf oder eine erhebliche Einschränkung der Alltagskompetenz besteht. Umgesetzt wird damit **Art. 132 Abs. 1 lit. g MwStSystRL.**[843] Danach werden die eng mit der Sozialfürsorge und der sozialen Sicherheit verbundenen Dienstleistungen und Lieferungen befreit, die durch Einrichtungen des öffentlichen Rechts, Altenheime oder andere vom Mitgliedstaat anerkannte Einrichtung mit sozialem Charakter bewirkt werden, nicht aber die bloße Gestellung von Pflegekräften durch Zeitarbeitsunternehmen.[844] **276**

§ 4 Nr. 16 UStG differenziert, wie schon § 4 Nr. 14 UStG, dementsprechend, indem in § 4 Nr. 16 a UStG die von Einrichtungen **juristischer Personen des öffentlichen Rechts** erbrachten Pflege- und Betreuungsleistungen befreit werden. Dazu gehören neben den Einrichtungen der Gebietskörperschaften auch Einrichtungen der Kirchen, soweit diese – wie die katholische und ein Teil der protestantischen Kirchen – juristische Personen des öffentlichen Rechtes sind. Für **Einrichtungen** anderer Träger, also **privater Träger**, wird in § 4 Nr. 16 b–k UStG auf Einrichtungen verwiesen, die Verträge, Vereinbarungen oder Anerkennungen nach dem SGB besitzen. Auch hier kommt den Verträgen usw. nur die Funktion zu, zu kennzeichnen, dass die Einrichtungen im Hinblick auf die Befreiung als gleichwertig mit juristischen Personen des öffentlichen Rechts zu behandeln sind (s.o. unter Rn. 270, 273).

Dies betrifft im Einzelnen **folgende** (privaten) **Einrichtungen** zur/als/mit: **277**

- Leistung von Haushaltshilfe § 132 SGB V;
- häuslichen Krankenpflege, § 132 a SGB V, ambulanten, stationären, häuslichen Pflege und hauswirtschaftlichen Versorgung, §§ 72, 77 SGB XI, sowie häuslichen und Heimpflege, § 26 Abs. 5 i.V.m. § 44 SGB VII;
- häuslichen Krankenpflege und Haushaltshilfe, § 26 Abs. 5 i.V.m. §§ 32, 42 SGB VII;
- Integrationsfachdienste mit Vereinbarung nach § 111 SGB IX (Rehabilitation und Teilhabe behinderter Menschen);
- anerkannte Werkstätten für Behinderte nach § 142 SGB IX;
- Leistung niedrigschwelliger Betreuungsleistungen nach § 45 b SGB XI;
- Erfüllung von Aufgaben der Sozialhilfe, § 75 SGB XII;
- Leistung häuslicher Krankenpflege oder Haushaltshilfe durch Einrichtungen mit Vertrag nach § 8 Abs. 3 Gesetz zur Errichtung der Sozialversicherung für Landwirtschaft, nach §§ 10 und 11 des 2. Gesetzes über die Krankenversicherung der Landwirte, § 10 des Gesetzes über die Altersversicherung der Landwirte, oder nach § 54 Abs. 2 SGB VII;
- anerkannte interdisziplinäre Frühförderstellen nach § 2 Frühförderungsverordnung (§ 32 Nr. 1 SGB IX – Rehabilitation und Teilhabe behinderter Menschen);
- Einrichtungen, die als Pfleger nach § 1896 Abs. 1 BGB bestellt worden sind;
- Einrichtungen, denen im vergangenen Kalenderjahr Betreuungs- und Pflegekosten in mindestens 25 % der Fälle von den gesetzlichen Trägern der Sozialversicherung/Sozialhilfe/Kriegsopferversorgung vergütet worden ist.[845]

---

843 S. dazu EuGH v. 15.11.2012 – Rs. C-174/11 (Zimmermann), UR 2013, 35 und nachfolgend BFH v. 19.03.2013 – XI R 47/07, UR 2013, 555 (gewerblicher ambulanter Pflegedienst) mit Anm. Grube.

844 BFH v. 22.07.2015 – V R 20/12, UR 2015,877; EuGH v. 01.03.2015 – Rs. C-594/13 („go fair"), BStBl. II 2015, 980.

845 S. dazu BFH v. 13.06.2018 – XI R 20/16, MwStR 2018, 1013.

X. Die Befreiungsvorschrift des § 4 Nr. 28 UStG

278 Nach § 4 Nr. 28 UStG wird die Lieferung eines Gegenstandes befreit, wenn für ihn der Vorsteuerabzug nach § 15 Abs. 1 a UStG (Repräsentationsaufwendungen, nicht abziehbare Betriebsausgaben) ausgeschlossen ist oder der Gegenstand vom Unternehmer ausschließlich für steuerfreie Umsätze nach § 4 Nr. 8–27 UStG (den Vorsteuerabzug ausschließende Umsätze) verwendet wurde. § 4 Nr. 28 UStG ist auch anzuwenden, wenn der Vorsteuerabzug wegen einer Steuerbefreiung in unmittelbarer Anwendung der MwStSystRL ausgeschlossen war.[846] Der Sinn dieser Vorschrift liegt darin, dass bei Erwerb der Gegenstände der Vorsteuerabzug versagt wurde und eine Veräußerung ohne die Steuerbefreiung des § 4 Nr. 28 UStG entweder zu einer doppelten Belastung mit USt oder zu einer Vorsteuerkorrektur nach § 15 a UStG führen müsste (vgl. dazu Rn. 359). Einer Steuerbefreiung der Entnahmen oder Verwendung von Gegenständen, die nicht zum Vorsteuerabzug berechtigt haben, bedarf es nicht. Denn die Zuwendungen nach § 3 Abs. 1 b Nr. 1–3 UStG und die Verwendung nach § 3 Abs. 9 a Nr. 1 UStG sind ohnehin nur steuerbar, wenn ein voller oder teilweiser Vorsteuerabzug möglich war.

Beispiel: Eine Versicherungsgesellschaft hat Anfang 2016 eine Datenverarbeitungsanlage für 500.000 € zzgl. 95.000 € USt erworben.

Sie veräußert diese

- Anfang 2021 für 100.000 €;
- Anfang 2019 für 200.000 €.

Die Versicherungsgesellschaft nutzte die Datenverarbeitungsanlage zu steuerfreien Umsätzen nach § 4 Nr. 10 a UStG. Sie konnte daher die VoSt wegen § 15 Abs. 2 Nr. 1 UStG nicht abziehen. Bei einer **steuerpflichtigen Veräußerung** im Jahre 2021 käme eine Vorsteuerkorrektur nach § 15 a UStG nicht mehr in Betracht, da der Berichtigungszeitraum von fünf Jahren abgelaufen ist. Die Umsatzsteuerbelastung ist aber bereits durch die Versagung des Vorsteuerabzugs herbeigeführt.

Bei einer Veräußerung im Jahre 2019 würde eine Steuerpflicht zu einer Vorsteuerkorrektur gemäß § 15 a UStG für zwei Jahre (2019 und 2020) führen, d.h. zu einer Vorsteuererstattung von 38.000 €.

Durch die Befreiungsvorschrift des § 4 Nr. 28 UStG ist die Veräußerung jedoch steuerfrei. Es tritt weder eine doppelte Belastung mit USt ein noch braucht eine Vorsteuerkorrektur nach § 15 a UStG durchgeführt zu werden. Die Befreiungsvorschrift des § 4 Nr. 28 UStG ist unionsrechtskonform. Sie setzt Art. 136 MwStSystRL zutreffend um.[847]

Soweit für nicht abziehbare Betriebsausgaben nach § 4 Abs. 5, Abs. 7 EStG und für private Aufwendungen nach § 12 Nr. 1 EStG der Vorsteuerabzug nach § 15 Abs. 1 a UStG zu versagen ist, genügt es für die Befreiung der Lieferung nach § 4 Nr. 28 UStG, dass der Vorsteuerabzug für die Aufwendungen im Jahr der Anschaffung zu versagen war.

Beispiel: U erwirbt im Jahre 2019 eine Segelyacht zur Unterhaltung seiner Geschäftsfreunde für 1.000.000 € zzgl. 190.000 € USt. Nach § 15 Abs. 1 a UStG i.V.m. § 4 Abs. 5 Nr. 4 EStG ist der Vorsteuerabzug ausgeschlossen. Veräußert U die Yacht in 2020, ist diese Veräußerung nach § 4 Nr. 28 UStG befreit.

Trotz des Wortlauts des § 4 Nr. 28 UStG, der eine ausschließliche Verwendung für steuerfreie Umsätze verlangt, lässt die Finanzverwaltung aus Vereinfachungsgründen seine Anwendung auch bei nur geringfügiger Nutzung (bis zu 5 %) zu steuerpflichtigen Umsätzen zu, wenn der Unternehmer insoweit keinen Vorsteuerabzug in Anspruch nimmt.[848]

---

846 BFH v. 16.05.2012 – XI R 24/10, BStBl. II 2013, 52.

847 S. BFH v. 21.09.2016 – IV R 43/15, BStBl. II 2017, 1203; Vorinstanz FG Hamburg v. 02.02.2015 – 2 K 325/14, MwStR 2015, 774 (kurioser Fall – Stpfl. [Klinik] wehrt sich gegen Befreiung nach § 4 Nr. 28 UStG, um eine Vorsteuerkorrektur nach § 15 a UStG zu erreichen!).

848 Abschn. 4.28.1. Abs. 2 UStAE.

XI. Befreiungen nach dem NATO-Truppenstatut

Art. 67 NATO-Zusatzabkommen **befreit:** 279

1. Lieferungen und sonstige **Leistungen der Truppe**, u.a. an ihre Mitglieder und das zivile Gefolge, und

2. Lieferungen und sonstige **Leistungen** von Unternehmern **an die Truppe** oder das zivile Gefolge.

Beispiele: Lieferung eines Pkw an die Truppe oder Vermietung von Wohnungen an die Truppe

Voraussetzungen für die Befreiung sind:

- Auftraggeber muss die amtliche Beschaffungsstelle sein, nicht das einzelne Mitglied;
- Gegenstand/Leistung muss dem Ge- oder Verbrauch durch die Truppe oder ihrer Mitglieder oder des zivilen Gefolges dienen;
- es ist formell ein Buch- und Belegnachweis zu führen. Der Belegnachweis wird grundsätzlich durch den sog. Abwicklungsschein geführt (vgl. § 73 UStDV).

Die Besonderheit der Befreiung nach Art. 67 Abs. 3 NATO-Zusatzabkommen besteht darin, dass der **Vorsteuerabzug zulässig** bleibt (§ 15 Abs. 3 Nr. 1 a i.V.m. § 26 Abs. 5 Nr. 2 UStG).

Die Befreiung ist sowohl hinsichtlich ihrer Wirkung wie auch der formellen Voraussetzungen (Buch- und Belegnachweis) mit der Ausfuhrbefreiung des § 4 Nr. 1 a UStG vergleichbar.[849]

Dies gilt auch bzgl. der ähnlich geregelten Befreiungen nach

- Art. III Nr. 1: Offshore-Abkommen (betrifft Lieferungen und Leistungen an Stellen der Vereinigten Staaten, die Verteidigungsaufgaben berühren);
- Art. 14 Abs. 2: Abkommen Alliierte Hauptquartiere (betrifft Lieferungen und Leistungen an die Alliierten Hauptquartiere. Auftraggeber muss das Hauptquartier oder eine für dieses handelnde deutsche Beschaffungsstelle sein);
- § 4 Nr. 7 a–d UStG
(ergänzende Bestimmung für der Verteidigung dienende Leistungen).

Trifft eine Befreiung nach § 4 Nr. 8 ff. UStG, die den Vorsteuerabzug nach § 15 Abs. 2 Nr. 1 UStG ausschließt, mit einer Befreiung nach den vorgenannten Vorschriften zusammen, so sollen nach Auffassung der FinVerw die in § 26 Abs. 5 UStG aufgezählten Befreiungsvorschriften, die den Vorsteuerabzug zulassen, vorrangig sein, sodass der Vorsteuerabzug hier erhalten bleibt.[850] Demgegenüber wird beim Zusammentreffen einer Befreiung nach § 4 Nr. 8 ff. UStG mit einer Befreiung nach § 4 Nr. 1 a und b UStG gerade vom Vorrang der den Vorsteuerabzug ausschließenden Befreiung nach § 4 Nr. 8 ff. UStG ausgegangen (s. Rn. 348).

Beispiel: Ein Gebäude wird an die Truppe vermietet. Die Vermietungsleistung ist steuerfrei nach § 4 Nr. 12 a UStG und nach Art. 67 Abs. 3 NATO-Zus.Abk. Der Vorsteuerabzug aus der Herstellung des Gebäudes ist danach nicht nach § 15 Abs. 2 Nr. 1 i.V.m. § 4 Nr. 12 a UStG ausgeschlossen, weil er nach § 15 Abs. 3 Nr. 1 a i.V.m. der vorrangigen Befreiung nach § 26 Abs. 5 Nr. 2 UStG, Art. 67 Abs. 3 NATO-Zus.Abk. gerade nicht ausgeschlossen wird.

Sollen Gegenstände oder Leistungen für Mitglieder der Truppe oder des zivilen Gefolges beschafft werden, so muss der deutsche Unternehmer an die Truppe leisten –

849 Zu Einzelheiten vgl. BMF BStBl. I 2006, 310 und BStBl. I 2004, 1200; zur Bedeutung des Nachweises nach § 73 UStDV vgl. BFH v. 16.05.2007 – V B 91/06, BFH/NV 2007, 1932.

850 Abschn. 15.13. Abs. 5 S. 3 UStAE unter Bezugnahme auf BFH v. 22.08.2013 – V R 30/12, BStBl. II 2014, 133.

steuerfrei nach Art. 67 Abs. 3 NATO-Zus.Abk. – und die Truppe leistet erst an das Mitglied – steuerfrei nach Art. 67 Abs. 1 NATO-Zus.Abk. Bei unmittelbarer Beauftragung des deutschen Unternehmers durch das Mitglied wird die Steuerbefreiung nicht gewährt. Entsprechendes gilt auch für Leistungen, die unter das Offshore-Abkommen und das Abkommen über die Alliierten Hauptquartiere fallen.

5. Abschnitt: Steuersatz und Bemessungsgrundlage

A. Steuersatz

280 Das UStG kennt im Grundsatz nur zwei Steuersätze, den allgemeinen Steuersatz von 19 % nach § 12 Abs. 1 UStG und den ermäßigten Steuersatz von 7 % für die in § 12 Abs. 2 Nr. 1–10 UStG genannten Lieferungen und sonstigen Leistungen.

Die unionsrechtlichen Grundlagen für die Bestimmung des (Normal- und ermäßigten) Steuersatzes finden sich in Art. 96–103 MwStSystRL. Festgelegt sind ein Mindest(normal)steuersatz von 15 % und von 5 % für einen ermäßigten Steuersatz. Der ermäßigte Steuersatz darf nur für die in Art. 98 MwStSystRL i.V.m. der Anlage III genannten Leistungskategorien eingeräumt werden. Insoweit besteht allerdings für die Mitgliedstaaten ein Wahlrecht, ob und in welchem Umfange sie einen ermäßigten Steuersatz vorsehen. Sie können auch innerhalb der in Anhang III genannten Leistungen noch differenzieren,[851] dürfen aber nicht für nicht in der Anlage III genannte Leistungsarten einen ermäßigten Steuersatz einräumen.[852]

Daneben existieren für Umsätze im Rahmen eines land- und forstwirtschaftlichen Betriebs noch besondere Steuersätze nach § 24 Abs. 1 Nr. 1 bis 3 UStG (5,5 %, 19 % und 9,5 %). Die Pauschalausgleichsprozentsätze finden auf landwirtschaftliche Erzeugnisse und landwirtschaftliche Dienstleistungen Anwendung.[853] Da hier weitgehend eine Pauschalierung der VoSt i.H.d. entstehenden Umsatzsteuerschuld vorgenommen wird (vgl. § 24 Abs. 1 UStG), entsteht in den meisten Fällen **für den Landwirt keine Zahllast**. Die Bedeutung der gleichwohl gegebenen Umsatzsteuerpflicht ergibt sich in erster Linie für den Leistungsempfänger. Er kann aus den Leistungen der Landwirte bei Rechnungserteilung VoSt abziehen, allerdings bei falschem Ausweis nur i.H.d. zutreffenden gesetzlich geschuldeten Steuer, § 15 Abs. 1 Nr. 1 UStG.

Der Steuersatz von 19 % gilt seit dem 01.01.2007 (bis dahin 16 %). Bei einem Wechsel des Steuersatzes ist der neue Steuersatz für die Umsätze maßgebend, die ab dem Änderungszeitpunkt ausgeführt werden (§ 27 Abs. 1 UStG).[854] Auf den Vertragsabschluss kommt es nicht an. Allerdings kann zivilrechtlich ein Preisausgleich verlangt werden, wenn der Vertrag nicht später als vier Monate vor dem Inkrafttreten, respektive einer Änderung des Gesetzes abgeschlossen wurde (§ 29 UStG).

Der **ermäßigte Steuersatz nach § 12 Abs. 2 Nr. 1 UStG** gilt für die **Lieferung** der in der Anlage 2 aufgeführten **Gegenstände.** Sie unterfallen in grob gegliedert sechs Gruppen: land- und forstwirtschaftliche Erzeugnisse, zubereitete Futtermittel, alle Lebensmittel mit Ausnahme von Langusten, Hummern, Austern und Schnecken (ihr Verzehr gilt dem deutschen Gesetzgeber offenbar als nicht zu fördernde Extravaganz), Waren des Buchhandels und Druckereierzeugnisse,[855] Kunst- und Sammlungsgegenstände und Körperersatzstücke.

---

851 Vgl. EuGH v. 06.05.2010 – Rs. C-94/09 (Kommission/Frankreich), Slg. 2010, I-4261 (Bestattungsinstitute).

852 Vgl. EuGH v. 12.05.2011– Rs. C-453/09 (Kommission/Deutschland), UR 2011, 827 (Vertragsverletzung der Bundesrepublik durch Einräumung des ermäßigten Steuersatzes für die Lieferung von lebenden Pferden, die nicht zu Verzehr bestimmt sind) – s. dazu nachfolgend BFH v. 02.07.2014 – XI R 4/13, BFH/NV 2014, 1913 und v. 24.10.2013 – V R 17/13, UR 2014, 147 (Lieferung eines Sportpferdes); EuGH v. 28.10.2010 – Rs. C-49/09 (Kommission/Polen), Slg. 2010, I-10619, UR 2011, 183 (Vertragsverletzung Polen, ermäßigter Steuersatz für Säuglingsbekleidung).

853 BFH v. 06.09.2018 – V R 55/17, BFH/NV 2019,125 (zu Mähdrescharbeiten für andere Landwirte); v. 06.09.2018 – V R 34/17, BB 2018, 2965 (Beweidungsleistungen eines Schäfers); v. 27.09.2018 – V R 28/17, BB 2018, 2965 (Herstellung und Lieferung von Fruchtjoghurt durch Milchbauern); s. auch BFH v. 21.01.2015 – XI R 13/13, BStBl. II 2015, 730 (Pensionspferdehaltung); s. auch EuGH v. 12.10.2017 – Rs. C-262/16 (Shields and Sons partnership), MwStR 2018, 32 (zu den unionsrechtlichen Grundlagen für § 24 UStG).

854 S. BFH v. 05.09.2019 – V R 38/17, DStR 2019, 2645 (zu Steuerschuld und VoStAbzug aus einer vor dem Steuersatzwechsel 2007 erhaltenen Abschlagzahlung auf erst nach dem Steuersatzwechsel ausgeführte Bauleistungen/Werklieferung).

Im Einzelfall ist genau darauf zu achten, ob der Gegenstand unter die in der Anlage erwähnte Zolltarifposition fällt. In Zweifelsfällen – nicht in Klausuren! – besteht für den Lieferer die Möglichkeit, bei der Finanzverwaltung eine Zolltarifauskunft für Umsatzsteuerzwecke einzuholen.[856]

Die Abgabe von Speisen und Getränken zum Verzehr an Ort und Stelle (im Restaurant, in einer Kantine) ist im Anschluss an die Rspr. des EuGH[857] regelmäßig, aber nicht notwendig, einheitlich als **nicht dem ermäßigten Steuersatz unterliegende sonstige Leistung** und nicht als Lieferung zu behandeln. Eine **steuersatzbegünstigte Lieferung von Lebensmitteln** kann nur dann vorliegen, wenn die Lebensmittel lediglich zum „Mitnehmen" abgegeben werden und keine qualitativ wesentlichen Dienstleistungen mit der Abgabe verbunden sind, die den Verzehr an Ort und Stelle ermöglichen. Die Verwaltung hat in Abschnitt 3.6. UStAE unter Berücksichtigung der Rspr. des EuGH und des BFH eine detailreiche Abgrenzung zwischen steuersatzbegünstigter Lieferung und nicht begünstigter Erbringung sonstiger Leistungen bei der Abgabe von Speisen und Getränken vorgenommen. Unschädlich ist es, wenn mit der Lieferung lediglich solche minimalen Dienstleistungen einhergehen, die mit der Vermarktung notwendigerweise verbunden sind. Für sog. **Restaurationsumsätze (Bewirtungsleistungen in Gaststätten, Restaurants** usw.) als sonstige Leistungen kommt der ermäßigte Steuersatz nicht in Betracht. Für die Abgrenzung zwischen ermäßigt zu besteuernder Lieferung von Lebensmitteln und mit dem Normalsteuersatz zu besteuernder sonstiger (Dienst-)Leistung ist darauf abzustellen, ob die Abgabe der Speisen mit einem qualitativ überwiegenden Dienstleistungselement verbunden ist. Für die Frage, ob die Dienstleistungselemente qualitativ überwiegen, ist eine Gesamtbetrachtung anzustellen. Von einer ermäßigt zu besteuernden Lieferung von Lebensmitteln zum sofortigen Verzehr ist noch auszugehen, wenn standardisiert zubereitete (einfache) Speisen – wie etwa Bratwürste und Pommes Frites – ohne weitere Bedienungsleistungen abgegeben werden und für den sofortigen Verzehr allenfalls behelfsmäßige Vorrichtungen wie einfache Verzehrtheken (an Imbissständen) vorgehalten werden. Von Dritten – oder vom Leistenden für andere Zwecke – vorgehaltene Sitzgelegenheiten oder andere den Verzehr erleichternde Einrichtungen stellen keinen Teil der erbrachten Leistung des Unternehmers dar und können daher auch nicht als qualitativ wesentliche Dienstleistungselemente für seine Leistung berücksichtigt werden.[858] Umgekehrt überwiegen qualitativ die Dienstleistungselemente bei der Abgabe von verzehrfertigen Speisen, wenn sie ganz oder 281

855 Zu sog. E-Books (digitale und elektronische Sprachwerke) vgl. EuGH v. 07.03.2017 – Rs. C-390/15 (RPO), UR 2017, 393 und BFH v. 03.12.2015 – V R 43/13, BStBl. 2016 II, 858 (kein ermäßigter Steuersatz, ungleiche Behandlung vergleichbarer Sachverhalte, aber gerechtfertigt!). Mit Wirkung ab 01.01.2015 galt der ermäßigte Steuersatz auch schon für die Umsätze mit Hörbüchern nach entsprechender Änderung der Anlage 2 in Nr. 50. Vgl. Abschn. 12.1. UStAE i.V.m. BMF v. 01.12.2014, BStBl. I 2014, 1605 und nach § 12 Abs. 2 Nr. 14 UStG gilt er ab 01.01.2020 auch für E-Bücher in „elektronischer Form"; vgl. auch EuGH v. 11.09.2014 – Rs. C-219/13 (K-Oy), UR 2014, 820 (ermäßigter Steuersatz nur für gedruckte Bücher zulässig, sofern steuerliche Neutralität beachtet wird). Nach Änderung durch die RL 2018/1773 v. 06.11.2018, Abl. EU 2018, Nr. L 286, 20 ist der ermäßigte Steuersatz jetzt auch für elektronische Bücher unionsrechtlich zulässig. Darauf beruht der nunmehrige § 12 Abs. 2 Nr. 14 UStG. Siehe zum ermäßigten Steuersatz für digitale Medien nach § 12 Abs. 2 Nr. 14 UStG nunmehr Abschnitt 12.17 UStAE, eingefügt durch BMF Schreiben v. 17.12.2021, BStBl. I 2021, 2502.

856 Vgl. Abschn. 12.1. UStAE und BMF BStBl. I 2006, 622 (zur unverbindlichen Zolltarifauskunft für Zwecke der USt; zur verbindlichen Zolltarifauskunft s. Art. 12 Zollkodex).

857 EuGH v. 02.05.1996 – Rs. C-231/94 (Faaborg-Gelting Linien), Slg. 1996, I-2395; v. 10.03.2005 – Rs. C-491/03 (Hermann), Slg. 2005, I-2043; vgl. auch BFH v. 10.08.2006 – V R 55/04 und V R 38/05, BStBl. 2007 II, 480 (Essen auf Rädern/Mahlzeitendienst) und 482 (Schulverpflegung).

858 Vgl. BFH v. 03.08.2017 – V R 15/17 UR 2017, 787 (Verkauf von „Wiesnbrezn" durch „Breznläufer" in Festzelten) und v. 03.08.2017 – V R 61/16, BFH/NV 2018, 63 (Lieferung einfacher Speisen durch Betreiber einer Krankenhauscafeteria, Bestuhlung des Krankenhauses wurde genutzt) als Lieferungen zu 7 %! S. aber BFH v. 10.03.2019 – XI B 89/18, BFH/NV 2019, 945 und BFH v. 24.07.2017 – XI B 37/17, BFH/NV 2017, 1635 (Abgabe von Speisen in Biergarten durch Grillbetreiber, dem die Nutzung der Infrastruktur eines Biergartens durch den Betreiber des Biergartens gestattet war, respektive der als Pächter vertraglich in die Bereitstellung von Verzehreinrichtungen durch den Betreiber des Biergartens mit eingeschlossen war als sonstige Leistung zu 19 %!).

teilweise die charakteristischen Dienstleistungsmerkmale von Restaurantumsätzen beinhalten. Dazu gehören namentlich Bedienungsleistungen wie ein Kellnerservice, Beratung bei der Auswahl der Gerichte, die spezielle Zubereitung von Gerichten erst auf Bestellung, die Vorhaltung von Sitzgelegenheiten an zum Verzehr geeigneten Tischen in geeigneten Räumen sowie von Essgeschirr und Bestecken sowie das Vorhandensein von Toiletten. Grob gesprochen werden an **Imbissständen** ohne Vorhaltung von Tischen und Sitzgelegenheiten zum Verzehr durch den Betreiber der Imbissbude Lebensmittel zum ermäßigten Steuersatz geliefert. Demgegenüber erbringt der Betreiber eines **Partyservice** oder der Nutzer eines **Food Courts** in einem Einkaufszentrum eine zum Normalsatz zu besteuernde sonstige (Restaurations-)Leistung, wenn er vom Kunden ausgewählte Speisen nach dessen Wünschen zubereitet, sie an den vom Kunden bestimmten Ort zur vom Kunden bestimmten Zeit verbringt und sie dort verzehrfertig unter Bereitstellung von Geschirr und Besteck und ggf. auch Mobiliar abgibt.[859] Auch bei unentgeltlichen Wertabgaben muss unterschieden werden zwischen ermäßigt zu besteuernden Lieferungen/Entnahmen für außerunternehmerische Zwecke oder für private Zwecke der Arbeitnehmer nach § 3 Abs. 1 b UStG und nicht ermäßigt zu besteuernden sonstigen Leistungen (Restaurationsleistungen) nach § 3 Abs. 9 a Nr. 2 UStG.

Beispiel: Arbeitgeber gibt an seine Arbeitnehmer in eigener Kantine Mittagessen gegen Entgelt und gelegentlich auch unentgeltlich ab. Die Essensabgabe ist insoweit nicht als Teil des Arbeitslohnes vereinbart. Die Essen bezieht er durch eine Fernküche. Die Essen werden den Arbeitnehmern durch Personal des Arbeitgebers zusammen mit Bestecken ausgehändigt und in der Essenskantine von ihnen an Tischen verzehrt. Die nach §§ 1 Abs. 1 Nr. 1, 3 Abs. 1 b Nr. 2 UStG steuerbaren sonstigen Leistungen des Arbeitgebers an seine Arbeitnehmer unterliegen in jedem Falle dem vollen Steuersatz, da durch das Zurverfügungstellen von Verzehreinrichtungen (Tische, Stühle, Bestecke) durch den Arbeitgeber für seine an die Arbeitnehmer erbrachten Leistungen die Dienstleistungselemente (Vorhalten von Räumlichkeiten, Mobiliar und Essgeschirr, Bedienung) jedenfalls qualitativ überwiegen. Die Leistungen der Fernküche an den Arbeitgeber unterliegen ebenfalls nicht dem ermäßigten Steuersatz, falls es sich nicht um ganz einfache, nur standardisiert zuzubereitende Speisen, wie sie an Imbissständen vorgehalten werden, handelt. Nur im letzteren Falle käme für die Fernküche die Lieferung von Lebensmitteln zum ermäßigten Steuersatz in Betracht. Dass vom Arbeitgeber Verzehreinrichtungen zur Verfügung gestellt werden kann nicht den Lieferungen/Leistungen der Fernküche zugerechnet werden.

Lieferungen von **Getränken** (außer Milch und Milchmischgetränke und nicht zur Abgabe an Verbraucher abgepacktes [Trink-]Wasser) unterliegen immer dem vollen Steuersatz.[860]

282 Von den übrigen Ermäßigungstatbeständen sind erwähnenswert:

- Die Ermäßigung für die **Beförderung von Personen** nach § 12 Abs. 2 Nr. 10 UStG in den dort genannten Beförderungsmitteln:[861] Bei Beförderungen innerhalb der politischen Gemeinde greift die Ermäßigung immer ein, ansonsten nur bis zu einer Entfernung von 50 km. Nur bei Beförderungen im Schienenbahnverkehr ist der ermäßigte Steuersatz von 7 % ab dem 01.01.2020 auch bei Beförderungen mit

---

859 Vgl. BFH v. 26.08.2021 – V R 42/20, UR 2022, 14; siehe auch EuGH v. 22.04.2021 – C-703/19 (Dyrektor Izby...), UR 2021, 902 zu Mitnahmemahlzeiten zum sofortigen Verzehr bei Gewährung und Inanspruchnahme ausreichender unterstützender Dienstleistungen als nicht ermäßigt zu besteuernde Restaurant- und Verpflegungsdienstleistungen. Aus der früheren Rechtsprechung siehe EuGH v. 10.03.2011 – Rs. C-497/09 (Bog), C-499/09 (Cinnemax X), C-501/09 (Lothar Lohmeyer), C-502/09 (Fleischerei Nier), BStBl. II 2013, 256 = UR 2011, 272 mit Anm. Nieskens; BFH v. 30.06.2011 – V R 35/08 und V R 18/10, BStBl. II 2013, 244, 246 (zu Imbissständen); v. 30.06.2011 – V R 3/07, BStBl. II 2013, 241 (Nachfolge Cinnemax; X/Verzehr im Kino); v. 12.10.2011 – V R 66/09 (Großküche zur Verpflegung von Altenheimbewohnern), BStBl. II 2013, 250; v. 23.01.2011 – XI R 6/08, BStBl. II 2013, 253 (Nachfolgeentscheidung Nier Partyservice); v. 11.04.2013 – V R 28/12, BFH/NV 2013, 1638 (Partyservice); v. 28.05.2013 – XI R 28/11, BFH/NV 2013, 1950 (Verpflegungsleistungen an Kindergärten); v. 02.12.2015 – V R 15/14, BStBl. II 2017, 553 = UR 2016, 192 (Speiseversorgung in Pflegeheim).

860 S. zur „Lieferung" von Wasser BFH v.10.08.2016 – XI R 41/14, BStBl. II 2017, 590 = DStR 2016, 2959; v. 08.10.2008 – V R 61/03, BStBl. II 2009, 321. S. auch BFH v. 07.02.2018 – XI R 17/17, UR 2018, 357 m.w.N. (Legen eines Trinkwasserhausanschlusses als begünstigte Lieferung von Wasser!) unter Bezugnahme auf EuGH v. 03.04.2008 – Rs. C-442/05 (Zweckverband Torgau-Westelbien), BStBl. II 2009, 328.

einer Beförderungsstrecke oberhalb von 50 km anzuwenden, für die Beförderungen mit anderen Verkehrsmitteln bleibt es bei der Beschränkung auf 50 km, respektive innerhalb der Gemeinde.[862]

- Die Vermietung von Räumen zur kurzfristige Beherbergung von Fremden (Hotelübernachtung) sowie die kurzfristige Vermietung von Campingflächen[863] nach § 12 Abs. 2 Nr. 11 UStG. Nicht ermäßigt besteuert werden ggf. damit verbundene Leistungen wie Frühstück oder Parkmöglichkeiten.[864]
- Die Ermäßigung nach § 12 Abs. 2 Nr. 7 a UStG für Eintrittsberechtigungen zu Theatern, Konzerten und Museen, nach Nr. 7 b für Filmvorführungen, nach Nr. 7 d für Zirkusvorführungen und die Leistungen von Schaustellern[865] und nach Nr. 7 c für die Einräumung von Rechten aus dem **Urheberrechtsgesetz:** Dies kommt nicht nur für schriftstellerische Leistungen in Betracht, sondern auch für Musikwerke, Leistungen der darstellenden Kunst und der bildenden Künste einschließlich der Baukunst (vgl. § 2 UrhG). Zu beachten ist, dass nur die Einräumung der urheberrechtlichen Verwertungsrechte begünstigt ist (vgl. § 15 UrhG), nicht etwa die Aufführung oder Darstellung selbst.[866] Ist die Einräumung des Verwertungsrechtes nur unselbstständige Nebenleistung bzw. Teil einer umfassenden Werk- oder Dienstleistung, kommt die Anwendung des ermäßigten Steuersatzes auch nicht teilweise in Betracht. Dies betrifft auch die Überlassung von Computerprogrammen und anderer Software, selbst wenn dazu urheberrechtliche Nutzungsrechte übertragen werden. Solange diese sich lediglich auf die Nutzung auf der eigenen EDV-Anlage beziehen, stelle sich ihre Einräumung lediglich als unselbstständige Nebenleistung dar.[867]

---

861 Vgl. dazu Abschn. 12.13. UStAE; zur unionsrechtlichen Zulässigkeit der Differenzierung zwischen Taxen (begünstigt) und Mietwagen (nicht begünstigt) s. EuGH v. 27.02.2014 – Rs. C-454/12 und C-455/12 (Pro Med Logistik) u.a., BStBl. II 2015, 437 und nachgehend BFH v. 02.07.2014 – XI R 22/10 und 39/10, BStBl. II 2015, 416 und 412. S. aber Abschn. 2.13. Abs. 8 und BFH v. 02.07.2014 – XI R 39/10, BStBl. II 2015, 412 zu ermäßigt zu besteuernden Krankentransporten aufgrund von Sondervereinbarungen durch Mietwagen wie Taxen.

862 Ausdehnung des ermäßigten Steuersatzes in § 12 Abs. 2 Nr. 10 a) UStG für Schienenverkehr durch Gesetz zur Umsetzung des Klimaschutzprogramms v. 21.12.2019, BGBl. I 2886; zur Beförderung mit anderen Beförderungsmitteln nach Nr. 10 b vgl. BFH v. 28.08.2019 – XI R 27/17, BeckRS 2019, 32011 (zu begünstigtem genehmigungsfreien Linienverkehr mit Schiffen, auch wenn die Beförderung wie bei Stadtrundfahrten dem Tourismusverkehr dient; zu Taxifahrten innerhalb der Gemeinde vgl. BFH v. 31.05.2007 und 19.07.2007 – V R 18/05 und V R 68/05, BStBl. II 2008, 206, 208 (zulässige Typisierung, verfassungsgemäß). S. auch UStAE Abschn.12.13 m.w.N.

863 Dazu gehören keine Bootsliegeplätze (EuGH v 19.12.2019 – Rs. C-715/18, BeckRS 2019, 32148 (auf Vorlage des BFH v. 02.08.2018 – V R 33/17, UR 2018, 956, UR 2018, 956, der unter Berufung auf den Gleichbehandlungsgrundsatz nach Art. 20 EuRGrRCh, Art. 3 GG anderer Ansicht war).

864 BFH v. 01.03.2016 – XI R 11/14, BStBl. II 2016, 753; s. dazu weiter Abschn. 12.16. UStAE. Die Vorschrift wurde erst mit Wirkung ab dem 01.01.2010 durch das Wachstumsbeschleunigungsgesetz v. 22.12.2009, BGBl. I 2009, 3950 eingefügt. Sie umfasst nur solche Vermietungen von Wohn- und Schlafräumen, die nach § 4 Nr. 12 S. 2 UStG von der Befreiung ausgenommen sind. S. auch BFH v. 17.12.2014 – XI R 16/11, BStBl. II 2015, 427 und v. 22.08.2013 – V R 18/12, BStBl. II 2013, 1058. Danach keine Befreiung nach § 4 Nr. 12 a UStG und kein ermäßigter Steuersatz für längerfristige Überlassung von Räumen an Prostituierte bei Erbringung von Zusatzleistungen, wohl aber nach § 4 Nr. 12 lit. a UStG steuerfreie kurzfristige Vermietung von Räumen in einem Stundenhotel an die Kunden von Prostituierten, so BFH v. 24.09.2015 – V R 30/14, BStBl. II 2017, 132 = UR 2015, 950. Insgesamt eine absurde gesetzliche Regelung. Zum Aufteilungsgebot für nicht ermäßigt zu besteuernde „Nebenleistungen" (Frühstück, Parkgelegenheit) im Hotelgewerbe s. BFH v. 24.04.2013 – XI R 3/11, BStBl. II 2014, 86. Strittig ist inzwischen, ob das Aufteilungsgebot dem Unionsrecht zur Nichtaufteilung einheitlicher Leistungen widerspricht. S. dazu EuGH v. 18.02.2018 – Rs. C-463/16 (Stadion Amsterdam), UR 2018, 200 mit Anm. Nieskens. Zutreffend verneint von Gieseler BB 2018, 734; Korf MwStR 2018, 266; bejahend dagegen Oldiges DB 2018, 541. S. vertiefend Baur-Rückert, Die Einheitlichkeit des Umsatzes im Mehrwertsteuerrecht, Baden-Baden 2018 / zzgl. Diss. Erlangen-Nürnberg (Sicht des Durchschnittverbrauchers maßgeblich, mitgliedschaftliche Souveränität hat Vorrang vor Aufteilungsverbot!).

865 S. insoweit EuGH v. 09.09.2021 – C-406/21 (Phantasialand), UR 2021, 758 (Differenzierung zwischen ermäßigter Besteuerung der Leistungen ortsungebundener Schausteller auf Jahrmärkten und nicht ermäßigter Besteuerung von Freizeitparks unionsrechtlich zulässig).

866 Abschn. 12.7. Abs. 19–21 UStAE; allerdings kann die Aufführung nach § 12 Abs. 2 Nr. 7 a UStG begünstigt sein.

867 S. auch BFH v. 03.12.2015 – V R 43/13, BStBl. II 2016, 315 (elektronisch erbrachte Dienstleistungen, auch sog. E-Books, fallen nicht unter § 12 Abs. 2 Nr. 7 c UStG und EuGH v. 05.03.2015 – Rs. C-479/13 (Kommission/Frankreich) und Rs. C-502/13 (Kommission/Luxemburg), UR 2015, 305 und UR 2015, 308.

Beispiel: Ein Architekt wird mit der Bauplanung und Bauausführung betraut. Die Pläne genießen als eigenständige Schöpfung Urheberrechtsschutz. Wird das Haus nach diesen Plänen gebaut, so liegt in der darin liegenden Einwilligung (vgl. § 23 UrhG) keine eigenständig zu beurteilende Leistung, sondern die Architektenleistung insgesamt ist mit 19 % zu besteuern.

- Eintrittsberechtigungen für **Theater, Konzerte und Museen** (sofern nicht schon nach § 4 Nr. 20 b UStG befreit)[868] und die **Überlassung von Filmen zur Auswertung** und Vorführung sowie die Vorführung selbst nach § 12 Abs. 2 Nr. 7 a und b UStG: Dies gilt auch für Videokassetten. Nicht begünstigt ist aber die Überlassung an Privatpersonen, da hier keine Auswertung vorliegt.[869]
- **Einfuhr, Lieferung** und innergemeinschaftlicher Erwerb **von Kunstgegenständen** nach § 12 Abs. 2 Nr. 12 und 13 UStG unter einschränkenden Voraussetzungen. Nach Nr. 12 wird die Einfuhr von Kunstwerken aus dem Drittland uneingeschränkt ermäßigt besteuert. Dagegen sind die Lieferung und der ig. Erwerb nur bei Erfüllung der weiteren persönlichen Voraussetzungen in Nr. 13 a oder b ermäßigt zu besteuern. Nach Nr. 13 a kommt der ermäßigte Steuersatz nur in Betracht, wenn die Lieferung durch den Urheber oder seinen Rechtsnachfolger (= Rechtsnachfolge in das Urheberrecht im Sinne des § 30 UrhG, etwa Erbe oder Vermächtnisnehmer) bewirkt wird. Bei Lieferung durch andere Personen kommt der ermäßigte Steuersatz nach Nr. 13 b nur in Betracht, wenn der Gegenstand eingeführt wurde (aus einem Drittland) oder vom Urheber (oder dessen Rechtsnachfolger) an den Unternehmer geliefert wurde oder den Unternehmer zum vollen Vorsteuerabzug berechtigt hat und der Verkäufer kein Wiederverkäufer ist.[870] Die Anwendung des ermäßigten Steuersatzes wird danach insbesondere für gewerbsmäßige Händler (Galeristen) ausgeschlossen. Die unionsrechtliche Grundlage dafür findet sich in Art. 103 MwStSystRL.
- Die Leistungen der **gemeinnützigen Körperschaften** außerhalb eines wirtschaftlichen Geschäftsbetriebes nach § 12 Abs. 2 Nr. 8 UStG, z.B. aus Vermögensverwaltung (vgl. dazu § 14 AO) oder im Rahmen eines Zweckbetriebes (dazu § 65 f. AO). Die Begünstigung ist problematisch, weil entgegen der Belastungskonzeption der leistende Unternehmer und nicht der leistungsempfangende Verbraucher wegen der Art der Leistung gefördert wird.[871] Davon können auch Wettbewerbsverzerrungen ausgehen. Daher wird der ermäßigte Steuersatz nach § 12 Abs. 2 Nr. 8 a S. 3 UStG auch für Zweckbetriebe nicht gewährt, wenn der Zweckbetrieb primär der Erzielung zusätzlicher Einnahmen durch Ausführung von Umsätzen dient, die im Wettbewerb mit nicht begünstigten Umsätzen anderer Unternehmer stehen.[872]
- Umsätze der Schwimmbäder/Heilbäder nach § 12 Abs. 2 Nr. 9 UStG.

  Es muss sich um mit dem Betrieb der Schwimmbäder verbundene Umsätze handeln, d.h. die Nutzung durch Besucher und damit verbundenen Nebenleistungen.

---

868 S. dazu BFH v. 22.11.2018 – V R 29/17, MwStR 2019, 200 (Steuersatzermäßigung für Eintrittsberechtigung in „Eismuseum").

869 BFH v. 29.11.1994 – V R 96/84, BStBl. II 1985, 271.

870 S. Abschn. 12.1. Abs. 1 S. 3 Nr. 7 UStAE i.V.m. BMF v. 18.12.2014, BStBl. I 2015, 34. S. auch Lippross UR 2015, 618 und Unverdorben MwStR 2015, 109

871 S. auch BFH v. 26.09.2019 – V R 16/18, DStR 2019, 2586 (zu Zweckbetrieben bei einer Hochschule als Körperschaft des öffentlichen Rechts); BFH v. 24.09.2014 – V R 11/14, MwStR 2015, 418 (§ 12 Abs. 2 Nr. 8 UStG teilweise unionsrechtswidrig, da nicht vollständig durch Anhang III Nr. 15 gedeckt) und BFH v. 08.03.2012 – V R 14/11, BStBl. II 2012, 630 (keine ermäßigte Besteuerung für Verpflegung und Beherbergung von Seminarteilnehmern eines gemeinnützigen Vereins).

872 Vgl. auch BFH v. 23.07.2019 – XI R 2/17, DStR 2019, 2476 (kein ermäßigter Steuersatz nach § 12 Abs. 2 Nr. 8 a Sätze 2 und 3 UStG für Betreiben eines Bistros und einer Toilette durch gemeinnützige Körperschaft; BFH v. 05.08.2010 – V R 54/09, BStBl. II 2011, 191 (Verwaltung städtischer Sporthallen gegen Entgelt durch gemeinnützigen Verein); v. 12.06.2008 – V R 33/05, BStBl. II 2009, 221 (Carsharing) zur Abgrenzung Vermögensverwaltung, Geschäftsbetrieb; wegen weiterer Einzelheiten zu Zweckbetrieben vgl. Abschn. 12.9. Abs. 3 f. UStAE. S. auch BFH v. 26.09.2019 – V R 16/18, DStR 2019, 2586 (zu Zweckbetrieben bei einer Hochschule als Körperschaft des öffentlichen Rechts).

Heilbäder müssen der Behandlung einer Gesundheitsstörung dienen.[873] Liegt die Vermietung eines Schwimmbades vor, so findet der ermäßigte Steuersatz Anwendung auf den steuerpflichtigen Teil der Überlassung der Betriebsvorrichtungen. Ist die Überlassung eines Schwimmbades zur Nutzung nur unselbstständige Nebenleistung, etwa bei einer Hotelunterbringung, ist einheitlich der volle Steuersatz anzuwenden, ebenso bei einer einheitlichen Leistung in Fitnessstudios oder Sport- und Freizeitklubs.[874]

B. Bemessungsgrundlage beim Leistungsaustausch

I. Allgemeines

1. Bemessungsgrundlage ist das Entgelt (§ 10 Abs. 1 S. 1 UStG). Dazu gehört alles, was **283**
den Wert der Gegenleistung bildet, die der leistende Unternehmer vom Leistungsempfänger oder von einem anderen als dem Leistungsempfänger für die Leistung erhält oder erhalten soll, einschließlich der unmittelbar mit dem Preis dieser Umsätze zusammenhängenden Subventionen, jedoch abzüglich der für diese Leistung gesetzlich geschuldeten Umsatzsteuer. Mit Wirkung ab dem 01.01.2019 ist § 10 Abs. 1 UStG durch das Gesetz zur Vermeidung von Umsatzsteuerausfällen beim Handel von Waren im Internet im Wortlaut geändert und an den Wortlaut des Art. 73 MwStSystRL angepasst worden. Schon bisher wurde § 10 Abs. 1 S. 2 und 3 UStG a.F, wonach das Entgelt alles umfasst, was der Leistungsempfänger (§ 10 Abs. 1 S. 2 UStG a.F.) oder ein Dritter (§ 10 Abs. 1 S. 3 UStG a.F.)[875] mit Rücksicht auf die Leistung aufwendet, entweder um sie zu erhalten oder weil er sie erhalten hat, richtlinienkonform dahingehend ausgelegt, dass der Leistende das Entgelt erhalten muss.

Aus den Aufwendungen (dem zivilrechtlichen Preis) ist die USt herauszurechnen. Zu beachten ist allerdings, dass in den Fällen der Umkehr der Steuerschuldnerschaft nach § 13 b Abs. 5 UStG (dazu Rn. 382 ff.) der zivilrechtliche Preis bereits das Entgelt darstellt, da dieser wegen der vom Abnehmer selbst geschuldeten USt keine USt enthält. Boni, Skonti, Rabatte und andere Preisnachlässe/Zahlungsabzüge mindern das Entgelt.[876]

2. Erfolgt der Preisnachlass/Zahlungsabzug in einem anderen Voranmeldungszeit- **284**
raum als dem der Entstehung der Steuerschuld, liegt eine nachträgliche Änderung der Bemessungsgrundlage vor. Dann sind im Voranmeldungszeitraum der Änderung die USt und die VoSt zu korrigieren (§ 17 Abs. 1 S. 1 und 2 UStG). Gewährt der Hersteller eines Produkts unter Überspringen der Lieferkette unmittelbar dem Endabnehmer Preiserstattungen oder -nachlässe (z.B. durch Preisnachlassgutscheine) für den Erwerb seiner Produkte, mindern diese nach Auffassung des EuGH die Bemessungsgrundlage für die Lieferungen des Herstellers an den Großhändler oder Einzelhändler. Gleichwohl brauchen diese ihren Vorsteuerabzug nicht zu korrigieren. Im Ergebnis wird damit erreicht, dass die endgültige Umsatzsteuerbelastung sich nur

---

873 S. dazu BFH v. 28.08.2014 – V R 24/13, BStBl. II 2015,194 (Heilbad nur, wenn therapeutischen Zwecken dienend, nicht bloßer „Wellnessbäder"); s. auch Abschn. 12.11. UStAE.

874 BFH v. 28.09.2000 – V R 14-15/99, BStBl. II 2001, 78.

875 Zu Entgelten von dritter Seite s. BFH v. 31.05.2017 – XI R 2/14, BStBl. II 2017, 1024 (KKW Bonus an Betreiber eines Blockheizkraftwerkes ist Entgelt für Stromlieferung und kein Entgelt von dritter Seite für Wärmelieferung) und v. 22.02.2017 – XI R 17/15, BStBl. II 2017, 812 (Zahlungen von Grundstückseigentümern für Erschließungsleistungen an Gemeinde als Entgelt von dritter Seite).

876 Dazu gehören nicht Kreditkartenprovisionen, EuGH v. 25.05.1993 – Rs. C-18/92 (Bally), Slg. 1993, I-2871, Kreditkosten des Verkäufers, v. 15.05.2001 – Rs. C-34/99 (Primback), Slg. 2001, I-3833, Gutscheine zur verbilligten Inanspruchnahme Leistungen Dritter (Parkscheine), BFH v. 11.05.2006 – V R 33/03, BStBl. II 2006, 699; vom Verkäufer übernommene Kosten der Finanzierung des Kaufpreises durch ein Kreditinstitut im Rahmen einer Null-Prozent-Finanzierung, BFH v 24.02.2021 – XI R 15/19, UR 2021, 645

nach den tatsächlichen Aufwendungen des Endverbrauchers richtet.[877] Wird ein Preisnachlass einem in der Leistungskette nicht unmittelbar nachfolgenden Abnehmer gewährt, liegt eine nach § 17 UStG zu berücksichtigende Änderung der Bemessungsgrundlage nur vor, wenn der Leistungsbezug dieses Abnehmers im Inland steuerpflichtig ist, wie § 17 Abs. 1 S. 6 UStG i.d.F. JStG 2020 nunmehr im Anschluss an die Rspr. des EuGH und BFH auch ausdrücklich bestimmt. Wird ein Preisnachlass für einen im Inland nicht steuerpflichtigen Umsatz auf der Endstufe gewährt, darf auf den Vorstufen weder die Bemessungsgrundlage für die USt noch die Vorsteuer korrigiert werden.[878] Eine Vorsteuerberichtigung nach § 17 Abs. 1 S. 2–4 UStG kommt nur bei einer Änderung der Bemessungsgrundlage für einen im Inland steuerpflichtigen Umsatz in Betracht. Sie scheidet daher aus, wenn sich die Bemessungsgrundlage nur für einen im Ausland getätigten, dort ggf. befreiten, Umsatz wegen einer Rabattgewährung an nachfolgende unternehmerische Abnehmer im Inland geändert hat, nicht aber für die im Inland nachfolgend getätigten steuerpflichtigen Umsätze der Zwischenhändler.[879] Umgekehrt kann eine „Änderung der Bemessungsrundlage" für einen im Inland steuerbefreiten Umsatz auch nicht zu einer Vorsteuerkorrektur nach § 17 UStG, respektive entsprechenden Vorschriften in anderen Mitgliedstaaten gemäß Art. 185 MwStSystRL führen. § 17 UStG ist zutreffend an die EuGH-Rspr. angepasst worden.[880] Denn nach § 17 Abs. 1 S. 3 UStG bedarf es keiner Vorsteuerkorrektur, wenn der Abnehmer durch die Änderung der Bemessungsgrundlage nicht begünstigt wird. Wird allerdings stattdessen ein anderer Unternehmer durch die Änderung der Bemessungsgrundlage begünstigt, hat dieser seine VoSt zu berichtigen, § 17 Abs. 1 S. 4 UStG.

Beispiel: Hersteller H liefert für 200 € + 38 € an Großhändler G, dieser für 300 € + 57 € an Einzelhändler E, dieser für 400 € + 76 € an (End-)Verbraucher V. H erstattet dem V unmittelbar einen Betrag von 59,50 € (50 € + 9,50 €) gegen Übersendung eines dem Produkt beigefügten Gutscheines. Dann hat H nur zu versteuern 200 € – 50 € = 150 € mit einer USt-Schuld von 28,50 € (38 € – 9,50 €). Für G und E bleibt es beim Vorsteuerabzug von 38 € bzw. 57 €, da sie durch die Erstattung an den V nicht begünstigt werden. Im Ergebnis erhält der Fiskus 76 € aus dem Umsatz des E – 9,50 € Verminderung bei H = 66,50 € USt. Dies entspricht letztlich einer vom Endverbraucher effektiv aufgewendeten USt von 476 € – 59,50 € = 416,50 € : 1,19 = 350 € + 19 % USt = 66,50 €. Das Urteil des EuGH trägt dem Charakter der USt als für den Unternehmer neutraler Verbrauchersteuer Rechnung.

Hätte E hingegen eine steuerfreie innergemeinschaftliche Lieferung ausgeführt und H dem E 59,50 € vergütet, so bliebe zwar der Vorsteuerabzug von G als dem Abnehmer erhalten, aber E müsste seinen Vorsteuerabzug um 9,50 € vermindern, weil ihm die Änderung der Bemessungsgrundlage zugutekam. Im Ergebnis erhielte der Fiskus dann von H wie oben 38 € – 9,50 € = 28,50 €, von G = 57 € und von E = 0. Er hätte an VoSt dem G 38 € und dem E 57 € – 9,50 € = 47,50 € zu vergüten. Das Steueraufkommen beträgt daher richtigerweise 0, da kein Endverbrauch im Inland stattgefunden hat.

Beachte: Es ändert sich die Bemessungsgrundlage für den steuerpflichtigen Umsatz des H. Diese Änderung kommt aber nicht dem G zugute, wohl aber dem E. Daher hat dieser seine Vorsteuer zu korrigieren. Erfolgte hingegen die Erstattung erst an den V als Empfänger einer befreiten Lieferung,

---

877 Vgl. EuGH v. 06.12.2018 – Rs. C-672/17 (Tratave), HFR 2019, 62; v. 20.12.2017 – Rs. C-462/16 (Boehringer Ingelheim), ECLI:EU:C:2017:1006, DStR 2018. 75; grundlegend EuGH v. 24.10.1996 – Rs. C-317/94 (Elida Gibbs) und Rs. C-288/94 (Argos), Slg. 1996, I-539 und I-5331; v. 15.10.2002 – Rs. C-427/98 (Kommission/Deutschland), Slg. 2002, I-8315 = UR 2002, 523; zur Behandlung von Wert- und Einkaufsgutscheinen sowie Treueprämien vgl. EuGH v. 29.07.2010 – Rs. C-40/09 (Astra Zeneca), UR 2010, 734 und v. 07.10.2010 – Rs. C-53/09 (Baxi Group), UR 2010, 857 und Reiß UR 2011, 729, 804.

878 BMF v. 13.07.2017, BStBl. I 2017, 992 und Abschn. 17.2. UStAE.

879 S. BFH v. 04.12.2014, V R 6/13, BStBl. II 2017, 810 = DStR 2015, 296 (Rabattgewährung durch Hersteller in UK an unternehmerische Abnehmer in Deutschland. Diese wurden mit den Produkten des Herstellers durch einen in Deutschland ansässigen Groß/Zwischenhändler steuerpflichtig beliefert) und v. 25.06.2014 – XI R 25/12, BStBl. II 2017, 806 = UR 2014, 743 (Rückvergütungen für nicht steuerbare Lieferungen aus UK an Abnehmer des in Deutschland (weiter) liefernden Zwischenhändlers (distributors), an den innergemeinschaftlich befreit aus UK geliefert wurde).

880 S. dazu und zur Unzulässigkeit einer verschärfenden rückwirkenden richtlinienkonformen Auslegung des § 17 Abs. 1 S. 2 UStG a.F. BFH v. 15.02.2012 – XI R 24/09, BStBl. II 2013, 712.

kommt die Änderung keinem der vorsteuerabzugsberechtigten Unternehmer zugute, sodass bei keinem eine Vorsteuerberichtigung zu erfolgen hat. Die „Änderung" für die steuerfreie Lieferung des E an den V ist ohnehin unbeachtlich für eine Änderung nach § 17 UStG.

Hinweis: *Nach früherer Auffassung des BFH sollte sich auch für den Vermittler einer Leistung das Entgelt für seine Vermittlungsleistung mindern, wenn er dem Kunden der von ihm vermittelten Leistung auf seine Kosten einen Preisnachlass gewährte. Diese Auffassung hat der BFH im Anschluss an das auf seine Vorlage ergangene ablehnende Urteil des EuGH aufgegeben.*[881] *Der vom Vermittler (Agenten) gewährte Preisnachlass führt weder im Verhältnis Vermittler/Leistender zu einem geminderten Entgelt für die Vermittlungsleistung, noch im Verhältnis zum Kunden zu einem geminderte Entgelt des vom Kunden für die (vermittelte) Leistung aufzuwendenden Entgeltes. Es liegt kein Preisnachlass innerhalb einer Lieferkette über Zwischenhändler vor.*

Problematisch erschien, ob von Arzneimittelherstellern nach dem AMRabG an private Krankenkassen zu entrichtende „Abschläge" (Herstellerrabatt) zu einer Entgeltsminderung für die Arzneimittellieferung des Herstellers an die (Apotheken als) Zwischenhändler führen. Der BFH und auch der EuGH[882] bejahen dies für die Lieferungen des Herstellers an die Zwischenhändler (Apotheken) zutreffend, obwohl private Krankenkassen – anders als gesetzliche Krankenkassen – nicht als Vertragspartner in die Lieferkette Arzneimittelhersteller – Apotheke – (gesetzliche Krankenkasse) Kranker einbezogen sind. Dem ist im Ergebnis zu folgen, freilich nicht erst aus dem angegebenen Grund einer angeblich vom Gleichheitsgrundsatz verlangten rechtsformneutralen Behandlung von gesetzlichen und privaten Krankenkassen und auch nicht, weil der Arzneimittelhersteller in beiden Konstellationen mit gleich hohen „Abschlägen" belastet wird. Vielmehr geht es darum, dass in beiden Konstellationen nur die tatsächlichen Aufwendungen für den Endverbrauch der Arzneimittel mit Umsatzsteuer (als Steuer auf den Endverbrauch) zu belasten sind. Diese Aufwendungen werden hier allein von den Krankenkassen getragen und nicht vom Patienten, unabhängig davon, ob sie formal als Vertragspartner in die Lieferkette eingeschaltet sind (so gesetzliche Krankenkasse) oder nicht (so private Krankenkasse). Richtigerweise ist schlicht davon auszugehen, dass ungeachtet der vertraglichen Rechtsbeziehungen die private Kasse und der versicherte Patient gemeinsam als Endverbraucher in die Leistungskette eingeschaltet sind, wie dies etwa auch bei einem Entgelt von dritter Seite der Fall ist. Das ist gerade nicht der Fall bei einem vom leistenden Unternehmer eingeschalteten Vermittler. Hier vermindern sich die für den Endverbrauch (des Reisenden) zu tragenden Aufwendungen nicht dadurch, dass diesem Teile der Vermittlungsprovision vom Vermittler offen oder verdeckt zugewendet werden, um damit den geschuldeten Preis für den Endverbrauch zu entrichten.[883]

Vom Leistenden weiterberechnete Kosten der Leistungserbringung (Auslagenersatz), wie beispielsweise Porti, Telefonkosten, Reisekosten, sind ein Teil der Gegenleistung, d.h. erhöhen das Entgelt. Ebenfalls zum Entgelt gehören nach zutreffender Auffassung der Rspr. das dem Unternehmer gewährte Trinkgeld[884] und irrtümliche Doppelzahlungen.[885]

Kein Teil des Entgelts für steuerpflichtige Lieferungen sind Verzugszinsen (vgl. Rn. 107) und Finanzierungszuschläge des Lieferanten bei Teilzahlungsgeschäften oder Stundung der Kaufpreisforderung (vgl. Rn. 245 ff.).

3. Nach Art. 73 MwStSystRL ist Steuerbemessungsgrundlage alles, was der Leistende für die Leistung vom Empfänger oder von einem Dritten erhält. Der EuGH hat daraus zutreffend abgeleitet, dass Entgelt nur etwas sein kann, über das der Leistende effektiv selbst verfügen kann. Daher sind zwingend zurückzugewährende Teile der „Aufwendungen" kein Entgelt für den Leistenden. Dies trifft für die Gewinnauszahlungen **285**

---

881 BFH v. 27.02.2014 – V R 18/11 und v. 03.07.2014 – V R 3/12, BStBl. II 2015, 306 und 307; EuGH v. 16.01.2014 – Rs. C-300/12 (Ibero Tours), BStBl. II 2015, 317; ebenso Abschn. 17.2. Abs. 10 UStAE i.d.F. BMF v. 27.02.2015, BStBl. I 2015, 232.

882 BFH v. 08.02. 2018 – V R 42/15, BStBl. II 2018, 676 vorgehend EuGH v. 20.12.2017 – Rs. C-462/16 (Boehringer Ingelheim), DStR 2018, 75. S. auch EuGH v. 06.10.1921 – Rs. C-717/19 (Boehringer Ingelheim, Ungarn), UR 2022, 25. Beachte aber BFH v. 10.12.2020 – V R 34/18, UR 2021, 508 (der vom Hersteller dem Erwerber von Arzneimitteln erstattete Herstellerrabatt ist Entgeltbestandteil für die Lieferung von Arzneinmitteln an die Patienten/Krankenkasse).

883 Vgl. EuGH v. 16.01.2014 – Rs. C-300/12 (Ibero Tours), BStBl. II 2015, 317; ebenso Abschn. 17.2. Abs. 10 UStAE.

884 BFH v. 17.02.1972 – V R 118/71, BStBl. II 1972, 405; vgl. auch EuGH v. 29.03.2001 – Rs. C-404/99 (Kommission/Frankreich), Slg. 2001, I-2667.

885 BFH v. 19.07.2007 – V R 11/05, BStBl. II 2007, 966.

bei Geldspielgeräten zu.[886] Entsprechend ist § 10 Abs. 1 UStG richtlinienkonform dahin auszulegen, dass die Aufwendungen für die Leistung effektiv dem Leistenden zugutekommen. Dies kann auch in der Weise geschehen, dass sie mit Willen des Leistenden einem Dritten zugewendet werden.[887] Die Auslegung durch den EuGH wird dem Charakter der USt als indirekter Verbrauchsteuer gerecht, denn der Unternehmer kann nur bzgl. des Teils der Aufwendungen des Verbrauchers zum Steuereinsammler gemacht werden, der ihm auch tatsächlich zugutekommt.

II. Durchlaufende Posten

286 Vom weiterberechneten Auslagenersatz sind durchlaufende Posten zu unterscheiden, die **kein Teil des Entgelts** sind (§ 10 Abs. 1 S. 5 UStG, Art. 79 lit. c MwStSystRL). Ein durchlaufender Posten liegt vor, wenn zwischen dem Zahlenden und demjenigen, an den die Gelder weitergeleitet werden, unmittelbare Rechtsbeziehungen bestehen. Der Unternehmer muss bei Weiterleitung der Gelder (oder bei vorheriger Bezahlung, falls er in Vorlage tritt) die Schuld des Zahlenden erfüllen und nicht eine eigene.[888] Hierin liegt der entscheidende Unterschied zum weiterberechneten Auslagenersatz, bei dem der Unternehmer für an ihn erbrachte Leistungen zahlt und diese Kosten nur seinerseits weiterberechnet. Ein durchlaufender Posten kann daher nur anerkannt werden, wenn der Unternehmer bei der Zahlung **im fremden Namen und für fremde Rechnung** die Zahlung in Empfang nimmt und sie auch so verausgabt.

Beispiele:

Zulassungsgebühren beim Kfz-Kauf beim Händler, Gerichtskosten beim Anwalt, aufgrund Inkassovollmacht vereinnahmte Beträge beim Handelsvertreter, nicht dagegen Lohnaufwand des Arbeitgebers beim Verleih von Arbeitskräften, gleichgültig ob er an den Unternehmer oder im abgekürzten Zahlungsweg direkt an die verliehenen Arbeitnehmer ausbezahlt wird.

Durchlaufender Posten

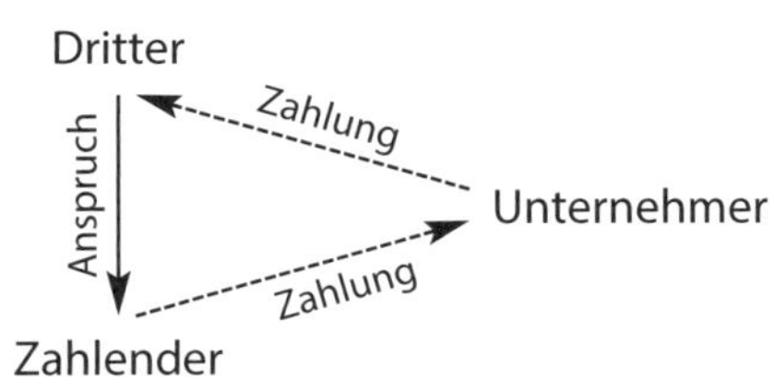

Auslagenersatz

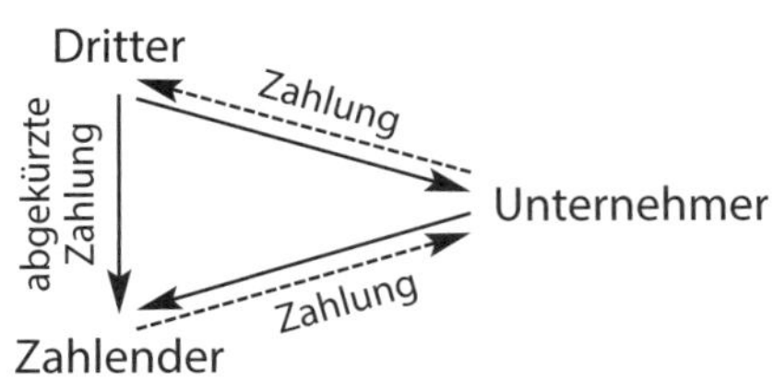

III. Tauschvorgänge/verdeckter Preisnachlass

287 Ebenso wie sich bei einer Gegenleistung in Geld die Bemessungsgrundlage aus der Gegenleistung und nicht aus dem Wert der eigenen Leistung ergibt, ist dies beim Tausch der Fall (§ 10 Abs. 2 S. 2 UStG). Dies entspricht auch dem Charakter der USt, die Einkommensverwendung, d.h. die Aufwendungen des Leistungsempfängers zu erfassen. Maßgebend ist also stets der Wert der Gegenleistung, nicht der Wert der eigenen Leistung. Häufig muss allerdings der Wert der Gegenleistung bei Tauschvorgängen geschätzt werden. Stehen andere Schätzmaßstäbe nicht zur Verfügung, darf der **Wert der Gegenleistung** hilfsweise auch nach dem Wert der eigenen Aufwen-

886 S. EuGH v. 24.10.2013 – Rs. C-440/12 (Metropol Spielstätten), UR 2013, 866 mit Anm. Grube MwStR 2013, 699; v. 05.05.1994 – Rs. C-38/93 (Glawe), Slg. 1994, I-1679 = BStBl. II 1994, 548; BFH v. 19.11.2014 – V R 55/13, BStBl. II 2015, 944 (Unentgeltliche Einräumung einer Spielmöglichkeit durch Gutscheinausgabe).

887 Vgl. Abschn. 10.1. Abs. 7 UStAE; BFH v. 25.06.2009 – V R 37/08, BStBl. II 2009, 873 (Entgelt sind Zahlungen auf eine Schuld des Leistenden, nicht auf eigene Schuld des Zahlenden, z.B. Sozialversicherungsbeiträge).

888 Vgl. Abschn. 10.4. UStAE; BFH v. 11.02.1999 – V R 46/98, BStBl. II 2000, 100 (Deponiegebühren) und v. 04.12.1969 – V R 104/66, BStBl. II 1970, 191.

dungen zum Erhalt dieser Gegenleistung, also letztlich nach dem Wert der Aufwendungen für die Erbringung der eigenen Leistung geschätzt werden.[889] Bei **Tauschvorgängen** und der **Hingabe an Zahlungs statt** besteht immer die Notwendigkeit der Bemessung des Gegenstands- bzw. Leistungswertes in Geld. Maßgebend dafür ist der bei der gewöhnlichen Veräußerung zu erzielende Preis, nämlich der **Marktwert = der gemeine Wert als üblicher Verkehrswert** der Gegenleistung. Die Annahme des BFH und der ihm folgenden Verwaltung,[890] in richtlinienkonformer Auslegung des § 10 Abs. 2 S. 2 UStG sei nicht auf den objektiven Wert der Gegenleistung abzustellen, sondern auf den „subjektiven Wert", „den der Leistungsempfänger der Leistung beimisst", widerspricht erstens dem eindeutigen Wortlaut des § 10 Abs. 2 S. 2 UStG, führt zweitens – ernst genommen – zu einer ins Belieben des Steuerpflichtigen gestellten Besteuerung und verkennt drittens auch den Aussagegehalt der Rspr. des EuGH. Mit dem allerdings missverständlichen Abstellen auf einen „subjektiven Wert" bringt der EuGH nur zum Ausdruck, dass es **nicht auf den objektiven Wert** der hingegebenen **eigenen Leistung** ankommt, sondern auf die dafür erstrebte und tatsächlich erhaltene Gegenleistung,[891] mag diese auch mehr oder weniger wert sein als die eigene Leistung. Um einen **„subjektiven Wert"** handelt es sich insofern, als maßgebend ist, welche **Gegenleistung** tatsächlich „subjektiv" vom Leistenden für seine Leistung **verlangt und** vom Leistungsempfänger **akzeptiert** wird. Unerheblich ist insoweit, ob die Gegenleistung dem objektiven Wert der eigenen Leistung entspricht oder nicht. Da die Gegenleistung beim Tauschumsatz nicht in Geld besteht, bedarf es allerdings einer **Bewertung**. Dabei kann Ausgangspunkt nur sein, welcher Wert der tatsächlich vom Leistungsempfänger für die Leistung aufgewendeten Gegenleistung (**nach objektiven Gesichtspunkten** sowohl vom Leistenden als auch vom Leistungsempfänger) beizumessen ist. Dafür kann und muss ggf. **hilfsweise** davon ausgegangen werden, dass die Gegenleistung/das Entgelt jedenfalls in einer Höhe zu bewerten ist, dass diese dem (objektiv zu bemessenden) Wert der subjektiv zur Erlangung der Gegenleistung **getätigten eigenen Aufwendungen** entspricht. Der EuGH will zwar darauf abstellen, welchen Wert der Erwerber der erhaltenen Gegenleistung beimisst. Dies aber nur dann, wenn dieser Wert „die wirtschaftliche und geschäftliche Realität widerspiegelt".[892] Das ist dann nicht der Fall, wenn der vom Erwerber zugrunde gelegte Wert erkennbar nicht dem üblichen Verkehrswert/gemeinen Wert der erhaltenen Gegenleistung entspricht. Im Grundsatz muss für ein „Tauschentgelt" dasselbe wie für ein in Geld bestehendes „Entgelt" gelten. Hier wird niemand auf die Idee kommen, dass bei einem in Geld bestehenden Entgelt die Bemessungsgrundlage danach zu bestimmen sei, welchen subjektiven Wert der Leistende dem Geld beimisst oder welchen Aufwand er tätigt, um das in Geld bestehende Entgelt zu erlangen. Weshalb dies – abgesehen von der Notwendigkeit einer (vorsichtigen) Schätzung, falls der (objektive, gemeine) Wert der Gegenleistung nicht erkennbar ist – anders sein soll, wenn die Gegenleistung nicht in Geld besteht, bleibt das Geheimnis des BFH und der ihm folgenden Verwaltung.

---

889 Vgl. BFH v. 11.07.2012 – XI R 11/11, BStBl. II 2018, 146 (Herausgabe eine Ärztekammerschrift); v. 11.07.2012 – XI R 11/11, BStBl. II 2018, 146 (Herausgabe eine Ärztekammerschrift); v. 16.04.2008 – XI R 56/06, BStBl. II 2008, 909 (Werbemobil); Abschn. 10.5. Abs. 1 UStAE; vgl. auch v. 01.08. 2002 – V R 21/01, BStBl. II 2003, 438 (Werbefreiballone); EuGH v. 03.07.2001 – Rs. C-380/99 (Bertelsmann), Slg. 2001, I-5163; v. 02.06.1994 – Rs. C-33/93 (Empire Stores Ltd.), Slg. 1994, I-2329, 2345 – zum Wert einer Kundenwerbung.

890 BFH v. 25.04.2018 – XI R 21/16, BStBl. II 2018, 505; v. 16.04.2008 – XI R 56/06, BStBl. II 2008, 909; Abschn. 10.5. Abs. 1 UStAE; ebenso Wagner UVR 2011, 379. Kritisch Reiß UR 2018, 822 und Wäger UR 2019, 41, 56.

891 So ausdrücklich EuGH v. 07.01.2013 – Rs. C-249/12 und C-250/12 (Tulica und Plavosin), DB 2013, 1662 (tatsächlich erhaltene Gegenleistung enthält die Mehrwertsteuer-Bruttopreis); v. 26.09.2013 – Rs. C-283/12 (Serebryannay vek), DB 2013, 2371 m.w.N.; v. 19.12.2012 – Rs. C-549/11 (Orfey), UR 2013, 215; s. auch Reiß UR 2018, 822 und Spilker, RdW 2019, 411.

892 Vgl. EuGH v. 10.01.2019 – Rs. C-410/17 (A Oy), DStR 2019, 97 (Tauschumsatz: Abbruch-/Demontagearbeiten gegen Geld und Abbruchmaterial/Metallschrott).

Wird eine Zuzahlung in Geld geleistet (Tausch mit Baraufgabe), erhöht sie beim Empfänger die Bemessungsgrundlage, beim Leistenden vermindert sie die Bemessungsgrundlage.[893]

Fall 29: Die Inzahlungnahme beim Neukauf

Unternehmer U kauft bei Händler H einen neuen Lkw für 100.000 € + 19.000 € USt (gemeiner Wert 119.000 €). Darüber erteilt H eine Rechnung. Vereinbarungsgemäß gibt U seinen alten Lkw (Marktwert/gemeiner Wert 59.500 €) in Zahlung. Um das Geschäft zu machen, nahm H den Wagen für 61.880 € in Zahlung, d.h., er gewährte verdeckt einen Preisnachlass von 2.380 €. U zahlte noch 57.120 €. Was haben H und U zu versteuern?

I. Beurteilung bei H

H lieferte an U nach §§ 1 Abs. 1 Nr. 1, 3 Abs. 1 UStG steuerbar und steuerpflichtig einen neuen Lkw. Die Gegenleistung bestand in einer Geldzahlung von 57.120 € und der Lieferung/Hingabe des alten Lkw. Die Abgrenzung zwischen einem Tausch und dem Kauf mit Ersetzungsbefugnis des Käufers kann bei der „Inzahlungnahme" eines Gebrauchtgegenstandes problematisch sein.[894] Letztere führt zu einer Hingabe an Zahlung statt, wenn der Käufer von der Ersetzungsbefugnis Gebrauch macht. Da umsatzsteuerlich der Tausch und die Hingabe an Zahlung statt gleichbehandelt werden (vgl. § 10 Abs. 2 S. 2 UStG), kommt es auf die genaue Abgrenzung nicht an. Nach § 10 Abs. 2 S. 2 UStG ergibt sich eine Bemessungsgrundlage von 59.500 € (gemeiner Wert der Gegenleistung) + 57.120 € (Barzahlung) : 1,19 = 98.000 € und eine Umsatzsteuerschuld von 18.620 €. H hat allerdings in der Rechnung 19.000 € USt offen ausgewiesen, sodass er die Differenz von 380 € nach § 14 c Abs. 1 UStG schuldet, solange er nicht die Rechnung berichtigt.

II. Beurteilung bei U

U lieferte an H den alten Lkw. Er erhielt dafür und für die Baraufgabe den neuen Lkw als Gegenleistung. Nach § 10 Abs. 2 S. 2 UStG entfällt demnach auf die allein steuerbare und steuerpflichtige Lieferung des alten Lkw ein Anteil von 119.000 € (gemeiner Wert neuer Lkw) – 57.120 € (Baraufgabe) = 61.880 €, sodass sich eine Bemessungsgrundlage von 52.000 € und eine USt von 9.880 € ergibt.

Der **verdeckte Preisnachlass** führt also beim Gewährenden zu einer Verminderung der Bemessungsgrundlage, beim Empfangenden zu einer Erhöhung, falls der gemeine Wert der Gegenleistung nicht ebenfalls gemindert ist. Da er nicht offen ausgewiesen wird, ist beim Gewährenden § 14 c Abs. 1 UStG zu beachten, falls er eine Rechnung mit zu hohem offenen Steuerausweis erteilte.

Problematisch kann die Feststellung eines niedrigeren gemeinen Wertes als des Anrechnungspreises sein. Dies muss vom Unternehmer nachgewiesen werden. Für die häufig erfolgenden verdeckten Preisnachlässe im Kfz-Handel erkennt die Verwaltung neben dem DAT-Schätzpreis ein Verfahren an, bei dem aus dem späteren Verkaufspreis des in Zahlung genommenen Fahrzeugs der gemeine Wert im Zeitpunkt der Inzahlungnahme abgeleitet wird.[895] Dieses Verfahren wird auch auf andere Fälle entsprechend anzuwenden sein.

893 Vgl. EuGH v. 10.01.2019 – Rs. C-410/17 (A Oy), DStR 2019, 97 und dazu Reiß UR 2019, 281.

894 Vgl. BGHZ 46, 338.

Beispiel (wie Fall 29): Der in Zahlung genommene Lkw wurde nach einem Monat für 70.000 € verkauft. Vorher musste noch eine Reparatur i.H.v. 2.500 € durchgeführt werden. Ermittlung des gemeinen Wertes:

Verkaufspreis (inkl. USt)	70.000 €
– 15 % pauschale Verkaufskosten	– 10.500 €
– Reparaturkosten	– 2.500 €
gemeiner Wert im Zeitpunkt der Inzahlungnahme	57.000 €

IV. Devisenentgelte

Wird die Gegenleistung in Devisen vereinbart, muss eine Umrechnung in Euro erfolgen. Maßgebend ist der Durchschnittskurs des Monats, in dem die Steuerschuld entsteht. Eine Umrechnung nach dem nachgewiesenen Tageskurs ist zulässig (§ 16 Abs. 6 S. 1–3 UStG). Ändert sich der Kurs später, insbesondere bei Vereinnahmung, führt dies nicht zu einer Änderung der Bemessungsgrundlage[896] und der Steuer. Die Differenzen zum vereinbarten Entgelt sind ertragsteuerlich Kursverluste oder Kurserträge, umsatzsteuerlich hingegen belanglos. Für den Vorsteuerabzug ist maßgebend der Zeitpunkt des Empfangs der Leistung oder der früheren Zahlung. 288

V. Differenzbesteuerung (§ 25 a UStG)

1. Das Umsatzsteuersystem mit Vorsteuerabzug für Unternehmer führt zu Schwierigkeiten, wenn Gegenstände aus dem nichtunternehmerischen Bereich in den unternehmerischen Bereich überführt und dort erneut umgesetzt werden. Es werden dann Gegenstände mehrfach mit USt belastet, ohne dass eine Entlastung durch Vorsteuerabzug stattfinden kann. Dies hatte insbesondere im Gebrauchtwagenhandel zu gravierenden Wettbewerbsnachteilen der Händler gegenüber privaten Veräußerern geführt. Der deutsche Gesetzgeber hatte mit § 25 a UStG zunächst eine Sonderregelung für den Handel mit Kraftfahrzeugen getroffen. Diese Regelung ist ab 01.01.1995 verallgemeinert worden. Die gemeinschaftsrechtliche Grundlage findet sich in Titel XII (Sonderregelungen) Kapitel 4 (Sonderregelungen für Gebrauchtgegenstände, Kunstgegenstände, Sammlungsstücke und Antiquitäten), Art. 311 f. MwStSystRL. Der Kern der Regelung besteht darin, dass die Mehrfachbelastung mit USt dadurch vermieden werden soll, dass anstelle einer Entlastung durch Vorsteuerabzug die Umsatzbesteuerung nach der Methode des Vorumsatzabzugs erfolgt, indem lediglich die Differenz aus Verkaufspreis (Umsatz) abzüglich Einkaufspreis (Vorumsatz) der Besteuerung unterworfen wird.[897] 289

Beispiel: Einkauf eines Pkw für 11.900 € von einem Privatmann bzw. 10.000 € zzgl. 1.900 € von einem Unternehmer und Verkauf für 13.090 € an eine Privatperson. Bei der normalen Besteuerung nach § 10 Abs. 1 UStG ergäbe sich eine Umsatzsteuerzahllast von 2.090 € – 1.900 € VoSt und eine Zahllast von 190 €. Bei der Differenzbesteuerung ergibt sich eine Marge von (13.090 € – 11.900 € = 1.190 € : 1,19 = 1.000 € und eine USt-Schuld i.H.v. 190 €.

2. Die Anwendung der Differenzbesteuerung hängt von folgenden **Voraussetzungen** ab (§ 25 a Abs. 1 UStG, Art. 314 a–d MwStSystRL): 290

a) Erwerb von beweglichen körperlichen Gegenständen (Gebrauchtgegenstände im Sinne des Art. 311 MwStSystRL)[898] durch Lieferung im Gemeinschaftsgebiet. Für die-

895 Vgl. zutreffend Abschn. 10.5. Abs. 4 UStAE; dagegen zu Unrecht BFH v. 25.04.2018 – XI R 21/16, BStBl. II 2018, 505 und Wagner UVR 2011, 379 (subjektiver Wert beim Tausch soll der Einkaufspreis des hingegebenen Gegenstandes sein! Art. 73 MwStSystRL besagt das Gegenteil. Danach ist der Wert der Gegenleistung maßgebend, die der Leistende erhält!). S. auch Reiß UR 2018, 822 und UR 2019, 281 zur Bemessungsgrundlage bei Tauschumsätzen.

896 Abschn. 16.4. UStAE; R/K/L § 16 Rn. 50.

897 Zur Berücksichtigung des § 25 a UStG des bei fiktiver Schadensberechnung in Abzug zu bringenden Umsatz-/Vorsteueranteils vgl. BGH v. 13.09.2016 – VI ZR 654/15, MDR 2017, 27.

898 S. aber EuGH v. 10.07.2018 – Rs. C-154/17 (ELATS), MwStR 2018, 834 mit Anm. Schrader und Prätzler (keine Edelsteine und Edelsteine enthaltende Gegenstände, die ihre Funktion verloren haben und nur noch wegen der enthaltenen Edelsteine gehandelt werden).

se Lieferung wurde USt mangels Unternehmereigenschaft oder wegen Befreiung nicht geschuldet oder nach § 19 Abs. 1 UStG nicht erhoben oder aber auf diese Lieferung wurde bereits die Differenzbesteuerung angewendet, § 25 a Abs. 1 Nr. 2 a und b UStG. Entscheidend ist, dass aus der Lieferung für den die Differenzbesteuerung anwendenden Erwerber **kein Vorsteuerabzug möglich** ist, weil für die Lieferung an ihn keine USt geschuldet wird oder nur eine Steuer nach der Differenzbesteuerung. Das betrifft **Lieferungen durch Nichtunternehmer, Kleinunternehmer** nach § 19 UStG und **steuerfreie Lieferungen** etwa nach § 4 Nr. 28 UStG. Gleichgestellt wird die Lieferung durch einen Wiederverkäufer, der seinerseits rechtmäßig[899] die Differenzbesteuerung anwendet. Insoweit hat der Erwerber mangels Steuerausweises in einer Rechnung keinen Vorsteuerabzug (vgl. unten). Die Lieferung muss außerdem im Inland oder übrigen Gemeinschaftsgebiet – also nicht in einem Drittland – erfolgen. Erfolgt sie im übrigen Gemeinschaftsgebiet ist darauf abzustellen, dass sie dort nicht der USt des jeweiligen Mitgliedstaates unterliegt.

b) Der Erwerber ist **Wiederverkäufer**, § 25 a Abs. 1 Nr. 1 UStG. Art. 311 Abs. 1 Nr. 5 MwStSystRL definiert den Wiederverkäufer dahingehend, dass dies jeder Steuerpflichtige ist, der im Rahmen seiner wirtschaftlichen Tätigkeit zum Zwecke des Wiederverkaufs bewegliche körperliche (Gebraucht-)Gegenstände,[900] Kunstgegenstände, Sammlungsstücke und Antiquitäten kauft, seinem Unternehmen zuordnet oder einführt. § 25 a UStG verlangt seinem Wortlaut nach, dass der Wiederverkäufer mit beweglichen körperlichen Gegenständen handelt oder solche Gegenstände öffentlich versteigert. Die Gegenstände müssen zwar nicht primär zum Zwecke der Weiterveräußerung erworben worden sein. Sie müssen aber jedenfalls sekundär auch „zum Zwecke des Wiederverkaufs" und gegen Entgelt erworben worden sein. Daher kann auch die Weiterveräußerung von Anlagevermögen unter § 25 a UStG fallen, so z.B. die Veräußerung von als Gebrauchtwagen erworbenen Pkw durch ein Leasingunternehmen.[901] Der Zweck des § 25 a UStG (Art. 311 f. MwStSystRL), eine Mehrfachbelastung und Wettbewerbsverzerrungen zu vermeiden, verlangt insoweit eine weite Auslegung. Es ist daher nicht erforderlich, dass der Wiederverkäufer mit Sachen der erworbenen Art generell handelt. Es genügt, dass in einem Teilbereich des Unternehmens gewöhnlich solche Gegenstände erworben und dann veräußert werden. Wiederverkäufer sind z.B. auch Banken als Sicherungsnehmer bzgl. des Sicherungsgutes.[902]

291 **c) Bemessungsgrundlage** ist bei Erfüllung dieser Voraussetzungen abweichend von § 10 Abs. 1 UStG nicht das Entgelt für die Weiterlieferung, sondern nur die positive **Differenz zwischen Verkaufs- und Einkaufspreis**. Dabei gehört die USt aus der Differenz nicht zur Bemessungsgrundlage (§ 25 a Abs. 3 UStG). Die USt ist daher aus der Bruttodifferenz herauszurechnen. Die Differenz ist für jeden Verkaufsfall gesondert zu berechnen. Eine Saldierung mehrerer Verkaufsfälle ist grundsätzlich unzulässig. Bei negativen Margen ergibt sich eine Bemessungsgrundlage von 0, nicht etwa eine

899 Vgl. dazu BFH v. 23.04.2009 – V R 52/07, BStBl. II 2009, 860 (zu Unrecht vorgenommene Differenzbesteuerung).

900 Vgl. dazu EuGH v. 18.01.2017 – Rs. C-471/15 (SjelleAutogenbrug), UR 2017, 242 (Differenzbesteuerung auch anwendbar für Autoverschrottungsunternehmen bei Weiterveräußerung getrennter Bestandteile – beachte: Nach Art. 313 MwStSystRL ist die Differenzbesteuerung – außer für die Lieferung von Kunstgegenständen, Antiquitäten und Sammlungsstücken – nur bei Lieferung von Gebrauchtgegenständen anwendbar. Das dürfte für das deutsche Recht im Ergebnis ebenfalls unter dem Aspekt des Handelns mit beweglichen Gegenständen durch einen „Wiederverkäufer" zu berücksichtigen sein, so wohl tendenziell auch BFH v. 23.02.2017 – V R 37/15, UR 2017, 685. S. auch EuGH v. 10.07.2018 – Rs. C-154/17 (ELATS), MwStR 2018, 834 (Schmuck, der seine Funktion verloren hat und nur wegen der enthaltenen Edelsteine ausgeschlachtet wird, fällt nicht unter die Sonderregelung der Differenzbesteuerung).

901 Vgl. EuGH v. 08.12.2005 – Rs. C-280/04 (Jyske Finans), Slg. 2005, I-10683; vgl. auch BFH v. 29.06.2011 – XI R 15/10, BStBl. II 2011, 839 (Kioskbesitzer kein Wiederverkäufer eines Kfz) und v. 02.03.2006 – V R 35/04, BStBl. II 2006, 675 (Steuerberatungs-GbR kein Wiederverkäufer i.S.d. § 25 a UStG);. v. 18.12.2008 – V R 73/07, BStBl. II 2009, 612 (Einlage von Antiquitäten durch Gesellschafter).

902 Abschn. 25a.1. Abs. 2 UStAE.

negative Bemessungsgrundlage. Wird beim Neuwagenverkauf ein Gebrauchtwagen in Zahlung genommen, ist als Einkaufspreis für den Gebrauchtwagen dessen tatsächlicher Wert anzusetzen.[903]

Hinweis: *Eine Sonderregelung besteht für Kunstgegenstände. Hier ist nach § 25 a Abs. 3 S. 2 UStG eine* ***Pauschalmarge von 30 %*** *des Verkaufspreises abzüglich darin enthaltener Umsatzsteuer als Bemessungsgrundlage anzusetzen, wenn sich der Einkaufspreis nicht mehr ermitteln lässt oder unbedeutend ist.*[904]

§ 25 a Abs. 4 UStG lässt allerdings auch zu, dass die Umsätze nach der **Gesamtdifferenz** für alle unter § 25 a UStG fallenden Umsätze bemessen wird, bei denen der Einkaufspreis der Gegenstände 500 € nicht übersteigt. Innerhalb der Gesamtdifferenz werden auch positive und negative Einzelmargen ausgeglichen. Es besteht ein Wahlrecht zur Anwendung der Gesamtdifferenzregelung. Wird davon Gebrauch gemacht, kann nicht für einzelne Umsätze auf die Anwendung der Differenzbesteuerung verzichtet werden (§ 25 a Abs. 8 UStG). Die Berechnung nach der Gesamtdifferenz muss für den gesamten Besteuerungszeitraum (Kalenderjahr), nicht nur für einzelne Voranmeldungszeiträume, vorgenommen werden.[905]

d) Auf die Anwendung der Differenzbesteuerung nach § 25 a UStG kann bei Lieferun- **292**
gen an andere Unternehmer verzichtet werden, § 25 a Abs. 8 UStG, Art. 319 MwStSystRL. Dies ist vorteilhaft, wenn der Erwerber wegen des Vorsteuerabzugs bereit ist, die reguläre USt zusätzlich zu zahlen. Es wird dann die Steuer aus der Marge erspart.

Beispiel: Wie oben, aber Veräußerung an einen Unternehmer, der bereit ist, 13.090 € zzgl. 2.487 € USt zu zahlen. Für den Händler verbleibt dann die Marge von 13.090 € – 11.900 € = 1.190 € ungeschmälert.

Die Option ist bei Anwendung des Gesamtmargenverfahrens nicht zulässig.

e) § 25 a UStG ist nach seinem Wortlaut auch bei unentgeltlichen Wertabgaben für außerunternehmerische Zwecke oder Zwecke des privaten Bedarfs der Arbeitnehmer nach § 3 Abs. 1 b UStG anwendbar. Maßgebend soll dann die Differenz zwischen Einkaufspreis im Zeitpunkt der unentgeltlichen Lieferung und dem tatsächlichen damaligen Einkaufspreis sein, § 25 a Abs. 3 Hs. 2 i.V.m. § 10 Abs. 4 Nr. 1 UStG. Wegen des fehlenden Vorsteuerabzugs ist aber die unentgeltliche Lieferung nach § 3 Abs. 1 b S. 2 UStG schon nicht zu besteuern.[906] Bei verbilligter Lieferung ist der Einkaufspreis zur Zeit der Lieferung als Verkaufspreis für die Errechnung der Mindestbemessungsgrundlage zu berücksichtigen.

f) Bei Anwendung der Differenzbesteuerung darf der liefernde Unternehmer keine **293**
Rechnung mit offenem Steuerausweis ausstellen. In der Rechnung ist stattdessen auf die Sonderregelung über die Differenzbesteuerung hinzuweisen, § 14 a Abs. 6 S. 1 und 2 UStG. Verstößt der Unternehmer gegen das Verbot des offenen Steuerausweises, soll nach Auffassung der Finanzverwaltung § 14 c Abs. 2 UStG anzuwenden sein.[907] Der Unternehmer schuldet dann die offen ausgewiesene Steuer neben der nach § 25 a UStG geschuldeten Steuer. Unter den Voraussetzungen des § 14 c Abs. 2 S. 3–5 UStG entfällt allerdings die Steuer aus § 14 c Abs. 2 S. 1 und 2 UStG, wenn nachgewiesen wird, dass keine Gefährdung des Steueraufkommens mehr besteht (s. Rn. 333 ff.). Wird verfehlterweise USt ausgewiesen, steht dem Lieferungsempfän-

903 Abschn. 25a.1. Abs. 10 UStAE.

904 Vgl. Abschn. 25a.1. Abs. 11 a. Die Regelung wurde durch das Amtshilfe-RL-Gesetz v. 26.06.2013, BGBl. I 2013, 1809 mit Wirkung ab 01.01.2014 eingeführt.

905 Abschn. 25a.1. Abs. 12 und 13 UStAE.

906 Vgl. auch Lippross 8.7.2 i) und 8.7.3. c); vgl. auch Abschn. 25a.1. Abs. 9 UStAE (für den „Normalfall" nicht anwendbar, nur bei Mindestbemessungsgrundlage gemäß § 10 Abs. 5 UStG).

907 So Abschn. 25a.1. Abs. 16 UStAE; kritisch Lippross 8.7.3 d).

ger nach § 15 Abs. 1 Nr. 1 UStG der Vorsteuerabzug nicht zu.[908] Im Übrigen unterliegt die Differenzbesteuerung immer dem Steuersatz von 19 %. Befreiungsvorschriften bleiben grundsätzlich bis auf die Befreiung für innergemeinschaftliche Lieferungen unberührt (§ 25 a Abs. 5 UStG).

g) Die Anwendung der **Differenzbesteuerung im Binnenmarkt** ist problematisch. § 25 a Abs. 7 UStG löst die Konkurrenzfragen wie folgt: Grundsätzlich findet die Differenzbesteuerung auch bei der Lieferung von Gegenständen über Binnenmarktgrenzen Anwendung. Es gilt dann für den Liefernden nicht die Befreiung als innergemeinschaftliche Lieferung (§ 25 a Abs. 7 Nr. 3 UStG)[909] und bei Lieferungen an Privatpersonen findet die Ortsverlagerung nach § 3 c UStG nicht statt. Auf der anderen Seite unterliegt der Erwerb nicht der Erwerbsbesteuerung (§ 25 a Abs. 7 Nr. 2 UStG).

Beispiel 1: Gebrauchtwagenhändler H (Hamburg) veräußert für 11.190 € einen gebrauchten Pkw an D (Dänemark), den er von einem Privatmann P für 10.000 € erworben hat. Die Lieferung ist nicht nach § 4 Nr. 1 b i.V.m. § 6 a UStG befreit, auch wenn D Unternehmer ist. Falls D Privatperson ist, wird der Ort auch bei einer Versendungslieferung nicht gemäß § 3 c UStG nach Dänemark verlagert, selbst wenn die Lieferschwelle überschritten wäre. H hat in Deutschland gemäß § 25 a UStG die Marge von 1.000 € und eine USt-Schuld von 190 € zu erfassen.

Beispiel 2: Gebrauchtwagenhändler K (Kehl) erwirbt von Unternehmer U in Frankreich ein Rennrad. U hat in Frankreich von der Differenzbesteuerung Gebrauch gemacht. Der Erwerb des Rennrads unterliegt bei K in Deutschland nicht der Erwerbsbesteuerung.

Im Ergebnis folgt damit die Differenzbesteuerung nicht dem Bestimmungsland-, sondern dem Ursprungslandprinzip. Dem Ursprungsland verbleibt damit nicht nur die im Gegenstand noch enthaltene Restmehrwertsteuer, sondern auch noch die Steuer auf die Differenz.

294 **h)** Von diesem Übergang zum Ursprungslandprinzip wird die **Lieferung neuer Fahrzeuge** ausgenommen (§ 25 a Abs. 7 Nr. 1 b UStG, Art. 313 Abs. 2 MwStSystRL). Dies ist konsequent, führt aber zu Problemen. Denn nunmehr kann es zu einer Doppelbelastung mit der vollen Restmehrwertsteuer des Bestimmungslandes kommen, und zusätzlich werden Unternehmer gegenüber Privatpersonen diskriminiert.

Beispiel: Händler F (Flensburg) erwirbt für 25.000 € ein neues Fahrzeug von P (privat) und veräußert es für 30.000 € an D (Dänemark). Die Lieferung des F ist zwar steuerfrei nach § 4 Nr. 1 b UStG, aber D hat in Dänemark eine Erwerbssteuer von 25 % von 30.000 € = 7.500 € zu zahlen. Hätte P hingegen das Fahrzeug an D unmittelbar veräußert, hätte ihm als Fahrzeuglieferer nach § 2 a i.V.m. § 15 Abs. 4 a UStG der Vorsteuerabzug zugestanden, sodass er das Fahrzeug bei sonst gleichen Konditionen für 30.000 € – 4.790 € = 25.210 € hätte veräußern können. D wäre dann korrekt nur mit 25 % von 25.210 € = 6.302 € dänischer USt belastet worden. Bei einer Veräußerung durch F an einen Abnehmer in Deutschland wäre § 25 a UStG anwendbar, sodass nur die Marge von 5.000 € : 1,19 = 4.202 € Bemessungsgrundlage wäre mit einer deutschen Steuer von 798 €.

Diese Regelung ist in einem Binnenmarkt nicht tolerabel. Sie verfälscht entgegen der Zielsetzung des Art. 113 AEUV die Wettbewerbsbedingungen. Allerdings ist nicht § 25 a UStG richtlinienwidrig umgesetzt worden, vielmehr ist bereits Art. 313 Abs. 2 MwStSystRL nicht vertragsgerecht. Diskriminiert werden auch die Unternehmer in den verschiedenen Mitgliedstaaten. De facto können Neufahrzeuge, falls der Enderwerber in einem anderen Mitgliedstaat ansässig ist, vom Händler nicht grenzüberschreitend an diesen weiterveräußert werden, sondern bereits der Händler muss dann im Mitgliedstaat des Enderwerbers den Erwerb tätigen.

Beispiel: Wie oben, aber P veräußert nicht an Händler F (Flensburg), sondern an Händler K (Kopenhagen). Hier könnte P an K steuerfrei für 25.000 € – 3.992 € Vorsteuervergütung = 21.008 € veräußern und K dem D dasselbe Fahrzeug für 21.008 € + 5.000 € Gewinnaufschlag = 26.008 € zzgl. 25 % dänische USt = 6.502 € anbieten. Im Ergebnis ergibt sich für D eine Differenz von 37.500 € – 32.510 € = 4.990 €.

---

908 BFH v. 02.04.1998 – V R 34/97, BStBl. II 1998, 695.

909 Vgl. auch BFH v. 07.12.2007 – V R 52/03, BStBl. II 2007, 420.

Der Grundfehler der Regelung des § 25 a UStG im System des Binnenmarktes erweist sich an dieser Problematik. Die Differenzbesteuerung entspricht der Methode des Vorumsatzabzuges. Diese ist für das moderne Umsatzsteuersystem gerade wegen ihrer Untauglichkeit bei grenzüberschreitenden Vorgängen nicht eingeführt worden. Sie überlässt nämlich dem Ursprungsland die auf den Vorumsätzen ruhende USt, wie es jetzt auch bei Anwendung des § 25 a UStG geschieht, wobei dort sogar noch zusätzlich die Margensteuer dem Ursprungsland verbleibt. Da dies für die Lieferung von Neufahrzeugen nicht toleriert wird, nimmt man nun die Doppelbelastung mit der Steuer des Ursprungs- und Bestimmungslandes hin. Eine in sich stimmige Lösung würde verlangen, dass das Ursprungsland durch Vorsteuervergütung entlastet und das Besteuerungsrecht dem Bestimmungsland zusteht.[910]

Beispiel: Wie oben bei Veräußerung durch F (Flensburg). Dieser erhält einen Vorsteuerabzug von 3.992 € aus dem Ankauf. Er veräußert steuerfrei für 21.008 € + 5.000 € Gewinnaufschlag = 26.008 € an D. D muss einschließlich dänischer Erwerbsteuer von 6.502 € wie beim Kauf von K insgesamt 32.510 € aufwenden. Eine Wettbewerbsverzerrung zwischen F und K findet nicht statt.

i) Nach deutschem Gesetzesrecht wird die Differenzbesteuerung ausgeschlossen, **295**
wenn bei Erwerb aus einem anderen Mitgliedstaat die Lieferung an den Erwerber als innergemeinschaftliche Lieferung befreit war, § 25 a Abs. 7 Nr. 1 UStG. Dies ist der Regelfall bei Belieferung durch Unternehmer aus anderen Mitgliedstaaten. Der Wiederverkäufer hat im Inland dann auch die Erwerbsbesteuerung durchzuführen. Auch wenn im anderen Mitgliedstaat an sich die Voraussetzungen für die Anwendung der Differenzbesteuerung gegeben sind, kann es zu einer steuerfreien innergemeinschaftlichen Lieferung dort kommen, wenn dort auf die Anwendung der Differenzbesteuerung gemäß Art. 319 MwStSystRL verzichtet wird. Das ist immer dann sinnvoll, wenn der Erwerber hinsichtlich der Erwerbssteuer vorsteuerabzugsberechtigter Unternehmer ist.

Die Regelung in § 25 a Abs. 1 und Abs. 7 a Nr. 1 UStG entspricht grundsätzlich den Vorgaben in Art. 314 MwStSystRL. Auch danach darf die Differenzbesteuerung bei Lieferung von Gebrauchtgegenständen nur angewendet werden, wenn die Lieferung an den Wiederverkäufer im Unionsgebiet durch einen Nichtsteuerpflichtigen, einen Kleinunternehmer oder einen die Differenzbesteuerung zulässigerweise anwendenden Unternehmer erfolgte oder wenn die Lieferung an ihn nach Art. 136 MwStSystRL befreit war. Hingegen lässt auch die MwStSystRL nicht zu, dass die Differenzbesteuerung für Gebrauchtgegenstände (anders aber für Kunstgegenstände nachfolgend unter j) angewendet wird, wenn die Lieferung an den Wiederverkäufer als innergemeinschaftliche Lieferung nach Art. 138 MwStSystRL befreit war. Gleichwohl hat der EuGH – ohne Rechtsgrundlage in der MwStSystRL und im nationalen Gesetzesrecht – entschieden, dass die Differenzbesteuerung auch angewendet werden darf und muss, wenn der Wiederverkäufer wegen falscher oder jedenfalls missverständlicher Rechnungsangaben seines Lieferanten gutgläubig davon ausgehen konnte und ausging, dass sein Lieferant im anderen Mitgliedstaat von der Differenzbesteuerung Gebrauch gemacht hat, obwohl dies objektiv nicht der Fall war. Dem EuGH genügt der gute Glaube daran, dass die Voraussetzungen für die Anwendung der Differenzbesteuerung nach Art. 314 MwStSystRL (= § 25 a Abs. 1, Abs. 7 Nr. 1 UStG) vorliegen. Eine Rechtsgrundlage für diese Auffassung vermag der EuGH freilich nicht zu benennen. Ihm genügt es, dass jemand ohne Fahrlässigkeit hinsichtlich falscher Rechnungsangaben seines Lieferanten gutgläubig war und keinesfalls an einer Steuerhinterziehung mitgewirkt hat.[911]

j) Für Kunstgegenstände, Sammlungsstücke und Antiquitäten kann gemäß § 25 a Abs. 2 UStG, Art. 316 Abs. 1 lit. a MwStSystRL auch dann zur Differenzbesteuerung optiert werden, wenn der Händler diese selbst **eingeführt** hat **oder** sie ihm von einem

910 Stadie in: R/D § 25 a Rn. 141–143 will dieses Ergebnis durch analoge Anwendung von § 15 a Abs. 4 a UStG vermeiden. Jedoch liegen weder die Voraussetzungen für eine Analogie vor – § 15 a Abs. 4 UStG gewährt keinen Vorsteuerabzug für einen Erwerb vom Nichtunternehmer! – noch darf der deutsche Rechtsanwender sich – ohne vorherige Anrufung des EuGH – über die eindeutige Richtlinienregelung hinwegsetzen. Richtig ist allerdings, dass die Richtlinienregelung ihrerseits gegen die Warenverkehrsfreiheit verstößt, indem sie den innergemeinschaftlichen Warenverkehr benachteiligt. Materiell liegt der Verstoß in der bestehenbleibenden Belastung mit der Steuer des Ursprungslandes.

911 EuGH v. 18.05.2017 – Rs. C-624/15 (Litdana), MwStR 2017,536 mit zust. Anm. Grube; abl. Reiß MwStR 2017, 565.

anderen Unternehmer **steuerpflichtig geliefert** wurden. In beiden Konstellationen stünde dem „Wiederverkäufer" an sich der Vorsteuerabzug nach § 15 Abs. 1 Nr. 1 und Nr. 2 UStG zu. Wird allerdings nach § 25 a Abs. 2 UStG zur Differenzbesteuerung optiert, ist der Vorsteuerabzug nach § 25 a Abs. 5 S. 3 UStG für den „Wiederverkäufer" ausgeschlossen.

Eine Option zur Differenzbesteuerung bei befreiter ig. Lieferung und korrespondierendem ig. Erwerb sieht § 25 a Abs. 2 UStG – entgegen Art. 316 Abs. 1 lit. b und c MwStSystRL – aber nicht vor. Zutreffend hat der EuGH insoweit jedoch entschieden, dass ein steuerpflichtiger Wiederverkäufer für die Anwendung der Differenzbesteuerung auf eine Lieferung von Kunstgegenständen optieren kann, die er zuvor im Rahmen einer steuerbefreiten innergemeinschaftlichen Lieferung vom Urheber oder dessen Rechtsnachfolgern erworben hat. Ihm steht dann allerdings auch kein Vorsteuerabzugsrecht bezüglich der ihm vom Urheber gelieferten Kunstgegenstände zu.[912]

Beispiel:

1. Kunsthändler K **erwirbt im Inland** für 10.000 € zzgl. 700 € USt vom Urheber einen Kunstgegenstand, den er für 11.770 € an den Kunstliebhaber V weiterveräußert. Bei nach § 25 a Abs. 2 Nr. 2 UStG, Art. 316 Abs. 1 lit. b MwStSystRL optional zulässigen Anwendung der Differenzbesteuerung würde K eine USt von (11.770 € – 10.700 € = 1.070 € : 1,19 = 899 € x 19 % =) 171 € schulden. Richtigerweise darf ihm allerdings kein VoSt Abzug aus der Lieferung an ihn in Höhe von 700 € gewährt werden. § 25 a Abs. 5 S. 3 UStG schließt den VoSt Abzug insoweit auch ausdrücklich aus. Im Ergebnis tritt daher eine Belastung mit USt für K in Höhe von 171 + 700 = 871 ein. Ohne Anwendung des § 25 a UStG ergäbe sich hingegen eine Steuerschuld von : (11.770 € : 1,07 = 11.000 € x 7 % gemäß § 12 Abs. 2 Nr. 13 a UStG = 770 €. Allerdings steht dem K dann auch ein VoSt Abzug von 700 € zu. Dem Fiskus schuldet K dann nur (770 € – 700 € =) 70 €. Dem Fiskus fließen 700 € + 70 € = 770 € zu. Eine Option lohnt sich mithin nicht.

2. Bei einer **Einfuhr** mit einer Bemessungsgrundlage von 10.000 € und Weiterveräußerung für 11.770 € würde sich hingegen für die schon nach § 25 a Abs. 2 UStG optional zulässige Differenzbesteuerung ebenso wie oben eine USt von 171 € bei einer Bemessungsgrundlage von 899 € ergeben, hingegen eine USt-Schuld von (11.770 € : 1,07 = 11.000 € x 7 % =) 770 € ohne Anwendung des § 25 a UStG. Der anfallenden Einfuhrumsatzsteuer von 10.000 € x 7 % = 700 € (gemäß §§ 1 Abs. 1 Nr. 4, 11, 12 Abs. 2 Nr. 1 UStG) steht der Vorsteuerabzug nach § 15 Abs. 1 Nr. 2 UStG gegenüber. Bei Anwendung der Differenzbesteuerung ist allerdings der Abzug der für die Einfuhr geschuldeten EUSt als Vorsteuer nach Art. 322 lit. a MwStSystRL, § 25 a Abs. 5 S. 2 UStG ausgeschlossen. Es ergäbe sich mithin eine Belastung mit 171 €+ 700 € n.a. VoSt = 871 ein. Eine Option würde sich auch hier nicht lohnen.

3. Bei einer befreiten **ig. Lieferung** und korrespondierendem ig. Erwerb ist eine Differenzbesteuerung im deutschen Gesetzesrecht richtlinienwidrig auch optional (noch) nicht vorgesehen. Die Anwendung der normalen Regelung würde mithin im Beispielsfalle zu einer Steuerlast von 770 € führen. Im Ergebnis würde die ig. Lieferung und der ig. Erwerb von Kunstwerken gegenüber rein inländischen Lieferungen wie auch gegenüber der Einfuhr aus Drittländern anders behandelt und ggf. auch benachteiligt. Das ist nicht akzeptabel. Der EuGH hat insoweit zutreffend entschieden, dass optional wegen des Vorranges der Richtlinienregelung des Art. 316 MwStSystRL auch in Deutschland bei ig. befreiten Lieferungen von Kunstgegenständen durch den Urheber für den Weiterverkauf in Deutschland optional die Differenzbesteuerung zuzulassen ist. Unter unmittelbarer Anwendung der Richtlinienregelung in Art. 316, 322 b MwStSystRL ergibt sich durch Anwendung der Differenzbesteuerung eine Steuerschuld von 171 €. Ein VoSt-Abzug aus dem ig. Erwerb scheidet dann allerdings aus. Soweit der Steuerpflichtige sich auf den Anwendungsvorrang der Richtlinie beruft und daher nach Art. 316 MwStSystRL eine Besteuerung nach der Differenzmethode verlangt, gilt dann auch der VoSt-Ausschluss nach Art. 322 lit. b MwStSystRL.

Wird beachtet, dass bei Anwendung der Differenzbesteuerung der VoSt-Abzug aus dem Erwerb der Kunstgegenstände auszuschließen ist, wird sich eine Option zur Differenzbesteuerung bei Kunstgegenständen, die aus dem Drittland eingeführt oder innergemeinschaftlich befreit erworben worden sind, normalerweise nicht lohnen. Das liegt daran, dass bei der Differenzbesteuerung nicht der ermäßigte Steuersatz gilt und der Vorsteuerabzug aus dem ig. Erwerb und der Einfuhr ausgeschlossen ist. Gleichwohl muss dem steuerpflichtigen Wiederverkäufer auch bei befreiten ig. Lieferungen

---

912 S. EuGH v. 29.11.2018 – Rs. C-264/17 (Mensing), auf Vorlage des FG Münster v. 11.05.2017 – 5 K 177/16 U, MwStR 2017, 718 mit Anm. Pickelmann. So bereits Lippross UR 2015, 618.

an ihn die Anwendung der Differenzbesteuerung gestattet werden. Der deutsche Gesetzgeber muss § 25 a Abs. 2 und Abs. 7 UStG entsprechend ändern.

VI. Reiseveranstalter (§ 25 UStG)

Eine **Differenzbesteuerung** sieht auch § 25 Abs. 3 UStG für **Reiseveranstalter** vor. **296**
Reiseveranstalter ist jeder Unternehmer, der im eigenen Namen Reiseleistungen erbringt und dabei Reisevorleistungen in Anspruch nimmt.

Die Einschränkung auf die Erbringung von Reiseleistungen an Reisende, die die Reiseleistung nicht als Unternehmer in Anspruch nehmen, widersprach den Vorgaben von Art. 306 f. MwStSystRL. Danach fallen auch Umsätze von Reisebüros/Reiseveranstaltern an unternehmerische Kunden, u.a. andere Reisebüros und -veranstalter, unter die Sonderregelung – sog. **Kundenmaxime**. § 25 UStG a.F. war insoweit richtlinienwidrig und ist durch das Gesetz zur Förderung der Elektromobilität geändert worden.[913]

Entscheidend ist, dass der Reiseveranstalter gegenüber dem Reisenden im eigenen Namen, also nicht als Vermittler, handelt. Reisevorleistungen sind die von Dritten an den Veranstalter erbrachten Lieferungen und Leistungen (auch Einzelleistungen) anderer Unternehmer, die aber unmittelbar dem Reisenden zugutekommen, z.B. Beförderung, Unterkunft, Essenslieferungen.[914] Es genügt schon die Inanspruchnahme nur einer Reisevorleistung, z.B. Anmietung und Weitervermietung einer Ferienwohnung. Handelt der Reiseveranstalter im Innenverhältnis für Rechnung eines anderen Reiseveranstalters, sind die Regeln der Leistungsverkaufskommission im Rahmen des § 25 UStG anzuwenden.[915] Die Leistung des Reiseveranstalters gegenüber dem Leistungsempfänger gilt als **einheitliche Leistung**, die am **Sitzort des Reiseveranstalters nach § 3 a Abs. 1** UStG als erbracht gilt. Sie unterliegt immer dem Regelsteuersatz.

Bemessungsgrundlage ist die Differenz zwischen dem vom Leistungsempfänger zu entrichtenden Preis einschließlich etwaiger Zuzahlungen Dritter für den Reisenden[916] und dem vom Reiseveranstalter für die Reisevorleistungen aufzuwendenden Betrag abzüglich USt. Aus den Reisevorleistungen steht dem Reiseveranstalter kein Vorsteuerabzug zu.[917]

Beispiel: Durchführung einer Pauschalreise an die Ostsee für 1.071 €. An Reisevorleistungen werden erbracht: Beförderung 100 € + 19 € USt, Unterkunft und Verpflegung 700 € + 133 € USt. Dem Reiseveranstalter steht kein Vorsteuerabzug zu. Die Bruttomarge beträgt 1.071 € – 119 € – 833 € = 119 €, sodass sich eine Steuer von (119 € : 1,19 = 100 € x 19 % =) 19 € ergibt.

Werden Betriebsangehörigen vom Arbeitgeber sog. **Incentive-Reisen** unentgeltlich zugewendet, ist der Arbeitgeber Reiseunternehmer. Er hat an sich seine Reiseleis-

913 V. 12.12.2019, BGBl. I, 2451; zur Richtlinienwidrigkeit der Altregelung vgl. EuGH v. 08.02.2018 – Rs. C-380/16 (Kommission/Deutschland), UR 2018, 290. S. auch erneut EuGH v. 27.01.2021 – Rs. C-787/19 (Kommission/Österreich), UR 2021, 669 und vorher bereits EuGH v. 26.09.2013 – Rs. C-189/11 (Kommission/Spanien), UR 2013, 835 mit Anm. Grube MwStR 2013, 626; S. auch bereits BFH v. 13.12.2017 – XI R 4/16, UR 2018, 450 (Stpfl. kann sich auf Vorrang der Richtlinienregelung berufen!) und Friedrich-Vache/Reiß UR 2018, 508.

914 BFH v. 27.03.2019 – V R 10/19 und v 22.08.2019 – V R 12/19; DB 2019, 1129 und DB 2019, 2502; EuGH v. 19.12.2018 – Rs. C-552/17 (Alpenchalet Resorts), UR 2019, 72; vgl. auch bejahend EuGH v. 13.10.2005 – Rs. C-200/04 (Int. Sprach- und Studienreisen), Slg. 2005, I-8705 und BFH v. 01.06.2006 – V R 104/01, BStBl. II 2007, 142 (längere Sprachaufenthalte mit Unterbringung und Schulbesuch als Reiseleistungen), aber nicht EuGH v. 09.12.2010 – Rs. C-31/10 (Minerva Kulturreisen), Slg. 2010, I-12889 = HFR 201, 232 (isolierter Verkauf von Opernkarten durch Reisebüro); BFH v. 15.01.2009 – V R 9/06, BStBl. II 2010, 433 (Reiseleistung an anderen [Reise-]Unternehmer).

915 BFH v. 15.07.2011 – XI B 71/10, BFH/NV 2011, 1929; v. 02.03.2006 – V R 25/03, BStBl. II 2006, 788.

916 Vgl. EuGH v. 19.06.2003 – Rs. C-149/01 (First Choice Holidays), Slg. 2003, I-6289; zur Behandlung von Anzahlungen an Reisebüros v. 19.12.2018 – Rs. C-422/17 (Skarpa Travel), zunächst Schätzung der Gewinnmarge. Zur Abgrenzung von Reisevorleistungen und Eigenleistungen im Organkreis s. BFH v. 01.03.2018 – V R 23/17, BStBl. II 2018, 503 (von Dritten durch Organgesellschaften zugekaufte Leistungen sind als Reisevorleistungen in die Marge einzurechnen).

917 S. aber BFH v. 13.12.2018 – V R 52/17, BStBl. II 2019, 345 (kein Vorsteuerausschluss nach § 25 Abs. 4 UStG für unentgeltlich für die Reisenden erbrachte Reiseleistungen [„Kaffeefahrten"], die mangels Entgelt nicht unter § 25 fallen).

tung nach § 25 i.V.m. §§ 1 Abs. 1 Nr. 1, 3 Abs. 9 a Nr. 2 UStG zu versteuern. Die Marge zwischen den nach § 10 Abs. 4 Nr. 2 UStG anzusetzenden Kosten und den Kosten der Reisevorleistung beträgt jedoch 0. Die Belastung erfolgt durch die Versagung des Vorsteuerabzugs.[918]

Die Erbringung der Reiseleistung ist **steuerfrei nach § 25 Abs. 2 UStG**, soweit die **Reisevorleistungen im Drittlandsgebiet** erbracht werden, nicht aber, soweit sie in Mitgliedstaaten erbracht werden. Die Regelung des § 25 UStG bewirkt durch die Methode des Vorumsatzabzugs, dass es bei **Reisen in der Gemeinschaft** zu einer **Vereinfachung der Abwicklung** für die Reiseleister kommt. Denn sie haben die Marge lediglich in ihrem Sitzland zu versteuern. Da eine Vergütung von VoSt ausscheidet, behält andererseits der Staat, in dem die Reisevorleistung in Anspruch genommen wurde, jedenfalls insoweit das Steueraufkommen. Die Reiseleistung unterliegt, soweit sie nicht steuerfrei ist, dem allgemeinen Steuersatz.[919]

Beispiel:[920] Reisebüro F in Frankfurt wird im Innenverhältnis auf Provisionsbasis für Reisebüro Z in Zürich tätig. Dem Kunden K wird im Namen des F eine Reise nach Österreich verkauft zum Preise von 2.119 € (Unterkunft und Verpflegung im Hotel). Das Hotel berechnet dem Z 1.500 € zzgl. 300 € österreichischen USt. F erhält von Z eine Provision i.H.v. 119 €, sodass er 2.000 € an Z abführt. Dann erbringt F als Reiseveranstalter nach § 25 i.V.m. § 3 a UStG im Inland nach § 3 a Abs. 1 UStG eine steuerbare Leistung an K, die nicht befreit ist, weil die Reisevorleistung (Unterkunft/Verpflegung) in Österreich (kein Drittland) erbracht wird. Die Reisevorleistung wird von Z an F erbracht. F muss sich so behandeln lassen, als habe Z (als Kommittent) an ihn geleistet (Leistungsverkaufskommission). Für F ergibt sich eine Marge i.H.v. (2.119 € – 2.000 € = 119 € : 1,19 =) 100 € und eine USt-Schuld i.H.v. 19 €.

C. Bemessungsgrundlage nach § 10 Abs. 4 UStG

297 § 10 Abs. 4 UStG bestimmt für diejenigen steuerbaren Umsätze die Bemessungsgrundlage, bei denen ein Entgelt nicht vorliegt. Dies betrifft einmal die unentgeltlichen Wertabgaben nach § 3 Abs. 1 b und Abs. 9 a UStG (vgl. insoweit Rn. 136 ff., 151) sowie den Sonderfall des innergemeinschaftlichen Verbringens nach § 3 Abs. 1 a UStG. Dabei differenziert § 10 Abs. 4 UStG danach, ob es sich um einer Lieferung oder einer sonstigen Leistung gleichgestellte Vorgänge handelt. Die gemeinschaftsrechtliche Grundlage findet sich in den Art. 74–76 MwStSystRL.

Für die einer Lieferung gleichgestellten Vorgänge bestimmt § 10 Abs. 4 Nr. 1 UStG (Art. 74 MwStSystRL) den **Einkaufspreis** zzgl. etwaiger Nebenkosten zur Bemessungsgrundlage. Sofern ein Einkaufspreis nicht besteht, sind die **Selbstkosten** die Bemessungsgrundlage. Dies betrifft namentlich im Unternehmen selbst hergestellte Gegenstände. Die Selbstkosten umfassen die tatsächlichen Aufwendungen zur Herstellung des Gegenstandes, also die Einzel- und Gemeinkosten für Material und Löhne sowie etwaige weitere Aufwendungen. Nicht umfasst wird ein Gewinnaufschlag. Dies entspricht dem Ansatz des Einkaufspreises für erworbene Gegenstände. Im Ergebnis richtet sich die Bemessungsgrundlage damit nach den vom Unternehmer tatsächlich getätigten Aufwendungen und nicht nach dem bei Weiterveräußerung erzielbaren Preis. Berücksichtigt werden lediglich Preisänderungen auf der Beschaffungsseite, da auf den Einkaufspreis, respektive die Selbstkosten abzustellen ist, die jeweils zum Zeitpunkt der Ausführung des Umsatzes maßgebend sind.

Für die einer sonstigen Leistung gleichgestellten Vorgänge bestimmt § 10 Abs. 4 Nr. 2 und 3 UStG (Art. 75 MwStSystRL) die bei der Ausführung dieser Umsätze entstandenen **Ausgaben** zur Bemessungsgrundlage. Unter Ausgaben sind hier die tatsächlich getätigten Aufwendungen zu verstehen. Die Ausgaben (Kosten) umfassen

918 Abschn. 25.1. Abs. 1 S.7 und 25.3. Abs. 5 UStAE.

919 EuGH v. 19.12.2018 – Rs. C-552/17 (Alpenchalets resorts), BB 2019, 85, auf Vorlage des BFH v. 03.08.2017 – V R 60/16, UR 2017, 893; v. 27.03.2019 – V R 10/19 (V R 60/16), DB 2019, 1129.

920 Nach BFH v. 07.10.1999 – V R 79, 80/98, BStBl. II 2004, 308.

die Einzelaufwendungen und etwaige Gemeinkosten, die durch die Ausführung der jeweiligen Umsätze anfallen. Nicht erfasst werden etwaige kalkulatorische Kosten (kein pagatorischer Aufwand) und Gewinnaufschläge. Weder bei § 10 Abs. 4 Nr. 1 UStG noch bei Nr. 2 und 3 UStG gehört die USt zu den Ausgaben, respektive zu den Selbstkosten oder zum Einkaufspreis.

Zu beachten ist, dass bei der Verwendung eines Unternehmensgegenstandes nach 298
§ 3 Abs. 9 a Nr. 1 UStG solche Aufwendungen, für die kein Vorsteuerabzugsrecht bestand, nicht in die Bemessungsgrundlage einzubeziehen sind, § 10 Abs. 4 Nr. 2 UStG, wohl aber bei den übrigen sonstigen Leistungen nach §§ 3 Abs. 9 a Nr. 2 UStG, 10 Abs. 4 Nr. 3 UStG. Ansonsten besteht zwischen § 10 Abs. 4 Nr. 2 und 3 UStG kein Unterschied. Diese Differenzierung korrespondiert mit der bereits in § 3 Abs. 9 a Nr. 1 und 2 UStG angelegten Unterscheidung, wonach die Verwendung eines Unternehmensgegenstandes nicht zu besteuern ist, wenn für den Gegenstand überhaupt kein Vorsteuerabzug möglich war. § 10 Abs. 4 Nr. 2 UStG betrifft demnach solche Konstellationen, bei denen zwar hinsichtlich des verwendeten Gegenstandes ein Vorsteuerabzug (zumindest teilweise) möglich war, aber bei der Verwendung auch Aufwendungen anfallen, bei denen kein Vorsteuerabzug möglich ist.

Beispiel: U nutzt einen Pkw zu 60 % unternehmerisch und zu 40 % privat. Er hat diesen von einem Unternehmer für 40.000 € zzgl. 7.600 € USt erworben und die VoSt voll abgezogen. Es entstehen ihm laufende Aufwendungen i.H.v. 10.000 € (zzgl. 1.900 € USt, aber als VoSt abgezogen) und 1.000 € (ohne USt, da steuerfrei, respektive nicht steuerbar, z.B. Garagenmiete, Versicherung, Kfz-Steuer). Der Pkw hat eine Nutzungsdauer von fünf Jahren. Dann liegt eine nach § 3 Abs. 9 a UStG steuerbare und steuerpflichtige Verwendung vor, weil die VoSt aus der Anschaffung abziehbar war. Als Bemessungsgrundlage nach § 10 Abs. 4 Nr. 2 UStG ergeben sich die für die private Nutzung getätigten Aufwendungen, soweit ein Vorsteuerabzug möglich war, hier: 10.000 € x 40 % = 4.000 € + 40.000 € Anschaffungskosten : 5 = 8.000 € x 40 % = 3.200 € = 7.200 €, sodass bei einem Steuersatz von 19 % eine USt-Schuld von 1.368 € entsteht. Nicht einzubeziehen sind die 1.000 €, bei denen kein Vorsteuerabzug möglich war. Aber: Hätte U den Pkw von einem Privatmann etwa für 40.000 € erworben, wäre die Verwendung schon nicht nach § 3 Abs. 9 a Nr. 1 UStG steuerbar gewesen, weil kein Vorsteuerabzug möglich war. Im Ergebnis wäre dann allerdings bzgl. der laufenden Aufwendungen nur ein Vorsteuerabzug i.H.v. 60 % von 1.900 € USt = 1.140 € möglich gewesen.

§ 10 Abs. 4 Nr. 2 S. 2 und 3 UStG bestimmt ausdrücklich, dass zu den Ausgaben auch die Anschaffungs- oder Herstellungskosten gehören. Dies ist zunächst einmal eine Selbstverständlichkeit. Allerdings bestimmt S. 3, dass diese nach Maßgabe des Berichtigungszeitraums des § 15 a UStG, d.h. auf zehn Jahre bei Grundstücken und auf fünf Jahre bei anderen Wirtschaftsgütern, auf die außerunternehmerische Verwendung zu verteilen sind. Damit reagierte der deutsche Gesetzgeber auf das Seeling-Urteil des EuGH.[921]

Beispiel: Steuerrechtsprofessor P errichtete 2012 aufgrund eines Bauantrages aus Dezember 2010 für 500.000 € zzgl. 95.000 € USt ein privat genutztes Einfamilienhaus. 10 % der Fläche nutzt er unternehmerisch als Büro für seine freiberufliche Nebentätigkeit als Schriftsteller und Gutachter. Er ordnete das Grundstück seinem Unternehmen voll zu und zog daher die VoSt zu 100 % ab (s. dazu unter Rn. 143 und Rn. 318 ff.). Bezüglich der 90 %-igen privaten Nutzung liegt eine unentgeltliche steuerpflichtige Wertabgabe nach dem – wegen der Bauantragstellung noch vor 2011 – gemäß § 27 Abs. 16 UStG weiter anwendbaren § 3 Abs. 9 a Nr. 1 UStG a.F. vor. Dafür beträgt nach § 10 Abs. 4 Nr. 2 S. 2 und 3 UStG die Bemessungsgrundlage/Jahr (bis 2022!) = 500.000 € x 90 % = 450.000 € : 10 = 45.000 €, sodass sich eine Steuer von 8.550 € ergibt. Innerhalb von zehn Jahren wird mithin der Vorsteuerabzug von 90 % von 95.000 = 85.500 € zumindest rein nominell rückgängig gemacht.

Die Verknüpfung der Verteilung der Anschaffungskosten mit dem Berichtigungszeitraum des § 15 a UStG anstatt einer Verteilung nach Maßgabe des tatsächlichen Wertverzehrs ist vom EuGH zutreffend als richtlinienkonform anerkannt worden.[922]

921 EuGH v. 08.05.2003 – Rs. C-269/00 (Seeling), Slg. 2003, I-4101 = BStBl. II 2004, 378; vgl. auch BFH v. 12.08.2015 – XI R 6/13, BStBl. II 2015,1062 (zur Unions- und Verfassungskonformität der Regelung).

922 EuGH v. 14.09.2006 – Rs. C-72/05 (Wollny), Slg. 2006, I-8297.

D. Mindestbemessungsgrundlage

299 § 10 Abs. 5 UStG stellt technisch eine Ergänzungsvorschrift zu § 10 Abs. 1 UStG dar, indem er in bestimmten Fällen des entgeltlichen Leistungsaustausches nach § 1 Abs. 1 Nr. 1 UStG die sich an sich aus § 10 Abs. 1 UStG ergebende Bemessungsgrundlage auf den Einkaufspreis bzw. die Ausgaben gemäß § 10 Abs. 4 Nr. 1 oder Nr. 2 UStG heraufschleust. **Materiell** handelt es sich jedoch um eine Ergänzungsvorschrift zu:

- § 3 Abs. 1 b Nr. 2, Abs. 9 a Nr. 1 und 2 UStG (Lieferungen und sonstige Leistungen an Arbeitnehmer ohne Entgelt),
- § 3 Abs. 1 b Nr. 1, Abs. 9 a Nr. 1 und 2 UStG (unentgeltliche Wertabgaben für **außerunternehmerische Zwecke** an nahestehende Personen und Gesellschafter).

Hier sollen Umgehungen des § 10 Abs. 4 UStG ausgeschaltet werden, wenn dieser deshalb nicht anwendbar ist, weil wegen der Vereinbarung eines (zu niedrigen) Entgeltes ein Leistungsaustausch vorliegt, sodass § 10 Abs. 4 UStG nicht anwendbar ist. § 10 Abs. 5 UStG ist gemeinschaftsrechtlich durch die Vorgängerregelung zu Art. 395 MwStSystRL gedeckt, wonach Mitgliedstaaten durch den Rat zur Einführung von Sondermaßnahmen zur Vereinfachung der Steuererhebung und zur Verhinderung von Steuerumgehungen ermächtigt werden können.[923] Nunmehr sieht bereits Art. 80 MwStSystRL vor, dass die Mitgliedstaaten – ohne noch die Ermächtigung durch den Rat einholen zu müssen – den „Normalwert" als (Mindest-)Steuerbemessungsgrundlage ansetzen können bei Leistungen an Empfänger, zu denen enge persönliche, eigentumsrechtliche, finanzielle oder rechtliche Bindungen bestehen. Weitere Voraussetzung nach Art. 80 Abs. 1 lit. a und b MwStSystRL ist allerdings, dass der Leistungsempfänger und der Leistende nicht zum vollen Vorsteuerabzug berechtigt sind,[924] weil insoweit Steuerumgehungen nicht in Betracht kommen. Dem ist auch bei der richtlinienkonformen Auslegung des § 10 Abs. 5 UStG nunmehr Rechnung zu tragen. Zweifelhaft ist dem BFH aber inzwischen, ob schon eine mögliche spätere Vorsteuerkorrektur nach § 15 a Abs. 1 UStG die Anwendung der Mindestbemessungsgrundlage rechtfertigt.[925]

Beispiel 1: Der Unternehmer überlässt für eine überraschende Fahrt zu einer Beerdigung seinem Arbeitnehmer einen Firmenwagen zur privaten Nutzung gegen eine Gegenleistung von 1,19 €/km. Die vorsteuerentlasteten Kosten betragen 1,50 €/km.

Es liegt ein Leistungsaustausch nach § 1 Abs. 1 Nr. 1 UStG vor. Anstelle der sich nach § 10 Abs. 1 UStG ergebenden Bemessungsgrundlage von 1,00 €/km sind nach § 10 Abs. 5 Nr. 2 i.V.m. Abs. 4 Nr. 2 UStG als Mindestbemessungsgrundlage 1,50 €/km anzusetzen.

Beispiel 2: Ein Unternehmer/Autohändler liefert an seinen Sohn einen Pkw für 11.900 €, für den der Händler im Einkauf 20.000 € zzgl. 3.800 € USt bezahlte. Die Bemessungsgrundlage für den Leistungsaustausch ergibt sich aus § 10 Abs. 5 Nr. 1 UStG (Einzelunternehmer an ihnen nahestehende Personen) i.V.m. § 10 Abs. 4 Nr. 1 UStG mit dem Einkaufspreis, hier 20.000 €.

Beispiel 3: Eine Bau-GmbH errichtet für den Alleingesellschafter für einen Werklohn i.H.v. 200.000 € ein Einfamilienhaus. Von einem fremden Dritten wären 357.000 € verlangt worden. Die Selbstkosten betrugen 200.000 €. Als Mindestbemessungsgrundlage für den Leistungsaustausch zwischen

---

923 S. zur Erteilung der Ermächtigung die Nachweise in BFH v. 15.11.2007 – V R 15/06, BStBl. II 2009, 423; zu einer vergleichbaren schwedischen Vorschrift hat der EuGH entschieden, dass diese mangels Erteilung einer entsprechenden Ermächtigung richtlinienwidrig war, EuGH v. 20.01.2005 – Rs. C-142/03 (Hotel Scandic), Slg. 2005, I-743; für Deutschland ist eine solche Ermächtigung erteilt worden, s. BT-Drs. 8/1779, 38.

924 Vgl. EuGH v. 26.04.2013 – Rs. C-621/10 und C-129/11 (Balkan and Sea properties), UR 2012, 423. Zur strittigen Frage, ob die weitergehende Regelung des § 10 Abs. 5 UStG weiterhin durch die erteilte Ermächtigung gedeckt ist, s. Lippross 5.5.1 m.w.N. Zweifelnd wohl BFH v. 05.06.2014 – XI R 44/12, BStBl. II 2016, 187 und verneinend FG Düsseldorf v. 08.07.2016 – 1 K 1397/13, EFG 2016, 1465.

925 Vgl. BFH v.13.06.2018 – XI R 5/17, UR 2018, 787 (Vorlage an EuGH – von diesem mangels Erheblichkeit aber nicht beantwortet, EuGH v. 09.10.2019 – Rs. C-573/18, UR 2019, 844). Dies noch bejahend BMF v. 23.02.2016, BStBl. I 2016, 240, Abschn. 10.7. Abs. 6 S. 2 UStAE unter Bezugnahme auf BFH v. 05.06.2014 – XI R 44/12, BStBl. II 2016, 187. Zur Nichtanwendung der Mindestbemessungsgrundlage bei jur. Personen des öffentlichen Rechts s. BFH v. 28.06.2017 – XI R 12/15, UR 2017, 758.

der GmbH und dem ihr nahe stehenden Gesellschafter sind gemäß § 10 Abs. 5 Nr. 1 i.V.m. Abs. 4 Nr. 1 UStG die Selbstkosten, hier also 200.000 € anzusetzen (vgl. auch unter Rn. 136).

Beispiel 4: Vater (V) und Sohn (S) betreiben je ein Autoeinzelhandelsunternehmen. V veräußert an S einen für 20.000 € zzgl. 3.800 € von einem Unternehmer für sein Unternehmen eingekauften Pkw an S für lediglich 10.000 € zzgl. 1.900 USt, um den S geschäftlich zu unterstützen. S kann das Fahrzeug tatsächlich kurze Zeit später bereits für 25.000 € zzgl. 4.750 € USt an einen Kunden weiterveräußern.

Obwohl nach dem Wortlaut des § 10 Abs. 5 Nr. 1 i.V.m. Abs. 4 Nr. 1 UStG an sich für die Lieferung des V an den S der Einkaufspreis von 20.000 € als Mindestbemessungsgrundlage anzusetzen wäre, ist die Vorschrift nicht anzuwenden. Denn es droht keine Steuerumgehung und kein Missbrauch, da V und S voll vorsteuerabzugsberechtigt sind. Denn auch bei Vereinbarung des angemessenen Preises von 20.000 € zzgl. 3.800 € für die Lieferung des V an S hätte sich keinerlei höheres Steueraufkommen ergeben, weil S insoweit dann vorsteuerabzugsberechtigt gewesen wäre. Es können sich auch keine Steuervorteile zugunsten von V oder S aus Vorsteuerkorrekturen nach § 15 a UStG ergeben.

Da es sich materiell um eine Ergänzungsvorschrift zu den Tatbeständen der unentgeltlichen Leistungsabgaben für außerunternehmerische Zwecke und für private Zwecke der Arbeitnehmer handelt, ist § 10 Abs. 5 UStG nur anwendbar, wenn einer dieser Tatbestände vorläge, falls kein Entgelt vereinbart worden wäre. Ist dies nicht der Fall, ist auch für die Anwendung des § 10 Abs. 5 UStG kein Raum.[926]

Beispiel: Eine Gesellschaft veräußert im Rahmen eines Jubiläumsverkaufes verbilligt Waren unter dem Einkaufspreis, u.a. auch an einen Gesellschafter bzw. eine diesem nahe stehende Person. Für die Anwendung des § 10 Abs. 5 Nr. 1 i.V.m. Abs. 4 Nr. 1 UStG ist kein Raum, denn die Verbilligung beruht nicht auf dem Gesellschaftsverhältnis, mithin nicht auf außerunternehmerischen Zwecken i.S.d. § 3 Abs. 1 b Nr. 1 UStG.

Ebenso, wenn ein Einzelunternehmer zu Werbezwecken verbilligt Waren abgibt, u.a. an einen Angehörigen, der zugleich Kunde ist. Die kostenlose Abgabe würde hier keine unentgeltliche Lieferung nach § 3 Abs. 1 b Nr. 1 UStG darstellen. Ein Ausschluss des Vorsteuerabzugs nach § 15 Abs. 1 a Nr. 1 UStG i.V.m. § 4 Abs. 5 Nr. 1 EStG kommt wegen der Entgeltlichkeit nicht in Betracht. Für verbilligte Wertabgaben aus unternehmerischem Anlass, die bei Unentgeltlichkeit unter § 3 Abs. 1 b Nr. 3 UStG fallen würden – oder für die nach § 15 Abs. 1 a Nr. 1 UStG als Geschenk der Vorsteuerabzug ausgeschlossen wäre –, ist der Ansatz einer Mindestbemessungsgrundlage (noch) nicht vorgesehen.

Aus dem Ziel des § 10 Abs. 5 UStG, Umgehungen des § 10 Abs. 4 UStG auszuschalten, ergibt sich auch, dass die Mindestbemessungsgrundlage bei Vereinbarung eines marktgerechten Preises für die Leistung keine Anwendung finden kann, selbst wenn die Kosten höher liegen.[927] Das wird auch ausdrücklich in § 10 Abs. 5 S. 1 Hs. 2 und S. 2 UStG im Gesetz so bestimmt.[928]

Die Frage hat besondere Bedeutung bei der durch Option steuerpflichtigen Vermietung von Grundstücken, bei denen am Markt oftmals eine kostendeckende Miete nicht durchzusetzen ist. Hier verbietet sich bei marktkonformen Mietpreisen auch dann die Anwendung der Mindestbemessungsgrundlage, wenn die Mieten unterhalb der Ausgaben i.S.d. § 10 Abs. 4 Nr. 2 UStG für eine unentgeltliche Verwendung liegen.[929] Nicht mit VoSt belastete Aufwendungen dürfen auch hier bei der Mindestbemessungsgrundlage nicht berücksichtigt werden.[930]

---

926 BFH v. 19.06.2011 – V R 8/09, BFH/NV 2011, 2184 (Zeitungsabonnement); v. 29.05.2008 – V R 12/07, BStBl. II 2009, 428 (teilentgeltliche Überlassung von Schutzkleidung an Arbeitnehmer); v. 27.02.2008 – XI R 50/07, BStBl. II 2009, 426; v. 11.12.2007 – V R 15/06, BFH/NV 2007, 1070 (teilentgeltliche Arbeitnehmerbeförderung).

927 So EuGH v. 29.05.1997 – Rs. C-63/96 (Skripalle), Slg. 1997, I-2847 = BStBl. II 1997, 841; BFH v. 08.10.1997 – XI R 8/86, BStBl. II 1997, 840; Abschn. 10.7. Abs. 1 UStAE. S. auch BFH v. 17.11.2015 – XI B 52/15, UR 2016, 280 (zu verbilligten Leistungen an Arbeitnehmer bei Entgelten unter von Endkunden verlangten marktüblichen Entgelten!).

928 Eingefügt durch StAnpG Beitritt Kroatien v. 25.07.2014, BGBl. I 2014, 1266.

929 Abschn. 10.7. Abs. 1 UStAE.

930 Vgl. BFH v. 31.07.2008 – V R 74/05, BFH/NV 2009, 226 (Firmenwagenüberlassung an Arbeitnehmer, aber vollentgeltlich).

Beispiel: Die Ehefrau errichtet für 400.000 € zzgl. 76.000 € USt ein Gebäude, das sie steuerpflichtig zum nachgewiesenen Marktpreis i.H.v. 40.000 € zzgl. 7.600 € USt an ihren Ehegatten vermietet.

An Finanzierungskosten entsteht ihr ein Damnum von 10 % von 400.000 € = 40.000 € und 5 % Zinsen = 20.000 €. Als Abschreibung macht sie in ihrer ESt-Erklärung 5 % von 400.000 € = 20.000 € gemäß § 7 Abs. 5 EStG geltend.

Bei Zugrundelegung einer Verteilung der Anschaffungskosten von 400.000 € auf zehn Jahre ergeben sich jährliche Ausgaben i.H.v. 40.000 € i.S.d. § 10 Abs. 4 Nr. 2 S. 2 UStG. Die Finanzierungskosten dürfen nicht einbezogen werden, weil hier kein Vorsteuerabzug möglich war. Daher liegt die vereinbarte Miete nicht unter den Ausgaben. Selbst wenn dies aber der Fall wäre, dürfte hier die Mindestbemessungsgrundlage nicht angewendet werden, weil keine Verbilligung vorliegt, sondern der marktübliche Preis verlangt wird. Zu beachten ist, dass der Ansatz der Mindestbemessungsgrundlage auch bei einer verbilligten Leistung an voll vorsteuerabzugsberechtigte Unternehmer ausscheidet, wenn – auch unter Berücksichtigung von etwaigen später möglichen Vorsteuerkorrekturen nach § 15 a UStG – eine missbräuchliche Verbilligung zum Zwecke der Umsatzsteuerersparnis vollständig ausscheidet.[931]

Wegen der Problematik eines Vorsteuerabzugs aus der Mindestbemessungsgrundlage vgl. Rn. 339 f.

E. Änderungen der Bemessungsgrundlage

300 **I.** Nach **§ 17 Abs. 1 S. 1 u. 2 UStG** ist für den **leistenden Unternehmer die Umsatzsteuerschuld** und für den **Leistungsempfänger der Vorsteuerabzug** zu berichtigen, wenn sich in einem späteren Besteuerungs-/Voranmeldungszeitraum die Bemessungsgrundlage für einen steuerpflichtigen Umsatz ändert. Ausnahmsweise hat der Empfänger die VoSt nicht zu berichtigen, wenn ihm die Änderung der Bemessungsgrundlage nicht zugutekommt, § 17 Abs. 1 S. 3 UStG. Das betrifft namentlich Preisnachlässe und Preiserstattungen an Endverbraucher unter Überspringen der Lieferkette durch dem Einzelhändler vorhergehende Lieferanten (u.a. Hersteller,[932] Großhändler, s. dazu oben unter Rn. 284 f.). Anwendungsfälle für § 17 Abs. 1 S. 1 u. 2 UStG sind insbesondere **Skontoabzüge,** Bonusgewährungen, nachträgliche **(Kauf-) Preisminderungen**. Es handelt sich um eine **eigenständige Berichtigungsvorschrift**, die in ihrem Anwendungsbereich den Vorschriften der AO vorgeht. Die Berichtigung ist nicht rückwirkend vorzunehmen, sondern erst für den Besteuerungszeitraum, in dem die Änderung eingetreten ist. Handelt es sich dabei um eine Entgeltminderung, ist die Änderung erst für den Voranmeldungszeitraum zu berücksichtigen, in dem die Rückzahlung tatsächlich erfolgt,[933] z.B. wenn der Kaufpreis nachträglich herabgesetzt wird oder bei Doppelzahlung dem Käufer eine Gutschrift gewährt wird.

Beispiel: U1 liefert in 11/2020 an U2 einen Lkw für 100.000 € zzgl. 19.000 € USt. Aufgrund von Mängeln mindert U2 in 12/2020 den Kaufpreis um 11.900 €. U2 erhält in 01/2021 die 11.900 € von U1 erstattet. In der Voranmeldung für 01/2020 (und nicht Nov. oder Dez. 2020) berichtigt U1 um – 10.000 € die Bemessungsgrundlage und – 1.900 € die USt und U2 um – 1.900 € die VoSt.

Umgekehrt sind nachträglich eintretende Entgelterhöhungen (erst) in dem Besteuerungszeitraum zu berücksichtigen, in dem die Entgelterhöhung tatsächlich erfolgt, etwa durch eine irrtümliche Mehr- oder Doppelzahlung, aber auch dann, wenn für eine zunächst unentgeltlich oder gegen vereinbartes Entgelt erbrachte Leistung

---

931 S. BFH v. 05.06.2014 – XI R 44/12, UR 2014, 700 unter Bezugnahme auf EuGH v. 26.04.2012 – Rs. C-621/10 und C-129/11 (Balkan and Sea Properties), UR 2012, 435; so jetzt auch BMF v. 23.02.2016, BStBl. I 2016, 240; Abschn. 10.7. Abs. 6 UStAE; s. auch BFH v. 20.01.2008 – V R 39/06, BStBl. II 2009, 786.

932 S. EuGH v. 20.12.2017 – Rs. C-462/16 (Boehringer Ingelheim), DStR 2018, 75 auf Vorlage BFH v. 22.06.2016 – V R 42/15, MwStR 2016, 801 und dazu Heuermann UR 2016, 905. Grundlegend EuGH v. 24.10.1996 – Rs. C-317/94 (Elida Gibbs), BStBl. II 2004, 324 und v. 15.10.2002 – Rs. C-427/98 (Kommission/Deutschland), BStBl. II 2004, 328.

933 BFH v. 18.09.2009 – V R 56/06, BStBl. II 2009, 250 unter Berufung auf EuGH v. 29.05.2001 – Rs. C-86/99 (Freemans), Slg. 2001, I-4167 gegen BFH v. 30.11.1995 – V R 57/94, BStBl. II 1996, 206 und v. 13.12.1995 – XI R 16/95, BStBl. II 1996, 208 (bereits mit Vereinbarung der Preisänderung bzw. Zusage der Rückzahlung); s. auch v. 03.08.2011 – V B 36/10, BFH/NV 2011, 2131 (auch bei vereinbarter nachträglicher Preisherabsetzung erst mit Rückzahlung).

nachträglich doch ein Entgelt oder ein zusätzliches Entgelt erlangt wird. Dies trifft etwa zu für einem Provider verbleibende, nicht zurückgeforderte Restguthaben bei Prepaid-Verträgen. Dieses stellt nachträgliches Entgelt für die dem Prepaid-Kunden zur Verfügung gestellte Nutzung der Infrastruktur dar.[934]

Eine Änderung der Bemessungsgrundlage soll nach – verfehlter – Auffassung der Verwaltung auch bei der Wechseldiskontierung bzgl. des Diskonts, nicht aber der Spesen vorliegen.[935]

Beispiel: U liefert einen Lkw für 119.000 € und akzeptiert darüber Wechsel. Im Folgemonat diskontiert er den Wechsel. Die Bank zieht einen Diskont von 1.190 € ab und berechnet 50 € Spesen.

Nach Auffassung der Verwaltung soll U seine USt-Schuld um 190 € vermindern dürfen und der Empfänger die VoSt um 190 € zu vermindern haben. Wird dem Empfänger die Diskontierung nicht mitgeteilt, kann dieser die VoSt nicht berichtigen. Der Leistende soll daher den Mehrbetrag nach § 14 c Abs. 1 UStG schulden, falls er eine Rechnung mit offenem Steuerausweis erteilt hat. Dies ist zweifelhaft. Denn an sich bedarf es bei der Änderung der Bemessungsgrundlage nach § 17 UStG gerade keiner Rechnungsberichtigung, um die Folge des § 14 c Abs. 1 UStG zu vermeiden.[936]

Keine Änderung der Bemessungsgrundlage liegt vor, wenn eine Forderung aus einer steuerpflichtigen Leistung unter Nennwert veräußert wird.[937]

Beispiel: U hat gegen K aus der Lieferung eines Lkw eine Forderung i.H.v. 119.000 €. Er veräußert sie für 100.000 € an die Bank. Die Forderungsabtretung ist für U eine nach § 4 Nr. 8 c UStG steuerfreie Leistung mit einer Bemessungsgrundlage von 100.000 €. Hinsichtlich der Lieferung tritt keine Änderung ein. Zu einer Änderung käme es allerdings, wenn der K als Lieferungsempfänger zahlungsunfähig wird, gleichgültig ob vor oder nach Forderungsabtretung. Keine Änderung auch bei Zahlungsunfähigkeit tritt allerdings ein, wenn ein Dritter im Interesse des zahlungsunfähig gewordenen Schuldners zahlt und sich quasi wie ein Bürge lediglich die Forderung abtreten lässt.[938] Dann liegt ein Entgelt von dritter Seite vor.

§ 17 Abs. 1 UStG findet seine unionsrechtliche Grundlage in Art. 90, 184, 185 MwSt-SystRL. Diese Bestimmung ist Ausdruck eines fundamentalen Grundsatzes der Mehrwertsteuerrichtlinie, nach dem Bemessungsgrundlage die tatsächlich erhaltene Gegenleistung ist und aus dem folgt, dass die Steuerverwaltung als Mehrwertsteuer keinen höheren als den dem Steuerpflichtigen gezahlten Betrag erheben darf.[939]

II. Wie eine Änderung der Bemessungsgrundlage wird nach **§ 17 Abs. 2 Nr. 1 UStG** **301**
der Fall behandelt, dass das **Entgelt uneinbringlich** geworden ist. Auch hier ist die Korrektur für den VZ vorzunehmen, in dem die Uneinbringlichkeit eintritt, nicht etwa rückwirkend.[940] Uneinbringlich wird eine Forderung dann, wenn der Leistende sie bei objektiver Betrachtung auf absehbare Zeit nicht durchsetzen kann.[941] Ertragsteuerlich zulässige Pauschalwertberichtigungen führen nicht zur Uneinbringlichkeit. Uneinbringlichkeit ist insbesondere bei Eröffnung des Insolvenzverfahrens oder Ab-

934 BFH v. 10.04.2019 – XI R 4/14, BStBl. II 2019, 635 mit Anm. Treiber DStR 2019. S. auch BFH v. 26.06.2019 – V R 64/17, BStBl. II 2019, 640 (Nachträgliche Entgelterhöhung im Kundenbindungssystem durch vergütungslosen Verfall von Prämienpunkten); BFH v. 18.01.2007 – VB 39/05, BFH/NV 2007, 966 (nicht erstattete Restbeträge bei Münztelefon – Teil des Entgeltes) und BFH v. 19.11.2007 –V R 11/05, BStBl. II 2007, 966 und v. 13.12.1995 – XI R 16/95, BStBl. II 1996, 208 (versehentliche Doppelzahlung [auch] Entgelt), BFH v. 26.06.2019.

935 Abschn. 10.3. Abs. 6 UStAE; a.A. zutreffend Weiß UR 1986, 91; Stadie in: R/D § 17 Rn. 253 f.; Lippross 5.9.2.1 c).

936 BFH v. 13.12.1995 – XI R 16/95, BStBl. II 1996, 208.

937 BFH v. 29.10.2010 – V B 123/09, BFH/NV 2011, 663 m.w.N.

938 BFH v. 19.10.2001 – V R 48/00, BStBl. II 2003, 210.

939 EuGH v. 06.12.2018 – Rs. C-672/17 (Tratave) m.w.N.; u.a. v. 20.12.2017 – Rs. C-462/16 (Boehringer Ingelheim), UR 2018, 166.

940 Vgl. BFH v. 25.07.2012 – VII R 29/11, BStBl. II 2013, 36 m.w.N.; v. 19.08.2008 – VII R 36/07, BStBl. II 2009, 90.

941 BFH v. 24.10.2013 – V R 31/12, BStBl. II 2015, 674 (zu längerfristigem vertraglichen Sicherungseinbehalt); v. 22.10.2009 – V R 14/08, BStBl. II 2011, 988; v. 20.07.2006 – V R 13/04, BStBl. II 2007, 22; Abschn. 17.1. Abs. 5 UStAE.

weisung der Eröffnung mangels Masse oder bei vergeblicher Einzelzwangsvollstreckung anzunehmen oder bei substantiiertem Bestreiten der Zahlungspflicht.[942]

Die Rückforderungsansprüche des Finanzamtes aus der beim **Insolvenzschuldner** vorzunehmenden **Vorsteuerkorrektur** nach § 17 Abs. 2 Nr. 1 S. 2 UStG führen zu **Insolvenzforderungen** gemäß § 38 InsO. Denn die Uneinbringlichkeit des Entgeltes aus den vor Insolvenzeröffnung an den späteren Insolvenzschuldner ausgeführten Lieferungen und sonstigen Leistungen tritt vor, spätestens aber mit Verfahrenseröffnung ein.[943] Dies gilt auch bzgl. der durch Eigentumsvorbehalt gesicherten Forderungen, wenn es zur Aussonderung nach § 47 InsO kommt, weil der Insolvenzverwalter die Erfüllung nach § 103 InsO ablehnt. Es liegen insoweit weder Kosten des Insolvenzverfahrens noch sonstige Masseverbindlichkeiten gemäß §§ 53–55 InsO gegenüber dem Finanzamt vor.[944] Werden die Forderungen allerdings vom Insolvenzverwalter später erfüllt, so hat nach geänderter Rechtsauffassung des BFH eine erneute Vorsteuerkorrektur zu erfolgen.

Nach (strittiger, aber im Ergebnis zutreffender) Auffassung des V. Senates[945] führt auch eine erst **nach Insolvenzeröffnung erfolgende Vereinnahmung des Entgeltes** für einen bereits vor der Insolvenzeröffnung ausgeführten Umsatz des späteren Insolvenzschuldners immer zur Entstehung der USt als einer gemäß §§ 55, 53 InsO vorweg zu befriedigende **Masseverbindlichkeit.** Nach dieser Rspr. führt die Insolvenzeröffnung für die zu diesem Zeitpunkt noch nicht beglichenen Entgeltforderungen des Insolvenzschuldners als Gläubiger gegen seine – durchaus zahlungsfähigen – Schuldner überraschenderweise zunächst zu einer ersten Berichtigung wegen **Uneinbringlichkeit aus Rechtsgründen** nach § 17 Abs. 2 Nr. 1 UStG für den „vorinsolvenzlichen Unternehmensteil". Dies wird daraus gefolgert, dass mit Insolvenzeröffnung die Verfügungsbefugnis nach § 80 InsO auf den Insolvenzverwalter übergeht und deshalb mangels Durchsetzungsmöglichkeit zunächst für den „vorinsolvenzlichen Teil" des Unternehmens Uneinbringlichkeit eintritt. Daher habe eine **erste Berichtigung** nach § 17 Abs. 2 Nr. 1 UStG der vor Eröffnung des Insolvenzverfahrens entstandenen Umsatzsteuerschuld wegen **Uneinbringlichkeit** zu erfolgen. Erst die **nach Insolvenzeröffnung** – dann aber durch den **Insolvenzverwalter** oder aber durch den Insolvenzschuldner selbst bei angeordneter **Eigenverwaltung**[946] – erfolgende **Entgeltsvereinnahmung** führe dann wieder zu einer **zweiten erneuten Berichtigung** nach § 17 Abs. 2 Nr. 1 Abs. 2 UStG. Die dadurch erst wieder neu „begründete" USt-Schuld stelle eine **Masseverbindlichkeit** i.S.d. § 55 Abs. 1 Nr. 1 InsO dar. (s. auch Rn. 376).

Eine (zweifache) Berichtigung wegen Uneinbringlichkeit aus Rechtsgründen hat für Umsatzsteuerschulden aus zwar schon vor Insolvenzeröffnung, aber erst im **vorläufigen Insolvenzverfahren** durch den **starken vorläufigen Insolvenzverwalter gemäß § 22 Abs. 1 InsO** ausgeführten Umsätzen allerdings nicht zu erfolgen. Denn die daraus entstehenden Steuerschulden führen ohnehin nach **§ 55 Abs. 2 InsO** im später eröffneten Insolvenzverfahren zu Masseverbindlichkeiten. Insoweit tritt mit Eröffnung des Insolvenzverfahrens deshalb auch keine „Uneinbringlichkeit" aus Rechtsgründen ein.[947]

Bestellt das Insolvenzgericht im Eröffnungsverfahren einen vorläufigen Insolvenzverwalter mit allgemeinem Zustimmungsvorbehalt und dem Recht zum Forderungseinzug hat für die bis zur Verwalterbestellung erbrachten steuerpflichtigen Leistungen eine erste Berichtigung nach § 17 Abs. 2

---

942 BFH v. 22.04.2004 – V R 72/03, BStBl. II 2004, 684; v. 31.05.2001 – V R 71/99, BStBl. II 2003, 206. S. auch EuGH v. 15.10.2020 – C-335/10 (E), UR 2021, 444 (Berichtigung auch und bereits bei eröffnetem Insolvenzverfahren gegen den Schuldner); EuGH v. 11.06.2020 – C 146/19 (SCT), UR 2021, 205 (Berichtigung auch bei unterlassener Anmeldung im Insolvenzverfahren; EuGH v. 23.11.2017 – Rs. C-246/16 (Di Maura), UR 2018, 37 (Berichtigung nicht erst dann zulässig, wenn Insolvenzverfahren erfolglos beendet ist!); v. 06.12.2018 – Rs. C-672/17 (Tratave), HFR 2019, 62 (nationale Regelung zulässig, dass Steuerberichtigung erst erfolgen darf, wenn dem Erwerber zwecks dessen Berichtigung des Vorsteuerabzugs die Annullierung der MwSt mitgeteilt wird); v. 22.02.2018 – Rs. C-396/16 (T2), UR 2108, 365 (Zwangsvergleich führt zwingend zur VoSt-Änderung nach Art. 185 MwStSystRL).

943 BFH v. 22.10.2009 – V R 14/08, BStBl. II 2011, 988; Abschn. 17.1. Abs. 16 UStAE.

944 BFH v. 13.11.1986 – V R 59/79, BStBl. II 1987, 226; vgl. auch Wagenknecht-Hose, Vertragliche und umsatzsteuerliche Neuverbindlichkeiten des Schuldners in der Insolvenz, Bd. 36 KTS Schriften, 2008, S. 153 f. zu Umsatzsteuerschulden als Masseverbindlichkeiten; zur Aufrechnung auch gegenüber Erstattungsansprüchen wegen vor Insolvenzeröffnung begründeter Forderungen vgl. BFH v. 16.10.2008 – V B 17/08, BFH/NV 2009, 123 und v. 12.08.2008 – VII B 213/07, BFH/NV 2008, 1819 und zur Aufrechnung gegenüber Vorsteuervergütungsansprüchen v. 16.01.2007 – VII R 7/06 und VII R 4/06 BStBl. II 2007, 745 und 747 m.w.N.

945 BFH v. 24.09.2014 – V R 48/13, BStBl. II 2015, 506; v. 09.12.2010 – V R 22/10, BStBl. II 2011, 996; v. 24.01.2011 – V R 13/11, BStBl. II 2012, 298; v. 06.09.2016 – V B 52/16, BFH/NV 2017, 67; dem folgend BFH v. 01.03.2016 – XI R 21/14, BStBl. II 2016, 756; Abschn. 17.1. Abs. 11 und 12 UStAE; zur Problematik vgl. einerseits zustimmend Wäger DStR 2011, 1925; Stadie UR 2013, 158; im Ergebnis auch Seer DStR 2016, 1289 und ablehnend Onusseit ZIP 2016, 452; Welte/Friedrich-Vache UR 2012, 740; Kahlert DStR 2011, 1973; s. auch (zustimmend) Reiß in: R/K/L, § 18 Rn. 2000 f. Exkurs zu USt in der Insolvenz.

946 BFH v. 27.09.2018 – V R 45/16, BStBl. II 2019, 356 = UR 2018, 922.

947 So zutreffend Abschn. 17.1. Abs. 12 und 13; vgl. auch BFH v. 11.03.2014 – V B 61/13, BFH/NV 2014, 920.

Nr. 1 UStG stattzufinden. Wird dann nach Eröffnung des (vorläufigen) Insolvenzverfahrens das Entgelt durch den (vorläufig starken) Insolvenzverwalter doch noch vereinnahmt, führt die wegen der Vereinnahmung erfolgende erneute (zweite) Berichtigung nach § 17 Abs. 2 Nr. 1 S. 2 UStG zu einer Masseverbindlichkeit nach § 55 Abs. 1 Nr. 1 InsO (Insolvenzverwalter), oder Abs. 2 (vorläufig starker Insolvenzverwalter) oder Abs. 4 (vorläufig schwacher Insolvenzverwalter).[948]

Hingegen hat für vor Einsetzung des starken Insolvenzverwalters durch den späteren Insolvenzschuldner schon ausgeführte Umsätze des späteren Insolvenzschuldners eine zweifache Berichtigung zu erfolgen, zunächst mit Einsetzung des starken Verwalters wegen „Uneinbringlichkeit" und sodann gegenläufig mit der Vereinnahmung des Entgeltes durch den starken Verwalter. Dies begründet dann bezüglich der korrigierten USt nach § 55 Abs. 2 InsO eine Masseverbindlichkeit.[949] Wird im Eröffnungsverfahren lediglich ein „schwacher Insolvenzverwalter" eingesetzt, aber mit dem Recht auf Forderungseinzug und dem Verbot an die Drittschuldner, noch an den Schuldner zu zahlen, führt auch hier erst die Vereinnahmung des Entgeltes durch den „schwachen" Insolvenzverwalter zu einer erneuten Berichtigung mit der Folge, dass die durch Steuerbescheid festzusetzende USt als Masseverbindlichkeit gemäß § 55 Abs. 4 InsO begründet wird. Uneinbringlich werden – bis zur Vereinnahmung – auch Entgelte für Ausgangsumsätze, die erst nach Bestellung des schwachen vorläufigen Insolvenzverwalters noch vom späteren Insolvenzschuldner selbst ausgeführt wurden. Korrespondierend dazu führt auch (erst) die Entrichtung von geschuldeten Entgelten durch den vorläufigen Insolvenzverwalter zu einer gegenläufigen Vorsteuerkorrektur nach § 17 Abs. 2 Nr. 1 S. 2 UStG, die die Masseverbindlichkeiten mindert, respektive eine Forderung der Masse begründet.[950]

Eine Korrektur nach § 17 Abs. 2 Nr. 1 UStG ist auch dann vorzunehmen, wenn aus dem Forderungsausfall wegen einer **Warenkreditversicherung** kein Schaden entsteht. Die Zahlung der Warenkreditversicherung ist „Schadensersatz" und nicht Entgelt für die Lieferung oder sonstige Leistung. Wird später gleichwohl gezahlt – an die Warenkreditversicherung wegen des Forderungsübergangs (nach § 86 VVG) –, so ist im Zeitpunkt des Zahlungseingangs gemäß § 17 Abs. 2 Nr. 1 S. 2 UStG erneut zu korrigieren.

Beispiel: U erhält in 05/2020 vom Warenkreditversicherer 100.000 € für eine in 03/2020 uneinbringlich gewordene Forderung i.H.v. 119.000 €. In 02/2021 gelingt es der Versicherung, 59.500 € beim Schuldner beizutreiben. Sie zahlt an U im Februar 2021 9.500 €.

U korrigiert	für 03/2019	– 100.000 € Bemessungsgrundlage	und – 19.000 € USt;
	für 02/2020	+ 50.000 € Bemessungsgrundlage	und + 9.500 € USt.

III. Als Änderungen der Bemessungsgrundlage mit der Folge der Korrektur von USt und/oder VoSt werden auch behandelt: a) die Rückgängigmachung einer Lieferung, sonstigen Leistung[951] (s. dazu Rn. 64 ff.) oder eines innergemeinschaftlichen Erwerbs, § 17 Abs. 2 Nr. 3 UStG; b) die Nichtausführung einer Leistung, wenn die Steuerschuld wegen vorheriger (An-)Zahlung bereits nach § 13 Abs. 1 Nr. 1 a S. 4 oder Nr. 1 b UStG entstanden war, § 17 Abs. 2 Nr. 2 UStG, und c) die nachträgliche Tätigung von nicht abziehbaren Aufwendungen, für die ein Vorsteuerausschluss nach §§ 15 Abs. 1 a, 17 Abs. 2 Nr. 5 UStG eingreift. 302

Beispiel: U handelt mit Lederwaren. Einem guten Geschäftsfreund schenkt er in 02/2021 zur Pflege der Geschäftsbeziehungen eine Aktentasche. Diese hatte U für 200 € zzgl. 38 € USt in 10/2020 erworben und zutreffend die VoSt in 10/2020 abgezogen, weil er die Tasche an sich verkaufen wollte. Wegen der nunmehrigen Verwendung als Geschenk i.S.d. § 4 Abs. 5 Nr. 1 EStG ist für 02/2021(!) nach § 17 Abs. 2 Nr. 5 UStG der Vorsteuerabzug um – 38 € zu korrigieren (s. auch Rn. 341 ff.).

Umstritten war, wie es zu behandeln ist, wenn von Betrügern Abnehmern Anzahlungen zzgl. USt in Rechnung gestellt werden, obwohl die Betrüger von vornherein beabsichtigen, die versprochenen Lieferungen nicht auszuführen und dies dann auch so geschieht. Auf Vorlage des V. und des

948 BFH v. 01.03.2016 – XI R 9/15, BFH/NV 2016, 1310; s. auch Abschn. 17.1. Abs. 11, 12 und 13; s. auch BFH v. 27.09.2018, DStR 2018, 2733 mit Anm. Heuermann (zweifache Berichtigung mit Masseverbindlichkeit auch für Verfahren der Eigenverwaltung [zutreffend] bejaht!).

949 BFH v. 11.07.2013 – XI B 41/13, BFH/NV 2013, 1680.

950 S. BFH v. 24.09.2014 – V R 48/13, BStBl. II 2015, 506; v. 03.07.2014 – V R 32/13, UR 2014, 986; v. 08.08.2013 – V R 18/13, BStBl. II 2017, 543 = UR 2013, 785; BMF v. 20.05.2015, BStBl. I 2015, 476.

951 Eine Rückgängigmachung scheidet bei sonstigen Leistungen aus, wenn diese mit der Erbringung bereits verbraucht worden sind; vgl. BFH v. 18.09.2008 – V R 56/06, UR 2009, 94; Ruppe/Achatz § 16 Rn. 91.

XI. Senates des BFH[952] hat der EuGH insoweit entschieden, dass den gutgläubigen Abnehmern zunächst der Vorsteuerabzug aus den Anzahlungen zu gewähren ist, sofern die Ausführung der Lieferungen als „sicher" erschienen, § 15 Abs. 1 Nr. 1 S. 3 UStG, Art. 167, 65 MwStSystRL. Allerdings ist der gewährte Vorsteuerabzug dann nach Art. 185 MwStSystRL, § 17 Abs. 2 Nr. 2 UStG zu berichtigen/rückgängig zu machen, wenn feststeht, dass die Lieferungen nicht mehr erfolgen werden. Allerdings soll es nach dieser EuGH-Rspr. unionsrechtlich zulässig sein, dass der nationale Gesetzgeber die Vorsteuerberichtigung davon abhängig macht, dass dem Anzahlenden die Anzahlung zurückgewährt wird oder dass eine entsprechende „nationale Gepflogenheit" besteht.[953] Folgt man dem Gesetzeswortlaut in § 17 Abs. 2 UStG, stellt der deutsche Gesetzgeber eine solche Bedingung gerade nicht auf. Das kümmert den BFH freilich nicht. Er belässt den betrogenen Anzahlenden den Vorsteuerabzug, wenn sie vom betrügenden Anzahlungsempfänger – etwa wegen dessen Insolvenz – die Anzahlung nicht zurückerlangen können. Korrespondierend dazu schuldet der betrügerische Anzahlungsempfänger allerdings dann weiterhin die aus der erlangten Anzahlung geschuldete und von ihm an den Fiskus bereits entrichtete USt, obwohl eine zu besteuernde Lieferung weder ausgeführt wurde, noch in Zukunft je ausgeführt werden wird.[954] Der BFH sollte sich darauf besinnen, dass er ein Gericht ist und nicht etwa der Gesetzgeber. Gesetzeskorrekturen, seien sie erwünscht oder unerwünscht, sind nicht seine Aufgabe. Nach Art. 20 Abs. 3 GG ist er an das Gesetz, hier § 17 Abs. 2 Nr. 2 UStG gebunden, nicht etwa hat er den Gesetzgeber zu korrigieren. Weder das UStG, noch die Richtlinie sehen in § 17 UStG oder in Art. 167, 168, 185 MwStSystRL vor, dass in Bezug auf die betrügerisch in Rechnung gestellte Umsatzsteuer der Fiskus vermittels Gewährung eines vom Gesetz nicht vorgesehenen Vorsteuerabzugs eine Ausfallhaftung zu leisten habe.

6. Abschnitt: Vorsteuerabzug und Berichtigung des Vorsteuerabzugs

A. Sachliche Voraussetzungen für den Vorsteuerabzug

I. Die Voraussetzungen des § 15 Abs. 1 UStG allgemein

303 Der Vorsteuerabzug ist das Kernstück der Allphasen-Netto-Umsatzsteuer mit Vorsteuerabzug (vgl. Rn. 2 ff.). Er ist das technische Mittel, um zu erreichen, dass letztlich nur der Endverbraucher wirtschaftlich mit USt belastet wird. Durch ihn wird daher die beim Unternehmer zunächst entstehende Belastung, wenn ihm im Preis USt berechnet wird, beseitigt, indem er einen Vergütungs- bzw. Verrechnungsanspruch gegenüber dem Fiskus erhält. Der EuGH betont in besonderem Maße die Bedeutung eines auch zeitlich sofortigen Vorsteuerabzugs für den Unternehmer, um dem Charakter der Neutralität der USt als einer nur den Endverbraucher, nicht den Unternehmer belastenden Steuer zu unterstreichen.[955]

Das Institut des Vorsteuerabzugs birgt aber zugleich die Gefahr, dass durch missbräuchliche oder fehlerhafte Behandlung die idealtypische Korrespondenz zwischen Umsatzsteuerschuld des Leistenden und Vorsteuerabzug des Leistungsempfängers sich nicht einstellt. Hier musste der Gesetzgeber insbesondere Vorsorge gegenüber einem fehlerhaften Ausweis der USt in einer Rechnung treffen. Daraus erklären sich die Regelungen in § 14 c Abs. 1 und Abs. 2 UStG (dazu unten Rn. 333 ff.). Außerdem hat der Gesetzgeber auf die Gefahr des Missbrauchs und Steuerausfalls mit den §§ 26 b und 26 c (Bußgeld- und Straftatbestand) sowie § 25 e (Haftungstatbestand)

---

952 BFH v. 21.09.2016 – V R 29/15 und XI R 44/14, MwStR 2017, 122 und 128.

953 EuGH v. 31.05.2018 – Rs. C-660/16 und C-661/16 (Kollross und Wirtl), MwStR 2018, 652 mit Anm. Korf und Reiß MwStR 2018, 643.

954 BFH v. 05.12.2018 – XI R 44/14, MwStR 2019, 419 mit (abl.) Anm. Reiß und Mayer und (krit.) auch Widmann UR 2019, 264 sowie v. 17.07.2019 – V R 9/19, MwStR 2019, 959 mit Anm. Mayer. S. auch BFH v. 27.03.2019 – V R 11/19, BeckRS 2019, 31086 und V R 6/19, UVR 2019, 324.

955 Vgl. u.a. EuGH v. 12.11.2020 – Rs. C-42/19 (Sonaecom), MwStR 2021, 25 mit Anm. de Weerth, v. 17.10.2018 – Rs. C-249/17 (Ryan Air), UR 2018, 879; v. 05.07.2018 – Rs. C-320/17 (Marle Participations), UR 2018, 762; v. 22.10.2015 – Rs. C-277/14 (PPUH Stehcamp), UR 2015, 915 m.w.N.; aus der älteren Rspr. s. EuGH v. 21.03.2000 – Rs. C-110/98 (Gabalfrisisa), Slg. 2000, I-1577, UR 2000, 208; v. 08.06.2000 – Rs. C-69/98 und C-400/98 (Schloßstraße/Breitsohl), Slg. 2000, I-4279, 4321 = UR 2000, 336. Siehe auch EuGH v. 25.11.2021 – Rs. C-334/20 (Amper Metal), DStR 2021, 2902 (zum Vorsteuerabzug aus überteuerten und nutzlosen Werbedienstleistungen).

sowie § 13 c UStG reagiert. Der bisherige Haftungstatbestand des § 25 d UStG wurde aufgehoben und durch § 25 f UStG ersetzt (dazu Rn. 391 ff.).

§ 15 Abs. 1 UStG macht in vollständiger Übereinstimmung mit Art. 167, 168 MwStSystRL den Vorsteuerabzug generell abhängig von folgenden **materiellen Voraussetzungen:**

- Der Vorsteuerabzugsberechtigte muss **Unternehmer**, respektive Steuerpflichtiger sein (dazu Rn. 203 f.; Ausnahme nur für den Fahrzeuglieferer, § 15 Abs. 4 a, § 2 a UStG).
- Für sein Unternehmen, respektive für Zwecke seiner besteuerten Umsätze, muss erfolgt sein:
  - eine (steuerbare und steuerpflichtige) **Lieferung oder sonstige Leistung von einem anderen Unternehmer/Steuerpflichtigen**[956] (§ 15 Abs. 1 Nr. 1 und Nr. 4 UStG), für die der leistende andere Unternehmer gesetzlich (deutsche) Umsatzsteuer schuldet. Die Steuerpflichtigeneigenschaft des Liefernden/Leistenden ist materielle Voraussetzung/Bedingung für den Vorsteuerabzug. Bei Zahlung vor Erbringung der (Eingangs-)Lieferung/sonstigen Leistung ist der Vorsteuerabzug zeitlich bereits vor Ausführung der Leistung mit der Leistung der **Anzahlung** abziehbar oder
  - eine **Einfuhr** aus dem Drittlandsgebiet (§ 15 Abs. 1 Nr. 2 UStG) oder
  - ein **innergemeinschaftlicher Erwerb** (§ 15 Abs. 1 Nr. 3 UStG).
  - Diese Umsätze müssen zu einer (gesetzlich) geschuldeten Steuer führen, mithin steuerbar und steuerpflichtig sein. Nicht genügt eine nur wegen unberechtigtem Steuerausweis nach § 14 c UStG geschuldete Steuer.
- Im Falle des Empfangs einer innerstaatlichen Lieferung oder sonstigen Leistung bedarf es in Übereinstimmung mit Art. 178 i.V.m. Art. 226 MwStSystRL als **formelle Voraussetzung**[957] zur Ausübung der Vorsteuerabzugsrechtes einer **Rechnung mit offenem Steuerausweis** und allen nach §§ 14, 14 a UStG verlangten Angaben (s. Rn. 325, 326), es sei denn, die Steuerschuld ist nach § 13 b Abs. 2 UStG übergegangen, § 15 Abs. 1 Nr. 4 UStG.
- Bei der Einfuhr muss die Einfuhrumsatzsteuer entstanden sein.
- Auch wenn diese materiellen Tatbestandsmerkmale für einen Vorsteuerabzug erfüllt sind, ist der Vorsteuerabzug nach der Rspr. des EuGH und des ihm folgenden BFH, die sich bis zur Einfügung des § 25 f UStG (s. Rn. 391) auf keine gesetzliche Grundlage stützen konnte, bei **Mitwirkung an einer Mehrwertsteuerhinterziehung** zu versagen.

  Nach der st.Rspr. des EuGH[958] haben die nationalen Behörden und Gerichte die Inanspruchnahme des Rechtes auf Vorsteuerabzug zu versagen, wenn aufgrund objektiver Anhaltspunkte fest-

956 Vgl. EuGH v. 09.12.2021 – Rs. C-154/20(Kernwater Pro Chemie), BB 2021, 3029 und v. 11.11.2021 – Rs. C-281/20 (Ferimet), UR 2022, 65 mit Anm. Pflaum zur Versagung des Vorsteuerabzugs, wenn nicht die Steuerpflichtigeneigenschaft des Liefernden nachgewiesen wird.

957 Vgl. EuGH v. 22.10.2015 – Rs. C-277/14 (PPUH Stehcamp), UR 2015, 917 zur vom EuGH kreierten Differenzierung nach materiellen Voraussetzungen in Art. 167, 168 MwStSystRL (vormals Art. 17 der 6. RL) und formellen Voraussetzungen in Art. 178 i.V.m. Art. 226 MwStSystRL für den Vorsteuerabzug. So auch EuGH v. 15.09.2015 – Rs. C-516/14 (Barlis), UR 2016, 795 und v. 15.09.2016 – Rs. C-518/14 (Senatex), UR 2016, 800; v. 28.07.2016 – Rs. C-332/15 (Astone), UR 2016, 683.

958 EuGH v. 14.04. 2021 – C-108/20 (FA Wilmersdorf), UR 2021, 433; v. 22.10.2015 – Rs. C-227/14 (PPUH Stehcamp), UR 2015, 917; v. 18.12.2014 – Rs. C-131/13 (Italmoda), UR 2015, 106; v. 18.07.2013 – Rs. C-78/12 (Evita K.), DB 2013, 1882; v. 06.12.2012 – Rs. C-285/11 (Bonik), MwStR 2013, 37 mit Anm. Grube; v. 21.06.2012 – Rs. C-80/11 und 142/11 (Mahageben und David), grundlegend EuGH v. 12.01.2006 – Rs. C-439/04 und 440/04, Slg. 2006, I-616. Siehe auch Vorlagebeschluss FG Nürnberg v. 21.09.2021 – 2 K 345/20, UR 2022, 140 (Az. EuGH C-596/21).

steht, dass dieses Recht in „betrügerischer Weise oder rechtsmissbräuchlich" geltend gemacht wird (s. auch oben Rn. 193). Das sei der Fall, wenn der Steuerpflichtige selbst eine Steuerhinterziehung begeht oder wenn er wusste oder hätte wissen müssen, dass der betreffende Umsatz in eine Mehrwertsteuerhinterziehung einbezogen worden ist. Ausreichend sei bereits, dass der Steuerpflichtige wusste oder hätte wissen können, dass er sich mit seinem Erwerb an einem Umsatz beteiligt, der auf einer vorhergehenden oder nachfolgenden Umsatzstufe der Lieferkette Gegenstand einer Steuerhinterziehung war. Eine explizite Rechtsgrundlage in der MwStSystRL und ihren Vorgängern für diese Aussagen hat der EuGH nicht benannt und mangels Existenz auch nicht benennen können. Allerdings ist in diesem Kontext zu bedenken, dass der EuGH jeweils angerufen wird, um zu entscheiden, ob im nationalen Recht vorgesehene Versagungen des Vorsteuerabzugs mit der MwStSystRL vereinbar sind. Unter diesem Gesichtspunkt ist nichts dagegen zu erinnern, dass der EuGH die Vorgaben der MwStSystRL zutreffend dahingehend versteht, dass sie einer **durch Gesetz erfolgenden nationalen Regelung** nicht entgegensteht, wonach dem Steuerhinterzieher oder dem an einer Steuerhinterziehung Beteiligten oder dem Steuerhehler der Vorsteuerabzug versagt werden kann. **Art. 273 MwStSystRL** ermächtigt die Mitgliedstaaten – nicht den EuGH – ausdrücklich zur Auferlegung von (weiteren) Pflichten, um Steuerhinterziehungen zu vermeiden. Die Begriffe „Steuerhinterzieher" und Handeln in „betrügerischer Weise" dürften erkennbar untechnisch gemeint sein. Ansonsten verweisen sie auf das jeweilige nationale Recht. Für Deutschland bestanden insoweit mit der Haftungsvorschrift des § 25 d UStG (Rn. 391 ff.) und § 71 AO die entsprechenden Möglichkeiten im Ergebnis einen Vorsteuerabzug des „Steuerbetrügers" kompensatorisch zu versagen, auch wenn er alle Voraussetzungen für den Vorsteuerabzug gemäß § 15 UStG (und des Art. 168 MwStSystRL) erfüllte. Soweit der EuGH darüber hinausgehend dahin zu verstehen ist und vom BFH zutreffend auch so verstanden wird, dass es sich „um einen von der Rspr. des EuGH entwickelten eigenständigen Versagungsgrund handelt",[959] stellte sich die richtigerweise jedenfalls für die Bundesrepublik als gewaltenteilender Rechtsstaat zu verneinende Frage, ob die Rspr. des EuGH „nationale Behörden und Gerichte" ermächtigen kann und darf, ohne gesetzliche Grundlage das Vorsteuerabzugsrecht zu versagen, wenn der Steuerpflichtige alle gesetzlichen Voraussetzungen für einen Vorsteuerabzug erfüllt. Das hat der BFH (verfehlterweise) bejaht. Zutreffend geht er davon aus, dass den Entscheidungen des EuGH nicht zu entnehmen ist, dass dieser Versagungsgrund durch den Gesetzgeber normiert sein muss. Der EuGH hat inzwischen auf Vorlage aus den Niederlanden auch ausdrücklich betont, dass es einer gesetzlichen Normierung nicht bedürfe, sondern seine – des EuGH – Rspr. dafür genüge. Schnittig formuliert der EuGH , dass „die Gerichte … das Recht auf Vorsteuerabzug versagen müssen, auch wenn das nationale Recht keine Bestimmung enthält, die eine solche Versagung vorsehen". Unerheblich sei, dass „nach der Rechtsordnung des Mitgliedstaates, … , die insoweit vorgesehenen Voraussetzungen erfüllt scheinen".[960] Demgegenüber ist allerdings daran zu erinnern, dass jedenfalls in Deutschland und wohl auch in anderen Mitgliedstaaten der Union, jedenfalls auch in den Niederlanden, **Gerichte und Behörden an Gesetz und Recht gebunden** sind. Für den EuGH gilt unionsrechtlich in diesem Kontext, dass er – ungeachtet seiner Kompetenz zur maßgeblichen Auslegung des Unionsrechtes – an die Richtlinie unter Beachtung allgemeiner Rechtsgrundsätze des Unionsrechtes gebunden ist. Er hat aber nicht die Aufgabe, selbst als Richtliniengeber zu fungieren und den Mitgliedstaaten, respektive deren Gerichten und Behörden, sich nicht aus der Richtlinie ergebende Vorgaben zu machen. Mit § 15 UStG werden die Vorgaben der MwStSystRL zutreffend umgesetzt. Ein negatives subjektives Tatbestandsmerkmal dahingehend, dass der Vorsteuerabzug bei Erfüllung aller Voraussetzungen des § 15 UStG zu versagen ist, wenn der Unternehmer wusste oder hätte wissen müssen, dass der (an ihn ausgeführte) Umsatz (oder in der Lieferkette vorhergehende oder nachfolgende) in eine Mehrwertsteuerhinterziehung einbezogen worden ist, sah das Gesetz und sieht auch die Richtlinie nicht vor.[961] Die Richtlinie lässt allerdings sehr wohl zu, dass der nationale Gesetzgeber – nicht aber der EuGH und auch nicht durch dessen Rspr. ermächtigte nationale Gerichte – anordnet, dass in diesen Konstellationen bereits der Vorsteuerabzug zu versagen sei oder jedenfalls für hinterzogene Steuer gehaftet wird. Eine derarti-

959 So ausdrücklich und insoweit zutreffend BFH v. 12.09.2014 – VII B 99/13, BFH/NV 2015, 161 unter Berufung auf Grube MwStR 2013, 8; insoweit kritisch Wäger UR 2017, 41.

960 EuGH v. 18.12.2014 – Rs. C-131/13 (Italmoda), UR 2015, 106 (Rn 62, 66); so auch EuGH v. 28.07.2016 – Rs. C-332/15 (Astone), UR 2016, 663 mit Anm. Heinrichshofen, EU-UStB 2016, 49; v. 07.03.2018 – Rs. C-159/17 (Dobre), MwStR 2018, 515; v. 14.04.2021 – C-108/20 (FA Wilmersdorf), UR 2021, 433.

961 So auch Heuermann MwStR 2017, 729, der freilich meint, der EuGH sei beim Vorsteuerabzug zur Ergänzung des Gesetzes um negative und positive subjektive Tatbestandsmerkmale berufen und der BFH habe dem durch teleologische Anwendung im Rahmen des § 15 UStG zu folgen, denn „Juristische Methoden tanzen im Takt der Ergebnisse". Mit einer Gesetzesauslegung und der Bindung des Richters an das Gesetz, hat dies freilich nichts mehr zu tun. Zur Problematik der Nichtbeachtung des Grundsatzes der Gesetzesbindung des Richters durch den EuGH s. auch Wäger UR 2017,41; Heuermann DB 2017,990; sowie im Kontext von strafrechtlichen Normen Reiß UR 2016, 342; ders. UR 2017, 693 und UR 2018. 87.

ge **gesetzliche Regelung** ist inzwischen – allerdings erst mit Wirkung ab 01.01.2020 – nunmehr durch den deutschen Gesetzgeber für das deutsche Recht **durch § 25 f UStG** erfolgt. Die deutsche Rspr. freilich folgte dem sie quasi als Ersatzgesetzgeber ermächtigenden EuGH in dieser Frage freilich schon vorher bedingungslos.[962]

Der Vorsteuerabzug ist nicht zu gewähren, wenn aufgrund von Pflichtverletzungen des Steuerpflichtigen der Steuerverwaltung die Überprüfung nicht möglich ist, ob die gesetzlichen materiellen Voraussetzungen des § 15 UStG für den Vorsteuerabzug erfüllt sind.[963]

Zeitlich ist der **Vorsteuerabzug** gemäß § 15 UStG, Art. 167, 168 MwStSystRL einem Unternehmer als Leistungsempfänger bereits für den **Besteuerungszeitraum/Voranmeldungszeitraum** zu gewähren, in dem die **Steuerschuld**/der Steueranspruch für die steuerpflichtige Leistung des an ihn leistenden Unternehmer nach § 13 UStG, Art. 63 MwStSystemrichtlinie 2006/112/EG **entstanden** ist (s. aber Rn. 306 zu Vorsteuerabzug aus Anzahlungen) **und** darüber bereits eine – ggf. auch eine erst nachträglich mit Rückwirkung ergänzte/berichtigte – **Rechnung vorliegt**.

Das gilt auch dann, wenn im Besteuerungszeitraum des Einganges der Leistung/der Entstehung der Steuerschuld noch keine eigene, zu besteuernde Ausgangsleistung erfolgt ist, für die die Eingangsleistung verwendet wurde. Es muss dann aber im Besteuerungszeitraum des Bezuges der Eingangsleistung vorgesehen sein, d.h. die Absicht bestehen, die Eingangsleistung in einem späteren Besteuerungszeitraum für eine solche zu besteuernde Ausgangsleistung zu verwenden, und eine solche zu besteuernde, nicht den Vorsteuerabzug ausschließende befreite Ausgangsleistung muss nachfolgend, wenn auch erst in einem späteren Besteuerungszeitraum, grundsätzlich auch erfolgen. Wird der Eingangsumsatz in einem späteren Besteuerungszeitraum dann allerdings – entgegen den ursprünglichen Absichten und Erwartungen – nicht zu den Vorsteuerabzug zulassenden Umsätzen, sondern zu vollständig oder zum Teil zu nach § 15 Abs. 2 UStG steuerfreien Umsätzen verwendet, ist richtigerweise der Vorsteuerabzug insoweit dann zu versagen[964] (s. Rn. 348 f., 354). Dies hat dann schon für den Voranmeldungszeitraum/Besteuerungszeitraum des Bezugs der Eingangsleistung, respektive der Entstehung der Steuerschuld beim leistenden Unternehmer, zu erfolgen. Insoweit bereits vorliegende (unzutreffende) Festsetzungen für diesen Voranmeldungszeitraum/Besteuerungszeitraum sind dann dementsprechend gemäß den Vorgaben der AO zu ändern. Dazu stellt § 14 Abs.4 UStG i.d.F. JStG 2020 nunmehr – auch mit Wirkung für die Vergangenheit – allerdings ausdrücklich klar, dass eine Rechnungsberichtigung (s. dazu Rn. 326) kein rückwirkendes Ereignis im Sinne von § 175 Abs. 1 Nr. 2 und § 233 a Abs. 2 a AO ist. Ist eine Änderung der – materiell unzutreffenden – Steuerfestsetzung für den Besteuerungszeitraum des Bezugs der Eingangsleistung nach den Vorschriften der AO – namentlich §§ 172, 164, 165, 168 AO – wegen eingetretener Bestandskraft nicht mehr möglich, hat für die Folge-

---

962 S. BFH v. 03.07.2019 – XI B 17/19, BFH/NV 2019, 1351 und v. 16.05.2019 – XI B 13/19 und XI 14/19, BFH/NV 2019, 1043 und 931 m.w.N.; Kritisch zu Recht auch schon gegenüber der Rspr. des EuGH Hummel UR 2014, 256; Widmann UR 2019, 15; zustimmend hingegen Drüen MwStR 2015, 841; Heuermann MwStR 2017, 729; Wäger UR 2017, 41. Danach leistet im Rahmen des § 15 UStG ein Steuerhinterzieher weder als Unternehmer, noch ist er Leistungsempfänger).

963 S. EuGH v. 07.03.2018 – Rs. C-159/17 (Dobre), MwStR 2018, 515 m.w.N. mit Anm. Winter. S. auch BFH v. 13.12.2018 – V R 65/16, HFR 2019, 421 (für das Vorliegen der materiellen Voraussetzungen für den Vorsteuerabzug trägt der Unternehmer die Darlegungs- und Feststellungslast).

964 Siehe EuGH v. 12.11.2020 – Rs. C-42/19 (Sonaecom), MwStR 2021, 25 (Versagung des Vorsteuerabzugs bei tatsächlicher Verwendung einer aus einer Anleihe erlangten Geldmittel für eine steuerfreie Darlehensgewährung anstelle eines ursprünglich beabsichtigten Anteilserwerbs) mit Anm. de Weerth. Siehe auch EuGH v. 12.11.2020 – Rs. C-734/19 (ITH Comercial Timisoara), MwStR 2021, 69 und EuGH v. 17.09.2020 – C-791/18 (Stichting Schoonzicht).

jahre eine Vorsteuerkorrektur nach § 15 a Abs. 1 oder Abs. 2 UStG zu erfolgen (s. Rn. 365).

II. Unternehmer als Vorsteuerabzugsberechtigter

Fall 30: Eine verfehlte Gestaltung/Erwerb durch Gesellschafter

Groß und Klein betreiben in Form einer BGB-Gesellschaft eine Anwaltssozietät. Die Gewinne werden hälftig geteilt, die Ausgaben gemeinsam getragen. Da man sich über die Größe der Pkw nicht einigen konnte, bestellten Groß und Klein jeder im eigenen Namen einen Pkw, die sie überwiegend für Fahrten im Interesse der Sozietät nutzen. Die Kosten trägt jeder selbst. Bei der ESt werden die Pkw zutreffend als (Sonder-)Betriebsvermögen behandelt und der Aufwand als (Sonder-)Betriebsausgabe geltend gemacht.

Können Groß und Klein oder die Gesellschaft die ihnen bei der Anschaffung in Rechnung gestellte USt als VoSt abziehen?

304 I. Nach **§ 15 Abs. 1 UStG** sind zum **Vorsteuerabzug nur Unternehmer** berechtigt. Der Unternehmerbegriff ergibt sich aus § 2 UStG. Der Unternehmerbegriff des § 2 UStG entspricht auch für den Vorsteuerabzug nach Titel X der MwStSystRL (Art. 167 ff.) dem unionsrechtlichen Begriff des Steuerpflichtigen (Rn. 203 f.). Er kann und ist im Rahmen des § 15 UStG nicht anders auszulegen und zu verstehen. Vorsteuerabzugsberechtigt ist auch der erfolglose Unternehmer (s. Rn. 222)

Beispiel:[965] Beamter B leistet eine „Anzahlung" an Verkäufer V für den Erwerb eines Blockheizkraftwerkes zwecks Erzeugung erneuerbarer Energie, die er seinerseits an Energieversorger veräußern will. Die ihm von V in Rechnung gestellte USt für die „Anzahlung" möchte B als Vorsteuer abziehen. V ist ein Betrüger und hatte von vornherein nicht die Absicht, dem B ein Blockheizkraftwerk zu liefern. Eine solche Lieferung erfolgte auch nicht. Nach diesen Erfahrungen verzichtete B endgültig darauf, erneuerbare Energien zu erzeugen und entgeltlich zu veräußern.

B soll nach Auffassung des BFH durch die in Form der Anzahlungen getätigten „Investitionen" und der damit beabsichtigten Energielieferungen gegen Entgelt selbst schon zum Unternehmer geworden sein und wäre von daher nach § 15 Abs. 1 Nr. 1 UStG grundsätzlich vorsteuerabzugsberechtigt. Da jedoch keine Lieferung von einem anderen Unternehmer erfolgte und eine solche objektiv auch niemals erfolgen sollte, besteht nach dem Gesetzeswortlaut an sich schon kein Vorsteuerabzugsrecht aus § 15 Abs. 1 Nr. 1 S. 1 und 3 UStG. Dies erschien dem BFH unionsrechtlich zweifelhaft zu sein (s. Rn. 302). Selbst wenn man aber zunächst genügen lässt, dass mit einer Lieferung von einem Unternehmer gerechnet wurde, muss der Vorsteuerabzug dann aber richtigerweise jedenfalls nach § 17 Abs. 2 Nr. 2 UStG rückgängig gemacht werden. Folgt man der vom EuGH gebilligten unzutreffenden Auslegung des § 17 UStG durch den BFH, allerdings nur und erst dann, wenn die Anzahlung von V zurückgezahlt wird.

Unerheblich ist, ob i.S.d. EStG eine Mitunternehmerschaft nach § 15 Abs. 1 Nr. 2 oder § 18 Abs. 4 EStG besteht oder nicht. Grundsätzlich kann für den Vorsteuerabzug nach § 15 UStG auf der Eingangsseite kein anderer Unternehmerbegriff i.S.d. § 2 UStG als für die Ausgangsseite der zu besteuernden Umsätze nach § 1 Abs. 1 UStG gelten. Erkennbar darf auch im Umsatzsteuerrecht – anders als nach dem Ertragsteuerrecht mit transparenter Besteuerung der Personengesellschaft(er) und intransparenter Besteuerung der Kapitalgesellschaft(er) – die Personengesellschaft und ihre Gesellschafter nicht anders behandelt werden als die Kapitalge-

965 Nach Vorlagen des BFH an den EuGH v. 21.09.2016 – V R 29/15 und XI R 44/14, UR 2017, 66, 72 und den daraufhin ergangenen EuGH-Entscheidung v. 31.05.2018 – Rs. C-660/16 und 661/16 (Kollroß und Wirtl), MwStR 2018, 652 und den nachfolgenden Entscheidungen v. 05.12.2018 – XI R 44/14, MwStR 2019, 419 und v. 17.07.2019 – V R 9/19 (29/15), MwStR 2019, 959.

sellschaft mit ihren Gesellschaftern/Anteilseignern. Denn das UStG behandelt, anders als das Ertragsteuerrecht im § 15 EStG, die Personengesellschaft ebenso wie die Kapitalgesellschaft als Steuersubjekt. Dann müssen auch die Gesellschafter gleichbehandelt werden.[966]

Wird nach außen eine Gesellschaft im Leistungsaustausch tätig, ist insoweit diese der Unternehmer und nicht die Gesellschafter. Grundsätzlich werden diese nur zum Unternehmer, falls sie selbst ihrerseits nachhaltig im Leistungsaustausch – es genügt auch gegenüber der Gesellschaft[967] – tätig werden. Weder werden die Gesellschafter durch eine Mitunternehmerschaft i.S.d. Einkommensteuerrechts zu Unternehmern (vgl. Rn. 209 ff.), noch verliert die Gesellschaft ihre Unternehmereigenschaft, wenn ertragsteuerlich die Mitunternehmerschaft der Gesellschafter nicht anzuerkennen ist.[968] Da Groß und Klein mit den betrieblich bedingten Fahrten im Interesse der Sozietät ohne eine gewinnunabhängige Vergütung durch die Sozietät (z.B. Erstattung einer km-Pauschale) nicht nachhaltig durch Erbringung eigener Leistungen gegen Entgelt im Leistungsaustausch tätig wurden, d.h. nicht zur Erzielung von Einnahmen i.S.d. § 2 UStG, steht ihnen nach herrschender Auffassung mangels eigener Unternehmereigenschaft auch kein Vorsteuerabzug zu.[969]

Nach der Gegenauffassung[970] soll den mitunternehmerisch tätigen Gesellschaftern einer Personengesellschaft die Unternehmereigenschaft der Gesellschaft aber für Zwecke des Vorsteuerabzugs zuzurechnen sein, wenn sie selbst eigene Aufwendungen für an sie erbrachte Leistungen tätigen, sofern die empfangenen Leistungen ihrer Gesellschaft überlassen werden und von ihrer Gesellschaft zur Ausübung von deren wirtschaftlicher/unternehmerischer Tätigkeit durch Erbringung von steuerbaren Umsätzen verwendet werden. Dem folgte der Bundesfinanzhof nicht.[971] Der XI. Senat wollte allerdings diese Rspr. aufgeben. Nachdem der V. Senat dem nicht zugestimmt hat, hat der XI. Senat dem EuGH die Rechtsfrage vorgelegt,[972] ob der der Richtlinie zugrunde liegende Neutralitätsgrundsatz verlange, dass die Bestimmungen der Richtlinie zum Begriff des Steuerpflichtigen/Unternehmers und zum Vorsteuerabzugsrecht dahin auszulegen seien, dass ein Gesellschafter zum Vorsteuerabzug berechtigt ist, der einen Gegenstand nur zu dem Zweck erwirbt, diesen seiner neu gegründeten Gesellschaft unentgeltlich zu unternehmerischen Nutzung durch die Gesellschaft zu überlassen. Der XI. Senat glaubte der Rspr. des EuGH entnehmen zu können, dass der Neutralitätsgrundsatz verlange, dass dem Gesellschafter der Vorsteuerabzug zu gewähren ist, wenn der Gesellschafter auf eigene Kosten Gegenstände erwirbt – sei es durch Lieferung bei körperlichen Gegenständen, sei es durch sonstige Leistung bei unkörperlichen Gegenständen, wie etwa einen Mandantenstamm –, die er dann seiner Gesellschaft unentgeltlich zur Nutzung für deren steuerbare Umsätze überträgt oder sonst überlässt.

---

966 So zutreffend schon Schön DStJG 2013, 81, 104.

967 Vgl. dazu EuGH v. 27.01.2000 – Rs. C-23/98 (Heerma), Slg.2000, I-419 = UR 2000, 121. Siehe auch BFH v. 12.11.2020 – V R 22/19, UR 2021, 388 (Vorabgewinn als umsatzsteuerbares Sonderentgelt, Gesellschafter insoweit Unternehmer).

968 BFH v. 18.12.1980 – V R 142/73, BStBl. II 1981, 408.

969 S. Abschn. 15.20. Abs. 1 UStAE m.w.N.; BFH v. 15.01.1987 – V R 3/77, BStBl. II 1987, 512; v. 18.03.1988 – V R 178/83, BStBl. II 1988, 646; v. 06.09.2007 – V R 16/06, BFH/NV 2008, 840.

970 Stadie in: R/D § 15 Rn. 117 f.; so auch schon ders., Vorsteuerabzug, 47 ff.

971 Vgl. BFH v. 09.03.1989 – V B 48/88, BStBl. II 1989, 580; ebenso Abschn. 15.20. Abs. 1 UStAE m.w.N.

972 BFH v. 20.02.2013 – XI R 26/10, BStBl. II 2013, 464 (die Vorlage erging noch zu Art. 4, 17 der RL 77/388/EWG); v. 06.12.2012 – V-ER-S 2/12, BFH/NV 2013, 418.

Tatsächlich hatte der EuGH[973] entschieden, dass die Richtlinie verlange, dass bei Erwerb von Liefergegenständen (Grundstücke) durch die Gesellschafter entweder der Gesellschaft oder den Gesellschaftern der Vorsteuerabzug zu gewähren ist, wenn die Gegenstände von den Gesellschaftern ihrer unternehmerisch tätigen Gesellschaft für Zwecke von deren (steuerpflichtiger) wirtschaftlicher Tätigkeit überlassen werden. Die Mitgliedstaaten dürften nicht sowohl für den Gesellschafter als auch für die Gesellschaft den Vorsteuerabzug ausschließen.

Der EuGH ist dem XI. Senat nicht gefolgt.[974] Danach kann dem Gesellschafter bei unentgeltlicher Nutzungsüberlassung von Gegenständen an seine Gesellschaft der Vorsteuerabzug deshalb nicht gewährt werden, weil a) die unentgeltliche Überlassung von Gegenständen nicht in Anwendungsbereich des Art. 2 der MwStSystRL fällt und b) der lediglich eine unentgeltliche Überlassung erbringende Gesellschafter auch kein Steuerpflichtiger ist, der eine wirtschaftliche Tätigkeit i.S.d. Art. 9 MwStSystRL ausübt. Anders als in dem in Bezug genommenen Urteil sei auch kein Investitionsgut im Zuge der Gründung in das Gesellschaftsvermögen übertragen worden. Die Gesellschaft habe hier schon bestanden. Im Übrigen wäre es durch entsprechende Gestaltung – nämlich entgeltliche Nutzungsüberlassung oder Übertragung gegen Entgelt auf die Gesellschaft – auch möglich gewesen, den Vorsteuerabzug zu erlangen.

II. Im Ergebnis hat der EuGH insoweit die Rspr. des V. Senates bestätigt. Ein Vorsteuerabzug für den Gesellschafter kommt hier schon deshalb nicht in Betracht, da dieser kein Unternehmer ist. Nach der EuGH Entscheidung ist daran festzuhalten, dass dem Gesellschafter nur dann ein eigenes Vorsteuerabzugsrecht zustehen kann, wenn er selbst nachhaltig Umsätze gegen Entgelt erbringt. Wird eine Lieferung/oder sonstige Leistung an den Gesellschafter (Personen- oder Kapitalgesellschaft) als Leistungsempfänger erbracht, weil gegenüber diesem als Besteller und Vertragspartner gehandelt wird, kann der Gesellschafter daher nur dann als vorsteuerabzugsberechtigter Unternehmer behandelt werden, wenn der Gesellschafter schon aufgrund eigener nachhaltiger entgeltlicher Leistungserbringung an Dritte oder auch nur an seine Gesellschaft Unternehmer ist und ein eigenes Unternehmen unterhält. Entgegen der Auffassung des XI. Senates ist nach der maßgeblichen Rspr. des EuGH dem Gesellschafter für Zwecke des Vorsteuerabzugsrechtes also nicht die Unternehmereigenschaft der Gesellschaft und das Unternehmen der Gesellschaft als „sein Unternehmen" zuzurechnen.[975] Das gilt gleichermaßen bei Gesellschaftern von Personen- und Kapitalgesellschaften.

III. Die Sozietät ist zwar Unternehmer, aber die Lieferungen der Pkw erfolgten nicht an sie. **Leistungsempfänger** ist bei Lieferungen aufgrund eines Vertrages immer der Auftraggeber, denn ihm gegenüber will der Liefernde erfüllen.[976] Daran sollte auch festgehalten werden, soweit im Verhältnis Gesellschaft und Gesellschafter zu entscheiden ist, an wen die Lieferung erfolgte. Mangels einer Lieferung an die Sozietät kann daher diese die VoSt nicht abziehen, selbst wenn eine Rechnung auf ihren Namen (fälschlich) erstellt würde.[977] Unerheblich ist, dass ertragsteuerlich Sonderbetriebsausgaben vorliegen. Dem Neutralitätsgebot kann nach der Rspr. des EuGH nicht dadurch Rechnung getragen werden, dass dem Gesellschafter als dem Leistungsempfänger der Vorsteuerabzug gewähren wird. Diesem ist, wie

---

973 EuGH v. 01.03.2012 – Rs. C-280/10 (Polski Trawertyn), UR 2012, 366; s. dazu Wäger UR 2012, 911 (allenfalls Vorsteuerabzugsrecht für Gesellschaft); Stadie UR 2012, 337 (Vorsteuerabzugsrecht für Gesellschafter, falls dieser die Aufwendungen trägt); Heber ELR 2012, 184; dieselbe, Gesellschaften und ihre Gesellschafter in der Umsatzsteuer, 2013, Diss. Graz, B.IV. 2. (für Vorsteuerabzugsrecht der Gesellschafter, aber nur bei Gründungsvorgängen).

974 EuGH v. 13.03.2014 – Rs. C-204/13 (Malburg), UR 2014, 353; nachfolgend BFH v. 26.08.2014 – XI R 26/10, UR 2015, 35.

975 So aber noch Reiß MwStR 2013, 500.

976 BFH v. 18.02.2009 – V R 82/07, BStBl. II 2009, 876 (zu Treuhänder); v. 05.10.1995 – V R 113/93, BStBl. II 1996, 111; Abschn. 15.2. Abs. 16 UStAE.

977 BFH v. 26.04.1984 – V R 65/76, BStBl. II 1984, 231.

ausgeführt, die Unternehmereigenschaft und das Unternehmen der Gesellschaft für solche Leistungsbezüge nicht zuzurechnen.

IV. Die Bestimmung des Leistungsempfängers kann in Dreiecksverhältnissen Schwierigkeiten bereiten. Maßgebend ist die Sicht des Leistenden. Er bestimmt, wem gegenüber er die Leistung erbringt. Dies wird regelmäßig sein Vertragspartner sein, denn ihm schuldet er die Leistung und nur bei deren Erbringung hat er Anspruch auf die Gegenleistung.[978] Im Verhältnis zum Dritten, dem die Leistung tatsächlich zugutekommt, liegt dann eine Leistung des Leistungsempfängers vor. Das **Reihengeschäft** (§ 3 Abs. 6 a UStG) ist lediglich ein Anwendungsfall dieser allgemein geltenden Regelung. Soweit allerdings der Leistende die vertraglichen Beziehungen missachtet und bewusst unmittelbar unter Ausschaltung seines Vertragspartners an den Dritten leistet, ist der Dritte Leistungsempfänger.[979]

Ist Auftraggeber eine Personengesellschaft oder -gemeinschaft, ist diese aber kein Unternehmer, so sind die Gesellschafter/Gemeinschafter als Leistungsempfänger anzusehen. Soweit sie die Leistungen für ihre Einzelunternehmen verwenden, kommt dann für diejenigen Gemeinschafter/Gesellschafter, die bereits bei Leistungsbezug Gesellschafter waren, ein anteiliger Vorsteuerabzug in Betracht.[980]

Ist die Unternehmereigenschaft gegeben, besteht grundsätzlich die Berechtigung zum Vorsteuerabzug. Dies gilt auch für **Unternehmer**, die **im Ausland** ihren Sitz haben und im Inland keine, oder nur steuerfreie Umsätze oder Umsätze mit Umkehrung der Steuerschuldnerschaft tätigen. Hier bestehen allerdings **verfahrensrechtliche Besonderheiten.** Die Erstattung der VoSt muss im **Vergütungsverfahren** beim Bundeszentralamt für Finanzen beantragt werden (vgl. § 18 Abs. 9 UStG i.V.m. §§ 59–61 UStDV). 305

§ 18 Abs. 9 UStG differenziert ausdrücklich zwischen im übrigen Gemeinschaftsgebiet und in Drittstaaten ansässigen Unternehmern. Für beide gilt, dass die VoSt nur vergütet wird, wenn kein Ausschluss vom Vorsteuerabzug nach § 15 Abs. 2, Abs. 4 UStG eintritt. Maßgebend ist insoweit das deutsche Recht. Zusätzlich begrenzt § 18 Abs. 9 S. 4 UStG für **im übrigen Gemeinschaftsgebiet ansässige Unternehmer** den Vorsteuerabzug auf den Betrag, der ihm anteilig nach dem Umsatzsteuerrecht seines Ansässigkeitsstaates zu gewähren wäre. Das deutsche Recht wird insoweit an die Rspr. des EuGH angeglichen.[981] Dadurch soll vermieden werden, dass sich der Unternehmer durch Ausweichen auf einen Bezug aus einem anderen EU-Mitgliedstaat evtl. Vorteile verschaffen kann und Wettbewerbsverzerrungen entstehen. Verfahrensrechtlich regelt § 61 UStDV für den im Gemeinschaftsgebiet ansässigen Unternehmer, dass dieser seinen Vergütungsantrag durch Datenfernübertragung über ein in seinem Heimatland eingerichtetes „Portal" an das Bundeszentralamt für Steuern übermittelt nebst elektronisch übermittelten Kopien von Rechnungen und Einfuhrbelegen, falls das Entgelt mindestens 1.000 € beträgt. Der Mindestbetrag der Vergütung beträgt 50 €. Auch der Vergütungsbescheid[982] wird in elektronischer Form übermittelt. Der Vergütungsbetrag ist zu verzinsen, falls die Vergütung nicht innerhalb von vier Monaten und zehn Tagen nach Eingang des Vergütungsantrags erfolgt ist und dies nicht vom Unternehmer zu vertreten ist. Für **nicht im Gemeinschaftsgebiet ansässige Unternehmer** besteht nach § 61 a UStDV weiterhin die Pflicht, Vergütungsanträge unmittelbar beim Bundeszentralamt für Steuern (also ohne „Portal" in

---

978 BFH v. 26.11.1987 – V R 85/83, BStBl. II 1988, 158.

979 BFH v. 01.06.1989 – V R 72/84, BStBl. II 1989, 677.

980 Vgl. Abschn. 15.2b. Abs. 1 S. 6–12 UStAE; BMF BStBl. I 2008, 675, aber zu Unrecht einschränkend nur für Vorsteuerabzug. Dies gilt entgegen BMF auch für die Optionsmöglichkeiten; vgl. auch BFH v. 07.07.2011 – V R 41/09, UR 2011, 867; v. 01.10.1998 – V R 31/98, v. 07.11.2000 – V R 49/99, v. 01.02.2001 – V R 79/99, BStBl. II 2008, 497, 493, 495; EuGH v. 21.04.2005 – Rs. C-25/03 (FinAmt Bergisch Gladbach/HE), Slg. 2005, I-3145 = BStBl. II 2007, 24 (Arbeitszimmer bei Ehegattengrundstück).

981 Vgl. EuGH v. 13.07.2000 – Rs. C-136/99 (Monte Dei Paschi Di Siena), Slg. 2000, I-6109 unter Berufung auf Urt. v. 26.09.1996 – Rs. C-302/93 (Debouche), Slg. 1996, I-4495.

982 Es handelt sich um eine Steuerfestsetzung, sodass ggf. eine Verzinsung nach § 233 a AO in Betracht kommt, BFH v. 17.04. 2008 – V R 41/06, BStBl. II 2009, 2.

seinem Heimatstaat) zu stellen. Hier sind Rechnungen und Einfuhrbelege im Original beizufügen. Der Vergütungsbetrag muss mindestens 500 € betragen. Außerdem wird eine Vorsteuervergütung hier ausgeschlossen, wenn sein Ansässigkeitsstaat in Deutschland ansässigen Unternehmern keine VoSt vergütet, obwohl er eine USt (oder ähnliche Steuer) erhebt **(Gegenseitigkeitserfordernis)**.[983] Drittstaatenunternehmern werden auch VoSt aus Kraftstoffen nicht vergütet.[984] **In Deutschland ansässige Unternehmer**, die sich **VoSt anderer Mitgliedstaaten** vergüten lassen wollen, haben das Bundeszentralamt für Steuern als „Portal" in Deutschland zu nutzen, § 18 g UStG.

Die gemeinschaftsrechtliche Grundlage für diese Änderungen findet sich in der (Mehrwertsteuer-Erstattungs-)Richtlinie 2008/9/EG v. 12.02.2008,[985] durch die das Verfahren zur Vorsteuervergütung an im Gemeinschaftsgebiet ansässige Unternehmer mit dem Ziel einer grundlegenden Verbesserung mit Wirkung ab 2010 geändert wurde, namentlich durch Einführung eines im Ansässigkeitsstaat einzurichtenden Portals und von Fristen, innerhalb deren die Vergütung zu erfolgen hat, respektive ab wann eine Verzinsung zu erfolgen hat. Damit wurde auf die teilweise skandalösen Zustände in einigen Mitgliedstaaten hinsichtlich der Vorsteuervergütungen an nicht in diesem Mitgliedstaat ansässige Gemeinschaftsunternehmer reagiert.

Obwohl Unternehmer, wird der **Kleinunternehmer** nach § 19 Abs. 1 UStG wie ein Nichtunternehmer behandelt. Er ist daher nicht vorsteuerabzugsberechtigt (§ 19 Abs. 1 vorl. Satz UStG). Unternehmer bestimmter Berufszweige, (gemeinnützige) Körperschaften i.S.d. § 5 Abs. 1 Nr. 9 KStG und Land- und Forstwirte können ihre Vorsteuern nach Durchschnittsätzen abziehen, § 23 UStG i.V.m. §§ 69, 70 UStDV, §§ 23 a, 24 UStG.

Hätte (im Fall 30) die Sozietät Groß und Klein eine gewinnunabhängige Vergütung für die betrieblichen Fahrten bezahlt, die unter den Umsatzgrenzen des § 19 Abs. 1 UStG läge, könnten beide dennoch den Vorsteuerabzug erreichen, wenn sie auf die Anwendung des § 19 Abs. 1 UStG verzichten. Dies ist nach § 19 Abs. 2 UStG zulässig (Option zur Regelbesteuerung, vgl. Rn. 388 ff.). Der BFH[986] verneinte allerdings bei bloßem Aufwendungsersatz ohne Vermietungsüberlassung den Leistungsaustausch (dazu Rn. 256). Dem ist nicht zu folgen.[987]

Im Rahmen der innergemeinschaftlich befreiten Lieferung neuer Fahrzeuge steht auch dem Kleinunternehmer und dem privaten Fahrzeuglieferanten der Vorsteuerabzug zu (§§ 19 Abs. 4, 15 Abs. 4 a UStG; vgl. Rn. 179, 194).

III. Lieferung, sonstige Leistung, Einfuhr oder Erwerb für das Unternehmen

1. Ausgeführte Lieferung/sonstige Leistung an den Unternehmer

306 Der Abzug der in Rechnung gestellten USt als VoSt setzt voraus, dass tatsächlich eine steuerpflichtige Lieferung oder sonstige Leistung eines anderen Unternehmers erfolgt, die zur Entstehung einer wegen der Lieferung/sonstigen Leistung „geschuldeten Steuer" führt. § 15 Abs. 1 Nr. 1 S. 3 UStG lässt zwar bei Vorliegen einer Rechnung

983 Zur Zulässigkeit nach der MwStSystRL und zur Vereinbarkeit mit dem GATS vgl. EuGH v. 07.06.2007 – Rs. C-335/05 (Rizeni Letového Provozu CR), HFR 2007, 811; Verzeichnis der Staaten mit Gegenseitigkeit BMF BStBl. I 2008, 967; Siehe auch EuGH v. 18.11.2020 – Rs C-371/19 (Komm./Deutschland), DStR 2020, 2671 zur Vertragsverletzung der Bundesrepublik durch Ablehnung von rechtzeitig gestellten Erstattungsanträgen ohne Beifügung von Rechnungskopien und EuGH v. 21.03. 2018- Rs. C- 533/18 (Volkswagen), UR 2018, 359 zu (unionsrechtlich unzulässigen)Aussschlussfristen für die Geltendmachung des Vorsteuerabzugs und EuGH v. 17.12.2020 – Rs. C-346/19 (Bundeszentralamt für Steuern), UR 2021, 122 zum Erfordernis der Mitteilung laufender Rechnungsnummern zwecks Identifizierung der den Vorsteuerabzug ermöglichenden Rechnungen.

984 Zu weiteren Einzelheiten des Vorsteuervergütungsverfahrens nach § 18 Abs. 9 UStG siehe auch Abschn. 18.10 bis 18.16 UStAE und BMF v. 07.05.2020, BStBl. I 2020, 530 . Zur Frage der Ansässigkeit eines Unternehmens in der Gemeinschaft vgl. EuGH v. 28.06.2007 – Rs. C-73/06 (Planzer-Luxembourg Sarl), Slg. 2007, I-5655 und BFH v. 14.05.2008 – XI R 58/06, BStBl. II 2008, 831. Sitz der wirtschaftlichen Tätigkeit = Ansässigkeit ist dort, wo die wesentlichen Entscheidungen für die Leitung getroffen werden und die Handlungen zur zentralen Verwaltung vorgenommen werden.

985 Abl. EU 2008, Nr. L 44, 23.

986 BFH v. 09.09.1993 – V R 88/88, BStBl. II 1994, 56.

987 So i.E. auch BFH v. 16.03.1993 – XI R 45/90, BStBl. II 1993, 530 (Pkw); v. 25.05.2000 – V R 66/99, BStBl. II 2004, 310 (Ferienwohnung); Abschn. 15.20. Abs. 1 i.V.m. 1.6. Abs. 7 UStAE.

mit offenem Steuerausweis den Vorsteuerabzug im Fall der Zahlung bereits vor Ausführung der Leistung (Anzahlung) zu. Erfolgt diese dann aber tatsächlich nicht, ist der zunächst vorgenommene Vorsteuerabzug zu berichtigen, § 17 Abs. 2 Nr. 2 UStG (s. Rn. 302). Abgesehen von diesem Sonderfall ist der **Vorsteuerabzug** auch **zeitlich** erst **nach Ausführung und Empfang** der Leistung möglich (§ 15 Abs. 1 Nr. 1 S. 1 i.V.m. § 16 Abs. 2 S. 1 UStG). Ohne Erhalt einer steuerpflichtigen Lieferung oder sonstigen Leistung besteht kein Recht zum Vorsteuerabzug, auch bei Gutgläubigkeit, selbst wenn fälschlich USt in Rechnung gestellt wurde, z.B. bei einem echten Schadensersatz (vgl. Ausführungen unter Rn. 104 ff.) und der Rechnungsaussteller die Steuer nach § 14 c UStG schulden sollte[988] (s. aber Rn. 333).

Vorsteuerabzugsberechtigt ist nur der **Leistungsempfänger**, nicht ein Dritter. Wer Leistungsempfänger ist, lässt sich regelmäßig **aus den vertraglichen Beziehungen** zum Leistenden ermitteln. 307

a) Entgegen diesem Grundsatz hatte der BFH entschieden, dass bei der Errichtung eines Gebäudes auf dem gemeinsamen Grundstück der Ehegatten die Bauhandwerker ihre Werklieferungen nicht an den Ehemann, mit dem der Werkvertrag bestand, sondern an die Ehegattengemeinschaft erbracht haben, weil diese Eigentümer des Gebäudes nach §§ 946, 94 BGB geworden sei. Diese Auffassung hat der BFH zu Recht aufgegeben.[989]

Bei der Errichtung von **Bauwerken auf fremdem Grund und Boden** (z.B. durch Mieter/Pächter/Nießbraucher, Erbbauberechtigte oder durch einzelne Miteigentümer bei Bruchteilseigentum oder Gesamthandseigentum) erfolgen die Werklieferungen der Bauhandwerker immer an den Auftraggeber, nicht an den Grundstückseigentümer.[990] Dies gilt auch dann, wenn das Eigentum am Gebäude nach §§ 946, 94 BGB unmittelbar dem Grundstückseigentümer zuwächst. Sofern bei Bruchteilsgemeinschaften oder auch Gesamthandsgesellschaften als Grundstückseigentümern der Auftrag von der Gemeinschaft/Gesellschaft, d.h. von allen Gemeinschaftern gemeinsam, erteilt wird, ist allerdings zu differenzieren. Ist die Gemeinschaft/Gesellschaft selbst Unternehmer i.S.d. § 2 UStG, steht ihr der Vorsteuerabzug zu. Ist die Gemeinschaft/Gesellschaft kein Unternehmer, sind die Gemeinschafter/Gesellschafter selbst anteilig die Leistungsempfänger. Sofern sie Unternehmer sind und die Leistung für ihr Unternehmen beziehen, steht ihnen dann der Vorsteuerabzug (anteilig) zu.[991] Da die Leistung insoweit an den bzw. die Eigentümer als Auftraggeber erfolgt, liegt dann auch keine Weiterlieferung an den oder die Grundstückseigentümer mehr vor.

b) Problematisch ist, ob und wann bei Bauten auf fremdem Grund und Boden eine **Weiterlieferung** an den Grundstückseigentümer vorliegt. Eine Weiterlieferung liegt jedenfalls nicht vor, wenn der Auftraggeber zivilrechtlicher und wirtschaftlicher Eigentümer wird, weil das Gebäude ein **Scheinbestandteil** nach § 95 BGB ist. Das ist immer der Fall, wenn das Gebäude bei Vertragsbeendigung nicht dem Grundstückseigentümer verbleiben soll, z.B. ein Abbruch vorgesehen ist. Bei Mietern/Pächtern ist mangels abweichender Vereinbarungen davon auszugehen, dass Scheinbestandteile vorliegen. Ebenfalls liegt trotz §§ 946, 94 BGB keine Weiterlieferung vor, wenn der Auftraggeber wirtschaftlicher Eigentümer i.S.d. § 39 AO wird, z.B. weil der Vertrag länger dauert als die Nutzungsdauer des Gebäudes. Bei Bruchteilseigentümern scheidet eine Weiterlieferung an die anderen Bruchteilseigentümer aus, wenn von vornherein eine Nutzungsregelung getroffen ist, wonach der Besteller das in seinem Namen und für seine Rechnung errichtete Bauwerk allein und unentgeltlich nutzen darf (vgl. § 743 Abs. 2 BGB).[992]

c) Ist hingegen vereinbart, dass das Gebäude nach Ablauf der Vertragsdauer dem Grundstückseigentümer verbleibt, obwohl es dann noch nicht verbraucht ist, so liegt eine Weiterlieferung an den Grundstückseigentümer vor. Nach Auffassung der Verwaltung[993] ist jedoch hinsichtlich des Zeitpunkts zu differenzieren:

Eine **sofortige Weiterlieferung** liegt nur vor, wenn der Grundstückseigentümer dem Besteller die vollen Herstellungskosten ersetzt und umgekehrt dem Besteller dann auch für das Gebäude eine

988 BFH v. 15.04.2015 – V R 46/13, BStBl. II 2015, 947 (zu nicht optionsfähiger befreiter Grundstücksvermietung); EuGH v. 27.06.2018 – Rs. C-459/17 (SGI), MwStR 2018, 712 mit Anm. Grube; v. 06.02.2014 – Rs. C-424/12 (Fatorie), MwStR 2014, 125; v. 13.12.1989 – Rs. C-342/87 (Genius Holding), EuGHE 1989, 4227.

989 BFH v. 11.12.1986 – V R 57/67, BStBl. II 1987, 233; v. 26.11.1987 – V R 85/83, BStBl. II 1988, 158.

990 Abschn. 15.2d. Nr. 1 UStAE i.V.m. BMF v. 23.07.1986, BStBl. I 1986, 432.

991 EuGH v. 21.04.2005 – Rs. C-25/03 (FinAmt Bergisch Gladbach/HE), Slg. 2005, I-3145 (Arbeitszimmer bei Ehegattengrundstück); BFH v. 06.10.2005 – V R 40/01, BStBl. II 2007, 13 (Nachfolgeentscheidung).

992 BFH v. 11.12.1986 – V R 57/76, BStBl. II 1987, 233.

993 BMF v. 23.07.1986, BStBl. I 1986, 432.

Miete berechnet. Die Weiterlieferung ist dann nach § 1 Abs. 1 Nr. 1 UStG steuerbar und nicht nach § 4 Nr. 9 a UStG befreit, denn der Vorgang fällt nicht unter das Grunderwerbsteuergesetz.

Dagegen soll in den übrigen Fällen, insbesondere wenn erst nach Ablauf des Mietvertrages eine Entschädigung für den dann vorhandenen Wert des Gebäudes zu zahlen ist, die **Weiterlieferung erst bei Ablauf der Miet- oder Pachtzeit** erfolgen, da dem Grundstückseigentümer erst dann die umsatzsteuerliche uneingeschränkte Verfügungsmacht verschafft werde. Bei Zahlung einer Entschädigung liegt dann ein nach § 1 Abs. 1 Nr. 1 UStG steuerbarer Leistungsaustausch vor. Bei entschädigungslosem Übergang ist von einer nach § 3 Abs. 1 b Nr. 3 UStG steuerbaren Lieferung aus unternehmerischem Anlass auszugehen. Eine nach § 3 Abs. 1 b Nr. 1 UStG steuerbare Lieferung ist nicht anzunehmen, denn die Wertabgabe erfolgt nicht aus außerunternehmerischen Gründen. In beiden Fällen soll nach Auffassung der Verwaltung ein nach § 1 Abs. 2 GrEStG – Verschaffung der Verwertungsmacht – grunderwerbsteuerbarer Vorgang vorliegen, sodass für den Fall eines steuerbaren Umsatzes dieser nach § 4 Nr. 9 a UStG steuerfrei ist.

308 Bei den **Kommissionsleistungen** ist für den Vorsteuerabzug zu beachten, dass bei der Verkaufskommission der Kommissionär und bei der Einkaufskommission der Kommittent der Leistungsempfänger ist. Der Kommissionär als Mittelsperson, die nach außen für den Auftraggeber entweder eine Lieferung oder sonstige Leistung erbringt (verkauft) oder aber eine solche erwirbt (einkauft) und die dabei im eigenen Namen handelt, aber im Innenverhältnis für Rechnung des Auftraggebers/Geschäftsherrn tätig wird, wird in die Leistungskette wie ein Eigenhändler eingeschaltet. Für die sog. Leistungskommission trifft § 3 Abs. 11 UStG eine Regelung, die inhaltlich § 3 Abs. 3 UStG für die (Liefer-)Kommission (s. Rn. 44 ff.) entspricht. Mithin leistet der Auftraggeber an die Mittelsperson und erst diese an den Dritten (Leistungsverkauf), bzw. der Dritte leistet an die Mittelsperson und diese erst an den Auftraggeber. Umsatzsteuerlich liegt nicht noch eine weitere Besorgungsleistung der Mittelsperson an den Geschäftsherrn vor.[994]

Beispiel 1: U erwirbt eine Ferienwohnung. Er überlässt diese Wohnung der Ferienhaus-Vermietungs-GmbH zur Weitervermietung im Namen der GmbH, aber für Rechnung des U. Die GmbH erhält eine Provision von 10 % der Mieten. Die GmbH vermietet die Wohnung steuerpflichtig an wechselnde Feriengäste. Die GmbH (als „Verkaufskommissionär") ist nach § 3 Abs. 11 i.V.m. § 15 Abs. 1 Nr. 1 UStG als Leistungsempfänger einer wegen § 4 Nr. 12 S. 2 UStG nicht befreiten (Vermietungs-)Leistung des U (als „Kommittent") zu behandeln. Ihr steht insoweit als Leistungsempfänger aus dieser Leistung des U der Vorsteuerabzug zu. Die GmbH erbringt nur an die Mieter, nicht an U eine Leistung, sodass diesem insoweit auch kein Vorsteuerabzug zusteht.

Beispiel 2: U beauftragt einen Spediteur S, für ihn einen Transport von Düsseldorf nach München zu besorgen. S beauftragt seinerseits im eigenen Namen den Frachtführer F, den Transport durchzuführen. F leistet an S (als „Einkaufskommissionär"). Dem S steht als Leistungsempfänger aus der Beförderungsleistung des F der Vorsteuerabzug bei Erteilung einer ordnungsgemäßen Rechnung zu. S seinerseits leistet an U. S wird nach § 3 Abs. 11 UStG nicht nur als Empfänger einer Beförderungsleistung des F behandelt, sondern auch als Erbringer einer Beförderungsleistung an den U. Auf die Leistung des S an den U sind daher alle für Beförderungsleistungen geltenden Vorschriften über den Ort gemäß §§ 3 a, 3 b UStG und über Befreiungen nach § 4 Nr. 3 UStG anzuwenden. U als Empfänger der (Beförderungs-)Leistung des S ist bei Erteilung einer ordnungsgemäßen Rechnung nach § 15 UStG zum Vorsteuerabzug berechtigt, falls er die (Beförderungs-!)Leistung für sein Unternehmen empfing.

2. Lieferung/Einfuhr/innergemeinschaftlicher Erwerb für das Unternehmen

309 Das Merkmal **„für das Unternehmen"** dient der Abgrenzung zum außerunternehmerischen (privaten) Bereich, für den ein Vorsteuerabzug nicht zulässig ist. Bei der **Einfuhr** kommt ihm in den Fällen des Reihengeschäfts darüber hinaus die Bedeu-

994 Vgl. BFH v. 18.02.2009 – V R 82/07, BStBl. II 2009, 876 (zu Treuhänder und Strohmann); v. 16.05.2002 und 29.08.2002 – V B 89/09 und V R 8/02, BStBl. II 2004, 319 und 320 m.w.N. Siehe auch EuGH v. 21.01.2021 – Rs. C-501/19 (UCMR- ADA), DStR 2021, 222 (zu als Kommissionär handelnden Verwertungsgesellschaften von Musikwerken) und v. 12.11.2020 – Rs. C-734/19 (ITH Commercial Timisoara), MwStR 2021, 69 und v. 04.05.2017 – Rs. C-274/15 (Komm./Luxemburg), MWStR 2017, 362 zu den entsprechenden unionalen Regelungen über (Lieferungs- und Dienstleistungs)Kommissionsleistungen in Art. 14 Abs. 2 c und Art. 28 MwStSystRL 2006/112/EG.

tung zu, unter mehreren Unternehmern denjenigen zu bestimmen, für dessen Unternehmen eingeführt wurde. Das ist grundsätzlich derjenige, in dessen umsatzsteuerlicher Verfügungsmacht sich der Gegenstand im Zeitpunkt der Einfuhr, d.h. der Abfertigung zum zoll- und steuerrechtlich freien Verkehr befindet.[995] Spediteure, Frachtführer, Zolllagerbetreiber sind nicht vorsteuerabzugsberechtigt. Die Einfuhr erfolgt nicht für ihr Unternehmen.[996] Erfolgt die **Abfertigung für den Abnehmer** der Lieferung, ist an diesen bereits nach § 3 Abs. 6 S. 1 UStG im Ausland oder nach § 3 Abs. 7 Nr. 2 UStG im Inland geliefert, sodass er **zum Abzug der EUSt berechtigt** ist. Erfolgt die **Abfertigung** hingegen **für den ersten Lieferer**, so liegt ein Fall des **§ 3 Abs. 8 UStG** vor. Daher steht auch nur ihm der **Vorsteuerabzug der EUSt** zu.[997] Geht der Einfuhr bereits eine Lieferung im Inland voraus, so ist die Befreiungsvorschrift des § 4 Nr. 4 b UStG zu beachten.

Beispiel: R in Russland verkauft Ware an K in Köln und dieser an D in Düsseldorf. R lässt die Ware direkt zu D befördern. Spediteur S entrichtet die deutsche EUSt für

a) R,
b) K,
c) D.

Im Fall a) liefert R gemäß § 3 Abs. 8 UStG als erster im Inland (warenbewegte Lieferung). Denn die Versendungslieferung ist ihm zuzuordnen gemäß § 3 Abs. 6 a S. 2 UStG. Für diesen Fall verlagert § 3 Abs. 8 UStG den Lieferort in das Inland, weil R die EUSt schuldet. Bei der Einfuhr hatte R demnach noch die umsatzsteuerliche Verfügungsmacht, denn er liefert erst danach im Inland gemäß § 3 Abs. 8 UStG an D. Daher kann nur er die EUSt als VoSt abziehen.

Im Fall b) liefert R nach § 3 Abs. 6 a S. 2 UStG in Russland an K (warenbewegte Lieferung). § 3 Abs. 8 UStG greift für R nicht ein, weil er nicht Schuldner der EUSt ist, auch für K nicht, weil ihm die Beförderung/Versendung nicht zuzurechnen ist. Die Lieferung des K an D erfolgt nach § 3 Abs. 7 S. 2 Nr. 2 UStG erst im Inland. Daher kann nur K die EUSt als VoSt abziehen, denn an ihn ist bereits in Russland geliefert worden, sodass er bei Einfuhr die Verfügungsmacht hatte. Die Lieferung des K an D ist auch nicht nach § 4 Nr. 4 b UStG befreit, da sie der Einfuhr für den K nicht voranging.

Im Fall c) liefert R an K gemäß § 3 Abs. 6 a S. 2 UStG in Russland (warenbewegte Lieferung). K liefert wie unter b) in Deutschland an D. Allerdings erfolgte diese Lieferung im Inland bereits vor der Abfertigung zum freien Verkehr für D und damit vor der Einfuhr. Daher wurde für das Unternehmen des D eingeführt, sodass diesem der Abzug der EUSt zusteht. Die Lieferung des K an D ist wegen § 3 Abs. 7 S. 2 Nr. 2 UStG in Deutschland steuerbar, aber nach § 4 Nr. 4 b UStG befreit, da die Einfuhr für den Abnehmer der Lieferung erfolgte und die Lieferung der Einfuhr vorausging. Ebenso wäre hinsichtlich der EUSt und des Vorsteuerabzugs zu entscheiden, wenn der Spediteur von D beauftragt war. Dann hätte R nach § 3 Abs. 6 a S. 1, § 3 Abs. 7 S. 2 Nr. 1 UStG bereits in Russland nicht steuerbar an K, K nach § 3 Abs. 6 a S. 2 UStG ebenfalls bereits in Russland nicht steuerbar an D geliefert (warenbewegte Lieferung). Eingeführt worden wäre auch dann für D, sodass nur dieser die EUSt als VoSt abziehen könnte.

Beim **innergemeinschaftlichen Erwerb** bedarf es für den Abzug der Erwerbsteuer **310**
als VoSt gemäß § 15 Abs. 1 Nr. 3 UStG keiner Rechnung, obwohl der Lieferant nach seinem Heimatrecht (entsprechend § 14 a Abs. 3 UStG) zur Erteilung einer Rechnung verpflichtet ist. Im Falle des Reihengeschäfts gemäß § 3 Abs. 6 a UStG gibt es nur einen Erwerber im Inland. Erwerber ist nur der Empfänger der im anderen EU-Staat ausgeführten, dort aber als innergemeinschaftliche Lieferung befreiten warenbewegten Lieferung, bzw. eines gleichgestellten innerunternehmerischen Verbringens. Wer lediglich wegen der verwendeten USt-IdNr. eines anderen Mitgliedstaates als des Bestimmungslandes als Erwerber im Mitgliedstaat der verwendeten USt-IdNr. behandelt wird, ist nicht zum Vorsteuerabzug dieser Erwerbsteuer berechtigt, wie sich ausdrücklich aus § 15 Abs. 1 Nr. 3 UStG ergibt. (vgl. Rn. 184).

995 BFH v. 24.04.1980 – V R 52/73, BStBl. II 1980, 615; Abschn. 15.8. UStAE.

996 BFH v. 11.11.2015 – V R 68/14, BStBl. II 2016, 720; Abschn. 15.8. Abs. 5 UStAE. Siehe auch EuGH v. 08.10.2020 – Rs. C-621/19 (Weindel Logistic) mit Anm Montfort UR 2021, 79; EuGH v. 25.06.2015 – Rs. C-187/14 (DSV Road), UR 2015, 838.

997 Vgl. auch BMF v. 16.07.2020 – III C 2 –S 7300-a/19/10001-004, BStBl. I 2020, 645 und Abschn. 15.8. Abs.4 und 5 UStAE i.d.F. des BMF Schreibens v. 16.07.2020.

Beispiel:

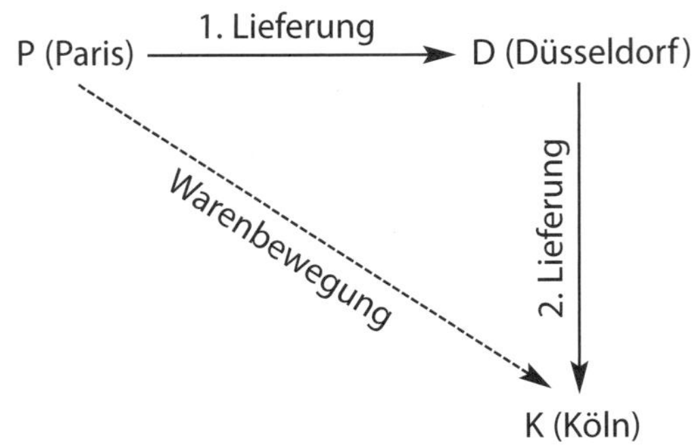

Erwerber ist im Inland D (§ 3 d S. 1 UStG). An D ist von P als erster Unternehmer in der Reihe nach § 3 Abs. 6 S. 1 UStG in Paris geliefert worden, allerdings gemäß Art. 138 MwStSystRL nach frz. Recht entsprechend §§ 4 Nr. 1 b, 6 a UStG befreit als innergemeinschaftliche Lieferung. D liefert seinerseits erst nach § 3 Abs. 7 S. 2 Nr. 2 UStG steuerbar und steuerpflichtig in Deutschland an K. K ist kein Erwerber, sondern Empfänger einer normalen innerstaatlichen Lieferung des D. Die Sonderregelung des § 25 b UStG über das innergemeinschaftliche Dreiecksgeschäft (s. Rn. 185 ff.) ist nicht anwendbar, weil D und K in Deutschland ansässig sind. D schuldet einerseits die Erwerbsteuer, aber auch nur er kann diese als VoSt abziehen. K kann die ihm von D in Rechnung gestellte USt als VoSt abziehen.

Hinweise: *Hätte K als letzter Abnehmer die Ware in Frankreich abgeholt, hätte D nach § 3 Abs. 6 a S. 4 UStG bereits steuerbar in Frankreich, aber steuerfrei nach französischem Recht an K geliefert. Dann wäre der Erwerb in Deutschland nach § 3 d S. 1 UStG von K als Erwerber zu versteuern.*

Hätte D gegenüber P bspw. eine ihm erteilte USt-IdNr. der Niederlande verwendet, würde er in den Niederlanden (ebenfalls) – bis zum Nachweis der Erwerbsbesteuerung in Deutschland – niederländische USt aus dem Erwerb entsprechend §§ 3 d S. 2, 1 a UStG schulden und könnte diese nicht als Vorsteuer in den Niederlanden (und natürlich auch nicht in Deutschland) abziehen. Er erhielte sie aber erstattet, wenn er in den Niederlanden nachweist, dass der Erwerb von ihm zutreffend in Deutschland versteuert wurde, vorausgesetzt, es liegt keine Beteiligung an einer Mehrwertsteuerhinterziehung im Mitgliedstaat des tatsächlichen Erwerbs – hier Deutschland – vor[998] *(s.o. Rn. 193).*

311 Ob eine **Lieferung für den unternehmerischen Bereich** bzw. eine Einfuhr für das Unternehmen vorliegt, ist im **Zeitpunkt der Ausführung der Leistung** bzw. im Zeitpunkt der Einfuhr oder des Erwerbs zu entscheiden.[999] Bei **ausschließlichem Bezug für den außerunternehmerischen Bereich** kommt ein Vorsteuerabzug auch dann nicht in Betracht, wenn der Gegenstand später ausschließlich unternehmerisch verwendet wird. So hat der BFH[1000] entschieden, dass den Angehörigen von Automobilfabriken wegen Bezuges für die außerunternehmerische Sphäre beim Einkauf von Jahreswagen kein Vorsteuerabzug zusteht, obgleich der spätere Verkauf als unternehmerische Tätigkeit zu beurteilen ist. Eine Vorsteuerkorrektur nach § 15 a UStG scheidet nach h.M. dann insoweit aus (s. unten Rn. 318 f. und Rn. 366 ff.). Allerdings steht dem Vorsteuerabzug eine vorübergehende Verwendung für außerunternehmerische Zwecke nicht entgegen, wenn schon bei Bezug der Leistung eine anschließende unternehmerische Nutzung vorgesehen ist.[1001]

Wird umgekehrt im Zeitpunkt des Bezuges ein Gegenstand für den unternehmerischen Bereich angeschafft und später ausschließlich außerunternehmerisch verwendet, so liegt eine unentgeltliche Wertabgabe nach § 3 Abs. 1 b Nr. 1 UStG vor.

998 S. dazu EuGH v. 18.12.2014 – Rs. C-131/13 (Italmoda), UR 2015, 106.

999 BFH v. 26.04.1979 – V R 46/72, BStBl. II 1979, 530.

1000 BFH v. 26.04.1979 – V R 46/72, BStBl. II 1979, 530.

1001 BFH v. 20.07.1988 – X R 8/80, BStBl. II 1988, 1012 und v. 21.06.1990 – V B 27/90, BStBl. II 1990, 801; Abschn. 15.2b. Abs. 3 S. 4 UStAE; s. auch EuGH v. 19.07.2012– Rs. C-334/10 (X), Slg. 2012, I-10205 = UR 2012, 726 (vorübergehende Verwendung zu privaten Zwecken, Vorsteuerabzug).

3. Gemischt verwendete Gegenstände und Zuordnungswahlrecht bei gemischt unternehmerischer und unternehmensfremder Verwendung

Problematisch sind die Fälle zu beurteilen, in denen ein Gegenstand, wie schon bei Erwerb/Leistungsbezug vorgesehen und auch so erfolgend, sowohl **für den unternehmerischen Bereich als auch für den nichtunternehmerischen Bereich** verwendet wird (gemischt verwendeter Gegenstand). Hier war und ist das Verhältnis von Vorsteuerabzug gemäß § 15 Abs. 1 UStG nur bei Eingangsleistungen „für das Unternehmen", respektive nur für Zwecke der gemäß Art. 168 MwStSystRL besteuerten und diesen für den Vorsteuerabzug nach Art. 169 MwStSystRL gleichgestellten Umsätze des Unternehmers, und der Regelung über unentgeltliche Wertabgaben in § 3 Abs. 9 a Nr. 1 UStG **(Art. 26 Abs. 1 lit. a MwStSystRL)** problematisch. Denn danach wird die **„Verwendung eines dem Unternehmen zugeordneten Gegenstandes für den privaten Bedarf des Steuerpflichtigen, den Bedarf seines Personals** oder allgemein **für unternehmensfremde Zwecke"** gerade einer im Rahmen des Unternehmens liegenden sonstigen (Dienst-)Leistung gegen Entgelt, also einem zu besteuernden Umsatz, gleichgestellt. Dies könnte zu der Annahme verleiten, dass allgemein bei Erwerb von gemischt teilunternehmerisch verwendeten Gegenständen ein volles Vorsteuerabzugsrecht zunächst zu gewähren sei und erst durch die Besteuerung der Verwendung für „unternehmensfremde Zwecke" als unentgeltliche Wertabgabe der Vorsteuerabzug dann wieder auszugleichen ist. Dem ist jedoch nicht so. Vielmehr ist das Verhältnis zwischen **Vorsteuerabzug** nach § 15 Abs. 1 UStG (Art. 168, 169 MwStSystRL) bei Erwerb/Bezug eines Gegenstandes zur **Verwendung** „für (zu besteuernde und gleichgestellte Umsätze) sein(es) Unternehmen(s)" und „Verwendung **für Zwecke außerhalb des Unternehmens" nach § 3 Abs. 9 a Nr. 1 UStG** (= **Verwendung für den privaten Bedarf** oder allgemein **für unternehmensfremde Zwecke** nach **Art. 26 MwStSystRL)** nach dem maßgeblich durch die Rechtsauslegung des EuGH geprägten Rechtsverständnis zunächst einmal durch ein **Zuordnungswahlrecht** gekennzeichnet. Der Unternehmer hat danach die Wahl, den Leistungsgegenstand 312

- nur **entsprechend der tatsächlich** (vorgesehenen) **gemischten Verwendung** zum entsprechenden **Anteil dem Unternehmen** zuzuordnen. Dann steht ihm auch der **Vorsteuerabzug** nach § 15 Abs. 1 Nr. 1 UStG nur zu diesem **Anteil** zu. Die Verwendung für „den privaten Bedarf oder allgemein für unternehmensfremde Zwecke" ist dann nicht nach § 3 Abs. 9 a Nr. 1 UStG (Art. 26 MwStSystRL) zu besteuern, weil insoweit kein „dem Unternehmen zugeordneter Gegenstand" verwendet wird oder
- **in vollem Umfange** dem Unternehmen **zuzuordnen** mit der Folge eines **vollen Vorsteuerabzugsrecht**es nach § 15 Abs. 1 Nr. 1 UStG, aber der dann nachfolgenden Besteuerung der privaten, unternehmensfremden Verwendung nach § 3 Abs. 9 a Nr. 1 UStG.

Das **Zuordnungswahlrecht** eröffnet bei voller Zuordnung gemischt zu verwendender Gegenstände zum Unternehmen durch den sofortigen Vorsteuerabzug erhebliche Liquiditätsvorteile. Der **EuGH** ist inzwischen bemüht, die Folgen seiner Rspr. zum Zuordnungswahlrecht von gemischt verwendeten Gegenständen zum Unternehmen zu begrenzen. Er geht nunmehr von der Grundregel aus, dass ein Vorsteuerabzug nur in Betracht kommt, soweit eine Lieferung oder Dienstleistung für Zwecke der besteuerten und gleichgestellten Umsätze i.S.d. Art. 168, 169 MwStSystRL verwendet wird. Nur insoweit werden Lieferungen und sonstige Leistungen i.S.d. § 15 Abs. 1 Nr. 1 UStG „für sein (des Leistungsempfängers) Unternehmen" ausgeführt. Für **gemischt**, d.h. **teils für das Unternehmen** (= für die [zu besteuernden und gleichge- 313 stellten] Umsätze = **wirtschaftliche Tätigkeit**) und für **teils** nichtunternehmerische **(= nichtwirtschaftliche) Tätigkeiten** verwendete Leistungsbezüge (sowohl bei Lieferungen als auch bei sonstigen (Dienst-)Leistungen) bedeutet dies, dass **grundsätzlich eine Aufteilung** erfolgen muss. Schon der Vorsteuerabzug ist (anteilig) nicht zu gewähren, soweit Eingangsleistungen (vollständig oder teilweise, also gemischt) nicht für Zwecke der besteuerten (und gleichgestellten) Umsätze, sondern für nichtwirtschaftliche Tätigkeiten (aber nicht für „unternehmensfremder Zwecke") verwendet werden.[1002]

Der **EuGH differenziert** dabei zwischen einer **(privaten, vollständig) „unternehmensfremden" Verwendung**, für die allein Art. 26 MwStSystRL anwendbar sei, und einer „**nicht** als **unternehmensfremd**" i.S.d. Art. 26 MwStSystRL zu betrachtenden Verwendung für eine vom Unternehmer neben der wirtschaftlichen (unternehmerischen) Tätigkeit ausgeübte „**nichtwirtschaftliche**" (nicht im Rahmen des Unternehmens liegende) **Tätigkeit**. Auf eine Verwendung für eine solche **teilunternehmerische,** nicht private, aber dennoch **nichtwirtschaftliche Tätigkeit** ist Art. 26 MwStSystRL nach dieser Rspr. nicht anwendbar. Daher führt die gemischte/teilunternehmerische (teilweise) Verwendung eines Gegenstandes für eine nichtwirtschaftliche Tätigkeit und wirtschaftliche (= unternehmerische) Tätigkeit auch nicht zu einem den Vorsteuerabzug eröffnenden zu besteuernden Umsatz. Anders verhalte es sich hingegen, wenn ein dem Unternehmen zugeordneter (Liefer-)Gegenstand – neben einer Verwendung für das Unternehmen – auch **für den „privaten Bedarf"** des Unternehmers oder den seines Personals **oder** (diesen **vergleichbare) andere „unternehmensfremde Zwecke"** verwendet werde. Da (nur) dann die teilunternehmerische Verwendung für (private, vollständig) unternehmensfremde Zwecke als ein nach Art. 26 MwStSystRL zu besteuernder entgeltlicher Umsatz des Unternehmers zu behandeln ist, ist auch (vorher) der Vorsteuerabzug nach Art. 168 MwStSystRL gegeben.[1003]

Nach dieser Rspr. des EuGH, der erkennbar für das deutsche UStG auch der BFH[1004] und grundsätzlich auch die Verwaltung folgen,[1005] muss im Rahmen einer richtlinienkonformen Auslegung von §§ 15 Abs. 1, 3 Abs. 1 b und Abs. 9 a Nr. 1 UStG wie folgt **unterschieden werden:**[1006]

- Wird ein Gegenstand erworben (angeschafft, hergestellt), der **„gemischt" (= teilunternehmerisch) für unternehmerische Zwecke –** also zur Ausführung von Umsätzen gegen Entgelt im Rahmen des Unternehmens – **und für Zwecke einer nicht wirtschaftlichen Tätigkeit** (= nichtunternehmerische Tätigkeit) verwendet wird, ist der **Vorsteuerabzug** nur anteilig im Umfange der Verwendung für das Unternehmen gegeben. Es muss also **aufgeteilt** werden **(Aufteilungsgebot)**. Bei der Verwendung für eine nicht wirtschaftliche Tätigkeit handelt es sich aber **nicht** um eine völlig unternehmensfremde Verwendung für Zwecke der Befriedigung eines privaten (Lebens-)Bedarfes des Unternehmers, seiner Arbeitnehmer oder vergleichbare „unternehmensfremde" Zwecke der Organe oder Mitglieder des Unternehmers. Eine solche **Verwendung** für eine nichtwirtschaftliche Tätigkeit

1002 So bereits EuGH v. 13.03.2008 – Rs. C-437/06 (Securenta), Slg. 2008, I-1597 und dann v. 12.02.2009 – Rs. C-515/07 (VNLTO), Slg. 2009, I-839 = UR 2009, 199.

1003 EuGH v. 15.09.2016 – Rs. C-400/15 (Potsdam-Mittelmark), MwStR 2016, 835 mit Anm. Pull; grundlegend EuGH v. 12.02.2009 – Rs. C-515/07 (VNLTO), Slg. 2009, I-839; vgl. auch Pull, Die Sphärentheorie im Mehrwertsteuerrecht, Bd. 28 Schriften zum Umsatzsteuerrecht, Köln, 2014 (Diss. Erlangen-Nürnberg).

1004 Vgl. BFH v. 03.03.2011 – V R 23/10, UR 2011 mit Anm. Küffner; v. 12.01.2011 – XI R 9/08 und 10/08, BFH/NV 2011, 941 und 860; v. 13.01.2011 – V R 12/08, DStR 2011, 465.

1005 Vgl. Abschn. 15.2c. UStAE.

1006 Vgl. dazu Wäger UR 2012, 25; Wagner in: S/R § 15 Rn. 231 f.; Reiß UR 2010, 797 und Abschn. 15.2c. Abs. 2 Nr. 2 a UStAE i.d.F. BMF v. 02.01.2014 (Hinweis: Abschn. 15.2c. UStAE ersetzt [und ändert teilweise] den früheren UStAE 15.2. Abs. 21 UStAE [bis 2013]).

liegt insbesondere vor bei Verwendung von Gegenständen durch juristische Personen des öffentlichen Rechtes **für** ihre **hoheitlichen Zwecke**, durch Vereine **für** ihre **Vereinszwecke,** durch Gesellschaften des Privatrechtes oder natürliche Personen für eine außerhalb ihrer unternehmerischen Tätigkeit liegende Betätigung, z.B. das Halten von Beteiligungen durch eine Holding(gesellschaft) oder eine Einzelperson. In diesen Konstellationen – die Verwaltung spricht von **teilunternehmerischer Verwendung für nichtwirtschaftliche Tätigkeiten im engeren Sinne** – führt die Verwendung des Gegenstandes (auch) für diese Zwecke dazu, dass insoweit **kein Vorsteuerabzugsrecht** aus § 15 Abs. 1 UStG besteht, die **Verwendung** für diese Zwecke **nicht nach § 3 Abs. 9 a Nr. 1**, § 1 Abs. 1 Nr. 1 UStG steuerbar ist und eine spätere entgeltliche Veräußerung des Gegenstandes insoweit von vornherein anteilig nicht nach § 1 Abs. 1 Nr. 1 UStG steuerbar ist und auch **keine Entnahme nach § 3 Abs. 1 b Nr. 1 UStG** möglich ist.

- Bei einer späteren Erhöhung des Anteiles der Verwendung für Zwecke der steuerbaren und steuerpflichtigen Umsätze des Unternehmens und einer Verminderung der teilunternehmerischen Verwendung für nichtwirtschaftliche (hoheitliche, Vereins-)Zwecke innerhalb des Berichtigungszeitraumes hat bei richtlinienkonformer Auslegung in Befolgung der neueren Rechtsprechung des EuGH zu Art. 184, 187 eine Vorsteuerkorrektur (Erhöhung) nach § 15 a UStG zu erfolgen.[1007]

- Wird ein (Liefer-)Gegenstand hingegen **„gemischt/teilunternehmerisch" für unternehmerische Zwecke und für einen privaten Bedarf** des Unternehmers oder seines Personals oder vergleichbar völlig unternehmensfremde Zwecke erworben, kann **durch Zuordnung** des ganzen Gegenstandes zum Unternehmen der **volle Vorsteuerabzug** aus dem Leistungsbezug gemäß § 15 Abs. 1 UStG erlangt werden. Dann ist die **Verwendung** für die „privaten, unternehmensfremden Zwecke" nach **§ 3 Abs. 9 a Nr. 1**, § 1 Abs. 1 Nr. 1 UStG steuerbar, ebenso die (spätere) entgeltliche **Veräußerung oder Entnahme** nach **§§ 1 Abs. 1 Nr. 1, 3 Abs. 1, Abs. 1 b Nr. 1 UStG.**[1008] Eine spätere anteilige Erhöhung oder Verminderung des Anteils der unternehmerischen Verwendung wirkt sich über den Umfang der Besteuerung nach § 3 Abs. 9 a Nr. 1 UStG aus. Die Verwaltung spricht bei dieser Konstellation von einer **teilunternehmerischen unternehmensfremden Verwendung**. In Anlehnung an die vom EuGH in Ansehung der MwStSystRL verwendeten Terminologie differenziert sie wie folgt.[1009] Den **Oberbegriff** für die teilweise Verwendung für unternehmerische und nicht unternehmerische Zwecke stellt die **teilunternehmerische Verwendung** dar. Die gemischte Verwendung für das Unternehmen und für (private) Zwecke des Unternehmers, die außerhalb des Unternehmens liegen und für den privaten Bedarf des Personals i.S.v. § 3 Abs. 1 b Nr. 1 und 2 und § 3 Abs. 9 a Nr. 1 UStG bezeichnet sie als **teilunternehmerische unternehmensfremde Verwendung**. Nur für diese teilunternehmerische unternehmensfremde Verwendung eines einheitlichen Gegenstandes besteht das **Zuordnungswahlrecht**. Die gemischte Verwendung für das Unternehmen und für andere, nichtunternehmerische Tätigkeiten, die aber nicht dem privaten Bedarf dienen, wie etwa Vereinstätigkeiten, hoheitliche Tätigkeiten, andere unentgeltliche Tätigkeiten wird als **teilunternehmerische nichtwirtschaftliche Verwendung im engeren Sinne** bezeichnet. Hier besteht **keine Zuordnungsmöglichkeit**. Diese nichtunternehmerische Verwendung ist nicht nach §§ 3 Abs. 9 a, 3 b

1007 Siehe EuGH v. 25.07.2018 – Rs. C-140/17 (Gmina Ryjewo), UR 2018, 687 mit Anm. Sterzinger. Für das deutsche Recht zustimmend Englisch in: T/L Rn. 17, 331; so auch bereits Wäger UR 2011, 25, 29.

1008 EuGH v. 16.02.2012 – Rs. C-594/10 (van Laarhoven), UR 2012, 681; v. 14.09.2006 – Rs. C-72/05 (Wollny), Slg.2006, I-8297; v. 14.07. 2005 – Rs. C-434/03 (Carles und Charles Tijmens), Slg. 2005, I-7037.

1009 Abschn. 15.2c. UStAE.

Abs. 1 b Nr. 1 und 2 UStG steuerbar. Die Vorsteuer ist aufzuteilen und nur anteilig für den unternehmerisch verwendeten Anteil abziehbar.

Beispiel: Die Gemeinde G (alternativ der Verein V) erwirbt einen Pkw für 60.000 € zzgl. 11.400 € USt. Der Pkw wird vom Bürgermeister/Vereinsvorstand zu 30 % für hoheitliche (Vereins-)Zwecke, zu 50 % für unternehmerische Zwecke der Gemeinde/des Vereins und zu 20 % für private Zwecke des Bürgermeisters/Vereinsvorstandes verwendet. Nach § 15 Abs. 1 Nr. 1 UStG besteht mangels Lieferung für das Unternehmen für 30 % von 11.400 € kein Vorsteuerabzugsrecht. Die Nutzung für die nicht wirtschaftliche Tätigkeit der Gemeinde/des Vereins begründet kein Vorsteuerabzugsrecht mangels Lieferung „für das Unternehmen", ist aber auch nicht steuerbar nach § 3 Abs. 9 a Nr. 1 UStG. Hinsichtlich der restlichen Verwendung – insbesondere auch der 20 % Verwendung für den privaten unternehmensfremden Bedarf – kann durch Zuordnung des Gegenstandes zum Unternehmen der Vorsteuerabzug erreicht werden, also zu 70 %. Die 20 %-ige Verwendung für den privaten Bedarf des Bürgermeisters/Vereinsvorstandes ist dann nach § 3 Abs. 9 a Nr. 1 UStG steuerbar, falls nicht ohnehin schon von einer gegen Entgelt (Arbeitsleistung) erbrachten (Vermietungs-)Leistung auszugehen ist. Wird der Pkw später veräußert, ist diese Lieferung nur zu 70 % nach §§ 1 Abs. 1 Nr. 1, 3 Abs. 1 UStG steuerbar.

Danach ergibt sich für den Vorsteuerabzug:

314 ■ Bei Eingangsleistungen, die vom Leistungsempfänger sowohl für den unternehmerischen Bereich als auch für den nichtunternehmerischen (sowohl nichtwirtschaftlichen als auch den privaten, unternehmensfremden) Bereich bezogen sind, ist vorab die **Teilbarkeit der Leistung** zu prüfen. Teilbarkeit, bzw. schon mehrere Lieferungen, liegen insbesondere bei Lieferung mehrerer vertretbarer Sachen vor.

Beispiel: Lieferung von Brennstoffen, aller Art von Energieträgern, die teilweise für den Unternehmensbereich, teilweise für die private Sphäre oder auch eine nichtwirtschaftliche Tätigkeit verwendet werden.

Nach zutreffender Auffassung des BFH stellt sich auch die Nutzungsüberlassung (Vermietung) von Grundstücken als **teilbare sonstige Leistung** dar, wenn das Grundstück räumlich aufgeteilt teils für unternehmerische, teils für nichtunternehmerische Zwecke, z.B. für Wohnzwecke, vom Leistungsempfänger genutzt wird.[1010] Liegt in diesem Sinne Teilbarkeit vor, so ist die VoSt in jedem Falle aufzuteilen. Entsprechendes gilt für die Inanspruchnahme von **Telefondienstleistungen**.[1011] Der V. Senat geht mittlerweile davon aus, dass bei Bezug von sonstigen Leistungen – im Unterschied zur Anschaffung/Herstellung von nicht teilbaren (Investions-/Liefer-)Gegenständen – zur gemischten Verwendung generell kein Zuordnungswahlrecht besteht.[1012] Nach § 15 Abs. 1 UStG ist dann nur der Teil der VoSt abziehbar, der auf den für den unternehmerischen Bereich entfallenden Anteil der (teilbaren) Lieferung(en) oder der sonstigen Leistung entfällt. Auch hinsichtlich eines auf den außerunternehmerischen, privaten unternehmensfremden Bereich entfallenden Anteils ist der Vorsteuerabzug bereits nach § 15 Abs. 1 UStG zu versagen. Die außerunternehmerische Verwendung stellt dann allerdings auch keine unentgeltliche Wertabgabe nach § 3 Abs. 1 b Nr. 1 oder § 3 Abs. 9 a Nr. 1 UStG mehr dar. Denn dafür ist Voraussetzung, dass die empfangene Leistung zunächst in den Unternehmensbereich einging. Ein **Zuordnungswahlrecht** besteht richtigerweise **bei Lieferungen mehrerer Gegenstände oder (teilbaren) sonstigen Leistungen nicht**.

■ Bei **Lieferung eines gemischt genutzten Liefergegenstandes**, musste nach überholter früherer Auffassung einheitlich entschieden werden, ob insgesamt

1010 BFH v. 20.07.1988 – X R 6/80, BStBl. II 1988, 915; s. auch v. 03.08.2017 – V R 59/16, UR 2017, 937 (Dacherneuerung für eine unternehmerisch genutzte Photovoltaikanlage auf zu privaten Wohnzwecken genutztem EFH – gesamte Dachfläche in Verhältnisrechnung einzubeziehen!).

1011 Abschn. 15.2c. Abs. 2 Nr. 1 UStAE; Abschn. 2.10. Abs. 5 UStAE; BFH v. 23.09.1993 – V R 87/89, BStBl. II 1994, 200.

1012 BFH v. 14.10.2015 – V R 10/14, BStBl. II 2016, 717 unter Berufung auf EuGH v. 16.02.2012 – Rs. C-118/11 (Eon Aset), UR 2012, 230. So jetzt auch Abschn. 15.2c. Abs. 2 UStAE.

eine Lieferung des Gegenstandes für das Unternehmen vorlag oder nicht. Diese Auffassung ist nach der Rspr. des EuGH[1013] überholt. Danach kann der Unternehmer auch bei Erwerb/Bezug nicht aufteilbarer Gegenstände diese teils als Steuerpflichtiger, teils als Nichtsteuerpflichtiger (in deutscher Terminologie teils als Unternehmer, teils als Nichtunternehmer) empfangen. Danach richtet sich dann umgekehrt bei Weiterveräußerung dieser Liefergegenstände, ob der Unternehmer als solcher oder als Nichtsteuerpflichtiger handelt, d.h. im Rahmen oder außerhalb des Rahmens des Unternehmens.

Beispiel: An den Unternehmer U wird ein Pkw geliefert. U nutzt diesen Pkw zu 80 % für unternehmerische Zwecke und zu 20 % für private Zwecke. Obwohl eine einheitliche Lieferung vorliegt, wird diese nur zu 80 % als Unternehmer empfangen. Insoweit können auch nur 80 % der in Rechnung gestellten USt als VoSt abgezogen werden. Veräußert U den Pkw später, so unterliegt die einheitliche Lieferung des Pkw nur zu 80 % der Besteuerung, weil U hinsichtlich der restlichen 20 % nicht als Steuerpflichtiger handelt, d.h. nach deutscher Terminologie nicht im Rahmen seines Unternehmens (s. aber Rn. 315).

Bei nicht teilbaren Leistungen, insbesondere der **Lieferung nicht teilbarer Gegenstände** zur **Verwendung** sowohl für den **unternehmerischen** als auch den **unternehmensfremden (privaten) Bereich** hatte der EuGH allerdings in einem früheren Urteil bereits entschieden, dass der Unternehmer auch die gesamte Leistung bzw. den gesamten Liefergegenstand als für sein Unternehmen bezogen behandeln kann. Dies gilt nach Art. 26 Abs. 1 lit. a MwStSystRL prinzipiell auch dann, wenn die unternehmerische Verwendung weniger als 10 % ausmacht.[1014] Es gilt allerdings nur bei einer Verwendung für den privaten Bedarf oder vergleichbar unternehmensfremde Zwecke (s. Rn. 313). Allerdings bestimmt **§ 15 Abs. 1 S. 2 UStG**, dass Gegenstände, die zu **weniger als 10 %** für das Unternehmen genutzt werden, als nicht für das Unternehmen bezogen gelten.[1015] Für die 10 %-Grenze ist auf die tatsächliche Nutzung im Erstjahr abzustellen. Zu dieser Abweichung von Art. 168, 169 MwStSystRL (früher Art. 17 der 6. Richtlinie) ist die Bundesrepublik durch mehrfach verlängerten Ratsbeschluss rückwirkend ermächtigt worden.[1016] Danach darf die Bundesrepublik den Vorsteuerabzug für solche Gegenstände ausschließen, die zu mehr als 90 % für private Zwecke des Unternehmers oder seines Personals oder allgemein für unternehmensfremde Zwecke genutzt werden. Umstritten war, ob der vollständige Vorsteuerausschluss nach § 15 Abs. 1 S. 2 UStG auch anzuwenden ist, wenn neben einer unter 10 %-igen Verwendung für Umsätze im Rahmen der wirtschaftlichen Tätigkeit mehr als 90 %-ige Verwendung für eine nichtwirtschaftliche (Vereins-, hoheitliche) Tätigkeit erfolgt und ob eine solche Anwendung unionsrechtswidrig wäre.[1017] Dies hat der EuGH inzwischen bejaht, sodass wegen des Anwendungsvorranges der Richtlinie insoweit der Vorsteuerausschluss nach § 15 Abs. 1 S. 2 UStG nicht anzuwenden ist.[1018] § 15 Abs. 1 S. 2 UStG ist vielmehr nur bei einer privaten, völlig unternehmensfremden Verwendung anzuwenden. Aus den EuGH-Urteilen Lennartz[1019] und 315

1013 EuGH v. 04.10.1995 – Rs. C-291/92 (Armbrecht), Slg. 1995, I-2775 = BStBl. II 1996, 392; ebenso allgemein EuGH v. 13.03.2008 – Rs. C-437/06 (Securenta), Slg. 2008, I-1597 und dann v. 12.02.2009 – Rs. C-515/07 (VNLTO), Slg. 2009, I-839 = UR 2009, 199.

1014 EuGH v. 11.07.1991 – Rs. C-97/90 (Lennartz), Slg. 1991, I-3795 (noch zu Art. 6 Abs. 2 der 6. [MwSt]Richtlinie).

1015 Zur erforderlichen Verhältnisrechnung bei Dacherneuerung eines zu eigenen Wohnzwecken genutzten Hauses zur Installierung einer Photovoltaikanlage zwecks Feststellung, ob die unternehmerische Mindestnutzung von 10 % eingehalten wurde vgl. BFH v. 03.08.2017 – V R 59/16, BStBl. II 2017, 1209.

1016 V. 28.02.2000, Abl. EG 2000, Nr. L 59/2000, 12 – dazu Vellen UR 2000, 155; v. 19.11.2004, Abl. EG 2004, Nr. L 357, 33 (bis 2009); v. 20.10.2009 – 2009/791/EG, Abl. EU 2009 Nr. L 283, 55 (bis 31.12.2012); v. 01.01.2013 (bis 31.12.2015) und Beschl. v.10.12.2015, Abl. EU 2013, Nr. L 334/12 (bis 31.12.2018).

1017 Vgl. Vorlagebeschluss BFH v. 16.06.2015- XI R 15/13, BStBl. II 2015, 865.

1018 EuGH v. 15.09.2016 – Rs. C-400/15 (Potsdam-Mittelmark), UR 2016, 840 und (nachfolgend) BFH v. 16.11.2016 – XI R 15/13, BStBl. II 2018, 237. S. auch BFH v. 03.08.2017 – V R 62/16, BB 2017, 2985 = BStBl. II 2021,109 (Vorsteuerabzug einer Gemeinde auch bei Nutzung eines Marktplatzes zu weniger als 10 % für unternehmerische Zwecke – Kurbetrieb).

1019 EuGH v. 11.07.1991 – Rs. C-97/90 (Lennartz), Slg. 1991, I-3795 (noch zu Art. 6 Abs. 2 der 6. [MwSt]Richtlinie).

Armbrecht[1020] und der diesen folgenden Rspr. des BFH leitet die Verwaltung im Grundsatz – vorbehaltlich einer mindestens 10 %-igen Verwendung für das Unternehmen gemäß § 15 Abs. 1 S. 2 UStG (s. aber oben) – zutreffend ein **Zuordnungs(wahl)recht des Unternehmers** ab, wenn nicht teilbare Gegenstände/Leistungen sowohl für eine unternehmerische als auch eine völlig unternehmensfremde (private) Verwendung bezogen werden.[1021]

316 **a)** Zu beachten ist, dass bei gemischter Verwendung für das Unternehmen (= Ausgangsumsätze) und einen unternehmensfremden privaten Bedarf die Zuordnungsentscheidung für Umsatzsteuerzwecke unabhängig davon getroffen werden kann, wie der Gegenstand ertragsteuerlich (Betriebs- oder Privatvermögen) zu behandeln ist. Der Unternehmer kann danach folgende Zuordnung vornehmen:

- Erstens: Er ordnet den **Bezug des Gegenstandes insgesamt seinem Unternehmen** zu. Dann steht ihm – vorbehaltlich der Sonderregelung in § 15 Abs. 1 b UStG für Grundstücke (dazu Rn. 318 f.) und vorbehaltlich eines Ausschlusses nach § 15 Abs. 2, Abs. 1 a UStG – in vollem Umfang der Vorsteuerabzug zu. Zum Ausgleich unterliegt die nichtunternehmerische Verwendung als unentgeltliche Wertabgabe nach § 3 Abs. 9 a Nr. 1 UStG der Besteuerung. Wird der Gegenstand später weitergeliefert oder dem Unternehmen entnommen, so liegt ein in vollem Umfang steuerbarer Umsatz vor.

  Beispiel: U erwirbt einen Pkw, den er zu 50 % für das Unternehmen und zu 50 % für private Fahrten nutzt. Bei voller Zuordnung des Pkw zum Unternehmen ist die VoSt aus der Lieferung voll abziehbar nach § 15 Abs. 1 Nr. 1 UStG. Dafür unterliegt die private Verwendung des Pkw der Besteuerung nach § 3 Abs. 9 a Nr. 1 UStG. Sollte U den Pkw veräußern oder verschenken, liegt in vollem Umfang eine steuerbare Lieferung nach § 1 Abs. 1 Nr. 1 (i.V.m. § 3 Abs. 1 b Nr. 1) UStG vor.[1022]

- Zweitens: Der **Pkw wird insgesamt dem nichtunternehmerischen Bereich** zugeordnet. Dann scheidet ein Vorsteuerabzug nach § 15 Abs. 1 UStG mangels Lieferung „für sein Unternehmen" vollständig aus. Auf der anderen Seite stellt sich die „außerunternehmerische Verwendung" gerade nicht als steuerbare Leistung nach § 3 Abs. 9 a Nr. 1 UStG dar. Eine spätere Weiterlieferung oder ausschließliche Verwendung zu nichtunternehmerischen Zwecken ist nicht nach § 1 Abs. 1 Nr. 1 UStG steuerbar. Die Zuordnung zum nichtunternehmerischen Bereich soll auch dann möglich sein, wenn der Gegenstand ganz überwiegend für unternehmerische Zwecke genutzt wird.[1023]

  Beispiel: Der Unternehmer nutzt einen Pkw im Jahr der Anschaffung zu 30 % für das Unternehmen, zu 70 % für den privaten Bereich. Hat sich der Unternehmer für einen außerunternehmerischen Bezug entschieden und keinen Vorsteuerabzug vorgenommen, liegt auch bei einer umgekehrten Nutzung im Folgejahr keine nach § 3 Abs. 9 a Nr. 1 UStG steuerbare Verwendung vor, weil der Gegenstand wegen der Zuordnungsentscheidung insgesamt kein Unternehmensvermögen ist. Dies gilt selbst dann, wenn der Gegenstand im Folgejahr wegen der mehr als 50 %-igen betrieblichen Nutzung ertragsteuerlich notwendiges Betriebsvermögen wird oder sogar ab Anschaffung als gewillkürtes Betriebsvermögen behandelt wurde. Wird der Pkw veräußert oder „entnommen", sind die Vorgänge nicht steuerbar.

- Drittens: Der **Unternehmer teilt bei der Zuordnung auf**. Er behandelt den Bezug nur insoweit als für das Unternehmen erfolgt als auch im Erstjahr der Verwendung tatsächlich eine unternehmerische Verwendung erfolgt. Dann ist dementsprechend die VoSt bereits nach § 15 Abs. 1 UStG nur zum entsprechenden Teil abzieh-

---

1020 EuGH v. 04.10.1995 – Rs. C-291/92 (Armbrecht), Slg. 1995, I-2775 = BStBl. II 1996, 392.

1021 Abschn. 15.2c. Abs. 2 UStAE.

1022 S. auch Abschn. 15.23. UStAE zu Vorsteuerabzug und Umsatzbesteuerung bei teilunternehmerisch verwendeten Fahrzeugen.

1023 EuGH v. 08.03.2001 – Rs. C-415/98 (Bakcsi), Slg. 2002, I-1831; BFH v. 31.01.2002 – V R 61/96, BStBl. II 2003, 813; v. 28.02.2002 – V R 25/96, BStBl. II 2003, 815.

bar. Für den nichtunternehmerisch genutzten Teil scheidet ein Vorsteuerabzug, aber auch eine Besteuerung der privaten Verwendung nach § 3 Abs. 9 a Nr. 1 UStG und eine Besteuerung nach § 1 Abs. 1 Nr. 1 UStG bei späterer Weiterlieferung aus. Insoweit ergibt sich dieselbe Lage wie bei einer von vornherein teilbaren Leistung.

b) Die **Zuordnungsentscheidung** muss wegen der weitreichenden Folgekonsequenzen sorgfältig getroffen werden. Die vollständige Zuordnung zum unternehmerischen Bereich bietet folgende Vorteile: **317**

Zunächst vorbehaltlich § 15 Abs. 2, Abs. 1 a UStG den vollständigen Vorsteuerabzug. Der dadurch eintretende Liquiditätsgewinn ist regelmäßig größer als die durch die Verwendungsbesteuerung eintretende Belastung.

Bei teilweisem Vorsteuerausschluss nach § 15 Abs. 4 UStG führt eine spätere Erhöhung des für steuerpflichtige Umsätze genutzten Teils zu einer Vorsteuerkorrektur nach § 15 a UStG zugunsten des Unternehmers (s. unten Rn. 359 ff.).

Bei völliger oder teilweiser Zuordnung zum nichtunternehmerischen Bereich kommt umgekehrt eine Vorsteuerkorrektur nach § 15 a UStG zugunsten des Unternehmers auch bei späterer Erhöhung des für steuerpflichtige Umsätze genutzten Teiles nicht in Betracht.[1024] Auf der anderen Seite kann die Nichtsteuerbarkeit bei späterer Weiterlieferung[1025] vorteilhaft sein. Die volle Steuerbarkeit der Weiterlieferung ist dann problematisch, wenn beim Erwerb kein Vorsteuerabzug möglich war, weil die Lieferung nicht steuerbar oder befreit war. Hier kann über die Differenzbesteuerung dann nicht geholfen werden, wenn der Erwerber kein Wiederverkäufer ist (s. Rn. 290). Der EuGH[1026] und ihm folgend der BFH[1027] halten es allerdings auch für zulässig, den Gegenstand zunächst nicht steuerbar mangels Vorsteuerabzugsrechts zu entnehmen und ihn anschließend als Nichtsteuerpflichtiger nicht steuerbar zu veräußern. Hier mutiert die USt zur „Dummensteuer".[1028] Bei Grundstücken ist zu beachten, dass für die nicht steuerbare Weiterlieferung des nicht dem Unternehmen zugeordneten (Teils des) Grundstücks keine Option in Betracht kommt. Wird für die nicht steuerbare Lieferung verfehlterweise eine Rechnung mit offenem Steuerausweis ausgestellt, greift § 14 c Abs. 2 UStG ein. Die Zuordnungsentscheidung ist nach Auffassung der Rspr. bereits bei Leistungsbezug zu treffen. Sie kommt regelmäßig durch den Umfang des geltend gemachten Vorsteuerabzugs zum Ausdruck. Wird bei einer gemischten Verwendung der volle Vorsteuerabzug begehrt, dokumentiert dies, dass der Leistungsgegenstand vollständig dem Unternehmen zugeordnet worden ist. Die **Zuordnungsentscheidung** muss nach bisheriger Auffassung nach außen dokumentiert werden. Sie kann nicht unterstellt werden. Eine solche Dokumentation kann nach bisheriger Auffassung **spätestens** noch durch eine zeitnah erfolgte **Umsatzsteuerjahreserklärung,** d.h. bis zu den gesetzlichen Abgabefristen für das Jahr des Leistungsbezugs erfolgen, d.h. bis zum 31.05. des Folgejahres, § 149 AO Abs. 2.[1029] Der EuGH hat inzwischen auf Vorlage des BFH entschieden, dass die Richtlinie (in Art. 168 a) nicht der nationalen Rechtsprechung entgegensteht, wonach zur Erlangung des Vorsteuerabzugsrechtes eine Zuordnungserklärung spätestens bis zur Abgabefrist für die USt-Jahreserklärung abgegeben werden muss.[1030]

1024 EuGH v. 11.07.1991– Rs. C-97/90 (Lennartz), Slg. 1991, I-3795; s. auch unten unter Rn. 363 ff.

1025 Vgl. dazu EuGH v. 08.03.2001– Rs. C-415/98 (Bakcsi), Slg. 2001, I-1831.

1026 EuGH v. 08.03.2001 – Rs. C-415/98 (Bakcsi), Slg. 2001, I-1831.

1027 BFH v. 31.01.2002 – V R 61/96, BStBl. II 2003, 813.

1028 Vgl. BFH v. 09.04.2002 – V B 3/02, BFH/NV 2002, 960 gegenüber BFH v. 31.01.2002 – V R 61/96, BStBl. II 2003, 813.

1029 BFH v. 07.07.2011 – V R 42/09 und V R 21/10, BStBl. II 2014, 76 und 81; vgl. auch Abschn. 15.2c. Abs. 15–19 i.d.F. BMF v. 02.01.2014, BStBl. I 2014, 169.

1030 EuGH v. 14.10.2021 – C-45/20 und C-46/20, FA N und FA G, UR 2021, 867 mit Anm. Lohse.

4. Sonderregelung und Zuordnungswahlrecht bei Grundstücken

318 Für **Grundstücke** (bebaut und unbebaut), die vom Unternehmer **gemischt** sowohl für Zwecke seines Unternehmens als auch für außerhalb seines Unternehmens liegende Zwecke **verwendet** werden, ist eine **Sonderregelung** getroffen worden. Durch die Sonderregelung wird **Art. 168 a MwStSystRL** in das deutsche Recht umgesetzt. Mit Art. 168 a MwStSystRL ist der Richtliniengeber der (verfehlten) „Seeling"-Rspr. des EuGH[1031] entgegengetreten. Danach konnte bei gemischt für unternehmerische entgeltliche Umsätze und für unternehmensfremde (private Wohn-)Zwecke verwendeten Grundstücken durch vollständige Zuordnung des Grundstückes zum Unternehmen der Vorsteuerabzug auch für den zu unternehmensfremden (Wohn-)Zwecken verwendeten Grundstücksteil erlangt werden. Diesem den Gleichheitsgrundsatz gröblich missachtenden **Steuersparmodell** ist der Richtliniengeber entgegengetreten, nachdem der EuGH sich nicht willens und außerstande zeigte, seine Rspr. zur Auslegung der Richtlinie in diesem Punkte zu ändern.[1032] Art. 168 a MwStSystRL trifft insoweit für **„ein dem Unternehmen zugeordnetes Grundstück"** folgende für die Mitgliedstaaten zwingend umzusetzende Regelungen. Erstens darf die **Vorsteuer nur anteilig** zu dem Teil abgezogen werden, der auf die Verwendung für unternehmerische Zwecke entfällt. Zweitens ist die **Verwendung für den privaten Bedarf** und allgemein für unternehmensfremde Zwecke **nicht** nach Art. 26 MwStSystRL (= § 3 Abs. 9 a Nr. 1 UStG) **zu besteuern**. Drittens sind **Vorsteuerberichtigungen** zugunsten wie zuungunsten des Unternehmers nach Art. 184 f. MwStSystRL **(= § 15 a UStG)** durchzuführen, wenn sich das Verhältnis von unternehmerischer zu unternehmensfremder Verwendung ändert.

319 Diese zwingenden gemeinschaftsrechtlichen Vorgaben wurden mit §§ 15 Abs. 1 b, 3 Abs. 9 a Nr. 1 und 15 a Abs. 6 a UStG mit Wirkung ab 01.01.2011 in das deutsche Recht umgesetzt.[1033] **§ 15 Abs. 1 b UStG** schließt **für teilunternehmerisch genutzt Grundstücke** den **Vorsteuerabzug** aus, soweit die Vorsteuern nicht auf die Verwendung für Zwecke des Unternehmens entfallen, d.h. soweit sie auf die Verwendung für den (privaten Wohn-)Bedarf des Unternehmers, seines Personals oder einen anderen vergleichbar außerunternehmerischen Bedarf entfallen. Die **Aufteilung** hat dabei nach den Kriterien einer sachgerechten wirtschaftlichen Zurechnung zur jeweiligen Verwendung zu erfolgen, § 15 Abs. 4 S. 4 UStG (Rn. 356 f.). **§ 3 Abs. 9 a Nr. 1 Hs. 2 UStG** bestimmt, dass die **Verwendung** der Grundstücke für die außerhalb des Unternehmens liegenden Zwecke **nicht steuerbar** ist, wenn für diese Verwendung nach § 15 Abs. 1 b UStG der Vorsteuerabzug ausgeschlossen ist (s. Rn. 139, 143, 263). Schließlich bestimmt **§ 15 a Abs. 6 a UStG**, dass eine Änderung des Verwendungsverhältnisses für Zwecke des Unternehmens zu den außerhalb des Unternehmens liegenden (privaten) Zwecken durch eine **Vorsteuerkorrektur nach § 15 a UStG** zu berücksichtigen ist (s. unten Rn. 363 f.). Von der den Mitgliedstaaten in Art. 168 a Abs. 3 MwStSystRL eingeräumten optionalen Möglichkeit, entsprechende Regelungen auch für andere Gegenstände als Grundstücke (einschließlich Gebäuden) zu treffen, hat der Gesetzgeber (leider) nicht Gebrauch gemacht.

Im Übrigen hat er eine weitgehende **Übergangsregelung in § 27 Abs. 16 UStG** getroffen. Die Neuregelungen sind nicht auf Grundstücke (und Gebäude) anzuwenden, die aufgrund vor dem 01.01.2011 abgeschlossenen Vertrages angeschafft worden

---

1031 EuGH v. 08.05.2003 – Rs. C-269/90 (Seeling), Slg. 2003, I-4101 aufrechterhalten durch EuGH v. 23.04.2009 – Rs. C-460/07 (Puffer), Slg. 2009, I-3251 = UR 2009, 410; v. 14.07.2005 – Rs. C-434/03 (Charles und Charles-Tijmens), Slg. 2005, I-7037; v. 14.09.2006 – Rs. C-72/05 (Wollny), Slg. 2006, I-8297.

1032 Vgl. dazu Dziadkowski IStR 2010, 766; Reiß UR 2010, 797; Wäger UR 2011, 25.

1033 Änderungen durch das JStG 2010 v. 08.12.2010, BGBl. I 2010, 1768; Gesetzesbegründung BT-Drs. 17/2249 zu Art. 4 Nr. 9.

sind oder mit deren Herstellung vor dem 01.01.2011 begonnen wurde. Bei Gebäuden gilt die Einreichung des Bauantrags als Beginn der Herstellung. Für die „Altfälle" verbleibt es dabei, dass durch Zuordnung zum Unternehmen der Vorsteuerabzug auch für den unternehmensfremden (Wohn-)Zwecken dienenden Grundstücks-/Gebäudeteil erlangt werden konnte/kann. Die Verwendung für diese Zwecke ist dann zum Ausgleich nach § 3 Abs. 9 a Nr. 1 UStG a.F. (weiter) zu besteuern und nicht nach § 4 Nr. 12 a UStG befreit (s. Rn. 263).

Für Grundstücke ergibt sich unter Berücksichtigung der Rspr. des EuGH (s. Rn. 312 ff.) die nachfolgende komplizierte **Anwendungsregelung**. Die Neuregelungen gemäß §§ 15 Abs. 1 b, 3 Abs. 9 a Nr. 1 Hs. 2, 15 a Abs. 6 a UStG sind nur für eine **gemischte Verwendung** zu (dem **privaten** oder vergleichbaren **Bedarf** dienenden) außerunternehmerischen (unternehmensfremden) Zwecken und zu Zwecken des Unternehmens anwendbar. Für eine derartige teilunternehmerische Nutzung von Grundstücken bei „Altfällen" bleibt es aufgrund der Übergangsregelung nach **§ 27 Abs. 16 UStG** bei der bisherigen Behandlung.[1034]

Soweit hingegen neben der unternehmerischen Verwendung auch eine **Verwendung** für eine außerhalb des Rahmens des Unternehmens liegende **nichtwirtschaftliche Tätigkeit** stattfindet, etwa für Vereins- oder hoheitliche Zwecke bei Vereinen oder juristischen Personen des öffentlichen Rechtes, ist § 15 Abs. 1 b UStG weder für Neu- noch für „Altfälle" anwendbar. Allerdings ergeben sich dafür bereits nach §§ 15 Abs. 1 und 3 Abs. 9 a Nr. 1 UStG dieselben Ergebnisse. Der Vorsteuerabzug ist hier von vornherein nur gegeben, soweit die Verwendung für die entgeltlichen Umsätze des Unternehmens erfolgt. Die Verwendung für die nichtwirtschaftliche Tätigkeit stellt keine Verwendung i.S.d. § 3 Abs. 9 a Nr. 1 UStG für außerunternehmerische Zwecke (des privaten Bedarfs) dar. Richtigerweise sind bei einer Änderung der Verhältnisse dann auch § 15 a Abs. 1–6 und Abs. 8 UStG schon unmittelbar ohne die Verweisung in § 15 a Abs. 6 a UStG anzuwenden. Im Ergebnis **scheidet** also lediglich **aus,** dass **für „Altfälle"** unter Berufung auf § 27 Abs. 16 UStG noch durch **„Zuordnung"** ein Vorsteuerabzug für die Verwendung zu einer nichtwirtschaftlichen Tätigkeit erlangt werden kann.

Fall 31: Teilunternehmerische Gebäudenutzung eines Steuerberaters

Steuerberater S ließ auf seinem Grundstück ein Gebäude errichten. Das Gebäude wurde am 01.07.2013 fertiggestellt. Die Herstellungskosten betrugen insgesamt 600.000 € (zzgl. wurden in Rechnungen offen und zutreffend ausgewiesen 100.000 € USt). S nutzte das Gebäude wie vorgesehen ab dem 01.07.2013 zu 40 % für Zwecke seiner Steuerberaterkanzlei und zu 60 % für private Wohnzwecke. Ab 01.01.2014 nutzte er es nur noch zu 50 % für private Wohnzwecke und zu 50 % für seine Kanzlei. Mit Wirkung zum 01.01.2021 veräußerte er das bebaute Grundstück an einen Rechtsanwalt R für 600.000 €. Dieser verwendete das gesamte Gebäude und Grundstück für Zwecke seines Unternehmens. Mit der Herstellung des Gebäudes wurde nach dem 01.01.2011 begonnen.

I. S stand aus den an ihn erfolgten (Werk-)Lieferungen und sonstigen Leistungen für die Errichtung des Gebäudes im Jahre 2012 nach § 15 Abs. 1 Nr. 1 UStG ein Vorsteuerabzug zu, soweit diese Leistungen „für sein Unternehmen" erfolgten. Das ist jedenfalls insoweit der Fall gewesen als er das Gebäude für die Zwecke seiner Kanzlei, d.h., für seine Umsätze als Steuerberater verwendete und das Grundstück insoweit dem Unternehmen zugeordnet wurde. Hinsichtlich der Verwendung zu **320**

1034 S. FG Münster v. 03.07.2018 – 5 K 2587/16 U, BB 2018, 1941.

60 % für private Wohnzwecke konnte ein Vorsteuerabzug auch durch Zuordnung des den Wohnzwecken dienenden Grundstücksteiles nicht erreicht werden. Denn nach § 15 Abs. 1 b UStG ist der Vorsteuerabzug für Lieferungen und sonstige Leistungen im Zusammenhang mit dem Grundstück ausgeschlossen, soweit die Steuer nicht auf die Verwendung für Zwecke des Unternehmens – hier also der Kanzlei – entfällt. § 15 Abs. 1 b UStG ist nach § 27 Abs. 16 UStG auch bereits anwendbar, da mit der Herstellung des Gebäudes (Bauantrag) nicht bereits vor dem 01.01.2011 begonnen wurde (zur Rechtslage bei -„Altfällen" s. Rn. 263). Unabhängig davon, ob auch der den privaten Wohnzwecken dienende Teil des Grundstückes dem Unternehmen zugeordnet wurde oder nicht, stand dem S daher für 2012 nur ein Vorsteuerabzug von 40 % von 100.000 = 40.000 € zu. Die Verwendung des Gebäudes/Grundstückes für private Wohnzwecke führt nicht zu einer nach § 3 Abs. 9 a Nr. 1 UStG steuerbaren Wertabgabe aus dem Unternehmen.

II. Durch die ab dem 01.01.2014 um 10 % auf 50 % erhöhte Verwendung des Grundstückes für Zwecke der Kanzlei könnte es zu einer Änderung der Verhältnisse i.S.d. § 15 a Abs. 1 UStG gekommen sein (dazu näher unten Rn. 359 f.). Die Verwendung für den Vorsteuerabzug zulassende Zwecke des Unternehmens hat um 10 % zugenommen. Allerdings liegt nach herrschender Auffassung eine Änderung der Verhältnisse i.S.d. § 15 a Abs. 1 UStG nicht vor, wenn ein Wirtschaftsgut zunächst nicht für das Unternehmen geliefert worden ist, sondern erst später in das Unternehmen „eingelegt" wird (s. Rn. 366). Für Grundstücke, auf die der Vorsteuerausschluss nach § 15 Abs. 1 b UStG anzuwenden ist, erklärt allerdings § 15 a Abs. 6 a UStG ausdrücklich, dass § 15 a Abs. 1 f. UStG auch bei einer Erhöhung (Änderung) des Verwendungsverhältnisses unternehmerische Nutzung zu (privater) außerhalb des Unternehmens liegender Nutzung anzuwenden sind. § 15 Abs. 1 b UStG ist nach Auffassung der Finanzverwaltung jedoch nur anwendbar, wenn der Unternehmer bei Lieferung (Erwerb/Herstellung) des Grundstückes (auch eines Gebäudes als Bestandteil) auch den privaten Wohnzwecken dienenden Teil dem Unternehmen zugeordnet hatte.[1035] Diese Zuordnungsentscheidung muss nach außen ersichtlich werden. Weil der Vorsteuerabzug für den privaten Wohnzwecken dienenden Teil nach § 15 Abs. 1 b UStG auch bei Zuordnung zum Unternehmen ausgeschlossen wird, wird die Zuordnungsentscheidung nicht schon durch Geltendmachung/Nichtgeltendmachung des Vorsteuerabzugs ersichtlich gemacht. Die Finanzverwaltung verlangt daher eine ausdrückliche schriftliche Erklärung, dass eine Zuordnung erfolgt ist. Fehlt es daran, geht sie von einer Nichtzuordnung aus.[1036]

War vorliegend eine solche Zuordnung rechtzeitig erklärt worden, ergibt sich für 2015, 2016 und 2017 eine Vorsteuerkorrektur zugunsten des S nach § 15 a Abs. 6 a i.V.m. Abs. 1, Abs. 5 UStG von 100.000 : 10 x (50 – 40 =) 10 % = + 1.000 Vorsteuer. Denn es lag in diesen Jahren innerhalb des Berichtigungszeitraumes von 10 Jahren für Grundstücke (von 01.07.2013 bis 30.06.2023) eine Änderung der Verhältnisse um je 10 % (50–40) gegenüber den für den Vorsteuerabzug maßgebenden Verhältnissen in 2013 vor. Für jedes Kalenderjahr ist bei Grundstücken von einem Zehntel des gesamten Vorsteuerbetrages auszugehen. War hingegen keine Zuordnung erfolgt, würde eine Vorsteuerkorrektur – jedenfalls nach Auffassung der Finanzverwaltung – allerdings ausscheiden.[1037] Richtiger erscheint es demgegenüber aber, bei teilunternehmerischer Verwendung eines Grundstückes für unternehmerische und unternehmensfremde Zwecke schon ab Erwerbszeitpunkt einer

1035 Abschn. 15.6a. Abs. 5 S. 3, Abschn. 15a.1. Abs. 6 Nr. 2 und 4 UStAE.

1036 Abschn. 15.2c. Abs. 18 UStAE.

1037 Vgl. Bsp. 1 Abschn. 15.6a. Abs. 7 UStAE.

späteren Änderung dieses Verhältnisses immer durch Anwendung einer Vorsteuerkorrektur gemäß § 15 a UStG Rechnung zu tragen. Das sollte auch dann gelten, wenn keine positive Zuordnungsentscheidung getroffen wurde und wenn sich der Anteil der unternehmerischen Nutzung erhöht („Einlage"). Dies ergibt sich bereits aus einem richtigen Verständnis des § 15 a Abs. 1 UStG und des Art. 184 MwStSystRL. Im Übrigen sollten insoweit § 15 a Abs. 6 a, Abs. 8 S. 2 UStG und Art. 168 a MwStSystRL jedenfalls entsprechend anzuwenden sein.[1038] Die Finanzverwaltung stützt sich freilich zu Recht auf die – allerdings verfehlte – Auslegung des Art. 184 MwStSystRL durch den EuGH.

III. Die Veräußerung des Grundstückes führt zu einer Lieferung gemäß § 3 Abs. 1 UStG am 01.01.2021. Die Lieferung ist nach § 1 Abs. 1 Nr. 1 UStG steuerbar, soweit das Grundstück dem Unternehmen zugeordnet war. Die Zuordnung ist dafür erforderlich, denn nur dann erfolgt die Lieferung im Rahmen des Unternehmens. Sie ist allerdings befreit nach § 4 Nr. 9 a UStG. Auf die Befreiung kann aber nach § 9 Abs. 1 UStG verzichtet werden. Ein Verzicht ist hier möglich, weil die Lieferung an R für das Unternehmen des R (Rechtsanwalt) ausgeführt wird. § 9 Abs. 2 UStG schließt für die Lieferung des Grundstückes eine Option ebenfalls nicht aus. Je nach Erklärung der Option und vorheriger Zuordnung zum Unternehmen ergeben sich nachfolgende umsatzsteuerliche Auswirkungen:

1. Wird von S eine Option erklärt (nach § 9 Abs. 3 UStG im notariellen Kaufvertrag!), ergibt sich eine Steuerschuld von (600.000 x 19 % =) 114.000 €, falls das Grundstück von S in 2013 vollständig seinem Unternehmen zugeordnet worden war. Diese Steuer wird allerdings nach § 13 b Abs. 5 S. i.V.m. Abs. 2 Nr. 3 UStG von R geschuldet (s. Rn. 386). Für S ergibt sich eine Vorsteuerkorrektur nach § 15 a Abs. 8, Abs. 9, Abs. 1 UStG. Nach § 15 a Abs. 8 S. 2 UStG ist eine Vorsteuerkorrektur nach diesen Vorschriften ausdrücklich auch durchzuführen, wenn der Vorsteuerabzug nach § 15 Abs. 1 b UStG ausgeschlossen war. Die bei Option steuerpflichtige Lieferung führt dann gegenüber den Verhältnissen bei Erwerb in 2013 zu einer Änderung der Verhältnisse um (100 % – 40 % =) 60 % durch höhere Verwendung für den Vorsteuerabzug zulassende unternehmerische Umsätze bzw. durch 60 % weniger private Nutzung. Für 2,5 Jahre (01.01.2021 bis 30.06.2023) ergibt sich eine **Vorsteuerkorrektur zugunsten** des S von (100.000 : 10 x 60 % x 2,5 =) 15.000 €. Diese ist bereits in der Voranmeldung für den VZ 01/2021 nach § 15 a Abs. 9 UStG, § 44 Abs. 3 S. 2 UStDV geltend zu machen.

2. War der für Wohnzwecke genutzte Teil nicht dem Unternehmen zugeordnet worden, ist seine Lieferung schon nicht steuerbar. Lediglich für die Lieferung des dem Unternehmen zugeordneten Teiles von 40 % entsteht dann bei Option eine von R nach § 13 b Abs. 5 UStG geschuldete Steuer von (600.000 x 40 % x 19 % =) 45.600 €. Mangels Änderung der Verhältnisse i.S.d. § 15 a Abs. 8 S. 1 und 2 i.V.m. § 15 Abs. 1 b UStG – vorher 40 % Grundstücksnutzung für das Unternehmen und jetzt Lieferung von 40 % des Grundstückes ebenfalls steuerbar und steuerpflichtig – ist keine Vorsteuerkorrektur nach § 15 a Abs. 8 S. 1, Abs. 9, Abs. 1 UStG durchzuführen.

3. Wird von S nicht für die Veräußerung optiert, ist die Lieferung steuerfrei. Es ergibt sich eine Vorsteuerberichtigung nach § 15 a Abs. 8, Abs. 9 UStG zuungunsten von S in Höhe von (100.000 : 10 x 40 % x 2,5 =) 10.000 € weniger Vorsteuer, die für den VZ 01/2021 zu erklären sind. Die Änderung ergibt sich aus der Verwendung von 40 % zu den Vorsteuerabzug zulassenden unternehmerischen

1038 So i.E. auch Wäger UR 2012, 25, 28.

Umsätzen in 2013 gegenüber der den Vorsteuerabzug nicht zulassenden steuerfreien Lieferung. Ob eine Zuordnung des zu Wohnzwecken dienenden Teiles erfolgt war oder nicht, ändert bei fehlender Option zur Steuerpflicht nichts. Denn insoweit kommt es wegen der Nichtsteuerbarkeit auch der Veräußerung ebenso wenig wie bei Steuerfreiheit zu einer Änderung der für den Vorsteuerabzug maßgebenden Verhältnisse.

---

5. Zuordnung von Freizeitgegenständen

321 Die Behandlung nicht aufteilbarer Lieferungen als Bezug für das Unternehmen durch Zuordnungsentscheidung des Unternehmers ist besonders problematisch, wenn der Liefergegenstand in Wahrheit zur Ausübung eines **Hobbys im Bereich der privaten Lebensführung** erworben wird. Wird hier der „Hobbyist" durch einen Vorsteuerabzug entlastet, weil er gelegentlich durchaus ernsthaft zur Verminderung seines Aufwandes den Gegenstand entgeltlich, wenn auch ohne Gewinnerzielungsabsicht, vermietet, so wird das Ziel der USt, den Endverbrauch zu besteuern, gründlich verfehlt. Die Besteuerung der unentgeltlichen Verwendung nach § 3 Abs. 9 a Nr. 1 UStG bietet einen nur höchst unvollkommenen Ausgleich; dies schon deshalb, weil sie zeitlich erst erheblich später erfolgt, als der Vorsteuerabzug gewährt wird. Unabhängig davon ist es aber auch prinzipiell verfehlt, in diesen Fällen den Vorsteuerabzug im Ergebnis auch nur teilweise zuzulassen und ihn nur teilweise durch eine Besteuerung der Verwendung nach § 3 Abs. 9 a Nr. 1 UStG rückgängig zu machen. Hier sollte angesichts der entgegenstehenden Rspr. des EuGH nach dem nunmehrigen Vorbild des § 15 Abs. 1 a UStG in der MwStSystRL generell ein Verbot des Vorsteuerabzugs für Gegenstände, die überwiegend der privaten Lebensführung dienen, eingeführt werden.[1039]

Beispiel: A und B erwerben je eine Segelyacht für 1.000.000 € zzgl. 190.000 € USt. Wegen starker beruflicher Beanspruchung können sie diese lediglich an 30 Tagen im Jahr segeln. A vermietet die Segelyacht zu nicht kostendeckenden Preisen an 270 Tagen, um den Aufwand zu verkleinern. B hingegen vermietet nicht.

Es stellt weder eine befriedigende Lösung dar, dem A den vollen Vorsteuerabzug von 190.000 € zu gewähren und lediglich in Höhe eines Zehntels der jährlichen Aufwendungen eine Verwendung nach § 3 Abs. 9 a Nr. 1 UStG anzunehmen, noch vermag die Zulassung eines Vorsteuerabzugs von 09/2010 zu befriedigen, wenn bei B zu Recht kein Vorsteuerabzug gewährt wird. Ungeachtet der wegen der nachhaltigen Vermietung zu bejahenden Unternehmereigenschaft des A ist die Anschaffung des Segelbootes nicht für das Unternehmen (sondern für den privaten Endverbrauch!) erfolgt. Daher sollte der Vorsteuerabzug insgesamt versagt werden.[1040] Der Sinn des Vorsteuerabzugs liegt nicht darin, der privaten Lebensführung dienende Hobbys ganz oder teilweise von einer Umsatzsteuerbelastung zu befreien. Der EuGH sieht die Dinge freilich anders.[1041] Dann sollte wenigstens angenommen werden, dass in diesen Fällen kein Zuordnungswahlrecht zum Unternehmen besteht, sondern zwingend eine Aufteilung vorzunehmen ist. Der BFH[1042] gelangt für Segelyachten nur deshalb im Ergebnis zutreffend zu einem vollständigen Vorsteuerausschluss nach § 15 Abs. 1 a Nr. 1 UStG, weil er von einkommensteuerlich nicht abziehbaren Repräsentationsaufwendungen nach § 4 Abs. 5 S. 1 Nr. 4 EStG ausgehen konnte. Dies löst das Problem nicht, wenn andere als die in § 4 Abs. 5 S. 1 Nr. 4 EStG genannten Wirtschaftsgüter der privaten Lebensführung nutzbar gemacht werden.

1039 So auch der Vorschlag von Kirchhof in § 3 des Entwurfes Umsatzsteuergesetzbuch, Heidelberg 2008, S. 66 f.

1040 Vgl. Reiß in: T/L (20. Aufl.) § 14 Rn. 160; a.A. Stadie, Vorsteuerabzug, 99; s. auch Abschn. 15.2b. Abs. 3 S. 5 UStAE und Abschn. 2.6. Abs. 3 UStAE (von keiner Zuordnung zum Unternehmen sei auszugehen!).

1041 EuGH v. 26.09.1996 – Rs. C-230/94 (Enkler), Slg. 1996, I-4517 – Wohnmobil, dazu aber BFH v. 12.12.1996 – V R 23/93, BStBl. II 1997, 368 mit vollständiger Verneinung der Unternehmereigenschaft trotz gelegentlicher Vermietung.

1042 BFH v. 21.05.2014 – V R 34/13, BStBl. II 2014, 914 (hinsichtlich der Bejahung eines steuerbefreiten Verbringens der Segelyacht nach Mallorca ist das Urteil freilich unvereinbar mit EuGH v. 18.12.2014 – Rs. C-131/13 (Italmoda), UR 2015, 106); BFH v. 02.07.2008 – XI R 60/06, BStBl. II 2009, 167; v. 24.08.2000 – V R 9/00, BStBl. II 2001, 76.

IV. Leistung eines anderen Unternehmers

Fall 32: Der betrogene Käufer/Lieferung durch Nichtunternehmer

Der Beamte B gibt bei einem Neuwagenkauf seinen Altwagen in Zahlung und erteilt dem Händler H darüber eine Rechnung über 10.000 € zzgl. 1.900 € USt. Er erklärt dem Händler ausdrücklich, dass er auch freiberuflich tätiger Unternehmer sei und der Pkw zu seinem Unternehmensvermögen gehöre. H glaubt dem B. Tatsächlich sind die Angaben unzutreffend.
Steht H ein Vorsteuerabzug zu?

§ 15 Abs. 1 Nr. 1 UStG setzt für den Vorsteuerabzug – ebenso wie Art. 168 a MwSt- 322
SystRL – seinem Wortlaut nach die Ausführung einer **Lieferung** oder **sonstigen Leistung** eines **anderen** Unternehmers an ihn voraus. Daher ist beispielsweise ein Vorsteuerabzug bei „Leistungen" innerhalb des Unternehmens nicht möglich, auch nicht, wenn wie bei der Organschaft zivilrechtlich selbstständige Personen beteiligt sind. Der Leistende muss außerdem **Unternehmer** sein. Dem H steht daher kein Vorsteuerabzug zu. Einen Gutglaubensschutz kennt das UStG bezüglich der Vorsteuerabzugsvoraussetzungen nach § 15 UStG nicht,[1043] auch nicht zur Person des Leistenden[1044] oder bzgl. deren Unternehmereigenschaft oder der Erbringung einer Lieferung oder sonstigen Leistung.[1045] Fraglich erscheint, ob im Einzelfall bei Gutgläubigkeit ein Erlass wegen sachlicher Härte in Betracht kommen kann[1046] oder ob dies gar schon bei der Steuerfestsetzung zu berücksichtigen sein könnte. Zunächst einmal muss sich der Leistungsempfänger aber jedenfalls – hier der H –, an seinen Vertragspartner – hier der B –, der ihn betrogen hat, im Zivilrechtswege halten. Allenfalls wenn dieser zahlungsunfähig ist, könnte die Gewährung eines Vorsteuerabzugs wegen sachlicher Unbilligkeit nach § 163 AO in Umsetzung des sog. Reemtsma-Urteils des EuGH in Betracht kommen.[1047] Richtigerweise sollte auch dies freilich verneint werden. Die Gewährung eines Vorsteuerabzugs aus bloßen Gründen der Billigkeit bei Zahlungsunfähigkeit des Zahlungsempfängers kann jedenfalls nicht in Betracht kommen, wenn der Rechnungsaussteller überhaupt keine (nicht steuerbare oder steuerfreie) Leistung an den Rechnungsempfänger erbracht hat, sondern allen-falls dann, wenn er für eine tatsächlich erbrachte Lieferung/sonstige Leistung unberechtigt Umsatzsteuer in Rechnung gestellt hat.[1048]

Die Rspr. des EuGH ist in Bezug auf das auch Art. 168 a, 178, 226 MwStSystRL der Vorsteuerabzugsberechtigung zugrunde liegende **materielle Tatbestandsmerkmal** der **geschuldeten Steuer für**

1043 So zutreffend BFH v. 22.07.2015 – V R 23/14, BStBl. II 2015,914; v. 30.04.2009 – V R 15/07, BStBl. II 2009, 744 m.w.N.; Abschn. 15.11. Abs. 5 UStAE.

1044 BFH v. 01.02.2001 – V R 6/00, BFH/NV 2001, 941.

1045 BFH v. 10.07.2019 – XI R 28/18, BFH/NV 2020, 313; v. 16.05.2019, BFH/NV 2019/931. S auch bereits BFH v. 08.12.1988 – V R 28/84, BStBl. II 1989, 250; v. 20.04.1988 – X R 40/81, BStBl. II 1988, 805; etwas anderes ergibt sich auch nicht für die MwStSystRL, wie der EuGH nunmehr ausdrücklich klargestellt hat, EuGH v. 27.06.2018 – Rs. C-459/17 und 460/17 (SGI), MwStR 2018, 712 mit Anm. Grube.

1046 Offen bei Lippross 7.3.3; viel zu weitgehend Stadie Rn.15.8, wonach § 15 UStG verfassungskonform dahingehend ausgelegt werden müsse, dass der VoStAbzug bei Gutgläubigkeit immer zu gewähren ist. Die Rspr. des EuGH gewährt bei Gutgläubigkeit des Lieferanten aufgrund einer Täuschung seines Abnehmers über das Gelangen des Liefergegenstandes in einen anderen Mitgliedstaat dem Lieferanten einerseits – ohne Grundlage im Text der MwStSystRL – die Steuerfreiheit für eine innergemeinschaftliche Lieferung, Urt. v. 27.09.2007 – Rs. C-409/04 (teleos), Slg. 2007, I-7797; andererseits hat sie aber auch ausgesprochen, dass ein Vorsteuerabzugsrecht nur in dem Umfange besteht, in dem vom Lieferanten USt geschuldet wird, Urt. v. 13.12.1989 – Rs. C-342/87 (Genius Holding), Slg. 1989, 4227; vgl. auch BFH v. 30.07.2008 – V R 7/03, UR 2009, 161 und EuGH v. 21.02.2008 – Rs. C-271/06 (Netto-Supermarkt), Slg. 2008, I-771 zur Gewährung einer Steuerbefreiung bei nicht erkennbarer Fälschung von Ausfuhrnachweisen im Erlasswege.

1047 Vgl. BFH v. 22.07.2015 – V R 23/14, BStBl. II 2015, 914 und v. 30.06.2015 – VII R 30/14, UR 2015, 802; EuGH v. 15.03.2007 – Rs. C-35/05 (Reemtsma), Slg. 2007, I-2425; vgl. auch Abschn. 15.11. Abs. 5–7 zu Erlass bei nicht mehr vorhandenen oder unvollständigen Unterlagen/Rechnungen. S. aber kritisch zum sog. Reemtsma-Anspruch Reiß MwStR 2019, 526 f.

1048 So zutreffend BFH v. 22.08.2019 – V R 50/16, BB 2019, 2901.

Lieferungen und Dienstleistungen eines anderen Steuerpflichtigen, die dem Steuerpflichtigen als Vorsteuerabzugsberechtigten erbracht worden sind, und die **formelle Voraussetzung des Vorliegens einer Rechnung** mit offenem Steuerausweis **mit der vollständigen Angabe des Namens und der vollständigen Anschrift des leistungserbringenden Steuerpflichtigen als Ausstellers der Rechnung** – gewollt oder ungewollt – nicht besonders klar gewesen, sodass der XI. und der V. Senat durch Vorlageverfahren um Klärung gebeten haben. In der Vorlage wird einerseits völlig zutreffend ausgeführt, dass das Erfordernis einer **Lieferung/Dienstleistung durch einen anderen Steuerpflichtigen** zu den **materiellen Voraussetzungen** für den **Vorsteuerabzug** gehört. Zu den **„formellen" Voraussetzungen** für die Ausübung des Vorsteuerabzugsrechtes gehört nach eben dieser insoweit zutreffenden Rspr. des EuGH[1049] eine von dem die Steuer für die erbrachte Leistung schuldenden Steuerpflichtigen ausgestellte **Rechnung mit** seiner **Anschrift**.

Der XI. Senat hat dem EuGH ausdrücklich noch die Frage vorgelegt, ob Art. 168 i.V.m. Art. 178 lit. a MwStSystRL verlangen, einen „guten Glauben des Leistungsempfängers an die Erfüllung der Vorsteuerabzugsvoraussetzungen (schon im Steuerfestsetzungsverfahren) zu berücksichtigen". Der XI. Senat meinte, aus der Rspr. des EuGH könnte sich ergeben, „dass ein nicht vorhandenes Tatbestandsmerkmal des Vorsteuerabzugs durch den guten Glauben des Leistungsempfängers an dessen Vorliegen ersetzt werden" könnte. Er hielt deshalb für „klärungsbedürftig, ob der EuGH das Recht auf Vorsteuerabzug durch Vertrauensschutzgesichtspunkte … erweitert hat" und dies „bereits auf der Tatbestandsebene des Art. 168 zu berücksichtigen" sei und nicht erst im Wege eines Billigkeitserlasses nach der AO.[1050] Auch der V. Senat glaubte der Rspr. des EuGH entnehmen zu können, dass aus Gründen des Vertrauensschutzes der Vorsteuerabzug zu gewähren sei, ohne dass die materiellen Tatbestandsvoraussetzungen des § 15 UStG und des Art. 168 MwStSystRL vorliegen.[1051]

Der EuGH hat die diesbezügliche Vorlagefrage der Senate hinsichtlich eines Vorsteuerabzugs kraft guten Glaubens und seiner verfahrensrechtlichen Geltendmachung im Vorlageverfahren des BFH zutreffend erst gar nicht beantwortet, da es auf die Antwort in concreto zur Entscheidung des Rechtsfalles nicht ankam.[1052] Er hat freilich inzwischen in einem anderen Vorlageverfahren zutreffend und nunmehr unmissverständlich entschieden, dass ein Vorsteuerabzug nur zu gewähren ist, wenn die materiellen Tatbestandsvoraussetzungen für den Vorsteuerabzug nach Art. 168 MwStSystRL erfüllt sind,[1053] nämlich eine geschuldete Steuer für von einem anderen Steuerpflichtigen steuerpflichtig gelieferte Gegenstände oder erbrachte Dienstleistungen. Dem entspricht § 15 Abs. 1 Nr. 1 UStG, der für den Vorsteuerabzug verlangt, dass eine Steuer für eine tatsächlich ausgeführte Lieferung oder sonstige Leistung entstanden ist. Das sollte jetzt auch der BFH ohne Wenn und Aber berücksichtigen. Wenn – wie beide Senate erkennen – sowohl der nationale Gesetzgeber, als auch der unionale (Gesetz-)Richtliniengeber in § 15 UStG, respektive in Art. 168 MwStSystRL für den Vorsteuerabzug verlangen, dass tatsächlich von einem anderen Steuerpflichtigen/Unternehmer eine Leistung (Lieferung oder Dienstleistung) erbracht worden ist, dann darf weder ein unionales Gericht (EuGH), noch in dessen Gefolge ein nationales Gericht (BFH) erklären, dass diese gesetzlichen Voraussetzungen für die Gewährung des Vorsteuerabzugs nicht vorzuliegen brauchen, wenn der (tatsächliche oder nur vermeintliche) Leistungsempfänger im Hinblick auf das Vorliegen dieser tatsächlich nicht vorliegenden objektiven (Tatbestands-)Voraussetzungen gutgläubig war. Nach deutschem Verfassungsrecht ist nach Art. 20 Abs. 3 GG die Rspr. an Gesetz und Recht gebunden. Der Grundsatz der Bindung des Richters an das Gesetz dürfte wohl auch unionsrechtlich Geltung beanspruchen. Jedenfalls hat die Union entsprechendes nationales Verfassungsrecht zu respektieren.

V. Rechnung

1. Offener Steuerausweis und weitere notwendige Angaben

323 **a)** Die Ausübung des Vorsteuerabzugs setzt nach § 15 Abs. 1 Nr. 1 UStG voraus, dass der Unternehmer eine gemäß §§ 14, 14 a UStG ausgestellte **Rechnung** vom leisten-

1049 EuGH v. 22.10.2015 – Rs. C-274/14 (PPUH Stehcamp), UR 2015, 917 (noch zur 6. Richtlinie).

1050 BFH v. 06.04.2016 – XI R 20/14 (EuGH – Rs. C-374/16), UR 2016,604 mit Anm. Grube und Lohse BB 2016, 2333.

1051 BFH v. 06.04.2016 – V R 25/15 (EuGH – Rs. C-375/16), UR 2016, 598 mit Anm. Grube und Wäger BFH/PR 2016, 313–314.

1052 EuGH v. 15.11.2017 – Rs. C-374/16 und C-375/16 (Geissel und Butin), UR 2017, 970 (zur Gewährung des Vorsteuerabzugs genügt eine Rechnungsangabe als „vollständige Anschrift" des leistenden Unternehmers, die seine Identifizierung ermöglicht. Es muss nicht der Sitz der wirtschaftlichen Tätigkeit sein). S. auch Ismer/Artinger MwStR 2019, 56 zu Verhältnismäßigkeit statt Gutglaubenschutz in der Rspr. des EuGH MwStR 2019, 56.

1053 EuGH v. 27.06.2018 – Rs. C-459 und 460/17 (SGI), MwStR 2018, 712 mit Anm. Grube und Prätzler.

den Unternehmer (Identität von leistendem Unternehmer und Rechnungsaussteller)[1054] erhalten hat. Die Rechnung muss alle Angaben nach § 14 Abs. 4 Nr. 1–8 UStG enthalten, u.a. nach Nr. 7 das Entgelt und nach Nr. 8 den anzuwendenden Steuersatz und den auf das Entgelt entfallenden Steuerbetrag **(offener Steuerausweis)**. Die Angabe des Steuersatzes allein genügt grundsätzlich nicht. Ausnahmen bestehen lediglich für **Kleinbetragsrechnungen** bis zu 250 € (§ 33 UStDV) und für **Fahrausweise** (§ 34 i.V.m. § 35 UStDV). Aus ihnen ist auch bei bloßer Angabe des **Steuersatzes** und des Bruttopreises ein Vorsteuerabzug möglich. Für den Vorsteuerabzug ist dann der Rechnungsbetrag in Entgelt und Steuerbetrag aufzuteilen. Dabei ist der Steuersatz nach § 12 Abs. 1 UStG (19%) anzuwenden, wenn er in der Rechnung angegeben ist. Fehlt dieses Angabe, ist der (ermäßigte) Steuersatz nach § 12 Abs. 2 UStG anzuwenden. Bei Fahrausweisen im Luftverkehr ist erforderlich, dass der allgemeine Steuersatz angegeben ist.

b) Zur **Erteilung** einer zutreffenden Rechnung mit den **Angaben nach § 14 Abs. 4 S. 1 Nr. 1–10** UStG ist **der leistende Unternehmer** – falls nicht Steuerfreiheit nach § 4 Nr. 8–28 UStG besteht, § 14 Abs. 2 Nr. 2 S. 3 UStG – gegenüber einem anderen Unternehmer zivilrechtlich verpflichtet, § 14 Abs. 2 Nr. 2 S. 2 UStG, und gegenüber Nichtunternehmern berechtigt, § 14 Abs. 2 Nr. 2 S. 1 UStG. Bei Ausführung von Werklieferungen und sonstigen Leistungen im Zusammenhang mit Grundstücken ist er auch gegenüber Nichtunternehmern nach § 14 Abs. 2 Nr. 1 UStG zur Erteilung einer Rechnung verpflichtet. Dies steht im Zusammenhang mit der zur Bekämpfung von Steuerhinterziehungen – nach § 26 a Nr. 3 UStG bußgeldbewehrten – eingeführten Aufbewahrungspflicht von Rechnungen auch durch Nichtunternehmer gemäß § 14 b Abs. 1 S. 5 UStG. Bei vor den Zivilgerichten erhobenen Klagen auf Erteilung einer den Vorsteuerabzug erlaubenden Rechnung mit allen nach §§ 14, 14 a UStG erforderlichen Angaben müssen die Zivilgerichte insoweit grundsätzlich auch die umsatzsteuerlichen Vorfragen nach der Steuerpflicht, Steuersatz und Entgelt des Umsatzes entscheiden. Nachdem auch in den Fällen des § 14 c Abs. 2 UStG eine Rechnungsberichtigung prinzipiell zulässig ist, dürfte eine Abweisung der Klage auf Erteilung einer Rechnung mit offenem Steuerausweis als zurzeit unbegründet nicht mehr in Betracht kommen.[1055] **324**

c) § 15 Abs. 1 Nr. 1 UStG verlangt zwingend, dass der **leistungsempfangende Unternehmer** für die **Ausübung des Vorsteuerabzugs** eine nach §§ 14, 14 a UStG ausgestellte Rechnung besitzt. Daher muss diese grundsätzlich auch alle nach § 14 Abs. 4 Nr. 1–9 UStG **erforderlichen Angaben** enthalten, u.a. **Name und Anschrift** des **Leistenden**[1056] und des **Empfängers, Menge, Art** (handelsübliche Bezeichnung)[1057] **und Zeitpunkt der Leistung, Entgelt, offen ausgewiesenen Steuerbetrag** und Steuersatz. Außerdem muss die Rechnung das Ausstellungsdatum, eine laufende **325**

1054 BFH v. 14.02.2019 – V R 47/16, DStR 2019, 1086 mit Anm. Heuermann; v. 15.10.2019 – V R 29/19, BFH/NV 2020, 298.

1055 Vgl. BGH v. 02.11.2001 – V ZR 224/00, UR 2002, 91 gegenüber BGH v. 14.01.1980 – II ZR 76/79, NJW 1980, 2710; zur Problematik, ob der Anspruch auf Rechnungserteilung nach § 14 UStG überhaupt ein zivilrechtlicher Anspruch ist, vgl. Lippross 6.2.2 d); BFH v. 03.07.2008 – V R 40/04, BStBl. II 2009, 208 (Finanzgerichtsweg für Rechnungserteilung durch Milchquotenverkaufsstelle?); OLG Hamm v. 08.05.2008 – U-1/08 (Rechnungserteilung nach § 14 UStG als Nebenpflicht aus Kaufvertrag); zur Möglichkeit einer Feststellungsklage vor den Finanzgerichten zur Klärung der umsatzsteuerlichen Fragen vgl. BFH v. 30.03.2011 – XI R 12/08, BStBl. II 2011, 819; kritisch zur Vorfragenkompetenz der Zivilgerichte Stadie UR 2011, 801 und Hummel AöR 135 (2010), 573 f. (danach alleinige Entscheidungsbefugnis bei den Finanzbehörden – Aussetzung erforderlich).

1056 S. dazu jetzt BFH v. 21.06.2018 – V R 25/15, BStBl. II 2018, 809 und v.13.06.2018 – XI R 20/14, BStBl. II 2018, 800, vorgehend EuGH v. 15.11.2017 – Rs. C-374/ 16 und C-375/16 (Geissel und Butin), UR 2017, 970 mit Anm. Heuermann DStR 2018, 1663 und Grube MwStR 2017, 997 (postalische Anschrift, auch Briefkastenadresse genügt) – so jetzt auch BMF Abschn. 14.5. Abs. 2 UStAE, anders noch BFH v. 22.07.2015 – V R 23/14, BStBl. II 2015, 914 m.w.N. (Briefkastenadresse genügt nicht, Sitz der wirtschaftlichen Tätigkeit).

1057 S. dazu BFH v. 10.07.2019 – XI R 28/18, BFH/NV 2020, 313.

Rechnungsnummer sowie die Steuernummer[1058] oder die **USt-IdNr.**, falls vorhanden, enthalten. Durch die hohen Anforderungen an den Rechnungsinhalt – sie entsprechen Art. 178 lit. a i.V.m. **Art. 220, 226 MwStSystRL** – soll eine bessere Kontrollmöglichkeit zur Bekämpfung von Umsatzsteuerverkürzungen erreicht werden. Fehlen die entsprechenden Angaben, ist ein Vorsteuerabzug zunächst nicht zu gewähren. Folgt man dem EuGH[1059], soll es freilich schon genügen, wenn fehlende oder unklare Angaben zu Leistungsumfang und Leistungszeitpunkt in der Rechnung durch vom Rechnungsempfänger den Finanzbehörden zugänglich gemachte „Annexe" ergänzt werden. Das ist schlicht abwegig. Es muss dann eine vervollständigte Rechnung verlangt werden. Das Vorliegen einer ordnungsgemäßen Rechnung ist eine Voraussetzung für den Vorsteuerabzug nach § 15 Abs. 1 Nr. 1 UStG, nach Art. 178 MwStSystRL für dessen Ausübung.[1060] Die **Angaben** müssen auch **zutreffend** sein. Insbesondere müssen sie die Identität des leistenden Unternehmers und des Leistungsempfängers und des Leistungsempfängers nachprüfbar erkennen lassen. Soweit dem Empfänger allerdings eine Überprüfung nicht möglich ist – lfd. Rechnungsnummer, Steuernummer des Leistenden, inkl. USt-IdNr. – sollen unzutreffende Angaben den Vorsteuerabzug nicht ausschließen.[1061]

326 **d)** Ohne/vor Erteilung/Vorliegen einer, wenn auch ggf. fehlerhaften und ergänzungsbedürftigen **Rechnung** mit offenem Steuerausweis kann ein **Vorsteuerabzug** richtigerweise nicht gewährt werden, auch wenn die übrigen Voraussetzungen des § 15 Abs. 1 UStG (Leistung eines anderen Unternehmers für das eigene Unternehmen) vorliegen. So nunmehr zutreffend auch der EuGH für die Rechtslage nach der MwStSystRL, auch wenn er das Vorliegen einer Rechnung weiterhin nur als „formale" und nicht als materielle Voraussetzung für den Vorsteuerabzug ansieht.[1062] Eine bloße (Sachverständigen-)Schätzung ohne Vorliegen einer Rechnung genügt auch nach dem EuGH jedenfalls nicht. Vielmehr muss der Steuerpflichtige durch objektive Nachweise belegen, dass er die Mehrwertsteuer für die an ihn ausgeführten Umsätze tatsächlich an die an ihn leistenden Steuerpflichtigen entrichtet hat.[1063] Geht eine Rechnung allerdings nachträglich verloren, bleibt das Recht auf Vorsteuerabzug erhalten.[1064] Diese Auslegung des nationalen Rechtes steht im Einklang mit Art. 168 lit. a, 178 lit. a und 220 f. MwStSystRL.[1065] Der Vorsteuerabzug darf nach § 15 Abs. 1 Nr. 1 UStG ist auch zeitlich zulässigerweise erst ausgeübt werden, wenn eine Rechnung – mit allen erforderlichen Angaben nach § 14, 14 a UStG – vorliegt. Zusätzlich muss entweder die **Leistung** oder Teilleistung **bereits ausgeführt** sein oder eine **Entgeltzahlung vor Ausführung** der Leistung **(Anzahlung)** erfolgt sein und insoweit die Steuerschuld bereits entstanden sein. Wird die Rechnung überhaupt erst in einem nach Ausführung der Leistung liegenden Besteuerungszeitraum, respektive Voranmeldungszeitraum erstmals erteilt, ist der Vorsteuerabzug auch erst für diesen

---

1058 Vgl. dazu BFH v. 02.09.2010 – V R 55/09, BStBl. II 2011, 235.

1059 EuGH v. 15.09.2016 – Rs. C-516/14 (Barlis), MwStR 2016, 796 mit Anm. Grube; zu Recht ablehnend Stadie MwStR 2016, 934.

1060 BFH v. 30.04.2009 – V R 15/07, BStBl. II 2009, 744 (zu zutreffender Anschrift des leistenden Unternehmers); v. 17.12.2008 – XI R 62/07 (zu fehlendem Lieferdatum), BFH/NV 2009, 667; vgl. auch Abschn. 15.2a. UStAE.

1061 BFH v. 02.09.2010 – V R 55/09, BStBl. II 2011, 235; Abschn. 15.2a. Abs. 2–6 UStAE; weitergehend Englisch UR 2009, 181 zu Gutglaubensschutz bei unrichtigen Rechnungsangaben.

1062 EuGH v. 21.10.2021 – Rs. C-80/20 (Wilo Salmson), UR 2021, 876; EuGH v. 09.12.2021– Rs. C-154/20 (Kernwater pro Chemie), BB 2021, 3029 und v. 11.11.2021 – C-281/21(Ferimet), UR 2022, 65.

1063 So EuGH v. 21.11.2018 – Rs. C-664/16 (Vadan), UR 2018, 962. Dazu kritisch Wäger UR 2019, 41, 45.

1064 BFH v. 23.10.2014 – V R 23/13, BStBl. II 2015, 313; v. 05.09.1988 – X R 55/81, BStBl. II 1989, 120.

1065 Vgl. zur Rechtslage nach der 6. Richtlinie EuGH v. 05.12.1996 – Rs. C-85/95 (Reisdorf), Slg. 1996, I-6257; zum Erfordernis des Vorliegens einer – wenn auch möglicherweise noch zu berichtigenden – Rechnung s. BFH v. 12.03.2020 – V R 48/17, BStBl. II 2020, 604; v.22.01.2020 – XI R 10/17, BStBl. II 2020,601; v. 15.10.2019 – V R 14/18, BStBl. II 2020, 596; v. 20.10.2016 – V R 26/15, = BStBl. II 2020, 593 = DB 2016,3019; EuGH v. 15.09.2016 – Rs. C-518/14 (Senatex), UR 2016, 800 (Rn. 39); v. 29.04.2004 – Rs. C-152/02 (Terra Baubedarf), UR 2004, 323.

Zeitraum zulässig. Eine Rückbeziehung auf den Besteuerungszeitraum, Voranmeldungszeitraum der Ausführung der Leistung hat richtigerweise bei vollständigen Fehlen einer Rechnung nicht stattzufinden,[1066] wenn zunächst überhaupt keine Rechnung erteilt worden war. Der Vorsteuerabzug ist dann auch erst für den Voranmeldungszeitraum (Besteuerungszeitraum) geltend zu machen, in dem das Abzugsrecht nach § 15 Abs. 1 UStG, Art. 167 i.V.m. Art. 63–66 MwStSystRL entstanden ist und erstmals eine ordnungsgemäße Rechnung mit offenem Steuerausweis als Abzugsvoraussetzung nach § 15 Abs. 1 UStG, Art. 178 MwStSystRL vorliegt. Bei erstmaligem Vorliegen einer Rechnung ist der Vorsteuerabzugs-/Vorsteuererstattungsanspruch auch nur für den Zeitraum des erstmaligen Vorliegens der Rechnung geltend zu machen und zu gewähren. Er kann nicht durch Stornierung/Aufhebung der ursprünglichen Rechnung und Erteilung einer neuen Rechnung in einen späteren Voranmeldungs-/Erstattungszeitraum verlagert werden, namentlich nicht, wenn der Vorsteuervergütungsanspruch für den Zeitraum der erstmaligen Erteilung der „stornierten" Rechnung bereits bestandskräftig verneint worden ist.[1067]

Umstritten war aber früher, ob nicht eine rückwirkende Rechnungsberichtigung zulässig sein sollte, wenn bereits eine – wenn auch fehlerhafte und unvollständige – Rechnung vorlag.[1068] Im Kern geht es dabei im Wesentlichen nur um die Verhinderung von Zinszahlungen nach § 233 a AO.

Der EuGH hat insoweit mittlerweile entschieden, dass bei einer Rechnungsberichtigung mit spezifischem und eindeutigem Bezug auf die zu berichtigende Rechnung und mit dann vollständigen und richtigen Angaben der Vorsteuerabzug (rückwirkend) schon für den Besteuerungs-/Voranmeldungszeitraum zu berücksichtigen ist, in dem die (Eingangs-)Leistung (oder eine Anzahlung dafür) erfolgt war und die (wenn auch zunächst unrichtige oder unvollständige, aber nunmehr berichtigte) Rechnung erstmals vorlag. Dem folgt nunmehr auch der BFH und jetzt auch das BMF für das deutsche Recht, indem er § 15 Abs. 1 Nr. 1 UStG dementsprechend richtlinienkonform auslegt.[1069] Die Rechnungsberichtigung muss – im Falle der Klage – spätestens bis zur letzten mdl. Verhandlung vor dem FG erfolgt sein. Dass der EuGH die Versagung des Vorsteuerabzugs lediglich für einen früheren Besteuerungszeitraum und die dadurch nach § 233 a AO anfallenden Nachzahlungszinsen als unverhältnismäßig und nicht erforderlich ansah, aber die (in Deutschland freilich glücklicherweise (noch) nicht vorgesehene Androhung und dann Verhängung) straf- und ordnungsrechtlicher Sanktionen für verhältnismäßig , kann man allerdings nur mit Erstaunen zur Kenntnis nehmen.

Der deutsche Gesetzgeber hat durch § 14 Abs. 4 S. 4 UStG i.d.F. JStG 2020 nunmehr allerdings auch ausdrücklich bestimmt, dass eine **Rechnungsberichtigung kein rückwirkendes Ereignis im Sinne des § 175 Abs. 1 Nr. 2 und § 233 a Abs. 2 a der AO** ist. Mithin scheidet die Änderung eines bereits bestandskräftig festgesetzten Umsatzsteuerbescheides nach § 175 Abs. 1 Nr. 2 AO und eine Berücksichtigung beim Zinsablauf nach § 233 Abs. 2 a aus. Zu beachten ist allerdings, dass Voranmeldungen wie auch die Jahreserklärung Steueranmeldungen im Sinne der §§ 167,168 AO sind, die

---

1066 So zutreffend EuGH v. 18.03.2021 – C-895/19 (A), UR 2021, 787 unter Hinweis auf (grundlegend) EuGH v. 29.04.2004 – Rs. C-152/02 (Terra Baubedarf), Slg. 2004, I-5597 und v. 15.09.2016 – C 518/14 (Senatex), UR 2016, 800; BFH v. 19.06.2013 – XI R 41/10, BStBl. II 2014, 738; v. 13.02.2014 – V R 8/13, BStBl. II 2014, 595; Abschn.15.2. Abs. 2 S. 7 u. 8 UStAE i.d.F. BMF v. 10.12.2014, BStBl. I 2014, 1622. Siehe auch BMF v. 18.09.2020, BStBl. I 2020, 976 m.w.N. und BFH v. 20.10.2016 – V R 26/15, BStBl. II 2020, 593.

1067 Siehe EuGH v. 21.10.2021 – Rs. C-80/20 (Wilo Salmson), UR 2021, 876 mit Anm. Heinrichshofen und Weymüller MwStR 2022,17.

1068 Offen BFH v. 19.06.2013 – XI R 41/10; s. auch Vorlagebeschluss Nds. FG v. 03.07.2014 – 5 K 40/14, (EuGH Rs. C-518/14), MwStR 2015, 63. (Ist unionsrechtlich nach den Entscheidungen des EuGH v. 15.07.2010 – Rs. C-368/09 [Pannon Gep] und v. 08.05.2013 – Rs. C-271/12 [Petroma Transport], eine Rückwirkung bei Ergänzung einer unvollständigen Rechnung zuzulassen?)

1069 BMF v. 18.09.2020, BStBl. I 2020, 976 und Abschn 15. 2a UStAE Abs. 1a und Abs. 7 in der durch das Schreiben vom 18.09.2020 geänderten Fassung; BFH v. 12.03.2020 – V R 48/17, BStBl. II 2020, 604; v.22.01.2020 – XI R 10/17, BStBl. II 2020,601; v. 15.10.2019 – V R 14/18, BStBl. II 2020, 596; v. 20.10.2016 – V R 26/15, = BStBl. II 2020, 593 = DB 2016, 3019; BFH v. 05.09.2019 – V R 38/17, DStR 2019, 2645; v. 01.03.2018 – V R 18/17, UR 2018, 516 = BFHE 261/18; grundlegend BFH v. 20.10.2016 – V R 26/15, UR 2017,60 mit Anm. Sterzinger. Zur Rechtsprechung des EuGH bzgl. Rechnungsberichtigung grundlegend EuGH v. 05.09.2016 – Rs. C-518/14 (Senatex), UR 2016, 800 mit (zustimmenden) Anm. Ismer MwStR 2016, 795; Grube MwStR 2016, 800; dies. MwStR 2018, 441; Widmann UR 2017,18; ablehnend Stadie und Reiß MwStR 2016, 934 und MwStR 2016, 972. S. auch EuGH v. 12.04.2018 – Rs. C-8/17 (Biosafe) und v. 21.03.2018 – Rs. C-533/16 (Volkswagen), UR 2018, 399 und 359 (zu unzulässigen Ausschlussfristen bei Rechnungsberichtigungen) sowie Reiß UR 2018, 457; Grube MwStR 2018, 441.

einer Steuerfestsetzung unter dem Vorbehalt der Nachprüfung gleichstehen, so dass sie nach § 164 AO ohnehin jederzeit geändert werden können, solange der Vorbehalt wirksam ist. Die durch den Gesetzgeber nunmehr ausdrücklich erfolgte „Klarstellung", wonach eine Rechnungsberichtigung kein rückwirkendes Ereignis im Sinne der §§ 175, 233 AO ist, war auch bereits in der Vergangenheit vor Inkrafttreten des JStG 2020 zu beachten.[1070]

327 **e)** Der **Vorsteuerabzug** ist immer nur bis zur Höhe des offen ausgewiesenen Betrages zulässig. Er ist aber nach § 15 Abs. 1 Nr. 1 UStG maximal **nur** bis zur Höhe der für den Umsatz **gesetzlich geschuldeten Steuer** zulässig, auch wenn die Steuer unzutreffenderweise zu hoch ausgewiesen sein sollte (s. Rn. 333), z.B. wegen Anwendung des allgemeinen Steuersatzes anstelle des ermäßigten, wegen eines Rechenfehlers oder weil es sich um einen steuerfreien oder nicht steuerbaren Umsatz handelt.[1071] Unabhängig von einer Korrektur eines unzutreffend zu hohen Rechnungsausweises darf der Leistungsempfänger den Vorsteuerabzug mithin von vornherein nur in der für den Umsatz gesetzlich geschuldeten Höhe vornehmen. Etwaige zivilrechtliche Rückzahlungsansprüche hinsichtlich der unzutreffend zu hoch oder unberechtigt ausgewiesenen USt sind auf dem Zivilrechtsweg geltend zu machen.[1072]

Fall 33: Die fehlerhafte Abrechnung

Unternehmer U (mit Sitz in Ulm) beauftragt den Frachtführer F, für U Ware von Dresden nach Kiew zu befördern. Es ist der erste Ausfuhrumsatz für U. Auch F hat bisher noch keine grenzüberschreitende Güterbeförderung erbracht. F stellt dem U 1.000 € zzgl. 190 € USt in Rechnung, die U anstandslos entrichtet.

Kann U die ihm in Rechnung gestellte USt abziehen, wenn diese alle Angaben nach § 14 Abs. 4 UStG enthält?

328 Die von F erteilte Abrechnung ist eine **Rechnung.** Nach der Legaldefinition des § 14 Abs. 1 S. 1 UStG ist Rechnung jedes Dokument, mit dem über eine Lieferung oder sonstige Leistung abgerechnet wird. Das sind nicht nur Rechnungen im engeren Sinne von Zahlungsanforderungen, sondern können auch Zahlungsbestätigungen (Quittungen) sein. Rechnungen müssen nicht auf **Papier** übermittelt werden. Die Rechnung kann – mit Zustimmung des Empfängers – auch elektronisch übermittelt werden. Eine **elektronische Rechnung** ist nach dem Gesetz eine Rechnung, die in elektronischem Format ausgestellt und empfangen wird, § 14 Abs. 1 S. 7 und 8 UStG.[1073] Obwohl hier eine Rechnung mit allen nach § 14 Abs. 4 UStG erforderlichen Angaben vorliegt, sind die Voraussetzungen für einen Vorsteuerabzug nicht erfüllt. Denn F schuldete für die Transportleistung gesetzlich keine Steuer. Nur eine in einer Rechnung ausgewiesene **gesetzlich geschuldete Steuer** kann aber nach § 15 Abs. 1 Nr. 1 S. 1 UStG (Art. 168 lit. a MwStSystRL) **als VoSt** abgezogen werden. Gesetzlich geschuldete Steuer ist dabei nur eine Steuer, die der Rechnungsaussteller wegen der Ausführung eines Umsatzes schuldet, **nicht** eine wegen **unzutreffender Rechnungsausstellung** nach § 14 c Abs. 1 und 2 UStG **geschuldete Steuer**. Die Beförderungsleistung des F ist grundsätzlich nach § 3 a Abs. 2 UStG in Deutschland steuerbar, da U seinen Unternehmenssitz in Deutschland hat. Soweit die Beförderungsleistung allerdings tatsächlich in Drittlandsgebiet – hier Ukraine – erfolgt und damit dort genutzt wird, ist die Beförderungsleistung nach § 3 a Abs. 8 UStG als dort ausgeführt zu behandeln und daher in Deutschland nicht steuerbar. Hinsichtlich der in Deutsch-

1070 Siehe Widmann MwStR 2021, 6 f. und Sterzinger UR 2020, 941, 945.

1071 BFH v. 06.12.2007 – V R 3/06, BStBl. II 2009, 203 (GiG); v. 02.04.1998 – V R 34/97, BStBl. II 1998, 695.

1072 BFH v. 02.03.2016 – V R 16/15, BFH/NV 2016, 1074; v. 11.10.2007 – V R 27/05, BStBl. II 2008, 438.

1073 § 14 Abs. 1 und Abs. 3 UStG wurden durch das Steuervereinfachungsgesetz 2011 v. 01.11.2010, BGBl. I 2011, 2131 geändert, indem nunmehr die elektronisch übermittelte Rechnung nach jedem Verfahren unter der Voraussetzung der Gewährleistung von Echtheit der Herkunft und Unversehrtheit des Inhaltes zugelassen wird. Vgl. zur elektronisch übermittelten Rechnung auch Abschn. 14.4. UStAE.

land und innerhalb der Gemeinschaft zurückgelegten Strecke bleibt es bei der Steuerbarkeit nach §§ 1 Abs. 1 Nr. 1, 3 a Abs. 2 UStG. Allerdings ist die Beförderungsleistung des F insoweit nach § 4 Nr. 3 a aa) UStG befreit, da sich die Beförderungsleistung unmittelbar auf einen Gegenstand der Ausfuhr – §§ 4 Nr. 1 a, 6 UStG, die Ukraine ist Drittland – bezieht. Mithin schuldet F gesetzlich keine deutsche USt für die an U erbrachte Beförderungsleistung. Daher darf U auch die **unzutreffend ausgewiesene deutsche USt** von 190 € **nicht als VoSt** abziehen. Auf seinen oder des F guten Glauben – aufgrund irriger Rechtsansicht – kommt es nicht an. F schuldet die fehlerhaft ausgewiesene USt allerdings bis zu einer Rechnungsberichtigung nach § 14 c Abs. 1 UStG.

Problematisch dabei ist, dass damit der Leistungsempfänger jeweils nachprüfen muss, ob ihm zu Recht vom Leistenden USt in Rechnung gestellt worden ist. Dies ist eine wenig überzeugende Änderung des früheren deutschen Rechtes, weil dem Unternehmer ein nahezu unübersehbares Risiko aufgebürdet wird, das nur schwerlich mit dem Neutralitätscharakter der USt vereinbar ist. Das Risiko unzutreffender Rechnungserteilung wird auf den leistungsempfangenden Unternehmer abgewälzt, obwohl der Fehler vom für den Fiskus handelnden leistenden Unternehmer als dem „Steuereinsammler" begangen wurde. Die Änderung war und ist allerdings gemeinschaftsrechtlich geboten. 329

Nach der früheren Gesetzeslage konnte, wenn fehlerhafterweise für einen steuerfreien oder nicht steuerbaren Umsatz deutsche USt in Rechnung gestellt wurde, der Leistungsempfänger diesen Betrag als VoSt abziehen.[1074] Dies widersprach allerdings den gemeinschaftsrechtlichen Vorgaben (jetzt Art. 168 MwStSystRL).[1075] Der BFH[1076] hatte deshalb bereits vor der Gesetzesänderung entschieden, dass § 15 Abs. 1 Nr. 1 UStG in richtlinienkonformer Auslegung den Vorsteuerabzug maximal nur bis zur Höhe der gesetzlich für den Umsatz geschuldeten deutschen USt zulasse.

§ 14 a UStG ergänzt § 14 Abs. 4 UStG bzgl. weiterer Pflichtangaben in bestimmten Sonderfällen, die im Wesentlichen **grenzüberschreitende Sachverhalte** betreffen. 330

I. Die Beachtung der Förmlichkeiten und der Inhaltsangaben, die für die **Rechnungserteilung** zu beachten sind, um einen reibungslosen Vorsteuerabzug zu ermöglichen und einer missbräuchlichen Vorsteuererschleichung zu begegnen, bereitet für die Unternehmer insbesondere **im grenzüberschreitenden Handel und Dienstleistungsverkehr innerhalb der Union** besondere Schwierigkeiten. Dies ist vor dem Hintergrund zu sehen, dass dafür besondere Kontrollmechanismen bestehen, namentlich der Informationsaustausch über im jeweilig anderen Mitgliedstaat zu besteuernde Umsätze und im eigenen Mitgliedstaat zu befreiende Umsätze. Zu diesem Zwecke sind schon die Steuerpflichtigen zu **zusammenfassenden Meldungen** für grenzüberschreitenden Lieferungen und Dienstleistungen innerhalb der Gemeinschaft nach Art. 262 f. MwStSystRL und § 18 a UStG und zu entsprechenden Rechnungsangaben gemäß Art. 226 MwStSystRL, §§ 14, 14 a UStG verpflichtet. Hinsichtlich der Rechnungserteilung bedarf es bei grenzüberschreitenden Leistungen zunächst schon einmal der Bestimmung des **(Mitglied-)Staates**, dessen **Rechtsvorschriften für die Rechnungsausstellung** zu beachten sind. Dazu bestimmt **Art. 219 a Nr. 1 MwStSystRL** als **Grundsatz**, dass die Rechtsvorschriften des **Mitgliedstaat**es zu beachten sind, in dem nach den **Orts**regelungen die jeweilige **Lieferung oder Dienstleistung ausgeführt** gilt. Abweichend davon sind nach Nr. 2 aber Rechtsvorschriften des **Ansässigkeitsstaates des leistenden Unternehmers maßgebend**, wenn dieser **nicht im Mit-**

1074 Vgl. BFH v. 29.10.1987 – V R 154/83, BStBl. II 1988, 508; v. 08.12.1988 – V R 28/84, BStBl. II 1989, 250.

1075 EuGH v. 13.12.1989 – Rs. C-342/87 (Genius Holding), Slg. 1989, 4227 mit Anm. Reiß UR 1991, 83 und Wagner StuW 1993, 260.

1076 BFH v. 02.04.1998 – V R 34/97, BStBl. II 1998, 695; kritisch zu Recht wegen Unzulässigkeit einer richtlinienkonformen Auslegung gegen den Wortlaut Stadie UR 1998, 351 und Reiß UR 1999, 170.

gliedstaat des Ortes der Lieferung oder sonstigen Leistung **ansässig** ist. Wird mit einer Gutschrift abgerechnet, sind wieder die Rechtsvorschriften des Mitgliedstaates der Ausführung der Leistung maßgeblich.

II. In **Umsetzung von Art. 219 a MwStSystRL** bestimmt zunächst der durch das AmtshilfeRLUmsG mit Wirkung ab dem 01.07.2013 eingefügte **§ 14 Abs. 7 S. 1 UStG**, dass für einen **nicht im Inland ansässigen Unternehmer** die **Rechnungsausstellungsvorschriften des Mitgliedstaates seiner Ansässigkeit** gelten, wenn wegen Umkehr der Steuerschuldnerschaft gemäß § 13 b UStG der (in der Regel in Deutschland ansässige) Leistungsempfänger die deutsche Umsatzsteuer schuldet (s. Rn. 382 ff.). Wird vom (in der Regel in Deutschland ansässigen) Leistungsempfänger vereinbarungsgemäß schon **mit Gutschrift** abgerechnet, hat der Leistungsempfänger als **Gutschriftaussteller** die **deutschen Vorschriften zur Rechnungsausstellung** in §§ 14, 14 a UStG zu beachten.[1077] Der Leistungsempfänger als Gutschriftaussteller hat dann gemäß § 14 Abs. 1 S. 4 UStG in der Gutschrift auch die USt-IdNr. des (im Ausland ansässigen) leistenden Unternehmers und seine eigene anzugeben. Außerdem ist in der Gutschrift auf die „Steuerschuldnerschaft des Leistungsempfängers" hinzuweisen. Den im anderen Mitgliedstaat (oder in einem Drittland ansässigen) leistenden Unternehmer treffen bei Erfüllung der Abrechnungsverpflichtung durch den Gutschriftenaussteller keine Rechnungsausstellungspflichten mehr.

III. **§ 14 a Abs. 1 UStG** i.d.F. AmtshilfeRLUmsG betrifft – umgekehrt korrespondierend zu § 14 Abs. 7 UStG – Rechnungsausstellungspflichten eines **im Inland ansässigen Unternehmers für Umsätze**, die in einem **anderen Mitgliedstaat ausgeführt** werden und bei denen es dort zu einer Umkehr der Steuerschuldnerschaft kommt. Das betrifft sonstige Leistungen, bei denen nach § 3 a UStG sich der Ort im anderen Mitgliedstaat befindet und es nach einer § 13 b Abs. 5 S. 1 UStG entsprechende Regelung dieses Mitgliedstaates dort zu einer Umkehr der Steuerschuldnerschaft kommt. Außerdem fallen darunter Lieferungen des im Inland ansässigen Unternehmers im anderen Mitgliedstaat beim innergemeinschaftlichen Dreiecksgeschäft, bei dem entsprechend § 25 b Abs. 2 UStG die Steuerschuld auf seinen Abnehmer übergeht. In beiden Konstellationen hat der im Inland ansässige Unternehmer die Rechnung unter Beachtung der deutschen Rechtsvorschriften nach §§ 14, 14 a UStG auszustellen. In der Rechnung ist anzugeben, dass eine **„Steuerschuldnerschaft des Leistungsempfängers"** besteht. Es darf in der Rechnung dann weder die ausländische Steuer noch deutsche Steuer ausgewiesen werden. Denn die ausländische Steuer wird gerade nicht vom im Inland ansässigen leistenden Unternehmer geschuldet und darf daher auch nicht dem diese schuldenden Leistungsempfänger in Rechnung gestellt werden. Deutsche USt wird aber von niemandem für diesen Umsatz im anderen Mitgliedstaat geschuldet. Wird sie dennoch in Rechnung gestellt, wird sie nach § 14 c Abs. 1 UStG geschuldet (s. unten Rn. 333 f.). Der Unternehmer ist im Übrigen zur Ausstellung der Rechnung bis zum 15. des der Ausführung der Leistung folgenden Monates verpflichtet und hat in der Rechnung seine USt-IdNr. und die des Leistungsempfängers anzugeben, § 14 a Abs. 1 und Abs. 7 UStG. Hat vereinbarungsgemäß aber der Leistungsempfänger im Wege der Gutschrift abzurechnen, so hat der Leistungsempfänger die **Gutschrift unter Beachtung der Rechtsvorschriften des anderen Mitgliedstaates** über die Rechnungsausstellung auszustellen. Den im Inland ansässigen leistenden Unternehmer treffen insoweit dann weder inländische Rechnungsaufstellungspflichten aus §§ 14, 14 a UStG, noch solche im Mitgliedstaat der Ausführung der Lieferung oder sonstigen Leistung.

1077 Vgl. auch Abschn. 14.1. Abs. 6.

IV. Nach **§ 14 a Abs. 2 UStG** muss der eine nach **§ 3 c UStG steuerbare Inlandslieferung** (dazu Rn. 195) ausführende im Ausland ansässige Unternehmer eine Rechnung ausstellen, obwohl er an Nichtunternehmer geliefert hat. **§ 14 a Abs. 3 UStG** verlangt für Rechnungen über **innergemeinschaftliche Lieferungen** ebenfalls die Angaben der USt-IdNrn. der Beteiligten. **§ 14 a Abs. 5 UStG** verlangt die Erteilung einer Rechnung unter Hinweis auf die Umkehrung der Steuerschuldnerschaft auch und gerade dann, wenn es nach § 13 b Abs. 5 UStG in Deutschland zu einer Umkehrung der Steuerschuldnerschaft kommt (dazu unter Rn. 382 ff.). Entsprechendes verlangt § 14 a Abs. 7 UStG für den Fall des innergemeinschaftlichen Dreiecksgeschäfts (dazu Rn. 185 ff.). Zu beachten ist, dass § 14 a Abs. 5 und 7 UStG im Unterschied zu § 14 a Abs. 1 UStG die Konstellation betreffen, in denen vom Leistungsempfänger wegen Umkehr der Steuerschuldnerschaft deutsche Umsatzsteuer geschuldet wird, während es in § 14 a Abs. 1 UStG um die Umsatzsteuer des anderen Mitgliedstaates geht.

§ 14 b Abs. 1 UStG statuiert für den leistenden Unternehmer eine Aufbewahrungspflicht von zehn Jahren eines Doppels der von ihm ausgestellten und empfangenen Rechnungen, respektive der für ihn erteilten Gutschriften, die mit dem Schluss des Kalenderjahres der Ausstellung beginnt. In den Fällen der Umkehrung der Steuerschuldnerschaft trifft die Aufbewahrungspflicht auch den Leistungsempfänger als Steuerschuldner. § 14 b Abs. 2–5 UStG regeln, dass die Aufbewahrungspflichten grundsätzlich im Inland oder im Gemeinschaftsgebiet zu erfüllen sind und dass dies auch auf elektronischem Wege erfolgen kann. Bei elektronischer Aufbewahrung außerhalb des Gemeinschaftsgebietes gilt § 146 Abs. 2 a AO (Bewilligung, wenn die Besteuerung dadurch nicht beeinträchtigt wird). **331**

Die Einhaltung der Rechnungserteilungspflichten wie auch der Aufbewahrungspflichten wird durch § 26 a UStG mit Bußgeldandrohungen sanktioniert. Dem leistenden Unternehmer sowie den unternehmerischen Leistungsempfängern bei Umkehrung der Steuerschuldnerschaft werden für die jeweilige Ordnungswidrigkeit durch Verletzung der Rechnungserteilungs-, bzw. Aufbewahrungspflicht Bußgelder bis zu 5.000 € angedroht. Für die Verletzung der zweijährigen Aufbewahrungspflicht bei „Bauleistungen" an Privatpersonen oder für den nichtunternehmerischen Bereich von Unternehmern droht das Gesetz Bußgelder bis zu 500 € an. Die Aufbewahrungspflicht besteht auch dann, wenn entgegen § 14 Abs. 4 Nr. 9 UStG die Rechnung keinen Hinweis darauf enthielt. Allerdings kann es dann am Verschulden (Vorsatz oder Leichtfertigkeit) fehlen.

---

2. Rechnung und Gutschrift

Nach der Legaldefinition des § 14 Abs. 1 S. 1 UStG ist **Rechnung** jedes Dokument, mit dem über eine Lieferung oder sonstige Leistung abgerechnet wird. Die Rechnung muss grundsätzlich vom leistenden Unternehmer oder einem von ihm beauftragten Dritten ausgestellt sein. Rechnet anstelle des Leistenden oder eines von ihm beauftragten Dritten der **Leistungsempfänger** oder ein von diesem beauftragter Dritter ab, liegt eine **Gutschrift** vor, § 14 Abs. 2 S. 2 und 4 UStG. Auch die Gutschrift ist eine Rechnung i.S.d. §§ 14 Abs. 1 und 15 Abs. 1 UStG. Daher kann aus ihr der Vorsteuerabzug geltend gemacht werden.[1078] Voraussetzung ist allerdings, dass eine solche Abrechnung durch den Leistungsempfänger mit dem Leistenden vorher vereinbart wurde. Eine solche Vereinbarung bedarf keiner besonderen Form. Sie kann auch **332**

1078 Vgl. auch EuGH v. 17.09.1997 – Rs. C-141/96 (Langhorst), Slg. 1997, II-5073.

mündlich und auch konkludent getroffen werden. Die Gutschrift muss dem Leistenden übermittelt werden.[1079] Sie muss die **ausdrückliche Angabe „Gutschrift"** enthalten, § 14 Abs. 4 Nr. 10 UStG i.d.F. AmtshilfeRLUmsG. Widerspricht der leistende Unternehmer der Gutschrift, verliert die Gutschrift nach § 14 Abs. 2 S. 3 UStG die Wirkung einer Rechnung. Das gilt auch dann, wenn die Gutschrift den zivilrechtlichen Vereinbarungen entspricht und die Umsatzsteuer zutreffend ausweist.[1080] Der Gutschriftaussteller muss dann seinen Anspruch auf Erteilung einer Rechnung per Klage durchsetzen, um den Vorsteuerabzug zu erreichen. Wird der Widerspruch erst zu einem späteren Zeitpunkt ausgesprochen, soll er erst für den Besteuerungs- oder Voranmeldungszeitraum wirken, in dem er ausgesprochen wurde.[1081] Dies hat primär Bedeutung für den Vorsteuerabzug des Gutschriftempfängers, der dann aus der Gutschrift mangels Vorliegens einer Rechnung keinen Vorsteuerabzug (mehr) geltend machen kann; es hat aber auch Bedeutung für den Leistenden. Denn bei einer Gutschrift mit unzutreffendem Steuerausweis muss er dieser widersprechen, wenn er eine Steuerschuld nach § 14 c UStG wegen unzutreffendem Ausweis von USt vermeiden will. Der Widerspruch muss dem Gutschriftaussteller so übermittelt werden, dass er davon Kenntnis nehmen kann.[1082] Er wird mit dem Zugang wirksam.

3. Überhöhter und unberechtigter Steuerausweis in Rechnungen

333 **a)** Wegen der Gefahr eines unberechtigten Vorsteuerabzugs aus Rechnungen/Urkunden mit offenem Steuerausweis, obwohl materiell keine oder jedenfalls nicht eine so hohe Umsatzsteuer geschuldet wird, ordnen **§ 14 c Abs. 1 UStG** – sog. **zu hoher Steuerausweis** – und **§ 14 c Abs. 2 UStG** – sog. **unberechtigter Steuerausweis** – an, dass der Aussteller die unzutreffend ausgewiesene Steuer schuldet.[1083] Dabei differenziert das Gesetz zwischen den Rechtsfolgen und teilweise zwischen den Voraussetzungen für eine Berichtigung des zunächst geschuldeten Steuerbetrages wegen der unzutreffend hoch ausgewiesenen Steuer:

aa) Bei § 14 c Abs. 1 UStG entsteht in Höhe der in einer Rechnung unzutreffend zu hoch ausgewiesenen Steuer eine Steuerschuld. Die **Steuer entsteht** nach § 13 Abs. 1 Nr. 3 UStG schon und erst **mit Ausgabe der Rechnung**. Die Steuerschuld entfällt jedoch – allerdings nicht rückwirkend! –, wenn die Rechnung hinsichtlich des zu hoch ausgewiesenen Steuerbetrages berichtigt wird.[1084] Die entsprechende Anwendung des § 17 UStG besagt, dass dies erst in dem Voranmeldungs- bzw. Besteuerungszeitraum zu berücksichtigen ist, in dem die Rechnung berichtigt wurde. Soweit der zu hoch ausgewiesene Steuerbetrag bereits bezahlt worden war, entfällt die Steuerschuld nach (verfehlter) Auffassung der Rspr. und Verwaltung nur und erst mit Rückzahlung des zu hoch ausgewiesenen Betrages.[1085]

Beispiel: U1 hat in 12/2021 an den U2 eine steuerfreie Leistung ausgeführt und ihm darüber in 12/2021 eine Rechnung über 1.000 € zzgl. 190 € USt erteilt. In 01/2022 berichtigt er die Rechnung

---

1079 Abschn. 14.3. Abs. 3; Abschn. 15.2a. Abs. 2 UStAE.

1080 BFH v. 23.01.2013 – XI R 25/11, BStBl. II 2013, 417; Kräusel UR 2013, 609; a.A. (unzutreffend) Hummel UR 2012, 497; Stadie UR 2013, 365.

1081 BFH v. 19.05.1993 – V R 110/88, BStBl. II 1993, 779, so auch Abschn. 14.3. Abs. 4 und 15.2a. Abs. 11 UStAE, aber zweifelhaft.

1082 BFH v. 15.09.1994 – XI R 56/93, BStBl. II 1995, 275.

1083 S. auch BGH(St) v. 17.09.2016 – 1 StR 57/16 zur vorsätzlichen Steuerhinterziehung bei Nichtdeklarierung einer 14-c-Schuld.

1084 BFH v. 19.05.2015 – V B 133/14, MwStR 2015, 862; v. 05.06. 2014 – XI R 44/12, UR 2014, 700; s. aber BFH v. 27.09.2018 – V R 32/16, MwStR 2019, 416 (Billigkeitserlass bei fehlerhafter Beurteilung einer stfreien Kreditgewährung durch eine sale and lease back-Gestaltung als stpfl Hin- und Herlieferungen).

1085 BFH v. 27.10.2020 – XI B 33/20, UR 2021, 232; BFH v. 16.05.2018 – XI R 28/16, DStR 2018, 1663 mit (zustimmender) Anm. Treiber und Reiß MwStR 2018, 842 (ablehnend); Abschn. 14c. Abs. 5 S. 4 und Abschn. 17.1. Abs. 10 S. 2 UStAE i.d.F. BMF v. 07.10.2015, BStBl. I 2015, 782.

auf 1.000 € und zahlt an U2 190 € zurück. Dann schuldet U1 für 12/2020 aus § 14 c Abs. 1 UStG 190 € USt. Dem U2 steht in 12/2021 trotz Vorliegens einer Rechnung mit offenem Steuerausweis kein Vorsteuerabzug zu, denn die Steuer wird von U1 nicht wegen der Lieferung gesetzlich geschuldet (s. Rn. 322). U1 hat in 01/2022 die Steuer von 190 € zu berichtigen, § 14 c Abs. 1 i.V.m. § 17 Abs. 1 S. 1 und S. 7 UStG, sodass er für 01/2022 -190 € USt schuldet.

Beachte: *Der Rechnungsberichtigung kommt bei § 14 c Abs. 1 UStG gerade keine Rückwirkung zu. Die unzutreffend ausgewiesene Steuer entfällt erst im VZ/BZ der Rechnungsberichtigung und nicht „rückwirkend" für den VZ/BZ des unzutreffend hohen Steuerausweises. Wie bei § 17 UStG für die Änderung der Bemessungsgrundlage (dazu Rn. 300) soll für das Entfallen der Steuerschuld aus § 14 c UStG bei einer Rechnungsberichtigung auch die Rückzahlung des zu hoch ausgewiesenen Betrages an den Rechnungsempfänger erforderlich sein, wenn dieser Betrag bereits vereinnahmt wurde und nach Zivilrecht nicht geschuldet wird.*[1086] *Das ergibt sich nicht aus dem Gesetz.*

Unter **§ 14 c Abs. 1 UStG** fallen der zu hohe Steuerausweis bei **Rechenfehlern**, bei Anwendung eines **zu hohen Steuersatzes,** namentlich des Normalsteuersatzes bei ermäßigt nach § 12 Abs. 2 UStG zu besteuernden Umsätzen,[1087] aber auch der Ausweis einer Steuer bei **steuerfreien oder nicht steuerbaren Auslandsumsätzen**, in den Fällen der Umkehr der Steuerschuldnerschaft[1088] oder bei Abrechnung mit offenem Steuerausweis nach Eintritt der Festsetzungsverjährung.[1089] An sich fallen unter § 14 c Abs. 1 UStG auch der Ausweis von Steuer trotz Nichtsteuerbarkeit für eine Geschäftsveräußerung nach § 1 Abs. 1 a UStG und der Steuerausweis bei Widerruf einer Option nach § 9 UStG. Für die Rechtsfolgen verweist § 14 c Abs. 1 S. 3 aber auf § 14 c Abs. 2 S. 3–5 UStG.

bb) Bei **§ 14 c Abs. 2 UStG** wird ebenfalls ein in der Rechnung unberechtigt ausgewiesener Steuerbetrag zunächst geschuldet. Die Steuer entsteht hier nach § 13 Abs. 1 Nr. 3 UStG i.d.F. StÄndG 2015 (bis dahin nach Nr. 4) ebenfalls im Zeitpunkt der Ausgabe der Rechnung. § 14 c Abs. 2 UStG findet Anwendung, wenn erstens **keine Berechtigung zu einem gesonderten Steuerausweis** besteht – dies betrifft u.a. den **Kleinunternehmer nach § 19 UStG**[1090] oder den die Differenzbesteuerung anwendenden Unternehmer nach § 25 a UStG –, zweitens, wenn ein **Nichtunternehmer** Steuer ausweist und drittens, wenn Steuer ausgewiesen wird, obwohl eine **Lieferung oder sonstige Leistung nicht ausgeführt** wurde, § 14 c Abs. 1 S. 1 und 2 UStG. Insbesondere zu einem unberechtigten Steuerausweis trotz Nichtausführung einer Leistung kann es auch ohne kriminelle Energien (klassische Fälle sind insoweit Schein- oder Gefälligkeitsrechnungen!) leicht aufgrund von Irrtümern kommen, wenn etwa ein Unternehmer zwar eine Leistung ausgeführt hat, aber die Rechnung nicht an den richtigen Leistungsempfänger ausstellt, etwa für Bauleistungen die Rechnung an einen der Ehepartner erstellt, obwohl Leistungsempfänger (Besteller) die Ehegatten waren, oder wenn ein Unternehmer irrtümlich annimmt, er schulde wegen einer erhaltenen Schadensersatzleistung USt. Ebenfalls unter diese Kategorie fallen Rechnungen, in denen bewusst ein falscher Leistungsgegenstand in Rechnung gestellt wird, obwohl eine ganz andere Leistung ausgeführt wurde.[1091] Die Rech-

---

1086 BFH v. 16.05.2018 – XI R 28/16, DStR 2018, 1663; v. 12.10.2016 – XI R 43/14, DStR 2017, 258, Abschn. 14c. Abs. 5 S. 4 UStAE.

1087 S. aber BFH v. 24.10.2013 – V R 17/13, BStBl. II 2015, 513 (kein § 14 c Abs. 1 UStG und voller Vorsteuerabzug, bei Rechnungserteilung unter Ausweis einer Steuer nach dem Normalsteuersatz, wenn unionsrechtswidrig nach nationalem Recht der ermäßigte Steuersatz anzuwenden wäre wegen Anwendungsvorrang des Unionsrechtes).

1088 So jedenfalls Abschn. 13b.14. Abs. 1 S. 5 UStAE; a.A. Lippross 6.4.2.1 e).

1089 BFH v. 13.11.2003 – V R 79/01, BStBl. II 2004, 375.

1090 Vgl. BFH v. 25.09.2013 – XI R 41/12, BStBl. II 2014, 135 (auch bei Erteilung einer Kleinbetragsrechnung gemäß § 33 UStDV nur mit Steuersatzangabe).

1091 BFH v. 14.02.2019 – V R 68/17, BStBl. II 2020, 65 (Anwendg. v. § 14 c Abs. 2 auch bei unzutreffendem Steuerausweis in gutgläubig erteilten Rechnungen); v. 08.09.1994 – V R 70/91, BStBl. II 1995, 32. Zur Haftung des Insolvenzverwalters wegen unberechtigter Rechnungserteilung mit offenem Steuerausweis vgl. BFH v. 21.06.1994 – VII R 34/92, BStBl. II 1995, 230; dort auch zur Eigenschaft der Steuerschuld aus § 14 c Abs. 2 UStG als Masseverbindlichkeit gem. § 55 InsO.

nung i.S.d. § 14 c UStG muss nicht alle Pflichtmerkmale des § 14 Abs. 4 UStG enthalten.[1092]

Eine bloße nachträgliche Rechnungsberichtigung lässt hier – anders als nach § 14 c Abs. 1 UStG – die Steuerschuld nicht bereits entfallen. Vielmehr entfällt die Umsatzsteuerschuld wegen des unberechtigten Steuerausweises bei § 14 c Abs. 2 UStG nur dann, wenn jede **Gefährdung des Steueraufkommens beseitigt** ist. Die Gefährdung des Steueraufkommens besteht darin, dass aus der Rechnung der Vorsteuerabzug geltend gemacht worden sein könnte oder noch geltend gemacht werden könnte, auch wenn materiell daraus kein Vorsteuerabzug geltend gemacht werden darf, weil es sich nicht um eine gesetzlich geschuldete Steuer handelt.[1093] Mithin entfällt die Steuerschuld erst dann, wenn feststeht, dass entweder kein Vorsteuerabzug geltend gemacht wurde und auch nicht mehr geltend gemacht werden kann oder wenn ein bereits geltend gemachter Vorsteuerabzug rückgängig gemacht wurde. Erforderlich ist, dass der **Fiskus auch tatsächlich die VoSt zurückerhalten** hat. Um dies überprüfen zu können, kommt eine Berichtigung erst in Betracht, wenn das **Finanzamt** auf entsprechenden Antrag einer **Steuerberichtigung zugestimmt** hat, § 14 c Abs. 2 S. 5 UStG. Auch hier erfolgt dann nicht etwa rückwirkend ein Wegfall der Steuerschuld aus § 14 c Abs. 2 UStG, sondern die Berichtigung ist erst für den Voranmeldungs-, respektive Besteuerungszeitraum vorzunehmen, in dem die Gefährdung des Steueraufkommens beseitigt wurde.[1094] Hatte der Rechnungsempfänger den Vorsteuerabzug (zu Unrecht) bereits geltend gemacht, ist der aufgrund des unberechtigten Steuerausweises nach § 14 c Abs. 2 UStG geschuldete Steuerbetrag erst für den Besteuerungszeitraum zu berichtigen, in dem der Rechnungsempfänger die zu Unrecht erlangte Vorsteuer an das Finanzamt zurückzahlt.[1095] Die Beseitigung der Gefährdung des Steueraufkommens verlangt aber zumindest, dass der Rechnungsaussteller den Steuerausweis gegenüber dem Rechnungsempfänger berichtigt, indem er die Rechnung insoweit für ungültig erklärt.[1096] Frühestens für diesen Zeitraum kann dann – nach Zustimmung des Finanzamtes – die Steuerschuld berichtigt werden. Diese Grundsätze sind entsprechend anzuwenden, wenn für eine Geschäftsveräußerung nach § 1 Abs. 1 a UStG unberechtigterweise eine Steuer ausgewiesen wurde oder wenn eine Option widerrufen wird.

334 **b)** § 14 c Abs. 1 u. 2 UStG ersetzen die früheren § 14 Abs. 2 und 3 UStG. Die dort in § 14 Abs. 3 UStG vorgesehene Rechtsfolge, wonach bei unberechtigtem Steuerausweis keine Steuerberichtigung in Betracht kam, auch wenn eine Gefährdung des Steueraufkommens beseitigt worden war, entsprach nicht den Vorgaben der 6. EG-Richtlinie (jetzt Art. 203 MwStSystRL). Der EuGH[1097] hatte dazu entschieden, dass auch zu Unrecht in Rechnung gestellte USt berichtigt werden kann, wenn der Aussteller der Rechnung jede Gefährdung des Steueraufkommens durch einen unberechtigten Vorsteuerabzug des Rechnungsempfängers rechtzeitig und vollständig beseitigt

---

1092 BFH v. 17.02.2011 – V R 39/09, BStBl. II 2011, 734 (fehlende Angabe von Lieferzeitpunkt und Steuernummer); 14c.2. Abs. 1 UStAE; v. 21.09.2016 – XI R 4/15, UR 2017, 146 = BStBl. II 2021, 106 (Gebührenbescheid einer jPdöR mit Ausweis von „Nettoentgelt" und „USt").

1093 Daher ist der Vorsteuerabzug auch bereits zu versagen, bevor eine Rechnungskorrektur bezüglich der unberechtigt ausgewiesenen Steuer erfolgt ist und auch unabhängig davon, ob eine zu Unrecht erhaltene Zahlung auf die unzutreffend verlangte USt bereits vom Rechnungsaussteller zurückgewährt wurde, vgl. zutreffend EuGH v. 13.03.2014 – Rs. C-107/13 (FIRIN), UR 2014, 705; zu einem möglicherweise zu gewährenden Vorsteuerabzugs durch Billigkeitserlass im Falle der Nichtrückzahlung wegen Insolvenz des Rechnungsausstellers s. BFH v. 30.06.2015 – VII R 30/14, UR 2015, 802.

1094 BFH v. 08.11.2016 – VII R 34/15, BStBl. II 2017, 496 (zu insolvenzrechtlichem Aufrechnungsverbot nach § 96 Abs. 1 Nr. 1 InsO bei Rechnungskorrektur nach § 14 c Abs. 2 UStG nach Insolvenzeröffnung).

1095 BFH v. 27.07.2021 – V R 43/19, UR 2021, 934 = MwStR 2022, 122.

1096 Abschn. 14c.2. Abs. 3 UStAE; vgl. auch EuGH v. 18.06.2009 – Rs. C-566/07 (Stadeco), Slg. 2009, I-5295; v. 31.01.2013 – Rs. C-643/11 (LVK), UR 2013, 346 (zur Zulässigkeit der Steuerschuld aus Art. 203 MwStSystRL = § 14 c UStG bis zur Berichtigung und Versagung des Vorsteuerabzugs wegen nicht erbrachter Lieferung).

1097 EuGH v. 19.09.2000 – Rs. C-454/98 (Schmeink & Cofreth, Strobel), Slg. 2000, I-6973.

hat. Nachdem sich nunmehr zwischen § 14 c Abs. 1 u. 2 UStG bei den Rechtsfolgen keine erheblichen Unterschiede mehr ergeben, hat die **tatbestandliche Unterscheidung** viel von ihrer Brisanz verloren. Daher kann häufig dahinstehen, ob § 14 c Abs. 1 oder Abs. 2 UStG anwendbar ist. Bedauerlich ist allerdings, dass der Gesetzgeber für § 14 c Abs. 1 UStG entgegen dem noch zu § 14 Abs. 2 UStG a.F. ergangenen BFH-Urteil[1098] bestimmt hat, dass bei § 14 c Abs. 1 UStG die bloße Rechnungsberichtigung gegenüber dem Leistungsempfänger genügt, um die Steuerschuld entfallen zu lassen. Dies ist dann ungenügend, wenn der Leistungsempfänger unberechtigterweise einen Vorsteuerabzug vorgenommen hatte und sich nunmehr als zur Rückzahlung unfähig erweist. Auch in diesen Fällen hätte daher einheitlich darauf abgestellt werden sollen, dass jede Gefahr für das Steueraufkommen effektiv beseitigt wurde.

c) Aus **Gutschriften** ist eine **Schuld nach § 14 c Abs. 1 UStG** des Gutschriftempfängers, also des **leistenden Unternehmers nach § 13 a Abs. 1 Nr. 1 UStG** und nicht des Gutschriftenausstellers möglich, wenn er der Gutschrift mit zu hohem Steuerausweis nicht widerspricht.[1099] Hingegen schuldet nach § 13 a Abs. 1 Nr. 4 UStG bei **§ 14 c Abs. 2 UStG** der **„Aussteller der Rechnung"** die Steuer.[1100] Strittig ist hier, wer der Aussteller der Rechnung ist.[1101] Als **Aussteller der Rechnung** ist bei einer Gutschrift richtigerweise der **Gutschriftaussteller** anzusehen, § 14 Abs. 2 S. 2 UStG, sodass jedenfalls der Gutschriftempfänger als der (ggf. nur angeblich) leistende Unternehmer hier **entgegen der h.M.** nicht nach § 14 c Abs. 2 UStG schulden kann.[1102] Eine **Schuld des Gutschriftenausstellers scheidet** allerdings **ebenfalls aus.** Denn **§ 14 c Abs. 2 S. 2 UStG** verlangt, dass der Aussteller **wie ein leistender Unternehmer abrechnet,** respektive **nicht zum gesonderten Steuerausweis berechtigt** ist oder **nicht Unternehmer** ist. Der Gutschriftenaussteller rechnet aber nicht wie ein leistender Unternehmer ab und es kommt auch nicht darauf an, ob er zum gesonderten Steuerausweis nicht berechtigt ist oder ob er nicht Unternehmer ist. Daher kann **§ 14 c Abs. 2 UStG bei Gutschriften** – bedauerlicherweise – überhaupt **keine Anwendung** finden. Richtigerweise hätte der Gesetzgeber hier, weil das Steueraufkommen ebenso gefährdet werden kann, eine Steuerschuldnerschaft des leistenden Unternehmers ausdrücklich anordnen sollen, soweit er einer Gutschrift nicht widersprochen hat. Eine Steuerschuld des Gutschriftenausstellers ist schon deshalb nicht besonders zielführend, weil diesem ohnehin schon der Vorsteuerabzug zu versagen ist. 335

4. Vorsteuerabzug bei Reisekosten

a) Bei Reisekosten des Unternehmers **(Geschäftsreisen)** oder des Arbeitnehmers **(Dienstreisen)** kann der Vorsteuerabzug grundsätzlich entsprechend den allgemeinen Regeln des § 15 Abs. 1 UStG vorgenommen werden. Erforderlich ist, dass Leistungsempfänger der Unternehmer ist und darüber eine ordnungsgemäße Rechnung mit offenem Steuerausweis erteilt wird. Man spricht von einem Vorsteuerabzug nach **Einzelnachweis.** Sofern Arbeitnehmer faktisch die Leistungen Dritter in Anspruch nehmen, z.B. Hotelübernachtung und Verpflegung, muss die Rechnung auf den Unternehmer lauten. Dieser muss der Vertragspartner sein. Dabei kann der Arbeitnehmer als offener Stellvertreter für den Unternehmer bei der Bestellung handeln. Insoweit sollten auch die Regeln über das Geschäft, den es angeht, beachtet werden. Da- 336

1098 BFH v. 22.03.2001 – V R 11/98, BStBl. II 2004, 313.

1099 BFH v. 16.10.2013 – XI R 39/12, BStBl. II 2014, 1024; Abschn. 14c.1. Abs. 3 UStAE; BFH v. 23.04.1998 – V R 13/92, BStBl. II 1998, 418.

1100 Vgl. dazu BFH v. 07.04.2011 – V R 44/09, BStBl. II 2011, 954 (Mitwirkung, Grundsätze der Anscheins- und Duldungsvollmacht zu berücksichtigen).

1101 Nach h.M. der leistende Unternehmer (Gutschriftenempfänger), so Stadie in: R/D § 14 c Rn. 100 f.; Birkenfeld/Wäger § 168 Rn. 601; a.A. Lippross 6.4.3.5 (Gutschriftenaussteller); Pogodda/Itter MwStR 2013, 18.

1102 Anders FG München v. 28.06.2016 – 2 K 3248/13, EFG 2016, 1484 m.w.N. und v. 09.06.2015 – 14 K 608/13 (aufgehoben durch BFH v. 03.08.2017 – V R 27/16, UR 2017, 937), EFG 2016, 1379.

nach wird man bei Dienstreisen davon ausgehen können, dass der Arbeitnehmer die entsprechenden Geschäfte für den Unternehmer abschließt, wenn dieser die Aufwendungen trägt. Frühere deutsche Sonderregelungen zur Beschränkung des Vorsteuerabzugs bei Reisekosten wurden wegen Unvereinbarkeit mit den Richtlinienvorgaben aufgehoben.[1103] Im Ergebnis ist der Vorsteuerabzug für Reisekosten daher ausschließlich anhand der allgemeinen Regelung des § 15 Abs. 1 UStG zu bestimmen.

337 **b)** Danach ergibt sich im Einzelnen folgende Rechtslage für den Vorsteuerabzug bei Reisekosten:

Hinsichtlich der **Übernachtungskosten** des Unternehmers oder der Arbeitnehmer ist vorbehaltlich einer ordnungsgemäßen auf den Unternehmer lautenden Rechnung der Vorsteuerabzug in vollem Umfang zulässig. Bei Kleinbetragsrechnungen braucht nach § 33 UStDV der Unternehmer nicht bezeichnet zu sein.

Ebenfalls ist in vollem Umfange der Vorsteuerabzug aus **Fahrtkosten** mit öffentlichen Verkehrsmitteln oder unternehmenseigenen Fahrzeugen zulässig. Ein Vorsteuerabzug aus der Benutzung von **arbeitnehmereigenen Fahrzeugen** scheidet hingegen deshalb aus, weil diese nicht Unternehmer sind.[1104] Soweit sie ihre Fahrzeuge dem Unternehmer entgeltlich überlassen und insofern als Unternehmer handeln, ist vorbehaltlich § 19 UStG der Vorsteuerabzug bei ordnungsgemäßer Rechnungserteilung hingegen zuzulassen. Ebenfalls muss der Vorsteuerabzug zugelassen werden, wenn der Unternehmer etwa den Kraftstoff für Dienstfahrten der Arbeitnehmer mit arbeitnehmereigenen Fahrzeugen selbst erwirbt und dem Arbeitnehmer zur Verfügung stellt.[1105]

c) Aufwendungen für die **Verpflegung des Unternehmers** anlässlich einer Geschäftsreise sollen nach der Auffassung des BMF grundsätzlich zu einem vollen Vorsteuerabzug führen.[1106] Nur soweit sie nach allgemeiner Verkehrsauffassung als unangemessen anzusehen sind, soll nach § 15 Abs. 1 a Nr. 1 UStG i.V.m. § 4 Abs. 5 S. 1 Nr. 7 EStG der Vorsteuerabzug ausgeschlossen sein. Dies wird von den Interessenvertretern sicher begrüßt, beruht aber auf einer unzutreffenden Auslegung des § 15 Abs. 1 UStG und der Art. 167, 168 lit. a MwStSystRL. Verpflegungsleistungen werden grundsätzlich nicht für das Unternehmen bezogen, sodass schon § 15 Abs. 1 Nr. 1 UStG den Vorsteuerabzug ausschließt. Auch der Unternehmer isst und trinkt auf einer Geschäftsreise als normaler Endkonsument und bezieht dabei keine Eingangsleistungen, die er für Zwecke seiner besteuerten Umsätze verwendet. Etwas anderes kann allenfalls für den sog. **Mehraufwand für Verpflegung** gelten. Hier sollte in Anlehnung an § 4 Abs. 5 S. 1 Nr. 5 EStG als Schätzung davon ausgegangen werden, dass ein entsprechender Verpflegungsmehraufwand unternehmerisch veranlasst ist. Daher ist – bei Vorhandensein von ordnungsgemäßen Rechnungen(!) – der Vorsteuerabzug entgegen der Auffassung des BMF allenfalls der Höhe nach begrenzt möglich. Bei 24-stündiger Abwesenheit (vgl. dazu §§ 4 Abs. 5 S. 1 Nr. 5 und 9 Abs. 4 a EStG) kann daher ein Vorsteuerabzug aus einem Betrag/Entgelt von 24 € mit (24 € x 19 % =) 4,56 € geltend gemacht werden.

338 **d)** Bei der Gewährung von **Verpflegung** an die Arbeitnehmer während **Dienstreisen** der Arbeitnehmer[1107] ist zu differenzieren. Wird die Leistung an den Arbeitnehmer

1103 Vgl. BFH v. 23.11.2000 – V R 49/00, BStBl. II 2001, 266.

1104 Vgl. auch EuGH v. 08.11.2001 – Rs. C-338/98 (Kommission/Niederlande), Slg. 2001, I-8265.

1105 So auch Lippross 7.8.2.2 c) m.w.N.; vgl. auch EuGH v. 08.03.1988 – Rs. C-165/86 (Intiem), Slg. 1988, 1471.

1106 So ausdrücklich BMF BStBl. I 2001, 251; a.A. zu Recht Stadie in: R/D § 15 Rn. 352, 986 (nur Mehraufwand); Birkenfeld/Wäger § 179 Rn. 226 (insgesamt kein Vorsteuerabzug für Verpflegungsaufwand).

1107 Zur lohn- und einkommensteuerl. Behandlung von Reisekosten ab 2014 s. BMF v. 30.09.2013, BStBl. I 2013, 1279.

als Auftraggeber erbracht, so scheidet ein Vorsteuerabzug auch bei Erstattung durch den Unternehmer aus, weil die Leistung nicht an den Unternehmer erbracht wurde. Leistet hingegen bei entsprechender Auftragserteilung (dies kann auch durch den Arbeitnehmer als Vertreter des Unternehmers erfolgen) die Gaststätte an den Unternehmer, so steht diesem insoweit der Vorsteuerabzug in voller Höhe aus der Rechnung zu. Dabei will es der BMF (a.a.O.) offenbar bewenden lassen. Auch hier ist aber zu bedenken, dass der Arbeitnehmer die Verpflegung als Endkonsument empfängt. Der Unternehmer leistet bei dieser Gestaltung seinerseits an den Arbeitnehmer. Diese Leistung ist nach § 1 Abs. 1 Nr. 1 UStG steuerbar. Dabei kann dahinstehen, ob die Steuerbarkeit sich daraus ergibt, dass ein tauschähnlicher Umsatz nach § 3 Abs. 12 UStG vorliegt (anteilige Arbeitsleistung als Entgelt) oder ob sie aus § 3 Abs. 9 a Nr. 2 UStG (bzw. § 3 Abs. 1 b Nr. 2 UStG, falls ausnahmsweise Lieferung) folgt. Denn die Mahlzeiten dienen dem privaten Bedarf des Arbeitnehmers (Rn. 145 ff.).[1108] Allerdings wird man auch hier entsprechend §§ 4 Abs. 5 S. 1 Nr. 5, 9 Abs. 4 a EStG davon auszugehen haben, dass bis zur Höhe der dort genannten Pauschbeträge ein nicht durch den privaten Bedarf der Arbeitnehmer verursachter unternehmerischer Mehrbedarf vorliegt,[1109] sodass insoweit keine Besteuerung nach § 1 Abs. 1 Nr. 1 UStG stattzufinden hat. Soweit danach die Leistung an den Arbeitnehmer zu versteuern ist, kommt ein Ansatz mit den Sachbezugswerten umsatzsteuerlich richtigerweise nicht in Betracht.[1110]

Zu beachten ist, dass sowohl bei Verpflegungsmehraufwand für den Unternehmer als auch für den Arbeitnehmer ein vollständiger Vorsteuerausschluss nach § 15 Abs. 1 a UStG nicht eintritt, weil dort zutreffend § 4 Abs. 5 S. 1 Nr. 5 EStG nicht erwähnt ist und auch § 12 Abs. 1 EStG angesichts der Regelung in § 4 Abs. 5 S. 1 Nr. 5 EStG nicht einschlägig hinsichtlich der Mehraufwendungen für Verpflegung ist. Die vom BMF vorgesehene Anwendung des § 15 Abs. 1 a i.V.m. § 4 Abs. 5 S. 1 Nr. 7 EStG für der Höhe nach unangemessene Verpflegungsaufwendungen ist schon deshalb problematisch, weil ausweislich des Wortlautes § 4 Abs. 5 S. 1 Nr. 7 EStG auf Verpflegungsaufwendungen nach Nr. 5 keine Anwendung findet. Insgesamt ist bzgl. der vom BMF vorgesehenen Behandlung des Vorsteuerabzugs aus Verpflegungsaufwendungen bei Geschäfts- und Dienstreisen zu konstatieren, dass der Schock über das Urteil des BFH zum Anwendungsvorrang des Art. 17 der 6. EG-Richtlinie (jetzt Art. 176 MwStSystRL) offenbar so tief saß, dass in gleichheitswidriger Weise der Vorsteuerabzug für einen offenkundigen Endverbrauch eröffnet wird, wenn er nur „anlässlich einer Geschäfts- oder Dienstreise" erfolgt. Dem sollte daher richtigerweise nicht gefolgt werden.

Beispiel:[1111] 24-stündige Geschäfts-/Dienstreise mit Aufwendungen für Verpflegung von 100 € zzgl. 19 € USt laut entsprechenden auf den Unternehmer (Auftraggeber) lautenden Rechnungen.

Geschäftsreise: Laut BMF VoSt 19 €, aber richtigerweise VoSt gemäß § 15 Abs. 1 UStG = nur 4,56 €. Begründung: Nur die Mehraufwendungen für Verpflegung erfolgen für das Unternehmen. Diese lassen sich in Anlehnung an die maximal nach § 4 Abs. 5 Nr. 5 i.V.m. § 9 Abs. 4 a EStG als Betriebsausgabe abzugsfähigen Aufwendungen schätzen, hier i.H.v. 24 €. Der Rest ist für den außerunternehmerischen Bereich bezogen. Danach ist maximal ein Vorsteuerabzug von 4,56 € möglich. Buchung: VoSt 4,56 € und Verpflegungsaufwand 114,44 € an Geld 119 € und außerhalb der Bilanz Gewinnerhöhung um 90,44 € (= nicht abziehbare Betriebsausgabe!).

Dienstreise:

1. VoSt aus 119 € = 19 €. Dabei bewendet es nach BMF, aber richtigerweise:

1108 Vgl. dazu EuGH v. 15.04.2010 – Rs. C-538/08 und C-33/09 (X Holding BV und Oracle Nederland), UR 2010, 379; v. 11.12.2008 – Rs.-C 371/07 (Danfoss/AstraZeneca), Slg. 2008, I-9573.

1109 Vgl. insoweit auch BMF v. 30.09.2013, BStBl. I 2013 i.V.m. R 8.1.(8) LStR (zu „Belohnungsessen" bei Mahlzeiten mit einem Preis von über 60 € gemäß § 8 Abs. 2 S. 8 und 9 UStG).

1110 BFH v. 18.07.2002 – V B 112/01, BStBl. II 2003, 675.

1111 Nach BMF BStBl. I 2001, 251.

2. Steuerbare Leistung an Arbeitnehmer nach § 1 Abs. 1 Nr. 1 i.V.m. § 3 Abs. 9 a Nr. 2 UStG; Bemessungsgrundlage § 10 Abs. 4 Nr. 2 UStG = 100 € – 24 € = 76 € x 19 % = 14,44 € USt. Buchung: VoSt 19 €, Geschäftsaufwand 24 €, Lohnaufwand 90,44 € an Geld 119 € und USt 14,44 €.

5. Vorsteuerabzug aus der Mindestbemessungsgrundlage

339 **a)** Wurde von einem Einzelunternehmer an eine nahe stehende Person oder von einer Gesellschaft an einen Gesellschafter verbilligt geleistet und fand deshalb die Mindestbemessungsgrundlage Anwendung (§ 10 Abs. 5 Nr. 1 UStG), so war die dadurch eintretende Umsatzsteuermehrbelastung endgültig. Dies galt auch dann, wenn der Empfänger die Leistung für eigene unternehmerische Zwecke verwendete, denn bzgl. der auf die erhöhte Bemessungsgrundlage entfallenden USt stand ihm kein Vorsteuerabzug zu. Diese Rechtslage wurde vielfach als unbefriedigend empfunden, weil es zu einer Umsatzsteuerbelastung kam, obwohl die Leistung nicht für außerunternehmerische Zwecke des Empfängers verwendet wurde.[1112]

b) Die Rechtslage ist daher geändert worden. Nach **§ 14 Abs. 4 S. 2 UStG** ist der Leistende in den Fällen der Mindestbemessungsgrundlage berechtigt und verpflichtet (!), eine Rechnung über die Mindestbemessungsgrundlage auszustellen und die darauf entfallende Steuer offen auszuweisen. Es ist das erklärte Ziel dieser Regelung, dadurch zu erreichen, dass dem Leistungsempfänger auch hinsichtlich der Mindestbemessungsgrundlage der Vorsteuerabzug ermöglicht wird.

Beispiel: Gesellschaft G-OHG liefert an den beherrschenden Gesellschafter einen Lkw zum Preise von 50.000 € zzgl. 9.500 € USt. Der Lkw hat einen Einkaufspreis von 100.000 € zzgl. 19.000 € USt.

Die Gesellschaft schuldet für den steuerbaren und steuerpflichtigen Umsatz, § 3 Abs. 1 i.V.m. § 1 Abs. 1 Nr. 1 UStG, an den Gesellschafter nach § 10 Abs. 5 Nr. 1 i.V.m. Abs. 4 Nr. 1 UStG 19.000 € USt bei einer Mindestbemessungsgrundlage von 100.000 €. Nutzt G den Lkw in seinem Einzelunternehmen, so steht ihm gegen die Gesellschaft ein Anspruch auf Erteilung einer Rechnung über 100.000 € zzgl. 19.000 € USt zu, obwohl er nur 59.500 € zu zahlen hat! Nach § 15 Abs. 1 Nr. 1 UStG soll er 19.000 € als VoSt abziehen können.[1113]

c) Die gesetzliche Regelung ist inkonsequent, halbherzig und richtlinienwidrig. Sie gilt nicht in den Fällen der vollständig unentgeltlichen Wertabgabe durch Zuwendung eines Gegenstandes oder einer sonstigen Leistung nach § 3 Abs. 1 b Nr. 1 oder Abs. 9 a UStG an einen Empfänger, auch wenn dieser den Gegenstand für sein Unternehmen verwendet.

Beispiel: Einzelhändler U (Automobilhändler) schenkt seinem Sohn einen Pkw für dessen Handelsvertretung mit Einkaufspreis von 20.000 €.

U ist weder berechtigt noch verpflichtet, dem S eine Rechnung mit offenem Steuerausweis zu erteilen, obwohl er nach §§ 1 Abs. 1 Nr. 1, 3 Abs. 1 b Nr. 1 i.V.m. § 10 Abs. 4 Nr. 1 UStG bei einer Bemessungsgrundlage von 20.000 € 3.800 € USt schuldet. Denn von § 14 Abs. 2 S. 1 Nr. 1 und 2 UStG werden nur solche Leistungen erfasst, denen tatsächlich ein Entgelt gegenübersteht. Dies folgt sowohl aus der ausdrücklichen Erwähnung des Entgeltes in § 14 Abs. 4 S. 1 Nr. 7 UStG als auch aus der Regelung des § 14 Abs. 4 S. 2 UStG, die ausdrücklich nur für die Fälle der Mindestbemessungsgrundlage die Bemessungsgrundlage an die Stelle des Entgeltes treten lässt. Erteilt U dennoch eine Rechnung mit offenem Steuerausweis, schuldet er nach § 14 c Abs. 2 UStG, denn er ist nach § 14 Abs. 2 S. 1 Nr. 1 und 2 UStG mangels Entgeltlichkeit gerade nicht zum gesonderten Steuerausweis berechtigt. S hat jedenfalls keinen Vorsteuerabzug.[1114]

Die gesetzliche Regelung führt, entgegen dem Ziel, mit dem die Mindestbemessungsgrundlage eingeführt wurde, zu einer Wiederbelebung des Streites, ob bei verbilligten Leistungen ein echter Leistungsaustausch oder eine verkappte unentgeltliche Wertabgabe nach § 3 Abs. 1 b oder Abs. 9 a UStG vorliegt oder ob § 42 AO anwendbar ist.

1112 Vgl. Rüttinger UR 1988, 143; Widmann UR 1988, 10; Friedl UR 1987, 346; Stadie StuW 1987, 273.

1113 Abschn. 14.9. UStAE; R/K/L § 14 Rn. 231.

1114 Alles strittig, wie hier Lippross 6.2.9; a.A. Stadie in: R/D § 14 Rn. 490 f., 495, § 15 Rn. 640 f.

Beispiel: Wie oben, aber S zahlt 1 €, 10 €, 1.000 €. Ab wann liegt ein echter Leistungsaustausch vor bzw. ab wann ist von § 42 AO zur Erlangung des Vorsteuerabzugs auszugehen?

d) Nach alledem kann die gesetzliche Regelung nur als verfassungs- und richtlinienwidrige Missgeburt bezeichnet werden. Sie geht von falschen Voraussetzungen aus. Mit der Mindestbemessungsgrundlage wird der Sache nach die außerunternehmerische Einkommensverwendung des zuwendenden Unternehmers besteuert,[1115] nicht die des Empfängers. Die Rückgängigmachung dieser Besteuerung eines privaten Endverbrauches des zuwendenden Schenkers durch die Gewährung eines Vorsteuerabzugs an den nicht belasteten beschenkten Empfänger verstößt gegen Art. 16 und 26 MwStSystRL, die eine Besteuerung der Entnahme oder Verwendung eines Gegenstandes für den privaten Bedarf gebieten. Die Gewährung der Berechtigung, in diesen Fällen eine Rechnung mit offenem Steuerausweis zu erteilen, um daraus den Vorsteuerabzug vornehmen zu können, verstößt auch klar gegen Art. 168 lit. a i.V.m. Art. 178 lit. a, 220, 226 Abs. 1 Nr. 8 und 10 MwStSystRL. Schon aus der ausdrücklichen Gewährung des Vorsteuerabzugs aus einer der (entgeltlichen) Lieferung in (dem nicht in das UStG umgesetzten) Art. 18 MwStSystRL gleichgestellten Verwendung eines im Unternehmen selbst hergestellten Gegenstandes gemäß Art. 168 lit. b MwStSystRL, aber der Nichterwähnung eines Vorsteuerabzugs für die den Lieferungen oder Dienstleistungen in Art. 16 und 26 MwStSystRL gleichgestellten Wertabgaben, folgt, dass Art. 168 lit. a MwStSystRL den Vorsteuerabzug nur für solche Mehrwertsteuer gewährt, die von dem anderen Steuerpflichtigen aufgrund von Lieferungen oder Dienstleistungen gegen Entgelt geschuldet wird. Dies wird bestätigt dadurch, dass Art. 178 lit. a i.V.m. Art. 220, 226 Nr. 8 und 10 MwStSystRL für die Geltendmachung des Vorsteuerabzugs eine Rechnung mit Angabe der Steuerbemessungsgrundlage und den zu entrichtenden Mehrwertsteuerbetrag verlangt und zur Ausstellung einer entsprechenden Rechnung nur bei Leistungen an einen anderen Steuerpflichtigen verpflichtet.[1116] Die in der Tat bestehende unionsrechtswidrige und auch verfassungswidrige Ungleichbehandlung[1117] einer Gewährung des Vorsteuerabzugs aus der Mindestbemessungsgrundlage und der Versagung desselben bei unentgeltlichen Wertabgaben an einen Unternehmer aus außerunternehmerischen Gründen kann und darf daher nicht durch Zulassung des Vorsteuerabzugs auch für die unentgeltlichen Wertabgaben beseitigt werden. Vielmehr ist § 15 Abs. 1 Nr. 1 UStG sowohl verfassungskonform als auch richtlinienkonform dahingehend auszulegen, dass ein Vorsteuerabzug nur insoweit möglich ist, als der Empfänger zur Zahlung der ausgewiesenen USt verpflichtet ist, bzw. eine solche Zahlung vornehmen wird. Die Mindestbemessungsgrundlage stellt sich für den Leistungsempfänger eben nicht als Kostenelement seiner mit der bezogenen Leistung auszuführenden Umsätze dar. Daher gebietet der Grundsatz der Neutralität gerade nicht einen Vorsteuerabzug aus der Mindestbemessungsgrundlage. Im Gegenteil wird damit das Ziel einer Besteuerung des nichtunternehmerischen Endverbrauchs des Schenkenden konterkariert. § 14 Abs. 4 S. 2 UStG gehört abgeschafft.[1118] Fraglich kann daher nur sein, ob überhaupt die Mindestbemessungsgrundlage zur Anwendung kommen darf, wenn sowohl der leistende als auch der Leistungsempfänger als Unternehmer handeln und voll vorsteuerabzugsberechtigt sind (s. Rn. 299). 340

1115 Englisch in: T/L § 17 Rn. 257.

1116 Vgl. Reiß UR 1990, 243.

1117 Insoweit zutreffend Stadie in: R/D § 15 Rn. 431, 432. Soweit Stadie in § 15 Rn. 640 f. (647 f.) und § 14 Rn. 490 f. darauf verweist, dass bei unentgeltlicher Geschäftsübertragung nach § 1 Abs. 1 a UStG keine Belastung durch Umsatzsteuer eintritt und bei einer Geldzuwendung und anschließendem Erwerb der Vorsteuerabzug zu gewähren ist, handelt es sich gerade um andere Sachverhalte. Diese sind auch nicht etwa gleichwertig.

1118 So im Ergebnis zutreffend auch Wagner UVR 2012, 216 (für verbilligte Umsätze zwischen verbundenen voll vorsteuerabzugsberechtigten Unternehmen unter Hinweis auf EuGH v. 26.04.2012 – Rs. C-621/10 und C-129/11 (Balkan and Sea Properties), UR 2012, 435).

B. Ausschluss vom Vorsteuerabzug

I. Nichtabziehbarkeit von Vorsteuern auf Repräsentationsaufwendungen und Umzugskosten

1. Vereinbarkeit mit der Stillhalteklausel des Art. 176 MwStSystRL

341 § 15 Abs. 1 a UStG versagt den Vorsteuerabzug aus Aufwendungen, für die nach § 4 Abs. 5 S. 1 Nr. 1–4, Abs. 7 EStG ein Abzugsverbot als Betriebsausgaben gilt oder die nach § 12 Abs. 1 EStG nicht als Betriebsausgaben abgezogen werden dürfen – sog. **Repräsentationsaufwendungen**. Es handelt sich dabei einerseits um nach Ansicht des Gesetzgebers zwar betrieblich veranlasste Aufwendungen, die aber ausdrücklich vom Betriebsausgabenabzug ausgenommen werden – so § 4 Abs. 5 EStG – und um privat veranlasste Aufwendungen mit geringfügiger betrieblicher Mitveranlassung – so § 12 Abs. 1 EStG. Der angeordnete Vorsteuerausschluss verstößt nicht gegen die Stillhalteklausel des Art. 176 MwStSystRL,[1119] soweit er im Ergebnis nicht über die frühere Besteuerung eines (Verschwendungs-)Eigenverbrauches hinausgeht oder nur klarstellt, dass tatsächlich kein Bezug für das Unternehmen vorliegt.[1120]

2. Vorsteuerabzugsausschlüsse im Einzelnen

342 Vorsteuerabzugsabschlüsse bestehen für:

- **Geschenke aus betrieblichem Anlass, § 4 Abs. 5 S. 1 Nr. 1 EStG**. Geschenk ist dabei nicht nur die unentgeltliche Zuwendung von Liefergegenständen, sondern auch die unentgeltliche Zuwendung sonstiger Leistungen. Die Zuwendung muss aus betrieblichem Anlass unentgeltlich erfolgen – Geschäftsfreundgeschenk. Die (Netto-)Anschaffungs- oder Herstellungskosten der Zuwendungen pro Kalenderjahr und pro Empfänger müssen 35 € übersteigen (dabei sind Geldzuwendungen mitzurechnen[1121]). Das Abzugsverbot gilt nicht, wenn die zugewendeten Wirtschaftsgüter beim Empfänger ausschließlich für betriebliche Zwecke verwendet werden können.[1122] Erfolgen die Zuwendungen aus außerunternehmerischen Gründen, liegen hingegen unentgeltliche Wertabgaben nach § 3 Abs. 1 b Nr. 1 oder Abs. 9 a UStG vor, sofern bei Bezug der Leistungen vor ihrer Zuwendung eine Zuordnung zum Unternehmen erfolgte und ein Vorsteuerabzugsrecht bestand. Der Vorsteuerausschluss nach § 15 Abs. 1 a UStG i.V.m. § 4 Abs. 5 S. 1 Nr. 1 EStG für Geschenke aus betrieblichem Anlass lässt § 3 Abs. 1 b Nr. 3 UStG für unentgeltliche Lieferungen aus unternehmerischem Anlass weitgehend leer laufen. Denn wegen des Vorsteuerausschlusses ist dieser dann nicht anwendbar (s. Rn. 152 f.).

  Beispiel: Lederwarenhändler U erwirbt 100 Aktentaschen zum Preis von je 100 € zzgl. 19 € USt zum Zwecke des Verkaufs. Die VoSt zieht er bei Erwerb in 10/2021 ab.

  a) Zwei Aktentaschen verschenkt er zu Weihnachten an gute Geschäftsfreunde zwecks Pflege der Geschäftsbeziehungen.

  b) Eine weitere Aktentasche verschenkt er an einen guten persönlichen Freund.

  c) Eine weitere Aktentasche wird mit einem großen Reklamehinweis versehen und unentgeltlich einem Lebensmitteleinzelhändler überlassen, damit dieser damit in seinem Geschäft für den Lederwarenhändler Reklame macht. So geschieht es auch. Die Aktentasche ist wegen des Reklamehinweises für den privaten Gebrauch ungeeignet.

1119 Vgl. dazu EuGH v. 15.04.2010 – Rs. C-538/08 und C-33/09 (X Holding BV und Oracle Nederland), UR 2010, 379; v. 18.12.2008 – Rs. C-414/07 (Magoora), Slg. 2008, I-10293 = UR 2009, 203; v. 11.12.2008 – Rs. C-371/07 (Danfoss/AstraZeneca), Slg. 2008, I-9549 = UR 2009, 60; v. 08.01.2002 – Rs. C-409/99 (Metropol-Stadler), Slg. 2002, I-81; v. 14.06.2001 – Rs. C-40/00 (Kommission/Frankreich), Slg. 2001, I-4539.

1120 BFH v. 02.12.2014 – XI B 54/14, BFH/NV 2015, 358; v. 21.05.2014 – V R 34/13, BStBl. II 2014, 914.

1121 Dazu Abschn. 15.6. Abs. 4 UStAE i.V.m. R. 4.10 Abs. 3 und 4 EStR.

1122 R 4.10 Abs. 2 EStR.

Zu a): Hinsichtlich der Geschenke an die Geschäftsfreunde schließt § 15 Abs. 1 a UStG i.V.m. § 4 Abs. 5 S. 1 Nr. 1 EStG den Vorsteuerabzug aus. Soweit der Vorsteuerabzug in 10/2020 nach damaliger Lage berechtigt war, ist dieser nunmehr gemäß § 17 Abs. 2 Nr. 5 UStG in der Weise zu korrigieren, dass für 12/2020 der Vorsteuerabzug rückgängig gemacht wird. Wusste U bereits bei Erwerb, dass er die Aktentaschen an Geschäftsfreunde verschenken wird, durfte er von vornherein den Vorsteuerabzug nicht vornehmen. Eine Besteuerung nach § 3 Abs. 1 b Nr. 3 UStG scheidet aus, weil ein Vorsteuerabzug nicht möglich ist.

Zu b): Hinsichtlich der an den guten persönlichen Freund verschenkten Aktentasche verbleibt es beim Vorsteuerabzug. Allerdings ist für 12/2020 die Zuwendung der Aktentaschen nach § 3 Abs. 1 b Nr. 1 i.V.m. § 1 Abs. 1 Nr. 1 UStG zu versteuern. Wusste U bereits bei Erwerb, dass er diese Aktentasche einem persönlichen Freund schenken würde, lag schon kein Bezug für das Unternehmen vor, sodass der Vorsteuerabzug nach § 15 Abs. 1 Nr. 1 UStG ausgeschlossen war.

Zu c): Hinsichtlich der zu Reklamezwecken zugewendeten Aktentasche liegt kein Geschenk i.S.d. § 4 Abs. 5 S. 1 Nr. 1 EStG vor (aber strittig).[1123] Daher bleibt der Vorsteuerabzug erhalten. Fraglich ist, ob eine unentgeltliche Zuwendung aus unternehmerischem Anlass i.S.d. § 3 Abs. 1 b Nr. 3 UStG vorliegt. Falls sich der Lebensmittelhändler zur Reklame verpflichtet hat, fehlt es bereits an der Unentgeltlichkeit. Dann läge vielmehr ein tauschähnlicher entgeltlicher Umsatz vor mit der Folge, dass einerseits die Lieferung der Aktentasche zu versteuern wäre, aber andererseits aus der Reklameleistung ein Vorsteuerabzugsrecht bestünde. Verneint man die Entgeltlichkeit, weil der Lebensmittelhändler sich zur Reklame nicht verpflichtet hatte, so käme nach dem Wortlaut eine unentgeltliche Wertabgabe nach § 3 Abs. 1 b Nr. 3 UStG in Betracht. Allerdings soll nach der zutreffenden einengenden Auslegung des § 3 Abs. 1 b Nr. 3 UStG durch den BMF diese Vorschrift keine Anwendung finden, wenn eine private Nutzung/Bereicherung völlig ausgeschlossen erscheint.[1124]

- **Bewirtungsaufwendungen**, § 4 Abs. 5 S. 1 Nr. 2 EStG: Der Vorsteuerabzug ist nur in dem Umfang zulässig, in dem ein Abzug als Betriebsausgaben generell zulässig ist, d.h. nur in Höhe der angemessenen Aufwendungen. Die Begrenzung auf lediglich 70 % der angemessenen Aufwendungen in § 4 Abs. 5 S. 1 Nr. 2 EStG ist durch § 15 Abs. 1 a S. 2 UStG nicht mehr übernommen worden, weil sie gegen die Stillstandsklausel des Art. 176 MwStSystRL verstieß.[1125] **343**

Beispiel: U bewirtet Geschäftsfreunde. Die Rechnung lautet über 2.000 € zzgl. 380 € USt. Angemessen wären 1.000 € zzgl. 190 € USt. Nach § 15 Abs. 1 a UStG i.V.m. § 4 Abs. 5 S. 1 Nr. 2 EStG ist der Vorsteuerabzug nur für die angemessenen Aufwendungen, mithin nur bzgl. 1.000 € in Höhe von 190 € möglich. Er ist ausgeschlossen für die unangemessenen Aufwendungen von 1.000 €, mithin insgesamt für 190 €.

Gästehäuser, Jagden und Yachten, andere ähnliche und **unangemessene die Lebensführung berührende Aufwendungen**, § 4 Abs. 5 S. 1 Nr. 3, 4 und 7 EStG. Der Vorsteuerausschluss bezieht sich auf die Aufwendungen für die Anschaffung, die Herstellung und die Unterhaltung der genannten Gegenstände bzw. allgemein auf unangemessene betrieblich veranlasste Aufwendungen, die die Lebensführung berühren.[1126] **344**

- Aufwendungen für die Lebensführung nach § 12 Abs. 1 EStG: **345**

  Es handelt sich um Aufwendungen, die einkommensteuerlich bereits nicht als durch den Betrieb veranlasst angesehen werden, weil sie trotz einer untergeord-

1123 Vgl. FG Rhld.-Pfalz v. 15.09.2015 – 6 K 1844/13, EFG 2015, 2114.

1124 Vgl. Abschn. 3.3. Abs. 14 und 15 UStAE.; BMF v. 10.07.2000, BStBl. I 2000, 1185.

1125 Vgl. BFH v. 10.02.2005 – V R 76/03, BStBl. II 2005, 509 und v. 12.08.2004 – V R 49/02, BStBl. II 2004, 1090.

1126 Der Ausschluss greift auch dann ein, wenn ertragsteuerlich wegen fehlender Gewinnerzielungsabsicht (Liebhaberei) § 4 Abs. 5 EStG keine Anwendung finden kann, BFH v. 02.07.2008 – XI R 66/06 und XI R 60/06, BStBl. II 2009, 206 (Halten von Rennpferden) und 167 (Segelyacht); s. auch BFH v. 21.05.2014 – V R 34/13, BStBl. II 2014, 914 (besonders dreister Fall des versuchten Vorsteuerabzugs für privat u.a. in Mallorca genutzte Segelyacht) und ebenso FG BW v. 06.06.2016 – 1 K 3386/15, EFG 2016, 1833 (Vorsteuerabzug aus Anschaffung eines Ferrari durch [Zahnarzt-]GmbH, der angeblich zwecks Werbung von Kunden vom an Rennen teilnehmenden Gesellschafter und Geschäftsführer gefahren wurde) und FG Berlin-Brandenburg v. 13.09.2017 – 7 K 7234/15, und ebenso FG Hamburg v. 11.10.2018 und – 2 K 116/18 (Begrenzung des Vorsteuerabzugs aus Anschaffung eines sehr teuren Sportwagens durch Steuerberater und Gebäudereiniger!), anders aber FG Hamburg v. 27.09.2018 – 3 K 96/17 (Anschaffung teuren Wagens führt zu verbesserten Geschäftschancen).

neten betrieblichen Mitveranlassung als private Aufwendungen für die Lebensführung anzusehen sind bzw. weil eine Aufteilung in einen betrieblich und einen privat veranlassten Teil objektiv nicht möglich ist. Die Versagung des Vorsteuerabzugs ist richtlinienkonform, weil insoweit schon kein Bezug für das Unternehmen vorliegt, bzw. für die Zwecke der besteuerten Umsätze. Die entgegengesetzte Rspr. des BFH[1127] war von Anbeginn verfehlt. § 15 Abs. 1 a UStG stellt insoweit nur klar, was bei zutreffender Auslegung bereits aus § 15 Abs. 1 Nr. 1 UStG bzw. Art. 168 MwStSystRL folgt. Daher verbietet sich auch für **Aufwendungen eines Karnevalsprinzen** der Vorsteuerabzug nach § 15 Abs. 1 a UStG i.V.m. § 12 Abs. 1 EStG.[1128]

3. Nicht vom Vorsteuerausschluss erfasste Aufwendungen

346 Der Vorsteuerausschluss nach § 15 Abs. 1 a UStG erstreckt sich **nicht** auf folgende Aufwendungen: **Mehraufwendungen für Verpflegung** inklusive doppelter Haushaltsführung nach **§ 4 Abs. 5 S. 1 Nr. 5 EStG**; Aufwendungen für **Fahrten Wohnung/Betrieb nach § 4 Abs. 5 S. 1 Nr. 6 EStG** sowie Aufwendungen für ein häusliches Arbeitszimmer nach § 4 Abs. 5 S. 1 Nr. 6 b EStG. Insoweit ist ausschließlich anhand von § 15 Abs. 1 Nr. 1 UStG (in richtlinienkonformer Auslegung mit Art. 176 MwStSystRL) zu entscheiden, inwieweit der Vorsteuerabzug zulässig ist. Richtigerweise sollte für **Fahrten Wohnung/Betrieb** sowie wegen doppelter Haushaltsführung allerdings entgegen der Auffassung von BFH und FinVerw davon ausgegangen werden, dass diese insgesamt dem **privaten Bedarf des Unternehmers** dienen. Insoweit ist bei Verwendung eines dem Unternehmen zugeordneten Fahrzeugs zwar der Vorsteuerabzug zulässig, aber die Verwendung des Fahrzeugs müsste richtigerweise nach **§ 3 Abs. 9 a Nr. 1 UStG als unentgeltliche Wertabgaben** durch Verwendung eines Unternehmensgegenstandes besteuert werden.[1129] Bei Mehraufwendungen für Verpflegung ist der Vorsteuerabzug im beschränkten Umfange zulässig (s. unter Rn. 336 ff.), ebenso bei Mehraufwendungen wegen doppelter Haushaltsführung. Bei den Aufwendungen für ein unternehmerisch genutztes häusliches Arbeitszimmer ist der Vorsteuerabzug in vollem Umfang zulässig, falls nicht ohnehin wegen § 12 Nr. 1 EStG der Vorsteuerausschluss nach § 15 Abs. 1 a UStG eingreift. Für **Umzugskosten** hinsichtlich der privaten Wohnung sollte davon ausgegangen werden, dass sie nicht für das Unternehmen erfolgen.[1130]

4. Verfehlte Verweisung auf das EStG

347 Die durch § 15 Abs. 1 a UStG angeordneten Vorsteuerausschlüsse sind im Kern richtlinienkonform. Prinzipiell verfehlt ist allerdings die Gesetzestechnik mit der Anbindung an das deutsche EStG. Die Umsetzung von Harmonisierungsrichtlinien der EU auf dem Gebiet der USt, wie sie durch das UStG zu geschehen hat, sollte nicht unter Verweisung auf das rein nationale deutsche EStG erfolgen. Die nach Art. 176 MwSt-

---

1127 Vgl. BFH v. 12.12.1985 – V R 25/78, BStBl. II 1986, 216 (Geburtstagsfeier auch mit Einladung von Geschäftsfreunden) und v. 30.04.1987 – V R 154/78, BStBl. II 1987, 688 (Denkmalsbrunnen des Firmengründers).

1128 Anders noch BFH v. 27.10.1993 – XI R 86/90, BStBl. II 1994, 274.

1129 Anders aber BFH v. 05.06.2014 – XI R 36/12, BStBl. II 2015, 43 (mit gleichheitssatzwidriger Differenzierung zwischen Arbeitnehmern und Unternehmern und abwegiger Annahme, dass ein klares Überwiegen der unternehmerischen Verwendung vorliege); so auch Abschn. 15.23. Abs. 2 UStAE, BMF v. 05.06.2014, BStBl. II 2014, 896 unter I. 2. (auch für Familienheimfahrten); Stadie in: R/D § 15 Rn. 333; wie hier zutreffend Nds. FG v. 11.11.2005 – 5 K 445/00, EFG 2005, 490; FG Münster v. 20.09.2012 – 5 K 3605/08, EFG 2013, 88 (aufgehoben durch Rev. XI R 36/12); s. auch EuGH v. 16.02.2012 – Rs. C-118/11 (Eon Aset), UR 2012, 230, (Rn. 51 Versagung des Vorsteuerabzugs bei unentgeltlicher Überlassung eines Kfz an Arbeitnehmer für Fahrten Wohnung/Betrieb).

1130 So zutreffend Stadie in: R/D § 15 Rn. 317 f., 387; a.A. Lippross 7.8.2.3 und FG Hamburg v. 04.04.2006 – III 105/05, EFG 2006, 1367. S. aber BFH v. 06.06.2019 – V R 18/18, DStR 2019, 2145 mit Anm. Heuermann (Beauftragung eines Maklers für Wohnungssuche eines Arbeitnehmers wegen dessen betrieblicher Versetzung an einen anderen Arbeitsort schließt VoStAbzug nicht aus – auch kein tauschähnlicher Umsatz oder Entnahme).

SystRL zulässigen Fortführungen von Vorsteuerausschlüssen, die bereits bei Inkrafttreten der 6. EG-Richtlinie bestanden, sollten expressis verbis ohne Rückgriff auf das EStG im Umsatzsteuergesetz benannt werden. Das ist schon deshalb erforderlich, weil es für den Bürger absolut unzumutbar ist, Nachforschungen darüber anzustellen, ob und welche Änderung im EStG bzgl. der nicht abziehbaren Betriebsausgaben umsatzsteuerlich zu beachten sind oder nicht. Der Gesetzgeber kommt seiner Verfassungspflicht zu einer klaren Steuergesetzgebung nicht nach, wenn er durch partielle Verweisungen auf das Einkommensteuerrecht zulässige Vorsteuerabzugsausschlüsse nach Art. 176 MwStSystRL in einer für den Bürger nicht mehr nachvollziehbaren Weise regelt.

II. Voller Ausschluss vom Vorsteuerabzug (§ 15 Abs. 2 UStG)

1. Die Ausschlusstatbestände nach § 15 Abs. 2 und 3 UStG

a) Vom Vorsteuerabzug ausgeschlossen ist nach § 15 Abs. 2 Nr. 1 UStG die VoSt auf **348** Leistungen und die Einfuhr, die der Unternehmer zur **Ausführung steuerfreier Leistungen** verwendet,[1131] es sei denn, es handelt sich um die in § 15 Abs. 3 Nr. 1 UStG bezeichneten steuerfreien Umsätze, z.B. Ausfuhr, innergemeinschaftliche Lieferung, Umsätze nach Art. 67 Abs. 3 NATO-Truppenstatut. Im Ergebnis entspricht die deutsche Regelung in § 15 Abs. 2 und 3 UStG den Richtlinienvorgaben in Art. 167–169 MwStSystRL. Technisch wurde allerdings ein unterschiedlicher Weg beschritten. Während die MwStSystRL in Art. 168 lit. a–e MwStSystRL **positiv** bestimmt, dass der Vorsteuerabzug nur bei **Verwendung für Zwecke der besteuerten Umsätze** und der ausdrücklich in Art. 169 MwStSystRL aufgezählten Auslandsumsätze sowie bestimmter befreiter Exportumsätze gegeben ist, erreicht § 15 UStG dasselbe Ergebnis, indem er zunächst in § 15 Abs. 1 UStG den Vorsteuerabzug für alle Eingangsleistungen für das Unternehmen zulässt und dann in **§ 15 Abs. 2 UStG negativ** einen Ausschluss für die dort genannten Ausschlussumsätze (mit weiterer Unterausnahme in § 15 Abs. 3 UStG) verfügt. Wird ein Umsatz irrig von den Parteien als steuerfrei angesehen und deshalb dem Abnehmer der Leistung vom Leistenden von vornherein keine Umsatzsteuer auf den vereinbarten (Netto-)Preis berechnet und erfolgt auch nach Aufklärung des Irrtums keine Nachberechnung der geschuldeten Umsatzsteuer, steht dem Leistungsempfänger kein Vorsteuerabzug nach § 15 Abs. 1 Nr. 1 UStG, Art. 168 a MwStSystRL zu.[1132]

b) Fällt ein Umsatz sowohl unter eine Befreiungsvorschrift, die den Vorsteuerabzug nach § 4 Nr. 8 lit. f UStG ausschließt als auch unter eine andere, die den Vorsteuerabzug gewährt, sollte der Vorsteuerabzug entgegen der sowohl systematisch als auch teleologisch verfehlten Auslegung der Regelung des Art. 168 MwStSystRL durch den EuGH als zulässig angesehen werden.[1133] Freilich ist diese Rspr., solange der EuGH sie nicht aufgibt, von der Verwaltung und den Gerichten zu befolgen.

Beispiel: Ausfuhr oder innergemeinschaftliche Lieferung von Blutkonserven, befreit nach § 4 Nr. 1 und Nr. 17 a UStG, bzw. nach Art. 146, 138 und 132 Abs. 1 lit. d MwStSystRL. Nach Auffassung des EuGH, des BFH und der ihm folgenden Verwaltung greifen vorrangig (nur) die den Vorsteuerabzug

---

1131 Der Vorsteuerausschluss greift auch ein, wenn dem Unternehmer wegen des Anwendungsvorranges eine Befreiung nach der MwStSystRL zu gewähren ist, vgl. BFH v. 16.05.2013 – XI R 24/10, BStBl. II 2013, 52 (Geldspielautomaten, Glücksspielumsätze, zu § 4 Nr. 28 UStG).

1132 EuGH v. 13.01.2022 – C-156/20 (Zipvit), UR 2022, 106 mit Anm. Heinrichshofen.

1133 EuGH v. 07.12.2006 – Rs. C-240/05 (Eurodental), Slg. 2006, I-11479; vgl. auch v. 14.12.2006 – Rs. C-401/05 (VDP Dental Laboratory), Slg. 2006, I-12150; der Rspr. des EuGH folgend BFH v. 22.08.2013 – V R 30/10, BStBl. II 2014, 133; BMF v. 11.04.2011, BStBl. I 2011, 459; ablehnend Reiß UR 2007, 565; vgl. auch Achatz und Lippross in: FS für W. Reiß, 2008, 169 f. und 195 f. sowie Lippross 7.8.4.2; grds. zustimmend, Englisch in: T/L § 17 Rn. 347.

nicht zulassenden Befreiungen ein.[1134] Anders soll es sich nach neuer Auffassung des BMF allerdings bei den in § 26 Abs. 5 UStG aufgezählten Befreiungen verhalten (s. Rn. 279). Wird im nationalen Recht unionsrechtswidrig eine den Vorsteuerabzug ausschließende Befreiung gewährt, kann der Steuerpflichtige nicht zugleich die Befreiung nach nationalem Recht beanspruchen und nach Unionsrecht den Vorsteuerabzug.[1135]

c) Der Ausführung steuerfreier Umsätze steht die Ausführung **nicht steuerbarer Auslandsumsätze** gleich, wenn sie bei Steuerbarkeit steuerfrei wären (§ 15 Abs. 2 Nr. 2, Abs. 3 Nr. 2 UStG). Ob Steuerfreiheit gegeben wäre, beurteilt sich nach dem Gesetzeswortlaut ausschließlich nach deutschem Umsatzsteuerrecht.[1136]

Die Regelung entspricht Art. 168, 169 MwStSystRL. Sie ist dennoch nicht unproblematisch. Es wäre zutreffender, darauf abzustellen, ob der Umsatz im Ausland nach dortigem Recht zu besteuern ist oder nicht. Innerhalb der EU kann diese Regelung zu **erheblichen Wettbewerbsverzerrungen** führen, solange noch **keine vollständige Harmonisierung bei den Vorsteuerausschlüssen** bzw. den diesen zugrunde liegenden Befreiungen besteht. Für den Sonderfall des Vorsteuerabzugsausschlusses für Kleinunternehmer hat der EuGH[1137] allerdings entschieden, dass diesen auch in einem anderen EU-Staat kein Vorsteuerabzug zusteht, z.B. ein Kleinunternehmer nach § 19 UStG erwirbt in den Niederlanden einen Pkw und begehrt den Vorsteuerabzug dort. Dieser ist ihm nicht zu gewähren (s. Rn. 388 ff.). Weiterhin hat der EuGH entschieden, dass der Vorsteuerabzug nur in dem Umfange zu gewähren ist, in dem er nach dem Recht des Vergütungsstaates und nach dem Recht des Heimatstaates zu gewähren wäre.[1138] Dies löst zwar die Problematik einer Wettbewerbsverzerrung durch materiell unberechtigte Erlangung eines Vorsteuerabzugs, wenn zur Erlangung des Vorsteuerabzugs für den Bezug der Leistung auf einen Mitgliedstaat mit großzügigem Vorsteuerabzugsrecht ausgewichen werden soll.[1139] Es löst aber nicht die umgekehrte Problematik der Versagung des Vorsteuerabzugs durch den Vergütungsstaat nach seinem Recht, wenn nach dem Recht des Mitgliedstaates, in dem der Ausgangsumsatz ausgeführt wird, dieser zu besteuern ist. Erforderlich ist insoweit eine Änderung des Art. 169 MwStSystRL. Der Vorsteuerabzug muss im Vergütungsstaat immer, aber nur dann zulässig sein, wenn der Ausgangsumsatz in einem anderen Mitgliedstaat zu besteuern ist oder für ihn im Mitgliedstaat des Ortes des Ausgangsumsatzes nach dortigem Recht ein Vorsteuerabzugsrecht bestünde. Letztlich sollte zumindest in der EU für den Vorsteuerabzug maßgeblich sein, ob der Eingangsumsatz vom Leistungsempfänger für einen von diesem im Bestimmungsland zu besteuernden Ausgangsumsatz verwendet wird oder nicht. Die Rspr. des EuGH und des ihm insoweit folgenden BFH wird dem bei weitem nicht gerecht. Sie toleriert in völliger Verkennung der Anforderungen an eine harmonisierte Umsatzbesteuerung in der Gemeinschaft und einem für die Umsatzbesteuerung falsch verstandenen Herkunftslandprinzip Vorgaben in der MwStSystRL, die zu Wettbewerbsverzerrungen führen.[1140]

Beispiele:[1141]

1. Österreich hatte zulässigerweise den Vorsteuerabzug für geleaste Pkw aufgrund der Stillstandsregelung des Art. 17 Abs. 6 der 6. EG-Richtlinie (jetzt Art. 176 MwStSystRL) ausgeschlossen. Öster-

---

1134 S. Abschn. 6.1. Abs. 7, 6a.1. Abs. 2 a, 15.13. Abs. 5 UStAE i.d.F. BMF v. 04.11.2015, BStBl. I 2015, 886; BFH v. 22.08.2013 – V R 30/12, BStBl. II 2014, 133 (allerdings offengelassen für die Ausfuhr); EuGH v. 07.12.2006 – Rs. C-240/05 (Eurodental), Slg. 2006, I-11479 = HFR 2007, 176 (Versagung des Vorsteuerabzugs bei innergem. Lieferungen von Zahnersatz aus Luxemburg nach Deutschland.).

1135 EuGH v. 26.02.2015 – Rs. C-144/13, C-154/13, C-160/13 (VDP Dental Laboratory), UR 2015,474 (zur Lieferung von Zahnersatz nach Art. 132 MwStSystRL durch Zahnärzte und Zahntechniker, verfehlt aber bzgl. der Befreiung des Erwerbs aus Deutschland mit der Folge einer wettbewerbsmäßigen Benachteiligung ndl. Hersteller als Lieferer von Zahnersatz); v. 28.11.2013 – Rs. C-319/12 (MDDP), MwStR 2014,15.

1136 So nach deutscher Gesetzeslage zutreffend BFH v. 23.07.2019 – V R 14/17, DStR 2019, 2414 mit Anm. Heuermann (Ausschluss VoSt-Abzug nach § 15 Abs. 2 UStG für Vermittlungsleistungen von Künstleragenturen für ausländische Engagements wegen Befreiung nach § 4 Nr. 20 a UStG). Zutreffend aber die Kritik von Lippross UR 2019, 913 (Verstoß von Richtlinienregelung und dieser folgenden Regelung in § 15 Abs. 2 Nr. 2 UStG gegen [unionsrechtlichen] Gleichheitsgrundsatz).

1137 EuGH v. 26.09.1996 – Rs. C-302/93 (Debouche), Slg. 1996, I-4495.

1138 EuGH v. 13.07.2000 – Rs. C-136/99 (Monte Dei Paschi Di Siena), Slg. 2000, I-6109 = UR 2000, 390; so jetzt auch § 18 Abs. 9 S. 3 UStG i.d.F. JStG 2009 bei Vorsteuervergütungen im Vergütungsverfahren (s.o. unter Rn. 304 f.).

1139 Vgl. aber die Entscheidung des EuGH v. 11.09.2003 – Rs. C-115/01 (Cookies World), Slg. 2003, I-8785.

1140 S. EuGH v. 26.10.2010 –Rs. C-97/09 (Ingrid Schmelz), UR 2011, 32 (Versagung der Anwendung einer Kleinunternehmerbefreiung für im andern Mitgliedstaat ansässigen Kleinunternehmer gerechtfertigt!); v. 07.12.2006 – Rs. C-240/05 (Eurodental), Slg. 2006, I-11479 (kein Vorsteuerabzug bei ig. befreiter Lieferung trotz Steuerpflicht im Bestimmungsland; v. 26.02.2015 – Rs. C-144/13, C-154/13, C-160/13 (VDP Dental Laboratory), UR 2015, 474 (Befreiung des ig. Erwerbs von Zahnersatz).

1141 Nach EuGH v. 11.09.2003 – Rs. C-155/01 (Cookies World), Slg. 2003, I-8785 und v. 26.02.2015 – Rs. C-144/13, C-154/13, C-160/13 (VDP Dental Laboratory), UR 2015, 474.

reichische Unternehmer leasten daher bei deutschen Unternehmern Pkws. Nach damaliger Richtlinienregelung lag der Ort für die Leasingleistungen in Deutschland am Sitz des leistenden Leasingunternehmers. Die von den deutschen Leasingunternehmern berechnete deutsche Umsatzsteuer wurde den österreichischen Unternehmern zutreffend vom deutschen Fiskus gemäß § 15 Abs. 1 i.V.m. § 18 Abs. 9 UStG i.V.m. § 61 UStDV als Vorsteuer vergütet, da nach deutschem Umsatzsteuerrecht kein Vorsteuerausschluss eingriff. Dies führte zu einer eklatanten Wettbewerbsverzerrung zulasten österreichischer Leasingfirmen. Österreich hatte zum Ausgleich deshalb vorgesehen, dass die österreichischen Leasingnehmer insoweit in Österreich einen Eigenverbrauch zu besteuern hatten. Das allerdings war – anders als die Stillstandsklausel für einen Vorsteuerausschluss – in der Richtlinie nicht vorgesehen. Der EuGH beanstandete daher die österreichische Regelung als unvereinbar mit den Richtlinienvorgaben. Dass durch die Beachtung der Richtlinienvorgaben die gerade für die Umsatzbesteuerung in einem Binnenmarkt unabdingbare Wettbewerbsneutralität beeinträchtigt wurde, ließ den EuGH kalt. Seit 2010 kann wegen der endlich dem Bestimmungslandprinzip Rechnung tragenden Ortsregelung des § 3 a Abs. 2 UStG, Art. 44, 56 MwStSystRL (Ort des Empfängers, hier Österreich) zumindest für längerfristige Vermietung von Beförderungsmitteln keine Wettbewerbsverzerrung mehr eintreten.

2. Niederländische Zahnärzte erwerben bei deutschen Zahntechnikern Zahnersatz. Der Erwerb des Zahnersatzes muss – obwohl von deutscher Steuer wegen der Befreiung der ig. Lieferung und des vollständigen Vorsteuerabzugs vollständig entlastet – in den Niederlanden befreit werden. Im Ergebnis ist der Erwerb des Zahnersatzes weder mit deutscher USt (zutreffend) (vor)belastet noch mit ndl. USt belastet. Wäre der Zahnersatz aber von einem niederländischen Zahntechniker erworben worden, wäre er mit der bei diesem wegen der Befreiung der Lieferung von Zahnersatz nach ndl. Recht nicht abziehbaren Vorsteuer in den Niederlanden (vor)belastet geblieben. Der EuGH stellt sich und der Richtlinie ein Armutszeugnis aus, wenn er es für beim gegenwärtigen Stand der Harmonisierung für ausreichend erachtet, dass wettbewerbsverzerrende Regelungen, die durch eine (zeitlich unbefristete) Übergangsregelung zugelassen werden, unbedenklich zulässig seien.

d) Für den Sonderfall einer im Ausland ausgeführten, an sich nach deutschem Recht befreiten Leistung, für die aber nach § 9 UStG optiert werden könnte, vertritt der **BFH** die Auffassung, dass auch für solche aus deutscher Sicht nicht steuerbaren Umsätze bei Vorliegen der Voraussetzungen des § 9 UStG im Übrigen quasi **fiktiv optiert** werden könne. Er sieht eine solche den Vorsteuerabzug eröffnende Option jedenfalls dann als gegeben an, wenn der Umsatz auch nach dortigem Recht besteuert wird.[1142] Daher soll der Vorsteuerabzug für inländische Eingangsleistungen, die ihrerseits der Ausführung von in den Niederlanden erbrachten und dort wegen Option steuerpflichtigen Vermietungsleistungen dienen, in Deutschland gegeben sein. Angeblich soll es insoweit keiner Vorlage an den EuGH bedürfen, weil Art. 17 der 6. EG-Richtlinie (jetzt Art. 168, 169 MwStSystRL) insoweit zu keinen Auslegungszweifeln Anlass gibt. 349

Dazu ist Folgendes zu bemerken: Nach Art. 168 MwStSystRL ist der Vorsteuerabzug nur möglich, soweit die Eingangsumsätze zu Zwecken der besteuerten Umsätze des Steuerpflichtigen verwendet werden, d.h. zu im Vergütungsstaat steuerbaren und steuerpflichtigen Umsätzen. Für im Ausland ausgeführte Umsätze enthält Art. 169 lit. a MwStSystRL eine darüber hinausgehende Sonderregelung. Art. 169 lit. a MwStSystRL entspricht insoweit dem § 15 Abs. 2 Nr. 2 UStG, als er den Vorsteuerabzug nur dann eröffnet, wenn für die Auslandsumsätze das Vorsteuerabzugsrecht bestünde, falls sie im Inland ausgeführt worden wären. Erkennbar und verfehlterweise stellt die Richtlinie mithin nicht darauf ab, ob im Ausland eine Besteuerung stattfindet, sondern nur darauf, ob der nicht steuerbare Umsatz im Inland steuerpflichtig wäre. Das Optionsrecht des § 9 UStG besteht ausweislich des Wortlautes nur für die dort genannten steuerfreien Umsätze, nicht für nicht steuerbare Umsätze. Es handelt sich im Übrigen um ein Mitgliedstaatenwahlrecht, nicht um eine gemeinschaftsweit einheitliche Vorgabe. Der BFH setzt sich mit seiner Auslegung zunächst einmal klar über den Wortlaut des § 9 UStG hinweg. Ob dies von Art. 169 lit. a MwStSystRL (früher Art. 17 Abs. 3 a der 6. EG-Richtlinie) gedeckt ist, ist mehr als zweifelhaft. Auf Rspr. des EuGH kann er sich nicht stützen. Die einschlägigen Urteile des EuGH betrafen Fälle, in denen das Vorsteuerabzugsrecht im Vergütungsstaat eingeschränkt wurde, weil nach dem Recht des Staates, in dem die Ausgangsumsätze ausgeführt wurden, kein Vorsteuerabzugsrecht bestand. Der EuGH hat bisher nicht entschieden, dass der Vergütungsstaat den Vorsteuerabzug auch dann zu gewähren hat, wenn nach seinem Recht ein solches Vorsteuerabzugsrecht nicht besteht, wohl aber nach dem Recht des Staates, in

1142 BFH v. 06.05.2004 – V R 73/03, BStBl. II 2004, 856; Abschn. 15.14. Abs. 1 UStAE; a.A. zu Recht Stadie in: R/D, § 15 Rn. 1134 f.; referierend Lippross 7.8.4.2 b).

dem die Ausgangsumsätze erfolgen. Er hat im Gegenteil entschieden, dass der Vergütungsstaat den Vorsteuerabzug auch dann zu versagen hat, wenn im Mitgliedstaat der Verwendung keine unechte Steuerbefreiung eingreift.[1143] Indem eine Vorlagepflicht an den EuGH verneint wird, setzt sich der BFH nicht nur über das deutsche Recht hinweg, sondern auch über die bisherige Auslegung zu Art. 168, 169 MwStSystRL durch den EuGH. Das ist materiell zwar berechtigt, weil der Ausschluss des Vorsteuerabzugs für im EU-Ausland erbrachte Leistungen, für die nach dortigem Recht ein Vorsteuerabzugsrecht besteht, den **Wettbewerb im Binnenmarkt verfälscht**. Jedoch beruht diese Verfälschung bereits auf der Richtlinienregelung und der diese tolerierenden Rspr. des EuGH. Deutsche Gerichte sind nicht befugt, Richtlinienregelungen wegen eines angeblichen oder tatsächlichen Verstoßes gegen das Gemeinschaftsrecht nicht zu beachten. Die Kompetenz, einen europäischen Rechtsakt für unbeachtlich wegen eines Verstoßes gegen das europäische Primärrecht zu erklären, kommt nur dem EuGH zu. Dies ist auch dann zu respektieren, wenn der EuGH erkennbar im Hinblick auf (tatsächliche oder vermeintliche) Verstöße der Mitgliedstaaten gegen das Primärrecht der Grundfreiheiten und solche Verstöße durch das Richtlinienrecht bedauerlicherweise mit zweierlei Maß misst.[1144] Die vom **BFH anerkannte fiktive Option** vermag das Problem in Wahrheit auch nicht zu lösen. Hier hilft nur eine konsequente Umsetzung des Bestimmungslandprinzips auch für den Vorsteuerabzug schon in der Richtlinienregelung.

2. Verwendung für vorsteuerabzugsschädliche Ausgangsumsätze

350 **a)** Wegen des von **§ 15 Abs. 2 UStG** angeordneten **Vorsteuerausschlusses** für Eingangsbezüge, die zur Ausführung von **steuerfreien Umsätzen** oder nicht steuerbaren Ausschlussumsätzen verwendet werden, bedarf es einer **Zuordnung der Eingangsumsätze zu** den jeweiligen **Ausgangsumsätzen**, um entscheiden zu können, ob ein Ausschluss vom Vorsteuerabzug eintritt. Es muss insoweit entschieden werden, für welchen Ausgangsumsatz oder für welche Ausgangsumsätze eine Eingangsleistung vom Unternehmer verwendet wird. Eine solche Zuordnung verlangen auch **Art. 168, 169 MwStSystRL**. Denn Art. 168 MwStSystRL lässt den Vorsteuerabzug nur insoweit zu, als der empfangende Unternehmer „die **Gegenstände oder Dienstleistungen für Zwecke seiner besteuerten Umsätze verwendet**". Danach ist der Vorsteuerabzug also nur zulässig, wenn der Eingangsumsatz zur Ausführung eines steuerbaren und steuerpflichtigen Umsatzes im jeweiligen Mitgliedstaat verwendet wird. Ergänzend lässt dann Art. 169 lit. a MwStSystRL den Vorsteuerabzug auch für nicht steuerbare Auslandsumsätze zu, falls bei einem Inlandsort ein Vorsteuerabzugsrecht bestünde, sowie lit. b für steuerfreie Export- und Importvorgänge und lit. c für Finanzdienstleistungen, wenn der Empfänger im Drittland ansässig ist oder diese mit der Ausfuhr zusammenhängen.

b) Nach der Rspr. des EuGH verlangt der volle Vorsteuerabzug, dass zwischen dem **Eingangsumsatz** (Lieferung oder Dienstleistung an den Unternehmer) und einem oder mehreren vom Unternehmer erbrachten **zu besteuernden** (oder nach Art. 169 MwStSystRL den Vorsteuerabzug zulassenden nicht zu besteuernden) **Ausgangsumsätzen** ein **direkter und unmittelbarer Zusammenhang** bestehen muss.[1145] Fehlt ein solcher Zusammenhang mit zu besteuernden (oder diesen in Art. 169 MwStSystRL = § 15 Abs. 3 UStG gleichgestellten, den Vorsteuerabzug zulassenden befreiten und nicht steuerbaren [Auslands-]Umsätzen), scheidet ein Vorsteuerabzug aus. Das kann daran liegen, dass die Eingangsleistung bereits nicht für das Unternehmen erfolgte – dann bereits kein Vorsteuerabzug nach § 15 Abs. 1 UStG – oder aber daran, dass nur ein Zusammenhang mit den Vorsteuerabzug ausschließenden steuerfreien oder nicht steuerbaren Auslandsumsätzen nach § 15 Abs. 2 Nr. 1 und 2 UStG besteht.

1143 EuGH v. 07.12.2006 – Rs. C-240/05 (Eurodental), Slg. 2006, I-11479.

1144 So zutreffend Englisch UR 2009, 181, 184.

1145 Grundlegend EuGH v. 08.06.2000 – Rs. C-98/98 (Midland Bank), Slg. 2000, I-4177 = UR 2000, 342; vgl. auch v. 08.02.2007 – Rs. C-435/05 (Investrand BV), Slg. 2007, I-1315.

c) Ob ein Zusammenhang mit den Vorsteuerabzug zulassenden Ausgangsumsätzen besteht, muss anhand aller Umstände des Einzelfalles entschieden werden. Dabei geht der EuGH von folgenden Grundsätzen aus. Eingangsumsätze können nur denjenigen Ausgangsumsätzen zugeordnet werden, in die die **Aufwendungen für die Eingangsumsätze** als **Kostenelemente** eingehen. Dies setzt grundsätzlich voraus, dass die Aufwendungen zeitlich bereits vor Ausführung der Ausgangsumsätze entstanden sind. Nur ausnahmsweise kann in Betracht kommen, nachträgliche Aufwendungen als direkte Folgekosten vorherigen Ausgangsumsätzen zuzurechnen. Dies dürfte praktisch nur dort infrage kommen, wo schon vor Ausführung des Ausgangsumsatzes ersichtlich ist, dass dieser weitere Folgeaufwendungen auslösen wird oder wo wegen Aufgabe/Einstellung der Tätigkeit zwar keine nachfolgenden Umsätze mehr getätigt werden, aber noch wegen früher erbrachter Umsätze Leistungen (zur Abwicklung) empfangen werden.[1146] **351**

Kommt danach eine direkte Zurechnung zu einem oder mehreren bestimmten Ausgangsumsätzen nicht in Betracht, sind diese Aufwendungen als **Gemeinkosten** dann allen übrigen (nachfolgenden?) Ausgangsumsätzen zuzurechnen, sodass eine **Aufteilung** (nach **Art. 173 MwStSystRL**, bzw. nach **§ 15 Abs. 4 UStG**) erforderlich ist, falls der Unternehmer sowohl zu besteuernde als auch Ausschlussumsätze tätigt.

Beispiel:[1147] Die D-Bank mit Sitz in Frankfurt vermittelte für die in den USA ansässige N.Y. Corporation den Erwerb eines Aktienpaketes an der deutschen D-AG mit Sitz in Frankfurt. Die N.Y. Corporation machte nach Erwerb des Aktienpaketes gegen die D-Bank wegen angeblich fehlerhafter Beratung Schadensersatzansprüche geltend. Zur Abwehr dieser Ansprüche ließ sich die D-Bank von einem Anwalt beraten. Die Parteien verglichen sich. Die D-Bank beansprucht den vollen Vorsteuerabzug aus der Anwaltsleistung.

Fraglich ist hier, ob zwischen der Vermittlungsleistung als Ausgangsumsatz und der anwaltlichen Beratung als möglicher Eingangsleistung ein unmittelbarer und direkter Zusammenhang besteht. Die Vermittlungsleistung wird nach § 3 a Abs. 2 UStG in New York erbracht. Der Vorsteuerabzug wäre nach § 15 Abs. 2 Nr. 2 UStG wegen Abs. 3 Nr. 2 b UStG (Art. 169 lit. c MwStSystRL) nicht ausgeschlossen, weil der Leistungsempfänger in einem Drittland – hier USA – ansässig ist. Der EuGH verneint aber einen unmittelbaren und direkten Zusammenhang mit diesem Umsatz, weil die Aufwendungen für den der Vermittlungsleistung nachfolgenden – nicht vorhersehbaren – Rechtsstreit nicht Kostenelemente dieses Umsatzes sein könnten. Daher könne nur eine Zurechnung zu allen (nachfolgenden?) Umsätzen der Bank erfolgen.

Nach dieser Rspr. des EuGH wird man daher vorbehaltlich der besonderen Behandlung für Fehlmaßnahmen bzw. ernsthaft geplante, aber dann doch nicht verwirklichte wirtschaftliche Tätigkeiten (dazu unten Rn. 355) wie folgt zu differenzieren haben: Eingangsumsätze sind grundsätzlich nur denjenigen tatsächlich nachfolgenden Ausgangsumsätzen direkt und unmittelbar zuzurechnen, in die die Aufwendungen als (kalkulatorische?) Kostenelemente tatsächlich eingehen. Je nachdem ist dann der Vorsteuerabzug zulässig, weil die Ausgangsumsätze nicht unter § 15 Abs. 2 UStG fallen, oder aber er ist ausgeschlossen.[1148] Kommt eine solche unmittelbare und direkte Zurechnung zu bestimmten nachfolgenden Ausgangsumsätzen nicht in Betracht, wohl aber als Gemeinkosten zu allen Umsätzen, so sind auch die VoSt aus den Eingangsumsätzen allen übrigen Umsätzen des Unternehmers „direkt und unmittelbar"

1146 Vgl. EuGH v. 22.02.2001 – Rs. C-408/98 (Abbey National), Slg. 2001, I-1361; v. 03.03.2005 – Rs. C-32/03 (Fini), Slg. 2005, I-1614.

1147 Nach EuGH v. 08.06.2000 – Rs. C-98/98 (Midland Bank), Slg. 2000, I-4177.

1148 Vgl. EuGH v. 06.09.2012 – Rs. C-496/11 (Portugal Telekom), UR 2012, 762 m.w.N.; BFH v. 13.11.2019 – V R 5/18, BFH/NV 2020, 305 und FG Münster v. 07.11.2019 – 5 K 2091/17 U, BeckRS 2019, 29791 (VoSt für stpfl Mietereinbau gegen Entgelt des Vermieters durch Arzt als Mieter[!], aber kein VoSt Abzug für Umbau von an Arztpraxis vermieteten Räumen durch Apotheker als Vermieter); BFH v. 15.10.2009 – XI R 82/07, BStBl. II 2010, 247; FG Nürnberg v. 02.05.2018 – 2 K 309/16, (Rev. XIR 33/18), EFG 2018, 1833. S. auch BFH v. 06.05.2010 – V R 29/09, BStBl. I 2010I, 885 und v. 27.01.2011 – V R 38/09, BStBl. II 2012, 68 und Abschn. 15.22. Abs. 2 UStAE (kein VoSt-Abzug aus Beratungsleistungen für § 4 Nr. 8 f UStG stfreie Anteilsveräußerung).

zuzurechnen.[1149] Falls der Unternehmer sowohl Ausschlussumsätze als auch den Vorsteuerabzug zulassende Umsätze tätigt, ist dann nach § 15 Abs. 4 UStG eine Aufteilung erforderlich. Andernfalls ergeben sich keine Probleme, weil der Vorsteuerabzug entweder vollständig zulässig[1150] oder vollständig ausgeschlossen ist.

352 **d)** Bei der Frage nach der Verwendung ist darauf abzustellen, für welchen Ausgangsumsatz oder welche Ausgangsumsätze die Eingangsleistung **direkt und unmittelbar verwendet** wurde. Dabei ist zunächst zu prüfen, ob der Eingangsumsatz unmittelbar und direkt einem oder mehreren bestimmten Ausgangsumsätzen zugeordnet werden kann, weil er (als Kostenelement) bei deren Ausführung Verwendung fand. Dies trifft **erstens** zunächst einmal für schon **stofflich gegenständliche Eingangsumsätze** zu. Dies betrifft solche Eingangsumsätze, die schon stofflich/gegenständlich in einen (oder mehrere) Ausgangsumsätze tatsächlich eingegangen sind, wie z.B. die **eingekaufte Ware** in die **(Weiter-)Lieferung dieser Ware** oder das erworbene und verarbeitete Material in die Lieferung des hergestellten Gegenstandes. Es trifft **zweitens** aber auch für solche **Ergänzungseingangsleistungen** zu, die zur Erbringung eines bestimmten Ausgangsumsatzes (oder mehrerer) beigetragen haben, etwa die Werbeleistung für eine bestimmte Ware(ngruppe) oder der Transport dieser Ware zum und vom Händler. Lässt sich ein solcher Zusammenhang mit einem bestimmten Ausgangsumsatz (oder einer bestimmten Gruppe von Ausgangsumsätzen) nicht feststellen, wohl aber ein Zusammenhang mit allen Umsätzen, bzw. mit der durch alle Umsätze konstituierten wirtschaftlichen Tätigkeit, so handelt es sich **drittens** um **Gemeinkosten des Unternehmens**. Auch insoweit ist dann ein direkter und unmittelbarer Zusammenhang mit den (allen) Ausgangsumsätzen gegeben. Sofern diese unterschiedlich im Hinblick auf den Vorsteuerabzug zu beurteilen sind, z.B. teilweise steuerpflichtige, teilweise steuerfreie Umsätze, bedarf es dann einer Aufteilung nach § 15 Abs. 4 UStG (respektive nach Art. 173 MwStSystRL), ansonsten ist der Vorsteuerabzug zu gewähren, falls nur Umsätze getätigt werden, die ihn nicht ausschließen. Fehlt es hingegen schon an jeglichem Zusammenhang mit Umsätzen des Unternehmers, bzw. mit der wirtschaftlichen Tätigkeit als Steuerpflichtiger, ist der Vorsteuerabzug bereits nach § 15 Abs. 1 UStG zu versagen.[1151] Besteht nur teilweise ein Zusammenhang mit zu besteuernden Umsätzen im Rahmen des Unternehmens (zu dieser Voraussetzung für den Vorsteuerabzug s. Art. 168, 169 MwStSystRL) und teilweise mit nicht wirtschaftlichen Tätigkeiten (außerhalb des Unternehmens) bedarf es ebenfalls einer Aufteilung. Der Vorsteuerabzug ist nur in dem Umfange zulässig, als die Leistungen (anteilig) für das Unternehmen erfolgten. Die Aufteilung hat, im Ergebnis wie bei § 15 Abs. 4 UStG, nach wirtschaftlichen Gesichtspunkten zu erfolgen.[1152]

353 **e)** Ist eine unmittelbare und direkte Verwendung mit einem bestimmten Ausgangsumsatz zu bejahen, ist unmaßgeblich, ob dieser Ausgangsumsatz seinerseits der Ausführung weiterer Umsätze diente. Es kommt insoweit nicht auf Motive oder weitergehende Zwecke an, derenthalben der Verwendungsausgangsumsatz erfolgte.

Beispiel:[1153] Die X-Brauerei lässt ein Gaststättengebäude renovieren, das sie steuerfrei an einen Gastwirt verpachtet hat. Der Pachtvertrag enthält eine Bezugsverpflichtung, wonach der Pächter

---

1149 EuGH v. 29.10.2009 – Rs. C-29/08 (SKF), Slg. 2009, I-10413; v. 21.02.2013– Rs. C-104/12 (Becker), UR 2013, 220; BFH v. 24.04.2013 – XI R 25/10, BStBl. II 2014, 346.

1150 Vgl. insoweit EuGH v. 14.09.2017 – Rs. C-132/16 (Iberdrola), UR 2017, 928 (voller VoStAbzug aus Errichtung einer Pumpstation für eine Gemeinde, um Grundstücke für einen Ferienhauskomplex bebauen zu können) und v. 22.10.2015 – Rs. C-126/14 (Sveda), UR 2015, 910 (VoSt aus Errichtung eines kostenlos nutzbaren öffentlichen Freizeitweges zwecks Ausübung wirtschaftlicher Tätigkeiten durch Umsätze).

1151 Vgl. EuGH v. 08.02.2007 – Rs. C-435/05 (Investrand BV), Slg. 2007, I-1315; v. 12.02.2009 – Rs. C-515/07 (VNLTO), Slg. 2009, I-839 = UR 2009, 199.

1152 Vgl. EuGH v. 13.03.2008 – Rs. C-437/06 (Securenta), Slg. 2008, I-1597 = BStBl. II 2008, 727.

1153 Nach BFH v. 31.07.1987 – V R 148/78, BStBl. II 1987, 754; vgl. auch EuGH v. 06.04.1995 – Rs. C-4/94 (BLP Group), Slg. 1995, I-983; v. 29.10.2009 – Rs. C-29/08 (SKF), Slg. 2009, I-10413; BFH v. 27.01.2011 – V R 38/09, BStBl. II 2012, 98 (Beteiligungsverkauf); v. 06.05.2010 – V R 29/09, BStBl. II 2010, 885 (Inhaberschuldverschreibung).

ausschließlich Bier der X-Brauerei zu beziehen hat. Die VoSt aus der Rechnung über die Renovierungsarbeiten ist nach § 15 Abs. 2 Nr. 1 i.V.m. § 4 Nr. 12 a UStG nicht abziehbar. Der unmittelbare Zusammenhang besteht mit der steuerfreien Grundstücksverpachtung. Dass diese ihrerseits der Ausführung steuerpflichtiger Bierlieferungen dient, ist unmaßgeblich. Zur Vermeidung dieses Ergebnisses wäre natürlich eine Option nach § 9 UStG angebracht gewesen. Für die Vermietung der Pächterwohnung kann allerdings auch dann nicht wegen der Nutzung zu Wohnzwecken optiert werden, wenn die Vermietung der Pächterwohnung ihrerseits der Gaststättenvermietung dient.[1154]

Dies gilt allerdings nicht, wenn nicht zu besteuernde unentgeltliche Leistungen erbracht werden, die in einer dienenden Funktion zu steuerbaren, entgeltlichen Umsätzen stehen. Dann ist die Eingangsleistung den steuerbaren entgeltlichen Umsätzen ebenso zuzurechnen wie schon die unentgeltliche Leistungsabgabe.

Beispiel:[1155] Eine Bank, die steuerfreie Umsätze nach § 4 Nr. 8 UStG tätigt, erwirbt Werbegeschenke und legt einen Parkplatz für ihre Kunden an. Die VoSt aus der steuerpflichtigen Lieferung der Werbegeschenke und der steuerpflichtigen Errichtung des Parkplatzes ist wegen der Verwendung für die nach § 4 Nr. 8 UStG steuerfreien Umsätze der Bank bei dieser nicht abzugsfähig nach § 15 Abs. 2 Nr. 1 UStG. Unerheblich ist, dass die Lieferung der Werbegeschenke und die Überlassung des Parkplatzes an die Kunden bei Gewährung eines Entgeltes steuerpflichtig wären. Werden Werbegeschenke unter Einkaufspreis steuerpflichtig weitergeliefert, ist der Vorsteuerabzug nach § 15 Abs. 4 UStG aufzuteilen, wenn ihre Weitergabe zugleich der Förderung steuerfreier Umsätze dient.[1156]

3. Tatsächliche Verwendung, Verwendungsabsicht und Sofortabzug

Ob eine Verwendung zur Ausführung den Vorsteuerabzug nach § 15 Abs. 2 UStG ausschließender steuerfreier oder ihn zulassender zu besteuernder (steuerpflichtiger) Umsätze vorliegt oder nicht, hängt von der **tatsächlichen Verwendung** der bezogenen Leistung ab. Auf bloße Absichten kann und darf es dabei richtigerweise nicht ankommen. Dieser Grundsatz könnte allerdings mit dem vom EuGH zutreffend betonten – aus dem Neutralitätsgebot abgeleiteten – Grundsatz des Sofortabzugs der VoSt schon bei Vornahme investiver Maßnahmen[1157] kollidieren, wenn den Vorsteuerabzug zulassende (steuerpflichtige!) Ausgangsumsätze im Voranmeldungszeitraum/Besteuerungszeitraum des Empfanges der Eingangsleistung zwar noch nicht vorliegen, aber ernsthaft geplant sind (s. Rn. 303 am Ende). Der BFH hatte das Problem früher dadurch zu lösen versucht, dass er den Vorsteuerabzug nach § 15 Abs. 1 UStG entsprechend den geplanten Ausgangsumsätzen zwar schon bei Bezug der Eingangsleistungen gewährte, ihn aber rückwirkend versagte, wenn später tatsächlich entgegen den ursprünglichen Planungen Ausschlussumsätze getätigt wurden. Der Vorsteuerabzug wurde quasi nur vorläufig unter dem Vorbehalt der tatsächlichen Tätigung der geplanten Ausgangsumsätze gewährt. Verfahrensrechtlich wurde die später von der Planung abweichende tatsächliche Verwendung für Ausschlussumsätze als rückwirkendes Ereignis i.S.d. § 175 Abs. 1 Nr. 2 AO angesehen.[1158] 354

Diese Rspr. wurde angesichts der vermeintlich entgegenstehenden Rspr. des EuGH nicht aufrechterhalten. Der EuGH entnahm dem Art. 17 der 6. EG-Richtlinie (jetzt Art. 167–169 MwStSystRL), dass ein Vorsteuerabzugsrecht aus einer empfangenen Eingangsleistung wegen des **Grundsatzes des Sofortabzugs** und des Vertrauensschutzes nicht rückwirkend entfallen dürfe, wenn eine ernsthaft vorgesehene Verwendung für kraft Gesetzes steuerpflichtige Umsätze oder erst durch Option steuer-

1154 BFH v. 28.02.1996 – XI R 70/90, BStBl. II 1996, 459.

1155 Nach BFH v. 26.07.1988 – X R 50/82, BStBl. II 1988, 1015; v. 04.03.1993 – V R 73/87 und V R 68/89, BStBl. II 1993, 525 und 527. S. auch BFH v. 10.12.2020 – V R 4/19, UR 2021,478 (keine Befreiung nach § 4 Nr. 8 lit. d UStG für an eine Bank erbrachte rein administrative und technische Dienstleistungen); BFH v. 16.09.1993 – V R 82/91, BStBl. II 1994, 271.

1156 BFH v. 16.09.1993 – V R 82/91, BStBl. II 1994, 271.

1157 Vgl. EuGH v. 08.06.2000 – Rs. C-396/98 (Schloßstraße) und – Rs. C-400/98 (Breitsohl), Slg. 2000, I-4279 und I-4321 = UR 2000, 336, 329 und aus neuerer Zeit EuGH v. 12.11.2020 – Rs. C-734/19 (ITH), MwStR 2021, 69 mit Anm Schüler-Täsch, und Rs. C-42/19 (Sonaecom), MwStR 2021, 25 mit Anm. de Weerth.

1158 Vgl. BFH v. 26.02.1987 – V R 1/79, BStBl. II 1987, 521 m.w.N.

pflichtige besteuerte Umsätze sich später nicht verwirklichen lässt, weil die Unternehmensgründung scheitert (erfolgloser Unternehmer) oder durch eine zwischenzeitliche Gesetzesänderung das Optionsrecht bei Ausführung der eigenen Umsätze entfallen ist und daher eine für einen geplanten Umsatz zunächst beabsichtigte Option nicht mehr ausgeübt werden kann.[1159] Aus der neueren Rechtsprechung des EuGH ergibt sich mittlerweile allerdings klar, dass ein Vorsteuerabzugsrecht für den Besteuerungszeitraum des Bezugs der Eingangsleistung/des Besteuerungszeitraums der Entstehung der Steuerschuld auch dann dem Unternehmer letztlich nicht zu gewähren ist, wenn der oder die später tatsächlich ausgeführten Ausgangsumsätze nicht zu seinen nach Art. 168,169 MwStSystRL 2006/112/EG besteuerten Umsätzen gehören, also etwa steuerfrei nach § 15 Abs. 2 Nr. 1 UStG sind, selbst wenn im Zeitpunkt des Bezugs der Eingangsleistung zunächst vorgesehen war, diese zur Ausführung von erst durch Option oder auch von vornherein steuerpflichtigen Ausgangsleistungen zu verwenden.[1160] Nur wenn es entgegen den ernsthaften Planungen nachfolgend zu keinerlei den Vorsteuerabzug ausschließenden (steuerfreien) Umsatz mehr kommt – erfolgloser Unternehmer –, verbleibt es endgültig beim Vorsteuerabzug. Für das Recht auf (sofortigen) Vorsteuerabzug ist zunächst darauf abzustellen, ob der Leistungsempfänger **im Zeitpunkt des Leistungsbezuges** die ernsthafte durch objektive Anhaltspunkte belegte **Absicht** hat, mit den bezogenen Leistungen steuerpflichtige oder sonst den Vorsteuerabzug nicht nach § 15 Abs. 2 UStG ausschließende Umsätze auszuführen. Soweit es dazu einer nach § 9 UStG zulässigen Option bedarf, muss zunächst die ernsthafte Absicht bestehen, zu optieren.[1161] Die Option muss später auch tatsächlich erfolgen.

Beispiel: Ein Unternehmer errichtet während 2020 und 2021 ein Bürogebäude, das er zur Ausführung seiner steuerpflichtigen Handelsumsätze verwenden will. Kurz vor Fertigstellung veräußert er in 2021 das Grundstück mit Gebäude steuerfrei nach § 4 Nr. 9 a UStG, weil er sein Geschäft aufgeben musste. Der Vorsteuerabzug ist während der Bauzeit nach § 15 Abs. 1 Nr. 1 UStG zunächst zu gewähren, solange noch die Absicht bestand, das Gebäude für die steuerpflichtigen Handelsumsätze zu verwenden. Die steuerfreie Veräußerung in 2021 führt allerdings dann zu einer ab Veräußerung zu berücksichtigenden Korrektur für den Vorsteuerabzug nach § 15 a UStG (dazu näher unten Rn. 371 ff.).

Nach der früheren Rspr. des BFH wäre hingegen wegen der letztlich steuerfreien Veräußerung des Grundstückes nach § 15 Abs. 2 Nr. 1 UStG der Vorsteuerabzug rückwirkend durch Berichtigung der bisherigen Bescheide/Voranmeldungen ausgeschlossen worden. Ungeachtet dessen war dem Unternehmer aber zunächst durchaus der Vorsteuerabzug zu gewähren und auch zu belassen, solange noch ernsthaft damit zu rechnen war, dass das Gebäude für steuerpflichtige Umsätze verwendet wird. Man kann bezweifeln, ob die frühere Rspr. des BFH nicht dem Grundsatz des Sofortabzugs und der Neutralität der USt zumindest ebenso gut entsprochen hat. Dies aber war auch nach der früheren Rspr. des BFH der Fall, jedenfalls solange keine Zinsfolgen an die rückwirkende Versagung geknüpft wurden, vgl. dazu § 233 a Abs. 2 a AO.

Nachdem der Gesetzgeber durch Änderung des § 15 a UStG der geänderten Rspr. des BFH Rechnung getragen hat (dazu unten Rn. 359 ff.), ist diese jedenfalls im Verhältnis von erstmaligem Vorsteuerabzug nach § 15 UStG und Vorsteuerkorrektur nach § 15 a UStG (dazu unten) zugrunde zu legen. Nur soweit mithin im für den Vorsteuerabzug maßgeblichen Zeitraum des Bezugs der Leistung (richtigerweise sollte hier auf den Besteuerungszeitraum und nicht den Voranmeldungszeitraum abgestellt werden) die Eingangsleistung überhaupt noch nicht in einen Ausgangsumsatz einging, ist zunächst auf die **Verwendungsabsicht** abzustellen. Fand im **Besteuerungszeitraum** des Bezugs der Leistung bereits eine **tatsächliche Verwendung** statt, ist richtiger-

1159 Siehe EuGH v. 08.06.2000 – C-400/98 (Breitsohl), BStBl. II 2003, 452 und EuGH v. 08.06.2000 – Rs. C-396/98 (Schloßstraße), BStBl. II 2003, 446 = Slg. 2000, I-4279

1160 EuGH v. 12.11.2020 – Rs. C-734/19 (ITH), MwStR 2021, 69 mit Anm Schüler-Täsch, und Rs. C-42/19 (Sonaecom), MwStR 2021, 25 mit Anm. de Weerth. Siehe auch Lippross UR 2020, 918.

1161 Vgl. BFH v. 22.02.2001 – V R 77/96, BStBl. II 2003, 426; v. 25.11.2004 – V R 38/03, BStBl. II 2005, 414; v. 16.05.2002 – V R 56/00, BStBl. II 2006, 725 m.w.N.; Abschn. 15.12. Abs. 1 UStAE.

weise diese für den Vorsteuerabzug nach § 15 UStG maßgebend und **nicht etwa die punktuelle Verwendungsabsicht im Zeitpunkt des Bezugs.**[1162] Soweit bis zur Abgabe der Erklärung für den Besteuerungszeitraum des Bezugs noch keine tatsächliche Verwendung stattgefunden hat und zweifelhaft ist, ob die ernsthafte Absicht besteht, die Eingangsleistung zur Ausführung von den Vorsteuerabzug zulassenden Umsätzen zu verwenden, kann dem durch vorläufige Veranlagung Rechnung getragen werden. Im Übrigen ist eine tatsächlich später erfolgende Verwendung für vorsteuerabzugsunschädliche Umsätze auch dadurch zu berücksichtigen, dass eine Änderung des Bescheids zugunsten des Steuerpflichtigen erfolgt.[1163] Umgekehrt ist der Vorsteuerabzug schon für den Besteuerungszeitraum der Entstehung der Steuerschuld für die Eingangsleistung nicht zu gewähren, wenn die Eingangsleistung in einem späteren Besteuerungszeitraum tatsächlich nicht für den Vorsteuerabzug zulassende zu besteuernde Ausgangsleistungen verwendet wird, namentlich für nach § 15 Abs. 2 UStG den Vorsteuerabzug ausschließende steuerfreie Leistungen.[1164] Dies auch dann, wenn im Besteuerungszeitraum des Bezugs der Eingangsleistungen zunächst die ernsthafte Absicht bestand, die Eingangsleistung nachfolgend für den Vorsteuerabzug zulassende Umsätze gemäß § 15 Abs. 1, Abs. 3 UStG zu verwenden, dies dann aber tatsächlich nicht erfolgte, sondern eine Verwendung für den Vorsteuerabzug ausschließende steuerfreie Umsätze erfolgte. Letztlich maßgebend dafür, ob ein Vorsteuerabzug hinsichtlich der Steuerschuld aus einer steuerpflichtigen Eingangsleistung zu gewähren oder zu verneinen ist, ist daher allein, ob der Eingangsumsatz für einen seinerseits der Besteuerung unterliegenden steuerpflichtigen oder nach § 15 Abs. 3 steuerfreien Ausgangsumsatz verwendet wird.

Eine in einem (noch) späteren Besteuerungszeitraum erfolgende **abweichende tatsächliche Verwendung** gegenüber der bei Bezug der Eingangsleistung geplanten und in einem nachfolgenden Besteuerungszeitraum erfolgten erstmaligen Verwendung und ist dann erst über eine **Vorsteuerkorrektur nach § 15 a UStG** zu berücksichtigen (s. Rn. 303, 359).

Soweit es um den Vorsteuerabzug aus mit der allgemeinen wirtschaftlichen Gesamttätigkeit des Unternehmers in direktem und unmittelbaren Zusammenhang stehenden Gemeinkosten geht, stellt die Verwaltung im Anschluss an die Rspr. des BFH nunmehr zutreffend auf die tatsächlich im jeweiligen Besteuerungszeitraum (= Kalenderjahr) getätigten Umsätze ab und nicht auf bloße Verwendungsabsichten im Voranmeldungszeitraum.[1165] Soweit im Besteuerungszeitraum auch teils den Vorsteuerabzug ausschließende Umsätze getätigt wurden, hat eine entsprechende Aufteilung nach den Verhältnissen der gesamten Umsätze im (abgelaufenen) Besteuerungszeitraum in der Jahreserklärung zu erfolgen. Ggf. in den Voranmeldungen nach den Verhältnissen des Vorjahres erfolgte Schätzungen für die Aufteilung sind nicht maßgebend, sondern in der Jahreserklärung zu „berichtigen".

4. Vorsteuerabzug bei Fehlmaßnahmen

a) Bei einer sog. Fehlmaßnahme bleibt problematisch, ob der Eingangsumsatz end- **355**
gültig dem geplanten Umsatz, einem später tatsächlich ausgeführten Umsatz oder

1162 So zutreffend BFH v. 02.03.2006 – V R 49/05, BStBl. II 2006, 729; Lippross 7.8.4.1 c); verfehlt hingegen Abschn. 15.12. Abs. 1 S. 6–8 und Abschn. 15a.2. Abs. 2 UStAE, soweit dort allein auf die Absicht im Zeitpunkt des Bezugs abgestellt wird; vgl. aber möglicherweise ebenso EuGH v. 18.10.2012 – Rs. C-234/11 (TETS Haskovo), UR 2012, 921; v. 04.10.2012 – Rs. C-550/11 (PIGI), UR 2012, 924 und v. 22.03.2012 – Rs. C-153/11 (Klub), UR 2012, 606 m.w.N. Danach ist für die Vorsteuerabzugsberechtigung darauf anzustellen, ob der Steuerpflichtige „zum Zeitpunkt des Erwerbs als solcher handelt und den Gegenstand für Zwecke seiner besteuerten Umsätze verwendet". Entscheidendes Kriterium sei „die tatsächliche oder beabsichtigte Verwendung". S. auch EuGH v. 29.11.2012 – Rs. C-257/11 (Gran Via Moinesti), UR 2013, 224.

1163 So zu Recht Lippross 7.8.4.1 c); fraglich allerdings, ob eine Änderung noch auf § 175 Abs. 1 Nr. 2 AO gestützt werden könnte; verneinendenfalls wäre aber dann § 173 AO anwendbar, weil die tatsächliche spätere Verwendung dann einen Rückschluss auf die Verwendungsabsicht im zurückliegenden Besteuerungszeitraum gestattet.

1164 Zur entsprechenden Rechtslage nach Art. 167, 168, 169 (MwStSystem) Richtlinie 2006/112/EG siehe EuGH v. 12.11.2020 – Rs. C-734/19 (ITH), MwStR 2021, 69 und Rs. C-42/19 (Sonaecom), MwStR 2021, 25.

1165 S. BFH v. 24.04.2013 – XI R 25/10, BStBl. II 2014, 346; Abschn. 15.12. Abs. 1 S. 7 Hs. 2 und 15.16. Abs. 2 a UStAE.

den Gemeinkosten für alle Umsätze zuzurechnen ist. Der BFH wollte Fehlmaßnahmen ursprünglich immer tatsächlich ausgeführten Umsätzen unter „Kostenzurechnungsgesichtspunkten" zuordnen.[1166] Soweit es überhaupt zu keinen Ausgangsumsätzen kam – erfolgloser Unternehmer –, sollte der Vorsteuerabzug schon nach § 15 Abs. 1 UStG zu versagen sein. Soweit eine Fehlmaßnahme einen bestimmten Gegenstand betrifft, z.B. ein Grundstück, sollte maßgebend sein, wie dieser Gegenstand tatsächlich später verwendet wird. Diese Rspr. ist hinsichtlich des erfolglosen Unternehmers überholt – hier ist der Vorsteuerabzug dem erfolglosen, gescheiterten Unternehmer nach Maßgabe seiner erfolglos geplanten Umsätze zu gewähren und zu belassen[1167] (s.o. Rn. 221 ff.).

Hinsichtlich der Zuordnung zur späteren Verwendung eines bestimmten Gegenstandes behält die Rspr. ihre Bedeutung. Insoweit ist allerdings zu differenzieren. Erfolgt bereits im Besteuerungszeitraum des Bezugs der Eingangsleistung eine von der geplanten Verwendung abweichende Verwendung (**unechte Fehlmaßnahme**), so ist auf die tatsächliche Verwendung abzustellen. Erfolgt hingegen im Besteuerungszeitraum des Bezugs noch keine Verwendung, ist für den **Vorsteuerabzug** zunächst auf die **ernsthaft geplante Verwendung** abzustellen. Weicht die erstmals in einem nachfolgenden Besteuerungszeitraum tatsächliche erfolgende Verwendung dann allerdings von der (lediglich) geplanten Verwendung im Besteuerungszeitraum des Bezugs der Eingangsleistung ab, ist für den Vorsteuerabzug erst und nur die im nachfolgenden Besteuerungszeitraum erfolgende tatsächliche Verwendung maßgebend. Der Vorsteuerabzug ist daher nach § 15 Abs. 2 UStG, Art. 168 MwStSystRL schon für den Besteuerungszeitraum des Bezuges der Eingangsleistung zu versagen, wenn diese – wenn auch entgegen den ursprünglichen Absichten – tatsächlich erst in einem dem Besteuerungszeitraum des Bezugs der Eingangleistung nachfolgenden Besteuerungszeitraum erstmals für den Vorsteuerabzug ausschließende steuerfreie Umsätze verwendet wird.[1168] Kommt es dann noch in späteren, nachfolgenden Besteuerungszeiträumen innerhalb des Berichtigungszeitraumes zu einer davon **abweichenden tatsächlichen Verwendung**, ist dem erst und nur über eine **Vorsteuerkorrektur nach § 15 a UStG** Rechnung zu tragen (s. Rn. 359 f.).[1169] Liegt hingegen eine **echte Fehlmaßnahme** vor, weil die Eingangsleistung in überhaupt keinen bestimmten Ausgangsumsatz (bzw. -umsätze) eingeht, sondern sich schlicht als **endgültig unverwertbar** erweist, so soll nach wohl herrschender Auffassung wie beim erfolglosen Unternehmer die Zuordnung zum geplanten Ausgangsumsatz maßgeblich bleiben.[1170] Dies erscheint allerdings eher zweifelhaft. Vielmehr sollte bei echten Fehlmaßnahmen eines an sich erfolgreichen Unternehmers richtigerweise von mit allen Umsätzen in unmittelbarem und direktem Zusammenhang stehenden Gemeinkosten auszugehen sein, sodass eine Zuordnung zu allen Umsätzen des Unternehmers im Besteuerungszeitraum zu erfolgen hätte, ggf. mit der Folge der Aufteilung.[1171]

Beispiel:[1172] Die U beabsichtigte, ein Parkhaus in der Innenstadt zu errichten. Sie erwarb ein entsprechendes Grundstück und beauftragte einen Architekten mit der Planung. Die Planungsarbei-

1166 S. Nachweise in BFH v. 22.03.2001 – V R 46/00, BStBl. II 2003.

1167 Vgl. insoweit EuGH v. 29.02.1996 – Rs. C-110/94 (INZO), Slg. 1996, I-957 und v. 15.01.1998 – Rs. C-37/95 (Ghent Coal), Slg. 1998, I-1.

1168 Siehe EuGH v. 12.11.2020 – Rs. C-42/19 (Sonaecom), UR 2020, 967 mit Anm. Heinrichshofen. Siehe dazu auch Wäger UR 2021, 41 f.

1169 S. EuGH v. 09.07.2020 – C-374/19 (FA Bad Neuenahr/Ahrweiler) DStR 2020, 1570 mit nachfolgend BFH v. 27.10.2020 – V R 20/20 (V R 61/61), DStR 2021, 478.

1170 Vgl. Lippross 7.8.4.1 b); Stadie in: R/D § 15 Rn. 1309; BFH v. 22.03.2001 – V R 46/00, BStBl. II 2003, 433 (für verlorene Aufwendungen nach Aufgabe des Planes zur Bebauung); so wohl auch v. 24.04.2013 – XI R 25/10, BStBl. II 2014, 346.

1171 So Reiß in: T/L (20. Aufl.) § 14 Rn. 174 und Englisch in: T/L § 17 Rn. 352; zur EuGH-Rspr. vgl. EuGH v. 08.06.2000 – Rs. C-98/98 (Midland Bank), Slg. 2000, I-4177; v. 08.02.2007 – Rs. C-435/05 (Investrand BV), Slg. 2007, I-1315; v. 22.02.2001 – Rs. C-408/98 (Abbey National), Slg. 2001, I-1361.

1172 Nach BFH v. 21.07.1988 – V R 87/83, BStBl. II 1989, 60; v. 30.11.1989 – V R 85/84, BStBl. II 1990, 345.

ten wurden wertlos, nachdem der Bebauungsplan geändert wurde, sodass ein Parkhaus nicht mehr gebaut werden durfte. Die U veräußerte daraufhin das unbebaute Grundstück steuerfrei nach § 4 Nr. 9 a UStG. Der BFH (a.a.O.) rechnete die vom Architekten ausgeführte Eingangsleistung der steuerfreien Grundstücksveräußerung zu und versagte den Vorsteuerabzug nach § 15 Abs. 2 Nr. 1 UStG. Diese Zurechnung der Planungsarbeiten zur steuerfreien Grundstücksveräußerung ist deshalb unzutreffend, weil die Planungsarbeiten zur (steuerfreien) Veräußerung des Grundstückes keinerlei Beitrag geleistet haben. Es handelt sich dabei schlicht um verlorene Aufwendungen eines insoweit erfolglosen Unternehmers.

Es stellt sich aber sodann die Frage, ob wegen der steuerfreien Veräußerung des unbebauten Grundstücks eine Vorsteuerkorrektur nach § 15 a UStG vorzunehmen wäre. Die Frage könnte nur dann bejaht werden, wenn die VoSt als Kostenelement die Grundstücksveräußerung beträfe, also i.S.d. § 15 a UStG im Zusammenhang mit dessen Anschaffungs- oder Herstellungskosten stünde, bzw. i.S.d. Art. 184, 187 MwStSystRL das Grundstück als Investitionsgut „belastet" hat. Es ist jedoch nicht zu verkennen, dass hier die Architektenleistung als Vorbezug in Wahrheit als echte Fehlmaßnahme in gar keine bestimmte Ausgangsleistung einging – anders aber z.B., wenn tatsächlich ein Gebäude errichtet worden wäre, dann aber steuerfrei veräußert worden wäre. Die vom BFH vorgenommene Zuordnung zur Grundstücksveräußerung kann daher hier nicht in Betracht kommen. Die entscheidende Frage ist daher ebenso zu beantworten wie bei einem Diebstahl oder dem Untergang von Ware. Hier entspricht es zu Recht allgemeiner Auffassung (vgl. auch Art. 185 Abs. 2 MwStSystRL), dass der Vorsteuerabzug zu gewähren ist, auch wenn in Wahrheit die Eingangsleistung in keinen Ausgangsumsatz eingeht.[1173] Dies aber nur dann, wenn der Unternehmer ansonsten nur den Vorsteuerabzug zulassende Umsätze tätigt. Werden aber umgekehrt nur Ausschlussumsätze getätigt, ist der Vorsteuerabzug zu versagen, auch wenn ein steuerpflichtiger Umsatz geplant war, aber nicht ausgeführt werden konnte.[1174] Werden sowohl Ausschlussumsätze als auch den Vorsteuerabzug erlaubende Umsätze getätigt, hat richtigerweise eine Aufteilung nach § 15 Abs. 4 UStG stattzufinden.

b) Sofern das Unternehmen unterschiedliche Geschäftsbereiche umfasst, sind VoSt aus echten Fehlmaßnahmen allerdings ggf. nur den Umsätzen eines bestimmten Geschäftsbereiches zuzuordnen, wenn nur zu dessen Umsätzen ein unmittelbarer und direkter (Gemeinkosten) Zusammenhang besteht.[1175]

III. Teilweiser Ausschluss vom Vorsteuerabzug

1. § 15 Abs. 2 UStG regelt nur den Ausschluss vom Vorsteuerabzug, wenn die bezogene Leistung vollständig zur Ausführung steuerfreier Umsätze verwendet wird. Wird die für das Unternehmen bezogene Leistung hingegen teilweise auch zur Ausführung von (steuerpflichtigen oder unter Abs. 3 fallenden) Umsätzen verwendet, die den Vorsteuerabzug nicht ausschließen, ist nach § 15 Abs. 4 S. 1 UStG der Teil des Vorsteuerbetrages nicht abziehbar, der den zum Ausschluss vom Vorsteuerabzug nach § 15 Abs. 2 UStG führenden (steuerfreien) Umsätzen „wirtschaftlich zuzurechnen" ist. Es muss mithin eine **Aufteilung** der VoSt erfolgen. Diese Regelung beruht auf Art. 173 MwStSystRL. Als **Aufteilungsmethode** sieht § 15 Abs. 4 UStG primär eine direkte **wirtschaftliche Zurechnung** vor und hilfsweise eine Aufteilung nach dem **Umsatzschlüssel**. Die vorrangige direkte wirtschaftliche Zurechnung ist durch die Ermächtigung in Art. 173 Abs. 2 lit. c MwStSystRL gedeckt, obwohl die Richtlinie selbst als Regelfall die Aufteilung nach dem (Gesamt-)Umsatzschlüssel (aller Umsatzentgelte des Unternehmens vorsieht.[1176] Nach welchen Einzelkriterien die wirtschaftliche Zurechnung vorzunehmen ist, konkretisiert das Gesetz nicht näher. Es verlangt insoweit lediglich eine „sachgerechte Schätzung". Diese muss aber zu einer 356

1173 Vgl. aber EuGH v. 04.10.2012 – Rs. C-550/11 (PIGI), UR 2012, 924 (Befugnis der Mitgliedstaaten zu Vorsteuerkorrektur nach Art. 185 Abs. 3 MwStSystRL bei Diebstahl) mit zu Recht kritischer Anmerkung Fellner, ELR 2013, 87 und Heinrichshofen, EU-UStB 2012, 87.

1174 Vgl. insoweit immer noch zutreffend BFH v. 15.09.1994 – V R 12/93, BStBl. II 1995, 88.

1175 Vgl. EuGH v. 22.02.2001– Rs. C-408/98 (Abbey National), Slg. 2001, I-1361.

1176 Vgl. EuGH v. 09.06.2016 – Rs. C-332/14 (Rey Grundstücksgemeinschaft), UR 2016, 545 mit nachfolgend BFH v. 10.08.2016 – XI R 31/09, UR 2016, 846; EuGH v. 08.11.2012 – Rs. C-511/10 (BLC Baumarkt), UR 2012, 668; BFH v. 22.08.2013 – V R 19/09, DB 2013, 2838 (Nachfolgeentscheidung BLC Baumarkt – aber richtlinienkonforme Auslegung dahingehend, dass „präzisere Ergebnisse" erreicht werden müssen).

„präziseren Bestimmung" des Aufteilungsmaßstabes als der allgemeine Umsatzschlüssel führen. Möglich ist dabei auch, dass es mehrere sachgerechte Aufteilungskriterien für eine wirtschaftliche Zurechnung gibt. Die Wahl eines sachgerechten Aufteilungskriteriums, der zu einer präziseren Aufteilung führt, durch den Unternehmer ist für die Finanzverwaltung bindend.[1177]

§ 15 Abs. 4 S. 2 UStG verlangt eine Aufteilung in abziehbare und nicht abziehbare Vorsteuern vorrangig durch wirtschaftliche Zurechnung auch bei Verwendung eines Grundstückes gemäß § 15 Abs. 1 b UStG zu teils unternehmerischen Zwecken und teils (privaten) außerunternehmerischen Zwecken. Darüberhinausgehend ist eine Aufteilung in analoger Anwendung[1178] entsprechend § 15 Abs. 4 S. 1 und 2 UStG auch vorzunehmen, soweit Vorsteuern auf Leistungen anfallen, die teils für das Unternehmen und teils für den außerunternehmerischen, nichtwirtschaftlichen Bereich anfallen, sodass schon nach § 15 Abs. 1 UStG kein voller Vorsteuerabzug zu gewähren ist.

Beispiel: Die anfallende Umsatzsteuer für die **Leistung des Insolvenzverwalters** an den Insolvenzschuldner bedarf ggf. für Zwecke des Vorsteuerabzugs einer Aufteilung in abziehbare und nicht abziehbare Vorsteuer. Sie stellt sich nur insoweit als abziehbare Vorsteuer dar, als die Leistung des Insolvenzverwalters wirtschaftlich den den Vorsteuerabzug zulassenden unternehmerischen Umsätzen des nunmehrigen Insolvenzschuldners zuzurechnen ist. Der Vorsteuerabzug ist hingegen ausgeschlossen, soweit die Tätigkeit des Insolvenzverwalters den nicht den Vorsteuerabzug zulassenden (steuerfreien) Umsätzen zuzurechnen ist, § 15 Abs. 4 S. 1 UStG. Der Vorsteuerabzug ist auch insoweit ausgeschlossen als die Tätigkeit des Insolvenzverwalters dem nichtunternehmerischen, nicht wirtschaftlichen (Tätigkeits-)Bereich des Insolvenzschuldners zuzurechnen ist. Problematisch ist freilich, nach welchen Maßstäben eine zutreffende „wirtschaftliche Zurechnung" zu erfolgen hat. Die Rspr. stellt im Ausgangspunkt zutreffend darauf ab, in welchem Umfange der Insolvenzverwalter zur Befriedigung von Verbindlichkeiten des Unternehmens und von Privatverbindlichkeiten tätig wird.[1179] Bei den Unternehmensverbindlichkeiten muss dann danach unterschieden werden inwieweit die zugrunde liegende Leistung ggf. zur Ausführung nicht den Vorsteuerabzug nach § 15 Abs. 2 UStG zulassender Umsätze des Insolvenzschuldners verwendet wurde.[1180] Jedenfalls dürfen die erst vom Insolvenzverwalter getätigten Umsätze ausgeblendet werden.

357 2. Als **sachgerechte Aufteilungskriterien** für die **wirtschaftliche Zurechnung** kommen in Betracht:

- Eine **gegenständliche Zurechnung**;
- eine **Aufteilung nach Kostenzurechnungsgesichtspunkten**;
  Die gegenständliche Zurechnung kommt immer in Betracht, wenn Vorbezüge rein tatsächlich in unterschiedlich zu beurteilende Ausgangsumsätze eingehen, etwa bei der Verwendung einer Baumateriallieferung teils zur Ausführung nach § 4 Nr. 9 a UStG steuerfreier Lieferungen bebauter Grundstücke, teils zur Ausführung steuerpflichtiger Werklieferungen durch Herstellung von Gebäuden auf dem Grundstück von Bauherren. Für die Aufteilung nach Kostenzurechnungsgesichtspunkten kommen quasi dieselben Maßstäbe infrage, die in einer betrieblichen Kostenzurechnung für eine Zurechnung von Kosten, namentlich auch Gemeinkosten, für eine Kostenträgerzurechnung verwendet werden. Dies bedeutet praktisch eine Schätzung nach Maßgabe eines im Einzelfall angemessenen Schlüssels für eine Kostenzurechnung, **z.B. km-Leistung** bei der Benutzung von Fahrzeugen oder des **Flächenanteils** nach qm-Zahl bei der Vermietung von Gebäuden. Nur wenn keinerlei geeignete andere sachgerechte Kriterien für eine Kostenzurechnung bestehen, lässt § 15 Abs. 4 S. 3 UStG eine Aufteilung nach dem (Gesamt-)Um-

1177 BFH v. 05.02.1998 – V R 101/96 und 12.03.1998 – V R 50/97, BStBl. II 1998, 492 und 595.

1178 BFH v. 15.04.2015 – V R 44/14, BStBl. II 2015, 679; v. 09.02.2012 – V R 40/10, BStBl. II 2012, 844 m.w.N.; zur unionsrechtlichen Zulässigkeit einer Aufteilung nach sachgerechten Kriterien einer wirtschaftlichen Zurechnung s. EuGH v. 16.07.2015 – Rs. C-108/14 und C-109/14 (Larentia + Minerva), BStBl. II 2017, 604 = UR 2015, 671 auf Vorlage von BFH v. 11.12.2013 – XI R 17/11 und 38/12, BStBl. II 2014, 417 und 428.

1179 BFH v. 02.12.2015 – V R 15/15, BStBl. II 2016, 486 und v. 15.04.2015 – V R 44/14, BStBl. II 2015, 679 (Aufteilung bei Privat- und Unternehmensverbindlichkeiten); s. auch Abschn. 15.12. Abs. 1 UStAE.

1180 So zutreffend FG Schleswig-Holstein v. 15.09.2016 – 4 K 14/14, EFG 2017, 76.

satzschlüssel zu.[1181] Hier ist dann die VoSt im Verhältnis der Entgelte für die vorsteuerabzugsschädlichen Umsätze des gesamten Unternehmens zu den Entgelten der nicht vorsteuerabzugsschädlichen Umsätze auf Jahresbasis aufzuteilen (s. auch Art. 174, 175 MwStSystRL).

- **objektbezogene oder nach Tätigkeitsbereichen erfolgende Vorsteueraufteilung.**
  Auch bei richtlinienkonformer Auslegung lässt sich dem § 15 Abs. 4 S. 3 UStG kein generelles Verbot **einer einzelobjektbezogenen Vorsteueraufteilung nach Umsätzen** entnehmen. Ein solches Verbot eines objektbezogenen Umsatzschlüssels folgt auch nicht aus der EuGH-Rspr. zu Art. 173–175 MwStSystRL. Vielmehr kann auch die einzelobjektbezogene, z.B. nach Grundstücken, oder eine tätigkeitsbereichbezogene Vorsteueraufteilung nach Umsätzen, z.B. einerseits Vermietung von Grundstücken und andererseits Tätigkeit als Rechtsanwalt, eine präzisere Bestimmung des abziehbaren pro rata Satzes nach wirtschaftlicher Zurechnung ermöglichen als eine Aufteilung nach dem Gesamtumsatzschlüssel. Dann ist, falls andere präzisere Aufteilungsmethoden nicht vorhanden sind, auch eine solche Aufteilung – vorrangig vor einer Aufteilung nach dem Gesamtumsatzschlüssel – nach deutschem Recht zulässig und verstößt nicht gegen Art. 173 MwStSystRL, sondern ist durch Art. 173 Abs. 2 lit. b und/oder c MwStSystRL gedeckt.[1182]

3. Zu beachten ist, dass die Aufteilung nach § 15 Abs. 4 UStG sich nur auf Vorsteuer- **358**
beträge bezieht, die nicht bereits vollständig entweder den zum Vorsteuerabzug berechtigenden oder den nicht zum Vorsteuerabzug berechtigenden Umsätzen zuzurechnen sind, sondern die mit beiden Gruppen in einem direkten und unmittelbaren wirtschaftlichen Zusammenhang stehen.[1183] Eine Aufteilung hat mithin auszuscheiden, wenn bereits eine klare Zurechnung nur zu entweder vorsteuerunschädlichen oder vorsteuerschädlichen Umsätzen zu erfolgen hat. Für den besonders häufigen Anwendungsfall einer notwendigen Aufteilung von VoSt bei der **gemischten Nutzung von Gebäuden** teils für zu besteuernde Umsätze, teils aber für den Vorsteuerabzug ausschließende steuerfreie Umsätze nach § 4 Nr. 12 a UStG, ist wie folgt zu differenzieren. Für Vorsteuerbeträge aus der Anschaffung oder Herstellung des Gebäudes ist vorrangig auf das Verhältnis der Nutzflächen **(objektbezogener Flächenschlüssel)**[1184] oder – bei erheblichen Raumunterschieden trotz gleicher Fläche – auf das **Verhältnis des umbauten Raumes** abzustellen. Nach diesem Verhältnis sind dann die gesamten bei der Anschaffung/Herstellung angefallenen VoSt aufzuteilen. Die sich daraus ergebende Aufteilung führt regelmäßig zu präziseren Ergebnissen als eine Aufteilung nach dem Gesamtumsatzschlüssel für das ganze Unternehmen oder

---

1181 S. BFH v. 05.09.2013 – XI R 4/10, BStBl. II 2014, 95 (Aufteilung von Vorsteuern aus dem Betrieb einer Spielhalle mit Geld- und Unterhaltungsspielgeräten nicht nach Flächenschlüssel, sondern nach dem Verhältnis der Entgelte).

1182 Vgl. BFH v. 26.04.2018 – V R 23/16, UR 2018, 807 (Schulsportanlage, nach zeitlichem Nutzungsumfang); v. 10.08.2016 – XI R 31/09, UR 2016, 846 und v. 23.10.2019 – V R 46/17, BFH/NV 2020, 302 (einzelobjektbezogener Umsatzschlüssel). S. auch EuGH v. 24.01.2019 – Rs. C-165/17 (Morgan Stanley), DStR 2019, 275 (zur Bestimmung des pro rata Satzes des VoSt-Abzuges einer Zweigniederlassung für an die Hauptniederlassung in einem anderen Mitgliedstaat erbrachte Vorleistungen! Umsätze der Hauptniederlassung sind dabei zu berücksichtigen); v. 12.09.2013 – Rs. C-388/11 (Credit Lyonnais), MwStR 2013, 585 (insbes. zur Zulässigkeit der Bestimmung eines pro rata Satzes nach Umsatzschlüssel für Niederlassungen/Tätigkeitsbereiche/Gebäude nach dem Recht des Mitgliedstaates Frankreich!) mit Anm. Heinrichshofen EU-UStB 2013, 91; v. 18.12.2008 – Rs. C-488/07 (Royal Bank of Scotland), Slg. 2008, I-10409; s. auch BFH v. 05.06.2014 – XI R 31/09, UR 2014, 651 (Vorlageersuchen an den EuGH v. 09.06.2015 – Rs. C-332/14, UR 2016, 545). S. auch EuGH v. 16.06.201 – Rs. C-186/15 (Kreissparkasse Wiedenbrück), UR 2016, 553 (zu einem Margenschlüssel Umsatzschlüssel und Nichtanwendung der Rundungsregel) und nachfolgend FG Münster v. 13.09.2016 – 15 K 2390/12 U, EFG 2016, 1836.

1183 Vgl. Abschn. 15.16. Abs. 1 und 2 UStAE. S. auch BFH v. 23.10.2019 – V R 46/17, UR 2020,193 (nur gesetzlich geschuldete USt ist bei erforderlicher Aufteilung nach § 15 Abs. 4 zu berücksichtigen!).

1184 Dazu BFH v. 27.03.2019 – V R 43/17, BFH/NV 2019, 719 m.w.N.; s. auch BFH v. 23.10.2019 – V R 46/17, BFH/NV 2020, 302 (zur Nichtanwendung des Flächenschlüssels bei Nutzung von Flächen zum stfreien Betreiben von Geldspielgeräten und stpfl. von anderen Spielgeräten).

auch nur nach einem **objektbezogenen Umsatzschlüssel** nur für das Gebäude.[1185] Es kommt nicht in Betracht, die für den einheitlichen Gegenstand Gebäude bei der Anschaffung oder Herstellung angefallenen VoSt direkt vorab räumlich einzelnen Gebäudeteilen zuzuordnen. Aufteilungsobjekt sind hier die VoSt, die für die Herstellung/Anschaffung des gesamten Gebäudes angefallen sind. Verwendungsumsätze sind die mit dem Gebäude ausgeführten gemischten Umsätze. Bei nachträglichen Herstellungs-/Anschaffungsaufwendungen zur Schaffung und/oder Erweiterung des Gebäudes sind die dafür angefallenen Vorsteuerbeträge das Aufteilungsobjekt und die Zurechnung hat so zu erfolgen, wie der nachträglich geschaffene Gebäudeteil verwendet wird. Erfolgen hingegen (sonstige) Leistungen für die laufende Nutzung und die (bloße) Erhaltung des Gebäudes, so ist für die Zurechnung darauf abzustellen, wofür die einzelne (Erhaltungs-)Leistung selbst Verwendung findet.[1186]

Beispiel:[1187] U errichtet im Jahre 1 ein dreigeschossiges Gebäude. Im Erdgeschoss befindet sich sein Ladengeschäft für Kosmetikartikel. In den beiden Obergeschossen befindet sich je eine vermietete Wohnung. Die Geschossflächen betragen je 100 qm. Für das Ladengeschäft besteht ein eigener Eingang. Auf dessen Herstellung entfielen 3.000 € an VoSt. Auf den Fahrstuhl, der ausschließlich zur Erreichung der Wohnungen genutzt wird, entfielen 10.000 € an VoSt. Im Jahre 3 wird das Gebäude um ein weiteres Geschoss aufgestockt. Dieses wird steuerpflichtig als Büro vermietet. Der Fahrstuhlschacht wird verlängert. Im Jahre 4 muss im Erdgeschoss eine Ausbesserung des Fußbodens erfolgen und eine Verunreinigung der Fassade beseitigt werden.

Die im Jahre 1 für die Herstellung des Gebäudes angefallenen VoSt sind nach § 15 Abs. 4 UStG aufzuteilen. Denn das Gebäude wird einerseits im Erdgeschoss zur Ausführung steuerpflichtiger Ladenumsätze genutzt, andererseits aber in den beiden weiteren Geschossen zur Ausführung von den Vorsteuerabzug nach § 15 Abs. 2 Nr. 1 UStG ausschließenden nach § 4 Nr. 12 a UStG steuerfreien Vermietungsleistungen. Die Aufteilung erfolgt nach dem Verhältnis der Nutzflächen, hier also abziehbare VoSt zu 100/300 und nichtabziehbar zu 200/300. In die Aufteilung einzubeziehen sind auch die für die Herstellung des Eingangs zum Ladengeschäft und die für die Herstellung des Fahrstuhls angefallenen VoSt. Eine direkte räumliche Zuordnung für diesen Teil der auf die Herstellungsaufwendungen des Gebäudes entfallenden VoSt kommt nicht in Betracht. Im Jahre 3 sind die auf die Herstellung des Dachgeschosses entfallenden VoSt in vollem Umfange nach § 15 Abs. 1 Nr. 1 UStG abziehbar. Denn es besteht nur ein unmittelbarer Zusammenhang mit der Verwendung des Dachgeschosses zur Ausführung der durch Option steuerpflichtigen Vermietung. Einzubeziehen in diese Aufteilung sind auch die auf die Verlängerung des Fahrstuhlschachtes entfallenden VoSt. Die auf die Erhaltungsaufwendungen für die Fußbodenausbesserung in 4 entfallende VoSt steht nur mit den im Erdgeschoss ausgeführten steuerpflichtigen Umsätzen im direkten Zusammenhang, sodass sie voll nach § 15 Abs. 1 Nr. 1 UStG abziehbar ist. Hingegen steht der Fassadenanstrich mit allen vermittels des Gebäudes ausgeführten Umsätzen im direkten und unmittelbaren Zusammenhang. Es muss mithin eine Aufteilung nach § 15 Abs. 4 UStG nach dem jetzt bestehenden Verhältnis der Nutzflächen erfolgen, d.h. 200/400 abziehbar (Erd- und 3. Obergeschoss) und zu 200/400 nicht abziehbar (1. und 2. Obergeschoss).

C. Berichtigung des Vorsteuerabzugs (§ 15 a UStG)

I. Zweck der Regelung und Übersicht

359 **1. § 15 a UStG** stellt eine **Ergänzung zu § 15 Abs. 2, 4 UStG** dar. Über § 15 Abs. 2, 4 UStG können **Änderungen** der Verwendung des Eingangsumsatzes zur Ausführung steuerpflichtiger bzw. steuerfreier Umsätze nicht berücksichtigt werden, wenn sie erst **nach dem für den Vorsteuerabzug maßgeblichen Zeitpunkt oder Zeitraum** eintreten, nämlich dem Besteuerungszeitraum der Entstehung der Steuerschuld und

1185 Siehe aber BFH v. 11.11.2020 – XI R 7/20, DStR 2021,417 zur gebotenen Aufteilung nach einem objektgebundenen Umsatzschlüssel statt eines Flächenschlüssels bei erheblichen Ausstattungsunterschieden der verschiedenen Zwecken dienenden Räume eines Gebäudes.

1186 BFH v. 10.08.2016 – XI R 31/09, UR 2016, 846 m.w.N. im Anschluss an EuGH v. 09.06.2016 – Rs. C-332/14 (Rey Grundstücksgemeinschaft), UR 2016, 545 und nachfolgend FG Düsseldorf v. 20.07.2018 – 1 K 2798/16 U, BeckRS 2018, 43157: S. auch bereits BFH v. 22.08.2013 – V R 19/09, DB 2013, 2838; v. 25.03.2009 – V R 9/08, BStBl. II 2010, 651; v. 13.08.2008 – XI R 53/07, BFH/NV 2009, 228; v. 22.11.2007 – V R 43/06, BStBl. II 2008, 770; v. 28.09.2006 – V R 43/03, BStBl. II 2007, 417; Abschn. 15.17. Abs. 5–8 UStAE.

1187 Vgl. zum Beispielsfall BFH v. 13.08.2008 – XI R 53/07, BFH/NV 2009, 228 und Abschn. 15.17. Abs. 7 UStAE.

auch erst für nach diesem Besteuerungszeitraum liegende Besteuerungszeiträume zu berücksichtigen sind. In diesen Fällen greift § 15 a UStG ein, um ungerechtfertigte Steuervorteile oder Steuernachteile zu vermeiden. Es ist dann **nachträglich, aber nicht rückwirkend**, eine **Änderung des ursprünglichen Vorsteuerabzugs** vorzunehmen. Die Berichtigungen sind grundsätzlich bereits für den Besteuerungszeitraum/Voranmeldungszeitraum vorzunehmen, in dem die Änderung der Verhältnisse eintritt. Eine Änderung der Verhältnisse liegt immer dann vor, wenn unter dem Aspekt des Umfanges des Vorsteuerabzuges nach § 15 Abs. 1 b, 2, 3 und 4 UStG sich nachträgliche Veränderungen ergeben (dazu näher Rn. 363 ff.). § 15 a UStG findet – anders als nach der Rspr. des EuGH Art. 184 MwStSystRL[1188] – noch keine Anwendung, wenn fälschlicherweise ein Vorsteuerabzug für die Ausführung eines steuerfreien, nicht zu besteuernden Umsatzes gewährt wurde. Hier ist richtigerweise, soweit nach der AO noch zulässig, im deutschen Recht dann schlicht bereits die von vornherein unzutreffende Veranlagung zu berichtigen.

2. Das **deutsche Recht** genügt schon mit den in der AO vorgesehenen Änderungsmöglichkeiten für einen fälschlich gewährten oder versagten Vorsteuerabzug den unionsrechtlichen Anforderungen an die Rechtssicherheit!

Beispiel: U errichtete in 01/02 ein dreigeschossiges (Büro) Gebäude, dessen erstes Geschoss er für seine Rechtsanwaltskanzlei nutzen will, während das zweite und dritte Geschoss steuerpflichtig an andere Unternehmer für Bürozwecke vermietet werden sollen. Das Gebäude wurde in 02 fertig und ab 1.3.02 – wie vorgesehen – zu 1/3 für die eigenen Bürozwecke und zu 2/3 – abweichend von der in 01 vorgesehenen Verwendung – durch (steuerfreie) Vermietung an eine Versicherungsgesellschaft genutzt. Die ihm in 01 vom Bauunternehmer für die bis Ende 01 bereits ausgeführten Bauarbeiten in Rechnung gestellte Umsatzsteuer von 300.000 € hat U in den gemäß § 18 Abs. 1 und 2 UStG abgegebenen Voranmeldungen für 01 und in der gemäß § 18 Abs. 3 UStG bereits Anfang 02 abgegebenen Jahreserkärung für 01 vollständig als Vorsteuer abgezogen, weil er zu diesem Zeitpunkt davon ausging und ausgehen konnte, dass das Gebäude vollständig durch eigene Nutzung für seine Kanzlei und durch wegen Option steuerpflichtige Vermietung an andere Unternehmer nach § 15 Abs. 1, Abs. 2 und § 9 UStG zu den Vorsteuerabzug zulassenden Umsätzen verwendet wird. Erst in 02 entschloss U sich – angesichts günstigerer Vermietungskonditionen – zur nach § 4 Nr. 12 a) UStG steuerfreien Vermietung des 2. und 3. Geschosses an eine Versicherungsgesellschaft.

Der Vorsteuerabzug ist dem U zwar bereits in und für 01 zu gewähren, soweit für die an ihn ausgeführten Bauleistungen die Steuer bereits entstanden ist. Er ist ihm aber allerdings im Ergebnis schon für 01 nur in dem Umfange zu gewähren, als U die Bauleistungen nachfolgend zur Ausführung von den Vorsteuerabzug nach § 15 Abs. 1, Abs. 2, Abs. 3 UStG zulassenden Ausgangsumsätzen verwendet, namentlich also zu steuerpflichtigen, nicht nach § 15 Abs. 2 Nr. 1 UStG befreiten Umsätzen (s. Rn. 303 und 354). Dem U stand daher aus den in 01 für sein (Vermietungs-)Unternehmen ausgeführten Bauleistungen des Bauunternehmers nur ein Vorsteuerabzug von 1/3 von 300.000 = 100.000 € nach § 15 Abs. 1 Nr. 1, Abs. 2 Nr. 1, Abs. 4 UStG zu.

Soweit dem U wegen der ursprünglich geplanten Option einer steuerpflichtigen Vermietung für 01 zunächst der volle Vorsteuerabzug in Höhe von 300.000 € gewährt worden ist, erweist sich dies nunmehr als unzutreffend. Denn tatsächlich wurde das Gebäude **im Besteuerungszeitraum der erstmaligen Verwendung** für Umsätze zu 2/3 für den Vorsteuerabzug nicht zulassende nach § 15 Abs. 2 Nr. 1 UStG befreite Vermietungsumsätze verwendet. Soweit dem U für 01 wegen der geplanten Option zunächst der volle Vorsteuerabzug in Höhe von 300.000 € gewährt wurde, erweist sich diese unter dem Vorbehalt der Nachprüfung stehende Steuerfestsetzung aufgrund der Steueranmeldung nach § 168 AO nunmehr als unzutreffend und ist demzufolge nach § 164 AO dahingehend zu ändern, dass dem U gemäß § 15 Abs. 1, Abs. 2, Abs. 4 UStG nur ein Vorsteuerabzug von (1/3 von 300.000 € =) 100.000 € gewährt wird. Im Übrigen wäre auch bei einer Steuerfestsetzung schon durch das Finanzamt unter Gewährung des vollen Vorsteuerabzugs wegen der geplanten Option die Steuerfestsetzung nach § 173 Abs. 1 N. 1 AO wegen „neuer Tatsachen" zu ändern, wenn und soweit mangels zulässiger Option tatsächlich nachfolgend nicht den Vorsteuerabzug zulassende steuerfreie Umsätze erfolgten.

Die in § 15, 15 a UStG i.V.m. den **§§ 164, 168, 173 AO** getroffenen Regelung zur Gewährung und Berichtigung des Vorsteuerabzugs genügt den unionalen Vorgaben

1188 So jedenfalls EuGH v. 11.04.2018 – Rs. C-532/16 (SEB bankas), MwStR 2018, 518 mit Anm. de Weerth. S. auch Wäger UR 2019, 41, 46. S. auch EuGH v. 12.11.2020 – Rs. C-42/19 (Sonaecom), UR 2020, 567 und EuGH v. 17.09.2020 – Rs. C-791/18 (Stichting Schoonzicht) UR 2020, 927.

zur Gewährung und Berichtigung des Vorsteuerabzug nach Art. 167 f. und 184–192 MwStSystRL 2006/112/EG.

3. Für **das unionale Recht** gilt in der Auslegung durch den EuGH dabei folgende Abgrenzung: Der Vorsteuerabzug ist dem Steuerpflichtigen nach **Art. 167 MwStSystRL** bereits im Jahr der Entstehung der Steuerschuld für die Eingangsleistung zu gewähren, soweit der Stpfl. die Eingangsleistung ihrerseits tatsächlich, ggf. auch erst in einem nachfolgenden Besteuerungszeitraum, für Zwecke seiner besteuerten Umsätzen verwendet, so **Art. 168 MwStSystRL**, oder für die in Art. 169 MwStSystRL genannten befreiten Umsätze, u.a. innergemeinschaftliche Lieferungen und Ausfuhrlieferungen, nicht aber für ansonsten nicht zu besteuernde, befreite Umsätze. Nach **Art. 184 MwStSystRL** wird der ursprüngliche Vorsteuerabzug „berichtigt", wenn der Vorsteuerabzug höher oder niedriger ist als der, zu dessen Vornahme der Steuerpflichtige berechtigt ist. Eine solche „Berichtigung" hat nach Art. 185 MwStSystRL namentlich dann zu erfolgen, wenn sich nach Abgabe der Mehrwertsteuererklärung die Faktoren geändert haben, die bei der Bestimmung des Vorsteuerabzugs berücksichtigt werden. Nach Art. 186 MwStSystRL legen die Mitgliedstaaten die Einzelheiten einer solchen „Berichtigung" fest. Lediglich für die Berichtigung des Vorsteuerabzugs bei **Investitionsgütern** legt bereits **Art. 187 der MwStSystRL** selbst einige Einzelheiten der „Berichtigung" fest, nämlich u.a. in Art. 187 Abs. 3 MwStSystRL, dass die jährliche Berichtigung nur zu einem der Dauer des Berichtigungszeitraumes entsprechenden Bruchteil erfolgt.

Für Deutschland ergibt sich insoweit für Grundstücke nach § 15 a Abs. 1 S. 2 UStG ein Berichtigungszeitraum von 10 Jahren, der mit dem Zeitpunkt der erstmaligen Verwendung beginnt. Zu einer Festlegung des Berichtigungszeitraumes (erst) mit Beginn der erstmaligen Verwendung werden die Mitgliedstaaten in Art. 187 Abs. 1 MwStSystRL ermächtigt. Davon hat Deutschland in § 15 a Abs. 1 und Abs. 5 UStG Gebrauch gemacht. Der für eine Berichtigung des Vorsteuerabzugs für ein Investitionsgut nach § 15 a Abs. 1 UStG zu berücksichtigende Berichtigungszeitraum beginnt daher erst mit der erstmaligen tatsächlichen Verwendung des Wirtschaftsgutes zur Ausführung von (Ausgangs-)Umsätzen. „Berichtigungen" eines gewährten oder nicht gewährten Vorsteuerabzugs, der für einen vor der erstmaligen Verwendung eines Investitionsgutes liegenden Besteuerungszeitraum nach Maßgabe der zu erwartenden Besteuerung oder Nichtbesteuerung der Ausgangsumsätze gewährt oder nicht gewährt wurde, werden nicht von § 15 a UStG erfasst. Dennoch gebietet Art. 184 MwStSystRL den „ursprünglichen Vorsteuerabzug" zu berichtigen, „wenn der Vorsteuerabzug höher oder niedriger ist als der zu dessen Vornahme der Steuerpflichtige (zunächst) berechtigt war".[1189] Wird ein Eingangsumsatz entgegen den ursprünglichen Planungen in einem nachfolgenden Besteuerungszeitraum tatsächlich erstmals für den Vorsteuerabzug ausschließende befreite Umsätze verwendet, ist der Vorsteuerabzug mangels Verwendung für Zwecke seiner besteuerten Umsätze von vornherein nicht zu gewähren.[1190] Davon zu unterscheiden ist es, dass ein Eingangsumsatz – entgegen den ursprünglichen Planungen – für gar keinen Ausgangsumsatz Verwendung finden kann und findet. Hier bleibt für den Vorsteuerabzug – wie beim erfolglosen Unternehmer – maßgebend, ob und inwieweit eine Verwendung für den Vorsteuerabzug zulassende Ausgangsumsätze vorgesehen war und ernsthaft erwartet werden konnte. Maßgebend für den (Umfang des) Vorsteuerabzug(s) nach den

1189 Siehe EuGH v. 17.09.2020 – Rs. C-791/18 (Stichting Schoonzicht), MwStR 2020, 1054 mit Anm. de Weerth sowie Diskussionsbeitrag Lippross UR 2020, 918; s. auch bereits EuGH v. 11.04.2018 – Rs. C-532/16 (SEB bankas), MwStR 2018, 518 mit Anm. de Weerth.

1190 EuGH v. 12.11.2020 – Rs. C-42/19 (Sonaecom), UR 2020, 967 mit Anm. Heinrichshofen, siehe demgegenüber EuGH v. 12.11.2020 – Rs C-734/19 (ITH), MwStR 2021, 69 mit Anm. Schüler- Täsch ([noch] keine Vorsteuerberichtigung nach Art, 184 f, solange auch nach Aufgabe der ursprünglich vorgesehenen Verwendung des Investitionsobjektes noch immer die Absicht besteht, dieses für besteuerte Umsätze zu verwenden.)

unionalen Vorgaben in Art. 168, 169 MwStSystRL ist zunächst jedoch grundsätzlich die tatsächlich erfolgende Verwendung oder Nichtverwendung für einen zu besteuernden (Ausgangs-)Umsatz, respektive für die in Art. 169 MwStSystRL genannten Auslandsumsätze und dort genannten befreiten Umsätze, u.a. für innergemeinschaftliche Lieferungen und Ausfuhrlieferungen.

Auch nach dem nationalen Gesetzesrecht ist für den Vorsteuerabzug des Unternehmers nach § 15 Abs. 1–4 UStG richtigerweise maßgebend, dass die ihm zutreffend für seine Eingangsumsätze vom leistenden Unternehmer in Rechnung gestellte Umsatzsteuer tatsächlich auf von ihm zu besteuernde steuerpflichtige Ausgangsumsätze entfällt oder auf nach § 15 Abs. 3 UStG den Vorsteuerabzug – abweichend von § 15 Abs. 2 UStG – ausnahmsweise zulassende steuerfreie Umsätze, namentlich u.a. auf Ausfuhrlieferungen nach § 4 Nr. 1 a i.V. § 6 UStG und innergemeinschaftliche Lieferungen nach § 4 Nr. 1 b) i.V. § 6 a UStG. Ein Vorsteuerabzug für die Steuer, die auf Eingangsleistungen entfällt, die abweichend von der ursprünglich vorgesehenen Verwendung letztlich zur Ausführung steuerfreier Umsätze nach § 15 Abs. 2 UStG verwendet werden, ist auch nach nationalem Recht von vornherein nicht zu gewähren. Soweit ein Vorsteuerabzugsrecht mit Rücksicht auf die bei Empfang der Eingangsleistung zunächst vorliegende Absicht, die Eingangsleistung zur Ausführung zu den Vorsteuerabzug zulassenden Ausgangsleistungen zu verwenden, in den (unter dem Vorbehalt der Nachprüfung stehenden oder jedenfalls wegen neuer Tatsachen änderbaren) Steuerfestsetzungen gewährt wurde, sind diese Steuerfestsetzungen nach den einschlägigen Vorschriften der AO zu ändern. Einer gesetzlichen Änderung oder Ergänzung des § 15 a UStG bedarf es nicht, um eine Sofortberichtigung in vollem Umfange bei von der geplanten Verwendung abweichenden tatsächlichen Verwendung zu ermöglichen.[1191] Aufzugeben ist freilich die auf die bisherige Rechtsprechung des BFH gestützte Verwaltungsansicht, die auch bisher weder in § 15, noch in § 15 a UStG oder sonst im (Umsatzsteuer-)Gesetz ihren Niederschlag gefunden hat, wonach sich endgültig allein nach der Verwendungsabsicht bestimmen soll, ob und inwieweit nach § 15 Abs. 2 ein Ausschluss vom Vorsteuerabzug eintritt,[1192] wenn im Besteuerungszeitraum des Erwerbs der Eingangsleistung noch keine Verwendung erfolgte, sondern erst in einem nachfolgenden Besteuerungszeitraum eine erstmalige Verwendung für (steuerfreie) Ausgangsumsätze erfolgt. Vielmehr ist das deutsche Gesetz, hier § 15 und 15 a UStG, richtlinenkonform dahingehend auszulegen, dass der Vorsteuerabzug sich allein danach bestimmt, ob und inwieweit der Eingangsumsatz im Besteuerungszeitraum der erstmaligen Verwendung für zu besteuernde Umsätze verwendet wird. Nur bei „erfolglosen" Investitionen verbleibt es allerdings beim Vorsteuerabzug auch dann anhand der geplanten (nicht steuerbefreiten, sondern steuerpflichtigen) Ausgangsumsätze, wenn solche gar nicht (mehr) stattfinden (können), nicht aber dann, wenn tatsächlich entgegen den ursprünglichen Planungen statt steuerpflichtiger steuerfreie, den Vorsteuerabzug ausschließende Umsätze erfolgen.[1193]

4. Vorsteuerkorrekturen sind nicht nur bei einer Änderung der für den Vorsteuerabzug maßgebenden Verhältnisse beim Erwerb von Anlagegütern (Investitionsgütern) durchzuführen, sondern bei einer Änderung der Verhältnisse für jegliche VoSt, also auch bei VoSt aus dem Bezug von **Wirtschaftsgütern des Umlaufvermögens** und aus dem Bezug jeglicher anderen (sonstigen) Leistung. Maßgebend ist in allen Konstellationen, ob gegenüber den für den erstmaligen Vorsteuerabzug maßgebenden

---

1191 So aber Wäger UR 2021, 61 f und Heinrichshofen, EU-UStB 2020, 106; wie hier zutreffend Nieskens, EU-UStB 2020. 98 und Lippross UR 2020, 918.

1192 Siehe Abschnitt 15.12 UStAE und Abschn. 15 a.2 Abs. 2 UStAEmit den dortigen Rechtsprechungsnachweisen.

1193 EuGH v. 02.11.2021 – Rs. C-334/20 (Amper Metal), DStR 2021, 2902 und v. 12.11.2020 – Rs. C-42/19 (Sonaecom), DStR 2020, 2602.

Verhältnissen im Besteuerungszeitraum des Bezuges der Eingangsleistung, respektive der Einfuhr oder des innergemeinschaftlichen Erwerbs, eine Änderung der für den Vorsteuerabzug maßgebenden Verhältnisse eingetreten ist. Ob und inwieweit im Besteuerungszeitraum des Bezugs der Leistung ein (sofortiges) Vorsteuerabzugsrecht bestand oder nicht, richtet sich nur dann nach der zunächst vorgesehenen, ernsthaft geplanten Verwendung des Eingangsumsatzes, wenn es im Besteuerungszeitraum nicht bereits zu einer tatsächlichen Verwendung gekommen ist (s.o. unter Rn. 354). Hat im Besteuerungszeitraum bereits eine tatsächliche Verwendung stattgefunden, ist allein diese maßgebend.

Im Einzelnen **differenziert § 15 a UStG** wie folgt nach zu unterscheidenden **Berichtigungsobjekten**:

360 **a) § 15 a Abs. 1 UStG** regelt die Vorsteuerkorrektur bei Änderung der Verhältnisse bezüglich solcher **Wirtschaftsgüter**, die **nicht nur einmalig zur Ausführung von Umsätzen** verwendet werden **(= Investitionsgüter)**. In der Regel handelt es sich dabei ertragsteuerlich um **Anlagevermögen.** Für die Anwendung des § 15 a UStG ist jedoch die ertragsteuerliche Qualifikation ohne Bedeutung, sondern eigenständig zu entscheiden, ob das Wirtschaftsgut nicht nur einmalig zur Ausführung von Umsätzen verwendet wird.[1194] Der Wirtschaftsgutbegriff ist allerdings mit dem einkommensteuerlichen Wirtschaftsgutbegriff identisch. Bei § 15 a Abs. 1 UStG muss die Änderung innerhalb eines **Berichtigungszeitraum**es von fünf bzw. zehn Jahren eingetreten sein. Die Korrektur erfolgt pro rata temporis. Durch § 15 a Abs. 1 UStG wird Art. 187 MwStSystRL in deutsches Recht umgesetzt.

Beispiel:[1195] U errichtete in den Jahren 1 und 2 ein Bürogebäude mit Herstellungskosten von 1.000.000 € zzgl. 190.000 € USt. Da eine steuerpflichtige Option ernsthaft geplant war, zog er in 1 und 2 zutreffend die 190.000 € als VoSt ab. In 3 vermietete er erstmals das Gebäude, wie vorgesehen, steuerpflichtig an eine Anwaltskanzlei. Ab 01.01. des 4. Jahres vermietete U das Bürogebäude dann steuerfrei an eine Bank, weil für ihn unvorhersehbar die Anwaltskanzlei als ursprünglicher Mieter wegen Illiquidität ausfiel und U von der Bank auch eine erheblich höhere Miete erhielt.

Die Verwendung des Gebäudes beginnt hier tatsächlich erst in 3. Der **Vorsteuerabzug** nach § 15 Abs. 1 UStG für 1 und 2 richtet sich für diese Besteuerungszeiträume zunächst nach der ernsthaft **geplanten Verwendung** und der dieser entsprechenden erstmaligen Verwendung im Besteuerungszeitraum 3. Der für 1 und 2 aufgrund der geplanten und in 3 tatsächlich ausgeführten Option bzgl. der Vermietung zutreffend in 1 und 2 gewährte Vorsteuerabzug von 190.000 € verbleibt dem U endgültig. Es ist jedoch nach § 15 a Abs. 1 UStG ab 4 und die folgenden acht Jahre nach § 15 a Abs. 1, Abs. 5 UStG eine jährliche Vorsteuerkorrektur von 190.000 € : 10 = 19.000 € vorzunehmen. Denn es handelt sich bei dem Gebäude um ein Investitionsgut. Es haben sich auch die Verhältnisse gegenüber den für den ursprünglichen Vorsteuerabzug in 1 und 2 maßgebenden Verhältnisse im Besteuerungszeitraum der erstmaligen tatsächlichen Verwendung in 3 geändert. Die nach § 4 Nr. 12 a UStG steuerfreie Vermietung ab 4 schließt aber nunmehr nach § 15 Abs. 2 Nr. 1 UStG den Vorsteuerabzug aus. Diese Änderung ist innerhalb des Berichtigungszeitraumes von zehn Jahren ab Beginn der Verwendung in 3 eingetreten.

361 **b) § 15 a Abs. 2 UStG** erfasst Vorsteuerkorrekturen an **Wirtschaftsgütern**, die **nur einmalig zur Ausführung von Umsätzen** verwendet werden, mithin im Wesentlichen Wirtschaftsgüter des **Umlaufvermögens**. Wirtschaftsgüter des Anlagevermögens kommen nur dann in Betracht, wenn sie schon vor Ingebrauchnahme für die unternehmerischen Umsätze wieder veräußert werden. Bei § 15 a Abs. 2 UStG gibt es **keinen Berichtigungszeitraum**, innerhalb dessen es zu einer Änderung gekommen ist. Die Vorsteuerkorrektur ist daher immer vorzunehmen, wenn das betreffende Wirtschaftsgut (erstmalig und letztmalig) tatsächlich zur Ausführung von Umsätzen ver-

---

1194 BFH v. 24.09.2009 – V R 6/08, BStBl. II 2010, 315; Abschn. 15a.1. Abs. 2 UStAE.

1195 Nach EuGH v. 08.06.2000 – Rs. C-396/98 (Schloßstraße), Slg. 2000, I-4279 und EuGH v. 17.09.2020 – Rs. C-791/18 (Stichting Schoonzicht), UR 2020, 927 mit Aufsatz Lippross UR 2020, 918. Zu möglichen Divergenzen der EuGH-Urteile Schloßstraße, Stichting Schoonzicht und EuGH v. 12.11.2020 – Rs. C-42/19 (Sonaecom), UR 2020, 967 siehe Wäger UR 2021, 61 f.

wendet wird und dieser Umsatz anders zu beurteilen ist als die geplante Verwendung im Besteuerungszeitraum des Bezugs. § 15 Abs. 2 UStG setzt Art. 185 MwStSystRL um.

Beispiel: Bauträger B errichtet in 2020 auf eigenem Grundstück ein Gebäude mit Herstellungskosten von 1.000.000 € zzgl. 190.000 € USt. Das bebaute Grundstück sollte nach Fertigstellung an eine Steuerberatungssozietät steuerpflichtig veräußert werden, indem optiert wird. Die Veräußerung scheitert in 2020. In 2021 gelingt es endlich, einen Käufer zu finden. Das bebaute Grundstück wird in 2020 für 1.100.000 € steuerfrei an eine Versicherungsgesellschaft veräußert.

In 2020 konnte B die angefallene VoSt zunächst abziehen, da wegen der (geplanten) Option § 15 Abs. 2 Nr. 1 UStG nicht eingriff. Durch die steuerfreie Lieferung in 2021 ist gegenüber 2020 eine Änderung der Verhältnisse gemäß § 15 a Abs. 2 UStG eingetreten. Daher ist für 2021 der in 2020 gewährte Vorsteuerabzug nach § 15 a Abs. 2 UStG um -190.000 € VoSt zu berichtigen. Das Wirtschaftsgut Gebäude wurde nur einmalig zur Ausführung von Umsätzen verwendet.

Zu beachten ist, dass nach Art. 186 MwStSystRL die Mitgliedstaaten die Einzelheiten für eine Vorsteuerkorrektur nach Art. 184, 185 MwStSystRL für andere als Investitionsgüter festlegen. Der deutsche Gesetzgeber hat insoweit, wenn auch verfehlterweise, in § 15 a Abs. 2 UStG bestimmt, dass bei nur einmalig zur Ausführung eines Umsatzes verwendeten Wirtschaftsgütern eine Berichtigung des ursprünglich nach der bloßen Verwendungsabsicht vorgenommenen Vorsteuerabzugs erst in und für den Besteuerunsgszeitraum vorgenommen wird, in dem die von der beabsichtigten Verwendung abweichende tatsächliche Verwendung erfolgt. Da Art. 186 MwStSystRL die Mitgliedstaaten zur Festlegung der Einzelheiten für eine Berichtigung des Vorsteuerabzugs bei anderen als Investitionsgütern ermächtigt, ist diese Regelung in § 15 a Abs. 2 UStG für Wirtschaftsgüter des Umlaufvermögens richtlinienkonform.[1196]

c) § 15 a Abs. 3 UStG betrifft Vorsteuerkorrekturen, sofern die erworbenen **Gegenstände** durch **Einbau** in andere Wirtschaftsgüter ihre Selbstständigkeit verlieren (Bestandteile) oder **sonstige Leistungen an einem Wirtschaftsgut** ausgeführt werden. Je nachdem, ob dabei der Einbau oder die sonstige Leistung an einem Investitionsgut oder an einem Wirtschaftsgut des Umlaufvermögens erfolgt, wird auf eine Korrektur nach Abs. 1 oder Abs. 2 verwiesen. Nach S. 2 wird der Einbau mehrerer Gegenstände und die Erbringung mehrerer sonstiger Leistungen zu einem einheitlichen Berichtigungsobjekt zusammengefasst, wenn dies im „Rahmen einer Maßnahme" erfolgt. Dies gewinnt u.a. Bedeutung für die Anwendung der „Vereinfachungsgrenzen" des § 44 UStDV (s. unten). 362

d) § 15 a Abs. 4 UStG erfasst Vorsteuerkorrekturen bzgl. **sonstiger Leistungen**, die nicht an Wirtschaftsgütern ausgeführt werden. Auch hier wird auf § 15 a Abs. 1 UStG verwiesen, wenn es sich um sonstige Leistungen handelt, die längerfristig zur Ausführung mehrerer Leistungen dienen, hingegen auf § 15 a Abs. 2 UStG, wenn die sonstige Leistung nur zur Ausführung eines einmaligen Umsatzes in Anspruch genommen wird.

II. Änderung der für den Vorsteuerabzug maßgebenden Verhältnisse bei Wirtschaftsgütern nach § 15 a Abs. 1 und 2 UStG

Fall 34: Das Appartement

Steuerberater S erwarb mit Wirkung vom 02.01.2013 ein Ferienappartement auf Sylt für 168.421 € zzgl. 32.000 € USt. Der Veräußerer hatte auf die Steuerfreiheit verzichtet. S vermietete ab dem 01.02.2013, wie bei Erwerb schon geplant, an wechselnde Feriengäste. Vom 01.07.20013–31.12.2020 an vermietete er unerwartet ständig an den Pensionär P, weil dieser ihm einen überraschend guten Mietpreis zahlte. Mit Wirkung ab 01.01.2021 veräußerte S die Wohnung für 300.000 € an den Pensionär.

Welche Korrekturen ergeben sich für 2013 bis 2020 und für 2021?

1196 So zutreffend Lippross UR 2020, 918, 922.

363 I. Der **Vorsteuerabzug** für S im Voranmeldungszeitraum 01/2013

1. Das Ferienappartement gehört zum Unternehmen des S, denn er nutzt es durch Vermietung zur Erzielung von Einnahmen. Es wurde daher an ihn als Unternehmer für sein Unternehmen geliefert. Der Veräußerer hat auf die Steuerfreiheit verzichtet. Außerdem liegt eine Rechnung mit offenem Steuerausweis vor. Es sind daher die formellen Voraussetzungen für einen Vorsteuerabzug des S gemäß § 15 Abs. 1 Nr. 1 UStG erfüllt.

2. Der Vorsteuerabzug wäre aber nach § 15 Abs. 2 Nr. 1 UStG ausgeschlossen, wenn S das Appartement zur Ausführung steuerfreier Umsätze verwendete. Die Vermietung vom 01.02.2013 bis zum 01.07.2013 an wechselnde Feriengäste ist nicht nach § 4 Nr. 12 a UStG befreit gewesen. Zwar handelt es sich um die Vermietung eines Grundstücks i.S.d. § 4 Nr. 12 a UStG, aber die Vermietung von Wohn- und Schlafräumen zur kurzfristigen Beherbergung von Fremden ist von der Befreiung ausgenommen (§ 4 Nr. 12 S. 2 UStG). Diese Umsätze waren daher steuerpflichtig. Dagegen war die Vermietung ab 01.07.2013 bis 31.12.2020 an den Pensionär P gemäß § 4 Nr. 12 a UStG steuerfrei.

   Die Lieferung des Appartements wird also schon im Erstjahr der Verwendung teilweise zur Ausführung steuerpflichtiger, teilweise zur Ausführung steuerfreier Umsätze genutzt. Im für den Vorsteuerabzug maßgebenden Voranmeldungszeitraum des Leistungsbezuges 01/2013 war allerdings nur eine Verwendung zu steuerpflichtigen Umsätzen geplant. Daher steht dem S für den VZ 01/2013 zunächst der Vorsteuerabzug nach § 15 Abs. 1 UStG in voller Höhe von 32.000 € zu. Problematisch ist, ob für die für den ursprünglichen Vorsteuerabzug maßgeblichen Verhältnisse i.S.d. § 15 a Abs. 1 i.V.m. § 15 UStG nur auf die Verhältnisse im Voranmeldungszeitraum des Bezugs oder auf die Verhältnisse im ganzen Besteuerungszeitraum (Kalenderjahr) des Bezugs abzustellen ist. Die Verwaltung stellt nur auf den Voranmeldungszeitraum ab und berücksichtigt danach eintretende Veränderungen im selben Besteuerungszeitraum erst über § 15 a UStG.[1197] Dieser Auffassung wird hier bei der Lösung gefolgt, obwohl richtigerweise auf die Verhältnisse im gesamten Besteuerungszeitraum des Leistungsbezugs abgestellt werden sollte (s.o. Rn. 354 und Rn. 359 ff.). Auf die nicht unerheblichen Unterschiede wird hingewiesen.

II. **Vorsteuerberichtigung** bei S ab 07/2013

Legt man die Verwaltungsansicht zugrunde, könnte die steuerfreie Vermietung ab VZ 07/2013 bereits eine Vorsteuerkorrektur nach § 15 a Abs. 1 UStG ausgelöst haben. Es handelt sich bei dem Ferienappartement um ein Investitionsgut, d.h. ein Wirtschaftsgut, das mehrfach zur Ausführung von Umsätzen, hier Vermietungen, verwendet wird.

364 1. Eine Berichtigung der VoSt setzt voraus, dass eine **Änderung der Verhältnisse** eingetreten ist. Eine Änderung der Verhältnisse ist immer dann gegeben, wenn unter dem Gesichtspunkt des § 15 Abs. 2 UStG (Ausschluss vom Vorsteuerabzug wegen steuerfreier Umsätze)[1198] oder des § 19 UStG (Kleinunternehmer) und § 24 UStG (Sonderregelung für Landwirte), vgl. § 15 a Abs. 7 UStG,[1199] der Ausschluss vom **Vorsteuerabzug anders zu beurteilen** ist **als** dies nach den **für** den **ursprünglichen Vorsteuerabzug** maßgebenden Verhältnissen der

1197 Vgl. Abschn. 15a.2. Abs. 2 UStAE (danach für Vorsteuerabzug nach § 15 UStG nur maßgebend die Verwendungsabsicht im **Zeitpunkt!** des Leistungsbezugs) und in Abschn. 15a.3. Abs. 6 UStAE Beispiele 1 u. 2.

1198 S. auch BFH v. 14.09.2016 – V B 30/16, BFH/NV 2017, 68 zur Anwendung von § 15 a UStG bei Berufung auf Steuerfreiheit der Verwendungsumsätze aufgrund vorrangigen Unionsrechtes (hier Glückspiele).

1199 Vgl. auch BFH v. 17.06.2004 – V R 31/02, BStBl. II 2004, 858.

Fall war. Ab 2013 ist **auch** eine **Veränderung** des Verhältnisses von unternehmerischer Verwendung und **Verwendung für unternehmensfremde (private Wohn-)Zwecke** bei der teilunternehmerischen Verwendung von Grundstücken als eine Vorsteuerkorrekturen nach § 15 a UStG auslösende Veränderung zu behandeln, **§ 15a Abs. 6 a UStG** (s. Rn. 319). Folgt man der Verwaltung, ist für Ob und Umfang der Änderung zu vergleichen, welcher **Vorsteuerabzug im Voranmeldungszeitraum des Leistungsbezugs** anhand der bei Bezug bestehenden **Verwendungsabsichten** geltend gemacht werden konnte und welcher Vorsteuerabzug in **nachfolgenden** Voranmeldungs-/**Besteuerungszeiträumen** anhand der **tatsächlichen Verwendung** geltend gemacht werden könnte, wenn die Eingangsleistung in diesen gefallen wäre. Eine Änderung der Verhältnisse ergibt sich in aller Regel daraus, dass die tatsächliche **Verwendung des Wirtschaftsgutes** geändert wird. Sie kann sich aber auch bei einer bloßen Rechtsänderung ergeben.[1200]

Zu **keiner Änderung** der Verhältnisse führen die **Geschäftsveräußerung** im Ganzen nach § 1 Abs. 1 a UStG,[1201] die **Gesamtrechtsnachfolge** durch Erbschaft, die **Begründung** oder der **Wegfall der Organschaft**. Der Nachfolger tritt in die umsatzsteuerlichen Rechtsverhältnisse einschließlich des Berichtigungszeitraumes ein.[1202] **§ 15 a Abs. 10 UStG** enthält insoweit eine (überflüssige, weil selbstverständliche) Klarstellung im Hinblick auf § 15 a UStG für Geschäftsveräußerungen im Ganzen nach § 1 Abs. 1 a UStG, indem er bestimmt, dass für den an die Stelle des Veräußerers tretenden Erwerber der Berichtigungszeitraum nach § 15 a UStG nicht unterbrochen wird. Dies folgt schlicht schon aus § 1 Abs. 1 a S. 3 UStG (s. Rn. 121 ff.).

Ist der Vorsteuerabzug materiell unzutreffend behandelt worden, ist die Veran- **365**
lagung des Jahres des Vorsteuerabzugs nach den Vorschriften der AO (§§ 172 f., 164, 165, 167,168) zu korrigieren. Erst im Vergleich zu dem korrigierten materiell zutreffenden Vorsteuerabzug ist dann § 15 a UStG anzuwenden.

Ist für das Kalenderjahr des Vorsteuerabzugs (Jahr der Entstehung der Steuerschuld für die bezogenen Leistung, s. Rn. 303) allerdings bereits eine unanfechtbare Steuerfestsetzung erfolgt, ist deren Behandlung des Vorsteuerabzugs maßgebend, auch wenn sie tatsächlich materiell unzutreffend war. Auch eine gleichbleibende, aber nunmehr zutreffend beurteilte Verwendung des Gegenstandes für den Vorsteuerabzug zulassende oder nicht zulassende Umsätze in den Folgejahren führt dann – jedenfall nach der bisherigen Rechtsprechung des BFH – zu einer Änderung der Verhältnisse i.S.d. § 15 a UStG.[1203] Eine Korrektur nach § 15 a UStG ist danach auch dann durchzuführen, wenn materiell verfehlterweise trotz Nichtvorliegens der Voraussetzungen des § 15 Abs. 1 UStG, z.B. wegen Lieferung von einem Nichtunternehmer oder ohne Vorliegen einer Rechnung mit offenem Steuerausweis oder wegen mangelnder Zuordnung eines teilunternehmerisch genutzten Gegenstandes zum Unter-

---

1200 BFH v. 14.05.1992 – V R 79/87, BStBl. II 1992, 983; EuGH v. 29.04.2004 – Rs. C-487/01 (Gemeente Leusden), Slg. 2004, I-5369 = UR 2004, 302; vgl. auch die Aufzählung in Abschn. 15a.2. Abs. 2 Nr. 1–8 UStAE.

1201 Vgl. BFH v. 06.09.2007 – V R 41/05, BStBl. II 2008, 65; v. 30.04.2009 – V R 4/07, BStBl. II 2009, 863.

1202 Zutreffend Abschn. 15a.10. UStAE.

1203 BFH v. 23.10.2014 – V R 11/12, BStBl. II 2015, 973 (unanfechtbar voller Vorsteuerabzug für auch zu Wohnzwecken genutztes Gebäude gewährt, dann in Folgejahren Korrektur nach § 15 a Abs. 1 UStG, nicht aber Verwendung nach § 3 Abs. 9 UStG). Das Urteil ist– entgegen der Ansicht von Lippross UR 2020, 918, 922 – nicht durch das Urteil des EuGH v. 11.04.2018 – C-532/16 (SEB bankas), UR 2018, 526 überholt. Dort hat der EuGH zwar entschieden, dass es nur den Mitgliedstaaten nach Art. 186 MwStSystRL obliegt, die näheren Einzelheiten für die Berichtigung eines zu Unrecht vorgenommenen Vorsteuerabzugs zu bestimmen. Die unionsrechtliche zwingende Vorgabe aus Art. 187 MwStSystRL für eine ratierliche Berichtigung des Vorsteuerabzugs über mehrere Jahre bei Investitionsgütern, muss dabei gerade nicht von den Mitgliedstaaten beachtet werden. Es steht dem Mitgliedstaat Deutschland nach Art. 186 MwStSystRL aber gleichwohl zu, die Einzelheiten einer nach Art. 184, 185 MwStSystRL erforderlichen Berichtigung des Vorsteuerabzugs festzulegen. Der Mitgliedstaat kann und darf dabei daher auch bei zu Unrecht gewährtem Vorsteuerabzug für Investitionsgüter eine ratierliche Berichtigung vorsehen. Dies ist § 15 a Abs. 1 UStG durch den Mitgliedstaat Deutschland auch so festgelegt worden. Unerheblich ist es insoweit, dass dieser gesetzlichen Regelung möglicherweise eine irrtümliche Vorstellung des Gesetzgebers über die unionsrechtlich verpflichtenden Vorgaben aus Art. 187 MwStSystRL zugrundelag.

nehmen oder der nachfolgenden Verwendung für den Vorsteuerabzug ausschließende steuerfreie Umsätze gemäß § 15 Abs. 2 UStG unanfechtbar für das Erstjahr der Vorsteuerabzug gewährt wurde und in Folgejahren eine Änderung der Verhältnisse unter dem Gesichtspunkt der Versagung des Vorsteuerabzugs nach § 15 Abs. 1 UStG wegen fehlender zu besteuernder Umsätze wegen den Vorsteuerabzug ausschließender steuerfreier Umsätze nach § 15 Abs. 2 UStG eintritt. Für den umgekehrten Fall einer rechtsfehlerhaften Verneinung des Vorsteuerabzugs, obwohl materiell die Voraussetzungen des § 15 Abs. 1 UStG vorlagen, soll allerdings eine Korrektur auch bei einer Änderung i.S.d. § 15 Abs. 2 UStG nicht möglich sein.[1204] Dies erscheint zweifelhaft.

Der BFH will ausnahmsweise eine Vorsteuerkorrektur für solche Folgejahre trotz Bestandskraft der Veranlagung für das Jahr des Vorsteuerabzugs nicht mehr zulassen, bis zu deren Ablauf eine Änderung des Bescheides des Jahres des Vorsteuerabzugs zulässig gewesen wäre, allerdings nicht vorgenommen wurde.[1205] Dem sollte nicht gefolgt werden.[1206] Es darf allein darauf ankommen, ob für das Folgejahr, falls bereits eine Veranlagung erfolgt ist, nach den Vorschriften der AO eine Änderung zulässig ist. Die Bestandskraft einer Veranlagung bezieht sich immer nur auf den jeweiligen Besteuerungszeitraum. Geht man mit dem BFH im Grundsatz zutreffenderweise davon aus, dass für § 15 a UStG auf einen Vergleich zwischen dem tatsächlich (wenn auch fälschlich) gewährten Vorsteuerabzug und dem in den Folgejahren zutreffend zu gewährenden Vorsteuerabzug abzustellen ist, soweit nicht die Veranlagung noch geändert werden kann, so ist kein rechtlicher Gesichtspunkt erkennbar, der dann die vom BFH vorgenommene Einschränkung der Anwendbarkeit des § 15 a UStG erlauben würde.

Vorliegend ist eine Änderung der Verhältnisse ab dem VZ 07/2013 eingetreten, wenn man mit der Verwaltung und der h.M. für den ursprünglichen Vorsteuerabzug nur auf die Absichten im Voranmeldungszeitraum des Bezugs der Leistung abstellt. Denn während die VoSt im VZ 01/2013 vollständig abzugsfähig war, wäre sie ab dem VZ 07/2013 wegen § 15 Abs. 2 i.V.m. § 4 Nr. 12 a UStG bei Anschaffung in 07/2013 überhaupt nicht abzugsfähig gewesen. Bereits für 2013 ist daher nach Auffassung der Verwaltung eine Vorsteuerkorrektur nach § 15 a UStG erforderlich gewesen (zu den Auswirkungen s. unter Rn. 369). Vorbehaltlich der sich daraus ergebenden Korrektur stand dem S für den **VZ 01/2013** ein **Vorsteuerabzug** nach § 15 Abs. 1 UStG von **32.000 €** zu.

Stellt man hingegen hinsichtlich der maßgebenden Verhältnisse für den ursprünglichen Vorsteuerabzug **richtigerweise auf das Kalenderjahr als den gesamten Besteuerungszeitraum 2012** ab, so war von vornherein für diesen Besteuerungszeitraum nach § 15 Abs. 1, 4 UStG nur ein **Vorsteuerabzug i.H.v. 5/11 (Februar bis Juni) = 45,45 % von 32.000 € = 14.545 €** zu gewähren, während 6/11 (Juli bis Dezember) = 54, 55 % von 32.000 € = 17.455 € nicht abzugsfähig waren.

366 Eine **Änderung der Verhältnisse** i.S.d. § 15 a Abs. 1 UStG liegt (oder lag?) nach EuGH und der ihm folgenden h.M. **nicht** vor, wenn unter dem Gesichtspunkt des **§ 15 Abs. 1 UStG** mangels Bezug für das Unternehmen kein Vorsteuerabzug zu gewähren ist. Hat ein Unternehmer etwa einen Gegenstand für den außerunternehmerischen Bereich angeschafft und konnte deshalb keine VoSt abgezogen werden, so eröffnet danach auch § 15 a UStG keine Möglichkeit mehr, wenn der Unternehmer später den Gegenstand „in das Unternehmen einlegt", d.h. für unternehmerische Zwecke verwendet.[1207]

1204 Insoweit BFH v. 27.06.1991 – V R 106/86, BStBl. II 1991, 860; bestätigend auch v. 24.07.1997 – V R 59/94, BFH/NV 1998, 228; ebenso Lippross 7.9.3.3 a); a.A. Stadie, § 15 a Rn. 112.

1205 BFH v. 05.02.1998 – V R 66/94, BStBl. II 1998, 361; vgl. auch v. 19.10.2011 – XI R 16/09, BStBl. II 2012, 371 (zulässige Korrektur nach § 15 a UStG bei Berufung auf wegen Anwendungsvorranges der Richtlinie zu gewährende Befreiung – Glückspiele).

1206 So zu Recht Lippross 7.9.3.3 c).

1207 So EuGH v. 11.07.1991 – Rs. C-97/90 (Lennartz), Slg. 1991, I-3795; v. 30.03.2006 – Rs. C-184/04 (Uudenkaupungin kaupunki), Slg. 2006, I-3064; v. 02.06.2005 – Rs. C-378/02 (Waterschap Zeeuws), Slg. 2005, I-4696; v. 24.03.2009 – Rs. C-460/07 (Sandra Puffer), UR 2009, 410; BFH v. 09.12.2010 – V R 22/10, BStBl. II 2011, 994 (Unternehmer Rechtsnachfolger eines öffentlich-rechtlichen Abwasserklärverbandes); v. 11.04.2008 – V R 10/07, BStBl. II 2009, 741 (Photovoltaikanlage); v. 19.05.1988 – V R 115/83, BStBl. II 1988, 916 (Flugzeug für Ehegatten).

Beispiel: R (Rechtsanwalt) lässt in 2021 ein Gebäude (Einfamilienhaus) auf seinem Grundstück errichten, das er, wie vorgesehen, in 2021 auch ausschließlich für seine privaten Wohnzwecke nutzt. Die aus der Errichtung des Gebäudes angefallene Umsatzsteuer von 120.000 € wurde nicht als Vorsteuer in den Voranmeldungen und der Jahreserklärung für 2021 geltend gemacht. Ab dem Jahre 2021 werden erstmals 50 % des Gebäudes für Zwecke der Rechtsanwaltspraxis des R genutzt.

Ein Vorsteuerabzug in 2021 kommt mangels Lieferungen/sonstiger Leistungen „für das Unternehmen" schon nach § 15 Abs. 1 Nr. 1 UStG nicht in Betracht. Eine Zuordnung des Grundstückes zum Unternehmen ist nicht erfolgt. Sie wäre nach h.M. wohl auch nicht möglich gewesen, da das Gebäude in 2021 zu 100 % für private Wohnzwecke genutzt werden sollte und genutzt wurde und eine spätere Verwendung für das Unternehmen noch gar nicht vorgesehen war. Da das Gebäude nicht für das Unternehmen bezogen worden war, handelte es sich auch nicht um ein dem Unternehmen zugehöriges Wirtschaftsgut i.S.d. § 15 a Abs. 1 UStG. Die ab 2022 erfolgende erstmalige Verwendung für das Unternehmen stellt daher keine Änderung der Verhältnisse an einem zum Unternehmen gehörenden Wirtschaftsgut i.S.d. § 15 a Abs. 1 UStG dar. Es liegt auch keine Änderung i.S.d. § 15 a Abs. 6 a i.V.m. § 15 Abs. 1 b UStG vor. Folgt man der FinVerw, erfolgte eine Zuordnung zum Unternehmen schon deshalb nicht, weil R dem Finanzamt nicht ausdrücklich eine schriftliche Erklärung über eine Zuordnung des Gebäudes/Grundstückes übermittelt hat. Aber unabhängig davon ist § 15 a Abs. 6 a UStG schon deshalb nicht anzuwenden, weil § 15 Abs. 1 b UStG nicht vorliegt. Denn das Grundstück/Gebäude wurde nicht ab 2021 zunächst „teilunternehmerisch" verwendet, sondern ausschließlich für private, nichtunternehmerische Wohnzwecke. Dann führt sogar eine spätere „Erhöhung" von 0 % auf eine 100 %-ige unternehmerische Nutzung (leider!) als **„Einlage in das Unternehmen"** nicht zur Anwendung des § 15 a Abs. 6 a i.V.m. Abs. 1 UStG.

Diese sich aus der – verfehlten – Auslegung der Art. 184 f., 167 f. MwStSystRL durch den EuGH ergebende Rechtslage ist zwar zu bedauern. Auch zugunsten des Bürgers darf § 15 a UStG aber angesichts der Bindungswirkung der Entscheidungen nicht „richtlinienwidrig" ausgelegt werden. Dies verkennt Stadie.[1208] Die durch Art. 168 a MwStSystRL und §§ 15 Abs. 1 b, 15 a Abs. 6 a UStG erfolgte begrenzte Korrektur/Veränderung dieser Rechtslage betrifft nur eine bereits ab Leistungsbezug erfolgende gemischte (teilunternehmerische) Verwendung eines Grundstückes für unternehmerische und unternehmensfremde (private Wohn-)Zwecke (s. Rn. 318).

Der EuGH hat allerdings nunmehr seine bisherige Rspr. – zumindest für jPdöR– eingeschränkt. Hier soll eine Änderung der Verhältnisse im Sinne des Art. 184 MwStSystRL nunmehr auch dann vorliegen, wenn von einer (anderweitig) auch unternehmerisch tätigen Gemeinde eine Immobilie erworben wird, diese zunächst zwar zu 100 % nicht für deren unternehmerische Zwecke verwendet, aber eine unternehmerische Verwendung für spätere Zeiträume auch nicht ausdrücklich ausgeschlossen wird.[1209] Insoweit genügt dem EuGH nunmehr offenbar, dass der Erwerber eines Gegenstandes im Zeitpunkt des Erwerbs überhaupt (auch) Unternehmer war, selbst wenn der Gegenstand zunächst vollumfänglich gerade nicht für eine unternehmerische Verwendung erworben wurde, sondern für eine nichtunternehmerische/nichtwirtschaftliche Verwendung. Er darf dann lediglich die Absicht nicht ausschließen, den Gegenstand in spätere Zeit doch (noch) für das Unternehmen zu verwenden. Diese „Rechtsprechungsänderung" des EuGH ist zu begrüßen. Zwar wäre es angemessen und richtig gewesen, wenn der EuGH eingeräumt hätte, dass er seine Rspr. geändert hat. Dies gilt bisher ausdrücklich auch nur für den Sonderfall einer jPdöR, die auch schon einen unternehmerischen Bereich neben dem nichtwirtschaftlichen (hoheitlichen) Bereich unterhält. Ein solches Sonderrecht für auch hoheitlich tätig werdende Unternehmer sollte sich auch im Rahmen der Union verbieten. Angesichts der bedauerlicherweise höchst zweideutigen Rspr. des EuGH im Bereich der Vorsteuerkorrektur nach § 15 a UStG lässt sich zurzeit aber nur spekulieren, ob der EuGH – außerhalb eines von ihm kreierten Sonderrechtes für jPdöR – daran festhalten wird, dass eine spätere Vorsteuerkorrektur nur erfolgen kann, wenn bereits bei Bezug des Gegenstandes dieser ausdrücklich positiv dem Unternehmen zugeordnet wurde. Die deutsche Rspr. sollte den EuGH nunmehr allerdings bereits dahin verstehen, dass § 15 a UStG jedenfalls immer dann schon anwendbar ist, wenn bei Bezug eines Gegenstandes der Erwerber bereits Unternehmer ist und er nicht ausdrücklich ausge-

1208 Stadie in: R/D Einf. Rn. 326 und § 15 Rn. 1380 f.

1209 EuGH v. 25.07.2018 – Rs. C-140/17 (Gmina Ryjewo), MwStR 2018, 968. Dazu Heuermann MwStR 2018, 1000; Widmann UR 2018, 666, Wäger UR 2019, 41.

schlossen hat, den erworbenen Gegenstand eventuell zu einem späteren Zeitpunkt doch für Unternehmenszwecke zu verwenden. Noch besser wäre es, wenn der EuGH selbst veranlasst werden könnte, seine insoweit bisher verfehlte Rspr. ausdrücklich aufzugeben und eine „Einlagenentsteuerung" über Art. 184 f. MwStSystRL und § 15 a UStG vollumfänglich für alle Unternehmer zuzulassen.

367 2. Die Änderung der Verhältnisse muss bei § 15 a Abs. 1, 2 UStG immer bei einem **Wirtschaftsgut** erfolgen. Hierunter sind wie im Einkommensteuerrecht sämtliche körperlich-materiellen Gegenstände, aber auch immaterielle Vermögensrechte und Vermögensvorteile zu verstehen. Nach § 15 a Abs. 6 UStG sind bei **nachträglichen Anschaffungs- und Herstellungskosten** die Abs. 1–5 sinngemäß anzuwenden. Handelt es sich mithin um nachträgliche Anschaffungs- und Herstellungskosten für Investitionsgüter i.S.d. Abs. 1, so besteht dafür ein eigener Berichtigungszeitraum von fünf oder zehn Jahren.[1210] Nachträgliche Anschaffungs-/Herstellungskosten zu Investitionsgütern werden mithin als eigenes Berichtigungsobjekt behandelt.

Dagegen findet nicht § 15 a Abs. 6 UStG, sondern § 15 a Abs. 3 UStG Anwendung bei für Investitionsgüter aufgewendetem Erhaltungsaufwand.[1211]

Da das Appartement des S ein Wirtschaftsgut darstellt, sind auch insoweit die Voraussetzungen des § 15 a Abs. 1 UStG erfüllt.

368 3. Eine **Änderung** der Verhältnisse nach § 15 a Abs. 1 UStG bei einem Investitionsgut ist allerdings nur zu berücksichtigen, wenn sie **innerhalb des Berichtigungszeitraumes** erfolgt. Dieser beträgt grundsätzlich **fünf Jahre** ab Beginn der erstmaligen Verwendung des Wirtschaftsgutes zur Ausführung von Umsätzen. Ist die tatsächliche Nutzungsdauer des Wirtschaftsgutes kürzer als fünf Jahre, so ist diese maßgebend (§ 15 a Abs. 5 S. 2 UStG). Bei **Grundstücken** und ihren wesentlichen Bestandteilen[1212] sowie Gebäuden auf fremdem Grund und Boden beträgt der Berichtigungszeitraum **zehn Jahre ab erstmaliger Verwendung** (§ 15 a Abs. 1 S. 2 UStG). Auch wenn Investitionen und Vorsteuerabzug bereits in einem Besteuerungszeitraum vor Beginn der Verwendung erfolgen, beginnt der Berichtigungszeitraum nach § 15 a UStG erst mit der tatsächlichen Verwendung. Diese Regelung ist richtlinienkonform. Denn Art. 187 Abs. 1 MwStSystRL ermächtigt die Mitgliedstaaten ausdrücklich, den Berichtigungszeitraum erst mit der erstmaligen Verwendung beginnen zu lassen.[1213]

Der Berichtigungszeitraum beginnt auch dann mit der erstmaligen Verwendung des Wirtschaftsgutes, wenn für den Besteuerungszeitraum der erstmaligen Verwendung ein Vorsteuerabzug mangels Vorliegens einer Rechnung nicht möglich ist. Wird dann in einem späteren Besteuerungszeitraum erstmals die Rechnung erlangt, kann der Vorsteuerabzug aus § 15 UStG zwar erst in diesem Besteuerungszeitraum geltend gemacht werden. Der Umfang des Vorsteuerabzugs bestimmt sich gleichwohl nach der Verwendung bzw. Verwendungsabsicht im Besteuerungszeitraum des Leistungsbezugs. Aus dem Vergleich zu diesem ursprünglichen Vorsteuerabzug ergibt sich dann auch, ob und in welchem Umfang Vorsteuerkorrekturen nach § 15 a UStG – auch für Besteuerungszeiträume vor Erteilung der Rechnung – zu erfolgen haben.[1214]

Verwendung bedeutet den **Einsatz des Wirtschaftsgutes zur Ausführung von Umsätzen**, entweder indem mit dem Wirtschaftsgut selbst der Umsatz ausgeführt wird, z.B. Lieferung der Ware oder Vermietung des Gebäudes, oder indem das Wirtschaftsgut ansonsten bereits für auszuführende Umsätze einge-

1210 S. dazu Abschn. 15a.8. UStAE.

1211 Zur Abgrenzung s. R 21.1 EStR.

1212 Vgl. dazu BFH v. 14.07.2010 – XI R 9/09, BStBl. II 2010, 1086 (auch für Betriebsvorrichtungen, falls wesentliche Gebäudebestandteile).

1213 BFH v. 12.06.2008 – V R 22/06, BStBl. II 2009, 165 (zu Wechsel von § 24 UStG zur Regelbesteuerung).

1214 Abschn. 15a.4. Abs. 2 UStAE.

setzt wird, z.B. die Lagerhalle. Wird ein fertig gestelltes Gebäude im Erstjahr nur teilweise in Verwendung genommen und steht es im Übrigen leer, kommt es für den Vorsteuerabzug insoweit auf die (ernsthaft) beabsichtigte spätere Verwendung an. Weicht die tatsächliche spätere Verwendung davon ab, soll insoweit nach bisheriger Rechtsprechung § 15 a UStG anzuwenden sein.[1215] Das erscheint allerdings zweifelhaft und dürfte jedenfalls nicht zutreffen, wenn die spätere erstmalige Verwendung nach § 15 Abs. 2 UStG steuerfrei erfolgt (s. Rn. 359). Von eigenständigen Berichtigungszeiträumen und Berichtigungsobjekten für jeden bereits in Nutzung genommenen Gebäudeteil soll auszugehen sein, wenn ein Gebäude vor vollständiger Fertigstellung schon nach Baufortschritt in Verwendung genommen wird.[1216] Hingegen beginnt bei nur teilweiser Ingebrauchnahme eines bereits fertiggestellten Gebäudes für dieses insgesamt nur ein einheitlicher Berichtigungszeitraum.

Beispiel: U lässt im Jahre 2020 für 500.000 € zzgl. 95.000 € USt ein Gebäude errichten, das er in 2020 zu 50 % steuerpflichtig vermietet. 50 % stehen 2020 zunächst leer, sollen aber ebenfalls steuerpflichtig vermietet werden. Ab 01.01.2021 werden auch die restlichen 50 % vermietet, aber entgegen den Planungen zunächst steuerfrei nach § 4 Nr. 12 a UStG, weil bisher kein optionsfähiger Mieter gefunden wurde. Ab dem 01.01.2022 wird das Gebäude aufgrund einer nach Mieterwechsel doch nunmehr zulässigen Option, wie ursprünglich bereits vorgesehen, steuerpflichtig vermietet.

Dem U steht für 2020 lediglich ein Vorsteuerabzug von 50 % von 95.000 € = 47.500 € gemäß § 15 Abs. 1, Abs. 2 und Abs. 4 UStG zu. Soweit ihm für 2020 zunächst wegen der geplanten Option der volle Vorsteuerabzug von 95.000 gewährt wurde, ist diese Festsetzung nach §§ 164, 168 oder 173 AO zu korrigieren. Für 2021 ist keine Korrektur nach § 15 a UStG lediglich i.H.v. 95.000 € : 10 x 50 % = 4.750 € vorzunehmen. Allerdings ist für 2022 und die folgenden Jahre dann eine Korrektur nach § 15 a Abs. 1, Abs. 5 von jährlich 95.000 € x 50 % : 10 = 4.750 € + Vorsteuer vorzunehmen.

Der **Berichtigungszeitraum** für das **Ferienappartement** (Fall 34, Rn. 362) hat also für S am **01.02.2013** mit Beginn der Vermietung begonnen und endete nach zehn Jahren (Grundstück!) am **31.01.2023**. Die Änderung der Verhältnisse in den Jahren 2013, 2014 bis 2020 und 2021 erfolgt innerhalb des Berichtigungszeitraumes, sodass eine Vorsteuerkorrektur durchzuführen war/ist.

Für das **Ende des Berichtigungszeitraumes** enthält **§ 45 UStDV** eine **Vereinfachungsregel**. Danach endet der Berichtigungszeitraum immer an einem Monatsende, und zwar schon am Ende des vorhergehenden Monates, wenn das Ende an sich vor dem 16. des Monats einträte, aber erst am Ende des Monats, wenn es nach dem 15. des Monats einträte.

Beispiel: Beginn am 16.04.2013 – dann Ende an sich am 15.04.2023, aber wegen § 45 UStDV bereits am 31.03.2023, aber Beginn am 17.04.2013, dann an sich Ende am 16.04.2023, aber wegen § 45 UStDV erst am 30.04.2023.

4. Die **Durchführung der Berichtigung** für Änderungen nach § 15 a Abs. 1 UStG erfolgt nach **§ 15 a Abs. 5 UStG** in der Weise, dass der gesamte bei der Anschaffung angefallene Vorsteuerbetrag auf den Berichtigungszeitraum verteilt wird und **für jedes Jahr der Änderung** der entsprechende Teil **korrigiert** wird. Beginnt oder endet der Berichtigungszeitraum innerhalb des Kalenderjahres, ist für dieses Jahr nur der den jeweiligen Kalendermonaten entsprechende Anteil und nicht der volle Jahresanteil anzusetzen. Eine rückwirkende Korrektur für den Voranmeldungs-/Besteuerungszeitraum des Leistungsbezugs und ursprünglichen Vorsteuerabzugs findet gerade nicht statt. **369**

1215 BFH v. 25.04.2005 – V R 58/00, BStBl. II 2003, 435; Abschn. 15a.2. Abs. 8 und 15a.3. Abs. 3 UStAE. ; FG Thüringen v. 13.12.2017 – 3 K 541/17, EFG 2018, 1145 (rk); s. auch EuGH v. 28.02.2018 – Rs. C-672/16 (Inflo-resima), MwStR 2018, 395 mit Anm. Schüler-Täsch und EuGH v. 26.11.2020 – Rs. C-787/18 (Sögard Fastigheter AB), MwStR 2021, 75.

1216 Abschn. 15a.3. Abs. 2 UStAE; BFH v. 09.04.2020 – XI R 14/19, BStBl. II 2020, 613.

Vorliegend ist nach § 15 a Abs. 1 UStG wegen der Änderung der für den Vorsteuerabzug maßgebenden Verhältnisse ein Ausgleich durch **Berichtigung des Vorsteuerabzugs** vorzunehmen. Bei einem Berichtigungszeitraum von zehn Jahren für Grundstücke ist demnach für die Zeit von **07–12/2013** der Vorsteuerabzug von 32.000 € um **1.745 €** (32.000 € : 10 x 6/11, bzw. x 54,55 %) zu berichtigen. Da die auf 2013 entfallende Korrektur nicht höher ist als 6.000 €, ist die Korrektur um 1.745 € nach der Vereinfachungsregel des **§ 44 Abs. 3 UStDV** erst im Rahmen der **Jahresveranlagung** vorzunehmen und nicht bereits für die VZ 07–12/2013. S erhielte mithin für 2013 einen Vorsteuerabzug gemäß §§ 15 Abs. 1 Nr. 1, 18 Abs. 1 UStG von 32.000 € (schon im VZ 01/2013) – 1.745 € (in der Jahresfestsetzung) = 30.255 €.

Da auch im Jahr 2014 wegen der Steuerfreiheit der Vermietung kein Vorsteuerabzug stattfinden darf, im Voranmeldungszeitraum des Vorsteuerabzugs 01/2013 aber 100 % VoSt abgezogen wurden, ist der Vorsteuerabzug im Jahr **2014 um 100 % = 12/12 von 3.200 € = 3.200 €** zu korrigieren gewesen, also zu kürzen. **Genauso** war in den Jahren **2015 bis 2020** der Vorsteuerabzug des S jeweils um 3.200 € zu kürzen. Auch hier findet wegen § 44 Abs. 3 UStDV a.F. die Berichtigung erst bei der Jahresveranlagung statt. Maßgebend ist **bei Vorsteuerkorrekturen** nach § 15 a UStG immer der **Steuersatz des Erstjahres**, zu dem die VoSt abgezogen werden konnte, nicht ein im Jahr der Korrektur nach § 15 a UStG geltender Steuersatz.

Würden hingegen, wie hier für zutreffend gehalten, die für den ursprünglichen Vorsteuerabzug maßgeblichen Verhältnisse nach den im gesamten Besteuerungszeitraum des Leistungsbezugs gegebenen Verhältnissen beurteilt, so erhielte S für **2013** gemäß § 15 Abs. 1 und 4 UStG lediglich einen Vorsteuerabzug von **5/11 = 45,45 % von 32.000 € = 14.545 €**. Für 2013 käme eine Korrektur nach § 15 a Abs. 1 UStG nicht in Betracht. Für **2014 bis 2020** ergäbe sich jeweils eine Korrektur nach § 15 a UStG i.H.v. **(32.000 € : 10 x 45,45 % =) – 1.454,50 € VoSt**.

Auch die nach §§ 1 Abs. 1 Nr. 1, 4 Nr. 9 a UStG steuerbare, aber steuerfreie **Lieferung des Ferienappartements am 01.01.2021** an den bisherigen Mieter (Pensionär) erfolgte noch innerhalb des Berichtigungszeitraumes. Auch sie führt, da sie steuerfrei erfolgte, zu einer Änderung der Verhältnisse gegenüber den Verhältnissen im Erwerbs-/Lieferzeitpunkt des Appartements an den S in 01/2013, **§ 15 a Abs. 8 S. 1 UStG** (dazu näher unten Rn. 371). Es ergibt sich nach § 15 a Abs. 9 UStG i.V.m. Abs. 5 UStG eine Vorsteuerberichtigung um 100 % für die Zeit vom 01.01.2020 bis zum 31.01.2023, d.h. für zwei Jahre und einen Monat = 25 Monate. Die Vorsteuer ist um (32.000 : 120 [10 Jahre] x 25 =) 6.667 € zuungunsten des S zu „berichtigen". Die Berichtigung hat nach § 44 Abs. 3 S. 2 UStDV (s. Rn. 371, 375) für den VZ 01/2021 zu erfolgen.

370 5. Auch bei **Wirtschaftsgütern**, die nur **einmalig zur Ausführung von Umsätzen** verwendet werden, kann es zu einer Änderung der für den ursprünglichen Vorsteuerabzug maßgebenden Verhältnisse kommen. Wie bei § 15 a Abs. 1 UStG bedeutet Änderung der Verhältnisse, dass sich unter dem Aspekt eines vollständigen oder teilweisen Vorsteuerausschlusses i.S.d. § 15 Abs. 2, 4 UStG die Verhältnisse gegenüber den für den ursprünglichen Vorsteuerabzug maßgebenden Verhältnissen ändern. Da sich der Ausschluss des Vorsteuerabzugs allerdings nach der Verwendung des Wirtschaftsgutes richtet, aber § 15 a Abs. 2 UStG gerade nur solche Wirtschaftsgüter betrifft, die nur einmalig zur Ausführung von Umsätzen (tatsächlich) verwendet werden, kommen hier nur Änderungen durch eine **spätere tatsächliche Verwendung** in Betracht, die von einer für den **ursprünglichen Vorsteuerabzug maßgeblichen Verwendungsabsicht bei Erwerb/Bezug** des Wirtschaftsgutes abweichen.[1217] Die erstmali-

ge und einmalige tatsächliche Verwendung besteht in einer Veräußerung oder Entnahme nach § 3 Abs. 1 b UStG, nicht in einer Änderung einer vorher schon bestehenden Nutzung.[1218] Für Vorsteuerberichtigungen nach § 15 a Abs. 2 UStG gibt es daher auch **keinen Berichtigungszeitraum** und keine Berichtigung pro rata temporis. Die **Berichtigung** ist immer vollständig für den **Voranmeldungszeitraum der Veräußerung/Entnahme** durchzuführen (s. auch Rn. 361).

Beispiel: U errichtet für 1.000.000 € zzgl. 190.000 € USt in 2021 ein Gebäude, das er für seinen Autohandel nutzen will. Die Bauarbeiten werden Ende 2021 wegen Illiquidität des U eingestellt. In 02/2022 veräußert der Insolvenzverwalter das mit dem halbfertigen Gebäude bebaute Grundstück steuerfrei nach § 4 Nr. 9 a UStG für 800.000 €. U konnte zutreffend für 2021 den Vorsteuerabzug vornehmen, denn das Gebäude sollte für die steuerpflichtigen Autohandelsumsätze verwendet werden. Die erstmalige und einzige tatsächliche Verwendung erfolgte jedoch durch die steuerfreie Veräußerung. Für diese Veräußerung käme ein Vorsteuerabzug nach § 15 Abs. 2 Nr. 1 UStG nicht in Betracht. Insoweit liegt eine Änderung der Verhältnisse i.S.d. § 15 a Abs. 2 UStG vor, sodass im VZ 02/2022 der Vorsteuerabzug um 100 % = 190.000 € zu korrigieren ist.

III. Vorsteuerkorrektur nach § 15 a Abs. 8 UStG bei Veräußerung und unentgeltlichen Wertabgaben

Wird ein Wirtschaftsgut vor Ablauf des Berichtigungszeitraumes veräußert oder unentgeltlich nach § 3 Abs. 1 b UStG geliefert, wird es nicht mehr im Unternehmen verwendet. Nach **§ 15 a Abs. 8 UStG** ist jedoch auch die **Veräußerung oder Entnahme** als **Änderung der Verhältnisse** anzusehen, wenn sie unter dem Gesichtspunkt des Vorsteuerabzugs anders zu beurteilen ist als die für den Vorsteuerabzug maßgeblichen Verhältnisse. Das betrifft namentlich Änderungen, die sich durch **steuerfreie Veräußerungen** ergeben, für die nach **§ 15 Abs. 2 Nr. 1 UStG** der Vorsteuerabzug ausgeschlossen wird. Eine Änderung der Verhältnisse liegt (erst ab 2011!) auch vor, wenn ein unter **§ 15 Abs. 1 b UStG fallendes teilunternehmerisch verwendetes Grundstück** veräußert oder entnommen wird und diese Veräußerung/Entnahme anders zu beurteilen ist als die für den ursprünglichen Vorsteuerabzug maßgebliche teilunternehmerische Verwendung (s. Rn. 318 f.). Bei Veräußerung oder unentgeltlicher Lieferung ist allerdings die erforderliche **Korrektur** nicht lediglich anteilig pro Jahr, sondern **sofort in vollem Umfang** für die ganze Zeit von der Veräußerung/Wertabgabe bis zum Ende des Berichtigungszeitraumes schon im Voranmeldungszeitraum der Veräußerung/Wertabgabe vorzunehmen, § 44 Abs. 3 S. 2 UStDV i.V.m. § 15 a Abs. 9 UStG). Zu beachten ist, dass § 15 a Abs. 8 UStG nur auf die Veräußerung/Wertabgabe von Investitionsgütern i.S.d. § 15 a Abs. 1 UStG anwendbar ist. Für die Veräußerung von nur einmalig verwendeten Wirtschaftsgütern (des Umlaufvermögens) kommt unmittelbar § 15 a Abs. 2 UStG zur Anwendung. **371**

Beispiel 1: In 2016 wurde für das eigene Unternehmen ein Werkstattgebäude errichtet und ab 07/2016 so genutzt. Die VoSt waren nach § 15 Abs. 1 und 2 UStG voll abzugsfähig. In 01/2021 wird das Grundstück mit Werkstattgebäude wegen § 4 Nr. 9 a UStG steuerfrei veräußert. I.S.d. § 15 a Abs. 8 i.V.m. Abs. 1 UStG liegt in der Veräußerung eine Änderung der Verhältnisse. Die Korrektur ist im Voranmeldungszeitraum 01/2021 für die Zeit von 01/2021 bis 06/2026 vorzunehmen.

1217 Vgl. Abschn. 15a.5. UStAE.

1218 Vgl. BFH v. 24.09.2009 – V R 6/08, BStBl. II 2010, 315 (durch Vermietung, Gebrauchsüberlassung oder Gebrauch im Unternehmen [auch nur vorübergehend] genutzte Wirtschaftsgüter fallen nicht unter § 15a Abs. 2 UStG, sondern unter Abs. 1); ebenso Abschn. 15a.1. Abs. 2 UStAE.

Beispiel 2: U schenkt seiner Tochter am 01.01.2021 ein bebautes Grundstück. Für das ab 01.07.2016 genutzte Gebäude hatte er in 2016 zulässigerweise 30.000 € VoSt abgezogen. Ab 01.01.2021 mietet er das Grundstück von seiner Tochter zum angemessenen Mietpreis.

Die Schenkung führt zu einer nach § 4 Nr. 9 a UStG steuerfreien Lieferung gemäß § 3 Abs. 1 b Nr. 1 UStG. Daher ist nach § 15 a Abs. 8, 9 UStG für 6,5 Jahre im VZ 01/2018 eine Vorsteuerkorrektur von 6,5 x 3.000 € = 19.500 € vorzunehmen, obwohl das Gebäude – nunmehr aber gemietet – weiter im Unternehmen verwendet wird.[1219]

Zu beachten ist, dass eine **unentgeltliche Wertabgabe nach § 3 Abs. 1 b Nr. 1 UStG** auch dann vorliegen kann, wenn der Gegenstand de facto weiter für das Unternehmen genutzt wird, dies aber auf einer anderen rechtlichen Grundlage als bisher geschieht, insbesondere wenn ein bisher im Eigentum des Unternehmers stehender Gegenstand verschenkt und anschließend angemietet wird. Problematisch ist allerdings die Behandlung, wenn der Unternehmer sich ein (unentgeltliches) Nutzungsrecht weiterhin vorbehält, z.B. **Vorbehaltsnießbrauch**. Hier sollte richtigerweise davon ausgegangen werden, dass dann noch keine unentgeltliche Wertabgabe aus dem Unternehmen erfolgte und jedenfalls **keine Änderung i.S.d. § 15 a UStG** vorliegt, solange der Unternehmer den Gegenstand aufgrund des vorbehaltenen Nutzungsrechtes weiter nutzen kann.[1220]

Auch die unentgeltliche **Einräumung eines Nießbrauches** an einem Grundstück[1221] und die Übertragung eines **Erbbaurechtes**[1222] können eine Vorsteuerkorrektur nach § 15 a UStG auslösen. Zu unterscheiden ist dann, ob eine unentgeltliche Lieferung nach § 3 Abs. 1 b UStG oder eine außerunternehmerische Verwendung nach § 3 Abs. 9 a Nr. 1 UStG vorliegt. Das hängt davon ab, ob das Grundstück nur vorübergehend oder endgültig nicht mehr dem Unternehmen dient.

Findet die Veräußerung oder unentgeltliche Wertabgabe statt, bevor das Wirtschaftsgut überhaupt im Unternehmen tatsächlich verwendet wurde, ist dieser Umsatz mit dem anhand der Verwendungsabsicht vorgenommenen Vorsteuerabzug zu vergleichen.

Beispiel: Wurde in dem vorigen Beispiel die Veräußerung/Schenkung bereits in 07/2016 durchgeführt und war das Gebäude bis dahin von U noch nicht in Verwendung genommen worden, so ist die bis dahin angefallene VoSt nach § 15 Abs. 1, 2 UStG zunächst voll abziehbar gewesen, wenn die Werkstatt nach der Verwendungsabsicht ausschließlich zur Ausführung steuerpflichtiger Umsätze genutzt werden sollte. In 07/2016 trat aber durch die Veräußerung eine Änderung der Verhältnisse ein, sodass schon für 07/2016 eine Vorsteuerkorrektur durchzuführen war. Diese ist für die Zeit bis Ende des Berichtigungszeitraumes 06/2026 durchzuführen. Im Ergebnis wird damit der Vorsteuerabzug von 30.000 € bereits in der Voranmeldung 07/2016 vollständig korrigiert. Die Korrektur ist hier – folgt man dem Wortlaut des § 15 a UStG – allerdings auf § 15 a Abs. 2 UStG zu stützen, weil tatsächlich das Wirtschaftsgut nur einmalig zur Ausführung eines Umsatzes, nämlich der steuerfreien Wertabgabe nach § 3 Abs. 1 b UStG verwendet wurde.

IV. Vorsteuerkorrekturen bei Bestandteilen und sonstigen Leistungen, § 15 a Abs. 3 und 4 UStG

Fall 35: Umbauten und Renovierungen

U (Maschinenhersteller) hatte in 2019 ein Gebäude für 2.000.000 € zzgl. 380.000 € USt herstellen lassen und seit dem 01.07.2019 für eigene Bürozwecke genutzt. Die VoSt war zutreffend vollständig abgezogen worden. In 06/2020 wurde am Gebäude ein komplett neuer Anstrich durchgeführt für 100.000 € zzgl. 19.000 € USt und neue Fenster für 200.000 € zzgl. 38.000 € USt eingebaut. Mit Wirkung ab dem 01.01. 2022 vermietet U das Grundstück steuerfrei an eine Versicherungsgesellschaft.

372 I. Seit 01.01.2022 dient das Grundstück nicht mehr der Ausführung steuerpflichtiger Leistungen, sondern einer steuerfreien Vermietung. Mithin liegt gegenüber den

1219 Vgl. BFH v. 02.10.1987 – V R 91/78, BStBl. II 1987, 44; v. 27.04.1994 – XI R 85/92, BStBl. II 1995, 30.

1220 BFH v. 13.01.1997 – V R 66/96, BFH/NV 1998, 555; zu einem Sonderfall BFH v. 26.04.1995 – XI R 5/94, BStBl. II 1996, 248; a.A. Lippross 2.6.4.1 c).

1221 Vgl. BFH v. 16.09.1987 – X R 51/81, BStBl. II 1988, 205.

1222 Vgl. BFH v. 26.02.1987 – V S 4/86, UR 1988, 150.

für den **ursprünglichen Vorsteuerabzug** maßgeblichen Verhältnissen in 2019 aus der **Herstellung des Gebäudes** und für den ursprünglichen Vorsteuerabzug in 06/2020 aus dem Empfang der Anstrichleistung sowie dem Einbau der Fenster eine **Änderung der Verhältnisse** vor. Denn insoweit war die VoSt jeweils zu 100 % abzugsfähig, weil das Gebäude zu diesen Zeitpunkten (richtig in diesen Besteuerungszeiträumen) nur der Ausführung steuerpflichtiger Umsätze diente. Bei dem Gebäude handelt es sich um ein Investitionsgut i.S.d. § 15 a Abs. 1 UStG. Die Änderung der Verhältnisse erfolgte innerhalb des zehnjährigen **Berichtigungszeitraumes** nach § 15 a S. 2 UStG, der für das Gebäude mit der Verwendung für eigene Bürozwecke am **01.07.2019** begann und nach 10 Jahren am **30.06.2029** endet. Daher ist für 2022 (und die folgenden 6 1/2 Jahre bei unveränderten Verhältnissen) wegen der ab 01.01.20222 eintretenden Änderung der Verhältnisse durch die ab dann erfolgende steuerfreie Vermietung eine **Vorsteuerkorrektur** nach § 15 a Abs. 1, Abs. 5 von 380.000 € : 10 = 38.000 € minus Vorsteuer durchzuführen. Die Änderung ist für den VZ 01/2021 durchzuführen. Denn der Änderungsbetrag liegt oberhalb von 6.000 € (§ 44 Abs. 3 S. 1 UStDV).

II. Hinsichtlich der **Malerarbeiten** liegt umsatzsteuerlich eine **sonstige Leistung** vor und ertragsteuerlich handelt es sich um Erhaltungsaufwendungen. Diese sonstige Leistung wird an einem Investitionsgut i.S.d. § 15 a Abs. 1 USt ausgeführt, nämlich dem Gebäude. Hinsichtlich des Fenstereinbaues liegt eine Werklieferung vor. Die Fenster wurden in das Gebäude als Investitionsgut eingefügt und verloren damit ihre Selbstständigkeit, weil sie zu wesentlichen Bestandteilen wurden. Nach **§ 15 a Abs. 3 S. 1 i.V.m. Abs. 1 UStG** ist insoweit ebenfalls eine Berichtigung durchzuführen. Durch § 15 a Abs. 3 UStG wurde insoweit die Rspr. des EuGH zu Vorsteuerkorrekturen auch bei bloßen Dienstleistungen nach Art. 20 Abs. 1 b der 6. EG-Richtlinie (jetzt Art. 185 MwStSystRL) umgesetzt.[1223] Für § 15 a Abs. 3 UStG gilt ein **eigenständiger Berichtigungszeitraum**. Er beginnt zu dem Zeitpunkt, ab dem die sonstige Leistung oder der eingefügte Gegenstand erstmals zur Ausführung von Leistungen verwendet wird, hier also ab dem 01.07.2020. Hinsichtlich der Dauer des Berichtigungszeitraumes ist darauf abzustellen, ob es sich um Arbeiten an Grundstücken handelt (zehn Jahre) oder an sonstigen Wirtschaftsgütern (fünf Jahre). Allerdings ist nach § 15 a Abs. 5 S. 2 UStG eine kürzere Nutzungsdauer zu berücksichtigen. Nach § 15 a Abs. 5 S. 3 UStG wird bei eingebauten Wirtschaftsgütern deren Nutzungsdauer nicht durch die Einbeziehung in ein anderes Wirtschaftsgut verkürzt. Das setzt freilich voraus, dass das Wirtschaftsgut, in das eingebaut wird, tatsächlich noch nach Ende seines Berichtigungszeitraumes besteht. Vorliegend läuft daher für die Malerarbeiten und den Fenstereinbau ein gesonderter Berichtigungszeitraum vom 01.07.2020 bis zum 30.06.2030 soweit nicht i.S.d. § 15 a Abs. 5 S. 2 UStG eine kürzere Verwendungsdauer nachgewiesen wird. Mithin hat für das **Kalenderjahr 22** eine **Vorsteuerkorrektur für den Anstrich** von 19.000 € : 10 x 100 % = **– 1.900 € VoSt** und **für den Fenstereinbau** von 38.000 € : 10 x 100 % = **– 3.800 €** stattzufinden. Nach § 44 Abs. 3 S. 1 UStDV erfolgt die Korrektur allerdings erst in der Jahresveranlagung für 2022. Zwar sind die Malerarbeiten und der Einbau der Fenster gemäß § 15 a Abs. 3 S. 2 UStG zu einem „Berichtigungsobjekt" zusammenzufassen, da sie im Rahmen einer Maßnahme erfolgten. Aber der Vorsteuerabzug übersteigt auch zusammengefasst nicht den Betrag von 6.000 €. Eine Vorsteuerkorrektur kann auch nicht nach § 44 Abs. 1 UStDV unterbleiben, da schon der absolute Betrag von 1.000 € überschritten ist.

1223 EuGH v. 17.05.2001 – Rs. C-322 und C-323/99 (Fischer und Brandenstein), Slg. 2001, 4049 und BFH v. 18.10.2001 und 20.12. 2001 – V R 106/98 und V R 8/98, BStBl. II 2002, 551 und 557.

Auch insoweit ist von einem einheitlichen Korrekturbetrag auszugehen, wenn § 15 a Abs. 3 S. 2 UStG Anwendung findet.[1224]

373 III. Innerhalb des **§ 15 a Abs. 3 UStG** wird danach unterschieden, ob es sich um sonstige **Leistungen an Investitionsgütern** i.S.d. § 15 a Abs. 1 UStG handelt oder **an anderen Wirtschaftsgütern i.S.d. § 15 a Abs. 2 UStG**. Nur im ersteren Falle besteht ein eigenständiger Berichtigungszeitraum, sodass die Korrektur pro rata temporis vorzunehmen ist, § 15 a Abs. 3 S. 1 i.V.m. Abs. 1, 5 und 8 UStG. Bei sonstigen Leistungen an nur einmalig zur Ausführung von Umsätzen verwendeten Wirtschaftsgütern tritt die Änderung der Verhältnisse auch bzgl. der sonstigen Leistung jeweils mit der Veräußerung des Wirtschaftsguts ein. Die Vorsteuerberichtigung ist dann immer sofort in vollem Umfang durchzuführen. Dieselbe Unterscheidung trifft § 15 a Abs. 3 UStG bzgl. der eingefügten Gegenstände, soweit diese Bestandteile werden, d.h. ihre körperliche und wirtschaftliche Eigenständigkeit einbüßen. Bei der Einfügung von Gegenständen in ein anderes Wirtschaftsgut kann im Übrigen problematisch sein, ob diese dadurch i.S.d. § 15 a Abs. 3 UStG ihre körperliche oder wirtschaftliche Selbstständigkeit verlieren oder nicht. Im letzteren Fall ist nicht § 15 a Abs. 3 UStG anzuwenden, sondern für den eingebauten Gegenstand je nachdem entweder § 15 a Abs. 1 oder Abs. 2 UStG. Oftmals kann dahinstehen, ob § 15 a Abs. 3 oder Abs. 1 oder Abs. 2 UStG anzuwenden ist, weil die Rechtsfolgen in Bezug auf den eingefügten Gegenstand dieselben sind. Anders wäre es freilich dann, wenn ein beweglicher Gegenstand in ein Grundstück eingefügt wird und nicht zu einem wesentlichen Bestandteil des Gebäudes oder Grundstückes wird, weil dann nur ein fünfjähriger Berichtigungszeitraum dafür läuft.[1225]

Der aus sich heraus kaum verständliche **§ 15 a Abs. 3 S. 3 UStG** bestimmt, dass eine nicht nach § 3 Abs. 1 b UStG zu besteuernde Entnahme aus dem Unternehmen als Änderung der Verhältnisse zu behandeln ist. Es geht dabei um die Konstellation, dass eine **Entnahme nicht nach § 3 Abs. 1 b S. 2 UStG zu besteuern** ist, **weil** bzgl. des Wirtschaftsgutes oder seiner Bestandteile **keine Vorsteuerabzugsberechtigung** bestand. Werden an einem solchen Wirtschaftsgut während der Zugehörigkeit zum Unternehmen sonstige Leistungen erbracht, z.B. Erhaltungsaufwendungen, kann dafür der Vorsteuerabzug in Anspruch genommen werden. Wird dann später das Wirtschaftsgut entnommen, ist eine Besteuerung nach § 3 Abs. 1 b UStG dennoch nicht zulässig, obgleich die sonstige Leistung nunmehr auch der nichtunternehmerischen Sphäre zugutekommt. Ebenso ist bei nachträglich eingebauten Bestandteilen an solchen Wirtschaftsgütern nach der Rspr. des EuGH eine Besteuerung nach Art. 16 MwStSystRL (§ 3 Abs. 1 b UStG) nicht mehr möglich, wenn die Werterhöhung durch den Einbau des Bestandteils im Zeitpunkt der Entnahme bereits verbraucht ist.[1226] § 15 a Abs. 3 S. 3 UStG ordnet insoweit für beide Konstellationen an, dass dann die Entnahme als Änderung der Verhältnisse für den vorgenommenen Vorsteuerabzug gilt, sodass eine Korrektur des Vorsteuerabzugs vorzunehmen ist.[1227]

1224 Vgl. Abschn. 15a.6. Abs. 11 UStAE. Zu einem Berichtigungsobjekt sind in einem zeitlichen Zusammenhang bezogene Leistungen für ein Wirtschaftsgut zusammenzufassen. Ein solcher Zusammenhang wird bejaht bei innerhalb von drei Monaten bzw. sechs Monaten an beweglichen, respektive unbeweglichen Wirtschaftsgütern erbrachten Leistungen.

1225 S. dazu BFH v. 14.07.2010 – XI R 9/09, BStBl. II 2010, 1086 (ertragsteuerliche Behandlung von Betriebsvorrichtungen als bewegliche Sachen nicht maßgeblich!).

1226 Vgl. EuGH v. 15.05.2001 – Rs. C-322/99 und C-323/99 (Fischer und Brandenstein), Slg. 2001, I-4049; Nachfolgeentscheidungen des BFH v. 18.10.2001 – V R 106/98 und v. 20.12.2001 – V R 8/98, BStBl. II 2002, 551 und 557.

1227 Vgl. Abschn. 15a.6. Abs. 14 UStAE. Die Vorsteuerberichtigung ist nicht etwa deshalb ausgeschlossen, weil keine Werterhöhung im Zeitpunkt der Entnahme mehr vorliegt. Vorausgesetzt ist freilich, dass der eingefügte Gegenstand rein tatsächlich noch vorhanden und funktionstüchtig ist.

Beispiel: R hat in 01/2019 ein bebautes Villengrundstück von einem Nichtunternehmer erworben und bisher zu 100 % als Praxisgebäude für seine Rechtsanwaltskanzlei genutzt. In 05/2019 wurden neue Fenster für 10.000 € zzgl. USt eingesetzt, die Außenfassade verklinkert für 20.000 € zzgl. USt und in 12/2019 die Innenräume gestrichen für 5.000 € zzgl. USt. Zu dieser Zeit wurde das Haus noch vollständig für die Umsätze als Rechtsanwalt genutzt. Ab dem 01.01.2021 nutzt R das Grundstück ausschließlich nur noch für eigene Wohnzwecke.

R konnte bzgl. der an dem Haus ausgeführten Arbeiten den Vorsteuerabzug vornehmen, denn die Arbeiten dienten ihm zur Ausführung seiner steuerpflichtigen Umsätze als Rechtsanwalt. Mit dem 01.01.2021 ist allerdings eine Änderung der Verhältnisse eingetreten. Denn das Grundstück wurde dem Unternehmen entnommen. Zwar ist diese Entnahme nicht nach § 3 Abs. 1 b S. 2 UStG zu besteuern, weil dem R aus dessen Erwerb von einem Nichtunternehmer kein Vorsteuerabzug zustand. Anders war es aber hinsichtlich der 2019 an dem Haus ausgeführten sonstigen Leistungen (Malerarbeiten) und der eingefügten Gegenstände (Klinkerarbeiten, Fenster). Insoweit ist dann für den VZ 01/2021 nach § 15 a Abs. 3 UStG eine Vorsteuerkorrektur für die Zeit vom 01.01.2021 bis zum Ende des (am 01.06.2019 beginnenden 10-jährigen) Berichtigungszeitraumes am 31.05.2029 vorzunehmen.

IV. Auch für die **sonstigen Leistungen nach § 15 a Abs. 4 UStG**, die nicht an Wirtschaftsgütern vorgenommen werden, wird danach unterschieden, ob die **selbstständige sonstige Leistung** nur einmalig oder mehrfach zur Verwendung von Umsätzen verwendet wird. Je nachdem ist § 15 a Abs. 1 UStG mit Berichtigungszeitraum oder § 15 a Abs. 2 UStG ohne Berichtigungszeitraum anzuwenden. Es kann sich dabei um sonstige Leistungen jeder Art handeln, solange die sonstige Leistung nicht an einem dem Unternehmer zuzurechnenden Wirtschaftsgut ausgeführt wird. Die Verwaltung nennt beispielhaft Beratungs-, Gutachter-, Werbe- und Vermietungsleistungen.[1228] Bei den weiterhin genannten immateriellen Wirtschaftsgütern (Patente, Urheberrechte, Lizenzen) erscheint die Einordnung unter Abs. 4 fragwürdig. Denn sie dürften als Wirtschaftsgüter, falls Anlagevermögen, bereits unter § 15 a Abs. 1 UStG, ansonsten unter Abs. 2 UStG fallen. Die Verwaltung geht demgegenüber wohl davon aus, dass nur Liefergegenstände Wirtschaftsgüter i.S.d. § 15 a Abs. 1 und 2 UStG seien.[1229] Letztlich kann dies, wegen der übereinstimmenden Rechtsfolgen, aber offenbleiben. Der zunächst weite Anwendungsbereich des § 15 a Abs. 4 UStG wird entscheidend dadurch eingeengt, dass die Berichtigung nach S. 2 auf solche sonstigen Leistungen beschränkt wird, für die ein **steuerbilanzielles Aktivierungsgebot** besteht oder bei Buchführungspflicht bestünde. Es kommt nicht darauf an, ob der Unternehmer tatsächlich bilanziert oder zulässigerweise nicht bilanziert. Bis auf die genannten immateriellen Wirtschaftsgüter scheidet mangels Bilanzierungspflicht daher eine Anwendung des § 15 a Abs. 4 UStG für Änderungen bei sonstigen Leistungen weitgehend aus. Anders sieht es lediglich hinsichtlich des Vorsteuerabzugs aus **Anzahlungen auf selbstständige sonstige Leistungen** aus. Denn insoweit bestimmt § 15 a Abs. 4 S. 3 UStG ausdrücklich, dass das Aktivierungsgebot nicht gilt, soweit der Vorsteuerabzug bereits für einen Zeitraum vor Ausführung der sonstigen Leistung vorgenommen werden konnte. Dies betrifft gerade die (An-)Zahlungen vor Ausführung der Leistung gemäß § 15 Abs. 1 Nr. 1 S. 3 UStG. Bzgl. der Anzahlung, wenn auch nicht der Leistung, besteht insoweit im Übrigen auch eine steuerliche Bilanzierungspflicht. 374

Beispiel 1: Eine Werbeleistung wird Ende 2020 von einem Unternehmen in Anspruch genommen. Sie dient der Ausführung sämtlicher nachfolgenden Umsätze in 2021. Da es sich teilweise um befreite Umsätze handelt, erfolgte für den Vorsteuerabzug eine Aufteilung nach § 15 Abs. 4 UStG. Dabei erfolgte die Aufteilung entsprechend den Verhältnissen für 2020, die auch für 2021 erwartet wurden, im Verhältnis 50 : 50. In 2021 änderten sich die Verhältnisse jedoch, weil sich der Anteil der steuerpflichtigen Umsätze aufgrund einer Gesetzesänderung erheblich erhöhte, sodass sich das Aufteilungsverhältnis für 2021 auf 80:20 beliefe.

1228 Abschn. 15a.7. Abs. 1 UStAE.

1229 Vgl. Abschn. 15a.1. Abs. 2 Nr. 1 UStAE.

Eine Vorsteuerkorrektur nach § 15 a Abs. 4 UStG kommt nicht in Betracht, weil für die in 2020 erbrachte Werbeleistung kein Aktivierungsgebot besteht.

Beispiel 2: Wie oben, aber die Werbeleistung wurde von 12/2020 bis Ende 01/2021 erbracht. In 12/2020 wurde aber bereits eine Anzahlung von 200.000 € zzgl. 38.000 € USt geleistet und ein Vorsteuerabzug von 50 % = 19.000 € gemäß § 15 Abs. 4 UStG zutreffend nach den bisherigen Verhältnissen geltend gemacht.

Dann hat für 2021 gemäß § 15 a Abs. 4 i.V.m. Abs. 1 UStG eine Änderung zu erfolgen. Die Änderung beträgt 30 % (80 statt 50), sodass sich für 2021 noch ein weiterer Vorsteuerabzug von 11.400 € ergibt, falls der Berichtigungszeitraum 2021 endet, weil die Wirkung der Werbekampagne dann erschöpft ist. Unerheblich ist, dass für die Aufwendungen einer Werbekampagne kein Aktivierungsgebot besteht, weil hier der Vorsteuerabzug bereits vor (vollständiger) Ausführung der Werbeleistung aufgrund der bereits erfolgten Zahlung in 2020 nach § 15 Abs. 1 Nr. 1 S. 3 UStG vorgenommen werden konnte.

V. Vereinfachungsregeln

375 Aufgrund der Ermächtigung des § 15 a Abs. 11 Nr. 1 UStG enthält § 44 UStDV Vereinfachungsregeln zu § 15 a UStG. Danach ist eine Vorsteuerberichtigung nach § 15 a UStG weder zugunsten noch zuungunsten des Unternehmers durchzuführen, wenn die insgesamt bei der Anschaffung oder Herstellung oder bei nachträglichen Herstellungskosten angefallene VoSt 1.000 € nicht übersteigt (**§ 44 Abs. 1 UStDV** i.V.m. Abs. 4 UStDV).

Beispiel: Im Jahr 1 wird für 5.000 € zzgl. 950 € USt eine Parkplatzbefestigung angelegt. Die USt wird zutreffend als VoSt abgezogen. Im Jahr 3 erfolgt eine nach § 4 Nr. 9 a UStG steuerfreie Grundstücksveräußerung. Obgleich in 3 eine Änderung der Verhältnisse i.S.d. § 15 a Abs. 9, 1 UStG vorliegt, unterbleibt nach § 44 Abs. 1 UStDV eine Korrektur.

Nach **§ 44 Abs. 2 UStDV** unterbleibt eine Vorsteuerkorrektur für dasjenige Kalenderjahr, in dem sich die Verhältnisse um weniger als 10 % gegenüber dem Erstjahr geändert haben, sofern der absolute Betrag nicht 1.000 € übersteigt.

Problematisch ist, wie § 44 Abs. 2 UStDV bei Veräußerungen und Entnahmen anzuwenden ist, wenn die Änderung pro Kalenderjahr weniger als 10 % und nicht mehr als 1.000 € beträgt, aber der gesamte Korrekturbetrag 1.000 € übersteigt. Obwohl nach § 44 Abs. 3 S. 2 UStDV die Berichtigung für den gesamten restlichen Berichtigungszeitraum immer schon im Voranmeldungszeitraum der Veräußerung stattzufinden hat, ist auf den auf das einzelne Kalenderjahr entfallenden Betrag abzustellen, sodass insoweit eine Berichtigung unterbleibt, wenn dieser Betrag jeweils unter 1.000 € liegt und auch die 10 %-Grenze für dieses Kalenderjahr nicht erreicht wird.[1230]

Beispiel: Im Jahr 2019 wurde ein Pkw seit Erwerb am 02.01. zu 91 % für steuerpflichtige Umsätze und zu 9 % für steuerfreie Umsätze genutzt. Von der in Rechnung gestellten USt von 20.000 € wurden gemäß § 15 Abs. 4 UStG 1.800 € nicht abgezogen. Am 01.10.2021 wird der Pkw steuerpflichtig veräußert. Bis dahin wurde er ebenfalls zu 91 % für steuerpflichtige Umsätze genutzt.

Pro Kalenderjahr 2020–2021 wird daher weder der Satz von 10 % (nur 9 %) noch der absolute Betrag von 1.000 € (nur 1.8oo : 5) überschritten, sodass § 44 Abs. 2 UStDV anwendbar ist. Auch wenn insgesamt für die Zeit vom 01.10.2021 bis 31.12.2023 sich ein über 1.000 € liegender Betrag ergäbe (hier aber nur 27/60 von 1.800 = 870 €) und bei einer Veräußerung die Korrektur gemäß § 44 Abs. 4 S. 3 UStDV für den Gesamtbetrag bereits im VZ der Veräußerung erfolgt, hat hier insgesamt eine Korrektur zu unterbleiben, weil auf keines der Kalenderjahre des Berichtigungszeitraumes ein Berichtigungsbetrag von 1.000 € oder eine 10 % erreichende Änderung entfällt.

Bei **Veräußerungen** und unentgeltlichen Wertabgaben nach § 3 Abs. 1 b UStG ist die **Vorsteuerkorrektur** nach § 15 a UStG für den gesamten restlichen Berichtigungszeitraum bereits **in dem Voranmeldungszeitraum** der Veräußerung/Wertabgabe

---

1230 Vgl. Abschn. 15a.11. Abs. 2 und 3 i.V.m. Abschn. 15a.2. Abs. 5 Beispiel UStAE.

vorzunehmen, **§ 44 Abs. 3 S. 2 UStDV**. Bei **Nutzungsänderungen** oder sonstigen anderen Änderungen ist die **Vorsteuerkorrektur** pro Kalenderjahr des Berichtigungszeitraumes ebenfalls bereits in dem Voranmeldungszeitraum durchzuführen, in dem die Änderung der Verhältnisse eintritt. Beträgt allerdings der auf das jeweilige Jahr des Berichtigungszeitraumes entfallende Korrekturbetrag nach § 15 a Abs. 1 UStG **nicht mehr als 6.000 €**, so ist die Korrektur erst in der **Jahresfestsetzung** durchzuführen, § 44 Abs. 3 S. 1 UStDV. Ob der Korrekturbetrag 6.000 € überschreiten wird oder nicht, muss zunächst anhand einer Prognose geschätzt werden.

VI. Vorsteuerkorrektur in der Insolvenz

Die Eröffnung des Insolvenzverfahrens über das Vermögen des Unternehmers und die Einsetzung eines Insolvenzverwalters führen nicht bereits zur Beendigung des Unternehmens und der Unternehmereigenschaft nach § 2 UStG, Art. 9 MwStSystRL. Die Beendigung tritt vielmehr erst mit vollständiger Abwicklung des Insolvenzverfahrens ein. Die bloße Eröffnung des Insolvenzverfahrens mit Einsetzung eines Insolvenzverwalters löst daher auch nicht bereits eine Vorsteuerkorrektur nach Art. 184 MwStSystRL, § 15 a UStG aus.[1231] **376**

Veräußert der **Insolvenzverwalter** allerdings steuerfrei ein Wirtschaftsgut (also insbesondere Grundstücke!) während des Berichtigungszeitraumes, so führt auch dies zu einer Vorsteuerkorrektur nach **§ 15 a UStG,** wenn im Jahr der erstmaligen Verwendung ein Vorsteuerabzug möglich war. Die zurückzuzahlende VoSt resultiert aus einer nach Eröffnung des Insolvenzverfahrens vorgenommenen Verwertungshandlung. Die daraus entstehende Steuerschuld führt daher zu **Masseverbindlichkeiten** nach § 55 Abs. 1 Nr. 1 InsO, die vorrangig zu befriedigen sind.[1232] Entsprechendes gilt auch bei Veräußerungen durch den **vorläufigen (starken) Insolvenzverwalter** mit Verfügungsbefugnis nach § 22 Abs. 1 InsO vor Eröffnung des Verfahrens, wenn später das Verfahren eröffnet wird, § 55 Abs. 2 InsO. In diesen Fällen muss daher der Insolvenzverwalter sorgfältig prüfen, ob nicht durch eine Option nach § 9 UStG eine Vorsteuerkorrektur nach § 15 a UStG vermieden werden kann und ob dies nicht vorteilhafter ist. Bei einer Option kommt es allerdings nach § 13 b Abs. 5 i.V.m. Abs. 2 Nr. 3 UStG zu einer Verlagerung der Steuerschuld auf den Erwerber.[1233] Erfolgt aufgrund einer Insolvenzanfechtung nach § 129 InsO eine Rückzahlung an den Insolvenzverwalter, führt der nach § 17 Abs. 2 Nr. 1 UStG entstehende Vorsteuerberichtigungsanspruch des Fiskus zu einer Masseverbindlichkeit nach § 55 Abs. 1 Nr. 1 InsO.[1234]

1231 EuGH v. 03.06.2021 – C 182/20 (Suceava), UR 2021, 762

1232 BFH v. 08.03.2012 – V R 24/11, BStBl. II 2012, 466; v. 09.02.2011 – XI R 35/06, BStBl. II 2011, 1000 m.w.N. aus der früheren Rspr. zur KO; zur verfahrensrechtl. Seite – Festsetzung gegenüber Insolvenzverwalter – vgl. auch v. 28.06.2011 – XI B 18/11, BFH/NV 2011, 1931 (zu Vorsteuerberichtigungsanspruch aus § 15 a UStG gegen Zwangsverwalter).

1233 Zum früheren Recht vgl. BFH v. 16.08.2001 – V R 59/99, BStBl. II 2003, 208 (Umsatzsteuerschuld bei Option führt zu Massekosten nach § 58 Nr. 2 KO im Konkurs).

1234 BFH v. 13.11.2018 – V B 60/18 n.n.v.; v. 15.12.2016 – V R 26/16, BStBl. II 2017, 235; v. 29.03.2017 – XI R 5/16, BStBl. II 2017, 738.

377

Vorsteuerkorrektur nach § 15 a UStG

I. Voraussetzungen

1. Änderung der Verhältnisse

Ergibt sich aus einem Vergleich des zutreffenden Vorsteuerabzugs im Voranmeldungszeitraum des Leistungsbezugs mit dem in einem späteren Zeitraum möglichen (fiktiven) Vorsteuerabzug, wenn dieser

a) wegen einer **Nutzungsänderung** oder

b) wegen **Veränderung der Rechtslage** oder

c) wegen einer Veräußerung oder

d) wegen einer Wertabgabe nach § 3 Abs. 1 b UStG

anders zu beurteilen ist.

2. bei jedem **Wirtschaftsgut (Anlage- und Umlaufvermögen)** und auch bei **sonstigen Leistungen**; Vorsteuerkorrektur auch bei nachträglichem Erhaltungsaufwand

3. innerhalb des **Berichtigungszeitraumes**

Er beginnt mit der erstmaligen Verwendung des Wirtschaftsgutes zur Ausführung von Umsätzen. Für nachträgliche Anschaffungs- oder Herstellungskosten, spätere Einbauten und sonstige Leistungen läuft ein eigener Berichtigungszeitraum ab Beendigung der Maßnahmen.

Dauer: fünf Jahre, bei Grundstücken zehn Jahre, bei tatsächlich kürzerer Nutzungsdauer ist diese maßgebend

Aber: Kein Berichtigungszeitraum für Wirtschaftsgüter des Umlaufvermögens und für sonstige Leistungen, die nur einmal zur Ausführung von Umsätzen verwendet werden

II. Durchführung, Rechtsfolgen

1. bei Nutzungsänderung/Änderung des Aufteilungsschlüssels

Korrekturbetrag: insgesamt angefallene VoSt:

Anzahl in der Umsatzsteuerjahreserklärung, falls nicht mehr als 6.000 €

bzw. Jahresveranlagung (§ 44 Abs. 3 UStDV)

Korrektur der Jahre des Berichtigungszeitraumes (z.B. fünf Jahre) x %-Satz der Änderung

Beachte: *Handelt es sich um die Korrektur des letzten Jahres des Berichtigungszeitraumes und endet dieses vor dem 31.12., ist auf Monate umzurechnen.*

2. bei Veräußerungen und Entnahmen

Korrektur in der **Voranmeldung** für den Zeitraum der Veräußerung/Entnahme (§ 44 Abs. 3 UStDV)

Korrekturbetrag: insgesamt angefallene VoSt: Anzahl der Jahre (Monate) des Berichtigungszeitraumes x Anzahl der Jahre (Monate) ab Veräußerung/Entnahme bis zum Ende des Berichtigungszeitraumes x %-Satz der Änderung

3. **bei nur einmalig verwendeten Wirtschaftsgütern oder sonstigen Leistungen** vollständige Korrektur bei erstmaliger Verwendung

III. Vereinfachungen (§ 44 UStDV)

1. Insgesamt angefallene VoSt < 1.000 €

Überhaupt keine Anwendung des § 15 a UStG (§ 44 Abs. 1 UStDV)

2. Änderung im einzelnen Jahr um < 10 % und nicht mehr als 1.000 €

Korrektur unterbleibt für dieses Jahr (§ 44 Abs. 2 UStDV).

7. Abschnitt: Das Besteuerungsverfahren

A. Voranmeldung, Jahreserklärung

Die USt ist eine **Jahres- und Veranlagungssteuer** (§ 18 Abs. 3 UStG). Nach Ablauf des Kalenderjahres hat der Unternehmer eine Steuererklärung abzugeben, in der er die Steuerschuld selbst errechnet. Die zu entrichtende Steuer ergibt sich nach Verrechnung mit der abziehbaren VoSt gemäß § 15 UStG und Vorsteuerkorrekturen nach § 15 a UStG. **378**

Im Laufe des Jahres sind bereits (seit dem 01.01.2005 auf elektronischem Wege!) **Voranmeldungen** abzugeben, in denen die für die Voranmeldungszeiträume zu entrichtenden Steuern vom Unternehmer selbst zu errechnen sind, § 18 Abs. 1 UStG. Regelmäßiger **Voranmeldungszeitraum** ist das Kalendervierteljahr. Der Kalendermonat ist Voranmeldungszeitraum, wenn die Steuer (Zahllast) im vorangegangenen Kalenderjahr mehr als 7.500 € betrug (§ 18 Abs. 2 UStG). Ebenfalls ist bei neu gegründeten Unternehmen einschließlich Vorratsgesellschaften und übernommenen Firmenmänteln ab Aufnahme der unternehmerischen Tätigkeit für das laufende und das folgende Kalenderjahr der Monat Voranmeldungszeitraum. Dadurch soll eine schnellere und wirksamere Überprüfung ermöglicht werden.[1235] Die Erklärung ist bis zum 10. Tag nach Ablauf des Voranmeldungszeitraumes abzugeben. Zum gleichen Tag ist entsprechend der Errechnung die Vorauszahlung zu leisten (§ 18 Abs. 1 S. 3 UStG). Ergibt sich in der Jahreserklärung ein Unterschiedsbetrag gegenüber den Voranmeldungen zugunsten des Finanzamtes, so ist dieser binnen eines Monats nach Einreichung fällig (§ 18 Abs. 4 UStG).

Sowohl die Voranmeldungen wie auch die Jahreserklärung sind **Steueranmeldungen** i.S.d. §§ 167, 168 AO, die einer **Steuerfestsetzung unter dem Vorbehalt der Nachprüfung** gleichstehen.

Eine **Sonderregelung** bestand bisher nur für in der Gemeinschaft/Union erbrachte **Telekommunikations-, Rundfunk-, und Fernseh- und elektronische Dienstleistungen**. Wurde von dieser Sonderregelung Gebrauch gemacht, waren nur für den dann vierteljährlichen Besteuerungszeitraum Erklärungen abzugeben und die dafür errechnete(n) Steuern(n) zu entrichten. Voranmeldungen und Jahreserklärungen entfallen dann, § 18 Abs. 4 c– Abs. 4 e UStG (s. Rn. 96, 97). Diese Regelungen sind mit Wirkung für Umsätze ab dem 01.07.2021 durch die **Neuregelungen für ein besonderes Besteuerungsverfahren nach § 18 i UStG** für von nicht im Gemeinschaftsgebiet ansässigen **Drittlandsunternehmern** im Gemeinschaftsgebiet erbrachte sonstige Leistungen und die Neuregelung in § 18 j UStG für von in der **EU ansässigen Unternehmern erbrachte sonstige Leistungen** an Nichtunternehmer, die in einem anderen Mitgliedstaat als dem der Ansässigkeit des leistenden Unternehmers zu besteuern sind, ersetzt worden. Soweit der Unternehmer von den besonderen Besteuerungsverfahren nach § 18 i oder 18 j UStG Gebrauch macht, gibt es keine Voranmeldungszeiträume und das Kalendervierteljahr ist als Besteuerungszeitraum definiert, § 16 Abs. 1 c und § 16 Abs. 1 d UStG i.d.F. JStG 2020.[1236]

B. Entstehen der Steuerschuld, Zeitpunkt des Vorsteuerabzugs

I. In der jeweiligen Voranmeldung (Jahreserklärung) sind die Umsätze zu erfassen, bei denen die Steuerschuld entstanden ist, und die VoSt abzusetzen, bei denen alle Voraussetzungen für den Abzug erfüllt sind. Die regelmäßige Besteuerungsform für **379**

1235 Die entsprechende Erweiterung in § 18 Abs. 2 S. 5 UStG erfolgte durch das Gesetz zur Anpassung der AO an den Zollkodex und zur Änderung weiterer steuerlicher Vorschriften v. 20.12.2014, BGBl. I 2014, 2417.

1236 JStG 2020 v. 21.12.2020, BGBl. I 2020, 3096 = BStBl. I 2021, 6. Siehe dazu Widmann MwStR 2021, 6 f und Sterzinger UR 2020, 941.

Umsätze (Lieferungen und sonstige Leistungen) ist sowohl nach deutschem Recht (§ 16 Abs. 1 S. 1, § 13 Abs. 1 Nr. 1 a UStG) als auch nach den Vorgaben der MwStSystRL (Art. 63 f.) die **Sollversteuerung**, d.h. Versteuerung nach vereinbarten Entgelten. Die Steuer entsteht bei der Sollversteuerung grundsätzlich unabhängig vom Zeitpunkt der Bezahlung des Entgeltes schon mit der **Ausführung der Leistung** (§ 13 Abs. 1 Nr. 1 a UStG).[1237] Zu erfassen sind also alle bis zum Ende des Voranmeldungszeitraumes bzw. des Kalenderjahres ausgeführten steuerbaren Leistungen sowie erbrachte Teilleistungen. Der BFH hatte inzwischen Zweifel, ob die namentlich bei Vereinbarung von Ratenzahlungen mit der Sollversteuerung verbundene Vorfinanzierung der geschuldeten Steuer durch den Unternehmer über einen längeren Zeitraum mit übergeordneten Besteuerungsprinzipien des Unionsrechtes vereinbar ist. Auch unter dem Gesichtspunkt des Gleichheitsgrundsatzes nach dem nationalen Verfassungsrecht erschien sie ihm bedenklich. Dem ist der EuGH zutreffend für das Unionsrecht nicht gefolgt.[1238] Ihm ist auch für das deutsche Recht nicht zu folgen. Soweit bei vereinbarter Ratenzahlung des Entgelt endgültig uneinbringlich wird, hat nach § 17 Abs. 2 Nr. 1 UStG, Art. 90 MwStSystRL eine Berichtigung der Bemessungsgrundlage und der Steuer zu erfolgen. Die bloße Vereinbarung einer Ratenzahlung führt für sich genommen aber nicht zunächst zu einer (temporären) Verminderung der Bemessungsgrundlage. Diese zutreffende Auslegung von Art. 64, 90 MwStSystRL und demzufolge § 17 Abs. 2 Nr. 1 UStG lässt sich nicht dahingehend verstehen, dass der EuGH die MwSt nicht (mehr) als Verbrauchsteuer ansieht. Dem Urteil ist uneingeschränkt zuzustimmen.[1239]

Den Bedenken des BFH kann bei der Vereinbarung wiederkehrender Zahlungen für eine Leistung bereits dadurch Rechnung getragen werden, dass der Begriff der Teilleistung in § 13 Abs. 1 Nr. 1 a UStG richtlinienkonform in Übereinstimmung mit Art. 64 MwStSystRL ausgelegt wird, respektive Art. 64 MwStSystRL unmittelbar angewendet wird.[1240] Schon vor Ausführung der Leistung entsteht nach § 13 Abs. 1 Nr. 1 a S. 4 UStG die Steuerschuld mit Ablauf des Voranmeldungszeitraumes, in dem das Entgelt ganz oder teilweise vereinnahmt wird (sog. **Mindest-Istbesteuerung**). Zu beachten ist, dass die Mindest-Istbesteuerung den Zeitraum der Entstehung der Steuerschuld vorverlegt. Sie findet insbesondere Anwendung bei **Abschlagszahlungen** vor Erbringung der Leistung oder Teilleistung.

Werden über **Abschlagszahlungen** Rechnungen mit offenem Steuerausweis ausgestellt, muss bei der Endabrechnung eine offene Absetzung der bereits in Rechnung gestellten USt erfolgen. Andernfalls schuldet der leistende Unternehmer nach § 14 c Abs. 1 UStG, während der Leistungsempfänger gleichwohl die VoSt nicht doppelt absetzen kann.[1241] Zulässig ist es, von vornherein eine Rechnung über den Gesamtbetrag mit offenem Steuerausweis zu erteilen. Die Steuerschuld und die Abzugsmöglichkeit nach § 15 Abs. 1 Nr. 1 UStG entstehen dann jeweils im Voranmeldungszeitraum der Zahlung nach Maßgabe der Höhe des vereinnahmten Entgeltes.[1242]

1237 Statt vieler BFH v. 22.08.2019 – V R 47/17, DB 2019, 2672.

1238 EuGH v. 28.10.2021 – Rs. C-324/20 (X-Beteiligungsgesellschaft), UR 2021, 908 mit (abl.) Anm. Rust auf Vorlage v. BFH v. 07.05.2020 – V R 16/19, UR 2020, 683. S. zu vereinbartem Ratenkauf auch bereits BFH v. 21.06.2017 – V R 51/16, UR 2017, 810 (Vorlage an den EuGH). Der EuGH ist damals auf diese Bedenken nicht eingegangen, sondern hat angenommen, dass für den Sachverhalt nach Art. 64 MwStSystRL die Steuer erst mit Ablauf des Zeitraumes entsteht, auf den sich die vereinbarten (Raten-)Zahlungen beziehen, EuGH v. 29.11.2018 – Rs. C-548/17 (baumgarten sports & more GmbH), DStR 2018, 2572 mit Anm. Maunz und nachfolgend BFH v. 26.06.2019 – V R 8/19, UR 2019, 825.

1239 A.A. Stadie UR 2022, 1 f.

1240 A.A freilich BFH v. 26.06.2019 – V R 8/19, UR 2019, 825 und BFH v. 22.08.2019 – VR 47/17, UR 2020, 34.

1241 Vgl. Abschn. 14.8. Abs. 10 UStAE; BFH v. 11.04.2002 – V R 26/10, BStBl. II 2004, 317.

1242 Abschn. 14.8. Abs. 5 und 6 UStAE; s. auch BFH v. 14.11.2018 – XI R 27/16, HFR 2019, 509 (Anzahlungen auf künftige Bestattungsleistungen) m.w.N.; aus der Rspr. des EuGH zu Anzahlungen nach Art. 65 MwStSystRL s. EuGH v. 31.05.2018 – Rs. C-660/16 und C-661/16 (Kollroß und Wirtl), UR 2018, 519; v. 12.03.2014 – Rs. C-107/13 (FIRIN), UR 2014, 705 und grundlegend v. 21.02.2006 – Rs. C-419/02 (BUPA Hospitals und Goldsborough), UR 2006, 289.

Werden Anzahlungen für steuerfreie oder nicht steuerbare Leistungen vereinnahmt, ist keine Mindest-Istbesteuerung durchzuführen. Dagegen ist eine vorläufige Versteuerung durchzuführen, falls noch nicht abzusehen ist, ob die Leistung steuerfrei oder nicht steuerbar sein wird.[1243] Ggf. hat später eine Korrektur – nach § 164 AO – stattzufinden.

Gemäß § 17 Abs. 2 Nr. 2 UStG ist hingegen zu korrigieren, wenn sich nach Durchführung der Mindest-Istbesteuerung ergibt, dass die Leistung nicht ausgeführt wird.

Der **Vorsteuerabzug** ist grundsätzlich zeitlich erst möglich, wenn die **Leistung ausgeführt** wurde **und** eine **Rechnung** mit allen erforderlichen Angaben vorliegt, § 15 Abs. 1 Nr. 1 S. 1 UStG.[1244] Zur Rückwirkung von Rechnungsberichtigungen s. Rn. 326. Korrespondierend zur Mindest-Istbesteuerung lässt § 15 Abs. 1 Nr. 1 S. 3 UStG jedoch schon einen früheren Abzug zu, wenn bereits eine Rechnung mit offenem Steuerausweis vorliegt und die Zahlung insoweit erfolgt ist.

Beispiel 1: Bauunternehmer führt die Werklieferung eines Rohbaus am 02.10.2020 aus. Er erteilte am 01.03.2020 eine Vorabrechnung über 200.000 € zzgl. 38.000 € USt und erhielt Zahlung von 5.950 € in 03/2020, von 119.000 € in 08/2020 und des Restes von 113.050 € in 12/2020. Die Steuerschuld von 38.000 € entsteht i.H.v. 950 € in 03/2020, i.H.v. 19.000 € in 08/2020 und i.H.d. Restes von 18.050 € in 10/2020. Für dieselben Voranmeldungszeiträume steht dem Leistungsempfänger der Vorsteuerabzug zu.

Beispiel 2: Wie oben, aber die Rechnung geht erst in 01/2021 zu. Gleichwohl wurden, wie oben angegeben, Abschlagzahlungen geleistet. Für den Bauunternehmer entsteht die Steuerschuld wie in Beispiel 1. Der Leistungsempfänger kann die VoSt jedoch erst für 01/2021 geltend machen.

II. Unter den Voraussetzungen des **§ 20 UStG**:

- Gesamtumsatz nicht mehr als 600.000 € (bis 2019 500.000 €)[1245] oder
- keine Buchführungspflicht oder
- Freiberufler nach § 18 EStG[1246]

kann das Finanzamt die **Versteuerung nach vereinnahmten Entgelten** (sog. **Istbesteuerung**) gestatten.[1247] Dann entsteht die Steuerschuld immer (erst oder schon) in dem Besteuerungszeitraum, in dem das Entgelt vereinnahmt wird **(§ 13 Abs. 1 Nr. 1 b UStG)**. Der Vorsteuerabzug aus Leistungen eines Ist-Versteuerers ist nach § 15 Abs. 1 S. 1 Nr. 1 UStG für den Unternehmer als Leistungsempfänger nach dem Sollprinzip auch bereits vor Zahlung des Entgeltes an den Ist-Versteuerer bereits mit Ausführung und Empfang der Leistung zu gewähren. Diese Regelung widerspricht allerdings Art. 167 MwStSystRL.[1248] Danach entsteht der Recht auf den Vorsteuerabzug schon und erst, wenn der Anspruch auf die abziehbare Steuer entsteht, bei Ist-Versteuerung mithin erst mit Zahlung des Entgeltes. Das UStG wird dementsprechend geändert werden müssen. Bis dahin ist die Regelung freilich zugunsten des vorsteuerabzugsberechtigten Unternehmers zu beachten.

III. Für **unentgeltliche Wertabgaben** nach § 3 Abs. 1 b und Abs. 9 a UStG entsteht **380**
die Steuerschuld mit Ausführung, § 13 Abs. 1 Nr. 2 UStG; nach der klarstellenden Änderung des § 13 b Abs. 1 Nr. 3 UStG i.d.F. StÄndG 2015 entsteht die Steuerschuld nach § 14 c (Abs. 1 und Abs. 2!) UStG übereinstimmend immer schon und erst mit Ausgabe

1243 Abschn. 13.5. Abs. 4 UStAE.

1244 Vgl. auch EuGH v. 29.04.2004 – Rs. C-152/02 (Terra Baubedarf), Slg. 2004, I-5597 = UR 2004, 323.

1245 S. dazu BFH v. 11.11.2020 – XI R 41/18, UR 2021, 318 und BFH XI 40/18, BFH/NV 2021, 668 (zu erwartender Umsatz im Jahr der Aufnahme der Tätigkeit maßgebend).

1246 Vgl. dazu BFH v. 22.07.2010 – V R 4/09, BStBl. II 2013, 590 (keine Anwendung von § 20 für Steuerberatungs-GmbH) und v. 11.02.2010 – V R 38/08, BStBl. II 2010, 873 (kein § 20 für vermögensverwaltende GbR).

1247 Antrag und Gestattung können konkludent erfolgen, vgl. BFH v. 18.08.2015 – V R 47/14, BStBl. II 2018, 611; v. 11.05.2011 – V B 93/10, BFH/NV 2011, 1406.

1248 So nunmehr EuGH v. 10.02.2022 – C-9/20 (Grundstücksgemeinschaft Kollaustraße), DStR 2022, 255.

der Rechnung mit dem zu hohen unrichtigen oder dem unberechtigten Steuerausweis.[1249]

Die **Erwerbsteuer** entsteht nach **§ 13 Abs. 1 Nr. 6** UStG mit Ausstellung der Rechnung des Lieferers (vgl. § 14 a UStG), spätestens mit Ablauf des dem Erwerb folgenden Kalendermonates. Der Abzug der VoSt aus dem Erwerb ist gemäß § 15 Abs. 1 Nr. 3 UStG im selben Voranmeldungszeitraum vorzunehmen, sodass grundsätzlich kein Finanzierungsnachteil eintreten kann. Für die Entstehung der Einfuhrumsatzsteuer gelten die Regelungen für Zölle, § 13 Abs. 2 i.V.m. § 21 Abs. 2 UStG.

Für die in **§ 13 b Abs. 1 UStG** genannten sonstigen **Leistungen eines im übrigen Gemeinschaftsgebiet ansässigen Unternehmers** entsteht die Steuer ebenfalls mit Ablauf des Voranmeldungszeitraumes der Ausführung der Leistung. Hingegen entsteht für die in **§ 13 b Abs. 2 UStG** genannten Leistungen (s. unten Rn. 382 ff., 386 f.) die Steuerschuld erst mit Ausstellung der Rechnung, spätestens aber mit Ablauf des der Ausführung der Leistung folgenden Monats. Die Regelung über die Entstehung der Steuer bei Teilleistungen und bei Anzahlungen gelten ebenfalls, § 13 b Abs. 4 UStG.

C. Steuerschuldner und Verlagerung der Steuerschuldnerschaft

I. Steuerschuldnerschaft des leistenden Unternehmers

381 Der **leistende Unternehmer** ist nicht nur regelmäßig das Steuersubjekt für die Umsätze nach § 1 Abs. 1 Nr. 1 UStG und für den Vorsteuerabzug nach § 15 UStG. Er ist vielmehr grundsätzlich auch der **Steuerschuldner** für die aus steuerpflichtigen Umsätzen geschuldete USt und der Steuervergütungsgläubiger für den Vorsteuerabzug i.S.d. § 43 AO. **§ 13 a Abs. 1 Nr. 1 UStG** bestimmt den leistenden Unternehmer zum Steuerschuldner für die Umsätze nach § 1 Abs. 1 Nr. 1 UStG und für zu hoch ausgewiesen USt nach § 14 c Abs. 1 UStG.

Entsprechend der materiellen Rechtslage bestimmt **§ 13 a Abs. 1 Nr. 2 UStG** den **Erwerber** der innergemeinschaftlich befreiten Lieferung, Nr. 3 den täuschenden Abnehmer einer für den Leistenden als befreit zu behandelnden innergemeinschaftlichen Lieferung, **Nr. 4** den **Aussteller einer Rechnung mit unberechtigtem Steuerausweis** nach § 14 c Abs. 2 und **Nr. 5 UStG** den **letzten Abnehmer im innergemeinschaftlichen Reihengeschäft** zum Steuerschuldner. Aus **§ 13 a Abs. 2** i.V.m. § 21 Abs. 2 UStG und den Zollvorschriften ergibt sich, dass Steuerschuldner für die **Einfuhrumsatzsteuer** derjenige ist, für den die Einfuhr (= Abfertigung zum freien Verkehr) erfolgt.

II. Verlagerung der Steuerschuldnerschaft nach § 13 b UStG bei Leistungen im Ausland ansässiger Unternehmer

382 **1.** Mit Wirkung seit 01.01.2002 wurde mit § 13 b UStG erstmals eine **Verlagerung der Steuerschuldnerschaft** (sog. „reverse charge") vom leistenden Unternehmer **auf den Leistungsempfänger** für Werklieferungen und sonstige Leistungen eines im Ausland ansässigen Unternehmers vorgesehen. Die **gemeinschaftsrechtliche Grundlage** dafür findet sich in **Art. 194, 196 MwStSystRL.** Ein im Ausland ansässiger Unternehmer ist nach § 13 b Abs. 7 UStG ein Unternehmer, der weder im Inland noch auf der Insel Helgoland oder in den Freigebieten nach § 1 Abs. 3 UStG Wohnsitz, Sitz, Geschäftsleitung oder Betriebsstätte hat. Hat er den Sitz seiner wirtschaftlichen Tätigkeit (Geschäftsleitungsbetriebsstätte) im Ausland, ist er auch bei vorhandenem

1249 Das alles galt ungeachtet eines anderen Wortlautes auch für den unrichtigen zu hohen Steuerausweis schon immer. S. BFH v. 05.06.2014 – XI R 44/12, UR 2014, 700 (richtlinienkonforme Auslegung des § 13 Abs. 1 Nr. 3 UStG a.F.!).

Wohnsitz im Inland ein im Ausland ansässiger Unternehmer.[1250] Auch bei Vorhandensein einer inländischen Betriebsstätte bleibt er für Umsätze, die nicht von dieser Betriebsstätte ausgeführt werden, dennoch im Ausland ansässiger Unternehmer und ist umgekehrt kein ausländischer für die Umsätze der inländischen Betriebsstätte/Zweigniederlassung.[1251]

Der Sinn der **Verlagerung der Steuerschuldnerschaft** besteht primär darin, die **Erhebung der Steuer** für inländische steuerpflichtige Umsätze **zu sichern**, wenn der Erhebung beim leistenden Unternehmer besondere Schwierigkeiten entgegenstehen. Diese Schwierigkeiten sieht das Gesetz darin, dass der **leistende Unternehmer ein im Ausland ansässiger Unternehmer** ist. Daher erklärt **§ 13 b Abs. 5 i.V.m. Abs. 1 und Abs. 2 Nr. 1 UStG** statt des im Ausland ansässigen Unternehmers den **Leistungsempfänger** zum **Steuerschuldner**. Zugleich werden dadurch aber auch dem im Ausland ansässigen Unternehmer Zahlungs- und Erklärungspflichten im für ihn fremden Staat abgenommen. Die Verlagerung der Steuerschuldnerschaft beschränkt sich allerdings auf im Inland steuerpflichtige **Werklieferungen und sonstige Leistungen** der im Ausland ansässigen Unternehmer, gilt also **grundsätzlich nicht für Lieferungen**. Nur für Lieferungen von Gas, Elektrizität, Kälte und Wärme über Netze gemäß § 3 g UStG durch im Ausland ansässige Unternehmer und für **Lieferungen im innergemeinschaftlichen Dreiecksgeschäft** sehen § 13 b Abs. 5 S. 1 i.V.m. Abs. 2 Nr. 5 und **§ 25 b Abs. 2 UStG** ebenfalls eine Umkehrung der Steuerschuldnerschaft vor (Rn. 185 ff.). Auch für diese Sonderfälle besteht der Sinn darin, die Erhebung zu sichern und zugleich dem im Ausland ansässigen Unternehmer Erklärungs- und Zahlungspflichten abzunehmen. Stattdessen wird der Leistungsempfänger verpflichtet, die von ihm geschuldete Steuer zu erklären und an das für ihn zuständige Finanzamt zu zahlen (s. aber sogleich zum Vorsteuerabzug). Diese Verpflichtungen treffen allerdings nur **Leistungsempfänger, die Unternehmer** (oder juristische Personen) sind, **nicht den privaten Endverbraucher**. Allerdings tritt die Umkehr der Steuerschuldnerschaft bei Unternehmern **auch** dann ein, wenn die **Leistungen für den nichtunternehmerischen Bereich** bezogen werden oder wenn neben dem Unternehmer als Schuldner des vollen Entgeltes noch eine weitere nichtunternehmerische Person Empfänger der Leistung ist.[1252] Bei Leistungen an private Endverbraucher und auch bei Lieferungen an Unternehmer bleibt es grundsätzlich bei der Steuerschuldnerschaft des im Ausland ansässigen Unternehmers gemäß § 13 a Abs. 1 Nr. 1 UStG. Bei den unter § 13 b Abs. 1 und Abs. 2 Nr. 1 sowie unter § 25 b Abs. 2 UStG fallenden Leistungen im Ausland ansässiger Unternehmer kommt es **auch** dann zur **Umkehrung der Steuerschuld**, wenn der Abnehmer **kein Unternehmer, aber eine juristische Person** ist. Im Ergebnis wird durch die Umkehr der Steuerschuldnerschaft eine der Erwerbsbesteuerung vergleichbare Lage hergestellt, wenn auch auf technisch anderem Wege.

Zu beachten ist, dass der **Anwendungsbereich des § 13 b Abs. 5 S. 1 UStG** erheblich erweitert wurde, nachdem durch **§ 3 a Abs. 2 UStG bei sonstigen Leistungen** an Unternehmer den Ort der sonstigen Leistung prinzipiell an den **Ansässigkeitsort des Leistungsempfängers** verlagert. Eine Umkehr der Steuerschuldnerschaft kommt daher nahezu immer in Betracht, wenn ein **im Ausland ansässiger Unternehmer sonstige Leistungen an** einen **in Deutschland ansässigen Unternehmer** erbringt.

1250 EuGH v. 06.10.2011 – Rs. C-421/10 (FinAmt Deggendorf/Stoppelkamp), DStR 2011, 1947. An diese Rspr. zu Art. 194 MwStSystRL wurde § 13 Abs. 7 UStG durch das AmtshilfeRLUmsG v. 26.06.2013, BGBl. I 2013, 1869 angepasst; vgl. i.Ü. Abschn. 13b.11. UStAE zu weiteren Einzelheiten für den im Ausland ansässigen Unternehmer.

1251 BFH v. 01.06.2011 – XI B 104/10, BFH/NV 2011, 1545.

1252 BFH v. 10.12.2020 – V R 7/20, UR 2021, 520 (Bau eines privat genutzten Einfamilienhauses für einen Unternehmer und seine Ehegattin). Zur gemeinschaftsrechtlichen Zulässigkeit vgl. EuGH v. 06.11.2008 – Rs. C-291/97 (Kollektivavtalsstiftelsen TRR Trygghetsradet), UR 2008, 925.

Allerdings wird wegen der Kontrolle des innergemeinschaftlichen Waren- und Dienstleistungsverkehrs insoweit noch danach differenziert, ob der leistende Unternehmer im übrigen Gemeinschaftsgebiet oder in Drittlandsgebiet ansässig ist. Bei **Ansässigkeit im übrigen Gemeinschaftsgebiet** entsteht die Steuer nach **§ 13 b Abs. 1 UStG** bereits im VZ der Ausführung der sonstigen Leistung. Für diesen VZ sind dann einerseits nach § 18 UStG der Umsatz und die **Steuerschuld vom deutschen Leistungsempfänger** zu erklären. Andererseits hat der **im übrigen Gemeinschaftsgebiet ansässige Unternehmer** in seiner **zusammenfassenden Meldung** entsprechend § 18 a Abs. 2 UStG auch die in Deutschland ausgeführte sonstige Leistung für den Meldezeitraum zu erfassen. Umgekehrt sind nach § 3 a Abs. 2 UStG im übrigen Gemeinschaftsgebiet ausgeführt sonstige Leistungen, die von einem in Deutschland ansässigen Unternehmer an im übrigen Gemeinschaftsgebiet ansässige Unternehmer ausgeführt werden, in der vom deutschen Unternehmer beim Bundeszentralamt für Steuern zu erstattenden **zusammenfassenden Meldung** zu erfassen. Die Umsatzsteuer des anderen Mitgliedstaates dafür schuldet dann der im anderen Mitgliedstaat ansässige Unternehmer gemäß der dem **Art. 196 i.V.m. Art. 44 MwStSystRL, § 13 b Abs. 5 UStG** entsprechenden Regelung des anderen Mitgliedstaates, nicht der in Deutschland ansässige Unternehmer. [1253]

Für im Drittland ansässige Unternehmer bestehen keine entsprechenden Verpflichtungen in ihrem Ansässigkeitsstaat. Es besteht auch kein Bedürfnis nach zeitlich korrespondierenden Erklärungspflichten. Die von **Drittlandsunternehmern** an Abnehmer in Deutschland erbrachten sonstigen Leistungen gemäß § 3 a Abs. 2 UStG fallen aber unter **§ 13 b Abs. 2 Nr. 1 UStG**. Das führt lediglich hinsichtlich des Entstehungszeitpunktes der Steuerschuld, nicht aber bezüglich der Umkehr der Steuerschuld nach § 13 b Abs. 5 S. 1 UStG, zu einem (geringfügigen) Unterschied.

383 **2.** Für **voll vorsteuerabzugsberechtigte Unternehmer** als Leistungsempfänger ergibt sich aus **§ 15 Abs. 1 Nr. 4 UStG** bzgl. der empfangenen Leistung das **Vorsteuerabzugsrecht**. Dieses entsteht **zeitlich zugleich mit** der **Steuerschuld gemäß § 13 b Abs. 1, Abs. 2 UStG**, nämlich Ausführung der Leistung nach Abs. 1 und mit Ausstellung der Rechnung durch den leistenden Unternehmer, spätestens aber mit Ablauf des der Ausführung der Leistung folgenden Kalendermonats. In der Voranmeldung saldieren sich mithin die Steuerschuld nach § 13 b Abs. 5 S. 1 UStG und der Vorsteueranspruch, sodass sich insoweit eine **Zahllast von 0 ergib**t. Anders ist es natürlich, wenn der leistungsempfangende Unternehmer nach § 15 Abs. 2 UStG nicht oder nach § 15 Abs. 4 oder Abs. 1 b UStG nur teilweise zum Vorsteuerabzug berechtigt ist. § 14 a Abs. 5 UStG verpflichtet den leistenden Unternehmer zur Ausstellung einer **Rechnung ohne offenen Steuerausweis**. Auch wenn dieser Verpflichtung nicht nachgekommen wird, ist nach § 15 Abs. 1 Nr. 4 UStG der Vorsteuerabzug auch ohne Rechnung zulässig,[1254] dann allerdings erst im der Ausführung der Leistung folgenden Monat.

Beispiel: Autofabrikant F in München lässt vom ukrainischen Bauunternehmer B in München für netto 5 Mio. € eine Werkstatthalle errichten, die in 05/2021 fertig gestellt wurde. B erteilt noch in 05/2021 eine Rechnung über den Nettobetrag gemäß § 14 a Abs. 5 UStG. Hier schuldet F nach § 13 b Abs. 5 i.V.m. Abs. 2 Nr. 1 UStG die USt von 950.000 € für den VZ 05/2021 und kann für denselben VZ diese als VoSt abziehen. Erteilt B keine Rechnung, wird die USt für 06/2021 von F geschuldet und kann in 06/2021 als VoSt abgezogen werden.

1253 S. BFH v. 27.09.2017 – XI R 15/15, BStBl. II 2018, 155 (Zusammenfassende Meldung auch für deutschen Anwalt zwingend, der ausl. Unternehmer berät – anwaltliche Schweigepflicht steht nicht entgegen.)

1254 Abschn. 13b.15. UStAE; vgl. zum Vorsteuerabzugsrecht trotz Nichterfüllung von vorgeschriebenen Förmlichkeiten bei „reverse charge" auch EuGH v. 30.09.2010 – Rs .C-392/09 (Uszodaepito kft), UR 2010, 948; v. 08.05.2008 – Rs. C-95/07 und C-96/07 (Ecotrade), Slg. 2008, I-3457 und bereits zum Abzugsverfahren v. 01.04.2004 – Rs. C-90/02 (Bockemühl), Slg. 2004, I-3303.

Soweit **Teilleistungen** erbracht werden oder vor Ausführung der Leistung bereits **Abschlagszahlungen** geleistet werden, gelten auch im Rahmen des § 13 b Abs. 1 und 2 UStG die Regelungen für die Entstehung der Steuerschuld nach §§ 13 Abs. 1 Nr. 1 a S. 3 und 4, 13 b Abs. 4 UStG. Dann kann für denselben VZ auch bereits der Vorsteuerabzug vorgenommen werden, § 15 Abs. 1 Nr. 4 UStG.

3. Bei der Berechnung der vom Leistungsempfänger geschuldeten Steuer sind die allgemeinen Vorschriften, insbesondere § 10 UStG (Bemessungsgrundlage) und § 12 UStG (Steuersatz), anzuwenden. Dabei ist zu berücksichtigen, dass der mit dem im Ausland ansässigen Unternehmer **vereinbarte Preis bereits** das **Entgelt** darstellt. Denn dieser umfasst gerade **nicht die USt**, da diese nicht vom ausländischen Unternehmer, sondern **vom Leistungsempfänger geschuldet** wird. Besteht die Gegenleistung nicht in Geld (Tausch/tauschähnlicher Umsatz), findet dennoch eine Verlagerung der Steuerschuldnerschaft statt.[1255] **384**

Beispiel: Der in Utrecht (Niederlande) ansässige U überlässt dem in Essen ansässigen E gewerbliche Erfahrungen zur Herstellung von Ziegelsteinen in 01/2022. Vereinbarungsgemäß soll E dafür Ziegelsteine für 103.000 € in 03/2022 liefern und außerdem 16.000 € zahlen. U erstellt in 02/2022 eine Rechnung über 119.000 €.

§ 13 b Abs. 1 UStG findet Anwendung, denn der in den Niederlanden (übriges Gemeinschaftsgebiet) ansässige U erbringt in Essen (§ 3 a Abs. 2 UStG) eine steuerpflichtige Leistung. Die Steuerschuld beträgt nach §§ 10 Abs. 2, 12 UStG (119.000 € x 19 % =) 22.610 €. Denn es liegt ein Tausch mit Baraufgabe vor. Die 119.000 € stellen schon das Entgelt/die Bemessungsgrundlage dar, da E die Steuer selbst schuldet! Sie entsteht nach § 13 b Abs. 1 UStG bereits für den VZ 01/2022. Für denselben VZ steht dem E aber auch in derselben Höhe nach § 15 Abs. 1 Nr. 4 UStG der Vorsteuerabzug zu.

4. Soweit §§ 13 b und 15 Abs. 1 Nr. 4 UStG eingreifen, ist bei einer späteren Änderung der Verhältnisse auch **§ 15 a UStG** ganz normal entsprechend dem nach § 15 Abs. 1 Nr. 4 UStG vorgenommenen Vorsteuerabzug anzuwenden.[1256] **385**

Beispiel: Der Freiburger Fabrikant F ließ sich vom Schweizer Bauunternehmer B in 2019 eine Werkstatthalle errichten. Er erhielt eine Rechnung über 1.000.000 € (ohne USt). Nach zwei Jahren veräußerte er in 2021 das bebaute Grundstück steuerfrei nach § 4 Nr. 9 a UStG.

Für den Voranmeldungszeitraum der Veräußerung in 2021 ist eine Vorsteuerkorrektur nach § 15 a Abs. 8 und 9, Abs. 1 UStG i.H.v. 8 x 190.000 € : 10 = 152.00 € – VoSt durchzuführen.

5. Für den **im Ausland ansässigen Unternehmer** entfällt in Deutschland die Verpflichtung zur Abgabe von Voranmeldungen und einer Jahreserklärung, wenn er nur Umsätze ausgeführt hat, für die die Steuer nach § 13 b Abs. 5 UStG vom Leistungsempfänger geschuldet wird. Etwaige VoSt muss er dann im **Vorsteuervergütungsverfahren gemäß §§ 59 f. UStDV beim Bundeszentralamt für Steuern** geltend machen. Soweit er im Inland auch steuerpflichtige Umsätze ausgeführt hat, für die nicht § 13 b UStG eingreift, gelten dafür die normalen Vorschriften. Die normalen Vorschriften und nicht das Vorsteuervergütungsverfahren gelten ebenfalls, wenn er selbst nach § 13 b UStG Steuerschuldner in Deutschland ist.[1257]

Eine Umkehr der Steuerschuldnerschaft kommt nicht in Betracht, wenn der im Ausland ansässige Unternehmer im Inland steuerfreie Leistungen ausführt. Auch dann sind aber Erklärungs- und Aufzeichnungspflichten vom im Ausland ansässigen Unternehmer zu erfüllen. Dies betrifft u.a. steuerfreie Ausfuhrlieferungen oder innergemeinschaftlich befreite Lieferungen durch in Drittländern oder EU-Ländern ansässige Unternehmer nach einer Einfuhr. Hier besteht nach den §§ 22 a–22 e UStG die Möglichkeit, dass sich der ausländische Unternehmer durch einen sog. **Fiskalvertre-**

1255 Vgl. Abschn. 13b.1. Abs. 2 S. 2 UStAE.

1256 S. BFH v. 10.01.2019 – V R 66/16, HFR 2019, 513: S. auch Abschn. 18.15 UStAE zum Vorsteuer-Vergütungsverfahren und allg. Besteuerungsverfahren.

1257 Wegen weiterer Einzelheiten vgl. Abschn. 13b.16. UStAE; vgl. auch BFH v. 14.04.2011 – V R 14/10, BStBl. II 2011, 834 (zur Geltendmachung in der Jahressteuererklärung).

ter im Inland vertreten lassen kann. Den Fiskalvertreter treffen keine Zahlungspflichten. Im Übrigen hat er aber für den von ihm vertretenen nicht im Inland ansässigen Unternehmer dessen Pflichten (Steuererklärung, Aufzeichnung, Rechnungserteilung sowie zusammenfassende Meldung) als eigene zu erfüllen.[1258] Fiskalvertreter können neben **Steuerberatern** auch alle übrigen im Inland ansässigen Unternehmer sein. Praktisch werden vor allem **Spediteure** in Betracht kommen.

III. Verlagerung der Steuerschuldnerschaft in anderen (Inlands-)Fällen

386 **1.** Durch **§ 13 b Abs. 2 Nr. 2–4** und **6–12 i.V.m. Abs. 5 UStG** wird die **Verlagerung der Steuerschuldnerschaft** auch auf **rein inländische Fallgruppen** ausgedehnt. Steuerschuldner wird nach § 13 b Abs. 5 S. 1 i.V.m. Abs. 2 Nr. 2 UStG der **Sicherungsnehmer** als Leistungsempfänger bzgl. der an ihn erfolgenden Lieferung des Sicherungsgebers im Falle der Verwertung außerhalb des Insolvenzverfahrens. Dasselbe gilt i.V.m. Abs. 2 Nr. 3 für alle wegen Option steuerpflichtigen Grundstücksumsätze, insbesondere auch für den Ersteigerer eines **Grundstückes** bei der **Zwangsversteigerung**. Das gilt auch für Lieferungen während des Insolvenzverfahrens. Auch in diesen Fällen erfolgt die Umkehr der Steuerschuldnerschaft nur, wenn der **Leistungsempfänger Unternehmer oder juristische Person ist, § 13 b Abs. 5 S. 1 UStG**. Die Regelungen verfolgen das Ziel, Steuerausfälle beim Fiskus zu verhindern. Es soll erreicht werden, dass der Fiskus in jedem Fall die Steuer erhält, da er dem Sicherungsnehmer bzw. dem Ersteigerer die VoSt vergüten muss. Ausgeschaltet wird das nahe liegende **Risiko** der **Zahlungsunfähigkeit des Sicherungsgebers bzw. Vollstreckungsschuldners** bzgl. der geschuldeten USt.

Beispiel: Bank B verwertet durch Veräußerung einen ihr zur Sicherheit übereigneten Kran. Sie erzielt einen Kaufpreis von 100.000 € zzgl. 19.000 € USt und erteilt dem Sicherungsgeber eine Gutschrift über die an sie ausgeführte Lieferung von 100.000 €. Sie kann nunmehr einerseits die 19.000 € als **VoSt abziehen**, schuldet aber wegen Umkehrung der Steuerschuldnerschaft andererseits 19.000 € USt nach § 13 b Abs. 5 S. 1 i.V.m. Abs. 2 Nr. 2 UStG. Außerdem schuldet sie selbstverständlich aus dem eigenen Umsatz (Lieferung) an den Erwerber 19.000 € USt. Unterstellt, ihre gesicherte Forderung betrug ebenfalls 119.000 € (oder mehr!), so fällt nunmehr die Bank als Sicherungsnehmer (anstelle des Fiskus) in Höhe der abzuführenden USt aus, denn der Erlös abzüglich abzuführender USt reicht zur Tilgung der Forderung nicht aus (+ 119.000 € Erlös – 19.000 € eigene USt – 19.000 € USt nach § 13 b Abs. 5 UStG + 19.000 € VoSt = 100.000 €, aber Forderung = 119.000 €).

2. Bei der **Verwertung von Sicherungsgut in der Insolvenz** besteht keine Notwendigkeit zur Umkehrung der Steuerschuldnerschaft. Erfolgt die **Verwertung durch** den **Insolvenzverwalter** selbst, ist die entstehende **Umsatzsteuerschuld** als **Masseverbindlichkeit** gemäß § 55 Abs. 1 Nr. 1 InsO vorab zu befriedigen. Erfolgt die **Verwertung durch** den **Sicherungsnehmer** nach Überlassung zur Verwertung durch den Insolvenzverwalter, hat der Sicherungsnehmer die aus der Lieferung an ihn (Doppelumsatz!) entstehende und von ihm als VoSt abziehbare Umsatzsteuerschuld des Sicherungsgebers als Insolvenzschuldner der Masse zu vergüten, §§ 170, 171 InsO. Dasselbe gilt in analoger Anwendung der **§§ 170, 171 InsO** auch, wenn der Sicherungsnehmer das Sicherungsgut bereits vor Insolvenzeröffnung in Besitz genommen hatte und es daher nach Insolvenzeröffnung aus eigenem Recht berechtigt selbst verwertet.[1259] Weil bei einer Verwertung in der Insolvenz der **Fiskus hinreichend gesichert** ist, wird von § 13 b Abs. 2 Nr. 2 UStG nur die Verwertung außerhalb des Insolvenzverfahrens erfasst.

1258 Vgl. Lange UR 1996, 401; Nieskens UR 1997, 1, 15.

1259 Zur Verwertung im Insolvenzverfahren vgl. BFH v. 19.07.2007 – V B 222/06, BStBl. II 2008, 163 (USt als Masseverbindlichkeit) und BGH v. 29.03.2009 – IX ZR 27/06, UR 2007, 583 (bei Verwertung durch Sicherungsnehmer Abführung der USt an die Masse).

3. Nach **§ 13 b Abs. 5 S. 2 i.V.m. Abs. 2 Nr. 4 UStG** tritt auch eine Verlagerung der Steuerschuldnerschaft bei rein inländischen Leistungserbringern ein, wenn diese **Bauleistungen einschließlich Werklieferungen und sonstige Leistungen** im Zusammenhang mit **Grundstücken** erbringen, die der **Herstellung, Instandhaltung, Änderung oder Beseitigung von Bauwerken** dienen. Ausdrücklich ausgenommen werden aber Planungs- und Überwachungsaufgaben. Hier geht es dem Gesetzgeber um eine Bekämpfung von Steuerausfällen im **Baugewerbe**, namentlich durch die Einschaltung von **Subunternehmern**. Daher genügt es anders als für § 13 b Abs. 1 und Abs. 2 Nr. 1–3 UStG nicht, dass der Leistungsempfänger ein Unternehmer oder eine juristische Person ist. Vielmehr tritt die Umkehr der Steuerschuldnerschaft nach § 13 b Abs. 5 S. 2 UStG nur dann ein, wenn der **Leistungsempfänger seinerseits ein Unternehmer** ist, **der** Leistungen i.S.d. § 13 b Abs. 2 Nr. 4 UStG erbringt, also selbst die dort bezeichneten **bauwerksbezogenen Werklieferungen und bauwerksbezogenen sonstigen Leistungen** erbringt. Der EuGH hatte auf Vorlage des BFH insoweit entschieden, dass die für die Bundesrepublik bestehende Ermächtigung, für **„Bauleistungen"** entsprechend **Art. 199 Abs. 1 lit. a MwStSystRL** eine **Umkehr der Steuerschuldnerschaft** einzuführen, ihr auch erlaubte, dies für „Werklieferungen" und nicht nur für sonstige Leistungen einzuführen. Der Gesetzgeber durfte auch den **Kreis der Leistungsempfänger einengen.**[1260] Nach der geänderten gesetzlichen Regelung zur Verlagerung der Steuerschuldnerschaft bei der Erbringung von Bauleistungen in § 13 b Abs. 5 S. 2 UStG[1261] tritt die Umkehr der Steuerschuldnerschaft immer ein, wenn der **Leistungsempfänger ebenfalls ein (Bau-)Unternehmer** ist, der nachhaltig unter § 13 b Abs. 2 Nr. 4 UStG fallende **Bauleistungen einschließlich Werklieferungen** erbringt. Es kommt dabei nicht (mehr) darauf an, ob gerade die bezogene (bauwerksbezogene) Leistung in concreto von ihm für die Erbringung einer bauwerksbezogenen Leistung (weiter-)verwendet wird. Dem sowohl unionsrechtlichen als auch verfassungsrechtlichen Gebot der Rechtssicherheit wird ausreichend Rechnung getragen, indem das Gesetz darauf abstellt, dass der Leistungsempfänger nachhaltig Bauleistungen erbringt, d.h. dass er umgangssprachlich selbst **ein Bauunternehmer ist.** Das können im Regelfall auch an den „Bauunternehmer" leistende Subunternehmer gut erkennen. Ist dem die Leistung empfangenden (Bau-)Unternehmer vom für ihn zuständigen Finanzamt eine im Zeitpunkt der Ausführung des Umsatzes an ihn gültige **Bescheinigung** darüber erteilt worden, dass er **nachhaltig bauwerksbezogenen Leistungen** ausführt, dürfen die Beteiligten uneingeschränkt davon ausgehen, dass die Umkehr der Steuerschuldnerschaft eintritt.[1262] 387

Die Umkehrung der umsatzsteuerlichen Steuerschuldnerschaft gemäß § 13 b Abs. 5 S. 2 UStG verlangt also gerade nicht (mehr), dass die empfangene Bauleistung ihrerseits für eine vom Leistungsempfänger erbrachte Bauleistung verwendet wird. Es genügt, dass der Leistungsempfänger seinerseits Bauleistungen generell ausführt. Das allerdings trifft, wie der V. Senat insoweit zutreffend erkannt hat, für einen **reinen Bauträger** nicht zu, wenn dieser nur Lieferungen von – durch von ihm beauftragten Bauunternehmern – bereits bebauten eigenen Grundstücken an Käufer ausführt. Der Bauträger[1263] ist selbst **kein Bauunternehmer**, ebenfalls nicht der reine Baustoffhändler.

1260 EuGH v. 13.12.2012 – Rs. C-395/11 (BLV Wohn- und Gewerbebau), UR 2013, 68 mit Anm. Widmann BB 2013, 293.

1261 Änderung durch das StAnpG Beitritt Kroatien v. 25.07.2014, BGBl. I 2014, 1266.

1262 S. auch Abschn. 13b.3. UStAE mit weiteren Einzelheiten zu § 13 b Abs. 5 S. 2.

1263 BFH v. 22.08.2013 – V R 37/10, BStBl. II 2014, 128; s. auch v. 23.02.2017 – V R 16/16 und V R 24/16, BStBl. II 2017, 760. S. auch BFH v. 23.07.2020 – V R 32/19, UR 2020, 925 (bei einer Organschaft bezieht nur der Organträger die von Dritten erbrachten Eingangsleistungen und nur er erbringt die Ausgangsleistungen. Daher erfolgt keine Umkehr der Steuerschuldnerschaft, wenn der Organträger selbst kein Bauunternehmer ist, sondern lediglich die von den Organgesellschaften bebauten Grundstücke veräußert.).

Die Umkehr der Steuerschuldnerschaft tritt, wie in den anderen Konstellationen, auch dann ein, wenn die Bauleistung für den nichtunternehmerischen Bereich des (Bau-)Unternehmers erfolgt, § 13 b Abs. 5 S. 3 UStG.

Der Begriff des **Bauwerkes** wie auch der der daran durchgeführten sonstigen (Bau-) Leistungen wird von der Verwaltung zutreffend weit ausgelegt. Dazu gehören nicht nur Gebäude, sondern sämtliche Anlagen, die **mit dem Grund und Boden dauerhaft und fest verbunden** sind oder auf ihm ruhen, u.a. Brücken, Straßen, Befestigungen, Tunnel, Maschinen und andere fest verbundenen **Betriebsvorrichtungen.** Der dem entgegenstehenden Rspr. des BFH ist auch für die Vergangenheit nicht zu folgen.[1264] Durch das StÄndG 2015 ist dies auch ausdrücklich in § 13 b Abs. 2 Nr. 4 S. 2 UStG (anzuwenden seit dem 06.11.2015) vom Gesetzgeber so bestimmt. Die Leistung muss sich auf die Substanz des Bauwerkes auswirken im Sinne einer Substanzerweiterung, Substanzbeseitigung oder Substanzerhaltung. Dies trifft schon bei bloßen Erhaltungsarbeiten zu, nicht aber bei der bloßen Reinigung. Auch für die **Reinigung von Gebäuden** sieht § 13 b Abs. 5 S. 2 i.V.m. Abs. 2 Nr. 8 UStG[1265] eine Umkehr der Steuerschuldnerschaft vor, wenn der Leistungsempfänger seinerseits ein Unternehmer ist, der Gebäudereinigungsleistungen erbringt. Neben den ausdrücklich ausgenommenen Planungs- und Überwachungsarbeiten ist zu beachten, dass alle Arten von reinen Lieferungen sowie die bloße Gerätegestellung und eine davon getrennte Arbeitnehmerüberlassung nicht unter § 13 b Abs. 2 Nr. 4 UStG fallen.[1266] Es muss im Einzelfall mithin die Abgrenzung vorgenommen werden, ob Lieferungen mit bloßen Nebenleistungen oder Werklieferungen oder sonstige Leistungen an Bauwerken vorliegen.

Auch insoweit ist mit dem EuGH zu konstatieren, dass die nunmehr durch Art. 199 Abs. 1 lit. a MwStSystRL erteilte Ermächtigung an die Mitgliedstaaten, für „Bauleistungen" an „steuerpflichtige Empfänger" die Umkehr der Steuerschuldnerschaft vorzusehen, es diesen durchaus erlaubt, nicht alle „Bauleistungen" zu erfassen. Der Mitgliedstaat Bundesrepublik darf daher auch einerseits bauwerksbezogenen Werklieferungen und sonstige Leistungen erfassen, aber bauwerksbezogene reine Lieferungen ausnehmen. Die Bundesrepublik ist auch keineswegs gezwungen, den Begriff der Werklieferung so zu verstehen, wie er in anderen Mitgliedstaaten (möglicherweise) verstanden wird.

Beachte: Irren Leistender und Leistungsempfänger übereinstimmend darüber, dass eine Umkehr der Steuerschuldnerschaft nach § 13 b UStG eingetreten ist, und hatte der Leistende als vermeintlicher Steuerschuldner die Steuer an das Finanzamt abgeführt und dem Leistungsempfänger unzutreffend in Rechnung gestellt, die dieser als Vorsteuer abzog, so ist dies zwar auf beiden Seiten zu korrigieren. Beim Leistungsempfänger dadurch an sich anfallende Zinsen aus § 233 a AO auf eine Steuernachforderung sind aber aus sachlichen Billigkeitsgründen zu erlassen.[1267]

4. Der Katalog derjenigen auch rein innerstaatlichen steuerpflichtigen Leistungen, die zu einer Umkehr der Steuerschuldnerschaft nach § 13 b Abs. 5 UStG führen, ist mittlerweile erheblich ausgedehnt worden. Außer den genannten Konstellationen (Sicherungsübereignung, Grunderwerbsteuergesetz, Baugewerbe) umfasst er nach § 13 b Abs. 2 UStG nunmehr auch die Übertragung von Berechtigungen nach dem **Treibhausgas-Emissionshandelsgesetz**, Nr. 6, die **Lieferung von Industrieschrott** und anderen in der **Anlage 3** genannten Gegenständen, Nr. 7,[1268] die Lieferung von

1264 BFH v. 28.08.2014 – V R 7/14, BStBl. II 2015, 682; Nichtanwendungserlass BMF v. 28.07.2015, BStBl. I 2015, 623.

1265 Eingefügt durch das JStG 2010 v. 08.12.2010, BGBl. I 2010, 1768 mit Wirkung ab 01.01.2011; dazu Abschn. 13b.5. UStAE.

1266 Vgl. dazu Abschn. 13b.2. Abs. 7 UStAE.

1267 BFH v. 26.09.2019 – V R 13/18, DStR 2019, 2901.

1268 Vgl. dazu Abschn. 13b.4. UStAE.

Gold bestimmten Feingehaltes in Rohform oder als Halbzeug, Nr. 9, und die **Lieferung von Mobilfunkgeräten und integrierten Schaltkreisen**, Nr. 10,[1269] die **Lieferung** weiterer in der **Anlage 4 bezeichneter Gegenstände** (edle und unedle Metalle, u.a. Silber, Platin, Eisen, Kupfer u.a.), Nr. 11[1270] und Telekommunikationsdienstleistungen, Nr. 12.[1271] Für die Nummern 10 und 11 tritt die Umkehr der Steuerschuldnerschaft nur ein, wenn die in Rechnung zu stellenden **Entgelte** für die im Rahmen eines wirtschaftlichen Vorganges erfolgenden Lieferungen **mindestens 5.000 €** betragen. Durch **§ 13 b Abs. 10 UStG** i.d.F. Anpassung AO an Zollkodex wird das BMF ermächtigt, mit Zustimmung durch den Bundesrat durch Rechtsverordnung die Umkehr der Steuerschuldnerschaft für weitere Umsätze vorzusehen, wenn im Zusammenhang mit diesen Umsätzen in vielen Fällen der Verdacht auf schwere Steuerhinterziehungen aufgetreten ist. Damit wird die Grundlage geschaffen, von dem in Art. 199 b MwStSystRL[1272] eingeführten **„Schnellreaktionsmechanismus"** unverzüglich bei Bedarf Gebrauch machen zu können. Die gemeinschaftsrechtliche Grundlage für die Umkehr der Steuerschuldnerschaft findet sich in Art. 194–199 b MwStSystRL. Der Anwendungsbereich auch für rein innerstaatliche Vorgänge ist erheblich erweitert worden.[1273] Durch die Umkehr der Steuerschuldnerschaft in den genannten Konstellationen sollen **Ausfälle des Fiskus vermieden** werden, die auf „betrügerischem" Verhalten beruhen und/oder auf Insolvenzen des leistenden Unternehmers. Dieses Ziel wird (teilweise) erreicht, weil es nicht zur **Auszahlung nicht valutierter Vorsteuern** kommen kann.

Problematisch ist aber, dass vom Leistenden und Leistungsempfänger zu prüfen ist, ob nicht jeweils eine Umkehr der Steuerschuldnerschaft eingreift. Das kann schwierige Abgrenzungsfragen sowohl in rechtlicher Hinsicht als auch vom Sachverhalt her aufwerfen. Die Finanzverwaltung sah im Wege einer „Vereinfachungsregelung" eine **Billigkeitsregelung** vor, dass die Anwendung der Umkehr der Steuerschuldnerschaft gemäß § 13 b UStG nicht beanstandet wurde, wenn beide Parteien von der Anwendbarkeit des § 13 b UStG ausgegangen sind und der Leistungsempfänger auch tatsächlich den Umsatz in zutreffender Höhe versteuert hat.[1274] Diese Regelung ist inzwischen durch **§ 13 b Abs. 5 S. 7** allgemein gesetzlich abgesichert worden. Danach gilt der Leistungsempfänger (auch dann) als Steuerschuldner, wenn beide Parteien (irrtümlich) übereinstimmend von einem Übergang der Steuerschuldnerschaft ausgegangen sind. Es muss sich allerdings um einen aus der Sicht der Beteiligten „Zweifelsfall" gehandelt haben. Es darf dadurch auch kein Steuerausfall eintreten.

Eine **Sonderregelung für die Vergangenheit** (für vor dem 15.02.2014 erbrachte [Bau-]Leistungen) trifft **§ 27 Abs. 19 UStG**. Danach ist die Steuerfestsetzung gegen den leistenden Unternehmer zu ändern, wenn Leistender (Bauunternehmer) und Leistungsempfänger irrtümlich einvernehmlich davon ausgegangen sind, dass die Steuer vom Leistungsempfänger (Bauträger) und nicht vom leistenden (Bau-)Unternehmer geschuldet wurde. Ausdrücklich wird insoweit bestimmt, dass § 176 AO einer **Änderung der Steuerfestsetzung (zum Nachteil) des leistenden (Bau-)Unternehmers** nicht entgegensteht. Allerdings ist auf Antrag des (Bau-)Unternehmers dann zwingend zuzulassen, dass dieser seinen zivilrechtlichen Anspruch auf Zahlung der gesetzlich entstandenen Umsatzsteuer als Teil seines Werklohnanspruches gegen den Leistungsempfänger (Bauherr/Bauträger) dem Finanzamt (als für die Steuergläubiger handelnde Behörde) an Zahlungs statt abtritt und er dadurch

---

1269 Vgl. dazu Abschn. 13b.7. UStAE.

1270 Eingefügt durch StAnpG Beitritt Kroatien v. 25.07.2014, BGBl. I 2014, 1266; s. dazu Abschn. 13b.7a. UStAE i.d.F. BMF v. 26.09.2014, BStBl. I 2014, 1297.

1271 Eingefügt durch JStG 2020 v. 21.12.2020, BGBl. I 2020, 3096; siehe dazu Sterzinger UR 2020, 941.

1272 Eingefügt durch RL 2013/42 EU v. 22.07.2013, Abl. EU 2013, Nr. L 201, 1 (Schnellreaktionsmechanismus bei Mehrwertsteuerbetrug).

1273 Erweiterung durch die RL 2013/43/EU v. 22.07.2013, Abl. EU 2013, Nr. L 241, 4 (Umkehrung der Steuerschuldnerschaft bei Lieferungen betrugsanfälliger Gegenstände und Dienstleistungen).

1274 Abschn. 13b.8. UStAE a.F. Auf nach dem 30.09.2014 ausgeführte Umsätze ist bereits § 13 b Abs. 5 S. 7 anzuwenden. Dazu Abschn. 13b.8. UStAE i.d.F. BMF v. 26.09.2014, BStBl. I 2014, 1297.

seine Steuerschuld erfüllt.[1275] Dem Bauunternehmer geschieht kein Unrecht, wenn er vom Bauträger den um die Umsatzsteuer erhöhten Werklohn erhält. Der leistende Bauunternehmer erhält dadurch Vertrauensschutz, dass er Zahlung nur vermittels Abtretung seines Anspruches gegen den Bauträger zu leisten braucht. Er erleidet mithin keinerlei Nachteil. Die Annahme, dass Vertrauensschutzregelungen zum Zwecke der Ermöglichung einer Bereicherung Einzelner – hier des Bauträgers und/oder des Bauunternehmers – auf Kosten des Fiskus geboten seien, stellt kein Gebot des Rechtsstaates dar, sondern eine Pervertierung desselben. Die Regelung des § 27 Abs. 19 UStG ist sowohl unions- wie auch verfassungskonform.[1276] Hat der Bauträger fehlerhafterweise von ihm bezogene Bauleistungen nach § 13 b UStG versteuert, kann er das Entfallen der rechtswidrigen Besteuerung geltend machen, auch wenn keine Aufrechnungsmöglichkeit für das Finanzamt besteht und ein Nachforderungsanspruch des Bauunternehmers von ihm nicht erfüllt wird.[1277] Zivilrechtlich besteht jedenfalls ein (auch abtretbarer) Anspruch des Bauunternehmers gegen den Bauträger auf Zahlung der Umsatzsteuer aufgrund ergänzender Vertragsauslegung.[1278]

5. In den Fällen des § 13 b Abs. 5 UStG ist der leistende Unternehmer nach § 14 Abs. 2 Nr. 1 und 2 UStG zur Ausstellung einer **Rechnung** verpflichtet. Allerdings darf diese Rechnung nach **§ 14 a Abs. 5 UStG** gerade **keinen gesonderten Steuerausweis** enthalten und es ist in ihr auf die Umkehrung der Steuerschuldnerschaft hinzuweisen. Auch wenn keine Rechnung erteilt wird oder die Rechnung diesen Anforderungen nicht entspricht, steht dem Leistungsempfänger dennoch der Vorsteuerabzug nach § 15 Abs. 1 Nr. 4 UStG zu. Umgekehrt schuldet er gleichwohl Umsatzsteuer nach § 13 b Abs. 5 S. 1 und/oder 2 UStG. Zu beachten ist, dass zwar für sämtliche unter § 13 b Abs. 2 Nr. 4 und 8 UStG fallende Umsätze die Verpflichtung zur Ausstellung einer Rechnung nach §§ 14 Abs. 2 Nr. 1, 14 a Abs. 5 UStG besteht, dass aber § 14 Abs. 2 Nr. 1 UStG auch andere Fälle erfasst, namentlich die Erbringung von Bauleistungen an Nichtunternehmer, für die § 13 b Abs. 2 S. 2 UStG gerade nicht eingreift. Hier muss dann auch die USt offen ausgewiesen werden (dazu unter Rn. 309 ff.).

D. Kleinunternehmer nach § 19 Abs. 1 UStG

Fall 36: Die Doppeloption

Ehefrau E des Facharztes F errichtet 2021 auf ihrem Grundstück ein Gebäude. Die Herstellungskosten betragen 400.000 € netto. Es fallen 70.000 € USt an. Die Hälfte des Hauses vermietet sie für 25.000 € an ihren Ehemann F für dessen Praxis, die andere Hälfte an den Apotheker A für dessen Unternehmen. Sie fragt nach einer günstigen umsatzsteuerlichen Gestaltung. A ist bereit, 20.000 € Miete ohne USt zu zahlen.

388 I. Als Vermieterin ist E Unternehmer. Die Handwerkerleistungen werden für ihr „Vermietungs-Unternehmen" erbracht. Bei entsprechendem offenem Steuerausweis ist E nach § 15 Abs. 1 UStG zum Vorsteuerabzug berechtigt.

1275 S. dazu BGH v. 17.05.2018 – VII ZR 157/17, NJW 2018, 2469 und MwStR 2018, 862 (Anspruch aus ergänzender Vertragsauslegung, Verjährungsbeginn gemäß § 199 Abs. 1 BGB erst mit Kenntniserlangung des Bauunternehmers von der Stellung des Erstattungsantrages).

1276 S. BFH v. 25.02.2017, V R 16/16 und V R 24/16, BStBl. II 2017, 760 mit Anm. Heuermann DStR 2017, 783; Lippross DStR 2017, 1297 (mit weit überzogener unzutreffend verfassungsrechtlich begründeter Kritik); Reiß MwStR 2017, 407 (zust.): S. zur Problematik auch bereits einerseits Reiß MwStR 2016, 361 sowie Kessens MwStR 2016, 226 und andererseits Hummel MwStR 2016, 4 und UR 2016, 289 und Lippross DStR 2016, 993. Zivilrechtlich verfehlt LG Düsseldorf v. 05.02.2016 – 33 O 8615, UR 2016, 720 mit Anm. Widmann (danach kein [abtretbarer] zivilrechtlicher Anspruch des Bauunternehmers gegen den Bauträger bei vereinbarter Nettopreisabrede. Zutreffend dagegen BGH v. 17.05.2018 – VII ZR 157/17, UR 2018, 674 (Anspruch auf USt aus ergänzender Vertragsauslegung).

1277 S. auch BFH v. 27.09.2018 – V R 49/17, BStBl. II 2019, 109 und v. 23.01.2019 – XI R 21/17, BStBl. II 2019, 354 sowie BMF v. 24.01.2019, BStBl. I 2019,117 (Bauträger kann seine rechtswidrige Besteuerung nach § 13 b UStG auch ohne [vor] Erfüllung des Nachforderungsanspruches des Bauunternehmers/Aufrechnung des Finanzamtes geltend machen) und FG Bad.-Württ v. 17.01.2018 – 12 K 2324/17 (Rev. V R 8/18 zurückgenommen), EFG 2018, 599 (Korrektur zugunsten Bauträger kein rückwirkendes Ereignis, keine Anwendung von § 233 a Abs. 2 a AO). So auch BFH v. 23.01.2019 – XI R 21/17, DB 2019, 643.

1278 BGH v. 14.10.2021– VII ZR 242/20, UR 2022, 93.

II. Einem Vorsteuerabzug steht aber § 15 Abs. 2 Nr. 1 UStG entgegen, denn die Vermietungen an A und F sind nach § 4 Nr. 12 a UStG steuerfrei. Allerdings sind die Voraussetzungen des § 9 Abs. 1 UStG für eine Option der E erfüllt, denn A und F sind Unternehmer und nutzen das Grundstück für ihr Unternehmen. Für die Vermietung an F steht allerdings § 9 Abs. 2 UStG einer Option entgegen. Denn F nutzt den Gebäudeteil für Heilbehandlungen im Bereich der Humanmedizin als Arzt, die nach § 4 Nr. 14 i.V.m. § 15 Abs. 2 Nr. 1 UStG den Vorsteuerabzug ausschließen. Dagegen kann für die an A vermietete Grundstücksfläche optiert werden (vgl. Rn. 229 ff.).

III. Aus der Option folgt allerdings, dass E für die Vermietung an A USt zu zahlen hat. Die Steuerschuld würde für die jährlichen Teilleistungen in den Folgejahren gemäß §§ 10 Abs. 1, 12 Abs. 1 UStG 3.800 € jährlich betragen. Dem A entstünde aus der Umsatzsteuerpflicht kein Nachteil, denn er könnte die 3.800 € als VoSt gemäß § 15 UStG abziehen. Für die E ergäbe sich aber der Vorteil, dass sie nach § 15 Abs. 1, 4 UStG 50 % von 70.000 € = 35.000 € als VoSt abziehen könnte. Die nicht abziehbaren VoSt von 35.000 € gehören zu den Herstellungskosten des Gebäudes (§ 7 i.V.m. § 9 b Abs. 1 EStG).

IV. Der Option nach § 9 UStG könnte allerdings entgegenstehen, dass die E **Kleinunternehmerin nach § 19 Abs. 1 UStG** ist. Auf Kleinunternehmer finden nach § 19 Abs. 1 UStG die Vorschriften über die Option gemäß § 9 UStG keine Anwendung. Kleinunternehmer sind Unternehmer, deren (Gesamt-)Umsatz – nach vereinnahmten Entgelten einschließlich Steueranteil bemessen – im **vorangegangenen Kalenderjahr 22.000 € (17.500 €** bis 2020) nicht überstiegen hat und deren voraussichtlicher Umsatz im laufenden Kalenderjahr 50.000 € nicht übersteigen wird.[1279] Wird das Unternehmen erst im Laufe des Jahres neu begründet, muss ggf. eine Umrechnung nach § 19 Abs. 3 UStG erfolgen.[1280] Abzustellen ist insoweit darauf, ob im Erstjahr die Grenze von 22.000/17.500 € überschritten wird. Kleinunternehmer werden von der Besteuerung ausgenommen, im Ergebnis also weitgehend **wie Nichtunternehmer behandelt** (§ 19 Abs. 1 UStG). Sie sind **nicht zum gesonderten Steuerausweis berechtigt** und schulden bei Verstoß dagegen nach **§ 14 c Abs. 2 UStG**. Die wie eine Befreiung wirkende Sonderregelung für Kleinunternehmer soll Unternehmern, die nur in geringem Umfange tatsächlich wirtschaftlich tätig sind, den Aufwand ersparen, der mit der Abführung der Mehrwertsteuer verbunden wäre. Bei künstlicher Aufspaltung einer unternehmerischen Tätigkeit auf mehrere „Kleinunternehmer" (etwa in Gestalt von einer KG) ist diesen die Anwendung der Kleinunternehmerregelung zu versagen.[1281]

Zum (Gesamt-)Umsatz i.S.d. § 19 UStG gehören nicht die Umsätze von Wirtschaftsgütern des Anlagevermögens und die nach § 4 Nr. 8 ff. UStG steuerfreien Umsätze,[1282] es sei denn, es handelt sich um Umsätze nach § 4 Nr. 8 a–h, Nr. 9 a und 10

1279 Erhöhung auf 22.000 € ab 2020 durch 3. Bürokratieentlastungsgesetz v. 22.11.2019, BGBl. I 2019, 1746. Vgl. zu § 19 auch BFH v. 21.04.2021 – XI R 12/19, UR 2021, 945 (Im Kalenderjahr des Beginns des Unternehmens ist die Umsatzgrenze von 17.500 € für das vorangegangene Jahr – ab 2020 also 22.000 € – maßgebend; v. 18.10.2007 – V B 164/06, BStBl. II 2008, 263 (keine Anwendung des § 19 UStG bei Vorjahresumsatz > 17.500 €, aber Umsatz laufendes Jahr < 17.500 €) m.w.N. S. auch EuGH v. 29.07.2019 – Rs. C-388/18, UR 2019, 622 (bei Differenzbesteuerung für Anwendbarkeit der Kleinunternehmerregelung nach der Richtlinie ist nicht lediglich die Handelsspanne zugrunde zu legen) mit nachfolgend BFH v. 23.10.2019 – XI R 17/19, MwStR 2020, 201 auf Vorlage des BFH v. 07.02.2018 – XI R 7/16, UR 2018, 530 und BFH v. 26.09.2019 – V R 27/19, DStR 2019, 2524 (keine Einbeziehung von Umsätzen, für die nach § 15 Abs. 1 a UStG der Vorsteuerabzug nicht zu gewähren ist).

1280 Vgl. dazu BFH v. 18.11.1999 – V R 22/99, BStBl. II 2000, 241 und Abschn. 19.1. Abs. 4 UStAE.

1281 BFH v. 11.07.2018 – XI R 26/17, DStR 2018, 2575. S. auch BFH v. 11.07.2018 – XI R 36/17, HFR 2019, 515 (willkürliche Aufteilung von Umsätzen auf Einzelunternehmer und GbR zur Inanspruchnahme von § 19 UStG rechtsmissbräuchlich).

1282 S. dazu BFH v. 26.09.2019 – V R 1/17, DB 2019, 2671 (keine Einbeziehung von Lieferungen, für die nach § 15 Abs. 1 a) UStG ein Vorsteuerabzug nicht in Anspruch genommen werden konnte, in den Gesamtumsatz).

UStG, wenn diese den Gegenstand des Unternehmens ausmachen, z.B. bei Banken und Versicherungen, also keine Hilfsumsätze sind. Bei der Margen- und Differenzbesteuerung nach §§ 25, 25 a UStG bestimmt sich nach Auffassung der Verwaltung die für die Anwendbarkeit des § 19 UStG maßgebende (Gesamt-)Umsatzgrenze nach den vereinnahmten Entgelten und nicht lediglich nach dem der Besteuerung unterliegenden Differenzbetrag der Handelsspanne. Das hat der EuGH im Hinblick auf Art. 288 Nr. 1 MwStSystRL als unionsrechtlich konform bestätigt.[1283]

Den sog. Kleinunternehmern steht allerdings auch **kein Vorsteuerabzug** zu (§ 19 Abs. 1 UStG). Sie haben jedoch gemäß § 19 Abs. 2 UStG die Möglichkeit, zur Regelbesteuerung zu optieren und werden dann ganz normal besteuert.

389 Da steuerfreie Umsätze nach § 4 Nr. 12 a UStG nicht mit zum Umsatz nach § 19 Abs. 1 UStG zählen (§ 19 Abs. 1 S. 2 i.V.m. Abs. 3 Nr. 1 UStG), fällt E an sich ebenfalls unter § 19 Abs. 1 UStG. Durch die Option nach § 9 UStG wären ihre Umsätze aber steuerpflichtig, sodass ihre (steuerpflichtigen) Umsätze die Grenze von 22.000 € übersteigen würden. Aber für Kleinunternehmer nach § 19 UStG ist eine Option nach § 9 UStG ausgeschlossen. Nach dem Wortlaut des Gesetzes kommt es zwar auf den Vorjahresumsatz an, aber nur, wenn das Unternehmen bereits bestand. Lag ein solcher mangels Unternehmens nicht vor, ist maßgebend, ob der voraussichtliche Umsatz im Jahr der Aufnahme der unternehmerischen Tätigkeit 22.000 € übersteigen wird, was bei E allerdings wegen der Befreiung nicht der Fall ist. E kann und muss zur Erlangung des Vorsteuerabzugs daher zunächst nach § 19 Abs. 2 UStG auf die Anwendung des § 19 Abs. 1 UStG verzichten, und kann dann auch nach § 9 UStG zur Steuerpflicht der Vermietungsumsätze optieren. Diese **Option zur Regelbesteuerung** bindet den Unternehmer im Gegensatz zur Option zur Steuerpflicht (§ 9 UStG) für fünf Jahre (§ 19 Abs. 2 S. 2 UStG). Wird, wie im vorliegenden Fall, sowohl auf die Anwendung des **§ 19 Abs. 1 UStG** als auch auf die Anwendung einer Steuerbefreiungsvorschrift nach **§ 9 UStG** verzichtet, liegt eine sog. **Doppeloption** vor. Die Option zur Regelbesteuerung muss bis zum Eintritt der formellen Bestandskraft erklärt werden und kann – anders als die Option nach § 9 UStG – auch nur bis dahin widerrufen werden. Der Verzicht wirkt, bis er widerrufen wird.[1284] Die Option kann durch Abgabe einer Erklärung, in der die Umsatzsteuer nach den allgemeinen Vorschriften berechnet worden ist, konkludent erklärt werden. werden. Ebenso kann auch der Widerruf der Option zur Regelbesteuerung und zur Kleinunternehmer – nach Ablauf der Bindungsfrist von 5 Jahren – formlos durch Abgabe einer entsprechenden Steuererklärung erfolgen.[1285] Die Option ist nur für das gesamte Unternehmen möglich, nicht für einen Unternehmensteil.[1286]

Auf diesem Wege gelangt E daher zu einem Vorsteuerabzug aus den Baukosten i.H.v. 50 % von 70.000 € = 35.000 €.

---

390 Die Kleinunternehmerregelung des § 19 UStG gilt **nur für im Inland** oder in den in § 1 Abs. 3 UStG genannten Gebieten **ansässige Unternehmer**. Tätigen im Ausland ansässige Unternehmer im Inland steuerbare und steuerpflichtige Umsätze, wird die

1283 EuGH v. 29.07.2019 – Rs. C-388/18, MwStR 2019, 822 auf Vorlage des BFH v. 07.02.2018 – XI R 7/16, MwStR 2018, 661 mit Anm. Korn und Zawodsky UR 2018, 532. S. auch BFH v. 23.10.2019 – XI R 17/19, MwStR 2020, 201.

1284 BFH v. 23.09.2020 – XI R 34/19, UR 2021, 82; BFH v. 19.12.2013 – V R 6/12 und V R 7/12, BStBl. II 2017, 837 und 841 = UR 2014, 572, 579.

1285 BFH v. 23.09.2020 – XI R 34/19, UR 2021, 82.

1286 BFH v. 24.07.2013 – XI R 31/12, BStBl. II 2014, 214.

Steuer auch dann – evtl. durch Verlagerung der Steuerschuldnerschaft nach § 13 b Abs. 2 UStG – erhoben, wenn diese nach den Umsatzgrenzen im Inland oder sogar im Inland und Ausland Kleinunternehmer wären.[1287] Ihnen steht aber auch im Inland kein Vorsteuerabzug für ihre im Ausland getätigten Kleinunternehmerumsätze zu, falls sie nach ihrem Heimatrecht dort nicht vorsteuerabzugsberechtigte Kleinunternehmer sind.[1288] Die **innergemeinschaftlichen Lieferungen durch Kleinunternehmer** sind **nicht nach §§ 4 Nr. 1 b, 6 a UStG befreit**. Etwas anderes gilt nur bei der **Lieferung neuer Fahrzeuge**. Insoweit steht ihnen dann auch der Vorsteuerabzug zu (§ 19 Abs. 4 UStG). Der **Einfuhrbesteuerung** nach § 1 Abs. 1 Nr. 4 UStG und der **Erwerbsbesteuerung** nach § 1 Abs. 1 Nr. 5 i.V.m. § 1 a UStG unterliegen auch Kleinunternehmer. Im letzten Fall muss allerdings die Erwerbsschwelle überschritten sein (vgl. Rn. 178). Der Kleinunternehmer kann ebenfalls Steuerschuldner im innergemeinschaftlichen Dreiecksgeschäft (s. unter Rn. 185 ff.) oder nach § 13 b Abs. 5 UStG sowie nach § 14 c Abs. 2 UStG[1289] sein.

Eine Vorsteuerkorrektur nach § 15 a UStG zugunsten des Unternehmers ist vorzunehmen, wenn ein Kleinunternehmer zur Regelbesteuerung übergeht und umgekehrt, § 15 a Abs. 8 UStG.

E. Sondervorschriften zur Bekämpfung von Steuerausfällen

I. Besorgniserregende Steuerausfälle im Bereich der USt veranlassten den Gesetzgeber zur Einführung spezieller gesetzlicher Vorschriften zur Bekämpfung eines missbräuchlichen Vorsteuerabzugs und des sog. Umsatzsteuerbetrugs. Spezieller Anlass für die Einführung dieser Regelungen war der sog. **Karussellbetrug**. Dieser besteht im Kern darin, dass für steuerpflichtige Leistungen USt zutreffend in Rechnung gestellt wird und vom Leistungsempfänger als VoSt abgezogen wird. Der Leistende als Steuerschuldner führt die USt aber nicht ab. Vollstreckungsmaßnahmen gegen den Leistenden erweisen sich als wirkungslos, weil der Leistende entweder nicht auffindbar oder aber zahlungsunfähig ist. Die Besonderheit des sog. Karussellbetrugs besteht dabei darin, dass die Beteiligten dies alles im Vorhinein geplant haben und entsprechende Vorkehrungen getroffen haben, dass der Leistende – der sog. missing trader – später nicht erfolgreich vom Fiskus in Anspruch genommen werden kann.[1290] **391**

II. Speziell diesen Karussellgeschäften sollte mit dem Haftungstatbestand des § 25 d UStG entgegengetreten werden. § 25 d UStG statuierte eine Haftung des leistungsempfangenden Unternehmers für die nicht entrichtete Umsatzsteuerschuld aus einem vorangegangenen Umsatz. **§ 25 d UStG** ist mit Wirkung ab dem 01.01.2020 aufgehoben worden. Er wird **durch** den mit Wirkung ab dem 01.01.2020 geltenden **§ 25 f UStG ersetzt**.

§ 25 f UStG regelt die **Versagung des Vorsteuerabzugs und der Steuerbefreiung für eine innergemeinschaftliche Lieferung** bei Einbeziehung in eine „strafbare Umsatz"-Steuerhinterziehung nach § 370 AO oder eine Schädigung des Umsatzsteueraufkommens nach §§ 26 b, 26 c UStG. Mit § 25 f UStG wird de facto der bisherigen Rspr. des EuGH und der diesem folgenden Rspr. der deutschen Finanzgerichtsrechtsprechung **(erstmals) eine gesetzliche Grundlage** verschafft, wonach bei Einbindung des Leistenden und/oder Leistungsempfängers in einen von ihm oder einem

---

1287 FG München v. 05.06.2014 – 2 K 1726/13, MwStR 2014, 775; zur (m.E. nicht gegebenen) Vereinbarkeit mit dem Unionsrecht vgl. EuGH v. 26.10.2010 – Rs. C-97/09 (Ingrid Schmelz), UR 2011, 32.

1288 EuGH v. 26.09.1996 – Rs. C-302/93 (Debouche), Slg. 1996, I-4495.

1289 BFH v. 25.09.2013 – XI R 41/12, BStBl. II 2014, 135.

1290 Vgl. zu Karussellgeschäften BFH v. 29.11.2004 – V B 78/04, BStBl. II 2005, 535; EuGH v. 12.01.2006 – Rs. C-354/08, C-355/08, C-48/08 (Optigen, Fulcrum und Bond House), Slg. 2006, I-483; BGH v. 30.06.2005 – 5 StR 12/05, HFR 2006, 617.

anderen Beteiligten auf einer „vorhergehenden oder nachfolgenden Umsatzstufe begangenen Steuerbetrug" **a) die Steuerbefreiung** für die innergemeinschaftliche Lieferung nach § 4 Nr. 1 b, § 6 a **UStG und b) der Vorsteuerabzug** nach § 15 Abs. 1 UStG **zu versagen** ist. Dies kann der an den Haftenden ausgeführte Umsatz sein, aber auch irgendein schon diesem Umsatz in der Reihe vorangegangener Umsatz oder ein diesem nachfolgender Umsatz. Subjektiv ist erforderlich, dass Unternehmer wusste oder hätte wissen müssen, dass er sich mit der von ihm erbrachten Leistung oder seinem Leistungsbezug an einem Umsatz beteiligt, der in eine Steuerhinterziehung nach § 370 AO oder die Schädigung des Umsatzsteueraufkommens nach §§ 26 b, 26 c UStG einbezogen war.

Für das Vorliegen dieser Voraussetzungen trifft das Finanzamt die objektive Beweislast.[1291] Zu begrüßen ist zwar, dass nunmehr der **bisherigen gesetzlosen Rspr.** für die Zukunft die erforderliche **gesetzliche Rechtsgrundlage** verschafft wird. Der bisher schon wegen dieser Rspr. quasi leerlaufende § 25 d UStG wird demzufolge zu Recht aufgehoben und durch § 25 f UStG ersetzt.[1292] Fragwürdig an der Neuregelung und mit den Prinzipien einer Umsatzbesteuerung unvereinbar ist es, dass mit der Versagung der Befreiung für die ig. Lieferung und der Versagung des Vorsteuerabzugs auch auf vorhergehenden und nachfolgenden Stufen viel zu weitgehende, **unverhältnismäßige Sanktionen** im Rahmen der Besteuerung angeordnet werden und dem sanktionierenden Staat ein ihm nach den normalen Regelungen nicht zustehendes Steueraufkommen zugewiesen wird, dass ihm unter Beachtung des Bestimmungslandprinzips an sich gerade nicht zusteht. Hier war die Regelung des § 25 d UStG jedenfalls im Grundsatz berechtigt.

Beispiel: D (Deutschland) lieferte Mobiltelefone an I Italien für 1.190.000 €. Diese hatte sie von N (Ndl) unter Verwendung ihrer deutschen USt-IdNr. erworben. Diese Mobiltelefone wurden von D direkt aus den Niederlanden an I nach Italien versendet. Hinsichtlich dieser Telefone wurde von D weder in den Ndl eine steuerfreie innergemeinschaftliche Lieferung noch in Deutschland ein Erwerb deklariert. (s. Art. dazu 40, 41 MwStSystRL, § 3 d S. 2 UStG).

N hatte die Telefone von D1 für 900.000 € + 171.000 € USt erworben und später aus seiner deutschen Betriebsstätte in seine ndl. Betriebsstätte verbracht. Die ihm von D1 in Rechnung gestellte Umsatzsteuer von 171.000 € hat N in Deutschland als Vorsteuer abgezogen. D1 seinerseits hatte die Telefone für 800.000 € zzgl. 152.000 € USt von D bezogen. I erklärte in Italien weder den ig. Erwerb noch die nachfolgenden Umsätze an Endverbraucher in Italien. Die italienischen Finanzbehörden versagten nach Aufklärung des Sachverhaltes dem I den Vorsteuerabzug aus dem Erwerb und erhoben bei I die ital. USt aus den Weiterverkäufen der Mobiltelefone an Verbraucher in Italien. D, D1 und N wussten, dass I in Italien durch Nichterklärung seiner dortigen Umsätze eine Steuerhinterziehung beging.

Bei ordnungsgemäßen Steuererklärungen hätte allein Italien aus den Lieferungen der Mobiltelefone an italienische Endverbraucher ein Steueraufkommen erzielt. Deutschland hätte kein Steueraufkommen erzielt. Die Lieferung des D an I wäre als innergem. Lfg. nach § 4 Nr. 1 b i.V.m. § 6 a Abs. 1 UStG steuerfrei gewesen, ebenso das ig. Verbringen durch N aus Deutschland in die Ndl. nach § 6 a Abs. 2 UStG.

Dem N hätte aus den an ihn ausgeführten Lieferungen des D1 in Deutschland nach § 15 Abs. 1 Nr. 1 UStG der Vorsteuerabzug zugestanden und aus dem ig. Erwerb in den Ndl der Vorsteuerabzug dort (s. Art 168 c) MwStSystRL, vgl. für das deutsche Recht § 15 Abs. 1 Nr. 3 UStG).

Nach der Regelung des § 25 f UStG ergibt sich hingegen: 1. keine Befreiung für die ig. Lfg. des D an den I (+ 190.000 €); 2. keine Befreiung für den wegen Verwendung einer dtsch. USt-IdNr. ig. Erwerb in Deutschland und kein VoSt-Abzug daraus (+ 190.000 € + 190.000 € = 380.000 €); 3. keine Befreiung für das ig. Verbringen durch N in die Ndl. (171.000 €) und den VoSt-Abzug daraus in den Ndl. (?);

1291 So zutreffend BFH v. 10.08.2017 – V R 2/17, DB 2017, 2847 noch zu § 25 d (abwegig freilich, soweit ein solches Kennenmüssen auch dann verneint wird, wenn dem Unternehmer bekannt ist, dass gegen seinen Vertragspartner bereits steuerstrafrechtliche Ermittlungen laufen.); v. 28.02.2008 – V R 44/06, BStBl. II 2008, 586; Abschn. 25d.1. Abs. 4 UStAE (alle noch zu § 25 d).

1292 So auch Gesetzentwurf BuReg, BR-Drs. 356/19, S. 37 und S 183 f. zu § 25 d UStG (alt) und § 25 f UStG (neu). Zu § 25 f UStG siehe auch Pflaum UR 2021, 453.

4. kein VoSt-Abzug für D1 aus der Lfg. des D (+ 152.000 €). Insgesamt würde mithin aus der Sanktionsregelung in 25 f UStG ein Umsatzsteueraufkommen für D von 893.000 € generiert, obwohl in Deutschland keinerlei Endverbrauch stattgefunden hat.

Die **Neuregelung des § 25 f UStG** – wie auch schon die dem zugrundeliegende Rspr. des EuGH und BFH – ordnet völlig unverhältnismäßige Sanktionen an. Dies wirft die Frage auf, ob **derart unverhältnismäßige Sanktionen** mit dem **verfassungsmäßigen Rechtsstaatsprinzip** vereinbar sind. Dies sollte richtigerweise zu verneinen sein. Richtigerweise muss es genügen, dass D nach § 71 AO i.V.m. § 370 Abs. 6 S. 2 AO für die von I hinterzogenen italienischen Umsatzsteuern haftet, soweit diese von I nicht zu erlangen sind.

III. § 26 b UStG statuiert einen **Bußgeldtatbestand** der **Schädigung des Umsatz- 392
steueraufkommens**. Der Tatbestand wird durch **die bloße Nichtentrichtung** im Fälligkeitszeitpunkt begründet.[1293] Allerdings muss dies nach allgemeinen Regeln des OWiG vorsätzlich geschehen, § 10 OWiG. Die angedrohte Geldbuße von 50.000 € steht in einem auffälligen Missverhältnis zur angedrohten Geldbuße von 25.000 € bei der Gefährdung der Abzugssteuern gemäß § 380 AO. **§ 26 c UStG** stilisiert die Schädigung des Umsatzsteueraufkommens durch bloße Nichtentrichtung zum Fälligkeitszeitpunkt zu einer mit Freiheitsstrafe von bis zu fünf Jahren bedrohten **Straftat**, wenn der Täter **gewerbsmäßig oder als Mitglied einer Bande** handelt. Anders als für den inzwischen zu Recht wegen Verfassungswidrigkeit vom Gesetzgeber wieder aufgehobenen § 370 a AO[1294] bedarf es bei § 26 c UStG gerade nicht einer tatbestandsmäßigen Hinterziehungshandlung i.S.d. § 370 AO durch unrichtige, unvollständige oder pflichtwidrig unterlassene Angaben. Die Vorschrift des § 26 c UStG verstößt gegen das Schuldprinzip, wenn der Begriff der Gewerbsmäßigkeit oder der Bande so umfassend wie bisher im StGB[1295] ausgelegt wird. Dies ist vom Gesetzgeber ausweislich der Materialien auch nicht gewollt. Eine einengende Auslegung ist aber nicht willkürfrei möglich. § 26 c UStG ist daher wegen Verstoßes gegen das Bestimmtheitsgebot des Art. 103 GG verfassungswidrig.[1296]

IV. Dem Ausfall von Umsatzsteuerforderungen des Fiskus, namentlich wegen Unein- 393
bringlichkeit in der Insolvenz des Unternehmers, dient die durch das StÄndG 2003 eingeführte Haftungsvorschrift des § 13 c UStG.

§ 13 c UStG begründet eine Haftung bei **Abtretung, Pfändung oder Verpfändung** einer Forderung aus einem steuerpflichtigen Umsatz.[1297] Der Abtretungsempfänger oder der Pfandgläubiger haftet, wenn die durch Vorauszahlungsbescheid oder Jahressteuerbescheid festgesetzte USt aus dem der Forderung zugrunde liegenden Umsatz bei Fälligkeit nicht oder nicht vollständig vom abtretenden Unternehmer entrichtet wurde bis zur Höhe der nicht entrichteten Steuer. Voraussetzung ist, dass die Forderung vereinnahmt wurde. Erforderlich ist insoweit, dass die abgetretene Forderung eingezogen wurde und der Erlös an den Abtretungsempfänger gelangt/weitergeleitet ist und von diesem auch nicht zurückgewährt worden ist.[1298] Sind die Tatbestandsvoraussetzungen des § 13 c UStG erfüllt, ist ein Haftungsbescheid zwingend

1293 S. zu § 26 b UStG auch Kemper UR 2014, 673. S. auch BFH v. 03.07.2019 – XI B 17/19 BFH/NV 2019, 1351 (bloße Nichtzahlung der Steuer falle nicht unter eine den Vorsteuerabzug versagenden „Mehrwertsteuerbetrug". § 25 f UStG versagt gleichwohl bei Einbeziehung in eine Ordnungswidrigkeit nach § 26 b UStG sowohl den Vorsteuerabzug als auch eine Befreiung auf allen vorhergehenden und nachfolgenden Umsatzstufen!

1294 Aufgehoben durch Gesetz v. 21.12.2007, BGBl. I, 3198; vgl. dazu Weyand StuB 2008, 260 und Rüping/Ende DStR 2008, 13; zur Verfassungswidrigkeit des § 370 a AO s. BGH v. 22.07.2004 – 5 StR 85/04, NJW 2004, 2990; Reiß Stbg. 2004, 113; Harms in: FS Kohlmann, 2003, 413.

1295 Vgl. BGHSt 42, 219 und 46, 321.

1296 Reiß Stbg. 2004, 113; vgl. auch Tormöhlen UVR 2006, 207.

1297 S. dazu Friedrich, Die Haftungsvorschriften der §§ 13 c und 13 d UStG, Diss. Nürnberg/Erlangen, 2008.

1298 BFH v. 21.01.2013 – V R 21/12, UR 2014, 435; v. 20.03.2013 – XI R 11/12, UR 2013, 910: Zu weiteren Einzelheiten vgl. Abschn. 13c.1. UStAE.

zu erlassen. Ein Ermessen besteht nicht. Die Haftungsvorschrift des § 13 c UStG betrifft primär **Sicherungszessionen** auch in Form von Globalzessionen für Kredite der Banken,[1299] aber auch Zessionen im Rahmen des **Factoring**.[1300] Nach inzwischen durch den Gesetzgeber[1301] bestätigter Auffassung der Finanzverwaltung greift sie nicht ein beim **Forderungsverkauf**, etwa im Rahmen von **asset backed Transaktionen**, soweit der Forderungsverkäufer den Geldbetrag in Gestalt des Kaufpreises tatsächlich erhielt.[1302] Nur Unternehmer als Abtretungsempfänger haften. Im Innenverhältnis kann der haftende Zessionar bei Inanspruchnahme vom Zedenten vollen Ausgleich nach § 44 AO i.V.m. § 426 Abs. 2 S. 1 BGB verlangen.[1303]

394 **V.** Mit Wirkung ab dem 01.01.2019 wurde durch das Gesetz zur Vermeidung von Umsatzsteuerausfällen beim Handel mit Waren im Internet, abgeändert durch das JStG 2020,[1304] in § 25 e i.V.m. § 22 f UStG besondere Pflichten und eine Haftung beim Handel über eine elektronische Schnittstelle/auf einem elektronischen Marktplatz eingeführt. Nach § 25 e UStG haftet der Betreiber einer elektronischen Schnittstelle/eines elektronischen Marktplatzes für die nicht entrichtete Steuer aus der Lieferung eines Unternehmers, die auf der/dem vom Betreiber der Schnittstelle/des Marktplatzes rechtlich begründet worden ist. Die Haftung tritt nur dann nicht ein, wenn der Betreiber eine Bescheinigung oder elektronische Bestätigung vorlegt, die dem liefernden Unternehmer vom für diesen zuständigen Finanzamt erteilt worden ist, aus der sich Name und Anschrift des liefernden Unternehmers und die diesem erteilte St-Nr. und USt-IdNr. ergibt oder wenn der Schnittstellenbetreiber selbst als Empfänger und Lieferer im Reihengeschäft gemäß § 3 Abs. 3 a UStG behandelt wird. Aufzuzeichnen sind der Ort des Beginns des Transportes und der Bestimmungsort der Lieferung sowie Zeitpunkt und Höhe des Umsatzes. Auch wenn diese Auflagen vom Betreiber des Marktplatzes erfüllt werden, haftet er dennoch, wenn er Kenntnis davon hatte oder hätte haben müssen, dass der Lieferer seinen steuerlichen Pflichten nicht nachkommt. Mit § 25 e UStG soll insbesondere Steuerausfällen aus dem Versandhandel mit Drittlandsunternehmern begegnet werden. § 25 e UStG erfasst aber darüberhinausgehend auch Lieferungen inländischer Unternehmer oder von Unternehmern in anderen Staaten der Union, soweit diese Lieferungen von den Betreibern elektronischer Schnittstellen/ Marktplätze „unterstützt" werden.

1299 Vgl. BFH v. 25.11.2015 – V R 65/14, UR 2016, 447 (stille Zession); v. 20.03.2013 – XI R 11/12, UR 2013, 910.

1300 So zutreffend BFH v. 06.12.2015 – XI R 28/13, UR 2016, 441 = BStBl. II 2018, 365. S. auch (ablehnend) Hahne UR 2016, 897.

1301 S. § 13 c Abs. 1 S. 4 UStG i.d.F. des Art. 4 a des Zweiten Bürokratieentlastungsgesetzes v. 30.06.2017, BGBl. I 2017, 2143.

1302 Vgl. Abschn. 13c.1. Abs. 27 UStAE und BMF v. 09.05.2018, BStBl. I 2018, 694; vgl. auch Slotty-Harms UVR 2008, 115; Weber/Reiß BB 2004, 1367; Reiß in: FS Korn, 2005, 521.

1303 Vgl. BGH v. 17.01.2007 – VIII ZR 171/06, UR 2007, 505.

1304 V. 11.12.2018, BGBl. I 2018, 2338; s. dazu auch BT-Drs. 19/5595 (FinAus); BMF v. 07.10.2019, BStBl. I 2019, 999 und v. 28.02.2019, BStBl. I 2019, 106; Luther DB 2018, 1942; Hartwig UR 2018, 777 und JStG 2020 v. 21.12.2020, BGBl. I 2020, 3096 = BStBl. I 2021, 6. S. dazu auch Sterzinger UR 2020, 941 und Widmann MwStR 2021, 6.

STICHWORTVERZEICHNIS

Die Zahlen verweisen auf die Randnummern.